»Der Gedanke, daß von einer Landschaft formende Kräfte auf ihre Bewohner überströmen, daß Volkstum mit seiner Umwelt, das heißt mit Landschaft und Klima, in Zusammenhang steht, ist zuerst von dem größten Arzt des klassischen Altertums, von Hippokrates, ausgesprochen worden ... Fast alle unserer großen Schriftsteller des 18. und 19. Jahrhunderts sind dem Verhältnis von Landschaft und Klima einerseits und den Menschen und ihrer Kunst andererseits nachgegangen, bis der Positivismus des 19. Jahrhunderts ein ganzes System der Geschichtsbetrachtung auf diesem Gedanken aufgebaut hat.« Mit diesen Sätzen leitet Harald Keller seine großangelegte Kunsttopographie Italiens ein. Vielleicht ist es das letzte Mal gewesen, daß ein deutscher Gelehrter einen wesentlichen Teil seines Lebens daransetzte, ein Land zu Fuß zu durchwandern, um all den differenzierten landschaftlichen Nuancen nachzuspüren, die die einzelnen Kunstprovinzen Italiens auch heute noch kennzeichnen. ›Die Kunstlandschaften Italiens‹ zählt zu den Standardwerken der Kunstliteratur.

insel taschenbuch 1576

Harald Keller

Die Kunstlandschaften Italiens

HARALD KELLER
DIE KUNST-LANDSCHAFTEN ITALIENS

Erster Band

Toskana · Florenz · Siena
Umbrien · Rom

Insel Verlag

Umschlagabbildung:
Leonardo da Vinci, Verkündigung an Maria
Öl auf Holz, um 1472-75. Ausschnitt
Uffizien, Florenz. Foto: Scala

insel taschenbuch 1576
Erste Auflage 1994

Vertrieb durch den Suhrkamp Taschenbuch Verlag
Umschlag nach Entwürfen von Willy Fleckhaus
Druck: Nomos Verlagsgesellschaft, Baden-Baden
Printed in Germany

1 2 3 4 5 6 – 99 98 97 96 95 94

Für

ANDREAS, CHRISTOPH, ULRICH
MEINHART UND THOMAS

als Wegbegleiter
in das Jugendland
ihrer Eltern

*

MELIBOEUS: Et quae tanta fuit Romam tibi causa videndi?
TITYRUS: Libertas, quae sera tamen respexit inertem.

Vergil, Ecl. I, 26f.

INHALT

ZU DIESER AUSGABE

Mit dieser dritten Auflage ist das vorliegende Buch zu einer echten, preiswerten Volksausgabe gelangt. Andererseits aber ist es wieder »gewichtiger«, gelehrter geworden, denn die etwa 1600 Anmerkungen, die in der 2. Auflage auf etwa 90 zusammengestrichen worden waren, sind alle wieder da, und es dürften besonders die Studenten sein, die diese Rückkehr zum wissenschaftlichen Apparat begrüßen werden.

An dem Text ist wenig verändert worden. Da es sich herausgestellt hat, daß es eine Gattung des »Courtisanenbildes« in Venedig niemals gab, ist dieser Abschnitt fortgefallen. Dafür ist die Darlegung über die Entstehung der Landschaftsmalerei in Venedig etwas erweitert und ein Hinweis auf die Idylle in der venezianischen Graphik des 18. Jahrhunderts neu eingefügt worden. Das brachte im Abbildungsapparat einige Auswechslungen mit sich.

Es ist weit über zwanzig Jahre her, daß dies Buch zum ersten Male erschien, fast fünfzig Jahre, daß der Verfasser für das Werk zu reisen und zu wandern begann. Das will mir nicht als Fehler erscheinen, denn die Industrialisierung und Amerikanisierung hat den italienischen Städten und der italienischen Landschaft wenig Gutes gebracht. Ganz verschwunden ist die älteste, die romantische Schicht. Die »Malerdörfer« der deutschen Künstler um 1820, der Ludwig Richter, Horny, Fohr, die um 1930 noch

aussahen wie hundert Jahre vorher, gibt es nicht
12 mehr. In Bellegra und Olevano sind die alten Ortskerne von modernen Hochhäusern umstellt und erdrückt, Olevano zudem von einer modernen Autostraße untertunnelt. Die alten Fischerdörfer am latinischen Strand sind in fashionable Seebäder verwandelt. Die Einwohnerzahlen haben sich in allen oberitalienischen Städten seit den zwanziger Jahren mehr als vervierfacht. Das ist den alten Stadtzentren nicht überall so gut bekommen wie in Arezzo oder Siena, wo die Altstadt unberührt blieb. Ein Gegenbeispiel bildet Lucca, das man bis 1935 auf den Wällen, welche die Stadt umschlossen, ganz umschreiten konnte. Heute ist die Stadtperipherie gesichtslos geworden.

Aber das sind Veränderungen, die der Baedeker registrieren muß. Unsere Aufgabe blieb es, das Gesicht der italienischen Kunst in der Neuauflage unseres Buches immer reiner zu zeichnen.

Spätherbst 1982 H. K.

Zur zweiten Auflage

Kleine Veränderungen hat bei der Neuauflage nur das Venedig-Kapitel erfahren. – Aus Gründen wissenschaftlicher Genauigkeit erscheint es uns endlich an der Zeit, nachzutragen, daß die Einwände, die H. Lehmann gegen unser methodisches Vorgehen formuliert hat, sich in *Erdkunde 15, 1961, p. 247* finden (wiederabgedruckt in Lehmanns Essays »Zur Physiognomie der Landschaft«, Stuttgart 1986).

Mai 1989 H.K.

VORWORT

Die italienische Dichtung des letzten Menschenalters hat die lokalen Eigentümlichkeiten, Vorzüge und Schwächen der Bewohner der einzelnen Provinzen der Halbinsel liebevoll nachgezeichnet. Das Buch von Carlo Levi ›Christus kam nur bis Eboli‹ war ein europäischer Erfolg, die Schriften von Pietro Pancrazi, Nicola Lisi und Sante Longo fanden viele Leser. Über Curzio Malapartes ›Maledetti Toscani‹ lachte man sogar in der Toskana. Ganz zuletzt hat in des Fürsten Lampedusa ›Gattopardo‹ das Gespräch zwischen dem Helden des Buches und dem Abgesandten der piemontesischen Regierung über das unabänderliche Schicksal Siziliens ob seines Tiefgangs uns alle bewegt.

Aber merkwürdig, die Kunstwissenschaft haben ähnliche Probleme bisher wenig beschäftigt. Der Verfasser kennt nur drei kunsttopographische Schriften, die für Teilgebiete wenigstens sehr wichtige Ergebnisse lieferten und denen er viel verdankt. Für das Gebiet der Handzeichnung hat Bernhard Degenhart eine Gruppierung nach Kunstlandschaften schon vor mehr als 20 Jahren durchgeführt (›Zur Graphologie der Handzeichnung. Die Strichbildung als stetige Erscheinung innerhalb der italienischen Kunstkreise‹. Kunstgeschichtliches Jahrbuch der Bibliotheca Hertziana I, 1937). An einer Stelle, wo es niemand vermuten wird, in Moritz Hauptmanns

Buch über den Tondo (Frankfurt/Main, 1936), findet sich eine glänzende Charakterisierung der beiden Kunstzentren Florenz und Venedig, antithetisch entwickelt. Schließlich hat Julius von Schlosser in Essayform das Wesen einiger italienischer Kunststädte beschrieben (von Venedig und Ferrara, wiederabgedruckt in dem Sammelbande ›Präludien‹, Berlin 1927). Zur Niederschrift einer italienischen Kunsttopographie, auf die eigentlich die ganze schriftstellerische Lebensarbeit Schlossers hindrängte, ist es dann aber leider nicht mehr gekommen.

Als wir, ohnehin viel schlechter ausgerüstet als der große Wiener Gelehrte, uns unmittelbar nach Ende des Zweiten Weltkrieges an die Arbeit setzten, waren die Grenzen nach Italien hin geschlossen, und wissenschaftliche Bücher und Zeitschriften des Auslandes blieben uns unzugänglich. In jenen Jahren haben der Professor der Rechte Walter Mallmann und der politische Historiker Heinz Holldack durch ihren Zuspruch den Verfasser ermutigt, sein Thema nicht aufzugeben, wofür ihnen heute noch herzlich gedankt sei.

Nachdem Italienreisen wieder möglich geworden waren, hat der Verfasser viele Landstriche zu Fuß durchwandert. Nur zweimal, wo der großzügige Charakter der Landschaft eine solche Reiseart zu erlauben schien, hat er sich dankbar des Autos bedient, das ihm zwei Freunde anboten. Der Professor der Rechte Hans Ficker fuhr ihn durch die weite Ebene des Veneto, der Professor der Rechte Wolfgang Preiser durch die Südtoskana und über die Pässe, welche Umbrien und die Marken verbinden.

Mit der größten Dankbarkeit erinnert sich der Verfasser der Gastfreundschaft unserer wissenschaftlichen Institute in Italien. Im Florentiner Institut, wo er mehrfach monatelang arbeiten durfte, verdankt er der Fürsorge und dem Rate seines Freundes Ulrich Middeldorf viel. In dem wissenschaftlichen Vaterhause des Verfassers, der Bibliotheca Hertziana in Rom, unterstützten alle Mitglieder unsere Untersuchungen.

Fast ein halbes Menschenalter lang ist die Bibliothek des Zentralinstituts für Kunstgeschichte in München die deutsche Arbeitsstätte des Verfassers gewesen. Otto Lehmann-Brockhaus erfüllte hier jeden unserer Wünsche, Hans Beilhack und Nora Timofiewitsch-Benninghoff waren unermüdliche Helfer.

Zwei Münchner Gelehrten ist dies Buch vor allen verpflichtet. Heinz Kähler beriet den Verfasser in allen Fragen, die Italien im Altertum betrafen, Bernhard Bischoffs unerschöpflicher Gelehrsamkeit verdanken wir so viel wie alle, die in München mittelalterliche Studien treiben. In Frankfurt fanden wir für alle geographischen Probleme in Professor Herbert Lehmann einen unermüdlichen Berater.

Da wir uns während der ganzen Arbeit bewußt waren, wie sehr sie einem Ritte über den Bodensee glich, mußte uns alles daran liegen, sie dem Urteil der kritischsten Köpfe unserer Disziplin zu unterbreiten. Hans Kauffmann und Robert Oertel haben jedes soeben vollendete Kapitel gelesen und kommentiert. Hans Kauffmann hat sich dieser Freundespflicht sogar in seinem Kölner Rektoratsjahr nicht versagt.

Ganz ausgezeichnete Ratschläge verdankt der Verfasser ferner Eberhard Hanfstaengl. Das Lombardei-

Kapitel hat Ludwig Heinrich Heydenreich mit dem Verfasser durchgesprochen. Als der Verfasser den Stoff dieses Buches einmal als Hauptkolleg vortrug, hat nach jeder Stunde Frau Dr. Sibylle Haynes, geborene Overhoff, durch kluge Beiträge den Lehrer gefördert.

Nun, da die Arbeit vollendet ist, hat der Verfasser dreier toter Freunde zu gedenken. Er genoß das Glück, mehr als ein Jahrfünft lang in Rom täglich mit Werner Körte Kunstwerke betrachten zu dürfen. Infolgedessen vermag er in dem Rom-Kapitel nicht immer zwischen seinem und des gefallenen Freundes Gedankengut zu unterscheiden. Ludwig Curtius hat an der Entstehung unseres Buches den lebhaftesten, allerskeptischsten Anteil genommen. Seiner Meinung nach eignete sich unser Thema nur für eine essayistische Behandlung, müsse sich aber einer wissenschaftlich-systematischen Bearbeitung verschließen. Es ist dem Verfasser sehr schmerzlich, das Buch nicht mehr in die Hände von Ludwig Curtius legen und nicht mehr erfahren zu können, ob wir ihn umzustimmen vermocht hätten. Der Freiherr Guido von Kaschnitz-Weinberg, ein Leben lang der systematischen Erforschung der italienischen Kunst zugewandt, hat den Verfasser zu seinen Studien noch in letzter, schwerer Krankheit ermutigt.

In den mehr als vier Jahren, in denen eine Drucklegung des Buches sich nicht verwirklichen ließ, haben sich Hans Kauffmann und Ludwig Heinrich Heydenreich um die Finanzierung bemüht, als ob es sich um ihr eigenes Buch handele.

Der Deutschen Forschungsgemeinschaft haben wir unseren ehrerbietigen Dank für eine sehr namhafte

Druckkostenbeihilfe auszusprechen. Da diese allein aber die Drucklegung des Buches noch nicht ermöglicht hätte, so gewährte die Max-Planck-Gesellschaft zur Förderung der Wissenschaften ebenfalls einen beträchtlichen Zuschuß. Dem damaligen Präsidenten der Gesellschaft, Herrn Professor Dr. Otto Hahn, und dem geschäftsführenden Vorstandsmitglied, Herrn Dr. Ernst Telschow, sind wir für ihre wirksame Hilfe tief verpflichtet, ebenso Herrn Professor Dr. Franz Graf Wolff-Metternich, der riet und half.

Der Rektor der Johann-Wolfgang-Goethe-Universität hat während der Amtsjahre von Max Horkheimer aus seinen Dispositionsfonds dem Verfasser zweimal wirksame Beihilfen für wissenschaftliche Studienreisen gewährt.

Um die Zusammenstellung des Tafelanhangs haben die Mitglieder der Bibliotheca Hertziana sich sehr verdient gemacht, wobei wir die Hilfe von Dr. Karl Noehles und Dr. Hildegard Giess mit besonderer Dankbarkeit erwähnen.

Einzelne Photographien stellten uns folgende Kollegen zur Verfügung: Sigrid Braunfels, Bernhard Degenhart, Peter Halm, G. F. Hartlaub, Karl Heinz Hönig, Heinz Kähler, Carl Lamb, Ulrich Middeldorf und Robert Oertel. Karl Noehles und Karl Heinz Hönig verfertigten zudem Neuaufnahmen eigens für dieses Buch.

Während der Drucklegung des Buches fanden wir im Prestel-Verlag in dem Lektor Herrn Dr. Hans Melchers und dem Graphiker Herrn Eugen O. Sporer verständnisvolle Helfer, die besonders bei der Zusammenstellung des Tafelanhangs mit feiner Einfühlungsgabe uns berieten.

Der tiefste Dank aber gebührt meiner Frau, die viele Jahre lang auf den bequemen Ferienaufenthalt in den italienischen Kunstzentren verzichtet hat, um, mit Koffern und Büchern schwer bepackt, in den entlegensten Landstrichen meine Reisegefährtin zu sein. Sie hat zudem die Register des Buches beigesteuert und alle Ansprüche von mir ferngehalten, welche die Vollendung des Buches verzögert hätten.

Planegg vor München, H. K.
den 1. Oktober 1960

GRUNDLEGUNG

Donne e buoi de' paesi tuoi (Italienisches Sprichwort)

Les belles filles que vous aurez vues à Nîmes
ne vous auront, je pense, pas moins délecté l'esprit
par la vue que les belles colonnes de la Maison Carrée,
vu que celles-ci ne sont que des vieilles copies de celles-là.

(Lettres de Poussin, publ. par du Colombier, Paris 1929, p. VIII)

Jeder Besucher, der Italien zum erstenmal betritt, wird schon nach wenigen Tagen den Zusammenhang gewahren, in dem dort Kunst und Landschaft stehen. Einsicht in die geheimen Gesetzmäßigkeiten zu gewinnen, die hier offenbar walten, wird ihm ein immer größeres Bedürfnis werden, je länger er in dem schönen Lande weilen darf. Er wird in Florenz zu der Überzeugung gelangen, daß allein in der Toskana die Frührenaissance entstehen konnte. Nur hier breitet sich noch heute die Kulturlandschaft aus, die wir aus den Bildern der Quattrocento-Maler kennen: das weite, ganz überschaubare Land mit den welligen Hügelketten, bis an den Rand des Horizonts von der Hand des Menschen geformt, der hier Landhäuser baute, Gräben zog, Vignen pflanzte und Ölbäume beschnitt. So fehlt dem Lande die Melancholie von Latium und die fette Üppigkeit der heißen Poebene. Es fehlt vor allem der monumentale Zug: alles ist nahe und hier; es gibt keine thronenden Punkte in der Landschaft, die zu beherrschenden Motiven würden und die alle übrigen Teile nur als Vorder- und Hintergrund gelten ließen. Hier um Florenz verträgt sich die Natur, steht alles gleichberechtigt nebeneinander. Jeder Ölbaum und jeder Weinstock bleibt dem Auge einzeln faßbar, und wo die nadelspitzen Zypressen einmal zu Alleen zusammentreten, etwa vor den Portalen von größeren Villen des 17. oder 18. Jahrhunderts, da entstehen doch nirgends raumgliedernde Achsen, die der Landschaft ihren Willen aufzwängen. Wo der Pflug seine frischen Furchen zog, ist jeder Zoll der zimmetfarbenen Erde von dem nächsten abgehoben, und in dem silbrigen Licht geht keine Hebung oder Senkung im Rückenkontur des vor dem Pflug schreitenden Ochsen verloren. Es gibt auch keine Überraschungseffekte, weil alles von vornherein überschaubar bleibt: das Kastell sitzt immer droben auf der Hügelkette und wird nicht erst nach dem Übersteigen des vorletzten Bergrückens sichtbar. Nirgends schmiegt sich eine Zisterzienser-Abtei in die Kühle des waldigen Grundes. Auch vom Herrenhaus der Villa aus kann man den Bauernhof immer sehen[1]. Hier verhilft auch das Licht jedem Naturgebilde zu seinem Rechte; es schließen nicht Sonnenglast und schwarze Schatten einzelne Partien zu herrschenden Gruppen zusammen. Die Oliven sind silbergrau, die Häuser haben einen gelblichen Ton, aber niemals das tiefe warme Rotbraun mit dem Stich ins Orangefarbene wie in und um Rom: das Licht verbindet in seinem milden Schein die Gegenstände, es trennt oder gruppiert sie nicht. Schon in der Landschaft und der Atmosphäre über ihr waltet dasselbe Maß, das den Bewohnern der Toskana als schönstes Geschenk mitgegeben wurde. Wo alles so nahe, so greifbar, so deutlich und um seiner selbst willen da zu sein scheint, wo so viel Andacht zum Kleinen herrscht, konnte sich die Hochrenaissance nicht entfalten. Die großen Florentiner, die den Stil zu seiner Höhe führten, vollbrachten das in Mailand und Rom.

Wer einmal von Todi aus die Hügelkette Umbriens überschaut und die Harmonie dieser Landschaft eingesogen hat, dem wird es nicht mehr als Zufall erscheinen, daß der ideale Zentralbau der Hochrenais-

(1) »Die Verdeckungen des Bauernhauses durch Bäume, denen man bei Florenz manchmal begegnen kann, sind modern und untoskanisch.« A. Borsig und R. Bianchi-Bandinelli, Die Toscana, Wien 1939, p. 30.

sance, den so viele Maler in ihren Bildarchitekturen
22 erträumt haben, gerade hier in Umbrien einmal ge-
baute Wirklichkeit geworden ist. Die Consolazione
in Todi, die um die quadratische, kuppelüberwölbte
Vierung vier gleichberechtigte Halbkreiskonchen
gruppiert und so einen ganz spannungslosen, ruhen-
den Raum formt, in dem die vollendete Harmonie
zwischen allen Raumteilen und in allen Maßen waltet,
steht in tiefstem Einklang mit der umbrischen Land-
schaft, die sie umgibt.

Wer einmal gesehen hat, wie die Millionenstadt Rom, in deren engen Straßen sich heute die Automobile stauen und der Benzingeruch hängen bleibt, beim Morgengrauen aus den Toren der Aurelianischen Stadtmauer Kuh- und Schafherden entsendet, welche von berittenen Hirten begleitet werden, die auch im heißesten Hochsommer Hosen und Jacken aus Fell tragen, dem erscheinen tausend Jahre wie ein Tag und die Hirtengedichte des Vergil werden ihm zur lebendigen Gegenwart. In den Stanzen des Vatikan wird der Besucher dann begreifen, daß die ›Schule von Athen‹ nur in einer Stadt gemalt werden konnte, wo die Trümmer der Kaiserpaläste und der Thermen ragen, und in der ›Disputà‹ wird er den niedrigen Horizont und die endlose Weite der Ebene der Campagna wiederfinden. Er wird sich sagen, daß Raffael dieses Fresko niemals in seiner Heimat, in dem Bergland der Marken, hätte schaffen können und daß die Kunst des reifen Raffael und der Genius loci sich hier auf eine geheimnisvolle, aber völlig anschaubare Weise zusammengefunden haben.

Wer Venedig durchstreift hat und wer das Morgenlicht sich über der Wasserfläche des ›baccino‹

zwischen Riva degli Schiavoni und San Giorgio Maggiore ausbreiten sah, und wer abends von den Fondamenta Nuove aus wahrnahm, wie die Bergketten der Terra ferma deutlich aus dem Dunst hervortreten, ganz so wie die Berge von Cadore über dem ›Tempelgang Mariae‹ von Tizian stehen, der fragt nicht mehr, warum Venedig in den Jahrhunderten des Höhepunktes seiner Macht, im 12. und 13. und noch im 14. Jahrhundert, keine Kunst besaß, die dieser Stadt würdig gewesen wäre. Er versteht, daß die Malerei die eigentliche Ausdrucksform der venezianischen Kunst wurde und daß deren große Epochen erst heraufziehen konnten, als die Zeit dafür reif geworden war, das reine Augen-Erlebnis auf der Leinwand in eine Farbenskala von höchstem Sinnenreiz umzusetzen.

Wer einmal von Recanati aus über den etwas niedrigeren Höhenzug mit der halbverdeckten Kuppel von Loreto hin ostwärts auf die Adria geschaut hat, westwärts aber auf die zahllosen hintereinander verschwimmenden Bergketten, die sich bis zu den Monti Sibillini hin staffeln, wer die nach außen hin abweisenden barocken Adelspaläste Recanatis mit den verschwiegenen Gartenmauern sah und die engen Gassen, durch die nächtens der Schritt hallt, der wird beides verstehen, daß der Knabe Leopardi, der hier aufwuchs, den Zauber der unberührten Heimat genoß und die Dreingabe von Weltschmerz und Weltverachtung erlitt.

Wer Castel del Monte auf dem kahlen Tavoliere di Puglia gesehen hat, wie eine Krone auf dem Lande liegend, so schön und so kostbar, aber auch so fremd, so unnahbar wie eine Krone, den durchfährt es wie eine Gewißheit, daß der Bau aus dem Lande keine Kräfte zog und hier als ein geheimnisumwitterter Fremdling steht.

Wer schließlich die Rupe hinter Cefalù ersteigt, jenes isolierte Felsmassiv, das der alten sizilianischen Bischofsstadt ihre unvergeßliche Silhouette verleiht, der stößt bald auf der weiten oberen Felsterrasse, die sich unter dem Gipfel ausbreitet und von der man einen wunderbaren Blick auf die Türme und Dächer des Normannendoms, den Küstensaum und das weite Mittelmeer genießt, auf ein merkwürdiges Bauwerk, den sogenannten Tempel der Diana. Den Kern und die unterste Schicht der kleinen Anlage bildet eine Zisterne, in deren Mitte ein ungefüger Pfeiler aus Stein aufwächst, auf dem fächerförmig die großen Megalithblöcke liegen, welche zur Eindeckung dienen. Daneben befinden sich die Reste eines Heiligtums aus der vorhellenischen Epoche (9.–8. Jahrhundert v. Chr.), das zur Zeit der griechischen Blüte (im 5. oder 4. Jahrhundert v. Chr.) als Tempel neu erbaut wurde. Dieser griechische Tempel ist dann in der Zeit der byzantinischen Herrschaft (vor 838 nach Chr.) in eine christliche Kirche verwandelt worden, wobei die Cella nun eine Apsis und Querarme erhielt. Schließlich hat man im Mittelalter den ganzen Tempelbezirk mit einer Mauer umschlossen. Wie schade, daß das Vorgebirge über Cefalù im Barock keinen Verteidigungswert mehr besaß – wir hätten sonst sicher damit rechnen dürfen, in der byzantinischen Apsis Reste eines üppigen palermitanischen Stucks aus dem 17. oder 18. Jahrhundert zu finden. Aber auch so läßt sich eine Kontinuität der Benutzung und der Bautätigkeit durch volle zweitausend Jahre nachweisen. Wir begreifen, daß hier auf Sizilien die Völker und Rassen kommen und gehen, daß die Lebenskraft der Insel und ihrer Kunst unverwüstlich ist, wir ahnen aber auch, daß die Kunst es uns hier schwer machen wird, durch die Jahrhunderte hin dieselben, altvertrauten Züge in ihrem Antlitz zu erkennen.

Aber lassen sich solche Reiseeindrücke zu wissenschaftlichen Überzeugungen verdichten? Wird sich ein besonderer Charakter der einzelnen italienischen Kunstlandschaften erkennen lassen, der durch die Jahrhunderte hin sein Gesicht behält?

Die heutige staatliche Verwaltung Italiens kennt die großen alten Landschaften, die Träger des geschichtlichen Lebens der Halbinsel, Lombardei, Toskana usw., nicht mehr. Als Italien sich endlich 1860 geeinigt hatte und die piemontesischen Staatsmänner nun vor der Frage standen, wie man das Land politisch gliedern solle, da scheute man davor zurück, die alten großen geschichtsträchtigen Provinzen wieder auferstehen zu lassen, weil man fürchtete, damit auch den regionalen Neid und peinliche historische Erinnerungen von neuem wachzurufen. Auf Vorschlag von Marco Minghetti nahm man deshalb 1861 die französische Departementseinteilung zum Vorbild, mit der historische Erinnerungen schlechterdings nicht zu verbinden waren. Die Provinzen, die man so schuf, waren ziemlich klein und fanden ihren natürlichen Mittelpunkt jeweils in einer Stadt (Provincia di Brescia, di Arezzo, di Messina ...). Gewiß schloß man sich mit dieser ahistorischen Gliederung den Ideen der französischen Aufklärung an – andererseits aber ist

der Entschluß, die Provinz als ein nicht allzu großes
26 Territorium um den Mittelpunkt einer Stadt zu gruppieren, die diesen ›contado‹ durchaus beherrschen kann, eine Wiederaufnahme des antiken Polis-Gedankens. In den beiden großen romanischen Nationen herrscht also eine neutrale Bezirksverwaltung, die ihre Entstehung der rationalen Gedankenwelt der Revolution von 1789 verdankt.

Es ist jedoch nur die Staatsverwaltung, welche den Gedanken der historischen Landschaften negiert: dem gesamten kirchlichen, kulturellen und wirtschaftlichen Leben bedeuten sie die selbstverständlichen Lebensräume nach wie vor. An jeder umbrischen Kirchentüre sind die Fastenordnungen oder Hirtenbriefe der ›Vescovi della regione Umbra‹ oder kurz des ›Episcopato Umbro‹ angeschlagen. In Rom gibt es eine ›Associazione fra i Pugliesi residenti a Roma‹, in Florenz eine ›Società Toscana per industrie cucine economiche‹ usw. In beiden romanischen Schwesternationen setzt sich also die landschaftliche Gliederung im Alltagsleben siegreich durch, denn Ernst Robert Curtius hat durch eine Fülle von Beispielen belegt, daß die Bewohner der französischen Provinzen in Paris ganz ähnlich zusammenhalten[2].

Das stolze Eigenleben der meisten italienischen Kommunen findet seinen Höhepunkt in jedem Jahre in dem großen Stadtfeste. Um dieses mitfeiern zu können, kehren alle, die das Berufsleben in andere Himmelsstriche der Halbinsel verschlagen hat, heim in die Vaterstadt. Fast jede italienische Stadt besitzt ein solches Fest.

Pisa hat sein ›Gioco del Ponte‹; die Bewohner der beiden Stadthälften rechts und links des Arno kämpfen an einem bestimmten Jahrestage um die Eroberung des Ponte di Mezzo, des Verbindungsgliedes zwischen den beiden Stadtteilen. Das Spiel geht auf den Anfang des Quattrocento zurück. Während der Aufklärungszeit durch Großherzog Pietro Leopoldo 1782 wegen der Verrohung der Kampfesweise verboten, ist das Volksfest 1935 wieder aufgenommen worden.

In Arezzo feiert man im September die ›Giostra del Saracino‹. Es handelt sich um eine Art Ringelstechen, das zuerst 1593 bezeugt ist, aber vermutlich viel weiter zurückreichen dürfte. Auf der Piazza Grande rennen acht Reiter als Vertreter der vier alten Stadtquartiere mit eingelegter Lanze in gestrecktem Galopp gegen einen gepanzerten Automaten an, der einen Sarazenen darstellt, ›Buratto, re delle Indie‹. Der Reiter, welcher mitten in den Rundschild der Puppe trifft und der den harten Schlägen der Peitsche geschickt auszuweichen versteht, die der Automat mit freier Hand austeilt, erringt damit für seinen Stadtteil den ›Preis der goldenen Lanze‹. Auch in Arezzo war die Abhaltung des Spiels bis zur Wiedereinführung 1931 für mehr als hundert Jahre unterbrochen.

Auch die ›Partita del Calcio‹, die in Florenz am ersten Sonntag im Mai auf der Piazza della Signoria gespielt wird, ist wie in Pisa ein Kampfspiel zwischen den Stadthälften von den beiden Seiten des Arno. Die alljährliche Begehung des Spiels soll die Erinnerung an die hohnlachende Kaltblütigkeit der Florentiner wachhalten, die während der Belagerung der Stadt von 1530, den Kaiserlichen zum Tort, am 17. Februar auf der Piazza Santa Croce ein solches Spiel

in Seelenruhe genossen. Das andere große Stadtfest,
28 zu dem die gebürtigen Florentiner von allen Seiten in die Vaterstadt eilen, ist am Ostersamstag der ›Scoppio del carro‹. Der Ursprung dieses Festes soll auf ein Mitglied der Patrizierfamilie Pazzi zurückgehen, das vom ersten Kreuzzuge aus Jerusalem einige Steine des Hl. Grabes mitgebracht habe, mit denen man dann die Osterfeuer anschlug. Heute bedeutet die Entzündung des Karrens das Ende der ›stillen Woche‹ für Florenz. Nachdem am Morgen eine Prozession unter Beteiligung der Vertreter der städtischen Magistrate das gesegnete Feuer aus SS. Apostoli in den Dom gebracht hat, wird dort die Messe gefeiert. Draußen vor der Fassade ist inzwischen der von geschmückten Ochsen gezogene Karren aufgefahren, der mit Böllern, Raketen und anderem Feuerwerk beladen ist, zwischen dem das Wappen der Pazzi prangt. Während des Gloria läßt der Erzbischof einen Apparat in Gestalt einer künstlichen Taube entlang einem Drahte vom Hochaltar durch das ganze Schiff hinaus zu dem Karren schießen, welcher das Feuerwerk entzünden soll. Das Aufsteigen der Girandole ist begleitet von der Enthüllung der Altarblätter und dem Läuten der Glocken, die während der Karwoche geschwiegen hatten. Ob der Flug der Taube ungehemmt oder stockend vor sich geht – das bedeutet für den gemeinen Mann in Florenz ein gutes oder böses Vorzeichen für das ganze Jahr.

In Orvieto wird am Pfingstsonntag eine Abart des florentinischen ›Scoppio del carro‹ gefeiert, nur daß die am Drahte geleitete Taube hier an einem vor dem Dome aufgebauten Tabernakel, das die Figuren der Pfingstversammlung zeigt, über den Köpfen der

Madonna und der Apostel die Flammen des Hl. Geistes entzündet.

Das berühmteste aller dieser Feste ist aber doch das ›Palio‹ in Siena, das an Mariä Himmelfahrt, seit dem 17. Jahrhundert ein zweites Mal an Mariä Heimsuchung gefeiert wird. Die Einsetzung des Festes soll auf ein Gelübde der ›civitas virginis‹ an die Madonna am Vorabend der Schlacht von Montaperti (1260) zurückgehen. Tatsächlich aber wissen wir, daß bereits im Jahre 1236 am Vortage des Marienfestes im August das Palio begangen wurde, und damals war es bereits fest eingebürgert und durch statutarische Bestimmungen geregelt. Es ist ein Pferderennen um den Preis des Marienbanners, eben des Palladiums. Als halsbrecherische Rennstrecke dient die Peripherie des Stadtplatzes. Die Stadt ist in siebzehn Quartiere geteilt, aber nur zehn Pferde dürfen starten. Infolgedessen setzt sich die Mannschaft jedesmal aus den Vertretern der sieben Contraden zusammen, die das letzte Mal nicht dabei waren, ergänzt um drei Reiter, die das Los aus den restlichen zehn Stadtteilen auswählt. Es ist also dem Ursprung nach ein kirchliches Fest; am 2. Juli werden die Pferde vor dem Rennen in den Kirchen der betreffenden Contraden, am 15. August im Dom gesegnet.

Ein Wettrennen ist auch das Volksfest des umbrischen Gubbio, die ›Corsa dei Ceri‹. Die Ceri sind drei große oktogonale Prismen aus Holz, die auf schweren Stangen getragen werden und über denen als Bekrönung in einer Höhe von sechs bis sieben Metern je eine Heiligenfigur thront. Die Maurer haben den Stadtpatron, den hl. Ubaldo, an dessen Jahrestag das Fest stattfindet, die Kaufleute den hl.

Georg und die Landleute den hl. Antonius Abbas auf ihrem Cero. Am 15. Mai werden die sehr schweren Ceri, die natürlich nur von mehreren Dutzend starker Männer zugleich getragen und dirigiert werden können, nach Segnung durch den Bischof in schnellem Lauf aus der Stadt hinauf zur Basilika des hl. Ubaldo auf dem Gipfel des Monte Ingino getragen – ein Weg von etwa vierzig Minuten Dauer bei einer Steigung von etwa dreihundert Metern. Infolgedessen werden die Einwohner der umbrischen Bergstadt durch ganz Italien nur ›i matti di Gubbio‹ genannt[3].

Auch der römische Karneval hat seine religiöse Wurzel. Zwei Feste der Antike waren im Laufe der Geschichte hier zusammengetreten: die Wettrennen und die Luperkalien. Nach der Erbauung seines Palazzo Venezia hatte Papst Paul II. (1464–1471) die bis dahin recht bescheidenen römischen Karnevalsvergnügungen, die sich auf der Piazza Navona, dem Campo di Fiori, dem Kapitol und dem Monte Testaccio getrennt abgespielt hatten, in die Via Lata, das ist die Fortsetzung der Via Flaminia innerhalb der Mauern, verlegt, die schnurgerade auf seinen neuen Palast zuführte, so daß er von seiner Wohnung aus den Wettrennen zusehen konnte. Infolgedessen nahm die Straße selbst schließlich den Namen des Corso an. Noch unter Papst Urban VIII. 1632 rannten hier nicht nur Pferde, Büffel und Esel, sondern auch Juden, außerdem Kinder und Erwachsene verschiedener Altersklassen um die Wette. Immer mehr aber wurde die ›Ripresa dei Barberi‹, das Einfangen der in rasender Eile den Corso entlang sprengenden Berberpferde, das Hauptvergnügen des Karneval, und zu Goethes Zeiten fanden überhaupt keine Wettkämpfe zwischen Menschen mehr statt, die Berberhengste allein beherrschten das Feld[4].

Keine Stadt aber verstand es von jeher so gut, die spontane Freude an glänzenden Festen mit dem edelsten Sinn für künstlerische Form zu paaren wie Venedig. Fast allen diesen bis zum Erlöschen der Republik oder gar bis auf den heutigen Tag gefeierten Festen liegt ein historisches Ereignis zugrunde. Das berühmteste von ihnen ist die sogenannte ›Sensa‹, die Vermählung des Dogen mit dem Meere. Am Himmelfahrtstage bestieg der Doge mit großem Gefolge sein Prunkschiff, den Bucintoro, begab sich über den Lido hinaus auf See und versenkte einen Ring in die Adria mit den Worten: »Ti sposiamo, o mare nostro, in segno di vero e perpetuo dominio.« Das Fest wird sicher nicht vor dem 13. Jahrhundert gefeiert worden sein. Im 14. Jahrhundert spann der Stadtstolz eine Legende aus, nach der die Vermählung des Dogen mit dem Meere ein Erinnerungsfest für die Seeschlacht sein sollte, die im Zusammenhang mit der historischen Zusammenkunft Kaiser Friedrich Barbarossas und Papst Alexanders III. von 1177 in Venedig von den Venezianern über die Flotte eines sagenhaften Kaisersohnes errungen worden wäre[5].

Da fast alle diese Feste im religiösen Volksleben des Mittelalters wurzeln, so wird man denn auch ungescheut das alljährlich zweimal sich erneuernde Wunder in Neapel, wo das Blut des hl. Genaro im Dom wieder flüssig wird, zu den Volksfesten zählen dürfen, an denen die Bewohner der Polis sich eins fühlen[6].

»Jede Provinz liebt ihren Dialekt: denn er ist doch eigentlich das Element, in welchem die Seele ihren

Atem schöpft«, sagt Goethe in Dichtung und Wahr-
32 heit (2, 6). So treten neben die Volksfeste die Sprachdenkmäler und das kunstlose Wort der Alltagssprache. Daß in einem Lande, welches erst im Jahre 1860 zu einem einheitlichen Staate zusammengefaßt wurde, die Dialekte eine hervorragende Rolle spielen, ist nicht verwunderlich. »Die relative Selbständigkeit der italienischen Mundarten hat nun zur Folge, daß diese sich zäher und lebendiger erhalten und entwickelt haben, als es in anderen romanischen Ländern der Fall ist . . . So sehen wir, daß in den meisten Landschaften und hauptsächlich in Piemont, in den emilianischen Provinzen, in Venetien und im ganzen Süden des Landes die Mundart die eigentliche Konversationssprache der Gebildeten ist . . .[7]«

Betrachten wir das Problem der Entstehung von Kunstlandschaften historisch, so bedarf es offenbar der Überlegung über drei Grundtatsachen. Einmal müssen wir uns klar werden über den ethnischen Charakter der Bewohner der einzelnen Regionen. Zum zweiten ist der Einfluß der geographischen Gliederung der Landschaft auf die Kunst zu untersuchen, und schließlich müssen wir zu verstehen trachten, was aus diesen beiden Gegebenheiten, dem ethnischen und dem geographischen Erbe, im Laufe der Jahrhunderte durch die formende Hand der Geschichte geworden ist.

Wir sprechen vom Anteil der deutschen ›Stämme‹ an der deutschen Kunst, während der Italiener einen solchen Begriff nicht kennt, ihn seiner Geschichte nach gar nicht kennen kann. Statt dessen hat man von italienischen Kunstlandschaften zu sprechen, und

diese sind fast ausnahmslos keine geschlossenen ethnischen Einheiten. In der Lombardei haben Italiker, 33
Etrusker, Ligurer, Kelten, Gallier, Lateiner (d.h. Soldaten aus allen Provinzen der romanischen Welt), Goten, Langobarden einander abgelöst. In der Toskana folgen auf eine nicht mehr faßbare Urbevölkerung die Etrusker, später Italiker, Lateiner, Goten und Langobarden. Blieb der Toskana die Keltisierung erspart, welche die Poebene über sich ergehen lassen mußte, so ist dafür das etruskische Erbe in der Toskana ungleich stärker als in der Lombardei. Demnach sind also die italienischen Kunstlandschaften nicht ethnisch einheitliche, sondern historisch gewordene Gebilde. Es sind keine rassischen, sondern Schicksalsgemeinschaften. Aus den seit zwei Jahrtausenden hier ab- und zuströmenden Völkergruppen, die sich untereinander ausgerottet, vertragen und überdeckt haben, ist endlich das italienische Volk geworden, dessen Fusion aus den verschiedensten Blutelementen nach der Ansicht italienischer und deutscher Forscher um das Jahr 1000 vollzogen war[8].

Nirgends wird der Unterschied der Bedeutung einer landsmannschaftlichen Gliederung für Deutschland und Italien sinnfälliger als bei der Betrachtung des Widmungsblattes des Perikopenbuches Kaiser Heinrichs II., einer Reichenauer Prunkhandschrift, die das hl. Kaiserpaar 1007 oder 1012 dem Bamberger Dom geschenkt hat. Da erscheinen in der unteren Hälfte des Blattes, mit Mauer- und Strahlenkronen geschmückt, Italia, Germania und Gallia, d.h. hier das rechts- und linksrheinische Deutschland, um dem Kaiserpaare seine Huldigung darzubringen. Eine Stufe tiefer aber und weiter im Hintergrunde er-

blickt man sechs huldigende Gestalten, ebenfalls mit
34 Kronen auf dem Haupte, von denen vier Füllhörner tragen, während die beiden äußersten den Tribut in großen Schalen darbringen. Diese sechs Gestalten sind als ›gentes‹ bezeichnet, es sind die deutschen Hauptstämme, also etwa Bayern, Schwaben, Franken, Lothringer, Sachsen und Friesen[9]. In dem stufenförmigen Aufbau der Bildkomposition kommt die tragende Bedeutung, die den deutschen Stämmen im deutschen Staatsgefüge zufällt, höchst wirkungsvoll zur Geltung. Eine ähnliche Darstellung wäre in Italien undenkbar. Hier gibt es kein Staatsgebilde, das sich auf die Stämme stützen könnte, geschweige denn, daß sich einige Stammeslandschaften als die vornehmsten aus den anderen herausgehoben hätten.

Es ist seit langem ein Gegenstand der wissenschaftlichen Besinnung, wie diese heftige Blutmischung zu werten sei und ob das eine oder andere der Elemente sich noch nach der Fusion weiterhin behauptet habe. Es gibt kaum eine andere italienische Landschaft, die eine solche Geschlossenheit in geographischer, klimatischer und ethnischer Hinsicht bietet wie Ligurien. Keine andere ist von den Völkerverschiebungen auf der Halbinsel dank ihrer geographischen Absonderung so glücklich verschont geblieben. Der ligurische Apennin, von alpinem Charakter, umgreift den Küstenstreifen am Tyrrhenischen Meer, auf dem die Siedlungen liegen, in Form eines Amphitheaters. Die Etrusker haben diesen schützenden Gebirgsgürtel niemals überstiegen und ebenso fehlen hier die Zeugnisse langobardischen Spracheinflusses und langobardischer Siedlungstätigkeit[10]. Keine andere Landschaft ist aber auch so amusisch. Ligurien hat weder bedeutende Dichter noch Philosophen, weder große Maler noch Bildhauer hervorgebracht. Da liegt es nun sehr nahe, zu folgern, daß die fehlende Möglichkeit zur Rassenmischung das Auftreten großer künstlerischer Begabungen verhindert habe.

Daß die Wesenszüge etruskischer Kunst nach zweitausend Jahren in der florentinischen noch wiederzuerkennen seien, ist ein Lieblingsgedanke der Kunstforschung seit Winckelmann. In seiner ›Geschichte der Kunst des Altertums‹ (Dresden 1764) heißt es im 1. Teil, im 2. Stück des 3. Kapitels, wo »Von dem Stile etrurischer Künstler« gehandelt wird: »Die angegebenen Eigenschaften dieses Stils sind noch jetzt in gewissem Maße dieser Nation überhaupt eigen, welche auf Kleinigkeiten geht; und dieses zeigt sich in ihrer Schreibart, welche sehr gesucht und gekünstelt ist und trocken und dürre erscheint gegen die reine Klarheit der römischen, sonderlich aber offenbart es sich in der Kunst. Der Stil ihrer alten Künstler blickt jetzt noch hervor in den Werken ihrer Nachkommen und entdeckt sich unparteiischen Augen der Kenner in der Zeichnung des Michael Angelo, des Größten unter ihnen ... Es ist auch dieser Charakter unwidersprechlich eine von den Unvollkommenheiten eines Daniel von Volterra, Pietro von Cortona und anderer.«

Die Kunstgeschichtsschreibung der Romantik hat in Carl Schnaase diesen Gedanken wieder aufgegriffen. Jetzt wird besonders das Etruskische bei Ghirlandajo und Michelangelo betont[11], während moderne Forscher wie Julius von Schlosser sich besonders bei Donatello an die Kunst der alten Tuscier erinnert fühlen[12]. In den furchtbaren Bürgerkriegen zwischen Marius und Sulla im ersten vorchristlichen Jahrhundert ist der letzte Rest der etruskischen Kunst zerstört und der Kern der etruskischen Führerschicht ausgerottet worden. Darf man wirklich glauben, daß durch die sich darüber lagernden Volksschichten der Italiker, Goten und Langobarden und schließlich, seit der Karolingerzeit, der heutigen Toskaner, nach fünfzehn Jahrhunderten der Rest der etruskischen Volkssubstanz sich noch einmal den Weg an die Oberfläche bahnen und sich sogar zu künstlerischen Gebilden zu verdichten vermochte?

Ebenso hat man künstlerische Eigentümlichkeiten, die in dem einstmals von den Kelten besiedelten Teile Oberitaliens auftreten, auf die langhin nachwirkenden Einflüsse dieser Rasse zurückführen wollen. Seit 400 v. Chr. gehörte etwa der vierte Teil des italienischen Festlandes den Kelten, darunter die fruchtbaren Ebenen von Piemont, der Lombardei und der Emilia. Gegen Osten bildeten der Gardasee, der Mincio, der Hauptarm des Po, und die Adria die Grenze des keltischen Siedlungsgebietes. Zwischen der Meeresküste und dem Kamm des Apennin schob sich wie ein Keil das gallische Volkstum bis Pesaro. Ein Gelehrter wie Julius von Schlosser hat sehr weitgehende Folgerungen daran geknüpft: »Es ist kein äußerer Zufall, daß gerade aus dem gallischen Boden Oberitaliens, von dem ohnehin halbfranzösischen Piemont bis an die Adria hin, jene glänzenden Ritterhöfe entstanden sind, der Visconti und Sforza in Mailand, der Gonzaga in Mantua, der Este in Ferrara, der Malatesta in Rimini, der Montefeltre in Urbino, und hier weitergeblüht haben, während die Scaliger von Verona, die Carrara in Padua schon im Trecento von der alten Veneterrepublik absorbiert wurden, eben weil sie, auf ein ganz anders geartetes Volkstum gepfropft, vorübergehende Erscheinungen waren, wie die provenzalisch dichtenden Troubadours Venedigs selbst[13].«

Der Gedanke, daß von einer Landschaft formende Kräfte auf ihre Bewohner überströmen, daß das Volkstum mit der Umwelt, d.h. mit Landschaft und Klima im Zusammenhang steht, ist zuerst von dem größten Arzt des klassischen Altertums, von Hippokrates (gest. wahrscheinlich 356 v.Chr.) ausgesprochen worden. Polybius, Strabo und Plutarch haben seine Lehre weiter entwickelt, deren Nachwirkungen sich bei den Geschichtsschreibern des Mittelalters und des Humanismus verfolgen lassen. Für den modernen Menschen ist das Problem aber erst wieder mundgerecht und geradezu amüsant gemacht worden durch das Streitgespräch, das Montesquieu und Voltaire nach 1748 über diesen Gegenstand geführt haben. Fast alle unsere großen Schriftsteller des 18. Jahrhunderts sind dem Verhältnis zwischen Landschaft und Klima einerseits und den Menschen und ihrer Kunst andrerseits nachgegangen, Winckelmann und Heinse, Herder und Goethe. In der Romantik haben besonders Karl Ottfried Müller und, von kunsthistorischer Seite, Carl Schnaase diese Idee weitergetragen, bis der Positivismus des 19. Jahrhunderts ein ganzes System der Geschichtsbetrachtung aus diesen Gedanken aufgebaut hat. Das ist vor allem die Leistung von Hippolyte Taine gewesen, der freilich auf den Vorarbeiten von Spencer, Mill, Comte und besonders von V. Cousin fußt. Aber auch nach der Überwindung des Positivismus ist das Gespräch über den Einfluß der Landschaft auf ihre Bewohner nicht zum Schweigen gekommen. Die gegenwärtige Literaturwissenschaft

streitet noch immer um Josef Nadlers ›Literaturge-
38 schichte der deutschen Stämme und Landschaften‹,
obwohl die erste Auflage des Werkes schon 1912 zu
erscheinen begann[14].

Infolge aller dieser Untersuchungen wissen wir längst, daß das Verhältnis zwischen Mensch und Umwelt, Künstler und Stammeserbe keineswegs mystischer Natur ist. Denn auch die besten Stammeseigenschaften müssen nicht angeboren sein, sie können sehr wohl von Zugewanderten erworben werden. Stefan Lochner, der ideale Vertreter kölnischer Malerei schlechthin, stammt vom Bodensee. Tilman Riemenschneider, der Inbegriff mainfränkischer Bildschnitzerei, kam aus Osterode am Harz nach Würzburg, und Hans Memling, der das große Erbe der altniederländischen Malerei so nobel zu verwalten wußte, daß ihm alle Aufträge zufielen, ist aus dem Mainzischen, aus der Gegend von Aschaffenburg, in die Niederlande eingewandert. Wer würde es der Architektur des Dresdner Zwingers in ihrer Anmut, Leichtigkeit und strömenden Formenfülle ansehen, daß ihr Schöpfer Daniel Pöppelmann aus dem schwerblütigen Westfalen, aus Herford, stammt und daß die Skulpturen, die hier von dem architektonischen Rahmen schlechthin untrennbar erscheinen, das Werk eines Alpenländers aus dem damals salzburgischen Chiemgau sind? Ebenso selbstverständlich ist der aus dem Osten kommende Jan Pollack in der Münchner Atmosphäre der Erasmus-Grasser-Zeit aufgegangen.

In Italien verhält es sich nicht anders. Der spanische Maler, der in Umbrien schlechtweg Lo Spagna genannt wurde, ist ein Schüler Peruginos, der sich kaum von den andern Kräften dieses Kreises, etwa von Giannicola di Paolo oder Eusebio di S. Giorgio, unterscheidet. Ein so gewandter und schmiegsamer Künstler wie Raffael gar wurde in Perugia zum Umbrer, in Florenz zum Florentiner und in Rom zum Römer. Bartolomeo della Gatta, in Florenz geboren, war während der Hauptzeit seines Lebens Mönch in einem Kamaldulenser-Kloster in Arezzo, als dessen Abt er starb. Als Werkstattgenosse des Signorelli in Loreto und der Sixtinischen Kapelle in Rom tätig, hat ihn diese Partnerschaft seiner florentinischen Eigenart ganz beraubt.

Entstammen Vater und Mutter verschiedenen Landschaften, so wird für die künstlerische Entwicklung ausschlaggebend sein, in der Heimat welchen Elternteils der Meister heranwuchs. Pisanello wurde vor 1395 in Pisa geboren, als Sohn eines Pisaners und einer Veroneserin. Der Vater starb schon um diese Zeit und die Mutter wird mit dem Buben dann bald in ihre Vaterstadt zurückgekehrt sein. So konnte Pisanello in der veronesischen Umwelt zu einem Künstler heranwachsen, der die Wesenszüge oberitalienischer Kunst besonders rein widerspiegelt. Sein toskanisches Erbe konnte er freilich nicht verleugnen. Eine »mittelitalienische Komponente bildet zeitlebens einen Wesensteil der künstlerischen Denkform Pisanellos und findet in seiner Herkunft die natürliche Erklärung[15].«

Wie es künstlerisch begabte und amusische Menschen gibt, so gibt es Landschaften, die künstlerisch schöpferisch sind und solche, denen das Geschick dies versagte. »Holsatia non cantat.« Aber auch die reich begabtesten Landschaften sind natürlich nicht

zu allen Zeiten gleich fruchtbar, und sie sind nicht
40 für alle Kunstgattungen in gleichem Maße begabt. Es ist z.B. das besondere Mißgeschick der Spanier, daß sie für die Architektur eine streng tektonische Gesinnung von Haus aus nicht besaßen und daß die Araber, die sie so lange im Lande dulden mußten, ebenfalls kein eigentlich architektonisches Denken mitbrachten.

Den Bewohnern der Küstenlandschaften scheint die Begabung für eine Malerei von leuchtendem Kolorismus und atmosphärischen Tönungen in die Wiege gelegt (Venedig, Neapel, Holland), wofür sie auf eine große Architektur verzichten mußten. England bildet hier eine Ausnahme. Hatte es vor Turner und Constable keine Maler, die sich hätten mit den Venezianern oder Niederländern vergleichen können, so besaß es dafür schon seit der normannischen Eroberung die Baukunst seiner großen Kathedralen.

Nun gibt es Stilstufen, die der Ausbreitung der landschaftlichen Sonderart besonders entgegenkommen und andere, in denen ein Idealstil auf Verwischung solchen landschaftlichen Eigenlebens und Stammescharakters dringt. Das 15. Jahrhundert etwa, die Zeit der »Entdeckung der Welt und des Menschen«, wie es Jacob Burckhardt genannt hat, verrät bei seiner Schilderung der nahen und kleinen Welt, bei Wiedergabe von Blume und Tier, von Garten und Innenraum, von Tracht und Antlitz so viel von der lokalen Gebundenheit der einzelnen Malerschulen, daß es nur natürlich ist, wenn fast alle Forscher, die über Stammescharaktere und Kunstlandschaften sprechen, ihr Beweismaterial vorwiegend der Kunst des 15. Jahrhunderts entnehmen.

Es leuchtet ein, daß alle typisierenden und idealisierenden Kunstphasen sehr viel weniger Spielraum für unsere Betrachtungsweise gewähren. Die drei Jahrzehnte von 1300–1330, in denen eine neue Vorstellung von der menschlichen Gestalt die Toten der Grabmäler in Saint Denis und Marburg an der Lahn, in Westminster Abbey und Santa Chiara in Neapel zum Verwechseln ähnlich macht, lassen den Sinn für Stammesdialekte ebenso zurücktreten wie der sogenannte ›Weiche Stil‹ (1400–1430), den man sehr bezeichnenderweise auch den ›internationalen Stil‹ genannt hat. Daß die Hochrenaissance in allen europäischen Ländern über die landschaftliche Gebundenheit von Kunstwerk und Künstler hinausstrebt, ist eine Binsenwahrheit. Bildnisse von Raffael, den Clouet oder Hans Holbein d. J. lassen die Frage nach der stammesmäßigen Zugehörigkeit der Künstler kaum aufkommen.

Nur Kunstzentren, die den langen Atem für eine schöpferische Entwicklung durch die Jahrhunderte hin hatten, ergeben geeignete Objekte für unsere Untersuchung, denn nur wenn wir das gleiche künstlerische Verhalten in Romanik und Barock, in Gotik oder Renaissance nachweisen können, dürfen wir sicher sein, lokale Eigentümlichkeiten festgestellt zu haben. Infolgedessen wird von den großen Wanderkünstlern, die an den Fürstenhöfen über die ganze Halbinsel hin zu Hause sind, in diesem Buche wenig die Rede sein. Aber auch die sehr bedeutenden Künstler, die abseits der großen Kunstzentren in einer kleinen Stadt ohne künstlerische Tradition ihr Leben verbrachten, bleiben außerhalb unseres Blickfeldes. So werden wir von Piero della Francesca, der in Borgo Sansepol-

cro saß, und von Signorelli, der in Cortona lebte
42 (beides Städtchen von der umbrisch-toskanischen Grenze), kaum zu sprechen haben, denn ihre Wirkungsstätten waren nur Kunstzentren, solange sie dort lebten.

Erst die Fusion der verschiedenen Bevölkerungselemente der Halbinsel, die um das Jahr 1000 nach Chr. vollzogen war, schuf die Voraussetzung für das Erwachen eines Zusammengehörigkeitsgefühls innerhalb der einzelnen italienischen Landschaften. Zunächst regt sich dieses natürlich in den Städten, denn anders als im Norden bilden für Italien ja gerade das 11.–13. Jahrhundert die große Blütezeit der Kommunen. Zunächst ist in den Seestädten Venedig, Pisa und Genua während ihres ununterbrochenen Kampfes um die Handels- und Militärvormacht im Mittelmeer ein starkes Zusammengehörigkeitsgefühl unter den Mitbürgern und Abneigung, ja Haß gegen die Rivalen aus den beiden anderen Städten erwacht. An den großen Handelsplätzen besitzen alle drei Städte seit Beginn des 12. Jahrhunderts ihre Handelskolonien, von denen die in den syrischen Städten bei weitem die selbständigsten waren. Hier hatten die einzelnen italienischen Städte ganze Stadtviertel in territorialem Besitz, die der Jurisdiktion der fernen Heimatstadt unterstanden, während die Landeshoheit ganz ausgeschaltet blieb[16]. Diese auch politisch unabhängige Stellung hat sich bis an die Schwelle des 14. Jahrhunderts behaupten lassen. In Akkon hatte Genua, in Antiochia Pisa und in Tyrus Venedig das Übergewicht. In Akkon mißlang selbst der Versuch, die dauernden Streitigkeiten der Kaufleute der rivalisierenden Städte durch ein gemeinsames Schiedsgericht beizulegen. In Lajazzo, dem Haupthafen von Kleinarmenien, in Alexandria, in Tunis, überall reiben sich in den engen Quartieren mittelalterlicher Häfen Venezianer, Genuesen und Pisaner aneinander. Welcher Triumph für die beiden Städte an der tyrrhenischen Küste, als es ihnen gelingt, an der ganzen afrikanischen Nordküste den Einfluß der verhaßten adriatischen Stadt zurückzudrängen. In der zweiten Hälfte des 13. Jahrhunderts, nach dem Fall des lateinischen Kaiserreiches (1261) und der Wiederherstellung des byzantinischen Staates, ist es dann zu den großen bewaffneten Auseinandersetzungen zwischen Genua und Venedig gekommen, die sich besonders im letzten Jahrzehnt des 13. Jahrhunderts in einer Kette von Seeschlachten im östlichen Mittelmeer entluden.

Mit der Eroberung von Pisa 1406 wird Florenz sofort in den Wettbewerb mit Venedig und Genua im Überseehandel gedrängt. Der Seidenhändler Felice Brancacci wurde 1422 zusammen mit einem Juristen als Gesandter nach Kairo zum Sultan geschickt. In den Instruktionen, die er mitbekam, heißt es: ». . . Und daß bisher nicht über See gefahren wurde, weil wir keinen Hafen hatten, aber daß wir ihn jetzt haben; durch den Erwerb von Pisa sind wir im ordentlichen Stande über See zu fahren . . . Die Wünsche sind folgende: Vor allem Freipaß zu haben und vollste Sicherheit, die unaufhörlich dauern möge . . . durch das ganze Reich des Sultans . . . Ebenso einen Konsul zu haben . . . Ebenso Warenlager, Kirche, Bad, Waage, Träger, Schreiber und alles andere. Ebenso daß unsere Münze von Gold und Silber dort ausgegeben

werde und kursiere und angenommen werde wie
44 jegliche andere und vor allem unser Florin wie der venezianische Dukaten, da er so gut und besser ist an Feinheit des Goldes und an Gewicht als jener ... Hierauf geht recht genau ein, so sehr es möglich ist, und bietet an, die Probe zu machen dadurch, daß die Florinen und die Dukaten auf Feuer gebracht und geschmolzen werden ...[17]«

Ließen in den Seestädten der Fernhandel und der Kampf um die Vorherrschaft im Mittelmeer das in allen Städten wache Gefühl munizipalen Stolzes zu einem Staatsbewußtsein sich ausweiten, das dem billigen städtischen Selbstgefühl weit entrückt war, so ist es in Bologna die Juristenschule, welche das römische Recht wiederherstellte und dadurch der Stadt zu europäischem Ruhme und zum Gefühl ihrer Eigenart verhalf. Im frühen 12. Jahrhundert ließ die Stadt Münzen schlagen mit der stolzen Aufschrift: ›Bononia docet‹. Was für Bologna seine Universität bedeutete, war für Lucca sein kultischer Mittelpunkt. Die Münzen von Lucca trugen von 1235–1756 das Bild des Gekreuzigten und die Inschrift: ›Sanctus vultus‹. Denn der Holzkruzifix des ›Volto santo‹, zu dem die Wallfahrer strömten, trug den Namen dieser Stadt durch alle Länder. Selbst König Wilhelm II. von England (1087–1100) pflegte ›beim hl. Antlitz von Lucca‹ zu schwören[18].

Sulmona in den Abruzzen – ›gelidis uberrimus undis‹ – war stolz auf seinen großen Sohn Ovid, dessen Andenken im Laufe des Mittelalters ähnlich schillernde Züge angenommen hatte wie das des Vergil in Neapel. Nach der Meinung seiner Mitbürger aus dem Mittelalter hatte es Ovid nicht nur bis zum Gelehrten und Künstler gebracht, sondern bis zum Mönch, großen Prediger und Bischof, und schließlich hat man gar einen hl. Märtyrer in ihm gesehen[19]. Das Denkmal, das ihm die Vaterstadt errichtete, zeigt ihn dann freilich in der Tracht des scholastischen Gelehrten, aber mit dem antiken Lorbeerkranz im Haare. Ursprünglich vor dem Rathause aufgestellt, trauert es heute als Konsolfigur an einer Hofwand des Liceo[20].

Die lombardischen Städte lebten in einer Rivalität untereinander, welche der der Seestädte nichts nachgab. Mailand besonders hatte bei seinem unausgesetzten Versuche, ein Territorium zu bilden, den Haß der Nachbarstädte auf sich gezogen. Schon ehe Friedrich Barbarossa Mailand unbewohnbar machte und die Bürger in vier offenen Marktflecken ansiedelte, (1162), hatte Mailand dasselbe Schicksal dem kleinen Lodi bereitet, und zu seinem Italienzug hatten den Kaiser durch ihre Hilferufe die von Mailand unterdrückten Städte wie Lodi, Como und Pavia veranlaßt. Das Verwüsten von Städten und das Ansiedeln der überlebenden Bevölkerung in mehreren offenen Marktflecken ist übrigens eine Form nachbarlichen Hasses, die sich durch die Jahrhunderte behauptet hat. Noch nach der Schlacht bei Montaperti (1260) wollten die Sieger, also Siena, König Manfred, aber auch die zurückkehrenden florentinischen Ghibellinen selbst, Florenz dieses Schicksal bereiten, und erst der leidenschaftliche Widerstand des Farinata degli Uberti hat die Stadt vor der Vernichtung bewahrt[21]. Man sieht, wie echt mittelalterlich zur Zeit von Dantes und Giottos Geburt das Heimatgefühl in solchen Menschen geschichtet war, wo abgrün-

diger Haß und echtes Zugehörigkeitsgefühl in einem
46 naiven Triebleben nebeneinander bestehen konnten.

Aber es sind nicht nur die großen Städte, die sich in abgründigem Haß gegenüberstehen. In Siena wurde 1223 durch den Podestà ein ›Liber memorialis offensarum que fiunt comuni et civibus Senensibus‹ angelegt[22]. In der Einleitung wendet der Podestà sich an seine Stadt und ermahnt sie: »Ebenso aber gedenke derer, die dich verleugnen, dir ihre Dienste entziehen, und nach Kräften widerstehen; die deine Bürger und Schutzverwandten täglich zu unterdrücken sich nicht scheuen, die mit gespaltenen Zungen dir Hinterhalt legen, dem Gut der Deinen nachjagen, ihnen Plage und Schimpf bereiten, vergiß sie niemals in Ewigkeit, sondern übe Rache an den Stolzen. Darum habe ich, o herrliche Stadt, dieses Buch schreiben lassen, damit du, wenn deine Zeit gekommen ist, Gutes mit Gutem und Böses mit Bösem vergeltest, einem jeden nach seinem Verdienst[23].« Naturgemäß ist es im wesentlichen ein Sündenkonto der Stadt Florenz geworden.

Dort saßen vielleicht die noch größeren Hasser, von denen Dante der unerbittlichste ist. Die beiden schlimmsten Rivalinnen von Florenz hat er in demselben Gesang des ›Inferno‹ verflucht:

> Ahi Genovesi, uomini diversi
> d'ogni costume, e pien d'ogni magagna,
> perché non siete voi del mondo spersi?
>
> O, Genueser, Männer aller Sitte
> Entfremdet und bedeckt mit allen Fehlern,
> Was seid ihr von der Welt nicht ausgerottet?
>
> *(Inf. 33, 151 ff.)*

Ein Bild der beflügelten Phantasie des Hasses beschwört Pisa:

Ahi Pisani, vituperio delle genti
del bel paese là, dove il sì suona;
poi che i vicini a te punir son lenti

Movasi la Caprara e la Gorgona,
E faccian siepe ad Arno in sulla foce
Si ch'egli anneghi in te ogni persona!

Weh Pisa Dir, Du Schandfleck alles Volkes,
des schönen Lands, allwo das sì ertönet!
Da langsam sind die Nachbarn Dich zu strafen,

bewege sich Capraja nebst Gorgona,
sich also dämmend vor des Arno Mündung,
daß es in Dir die Menschen all ersaufe.

(ebda, Vers 79 ff.) (Übersetzt von Philalethes)

Das Mißtrauen der lombardischen Kommunen untereinander war so groß, daß sie zu Friedrich Barbarossas Zeiten als Rektoren und Richter lieber Deutsche als eigene Landsleute in ihre Mauern aufnahmen. Als die städtischen Magistraturen sich dann ausgebildet hatten, berief man den Podestà und den Capitano del Popolo im 13. und 14. Jahrhundert grundsätzlich aus andern Städten, und zwar möglichst nicht aus einer Nachbarstadt. Zudem beschränkte man ihre Amtszeit meist auf ein Jahr.

Die Gegensätze italienischer Städte untereinander werden im Bewußtsein der Bürger verewigt durch das stolze Aufstellen der Siegesbeute aus diesen Bürgerkriegen als dauernder Gedächtnismäler. Im Frieden von 1200 mußte Viterbo die Bronzetüren von St. Peter wieder herausgeben, welche die Viterbesen

1167 entführt hatten. Die Römer hängten nun ihrer-
48 seits die Stadtglocke, Torschlüssel und die Kette von Viterbo am Galienusbogen auf[24]. 1362 wurden nach einem siegreichen Kriege gegen Velletri die Tore dieser Stadt nach Rom verschleppt[25]. Im selben Jahre wurden die Ketten, welche den Hafen von Pisa sperrten, von den Genuesen erbeutet und zur Hälfte den Florentinern überlassen. 1860 sind sie dann, in den Monaten, da sich die Einigung Italiens vollzog, von Genua an Pisa zurückerstattet und als Zeichen der neuen schwesterlichen Gemeinschaft der Städte des neuen Italien im Pisaner Camposanto aufgehängt worden. Im untersten Geschoß der ›Ghirlandina‹, des Glockenturms am Dom von Modena, hängt ein hölzerner Eimer, der als Beutestück angesehen wird, das die Modenesen nach der Schlacht bei Zappolino (1325) den Bolognesen abgenommen hatten. Der modenesische Dichter Alessandro Tassoni (1565 bis 1635) hat ein heroisch-komisches Gedicht im Stile seiner Zeit ›La Secchia rapita‹ darauf verfaßt, und noch aus der Art der Erwähnung in Seumes ›Spaziergang nach Syrakus‹ (1802) geht hervor, wie berühmt das Stück bei den Italienreisenden damals war. Wieviel mehr mußten aber solche Trophäen das städtische Selbstbewußtsein entfachen, wenn sie nicht irgendeiner Nachbarstadt, sondern einer Weltmacht jenseits des Meeres entrissen waren. Die Aufstellung des Viergespanns aus der Siegesbeute nach dem Fall von Konstantinopel (1204) an der Fassade von S. Marco bedeutet bis auf den heutigen Tag für jeden Venezianer die Erinnerung an die stolzesten Tage der Stadtgeschichte.

In der bildenden Kunst treten unverwechselbare
Charakterzüge einer bestimmten Kunstlandschaft, 49
die dann in späteren Epochen immer wiederkehren,
zum ersten Male im 11. Jahrhundert zutage und zwar
etwa gleichzeitig in ganz Europa. Lokalschulen hatte
es immer gegeben, seit eine abendländische Kunst
bestand, etwa die Schule von Tours in der karolin-
gischen, die Schule der Reichenau in der ottonischen
Zeit. Aber hinter solchen Klosterwerkstätten und
Palastschulen stand doch nirgends die formende Kraft
einer ganzen Kulturlandschaft. Sie hingen vom Zu-
zug und vom Sterben begabter Schreiber, Illumina-
toren und Goldschmiede ab. Ein Normannenstreif-
zug oder ein Ungarn-Einfall konnte sie auslöschen.
Damit aus Lokalschulen Kunstlandschaften werden
können, ist es notwendig, daß eine ethnisch einiger-
maßen homogene Bevölkerung, der eine starke künst-
lerische Begabung angeboren ist, durch eine Kette
von Generationen hindurch in allen Landstrichen und
in möglichst breiter sozialer Schicht die Kunst der
Landschaft selbst trägt und daß die Schöpfungen die-
ser Kunst durch die Jahrhunderte hin verwandte
Züge ausbilden, die so nur dort wiederkehren. Diese
Forderungen erfüllen in der italienischen Kunst zu-
erst die lombardische Baukunst und die florentini-
sche Inkrustationsarchitektur aus dem 11. Jahrhun-
dert. Für die gleiche Zeit sprechen wir vom ›säch-
sischen Stützenwechsel‹ oder gar vom ›sächsischen
Raum‹, der uns zuerst in St. Michael in Hildesheim
ausgebildet entgegentritt[26], schließlich von der ›nie-
derrheinischen Wandgliederung‹, welche die Auf-
lösung breiter Wandflächen in Nischen seit dem 11.
Jahrhundert bevorzugt. (Essen, Damenstiftskirche,

Werden, Sankt Lucius, Süsteren, Brauweiler u.a.[27].)

50 Es scheint uns eine müßige Frage zu sein, ob sich in Italien zunächst ein Zugehörigkeitsgefühl für die engere Heimat ausgebildet habe, aus dem dann erst später das Nationalgefühl hervorgegangen oder ob der Prozeß umgekehrt verlaufen sei. Soweit die schriftlichen Zeugnisse ein Urteil erlauben, wachsen Regional- und Nationalgefühl mitsammen empor. Die Herrschaft fremder Herren über so viele Teile der Halbinsel, besonders die Lombarden-Politik Friedrich Barbarossas, hat das italienische Nationalbewußtsein schon frühe wachgerufen. Nach der Schlacht bei Legnano (1176) berichten die siegreichen Mailänder an Bologna, daß eine gewaltige Beute gemacht sei, von der sie aber wünschen, daß sie an den Papst und die ›comunia Italicorum‹ falle. Und die Gesandten des Lombardenbundes erklären ein Jahr später dem Papst Alexander III., daß sie »pro honore et libertate Italiae et Romanae Ecclesiae dignitate servando« gekämpft hätten[28]. Aber zehn Jahre früher, als man das kaiserlich gesinnte Lodi zum Anschluß an die Städteliga zu bewegen gesucht hatte (1167), war das unter ausdrücklicher Berufung auf die Ehre und die Verteidigung der Lombardei geschehen. Und als 1194 Oberitalien den zweiten Romzug Kaiser Heinrichs VI. erwartete, ermahnte ein Gedicht des Peire de la Caravana in provenzalischer Sprache – wir wissen nicht, ob der Verfasser Italiener oder Südfranzose war – die Lombarden, Mailand, Brescia, Mantua, aber auch Bologna, zur Wachsamkeit: »Lombarden, nehmt Euch in acht«, lautet der Refrain[29].

Um 1300 hatte sich das Italienische als die verbindende Sprache durchgesetzt; und seit diesem Zeitpunkt gibt es eine große Dichtung, die zwar rein toskanisch ist, aber von allen Landschaften Nord- und Mittelitaliens als die ihrige betrachtet wird. Sie besitzt in Dante ihren großen politischen Künder, der in glühenden Terzinen die Einigung der Halbinsel fordert. Seit dem Ende des 13. Jahrhunderts bleibt der Stolz der italienischen Geschichtsschreiber nicht mehr auf die Vaterstadt beschränkt, es zeigen sich vielfach Ansätze zu einer gesamtitalienischen Geschichtsschreibung[30]. Vor allem aber gibt es seit der Zeit um 1300 nun große Persönlichkeiten, deren Lebenswerk über alle Provinzgrenzen hinaus Geltung besitzt, und die als Erscheinung ›den Italiener‹ verkörpern, bewunderte Gestalten, in denen die Nation ihre Einheit verwirklicht sah bis in die Tage des Risorgimento hinein: Dante und Giotto, Petrarca und Boccaccio. Aber genau zur nämlichen Zeit steht nun auch das Selbstgefühl des florentinischen Staates in höchster Blüte. Damals nannte Papst Bonifaz VIII. die Florentiner das ›fünfte Element‹ (»egli diede quella gran lode alla Nazion fiorentina dicendo, che nelle cose umane ella era il quinto elemento«)[31].

Schon als 1243 der Grundstein zu der florentinischen Kirche S. Simeone e Giuda gelegt worden war, hatte man eine Gründungs-Inschrift verfaßt, die Florenz den Vorrang vor allen ›lateinischen Städten‹ einräumte, also Rom und Paris nicht ausgenommen[32]. Am Bargello hat dann die Kommune fünf Jahre nach Erringung der städtischen Selbständigkeit 1255 die folgenden Verse anbringen lassen, in denen man mit Recht den virgilischen Klang gespürt hat:

... Florentia plena bonorum
hostes devicit bello magnoque tumultu
... Que mare, que terram que totum possidet orbem
per quam regnantem fit felix Tuscia tota;
Tamque Roma sedet semper ductura triumphos
omnia discernit certo sub iure conhercens[33].

Eine ganz neue und vielleicht die stärkste Art der Bindung des Menschen an die Heimatprovinz wird in dem Augenblick eingegangen, in dem Petrarca der Sinn für die Schönheit der Natur, auch der unbebauten und unbewohnten, aufgegangen war. Im 15. Jahrhundert ist diese neue Art des Verhältnisses zu den Bezirken der Herkunft bei niemandem deutlicher zutage getreten als bei dem Papst Pius II., dem großen Humanisten Enea Silvio Piccolomini aus altem Sieneser Geschlecht. Bei ihm gehen antike Ruhmsucht und toskanische Heimatliebe eine denkwürdige Verbindung ein, deren Ergebnis die Stadtgründung von Pienza ist. Pius II. ist nicht im alten Familienpalast in der Stadt geboren, sondern in dem weltabgeschiedenen Dörfchen Corsignano zwischen Montepulciano und S. Quirico d'Orcia (1405). Als er 1458 den Päpstlichen Stuhl bestiegen hatte, ging er nicht daran, die ihm bis ins einzelne vertrauten römischen Stadtbau-Planungen seines Vorgängers Nikolaus V. zu verwirklichen, welche eine großartige Systematisierung der Leostadt zum Ziele hatten. Er sandte vielmehr den Architekten Bernardo Rossellino, der doch an den Borgo-Projekten Nikolaus V. unmittelbar beteiligt gewesen

(33) Für die Entschlüsselung dieser unsagbar hochmütigen Inschrift, die vor allem in der Doppelbedeutung des Wortes ›possidere‹ liegt, vgl. R. Davidsohn, Geschichte von Florenz, II, 1, p. 443 f. – Forschungen IV, p. 497.

war, in die Südtoskana, um aus des Papstes Geburtsdorf eine moderne Stadt zu machen, welcher der
ruhmgierige Humanist, in die Fußstapfen der großen Städtegründer der Antike tretend, den Namen Pius-Stadt, Pienza, verlieh. So wuchsen nun in ländlicher Einsamkeit des zur Stadt und zum Bischofssitz erhobenen Dörfchens eine Kathedrale, ein Bischofspalast, ein Rathaus und ein großer Familienpalast der Piccolomini aus der Erde. Ja, der Papst drängte eine ganze Reihe von Kardinälen und hohen kirchlichen Würdenträgern dazu, sich in Pienza, wo sie wirklich nichts verloren hatten, anzukaufen und zu bauen, so die Kardinäle von Artois, Pavia und Mantua, den Geheimkämmerer Thomas und den Schatzkämmerer Gregorius Lollius, seinen Schwager. Da Pius II. nach einem kurzen Pontifikat von kaum sechs Jahren 1464 schon starb, so ist die geplante Idealstadt über die um die Piazza gruppierten öffentlichen Bauten hinaus nicht verwirklicht worden. Gleich diesseits und jenseits des Platzes ragen die Mauerstirnen der großen Gebäude ins Leere und folgen ärmliche Bauernhäuser, deren Bewohner contadini geblieben sind.

Was Pius II. zu dieser Stadtgründung veranlaßte, war aber mehr als antike Ruhmsucht, die sich in der Rolle des Städtegründers gefiel. Es war auch nicht allein das echte Bedürfnis nach Repräsentation der päpstlichen Macht oder das Hängen an der Scholle, die seit Jahrhunderten dem väterlichen Geschlechte gehörte. Hier ging es um mehr oder weniger. Pius II. war nicht nur in Corsignano geboren, sondern auch dort aufgewachsen, die Landschaft mit dem Monte Amiata als Abschluß hat sein Blick zuerst geliebkost und immer wieder genossen. Des Papstes Schriften

sind die eindrucksvollsten Zeugnisse für das Land-
54 schaftsgefühl des Menschen der Frührenaissance[34].
So ist denn der Familienpalast in Pienza so komponiert, daß die Arkaden der Loggia als Rahmen die südtoskanische Landschaft bildhaft umschließen. »Dieser Fernblick war maßgebend für die Gesamtorientierung des Palastes: mit voller Absicht wurde der ganze Bau um des Landschafts-Prospektes willen gleichsam vor diesem aufgerichtet[35].«

Die italienische Geschichte der Neuzeit vom 15. bis zum 19. Jahrhundert war unglücklich und machte das Land zur Beute fremder Eroberer, der Franzosen, Spanier, Österreicher. So ist es kein Wunder, wenn Europa zu dem Glauben kam, Italien sei von Natur aus zum Einheitsstaate nicht bestimmt und könne seine Mission als Volk nur in einem Bunde voneinander unabhängiger Staaten erfüllen. Gewiß entsprang Metternichs berühmtes Wort aus der Zeit des Wiener Kongresses: »L'Italie n'est qu'un mot geographique« nicht einer philosophischen Erkenntnis, sondern sollte die historischen und dynastischen Rechte des Hauses Habsburg auf der Halbinsel begründen und verteidigen. Aber Metternichs tiefste Überzeugung wird gleichwohl damit ausgesprochen. Heinrich von Srbik hat nachgewiesen, daß zu Beginn des 19. Jahrhunderts eigentlich alle führenden Geister Europas an der möglichen Einigung Italiens gezweifelt haben, von Napoleon zu Castlereagh und Richard Cobden und von Niebuhr zu Ranke[36]. Am aufschlußreichsten ist die Stellungnahme Niebuhrs. Ehe er den Boden Italiens zum ersten Male betrat, hat er die Überzeugung ausgesprochen, daß dieses Land im Laufe eines oder einiger Menschenalter zu einem Reiche verbunden sein werde. Aber als er dann als preußischer Gesandter in Rom die italienischen Verhältnisse mit eigenen Augen schaute, da verzweifelte er tief an der Möglichkeit der Überwindung des italienischen Partikularismus. 1824 äußerte Niebuhr gegenüber Friedrich Perthes: »Kein Italiener erhebt sich zum Nationalgefühl, wie von jeher haßt der Mailänder den Bolognesen, dieser den Florentiner, jeder den andern. Alle würden sich lieber fremder Herrschaft anfallen lassen, als von dem Versuche, sich einander zu unterjochen, abstehen. Kein Geld über die Alpen ziehen zu lassen, ist fast das Einzige, worin sich alle einigen. Die Italiener zu Christen zu machen, wird immer unmöglich bleiben; Heiden zu werden, sind sie jeder Zeit fähig[37].« Ja, in dem politischen Leben des damaligen Italien war auf die unitarische Strömung des napoleonischen Zeitalters nach 1814 die Gegenbewegung erfolgt und die italienischen Föderalisten selbst verkündeten, die Natur Italiens und die geschichtliche Entwicklung stünden dem Gedanken der staatlichen Einheit entgegen[38]. Noch nach Cavours Tod, 1861, als die staatliche Einigung Italiens fast schon vollzogen war, brachen die Gegensätze zwischen den einzelnen Landschaften mit erneuter Leidenschaft auf. Damals erklärte Massimo d'Azeglio, Italien sei geschaffen, nun müsse man auch den Italiener schaffen.

In dem bekanntesten italienischen Kinderbuche des 19. Jahrhunderts, in Edmondo de Amicis ›Cuore‹, das noch heute in den Händen aller italienischen Schulkinder ist und das die Verhältnisse unmittelbar nach 1870 widerspiegelt, wird die Aufnahme eines Buben aus Reggio Calabria in eine Schulklasse in

Turin geschildert. Zunächst fordert der Lehrer den
56 Klassenersten auf, den kleinen Calabresen zu umarmen. »Dies ist der Gruß der Söhne Piemonts dem Sohne Calabriens.« Dann führt der Lehrer den Neuling zu seinem Platze und sagt zu der ganzen Klasse gewendet: »Denkt gut an das, was ich Euch sage. Damit es möglich wird, daß ein Calabreser Knabe in Turin wie zu Hause ist und ein Turiner Knabe wie zu Hause in Reggio di Calabria, kämpfte unser Land fünfzig Jahre lang und 30000 Italiener starben. Ihr müßt Achtung voreinander haben, Euch untereinander lieben; wer von Euch aber diesen Knaben beleidigt, weil er nicht in unserer Provinz geboren wurde, dürfte nie mehr die Augen vom Boden aufheben, wenn die Tricolore vorbei geht[39].«

An der Einigung der Nation im 19. Jahrhundert war auch die italienische Schriftsprache beteiligt. Leopardi hatte noch aus dem Pessimismus der Romantik heraus geurteilt, für dies unglückliche Land bilde nicht einmal die Sprache ein einigendes Band. »In Italien unterscheidet sich die geschriebene Sprache der Schriftsteller ... von der gesprochenen Sprache mehr als in jedem anderen Kulturland. Und das erklärt vielleicht auch die mangelnde Volkstümlichkeit unserer Literatur und die Tatsache, daß die besten Bücher in der Hand einer einzigen Klasse und für sie allein bestimmt sind.« (Pensieri II, 214). Aber in den Jahrzehnten des Risorgimento setzte sich das Toskanische als die verbindliche italienische Schriftsprache durch. 1827 kam A. Manzoni nach Florenz »per sciacquare i miei panni in Arno«, d.h. um das Manuskript seiner ›Promessi sposi‹ von den Lombardismen zu befreien und in reine toskanische Prosa zu verwandeln. »Florenz, die Lieblingsstadt Alfieris und Foscolos, nahm nach 1821 berühmte Verbannte aus anderen Gegenden Italiens in seine Mauern auf... Manzoni und d'Azeglio streiften durch die Hügel um Pistoja und sammelten Ausdrücke und Sprichwörter der lebendigen Sprache. Die Italiener gaben sich alle Mühe, als Toskaner zu erscheinen[40].« Eine Gedenktafel am Pal. Gianfigliazzi-Bonaparte am Lungarno Corsini 4 bewahrt die Erinnerung an den so vielsagenden florentinischen Aufenthalt Manzonis.

Kurz bevor so eine italienische Schriftsprache durch Unterdrückung der Dialekte der einzelnen Provinzen sich ausbildete, war auch der bunte Reichtum der regionalen Nuancen aus dem Volkstheater verschwunden. Dort waren ja seit dem 16. Jahrhundert in den Masken die Eigenarten der italienischen Landschaften im buchstäblichen Sinne Gestalt geworden, »die den Volkswitz, die Mundart, die geistige und sittliche Physiognomie eines Landesteils drastisch und sentimental in einer bürgerlichen Umwelt repräsentierten«[41]. »Aus Bergamo stammte der Arlecchino, der Typ des verschmitzten Dieners, aus Venedig der Pantalone, der alte und filzige Hausvater, aus Bologna der Dottore Bolognese, der gelehrte Pedant, aus Neapel der Pulcinella, der Possenreißer[42].« Goethe ist einer der letzten gewesen, der diese Bühnentypen der Stegreifkomödie kurz vor ihrem Verschwinden noch bewundern konnte[43]. Ihre Mission übernahmen die Volkspoesie und das regionale Witzblatt, das in Italien eine große Rolle spielt[44].

Im kulturellen Leben der Halbinsel haben die großen alten Provinzen ihre Eigenart bis auf den heutigen

Tag und mit gleichbleibender Stetigkeit behauptet.
58 Darin unterscheiden sich die beiden großen lateinischen Schwestern sehr voneinander. In Frankreich nämlich tritt seit dem 16. Jahrhundert die Selbständigkeit der einzelnen Kulturlandschaft immer mehr zurück, Paris zieht alle Lebenskräfte an sich. Wer die Geschichte der französischen Kunstlandschaften einmal schreiben wird und das großartige Leben der Normandie oder der Provence in der romanischen Zeit mit deren Kulturanteil am 18. Jahrhundert vergleicht, wird eine tief tragische Entwicklung zu schildern haben.

Ganz anders in Italien, wo alles kulturelle Leben von landsmannschaftlichen Interessen durchwirkt ist. Da sind z. B. die Papstwahlen. Ist der neue Papst gekrönt, so eilen seine Landsleute sofort in hellen Scharen nach Rom, denn sie hoffen und wissen, wenn das neue Pontifikat nur lange genug währt, so werden sie jetzt ihr Glück machen. Unter Calixtus III. und Alexander VI. waren die Spanier, unter Pius II. die Sienesen, unter Sixtus IV. die Ligurer in der Ewigen Stadt zu Hauf geströmt, um Vorteile aus dem Pontifikat des Landsmannes zu ziehen. Ganz ohne Vergleich damit steht aber der Zustrom an Florentinern, der unter der Regierung Leos X. einsetzte. »Die Begehrlichkeit dieser Leute war grenzenlos: sie glaubten alle Benefizien, alle Ämter seien nur für sie da. Mit echtem Kaufmannsgeiste suchten alle aus dem Papsttum Leos ihren Vorteil zu ziehen. Bald zählte man in Rom nicht weniger als dreißig florentinische Banken[45].« Natürlich zogen jetzt auch die florentinischen Lieblingsvergnügungen im Vatikan ein. Im großen Belvedere-Hof wurde eine ›balla a calzo‹ abgehalten, die vier Stunden dauerte und welcher der Papst von der Torre

Borgia aus zusah[46]. Nach der Wahl Gregors xv., eines Ludovisi aus Bologna, eilen die emilianischen Künstler 1621 nach Rom, der bedeutendste unter ihnen ist Guercino. Da aber der Papst nach sehr kurzem Pontifikat schon 1623 starb und da sein Nachfolger auf dem Throne, Maffeo Barberini (Urban viii.), ein Stockflorentiner war, so war der emilianische Künstlertraum schnell ausgeträumt, und Guercino verließ die Ewige Stadt noch im Jahre 1623 auf Nimmerwiedersehen.

Welche Freude aber andererseits für die Päpste, durch Amtshandlungen den Ruhm der fernen Vaterstadt vermehren zu können. Der Heiligsprechungs-Prozeß der Katharina von Siena kam 1461 gerade unter dem Pontifikate Pius ii. Piccolomini zum Abschluß. Der Papst hat es sich nicht nehmen lassen, selbst die Kanonisationsbulle seiner »Landsmännin und Mitbürgerin« zu verfassen. »Ein Sienese, auf dem Stuhle des hl. Petrus sitzend, sollte die Heiligkeit einer Sienesin verkünden und Wir tun dies mit einer heiligen Freude[47].«

Unter den Päpsten haben gerade diejenigen, denen Rom das allermeiste für die künstlerische Gestaltung seines Stadtbildes verdankt, sich daneben als dankbare Söhne ihrer Heimat erwiesen. Die Umprägung Roms zu einer weiträumigen Barockstadt erfolgte in den nur fünf tatenreichen Jahren des Pontifikats Sixtus v. (1585–1590). Was hat aber in diesem Jahrfünft der aus dem Flecken Montalto in den Marken stammende und in den ärmlichsten Verhältnissen dort aufgewachsene Papst nicht alles für seine ferne Heimat getan! Der Flecken Montalto wurde zur Stadt und gleichzeitig zum Bischofssitz erhoben. Sixtus begann den Bau einer großen Kathedrale, errichtete einen bischöflichen Palast und die Kurien für die Domherren. Der päpstliche Architekt Domenico Fontana entwarf den Plan für die Stadterweiterung. Loreto, der Mittelpunkt des religiösen Lebens in den Marken, hatte sich einer noch größeren päpstlichen Gunst zu erfreuen. Am Dom ließ Sixtus die Fassade vollenden und im Inneren die Sakramentskapelle mit Stukkaturen und Malereien ausschmücken. Auch hier sorgte der Papst für die Stadterweiterung und eine neue Befestigung. Außer Montalto wurden noch San Severino, Tolentino und Loreto zu Bischofssitzen erhoben, Fermo stieg zum Erzbistum auf und erhielt seine Universität zurück, in Macerata wurde ein höchster Gerichtshof für die Marken errichtet, Ancona bekam alte Gerechtsame zurückerstattet, in Bologna wurde ein besonderes Kolleg für die Ausbildung der jungen Leute aus den Marken gegründet[48]. Und dies alles in fünf kurzen Jahren!

Papst Alexander VII., der Auftraggeber des späten Bernini, der Erbauer der Kolonnaden am Petersplatz und der Kathedra Petri, stammte aus der vornehmen sienesischen Familie Chigi, die dort seit dem 12. Jahrhundert Ansehen genoß. Die Vaterstadt war zur Zeit seines Pontifikats schon eine stille Landstadt, die nur noch vom Ruhme ihrer großen Vergangenheit träumte. Aber Alexander VII. hat selbst hier die Kunsttätigkeit noch einmal geweckt. Zunächst ließ er 1658 – wahrscheinlich durch einen Sieneser Architekten – Pläne ausarbeiten, den von Bauten aus verschiedenen Jahrhunderten eng umdrängten Dom freizulegen und den Domplatz zu systematisieren. Die Ausführung zog sich zwar um mehr als ein Menschenalter über des Papstes Tod hinaus, ist aber dann ganz nach den von ihm gebilligten Plänen verwirklicht worden[49]. Für den Schmuck der neuen Kapelle des Doms mit dem Votivbild der Madonna schuf Bernini seine großartigen Spätwerke, die Nischenfiguren von Magdalena und Hieronymus[50]. Das Mäzenatentum des Papstes weckte in der Stadt selbst ein Echo. Schon 1658 beschlossen die Sienesen, den Dom zu einer Ruhmeshalle für die stattliche Reihe der aus Siena stammenden Päpste zu machen, indem sie deren Statuen hier aufstellten – ein Plan, den sie auch durchgeführt haben[51].

Nicht nur die fremden Völker wie Deutsche, Franzosen und Spanier, sondern auch die einzelnen italienischen Provinzen haben in Rom ihre ›Nationalkirchen‹, Sienesen und Bolognesen, Piemontesen und Lombarden. Als ein florentinischer Papst, Leo x., durch eine Bulle von 1519 der florentinischen Gemeinde in Rom die Erlaubnis erteilte, eine Kirche zu Ehren ihres Stadtpatrons zu errichten, stand es für die Bauherren natürlich sofort fest, daß S. Giovanni dei Fiorentini die bereits in der Ewigen Stadt bestehenden Nationalkirchen der Deutschen, Franzosen und Spanier an Umfang und Pracht überbieten müsse. Der Baugrund wurde in einem Stadtteil erworben, in dem besonders viele Florentiner seßhaft waren, weil hier die Geschäftshäuser der großen florentinischen Bankiers, der Altoviti, Gaddi u.a. standen. Der Bau hat dann durch mehr als drei Jahrhunderte eine leid- und wechselvolle Geschichte gehabt – die Fassade ist erst ein Werk des 18. Jahrhunderts –, aber an der selbstverständlichen Übung, hier nur florentinische Künstler und Handwerker zu beschäftigen, hat man in allen Phasen der Bauzeit unverbrüchlich festgehalten. Und genau so verfuhr man bei

dem Bau des florentinischen Oratoriums. Schon im
62 Jahre 1488 war in Rom von »alcuni devoti della Nazione Fiorentina« eine fromme Bruderschaft gegründet worden, deren Zweck es war, den zum Tode Verurteilten in ihren letzten Stunden religiösen Beistand zu leisten. Bald darauf begann man mit dem Bau des Versammlungsraums, der selbstverständlich nur dem Florentiner Nationalheiligen geweiht sein konnte und S. Giovanni decollato hieß, im Titel also zugleich den frommen Zweck der Gemeinschaft ausdrückend. Auch hier sind Baumeister, Steinmetzen und Maler, welche diese ›Sixtinische Kapelle der Gegenreformation‹ (wie man den Raum sehr überschwenglich genannt hat) ausgemalt haben, durchwegs Florentiner[52].

Die Lombarden besaßen in der Ewigen Stadt seit 1471 eine Bruderschaft mit einem selbstredend dem hl. Ambrosius geweihten Oratorium. Nach der Heiligsprechung des Carlo Borromeo 1612 schritt man zum Bau einer großen Kirche, die nun S. Ambrogio e Carlo hieß und welche die lombardischen Architekten Onorio und Martino Lunghi entwarfen und in ihrer ersten Bauphase errichteten[53]. Die Kirche hat als einziges von allen römischen Gotteshäusern der Barockzeit einen Chor mit Umgang und Kapellenkranz, eine ganz mailändische Eigentümlichkeit (vgl. z. B. Sa. Ma. presso S. Celso in Mailand).

Als die Renaissance in Italien Denkmäler zu setzen beginnt, gelten diese nur halb dem Gefeierten als Persönlichkeit von unverwechselbarer Gestalt, zur andern Hälfte aber sind sie Zeugen munizipalen Stolzes und munizipalen Anspruchs. Es ist bezeichnend, daß alle diese Denkmäler in der Vaterstadt und von der Vaterstadt errichtet werden. Schon 1396 hatte die Kommune von Florenz die Aufstellung von Ehrengräbern im Dom für Accursio, Dante, Petrarca, della Strada und Boccaccio beschlossen; die Ausführung unterblieb dann aus unbekannten Gründen. Nachdem man aber 1447 eine Büste Brunellescos aufgestellt und 1464 ein älteres Gedächtnisbild für Dante erneuert hatte, kam 1490 auf Betreiben des Lorenzo Medici die erste Serie von Ehrenmonumenten zustande[54]. Die Bewohner von Como brachten, ganz zur gleichen Zeit (nach 1487), an der Fassade ihrer Kathedrale die Sitzstatuen des älteren und des jüngeren Plinius als ihrer Mitbürger in Aedikulen an, die sich in diesem kirchlichen Rahmen noch wie inspirierte Propheten benehmen[55]. Daraufhin schmückten die Veronesen ihre Loggia del Consiglio schleunigst mit den Statuen des Catull, Cornelius Nepos, Macer, Plinius und Vitruv, die sie – z.T. nicht ohne deutliche Spitze gegen Como – für ihre Mitbürger hielten. Und als nun das Denkmal den kirchlichen Rahmen verläßt, da sind es wiederum die Geburtsstädte der Dichter, in denen die Freimonumente entstehen oder wenigstens geplant werden. Für ein Denkmal Vergils in Mantua hat sich ein Entwurf aus dem Mantegna-Kreis erhalten (Paris, Louvre), und auch von dem Plane für ein Livius-Denkmal in Padua nach 1413 haben wir Kunde[56].

Als Lorenzo Medici 1490 jene Reihe von Ehrengräbern berühmter Florentiner im Dome errichten ließ, bemühte er sich auch, die sterblichen Überreste des Malers Filippo Lippi für Florenz zurückzugewinnen, der 1469 in Spoleto gestorben und dort begraben worden war, wo er zuletzt die Domapsis

ausgemalt hatte. Es kam zu einer Auseinandersetzung
64 zwischen Lorenzo Magnifico und der Stadt Spoleto, die sich weigerte, den Leichnam herauszugeben. Florenz habe genug berühmte Männer, verteidigten sich die Spoletaner, während es ihnen daran mangele. Lorenzo gab nach, und mit einer noblen Geste ließ er selbst dem toten Künstler im Dom von Spoleto ein würdiges Grabmal errichten[57].

Dieses Geschehen mutet wie ein Vorspiel an für die Ereignisse, welche sich an Michelangelos Ende knüpfen. Als der Meister im neunzigsten Lebensjahre in Rom gestorben war, wurde er von der florentinischen Bruderschaft von S. Giovanni decollato, deren Mitglied er gewesen war, in der Kirche von SS. Apostoli vorläufig beigesetzt. Der Papst hatte die Absicht, dem Künstler in St. Peter ein Denk- und Grabmal zu errichten, das den Leichnam dann aufnehmen sollte. Daraus ist nichts geworden. Am 17. Februar war Michelangelo gestorben, in der ersten Märzwoche hat der aus Florenz herbeigeeilte Neffe Leonardo Buonarroti »rasch und mit kluger und sicherer Entschlossenheit den Leichnam von Rom vorsichtig fortgeschafft, wobei er ihn wie ein Kaufmannsgut in einen Ballen verpackt nach Florenz schickte. Dies Verfahren wandte man an, damit in Rom kein Lärm gemacht und vielleicht verhindert werde, den Leichnam Michelangelos von dort weg nach Florenz zu bringen[58]«. Bei der berühmten Leichenfeier in S. Lorenzo in Florenz, welche die dortige Künstlerschaft ausrichtete, sagte Benedetto Varchi in seiner Gedächtnisrede: »Es habe Rom seinen Marforio, es behalte Rom seinen Tiber, es rühme sich Rom oder Griechenland seines Apoll, seines Laokoon, seines

Nils vom Belvedere, es feiere sich wegen seiner Giganten am Monte Cavallo, es achte sich für schön und nenne sich reich, es halte sich für glücklich und preise sich selig ob seiner Bogen, seiner Trajanssäulen, seiner Statuen und seiner Kolosse, es nehme endlich alle seine Skulpturen und lasse uns unseren David und Rom wird größere Ursachen haben, Florenz zu beneiden, als Florenz gegen Rom Neid zu hegen[59].«

Bei solcher Einstellung ist es nur natürlich, daß auch die italienische Kunstgeschichtsschreibung der Renaissance und des Barock – sie ist die reichste des Abendlandes – einer lokalen Geschichtsbetrachtung dient. Kaum ein Schriftsteller erhebt seine Augen über den Umkreis der Vaterstadt hinaus. Theorien, die dem künstlerischen Wesen der einzelnen Kunstzentren auf den Leib geschnitten sind, werden da von Künstlern und gelehrten Kennern, von Abbaten und Ärzten als Gliederungsprinzip und Wertmaßstäbe in historische Darstellungen eingeführt. Die ›disegno‹-Lehre Vasaris z.B. konnte nur von einem Erztoskaner entwickelt werden[60]. Im 17. Jahrhundert ist für die italienische Kunsttheorie wie für die ausübenden Künstler und die Kenner das Recht der einzelnen Kunstlandschaften auf ihr Eigenleben vollends eine selbstverständliche Vorstellung. Unter den Künstlerbiographien des Giov. Battista Passeri beginnt die des unglücklichen Frühbarock-Bildhauers Francesco Mocchi mit folgender Einleitung: »Meistens pflegt das Vaterland, in dem man geboren ist, eine gewisse Gleichförmigkeit der Natur allen denen zu verleihen, die unter demselben Klima geboren sind, sowohl in der geistigen Befähigung, wie in der

Eigenart der Sitten. Sei nun der Grund dafür der Ein-
66 fluß des Sternes, der den Himmel regiert oder der Zwang, daß einer den andern nachahmt – die Wirkungen drängen jedenfalls auf große Ähnlichkeit. Da ist keine Region, die nicht ihre Eigentümlichkeiten hätte und jede ist der andern unähnlich in den guten wie in den schlechten Seiten, und ein jeder wird gleichsam von einer Naturkraft gezwungen, sich mit demselben Temperament zu geben wie seine anderen engeren Landsleute. Wenn nun ein Vaterland irgendeinen Erbfehler hat, so will doch jeder, der in dem Lande geboren wird, auf jenen Fehler wie ein ganz besonderes Vorrecht pochen, und ehe er eine Verbesserung durch das gute Beispiel anderer Landschaften annimmt, will er lieber sterben, indem er sich hartnäckig auf seine Fehler versteift[61].« Und einige Sätze später heißt es: »Ich maße mir nicht an, den unverschämten Kunstrichter zu spielen und den Stil irgendeiner Nation zu zensieren; aber indem ich mich dem landläufigen Urteil anschließe, würde ich sagen, daß die Toskana hartnäckig an ihrer trockenen Malart festhält und daß die Lombardei die Präzision der Zeichnung vernachlässigt.«

Trotz solcher Einsichten bleibt aber auch die Kunstgeschichtsschreibung des italienischen Seicento noch lokalpatriotisch bis aufs Blut. Wenn z. B. der römische Kunstgelehrte Giovanni Bellori berichtet, einige an Lodovico Carracci gelangte Zeichnungen nach Raffael hätten den Ausschlag gegeben, daß Albani und Domenichino um 1602 nach Rom gegangen seien[62], so fordert er damit den Zorn des bolognesischen Kunsthistorikers, des Grafen Malvasia heraus, der in seiner ›Felsina Pittrice‹ beteuert, nur die Sala Farnese, die große Tat der bolognesischen Maler in Rom, habe den Anreiz für die Übersiedlung der beiden Bolognesen in die Ewige Stadt gebildet[63]. Als Pietro da Cortona 1637 einige Monate in Venedig weilte, hatte er sein Hauptwerk, die Ausmalung des Plafonds im großen Festsaal des Pal. Barberini, das umfangreichste Werk der römischen barocken Deckenmalerei, unvollendet in der Ewigen Stadt zurückgelassen. Der venezianische Kunstschriftsteller Marco Boschini berichtet daraufhin prompt, Cortona habe nach seiner Rückkehr von Venedig das vor Antritt der Reise bereits Gemalte von der Decke des Pal. Barberini herunterschlagen lassen und dann »nach venezianischer Art Wunder geschaffen[64]«.

Dieser Campanilismus fand ein Organ in der seit der Barockzeit sich kräftig ausbreitenden Lokalforschung. Über die ganze Halbinsel hin zogen sich die gelehrten Akademien, die auch in den kleinen Städten die Geschichte, die Sprache, die Altertümer des Ortes und seiner Umgebung erforschten. Sie alle hielten und halten ihre Sitzungen und Jahresfeste, wählten alljährlich ihren Principe in umständlicher Feierlichkeit nach verbrieften Satzungen und veröffentlichten und publizieren noch Sitzungsberichte und Protokolle, Atti und Rendiconti, Studien und Fundberichte, die dann im Schriftenaustausch in die Bibliotheken der anderen Akademien gelangen. Mögen die Schriften selbst dort auch zumeist ein Schlummerdasein führen, die Rolle solcher gelehrter Vereinigungen für das kulturelle Eigenleben der italienischen Provinzen ist gar nicht hoch genug zu bewerten[65].

Das selbstgenügsame Leben der einzelnen italienischen Kunstlandschaften wird gestört, das historische Bild einer lokalen Kunstgeschichte oft verwirrt durch die großen Auftraggeber und die großen Künstler. Solche Auftraggeber brauchen nicht einmal Persönlichkeiten zu sein, mächtige Gemeinschaften tun dieselbe Wirkung. Die zisterziensischen Klosterkirchen, von Bautrupps des Ordens errichtet, verwirklichen in Norddeutschland und in Spanien dieselben liturgischen Bedürfnisse und künstlerischen Ideale und sehen sich alle ähnlich. Auch die Baupläne aller Jesuitenkirchen aus allen Ordensprovinzen mußten beim General in Rom vorgelegt und durch ihn gebilligt werden. So kommt es, daß man dem Raumtyp des Gesù in Rom durch alle Jahrhunderte hin allerorts treu bleibt.

Mantua bietet das anschaulichste Beispiel für die Ausschaltung eines bodenständigen Stilwollens durch die Kunstpflege eines musisch gesinnten Fürstenhauses, dem zu allen Zeiten das Beste gerade gut genug für seinen Hof erschien und das die Großen daher in seine Dienste zog. So waren denn Mantegna und Lorenzo Costa hier Hofmaler, so findet sich hier eine Serie der Raffael-Teppiche. Bei Tintoretto wurde der Zyklus der Schlachtenbilder mit den Taten der Gonzaga für die Reggia bestellt, der sich heute in der Alten Pinakothek in München befindet, und ein Menschenalter später zog der junge Rubens als Hofmaler ein. In Mantuas mittelalterlicher Geschichte findet sich nicht das geringste Anzeichen dafür, daß die Stadt in der Frührenaissance zu einem Vorort der klassischen Kunst bestimmt sei – im Gegenteil, das ethnische Erbe der alten Etruskerstadt sprach ganz dagegen. Mantua ist denn auch gar nicht der Nährboden dieses neuen künstlerischen Lebens im 15.

Jahrhundert, sondern das Fürstenhaus der Gonzaga beruft den L. B. Alberti, dessen riesiger Langhausbau von S. Andrea und dessen Zentralkirche von S. Sebastiano nun einen ganz neuen Raumbegriff, einen monumentalen Zug und einen antiken Klang in dies Stadtbild tragen, das bei organischem Wachstum niemals zu einer solchen Architektur hingefunden hätte. Die Fresken, mit denen Andrea Mantegna die Camera degli Sposi im Castello di Corte schmückte (1474ff.), schienen diesen Geist des Klassischen und Monumentalen in der Stadt vollends heimisch zu machen. Aber schon zwei Menschenalter später ist das in der Frührenaissance so antikische Mantua der Boden, auf dem den Gesetzen der klassischen Kunst Hohn gesprochen wird. Dieselbe Familie Gonzaga, die den L. B. Alberti in ihren Dienst gezogen hatte, beruft 1525 den Giulio Romano zum Bau des Pal. del Te. Dessen Architektur paßt sich zwar der oberitalienischen Formenwelt erstaunlich geschickt an. Im Atrium z. B. haben die Ordnungen jenen untersetzten, gedrungenen Charakter und sind mit den schweren Architraven belastet, die man in den oberitalienischen Festungsbauten etwa bei Sanmicheli später wiederfinden wird. Auch der weitgehende Gebrauch der Rustika, des Triglyphenfrieses nimmt Formen dieses Kreises voraus. Aber die Ausmalung der Räume durch Giulio Romano bedeutet die Vernichtung alles klassischen Raumempfindens: ein Albtraum senkt sich auf die Gemüter der Besucher. Allein das Mäzenatentum der Gonzaga ist es, das der Physiognomie Mantuas die heterogenen Züge des Klassischen wie des Antiklassischen aufprägt.

Um 1495 sah es so aus, als würde die reife Kunst
70 der Hochrenaissance nicht in Rom, sondern in Mailand erblühen. Bramante war der mailändische Baudirektor, und es sprach alles dafür, daß der Schöpfungsbau der Hochrenaissance nicht St. Peter in Rom, sondern die Kathedrale von Pavia werden würde. In Mailand schuf Leonardo da Vinci die Felsgrotten-Madonna (begonnen 1483) und in diesen Jahren das Abendmahl (1495–1497), er bereitete das große Reiterdenkmal für Francesco Sforza vor, von dem ein Modell 1493 öffentlich aufgestellt war. Seine architektonischen Entwürfe dieser Jahre zeugen von einem Gedankengut, welches der geistigen Welt des Bramante so nahe steht, daß wir wohl nie ergründen werden, wer von beiden der Gebende und wer der Nehmende war. In keiner anderen Landschaft Italiens haben auch die Künstler zweiten und dritten Ranges damals so fieberhaft an der Lösung des Zentralbau-Problems gearbeitet. Mit dem Sturze des Herzogs Lodovico Moro, der 1499 durch die Franzosen vertrieben wurde, löst sich der Künstlerkreis auf, Leonardo kehrt nach Florenz zurück, Bramante geht nach Rom. Es erwies sich sogleich, daß die Mailänder Kunst der achtziger und neunziger Jahre eine reine Hofkunst gewesen war, unberührt vom Genius loci. Keine andere Kunstlandschaft Italiens war in der Tat von Natur aus weniger dazu berufen, die Trägerin einer großen Hochrenaissance-Bewegung zu werden, als die ewig unruhige, sprunghafte und problemüberladene Lombardei. So hing alles an Lodovico Moro; als sein Stern sank und sein Künstlerkreis zerstob, hörte Mailand auf, ein Vorort der Kunst zu sein.

Ebenso ist die süditalienische Protorenaissance kurz vor der Mitte des 13. Jahrhunderts eine reine Hofkunst, die an die Persönlichkeit Kaiser Friedrichs II. gebunden blieb. Als nach der Schlacht von Benevent 1266 der Untergang der Staufer besiegelt war, kamen mit dem Sieger Karl von Anjou nicht nur die französischen Lehensritter, französische Lebensformen und französische Umgangssprache, sondern auch französische Architekten, Zimmerleute, Goldschmiede und Buchmaler ins Land. Campanien, das um die Mitte des 13. Jahrhunderts durch seine reiche antike Vergangenheit sich mit natürlicher Schwerkraft der Frührenaissance entgegenzuneigen schien, wurde nun unter der Herrschaft der Anjous und der Aragonesen diejenige Kunstprovinz Italiens, in der die Gotik sich am längsten siegreich gegenüber dem neuen Nationalstil der Frührenaissance zu behaupten vermochte.

Die Kunst der Genies mißachtet die Grenzen der Kunstlandschaften kaum weniger als es die Hofkunst tut. Ein Werk von Giotto oder Pisanello, von Tizian oder Michelangelo ist von allen Höfen der Halbinsel begehrt worden, und manche dieser Großen haben ihr Leben als eine Art Wanderkünstler hinbringen müssen. Die Tätigkeit der Genies in einer ihnen von Haus aus fremden Umwelt hat sehr verschiedene Wirkungen für die schenkenden Künstler und die von ihnen befruchteten Kunstkreise gehabt. Donatello bleibt derselbe, ob er daheim in Florenz oder in Padua sein Atelier hat; Jacopo della Quercia nimmt seine innere Unruhe, seine so modern anmutende künstlerische Nervosität mit über den Apennin nach Bologna; Leonardo hat zwei Jahre im Vatikan gesessen, ohne

daß ihn das gesteigerte künstlerische Leben der Ewi-
72 gen Stadt zur Zeit Bramantes, Raffaels und Michelangelos hätte verleiten können, dort ein Werk der bildenden Kunst zu schaffen. Daß Genies nach ihrer Jugendzeit von einem fremden künstlerischen Milieu sich noch beeinflussen lassen, ist selten. Vasari wollte zwar finden, daß dem Tizian sein römischer Aufenthalt von 1545–1546 nicht gut bekommen sei[66]. Hingegen saugt die Umwelt die Anregungen gierig auf, die der Gast ausstreut. So ist durch den Aufenthalt des Arnolfo di Cambio in Rom die Kenntnis der neu erstandenen toskanischen Skulptur durch ganz Latium, durch die Berufung des Tino di Camaino an den Hof von Neapel dann auch durch ganz Unteritalien verbreitet worden. Simone Martinis Tätigkeit am päpstlichen Hofe in Avignon hat die Formensprache der sienesischen Trecento-Malerei von Südfrankreich bis nach Böhmen hin verbreitet.

Das Spannungsverhältnis, das zwischen bodenständiger und ortsfremder Kunst waltet, machen wir uns schließlich durch den Blick auf drei italienische Städte deutlich. Wenn man das steile Felsplateau erklommen hat, auf dem Orvieto hoch über dem weiten Tal und den sanften Hügelketten Umbriens thront und nun vor dem Wunderwerk der Domfassade steht, so wird einem schon der Außenbau als ein typisches Werk umbrischer Kunst erscheinen (Dom begonnen 1290, Westfassade von Lorenzo Maitani seit 1310). Umbrien liebt die klare, homogene Ausbreitung der Fläche, die weder durch Ordnungen gegliedert noch durch Portallaibungen oder Fenstergewände aufgebrochen wird. Der Flächencharakter wird am wenigsten angetastet durch die ideale Folie des Mosaiks – deshalb gibt es in ganz Mittelitalien keine zweite Fassade, die dem Mosaik so viel Raum gewährt. Die andere Möglichkeit, den Flächencharakter zu bewahren, bedeutet die Ausbreitung von Reliefs, die sich in ihrem Charakter sehr dem Flachrelief nähern, vor einem leeren Grunde. Deshalb ist der Orvietaner Dom die einzige unter den großen abendländischen Kathedralen des 13. Jahrhunderts, welche ihr großes figurenreiches ikonographisches Programm auf riesigen Reliefflächen ausbreitet, welche die gesamte untere Zone der Fassade bedecken. Die Zartheit der Figurenbildung, die Innigkeit des Erzähltons, die kindliche Reinheit, die auf den Gesichtern der ersten Eltern liegt, das Vermeiden dramatischer Akzente und die Betonung lyrischer und idyllischer Züge nehmen jeden Betrachter der Reliefplatten sogleich gefangen.

Aber den eigentlichen Ruhm des Doms machen die Fresken Luca Signorellis im rechten Querhaus (seit 1499) aus. Der ist ein Südtoskaner aus Cortona, der sich dem umbrischen Wesen nicht anpassen will noch kann. Er ist ein Rastloser, während die Umbrer sich leichter zufrieden geben. Ihm geht es nicht um Harmonie, Stille, Empfindung, sondern um die Klarheit der Erscheinung. Seine Auferstehenden im Jüngsten Gericht wirken wie Musterbeispiele eines anatomischen Atlasses. Die Stellung einer von vorn gesehenen Figur ergänzt ein benachbarter Rückenakt von gleicher Pose. Die Tiefe des Bildfeldes wird durch den abnehmenden Größenmaßstab der Figurenkette erschlossen. Der Empfang der Verdammten in der Unterwelt ist mit einer dramatischen Leidenschaft, mit einer Lautheit des Schmerzes dargestellt, die

Umbrien ganz fremd ist. Auf dem Fresko mit der Be-
74 rufung der Auserwählten zerreißt die Komposition
mit ihrer zeichnerischen Härte die Ebenmäßigkeit des Bildfeldes, wie es bei einem umbrischen Maler niemals geschehen könnte. Zwischen dem umbrischen Dom und dem größten Kunstwerk, das er birgt, bleibt eine Kluft bestehen, welche nicht nur der Historiker, sondern jeder künstlerisch empfindende Besucher wahrnimmt. Umbrische Architektur und toskanische Malerei stehen unverbunden nebeneinander. Ob man die letzte Einheitlichkeit des Gesamtkunstwerks vermißt oder sich an dem Reichtum echten historischen Lebens freut, hängt von der Grundeinstellung des Besuchers zu Ästhetik und Geschichte ab.

Vom Geist des hohen Mittelalters gewinnen wir nirgends in Italien eine so umfassende Vorstellung wie im Hl. Bezirk von Pisa. Er liegt draußen am Stadtrand, wie die Dome der alten Römerstädte alle, wie der Lateran in Rom, der ursprüngliche Florentiner Dom oder die Kathedralen von Parma und Piacenza, von Regensburg und Köln, von Le Mans und Paris. Aber die Grundrißaufteilung in diesem pisanischen Dombezirk wirkt ganz unmittelalterlich, so anders als das enge Gewinkel um den Pfalzbezirk von S. Niccolà in Bari, um den Dom von Verona in seiner Flußschleife oder um die Kathedrale von Siena auf ihrer Bergkuppe. Hier in Pisa erscheint alles übersichtlich, weil es achsial aufeinander bezogen ist. Man weiß, die Bauten des Dombezirks gehören ganz verschiedenen Jahrhunderten an, und doch wirkt der Platz wie eine einheitliche Schöpfung aus einem Guß. Unser heutiger Begriff des Platzes ist zuerst von der Früh-

renaissance-Baukunst geschaffen worden. Aber die Beispiele des 15. Jahrhunderts sind spärlich, und
eigentlich verdanken wir die Platzform mit regelmäßigem Grundriß und gefaßten architektonischen Platzwänden erst der Stadtbaukunst der Spätrenaissance und noch mehr der des Hochbarock. In der Zeit des romanischen Stils ist der Platz – wenn es sich nicht gerade um den bewahrten Grundriß des antiken Forums oder einer andern insula handelt, wie bei der Piazza d' Erbe in Verona oder bei dem Platz um S. Michele in Lucca – eine nicht systematisierte Fläche von zufälliger Begrenzung. Die Einzelbauten, die auf der Platzfläche verteilt stehen oder sie umrahmen, sind fast nie nach vorausschauendem Willen gruppiert. Zwischen ihnen walten keine anderen Gesetze als die der sehr fein empfundenen Größenabstufung von Baukuben. Nun erschienen gewiß auch die Gebäude, die auf dem weiten grünen Plan des Pisaner Dombezirks im Laufe von mehr als drei Jahrhunderten errichtet wurden, ursprünglich viel beziehungsloser untereinander, ehe das 19. Jahrhundert sie fester miteinander verband durch breite Wege mit Plattenbelag, die achsial von Portal zu Portal quer über den Rasen geführt wurden. Vor allem aber war der weite Domplatz in romanischer Zeit keine Grünfläche, sondern er diente bis zum Bau des Camposanto 1278 als Friedhof. In die Sockelpartie der südlichen Abseite des Langhauses und der westlichen Front des südlichen Querschiffs finden sich noch manche Grabinschriften von Toten eingemeißelt, die hier unmittelbar zu Füßen des Domes bestattet waren. Aber schon von jeher bildete die Mittelachse des Doms in ihrer Verlängerung die Mittelachse des Baptisteriums. Die langen Stirnmau-

ern des Camposanto laufen den Außenfluchten des
76 Domlanghauses und des nördlichen Querhauses zwar nur scheinbar parallel, aber die Abweichung ist nicht so empfindlich, als daß das Auge des Beschauers die Angleichung nicht sofort vollzöge. Die Stadtmauer mit dem Zinnenkranz, die den Hl. Bezirk im Norden und Westen abschließt, wiederholt in ihrem Verlauf noch einmal die Fluchtlinien der Hauptgebäude des Platzes. Für einen im Laufe der Jahrhunderte gewachsenen und nicht auf einmal abgesteckten Grundriß des hohen Mittelalters bedeutet dieses Orthogonalen-Netz eine erstaunliche Form. Die hier waltende ›Rahmenverwandtschaft‹ wird uns als eines der ureigensten Gesetze nordtoskanischen Bildens noch oft genug begegnen, sei es bei den Mustern der florentinischen Inkrustationsarchitektur aus dem 11. und 12. Jahrhundert, bei Giottos Bildern der Arena in Padua oder im Studiolo Großherzog Franz I. im Pal. Vecchio in Florenz aus der Zeit Vasaris (1570 bis 1573).

Das Prinzip der Orthogonalität beschränkt sich aber im Pisaner Hl. Bezirk nicht auf den Grundriß. Nicht wie Bauten, sondern wie Schreine, welche die Reliquien der mittelalterlichen Heiligen umschließen, mit einem Blick überschaubar, allseitig umschreitbar, überall tastbar, erheben sich die Gebäude des Dombezirks gleichsam als Votivgaben des Stadtstaats auf dem grünen Rasen. Ursprünglich, als das Baptisterium noch einen konisch sich verjüngenden, schlanken Helm trug, fügte es sich den spröden, toskanisch nüchternen, klaren und bestimmten Mantelformen der Bauten des Dombezirks ganz anders ein, als es die sich blähende gotische Kuppel des Trecento (1365–1372) mit der unruhigen Gliederung ihrer Manschette heute tut. So muß man sich an Camposanto und Dom halten, wo Geschoß- und Emporenhöhen des Innenraums durch strenge Horizontal- und Vertikalgliederung sich auf den Fassaden abzeichnen.

Betritt man aber dann den Dom, so wird man von einem Raum empfangen, wie man ihn nach der Betrachtung des Platzes und des Außenbaues niemals sich vorgestellt haben wird. Die Erwartung, hier in einen klaren Kastenraum mit allseitig überschaubarer Begrenzung samt einer strengen Scheidung in Haupt- und Nebenschiffe versetzt zu werden, trügt. Statt dessen sieht man sich in ein Raumgebilde hineingezogen, das, über dem reichsten Grundriß errichtet, die Phantasie mächtig erregt. Ein gewaltiges fünfschiffiges Langhaus führt auf eine Vierung zu, welche von einer längsovalen Kuppel überdeckt ist. Diese Vierung entsteht als Durchdringung von vier beinahe selbständigen Kirchen, von denen nur die östliche etwas verkümmert scheint. Die weit ausladenden Querhäuser sind vom Mittelschiff dadurch abgetrennt, daß die inneren Seitenschiffe des Langhauses in beiden Geschossen brückenartig durch die Querarme hindurchgeführt werden. So wird den Querhäusern, welche dreischiffig sind und eigene Apsiden in ihrer mittleren Längsachse bekommen haben, als fast selbständigen Emporenkirchen mit dem Umgang um drei Seiten des Schiffs ein starkes Eigenleben belassen. Die kuppelüberwölbte Vierung ist zu klein und engbrüstig, um eine zentrierende Kraft zu entfalten und die vier Kreuzarme als Glieder *eines* atmenden Raumorganismus zusammenzuhalten. Welcher Wald von Säulen ist nötig, um die Emporen über den doppelten Seitenschiffen abzustützen, um den Arkadenschleier zwi-

schen Vierung und Querarmen auszuspannen! Schaut
78 man von der Empore des einen Querarmes hinüber in das andere Querhaus, blickt man vom Langhaus in die Abseiten des Chorhaupts – stets wird die feste Außenmauer nur als eine ferne, im Raumdämmer verschwindende Folie erscheinen.

Aus toskanischen Voraussetzungen läßt sich in diesem Raume nichts erklären. Die Toskana kannte im 11. Jahrhundert den T-förmigen Grundriß der Basilika, aber nicht den kreuzförmigen. Eine Vierungskuppel war der gesamten italienischen Baukunst bis dahin ebenso unbekannt gewesen wie die weit ausladenden dreischiffigen Querhäuser und die Apsiden in der Mitte ihrer Längsachsen. Fünfschiffige Räume hatte zwar die frühchristliche stadtrömische Baukunst schon gekannt, aber erst jetzt kamen Emporen über beiden Seitenschiffen hinzu. Im Abendland sind dieser Grundriß und diese Raumfolgen ebensowenig ersonnen worden wie die des etwa gleichaltrigen Markusdomes in Venedig. Aber während die Staatskirche der Lagunenstadt einfach ein Nebenschößling byzantinischer Baukunst ist, sind die Anregungen für die Elemente des Grundrisses und des Aufbaues des Doms von Pisa noch weiter östlich zu suchen, und sie sind aus den verschiedensten Vorbildern zusammengetragen, nicht einem einzelnen Monumente entlehnt. Mögen für die Grundrißbildung die Johanneskirche in Ephesus und die Demetriuskirche in Saloniki immer wieder genannt werden, mag die Ovalkuppel der Vierung in der Hagia Irene in Konstantinopel ein unmittelbares Vorbild besitzen und die brückenartige Überquerung der Querhäuser durch Arkadengalerien an die Hagia Sophia erinnern[67], die Raumkomposition als Ganzes muß in den Ländern an der kleinasiatischen Küste des Mittelmeers ihre eigentlichen Quellen haben.

Den Bau ihres Domes begannen die Pisaner 1063 nach ihrem großen Seesieg über die Sarazenen bei Palermo. Mit dem Seesieg der Genuesen über die Pisaner bei Meloria 1284 ist die Großmachtstellung Pisas gebrochen; nach einer politischen und künstlerischen Nachblüte von etwa siebzig Jahren ist Pisa dann zur Stadt zweiten Ranges herabgesunken. In den beiden Jahrhunderten zwischen 1063 und 1284 aber ist Pisa eine Weltmacht gewesen und ›Tuscie provincie caput‹ dazu. Der Mittelmeerhandel führte ein wahres Völkergemisch hier zusammen. »Befleckt ist die Stadt durch Heiden, Türken, Libyer und Parther, und finstere Chaldäer kreuzen auf ihrem Strand«, schrieb anfangs des 12. Jahrhunderts ein Besucher. In Konstantinopel saß der pisanische Konsul neben dem Patriarchen in der Hagia Sophia, pisanischen Schiffen war die Hauptmasse des Pilgerverkehrs nach dem Hl. Lande anvertraut, pisanische Kriegsflotten befreiten 1113 bei der Besetzung der Balearen dreißigtausend Christensklaven, pisanische Kaufherren handelten in Akkon und Antiochia, in Tripolis und Tunis. Da die politische Vormachtstellung Pisas nach dem Untergang des staufischen Hauses sich nicht behaupten ließ und da keine späteren Blütezeiten mehr durch eine reiche Bautätigkeit hier Veränderungen schufen, so hat der Pisaner Hl. Bezirk das Bild des 12. und 13. Jahrhunderts rein bewahrt. In einzigartiger Weise spiegelt er die größere und die kleinere Welt wider, die sich hier begegnen. Aus dem toskanischen Mutterboden über den Kranz der ihn umgebenden rein italienischen Bauten hinaus wächst der Dom, dessen

Inneres noch immer die Weite der geistigen Welt Pisas aus der Zeit seiner Großmachtstellung bewahrt.

Seitdem im späten 13. Jahrhundert und in der ersten Hälfte des Trecento die Blüte der pisanischen Skulptur und der toskanischen Malerei den Rahmen dieser absoluten Architektur durch ihre Kanzeln und Taufbecken, ihre Grabmäler und Einzelstatuen, ihre Tafelbilder und riesigen Wandgemälde mit menschlicher Wärme und Nähe erfüllte, seit die Dichtigkeit und der Reichtum spätmittelalterlicher Kultur die romanischen Räume verwandelt hat, ist die Raumkonzeption des Domes in immer fernere Einsamkeit gerückt. Blieb in Orvieto ein Gegensatz zwischen dem umbrischen Dom und seinem Hauptschmuck, den so sehr toskanischen Fresken, unüberbrückbar, so beherrscht den Pisaner Hl. Bezirk eine andere Spannung: die zwischen der Kunst, welche der Stadtstaat in seinen Mauern erzeugte und jener andern, deren Elemente er aus allen Zonen seiner weiten Handelsprovinzen sog. Im Camposanto und im Baptisterium herrscht die toskanische Kunst unumschränkt. Im Dom sind landschaftliche Eigentümlichkeiten vieler Provinzen an den Mittelmeerküsten so sehr in einem einmaligen Schöpfungsbau aufgegangen, daß ihre Herkunft heute nicht mehr klar erkennbar wird.

Padua erscheint in seinem Stadtbild als Ort der Terra ferma, als die Universitätsstadt von Venedig. Es muß dies Aussehen schon gehabt haben, ehe der letzte aus der edlen Tyrannenfamilie der Carrara den venezianischen Ränken erlag und die Säule mit dem Markuslöwen hier errichtet wurde (1405). Das Hauptheiligtum der Stadt, die Kirche des hl. Antonius – kurzweg der ›Santo‹ genannt – (Bauzeit von 1232 bis 1307, mit einer Unterbrechung zwischen 1237 und 1256) sollte zweifellos die Architektur der Markuskirche übertrumpfen. Eine Bettelordenskirche mußte freilich den Zentralbaugedanken von S. Marco auf ein Langhaus übertragen, und das schmucklos-ungegliederte Stützensystem des Schiffs weicht kaum von den Baugewohnheiten der frühen Bettelordenskirchen ab. Doch erhebt über jedem Joch des Mittelschiffs, des Querhauses und des Chors sich eine Halbkreiskuppel auf sehr hohem Tambour, im Ganzen eine Häufung von sieben Kuppeln, die den Bau zu einem Trabanten von S. Marco macht und die einen byzantinischen Zug in das Stadtbild der Humanistenstadt trägt[68]. Als man dann den gewaltigen Langhausbau von Sa. Giustina (1518 ff.) errichtete, da hat man selbst in den Tagen der reifen Hochrenaissance sich von dem Vorbilde der Kuppeln von S. Marco nicht freizumachen gewußt: abermals wird die Vierungskuppel von zwei Kränzen byzantinischer Kuppeln von verschiedener Größenordnung dicht umdrängt.

Das weltliche Hauptgebäude der mittelalterlichen Stadt, der Pal. della Ragione, ist ein Stadthaus aus der Nachfolge des Dogenpalastes, von dem Bautyp, wie er auf der ganzen Terra ferma von Vicenza bis Brescia herrschend wurde. Manche Paläste und ein-

(68) Goethe empfand denn auch den Santo als »barbarisches Gebäude« (in den ursprünglichen Reisebriefen unter dem 16. Sept. 1768, in die eigentliche ›Italienische Reise‹ nicht übernommen, wo ja auch das scharfe ursprüngliche Urteil über die Markuskirche gemildert wurde). – Carl Neumann hat von einer »monstruösen Masse ... einer wahrhaft entsetzlichen Architektur« gesprochen, (Repert. f. Kunstwiss. 38, 1916, p. 14) und auch A. v. Hofmann nennt den Santo ein ›Monstrum‹ (p. 109).

facheren Bürgerhäuser Paduas haben noch die Fassaden
82 venezianischer Art aus der Spätgotik bewahrt, deren Arkaden durch Kielbögen bekrönt sind. Überall finden sich Denkmäler für verdienstvolle venezianische Magistrate, so zwischen Piazza dei Signori und Domplatz der Ehrenbogen für den Podestà Valaresso (1632). Schließlich sind Kirchen und Scuolen gefüllt mit Altarblättern und ganzen Zyklen von Tizian, Veronese, Tiepolo.

Trotzdem hat die Rolle Paduas in der italienischen Kunstgeschichte nicht vorwiegend darin bestanden, das erste Spiegelbild der Lagunenstadt auf der Terra ferma zu sein. Das Schicksal wies dieser Stadt vielmehr immer wieder die Aufgabe zu, den Umschlagplatz von florentinischen Gedanken und Formen für ganz Oberitalien abzugeben. Indem der Paduaner Patrizier Enrico degli Scrovegni den Florentiner Giotto um 1305 zur Ausmalung seiner Hauskirche, der Cappella dell'Arena berief, machte er zu einem sehr frühen Zeitpunkte Oberitalien mit der Kunst des großen Toskaners bekannt, und bis in das Friaul hinauf, von Verona über Treviso bis Udine hat sich die oberitalienische Malerei des Trecento von diesem überwältigenden Vorbild nicht mehr frei zu machen vermocht. Neuerdings hat man die alte Nachricht wieder aufgegriffen[69], daß Giotto damals auch den ›Salone‹ im Pal. della Ragione, den in den Ausmaßen größten Profanraum des italienischen Mittelalters, ausgemalt habe (Ende 1307)[70].

Am Ende des dritten Jahrzehnts des Quattrocento finden Venedig und seine Terra ferma nicht aus eigener Kraft aus der letzten Phase des Mittelalters, aus der Formenwelt des ›Weichen Stils‹ heraus, der hier durch große Freskenzyklen des Gentile da Fabriano und des Pisanello wie durch die Tafelbilder des Jacopo Bellini die Künstler in seinen Bann schlug. Hätte sich nicht ein ganzer Strom florentinischer Künstler damals nach Venetien ergossen, der die neue Formenwelt der toskanischen Frührenaissance hier verbreitete, niemals wären die führenden oberitalienischen Meister des reifen Quattrocento zu ihrer großen Form gelangt. Der erste dieser Apostel des neuen Stils, welcher sich nach Padua wandte, war Fra Filippo Lippi, der hier 1434 eine Zahlung empfängt und bis 1437 bleibt (sich aber wahrscheinlich schon 1431 im Veneto aufgehalten hat)[71]. Ohne die Berührung mit der Kunst des Frate würden die Fresken Mantegnas in den Eremitani wohl weniger florentinisch-monumental wirken. Zwar war Mantegna erst sechs Jahre alt, als Filippo Lippi nach Florenz zurückkehrte; aber wir wissen genau, wer den Vermittler gemacht hat. Es ist durch den Anonimo Morelliano bezeugt, daß in der längst zerstörten Cappella del Podestà in Padua Fra Filippo zusammen mit Ansuino da Forlì und dem Paduaner Niccolò Pizzolo arbeitete – und das sind die beiden späteren Mitarbeiter Mantegnas aus der Ovetari-Kapelle. Der künstlerische Einfluß Filippo Lippis auf Mantegna kann kaum überschätzt werden, denn die eingesessenen Paduaner Maler hatten diesem wenig zu bieten, so zauberisch auch die persönliche Wirkung des Menschenfischers und Menschenquälers Squarcione auf den jungen Mantegna gewesen sein mag. Was hätte dieser bei dem Venezianer Francesco dei Franceschi oder bei den Malern aus den entlegenen Marken, Boccati und Girolamo da Giovanni, zu lernen gehabt, die

für 1447 und 1448 in Padua bezeugt sind? Wir
84 wissen auch von einem Aufenthalte Uccellos in Padua, der offenbar später als seine venezianische Arbeitszeit liegt und von den meisten Forschern in das fünfte Jahrzehnt gesetzt wird[72]. Damals entstanden die Chiaroscuri an der Fassade des Pal. Vitaliani, Darstellungen von Giganten – offenbar ›Wildleuten‹ –, die von Mantegna besonders geschätzt wurden. In denselben Jahren siedelte Donatello für ein ganzes Jahrzehnt mit seiner Werkstatt nach Padua über (1443 bis 1453). Er ist dorthin berufen worden auf das Betreiben der Kolonie der Florentiner Verbannten, die in den Mauern der Humanistenstadt Gastrecht genossen. Palla Strozzi, der sich um die Finanzierung des Denkmals für den Gattamelata bemüht hatte, wird den Vermittler gemacht haben. Als Donatello nach Florenz zurückkehrte, war Mantegna dreiundzwanzig Jahre alt; der Umgang der beiden Künstler fällt also in die Zeit, da der junge Maler für Bildungseinflüsse im aufnahmefähigsten Alter stand. Für die Monumentalplastik Venetiens hingegen hat Donatellos Anwesenheit erstaunlich geringe Früchte gezeitigt. Nur die Kleinkunst der Bronzestatuetten ist recht eigentlich durch Donatello in der Humanistenstadt Padua heimisch geworden, die an einer Kunstgattung, welche ihre Themen vorwiegend aus der Welt der Antike wählte, natürlich besonderen Gefallen finden mußte[73]. In Padua durchdringen sich die Einflußsphären von Venedig und Florenz also in sinnvoller Weise.

Die hier flüchtig hingezeichneten Skizzen dreier italienischer Kunststädte lassen deutlich werden, wie bedingt nur die Rolle ist, welche eine allein von den Grundkräften der engeren Heimat getragene Kunst innerhalb der italienischen Gesamtentwicklung zu spielen vermag. Aber dies ›Ingenium im Lokalen‹, um ein Wort Jacob Burckhardts aufzugreifen[74], bleibt doch einer der großen schöpferischen Antriebe der italienischen Kunst. Es anschaubar werden zu lassen, ist das Ziel der folgenden Bemühungen.

MITTELITALIEN

›Muros et mores‹ gründen die Helden der Aeneis dort, wo ihre Schiffe landen. Seit dieser sagenhaften Frühzeit ist Italien ein Land der Stadtkultur gewesen und geblieben. Durchwandert man die Halbinsel, so wird man auch heute noch überall auf den Gegensatz zwischen oppidum und desertum stoßen. Die zwischen diesen beiden Polen vermittelnde Siedlungsart des Dorfes kennt Italien nicht in demselben Ausmaße wie die nordischen Länder. Natürlich lebt die Landbevölkerung in Dörfern, aber da diese in vielen Gegenden nicht von ihrer Feldflur rings umgriffen werden, so hat sich weder unsere Wirtschaftsform des Dorfes hier durchgesetzt noch hat der Polisgedanke erlöschen können. So sind ›Villano‹ und ›Selvaggio‹ frühe zu bösen Schimpfnamen geworden. Schon Rom ist als ein Stadtstaat groß geworden. »In der Mitte der Halbinsel geht die Erhebung der Eingeborenen nicht vom Gebirg aus, sondern von der Ebene, nicht von einer Landschaft, sondern von einer Stadt, nicht von einer Eidgenossenschaft, sondern von einem Einheitsstaat. Solange Rom um die natürlichen Grenzen seines Stadtgebiets, um den Besitz der mittelitalienischen Ebene ringt, ist es die Führerin der latinischen Städte. Aber in der zweiten Hälfte des 4. Jahrhunderts, als sein Ehrgeiz die Herrschaft der Halbinsel erstrebt, wird es die Führerin der Städte schlechthin, die Verfechterin der Kultur gegen das Fehdeleben der Stämme ... Durch die Städte werden die Landschaften auseinander gerissen, die Stämme zerstückelt. An ihren Mauern wurde das Ungestüm von Samniten und Kelten, die Feldherrnkunst eines Pyrrhos und Hannibal zuschanden. Diese Zwingburgen haben außerdem die Latinisierung Italiens angebahnt[1].«

Auch in der Spätantike besaß das Land noch diesen Charakter. »Das platte Land mit seinen Dörfern und 89
Höfen hatte keine Selbstverwaltung, seine Ortschaften nicht wie die Städte eine eigene curia; es bildete das territorium seiner civitas, so daß Italien damals die Summe der Territorien seiner vierhundertdreißig Städte war. Das sind Ordnungen, die auf den seit der Urzeit gegebenen Voraussetzungen der antiken Polis-Kultur beruhen[2].« Selbst in Sizilien wohnen heute fast $90\,^0/_0$ der Bevölkerung in größeren Ortschaften, über $72\,^0/_0$ in Siedlungen mit mehr als 10000 Einwohnern. Auf dieser Insel, einem Bauernlande, dessen werktätige Bevölkerung zur Hälfte in der Landwirtschaft beschäftigt ist, gibt es keine Gemeinde unter fünfhundert Einwohnern[3]. Auch in Lukanien sitzen die Bauern in Flecken von stadtähnlichem Gepräge. In seinem Buche ›Christus kam nur bis Eboli‹ hat Carlo Levi den Tagesrhythmus eines solchen großen Bauerndorfs geschildert. »Am frühen Morgen wecken mich . . . das fortwährende Getrappel der Eselshufe auf dem Straßenpflaster und das Meckern der Ziegen. Dies ist der tägliche Auszug. Die Bauern stehen in der Dunkelheit auf, weil sie es weit haben, einige zwei, andere drei, manche gar vier Stunden Weges, um zu ihren Feldern zu gelangen[4].« Abends kehren sie erst bei einbrechender Dunkelheit heim. »Es war die Stunde des Sonnenuntergangs; die Sonne versank hinter den Bergen Kalabriens, und vom Schatten verfolgt, eilten die Bauern, klein in der großen Weite, auf fernen Pfaden über den Lehmboden ihren Heimstätten zu[5].«

Lediglich im Hochgebirge, etwa im Hochapennin, gibt es Siedlungen, wie sie uns aus dem deutschen

Alpenland oder dem Schwarzwald vertraut sind. Dort
90 bilden nur Kirche, Schulhaus und Kaufladen den Kern der Siedlung, die einzelnen Gehöfte sind stundenweit an den Hängen verstreut. Bis zur nächsten befahrbaren Straße hat man oft zwei Stunden Wegs auf einem jämmerlichen Maultierpfad oder in einem Bachbett. Indessen bleiben dies Ausnahmen, die kaum ins Gewicht fallen, ja, sie lassen den Unterschied zwischen oppidum und desertum besonders deutlich werden.

Mittelitalien wird aus vier Landschaften gebildet. Gegen das Tyrrhenische Meer wenden sich die Toskana und Latium, gegen die Adria die Marken[6]. In der Mitte des Landes, ohne Zugang zum Meere, liegt Umbrien, von den drei andern Landschaften umschlossen. Mittelitalien besitzt in drei Himmelsrichtungen natürliche Grenzen: gegen Norden schließt der große Querriegel des Apennin (mit dem Berglande von Montefeltre im Osten) in seinem Verlaufe von Spezia bis Rimini Mittel- von Oberitalien ab. Im Osten bildet die Adria, im Westen das Tyrrhenische Meer die Grenze. Nur die Grenze gegen Süditalien hin ist nicht leicht überschaubar. Es gibt hier keine eigentliche Grenze, sondern nur eine Übergangszone. Eine sinnvolle Abgrenzung wäre etwa eine Linie, die von Terracina an nordwärts liefe, östlich an Tivoli vorbeizöge, die Luftlinie Rieti-Aquila etwa auf deren Mitte durchschnitte, um dann dem wasserscheidenden Hauptkamm des Apennin zu folgen und etwa bei Ancona das Meer zu erreichen. Da es hier keinerlei natürliche geographische Grenze gibt, ist es zweckmäßig, die politische Grenze heranzuziehen, und dies kann nur die Südgrenze der Marken sein.

Die Marken selbst werden von keiner Grenze durchschnitten. Anagni und Frosinone liegen also noch in Mittelitalien, Aquino und Cassino sind süditalienisch. Ein Gebirgsriegel quer durch das ganze Land von Küste zu Küste, der klare natürliche Grenzen schaffen würde, besteht nicht. Der Kalkapennin kommt erst bei Salerno an die Küste. Aber das ist lediglich eine geologische Grenze, die Klimagrenze liegt bei Terracina, dort nämlich, wo die Gebirge nah an das Meer herantreten. Von Terracina bis Castel del Sangro verläuft die Grenze des geschlossenen Kalkgebiets der Abruzzen gegen das Tonschieferland (über La Meta und La Majella)[7].

Mit dieser geographischen Grenze deckt sich die sprachliche nicht ganz. Sie »erscheint weniger kompakt, bildet nur in der Gegend von Rom eine feste einheitliche Scheidegrenze, während sie nach Nordosten stärker auseinanderläuft. In diesem Linienbündel erkennen wir die Grenze zwischen dem zentralitalienischen Typ, wie er uns hauptsächlich in der Form des Toskanischen bekannt ist, und den süditalienischen Mundarten . . . Wie es zu dieser Sprachgrenze gekommen ist, die von südlich Rom durch das südliche Umbrien in das Gebiet von Ancona läuft, ist nicht ganz leicht zu erkennen. Hier fehlt jener Gebirgswall, der im Norden die Toskana abschließt. Im Gegenteil: die Sprachgrenze läuft hier transversal über den Apennin. Andere als geographische Gründe müssen es gewesen sein, die diese Sprachgrenze geschaffen haben. Im Laufe dieses Linienbündels dürften sich im Altertum etruskische und umbrische Bevölkerung geschieden haben. Seit dem 8. Jahrhundert lief durch diese Zone jener päpstliche

Gebietsstreifen, der das römische patrimonium Petri
92 mit dem Exarchat von Ravenna und der Pentapolis verband. Nicht ein Gebirgsmassiv, sondern ein politischer Korridor ist es also, der in diesem Raum zum Wellenbrecher wurde für die von Nord und Süd brausenden Sprachwellen. So gliedert sich also Italien in drei mundartlich ziemlich scharf abgegrenzte Gebiete. Bemerkenswert ist es, daß aus dem kleinsten dieser drei Gebiete die italienische Schriftsprache erwachsen ist[8].«

Während die fünf Landschaften Oberitaliens, durch natürliche geographische Grenzen gemeinsam umschlossen, die zugleich Sprachgrenzen sind, ein gemeinsames Schicksal durch zweitausend Jahre aufweisen, von dem sich allenfalls das gebirgsumwallte Ligurien abseits zu halten gewußt hat, blieb Mittelitalien diese Einheitlichkeit versagt, die über aller Verschiedenheit der einzelnen Landschaften versöhnend obwaltet. Denn Mittelitalien wird von den Bergketten des Apennin, die stellenweise bis fast 3000m aufsteigen, in zwei Hälften zerlegt. Da das Gebirge in einem großen Bogen nach Osten ausweicht, so sind die beiden Hälften von ungleicher Größe. Während an der Adria nur am Fuße des Gebirges noch Raum für eine hafenarme Küstenlandschaft bleibt, durchzogen nur von unbedeutenden Flüßchen, die auf dem kürzesten Wege dem Meere zueilen, ist das dem Tyrrhenischen Meere zugekehrte Gebiet reicher gegliedert. Hier bilden zwei Flüsse wenigstens mittlerer Größe natürliche Verkehrsadern, und die beiden Städte, welche die Geschichte Mittelitaliens bestimmt haben, liegen an ihren Ufern, Florenz am Arno, Rom am Tiber. Die Landschaft dieser dem Tyrrhenischen

Meere zugekehrten Westhälfte weist den größten Reichtum geographischer Gliederung auf: von den noch vor zwanzig Jahren kaum kultivierten sumpfigen Küstenstreifen der Maremmen über die Hügelketten der Toskana mit ihren Wein-, Oliven- und Obstkulturen bis zu den heroischen Prospekten in den Sabiner- und Volsker-Bergen, von der pianura Umbra, umsäumt von weichen Berglinien, die abends genauso tief blau aufschimmern können, wie Perugino und Raffael es gemalt haben, über die Spiegelflächen des Trasimenischen oder Bolsener Sees zu der Schwermütigkeit der honigbraunen Tuffsteinlandschaft von Nordlatium, von den ausgedehnten Tannenwäldern um Camaldoli am Ostrand des Casentino bis zum latinischen Strand, dessen Wellen bunte Mosaiksteinchen römischer Villen dem Wanderer vor die Füße spülen, ist hier eine unendliche Mannigfaltigkeit von Natureindrücken ausgebreitet. Durch mehr als zwei Jahrtausende haben sich immer wieder empfängliche Herzen daran entzündet. Die Eclogen des Vergil, welche das ureinfache Hirtenleben der Campagna so schildern, wie es sich heute noch abspielt, die Verse des Horaz auf den Soracte, der Sonnengesang des hl. Franziskus und die knappen Landschaftsschilderungen Dantes, welche eine geographische Situation in eine Terzine so zu bannen verstehen, daß man das geprägte Bild nicht mehr vergißt[9], die großartigen Anfänge der sienesischen Landschaftsmalerei im Trecento und die Commentarien und Briefe Papst Pius II., welche das Land um den Monte Amiata beschreiben, die erste moderne Landschaftsskizze, die der einundzwanzigjährige Leonardo 1473 auf dem Wege zwischen seinem Geburtsort Vinci und Florenz mit der Feder zeichnete, zugleich formend und forschend, genießend und erkennend – das alles entstand in den drei westlichen Landschaften Mittelitaliens, in der Toskana, in Umbrien und in Latium. Die beiden Landschaften der Ostküste, die Romagna und die Marken, gehören fast nur in dem Sinne zu Mittelitalien als »jenseits der Berge auch Leute wohnen«. Die bedeutenden Menschen, welche diese beiden Provinzen an der Adria hervorgebracht haben, etwa Bramante oder Raffael, sind erst nach dem Verlassen der Heimat zu Amt und Ruhm gelangt. Die Signorenfamilien haben sich zwar hier durch die Jahrhunderte behauptet – die Malatesta regieren seit 1281 in Rimini, auch die Herrschaft der Ordelaffi in Forlì, der Montefeltre in Urbino geht noch bis ins letzte Drittel des Dugento zurück –, aber die glanzvolle Blütezeit dieser Fürstenhöfe (wozu später noch die der Sforza und Rovere in Pesaro traten) drängt sich doch auf zu kurze Jahrzehnte der Früh- und Hochrenaissance zusammen, als daß sie ein künstlerisches Gegengewicht gegen die so viel länger währende Kultur der drei tyrrhenischen Provinzen Mittelitaliens hätte schaffen können. So ist es vor allem dem religiösen Leben vorbehalten geblieben, die Bande zwischen den Landschaften diesseits und jenseits des Apennin immer wieder zu knüpfen. Das macht die einzigartige Stellung Loretos aus. Keine Kavalierstour der Renaissance- und der Barockzeit, die nicht anläßlich des Rombesuchs den einen Weg durch die Toskana, den andern aber über Loreto und durch die Marken wählte! Erst das 19. Jahrhundert hat den drei nach Westen schauenden Provinzen den vorherrschenden Platz in der abendländischen Vorstellung von Mittelitalien eingeräumt. Das Aufhören des Kirchenstaates, der ja durch die Legation von Bologna die Verbindung mit Ravenna und der Pentapolis gehalten hatte, und die historische Erforschung der italienischen Sprache und Kultur, welche die Toskana immer mehr als das Herzland der modernen abendländischen Kultur erwies, trugen sehr zur Ausbildung der neuen Vorstellung bei, die dem Lande an der Adria nicht mehr gerecht wurde. Für den Deutschen wird dieser Tatbestand noch dadurch verstärkt, daß unter unseren großen Italien-Reisenden von Heinse und Goethe bis zu Gregorovius und dem Grafen York von Wartenburg keiner die Adria-Landschaften Mittelitaliens beschrieben hat. Sie kannten sie nicht mehr, weil sie keine Kavaliere des 18. Jahrhunderts mehr waren[10].

DIE TOSKANA

Die Grenzen der Toskana umschreiben etwa die Form eines Dreiecks. Zwei dieser Grenzen sind natürliche, ein Gebirgskamm und eine Meeresküste, während die dritte in jahrhundertelangen und schweren Kämpfen miteinander ringender Völkerschaften historisch geworden ist. Die Nordgrenze der Toskana gegen Emilia und Romagna hin bildet zugleich die Grenze zwischen Nord- und Mittelitalien. Von Pontremoli (nördlich von Spezia) bis Borgo Sansepolcro verläuft diese Nordgrenze in der Richtung von Nordwesten nach Südosten auf dem höchsten Gebirgsgrat des Apennin. Das Gebirgsmassiv steigt bis zu Höhen über 2000 m an. Der Hochapennin wird von berühmten Paßstraßen überquert, die alle die Stationen an der Via Emilia mit den Städten der Toskana verbinden. Eine ganze Reihe dieser Straßen steigt nach Überwindung der Paßhöhen ins Mugello-Tal hinab, um so auf Florenz zu münden. Von Forlì über den Muraglione (Paß von S. Godenzio), von Faenza über den Paß von Casa d'Alpe, von Imola über den Giogo und – am wichtigsten – von Bologna über die Futa (903 m) führen die Wege in das fächerförmig sich nach Norden ausbreitende Mugello. Aber selbst bei solch gewaltigen Gebirgsstöcken bedeutet die geographische Grenze, der höchste Grat, nicht immer auch die kulturelle[1]. Zwischen Muraglione und dem Paß von

Casa d'Alpe z.B. hat in den armseligen Dörfern auf dem Südhang des Hochapennin die toskanische Mundart einen romagnolisch gefärbten Klang, und man fühlt sich geistig mehr zur Kirchenprovinz von Ravenna hingezogen, als zu dem so viel näher liegenden Florenz, zu dessen überlegener Kultur man mit der Scheu eines nicht ganz Zugehörigen aufblickt. Ganz im Nordwesten, in der Lunigiana und den Apuanischen Alpen, ist der Grenzverlauf zwischen dem heutigen Spezia und Carrara das Ergebnis eines völkischen Ringens zwischen Ligurern und Etruskern[2]. Der heutige Grenzverlauf, westlich Sarzana, den Magra-Fluß entlang, bedeutete dann aber für die augusteische Regionen-Einteilung[3] wie für Dante die Grenze.

> Di quella valle fù io litorano
> tra Ebro e Macra, che per cammin corto
> parte lo Genovese dal Toscano[4].

Die andere natürliche Grenze der Toskana ist der Küstensaum des Tyrrhenischen Meeres von Carrara und der Mündung der Magra im Norden bis Orbetello im Süden. Nur der Nordabschnitt von Carrara bis Livorno ist Flachküste, und der den apuanischen Alpen vorgelagerte Küstensaum von Sarzana bis Viareggio, wo sich heute ein modernes Seebad ans andere reiht, abgeschirmt von der schneeigen Stirn der Marmorberge, ist von leuchtender Schönheit. Südlich Livorno beginnt dann eine unwirtliche Steilküste, hinter der sich das Flachland der Maremmen dehnt. An der Hafen-Armut dieser tyrrhenischen Küste mag es liegen, wenn die Toskaner kein Fischer- und Seefahrervolk, sondern zähe Bauern geworden sind. Bis zur Gründung Livornos im 16. Jahrhundert

war Pisa die einzige bedeutende Hafenstadt der Tos-
98 kana. Seine geschichtliche Sendung, den Blick hinaus
aufs Meer, den Rücken dem Binnenland zuzuwenden,
erklärt die Isolierung Pisas in der Toskana. Schon in
der Antike war diese spürbar: die von Rom nach Nor-
den ziehende Via Cassia endete in Florenz. Nur zwei
Straßen zweiter Ordnung, von denen die kürzere 123
v. Chr. ausgebaut wurde[5], führten von Pisa durch das
Arnotal nach Florenz und Fiesole und stellten so eine
Verbindung zwischen der Cassia und der Aurelia her.
So unangreifbar und sagenumwoben die geographische
Position Pisas im Altertum auch war[6], in der Spät-
antike oder im frühen Mittelalter hat es der Stadt
schwere Mühe bereitet, die beiden Flußdeltas von
Arno und Serchio zu entwirren und letzteren Fluß
in ein eigenes Mündungsbett zu leiten[7]. In die etrus-
kischen Küstenstädte Vada-Volaterrana, Rusellae,
Telamon und Vatluna-Vetulonia[8] ist weder in der
römischen Antike noch im Mittelalter neues Leben
eingezogen. Nur Pulpluna (Populonia) wies noch zur
Zeit Strabos reges Leben in seinem Hafen auf, denn
die Schmelzöfen für das Erz von Elba brannten noch[9].
Der Versuch Sienas im 13. Jahrhundert, durch die
Erwerbung des Hafens von Talamone zur Seemacht
aufzusteigen, hat den Spott der ganzen Toskana wach-
gerufen. Erst im 16. Jahrhundert gelang es den tos-
kanischen Großherzögen mit der Gründung von
Livorno, ihrem Staate zu einem modernen Hafen
zu verhelfen. Aber indem man hier Flüchtlingen
aus allen Ländern, Katholiken aus England wie
Juden und Mauren aus Spanien, Niederlassung ge-
währte (Gesetz Ferdinands I. von 1590, die soge-
nannte ›Livornina‹), zog man ein Gemeinwesen

groß, das abermals eine Sonderstellung in der Toskana einnahm.

Hingegen ist die dritte Grenzlinie, die von Borgo Sansepolcro über Cortona, hart am Nordwestufer des Trasimenischen Sees vorbei über Chiusi und Pitigliano verläuft und bei Orbetello die Küste des Tyrrhenischen Meeres erreicht, eine ›offene‹, von keinen geographischen Notwendigkeiten bedingte Grenze. Die Bergkette, welche das Chiana-Tal ostwärts abschirmt, würde z.B. eine sinnvollere Grenze bedeuten. Fährt man aber heute von Arezzo aus über diese Bergkette hinüber ins obere Tibertal, so sind auch Anghiari und Borgo Sansepolcro toskanische Städte, obwohl Sansepolcro auf der Sohle desselben Tales liegt wie das umbrische Città di Castello. Als Piero della Francesca hier geboren wurde und starb, war Sansepolcro denn auch noch eine umbrische Stadt. Anghiari ist erst infolge jener Schlacht, die Leonardos Darstellung berühmt gemacht hat, 1440 an Florenz gefallen. Borgo Sansepolcro, das sich zu Anfang des 15. Jahrhunderts freiwillig in den Schutz des Kirchenstaats begeben hatte, wurde von Papst Leo x. an Florenz verkauft. Obwohl der Flecken heute zur toskanischen Provinz Arezzo gehört, erweisen die geographischen Zusammenhänge Sansepolcro gleichwohl als umbrische Stadt.

Noch komplizierter als in diesem abgelegenen Nordostzipfel des Landes liegen die Verhältnisse aber an der Südgrenze der Toskana gegen Latium hin. Das alte Tuscien, von dem die Toskana ihren Namen hat, endet ja keineswegs bei Chiusi, am Südhange des Monte Amiata und bei Pitigliano. Die Städte des etruskischen Zwölf-Städte-Bundes stießen bis zum

Tiber auch in seinem Mündungsgebiet vor und ein
100 Drittel von diesen Zwölfen, Volci, Tarquini, Caere und Veji, standen auf dem Boden des heutigen Latium. Der große Mündungsbogen des Tiber ist altes Etruskerland. Aber nicht nur die ethnologischen Trennungslinien werden hier unscharf. In dem Lande zwischen dem Amiata-Massiv und dem Meere bei Orbetello decken sich auch die geographischen und kulturellen Grenzpositionen keineswegs. Pitigliano und Sorano sind – politisch und verwaltungsrechtlich betrachtet – südtoskanische Orte, zur Provinz Grosseto gehörig. Geographisch aber unterscheiden sie sich durch ihre Lage auf steil abfallenden honigbraunen Tuffstein-Plateaus und ihre steinerne Melancholie in nichts von den Städtchen in Latium, etwa von Cività Castellana oder von Sutri. Auch teilen sie ihre Geschichte schon seit dem Hochmittelalter nicht mehr mit der Toskana, da sie 1293 in den Besitz der römischen Adelsfamilie Orsini gelangten[10]. Und seit den Tagen Bonifaz VIII. ist die Geschichte hier stillgestanden. Sobald man aus der heutigen Toskana in das römische Tuscien gelangt, glaubt man aus einer beweglichen Kulturprovinz in das unverbrüchliche Schweigen einer heroischen Landschaft übergetreten zu sein, wo statt der feingliedrigen Bewässerungsanlagen der Toskana die Trümmer längst versiegter Aquädukte stehen, wo die Rebe nicht mehr grünt und keine hellen Landhäuser mehr grüßen.

In einem Gebiet, das fast durchaus aus Hügellandschaft und Mittelgebirgsformationen besteht, wird sich alles Leben in den Tälern sammeln. Die beiden einzigen bedeutenden Flüsse Mittelitaliens, Tiber und

Arno, entspringen im gleichen Quellgebiet, an der Falterona (1648 m), die Quellen liegen nur fünfunddreißig Kilometer voneinander entfernt[11]. In der Vorzeit zogen auch beide Flüsse in der gleichen Richtung, nämlich südwärts, und bei Orvieto vereinigten sich Arno und Tiber, die an Breite und Wasserreichtum sich etwa die Waage gehalten haben mögen. Erst seit dem Diluvium nimmt der Arno seinen heutigen Verlauf. Nach dem Austritt aus dem Casentino bei Arezzo änderte er seine Richtung nun, nachdem das Wasser eines großen Binnensees bei Incisa durch die Felsen des heutigen Arnotals sich durchgefressen hatte, umzieht heute das Gebirgsmassiv des Prato Magno und wendet sich dann dem Westen, dem Meere zu. Aber sein Gefälle ist so schwach, daß durch Staustufen, Wehre u.ä. dem Fließen nachgeholfen werden muß. Für das Auge des Betrachters steht der Arno die meiste Zeit des Jahres über still. In der Antike dehnten sich zwischen dem ganzen Unterlauf des Arno und den ersten Bergketten noch große Sümpfe. »Hannibal brauchte im Frühjahr 217 v. Chr. vier Tage und drei Nächte, um sie durchmessen und bei Fiesole festen Boden gewinnen zu können[12].« Hält man sich diesen Zustand des unteren Arnotals vor Augen, so versteht man auch, warum die Via Cassia in Florenz endete. Diese um 200 v. Chr. angelegte Römerstraße[13] bedeutet für die Antike und dann wieder für die Neuzeit das Rückgrat für alle Straßen des Landes, die alle an sie Anschluß suchen. Sie kam von Rom herauf über den Ciminischen Wald, führte am Ostufer des Bolsener Sees entlang und deckte sich von südlich Chiusi an etwa mit dem Verlauf der heutigen Haupteisenbahnlinie Rom–Florenz, indem sie über

Cortona und Arezzo das Arnotal erreichte, dessen
102 Flußlauf sie bis Florenz, die Kopfstation der Straße, begleitete. Als die Germanenstämme katholisch geworden waren, wurde die Via Cassia zur Pilgerstraße nach Rom als Strata Beati Petri. Als aber das Chianatal – das ist das Gebiet der Via Cassia zwischen Chiusi und Arezzo – im Mittelalter immer mehr versumpfte und durch die Malaria entvölkert wurde[14], als Florenz an Bedeutung hinter Lucca als der Hauptstadt eines langobardischen Herzogtums hatte zurücktreten müssen und somit als Zielpunkt der Straße an Interesse verlor, schied die Via Cassia als Hauptverkehrsweg aus. Erst in der Neuzeit, seit unter Großherzog Ferdinand I. die Entsumpfungsarbeiten begannen, besonders seit unter Fossombronis Leitung in der zweiten Hälfte des 18. Jahrhunderts mehr als tausend Quadratkilometer Boden von der Malaria befreit wurden[15], und vollends nach dem Bau der Eisenbahnlinie Florenz–Rom im 19. Jahrhundert ist die Via Cassia wieder in ihre alten Rechte getreten. Für das Mittelalter aber bedeutete die Unpassierbarkeit des Chiana-Tals zwangsläufig die Schaffung eines neuen Verkehrswegs und damit die Verlagerung des wirtschaftlichen Schwerpunkts von der Grenze der Osttoskana in die Mitte der Landschaft. Es war die ›Romstraße‹ – wie sie seit dem frühen Mittelalter hieß –, die ›Via Francigena‹, wie sie seit dem 13. Jahrhundert genannt wurde[16], welche der Via Cassia den

(14) Dante, Inf. 29, 46 ff. Von den Ausmaßen dieser Versumpfung noch zur Zeit der Hochrenaissance geben die geographischen Kartenaufnahmen Leonardo da Vincis in Windsor eine anschauliche Vorstellung. (Abgeb. z. B. bei L. H. Heydenreich, Leonardo da Vinci, Basel o. J. Abb. 147 und 148.)

Rang ablief. Sehr wahrscheinlich ist diese Frankenstraße in der Langobardenzeit angelegt, bestimmt ist sie von den Karolingern bei ihren Romzügen benutzt worden. Man landete in Luni (dem antiken Orte neben dem heutigen Spezia, nach dem der ganze Landstrich den Namen Lunigiana erhielt)[17], von wo die Frankenstraße über Camaiore nach Lucca führte. Mit der steigenden Bedeutung Pisas hat diese Stadt dann Luni als Landeplatz verdrängt. Von Lucca aus überquerte die Straße – unter Umgehung von Florenz – den Arno auf einer Fähre bei Fucecchio, bog ins Elsa-Tal ein, verließ dies wieder, um nach Siena emporzusteigen, folgte dem Arbia-Tal, zog über S. Quirico d'Orcia zum Paß von Radicofani, wo sie die Toskana wieder verließ, um nördlich des Bolsener Sees den Anschluß an die alte Via Cassia zu finden. An einer bedeutsamen Wendung der Straße, dort wo die Elsa in den Arno mündet, thront S. Miniato al Tedesco, über beiden Tälern der wichtigste Stützpunkt der Reichsverwaltung in der Toskana, von der Früh-Ottonischen Zeit bis kurz nach dem Untergang des staufischen Hauses der Sitz eines kaiserlichen Vikars. Um das Elsa-Tal haben Florenz und Siena das ganze Mittelalter hindurch gestritten und sich Burg auf Burg im politischen Brettspiel gegenübergesetzt. Man sieht: die geographische Lage wie die politischen Verhältnisse machten Siena von vornherein zu einer ghibellinischen Parteigängerin.

Hat man sich diese beiden einander bedingenden Straßensysteme der Toskana, das antik-neuzeitliche und das mittelalterliche, einmal vor Augen geführt, so begreift man, welche Bedeutung den einzelnen Landstrichen, Städten, Burgen und Tälern in den ver-

schiedenen Epochen zufällt. Siena, in der Mitte des
104 Landes auf hohem Berge gelegen, ist erst durch die Frankenstraße zu historischer Rolle emporgewachsen. Als im 16. Jahrhundert die Via Cassia wieder zur Geltung kam, wurde Siena damit die wichtigste Lebensader abgebunden.

Das Casentino ist ein stilles Bauernland, von keiner Durchgangsstraße durchquert. Es ist das obere Arnotal und hat die Form einer Glocke. Von hohen Bergwänden rings umschlossen, öffnet es sich nur gegen Süden, auf Arezzo zu. Der Arno entspringt an der Falterona, dem beherrschenden Massiv am Ende des Tales, wo die Bergwände von beiden Talseiten sich undurchdringlich zusammenschieben. In jeder Hinsicht ›abseits‹ gelegen, war der Boden im Casentino in den Händen feudaler Grundbesitzer. In Poppi saßen die mächtigen Grafen Guidi, deren Herrschaft erst die Schlacht von Anghiari 1440 ein Ende bereitete, in Bibbiena die Bischöfe von Arezzo, später die Tarlati. Das Casentino ist aber auch das Land der Heiligen und Frommen. In La Verna, wohin sich der hl. Franz im Sommer zurückzog, empfing er die Stigmata, in Camaldoli, inmitten ausgedehnter Buchenwälder ganz nordischen Charakters, gründete der hl. Romuald 1012 die erste seiner Einsiedlerklausen; 1113 erkannte Papst Paschalis II. die Kamaldulenser-Regel an. Das Casentino ist in seiner mittleren Längsachse, welche der Flußverlauf bezeichnet, vierzig Kilometer lang. So ausgedehnte und scheinbar undurchdringliche Wälder und Forsten auch die rahmenden Berghänge besonders gegen Osten bedecken, die Talsohle selbst und die Hügel und Vorberge, welche zu den großen rahmenden Massiven die Verbindung herstellen, bilden eine echte Kulturlandschaft. Wein, Ölbäume, Maulbeerbäume, viel Weideland mit Klee, Maisbau, an den Hängen höher hinauf vor allem Eichenwälder, gelegentlich auch Kastanien. Steigt man auf die Falterona, so hat man das ganze Casentino zu Füßen bis zur trichterförmigen Öffnung gegen Arezzo hin. Darüber hinaus aber sieht man an klaren Tagen die Küsten des Adriatischen wie des Tyrrhenischen Meeres zugleich, gewinnt Einblick in das mittlere Arnotal bei Florenz und über den Kamm des Apennin hinüber in die Romagna.

Im mittleren Arnotal mündet etwa fünfzehn Kilometer östlich von Florenz bei Pontassieve die von Norden kommende Sieve in den Arno. Dieses Sieve-Tal ist das Mugello. Das Flüßchen beschreibt in seinem Lauf etwa einen Halbkreis, von Borgo S. Lorenzo bis Dicomano strebt sein Zug in südöstlicher, von Dicomano bis Pontassieve in südwestlicher Richtung. Genau in der Mitte des ersten dieser beiden Abschnitte liegt Vicchio, wo Fra Angelico geboren wurde, in unmittelbarer Nachbarschaft davon, etwas abseits der Straße, der Weiler Vespignano, die Heimat Giottos. Das untere Sieve-Tal ist eng, die Talwände treten nahe an den Fluß, das obere, das eigentliche Mugello, aber breit. Die Berge des Sub-Apennin umstehen in schildförmigem Rund den Talboden von Norden her. Die Ebene ist fruchtbar und reich kultiviert. Die Lieblichkeit der Landschaft, das milde Klima, welches das Tal seiner Geschütztheit gegen Norden und Osten verdankt, haben das Mugello zum bevorzugten Landaufenthalt, zum Arkadien der Florentiner gemacht. Ganz am Westende des Mugello liegt

das noch wehrhaft-abweisende Landschloß Cafaggiolo,
106 das Michelozzo 1451 für Cosimo Medici erbaute, und wo der Alte selbst seine Reben beschnitt.

Das Casentino ist also ein echtes Tal, während das Elsa-Tal, zumal in seinem Unterlauf, so breit wird, daß es den Charakter des Tals schon abgestreift hat. Auch das Chiana-Tal erscheint eher als Pianura, denn als Talboden. Es ist etwa hundert Kilometer lang und hat ein Gefälle von Norden nach Süden.

Von den Landschaften, welche durch diese Täler umgriffen und gegliedert werden, ist das Chianti-Gebiet das berühmteste. Es erstreckt sich nördlich von Siena etwa bis auf die Höhe von S. Giovanni Valdarno, reicht aber nicht bis an den Fluß heran. Auch Greve liegt schon jenseits der Nordgrenze des eigentlichen Chianti-Gebietes, und strenge halten die Kommunen von Castellina, Radda und Brolio darauf, daß sie allein das historische Chianti bilden[18]. Wer erwartet, hier eine ausgesprochene ›Weingegend‹ zu finden wie im Moseltal oder in Südtirol, wird enttäuscht sein. Hier sind nicht alle Südhänge von oben bis unten mit Weinbergen bedeckt. Das Chianti ist vielmehr ein mergeliges Kalksteinmassiv, die Dörfer liegen in einer Höhe von ca. fünfhundertfünfzig Metern. Die Berge sind zumeist mit hohem Eichenwald und niedrigem Eichengestrüpp bewachsen. Quercegrossa heißt eine Frazione unmittelbar am Südrand des Chianti. Da die Erdschicht auf dem Felsgestein nur dünn ist, so sind die Südhänge terrassiert, auf diesen Stufen wird zwischen Reihen von Ölbäumen Getreide gezogen. Nicht allzu häufig findet sich statt der Oliven einmal eine Reihe von Reben. Der Wein wird hier an Stöcken gezogen, infolgedessen sind Maulbeerbäume im Chianti selten. Eigentliche Vignen finden sich erst im Gebiet um Greve, für das engere Chianti ist die Eiche bezeichnender als die Rebe.

Zu dem lieblichen, welligen Hügelland der Nord- und Ost-Toskana, dessen Oberfläche eine der reichsten Gartenkulturen Europas trägt, bildet das Land südlich von Siena und um Volterra den denkbar größten Gegensatz. Der Boden besteht dort aus schmutziggelbem Tuff und aschgrauem Lehm. Für die Tuffgebiete sind enge, sich eingrabende Täler bezeichnend. Das Lehmland nennt man ›le Crete‹. Wo das Regenwasser alle anbaubare Erde weggeschwemmt und tiefe Rinnen und Furchen in die Hänge gefressen hat, zwischen denen hohe schmale Stege stehen bleiben, entsteht eine ›Mondkraterlandschaft‹[19], deren Oberfläche wie Lava wirkt und auf der natürlich nichts wächst. Am eindrucksvollsten bieten sich die Crete zwischen Asciano und Monte Oliveto Maggiore dar. Am kahlsten wirken die Bergketten östlich des vulkanischen Monte Amiata, wo die Rocca von Radicofani, ein rechtes Felsennest, im Sonnenglast über den schattenlosen, baum- und straucharmen Hängen thront. »In dieser Landschaft ohne Gnade wurzelt – lebendigster Gegensatz zur florentinischen Nüchternheit – der mystische, ekstatische Teil der sienesischen Seele. Hier, aus dieser Landschaft mit ihren linearen Vereinfachungen und ihrem unwirklichen Farbenwechsel heraus, ist die älteste Landschaftsmalerei Europas, die sienesische, entstanden[20].« Dort, wo die Etruskerstadt Volterra alt und böse abseits im Bergland sitzt[21], heißen die Crete jetzt ›Balze‹. Hier sind die Hänge noch höher, die Stege stürzen also steiler

ab und laufen länger aus[22]. Während die in der Ost-
108 Toskana und in Umbrien gelegenen Glieder des etruskischen Zwölf-Städte-Bundes alle den Anschluß an das römische und das moderne Straßensystem gefunden haben (Arezzo, Cortona, Chiusi, Bolsena, Orvieto), ist Volterra abseits der großen Verkehrswege in der trotzigen Enge der Provinz verkümmert.

Den Küstensaum des Tyrrhenischen Meeres südlich Livorno schließlich, von Cècina bis Orbetello, bilden die Maremmen, die Kornkammer und das Weideland der Toskana. Doch war der Geist in dieser von der Malaria geplagten Sumpflandschaft von je so karg und dumpf, daß er wenig mit der Mentalität der übrigen Toskana gemein hatte. »Die Maremma ist eine Welt für sich . . ., doch kann man die Geschichte der Toskana ohne die Voraussetzung dieses Hinterlandes nicht erfassen, aus dem im frühen Mittelalter die mächtigen Klöster, dann die großen Adelsgeschlechter immer wieder Macht und Geld schöpften oder in dem sie Zuflucht, Stillschweigen während der dunkelsten Tage ihrer Geschichte fanden[23].« Heute freilich, wo die Sümpfe in fruchtbares Ackerland umgewandelt werden, das Land planmäßig besiedelt wird und wirkungsvolle Abwehrmaßnahmen gegen die Malaria gefunden sind, ändert sich der Charakter der Maremmenlandschaft und ihrer Bewohner schnell.

Dem Toskaner ist ein natürliches Verhältnis zur Kunst in die Wiege gelegt worden. Nicht nur, daß hier mehr große Künstler aufgewachsen sind als in irgendeiner anderen Landschaft Europas, auch für den nichtschöpferischen Menschen bedeutet hier die

Kunst ein Lebenselement. Hier sind die ersten Kunstliebhaber, die ersten Kunstkenner, die ersten Sammler, die ersten Kunstschriftsteller und die ersten Kunstakademien zu Hause. Der geistliche Literat Ristoro d'Arezzo, der 1282 schrieb, erzählt, wie man bei Erdaushebungen in und um seine Vaterstadt Reste von aretinischen Vasen ausgegraben habe. »Ihre Ornamente von Pflanzen und Tieren waren so vorzüglich, daß die Kenner vor Vergnügen außer sich gerieten ... Von diesen Vasen gelangte eine fast zur Hälfte erhaltene Schale in meinen Besitz, an der so ausgezeichnete und natürliche Figuren waren, daß die Kenner, die sie sahen, vor Entzücken fast närrisch wurden ... Wenn dergleichen Scherben in die Hände von Bildhauern, Zeichnern oder anderen Kunstverständigen kamen, so bewahrten sie sie fast wie Heiligtümer auf, da sie baß erstaunten, daß die Menschenhand zu einer solchen Vollendung in der Kunst gelangen könne. Und sie sagten: ›Jene Künstler waren göttergleich, oder es müssen diese Vasen vom Himmel gefallen sein‹, da sie nicht ersinnen konnten, wie sie in ihren Farben, ihren Formen und ihrem sonstigen Kunstwerte zustande gekommen sein sollten[24].« Savonarola klagt 1492 in Florenz fast mit denselben Worten: »Über ein gutes Gemälde sind die Leute oft so entzückt, daß sie bei seiner Betrachtung zuweilen ganz außer sich geraten und fast sich selbst vergessen.«

Als Duccios Hauptwerk, die Maestà, vollendet war und auf dem Hochaltar des Doms aufgestellt werden sollte, da wurde dieser 8. Juni 1310 zu einem Freudenfest für die ganze Stadt Siena. »An dem Tage, an dem man sie in den Dom trug, waren die Arbeitsstätten geschlossen und der Bischof befahl, daß in

Begleitung der Tafel eine große und fromme Schar
110 von Priestern und Mönchen in feierlicher Prozession gehen sollte und begleitet von den Neun Herrn des Magistrats und allen städtischen Beamten und der gesamten Bevölkerung, und alle Hand in Hand, und die Würdigsten schritten zu beiden Seiten der Tafel mit brennenden Kerzen in der Hand, und hinter der Tafel folgten die Frauen und die Jugend in großer Frömmigkeit: und sie begleiteten die Tafel bis zum Dom, indem sie den Domplatz in Prozession umschritten, wie das so Brauch ist, und dazu erklangen alle Glocken zum Ruhm und zur Verehrung eines so vornehmen Tafelbildes, wie es dieses ist[25].« Die Rechnungen für die Musikanten, Trompeter und Kastagnettenschläger haben sich erhalten. Diese Verehrung gilt nicht allein der Gottesmutter, auch nicht etwa einer alten Ikone, die, geschwärzt vom Rauche der Kerzen, schon vielen Generationen ehrwürdig gewesen wäre. Sie schließt vielmehr auch das Kunstwerk als solches ein, das, soeben vollendet, die Werkstatt seines Schöpfers verläßt.

In Florenz ist der leidenschaftliche Anteil, den der einzelen Bürger an Kunstsachen nimmt, womöglich noch größer als in Arezzo oder Siena. Eine besondere florentinische Eigentümlichkeit sind die öffentlichen Wettbewerbe, die hier vor der Vergebung eines öffentlichen Auftrags ausgeschrieben werden, und an denen sich jedermann beteiligen kann, während andernorts die Kunstwerke zumeist bei bestimmten Künstlern fest bestellt werden. Diese Sitte kommt nicht etwa erst mit der modern anmutenden Schätzung des concetto auf, die sich seit dem letzten Viertel des Quattrocento beobachten läßt, sondern wurde bereits das ganze Spätmittelalter hindurch geübt. Dadurch war einerseits der Beteiligung von Dilettanten bei den Wettbewerben Tür und Tor geöffnet, andererseits der öffentlichen Meinung bei der Beurteilung der eingereichten Arbeiten ein weites Feld eingeräumt. Wer florentinische Künstler-Urkunden gelesen hat, weiß, welch auffallend breiten Raum in diesen Notariats-Instrumenten die Stellen einnehmen, welche von der Billigung des Entwurfs durch die öffentliche Meinung handeln[26]. Als während der Kämpfe um die Gestaltung der Ostpartie des Florentiner Doms 1367 von einigen Außenseitern ein Projekt vorgelegt wird, das den Plänen des beamteten Dombaumeisters in wesentlichen Punkten widerspricht, wird ein Ziegelstein-Modell im Maßstabe 1 : 10 nach dem Gegenvorschlag dieser Meister und Maler für Vierungspfeiler und Kuppelraum aufgemauert. »Diese ›chiesicciula‹ wird am 25. Oktober 1367 zur Besichtigung freigegeben. An diesem Tage und dem folgenden zieht die gesamte Prominenz der Stadt an dem Modell vorbei. Die Akten verzeichnen

(26) Am 2. Dezember 1395 beschließen die Operari der Dombauhütte für die Grabmäler der Condottieri John Hawkwood und Piero de Farnese zur Probe durch zwei Maler Pinselzeichnungen in der Größe der später auszuführenden Gemälde auf die Wand ausführen zu lassen, »designari per pictores bonos, ut omnibus civibus ad ipsam ecclesiam venientibus hostendantur et supra eis maturius et honorabilius et cum deliberatione omnium volentium consulere ad ipsarum perfectionem procedatur et habito supra dicta designo colloquio tractatu et consilio cum multis expertis . . .« Miscellanea di storia dell'arte in onore di I. B. Supino, Firenze 1933, p. 332. – Vgl. auch R. Oertel, Florentiner Mittlgn. V, 1940, p. 304.

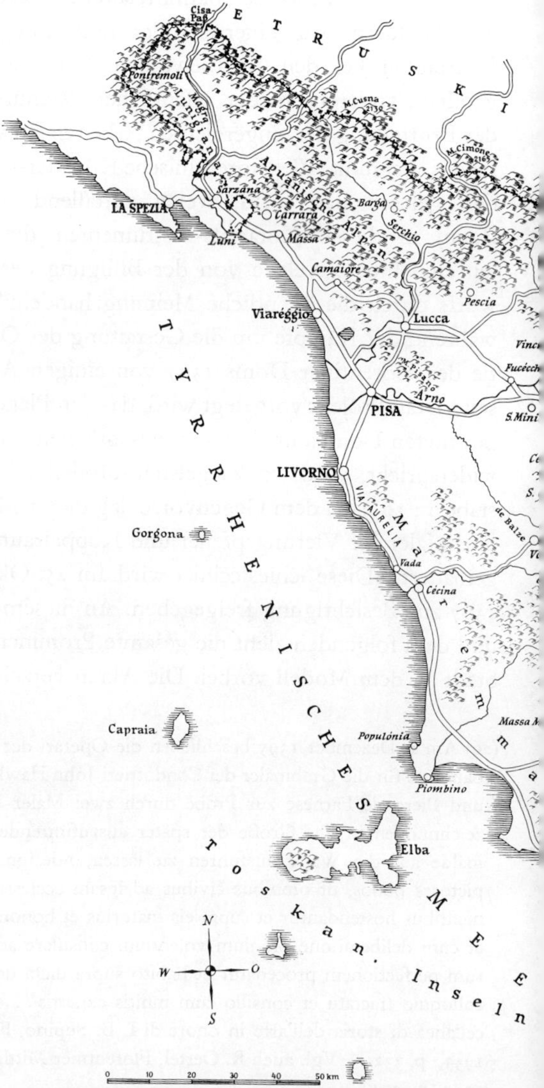

ETRUSKI
Cisa-Paß
Pontremoli
Lunigiana
Magra
M. Cusna 2139
M. Cimone 2165
Apuanische Alpen
Sarzana
LA SPEZIA
Luni
Carrara
Massa
Barga
Serchio
Camaiore
Pescia
Viaréggio
Lucca
M. Pisano
Arno
PISA
Fucécch
S. Mini
LIVORNO
VIA AURELIA
Maremma
Gorgona
Vada
Cécina
Capraia
Populónia
Piombino
Massa M
Elba
TYRRHENISCHES MEER
Toskan. Inseln
N
W
O
S
0
10
20
30
40
50 km
Maßstab

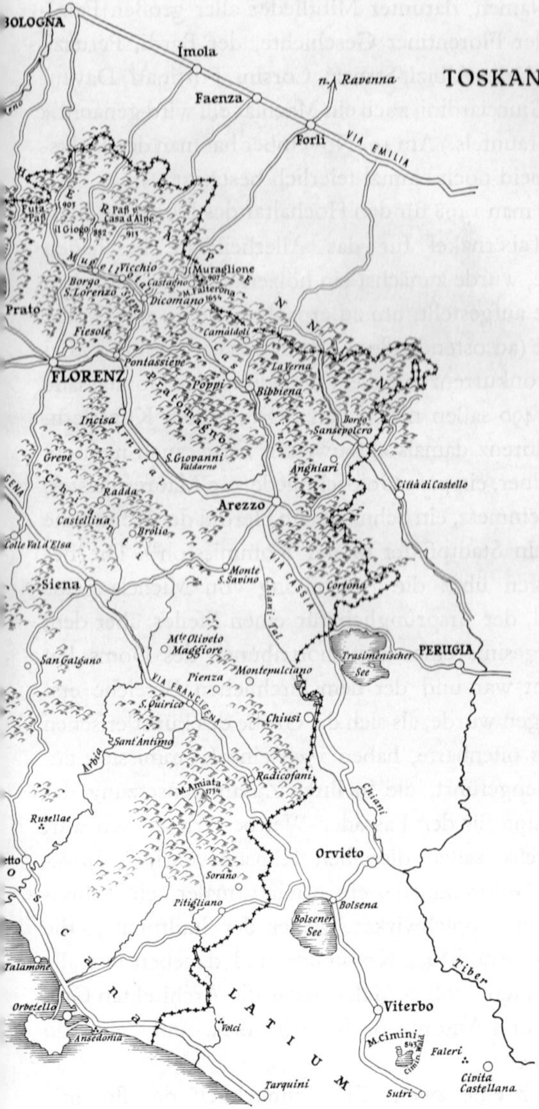
TOSKANA
BOLOGNA
Imola
n. Ravenna
Faenza
Forli
VIA EMILIA
Futa Paß
il Giogo
Paß v. Casa d'Alpe
Muraglione
Vicchio
Borgo S. Lorenzo
Castagno
M. Falterona
Dicomano
Prato
Fiesole
Camàldoli
La Verna
Pontassieve
FLORENZ
Poppi
Bibbiena
Pratomagno
Incisa
Borgo Sansepolcro
Greve
S. Giovanni Valdarno
Anghiari
Città di Castello
Radda
Arezzo
Castellina
Brolio
Colle Val d'Elsa
VIA CASSIA
Monte S. Savino
Siena
Chiani Tal
Cortona
Mte Oliveto Maggiore
San Galgano
Trasimenischer See
PERUGIA
Montepulciano
Pienza
VIA FRANCIGENA
S. Quirico
Chiusi
Sant'Antimo
Arbia
Radicofani
M. Amiata
Chiani
Rusellae
Orvieto
Sorano
Pitigliano
Bolsena
Bolsener See
Talamone
Tiber
LATIUM
Orbetello
Viterbo
Volci
Ansedonia
M. Cimini
Cimin. Wald
Faleri
Civita Castellana
Tarquini
Sutri

354 Namen, darunter Mitglieder aller großen Fami-
114 lien der Florentiner Geschichte, der Bardi, Peruzzi,
Medici, der Albizi, Strozzi, Corsini, Portinari, Davan-
zati, Giucciardini, auch ein Machiavelli wird genannt.«
(W. Braunfels.) Am 19. November hat man den Volks-
entscheid noch einmal feierlich bestätigt.

Als man 1498 für den Hochaltar des Doms ein Marmor-Tabernakel für das Allerheiligste beschaffen wollte, wurde zunächst ein hölzernes Modell auf dem Altare aufgestellt, um zu erproben, ob es dem Volke gefiele (ad ostendendum utrum placeat populo)[27]. Bei der Konkurrenz für die Vollendung der Domfassade von 1490 saßen neben den bekanntesten Künstlern, die Florenz damals aufzuweisen hatte, auch mehrere Schreiner, ein paar Goldschmiede, ein Maurermeister, ein Steinmetz, ein Schmied, ein Herold der Kommune und ein Stadtpfeifer in der Kommission[28]. Die Beratungen über die Aufstellung von Michelangelos David, der ursprünglich für einen Pfeiler über dem Traufgesims einer der Chortribunen des Doms bestimmt war und der dem kirchlichen Bereiche erst entzogen wurde, als sich die Größe des künstlerischen Wurfs offenbarte, haben 1504 eine Kommission zusammengeführt, die in ihrer Zusammensetzung der von 1490 für den Fassaden-Wettbewerb ähnlich war. Teilweise saßen dieselben Künstler darin[29], Juweliere, Goldschmiede, ein Miniaturmaler, ein Schreiner, ein Teppichwirker, wieder der Stadtpfeifer, die beiden Araldi der Kommune und daneben fast alle bekannten großen Maler, dazu die Architekten Giuliano und Antonio da Sangallo d. Ä. und Leonardo da Vinci.

Noch eine zweite Eigentümlichkeit der florenti-

nischen Kunstpflege läßt deutlich werden, wie hier
alle Kreise am künstlerischen Leben Anteil nehmen. 115
Die Sorge für die Errichtung und später für die Pflege, Instandhaltung und Ausschmückung der größten kirchlichen Bauwerke wird von der Kommune in die Hände der einzelnen Zünfte gelegt. Diese Sitte bestand in keiner andern Stadt Italiens. Aber in Florenz hat sich diese Einrichtung glänzend bewährt[30]. Für einzelne Bauwerke läßt sich diese Gepflogenheit erstaunlich weit zurück verfolgen, bis in das Hochmittelalter hinein. Bereits für das Jahr 1150 ist die Oberaufsicht der Calimala, der Kaufmannszunft, für das Baptisterium wahrscheinlich gemacht und für 1182 gesichert[31]. In einer Urkunde von 1228 wird bestätigt, daß diese Zunft »von Anfang her« auch für die Ausbessserung, Erhaltung und Ausschmükkung von S. Miniato verantwortlich war. Also kommt man hier ebenfalls mindestens in die zweite Hälfte des 12. Jahrhunderts zurück[32]. Am Baptisterium finanzierte die Calimala die Aufträge für die drei Bronzetüren. Die Kommission, welche die Zunft eingesetzt hatte, bestand nicht aus Gevatter Schneidern und Handschuhmachern, vielmehr waren sich die edelsten Namen von Florenz nicht zu gut, hier als ›Provveditori‹ die Baugelder zu verwalten: Niccolò da Uzzano, Matteo und Filippo Villani, Palla Strozzi. Auf der Spitze des Giebels der romanischen Fassade von S. Miniato ließ die Zunft 1401 ihr Wappen, den Adler über dem Warenballen, als Bronzegruppe aufstellen. Auch die Privatleute, denen im Inneren solcher Kirchen Kapellen zu Bestattungszwecken überlassen wurden, blieben bei deren künstlerischer Ausschmückung immer an die Zustimmung der Operai der Zunft zu den

eingereichten Entwürfen gebunden. Nachdem die
116 Stadtverwaltung schon 1361 der Calimala über ihre bisherigen Verpflichtungen hinaus noch die Fürsorge für Sa. Croce anempfohlen hatte, wird die Zunft dann 1441 auch mit der Verwaltung der Opera dieser Bettelordenskirche betraut. Dazu kommt die Verwaltung des Leprosenhauses von S. Eusebio und die Überwachung der Ausführung von testamentarischen Vermächtnissen für alle möglichen Kirchen.

Die bedeutsamste Rolle von allen florentinischen Zünften spielte für das Gemeinwesen die Arte della Lana, die Wollwirkerzunft, die das Gotteslamm im Wappen führte, das über allen Domportalen steht. Denn die Weiterführung und Vollendung des gewaltigen Dombaues, der nach der kurzen Phase des Baubeginns 1296–1302 schon wieder ins Stocken geraten war, ist seit 1331 der Ruhm der Arte della Lana. Zunächst stellte die Zunft bei Übernahme ihrer Verpflichtung die Verwaltung der Dombauhütte auf eine ganz neue finanzielle Basis, und während von 1302 bis 1330 die Baugelder immer wieder versiegt waren, erweisen sich nun die Provveditori der Arte della Lana als so kluge Rechner, daß wir in den folgenden beiden Jahrhunderten von keiner finanziellen Krise in der Opera mehr hören. Die Arte della Seta errichtet auf Veranlassung der Stadtbehörden seit 1419 das Findelhaus, den ersten Profanbau der Frührenaissance nach den Plänen Brunellescos. Nach der Vollendung des Baukomplexes bleibt der Zunft die Verwaltung des ganzen Anstaltsbetriebes. 1427 übernahm die Seidenzunft dann auch noch die Fürsorge für das Kloster S. Marco. Die Arte del Cambio, die Wechslerzunft, hatte seit 1389 das Protektorat über das Hospital an der Piazza S. Marco inne (die heutige Kunstakademie) samt der zugehörigen Spitalkirche S. Matteo. Alle Zünfte wirken zusammen bei der Errichtung der Pfeilerstatuen an Orsanmichele. Der Beschluß zu diesem Gemeinschaftsunternehmen ging schon auf das Jahr 1340 zurück, aber erst das erste Jahrzehnt des Quattrocento ging mit Ernst an die Verwirklichung heran. Bis 1416 haben sieben Zünfte hier ihre Schutzpatrone in die Nischen gestellt: die Steinmetzen und Schreiner, die Strumpfwirker, die Hufschmiede, die Metzger, die Leineweber und die Harnischmacher. Zwischen 1416 und 1426 sind dann noch die Kaufleute, die Kürschner, die Parte Guelfa (keine Zunft im eigentlichen Sinne), die Wechsler und die Wollwirker gefolgt. Nur die zahlungsunfähigen Bäkker schlossen sich aus.

Für Siena sind – wenn auch in geringerem Ausmaße – ebenfalls Organe staatlich geleiteter Kunstpflege bezeugt. Hier ist eine städtische Verschönerungskommission (die Uffiziali dell'Ornato) nachzuweisen, deren behutsames und verständnisvolles Walten sich seit dem Jahre 1359 verfolgen läßt[33].

Aber die Kunstsachen bewegten nicht nur die Kommissionen der Fachleute, sie hielten die ganze öffentliche Meinung in Atem. Als Leonardo da Vinci 1501 in Florenz seinen Karton mit der hl. Anna Selbdritt ausstellte, erwies sich, »daß nicht nur die Künstler sich zur Bewunderung bewogen fühlten, sondern man sah, als er fertig war, zwei Tage lang Männer und Frauen, Jung und Alt wie zu einem glänzenden Feste nach dem Zimmer wallfahrten, um das Wunderwerk Leonardos zu betrachten, das das ganze Volk in Erstaunen setzte[34]«. Als Baccio d'Agnolo beim Neubau

des Pal. Bartolini in Florenz (1517) zuerst übergie-
118 belte Fenster an der Fassade einführte, die man bisher nur an Kirchenfronten zu sehen gewohnt war, da regnete es Spottreden, ironische Sonette, und die Fenster wurden mit grünen Zweigen gekränzt, wie man das an Festen bei Kirchenfassaden gewohnt war. Der arme Baccio war »per uscir di cervello[35]«. Nachdem Florenz ein absoluter Staat geworden war, hat sich darin gar nichts geändert. Als der Perseus des Benvenuto Cellini beinahe vollendet war, schlägt Herzog Cosimo dem Künstler vor, die Statue für einen halben Tag bei geöffneten Türen auszustellen, »damit man sehen könne, was das Volk sagt« (per vedere quel che ne dice il popolo)[36]. Erst dann solle man der Statue die letzte Vollendung geben. Widerstrebend fügt sich Cellini dem Willen des Herzogs. Am Tage, da der Perseus öffentlich zur Schau gestellt ist, werden gleich über zwanzig Sonette an der Ateliertüre angeschlagen. Auch als die Statue dann wieder unzugänglich ist, hält der Regen von griechischen und lateinischen Versen an, denn die Pisaner Universität hat gerade Ferien und den daheim weilenden Florentiner Studenten gab es den angenehmsten Zeitvertreib, ihre poetische Schulung glänzen zu lassen. Aber auch berühmte Künstler wie Pontormo und Bronzino heften ihre Huldigungsverse an die Ateliertür.

Auf diese Weise entsteht ein Fluidum zwischen Künstlern und Auftraggebern, das echt toskanisch ist. Hier zuerst erkennen die Lenker des staatlichen Lebens die geistige Ebenbürtigkeit der Künstler an, weil sie selbst Künstler sind. Lorenzo Magnifico machte dem Giuliano da Majano ein Modell für das

Lustschloß Poggio Reale bei Neapel[37] und Don Giovanni de'Medici war ein Architektur-Dilettant aus der zweiten Hälfte des 16. Jahrhunderts, dessen Modell für die erneute Konkurrenz der Domfassade von 1587 uns erhalten ist[38]. Fast alle Beziehungen zwischen den Mediceern und den Künstlern ihres Kreises tragen einen familiären Zug. Michelozzo hat Cosimo Medici 1434 in die Verbannung nach Venedig begleitet. Seine beiden Söhne werden nach der Rückkehr im Pal. Medici mit aufgezogen, der eine wird Bischof, der andere ist als Jurist und Diplomat der Berater Lorenzos. Auch der Vater der beiden älteren Sangalli, der Architekt Francesco Giamberti, war schon für Cosimo Medici tätig gewesen. Die beiden Söhne, Giuliano und Antonio d. Ä., sind dem Lorenzo Magnifico nahegetreten. Antonio hat den Giulio de'Medici aus der Taufe gehoben und dieser, der spätere Papst Clemens VII., hat die ersten sieben Jahre seines Lebens im Hause des Antonio zugebracht. Das Freundschaftsverhältnis zwischen Cosimo d. Ä. und Donatello ist bekannt genug. Lorenzo Medici nahm den fünfzehnjährigen Michelangelo als Familiaris in sein Haus auf, gab ihm ein Zimmer und einen Platz an seiner Tafel. Kein Künstler aber hat Lorenzo näher gestanden als der Bronzebildner Bertoldo, der ebenfalls im Pal. Medici seine Kammer hatte, der seinen Herrn ins Moorbad begleitet, der in seiner Todeskrankheit von Lorenzos Leibarzt behandelt wird und auf der Mediceer-Villa Poggio a Cajano stirbt[39]. Auch die Umwandlung der Republik in ein absolutes Fürstentum, an dem die spanische Etikette herrscht, hat den familiären Ton zwischen Herrscher und Künstler nicht ersticken können. Flo-

renz ist so klein, daß jeder jeden kennt. Abends, wenn
120 er die Arbeit in der eigenen Werkstatt beiseite gelegt hat, geht Benvenuto Cellini noch in die Guardaroba des Herzogs. Da hilft er dann etwa zwei jungen Goldschmieden bei der Arbeit und unterweist sie. Jeden Abend kommt dann der Herzog Cosimo herein, schaut der Arbeit zu, erkundigt sich nach technischen Einzelheiten und diskutiert mit dem Goldschmied (»Il Duca ne pigliava piacere, si del veder lavorare come del confabular meco«). Hier modelliert Cellini auch seine Büste des Fürsten[40]. Ja, der Künstler darf es wagen, Cosimo in der Via de' Servi anzusprechen und aufzuhalten[41].

In Rom ist alle Kunst Hofkunst gewesen, und erst im Barock hat Pasquino sein Sprüchlein dazu gesagt. Aber der Auftraggeber-Kreis hat hier über die großen Familien der päpstlichen Aristokratie niemals hinausgereicht. Im oligarchischen Venedig bleibt alle künstlerische Betätigung an die Kasten gebunden, zu denen die großen Bruderschaften durchaus zählen. Lediglich die Baugeschichte von S. Petronio in Bologna kennt eine Anteilnahme der öffentlichen Meinung, die an die Atmosphäre der Toskana erinnert. Diese Atmosphäre vermißte Donatello in Padua so sehr, daß er ihr Fehlen als den Grund seiner Rückkehr nach Florenz vorschützte: »Verbliebe er länger in Padua – sagte er – so würde das viele Lob, was man ihm zollte, Ursache sein, ihn alles vergessen zu machen, was er wisse; er wolle gern wieder in seine Vaterstadt gehen, um sich dort überall tadeln zu lassen, dieser Tadel sei Veranlassung zum Studium und daher zu größerem Ruhm[42].« Vasari, der diese Anekdote überliefert, kommt noch einmal in der Vita des Perugino ausführlich auf dieses florentinische Fluidum zu sprechen. Die Künstler würden in dieser Stadt angespornt »zuerst vom Tadel, der in vielfacher Weise von einer großen Zahl Menschen vorgebracht wird, weil die Luft hier freie Geister von Natur aus erzeugt (... »per far quell' aria gli ingegni liberi di natura...«), die sich im allgemeinen nicht an mittelmäßigen Werken begnügen«. Er spricht dann von der unerbittlichen Konkurrenz, daß man, um hier leben zu können, fleißig sein müsse und jeden Augenblick gezwungen sei, Verstand und Urteil anzuwenden und in seinem Tun schlau und schnell zu sein. Man betrachte hier die Menschen nur als seinesgleichen, die man eigentlich als seine Meister anerkennen müsse. Ja, das Überangebot künstlerischer Kräfte, das einen dauernden angespannten Wettstreit hervorruft und die Menschen schnell verbraucht, entlockt Vasari den bitteren Satz: »Die Stadt Florenz handelt an ihren Künstlern wie die Zeit mit dem, was ihr angehört; was sie bildet, zerstört sie wieder oder verbraucht es allmählich.« Darum rät Vasari den Künstlern, wer in Florenz genug gelernt habe, und wer hier nicht Tag für Tag wie ein Tier leben wolle, der solle es wie die Humanisten mit ihrer Wissenschaft machen und Florenz verlassen, um an anderen Orten seine florentinische Schulung und die florentinische Qualität seiner Werke in Gold umzumünzen[43]. Er selbst hat freilich nicht nach diesem Ratschlag gehandelt.

Kein Zweifel, die florentinische Luft war scharf. Wie schnell hat der florentinische Witz dem Kunstwerk einen Spottnamen angeheftet. Eine von Donatellos Nischenfiguren am Campanile hieß schon früh

Zuccone, Dummkopf, die unglückliche Ammanati-
122 Brunnenfigur auf der Piazza wurde zum Biancone.
Michelangelo nannte die Galerie, welche den Fuß der Florentiner Domkuppel außen umziehen sollte und die man probeweise an einer Oktogonseite angebracht hatte, bissig einen Grillenkäfig, worauf zwar die weitere Ausführung unterblieb, aber der Spottname blieb auch.

Nicht nur das Kunstwerk, auch sein Schöpfer hat in der Toskana ein größeres Lebensrecht als anderswo. Der Typus des feinnervigen, am Leben leidenden Künstlers, der sein Werk mit seinem Herzblut zahlen muß und der heute überall in Europa beheimatet ist, ging aus der Toskana hervor und gehört ihr im ausgehenden Mittelalter und der Früh- und Hochrenaissance noch allein an. Das älteste Beispiel stammt aus Pisa. Als Giovanni Pisano 1310 die Pisaner Domkanzel vollendet hatte, setzte er auf das Gesims über dem Zwischengeschoß unter den Brüstungsreliefs eine rings umlaufende Inschrift, in der sich zum ersten Male im ganzen Mittelalter der Schöpfer des Werks an den Beschauer wendet und ihm sein Herz ausschüttet. Zwischen Giovanni Pisano und dem wirtschaftlichen Leiter der Pisaner Dombauhütte, dem Operaio Burgundio di Tado, war es zu schweren Zerwürfnissen gekommen und der gequälte Künstler läßt nun sein Werk Zeugnis für sich ablegen. Indem er seine Klage und seine Rechtfertigung einem großen Kunstwerk in den Mund legt, erscheint er als Sieger über seinen Widersacher, dessen Namen längst vergessen sein wird, wenn das Werk des Künstlers noch dauert. »Ich habe mich nicht recht vorgesehen; während ich vieles gezeigt habe, habe ich viele

Schläge und Unbilden erlitten. Aber wenn auch mit zaghaftem Herzen, trage ich diese Pein in stiller Duldung. Auf daß ich (das Denkmal) ihm die Mißgunst nehme und den Schmerz lindere und Ruhm für ihn erflehe, bitte ich dich (o Beschauer), den Versen den Tau deiner Tränen hinzuzufügen[44].«

Der nächste Beleg kommt aus Siena. Als Jacopo della Quercia, der aus seiner Vaterstadt nach Bologna berufen worden war, um dort den plastischen Schmuck der Westfassade von S. Petronio zu schaffen, die Bologneser Arbeitsbedingungen für unerträglich hielt, floh er im März 1436 nach Parma und schickte von dort an die Vorstände der Bauhütte von S. Petronio einen Brief, aus dem das Leiden am Leben ebenso deutlich spricht wie aus den Versen des Giovanni Pisano hundertfünfundzwanzig Jahre früher. Nur ist an Stelle der Klage des gleichsam noch anonymen Meisters der Gotik jetzt ein bei aller Gequältheit stolzer und selbstbewußter Ton getreten. Aus diesem Schreiben spricht zum ersten Male die moderne Künstlerpersönlichkeit, die weiß, was sie wert ist: ». . . es verhält sich wirklich an dem, daß ich von Bologna abgereist bin, . . . nicht um mich meiner Pflicht und dem Rechte durch die Flucht zu entziehen, sondern um frei zu sein und nicht festgesetzt zu werden, denn wer in Haft sitzt, wird weder angehört noch vernommen. Und deshalb seien Eure Reverenzen davon in Kenntnis gesetzt, daß ich bereit war und es noch bin, alle jene Dinge zu tun, zu welchen das Recht mich verpflichtet und verpflichtet hat. Denn niemals werde ich mich davon entfernen, die Gerechtigkeit und meine Ehre zu bewahren. Was sodann die Bedingungen betrifft und die Umstände,

unter denen der Vertrag abgeschlossen worden ist,
124 so werde ich das nicht im einzelnen wiederholen, das ist Euren Reverenzen schon bekannt – sie haben sich eben nicht durchführen lassen. Und deshalb fasse ich meinen Entschluß: daß, wenn Ihr von mir die Erfüllung meiner Pflicht wollt und daß ich mich einsetze, so werdet Ihr mich jetzt und wann immer Ihr wollt, bereit finden . . . Ich sage nicht mehr darüber... Ich bin hier und werde drei oder vier Tage auf Antwort von Euren Reverenzen warten. Wenn man mir nicht antwortet, werde ich mich auf den Weg nach Siena machen[45].«

Von den Florentiner Meistern hat Vasari schon den Paolo Uccello als wunderlich, einsiedlerisch und schwermütig geschildert; er habe wenig Umgang gehabt und habe sich Wochen und Monate in seinem Hause eingeschlossen, ohne sich vor jemandem sehen zu lassen[46]. Diese Züge finden sich dann gesteigert wieder in der Vita des Piero di Cosimo, der von Vasari als eine durch und durch romantische Natur gezeichnet wird[47]. Er habe eher eine tierische als eine menschliche Existenz geführt. Er wollte nicht zulassen, daß seine Zimmer gesäubert wurden, er aß nicht zu den Stunden der Mahlzeit, sondern dann, wenn ihm gerade der Hunger kam, seinen Garten ließ er verwildern und an anormalen Bildungen in Tier- und Pflanzenwelt hatte er sein besonderes Entzücken. Das Weinen der Kinder und das Husten, Glockengeläute und Mönchsgesang waren ihm unleidlich. Platzregen, welche die Dächer ruinierten, machten ihm Freude, hingegen hatte er Angst vor Gewittern. Da schloß er Fensterläden und Zimmertür, hüllte sich in seinen Mantel und duckte sich in einer Ecke der Kammer zusammen, bis das Unwetter vorüber war. Dabei war er witzig und hatte zuweilen die Lacher auf seiner Seite.

Alle diese Künstler sind Florentiner, Sienesen, Pisaner. Außerhalb der Toskana hat sich die Erscheinung des Künstlers während der Renaissance in ihrem Wesen von dem Tun und Denken des Durchschnittsmenschen nicht so stark abgehoben und sich in den bestehenden sozialen Rahmen unauffälliger eingefügt. Man wende nicht ein, die problematischen Naturen seien nur deshalb allein für die Toskana und besonders für Florenz bezeugt, weil die Künstleranekdote und die Kunstgeschichtsschreibung eben auf florentinischem Boden erwachsen seien. Es ist richtig, daß Vasari für nicht-florentinische Künstler zuweilen eine parteiische, ja unredliche Quelle ist. Seine Schilderung Peruginos, den wir gern für eine lyrische und sensible Natur halten möchten, ist eher beißende Parodie als schlichter Bericht[48]. Aber auch die venezianischen Maler waren weltberühmt, und das Bild ihrer Persönlichkeit ist nicht allein von Vasari überliefert. Dennoch ist die Ausbeute für die Künstleranekdote dort unvergleichlich geringer als in der Toskana.

Nur um das Leben solcher Künstler, wie sie seit dem Trecento in der Toskana erwuchsen, webt die Legende ihren Schein. So ist Florenz die Heimat der Künstleranekdote geworden, und diese hinwiederum ist der Boden, auf welchem die Kunstgeschichtsschreibung, die Künstlervita erwächst. Die Künstleranekdote ist ein Kind des Trecento, sie hängt sich an die größten Namen dieser Zeit, an Dante, Cimabue und Giotto; sie taucht keimhaft in den ältesten Dante-Kommentaren auf, ist in Boccaccios Decamerone mit

einer recht harmlosen Fabel vertreten (VI, 5) und
126 liefert den Stoff für mehrere Novellen des Franco
Sacchetti (gest. 1400). Bei Ghiberti, der sonst alles
andere als ein Geschichtenerzähler ist, findet sich zu-
erst die Anekdote von dem Schäferknaben Giotto,
der seine Tiere auf einen Stein zeichnet und dabei von
dem des Weges kommenden Cimabue entdeckt wird[49].
Aber im Trecento erzählen schon Boccaccio, Sacchetti
und Benvenuto da Imola Giotto-Geschichtchen. Die-
ser Meister ist also schon frühe als eine Ausnahme-Er-
scheinung empfunden worden, der die bürgerlichen und
zünftigen Gewohnheiten nicht mehr recht gemäß sind.

Die Künstleranekdote bedarf aber nicht nur als Vorwurf der eigenwilligen Schöpferpersönlichkeit, die anders als die andern ist. Sie kann nicht gedeihen, wenn sie nicht von einem Publikum weitergetragen wird, das den Sinn für Witz mit dem Organ für das Besondere und Sonderbare in einer Künstlernatur verbindet. Und dafür ist nirgends so frühe als in der Toskana das Verständnis erwacht[50].

Als Petrarca im Jubiläumsjahr 1350 durch seine Vaterstadt Arezzo kam, führten ihn einige Patrizier zu seinem Geburtshaus. Da vernahm und sah er dann mit Staunen, daß dem Hausbesitzer vom Magistrat verboten worden war, das Haus zu restaurieren oder zu vergrößern. Nichts durfte hier verändert werden, alles sollte so bleiben, wie es zur Zeit von Petrarcas Geburt gewesen war[51]. In der Toskana werden also bereits um die Mitte des Trecento dem Künstler, dem Literaten, Ehrungen zuteil, die noch Jahrhunderte später anderswo kaum einem Herrscher widerfuhren. Dort, wo man die Atmosphäre eines Menschen durch die Erhaltung seiner Wohnräume und ihres Mobiliars einzufangen und zu verewigen suchte, mußten auch die ersten Künstlerbildnisse im modernen Sinne entstehen. So überliefern denn gerade die Petrarca-Bildnisse die erste unverwechselbare Künstler-Individualität, wie sie ›leibt und lebt‹. Auf dem Bildnis Petrarcas unter der Schar der Seligen im Weltgericht des Nardo di Cione in der Cappella Strozzi von Sa. Maria Novella in Florenz sind nicht nur die unterscheidenden Merkmale der Physiognomie sorgfältig beobachtet und festgehalten, sondern das Antlitz wird schon zum Spiegel des Wesens des Menschen. Gerade die Schattenseiten eines solchen auf dauernder Wanderschaft verbrachten Humanistenlebens prägen sich aus: Verzicht, Bitterkeit, zarteste Verletzlichkeit und Überwachheit, die sich als Folge eines lebenslangen unausgesetzten Reflektierens einstellen[52].

Wo man die Atmosphäre des Lebenden einzufangen versucht, da wird man auch die Grabstätte des Toten ehren. Im Jahre 1396 faßt die Kommune von Florenz den Beschluß, im Dom für Accorso, Dante, Petrarca, Boccaccio und Zanobi della Strada »hohe und prächtige, mit Marmorskulpturen u. a. Zieraten geschmückte Grabmäler zu errrichten«. Wenn die Gebeine der zu Ehrenden nicht zu erhalten seien, so müßten bloße Kenotaphien angebracht werden[53]. Obwohl zunächst nichts daraus wurde und auch der 1430 für Dante und Petrarca erneuerte Beschluß abermals vertagt wurde, so liegt hier doch der Ursprung, aus dem dann seit etwa 1490 die Ruhmeshalle von Sa. Croce, das Pantheon der großen Florentiner, erwachsen ist.

Die Toskana ist nicht groß. Wie bei den engen Wohnverhältnissen der mittelalterlichen Städte die

Künstler in den ihrem Handwerk zugewiesenen Ge-
128 werbestraßen zusammenhockten und jeder sehen mußte, was der andere erdachte und erschuf, so ging es auch im Großen, und jeder neue Baugedanke und jede neue Bildkomposition wanderte durch die ganze Kunstlandschaft der Toskana. Der Dom von Pisa, wahrhaft der › Schöpfungsbau ‹ unter den toskanischen Kathedralen, hatte im 12. Jahrhundert als erster Dom eine Kuppel über der Vierung erhalten. Der in den zwanziger Jahren des 13. Jahrhunderts begonnene Dom von Siena übernahm diese Vierungskuppel wie auch andere Baugedanken von Pisa. Als Giovanni Pisano 1284–1299 diesem spätromanischen Sieneser Dom eine Fassade vorlegte, war es die erste Schauwand in Italien, an der ein großes bauplastisches Programm im Sinne der französischen Gotik verwirklicht wurde. Das ließ Florenz nicht ruhen. Bereits zwölf Jahre nach dem Beginn der Arbeiten an der Sieneser Domfassade legte man 1296 in Florenz den Grundstein zu dem neuen Mariendom, der von der politischen Rivalin Siena sowohl den Gedanken der Vierungskuppel wie den reichen Skulpturen-Zyklus an der Fassade übernahm. Die beiden toskanischen Fassaden der Gotik trieben nun sogleich die Bewohner von Orvieto in das Projektemachen hinein. So wuchs seit 1310 vor dem Dom in Orvieto die Schaufront auf, welche von dem damals in seinem Obergeschoß noch unausgeführten Riß des Giovanni Pisano für den Sieneser Dom viel für das Rosengeschoß übernahm, dabei aber durch die großen Flächen, welche dem Mosaikschmuck in Orvieto eingeräumt wurden, das Sieneser Vorbild zu übertrumpfen suchte. Durch die reinere und reifere Form seines Rosengeschosses

hat dann Orvieto auf sein Vorbild Siena zurückgewirkt, als in der zweiten Hälfte des 14. Jahrhunderts dort klägliche Epigonen die Fassade des Giovanni Pisano in ihrem Sinne zu Ende bauten.

Der Neubau des Florentiner Doms war nach einer großartigen ersten Bauperiode von nur sechsjähriger Dauer (1296–1302) liegen geblieben. Als nach der Auffindung der Gebeine des hl. Zenobius 1330 das Unternehmen wieder in Fluß kam, als besonders seit 1334 der Campanile aufwuchs, an dem Giotto ein sehr umfangreiches und gedankentiefes bauplastisches Programm zu verwirklichen sich anschickte, ließ der Vorsprung, den die Florentiner hier zu gewinnen trachteten, die Sienesen nicht schlafen. So begannen sie 1339 einen riesigen Domneubau, in den der vorhergehende Dom des 13. Jahrhunderts nur als Querschiff übernommen werden sollte. Das Pestjahr 1348 und die ihm folgenden Unwetter-Katastrophen zwangen zur Aufgabe des Unternehmens, dessen Ruinen heute einen der schönsten Bautorsi Italiens bilden. Selbstverständlich wußten auch die Dome in den weniger bedeutenden Bischofssitzen und die großen städtischen Pfarrkirchen von dem Austausch der Baugedanken unter den großen Schwestern Nutzen zu ziehen; die Domfassade von Grosseto z. B. ist die Reduktion der Sieneser Domfassade auf die bescheidenen Verhältnisse einer im toten Winkel liegenden Stadt.

Pisa, Siena, Florenz sind die drei künstlerischen Zentren der Toskana. Da ihre Blütezeiten in ganz verschiedene Epochen fallen, so ist Pisa die romanische, Siena die gotische und Florenz die Renaissancestadt schlechthin geworden. Aber während es in Florenz

selbstredend auch hochbedeutende romanische Bau-
130 ten gibt und in Siena wichtige Maler des Frühmanie-
rismus, ist Pisa ganz ausschließlich eine romanische
und frühgotische Stadt. Nach dem Tode des Giovanni
Pisano (nach 1314) ist hier keine bodenständige Kunst
mehr erwachsen. So scheidet Pisa für unsere Betrach-
tung aus, weil sich der künstlerische Charakter der
Stadt nur durch eine zu kurze Zeitspanne hin verfol-
gen läßt. Um zu sicheren Schlüssen zu kommen,
müßten wir etwa das Verhalten, das Pisa zum Raum,
zur Farbe usw. im 12. Jahrhundert zeigt, nun an den
Kunstwerken aus Gotik, Renaissance und Barock
bestätigt finden. Aber einer solchen Betrachtung ver-
sagen sich die pisanischen Denkmäler. So kreist für
uns das künstlerische Leben der Toskana denn nur um
zwei Pole: Florenz und Siena.

FLORENZ

Fuori dell'ombra del cupolone la miseria.
(Florentiner Sprichwort)

In der abendländischen Kunstentwicklung ist die Stellung von Florenz nur mit der von Athen zu vergleichen. Vom späten 13. bis zur Mitte des 16. Jahrhunderts erscheint der Strom der großen Männer und großen Ideen, die in Florenz das Licht der Welt erblickten, unversiegbar. Schon rein biologisch betrachtet, glaubt man vor einem Wunder zu stehen. Aber Florenz war immer die am meisten mit dem Lande verbundene Stadt Italiens. Am Markttage, dem Freitag, hat der Florentiner noch heute in seiner Stadt wenig zu sagen, da beherrscht die Landbevölkerung Straßen und Plätze, die Wirtschaften und die Büros der Lotterien. So stammen denn viele der großen Männer von Florenz gar nicht aus der Stadt selbst, sondern aus dem Contado, d.h. aus dem Landgebiet der Republik Florenz. Giotto und Fra Angelico kamen aus dem Mugello, Boccaccio und Arnolfo di Cambio aus dem Elsa-Tal, der Dichter aus Certaldo, der Dombaumeister aus Colle. Masaccio und der Frühbarockmaler Giovanni da S. Giovanni wurden beide in S. Giovanni im Arnotal geboren. Andrea del Castagno kam aus Castagno am Fuße der Falterona, dort, wo der Arno entspringt. Aus Panicale im Valdarno stammt Masolino, aus Empoli der Barockmaler Jacopo Chimenti. Pontormos Geburtsort liegt auf dem Wege nach Empoli. Andere kommen aus toskanischen Kommunen, die von Florenz ganz unab-

hängig waren, sind aber durch ihre Lebensarbeit so
132 mit Florenz verknüpft, daß sie vor der Geschichte zu Florentinern geworden sind, wie der aus Arezzo stammende Vasari. (Auch Petrarca ist als Kind Florentiner Verbannter in Arezzo geboren.) Nur Sienesen sind – mit Ausnahme von Don Lorenzo Monaco – niemals in Florenz heimisch geworden, dazu war die künstlerische Wesensart der beiden Städte zu verschieden! Michelangelo wurde zwar in Caprese am Ostrand des Casentino geboren, aber nur, weil sein Vater dort im Jahre seiner Geburt zufällig eine Verwaltungsstelle bekleidete, die Buonarroti sind ein Florentiner Geschlecht. Leonardo ist das Kind eines Liebesbundes zwischen einem Florentiner Notar, der aber aus dem kleinen Bergort Vinci bei Empoli stammte, und einem dortigen einfachen Landmädchen. Stadtflorentiner hingegen sind Brunellesco, L. B. Alberti, Donatello, Ghiberti, Uccello, die Pollajuoli, die Robbia, die beiden Lippi, Verrocchio, Botticelli, Andrea del Sarto. Man sieht, die Gewichte sind etwa gleich verteilt. Die Reihe der großen Meister, wie die paar noch darüber hinausragenden Genies, stammen etwa zur Hälfte aus der Stadt, zur andern Hälfte kamen sie vom Lande herein. Dem Masaccio, dem Castagno merkt man die Herkunft aus der ländlichen Umwelt noch in ihren Bildern an[1].

Ohne den Anteil des toskanischen Landes wäre die Blüte dieser Stadt nicht zu verstehen. Gegen Ende

(1) Dante, Paradiso 16, 46ff., vertritt noch den alten feudalen Standpunkt. Für ihn endet das Weichbild von Florenz im Süden noch bei Galluzzo, im Norden bei Trespiano. Aber »La cittadinanza pura« erkennt er gar nur denen zu, die Waffen tragen konnten »tra Marte e'l Batista«. Über die Veränderun-

der siebziger Jahre des Quattrocento gab es in Florenz siebzig Schlachter und Metzger, sechsundsechzig Speziali (d.h. Gewürzkrämer), dreiundachtzig Seidenwirkerfirmen – aber vierundachtzig Ateliers für Holzschnitzerei und Intarsienschmuck, vierundfünfzig Werkstätten für dekorative Arbeiten in Marmor und Stein und vierundvierzig Gold- und Silberschmiedemeister. Die Fülle der Künstlergestalten der florentinischen Renaissance erscheint uns kaum mehr übersehbar. In Wahrheit ist die Schar ursprünglich noch weit größer gewesen, denn wie viele der aus Dokumenten überlieferten Künstlernamen scheiden für unser Geschichtsbild aus, weil sie sich nicht mit Werken ihrer Hand in Verbindung bringen lassen. In einem Mitgliederverzeichnis der Lukasgilde (d.i. der religiösen Bruderschaft der Maler) von 1472 werden dreißig eigentliche Figurenmaler aufgeführt – darunter befinden sich aber nur acht Namen, die uns auch sonst bekannt sind. Unter den neun Immatrikulationen, die 1517 in das Zunftregister der medici e speziali vorgenommen wurden, ist der Name des Giovanni Battista Rosso der einzige, der für uns mit Werken identifizierbar ist. Im ersten Viertel des 16. Jahrhunderts waren nicht weniger als sechzehn Maler mit dem Vornamen Raffaelo in Florenz tätig, dazu als siebzehnter Raffaello Santi[1a].

Der Deutsche wird sich die Atmosphäre einer Stadt, in der ein derartig gesteigertes künstlerisches

gen in der Bevölkerung während des Trecento vgl. M. Meiss, Painting in Florence and Siena after the black death p. 69. Über die Verhältnisse auf dem Lande schon im Duecento vgl. Johan Plesner, L'emigration de la Campagne à la ville libre de Florence au XIIIe siècle. Kopenhagen 1934.

Leben durch die Jahrhunderte herrscht, gern musisch
134 beschwingt, begeisterungsfreudig, ja leicht überschwenglich vorstellen. In Wahrheit sind die Florentiner die großen Skeptiker in Italien, der Faschismus hat nirgends eine geringere Gefolgschaft gefunden als gerade hier. Hölderlins Kennzeichnung ›heilig nüchtern‹ trifft auf das Kunstleben von Florenz, als wäre sie dafür geprägt. Hier findet zunächst einmal die Mystik weder in der Theologie noch in der Kunst viele Anhänger. Savonarola scheint das Gegenteil zu beweisen, aber er ist in Ferrara geboren und stammt aus einer Paduaner Familie. Die echte Florentiner Reaktion auf das Wirken des großen Bußpredigers stellt jener Brief Machiavellis vom 9. März 1498 dar, in dem er an einen römischen Freund von zwei Predigten des Frate berichtet, die er sich angehört hat. Er findet, der Mönch benutze die politischen Umstände, rede der Zeit nach dem Munde und spinne seine Lügen aus[2]. Im Gegensatz zu dem gotischen und mystischen Siena, der Stadt der hl. Katharina und des hl. Bernhardin, ist das große Florenz ganz arm an Heiligen. Nur zwei Männer haben es hier zur Ehre der Altäre gebracht. Der hl. Giovanni Gualberti verdankt seinen Heiligenschein den kirchenpolitischen Kämpfen des 11. Jahrhunderts und ist keine eigentlich fromme Figur. Nur der hl. Antonin (gest. 1449), ein Florentiner Erzbischof aus der Frührenaissance, ist ein echter Heiliger, ein humanistischer Schriftsteller, der all seine Habe den Armen gab, um dafür die Verehrung der Zeitgenossen einzutauschen. Wie reich ist Italien an Wallfahrtsorten und Kultstätten vom Hl. Berg bei Orta bis zum Monte Pellegrino über Palermo mit der Grotte der hl. Rosalie! Aber

in der Umgebung von Florenz liegt keines dieser Heiligtümer[3]!

Aus dem Fehlen jedes Überschwanges im Volkscharakter erklärt sich auch die Ablehnung, die der Barockstil hier in der bildenden Kunst erfuhr. In der Hauptstadt eines absoluten Fürstentums, am Wohnsitz von Familien, in denen noch immer viel ererbter Reichtum – vor allem in der Form von ländlichem Grundbesitz – steckte, wären die soziologischen Voraussetzungen für eine Blüte barocker Kunst durchaus vorhanden gewesen. Auch an großen Bauaufgaben gebrach es nicht. Wie viele Kirchenfassaden starrten hier allein noch im Rohbau! Aber Florenz hat vor der Barockkunst seine Tore verschlossen. Fehlt den Florentinern alle barocke Begeisterungsfähigkeit, weil sie Skeptiker von Haus aus sind, so hat eine ausgleichende Gerechtigkeit sie mit den Gaben ausgestattet, die Konstrukteure und Systematiker auszeichnen. Daß sie auf große Wegstrecken hin ›ars docta‹ ist, bleibt ein Hauptwesenszug florentinischer Kunst. Die Verbindung von kühlem wissenschaftlichem Forschen mit dem heißen Anhauch der künstlerischen Phantasie macht den einzigartigen Reiz vieler florentinischer Kunstwerke aus allen Jahrhunderten aus. Dort, wo florentinische Nüchternheit und wissenschaftliche Überlegung, wo ratio und Skepsis sich mit künstlerischer Schöpferkraft paaren, gerade dort wird man in Florenz am ehesten auch die Fittiche des Genius rauschen hören.

Daß eine berühmte Urkunde der Florentiner Regierung von 1334 Giottos ›scientia et doctrina‹ rühmt, besitzt noch kein Gewicht, da es sich hier um eine stete Redewendung handelt, mit der Künstler in mit-

telalterlichen Urkunden seit dem 11. Jahrhundert be-
136 dacht werden[4]. An zwei großen Gestalten des Quattrocento aber zeigt sich die florentinische Leidenschaft für Theorie und System in besonderer Klarheit: an L. B. Alberti, dem ersten abendländischen Architekten, der die Bauten, welche er entwarf, nicht selbst ausführte, also ein Theoretiker reinsten Geblüts zu sein wagte, und an Leonardo da Vinci. Bei diesem werden auch die Schattenseiten einer solchen Veranlagung offenbar, denn die Tiefe und Breite seines Forscherdrangs hat seine künstlerische Begabung oft in lähmende Fesseln geschlagen. Es hat etwas tief Unheimliches, sich vorzustellen, daß Leonardo in den kurzen goldenen Jahren der Hochrenaissance, da alle ihre Früchte reifen, von Ende 1513 bis Ende 1516, in Rom im Belvedere des Vatikan gelebt hat, also buchstäblich Wand an Wand mit Bramante, Michelangelo und Raffael, und daß keines seiner großen Werke damals entstand. In seinen Aufzeichnungen aus jenen Jahren finden die Schöpfungen der anderen großen Meister keine Erwähnung. Hier wie überall lebte er für seine große Aufgabe, eine Enzyklopädie des menschlichen Wissens auf Grund der anschaulichen Erfahrung aufzubauen. Sein immerwährendes Suchen nach einer Systematik ließ ihn selbst auf den von ihm beherrschten Gebieten der Mechanik, der Anatomie und der Malerei an der Fülle scheitern. So sah er sich, umgeben von kaum begonnenen Traktaten und Bergen von Zeichnungen, zu seinem eigenen non finito verurteilt. Es ist wahrscheinlich, daß er sich selbst weniger als die tragische Figur sah, als die ihn dann die Historiker späterer Jahrhunderte zeichneten[5].

Niemals vorher oder nachher sind die Beziehungen zwischen bildender Kunst und Erfahrungswissenschaft so enge gewesen wie im florentinischen Quattrocento. An der Schwelle der Baukunst der Renaissance steht die Einwölbung der Florentiner Domkuppel, eine technische Großtat, die sich niemand zu unterfangen wagte und die Brunellesco vollbrachte, indem er von einem Vorbild lernte, das volle drei Jahrhunderte älter war, von der Kuppel des Baptisteriums. In den Kreisen der bildenden Künstler und nicht nur der Gelehrten ist auch die Zentralperspektive im zweiten Jahrzehnt des 15. Jahrhunderts in Florenz entdeckt und sofort in den Dienst der Kunst gestellt worden. Als die »invention del nostro seculo novo« hat sie Raffaels Vater Giovanni Santi bezeichnet[6]. Aber in Umbrien und den Marken bleibt das Interesse an der Perspektive nur auf den erlauchten Kreis der Gelehrten, Höflinge und Künstler um Federigo da Montefeltre in Urbino beschränkt, und in der Emilia werden alle Kenntnisse auf dem Felde der Perspektive sofort für theatralische Effekte nutzbar gemacht, ein Gedanke, der den Florentinern sehr fern lag. Daß Domenico Veneziano kein gebürtiger Florentiner ist, sieht man sofort an der unklaren Raumvorstellung der Haupttafel des Lucia-Altars.

Auch der entscheidende Anstoß für die Ergründung der Gesetze der Luftperspektive ist von Florenz ausgegangen. Wir wissen heute dank H. Siebenhüners Quellen-Interpretation, daß L. B. Alberti »zum ersten Male das Problem der Luftperspektive der neueren Malerei berührt und ihr Wesen so bestimmt, wie es seitdem bis in die Gegenwart hinein die gesamte abendländische Malerei beschäftigt ... Die Bedeu-

tung dieser Formulierung kann gar nicht überschätzt
138 werden: gehen doch alle weiteren in der Kunsttheorie der folgenden Jahrhunderte auf diese direkt oder indirekt zurück und konnten letzten Endes nur zusätzliche Verfeinerungen dieser Grundbestimmung hinzufügen[7]«. Noch in Cennino Cenninis Traktat, der nur wenige Jahre vor Albertis ›trattato della pittura‹ erschienen war, steht in Kapitel LXXXV zu lesen, daß die Farben gegen den Hintergrund zu immer dunkler werden müßten, und alle Bilder der zweiten Hälfte des Trecento sind koloristisch nach diesem Rezept aufgebaut. Alberti hingegen sieht dann 1435 den Sehvorgang umgekehrt. Er hat beobachtet, daß die Farben »infolge weiter Entfernung an Kraft verlieren. Ich glaube, die Ursache hierfür liege darin, daß die Strahlen infolge ihres Durchgangs durch die (durch verschiedene Stoffe) verdichtete Luft etwas von den Massen an Licht und Farbe, von welchen sie erfüllt, einbüßen. Je größer die Entfernung, um so farbloser und lichtloser wird die gesehene Fläche erscheinen[8].«

Da für Florenz nun aber das wunderbare Ineinandergreifen von wissenschaftlicher Überlegung und künstlerischer Gestaltung bei der Entwicklung eines Problems höchst bezeichnend ist, so steht L. B. Alberti mit seiner Theorie nicht allein. Seine Ideen sind vielmehr nur der theoretische Niederschlag dessen, was der größte Maler seiner Generation künstlerisch geformt hatte[9]. Denn Masaccios über die Grenzen des Genius loci schnell hinauswachsende Begabung hatte eine Malerei von wunderbarer Leuchtkraft geschaffen, die wahrscheinlich der Beachtung der Prinzipien der Luftperspektive dieses Glühen ›von innen heraus‹

verdankt. Schon Vasari hat bei einem leider verlorenen Bilde, der Tafel mit der Verkündigung in S. Nicolò sopr'Arno, Masaccios Behandlung der Luftperspektive sehr gerühmt[10].

Griffen die Florentiner Künstler die Prinzipien der Linearperspektive sofort und eifrig auf, so begegneten sie den Erkenntnissen über die Luftperspektive mit der allergrößten Zurückhaltung. Die florentinische Leidenschaft für den disegno und deren Korrelat, der spröde und trockene Farbsinn, verhinderten die Ausbildung eines Organs für ein malerisches, weiches Sehen, das vor allem auf die Verwandlung der gegenständlichen Welt durch die Atmosphäre ausgegangen wäre, wie das etwa in den venezianischen Malerwerkstätten der Fall war. So sind die großen Meister, welche in ihren Bildern die Lichtprobleme so behandelt haben, wie es den wissenschaftlichen Kenntnissen Albertis entspricht, eben keine Florentiner, Piero della Francesca und Domenico Veneziano. Zudem gibt es keinen zwingenden Beweis dafür, daß Pieros Kolorismus und speziell seine Behandlung des Lichts durch die Einsichten Albertis bestimmt seien.

Die Bedeutung, welche für die Malerei die Entdeckung der Linearperspektive besitzt, kommt in der Plastik etwa der Entstehung der Freifigur zu. Mittelalterliche Skulptur hatte sich nur in der Fläche und vor der Fläche entwickelt. Sie war Bauplastik gewesen und dann – wenigstens im Norden – in die Schreine der Altäre hinübergewechselt. In Florenz aber ist im Quattrocento zum ersten Male seit dem Ausgang der Antike die rings umschreitbare Freifigur systematisch entwickelt worden, die zunächst mehrere, dann viele und schließlich allseitig ergiebige

Ansichten gewährt. Donatellos Marmor-David, 1408
140 bis 1409 entstanden, von der Dombauhütte in Auftrag gegeben, aber schon nach wenigen Monaten von seinem Bestimmungsort auf dem Traufgesims der Domtribuna wieder entfernt, wurde 1416 von der Signoria der Domopera abgekauft und in der Stanza dell'Oriolo des Palazzo Vecchio aufgestellt. Einmal fand man die Statue zu bedeutend, um sie im Freien verwittern zu lassen, vor allem aber spricht dabei die richtige Erkenntnis mit, daß es sich nun nicht mehr um auf Fernsicht berechnete Serienplastik aus der Bauhütte handele, sondern um individuelle Kunstwerke aus dem Atelier, deren Aufbau und Form nicht mehr in die Gemeinschaft der Heiligen einer Domfassade gehöre, sondern sich nur in Betrachtung aus der Nahsicht erschließe[11].

Auch das Studium des menschlichen Körpers, das sich in der Behandlung des Aktes auswirkt, hat im Quattrocento fast ausschließlich in florentinischen Maler- und Bildhauer-Ateliers die erste Pflegestätte gefunden. Von den Konkurrenzreliefs für die zweite Tür des Baptisteriums von 1401 an bis zu Piero di Cosimos Tod der Procris hat jede Generation der Bildhauer, Maler und Zeichner der florentinischen Frührenaissance sich um das Studium des nackten menschlichen Körpers bemüht.

An der Entstehung mancher Bildgattungen haben im 15. Jahrhundert alle europäischen Kulturnationen Anteil, wie etwa an der Ausbildung des Porträts. Gleichwohl zeigt die florentinische Malerei die einzelnen Stufen dieser Entwicklung in so vollendeter Klarheit, daß dieser florentinische Prozeß paradigmatischen Charakter besitzt. Die Gelenkpunkte, etwa

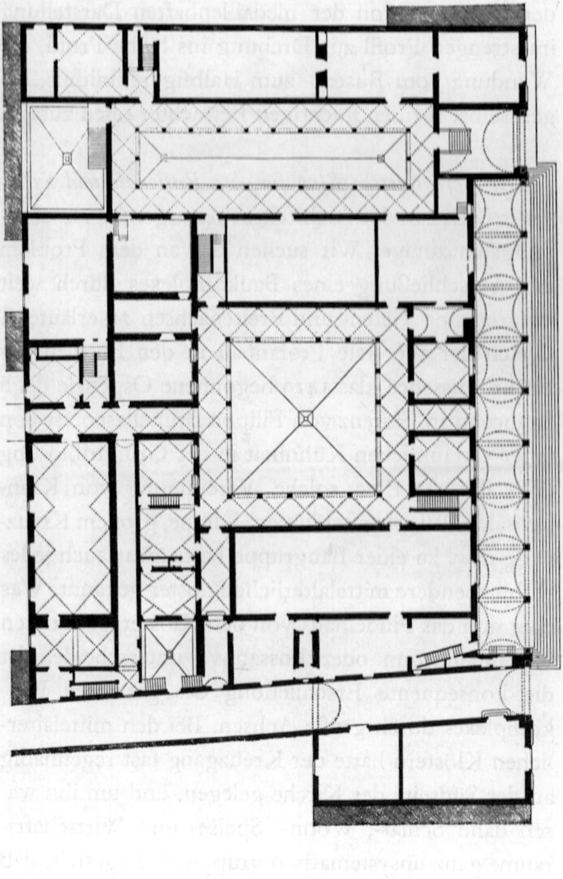

1. Florenz, Findelhaus von Brunellesco. *Grundriß*

der Übergang von der medaillenhaften Darstellung
142 im strengen Profil zur Drehung ins halbe Profil, die
Wendung vom Büsten- zum Halbfigurenbildnis, liegen selbst für den flüchtigen Betrachter offen zutage.

Der florentinische Sinn für das Rationale und Systematische tritt in der Architektur naturgemäß am sinnfälligsten zutage. Wir suchen das an dem Problem der Aufschließung eines Baukomplexes durch weit ausgreifende Tiefen- und Breitenachsen zu erläutern. Gleich der allererste Profanbau in den Formen der Frührenaissance, das 1419 begonnene Ospedale degli Innocenti in Florenz von Filippo Brunellesco, ist von einer erstaunlichen Kühnheit in der Grundrißlösung (Textabb. 1). Eine solche Vereinigung von Krankensälen, Wirtschaftsräumen, Kirche, großem Kreuzgang usw. zu einer Baugruppe hatte zwar auch jedes wohlhabendere mittelalterliche Kloster gekannt. Was aber nun das Findelhaus von den Klostergrundrissen von Maulbronn oder Fossanova unterscheidet, ist die konsequente Erschließung des gesamten Baukomplexes durch große Achsen. Bei den mittelalterlichen Klöstern hatte der Kreuzgang fast regelmäßig an der Südseite der Kirche gelegen, und um ihn waren dann Schlaf-, Wohn-, Speise- und Wirtschaftsräume ganz unsystematisch gruppiert, dergestalt, daß sie mit ihrer mittleren Längsachse entweder einem der Kreuzgangflügel parallel liefen oder ihn senkrecht anfielen. Der Kreuzgang blieb der Kristallisationspunkt, an den alle Raumteile anschlossen, die von hier aus oft allein zugänglich waren. An eine Durchquerung des gesamten Baukomplexes durch große Achsen hat im Hoch- und Spätmittelalter noch niemand gedacht. Das wird bei Brunellesco nun mit einem Schlage anders.

Die Achsen des Findelhauses schließen die ganze Tiefe der Anlage auf, und da die Achsen der Hofhallen stets auf Türen oder Treppen münden, so tritt eine sinnvolle Verknüpfung aller Bauglieder nach der Tiefe und Breite ein. Die Grundrißausteilung aller Raumteile läßt sich auf einen einheitlichen Maßstab zurückführen: die lichte Weite der Arkadenöffnung eines Joches des großen Hallenhofes ist die Keimzelle, die den Organismus aufbaut. Bezeichnet man dies Maß von 3,08 m mit a, so ist die Breite der Kirche 3 a, ihre Länge 9 a, die Tiefe und Breite der Säle links und rechts vom Eingang 2 a usw. Natürlich waren schon die Räume der mittelalterlichen Klosteranlagen aus solchen Einzelzellen aufgebaut, aber für jedes Gebäude verwendete man eine andere Jochform, hier queroblonge, dort längsoblonge oder quadratische Joche. Hier im Findelhaus bindet ein Modus alle Bauten. Lediglich die Loggia gegen den Platz der Annunziata ist aus neun Jochen zusammengesetzt, die weit größer sind als die Joche des Arkadenhofs. Auf drei Achsen dieses Portikus (17,55 m) entfallen fünf Achsen des Mittelhofs (17,46 m). Schon bei seinem ersten Profanbau hat also Brunellesco erkannt, daß Binnenarchitektur und Freiraumarchitektur verschiedenen Größenmaßstäben unterworfen werden müssen. Ein Portikus, der die Seitenfront eines großen Platzes bildet, kann nur von diesem her seine Gesetze empfangen. Diese grundsätzlich verschiedene maßstäbliche Behandlung von Außen- und Innenarchitektur tritt uns in der abendländischen Baukunst hier zuerst entgegen[12].

Dieses Gliederungsprinzip der großen Achsen wird
144 von Filarete nach Oberitalien gebracht und seit 1457 beim Neubau des Ospedale Maggiore in Mailand angewandt, von L. B. Alberti auf die Stadtbaukunst übertragen (Neugestaltung der Leostadt und des Vatikans in Rom, vor 1455), von Bernardo Rossellino bei der Anlage des Stadtplatzes von Pienza (1458–64) erprobt, schließlich von Giuliano da Sangallo dann in die Gartenarchitektur eingeführt, wobei die Mittelachse des Palastes und des Gartens sich zum ersten Male in Poggio a Cajano decken (Baubeginn um 1483).

Aber wider Erwarten ist dann Florenz im 16. Jahrhundert in der Grundrißgestaltung großer Anlagen, welche Paläste und Gartenarchitektur in langen Achsen zusammenbinden, nicht mehr führend gewesen, wenn man von der großartigen Anlage des Boboli-Gartens als Ausnahmefall absieht[13]. Selbst die berühmteste Villa des Cinquecento aus ganz Italien, Pratolino (an der Straße nach Bologna, von Großherzog Francesco I. seit 1568 durch Buontalenti für die Geliebte des Fürsten Bianca Cappello erbaut)[14], bleibt hinter der allgemeinen Entwicklung insofern zurück, als die stark ausgebildete Längsachse weder vor noch hinter dem Kasino durch große Querachsen gekreuzt wird, wie es in der römischen Gartenbaukunst der Zeit längst üblich war. Und Castello (seit 1538)[15] und Petraja[16] sind kleinere Anlagen, die nach sehr konservativen Gestaltungsprinzipien angelegt wurden. Es ist ein typisch florentinisches Geschehen, das wir hier beobachten: der florentinische Sinn für das Konstruktive und Systematische bildet die Prinzipien einer klaren Grundrißgestaltung und des Komponierens in Achsen aus. Aber er führt die Entwicklung nur bis an die Schwelle ihrer Hochstufe. Dann gibt er die Führung an andere Kunstlandschaften ab. Es ist, als ob der rationale florentinische Sinn vor der Ausbildung von Achsen, die sich in die Unendlichkeit des Freiraums verlieren, und vor Baukomplexen, die kein menschliches Auge mehr überschauen kann, zurückgescheut sei. Wir werden noch klarzulegen haben, daß für die florentinische Kunst der Mensch im Mittelpunkt des Interesses steht. Die Führung in der Ausbildung des Grundrisses bei Profanbauten läßt Florenz genau in dem Augenblick aus den Händen, wo die menschliche Gestalt nicht mehr Maßstab und Mittelpunkt für die architektonische Konzeption blieb.

Auch in der Florentiner Skulptur und Malerei tritt der systematische und konstruktive Charakter zu Tage.

Unter den Reliefs, die Donatello seit 1446 für den Hochaltar des Santo in Padua schuf, befindet sich das mit der Heilung des zornigen Sohnes, der beim Spielen in einem ›teatro di pallone‹ sich selbst den Fuß aus Reue abhieb, weil er damit seine Mutter getreten hatte (Abb. 4). In der glühenden Mittagshitze kniet am einen Ende der schmalen und tiefen Kampfbahn der hl. Antonius und fügt das Bein dem Körper des Kindes wieder an. Dies Ereignis ist hart an den vorderen Reliefrand verlegt. Die Menge der Neugierigen ist erstaunlich wenig in sich differenziert. Donatello hat eine Gliederung der Relieftiefe durch abnehmende Größenmaßstäbe der Figuren offensichtlich vermeiden wollen. Das sollte der Architektur überlassen bleiben. Daß die Heilung auf einem Ballspielplatz vollzogen wurde, schrieb die Legende vor. Aber die Erweiterung eines solchen anspruchslosen Kin-

derspielplatzes zur antiken Palästra und der Abschluß
146 nach der Tiefe zu durch den übereck gestellten Palast mit dem riesigen offenen Hof – vielleicht abermals ein Sportforum – ist eine Schöpfung der Raumphantasie Donatellos, mehr florentinisch als antik in der nüchternen Verstrebung von Horizontalen und Vertikalen und der Abwesenheit von Säulen, Giebeln und jeden antiken Dekors. Diese Architektur nun stürzt sich auf die Figurengruppe, um die Hauptpersonen der Legende von der Menge der Gaffer zu scheiden. Die parallel geführten Treppenrampen links und rechts dienen als Leitlinien, welche auf die Hauptpunkte des Geschehens hinführen. Das vordere Geländer der linken Stiege trifft in seiner Verlängerung auf die entscheidenden Punkte der Komposition: es zielt genau auf die Stelle, wo die Hand des Heiligen das Bein dem Körper wieder anfügt. Die beiden hinteren Geländer dieser Seitentreppen bilden zusammen die Schenkel eines stumpfen Winkels, dessen Scheitel direkt unter dem Kopfe des zornigen Knaben liegt usw. Die Verlängerung der Vorderkante des abschließenden Palastes bildet die mittlere Höhenachse des Reliefs. Auf ihr liegt auch der Fluchtpunkt der Komposition. Merkwürdigerweise schneiden sich in ihm aber nicht sämtliche in die Tiefe fluchtenden Architekturlinien, wie es nach dem damaligen Stand der Kenntnis der Zentralperspektive eigentlich vorauszusetzen wäre.

Die Freude an der Skenographie ist verständlich bei einem Künstler, der zu dem engsten Kreise der Entdecker der Zentralperspektive gehört. Aber die Architektur, die hier doch eigentlich nichts anderes als die schweigende Dienerin der Legende sein dürfte,

zieht den Blick zu sehr von der sanften Gewalt des franziskanischen Heiligen ab. Der Schwerpunkt des
Bildes ist von den stillen Händen des Wundertäters in die mathematische Erschließung des Bildraumes verlegt. Wenn die Kluft zwischen Handlung und architektonischem Rahmen, zwischen Inhalt und Form nicht noch tiefer klafft, so wird das der Homogenität der Reliefbehandlung verdankt, die eines der größten Zaubermittel des reifen Donatello ist. Die Figurengruppen ballen sich nicht, die Gestalten blicken oder agieren nicht aus dem Reliefgrund heraus, alle Bewegungen werden bildparallel geführt. Die Gewänder sind dünn und feinfältig, beherrschende Gewandmotive, wie umgeschlagene Mantelsäume oder Bäusche, sind sehr selten. Das feine und leise Rieseln und Fälteln der Oberfläche der Figurengruppe ist auf eine erstaunliche Art der Oberflächenbehandlung der Architektur angenähert. Denn diese kennt keine leeren Flächen. Treppenstufen, Hausfassaden, Tribünen, alles ist zumindest einfach gefugt mit Läufern und Bindern, deren Liniennetze von hoher Sprödigkeit sind. Am merkwürdigsten wirkt die hohe geschlossene Wand des übereck gestellten Palastes in der Tiefe. Das ist keine toskanische Inkrustationsart und auch keine Rustika der Frührenaissance. Die Wand wirkt wie ein Strohgeflecht. Sollte ein Wortspiel mit palla, Ball, und paglia, Stroh, die seltsame Stofflichkeit der Palastfront bedingt haben? Oder hat eine mißverstandene Stelle aus Vitruv den Künstler zu dieser Art Mauerverband verführt? Jedenfalls könnte nichts Wirksameres erdacht werden, um die Homogenität der Reliefschicht sicherzustellen, als die großmaschige Form dieses Geflechts. Freilich auch nichts

Florentinischeres! Das Trockene und Spröde, das 148 Geometrische und Systematische im Charakter der florentinischen Kunst sind auch Eigenschaften von Arbeiten, die aus Stroh und Bast hergestellt werden. Es ist demnach kein Zufall, daß gerade in Florenz die schönsten Hüte und Körbe, Teller und Taschen aus Stroh hergestellt werden und von dort in alle Welt reisen. Aber trotz solcher erstaunlicher Einfälle haftet dem Relief Donatellos doch etwas von science pour science an. Der konstruktive Zug im florentinischen Wesen hat hier gleichsam sich selbst dargestellt, auf Kosten der Legende des Dugento.

In den Uffizien hängt ein Leinwandbild des Rosso Fiorentino aus der Reifezeit des Künstlers: Moses verteidigt die Töchter Jehtros, entstanden 1523 oder kurz vorher[17] (Abb. 1). Daß im frühen Manierismus aus nackten Menschenleibern strenge geometrische Bildkompositionen aufgebaut wurden, gehört zu den allgemeinen Kennzeichen dieses Stiles und bildet keine florentinische Eigentümlichkeit. Trotzdem stellt die Konsequenz dieser Pyramiden-Komposition einen Grenzfall dar, der so nur in der Arnostadt möglich ist. Die Bildfläche ist so aufgeteilt, daß zwei etwa flächengleiche Dreiecke entstehen, ein linear aufgebautes unteres und ein farbig komponiertes oberes. Das untere hat den Bildrand zur Basis, das andere aber balanciert auf seiner Spitze, und beide Dreiecke verschränken sich in dem linken Knie des Moses. Von den drei Akten, welche das untere Dreieck bilden, geht kein sinnlicher Hauch aus. Der nach vorn in der rechten Bildecke sich erstreckende Körper gleicht eher einer Gliederpuppe als einer Antiken-Kopie, so sehr war Rosso auf die Bloßlegung der Körperfunktionen versessen. Die Darstellung wirkt ganz abstrakt, der Kopf ist einfach als Kugel gegeben, ohne Andeutung von Physiognomie, Haupthaar o. ä. Nach dem als Trapez geschilderten Thorax bricht die Darstellung in scurzo ab, der Unterleib ist sozusagen als selbständiger Torso darangefügt. Während das untere Dreieck (mit den drei Akten), in dem der disegno regiert, nur aus drei Varianten von Hellbraun mit leise rötlichen Schatten aufgebaut ist, wird das auf dem Kopfe stehende obere Dreieck als kräftige Farbkomposition dagegen abgesetzt. Der tiefste Farbton ist hier ein stumpfes, opakes und tintiges Blaugrün, der hellste Klang ein Zinnober, neben dem Weinrot, Apfelgrün und ein lichtes Ocker stehen. Dazwischen sind zahlreiche Übergangstöne angeordnet, ein helles opalisierendes Blaugrün mit zarten weißen Höhungen und ein Rosaviolett.

Der schichtenweise Aufbau des Bildes ist oft betont worden. Zwischen dem linearen Dreieck der Akte vorn und dem Farbdreieck in der Bildtiefe vermitteln die beiden ›Flußgötter‹ im Mittelgrunde. Werden die Glieder im Dreieck des Vordergrundes reich verschränkt, so sind die Hauptfiguren im Hintergrunde orthogonal ausgerichtet (die Töchter Jehtros frontal, der Heranstürzende in strengem Profil). Der Raum wird also in Schichten wie eine Bildbühne durch ihre Kulissenprospekte erschlossen. Das Geschehen aus dem Alten Testament hat den Künstler kaum interessiert. Der Mensch erscheint als Gliederpuppe – und somit reiht sich das Bild in die Kette der Werke der florentinischen Theoretiker ein, die von Paolo Uccello bis zu dem modernen Bildhauer Marino Marini reicht.

Wir schließen unsere Belegkette mit zwei Gliedern
150 ab, die uns ob ihrer Eindringlichkeit jedes Kommen-
tars entheben. Etwa zwischen 1490 und 1495 sind die Intarsien im Presbyterium des Doms von Pisa entstanden, die wahrscheinlich der dort gebürtige Guido da Saravallino ausführte[18]. Pisa gehörte damals politisch und kulturell längst zu Florenz (Abb. 3).

Ebenfalls aus Holz ist der Reiter mit ausgebreiteten Armen, den der 1901 in Pistoja geborene Bildhauer Marino Marini schuf. Die Florentiner sind ein Volk von Advokaten, Ingenieuren und Konstrukteuren (Abb. 4).

Wir halten an und schauen zurück. Die Form der florentinischen Phantasie ist nicht leicht zu umschreiben. Sie ist unversiegbar, aber nicht überschwenglich und ausschweifend, sondern wird dauernd vom Verstande kontrolliert. Die Kehrseite dieser spähenden Phantasie besteht darin, daß das unmittelbar sinnliche Element in ihr schwächer ausgebildet ist als in Siena oder Venedig. Sinnlich in umfassender Weise verstanden. Es fehlt der Sinn für das naturhaft Gewachsene. Wer hätte je so wenig Organ für das Verführerisch-Feuchte des Wassers gehabt wie Botticelli in der Geburt der Venus? Wo gebricht es sonst so sehr an ursprünglicher Freude an der Landschaftsmalerei als in Michelangelos Karton der badenden Soldaten? Außer dem Einzelgänger Piero di Cosimo und dem genialen Leonardo haben die Florentiner wenig Sinn für die Tierdarstellung entwickelt. Für das Blumenstilleben hat ihnen erst der Portinari-Altar des Niederländers Hugo van der Goes die Augen öffnen müssen.

Die Gestalt der Pax im Fresko des Guten Regiments im Stadtpalast von Siena von Ambrogio Lorenzetti, die Tempesta von Giorgione, das Martyrium des hl. Matthäus von Caravaggio in der Contarelli-Kapelle von S. Luigi dei Francesi, die Büste der Costanza Buonarelli von Bernini hätten in Florenz nicht gemalt oder gemeißelt werden können. Schon die Florentiner Farbigkeit ist zu allen Zeiten weniger sinnlich als die der anderen Kunstschulen Italiens. Die Frau ist hier tragisch gesehen (Michelangelos Tageszeiten oder Leda), unerreichbar fern (die Mona Lisa) oder zerbrechlich und wirklichkeitsfremd (Simonetta Vespucci in Bildern des Botticelli und Piero di Cosimo).

Ist das Verhältnis zur Antike in Venedig vegetativ, so haftet den Beziehungen zum Altertum in Florenz eher ein systematischer, ja doktrinärer Zug an. Man spürt die Gelehrsamkeit der Philologen allerorten im Abendland hinter den Bildern und den Skulpturen der Frührenaissance, aber allein in Florenz tritt nun ein pedantisches und etwas ängstliches Bemühen ein, die Anatomie, die Tracht und Attribute, die Emblematik der antiken Vorbilder richtig zu erfassen, das von dem spontanen Kontakt mit dieser Welt himmelweit entfernt ist, der in Siena oder Venedig sich fast stets sogleich einstellt. Nur bei Mantegna ist der antiquarische Apparat noch einmal so bitter ernst genommen worden wie etwa in Botticellis Verleumdung des Apelles. Die alte und unausgesetzt arbeitende florentinische Phantasie zeigt sich nun allerdings gerade in den Jahrzehnten, da dieses Bild entstand, überreizt. Gleichwohl hätte Botticelli bemerken müssen, daß die handelnden Figuren gegen den Wettbewerb der erzählenden antiken Reliefs nicht aufkommen konnten, welche die Postamente der

Architektur, die Sockel der Pfeiler, die Friese, ja die
152 Kassetten der Bogenlaibungen überziehen (Abb. 5).

Dort, wo man eher trocken als sinnlich, mager statt üppig, prägnant statt breit und verstandesklar statt lyrisch weich ist, findet sich kein Ort für die Ausbildung der Idylle. Für die bukolische Seite der Antike haben die Florentiner gar kein Auge gehabt, darin waren ihnen Sienesen, Venezianer und Ferraresen, selbst schon der Südtoskaner Signorelli überlegen. Solch zeitlosen Bildern, wie einigen pompejanischen Wandgemälden, Tizians Avalos-Allegorie im Louvre, oder seiner späten Erziehung des Amor (Rom, Villa Borghese), Peruzzis Fries in der Farnesina in Rom, Rubens' Liebesgarten in Madrid oder dem Bilde von Meleager und Atalante in München, wo so einfach wie im Märchen erzählt wird, des Velasquez' Skizzen mit Motiven aus der Villa Medici oder Claude Lorrains Ausschiffung der Königin von Saba und Watteaus Gartenfesten hat die florentinische Malerei nichts an die Seite zu stellen als Piero di Cosimos Tod der Procris und Pontormos Lunette im großen Saale von Poggio a Cajano. Aber selbst an diesem Fresko wird es deutlich, wie unsagbar schwer es dem Florentiner fällt, sich einmal gehen zu lassen, zu träumen oder gar zu schwärmen. Die Figuren dieses wunderbar gemalten Bildes sind nicht entspannt, die meisten erscheinen in strenger Frontalansicht. Mit ihren weitaufgerissenen Augen können sie sich nicht selbst verlieren.

Auch das Hinausgehen über sich selbst in die Maßlosigkeit des Schmerzes oder den Rausch, die Ekstase bleibt in Florenz dem einsamen Genie vorbehalten (Donatellos Bronzekanzeln in S. Lorenzo). Die Fer-

raresen (Ercole Roberti, Cossa), überhaupt die Emilianer (Niccolò dell'Arca, Correggio), die Venezianer
(man denke nur an Tintoretto), die Lombarden und die neapolitanischen Maler des Seicento haben die Grenzen niedergetreten, welche der Florentiner nicht überschritt. Vor dem Blick in das Auge der Meduse (Caravaggio, Uffizien), vor der Darstellung des panischen Schreckens (Bernini) haben die Florentiner sich gehütet.

Ebenso gibt es in Florenz keine romantischen Strömungen. Der Weiche Stil hat nirgends im Abendland eine so kurze Lebensdauer gehabt wie in Florenz, und von hier sind die Gegenkräfte ausgegangen, die ihn überwanden. Jene archaisierende Welle um 1460, welche an den künstlerischen Errungenschaften der ersten Generation der Frührenaissance vorbei sah, und welche die biblischen Stoffe ins Märchenhafte zu ziehen versuchte, zum Heiligenschein zurückkehrte und den Kerzenschimmer dem Tageslicht als Beleuchtung ihrer Bilder vorzog, war eine Strömung, die von einer ganz dünnen Oberschicht, ja eigentlich nur von den Medici und einigen ihnen verwandten Familien getragen wurde. Nichts ist bezeichnender, als daß keines der Kunstwerke dieses Kreises – die Fresken des Domchors von Prato von Filippo Lippi einmal beiseite gelassen – in Kulträumen aufgestellt wurde, wo es der Öffentlichkeit zugänglich gewesen wäre.

Ist es der florentinischen Phantasie versagt, sich selbst vergessen zu können, so bleiben ihr dafür aber auch alle Nachtstunden erspart, die einem solchen Hinauswachsen über sich selbst folgen. Die florentinische Phantasie ist nicht freudlos, nicht melancholisch (wie

die venezianische) oder gar makaber (wie die siene-
154 sische oder emilianische). Dürers Melencolia I hätte hier nicht gestochen werden können, trotz der mathematischen Attribute, welche die Grübelnde umgeben. Daß ihr die lähmende Erschlaffung nach Höhenflügen erspart blieb, ermöglichte der florentinischen Phantasie die stetige Weiterarbeit an Aufgaben, die logische Entwicklung von Problemen durch mehrere Generationen hindurch bis zu ihrer Lösung. Das unterscheidet Florenz vor allem von Siena, wo nach dem Tode Simone Martinis und der Lorenzetti, nach dem Tode Quercias und schließlich nach dem Tode des Francesco di Giorgio die Schöpferkraft erlischt.

Ferner wird es aus unsern Betrachtungen klar geworden sein, daß es keine zweite italienische Stadt gibt, wo der Hauch, der äußere Glanz und Schmelz, der über dem Kunstwerk liegt, so wenig bedeutet wie in Florenz. Darum ist nicht diese Stadt die Heimat des sfumato, sondern Venedig, ist nicht Florenz die Stadt der gotischen Inbrunst und einer betörenden Liniensprache, sondern Siena, ist nicht Florenz der Vorort des Sentiments, sondern Umbrien. Wir verstehen nun auch, daß alles Groß-Errungene hier etwas Erkältendes haben kann: so der gewaltige Außenbau des Domchors oder das Innere der Cappella dei Principi an S. Lorenzo, so die Bronzetüren Donatellos in der alten Sakristei von S. Lorenzo oder der Freskenschmuck der Spanischen Kapelle von Sa. Ma. Novella von Andrea da Firenze. Manche dieser Werke tragen noch etwas vom Charakter des Experiments an sich, und alle sind sie Kinder eines rationalen Schaffensprozesses, welcher die geprägte Form zuweilen noch zu sehr durchstrahlt.

Aber gerade deshalb müssen die Künstler der anderen italienischen Provinzen, in denen dieser rationale und systematische Zug nicht beheimatet ist, alle in ihren Jugendjahren durch die florentinische Schule gehen. Jacopo Bellini, die Sienesen Don Lorenzo Monaco und Domenico di Bartolo, der große Piero della Francesca und Perugino haben in Florenz gelernt. Mantegna wäre nie zu seiner monumentalen Form gelangt, wäre ihm die Kenntnis der florentinischen Frührenaissance-Malerei nicht durch deren Sendboten Filippo Lippi und Uccello vermittelt worden. Signorelli geriet um 1480 unter den Einfluß des Antonio Pollajuolo, Raffael wäre ohne seine florentinischen Lehrjahre niemals der Meister der Stanzen des Vatikan geworden, und Tintoretto zeichnete schließlich in seiner abgedunkelten Werkstatt in Venedig unermüdlich nach Gipsmodellen von den Skulpturen der Medici-Gräber.

Der systematische Zug ist am Arno natürlich nicht allein der bildenden Kunst eigen. Wie die großen Gedankengebäude der Scholastik nur in der florentinischen Kunst eine sinnliche Vergegenwärtigung gefunden haben, die ihnen adäquat ist, so sind die Ideen der griechischen Philosophen während der Renaissance zuerst in Cosimo Medicis platonischer Akademie in ihrer Ganzheit als geschlossenes System erfaßt worden. Am Anfang des Trecento steht die gewaltige Komposition von Dantes göttlichem Gedicht, in dem die Hunderte von Akteuren dem Leser nicht in einem flutenden Meer von Gestalten verschwimmen, sondern wo jeder an dem ihm zugewiesenen Platze in dem stufenförmigen Aufbau verharrt[19]. Auch an Boccaccios Decamerone wird man

gemahnt, wo der Kranz der Novellen durch das aller-
156 dings uralte Kunstmittel asiatischen Ursprungs, die Rahmenerzählung, fest zusammengebunden wird[20]. In den übrigen italienischen Kunstlandschaften fehlt mit Ausnahme von Venedig dieser systematische Zug und zwar besonders in den ikonographischen Programmen der großen Zyklen der bildenden Kunst. Zwar will sich uns der Gedankengang, welcher die Richtschnur für die Herstellung der Bauplastik der Florentiner Domfassade (begonnen 1296) abgab, nicht mehr rein erschließen, da die Arbeit in der Hütte schon nach sechsjähriger Bauzeit beim Tode des Arnolfo di Cambio (1302) ins Stocken geriet und später, bei der Wiederaufnahme der Arbeit, neue Gedanken in das ursprüngliche Programm hineingetragen wurden. Aber als dann in den dreißiger Jahren des Trecento der Campanile emporwuchs, da wurden die einzelnen Reliefs und Statuen Glieder eines geschlossenen Gedankengebäudes, das von der Erbsünde und der Ausstoßung aus dem Paradies über die artes mechanicae und die Planeten als dem höchsten Prinzip der necessitas über die freien Künste hinauf in den Bereich der göttlichen Gnade, d.h. zu den sieben Sakramenten, führt[21]. Ebenso wurde in der Spanischen Kapelle von Sa. Ma. Novella das gesamte Gedankengut der Hochscholastik in einer abstufenden Wertordnung vor den Augen der Gläubigen ausgebreitet.

Bei den großen Freskenzyklen des Quattrocento wird es dann schwer zu entscheiden sein, ob der ungewöhnliche Umfang der Bildfolgen, wie ihn mit Ausnahme von Venedig kein anderes italienisches Kunstzentrum kennt, einem Drang zur systematischen Ausbreitung des Bildstoffes oder bloß der hemmungslosen Erzählfreudigkeit zu verdanken ist, wie er für die Zeit »der Entdeckung der Welt und des Menschen« nur natürlich ist. Jedenfalls ist es erstaunlich, daß Benozzo Gozzoli im Camposanto von Pisa den langen Atem besaß, vierundzwanzig Szenen aus der Geschichte des Alten Testaments in sehr großen Feldern auszubreiten, von der Tätigkeit Ghirlandajos ganz zu schweigen.

Die Arbeit durch Generationen hindurch an der Lösung derselben wissenschaftlichen und künstlerischen Aufgaben setzt *in Florenz eine Stärke und Dichtigkeit der Tradition* voraus, wie sie andere italienische Städte in diesem Umfang kaum kennen. Am merkwürdigsten ist, daß auf dem Gebiete der Architektur Kunstwerke einer seit mehr als zweihundert Jahren versunkenen Epoche als wahlverwandt empfunden werden. Als Brunellesco sich bei der Schöpfung von S. Lorenzo an Bauten der florentinischen Protorenaissance des 11. und 12. Jahrhunderts anlehnte, da glaubte er freilich nicht, Architekturen des heimischen Mittelalters, sondern Gebäuden der römischen Antike seinen Formenschatz zu entnehmen, denn wie Dante und seine Zeitgenossen hielt er das Baptisterium noch für einen römischen Tempel. Die Langhausbauten der Protorenaissance aber, S. Miniato, SS. Apostoli und S. Piero Scheraggio (abgebrochen) waren für Brunellesco Bauten aus der Zeit Karls des Großen. Das florentinische Selbstbewußtsein schon der Dantezeit hatte es sich nicht vorstellen können, daß die Vaterstadt nach den Stürmen der Völkerwanderungszeit mühselig und langsam aus Ruinen

wieder erstanden sei. Die florentinische Phantasie be-
158 durfte für diesen Vorgang eines Gründungs-Heros nach antiker Art, und bei G. Villani ist (Buch III, cap. 1–3) dieser neue Mythos bereits codifiziert: durch Karl den Großen – der in Wahrheit nur die allerlosesten Beziehungen zu der Stadt am Arno besessen hatte – war die Stadt als ein Marmor-Florenz herrlich wieder aufgebaut worden. Das war noch für Brunellesco eine Wahrheit, das glaubte auch noch sein Biograph Manetti[22].

Als L. Battista Alberti dann die Fassade von Sa. Ma. Novella zu vollenden hatte, deren untere Hälfte schon um 1350 ganz im gotischen Sinne inkrustiert worden war[23], da führte er den Bau ab etwa 1456 nicht nach dem Dekorations-System des Trecento zu Ende, sondern belebte das neu auftretende Renaissancemotiv einer klassischen Tempelfront besonders bei der dekorativen Füllung der Voluten mit Ornamentformen aus der zweiten Hälfte des 12. Jahrhunderts, wie sie sich etwa an der Fassade oder im Paviment von S. Miniato finden.

Noch viel sinnfälliger wird dieser Rückgriff auf die Protorenaissance bei der Erbauung des Hl. Grabes in der Rucellai-Kapelle von S. Pancrazio (nach 1461 begonnen, 1467 vollendet)[24]. Wir wissen aus einem Briefe des Giovanni Rucellai an seine Mutter, daß er zwei Schiffe bemannte und samt einem Ingenieur in das Hl. Land schickte, um »pigliare il giusto disegno e misura del santo sepolcro di nostro signore Gesù Cristo«, denn ihm fehle »il modello di cosi ricco e prezioso tesoro[25]«. Aber dies Grabmal in S. Pancrazio hat mit dem eigens aufgesuchten Urbild in Jerusalem ebensowenig zu tun wie mit den zahlrei-

chen mittelalterlichen Nachbildungen des Hl. Grabes, wie sie sich etwa in Deutschland erhalten haben[26]. 159
Der Charakter des Geschichtlichen und geschichtlich Ehrwürdigen wird für L. B. Alberti vielmehr hergestellt durch den Anschluß an eine Architektur, die er für römisch-antik hielt und die in Wahrheit doch das Werk seiner florentinischen Mitbürger von vor etwa zweihundertfünfzig Jahren war.

Nach Fresken der großen Meister haben die italienischen Lehrbuben in allen Städten und zu allen Zeiten gezeichnet. Michelangelo sagte im Alter, auf seine Jugendzeit zurückblickend, daß damals ganz Florenz seine Schule war. Vom halbwüchsigen Michelangelo besitzen wir Kopien von Einzelfiguren aus den Fresken Giottos wie Masaccios in Federzeichnungen[27]. Dieselbe Gruppe, die Michelangelo aus Giottos Fresken in S. Croce anzog, hat auch Bandinelli kopiert[28].

Diese Dichtigkeit der Tradition äußert sich auch in dem Wunsche nach schulmäßiger Weitergabe des Wissens, d. h. in der Gründung von Schulen und Akademien. Für solche Institutionen hat Florenz eine Leidenschaft besessen wie keine andere Stadt Italiens. Noch in lockerer Form sehen wir eine solche Schule in der suburbanen Villa der Medici bei S. Marco, wo Lorenzo 1489 die Räume des Casinos, die Loggia, die Gartenwege mit guten antiken Statuen und das Haus auch mit Gemälden gefüllt hatte. Da gab es Zeichnungen, Kartons und Modelle (Bozzetti) von Filippo Brunellesco, Masaccio, Donatello u. a. zu sehen, und zum Aufseher über das Ganze war Bertoldo di Giovanni gesetzt, der die Jugend hier auch im Zeichnen und Modellieren nach den aufgestellten Kunstwerken unterwies[29]. Auch fern der Heimat

haben die Florentiner den Drang in sich verspürt,
160 die Künstler zu schulmäßiger Übung in ihrem Beruf zusammenzubringen. Um 1530 hat der Florentiner Bildhauer Baccio Bandinelli im Belvedere des Vatikan einen Kreis von Künstlern um sich versammelt, wo man gemeinsam zeichnete[30]. Erst unter Herzog Cosimo ist es dann in Florenz zur Gründung von Vasaris Accademia del disegno gekommen (1563)[31]. Aber Florenz ist auch die Geburtsstätte der philologischen Akademie. 1540 entstand die Accademia degli Umidi, die sich dann als Accademia Fiorentina umbenannte, 1569 wurde die Accademia degli Alterati gegründet, die im Pal. Strozzi zusammentrat, 1587 die der Desiosi, die sich im Hause des Agostino del Nero trafen, und 1582 entstand die berühmteste von allen, die Accademia della Crusca. Im Jahre 1591 beschloß diese Gesellschaft, die italienische Sprache zu codifizieren, 1612 begann das Lexikon der Crusca zu erscheinen[32].

Es ist tief in dem konstruktiven und systematischen Charakter der florentinischen Kunst begründet, wenn *ihre großen schöpferischen Epochen* nur den *Anfangszeiten der Stile* angehören. Eine neue künstlerische Erkenntnis so zu entwickeln, daß sie von andern übernommen zu werden, daß sie in einer fremden Welt sich durchzusetzen vermochte – kurzum, die Morphologie eines Stiles auszubilden, das ist eine Aufgabe, für welche die Florentiner recht eigentlich geschaffen sind. Florenz hat viermal in der abendländischen Entwicklung eine führende Rolle gespielt: als in der frühromanischen Zeit im 11. Jahrhundert der toskanische Inkrustationsstil entstand, dann um 1300 in der Dante-Zeit, als die aus Frankreich eindringenden Elemente der Gotik in Architektur, Plastik und Malerei sofort zu einem eigenen italienischen Nationalstil umgebildet wurden, der eigentlich ein florentinischer Lokalstil ist, ferner in der Frührenaissance zur Zeit der Medici und schließlich nach 1520 beim Zerschlagen des klassischen Stils, an der Schwelle des Manierismus. Man sieht, Florenz ist eine Stadt des Beginnens. So wie die Landschaft um die Stadt selbst im Herbste nirgends den Zug trächtiger Reife zeigt wie die lombardische oder die emilianische Ebene, wie sie nirgends das alte resignierte Gesicht hat, das die Campagna um Rom so melancholisch macht, so entstanden in den Mauern von Florenz nur wenige Kunstwerke aus den Hochphasen und fast gar keine aus den Spätzeiten der Stile.

Die Florentiner haben schon frühe ein helles Bewußtsein dafür besessen, daß das Beginnen ihre Sache sei. Sie bildeten die Witterung dafür in sich aus. Als Giovanni Villani im Jahre 1300 in Rom weilte, ließ er sich durch das gesteigerte Leben des ersten Jubiläumsjahres der Christenheit nicht täuschen. Seltsamerweise überfiel ihn gerade im Zustrom und Abfließen der Pilgerzüge, in dem Menschengewoge der überfüllten Stadt die Gewißheit, daß seine Vaterstadt Florenz im Aufstieg begriffen und zu großen Dingen berufen sei und daß Roms Bahn sich senke[33]. Villani zog daraus die Folgerung, daß es jetzt an der Zeit sei, die Geschichte seiner Vaterstadt zu schreiben, und von der Reise nach Rom zurückgekehrt, machte er sich an die Arbeit, in Verehrung gegen Gott und den hl. Johannes und zum Lobe von Florenz[34]. Als sein Neffe Filippo Villani um 1404 in seinem Buche

›De famosis civibus‹ als erster ein kleines Kapitel
162 über die Florentiner Künstler zusammenstellt[35], da liegt es ihm daran, genau festzustellen, wer die ersten unter den Künstlern waren, welche die »erschöpfte und fast erloschene Kunst wieder aufgerichtet haben«. Und dann schreibt er dies Verdienst mit genauer Begründung dem Cimabue zu[36]. Kaum fünfzig Jahre später war Ghiberti die Nennung eines Malernamens schon viel zu unpräzis; er hat die Entstehung der neuzeitlichen Malerei zu einem einmaligen, anschaulichen Vorgang erheben wollen, den er mit der Künstler-Anekdote verbindet. »Cominciò l'arte della pictura a sormontare in Etruria in una villa allato alla città di Firenze la quale si chiamava Vespignano.« Und dann folgt die Geschichte von dem die Schafe weidenden kleinen Giotto, der beim Abzeichnen eines Tieres seiner Herde von dem die bolognesische Landstraße einherkommenden Cimabue überrascht wird[37]. Bei diesem Einschnitt, verbunden mit derselben Künstler-Anekdote, ist es dann bei Vasari geblieben[38], und durch Vasaris Autorität bis in die Kunstgeschichtsschreibung des frühen 20. Jahrhunderts hinein.

Dem Entstehungsprozeß der florentinischen Architektur des 11. Jahrhunderts haftet etwas Unerklärliches an. Die Bauten des Florentiner Inkrustationsstils stehen plötzlich vor uns (Abb. 6). Sie sind weder von der gleichzeitigen pisanischen Baukunst genetisch abhängig noch stimmen die Auffassungen von der Art, eine Wand dekorativ zu gestalten, in beiden Städten überein. Wir werden noch zu beweisen haben, daß es sich um ein ausgesprochen florentinisches Verhältnis zu Zeichnung und Farbe handelt, das sich in der Wanddekoration dieser Inkrustationsbauten der zweiten Hälfte des 11. Jahrhunderts zum ersten Male ausspricht[39]. Nirgendwo in Italien stehen die mittelalterlichen Vorbilder für das Florentiner Baptisterium oder S. Miniato al Monte. Für Auftraggeber und Architekten bedeutete vielmehr die Einführung des Inkrustationsstils den unmittelbaren Anschluß an die antike Baukunst, so wie man sie damals verstand, denn um die Mitte des 11. Jahrhunderts werden die Ruinen sehr vieler antiker Backsteinbauten noch ihre ursprüngliche Marmorverkleidung besessen haben, welche die mittelalterlichen Architekten studieren konnten.

Alle wesentlichen Bauten der florentinischen Inkrustations-Architektur sind bald nach 1059 begonnen worden, alle gehen auf dieselbe Auftraggeberschicht zurück. Es ist der Kreis der Männer der kirchlichen Reformbewegung und der antikaiserlichen Politik, der sich um den Legaten Hildebrand (den späteren Gregor VII.) und um Papst Nikolaus II. scharte[40]. Nichts lag diesen Männern natürlich ferner, als eine eigenständige toskanische oder gar florentinische Baubewegung ins Leben rufen zu wollen, wir gewahren vielmehr »den Traum eines internationalen Gottesstaates und zugleich das erste Erwachen des italienischen Nationalgefühls«[41]. Die Künstler aber, die sie beschäftigten, erwiesen sich als Florentiner reinsten Geblüts. Schon diesem Inkrustationsstil gegenüber bewährt sich die florentinische Grundeinstellung: er entsteht in den Mauern der Stadt, die Frühstufe entfaltet sich nirgends schöner als hier. Florenz begleitet den Stil bis zu seiner Mittagshöhe, die um 1150 erreicht wird (Vollendung des Baptisteriums und des Innenbaus von S. Miniato). Aber dann erlischt die Teilnahme von Florenz, an der

Spätphase des Stils hat die Stadt keinen Anteil ge-
164 nommen, die Vollendung der Fassade von S. Miniato und die Fassade der Badia von Fiesole ausgenommen. Es bleibt den Nachbarstädten der Nordtoskana, besonders Lucca, überlassen, die Inkrustations-Architektur in die Endphase des romanischen Stils durch neue Formen zu steigern. Florenz hat dem gleichmütig und unbeteiligt zugesehen. An den Fassaden von S. Martino und S. Michele in Lucca wurde die spröde und strenge Kunst der Inkrustation durch die spielerisch ornamentale Gesinnung einer neuen Technik verdrängt[42], und so entstand ein spätromanischer Barock, der weitab von dem Maß und der Zurückhaltung lag, die alle florentinische Kunst auszeichnen.

Für die Auseinandersetzung der Florentiner mit dem ausgebildeten Kathedral-System der Gotik bildet die 1586 abgebrochene alte Domfassade das Hauptzeugnis (Abb. 9). Da der ursprüngliche Zustand des Denkmals uns durch eine im Museum der Domopera befindliche Zeichnung erhalten ist, die offensichtlich unmittelbar vor dem Niederreissen der Fassade im Auftrag der Dombaubehörde aus antiquarisch-denkmalpflegerischen Interessen entstand, so besitzen wir ein gutes Bild von der alten Domfront; um so mehr, als viele Werkstücke der abgebrochenen Fassade gerettet, glücklich zusammengefunden und heute im Dommuseum vereinigt sind[43]. Arnolfo di Cambio hatte 1296 den Bau von Westen her begonnen. Bei seinem Tode 1302 wurden die Bauarbeiten an der Fassade eingestellt. Das 14. und 15. Jahrhundert haben zwar zum Statuen-Programm noch mancherlei beigetragen, aber an dem architektonischen Rahmen selbst ist im Trecento oder der Frührenaissance kaum noch etwas verändert worden[44]. So dürfen wir die Florentiner Domfront als eine der großen Auseinandersetzungen der ersten Generation der italienischen Gotiker mit den riesigen Schauwänden der Kathedralen des französischen Kronlandes betrachten. Es verschlägt einem den Atem, wenn man beobachtet, mit welcher inneren Freiheit das hier geschieht. Von dem Vertikaldrang dieser nordischen Domfassaden findet sich in Florenz gar nichts. Es herrscht hier eine sehr ausgeprägte Geschoßeinteilung, und mit einem antigotischen Sinne für Statik sind Vertikalen und Horizontalen fest gegeneinander verstrebt. Das Horizontalband des weit über mannshohen, in sich wieder reich profilierten Sokkelgeschosses wiederholt sich noch dreimal in den Gesimsen der oberen Stockwerke, und es hätte bei der Vollendung der Fassade nach dem Plane des Arnolfo im Mittelteil noch ein viertes und fünftes Mal wiederkehren sollen[45]. Ihre Gegenspieler finden diese vier Horizontalbänder in den vier Strebepfeilern, die der Fassade vorgelegt und die vom zweiten Geschoß an in Statuentabernakel aufgelöst sind. Diese Pfeiler haben zusammen mit dem Kontur des abfallenden Pultdaches der Seitenschiffe die Funktion, Höhe und Breite der drei Schiffe auf die Fassadenstirn zu projizieren, was die französischen Kathedralen ausnahmslos zu vermeiden wissen, indem sie die Seitenschiffe hinter viel höher geführten Schauwänden verbergen. Die französische Gotik hatte den Wimperg erfunden, um mit ihm die Horizontalgliederung zu durchstoßen oder zu überspielen. Das Auftreten energisch hochdrängender Formen der französischen Gotik, wie spitzbogiger Tympana, Tabernakelbe-

krönungen und Fialen, bleibt sehr bezeichnender-
166 weise an der Florentiner Fassade allein auf die Portalzone beschränkt. Aber wie sind diese sprießenden nordischen Architekturglieder hier ins Klassische umgebogen worden! Die Wimperge über den Nebenportalen haben sich in lastende antikische Giebel verwandelt, woran die Krabben nichts zu ändern vermögen, die ihre Ränder besetzen. Die Statuentabernakel, zu denen die vor die Wand tretenden Streben umgewandelt sind, klingen nach oben nicht in gotischen Fialen aus, werden vielmehr mit einem Bündel gehäufter Profile belastet, so daß auch hier der Sinn der französischen Form in sein Gegenteil verkehrt wird. Nichts ist aufschlußreicher, als daß der Spitzbogen (abgesehen von den drei Portaltympana) nur bei den mit Mosaik ausgelegten Fensterblenden des Erdgeschosses auftritt. In der nämlichen Weise, in der Arnolfo den Höhendrang der gotischen Kathedrale fast gänzlich auszuschalten wußte, hat er nun auch deren großartige Tiefenentfaltung aufgehoben, indem er die Florentiner Fassade in nüchterne, leicht überschaubare Reliefkästen zerlegte. Auch dafür lieferten die Kathedralen des französischen Kronlandes aus dem 13. Jahrhundert keinerlei Vorbilder. Keine andere der vielen Kunstlandschaften Europas, in die sich die gotische Architektur nach 1220 mit reißender Schnelligkeit ausbreitete, reagierte so original, verhielt sich so kritisch gegenüber dem französischen System wie Florenz.

Das Problem des Stilbeginns läßt sich für Florenz jedoch am besten am Werden der Frührenaissance-Architektur erläutern, weil hier die schöpferische Neuerung nicht das Geschenk einer Schar anonymer

Altersgenossen, sondern die Tat eines einzelnen Genies ist, des Filippo Brunellesco. Er konnte auch nicht auf bahnbrechenden Vorarbeiten von Meistern der voraufgehenden Generation fußen. Als seit 1419 die drei ersten Bauten Brunellescos sich aus dem Erdboden zu erheben begannen, das Findelhaus, die alte Sakristei von S. Lorenzo und schließlich diese Kirche selbst, baute man im ganzen Abendlande sonst in gotischen Formen, von Wisby bis Rhodos und von Canterbury bis Krakau. Die Morphologie des neuen Stils und die neuen Raumformen, das alles verdankt sein Dasein dem schöpferischen Willensakt eines einzelnen Menschen, eben eines Florentiners. Aber diese Formensprache, die das ganze Abendland erobern sollte, konnte nicht der Phantasie dieses einen Menschen entspringen. Dieser entlehnt viele seiner Detailformen zunächst den heimischen Bauten des Inkrustationsstils, in seiner zweiten Lebenshälfte auch denen der echten antiken Bauten. Von jeher hat man darauf hingewiesen, daß die Kapitelle des Portikus der Pazzi-Kapelle in SS. Apostoli genauso vorkommen, daß die Art der Anordnung von Pilastern beiderseits einer einspringenden Ecke in Sa. Ma. degli Angeli schon im Baptisterium vorgeformt ist usw. Die Vorstellung einer Attika, die Brunellesco an der Vorhalle der Pazzi-Kapelle entwickelt, ist am Attikageschoß des Baptisteriums gewonnen, nicht aber an einem antiken Bau. Aber auch die helle, lichte Farbigkeit, welche zumindest die Innenräume Brunellescos so überraschend weit von dem Dämmer der gotischen Kirchen abrückt, entstand unter dem Eindruck von Bauten des Inkrustationsstils. Trotzdem kann man sich den Gestaltungsprozeß, dem die

alte Sakristei von S.Lorenzo ihr Dasein verdankt,
168 gar nicht einsam genug vorstellen (Abb. 7 und Textabb. 2). Zwar hatte auch das Mittelalter den Zentralbau verwendet, besonders für Tauf- und Totenkapellen, für Nachbildungen des Hl. Grabes in Jerusalem u. ä. Diese Bauten hatten sich in romanischer Zeit zumeist über kreis- oder kleeblattförmigem, in gotischer Zeit über einem polygonal gebrochenen Grundriß erhoben. Aber an solche Vorbilder lehnt sich Brunellesco nicht mehr an. Er geht als erster von einer ganz neuen Architekturvorstellung aus, die den Bau nicht mehr aus den Zellen der einzelnen Joche zusammensetzt, sondern große einheitliche und geschlossene Raumkuben, die vor seinem geistigen Auge stehen, nach harmonischen Maßgesetzen unterteilt. Er wählte als Hauptraum einen Würfel, dem als Chorkapelle ein weit kleinerer zweiter Würfel angeschoben wurde. Den Würfel des Hauptraums durchschnitt Brunellesco in der Horizontalen etwa auf halber Höhe durch ein starkes Gesims und bekrönte ihn durch eine Kuppel. Da diese wenigstens annähernd die Höhe jeder der beiden unteren Raumzonen hat, so werden hier drei etwa gleich hohe Raumteile übereinander geschichtet[46]. Den Übergang zwischen dem rechtwinkligen Kastenraum einer Vierung und der überwölbenden Kuppel (hier in der

(46) Die genauen Verhältnisse des Aufrisses sind:
Höhe vom Boden bis zur Gebälk-Unterkante = 6,29 m
Höhe von der Gebälkkante bis zum Sprengring der Kuppel = 6,56 m
lichte Höhe der Kuppel = 5,70 m
(Fabriczy p. 192, Note 1. – Vgl. den Längsschnitt im Toskanawerk I, Blatt 6.)

Form einer gestelzten Halbkugel) pflegte die mittelalterliche Baukunst durch Ecktrompen zu verwirklichen[47]. Brunellesco führte die weit edlere Form des Pendentifs wieder ein, die seit den letzten Wölbebauten der byzantinischen Architektur im 6. Jahrhundert fast völlig außer Gebrauch gekommen war[48]. Die Halbkuppel, die sich über diesen vier Pendentifs erhebt, hat die Form des Oberteils einer quer durchgeschnittenen Melone. Über den Rippen blähen sich die Gewölbekappen wie Segel, in die der Wind bläst. Diese Kappen reichen aber nicht bis zum Kuppelfuß hinab, sondern aufrecht stehende Schirmwände – die Vorform des späteren Kuppeltambours – schieben sich als Belichtungszone zwischen Kuppelfuß und Gewölbekappen. Man hat daher auch von einem Schirmgewölbe gesprochen. Diese Gewölbeform ist eine großartige synthetische Leistung. Es ist sehr bezeichnend, daß noch jeder Architektur-Historiker sie auf andere Anregungen oder gar Vorbilder zurückgeführt hat[49].

Ist die Raumschale der 'Alten Sakristei demnach eine völlig originäre Schöpfung, so ist es das System der Wandgliederung des Innenraums nicht minder. Zum ersten Male seit dem Ausgang der Antike tritt hier das Verhältnis von Stütze und Last als das Grundprinzip der Architektur wieder ein in seine Rechte. Die von Brunellesco hier zuerst wieder verwendeten architektonischen Ordnungen der Antike zerlegen die Gliederung des Innenraums in tragende und getra-

(48) Soweit wir sehen, hat das italienische Mittelalter nur eine reine Pendentifkuppel hervorgebracht, das Baptisterium von Padua. Es läßt sich nicht erweisen, daß Brunellesco diese Lösung bekannt war.

gene Glieder in harmonischem Ausgleich. Damit 170 ist ein System der Wandgliederung aufgestellt, das bis zum Beginn des Rokoko unbestrittene Gültigkeit behalten sollte. Freilich zeigt sich dieses System hier noch in seinen tastenden Anfängen. Man hat von jeher getadelt, daß das schwere Hauptgesims nur unter dem Chorbogen von Pfeilern abgestützt wird, die seiner Stärke wirklich entsprechen (sechs Kannelüren breite Pfeilerstirn). In den Ecken der Sakristei sind zum ersten Male in der abendländischen Architekturgeschichte geknickte Pilaster eingestellt, auf denen das Gesims ruht[49a]. Diese Knickung wirkt in der Alten Sakristei nicht nur häßlich, durch die Halbierung erscheinen die Pilaster (drei Kannelüren breit) viel zu schwach, als daß man ihnen zutrauen möchte, sie könnten die Last des Gesimses wirklich tragen. Vor allem aber hat man angemerkt, daß bloße Rahmen- und Schmuckformen, wie etwa die Medaillons in den Pendentifs, ebenso stark gebildet seien, wie die wirklich tragenden Glieder, etwa die Archivolten der großen Schildbogenwände des Zwischengeschosses; oder daß gar die kleine Archivolte des Chorbogens viel kräftiger erscheine als die sie umgreifende Schildbogenrahmung, auf der doch die Kuppel – ästhetisch betrachtet – aufruht[50]. Schließlich ist mit Recht ein Widerspruch darin erblickt worden, daß die Glie-

(49a) Indessen haben diese geknickten Pilaster eine spätgotische Vorstufe in den Kapellen um die nördliche und südliche Tribuna des Trikonchos am Florentiner Dom. Hier sitzen im Innern der Kapellen auf den Nahtstellen des Polygons merkwürdige Bänder, die weder rechte Pilaster noch Lisenen sind. Sie sitzen auf dem über den Arkaden verlaufenden Gesims stumpf auf, entbehren der Basis und des Kapitells, werden aber in der Mittelachse durch die Polygonkante geknickt.

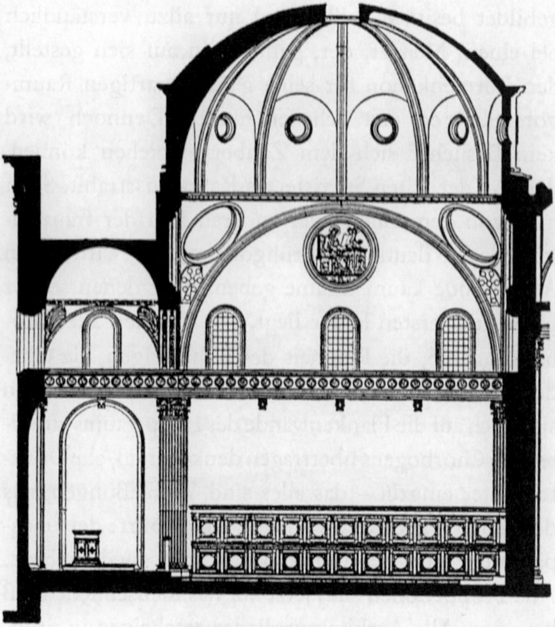

2. Florenz, Alte Sakristei bei S. Lorenzo. *Schnitt*

derung der Kuppel durch die so stark betonten Rippen in der Wandgliederung des Raumes, den sie überwölbt, überhaupt nicht vorbereitet sei. Aus der Raumform des Unterbaues von viereckigem Grundriß ließe sich logisch eine Fächerkuppel von vier, acht oder sechzehn Kappen entwickeln. Das ausgeführte zwölffächerige Kuppelgewölbe aber verhält sich völlig neutral gegenüber einer Raum- und Wandaufteilung, welcher noch die Zone der Pendentifs unterworfen bleibt.

Diese und andere Verstöße gegen das klassische System, das die Hochrenaissance dann erst voll aus-

gebildet besitzen sollte, sind nur allzu verständlich
172 bei einem Meister, der, ganz allein auf sich gestellt, den Formenkanon für seine ganz neuartigen Raumvorstellungen erst schaffen mußte. Dennoch wird kein Besucher sich dem Zauber entziehen können, der von der Alten Sakristei als Raum ausstrahlt. Sieht man von dem einen oder anderen Bau der französischen oder deutschen Frühgotik ab, so wird es im Abendlande kaum Räume geben, über denen so der Hauch der ersten Frühe liegt. Die Zartheit aller Profilierungen[51], die Reinheit der Rahmungen, die Gliederung des Altarraums durch Flachnischen, die man sich auch auf die Flankenwände des Hauptraums zu Seiten des Chorbogens übertragen denken muß, ehe Donatello hier eingriff – das alles sind Verheißungen, aus denen noch alles werden kann. Man spürt: der transparente Raum der Gotik wird nicht wiederkehren. Alle Proportionen sind jetzt auf das menschliche Maß bezogen. Alle Architekturglieder erscheinen in grüngrauem Macigno vor der weißen Wand. Es ist wieder der alte Farbakkord der Inkrustationsbauten. Klar, nüchtern, hell und anmutig ist dieser Erstlingsbau Brunellescos ganz aus florentinischem Geiste geboren.

Auf dem Felde der Plastik zeigt sich die florentinische Lust am Anfangen und Experimentieren nirgends schöner als im Verhältnis der Stadt zur Gattung der Bronzetür. Solange solche mit figürlichen Reliefs bedeckte Türflügel zur Ausstattung jeder größeren romanischen Bischofskirche gehörten – von Nowgorod über Hildesheim und Verona bis Monreale in

(51) Wobei die später von Donatello als Rahmung für seine Bronzetüren hinzugefügten mächtig ausladenden Portale zu seiten des Chorbogens natürlich wegzudenken sind.

Sizilien und Troja in Apulien –, haben die Florentiner für solche Portale sich nicht interessiert. Aber als dann mit dem Aufkommen der Gotik die Bronzetüren ebenso verschwinden wie die Bronzegrabplatten, weil dieser Stil gegen das Material der Bronze eine beharrliche Abneigung besitzt, da entsteht in Florenz ganz plötzlich der Wunsch, Bronzetüren mit Reliefdarstellungen zu schaffen. Jedoch waren, als 1329 die erste Bronzetür für das Baptisterium bestellt werden soll, die technischen Erfahrungen für den Guß solcher Werke längst abhanden gekommen. Die ästhetische Anregung geht von den Türen des Pisaner Doms aus, denn dorthin schickt man den Florentiner Goldschmied Piero di Jacopo, um die Domtüren abzuzeichnen (»che ritragga«). Konsequenterweise vergibt man dann den Auftrag 1330 an einen Pisaner Künstler, an den Goldschmied Andrea Pisano. Dieser ist aber nur für die Modelle verantwortlich, die Florentiner müssen vielmehr ihren Unterhändler Piero di Jacopo weiter nach Venedig schicken, um einen Meister für die ›Formarbeiten‹, d.h. für den Guß der Türe, zu finden. In der Gestalt des Meisters Leonardo wird dieser Gußtechniker gewonnen. Bei diesem Vorgang ist es nicht allein der Mut zu sich selbst, der typisch florentinisch anmutet, sondern auch diese Lust am Experimentieren. Offenbar hat es den Florentinern Freude gemacht, eine Gattung wiederzuerwecken, für deren Herstellung die technischen Voraussetzungen weithin – und besonders in der Toskana – abhanden gekommen waren. Im Besitze dieser technischen Erfahrungen hält Florenz dann durch Jahrhunderte hin ganz allein an dieser Vorliebe für das Erzählen auf solch großen Türflügeln aus Bron-

ze fest. Das wäre nicht möglich gewesen, wenn man
174 nicht sehr schnell eine innere Beziehung zu dem neuen Werkstoff gewonnen hätte. Das harte spröde Material des fertigen Kunstwerks besaß von sich aus etwas von der Trockenheit und Nüchternheit, die so oft auch der Oberfläche der kostbarsten Florentiner Marmorskulpturen eignet. Bei der Unkompliziertheit des Florentiner Farbgeschmacks wird auch die Vergoldung ein Faktor gewesen sein, welcher dem sicheren Florentiner Instinkt die Vorliebe für diese Bronzeproduktion eingab. Die ganze erste Hälfte des Quattrocento hindurch ist das Bronzeatelier des Ghiberti dann die hohe Schule für die Florentiner Bildhauer gewesen, nicht nur für die Bronzemodelleure und -gießer[52]. Daß der Dom ebenfalls seine großen Westportale mit Bronzetüren zieren müsse, ist noch hundert Jahre nach Ghiberti als eine ausgemachte Sache angesehen worden. Benvenuto Cellini versuchte vergeblich, von Herzog Cosimo um 1559 den Auftrag für das große Mittelportal zu bekommen[53]. 1606 wurde dann tatsächlich an der Hauptfassade des Pisaner Doms noch einmal eine Bronzetür mit reichem Reliefschmuck angebracht, eine Gemeinschaftsarbeit florentinischer Bildhauer.

Macht man sich klar, daß die Fresken des Jacopo Pontormo im Kreuzgang der Certosa di Galuzzo südlich von Florenz schon 1522 bis 1524 gemalt sind[54], so erschrickt man förmlich, denn drei Jahre nach Leonardos und zwei nach Raffaels Tode sind hier die Farbenskala und viele Kompositionsprinzipien des Manierismus bereits völlig ausgebildet (Abb. 8). Die schmalen, überlangen Proportionen der Figuren des neuen Stiles treten hier zum allerersten Male auf.

So wie hier die edle, zarte, überschlanke Figur Christi, bereit zu leiden und die Sünden der Welt auf ihre schmalen, abfallenden Schultern zu nehmen, vor Pilatus steht, genau so wird fünfundvierzig Jahre später noch in der Scuola di San Rocco in Venedig der gebundene Heiland des Tintoretto vor seine irdischen Richter treten. Auch der Gedanke, an den vordersten Bildrand zwei Rückenfiguren zu stellen, die nur bis zu den Hüften sichtbar sind, während die untere Hälfte der Gestalt vom Rahmen überschnitten wird, ist neu und kühn. Es ist der erste der vielen gewaltsamen Versuche, die Erschließung der Tiefe des Bildes durch solche jähen Vorstöße von Rückenfiguren zu erzwingen. Die beiden Geharnischten müssen zusammen gesehen werden mit dem herantänzelnden Diener, der Schale und Krug bringt, mit denen Pilatus sich die Hände waschen wird: in vehementem Stoß wird die ganze Bildtiefe aufgerissen. Die Autonomie der menschlichen Gestalt wird am Ende der Hochrenaissance hier zum ersten Male preisgegeben. Es ist merkwürdig, daß das gerade in Florenz geschieht. Der Schriftgelehrte, der zwischen den Profilen der beiden Hauptfiguren von Christus und Pilatus en face erscheint, die Figur im Rücken Christi sind keine Gestalten mehr, die sich von ihrer Wesensmitte aus körperlich und geistig entfalten. Ihre menschliche Existenz wird vielmehr dem Stilprinzip aufgeopfert. Sie werden dahergeweht, die Herrschaft der Hochrenaissance ist zu Ende.

Eine Stadt, deren große Schöpferstunde jeweils am Beginn der Stile schlägt, muß demnach auch die *technischen Mittel* entwickelt haben, *durch die ein neuer*

Stil sich ausspricht. Zu jedem neuen Stil gehört zwar
176 eine neue Formenwelt, aber nicht zur Hervorbringung jeder neuen Formenwelt bedarf es einer tiefgreifenden Wandlung der handwerklichen Voraussetzungen des künstlerischen Schaffensprozesses. Am Übergang von der Renaissance zum Manierismus oder vom Manierismus zum Barock haben sich die Arbeitsmethoden in der Künstlerwerkstatt nicht wesentlich verändert. Aber beim Beginn des Inkrustationsstils kurz nach 1050 mußte ein ganz neues Geschlecht geschickter marmorarii für die Flächenverkleidung der Ziegelbauten durch dünne Marmorplatten erzogen werden. Auch am Anfang der Frührenaissance-Kunst kurz nach 1400 steht hinter der neuen Formenwelt ein vollständiger Wechsel der Arbeitsgewohnheiten im Architektur-Büro und in den Maler- und Bildhauer-Werkstätten.

Das Mittelalter hatte für Skulptur und Gemälde nur eine zeichnerische Vorbereitung am Kunstwerk selbst gekannt. Die Hüttensteinmetzen müssen Pinselzeichnungen von den Umrissen der auszuhauenden Figur auf die Vorder- und Seitenflächen des unbearbeiteten Blocks aufgetragen haben. Die Freskenmaler entwarfen die Komposition auf den Rauhputz der Wand selbst, die Tafelmaler auf den präparierten Kreidegrund ihres Bildes[55]. Das bedeutet also, daß das Mittelalter den Bozzetto in der Plastik und die Handzeichnung in der Malerei nicht kennt[56]. Es bedeutet aber vor allem, daß der Entwurf grundsätzlich in der Größe des auszuführenden Werkes konzipiert wird. Das Neue, was die Renaissance dann bringt, ist das Springen in den Größen-Maßstäben vom Entwurf zur Ausführung. Der Gesamtentwurf wie die Detailstudien für ein Wandbild oder eine große Tafel können von nun ab einem kleinen Blatt Papier anvertraut werden. Die Vorbereitung einer monumentalen Plastik kann ebenfalls in Handzeichnungen oder in plastischen Modellen aus leicht knetbarem Material (Wachs, Ton, Kreide, Gips, Cartapesta usw.) in kleinem Format erfolgen. Im 15. Jahrhundert kommen demnach der Bozzetto und die Handzeichnung in Form der Skizze für eine zu entwerfende Komposition wie für Einzelstudien auf. Zwangsläufig müssen nun auch die technischen Mittel erfunden werden, mit denen sich die Übertragung der Handzeichnung ins große Format des auszuführenden Kunstwerks bewerkstelligen läßt, das Quadratnetz und der Karton. Demnach ist alles, was im heutigen Künstleratelier an vorbereitenden Phasen bekannt ist, welche das Werk während seiner Entstehungszeit zu durchlaufen hat, im 15. Jahrhundert in der künstlerischen Praxis aufgekommen – und fast alles dies wird den erfindungsreichen Florentinern verdankt.

Zunächst der Bozzetto. Die künstlerische Phantasie des mittelalterlichen Bildhauers hätte mit ihm nichts anzufangen gewußt, denn die Schöpfung des Hüttensteinmetzen ist Bauplastik und demnach nicht dreidimensional konzipiert. Sie bedarf immer der Rücklage der Architektur. Der Bozzetto aber setzt das Interesse an der allseitigen Durchformung voraus, und erst in dem Augenblick, da die Freifigur in der florentinischen Plastik wieder aufkommt, gewinnt auch der Bozzetto als Vorbereitungsstadium für eine Skulptur seinen Sinn. Erhalten sind Bozzetti erst aus der letzten Generation der florentinischen

Frührenaissance-Künstler. Indessen wissen wir von
178 einem Fall, der so recht die Brücke zwischen dem mittelalterlichen Brauch und dem modernen Vorbereitungsprozeß schlägt. Als 1415 bei Brunellesco und Donatello gemeinsam eine ›figuretta‹ bestellt wird, ›per pruova e mostra‹ für die großen Figuren, die auf den Strebepfeilern der Dom-Tribuna über dem Traufgesims zu stehen kommen sollten, da ist der Kern dieses Modells noch aus Stein, die Oberfläche aber aus vergoldetem Blei[57], also dem Material nach noch eher ein exemplum im mittelalterlichen Sinne, wie etwa der Entwurf für das Grabmal Herzog Ludwigs des Gebarteten von Bayern-Landshut von Hans Multscher (1434, München, Bayerisches Nationalmuseum), der aus hartem Solnhofer Stein geformt ist, also vom Auftraggeber nur angenommen oder verworfen werden konnte. Bozzetti in leicht knetbarem Material sind von Donatello nicht erhalten (ebensowenig wie Bildhauer-Zeichnungen), doch ist im Werke Donatellos und Michelozzos die Verwendung des Bozzetto seit dem Ende der zwanziger Jahre, bei Luca della Robbia seit der Mitte der vierziger Jahre urkundlich fest bezeugt. Schon in dem Vertrage, den Donatello und Michelozzo für die Außenkanzel des Doms in Prato 1428 mit der Opera del Cingolo schließen, berufen sich mehrere Paragraphen auf ein Modell, und daß dies ›modello‹ oder ›designum‹ kein Riß, keine Pergamentzeichnung war, sondern ein Tonbozzetto, beweisen zwei Belege aus dem Jahre 1446, die ausdrücklich besagen, daß solche Modelle in der Florentiner Domopera *standen*. (Der Entwurf für Luca della Robbias Lunette über dem Portal zur Dom-Sakristei ist »secundum designum

factum in quodam modello parvo, qui stare debet in opera usque ad perfectionem dicti laborerii«.)

Als man zwei Jahre vor Donatellos Tod (1464) an Agostino di Duccio den zweiten Giganten für die Bekrönung eines Strebepfeilers an der Dom-Tribuna verdingte, da schloß man den Kontrakt für diese fünfeinhalb Meter hohe Figur auf Grund eines Wachsmodells ab[58]. Der erste Künstler, in dessen Lebenswerk sich der Bozzetto von Auftrag zu Auftrag als wichtigste Vorstufe des Werks urkundlich belegen läßt, ist Verrocchio. Der älteste erhaltene Bozzetto ist ein Konkurrenz-Entwurf von Antonio Pollajuolo für das Forteguerri-Grab in Pistoja von 1477, dessen Ausführung ja aber dann an Verrocchio fiel (London, Victoria and Albert-Museum).

Der Bozzetto wird aber rasch mehr als ein Hilfsmittel, das nach der Vollendung des Kunstwerks selbst ausgedient hat und achtlos beiseite geworfen wird. Etwa im letzten Viertel des Quattrocento gewinnt die plastische Skizze Selbstwert in den Augen des Auftraggebers. Es geht ein ästhetischer Reiz von ihr aus, sie zieht die Sammler-Leidenschaft der Kenner auf sich. Wenn im Garten der Medici bei San Marco, wo Bertoldo seine Akademie unterhielt, neben antiken Marmortorsi, modernen vollendeten Bronzefiguren auch modelli zu Studienzwecken aufgestellt waren[59], und wenn 1482 der Bozzetto für Verrocchios Christus- und Thomasgruppe an Orsanmichele vom Besteller zusammen mit der Monumentalgruppe angekauft und in einem Amtsraum der Zunft aufgestellt wird, zu »reverentia et dilecto negli animi de vedenti tale opera[60]«, so hat sich zu diesem Zeitpunkt der Bozzetto als eine selbständige Kunstgattung durchgesetzt.

Ebenbürtig steht neben dem Bozzetto die Bild-
180 hauer-Zeichnung als die andere Möglichkeit der Vorbereitung für eine Skulptur. Von Ghiberti besitzen wir die erste Skizze eines Bildhauers, die nur für den intimen Gebrauch in der Werkstatt bestimmt ist und die kein Laie zu Gesicht bekommt. Diese Skizze zeigt fünf Einzelfiguren, klärende und spontane Vorstudien in Feder für die Gestalt eines der peinigenden Knechte in verschiedener Haltung von dem Relief der Geißelung Christi an der zweiten Bronzetür[61]. Es werden hier Bewegungsstadien festgehalten, die offensichtlich am lebenden Modell im Atelier studiert sind. Selbst wenn man das Feld mit der Geißelung für eine der jüngsten Kompositionen der Türe zu halten geneigt ist, so käme man doch auf die Jahre vor 1424 als den spätesten Termin für die Entstehung der Wiener Zeichnung. Damit ist dies Zeugnis für den Wandel des Arbeitsvorgangs im Bildhauer-Atelier für dasselbe Jahrzehnt festgelegt, in dem die parallelen Vorgänge in der Malerwerkstatt sich abspielen.

Hingegen ist die Handzeichnung als vorbereitendes Stadium für das Gemälde in Oberitalien ausgebildet worden, wo die Skizze bei Stefano da Zevio und Pisanello viel früher als intimes Planungsmittel während der Genesis des Bildes auftaucht als in Florenz[62]. Florenz hat sich aber die neuen, in Oberitalien aufgekommenen Werkstattgewohnheiten nicht nur überraschend schnell zu eigen gemacht, es hat diesen Arbeitsgang vor allem systematisiert. Denn die Ablösung des Entstehungsprozesses des Freskos von dem Grunde der Wand und dem Kreidegrund des Tafelbildes, die Wegverlegung der Bildvorbereitung aus dem Bereiche von Farbe und Pinsel in die graphischen

Bezirke von Feder und Silberstift ist ein Abstrahierungsprozeß und kam dem künstlerischen Charakter von Florenz nur allzusehr entgegen. Besonders der gänzliche Verzicht auf Farbe während des vorbereitenden Entstehungsprozesses des Gemäldes mußte die Florentiner für die neue Arbeitsmethode gewinnen! »Nur Florenz war zu einer solchen Abstraktion fähig; nur hier konnte der ›disegno‹ so ausschließlich zum Träger der schöpferischen Kräfte werden. Es ist dieselbe Abstraktionsfähigkeit, die zur Herausbildung der Planperspektive führte . . . In beiden Fällen werden die Bedenken eines organischeren, das Ganze des Anschauungserlebnisses umfassenden Denkens beiseite geschoben[63].«

Die frühesten Zeichnungen skizzenhafter Manier in Florenz, die mit einem ausgeführten Gemälde in Zusammenhang gebracht werden können, sind zwei Federzeichnungen des Don Lorenzo Monaco auf Vorder- und Rückseite eines Blattes in den Uffizien, die als vorbereitende Entwürfe zum Marienkrönungs-Altar von 1414 gehören[64]. Indessen, sie stammen von der Hand eines Sienesen und bleiben außerdem noch für volle zwei Jahrzehnte ohne Nachfolge in Florenz. Erst mit vorbereitenden Studien von Fra Angelico, Fra Filippo Lippi und Benozzo Gozzoli wird seit den dreißiger Jahren die Handzeichnung als Detail-Vorbereitung für Gemälde gang und gäbe.

In dem Augenblick, wo der Vorbereitungsprozeß des Gemäldes nicht mehr an die originale Größe des Kunstwerks gebunden und mit diesem materiell vereinigt blieb, mußten natürlich auch die technischen Hilfsmittel erfunden werden, die Ergebnisse der räumlich getrennt geführten Vorbereitung, d.h. den Nie-

derschlag der Zeichnungen, nun wieder mit dem
182 Malgrund des Kunstwerks selbst zu vereinigen. Die Kluft zwischen Vorbereitung und Ausführung wurde nun auf mechanischem Wege geschlossen. Die beiden technischen Hilfsmittel, die das ermöglichten, wurden beide in Florenz erfunden, das Quadratnetz und der Karton. Auf Masaccios letztem Werke, dem Fresko der Hl. Dreifaltigkeit in Sa. Ma. Novella (entstanden wohl 1427) findet sich unter der Gestalt der Madonna ein Quadratnetz, das in den frischen Putz geritzt wurde. Demnach ist wenigstens diese Figur von einer Teilstudie kleinen Formats mittels eines Quadratnetzes auf die Wand übertragen worden[65]. Masaccio wird das Verfahren von Brunellesco übernommen haben. Daß die Methode damals ganz neu war, ersieht man daraus, daß sie zunächst nur an einem Teile des Wandgemäldes erprobt wurde. Etwa ein Jahrzehnt später hat dann auch Uccello dies Übertragungssystem gekannt und wahrscheinlich auch Ghiberti. Literarisch fixiert worden ist diese Arbeitsmethode zuerst durch L. B. Alberti.

Hingegen ist mit Sicherheit nachzuweisen, daß Masaccio den Karton noch nicht gekannt hat[66]. Dieser ist erst bei den um zehn oder zwanzig Jahre jüngeren Künstlern aufgekommen; er tritt etwa gleichzeitig bei Castagno, Domenico Veneziano und Piero della Francesca auf. Die ältesten punktierten Konturen, die das Durchpausen und damit die Verwendung des Kartons beweisen, sind bei dem Frühwerk des Castagno, dem Fresko aus Castello del Trebbio (entstanden nach August 1442, wahrscheinlich 1443; Florenz, Conte Contini-Bonaccossi) zu beobachten[67].

Aber auch nach dem Tode dieser Meister blieb die

Lust am technisch-künstlerischen Experiment ein Lebenselement der Florentiner Kunst. Baldovinetti und Leonardo da Vinci versuchten, mit Ölfarbe auf den Kalkgrund zu malen. Schon L. B. Alberti hatte 1435 in seinem Lehrbuch von der Malerei von der Methode, bewegte Gewandfiguren zunächst als Akte aufzuzeichnen, um sich über den anatomischen Aufbau der Figur Rechenschaft zu geben und sie dann erst mit Kleidern zu drapieren, wie von einem bereits eingebürgerten Verfahren gesprochen[68]. Indessen läßt sich diese Zeichenweise in Florenz nicht vor Leonardo nachweisen[69]. Dessen Generationsgenossen haben sich diese Manier schnell zu eigen gemacht, am ausgiebigsten Ghirlandajo.

Aber sobald die Florentiner ein Problem erkannt, formuliert und von allen Seiten beleuchtet, sobald sie seine stilistische Entfaltung bis an die Schwelle der Hochstufe gefördert haben, lassen sie den Fragenkreis aus den Händen und wenden sich andern Dingen zu. So ist die Geschichte des sakralen Zentralbaus der italienischen Frührenaissance von der Alten Sakristei bei S. Lorenzo bis zur Madonna delle Carceri in Prato (1491 vollendet) und zur Sakristei von S. Spirito in Florenz (1489–1493) fast eine Florentiner Lokalentwicklung, denn alle daran beteiligten Architekten stammen aus der Arnostadt, und die wichtigsten ihrer Bauten stehen auf heimischem Boden. Aber kurz vor 1500 bricht die Entwicklungslinie ab. Einen kirchlichen Zentralbau der Hochrenaissance wird man in Florenz ganz vergeblich suchen. Nun ist aber der reifste und schönste Zentralbau dieser Stilstufe in Italien über griechischem Kreuz das Werk eines

Florentiners: S. Biagio in Montepulciano von Anto-
184 nio da Sangallo d. Ä. (1518–1529). Der Bau ist zwar von den Entwürfen und Modellen Bramantes für St. Peter in Rom nicht unberührt geblieben, führt aber im Grunde doch die florentinische Frührenaissance zu ihrer Hochstufe. Es ist aber sehr bezeichnend, daß der Bau außerhalb von Florenz steht. Niemand hat sich in Florenz gedrängt gefühlt, die im Rohbau stehen gebliebenen Fassaden der beiden Langhausbauten von Brunellesco nun in der Hochrenaissance zu vollenden, so viele Entwurfs-Konkurrenzen man auch ausschrieb.

Eine schlagende Parallele aus der Musikgeschichte bildet die Entstehung der italienischen Oper in Florenz. »Die Oper hat sich nicht aus den Intermedien oder aus der Pastoralkomödie ›entwickelt‹, sie ist auch nicht, mit allen Insignien ihrer Eigenart gerüstet, aus irgend einem griechischen Traktat entsprungen wie Pallas Athene aus dem Haupt des Zeus. Die Oper ist, so peinlich das den Wachstumsfanatikern sein mag, regelrecht erfunden worden. Und die sie erfunden haben, waren Literaten, die in aller Helle des Bewußtseins mit dem eingestandenen Vorsatz, ein Novum zu schaffen, ans Werk gingen[69a].«

Vor allem aber waren es echte Florentiner, die in der Camerata des Grafen Bardi um das Jahr 1600 zu experimentieren begannen und die ihre Bemühungen später im Hause des Grafen Corsi fortsetzten. Das ›dramma per musica‹ ist von Literaten aus der Taufe gehoben worden; wenn die Berufsmusiker in diesen geselligen Kongregationen zwar nicht fehlten, so »war deren Bedeutung anfänglich eine mehr akzessorische«. »Die Kindheitsgeschichte der Oper zeigt zur

Genüge, wie tatsächlich eine Kunstgattung aus den Forderungen des Geistes entspringen kann[69b].«

»Am Anfang stand das Dogma. Denn es war dogmatisch, nur mehr die deklamierende Einzelstimme gelten zu lassen und alle übrigen in Gestalt von dürftigen Akkorden auf den harmonischen Unterbau zu verweisen, dogmatisch war die Feindschaft gegen jedes Miteinander der Stimmen, sei es homophon oder kontrapunktisch[69c].«

Dies scheint uns ein typisch florentinischer Schaffensprozeß zu sein, ganz abgesehen davon, daß auch die florentinische Malerei zeitlebens »gegen jedes Miteinander der Stimmen« war.

Florenz leitet die Entwicklung ein, läßt sie dann aber schnell aus den Händen: Monteverdi ist Cremonese, Giulio Caccini und Emilio del Cavaliere sind in Rom geboren, und mit dem 1608 in Mantua aufgeführten ›Orfeo‹ von Monteverdi ist die deklamierende Einzelstimme verbannt, die Fülle des Wohllauts strömt aus Arien und Chören.

Es kann natürlich nicht geleugnet werden, daß Florenz auch seinen *Beitrag zur reifen Mittagshöhe der Renaissance* geleistet hat. Es besitzt das großartige malerische und graphische Werk von Fra Bartolommeo und Andrea del Sarto. Auch wird niemand verkennen, daß Machiavelli und Guicciardini eine echte Hochrenaissance bedeuten. Es werden vor allem machtpolitische und wirtschaftliche Verhältnisse daran Schuld tragen, daß Leonardos Abendmahl in Mailand steht und Michelangelo zur Ausmalung der Sixtinischen Kapelle nach Rom ging. Wenn aus den beiden Fresken-Aufträgen, welche die Vaterstadt den beiden Großen der

Renaissance für die Sala del Consiglio im Pal. Vecchio
186 gab, nichts wurde, so wird man allenfalls ihren Dämon und nicht den Genius loci dafür verantwortlich machen müssen. Leonardo ließ ja überall die meisten seiner Werke als Fragmente hinter sich. Michelangelos Schlacht von Cascina ist über den Karton nie hinausgekommen, weil der Künstler, der den Auftrag im August 1504 erhielt, ab März 1505 ganz von den Gedanken an das Grabmal Julius II. erfüllt war.

So gibt es sehr wenige Werke der Architektur und Plastik aus der Reifezeit der Renaissance in Florenz: Raffaels Pal. Pandolfini und die Bacchus-Statue des Jacopo Sansovino, schlechthin die klassische Freifigur (für das Gartenhaus des Giovanni Bartolini in Gualfonda, entstanden zwischen 1513 und 1518). Die große Form haben in den goldenen Jahrzehnten der Hochrenaissance bis 1520 eigentlich doch nur Rom und Venedig gekannt. Aber in Rom war sie das Werk eines Florentiners in der Sixtina und eines durch die Florentiner Schule gegangenen Umbrers in den Stanzen.

Zu den *Spätphasen der Stile* hat Florenz überhaupt keinen Beitrag geleistet. Jeder Stil pflegt sich in einer barocken Endphase zu verströmen. Die Abneigung gegen alles Barocke liegt den Florentinern aber so sehr im Blute, daß es begreiflich ist, wenn die Kunst von Florenz in solchen Spätphasen fast erlischt. In der Spätzeit des romanischen Stils war Pisa der unbestrittene Vorort der toskanischen Kunst. Die Pisaner Plastik hat in Lucca und Pistoja bedeutende Denkmäler hinterlassen, also unmittelbar vor den Toren von Florenz. In die Stadt aber ist sie nicht eingedrungen. Die abendländische Spätgotik ist von Strömungen überwunden worden, welche von der florentinischen Frührenaissance ihren Ausgang nehmen. Am Spätbarock ist Florenz überhaupt nicht beteiligt. Daß es in Florenz aber doch einmal zu einem Spätstil kam, dem Manierismus, ist nur erklärlich aus der florentinischen Begabung und Leidenschaft für den disegno.

Als der Zenith der Renaissance überschritten war und der altgewordene florentinische Geist über sich selbst nachzudenken begann, da maß er den hohen Vollendungsgrad eines Kunstwerks daran, ob es die Eigenschaften des *disegno* besäße. Nun gibt es im 16. Jahrhundert kaum ein zweites Modewort, dessen Bedeutung so wechselnd und schillernd ist. In der Philosophie der Zeit ist es zu den höchsten Ehren gekommen und mit dem Begriff des Schöpferischen identisch. In Florenz, wo platonische Gedanken besonders früh Fuß gefaßt hatten, wußte man aus Platons ›Timaios‹, daß selbst Gott eine Vorstellung von der Welt haben mußte, um sie schaffen zu können. Diese Vorstellung, dieser concetto, ist für das 16. Jahrhundert der disegno[70]. Wollen wir den eigentlich florentinischen Gebrauch des Wortes kennenlernen, so muß man aus den reinen Gefilden der Philosophie in die Ateliersprache des Künstlers hinabsteigen[71]. Aber auch bei Praktikern wie Benvenuto Cellini hat das Wort disegno zunächst den umfassend-

(71) Wir lassen die außerkünstlerischen, das heißt übertragenen Bedeutungen des Wortes ganz beiseite: »Serviva un principe che ogni dì variava disegni nè stava fermo.« (Vasari-Milanesi VII, p. 280). – Der Maler soll auf seine äußere Er-

sten Sinn. Er versichert König Franz I., wenn er die
188 berühmtesten antiken Statuen Roms kennen würde, »allora saprebbe ragionare dell'arte del disegno[72]«. Auch Vasari urteilt von Donatellos Skulpturen und Flachreliefs, daß sie disegno besäßen[73]. Disegno und invenzione als Form und Inhalt einander gegenübergestellt, finden sich bei Vasari. So hoch er in der ›introduzione‹ seines Vitenwerks bei der Definition des disegno greift[74], bei der Schilderung der einzelnen Künstler, wo er von seinem philosophischen Kothurn herabsteigt, wird nun der Disegno-Begriff der Praxis greifbar, wie er sich vor und um die Mitte des 16. Jahrhunderts herausgebildet hat als Argument der Selbstverteidigung gegen die venezianische Malerei – zu einer Zeit, da die florentinische Malerei erlahmte und die venezianische mit Tizian, Tintoretto und Veronese das Übergewicht über alle anderen Malerschulen der Halbinsel errang. Im Jahre 1546 besuchten Michelangelo und Vasari gemeinsam Tizian in seinem Atelier im Vatikan und betrachteten dort die Danae mit dem Amor, die sich heute in Neapel befindet. In Gegenwart seines Schöpfers rühmen die beiden Besucher das Bild natürlich über den grünen Klee, aber »beim Nachhausegehen redeten sie über Tizians Arbeitsweise, und Buonarroti lobte sie und sprach, Tizians Kolorit und Manier gefalle ihm sehr wohl, es sei nur schade, daß man in Venedig nicht von Anfang an gut zeichnen lerne und daß jene Maler nicht die Möglichkeit eines besseren Studiums

scheinung achten, nicht mit farbenbekleckten Kitteln und Händen einher gehen, sondern in Gewändern, die ›piu disegno‹ haben. (Paolo Pini, Dialog von der Malerei, Venedig 1548, zitiert nach J. v. Schlosser, Kunstliteratur, p. 211.)

hatten. ›Wenn diesem Manne‹, so sagte er weiter, ›Kunst und Zeichnung Hilfe leisteten gleich der Natur, vornehmlich bei dem Abmalen des Lebenden, so könnte nicht mehr und Besseres geleistet werden, da sein Geist herrlich und seine Manier sehr angenehm und lebhaft ist[75].‹« Noch deutlicher zeigt sich aber Vasaris wahre Meinung vom disegno bei der Schilderung oder vielmehr Verteidigung von Michelangelos Jüngstem Gericht, das als Alterswerk eines Toskaners auf den Reichtum einer farbig bewegten Komposition verzichtete: »Er wollte den Weg der großen Manier und der Darstellung des Nackten zeigen und seine Kenntnis in den größten Schwierigkeiten der Zeichnung offenbaren ... Nur dies Ziel vor Augen, bekümmerte er sich nicht um den Reiz der Farben, um Gedanken und neue Einfälle in gewissen Kleinigkeiten und Feinheiten, die viele andere Meister, vielleicht mit einigem Recht, nicht ganz vernachlässigt haben. Mancher, in der Zeichnung nicht so feste, sucht durch Mannigfaltigkeit in den Tonwerten und durch Farbenübergänge, durch seltsame, verschiedene und neue Erfindungen, kurz, auf einem anderen Wege, Geltung zu erlangen. Michelangelo dagegen, feststehend auf dem tiefgelegten Grunde der Kunst (d. i. dem disegno), hat denen, die hinreichende Kenntnisse haben, gezeigt, wie sie die rechte Vollkommenheit erlangen können[76].«

Dieser Disegno-Lehre des Manierismus und der schon zwei Generationen älteren Theorie Leonardo da Vincis vom rilievo ist gemeinsam, daß beide das sinnliche Element der Farbe ausschließen. Leonardo vertrat die Ansicht, daß die Kolorierung erst eine

zweite Sorge sei, das Entscheidende aber die Model-
190 lierung in Licht und Schatten bleibe. Sein heißes Bemühen gilt dem ›rilievo‹, d.h. der Gestaltung des Bildvorwurfs in seiner Hell-Dunkel-Wirkung, mit der er aus dem Bildgrund heraustritt. Es fallen dabei geradezu verächtliche Worte für den Wert der Farbe und das Verdienst des Malers: »Eine Malerei wird für die Beschauer nur dadurch wunderbar, daß sie das, was nicht ist, wie erhaben und vom Grunde gelöst erscheinen läßt. Die Farben aber bringen einzig den Meistern Ehre, die sie bereiteten, denn durch sie wird keine andere Bewunderung hervorgebracht, als die ihrer Schönheit, und die ist nicht Verdienst des Malers, sondern dessen, der die Farben gemacht hat. Und es kann eine Sache in häßliche Farbe gekleidet sein, darum aber doch die Bewunderung der Beschauer erregen, weil sie runderhaben aussieht[77].« Und an anderer Stelle: »Es ist nicht immer gut, was schön aussieht, und das sage ich für jene Maler, welche so sehr die Schönheit der Farben lieben, die nicht ohne künstlerische Überlegung ihnen sehr schwache und fast unsichtbare Schatten geben, indem sie ihr rilievo nicht schätzen[78].« Schließlich: »Das erste Anliegen des Malers ist, dafür zu sorgen, daß der Gegenstand reliefartig und losgelöst von einem einfachen ebenen Grund sich abhebe; und derjenige, der in dieser Kunst die andern übertrifft, verdient das größere Lob, und dies Ergebnis, die Krone dieser Wissenschaft, wird aus Schatten und Licht geboren, oder wenn du willst, aus Hell und Dunkel. Deshalb, wenn du die Schatten fliehst, so fliehst du den Ruhm deiner Kunst bei den vornehmen Geistern (den Kennern) und du erwirbst ihn bei dem unwissenden Volk, das nichts mehr

wünscht als Schönheit der Farben und das vom rilievo nichts weiß[79].«

Die unvollendeten Gemälde des Leonardo, bei denen er nicht mehr dazu kam, diese Untermalung mit Farben zuzudecken, vermögen eine klare Vorstellung von Leonardos rilievo in der Praxis zu geben. »Nicht so sehr der Reiz des Unvollendeten, als gerade die Meisterschaft des Vorhandenen bestimmt seine Wirkung: von so unerhörter ›Farbigkeit‹ ist diese Modellierung in Licht und Schatten, daß wir das leuchtende Gelbbraun des Grundes und das tonige Blaugrau der ausgeführten Bildteile als einen vollkommenen Zweiklang empfinden[80].« Gewiß ist Michelangelos Schaffensweise von der des Leonardo himmelweit verschieden. Trotzdem gibt es auch von ihm einen Ausspruch, der das rilievo preist: »Als Michelangelo einmal in Rom von einem sehr hochstehenden Edelmanne gebeten wurde, er möchte doch so gut sein und ihn darüber aufklären, wie er die guten Malereien von den schlechten unterscheiden könne, sagte er zu ihm: Merkt euch, je mehr ihr die guten Malereien sich den guten Skulpturen nähern seht, desto besser werden sie sein und je mehr die Skulpturen sich den Malereien nähern, für desto schlechter dürft ihr sie halten[81].«

Den harten und trockenen Charakter des florentinischen disegno hat man schon seit den Tagen Winckelmanns für ein etruskisches Erbe erklärt[82]. Sicherlich ist etwa die hohe Sprödigkeit im Gewandfluß der Madonna auf dem Relief des Marientods vom Tympanon des südlichen Seitenportals der Florentiner Domfassade von Arnolfo di Cambio (1296–1302, früher Berlin, Kaiser-Friedrich-Museum) nicht nur

die Folge der Berührung dieser florentinischen Pla-
192 stik mit der byzantinischen Kunst – sie ist wirklich
die Hinterlassenschaft altheimischer Linienkunst. Es
gibt Handzeichnungen von A. Pollajuolo, die an die
gravierten Bilder auf etruskischen Spiegeln erinnern.

Im Verlauf der florentinischen mittelalterlichen Kunstgeschichte tritt uns das Bekenntnis zum disegno zum ersten Male in der Inkrustationsarchitektur in einer überwältigenden Weise entgegen. Als man in Florenz um die Mitte des 11. Jahrhunderts die Backsteinmauern der emporwachsenden Kirchen innen und außen mit dünnen Marmorplatten zu verkleiden begann, suchte man zweifellos den Anschluß an die antike Baukunst. Seit etwa 60 v. Chr. war diese Inkrustation als eine römische Erfindung aufgekommen und hatte sich schnell über das Weltreich verbreitet. Da die dünnen Marmorplatten, die in die Ziegelmauern nur eingedübelt waren, sich im Laufe der Jahrhunderte von den Ruinen längst abgelöst haben und zugrunde gegangen sind, so kann man sich heute nur noch an den Wanddekorationen seit dem zweiten Stile aus Pompeji, die als billige Imitation dieser Marmorverkleidung gedacht sind, ein Bild von der ungeheuren Verbreitung machen, welche diese Inkrustation seit dem ersten vorchristlichen Jahrhundert gehabt haben muß[83]. Während aber die antike Wanddekoration noch mit großen Platten edelsten Materials (Porphyr u. ä.) verhältnismäßig lange in geschlossenen Farbfeldern komponiert, ist das römische Fußbodenmosaik in der Nachfolge des hellenistischen schon vor der Zerstörung Pompejis zur Verwendung abstrakter Muster in sprödem, graphischem Vortrag gelangt[84]. Unter dem Florentiner Baptisterium selbst wurde ein solches Mosaik der frühen Kaiserzeit freigelegt, das der Baumeister bei den Fundamentierungsarbeiten gesehen hat. Die direkte Anknüpfung an diese antiken Mosaikarbeiten durch die toskanische Inkrustation der zweiten Hälfte des 11. Jahrhunderts ist also dokumentarisch belegt[85].

Von Anfang an sind die Felder der florentinischen Inkrustation mit einem trockenen Ornament gegliedert, das auf lange hinaus rein geometrisch bleibt und nirgends Gegenstände aus dem organischen Bereich nachzubilden sucht. Rhomben, Quadrate, Dreiecke treten einzeln auf; aber der spitzige und spellige Charakter des Ornaments stellt sich erst völlig ein, wo diese drei geometrischen Gebilde ineinander gesteckt und -geschachtelt werden. Neben Rechtecken, Gitternetzen und Zickzackbändern findet sich schließlich der Halbkreis, aber nur als oberer Abschluß eines rechteckigen Feldes. Der volle Kreis wird gemieden, weil er das Symbol des Organischen schlechthin ist, aber selbst die Zusammenordnung von Kreissegmenten zu neuen Figuren, womit der romanische Stil andernorts so gern gespielt hat, kommt nicht vor. Infolgedessen wird diese Ornamentik auch nicht im mindesten in ihrer Wirkung beeinträchtigt, wenn dort, wo sie als Folie Verwendung findet, ihre Muster von Pfeilern oder Säulen überschnitten werden, so daß der Zusammenhang des Frieses zerreißt. Dabei wird ja kein organisches Gebilde zerstückt. Als in der Spätphase des Inkrustationsstils dann am Triumphbogen von S. Miniato etwa vier Altarleuchten als Füllung eines Feldes auftreten, sind diese kirchlichen Geräte als solche nur eben noch erkennbar, so sehr ist ihre Form ins Abstrakte übersetzt[86].

Bei den ganz wenigen Zeugnissen der spätromani-
194 schen Reliefplastik in und um Florenz fällt es auf, daß der Plattengrund hinter den Figuren mit einem inkrustierten Rankenwerk ausgelegt ist (Kanzel aus S. Piero Scheraggio, jetzt in S. Leonardo in Arcetri)[87]. Indessen ist diese Behandlung des Reliefgrundes der ganzen Nordtoskana gemeinsam seit der alten Pisaner Domkanzel von Meister Wilhelm (1161, heute im Dom von Cagliari)[88]. Aber nur in Florenz haben sich diese graphischen Muster auf dem Plattengrund zäh durch die Jahrhunderte behauptet bis zu Donatellos Verkündigungs-Relief in S. Croce, wo sie genau so spröde wirken wie in S. Leonardo in Arcetri.

In der Gattung der Handzeichnung muß sich natürlich am überzeugendsten offenbaren, was die Florentiner unter disegno verstehen. Die großen Maler dieser Stadt sind alle auch begeisterte Zeichner gewesen. Freilich war diese Zeichnung fast nie Selbstzweck. Der Künstler sah in ihr beinahe stets nur ein Mittel der Bildvorbereitung. Die ›Meisterzeichnung‹, d.h. das liebevoll durchgearbeitete Blatt, das keine skizzenhaften Partien mehr enthält und den Anspruch des ›Bildes‹ in sich trägt, ist der florentinischen Kunst vor Andrea del Sarto ganz fremd gewesen. Blätter, die man neben die große Kohlezeichnung von Dürers Mutter legen könnte und neben die Folge der großen Bildnisse des Meisters seit 1514, wird man in Florenz als Gattung vergebens suchen. Der Werkcharakter der florentinischen Zeichnung offenbart sich in dem Bemühen um das Begreifen und Fixieren des darzustellenden Organismus. In der Umsetzung des visuellen Eindrucks in ein tektonisch-abstraktes

Liniengerüst sind die florentinischen Zeichner weiter
gegangen als die Künstler der anderen Landschaften. 195
In der nüchternen Sachlichkeit, die allein an die Aufgabe denkt, welche die Zeichnung zu lösen bestimmt ist, sind sich alle Florentiner Blätter einig, seien sie nun mit Feder oder Silberstift, mit Kohle oder Kreide niedergeschrieben, mögen sie nun der Vorbereitung einer großen Altartafel oder eines kleinen Kupferstichs dienen, mag es sich um die Kopie eines antiken Sarkophagreliefs, um Entwürfe für Damenmoden oder um das Studium des Kontrapostes an dem Modell eines Lehrbuben aus der Werkstatt handeln. Wo die Zeichnung so wenig Selbstzweck ist, da bedeuten die dekorativ reizvolle Anordnung der Skizze auf dem Papier, der belcanto der Strichführung, der ornamentale Charakter der Linie erst zweite Sorgen. Kein Blatt zeigt dies deutlicher als Michelangelos Federstudie für die Skulptur der Nacht in der Medici-Kapelle (vielleicht auch für das Bild der Leda, Frey Nr. 114) (Abb. 10). Die Einzellinien sind hier so reizlos wie die Schraffuren, der Kontur so hart wie die Binnenzeichnung scheinbar zusammenhanglos. Mit einer fanatischen Sachlichkeit hat Michelangelo um die Bewältigung der Anatomie eines weiblichen Beines und Oberschenkels gerungen.

Die großen Zeiten der Florentiner Kunst zeichnen sich durch eine außerordentliche Ökonomie der graphischen Mittel aus, die vom Standpunkt des Oberitalieners her betrachtet als Phantasielosigkeit erscheinen könnte. Bis zur Mitte des Quattrocento hatte der Silberstift vorgeherrscht, den dann die Tuschfeder abgelöst hatte, die, unterstützt von der Pinsellavierung in Tusche oder braunem Bister, die gebräuch-

lichste graphische Technik in Florenz bis zum Ende
196 des Manierismus geblieben ist. Die Verbindung von Feder und Pinsel hatte der Florentiner schnell als die ihm gemäßeste graphische Ausdrucksform erkannt. Der Rötel war erst um 1500 hinzugekommen, nachdem ihn Leonardo schon seit 1480 und dann in seiner Mailänder Zeit verwendet hatte. Seine Beliebtheit im Manierismus (Fiorentino Rosso, Pontormo) ist aber mehr der Ausdruck eines Zeitstils als eines Ortsgeschmacks. Der Rötel als Material hätte dem florentinischen Wesen seiner malerischen Tendenzen und seiner weichen Substanz wegen eigentlich fremd bleiben müssen. Aber wenn sich während der Hochrenaissance Leonardo, Michelangelo und Andrea del Sarto seiner bedienen, so tun sie das nicht als Genies, die sich den engen Grenzen des Lokalstils entziehen. Vielmehr ist das gesamte 16. und 17. Jahrhundert hindurch der Rötel ein florentinisches Lieblings-Material geblieben, über Pontormo bis zu den Seicentisten Matteo Rosselli, Cecco Bravo und dem Volterrano hin[89]. Hingegen konnte die Kohlezeichnung aus technischen Gründen für große Kartonzeichnungen und dann für vorbereitende Skizzierungen auf dem Malgrund selbst nicht entbehrt werden, die von vornherein dazu bestimmt waren, wieder weggewischt zu werden. Aber der Florentiner vermißte auch an der Kohle den Härtegrad, den er beim Zeichnen ungern entbehrte.

Für die Herrschaft des disegno in dieser Stadt spricht nichts deutlicher, als die Beobachtung, daß der Charakter mancher gemalten Bilder schon in der vorbereitenden Zeichnung sich so vollkommen ausspricht, daß man das Fehlen der Farbe nicht sehr ver-

mißt. So ergeht es einem etwa, wenn man die Federzeichnung für das kleine Täfelchen des Antonio 197
Pollajuolo mit der Darstellung des Herkules im Kampfe gegen die lernäische Hydra (London, Britisches Museum) mit dem Bilde der Uffizien selbst vergleicht, zumal auch die Maße von Zeichnung und Bild sich etwa entsprechen. (Zeichnung: 23,4 × 16,4 cm; Bild: 17 × 12 cm[90].) Und dieser Eindruck stellt sich ein, obwohl die Zeichnung gar nicht versucht, mit der wunderbar weichen tonigen Gebundenheit des Täfelchens zu wetteifern, vielmehr weitgehend auf Binnenzeichnung verzichtet und sich so auf das Festlegen des Konturs beschränkt. Auch das letzte Werk des Filippo Lippi, die Fresken in der Apsis des Doms von Spoleto, ja Botticellis Geburt der Venus in den Uffizien sind so sehr vom disegno geprägt, daß der Farbe in beiden Werken etwas Akzidentielles anhaftet.

Es hängt sehr genau mit dem Werkcharakter der florentinischen Zeichnung zusammen, wenn diese Stadt in den Stilphasen, in denen ein ornamentaler oder linienseliger Zug in der Zeichnung herrschte, keine großen Graphiker hervorgebracht hat. Auch hinter florentinischen Zeichnungen, die in gar keinem Zusammenhang mit der Freskenkunst stehen, spürt man den hohen Ernst und den monumentalen Zug, zu dem die Notwendigkeit der zeichnerischen Vorbereitung eines Wandgemäldes die florentinischen Künstler stets erzog. Mag die Zeichnung eines Engels mit gezücktem Schwerte in der drohend erhobenen Rechten nun von Uccello selbst stammen[91] oder von einem seiner Schüler[92], jedenfalls wird sie in die Zeit der archaisierenden Strömung zwischen 1460 und 1470 gehören (Abb. 11). Ist sie von der Hand des Uccello

selbst, so wäre sie mit der Predella von Urbino (1467
198 bis 1468) zu verbinden[93]. Die überschlanke Hüftpartie, der lange Hals, der im Verhältnis zur ganzen Gestalt viel zu kleine Kopf, die puppenhafte Mund- und Kinnpartie – das alles schaut auf die Zeit um 1420 zurück. Höchst nüchtern hingegen ist die Linie nun zum kürzesten Verbindungsweg zwischen den Gelenkpunkten der Gestalt geworden. Die Hüftpartie ist wie ein Trapez geformt, und ebenso sachlich wie die Konturen der Arme wirken die Höhungen in Weiß auf Ärmeln und Kleid. Sie bleiben lange, fast ungebrochene Linien von annähernd gleichbleibender Stärke. Die Linien lassen sich in ihrem geraden Duktus z.B. gar nicht durch die Tatsache stören, daß die Gürtung der Hüfte sehr straff sitzt und daß sich hier also die Gewandfalten eigentlich stauen müßten. Nirgends findet sich der Ansatz zu einer tonigen Modellierung von Schattenhöhlen und Hebungen im Licht. Alles Zeichnen bleibt hier vereinzelte Linie, und diese Linien haben es eilig, zum Ziele zu kommen. Der Darstellung dieses Engels fehlt so sehr jeder Gefühlsausdruck, daß man die später zufällig darübergezeichnete Figur eines stereometrischen Körpers als innerlich zugehörig, als wirklich wesensverwandt empfinden muß. Die Zeichnung ist insofern urflorentinisch, weil weniger ein sinnlicher Reiz als eine spröde, fast schnippische Anmut von ihr ausgeht, die nicht so sehr vom Gegenständlichen hervorgerufen wird als von der Form, nämlich von dieser eiligen und etwas trockenen Linienführung, die weiß, was sie will und daß ihr glückt, was sie anfaßt.

In einer so scharfsichtigen wie brillanten Analyse hat Bernhard Degenhart die konstanten Eigenschaften der florentinischen Strichführung durch die Jahrhunderte hin verfolgt und dann gekennzeichnet[94]. Er hat die »eigentümlich bauende Strichführung« als Wesensmerkmal solcher Zeichnungen immer wieder hervorgehoben. Der Florentiner verfestige die Linie »beinahe bis zur Konstruktion eines tragfähigen klaren Gerüsts . . . Überall klare Begrenzung, Aufzeigen des Wesentlichen der Struktur, das sich bis Zurückführen auf ein bloßes Funktionsschema steigern kann.« Es gibt kaum einen treffenderen Beleg für solche Feststellungen als den Kompositionsentwurf Domenico Ghirlandajos für das Fresko der Heimsuchung Mariae im Chor von Sa. Ma. Novella (Arbeitsbeginn 1486), eine Federzeichnung auf weißem Papier (Florenz, Uffizien)[94a]. (Abb. 183). Was Degenhart für die Schraffurlagen gerade Ghirlandajos festgestellt hat, darf man auf den Charakter der ganzen Zeichnung übertragen: »Ihre jähe Begrenzung, kantige Konturierung ist weniger als ein bewußtes Ausscheiden alles Untergeordneten oder eine zusammenfassende Reduktion eines Naturvorbildes zu begreifen, denn als Übertragen eines fanatisch einseitigen Vorstellungsprinzips auf schlechterdings alles.« Die Assistenzfiguren hinter der hl. Elisabeth im rechten Bilddrittel sind nur im Umriß durch eine einzige, nicht absetzende Linie skizziert. Sie wirken wie aufgestellte Bretter und nicht wie menschliche Wesen. Die Kugeln, welche als Andeutungen von Köpfen über diesen Brettern schweben, machen die Gestalten dieser Frauen dem Zinnenkranze ähnlich, der zu ihren Häupten aus der Tiefe vorstößt. Die innere Verwandtschaft von architektonischem Schauplatz und agierenden Figuren muß ursprünglich vollkommen gewesen sein, ehe Ghirlan-

dajo begann, die beiden Gestalten der Mittelgruppe,
200 die zunächst nackt als anatomische Studie angelegt waren, nun mit seinen lang auslaufenden Parallelschraffuren zu bedecken und zu bekleiden. Ist es schon merkwürdig, daß in den beiden, in abstrakten Umrissen flüchtig angedeuteten Köpfen der Heimsuchungsgruppe, daß in der blitzartig schnellen Fixierung der Stellung des Knies der hl. Elisabeth so viel Anmut liegen kann, so bleibt fast unbegreiflich, daß die Schraffuren der Gewanddrapierung trotz ihrer systematischen Anlage so zart und lebendig wirken können. Zum Teil ist dies das Verdienst jener »Unverschmolzenheit von Kontur und Innenzeichnung, die nirgends so konsequent aufrecht erhalten wird, wie in Florenz«. (Degenhart.)

Dem philosophischen Begriff des disegno als dem Vater aller Künste sind Architektur, Plastik und Malerei als seine Kinder untergeordnet. Aber zu der Vorstellung des disegno, wie sie die Künstlerkreise beherrscht, gehört als Ergänzung und Entsprechung der *Begriff der Fläche*. Das absolute Nichts der Fläche wird durch den disegno überwunden und gegliedert. Diese florentinische Leidenschaft für das Konzipieren in Flächen und das Gestalten von Flächen tritt uns nirgends deutlicher als in der Inkrustations-Architektur seit der Mitte des 11. Jahrhunderts entgegen. Bei jedem Besuche des Florentiner Baptisteriums[95] empfindet man von neuem, wie neutral sich die Wände gegen den Raumkern verhalten (Abb. 12). Kein

(95) Entstanden zwischen 1059 und 1150 in langsamer, pausenloser Bauführung. Vgl. W. Horn, Das Florentiner Baptisterium. Florent. Mittlgn. V, 1938, p. 100ff.

Versuch, ihn durch aktives Vordringen zu formen oder durch passives Nachgeben sich durch ihn ausweiten zu lassen! Wir gewahren bald, daß ein die Mantelform modellierender Raumkern gar nicht vorhanden ist. Es wird nur ein stillstehender Hohlraum von acht zusammentretenden, gleich großen Flächen gegen den Freiraum abgeschirmt. Diese acht ›Wandschirme‹, die zur Raumschale aneinander geschoben sind, bleiben eigentümlich ungesellig nebeneinander stehen und erwecken dadurch die Erinnerung an eine Kartenhaus-Architektur. Die Selbständigkeit der Polygon-Seiten ist besonders an den Ecken ängstlich gewahrt. Es fehlt hier ein Bauglied, das die Rolle des Scharniers übernähme. An den Flanken werden die Seiten des Achtecks im Erdgeschoß durch Pfeiler gerahmt, deren Stirnen sich für den Blick vom Raumzentrum her als kannelierte Pilaster darbieten. Aber die Nähte der Oktogon-Seiten sind so scharf markiert, daß man gar nicht auf den Gedanken kommt, die beiden in der Polygon-Ecke zusammentretenden Stützen als gekoppelte Pilaster zu betrachten. Im Obergeschoß sind diese Oktogonkanten durch vertikale Inkrustationsstreifen, die sie einfassen, noch stärker betont. Der Besucher empfindet daher einen der Wandschirme als das Normalmaß, und da alle acht die Raummitte umstehen, so schlägt das geistige Auge die Verbindung zwischen Raumzentrum und Polygon-Seite. Auf diese Weise entstehen acht kongruente Raumprismen. »Achsialsymmetrisch um die Mittelachse eines Polygons gruppiert, vereinigen sich diese Keile zu einem übergeordneten neuen Prisma von oktogonaler Form . . . Das entscheidende Kriterium dieses Raumes ist die Spaltung[96].«

Dieser Raumeindruck wird verstärkt durch die
202 reliefmäßige Zerlegung des Raummantels in mehrere hintereinander gestaffelte Wandschichten. So werden die Vollsäulen des Erdgeschosses, welche den Architrav abstützen, von einer Folie hinterfangen, deren reiche geometrische Musterung hinter den Säulenschäften ungebrochen durchläuft. Diesen ganz abstrakten Mustern der Inkrustation in all ihrer Sprödigkeit ist es vor allem zuzuschreiben, wenn der Mauerverband so entstofflicht wirkt, daß wir in ihm aktive Kräfte gar nicht vermuten. Die Säulenintervalle erscheinen als Reliefkästen; eine Art der Wandzerlegung in Schichten, die wir etwa zweihundert Jahre später an Arnolfo di Cambios Domfassade wiederkehren sehen[97]. Der Baumeister hat schließlich erkannt, daß der Ansatz zur Kuppelwölbung über der senkrecht aufgehenden Wand von Natur aus einen dynamischen Zug in den Raum bringen mußte. Deshalb nahm er dieser Raumzone den Charakter

(97) Man hat sich große Mühe gegeben, eine solche Raumauffassung als echt mittelalterlich hinzustellen und an sehr fern liegenden Beispielen aus der Kölnischen Baukunst der zweiten Hälfte des 11. Jhdts. oder auch an normannischen Bauten wie dem Chor von Sainte Trinité in Caen eine ähnliche Wandstruktur nachzuweisen (W. Horn, p. 140. – K. M. Swoboda, Zur Analyse des florentinischen Baptisteriums. Kunstwissenschaftliche Forschungen II, 1933, p. 70). Es handelt sich aber nicht um einen Zeitstil – die schichtenmäßige Aufspaltung der Wand durch Laufgänge, Triforien u. ä., die ganze »diaphane« Struktur ist vielmehr erst das entscheidende Stilmerkmal der Gotik –, nein, es ist ein Ortsstil, den wir hier vor uns haben, nämlich die florentinische Auffassung von Architektur, von Fläche und von disegno, die in der Behandlung von Raumkern, Mantelform und Ornamentik des Baptisteriums zum ersten Male in Erscheinung tritt.

der Krümmung, indem er hier eine Reihe rechteckiger Kassetten anbrachte, die durch die Häufung ineinander gesteckter Rahmen den Eindruck der planen Fläche hervorrufen sollen.

Ein Blick auf Giuliano da Sangallos Sakristei von S. Spirito (1488–1492) (Abb. 13) zeigt zwar eine völlig andere Struktur der Wand, aber die Art der Kuppelung der korinthischen Pilaster an den Knickstellen des Polygons ist ganz die nämliche wie im Baptisterium. Das haben schon die Zeitgenossen erkannt, denn das Modell für die Sakristei wird beschrieben: »Il quale modello è in ottagono con la tribuna nella forma di San Giovanni.« Auch hier wird eine Vernietung oder Verklammerung der einzelnen Seiten des Polygons ängstlich vermieden, und so stellt sich auch hier der Charakter von aneinandergelehnten Wandschirmen ein. Freilich vermißt man in der Sakristei ganz die Versinnlichung des Verhältnisses von Stütze und Last in einem echten Mauerverband, das die Protorenaissance-Architektur des Baptisteriums sehr klar herausgearbeitet hatte. In Santo Spirito hat sich die Gliederung ganz auf die Haut des Raumes beschränkt – das heißt auf eine Flächengliederung durch Rahmen- und Felderwerk zurückgezogen. Günter Urban hat das ausgezeichnet beschrieben: »Die Pilaster lassen sich als keinem Pfeilerkern zugehörig interpretieren ... Die Einheit des dreiteiligen Aufbaues ist aufgelockert, der Fries fast zu einem Wandstreifen ›neutralisiert‹, so daß der Architrav stärker als Rahmung für das Untergeschoß, das Geison mehr zum Obergeschoß zugehörig erscheint. In Verbindung mit den Pilastern ergeben Architrav und

Geison ein ›Schachtelgefüge‹ für zwei aufeinander
204 gesetzte Geschoße.«

Auch für den Raumeindruck von S. Miniato al Monte bleibt das Bestimmende das Aneinanderlehnen dünner Wände, die sich nirgends durchdringen oder verklammern – eine Interpretation, die übrigens für alle sogenannten ›Barockkirchen‹ der Stadt ebenso gültig wäre! Der neutrale Schwibbogen ist in S. Miniato die ideale Ausdrucksform einer solchen architektonischen Gesinnung. Es ist aufschlußreich, wie wenig von dem kräftigen plastischen und rhythmischen Leben des Stützenwechsels in der Arkadenzone sich der Obergadenwand mitteilt. Die Schiffswände werden schwerelos, vor allem aber bewegungslos starr wie Scherwände. Die Inkrustationsornamentik nimmt auf die Grundkräfte des architektonischen Systems keinerlei Rücksicht, respektiert die Jocheinteilung nicht, versucht das Verhältnis der tragenden zu den getragenen Gliedern nirgends nachzuzeichnen, sondern bleibt ängstlich darauf bedacht, die Neutralität dieser geometrischen Dekoration nach allen Seiten aufrecht zu erhalten[98].

(98) Die Inkrustation ist in ihrem heutigen Bestande nicht überall ursprünglich. Nur im östlichen Raumdrittel sind die Apsis, der Triumphbogen, die Säulen und Bögen der Arkaden und schließlich das Hauptgesims mit Marmor belegt. Die Stuckverkleidung der Säulen des Schiffs stammt erst von 1858–1861. Der Obergaden ist sowohl im Langhaus wie im Chor nur bemalt. Wahrscheinlich unterblieb die Inkrustation aus Geldmangel. Doch sind die eingestellten Säulen an der Innenwand der Fassade inkrustiert, auch am Scheitbogen der östlichsten Langhausarkade und am östlichsten Schwibbogen finden sich Spuren von ursprünglichem Marmorbelag (W. Horn, Art Bulletin 25, 1943, p. 113 ff.).

Man muß sich einmal vor Augen halten, wie allein Florenz mit dieser Gesinnung innerhalb der archi- 205
tektonischen Strömungen der Zeit in ganz Europa stand. Zwar sind die Arkaden und der Obergaden des Langhauses erst zwischen 1128 und 1150 hochgeführt worden, aber das System lag seit dem letzten Viertel des 11. Jahrhunderts bereits fest[99] (Ostpartie von 1070 bis ca. 1093). Gerade diese Jahrzehnte aber brachten jenseits der Alpen die ersten konsequenten Lösungen für eine Durchorganisation der Hochschiffswand in Form von Pilaster- oder Halbsäulenvorlagen, die durch Arkaden verbunden wurden (Speyer I und II, Mainz), oder von Bündelpfeilern, welche die Schiffswände mit vertikalen Kraftströmen durchsetzten (Mont-St. Michel, Caen, St. Étienne, Lessay). Ganz gegen den Zeitgeist verharrte also Florenz bei der dünnen, durch plastische Akzente nicht gegliederten Obergadenwand.

Im Innenraum einer Bettelordenskirche wie S. Croce die Herrschaft der Fläche als oberstes Prinzip der architektonischen Gestaltung klar ausgeprägt zu finden, darf man gewiß sein. Denn hier verbinden sich das frühchristliche Armutsideal des Bettelordens und die zeitlose florentinische Architekturgesinnung in dem Bestreben, große Wandflächen aufzurichten, die keine weitere architektonische Gliederung erhalten sollten. Daß bei der Rückkehr der Bettelorden zum offenen Sparrendach das ganze französische hochgotische Wölbesystem mit Diensten und Dienstbündeln, Rippen, Kappen, Schildbogenwänden und Triforien wieder wegfiel, kam der Integrität der Fläche zugute. Abermals hat man die Empfindung, in einem Raume zu stehen, der nur aus Flächen zusammengefügt ist, die sich lose aneinander lehnen. Das wird nir-

gends deutlicher als bei den hohen Arkadenbögen,
206 welche Schiff und Querhaus trennen. Sie werden von Pilastern abgefangen und zum Boden geleitet, die kaum mehr als die Breite eines Messerrückens zu haben vorgeben.

Als einzige körperhaft plastische Substanz im Raume scheinen so die oktogonalen Mittelschiffs-Stützen übrig zu bleiben. Aber die jüngste Deutung der Kirche hat auch deren Flächenhaftigkeit erkannt. »Die Fläche ist hier nicht geronnene Dienstbündelmasse wie in Deutschland, nicht platte Ebenenform an sich wie in Frankreich, sondern achsenträchtiges Feld, d.h. sie wirkt durch die in ihrer festen Form verkörperte geometrische Klarheit. So ist also nicht mehr die im Pfeiler gesammelte plastische Kraft, sondern die an ihm zutage tretende Flächenklarheit das eigentlich Tragende geworden[100]«.

Für die ästhetische Interpretation eines Raumes mit riesigen, heute weiß gekalkten Wandflächen kommt natürlich alles darauf an, eine genaue Vorstellung von der ursprünglichen ornamentalen Flächenaufteilung des späten Dugento zu gewinnen. In der Tat bewahren die Wandflächen über den beiden Arkaden, welche das Querhaus vom Mittelschiff trennen, Teile dieser ursprünglichen Dekoration. Gegen das Mittelschiff hin reicht die Malerei über beiden Bogen nur bis unter den Laufgang, der unterhalb der Fensterbänke des Obergadens das gesamte Mittelschiff umzieht. Gegen die Querarme aber ist die ganze Scherwand bis unter den First des offenen Dachstuhls hinauf dekoriert. Im östlichsten Joch der südlichen Abseite ist auch die Rückseite der Mittelschiffswand über der Arkade noch zur Hälfte ornamentiert[101]. Offenbar hat man an dieser Stelle die Ausführung der dekorativen Malereien eingestellt. Es handelt sich um ornamentale Muster, die der Inkrustations-Architektur aus der zweiten Hälfte des 11. Jahrhunderts entlehnt und in Malerei nachgebildet worden sind[102]. Man muß sich also die Wandgliederung von S. Croce um 1300 der von S. Miniato al Monte sehr ähnlich vorstellen. Die Verwandtschaft zwischen beiden Bauten in Raum- und Mauerstruktur, welche wir nachzuweisen versuchten, wird durch die optische Interpretation, welche der Erbauer von S. Croce seinem Innenraum gab, nachdrücklich bestätigt.

In welcher anderen Stadt des Abendlandes aber wäre es möglich, daß die Seitenfronten eines Langhauses von derart riesigen Dimensionen auf architektonische Gliederung fast völlig verzichteten und die Wände einfach in inkrustierte Rechteckfelder in Weiß und Grün aufteilten, wie am Florentiner Dom? Noch deutlicher freilich wird diese Wandstruktur an den Tribunen des Zentralbaus. In der Art, wie die Wände der gewaltigen Exedren zusammengefügt sind, erkennt man das Vorbild des Baptisteriums! Hier wie dort derselbe doppelschichtige Aufbau der Wände: eine hohe Bogenstellung von halbkreisförmigen Arkaden, die auf schlanken Stützen ruht – am Baptisterium sind es Säulen, am Dome Pfeiler –, ist der Rückwand vorgeblendet. An den Ecken des Polygons wird das Zusammentreten zweier solcher Pfeiler vermieden und ganz wie am Baptisterium der eine

(102) Es entspricht der Hinneigung der Florentiner zu Frühstilen, daß sie mit instinktiver Sicherheit keine Dekorationsmuster von Bauten des reifen 12. oder gar des 13. Jhdts. wählten.

hier angebrachte Pfeiler geknickt und wie eine schüt-
208 zende Verschalung über die Polygonkante gezogen.

Bei keinem florentinischen Architekten aber ist sein Verhältnis zur Fläche aufschlußreicher als bei Brunellesco. Noch in S. Lorenzo setzt sich der Raummantel aus aneinander gelehnten planen Flächen zusammen, und wer hätte die Fläche präziser zu gliedern gewußt als der Erbauer der Pazzikapelle? Aber der zum zweiten Male aus Rom zurückkehrende Meister, der seinen Spätstil entwickelt, bringt aus der Ewigen Stadt nun eine ganz neue Vorstellung von der Wand mit. In den Bauten seiner ersten Phase war die Wand nur »raumbegrenzende Schale ohne eigene raumbildende Funktion gewesen[103]«. Unter dem Einfluß der antiken Monumente entwickelt Brunellesco nun nach seiner Rückkehr in die Vaterstadt in der zweiten Hälfte der dreißiger Jahre einen Massenstil, dessen Zeugnisse S. Spirito, Sa. Ma. degli Angeli und die vier Exedren des Florentiner Doms sind. Die Wand ist zum Baustoff geworden, der durchmodelliert wird. Dazu aber muß sie dick, schwer und lastend sein. So wächst ihr Substanz, Schwerkraft, Eigenleben zu. Sie streift ihren neutralen, flächenhaften Charakter ab und wird zum ›raumbildenden Körper‹. Kurzum, der Meister hat durch die Begegnung mit der römischen Architektur der Kaiserzeit eine Wand- und Raumvorstellung gewonnen, die nun der seines Freundes Alberti nahe verwandt ist. Vor Brunellescos zweiter Romreise gibt es nur ein Zeugnis solcher Wandauffassung in Florenz: als man in die dünne, spröde Reliefläche der Arnolfianischen Domfassade im ersten Jahrzehnt des Quattrocento die vier großen, halbkreisförmigen Nischen für die Apostelstatuen der Donatello, Nanni di

Banco und ihrer Genossen eintiefte. Gleichwohl ist diese Raumauffassung ganz unflorentinisch. Es dürfte auch schwerlich als Zufall abzutun sein, daß die Sakral-Bauten L. B. Albertis mit ihrer plastischen Durchknetung der Wand im Sinne römischer Monumente alle nicht in Florenz stehen. Eine Wandkonzeption wie die Seitenfronten von S. Francesco in Rimini oder die Fassade von S. Andrea in Mantua könnte man sich wirklich nicht an eine Platzfront der Stadt am Arno übertragen denken.

Gegen den Spätstil des Brunellesco haben die Florentiner sich deutlich genug ausgesprochen. Sa. Ma. degli Angeli blieb unvollendet liegen, kaum daß der Zentralbau bis zu Kapitellhöhe emporgewachsen war, weil die Kommune die gestifteten Baugelder für Kriegszwecke ausgab[104]. Der Außenbau von S. Spirito aber, der die glatten Mauerstirnen der Seitenfluchten und die rechtwinklig gebrochenen Chorpartien der Florentiner Basiliken in einen wellenförmig vor- und zurücktretenden Raummantel verwandelte, gebildet aus halbkreisförmigen Kapellen, die im dichten Kranz ihrer Halbzylinder den gesamten Baukörper mit Ausnahme der Westfassade umstellen – dieser Außenbau ist als ein Fremdkörper im Florentiner Stadtbild von den Menschen des Quattrocento empfunden worden (Textabb. 3). Der Kapellenkranz war an die Seitenschiffmauern nicht nur angeschoben. Die Fluchten der Abseiten und die Konchen waren vielmehr durch ein Gebälk, das in Höhe des Wölbungsansatzes der Kapellen den Bau rings umzieht, zusammengebunden worden. Die hier vollzogene Ablösung des einheimischen Wandbaus durch den antikischen Körperbau ergab für florentinische Augen eine so ungewohnte Baugruppe,

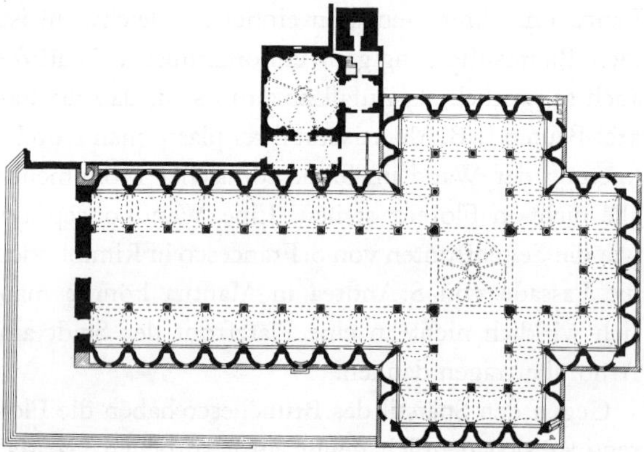

3. Florenz, S. Spirito, Brunellesco. *Grundriß*

daß man schon bald nach Brunellescos Tode durch gerade fluchtende Seitenschiffswände, die in Höhe der Konchenscheitel gezogen wurden, die Kapellen am Außenbau verbarg und die Herrschaft der Fläche wiederherstellte[105]. Der Genius war eben weit über die Grenzen der heimischen Überlieferung hinausgewachsen, und eine so begeisterte Nachfolge der junge Brunellesco gefunden hatte, so einsam und unverstanden blieb der alte. Die Bauten, die im engsten Umkreise des Meisters und in seiner unmittelbaren Nachfolge entstanden, schlossen sich alle an die Werke seiner ersten Schaffensperiode an, von der Badia in Fiesole bis hin zu Giuliano da Sangallos Sakristei von S. Spirito. Ja, die Badia Fiesolana (1461 ff.) bedeutet sogar als Raum einen Schritt hinter den jungen Brunellesco zurück, denn die Versinnlichung aller Gelenke des Baues durch das gliedernde System der Ordnungen kann sich nicht behaupten gegenüber einer Wandbildung, die auf der Reinheit der Fläche besteht.

Man sollte meinen, nirgends sei das Verhältnis des Florentiners zur Fläche so deutlich in Erscheinung getreten, wie in der Entwicklung der Palastfassade zur Zeit der Frührenaissance. Die Spannweite zwischen den riesigen, unbehauenen und ungeschlachten Bozzenquadern des Pal. Pitti und der noblen Rustizierung des Pal. Rucellai, der Wettkampf zwischen den Querbändern der Rustika und den aufstrebenden zarten Ordnungen, die sich gegen sie behaupten müssen, das Abschwellen der Reliefstärke von Stockwerk zu Stockwerk, wobei die Instrumentation der Wand immer größeren Nuancierungen unterworfen wird – so viele Probleme wie geniale Lösungen.

So atemberaubend das Schauspiel auch sein mag, welches die Entwicklung der Palastfassade im Quattrocento bietet, die Betrachtung der Fläche in der florentinischen Architektur muß einem anonymen Haupthelden vor so viel berühmten Kunstwerken den Vorzug geben, der florentinischen Landvilla. Verborgen hinter den hohen Mauern des Poderes, frei von allem Zwang zur architektonischen Repräsentation, nur bestrebt, für das intime Leben des Besitzers den schlichten Rahmen abzugeben, wo er Reben schneiden, Dante und Polizian lesen und Boccia spielen kann, durfte die architektonische Aufgliederung der Fassade zumeist ganz unterbleiben. Außer dem Portal und der Fensterumrahmung weist die florentinische Landvilla selbst in den großen schöpferischen Zeiten der florentinischen Kunst zumeist keine Flächengliederung auf. Und es machte dabei weder damals noch heute einen Unterschied, ob es sich um das Gütchen eines behäbigen Bürgers oder um die mediceischen suburbanen Villen Poggio a Cajano, Petraja

oder Castello handelt, die nicht irgendeinen braven
212 Maurermeister, sondern die Michelozzo und Giuliano
da Sangallo zum Schöpfer hatten. Nur die farbige
Fassung dieser Casino-Fassaden hat sich geändert.
Das warme Gelb, das in dem silbrigen Licht der Toskana eine so prachtvolle Folie für das satte Grün der Reben und das staubige Graugrün der Ölbäume abgibt, scheint als Hausanstrich erst in der Barockzeit und in Rom aufgekommen zu sein. Auf den Fresken des ausgehenden Mittelalters und der Renaissance erblickt man die Castelli auf den Hügeln und die Landvillen noch in leuchtendem Weiß. Das ergab einen kälteren und härteren Zusammenklang mit der Vegetation, der aber dem eingeborenen florentinischen Farbsinn viel mehr entsprochen haben dürfte als das warme tonige Gelb, in welchem das atmosphärische Sehen der Barockzeit über den landschaftlich gebundenen Farbgeschmack der Florentiner obgesiegt hat.

Die leidenschaftliche Neigung der florentinischen künstlerischen Phantasie, in Flächen zu konzipieren, spricht sich natürlich auch in der Skulptur aus, und zwar nicht nur im Relief, das ja als Gattung mit der Fläche verschwistert ist, sondern mehr noch in der Freifigur. Es ist ein Vorgang, der des Nachdenkens wert ist, daß in der Stadt, welche die ersten Freifiguren seit dem Ausgang der Antike wieder hervorbrachte, alle Stadien des Wegs zu diesem Ziele hin neue Einsichten in die Auffassung von der Skulptur als einer Organisation von Ebenen bedeuten.

Eine romanische Skulptur hat Florenz in seinen Mauern nicht gekannt. Der Charakter des Ungestalten oder mühsam gebändigt Kubischen, der von jeder romanischen Skulptur ausgeht, muß den Florentinern unheimlich gewesen sein. Erst in dem Augenblick, wo der Statuenblock und die Reliefebene sich durch ein Komponieren in Flächenschichten bewältigen ließen, konnte Florenz seine Rolle in der Geschichte der abendländischen Skulptur übernehmen. Die Florentiner Domfassade des Arnolfo di Cambio (1296–1302) bot zum ersten Male den architektonischen Rahmen für eine Bauplastik, die sich nach solchen Gesetzen entfalten wollte (Abb. 9). Es kann unmöglich als bloßer Zufall betrachtet werden, daß Florenz seinen gotischen Dombau – europäisch gesehen – mit einer Verspätung um volle zwei Generationen begann, nämlich genau zu dem Zeitpunkt, wo die Verblockung der Figur in Skulptur und Malerei das künstlerische Zeitproblem für ganz Europa wurde, also in der Giotto-Zeit. Diese Verblockung bedeutet aber für die mittelalterliche Bauskulptur, die sich nur in der Fläche und vor der Fläche entfalten konnte, weit weniger die energische Ausbildung einer Tiefendimension – die der bildenden Kunst des Trecento weiterhin fremd blieb –, als die Unterwerfung der Vorder- und der beiden Seitenansichten der Statue unter die Herrschaft von drei rechtwinklig aneinander gelehnten Ebenen. Die Dombauhütte von Florenz wird in dem Augenblick eröffnet, als von Bordeaux bis Freiburg i. B. die Gewändestatuen und die übrige Bauplastik überall nach diesen Prinzipien aufgebaut werden. Wenn es nun zu einer raschen, wenn auch sehr kurzen Blüte der florentinischen Plastik kommt, so liegt das daran, daß Zeitgeist und Ortsstil sich für die Spanne einer Generation decken. Indem Arnolfo seine Statuen nicht auf die Portalgewände verteilt, sondern in rechtwinklig gerahmte Reliefkästen vor

hellen, mit bunten Mosaikborten belegten, tastbaren
214 Grund stellt, schafft er ihnen den adäquaten architektonischen Rahmen. Am reinsten spricht sich der flächenhafte Aufbau der Domskulpturen in den beiden Hauptfiguren aus den Tympana der Seitenportale aus, den beiden liegenden Gestalten der Gottesmutter aus Mariengeburt und Marientod (Abb. 20). Beide Skulpturen sind schwer in einer Gattung der Plastik unterzubringen, es sind weder Freifiguren noch Reliefs. Die Gruppe der Maria auf dem Totenbett besitzt keinerlei Tiefe, sie wirkt am ehesten wie ein hochgestelltes, aber leicht nach hinten geneigtes Brett, und nirgends ist der Versuch unternommen, diese Fläche durch Faltentäler oder gar Körperbewegungen aufzuschließen. Noch ängstlicher wird der Ebenenzwang bei der halb aufgerichteten Madonna im Wochenbett eingehalten, wo das linke Bein plötzlich ganz verschwinden muß und das rechte in eine unnatürliche Lage gebracht wird – alles nur um den Charakter der idealen Vorderebene des Reliefs streng aufrecht erhalten zu können. Die Falten des Gewandes, besonders der große halbmondförmige Überschlag des Mantels über dem Schoß und die Enden des Kopftuchs, welche von den Schultern herabhängen, erscheinen wie in die Ebene ›geplättet‹.

Obgleich Donatellos Marmor-David (1408–1409, Florenz, Bargello) als Kathedralplastik in Auftrag gegeben und ausgeführt war, scheint dieser Prinz aus dem Weichen Stil eine erstaunlich zwanglose Haltung einzunehmen. Sieht man aber näher hin, so wird man schnell gewahren, daß Oberkörper und Unterpartie streng in der Richtung zweier verschiedener Ebenen verspannt sind. Die lässige Drehung der

Figur in den Hüften täuscht darüber hinweg, daß hier die beiden Ebenen einander kreuzen und daß an ihrer Durchdringungsstelle zwei sehr spitze Winkel entstehen. Die Fläche, welche die Haltung des Unterkörpers bestimmt, reicht in flachem Diagonalzug vom vorgestellten rechten Bein zum zurückgesetzten linken. Der elegant geraffte Mantelfall hat die Aufgabe, der Spreizstellung der Figur das Gewaltsame zu nehmen, vor allem aber soll er in der Höhe der Hüften den jähen Richtungswechsel verschleiern. Denn der Oberkörper stößt nun umgekehrt von hinten links nach vorn rechts vor. Der eingestemmte linke Arm reicht mit seinem angestückten Ellenbogen genau so weit nach vorn, daß er die ideale Vorderfläche der Figur berühren würde, die man auf der Vorderkante des Statuenblocks senkrecht errichtet sich vorzustellen hätte.

Es bedarf der Aufbietung des ganzen einschmeichelnden Liebreizes der Linienführung des Weichen Stils, um diesem Aufbau das Abstrakt-Stereometrische zu nehmen und ihm den warmen Hauch des Lebens mitzuteilen. Tatsächlich gelingt es Donatello, den Aufbau der Skulptur nach zwei sich durchdringenden Ebenen so weit zu verschleiern, daß das Gliederspiel der Gestalt lediglich der modischen gotischen S-Kurve unterworfen erscheint. Nie wieder ist Donatello so elegant gewesen. Über dieser nachlässig in die Hüfte gestemmten linken Hand, über dieser Art der Verknotung der beiden Mantelenden vor der Brust, über dieser großflächigen und fließenden Gewanddraperie vergißt man völlig den jähen Richtungswechsel im Aufbau der Statue.

Daß auch der Bronze-David (entstanden um 1430,

Florenz, Bargello) streng den Prinzipien einer Flä-
216 chenkomposition folgt, wird man ungern einsehen (Abb. 16). Denn die äußeren und inneren Bedingungen, unter denen das Werk entstand, scheinen von vornherein die Bemühung um eine allseitig sich entwickelnde Rundfigur vorauszusetzen. Die erste Erwähnung des David erfolgt spät, erst 1469[106]; damals stand er in der Mitte des Binnenhofs des Pal. Medici an der Via Larga. Aber von Anfang an muß der David so aufgestellt gewesen sein, daß er ganz umschritten und von allen Seiten betrachtet werden konnte. Schon die Basis weist klar darauf hin, daß die Statue als Rundfigur gewertet sein möchte: der Lorbeerkranz des Siegers rundet die Standfläche zum Kreis, und das diagonal in die Tiefe darauf angeordnete Haupt des Goliath mit den in das Rund sich schmiegenden Vogelschwingen seiner Helmzier verleiht dieser Basis erst recht etwas von den Kräften einer kreisenden Bewegung. Da wir im David die älteste Figur der Frührenaissance vor uns haben, in der das Prinzip des Kontrapostes konsequent durchgeführt ist, so beugt das Spielbein sich, aller Bürde ledig, weit vor, und die Kurve von dem gebeugten Knie über die Rumpfpartie zu der zurückgenommenen linken Schulter verleiht der Statue gewiß einen Tiefenzug. Aber damit sind die raumschaffenden Motive auch schon erschöpft.

Für den Umriß der Figur haben die beiden Arme die größte Bedeutung. Aber die Unterarme sind keineswegs gerundet, sondern auffallend flächig modelliert, besonders gegen die Vorderansicht hin. Betrachtet man den Aufbau der Statue aus der strengen Profilansicht (Abb. 15), so gewahrt man, daß diese beiden Arme überhaupt nicht ausgreifen. Der in die Hüfte gestemmte linke Arm beugt sich zwar zurück, aber nicht über die Ebene der Schulterblätter hinaus. Bewundernswert ist, wie beim Schwertarm die Verhaltenheit der Bewegung so motiviert wird, daß sie nicht als linkisch erscheint. Die Annäherung der Armbewegung an eine Ebenenlage ist inhaltlich wunderbar als eine Reflexbewegung des Träumenden gedeutet, der kaum weiß, daß er den Griff des siegreichen Schwertes in Händen hält. Wie der Bronze-David inhaltlich ein in seine Träume Verfangener ist, so bleibt er formal ein zwischen zwei Ebenen Gebannter – zwischen die idealen Ebenen, welche Brust und Rücken der Figur berühren würden. Es bleibt denkwürdig, daß der David das Werk eines Künstlers ist, der wohl im gleichen Jahrfünft so gewaltig ausstrahlende Statuenblöcke wie den Zuccone und dessen Gefährten vom Campanile geschaffen hat, die allen Flächenzwang weit hinter sich lassen[106a].

Die Kleinbronze mit der Kampfgruppe von Herkules und Antäus von Antonio Pollajuolo (Bargello) ist trotz des ausfahrenden Gliederspiels der verzweifelt Ringenden im Grunde wie ein Relief nur auf eine Ansichtsebene hin bezogen[107]. Es ist merkwürdig, wie künstlerisch unergiebig hier alle Schrägansichten wirken.

Verrocchios Putto mit dem Fisch, 1475 für die Medici-Villa in Careggi geschaffen, heute als Brunnen im Hofe des Pal. Vecchio aufgestellt, gilt mit Recht als eine der gelungensten Freifiguren der Frührenaissance. Man sollte sich aber beim Umschreiten des Brunnens davon überzeugen, daß der Putto selbst ganz in einer Fläche verspannt ist und daß der Zau-

ber der kreisenden Bewegung nur dadurch entsteht,
218 daß die beiden Flügel des kleinen Genius und der Fischkopf von dem Körper in ungefähr regelmäßigen Abständen in den Freiraum ausgreifen, etwa wie die Speichen eines Rades. Das täuscht glücklich darüber hinweg, daß der Körper des Genius selbst keine Ansätze zur Rotation bietet.

Michelangelos Abneigung, die Figuren à ronde bosse zu bearbeiten und seine Technik, den Statuenblock nur von vorn anzugehen, wobei die Tiefe schichtenweise von der vorderen Blockkante her erschlossen wird, kennzeichnen ihn als typischen Florentiner. Nur in Florenz konnte die ›Wasserkasten-Theorie‹ entstehen, von der Vasari berichtet. Er legt sie nicht Michelangelo in den Mund, aber es ist kein Zweifel, daß diese These im Umkreis des Divino aufgekommen sein muß, um den Entstehungsprozeß seiner Bildwerke anschaulich zu erklären. Es wäre kein Wunder, wenn sich diese Theorie an der unvollendeten Statue des Apostels Matthäus für den florentinischen Dom entzündet hätte (heute Florenz, Akademie) (Abb. 17). Vasari veranschaulicht den Entstehungsprozeß einer guten Statue an dem Ablassen des Wassers aus einem Bassin, in dem diese Skulptur liegt. Je mehr der Wasserspiegel sinkt, desto mehr Teile der Statue treten an die Oberfläche, zunächst die am weitesten vorn liegenden Glieder (Knie, Ellenbogen usw.), dann der Thorax, zuletzt die Rückenpartie[108].

Als praktische Erläuterung für diese Theorie wird man Michelangelos Marmor-David, der bis 1873 vor dem Pal. Vecchio stand, kaum gelten lassen wollen. Denn der rein flächenmäßige Aufbau der Kolossalfigur wird ja durch deren Entstehungsgeschichte genugsam erklärt. Der Block, gebrochen für die bauplastischen Bedürfnisse der Dombauhütte, die sich der gotischen Vorstellung von Aufbau und Proportionen einer Statue noch nicht ganz entzogen hatte, besaß eine sehr geringe Tiefe und lag lange auf dem Gelände der Opera herum, ehe sich in Michelangelo der Mann fand, der sich erbot, aus einem Block von solch ungeschickten Proportionen eine moderne Figur herauszuholen. Man wird also den fast reliefmäßig flachen Aufbau der Skulptur, die nur eine einzige Ansichtseite, nämlich die rein frontale, besitzt, diesen Verhältnissen zuschreiben. Die Kommission, welche über die Aufstellung der vollendeten Statue 1504 zu befinden hatte, kam zu keinem Entschluß. Aber als die Regierung der Republik eingriff und sich für die Aufrichtung vor dem Pal. Vecchio entschied, erfüllte sie wahrscheinlich die geheimsten Wünsche des jungen Bildhauers[109]. Denn seine Figur wäre um alle Wirkung gebracht worden, wenn sie von dem Halbrund einer Nische umfangen worden wäre – wovon man sich bei der heutigen Aufstellung in der Accademia sattsam überzeugen kann! Allerdings hätte die Figur nicht frei ohne Folie aufgestellt werden dürfen, wie die Kopie auf dem Piazzale Michelangelo beweist. Sie heischte gebieterisch eine Fläche als Rücklage, und hier auf der Rampe des Pal. Vecchio erwuchs ihr in der Fassadenstirn der rechte Hintergrund: der schimmernde Marmor der flächenhaft ausgebreiteten Ansichtseite hob sich gegen die rauhen Buckelquadern und ihren dunklen Materialton wirkungsvoll ab. Und die reine Ebenmäßigkeit des Jünglingskörpers stand gegen eine nie ganz zur Ruhe kom-

mende Fläche in bozziertem Zustande, die gleichsam
220 den Urgrund darstellte, dem das plastische Kunstwerk durch die Kraft des Meißels entrissen wird.

Seit die beiden großen Marmorstatuen des Apoll mit dem Hyazinth und des Narziß aufgefunden worden sind, vermögen wir uns endlich ein Bild von Benvenuto Cellini als Marmorbildhauer zu machen[110]. Da ist es nun merkwürdig, wie trotz aller Leben-atmenden Oberflächenbehandlung der Oberkörper des Narziß ganz in festen Blockebenen aufgebaut ist[111] (Abb. 18). Der Jüngling sitzt auf einer geraden Brunnenmauer und sein Rücken bildet die genaue Fortsetzung dieser Wand. Auch die Modellierung der Brust bewahrt so streng den Charakter der Fläche, daß bei der Ansicht der Statue aus dem reinen Profil einem wieder der brettartige Aufbau der Tympanon-Figuren des Arnolfo di Cambio vor das geistige Auge tritt. Auch der rechte Arm, der über die Ebene der Schulterblätter nach hinten nicht hinausgreift, der rechte Fuß, der über die Zehenwurzeln senkrecht nach oben geknickt ist, so daß seine Sohle und die Rückseite der Brunnenwand in einer Ebene liegen, und schließlich der gesenkte Kopf ordnen sich genau dem Zwange der Blockflächen unter. Dies also ist das Werk einer Zeit, in der das Statuen-Ideal längst die ›figura serpentinata‹ war, d.h. die sich in kreisender Spirale räumlich entfaltende Figur des Manierismus. Und es ist das Werk eines Künstlers, der in seinen Schriften forderte, eine Statue müsse bis zu vierzig ergiebige Ansichten aufweisen.

So scheint es eines tieferen Sinnes nicht zu entbehren, daß der Hauptbildhauer von Florenz zu einer Zeit, da solche Kunsttheorien aufkamen, kein Florentiner, sondern ein Ausländer war: Giovanni da Bologna, und daß die meisten und erfolgreichsten seiner Schüler ebenfalls Oltramontani sind, Francavilla, Adriaen de Vries, Giovanni Stradano und Hans Reichle.

Daß in der Stadt, in der die Fläche für die Komposition eine solche Rolle spielte, auch das ›rilievo schiacciato‹ erfunden wurde, ist nur natürlich. Das älteste Stück dieser Gattung ist Donatellos Relief mit dem Drachenkampf des hl. Georg von Orsanmichele, 1417 entstanden. Vasari, bei dem der Terminus technicus wohl zuerst vorkommt, leitet die Gattung von der Antike, und zwar von den Aretinischen Vasen ab[112], sicherlich zu Unrecht. Der Höhepunkt des florentinischen Reliefs dieser Art liegt bei Donatello und Desiderio da Settignano.

Daß sie die Fläche zu organisieren verstand, hat der florentinischen Malerei ihre Vormachtstellung zunächst in Italien und dann in ganz Europa eingetragen. Innerhalb eines rechteckigen gerahmten Feldes die Komposition rahmenverwandt aufzubauen, das haben die Florentiner in allen Jahrhunderten besonders gut verstanden. Es ist ein reines Kompositionsprinzip der Fläche. Über die Fläche hinaus aber greift die merkwürdige Antinomie, welche wir ›Bildspannung‹ nennen. Sie entsteht dadurch, daß mit den Mitteln einer empirischen Perspektive die zweidimensionale Wandfläche in einen dreidimensionalen Tiefenraum umgedeutet wird. Das Problem der ›Bildspannung‹ wird demnach akut erst in der Zeit um 1300, als die italienische Malerei die Erschließung der Bildtiefe zu interessieren beginnt. Daß Flächen- und Tiefenkomposition ins Gleichgewicht zu bringen die Hauptarbeit der abendländischen Bildgestaltung

im modernen Sinne sein müsse, hat ein Florentiner,
222 hat Giotto zuerst gewußt und in der Franz-Legende zuerst gestaltet.

In der ›Vogelpredigt‹ ist weder eine Landschaft in hoher Aufsicht gegeben noch sind byzantinische Felskulissen und Hügel so zurecht geschoben, daß die Vögel, die sich auf ihnen niederließen, in Augenhöhe des hl. Franz erscheinen könnten[113] (Abb. 22). Das Bild hat einen ganz tiefen Horizont und einen schmalen Bodenstreifen, welcher den hl. Franz und die Tiere in jedem Sinne auf gleicher Ebene erscheinen läßt. Dadurch wird für Menschen, die noch mit den Augen des Dugento zu sehen gewohnt waren (Abb. 21), die Szene ungeheuer verarmt. Zugleich aber beruht auf diesem Verzicht, auf diesem nüchtern-kühlen Entschluß, mit der kahlen Horizontlinie auszukommen, von der sich die Vögel gar nicht effektvoll abheben können, nun der Begriff des abendländischen Bildes, der bis zu Cézanne hin in Geltung war.

Ebenenzwang, Rahmengerechtigkeit und Reliefcharakter sind altflorentinisches Erbe und sind um 1300 doch zugleich ganz modern. Denn es trennen keine zehn Jahre die Grundsteinweihe des Domneubaus von Giottos Tätigkeit in der Arena zu Padua. Die Bilder, welche der größte Florentiner Maler dort schuf, sind in eine Rahmengliederung eingefügt, deren Struktur der Arnolfianischen Domfassade auf das nächste verwandt ist. Auch hier sind die Gestalten auf den Fresken rahmengerecht komponiert und scheinen sich in flachen Bühnenstreifen zu bewegen, welche den seichten Reliefkästen des zweiten Geschosses der Domfassade nicht unähnlich sind. Denn selbst die im Freiraum spielenden biblischen Bilder der Arena haben nicht mehr Raumtiefe als jene den Reliefkästen der Domfassade verwandten Innenraumbilder. 223

Die strenge Rahmenverwandtschaft zeichnet die Reliefs von Ghibertis Paradiesestür wie diejenigen Donatellos vom Santo in Padua aus. Alle großen Florentiner Porträtisten, Filippo Lippi, Botticelli, Bronzino, umfangen den Dargestellten durch einen farbig stark hervortretenden Tür- oder Fensterrahmen, welcher der Figur oft wenig Raum zur Entfaltung gönnt. Als gliedernde Formen bei der Dekoration eines Innenraums haben sich Rahmenverwandtschaft und rechteckige Felderteilung nirgends deutlicher ausgesprochen, als im Studiolo Großherzog Francesco I. im Palazzo Vecchio (1570–71)[113a] (Abb. 14). Der Entwurf rührt von Vasari her, das Programm, das die Bilderfolge verwirklicht, geht auf Vinc. Borghini zurück. In der oberen Reihe schließt sich Rahmen knapp an Bilderrahmen, während die Medaillons der unteren Folge von den rechteckigen Leisten der Schranktüren präzis umfangen werden. Aber innerhalb dieser rechteckigen Hochformate herrscht auf vielen der Bilder zudem ein Kompositionsprinzip, das die Rahmenform auf der Bildfläche sich mehrfach wiederholen läßt. (Am deutlichsten bei den Bildern von G. Macchietti, M. Cavalori oder Alessandro del Barbiere[113b].) Es gehört nicht viel Phantasie dazu, um sich hier an das Dekorationsprinzip der riesigen Schiffsmauern am Außenbau des Florentiner Doms, oder an die Hochwandgliederung von Cronacas S. Salvatore al Monte erinnert zu fühlen.

Suchen wir nach den ersten gültigen Äußerungen des *typisch florentinischen Farbsinnes*, so müssen wir

unseren Blick abermals auf die Inkrustations-Archi-
224 tektur lenken. Am Baptisterium und an S. Miniato al Monte arbeitet die Marmorverkleidung nur mit dem Kontraste von zwei Farben: dem schneeigen Weiß des Marmors und den grünen Rahmungen in Verde di Prato[114]. Der schlichten Beschränkung auf den spröden trockenen Farbzusammenklang vom Weiß des carrarischen und vom Grün des pratesischen Marmors ist Florenz dann durch die Jahrhunderte hin treu geblieben[115]. Es verschlägt nicht viel, daß am Außenbau des Baptisteriums ursprünglich noch das Grau des Macigno und im Innern das Rötliche des Cipollino hinzutraten. Grün und Weiß finden sich ebenso in der Landschaft um Florenz. Das Grün der Inkrustations-Architektur ist dem stumpfen, staubigen Gobelinton der Olivenbäume ebenso verwandt wie das Weiß dem silbergrauen Lichte, das zu allen Jahreszeiten über den Ölbaumpflanzungen an den Hügeln um Florenz liegt.

Daß sich bei den Inkrustationsbauten der florentinische Farbgeschmack schon sehr frühe ausspricht, beweist die so ganz anders gebildete pisanische Art der Wandverkleidung. In beiden verfeindeten Städten entsteht der Inkrustationsstil gleichzeitig um die Mitte des 11. Jahrhunderts, aber beide Städte entwickeln dabei einen grundverschiedenen Farbsinn. »In Pisa hat die reiche Inkrustation den Gewebe-Charakter eines orientalischen Teppichs[116]«, in Florenz die Struktur eines Zimmermannsgerüstes. Die verschiedensten Marmorarten finden sich in Pisa in den reichsten Ab-

(114) Die Schwarz-Weiß-Kontraste der Photographie hat sich also der Leser bei allen Bauten des florentinischen Inkrustationsstils in Weiß-Grün umzusetzen.

stufungen und den leisesten Übergängen vereinigt. Haupt- und Seitenfronten sind in einem weißgrauen Kalkstein mit hechtgrauen Streifen erbaut. Geäderte Marmore sind nur an der Westfassade, also in der allerletzten Bauphase, systematisch verwendet worden. Da aber dort die Querstreifen in Himbeerrosa und Hellbraun geädert sind, so bleibt es auch da bei einem hellen, aquarellfarbenen Gesamtton. Solche geäderten Marmorarten treten, wahllos eingefügt, an allen Partien des Außenbaues auf (an der Ostwand des Südquerhauses rosaviolett, graublau und himbeerrosa geäderte Sorten). Indessen herrschen der hechtgraue und der taubengraue Gesamtton vor. Kalksteine, die wie Tuff aussehen und jene von Horn allzu sehr betonten Brauntöne aufweisen, finden sich nur an den Langhauswänden, besonders an der nördlichen. Der florentinische Farbakzent, der intensive Wechsel von Weiß und Verde di Prato, kommt nur einmal am ganzen Bau vor. (An den Arkaden der Hauptapsis im Osten werden die Laibungen der Arkaden in Streifen dieser Farben gefaßt.)

Dieser pisanische Farbgeschmack hat sich der ganzen toskanischen Inkrustations-Architektur mitgeteilt bis unmittelbar vor die Tore von Florenz. An der Vorhalle von S. Martino in Lucca und am Sieneser Dom »bereicherte man die . . . Harmonie von Weiß, Grünschwarz und Rosa noch mit anderen, nicht gebräuchlichen Tönen, mit einem zarten Gelb und vor allen Dingen mit einem kräftigen, den Eindruck mächtig beherrschenden Rotbraun[117]«. Der florentini-

(117) W. Paatz, Werden und Wesen der Trecento-Architektur in Toskana, p. 109. Doch darf nicht verkannt werden, daß sich in dieser veränderten Farbenskala nicht nur ein anderer

sche Farbsinn hingegen hat an dem urspünglichen
226 Charakter der antiken römischen Inkrustation, wie er sich seit etwa 60 v. Chr. ausbildet, völlig vorbeigesehen, denn diese war im höchsten Grade malerisch und nicht auf den Kontrast der linearen Begrenzung zweier Farbfelder aufgebaut. Sie suchte die Reize, die etwa im Mineralreich der Achat entfaltet, bei dem Bänder und Flächen ineinander verschwimmen und die Ränder zerfließen. Es hat für Florenz auch nichts bedeutet, daß die byzantinische Kunst dort, wo sie die Inkrustation übernahm, die Farbenskala eher noch ins Üppige und Heiße gesteigert hatte. Dort wo die byzantinische Inkrustation zurückhaltender in der Farbe ist, wie etwa an der Schatzkammer von S. Marco in Venedig[118], spricht gerade die natürliche Äderung und Fleckung des unbegrenzten Feldes, der Platte – und nicht wie in Florenz der Reiz eines linearen Musters, das sich hart vom Grunde absetzt und das von einem Rahmen fest umschlossen wird. In der Hagia Sophia und in Venedig gibt man sich dem natürlichen Oberflächenzauber der Platte hin, in Florenz konstruiert man die Fläche neu. Macht man sich klar, daß die Nordtoskana den Inkrustationsstil eher in der pisanischen Spielart aufnahm, daß auch Siena und Grosseto, Arezzo und Cortona nichts von dem graphischen Reichtum wissen wollen, den Florenz hier

Lokalstil, sondern vor allem eine andere Zeitlage ausspricht. Die eben genannten Bauten gehören erst dem reifen Dugento an; sie repräsentieren die Spätstufe des Inkrustationsstils, die in Florenz nicht mehr durch Bauten vertreten ist. Die barocke Endphase läßt sich natürlich auch eine Steigerung der Farbigkeit als willkommenes Ausdrucksmittel nicht entgehen.

entfaltet, so wird man den Farbklang von Weiß und Grün, der sich im 13. Jahrhundert zu einem Farbakkord von Weiß, Grün und Rot erweiterte, als dem florentinischen Farbsinn allein vollkommen gemäß empfinden dürfen. An der Fassade von Sa. Ma. Novella, an den Seitenfronten und der Chorpartie des Doms, im Innenraum von S. Croce, an Sa. Ma. delle Carceri in Prato – überall kommt der Florentiner Farbsinn mit diesem klaren und temperierten, nicht warmen und nicht kalten Grundton von Weiß und Grün aus. Die Arnolfianische Domfassade und besonders der Campanile Giottos fügen dazu ein kräftiges, leuchtendes Rot mit einem Stich ins Violette. Es ist dieselbe Farbe, welche die florentinische Malerei bis ins frühe 17. Jahrhundert hinein bevorzugt hat. Gegen jede andere Nuance von Rot haben die Florentiner um 1300 sich entschieden gewendet. Arnolfo di Cambio hatte offensichtlich während seiner jahrzehntelangen Wirksamkeit in Rom an dem dekorativen Schmuck der Cosmaten Gefallen gefunden. Als er 1296 zum Leiter der Florentiner Dombauhütte berufen wurde, zog er einen Trupp von römischen Mosaikarbeitern, Leute von hohem Ansehen, nach sich, dem er im Entwurf für die Florentiner Domfassade ein großes Betätigungsfeld einräumte. Das unterste Geschoß der Domfront war ganz in Blendarkaden aufgelöst, welche die Cosmaten nun mit einem musivischen Grund zu belegen hatten. Schon wenn die römischen Mosaizisten ihre eigentümliche Farbenskala ausgebreitet hätten, wäre dies dem angestammten florentinischen Farbsinn völlig zuwider gewesen. Aber die römischen Arbeiter verwendeten in der Florentiner Bauhütte nicht mehr dieselben Glasflüsse,

die sie aus dem arabischen Süden des Landes nach
228 Rom eingeführt hatten; Safrangelb und Smaragdgrün fehlten jetzt in ihrer Farbenskala. Hier in Florenz bedienten die Cosmaten sich vielmehr der kanonischen Farben der siegreichen Gotik, Ultramarinblau und Karminrot, die sich mit dem Golde des Grundes zu einem sehr intensiven Farbklang zusammenbanden. Diese warmen Töne waren dem trockenen florentinischen Farbsinn viel zu wesensfremd, als daß die Tätigkeit der Cosmaten mehr als ein kurzes Zwischenspiel hätte bedeuten können. Als nach nur sechsjähriger Wirksamkeit bei Arnolfos Tode 1302 die Hütte die meisten Arbeitskräfte entließ, schieden auch die römischen Mosaizisten aus. Sofort setzte sich in der Domopera die alte strenge Auffassung von Inkrustation wieder durch. Das Rosa und das stumpfe Purpur, das Arnolfo als Folie für die Skulpturen seiner Tympana gewählt hatte, breitet sich am Campanile seit 1334 nun in großen Flächen aus. Mit dem Rot der Cosmaten hat es gar nichts gemein.

Nur in einer Stadt wie Florenz konnte die Bleiglasur auf Terrakotta sich zu jener kräftigen bunten Farbigkeit entfalten, wie in der Robbia-Werkstatt durch drei Generationen hindurch, und nur weil diese Glasuren ganz den florentinischen Farbsinn ausdrückten, durfte dies Verfahren hier so volkstümlich werden. Bei Luca und Andrea della Robbia tritt zu den Grundfarben der Glasur, dem Weiß und dem kräftigen Blau, ein grelles, um nicht zu sagen giftiges Grün. Bei Büsten etwa ist das Inkarnat in Weiß, der Mantel in Blau, das darunter hervorscheinende Wams in Grün gehalten[119]. Bei Andachtsbildern ist um die weißen Figuren, die sich von dem Blau des Grundes abheben, oft ein grüner Kranz gelegt, der den Rand des Tondos bildet. In der dritten Generation, im Schaffen von Andreas Sohn Giovanni, steigert sich die Buntfarbigkeit. Besonders wird einem hellen Zitronengelb viel Platz eingeräumt. Freilich ist es eine Verfallserscheinung, wenn die Glasur nun die ihr gesetzten Grenzen zu überschreiten und mit der Farbenskala der Leinwandbilder in Wettbewerb zu treten versucht.

Allein, auch in dieser letzten Phase gelingen der Robbia-Werkstatt noch Werke, die rein erfreulich sind. Ja, die ihren Ausmaßen nach umfänglichste und zugleich die berühmteste Leistung der Robbia-Werkstatt, der etwas unterlebensgroße Fries am Ospedale del Ceppo in Pistoja, entstammt erst dieser Spätzeit (1514 von Giovanni della Robbia, unter dessen Gehilfen sich Santi Buglioni befindet, dem die erzählenden Reliefs wohl ganz gehören werden[120]) (Abb. 19). Die Szenen erscheinen vor einem abwechselnd weißen oder blauen Grunde. Obwohl Mausgrau, Brombeerfarben und andere gedeckte Farben auftreten, ist hier ganz auf den Wettstreit mit der Staffeleimalerei verzichtet, weil der Fries doch von der Höhe der Fassade herab wirken muß. So sieht man denn, wie nach einer neunzigjährigen Wirksamkeit die Lebenskraft dieser Glasuren noch ganz ungebrochen ist. Der Dreiklang von Blau, Grün und Zitronengelb ist von einer fröhlichen Lautheit, wenn die Sonne auf der Fassade liegt und entspricht dem Lärm des Straßenlebens wohl, das sich darunter abspielt.

In der Barockzeit findet die laute Farbenskala der Majolika-Kunst der letzten Robbias in gewissem Sinne ihre Fortsetzung in der Kunst der pietre dure. Dies

sind Halbedelsteine (d.h. »mit Silikaten verbundene
230 Mineralien und kristallinisches Gebirgsgestein, d.h.
Bergkristall«), die nach Art der Mosaiktechnik zu
ornamentalen oder figuralen Kompositionen zusam-
mengesetzt wurden. In Florenz ist um 1600 eine be-
sondere Art der Steinschneidekunst entwickelt wor-
den, welche »etwa den gelben, gefleckten oder roten
Jaspis, den blutroten Karneol mit seinen vielfarbigen
Varianten, den azurblauen Lapislazuli, den veilchen-
farbenen Amethyst, den gestreiften, gewässerten, ge-
flammten oder gesprenkelten gelben, braunen, grünen
Onyx, den vielfarbigen Chalzedon, den grünen Ne-
phrit und unzählige andere Arten und Abarten[121]«
für Pavimente, Tische, Altar-Antependien und -Pre-
dellen zu verarbeiten verstand.

Die Toskana hatte seit dem 14. Jahrhundert in dem Fußbodenbelag des Doms von Siena einen Vorläufer des ›commesso in pietre dure‹ gekannt. Sehr bezeichnenderweise hat man sich aber in Siena gehütet, von der Schwarz-Weiß-Skala des Marmors zu jener unbegrenzten Farbenkomposition überzugehen, welche die Technik der pietre dure gestattete. Natürlich hat der Wandel des malerischen Sehens im Quattrocento auch vom Sieneser Paviment Zugeständnisse in der Verwendung bunter Marmore gefordert, und am Abschluß der Entwicklung steht gar Beccafumi, dessen Intaglien in hellgrau, dunkelgrau und grüngrau getönten Marmorsorten den Eigenwert der Gestalt zugunsten des malerischen Komponierens in Licht- und Schattenwerten aufheben. Aber buntfarbig ist der sublime sienesische Farbsinn auch in der Kunst der Intaglien niemals geworden. In Florenz hingegen, dem Sitz eines viel derberen, kontrastreicheren, härteren malerischen Sehens, mußte die Technik der pietre dure eine Heimstätte finden. In der Entwicklung der Bearbeitung von Halbedelsteinen war die Lombardei schon um 1500 vorausgegangen. Marmorintaglien »an Altären und Wänden der Certosa von Pavia, von Mailänder Künstlern ausgeführt ... werden schon in einem Führer durch die Certosa von 1511 sehr gerühmt[122]«. Die Toskana und die Lombardei sind eben die beiden Kunstlandschaften Italiens, in denen am meisten experimentiert wird. Und zudem ist auch in Mailand ein ähnlich trockenes und hartes Sehen daheim, das die unabdingbare Voraussetzung für die Freude an der Technik der pietre dure bildet. »Florenz und Mailand gebührt der Ruhm, diese Technik vom 17. bis zum frühen 19. Jahrhundert zu hoher Blüte und zu einer Berühmtheit gebracht zu haben, die weit über die Grenzen Italiens hinausging[123].« In Florenz hat Großherzog Ferdinand I. eine Werkstatt für ›commesso in pietre dure‹ für einen ganz bestimmten einmaligen Zweck gegründet. Dem Atelier wurde die Aufgabe übertragen, die Innenausstattung für die Grablege der Mediceischen Großherzöge bei S. Lorenzo – die sogenannte ›Cappella dei Principi‹ – herzustellen (Inkrustation der Wände, Hauptaltar, Ziborium, Fußbodenbelag usw.)[124]. Ein Stab von Intaglien-Arbeitern wurde zusammengeholt, bezeichnenderweise waren auch mailändische Steinschneider darunter. In der Dekoration der Florentiner Kirchen war dieser Geschmack schon vorbereitet durch das Verwenden von ausländischen Marmorarten für die Inkrustation seit der Ausschmückung der ersten Kapelle des nördlichen Seitenschiffs von S. Spirito (von der Vierung her gerechnet), die 1562

datiert ist. Eine Inschrift an der Mensa besagt, daß
232 hier ägyptisches und englisches Gestein verwendet wurde[125]

Mit dem Ende des Seicento ist die große Zeit der pietre dure-Fabrikation eigentlich dahin, weil die damals einsetzende Naturnachahmung die ornamentale Eigengesetzlichkeit der Gattung zugunsten einer möglichst getreuen Kopierung von Leinwandbildern preisgab. Als dann aber im beginnenden Klassizismus, seit etwa 1770, Ortsgeschmack und Zeitstil sich zusammenfinden, d.h. seitdem das Blau des Lapislazuli und das helle Gelb des Jaspis die Modefarben der Werther-Zeit und des Empire für ganz Europa wurden und somit der Farbgeschmack der Epoche die kalten Töne bevorzugte, welche die Minerale von Natur aus haben, nahmen die Florentiner Werkstätten für die Bearbeitung von Halbedelstein einen neuen großen Aufschwung, und die Kunst des Biedermeier und die spätere bürgerliche Kunst des 19. Jahrhunderts haben mit größter Zähigkeit in Florenz an den Erzeugnissen dieser Werkstätten festgehalten.

Auch die kostbaren Florentiner Majolika-Gefäße des 15. Jahrhunderts zeigen ja sehr entschiedene Farbkontraste. Die berühmten Florentiner Stroharbeiten (Hüte, Handtaschen, Marktkörbe, Teller, Schalen usw.) lieben eindeutige helle und scharfe Farbenzusammenstellungen nicht weniger als die Florentiner Lederarbeiten mit ihrer goldgepreßten und bunten Ornamentik.

Am klarsten spricht sich der florentinische Farbsinn freilich in der Fresko-, Tafel- und Staffelei-Malerei aus. Durchwandert man die ›grande galerie‹ des Louvre oder die Säle der Uffizien, läßt man seine

Blicke über die riesigen Freskenfolgen an den Wänden von Sa. Ma. Novella oder S. Croce schweifen, so wird man immer wieder auf dieselben Farbgruppierungen stoßen. Im Louvre etwa wird man finden, daß die kalten, intensiven Farben der Florentiner Maler, die durch kein atmosphärisches Sehen aufeinander abgetönt werden, von Giotto über Fra Angelico bis zu Pontormo und Jacopo da Empoli dieselben bleiben. Ja, schon vor dem Auftreten Giottos war dieser Florentiner Farbsinn voll entwickelt, er offenbart sich bereits bei den Inkunabeln der florentinischen Tafelmalerei. Die Altartafel aus dem alten Dome Sa. Reparata mit dem hl. Zenobius (vom Meister des Bigallo, um 1250, heute im Dommuseum)[126], ist von außerordentlich starker Farbigkeit, die alle florentinischen Lieblingstöne vereinigt: ein kräftiges Karmin, das nach Violett hin spielt, Zinnober, Ziegelrotbraun und ein sehr entschiedenes helles Blau neben Ultramarin. Das ist zugleich die Farbenskala der großen Madonnentafel des Cimabue in den Uffizien und von Michelangelos Tondo der Madonna Doni (ebenfalls Uffizien). Gedeckte Farben treten beim Bigallo-Meister nicht auf: kein Zimmetbraun, kein Himbeerrosa, kein Grüngrau, kurzum keine Farbe, die fähig wäre, den Übergang von einem leuchtenden Farbfeld zum andern – etwa von Hellblau zu Zinnober – zu vermitteln. Alle Farben führen auf dem Dom-Retabel ihr Eigenleben; jede Farbe will sich behaupten, keine sich einschüchtern lassen. Das müßte den Zustand einer Farb-Anarchie herbeiführen, wenn die Florentiner die Farbgewichte nicht auf der Fläche mit größtem Bedachte verteilten, und zwar vor 1300 noch nach sehr einfachen und leicht überschaubaren Prinzipien.

Das macht ein Vergleich der großen Madonnentafel
234 des Cimabue vom Hochaltar von SS. Trinità (um 1285, heute in den Uffizien) mit Duccios Rucellai-Madonna aus Sa. Ma. Novella in Florenz (1285 in Auftrag gegeben) deutlich. Die Art der Gruppierung der sich kräftig vom Goldgrunde abhebenden Farben Zinnober, Rotbraun, Rosaviolett, Kobalt- und Marineblau »kennt auch darin nur die strikteste Symmetrie, jede einzelne Farbe in den Gewändern der Engel wiederholt sich auf der gegenüberliegenden Seite in genauer Entsprechung[127]«. Diese einfache Farbsymmetrie wird bei Florentiner Madonnentafeln des Dugento stets gesucht, bei sienesischen regelmäßig vermieden[128]. In Siena aber »entsprechen sich nur die Tonwerte über die beiden Bildhälften hin, nicht die Farben als solche«.

Auf Cimabues Tafel leuchten die Farben in geschlossenen Farbfeldern, bei Duccio sind die Pigmente nicht nur an sich zarter und von schwächerer Leuchtkraft, vor allem ist die farbige Nuancierung innerhalb eines Mantels oder eines Kleides so fein und stufenreich, daß es bei dem Sienesen zur Ausbildung von geschlossenen Farbfeldern gar nicht kommen kann. So stellen die Engelsschwingen bei Cimabue alle Farben des Spektrums in größter Frische und lebendigem Kontraste zur Schau, während die Gefieder bei Duccio einheitlich in Maronebraun gehalten und nur mit goldener Binnenzeichnung belegt sind.

Das Inkarnat Duccios weiß nichts von dem kompakten Goldbraun des Cimabue; auf dem Untergrund der grünen byzantinischen Untermalung geht der Sienese den feinsten Abstufungen der Fleischtöne nach, die hier nach Veilchenfarben, dort ins blasseste Rosa spielen. Die ganze byzantinische Malkultur scheint hier unter den Händen eines großen Künstlers mühelos ihre vielhundertjährige Erfahrung an die junge gotische Kunst zu verschenken.

Man sieht schon jetzt: es gebricht den Florentinern an einem ursprünglichen sinnlichen Verhältnis zwar nicht zur Farbe, aber zur farblichen Nuancierung. Die Vermittlung zwischen einander fremd gegenüberstehenden Pigmenten durch tonige Bindung und zarte Übergänge wird eher die Aufgabe Sienas sein.

Niemand wird erwarten, daß Giotto mit dieser florentinischen Farbkultur sich begnügt. Sein Genie hat die Florentiner Palette vielmehr um neue Töne bereichert, die der Hervorbringung des Ausdrucks des Zarten und Sublimen dienen. Zwar ist es von jeher ausgesprochen worden, daß es auch Giottos Farbenskala an Sinnlichkeit gebricht. »Gerade bei den Florentinern herrscht eine Vorliebe für zurückhaltende, kühle und zarte Töne, für Töne, die sich nicht wie die venezianischen in der ganzen Fülle sinnlichen Daseins geben, mit denen sich vielmehr die Vorstellung geistiger Freiheit verbindet. Wir meinen das Weiß in seinen verschiedenen Brechungen, das Grau, das helle Lila, auch das Rosa. Die Farbe wird dem Weiß, dem Grau, dem Schwarz, also den Tönen des disegno, zugeordnet[129].« So beschreibt Theodor Hetzer den Eindruck der Arena-Kapelle. Die »lichte, kräftige und bewegte Buntheit« des Raumes, die ursprünglich wahrscheinlich noch viel lebhafter war und die von einem starken Rot, Grün, Gelb, Rosa und Violett getragen wird, ist nun freilich weniger dem florentinischen Charakter dieser Kunst, als dem

Zeitstil des Trecento zuzuschreiben. »Im Verhältnis
236 zum Quattrocento erscheint Giotto noch bunt, wie ja auch der Campanile noch bunt ist im Vergleich mit der Pazzi-Kapelle, aber die lichte Zartheit seiner vielen Zwischentöne löst ihn von der Starkfarbigkeit und Tieftonigkeit seiner Vorgänger[130].«

Giotto hat mit wenigen Grundfarben gearbeitet. Seine Pigmente waren »ein Weiß, eine dem Schwarzen nahe Farbe, eine rote und eine grüne Erde, schließlich gelber Ocker und Terra di Siena[131]«. Blau hat als Freskofarbe nicht existiert und ist nachträglich al secco aufgetragen worden. Aus diesen wenigen Grundfarben hat Giotto seine reiche Farbenskala demnach durch Mischung der Töne aufgebaut. Wenn Hetzer schließlich beobachtete, daß jede Farbe bei Giotto in ihrer Besonderheit und damit in ihrem Gegensatz zu anderen Farben empfunden sei, so trifft er damit einen durchgehenden Zug, welcher der florentinischen Malerei aller Jahrhunderte eignet. »Die Farben treten mit großer Bestimmtheit auf, fest, klingend, hell und aktiv, bereit, miteinander zu kämpfen und in einer höheren Einheit sich zu versöhnen[132].« Diese Charakterisierung des Malers Giotto trifft auf die Kunst Castagnos, Verrocchios oder Jacopo da Empolis genau so zu. Aber mag das Ringen der Farben auch noch so laut sein, die Sprache des disegno darf es nicht übertönen. »Auch wird man immer wieder finden, daß formale und farbige Ordnung ineinander greifen: gerade dies ist es, was in alle Zukunft bis zum Ende des 18. Jahrhunderts nicht wieder verloren ging ... Zeichnung und Modellierung sollen innerhalb der Farbe sichtbar bleiben ... Es ergibt sich aber, daß Form und Modellierung um so mehr hervortreten, je aufgehellter die Farbe ist, d.h. daß an den bewegten Figuren das Lineare, woraus die Bewegung hervortritt, deutlicher sichtbar wird[133].«

Mag besonders Bernardo Daddi unter dem Einfluß der großen Sienesen die kalte Leuchtkraft der florentinischen Farbenskala herabgestimmt haben, zumindest in den Fresken der Spanischen Kapelle von Andrea da Firenze, in den Fresken und Tafelbildern des Orcagna und auf niederer Stufe bei Giovanni del Biondo (Triptychon mit Verkündigung, Accademia, Johannes-Altar, Uffizien) oder dem Meister der Rinucci-Kapelle (Triptychon mit der Madonna, die dem hl. Bernhard erscheint, Accademia) hat der angeborene florentinische Farbsinn zu sich selbst zurückgefunden.

Der Weiche Stil ist eine künstlerische Bewegung, welche die Grenzen zwischen den einzelnen Nationen und Lokalschulen verwischt. Nie ist die Kunst in den verschiedenen Ländern des Abendlandes sich so ähnlich gewesen. Auch der Farbgeschmack ist bei dem Kölner Dombild des Stefan Lochner der nämliche wie bei der Fassung einer französischen Holzfigur oder bei einem sienesischen Geburtsteller. Da ist es denn um so merkwürdiger, daß die florentinische Malerei allein sich durch eine ganz eigenwillige Farbwahl aus dem Kreise der übrigen Malerschulen ausschließt. Zwar breitet die große Tafel mit der Marienkrönung von Don Lorenzo Monaco von 1413 (Uffizien) alle Modefarben des Weichen Stiles aus: Weiß, Tiefblau, Gelb und Rosa, nicht anders als beim Frankfurter Paradiesgärtlein. Aber alle Farben haben nun nicht den erlesenen Schmelz, die warme Leuchtkraft, wie bei jenem oberrheinischen Meister. Bei Don Lorenzo

Monaco erscheinen diese Farben in besonderer Kälte
238 und Schärfe und immer darauf bedacht, dem disegno der Binnenzeichnung und des Konturs zu seinem Rechte zu verhelfen. Das Safrangelb wird in den Schattenpartien zu einem drückenden Ocker, das Rosa ist glasig und hat violette Schatten, das Grün ist nach Gelb hin gehellt, wodurch es seinen kalten Ton bekommt. Auch im Weiß ist kein Elfenbeinton, weshalb das Gewand des Heiligen am linken Bildrand kreidig wirkt. In den Figuren der Mittelgruppe kehrt als tragende Farbe ein Ton immer wieder, den der Weiche Stil andernorts nicht kennt: das kräftige Rot, das einen Stich ins Rosaviolette hat, die Lieblingsfarbe der florentinischen Malerei von Giotto über Ghirlandajo zu Rosso.

In Florenz allein treten während des Weichen Stils und noch eine Generation später bei den Künstlern, die aus dem Weichen Stile kamen, wehe, fast krankhafte Farben auf. Bei dem großen Verkündigungstriptychon des Don Lorenzo Monaco (Florenz, Accademia) ist das milchige Blau des Zeitstils zu einem solchen Violett gesteigert und zum beherrschenden Grundton des Bildes geworden. Das wehe und wässerige Rosaviolett ist die Lieblingsfarbe während der mittleren Periode des Filippo Lippi. Auf der großen Kreuzabnahme aus der Sakristei von SS.Trinità (um 1435, heute Museo di S. Marco) versteht es Fra Angelico sogar, das Resedagrün, eine Lieblingsfarbe des Weichen Stils, kalt vorzutragen. Die Stadtansichten und Landschaftshintergründe des Frate sind von ganz unrealistischer Farbigkeit, mit Türmen von eiskaltem Violett und Häusern in einem süßlichen Bonbonrosa. H. Siebenhüner hat den reaktionären

Charakter der Farbkompositionen des Dominikaners klar gekennzeichnet: »In der Entwertung der neuen Darstellungsaufgaben der Farbe und der wieder zunehmenden Vorliebe für die Farbschönheit wird eine Anschlußmöglichkeit an die spättrecentistische Farbauffassung gefunden[134].« Und weiter: »Fra Angelico sucht die Eigenwertigkeit der Farbe wiederzugewinnen unter Preisgabe all der Möglichkeiten, die die plastische Erscheinung und den Raum farbig gestalten könnten[135].«

Die größte Erscheinung unter den Florentiner Malern des 15. Jahrhunderts, Masaccio, hat in den höchstens sieben Schaffensjahren, die das Schicksal ihm gewährte, sich konsequent von der florentinischen Farbauffassung gelöst. Eben deshalb hat sie auch keine Nachfolge gefunden, wenn man von dem jungen Fra Filippo absieht, bis auch dieser sich um 1437 in seinem Kolorismus gänzlich anderen Zielen zukehrt.

Die drei großen Maler, welche dann seit den späten dreißiger und den frühen vierziger Jahren das Feld in Florenz beherrschten, Uccello, Domenico Veneziano und Castagno, sind keine Schüler Masaccios. Sie erweisen ihre Größe dadurch, daß sie alle eine höchst persönliche Farbengebung entwickeln, die so völlig außerhalb der Farbgesinnung des Genius loci liegt, daß es bis heute nicht gelungen ist, die Quellen dieser persönlichen Farbstile zu entdecken. Die Bedeutung dieser Meister und der schöpferische Reichtum dieser Zeit bekunden sich zum Zweiten darin, daß diese Maler nebeneinander wirken, ohne daß sie sich untereinander wesentlich beeinflussen[136]. Niemals vorher oder nachher ist die Farbphantasie in Florenz so unerschöpflich gewesen, wie

zwischen 1435 und 1470, niemals hat sie die Grenzen
240 des florentinischen Farbgeschmacks, wie er von Giotto bis Jacopo da Empoli durchgehend sich repräsentiert, so ungeahnt über die Beschränkungen der florentinischen Grundbegabung hinaus erweitert. Das Beunruhigende für den Historiker, der alles ›ableiten‹ möchte, besteht darin, daß die höchst persönliche Farbenwahl der drei großen Meister eben nicht ableitbar ist.

So individuell nun auch ihre Palette sein mag, Uccello und Castagno stellen sich immer wieder unter die heimischen Farbgesetze. Auf den drei Tafeln mit der Schlacht von S. Romano geraten Uccellos Farben in ein magisches Glühen. Was aber eine solche Tafel von einem Gemälde des Douanier Rousseau unterscheidet, ist die exakt-mathematische, so urflorentinische Symmetrie der Farbkomposition in beiden Bildhälften. Im Zentrum des Mittelbildes des Schlachtenfrieses (Florenz, Uffizien) ein festes Dreieck von drei verschiedenen irrealen Blaus, vom linken zum rechten Bildrand ein regelmäßiger Wechsel von Zimmetbraun, Isabellenfarben und Cremegelb – aber in dieser festgefügten florentinischen Kompositionskette findet sich nun kein Farbton, dem man vorher in Florenz begegnet wäre.

Castagnos Palette von einem bestimmten Lehrer herleiten zu wollen, wäre ein fruchtloses Bemühen, denn seine erdhaften schweren Farben sind nicht die seiner Heimat, sondern die Töne seiner Generation. Es sind die Farben von Multscher und Witz, dem Meister der Darmstädter Passion und der Verkündigung von Aix, kurz all derer, die von Geburt her im Gegensatz zum Weichen Stile stehen. Aber bei diesem

Proteus gibt es dann am Ende seines ersten Schaffensjahrzehnts Bilder, welche in der intensiven Leuchtkraft unverbundener Lokalfarben die latenten Möglich keiten des florentinischen Farbsinns bis ins Karikierte steigern. Der Altar mit der Himmelfahrt der Maria aus der Florentiner Kirche S. Miniato fra le Torri (1449–1450 gemalt, Berlin, Kaiser-Friedrich-Museum) zeigt die Farbkultur eines Malers, der eben erst vom Bauernland in die Stadt gekommen ist. Die Farben sind weitgehend unmittelbar aus der als Malgrund benutzten Goldfolie entwickelt. Der hl. Giuliano links von der Madonna ist in vier verschiedene Spielarten von Rot gekleidet, die sich alle beißen. Alle Heiligenscheine sind in Blutrot getaucht, und auf ihrer Unterseite sitzen schwefelgelbe Lichter. Die Gefieder der vier Engel, welche die Mandorla tragen, setzen die Farben des Spektrums unverbunden nebeneinander – kein Wunder, daß die Tafel in dem Saale jedes Museums durch die wilde Buntheit ihrer Farben sich als unverträglicher Nachbar erweist.

Die koloristische Entwicklung von Uccello und Castagno war viel zu sprunghaft genial, als daß sie Schüler zur Nachfolge hätte verlocken können. Aber was den beiden Florentinern versagt blieb, gelang einem Fremden, dem Domenico Veneziano, mit seinem Altar aus Sa. Lucia de'Magnoli (um 1445, heute Uffizien), der das Schicksal der florentinischen Malerei in Bahnen lenkte, die weitab von der eigentlichen Wesensveranlagung der Florentiner führten. Mit einem Worte: Domenico Veneziano hat eine ganze Gruppe Florentiner Künstler um 1450 zum eigentlich malerischen Sehen verführt. Von nun an gibt es zwei große Hauptrichtungen des florentinischen Koloris-

mus, die sich erst an der Schwelle der Hochrenaissance
242 wieder vereinigen. Nirgends wird man sich der Gegensätze deutlicher bewußt als im Chor von S. Agostino in S. Gimignano: rings an den Wänden ziehen sich die lauten, bunten Fresken von Benozzo Gozzoli (1464–1465) entlang, während die Tafel des Hochaltars, eine Marienkrönung von Pietro Pollajuolo (1483), eine erlesene, tonig gebundene Farbigkeit entfaltet.

Die großen neuen Eigenschaften der Kunst des Fremdlings, die so gar nicht wie sein Name nach Venedig weisen, sind oft gefeiert worden; am ausgezeichnetsten haben Georg Pudelko und Ruth Wedgwood-Kennedy sie charakterisiert[137], am eindrucksvollsten hat H. Siebenhüner vor der Überschätzung dieser Kunst gewarnt[138].

In den drei Täfelchen von den Schranktüren des Silberschatzes von SS. Annunziata in Florenz (heute im Museo di S. Marco) besitzen wir ein kostbares Zeugnis für den Einfluß des Domenico Veneziano auf den jungen Baldovinetti[139]. Von dem Altar in der Kapelle der Mediceer-Villa in Cafaggiolo im Mugello (bald nach 1451) bis zu dem späten Gnadenstuhl in der Florentiner Accademia hat Baldovinetti die warme, tiefe Farbigkeit bewahrt, die er der neuen Sehweise des Domenico Veneziano vor allem verdankt. Der andere große Meister dieser tonig gebundenen Malweise ist Antonio Pollajuolo.

Gemessen an solchen Gestalten wird das Nachlassen der Farbphantasie im letzten Jahrhundertdrittel in Florenz erschreckend deutlich. Wenn ein Künstler wie Domenico Ghirlandajo einmal in die Fußstapfen Castagnos zu treten versucht, so wird der ganze Ab-

stand zu dem farbigen Sehen der großen Vorgänger
erschreckend deutlich. In dem Abendmahl im Refek- 243
torium von Ognissanti (1480) bedeutet z. B. der zweite Apostel von rechts eine absolute Farbkopie nach einem Apostel aus S. Apollonia, der äußerste links übernimmt das Schokoladenbraun des Judas usw. Aber wie trivial ist nun diese Farbenskala von Rot, Grün, Blau und Ocker, gemessen an dem Reichtum Castagnos. So hat auch Ghirlandajo auf die Anwendung der Changeants Castagnos von vornherein verzichtet. Bei Ghirlandajo und Filippino Lippi, bei Botticelli und Lorenzo di Credi treten die alten Florentiner Lieblingsfarben wieder in ihre Rechte. Es ist, als ob Domenico Veneziano, Castagno und Baldovinetti niemals gelebt und gewirkt hätten. Eine Qualitätsstufe tiefer, bei Cosimo Rosselli oder Jacopo del Sellajo, zeigt sich die kalte, blanke Farbenskala noch deutlicher als bei den bedeutenden Meistern. Botticellis Primavera und Geburt der Venus verdanken es ihrem disegno, daß sie zu den Wunderwerken der italienischen Kunst gehören. Zu Meisterleistungen der Malerei wird sie – besonders die Geburt der Venus – niemand zählen wollen.

Steht man in einem Saale, in dem mehrere Altartafeln der Maler aus der letzten Generation der Florentiner Frührenaissance vereinigt sind, und schaut sich um, so findet man überall die Farben so scharf vorgetragen, daß einem eine Steigerung der Dissonanzen zum Manierismus hin gar nicht mehr möglich erscheinen will. Filippino Lippis stechendes Hellblau mit den blanken weißen Höhungen, der Trompetenton seines hellen Ocker, Raffaelino del Garbos geputztes Violett-Rosa, sein Purpur mit dem Stich ins

Zyklamenfarbene könnten nicht lauter sein. In Wahr-
244 heit hat der Florentiner Manierismus den Farbgeschmack der um 1490 tätigen Meister aber gar nicht kultiviert – im Gegenteil, die Farben werden zunächst eher warm und glühend vorgetragen und bereichern die Florentiner Palette um Töne, welche die Malerei am Arno vorher gar nicht gekannt hatte. So tritt beim späten Andrea del Sarto ein ganz lindes Safrangelb auf, ein mildes Blau, das opalisiert, und ein gedämpftes milchiges Rosa.

Die Farbenskala der Jugendwerke des Rosso Fiorentino ist besonders auf der Kreuzabnahme in Volterra von höchster Originalität. Bei Pontormos büßendem hl. Hieronymus (Hannover, Niedersächsische Landesgalerie) stehen die verschiedensten Spielarten von Rot zusammen: Zinnober, dann ein kühles, undurchsichtiges Karmin, vor allem aber ein tiefes Rot, das »von dem hellen Grunde her ein glühendes ›Tiefenlicht‹ ausstrahlt«. Diese warmen Farbtöne herrschen bei Pontormo vor bis zur Grablegung von S. Felicità, welche die große Wende einleitet (entstanden 1526–28). »Kalte und warme Farben verbinden sich nun in einer gemeinsamen, magischen Helligkeit und Transparenz. Feuriges Hellrot, Orange und warme Ockertöne haben dasselbe Gewicht oder vielmehr dieselbe Leichtigkeit wie Smaragdgrün, Eisblau und verschwebendes Lila und Violett[139a].« Hier zuerst tritt der emailhafte Schmelz, aber auch die emailhafte Glätte und Kälte auf, welche die echten Manieristen der nächsten Generation, Bronzino, Salviati und Vasari, dann einseitig weiterentwickelt und zum beherrschenden Farbgefühl gesteigert haben.

Bei einem Blick auf die *florentinische Landschafts-malerei* dürfen wir hoffen, Aufschluß zu erhalten über 245 das Verhältnis, das zwischen Mensch und Natur in Florenz waltet. So überwältigend reich die Geschichte der florentinischen Malerei ist, eine schrankenlose Hingabe an den Zauber der Landschaft spricht nur aus wenigen florentinischen Bildern. Die beglückende Übereinstimmung zwischen Mensch und Kosmos, die so vielen umbrischen oder venezianischen Bildern des 15. oder 16. Jahrhunderts eigen ist, sucht man in Florenz vergeblich. Und im 14. Jahrhundert war in Siena und nicht in Florenz die erste Weltlandschaft gemalt worden, wenn auch noch nicht um ihrer selbst willen, sondern zur Illustrierung eines echt trecentistischen Gedankengebäudes. Landschaftsmalerei ist keineswegs erst seit den Tagen der Romantik Stimmungskunst, sie ist es in Venedig und Ferrara, in Perugia und Siena schon in den Zeiten der Renaissance gewesen. Bei dem rationalen, männlichen Charakter aller florentinischen Kunst hatte man für die Landschaft als Stimmungsträger des Bildes wenig übrig. Leonardo überliefert den verächtlichen Ausspruch Botticellis: »Ein solches Studium der Landschaftsmalerei sei fruchtlos, denn man brauche nur einen Schwamm, der mit verschiedenen Farben getränkt sei, gegen eine Mauer zu werfen und der Farbfleck, der dann dort entstünde, sei die schönste Landschaft« und fügt dann selbst bekräftigend hinzu »e queste tal pittore fece tristissimi paesi[140]«. Nun ist dieser dem Maler in den Mund gelegte Ausspruch zwar nur eine Künstler-Anekdote, und die Geschichte mit dem Flecken auf der Wand wird nicht nur von Vasari auch in der Vita des Piero di Cosimo erzählt, sondern

scheint über die ganze Welt verbreitet gewesen zu
246 sein, da nicht nur Plinius und andere antike Quellen, sondern auch ein chinesischer Maler des 11. Jahrhunderts das Rezept von dem Flecken kennen, in den die menschliche Phantasie dann künstlerische Gebilde hineinschaut[141]. Aber es ist höchst bezeichnend, daß sich gerade an die Persönlichkeit des Malers der Primavera und der Geburt der Venus die Anekdote heftet.

Auch im 16. Jahrhundert bleibt es bei der Geringschätzung der Landschaftsmalerei in Florenz. In dem berühmten Brief des Vasari an Benedetto Varchi von 1546 heißt es wegwerfend, daß »heutzutage schon keine Schuhflickerbude mehr ohne eine deutsche Landschaft sei[142]«. Das bedeutet doch, daß das florentinische Publikum, zumal in den unteren Volksschichten, Landschaftsbilder begehrte, daß aber die Künstlerschaft diese Gattung nicht recht bildwürdig fand, in Zeiten des frühen Manierismus freilich kein Wunder. Vasaris Urteil wird von Michelangelos Kunstansichten abhängig sein. In den in Rom im Jahre 1538 geführten Gesprächen mit dem Maler Francesco da Hollanda wird der Divino von Vittoria Colonna gefragt, was es mit der flämischen Malerei auf sich habe. »Die flämische Malerei«, begann gemessen der Maler, »wird im allgemeinen wirklich jedem Frommen mehr zusagen, als irgendein Bild der italienischen Schule . . . In Flandern malt man nämlich . . . grüne Felder, schattige Bäume, Flüsse, Brükken und was sie so ›Landschaften‹ nennen, und dazu viele lebhaft bewegte Figuren, hierhin und dorthin verstreut. Und obgleich alles dies gewissen Augen zusagt, so fehlt daran in Wahrheit doch die rechte Kunst, das rechte Maß und das rechte Verständnis, sowie Auswahl und klare Verteilung im Raume und schließlich selbst Nerv und Substanz, wenn ich auch nicht leugnen will, das man anderwärts schlechter als in Flandern malt[143].«

Vasari spricht auch anläßlich Michelangelos Spätwerk, der Fresken der Cappella Paolina, geringschätzig von der Landschaftsmalerei: »Michelangelos Bestreben war . . . einzig auf die höchste Vollendung der Kunst gerichtet; so findet man hier weder Landschaften noch Bäume, Gebäude und auch nicht eine gewisse Abwechslung und Reize der Kunst, auf die er nicht achtete, vielleicht, weil er seinen hohen Geist nicht mit solchen Dingen erniedrigen wollte[144].«

Der letzte Grund für das Fehlen einer Landschaftsmalerei in Florenz ist darin zu suchen, daß man in dieser Stadt sich für den Menschen interessierte, nicht für seine Umwelt. Schon Giotto hat für die Landschaft um ihrer selbst willen keinen Sinn gehabt. Giottos großes Anliegen ist der Aufbau von Bildkompositionen aus Menschengruppen, und nur als Helferin zu diesem Ziele wird die Landschaft in dienender Rolle zugelassen. Ein Bergmassiv mit geschlossenem Kontur erscheint als Folie hinter der Hauptperson eines Bildes und lenkt so alle Blicke auf diese Gestalt (Arena, Flucht nach Ägypten). Eine Felswand bildet gleichsam den Reliefgrund für eine Begegnungsszene, bei der die Figuren sich in strengem Profil vor dieser Landschaftskulisse abheben und die Blicke der Handelnden durch die obere Randlinie des Bergreliefs zusammengeführt werden (Joachim bei den Hirten, Noli me tangere). Bei den in freier Natur spielenden Szenen (Hirtenleben der Joachimslegende,

Taufe Christi) findet sich nirgends eine Schilderung
248 der Natur um ihrer selbst willen. Wie sehr Giotto als Florentiner auch an der Landschaft die Struktur interessiert, aber nicht der Glanz und der Hauch, die darüber liegen, bewies er, als er in der Lünette der südlichen Seitenwand der Peruzzi-Kapelle von S. Croce den hl. Johannes auf Patmos darstellte (nach 1317) (Abb. 23). Die Abstraktions-Fähigkeit, eine besondere Eigentümlichkeit des florentinischen Charakters, hat hier zu einer Zeit Triumphe gefeiert, die noch keine Planperspektive kannte, welche auch die Ansicht aus der Vogelschau noch nicht systematisch ausgebildet hatte, und die sich erst anschickte, die frühesten zagenden Schritte auf das geographische Kartenbild hin zu tun[145]. Mit der angeborenen florentinischen Lust an der Definition von Begriffen ist hier die Vorstellung der Insel veranschaulicht worden. In der Mitte des Bildfeldes liegt das Eiland, dessen Küsten als ununterbrochener Kontur überschaubar bleiben. Eine Insel muß aber nicht nur rings vom Meere umspült sein, sie muß auch als ›schwimmend‹ dem Festland gegenüber charakterisiert werden. So ist denn Patmos hier auf drei Seiten fest vom Kontinente umgriffen, und das Gewicht des Festlands wird dadurch verstärkt, daß die Engel, welche die Windungeheuer bändigen, auf den Gelenkpunkten der Küstenfiguration des Kontinents postiert sind. Die Sehhöhe, die Hauptkompositionslinie des Freskos, bindet dann Meer, Festland und Eiland zur geographischen und künstlerischen Einheit zusammen und geht auch durch die Augenpartie des Johannes, dessen Kopf aber durch den plastischen Heiligenschein etwas über die dominierende Linie hinausgehoben wird. Bei einer

solchen Bildstruktur wird die Farbe nie eine sehr große Rolle gespielt haben. Die einzelnen Farbwerte sind heute stark verblichen, doch war das Meer wohl immer grüngrau, die Insel graublau, der Grund aber von sehr kräftigem Blau, wie er hinter den meisten Fresken Giottos steht[146]. Großartiger und reiner hat sich das florentinische Verhältnis zur Landschaft niemals ausgesprochen als hier ganz am Anfang der Entwicklung[147].

Eine kontinuierliche Entwicklung der florentinischen Landschaftsvorstellung durch das Trecento hindurch ist noch nicht nachzuweisen[148]. Das Fresko des Maso di Banco in der Sylvester-Kapelle von S. Croce, gemalt wahrscheinlich nach 1336 und um 1341[149], steht ziemlich allein (Abb. 24). In ihm sind zwei Szenen aus der Legende des hl. Papstes vereinigt, links versiegelt er den Rachen eines Drachen, rechts erweckt er zwei Magier wieder zum Leben, welche das Untier getötet hatte. Der Schauplatz der Sylvester-Legende ist Rom, und so hat der Künstler seine Szene vor die Prospekte römischer Ruinen gestellt. Von der Ruine als Stimmungsträger ist hier freilich noch

(146) Der Johannes auf Patmos ist, wie uns Robert Oertel mitteilt, das am besten erhaltene Fresko von der südlichen Seitenwand der Kapelle. Die Konturen sind vielleicht nachgezogen, aber die Komposition als solche ist intakt.

(147) Die Größe der Komposition versteht man erst ganz zu würdigen, wenn man in demselben südlichen Querhaus von S. Croce in der Cappella Castellani die Kopie dieses Giotto-Freskos vergleicht, welche zwischen 1383 und 1392 ein Gehilfe aus der Werkstatt des Agnolo Gaddi gemalt hat. (W. und E. Paatz, Die Kirchen von Florenz I, p. 553 f. und 644 f.) Das vollendete Gleichgewicht der Flächenkomposition von Giottos Fresko ist hier wieder verloren gegangen.

nichts zu merken. Die Atmosphäre der Verlassenheit
250 und der tiefen Melancholie, welche von den Trümmern Roms bei den üblichen Schwarz-Weiß-Reproduktionen des Freskos ausgeht, läßt das Original seit der Reinigung vermissen, der es 1951 unterzogen wurde. Die Farben sind jetzt vielmehr sehr hell und kräftig. Auch die lineare Bildkomposition läßt keine Ruinenromantik aufkommen, hier wird mit den Ruinen gebaut und nicht von ihnen geträumt. Gleichwohl ist vom wahren Wesen des spätmittelalterlichen Rom hier sehr viel mehr eingefangen als in all den Siegeln, Bullenstempeln und Miniaturen der Zeit, welche die einzelnen Wahrzeichen der Ewigen Stadt mit archäologischem Interesse und antiquarischen Hilfsmitteln beschwören und zu einem Stadtbild addieren, das keiner Gesamtvorstellung entspringt. Giottos Johannes auf Patmos und Masos Sylvester-Legende erweisen sich unschwer als Kinder des gleichen Geistes. Beide machen aus der geographischen Situation ein klares tektonisches Gerüst. Beide verzichten auf die Mittel der Naturwiedergabe durch Bäume, Wiesen, Pflanzen, die dem Trecento dafür durchaus zur Verfügung gestanden hätten. Daß Natur keinen Liebreiz zu haben brauche, darin waren sich diese Trecentisten mit Michelangelo einig.

Bei niemandem mehr als bei Fra Angelico glaubt man die Freude an Blumen und Klee, Vogelgezwitscher und Blütenpracht erwarten zu dürfen, welche auf den Bildern seiner Generationsgenossen im Norden unentbehrliche Elemente sind. Aber in seinen großen Tafeln erscheint die Natur genau so konstruiert und jedes Oberflächenreizes entkleidet wie bei Giotto oder Michelangelo. Die Beweinung aus der Confraternità di Sa. Ma. della Croce al Tempio (Museo di S. Marco, entstanden etwa 1440 bis 1445)[150] trennt die Gruppe der Trauernden im Vordergrunde von der kahlen Stadtmauer mit ihren zu Prismen erstarrten Türmen nur durch einen olivgrünen Wiesenplan, ohne irgendwelche Gliederung oder gar Vegetation. Unser Blick soll sogleich auf die stereometrischen Formen aufprallen, sobald wir ihn von den frommen Figuren wegwenden. Nur links von der Stadtmauer gibt es eine Gruppe von Hügeln und Kastellen in ganz stumpfem Braun und Grau. Diese Tektonisierung der Landschaft erreicht einen fast unheimlichen Grad bei der großen Kreuzabnahme aus SS. Trinita (um 1440)[151]. Hier nämlich setzt sich das Stadtbild von Jerusalem links nicht nur aus starren Kuben zusammen, sondern die Koloristik verleiht diesen auch noch einen ganz irrealen Charakter, indem die Wehrtürme in Zinnoberrot, kräftigem Blau und Schwarz, die Paläste aber in Bonbonrosa und Olivfarben gegeben sind. Das Ganze wird von einer Tempelburg in blassem, milchigem Violett gekrönt. Vom Stimmungszauber des Weichen Stils keine Spur – viel eher wird man an eine Zusammenstellung von verschiedenen Kristallbildungen in einem mineralogischen Lehrbuch erinnert. Die Landschaft der rechten Bildhälfte ist kaum weniger tektonisch gebaut, obwohl hier keine Architekturformen auftreten.

Im Werke des Masolino vermögen die Prinzipien der Landschaftsgestaltung des Weichen Stils sich eher durchzusetzen, schon deshalb, weil der Meister so lange in Oberitalien gewirkt hat. Gleichwohl erweist auch er sich als ein echter Florentiner. In der Brancacci-Kapelle von Sa. Ma. del Carmine befand

sich in der Lunette der einen Längswand ein Fresko
252 mit dem Fischzug und der Berufung der Apostel Andreas und Petrus, das Vasari beschreibt[152] und das dem barocken Umbau der Kapelle zum Opfer fiel. Roberto Longhi hat mit Scharfblick in einem Täfelchen, das sich früher in der Sammlung des Principe Giovanelli in Venedig befand, eine Kopie nach diesem verlorenen Fresko erkannt[153] (Abb. 27). Das kleine, nur etwa 20 × 30 cm messende Täfelchen mit einem quadrierten Goldgrunde, das Longhi schon ins 18. Jahrhundert setzen möchte, hat selbst in diesem zierlichen Format noch etwas von der gewaltigen monumentalen Kraft seines Vorbilds bewahrt. Nirgends anders als in Florenz konnte diese Landschaft entstehen, für welche die Organisation der Bildfläche alles, der Stimmungsgehalt der Landschaft nichts bedeutet. Dies kahle, von keiner Vegetation freundlich versöhnte Ufer stößt fast senkrecht in die Tiefe vor, bis es am Horizont gleichsam hart anprallt. Wie bei Giotto ist es nicht das feuchte Element des Wasserspiegels, das hier beschworen wird, sondern mit der Freude am Formulieren wird eher der Begriff ›See‹ dem Begriff ›Land‹ gegenübergestellt. Genau wie bei Giotto sind die Ufer des Teichs möglichst in ihrer ganzen Ausdehnung überschaubar, sie werden nirgends durch Bodenerhebungen oder Figurengruppen überschnitten. Die gefaßten Ufer sind nicht weniger nüchtern als die Linie des Horizonts. Wenn dem schwankenden Grund des Sees das feste Land entgegengestellt wird, so ist das freilich eine symbolische Bildausdeutung, die das biblische Geschehen fordert. Aber daß dieses Land sich nun kahl und flach wie ein Brett dehnen mußte, ohne alle Freude an der knos-

penden Natur und dem weidenden Getier – davon stand nichts im biblischen Texte. Masolino empfand die richtige Aufteilung der Bildkomposition als eine weit wichtigere Aufgabe. Zwei Drittel Wasser, ein Drittel Land, die Trennungslinie so scharf wie möglich gezogen und ein sich verstrebendes Gerüst von Bildparallelen und in die Tiefe führenden Kompositionslinien wie ein Gitternetz aufgerichtet – da blieb kein Blick für die Reize der Natur.

Aber Fra Angelico wie Masolino liegt der Gedanke noch gleich fern, daß der Natur wilde Kräfte innewohnen könnten, die man in den Dienst der biblischen Handlung stellen dürfe, um so einen Gleichklang von Natur und dem Geschehen in ihr heraufzurufen. Nicht einmal für die zähe Schwere der Scholle oder für den Wechsel der Stimmung, dem die Landschaft durch den Wandel der Witterung und der Jahreszeiten ausgesetzt ist, entfalten die beiden Meister des Weichen Stiles ein Organ. Dafür hat erst Masaccio ein Auge mitgebracht. Er war, wie Giotto hundert Jahre vor ihm und Michelangelo hundert Jahre nach ihm, so sehr darauf bedacht, Bilder aus menschlichen Figuren aufzubauen, daß für die Landschaft in seinen Gemälden wenig Raum blieb[154]. Allein das Fresko des Zinsgroschens in der Brancacci-Kapelle gibt eine großartig-kahle, winterliche Berglandschaft als Folie des Geschehens, der man es ansieht, daß der Maler es nicht wünschte, sich mit ins Detail gehenden Naturstudien einzulassen. Aber gerade infolge dieser großen inneren Distanz zur Natur spricht das Neue, das diese Landschaftshintergründe bringen, um so un-

(154) Straßen- und Platzwände freilich braucht er als Begrenzung seiner konstruierten Bildbühnen.

mittelbarer. Es sind beiläufige Aussagen, von der
254 künstlerischen Zielsetzung des Masaccio her beurteilt, wenn in diesen Fresken nun ein Gefühl erscheint für die Erdoberfläche als Masse, an die der Mensch schicksalhaft gebunden ist. Von dem Manne, der den Weichen Stil zerschlug, darf kein Organ für dessen lyrisches Naturempfinden erwartet werden. Den gotischen Formeln vollends, die Masolino etwa in dem Freskenfragment einer Landschaft im Familienpalast der Castiglione zu Castiglione d'Olona für die Naturwiedergabe genau wie Pisanello verwendete, war Masaccio längst entwachsen. Gewiß sind die Fresken der Brancacci-Kapelle stark abgerieben, aber die Landschaft des Zinsgroschens hat sicher niemals leuchtende Töne gehabt. Hier wird der Lichteinfall gar nicht oder nur sehr obenhin motiviert. »Die einzelnen Dinge sind in Schlag- und Halbschatten und mit breit aufgelegten Lichtern modelliert; aber die Abstufungen der Helligkeitsgrade sind fast monochrom, und auf den Zusammenhang der Lichterscheinungen wird so wenig Bedacht genommen, daß die abgeleiteten Schatten nur ausnahmsweise gemalt . . . werden[155].«

Das befremdlichste Beispiel rationalistischer Landschaftskonstruktion liefert Paolo Uccello mit einer terra verde-Malerei, der Anbetung des Kindes im Hospital von S. Martino in Florenz, die allgemein um 1450 gesetzt wird[156] (Abb. 26). Die in einen nach allen Seiten offenen Stall verlegte Szene, welche weite Landschaftsausblicke gestattet, ist nach zwei Fluchtpunkten hin orientiert, die beide hart am Bildrande der Lunette in entgegengesetzter Richtung liegen[157]. Der gesamte, in starker Aufsicht gegebene, gut überschaubare Grund wird durch ein Netz von eingeritzten Hilfslinien in Schachbrettmuster aufgeteilt bis fast an den Horizont hin[158], so daß das Auge sofort von dem religiösen Mittelpunkt des Bildes, von Mutter und Kind, zu den beiden Polen der Konstruktion abgelenkt wird. Zu allem Überfluß wird dieses Schachbrettmuster des Bodens in der Lattenkonstruktion des offenen Dachstuhls des Stalles noch variiert, so daß die geometrische Aufteilung der Bildfläche bis hinauf zum Scheitel der Lunette reicht.

Aber die großen, für die historische Entwicklung entscheidenden Leistungen der abendländischen Landschaftsmalerei waren immer in Orten eines malerischen Sehens – sei es eines warmen blühenden Kolorismus (Venedig), sei es einer tonig gebundenen Farbenskala (Holland) – daheim. Ihre Großtaten bleiben unabdingbar an neue Formulierungen der Luftperspektive gebunden – bis tief in das 19. Jahrhundert hinein (plein air). Was Holland oder Venedig in die Wiege gelegt war, mußte Florenz versagt bleiben. Für jede echte Landschaftsmalerei sind in allen Ländern und allen Jahrhunderten die Fragen der linearen Bildkomposition doch nur Sorgen zweiten Ranges gewesen.

Die Stadt am Arno konnte also nur durch zugereiste Künstler oder durch importierte Werke erfahren, welche neuen Entwicklungsstadien die Landschaftsmalerei gerade durchschritt. Tatsächlich traten in jeder Generation der Frührenaissance ein oder zwei große Verführer auf, welche Florenz auf ganz neue Bahnen des Sehens und Schilderns der Natur drängten.

Aber man vermochte am Arno nicht über den eigenen Schatten zu springen. Den Anschluß an eine

Landschaftskunst zu finden, welche vor allem dem
256 Wandel der farbigen Erscheinung unter den Ein-
flüssen von Licht, Schatten und Atmosphäre nach-
spürte, blieb Florenz versagt. Der Dreikönigsaltar
des Gentile da Fabriano von 1423 hätte den Florenti-
nern den Blick in eine ihnen ganz fremde Welt er-
öffnen können. Die Predellen zumal bedeuten eine
großartige Synthese zwischen der oberitalienischen
Malerei und den neuesten Strömungen der nieder-
ländischen und französischen Buch- und Tafelmalerei.
Besonders die beiden Täfelchen mit der nächtlichen
Geburtsszene und der Flucht nach Ägypten sind
Wunderwerke einer atmosphärischen Sehweise! Wenn
dem Wirken Gentiles keine größere Strahlkraft in
Florenz beschieden war, so mag dies daran liegen,
daß er in einer Stadt, die etwa seit sieben oder acht
Jahren die Zentralperspektive kannte, wie ein Reak-
tionär wirken mußte. Seine Täfelchen waren noch
größtenteils mit Gold unterlegt, und aus dem Bilde
mit der Flucht nach Ägypten ragt ein Sonnenball
aus Gips heraus! In der Geburt Christi (Abb. 25) geht
in ganz mittelalterlicher Weise noch alles Licht vom
Kinde aus, das vor einer Aura aus Blattgold erscheint.
Diese spätgotischen Züge machten es den Florenti-
nern leicht, über die malerischen Werte des Altares
hochmütig hinwegzusehen. Zwar unterscheidet sich
das Bergmassiv des Hintergrundes in der Geburtsszene
noch nicht allzusehr von den gewohnten Kulissen
des Trecento, aber wann wären jemals vorher die
Berglehnen so von den Schwingen einer südlichen
Nacht gestreift worden, die sie mit graugrünen und
stiefmütterchenschwarzen Schatten in warmes Dunkel
hüllen? Zwar ist der gestirnte Himmel noch der des

Märchens, Stern bei Stern in regelmäßigem Abstand festheftend, noch ganz ohne Blick für die große Ordnung wandernder Sternbilder. Aber wie leuchten nun diese Sterne aus dem Nachtfirmament heraus! Schon hat die Herberge beschattete und belichtete Wände, und der ganze Zauber der Geborgenheit strahlt von einer solchen Behausung in das nächtliche Dunkel. In etwas matterem Schein vollzieht sich im Hintergrund die Verkündigung an die Hirten, wobei die gedämpfte Lichtwirkung dadurch zustande kommt, daß der Goldgrund nur hauchdünn mit olivgrünen und hellbraunen Tönen überdeckt ist. Auch das Täfelchen mit der Flucht nach Ägypten hat noch seine konservativen Elemente. Die Figurengruppe wird noch durch eine Felskulisse in der Silhouette zusammengehalten wie eh und je bei Giotto. In der Mitte der Predella herrscht also noch das trecentistische Prinzip der Raumverdunklung, zu beiden Seiten aber umgekehrt »die Aufhellung nach der Tiefe zu. Die Allee, die sich rechts in die Bildtiefe hineinzieht, beginnt mit schwärzlich grünem Laubwerk, das, je tiefer man kommt, zu einem aufgehellten Grün und endlich ganz hinten zu einem gedämpften Smaragdgrün wird ... Ein Luftmedium von einer gewissen Zusammensetzung bedingt die Farbveränderungen auf dem Bild[159].« Blieb Gentile ein Einfluß auf die florentinische Malerei versagt, so hat sich der Sienese Giovanni di Paolo um so enger an ihn angeschlossen. (Abb. 42 u. 43.)

Um 1440, beim Auftreten des Domenico Veneziano in Florenz, steht auch die florentinische Landschafts-Darstellung abermals am Scheidewege. Die zweite große Verlockung – nach dem Dreikönigsalter des

Gentile da Fabriano –, die an die Florentiner heran-
258 trat, um sie zu einem neuen malerischen Sehen zu verführen, ging von dem Lucia-Altar des Venezianers aus. Das Neue, das dieses Wunderwerk der Malerei nach Florenz brachte, ist glänzend und präzis beschrieben worden. Von den Predellen des Altars hat G. Pudelko gesagt: »Nie wieder hat Domenico so ausschließlich durch zarteste Valeurs abgetönter Farbflächen die Tiefenillusion seines Bildraumes erreicht, nie wieder ist er, aber auch keiner nach ihm, durch einen fast völligen Verzicht auf Primärfarben so dem Stimmungsgehalt der Farbe als Ausdruck des Atmosphärischen nahegekommen, wie es Corot Jahrhunderte später zu verwirklichen beschieden war. Das Licht variiert die Eigenfarbe[160].« Von der Predella mit der Stigmatisation des hl. Franziskus: »Die zittrige Silhouette der Bäume zerflattert vor dem hellen, durchsichtigen Farbton der Berge[161].«

Was Florenz dem Venezianer nicht abnahm, wollte es auch durch dessen großen Schüler und Mitarbeiter, durch den Umbrer Piero della Francesca, nicht lernen. Dieser Hauptmeister der Landschaftsmalerei und Theoretiker der Luftperspektive im Quattrocento hat in seinen Mannesjahren über ein Jahrzehnt lang im toskanischen Arezzo gewirkt. Banden ihn Aufträge und wissenschaftliche Neigungen auch eher an den Hof von Urbino, so kam er gewiß doch oft von Arezzo nach Florenz herübergeritten. Aber einen Niederschlag seiner Landschaftsauffassung sucht man bei den Florentiner Malern vergeblich.

Der dritte große unter den fremden Altären, welche der Landschaft einen wesentlichen Anteil einräumten, war der Portinari-Altar des Hugo van der

Goes, der zwischen 1473 und 1475 in Gent entstand und der, bei Rückkehr des Bestellers aus Brügge um
1480–1482 in die Heimat mitgenommen, in der Kirche des Hospitals von Sa. Ma. Nuova Aufstellung fand (heute in den Uffizien)[162]. Besonders auf der Innenseite des rechten Flügels mit den Hl. Margarete und Maria Magdalena, vor denen die weiblichen Mitglieder der Stifterfamilie knien, hinterfängt die Figuren eine Spätherbst- oder Winterlandschaft ohne Schnee. Die scharfen Linien, mit denen Hügel und Fels sich von dem erhellten Horizonte abheben, die Art, wie die Stämme und Zweige der kahlen Bäume vor dem trüben Dezemberhimmel stehen, hätten in der Stadt des disegno eigentlich großen Eindruck machen müssen. Indessen, der großartige farbige Aufbau dieser Landschaft, der auf olivfarbene, stumpfgrüne und braune Töne sich beschränkt – nur an dem Höhenrücken in der Mitte vor dem Horizonte erscheint ein gedecktes Blaugrau –, mußte den Florentinern den Zugang zu diesem nordischen Werk wieder erschweren. Sie verlangten eine lautere Buntheit. Die Regenpfützen, die auf dem braunen Lehmboden des Mittelgrundes aufschimmern, Wäldchen und Gutshaus, die sich in dem stumpfgrauen Wasser des Weihers spiegeln, das waren zu leise und versteckte Schönheiten, als daß man sie um 1480 in Florenz sehr beachtet hätte. Seitdem der Portinari-Altar anläßlich der Neuordnung der Uffizien 1952 seinen Platz mitten unter den gleichzeitigen florentinischen Altarbildern gefunden hat, seit er sich also wieder in dem ›Milieu‹ befindet, in das er gehört, kann man sich überzeugen, wie gering der Widerhall dieser nordischen Landschaftskunst auf die florentinischen Zeitgenossen ge-

wesen ist. Man hat die Schwertlilie und die Akelei
260 aus dem Vordergrunde des Mittelbildes kopiert, aber kaum ein florentinischer Maler hat versucht, eine Landschaft ähnlich in wenigen, tonig gebundenen Farben aufzubauen. So weit wir sehen, war Piero di Cosimo der einzige, der sich später noch mit der Landschaft des Portinari-Altares auseinandersetzte[163]. Seine Immaculata Conceptio, ein Spätwerk um das Jahr 1504, hält die Landschaft ganz in Grün- und Brauntönen. Pieros Freude an bizarren und abnormen Bildungen der Natur, besonders aber das magische Licht, das er über die Landschaft ausgießt und das so gar nichts mit der nüchternen Helle des nordischen Tags auf dem Portinari-Altar zu tun hat, läßt dann aber den Abstand zu dem Werk des großen Vlamen doch sehr beträchtlich erscheinen.

Den beiden großen internationalen Modeströmungen des 15. Jahrhunderts gegenüber hat Florenz in einer sehr bezeichnenden Weise reagiert. Der lyrisch-sentimentalen Naturauffassung des Weichen Stils hat die Stadt am Arno sich ganz versagt. Nichts ist aufschlußreicher, als daß ein gebürtiger Sienese jetzt die führende Florentiner Künstlerpersönlichkeit wird, Don Lorenzo Monaco. Seine Landschaftszeichnungen im Berliner Kupferstichkabinett[164] und seine Predellentäfelchen mit Szenen aus der Thebais (Florenz, Akademie)[165] sind sienesisch oder nordisch empfunden, florentinischer Landschafts-Auffassung aber ganz fremd. Der archaisierenden Strömung um 1460 gegenüber, die in den Niederlanden ebenso daheim ist wie am Arno, hat Florenz indessen seine Tore geöffnet, wobei sich der Genius loci der Zeitmode gegenüber durchzusetzen vermochte. Diesmal wären alle soziologischen Voraussetzungen für das Entstehen einer ›Stimmungslandschaft‹ überaus günstig gewesen. Die Hauskapelle des Palazzo Medici besitzt, obwohl sie unmittelbar hinter der Fassade gegen die Via Larga liegt, keine direkte Lichtquelle, und so sollten die Fresken des Benozzo Gozzoli, welche die Wände rings bedecken, wie das Altarbild des Fra Filippo Lippi mit der Anbetung im Walde, demnach nur bei Kerzenschimmer betrachtet werden (Abb. 29). Nicht nur das Gold der Nimben, Borten und Brokate gewann erst so jene eigentümliche Kraft, die sich bei Tageslicht niemals einstellen kann, sondern auch die ganze Farbenskala verschob sich zugunsten der geschlossenen Farbflächen. Aber diese Reize des schummerigen und gedämpften Lichtes sind nur den archaisierenden Formwerten zugute gekommen, der Bildvorwurf hat sich diese Stimmungswerte nicht zunutze gemacht. Gewiß, die Verlegung der Anbetungsszene aus dem Stall in die Tiefe des Waldesdunkels muß ein mystischer Text veranlaßt haben. 261

Aber die florentinische Formphantasie hat zunächst schon auf dem Aufbau eines bis an den oberen Bildrand hin geometrisch kontrollierbaren Raumes bestanden. Die einzelnen Baumstämme verlieren sich nicht im Waldesdickicht, sondern treten zu Reihen zusammen, die sich mit fast gleich bleibendem Abstand von Stamm zu Stamm in die Tiefe staffeln. So wird das Auge infolge der hohen Aufsicht bis an den oberen Bildrand sicher geführt. Diese Bäume senken ihre Wurzeln nicht in den weichen Waldesboden; der Grund ist vielmehr aus den nackten Stufen einer harten Felsformation aufgebaut, auf der nichts wächst, und in die nur die Waldbäche ihre kastenartigen Betten

eingesägt haben. Jeder einzelne Baumstamm hat einen
262 zähen Kampf zu führen, sich durch diese stufenförmigen Felsgeschiebe hindurch zu zwängen, um den nährenden Mutterboden des Waldes zu gewinnen. Der Abstand zu den Landschaftsformationen des Mantegna ist hier nicht allzu groß. Alles ist hier so künstlich gebaut, so durchdacht und zurechtgerückt, daß man sich wundert, wenn die Blumen des Wiesengrundes nicht in Töpfe gepflanzt sind. Von zutraulichen Tieren ist diese Wildnis überhaupt nicht belebt, kein Fisch in den Bächen, kein Vogel im Gezweig! Lediglich ein einsamer Reiher steht am rechten Bildrande im Mittelgrund, und diesem wird um seiner symbolischen Bedeutung willen dieser Platz hier eingeräumt worden sein.

Auf Grund von Vasaris berühmter Schilderung vom Wesen des Piero di Cosimo sollte man bei diesem Künstler voraussetzen, daß er Stimmungslandschaften gemalt habe. Denn als eine sozusagen zu früh geborene ›romantische Natur‹ hat Vasari ihn hingestellt, als einen Sonderling, der in seinem Garten alles wild wachsen läßt und der mit einer fast krankhaften Sensibilität auf alle Naturereignisse reagiert. Aber wer erwarten sollte, hier einen Maler zu finden, dessen Bilder den Horizont nach allen Seiten hin schrankenlos ausweiten, dessen Kompositionen vom vorderen Bildrand an ohne ängstliche Sicherungen weit in die Tiefe vorstoßen, in kühner Aufsicht ein ganzes Stück Kosmos erschließen oder gar Sturm und Gewitter beschwören, der wird enttäuscht werden. Alle Landschaften Pieros sind vielmehr so verstandesmäßig wie möglich aufgebaut, und keine kann für diesen Aufbau der menschlichen Gestalt als Gliederungsmittel entraten. So läßt denn auch der Tod der Procris (Abb. 28) die Natur nur als Folie hinter einer Komposition zu, die aus Menschen, mythologischen Wesen und Tieren aufgebaut ist (um 1500 entstanden). Die drei Figuren von Procris, Satyr und Hund zusammen bilden im Vordergrund einen festgefügten Rahmen, und erst durch ihn hindurch kann das Bild der Landschaft genossen werden.

So bleibt eigentlich nur Uccello als einsame Figur übrig, welche die Schranken weit hinausrückt, die dem florentinischen Verhältnis zur Natur sonst gezogen sind. Die Vasari'sche Vita, die ihn als einen in die Gesetze der Perspektive Verliebten hinstellt, hat das Bild des Meisters damit allzu einseitig bestimmt. Uccello besaß nicht nur ein spontanes Verhältnis zur Natur, sondern dies wandelt sich außerdem von Jahrzehnt zu Jahrzehnt bis zu seinem letzten Werke hin. Die Fresken mit dem Leben der Väter in der Thebais im oberen Kreuzgang von S. Miniato al Monte werden um 1440 entstanden sein[166]. Mit keckem, spitzem und flüchtigem Pinsel sind in skizzenhafter Manier auf eine blaßlila Erdoberfläche Baumkronen, eingehegte Felder und Gärten, Ackerfurchen und Wege in grüngrauer Farbe gesetzt, ganz so, als ob ein pompejanischer Freskant am Werk gewesen wäre. Der Reichtum dieses Zyklus ist kaum auszuschöpfen, denn neben der von Vasari gerügten unnaturalistischen Farbgebung[167] findet sich nun auch die reinste

(167) Vasari-Milanesi II, p. 207 tadelt – was er ebenso gut bei Fra Angelicos Kreuzabnahme hätte rügen können –, daß die Felder in blauer, die Städte in roter Farbe erscheinen; er fordert, Gebäude aus Stein müßten auch steinfarben gemalt werden.

plein-air-Malerei vom Schlage Corots, welche die
264 zarteste und genaueste Naturbeobachtung widerspiegelt. In dem am spätesten, erst 1942 aufgefundenen Fresko[168] glänzt das gedeckte Elfenbeinweiß der Mauer in einer Reinheit und sind die Schatten so durchlichtet, wie es wirklich nur bei dem großen französischen Maler zu finden ist.

Mit der Jagd in Oxford gerät Uccello dann in den Kreis der archaisierend-›romantischen‹ Strömung und mit seiner allerletzten Arbeit, der zwischen August 1467 und Oktober 1468 in Urbino selbst gemalten Predella, tritt er gar mit Piero della Francesca in Berührung, dessen Aufenthalt am Hofe des Federico da Montefeltre gerade für diese Zeitspanne bezeugt ist. Denn das perlgraue Licht, das sich in der Apsiskalotte sammelt, das grausilbrige Chorhemd des zelebrierenden Priesters beweisen, daß wenigstens diesem einzigen Florentiner es gelungen ist, die Luft zu malen, die den Raum erfüllt und zwischen Menschen und Gegenständen webt[169].

Die letzte Generation der Frührenaissance-Maler, Ghirlandajo, Botticelli, Filippino Lippi, hat der Landschaftsmalerei ziemlich gleichgültig gegenüber gestanden. Ghirlandajo übernahm zwar auf der Altartafel für die Sassetti-Kapelle in SS. Trinità die eindringliche Darstellung der Hirten und der Tiere vom Portinari-Altar, aber das hausbackene Rezept der florentinischen Landschafts-Darstellung behielt er bei.

Das Verhältnis der beiden größten bildenden Künstler, die Florenz hervorgebracht hat, zur Landschaftsmalerei ist schließlich höchst bezeichnend. Selbstverständlich wird niemand Leonardo oder

Michelangelo hier unter die ›typischen Florentiner‹ einreihen wollen. Die naturwissenschaftlichen Einsichten Leonardos eilten seinem Zeitalter weit voraus. Nicht die Tiefe seiner Erkenntnisse, wohl aber die Art seiner Fragestellung ist die eines Florentiners. Schon gleich bei der ersten Federzeichnung des Einundzwanzigjährigen – die zugleich die älteste reine Landschaftsstudie des Abendlandes ohne jede menschliche Staffage bedeutet und die ein Motiv auf dem Wege von Empoli nach Florenz festhält (1473, Uffizien) (Abb. 31) – sind die Grenzen zwischen freiem Kunstwerk und wissenschaftlichem Studienblatt verwischt: die Bäume und Büsche, die sich rechts den Berghang hinaufziehen, sind der Gegenstand von optischen Studien. Wie zersetzt das Medium des Lichts die feste, geschlossene, kugelige Masse der Baumkrone? lautet die Frage[170]. Leonardos Sinn für Atmosphäre, für Licht- und Luftperspektive, den er von seinem allerersten Werke, der Landschaft auf Verrocchios Taufe Christi, an entwickelt, ist kein Erbteil der Vaterstadt. In der Lösung dieser Probleme waren zur Zeit von Leonardos Auftreten Piero della Francesca und die Venezianer weit voraus. Bei einem reifen Werk, wie der großen Regenlandschaft in Windsor etwa, ist es schwer zu sagen, ob es vorwiegend Leonardo dem Künstler oder Leonardo dem Naturwissenschaftler sein Dasein verdankt[171]. Vollends der Weg zu den Regenflut- und Weltuntergangsblättern bedeutet die Entwicklung eines ganz einsamen Forschers und Künstlers, dessen Geist regionalen Bindungen längst entwachsen ist.

Michelangelo versteht unter Natur den menschlichen Körper; für Landschaft, auch die großartigste,

hat er nur Sinn gehabt, wenn sie die Möglichkeit er-
266 schloß, menschliche Gestalten aus ihr zu formen. Als der Meister im Frühjahr 1505 den Auftrag erhielt, das Grabmal Papst Julius II. für St. Peter in Rom zu schaffen, verbrachte er acht Monate in der großartigen Bergwelt der Alpen von Carrara, um in den dortigen Marmorbrüchen das geeignete Rohmaterial für sein Werk auszuwählen. Die beiden zeitgenössischen Biographen des Meisters, Vasari und Condivi, berichten übereinstimmend, daß Michelangelo dort in ein spontanes, unmittelbares Verhältnis zur Gebirgsnatur trat. »Dort betrachtete er eines Tages die Landschaft«, berichtet Condivi, Cap. 24, »und es überkam ihn die Lust, aus einem Berge, der auf die See hinausschaute, einen Koloß zu formen, der den Seeleuten schon von weitem ein Zeichen sei. Ihn lockte vor allem die passende Form des Bergmassivs, aus der man den Koloß leicht hätte herausholen können, zugleich aber der Wettbewerb mit den Meistern des Altertums.« Werner Körte hat in einem herrlichen Aufsatz dargelegt, welche antiken Vorstellungen hier Michelangelos Phantasie beflügelten. Es ist die von Vitruv und Plutarch überlieferte Fabel von einem Hofkünstler Alexanders des Großen, Deinokrates, der den Berg Athos zu einer menschlichen Gestalt und zwar zum Ebenbilde seines Königs umformen wollte[172]. Dies einzige Zeugnis für das Naturgefühl Michelangelos verrät den geborenen Bildner. Seine Gemälde bleiben in dieser Hinsicht stumm.

Hatte der Manierismus als ein besonders artistischer Stil, wie alle l'art-pour-l'art-Zeiten, von Haus aus kein unverschüttetes Verhältnis zur Natur, so durfte er sich außerdem auf Michelangelo berufen, und er hat es getan[173]. Des Divino fehlender Sinn für die Landschaft hat auf den florentinischen Manierismus die größte Wirkung geübt.

Ist unsere Behauptung richtig, daß die florentinische Kunst sich der Landschaftsmalerei versagen mußte, weil der Mensch für sie im Mittelpunkte ihres Denkens und Bildens stand, so muß Florenz die *Gattung des Porträts* vor anderen Städten gepflegt haben. In der Tat sind hier die ältesten Bildnisse entstanden. Von der Gestalt der großen Künstler, welche um 1300 in den Mauern der Stadt gelebt hatten, ging eine eigenartige Atmosphäre aus. In ihrem Schimmer, im Stolz auf diese Männer und ihre Werke bildete sich so etwas wie ein italienisches Nationalbewußtsein aus. Das Antlitz dieser Künstler auf die Nachwelt zu bringen, wurde zu einem selbstverständlichen Bedürfnis der Zeitgenossen, und so sind denn Dante und Giotto, Boccaccio und Petrarca die ersten Literaten und Künstler gewesen, die als bildwürdig empfunden wurden – eine Ehre, die man bis dahin nur weltlichen und geistlichen Fürsten und städtischen Magistraten zugestanden hatte. In den Ländern der nordischen Gotik blieb das auch weiterhin so, und in Italien hielten sich die andern Städte zunächst ebenfalls zurück. Florenz allein entwickelt seit dem frühen Trecento die Gattung des Profanbildnisses von Menschen, die nicht um ihrer politischen Macht oder Stellung willen des Porträtierens für würdig gehalten werden, sondern die allein durch ihre geistige Gewalt eine denkwürdige Figur geworden waren. Sie wurden im Trecento im Bilde festgehalten, weil sich eben auch die ersten Künstler-Anekdoten seit

der Antike um diese Männer zu ranken begannen.
268 Freilich sind ihre Porträts zunächst noch keine Bildnisse in unserm Sinne, welche die isolierte Figur in einem selbständigen Bildrahmen festhielten. Dante oder Petrarca treten zunächst nur als Assistenzfiguren in Schilderungen biblischer Stoffe auf, etwa auf dem Weltgerichtsfresko des Nardo di Cione in der Cappella Strozzi in Sa. Ma. Novella um die Mitte des 6. Jahrzehnts des 14. Jahrhunderts[174]. Das florentinische Patriziat nahm seinen Platz unter den Zuschauern des heiligen Geschehens auf den Fresken als Auftraggeber solcher Bilder erst gegen Ende des 15. Jahrhunderts ein.

Jedenfalls ist die früheste Porträttafel der florentinischen Kunst, welche die Brustbilder dreier Mitglieder der Künstler-Familie Gaddi in dem Rahmen eines Breitbildes vereinigt (samt Inschrift und Wappen) nichts weiter als die Zusammenstellung dreier Künstler-Selbstbildnisse – oder was man dafür hielt –, die sich unter den Assistenzfiguren religiöser Fresken in florentinischen Kirchen fanden und die nun, aus dem Fresko herauskopiert, auf die Tafel übertragen wurden. Das Bildnis des Agnolo Gaddi ist getreu nach dem Selbstbildnis auf den Fresken im Chor von S. Croce ausgeführt, für die beiden andern Köpfe des Taddeo und Gaddo kennen wir die Vorbilder nicht mehr. Man hat die Tafel dem Giuliano Pesello zugeschrieben, jedenfalls ist sie am Beginn des Quattrocento gemalt worden[175]. Das andere und berühmtere Bild dieser Gattung ist das Fünf-Männer-Bild im Louvre, das in friesartiger Reihung die Brustbildnisse von Giotto, Uccello, Donatello, Antonio Manetti und Brunellesco vereinigt. Der schlechte Erhaltungszustand läßt es strittig erscheinen, ob die Tafel aus dem nächsten Kreise des Paolo Uccello stammt oder erst eine Kompilation aus dem 16. Jahrhundert ist[176]. Jedenfalls haben wir hier eine sehr altertümliche Bildnisgattung vor uns, die ursprünglich wohl sehr verbreitet und vom Publikum begehrt war, von der aber nur diese beiden Tafeln noch Zeugnis ablegen.

Im Weichen Stil standen die künstlerischen Strömungen des Zeitstils mit den Grundkräften des florentinischen Kunstcharakters im Widerstreit. Die künstlerische Führung auch auf dem Gebiete des Porträts liegt nun in Oberitalien, wo offensichtlich auch französische Einflüsse anregend wirken. Hier in Oberitalien sind im Weichen Stil die ersten Tafelbilder entstanden, welche den Kopf und die Büste der Einzelfigur allein schon als bildwürdig für eine gerahmte Tafel empfanden. Die nur literarisch überlieferten Bildnisse des Gentile da Fabriano werden wohl Profilporträts gewesen sein, die erhaltenen des Pisanello geben jedenfalls mit Ausnahme des Wiener Bildnisses des Kaisers Sigismund die Dargestellten alle im Profil. Diese Bildgattung tritt uns in Florenz erst in der letzten Phase des Weichen Stils entgegen. Das zuweilen dem Masaccio zugeschriebene Jünglingsbild im Isabella Stewart Gardner Museum in Boston und das Bildnis eines jungen Mannes im Museum von Chambéry von P. Uccello gelten gemeinhin als die ältesten erhaltenen Stücke[177]. Alle diese erhaltenen florentinischen Profilbildnisse stehen vor dunklem Grunde; es ist höchst bezeichnend, daß erst Piero della Francesca kommen mußte, damit die dargestellten Profile in den Freiraum einer Landschaft versetzt

wurden (Federigo da Montefeltre und Battista Sforza,
270 Florenz, Uffizien, 6. Jahrzehnt des 15. Jahrhunderts). Mindestens ebenso aufschlußreich aber ist es, daß die florentinischen Maler der zweiten Jahrhunderthälfte, wie etwa Baldovinetti, die Pollajuoli oder Botticelli in ihren schönsten Bildnissen am neutralen Grund gleichwohl festgehalten haben. Das erste florentinische Bildnis, das sich von dem Hintergrund einer Landschaft abhebt, ist Leonardos Ginevra de'Benci (Wien, Liechtenstein-Galerie).

Die Vorliebe für den neutralen Grund hängt eng damit zusammen, daß Florenz an der Gattung des Profilbildnisses überhaupt so auffallend lange festgehalten hat: der florentinische Drang zur Charakterisierung durch die Linie kann sich im Profilbildnis vor abgedeckter Fläche natürlich viel reiner aussprechen als im en face-Bildnis oder in einer halben Seitenansicht, zumal wenn der Freiraum die Figuren umgibt. Auch in ganz späten Profilbildnissen, wo diese Gattung schon fast als archaisierend empfunden werden muß und auch dann, wenn der Künstler ein geborener Maler war, dominiert die Ausdruckskraft des disegno. Auf Piero di Cosimos Idealbildnis der Simonetta Vespucci in Chantilly empfindet man trotz der trüben, geballten Schwere der Farbigkeit die Wolken, die sich hinter dem Antlitz der jungen Frau zusammenschieben, zunächst weniger als geschlossene Farbflächen, sondern isoliert vielmehr ihre Ränder, die man als Varianten der Profillinien des Gesichtes zu betrachten hat. Da die andern italienischen Kunstzentren das Profilbildnis mit dem Ende des Weichen Stiles aufgegeben haben, so darf man also hier von einer Lieblingsform des Florentiner Bildnisses sprechen.

Die Drehung des Dargestellten aus dem Profil heraus gegen den Beschauer hin ist im Norden schon eine volle Generation früher vollzogen worden als in Florenz. Das Bildnis des burgundischen Herzogs Jean sans peur im Antwerpener Museum (um 1425), das man zumeist dem Hubert van Eyck zuschreibt, war die früheste Formulierung[178]. Die reiferen Lösungen, wie des Jan van Eyck Timotheus (London, National Gallery), erhalten ihre florentinischen Gegenstücke erst in dem großartigen Jünglingsbildnis des Castagno in der Sammlung Pierpont Morgan in NewYork[179] oder dem anonymen Jünglingsbildnis der Münchener Pinakothek[180]. Beide Bilder, die dem Anfang der fünfziger Jahre angehören werden, geben den Dargestellten fast en face, nur mit leichter Drehung des Kopfes, beide sind ohne niederländische Vorbilder nicht denkbar.

Damit war das Eis gebrochen. Die Porträtierten konnten nun jede Stellung annehmen. So sehr die archaische Form des Profilbildnisses dem florentinischen Hang zum disegno entgegengekommen war, so wenig Möglichkeiten bot sie doch andererseits für eine breitere Charakterschilderung des Dargestellten.

Man sollte eigentlich vermuten dürfen, bei der Entstehung des Bildnisses in Florenz habe die Vollplastik sozusagen einen natürlichen Vorsprung gehabt, weil sie sich der Profilhaltung nicht erst zu entziehen brauchte. Reliefs mit Profilbildnissen hat die florentinische Skulptur des frühen und mittleren Quattrocento merkwürdigerweise kaum gekannt, was seinen Grund darin haben mag, daß die Auftraggeber dem

gemalten Profilbildnis den Vorzug gaben[181]. Aber
272 diese Annahme ist falsch: die Porträtbüste tritt erst fast eine volle Generation nach den ältesten gemalten Porträts in Florenz auf – wenn man von dem Selbstbildnisköpfchen des Lorenzo Ghiberti an seiner ersten Bronzetür, die 1424 vollendet war, einmal absieht, da es sich hier doch mehr um eine Werkstattmarke als um ein in die Gattung des Bildnisses gehöriges Werk handelt. Die ersten Porträtbüsten gehören alle erst in die zweite Hälfte des Quattrocento. Die drei frühesten stammen von Mino da Fiesole (1453 Piero de' Medici, Florenz Bargello; 1454 Niccolò Strozzi, Berlin, Kaiser-Friedrich-Museum; 1456 der Apotheker Alexo di Luca, ebda. Im selben Jahre Antonio Rossellinos Büste des Rechtsgelehrten Giovanni Chellini, London, Victoria and Albert-Museum.) Nur zögernd hat sich die Forschung von der altvertrauten Vorstellung getrennt, daß Donatello auch auf dem Gebiete der Porträtbüste der führende Meister gewesen sei. Aber seit wir einsehen mußten, daß der sogenannte ›Niccolò da Uzzano‹ nicht den florentinischen Patrizier darstellt, sondern daß wir hier ein Idealbild des Cicero vor uns haben, und daß die Büste außerdem nicht von Donatello stammt, ist eine Büste nach der andern aus Donatellos Werk ausgeschieden (von der Reliquienbüste in Pisa natürlich abgesehen): den jugendlichen Diakon in der Alten Sakristei von San Lorenzo, den Knaben mit der Kamee und der Biga (den sogenannten ›Sohn des Gattamelata‹), Bargello, hat man mit Vorbehalten dem Werk des Desiderio da Settignano

(181) Das Profilporträt im Relief ist oberitalienisch (Certosa di Pavia). Es gehört in die humanistische Atmosphäre, weil es natürlich im Anschluß an antike Münzen entstand.

eingereiht, der Lodovico III. Gonzaga (Berlin, Kaiser-Friedrich-Museum) gilt längst nicht mehr als ein Porträt dieses Fürsten und als ein Werk Donatellos.

Es ist erstaunlich, wie sehr das Florentiner Patriziat für seine Bildnisse auf dem edlen Material des Marmors bestand. Im Gegensatz zu anderen Landschaften – etwa der Emilia – bilden die Terracottabüsten durchaus die Minderzahl. Alle Bildnisse sind Halbfigurenbüsten oder – sehr viel seltener – knappe Schulterbüsten. Das erste, aber auch das einzige Beispiel des Quattrocento, welches die Hände einbezieht, ist die Halbfigurenbüste der Dame mit dem Blumensträußchen von Verrocchio (Florenz, Bargello). Welche Fülle schärfster Menschenbeobachtung von seiten der Künstler, wieviel Vitalität und Gewaltsamkeit, Jugendanmut und Greisenweisheit, Redlichkeit und verschlagener Geist auf seiten der Dargestellten treten uns da entgegen! Daß Frauen aus dem Patriziat einer Bildnisbüste für würdig befunden wurden, gab es im Quattrocento nur in Florenz[182], überall sonst blieb die Damenbüste das Vorrecht der Fürstin (so in Neapel, Urbino und Rimini).

An der Schwelle des Cinquecento verschwindet diese Gattung plötzlich. Es gibt keine florentinischen Büsten der Hochrenaissance. Im Manierismus ist es im wesentlichen bei diesem Befund geblieben; sieht man von Benvenuto Cellini ab, so stammen alle bedeutenden Porträts jetzt von Malern. Die Erklärung für diesen auffallenden Befund[183] liegt nahe: Florenz hat wie immer die Gattung ausgebildet, die Frühstufe beherrscht und die Entwicklung bis an die Schwelle der Hochstufe geführt. Damit war von seiten der Künstler das Interesse an dem Problem er-

loschen. Höchst merkwürdig bleibt nur, daß die Auf-
274 traggeber sich in diese Verhältnisse fügten und ihre Bestellungen nur noch an Maler gingen.

Aber die Hochrenaissance war in Florenz überhaupt eine porträtfeindliche Zeit. Der Zug zum Idealbildnis, der Hang zum Typischen, der die Hochrenaissance kennzeichnet, kam nicht den Ansprüchen entgegen, welche die Florentiner Realisten und Psychologen an das Bildnis stellen mußten. Michelangelo und Fra Bartolomeo haben überhaupt keine Porträts gemalt, von Andrea del Sarto erkennt die neuere Kritik nur vier Bildnisse an[184]. Hingegen mußte die Zeit des Manierismus die große Epoche des florentinischen Porträts werden. Menschen einer Krisenzeit zu schildern, mußte die Maler unter den Zeitgenossen des Machiavelli reizen. Je mehr Zurückhaltung nun Zeitmode und höfisches Zeremoniell, inneres Bedürfnis, angeborene Scheu und seelische Zartheit den Auftraggebern auferlegten, desto größer muß der Reiz für die Florentiner Maler gewesen sein, den Charakter dieses verschlossenen Gegenübers zu ergründen und im Bilde sichtbar zu machen. Überblickt man die Bildnisse Pontormos, Salviatis, Bronzinos, so kann es kein Zweifel sein, daß diese Porträts die letzte Gipfelleistung der florentinischen Kunst überhaupt bedeuten.

Daß die florentinische Kunst sich der Landschaftsmalerei im wesentlichen versagte, im Porträt aber an die Spitze der europäischen Entwicklung trat, hängt mit der *autonomen Stellung* zusammen, welche die *menschliche Gestalt* in der florentinischen Kunst genießt. Am Eingang jedes Jahrhunderts der Florentiner Kunstgeschichte steht ein Maler, dessen Blick mit fanatischer Einseitigkeit ausschließlich auf die menschliche Gestalt und auf den Bau von Bildkompositionen ausschließlich mit menschlichen Figuren gerichtet war: am Beginn des Trecento Giotto, zu Anfang des Quattrocento Masaccio, am Eingang des Cinquecento Michelangelo. Weil der Mensch das Hauptthema der florentinischen bildenden Kunst ist, deshalb ist hier zuerst in der Frührenaissance das Aktstudium betrieben worden, sind hier seit 1430 die ersten umschreitbaren Freifiguren entstanden, richtete man das älteste nachweisbare Antiken-Studio des Quattrocento hier im Garten der Medici bei S. Marco ein.

In diesem florentinischen Bekenntnis zur Autonomie der menschlichen Gestalt liegt auch die Erklärung dafür, daß die Stadt sich der romanischen Plastik so ganz verschlossen hat. Anläßlich der Schilderung des großartigen Aufschwungs der Baukunst um 1050 war von einer gleichzeitigen Blüte der florentinischen Skulptur nicht die Rede gewesen. Es hat auch im 12. oder frühen 13. Jahrhundert keine romanische Plastik in Florenz gegeben. Selbst in der Endphase des Stils, als in Pisa bedeutende Bildhauer-Ateliers sich aufgetan hatten, unter deren lebenweckendem Einfluß sich lokale Skulptorenschulen in Lucca und Pistoja, also fast bis unter die Tore von Florenz hin bildeten, blieb Florenz stumm und teilnahmslos[185]. Nicht nur, daß es keine hier ansässigen spätromanischen Werkstätten gab, man berief auch keine bedeutenden Meister von außerhalb[186]. Niccolò und

(186) Die einzige Ausnahme bildete das riesige Stuckrelief von 1236 an der Torre Columbaione der Badia a Settimo (Salmi, p. 58 und Tafel 39, beste Abb. bei Borsig und Bianchi-Ban-

Giovanni Pisano wirkten zwar in Pistoja, aber Flo-
276 renz bemühte sich nicht um sie. Daß der Berufung dieser Künstler in das guelfische Florenz unübersteigbare politische Schranken gegenüberstanden, weil sie Staatsangehörige des ghibellinischen Pisa waren[187], kann nicht der entscheidende Grund dafür gewesen sein, daß Florenz keine Werke dieser Großen in seinen Mauern birgt. Die Dombauhütte des Arnolfo di Cambio lieferte endlich die Erstlinge der florentinischen Monumentalskulptur (seit 1296), aber schon sechs Jahre später bei Arnolfos Tode brach die Entwicklung wieder ab.

Daß die Bauten des Inkrustationsstils keinen rechten Rahmen für Bauplastik boten, leuchtet ein. Der reiche Flächenschmuck verschiedenartiger Marmor- und Steinarten, welche die Fassaden mit ihren scharf sich abhebenden ornamentalen Mustern überspannen, hätte eine viel zu unruhige Folie für die Bauplastik abgegeben. Die Gewändelaibungen der Portale waren von der romanischen Bauskulptur nach Möglichkeit gemieden worden. Sie bevorzugte als Aufstellungsorte halbkreisförmige oder kastenartige Nischen in der Wand oder eigene Portalvorbauten, deren Stützen dann ganz oder teilweise in Skulptur aufgelöst werden konnten. Für alle diese Dekorationsarten bot die besondere Struktur der florentinischen Inkrustationsarchitektur nicht die mindeste Entfaltungsmöglichkeit. Die ideale Ergänzung dieses architektonischen Rahmens bedeutet vielmehr das Mosaik, das

dinelli, Tafel 159), das den thronenden Christus zwischen den Heiligen Benedikt und Bernhard zeigte und das im 2. Weltkrieg vernichtet wurde. Es hat fast mehr mit Halberstadt und Wechselburg zu tun als mit der italienischen Skulptur der Zeit.

durch die leuchtende Dichtigkeit und Undurchdringlichkeit seiner Gründe im höchsten Maße den Charakter einer Flächenkunst besitzt.

Aber daß die romanische Architektur in Florenz der Bauplastik keine Entfaltungsmöglichkeiten bieten wollte, ist noch nicht der entscheidende Grund für das Versagen der romanischen Skulptur am Arno. Auch war es nicht ausschlaggebend, daß in Florenz eine tiefe innere Abneigung gegen das Ungestaltet-Ponderose, gegen alles Kubische bestand, das die Schwerkraft des Steines nicht durch eine scharfe Flächenbegrenzung in Reliefform im Zaune hielt. Bestimmend allein war in Florenz der Widerwille davor, der menschlichen Gestalt in der Bauplastik die Gesetze der Architektur aufzwingen zu lassen. Überlängte, tektonisierte Figuren, die im schmalen Portalgewände mit Armen und Beinen nicht frei ausgreifen konnten, standen ganz im Gegensatz zur Vorstellung von der Autonomie der menschlichen Gestalt. Erst als Arnolfo di Cambio einen architektonischen Rahmen für die Skulpturen der Domfassade schuf, die diesen eine fast völlige Unabhängigkeit vom tektonischen Gerüst zugestand, wie sie um 1300 keine andere Bauhütte Italiens oder des Nordens kannte, war für Florenz endlich die Geburtsstunde einer großen Skulptur gekommen.

Werfen wir schließlich einen Blick auf die lange Reihe der *auswärtigen Künstler*, die *in Florenz* arbeiten und dabei ganz von selbst die künstlerische Anschauungsweise der Arnostadt zu der ihren machen, welches Erbgut sie auch immer mitgebracht haben mögen. Die Kette beginnt mit dem großen

Sienesen Pietro Lorenzetti, der in der Madonna aus
278 S. Francesco in Pistoja (1340, heute Uffizien) sich als ein ganz besonders strenger Schüler Giottos erweist. Giovanni da Milano hingegen hat in Florenz mehr gegeben als empfangen. Wenn er toskanischen Einflüssen offenstand, so waren das eher sienesische. Während des Weichen Stils hat der Sienese Domenico di Bartolo in den engsten Schülerkreis Masaccios gehört. Er lebte sich so sehr in die Schaffensweise dieses florentinischen Ateliers ein, daß es mehrere Werke gibt, die zwischen ihm und des Meisters hervorragendstem Schüler Filippo Lippi strittig sind[188]. Als Domenico aber nach des großen Bahnbrechers allzu frühem Tode (1428) in seine Vaterstadt zurückkehrt und in die Malergilde von Siena eintritt, hat sich der Meister den fremden, florentinischen Einflüssen wieder schnell entzogen (Madonna mit musizierenden Engeln, 1433 datiert, Siena, Pinakothek).

Die wahrhaft verwandelnde Kraft des florentinischen Milieus erweist aber an niemandem ihre Zauberwirkung stärker als an Domenico Veneziano. Wie stolz klingt die Sprache des Briefes von 1438, in dem er der Familie Medici von Perugia aus seine Dienste anbietet[189]. Vom ersten Augenblick seines florentinischen Aufenthalts an muß der selbstbewußte Venezianer dann gesehen haben, daß in der Behandlung der Licht- und Luftprobleme, in der harmonischen Zusammenstellung heller, im feinsten aufeinander abgestufter Farben ihm am Arno niemand das Wasser reichen konnte. Seit der Vollendung des Altars von S. Lucia de'Magnoli (um 1445) muß er zudem der Wirkung seiner Kunst auf seine neuen florentinischen Mitbürger gewiß gewesen sein!

Und doch hat der Venezianer viele jener künstlerischen Qualitäten freiwillig aufgegeben, denen er seine Sonderstellung am Arno verdankte. Ob das nun ein bewußter oder ein unbewußter Prozeß gewesen sein mag, im letzten Jahrfünft seines Schaffens (gestorben 1461) ist Domenico kaum mehr als ein Florentiner unter Florentinern. Das Fresko mit den Hl. Johannes d.T. und Franziskus in S. Croce (entstanden nach 1454–1455) hat man sehr bezeichnenderweise lange für ein Werk des Castagno gehalten, so sehr hat sich dieser zarte Venezianer in die Abhängigkeit von dem harten und lauten Toskaner begeben, in Komposition, Art der Verwendung der Perspektive, Menschenschilderung u.ä. Indessen, der Art seines Sehens konnte Domenico Veneziano nicht ganz abschwören. »Aus einer rein malerischen Einstellung, die die Oberfläche nur aus der Hell-Dunkelmodellierung eines Farbtones zusammensetzt, erfolgt der Aufbau der optischen Erscheinung der Gestalten. Castagnos plastischer Naturalismus wird in einen malerischen Naturalismus umgesetzt[190].«

Am heilsamsten war es wohl für die umbrischen Künstler, das Fegefeuer der florentinischen Ateliers durchschreiten zu müssen. Der um 1452 geborene Perugino ist schon 1472 als selbständiger Meister in die Florentiner Malerzunft aufgenommen worden. Die Jahre vorher muß er in der Werkstatt des Verrocchio als Gehilfe tätig gewesen sein. Was der junge Umbrer in der zweiten Hälfte der sechziger Jahre am Arno gemalt hat, kennen wir heute genau. Das älteste erhaltene Bild des jungen Zugewanderten, die Halbfigur eines hl. Petrus in dem Medaillon eines Früchtekranzes (Hannover, Kestner-Museum), verrät in den

überschlanken Händen mit dem abgespreizten Dau-
280 men und kleinen Finger sowie dem ausdrucksvoll geschwungenen Mund noch das Erbe der spätgotischen Malerei, die sich in dem umbrischen Bergland so viel länger behauptet hat. Auch die hellen Lichter auf dem Gewand hat der junge Maler noch nicht zu Gunsten der ebenmäßig vertreibenden Malweise der Florentiner Ateliers geopfert. In der Auffassung des Apostelfürsten als eines milden gütigen Greises klingt noch viel umbrisches Sentiment mit, das freilich in der scharfen Luft der Verrocchio-Werkstatt schnell verflog. Das nächste Bild, über dessen Zuschreibung an Perugino allgemeine Übereinstimmung besteht, die Madonna im Musée Jacquemart-André in Paris (Goldschmiede- oder Castellani-Madonna) (Abb. 30), die noch in der zweiten Hälfte der sechziger Jahre entstanden sein muß, zeigt – ungeachtet aller ikonographischen Eigentümlichkeiten, die nach Umbrien weisen –, wie schnell Perugino in das florentinische Milieu hineingewachsen ist. Das gotische Sentiment hat sich ganz verflüchtigt, Mutter und Kind treten in der prallen und tastbaren, ein wenig übertrieben betonten Körperlichkeit vor uns, wie sie in allen Malerateliers das Ideal ist, deren Leiter vor allem als Bildhauer tätig sind (wie im Norden bei Pacher oder Notke). Besonders in der Charakterisierung der plastischen Fülle und Greifbarkeit des Kinderkörpers kann sich der junge Umbrer nicht genug tun.

Perugino lebt sich so sehr in die florentinische Art ein, Menschen und Dinge zu sehen und zu zeichnen, daß es Blätter allerersten Ranges unter den Florentiner Zeichnungen gibt, die zwischen ihm und Ghirlandajo strittig sind, wie etwa der herrliche Mädchenkopf des Londoner British Museums[191]. Uns scheinen die Gründe Fischels für die Zuschreibung an Perugino nicht entkräftet, zumal sie von Popham und Pouncey verstärkt worden sind[192]. »Die Betonung von Auge und Mund und, bei ausdrucksvollster Haltung, die mangelhafte Anschauung der Form im Ganzen und das Fehlen der Verbindung zwischen Kinn und Hals schließen den florentinischen Ursprung aus und bringen diesen Kopf mit den Halbfiguren Peruginos zusammen[193].« Es ist unvergeßlich, wie sich hier umbrisches Sentiment und umbrische Lichtführung mit florentinischem Formenaufbau in einem Kunstwerk verbinden[194].

Niemand aber verstand sich so schnell und unbefangen, so anmutig und gewandt dem florentinischen Wesen anzuschmiegen wie der junge Raffael, als er vor der Neige des Jahres 1504 in der Arnostadt sich niederließ. In den Doni-Bildnissen hat er sich sogleich die florentinische Porträtauffassung zu eigen gemacht – in der Maddalena Doni sogar eine Art Replik der Mona Lisa geschaffen –, in der unvollendeten Madonna unter dem Baldachin ist er ganz unter den Einfluß der großen Altarbilder des Fra Bartolomeo getreten. Kein anderes Werk des jungen Meisters aber spiegelt sein Verhältnis zur florentinischen Umwelt so wunderbar wie die Grablegung Christi (1507 vollendet, heute Rom, Galleria Borghese) (Abb. 32). Glücklicherweise ist eine Fülle von vorbereitenden Handzeichnungen auf uns gekommen, welche einen sehr genauen Einblick in den Entstehungsprozeß dieses Bildes gewährt. Wie Raffael den Auftrag für die Tafel noch aus Umbrien mitgebracht hatte – denn sie war als Altarblatt für die Grabkapelle mehrerer

Mitglieder der Peruginer Signorenfamilie der Ba-
282 glioni bestellt –, so fassen auch die ersten zeichnerischen Entwürfe das Thema noch ganz im umbrischen Geiste an. Der Leichnam Christi liegt auf dem Boden, in ruhiger Haltung umstehen die Jünger den toten Herrn und die hockende Gruppe der klagenden Frauen (Fischel Nr. 164)[195] (Abb. 33). Hinter den Figuren öffnet sich der Ausblick auf eine umbrische Landschaft mit sehr hochgelegtem Horizont. Wenn die Figurenkomposition auch weit über das hinausgeht, was Perugino zu leisten vermocht hätte, so besitzt in der Ikonographie und der Gesamtauffassung dieser erste Entwurf noch sehr viel Gemeinsames mit der Beweinung dieses Meisters aus S. Chiara in Florenz von 1495 (heute Pal. Pitti). Das nächste Stadium der Genesis, das uns nur in einer von fremder Hand überarbeiteten Zeichnung überkommen ist (Fischel Nr. 168), zeigt die Figuren schon im Übergang zu lebhafterer Bewegung und zu ausladenden Gesten. Dazu gehört es, daß der Leichnam nicht mehr am Boden ruht, d. h. aus der Pietà in großer Assistenz ist eine wirkliche Grabtragung, aus der lyrischen Kontemplation eine dramatische Aktion geworden. (Die einzelnen Stufen dieser Entwicklung sind in Fischel Nr. 169–170–171 vorzüglich zu verfolgen.) Von der bildparallelen Gruppierung des aufgehobenen Leichnams und der Träger geht der Künstler schließlich zur energischen Diagonalkomposition über. Erst mit ihr (Fischel Nr. 171) wird der letzte Zug umbrischer Ruhe und Gefühlsbetontheit ausgelöscht. Nun sind die Körper der Hauptfiguren in dem Zustand angespanntester Bewegung beim Tragen einer schweren Last geschildert. In der Sorge, es nur ja den Floren-

tinern gleichzutun in ›interessanten‹ Stellungen, schießt der Vierundzwanzigjährige weit über das Ziel hinaus. Er baut möglichst viele Stellungsmotive der berühmten Florentiner Meister in seine Komposition ein, wie Michelangelos Madonna Doni oder den unvollendeten Marmor-Matthäus für den Dom. Waren die umbrischen Kompositionen zu bewegungslos und still, so läßt jetzt die Raffaelsche Tafel keinen Raum für harmonische und ausgewogene Partien. Der Formenaufruhr, den die aufdringlichen Bewegungen der Arme und Beine verursachen, wird durch die Bündel parallel geführter Bilddiagonalen nur schlecht beruhigt. Der Eindruck des Bildes würde noch viel lauter sein, wenn auch der Farbgeschmack des jungen Genies mit seiner übrigen Entwicklung Schritt gehalten hätte. Aber das Auftreten einiger florentinischer Changeants darf darüber nicht hinwegtäuschen, daß Raffaels Palette hier im Grunde noch umbrisch ist. Die Farbkomposition ist aufgebaut auf dem Akkord der drei umbrisch vorgetragenen Farben Rot–Blau–Grün. Das Rot ist warm und hat nicht den schrillen Ton mit dem Stich ins Violette wie in Florenz, bei dem Wams des jugendlichen Trägers erscheint es als Siegellack-Rot, bei dem Mantel des Johannes schwebt es zwischen Rubin- und Kirsch-Rot. Auch die Gewänder der Frauengruppe in Oliv, hellem Braun und stumpfem Braun-Violett sind ganz unflorentinisch in der Farbwahl. Das kecke florentinische Ocker ist hier in ein Cremegelb verwandelt, über dem ein dämpfender olivfarbener Ton liegt. Schließlich sind die Grüntöne stumpf und belegt, helles Apfelgrün und tiefes Moosgrün bleiben ausgeschlossen. Diese Zurückhaltung in der Gewandbe-

handlung ermöglicht es Raffael, die Landschaft farb-
284 lich aus der grün-braunen Figurengruppe rechts im Mittelgrunde heraus zu entwickeln, während bei florentinischen Bildern fast immer eine kühle Distanz zwischen Figuren und Landschaftsbühne gewahrt bleibt.

Es liegt uns schließlich noch ob, das *Versagen von Florenz im Barock* zu erklären. Am Arno waren in der Frührenaissance alle architektonischen Einzelformen des neuen Stils entwickelt worden. Was eine Fensterumrahmung, was ein Kranzgesims, was eine Rustika sei, das hatten Brunellesco, L.B. Alberti, Michelozzo und ihre Nachfolger festgelegt. Das alles war mit einem angeborenen Sinn für Maß, für Präzision, für Wirkung der leeren Fläche geschehen[196]. Die Größenmaßstäbe florentinischer Räume sind unabdingbar. Einen Palasthof, die Seitenkapelle am Langhaus einer Kirche und einen öffentlichen Platz verbindet in Florenz die Abneigung gegen das Kolossale[197]. Als der Biancone vor dem Pal. Vecchio aufgestellt wurde, hat ihm der Volkswitz sogleich bös zugesetzt. Die römische Barockarchitektur mußte das Aufwachsen aller Maßstäbe ins Riesenhafte mit der

(196) Die Fassade des Palazzo Pitti (1458 begonnen), die diesen Sinn für Relief, Proportion und leere Fläche vermissen läßt, nimmt im florentinischen Stadtbild eine Sonderstellung ein (vgl. K.H. Busse, Der Pitti-Palast, Jahrb. d. preuß. Kunstslgn. 51, 1930, p. 110). Ihre gar nicht naive, sondern raffinierte Wildheit ist das Zeugnis für eine archaisierende Strömung, die in der florentinischen Malerei um 1460 noch weit deutlicher zutage tritt als in der Architektur dieser Jahrzehnte.

(197) Einzige Ausnahme der cour d'honneur vor dem Palazzo Pitti.

Vergröberung der Einzelformen bezahlen. Gerade das stieß die Florentiner ab. Daß die Entasis einer Säule nicht mehr die Spannung besaß, die ihr Brunellesco in S. Spirito zugemessen hatte, daß der Baukörper im Außenbau nicht mehr in rechtwinklig fluchtenden Mauerzügen verharrte, sondern in Schwingung versetzt wurde, wobei die Fassade nun aktiv auf den Beschauer zudrang, daß die spröde toskanische Farbigkeit in römischen Innenräumen durch wärmere, reichere und dröhnendere Akkorde verdrängt wurde –, das alles mußte den Florentinern die Sprache des Barock verleiden[198]. Der großen Geste mißtraute man. Das Pathos war in Florenz niemals vor Ironie sicher. Skeptiker, die sie waren, sahen die Florentiner bei einer Fensterumrahmung nicht die große edle Gebärde, sondern nur die Derbheit des Profils, über die man in Rom hinwegblickte.

Das Stadtbild der Renaissance bleibt im 17. und 18. Jahrhundert erhalten. Florenz hat nicht im mindesten den Drang verspürt, eine Barockstadt zu werden. Man hat keine beherrschenden Plätze mit kurvierten Grundrissen angelegt und keine großen Straßenachsen quer durch die alten Quartiere gezogen auf eines der berühmten Monumente als point de vue hin. Man barockisierte auch die großen Bauwerke der Dantezeit oder des 15. Jahrhunderts nicht, wenn man vom Pal. Pitti absieht, der – ein Fremdkörper im Stadtbild – die Voraussetzungen zu solcher Expansion von Anfang her latent besaß. Man ist im barocken Florenz eher darauf bedacht, das Stadtbild der Renaissance zu erhalten. Der historische Sinn war in Florenz ohnehin früher als im übrigen Abendland erwacht. Aber im Florenz des Seicento gewinnt das reiche Interesse am

Sammeln und Bewahren der vergangenen Kunst und
286 der dokumentarischen Zeugnisse, die dazu gehören, so sehr die Überhand, wie es nur in Kunstzentren möglich ist, in denen die schöpferischen Impulse abgeebbt sind. Hatte den klugen, vorausschauenden Vasari schon 1568 das bange Gefühl beschlichen, die Kunst sei so hoch gestiegen, daß man zu befürchten habe, daß sie jetzt wohl wieder sinken müsse[199], so wird es im Seicento viele gebildete Florentiner gegeben haben, die sich bewußt waren, daß dieser Abstieg eingetreten war. In einem solchen Augenblick der Entwicklung macht sich jeweils der Historismus breit. Des Fortsetzers der Viten Vasaris, des Abbate Filippo Baldinucci (1624–1696) ›Notizie de'professori del disegno‹ (1681–1728, z.T. aus dem Nachlaß erschienen) sind »tatsächlich die erste Universalgeschichte der bildenden Kunst geworden[200]«. Er gibt nicht nur die Viten der italienischen Künstler seit Cimabue, er hat auch Auszüge aus den Künstler-Biographien von Karel van Mander in sein Werk hineingearbeitet. Als Antiquar stand Baldinucci auch praktisch dem Kardinal Leopoldo de' Medici zur Seite, der die Handzeichnungssammlung der Uffizien aus eigener Initiative gegründet hatte[201]. Baldinucci selbst hinterließ eine private Handzeichnungssammlung von etwa 1200 Blatt, die 1806 geschlossen vom Louvre erworben wurde[201a]. Zwar sind Taddeo Gaddi, Uccello und vor allem Signorelli in ihr mit kostbaren Stücken vertreten, doch liegt ihr Schwergewicht ganz bei den zeitgenössischen Künstlern des florentinischen Seicento. Die zentrale Sammler- und Gelehrtennatur des Florentiner Seicento ist aber der Senatore Carlo Strozzi (1587–1670). Er war unermüdlich im Aufstel-

len der Stammbäume der Florentiner alten Familien; die Sammlungen seiner Exzerpte, Notizen, Schriften, in seinem Palaste zusammengetragen, waren gleichsam ein öffentliches Archiv[202].

Doch wurde der Ruhm von Baldinucci und Strozzi in den Schatten gestellt von Antonio Magliabechi, dem Bibliothekar der großherzoglichen Büchersammlung der Palatina (1633 bis 1714). Als einen ›vir eruditissimus laude toto orbe celebris‹ hat ihn Montfaucon bezeichnet; ›ambulans bibliotheca‹, ›scientiarum monstrum‹ haben ihn andere Zeitgenossen genannt. Dabei hat Magliabechi sein Lebtag nichts geschrieben, wenn man von der Zusammenstellung eines Katalogs der arabischen, persischen und hebräischen Handschriften der Laurenziana absieht. Aber er verschenkte freigebig sein ungeheures Wissen, stand mit den Gelehrten ganz Europas in Korrespondenz und mehrte so den Ruhm von Florenz. Hinterließ Baldinucci eine große private Zeichnungssammlung, so besaß Magliabechi eine Privatbibliothek von 30 000 Bänden, die nach seinem Tode mit der Palatina vereinigt wurde. Man sieht: gerade die retrospektiven Disziplinen der Geisteswissenschaften standen im Seicento am Arno in hoher Blüte.

Als die große Zeit der florentinischen Kunst zur Neige ging, da entstand sogleich auch die Lehre von ihrer historischen Größe. Schon Vasaris Kunsttheorie ist ja ganz auf das Wesen der florentinischen Kunst zugeschnitten und vermag weder der venezianischen noch der lombardischen noch sonst irgendeiner italienischen Kunstprovinz gerecht zu werden[203]. Je länger Florenz auf seinen Lorbeeren ausruhte, desto mehr wuchs natürlich das Bedürfnis, die Erinnerung

an die großen Tage des Lorenzo Magnifico künst-
288 lerisch zu verklären. In den Erdgeschoßräumen des Pal. Pitti, der heutigen Argenteria, wurde anläßlich der Vermählung Großherzog Ferdinands II. mit der Vittoria delle Rovere (1634) ein Freskenzyklus begonnen, dessen Programm der Bibliothekar des Großherzogs, Francesco Rondinelli, entworfen hatte, der auch einen vagen künstlerischen Gesamtentwurf lieferte. Zur Ausführung wurde Giovanni da San Giovanni berufen, der aber schon 1636 starb, weshalb die Vollendung zur größeren Hälfte den Händen seiner Schüler Ottavio Vannini, Francesco Furini und Francesco Montelatici zufiel. Eine Schar von Satyrn ist auf dem Parnaß eingefallen. Sie verwüsten ihn, fällen die Bäume, reißen den Lorbeer aus, der hier wächst, und zerschlagen die Musikinstrumente, die hier aufgehängt sind[204]. Andere Satyrn treiben mit Knüppeln und durch Steinwürfe die Dichter und Philosophen aus, während die Harpyen die Musen zu Flucht zwingen. Auch dem Pegasus setzen die Harpyen übel zu. Die griechischen Dichter und Weisen – unter denen sich auch die Sappho befindet, während Aristoteles bei der Flucht schon zu Fall gekommen ist – wenden sich unter Führung des blinden Homer natürlich sofort den Toren von Florenz zu, wo die Gestalt der Toskana mit dem Füllhorn sitzt, neben sich den Löwen, das Wappentier von Florenz. Pallas schwebt durch die Lüfte, den armen Vertriebenen den Weg zu weisen »chiama in Etruria a farsi eterno il nido«. Die Toskana teilt den Flüchtlingen mit, wo der edle Lorenzo sich aufhält, und nun erscheinen Virtù und Fama vor dem Magnifico, und sie haben Apoll mit den Musen im Gefolge.

Barocke Bauten mußten in Florenz entstehen, weil das Leben nicht stille steht und das praktische Bedürfnis sie forderte. Die Silvani, welche die notwendigen Palastbauten errichteten, taten das mit toskanischer Zurückhaltung, ja mit Trockenheit. Üppige barocke Treppenhäuser, große Festsäle, die in ihrer Höhe mehrere Stockwerke des Palastes beanspruchen, aufwendige Portal- und Fensterrahmungen kennt die Profanarchitektur des Barocks in Florenz nicht[205].

Bei der Sakralarchitektur der Barockzeit in Florenz kann man von einer Entwicklungslinie nicht sprechen. Es bleibt bei den einfachen kastenförmigen Räumen – Zentralbauten über einem kreisförmigen, ovalen, elliptischen Grundriß oder gar Schiffe, in denen sich einzelne Raumformen durchdringen, sind Florenz ganz fremd geblieben. Die Außenmauern werden niemals kurvenförmig geführt (S. Gaetano, das Hauptwerk von Gherardo Silvani aus den Jahren 1628–1648[206], San Firenze von P. F. Silvani (begonnen 1668 oder 1688), die Umbauten von S. Giorgio sulla Costa (Ausstattung 1705 vollendet) und von S. Felicità von F. Ruggieri (1736–1739), dazu die langsam fortschreitende Barockisierung von Ognissanti im Seicento[207], S. Frediano usw.).

Auch Plastik und Malerei stagnierten seit der Zeit um 1600. Die Ausmalung des Chores von Sa. Ma. Maddalena dei Pazzi soll opulent wirken, ist aber im Grunde nur derb (die Ausmalung von SS. Annunziata, 1669–1671 Obergaden des Langhauses, 1680

(205) Wenn man von dem pompösen dreiläufigen Treppenhaus des Palazzo Corsini absieht, das aber eben nicht zu dem ursprünglichen Palaste des Pier F. Silvani gehört (nach 1656), sondern erst 1694 von Ant. Maria Ferri eingebaut wurde.

bis 1683 der Kuppel; der Chor der Badia, Ausmalung
290 1734; die Decke der Carmine 1782 sind kaum durchschnittliche Leistungen). Die Bilder der Staffelei-Maler Cristofano Allori, Matteo Rosselli, Lorenzo Lippi, Francesco Furini, Baldassare Franceschini, Giacinto Gimignani sind ganz konventionelle Kompositionen, die der Betrachter sehr schnell vergißt.

Eine rein biologische Begründung für diesen Tiefstand erschiene durchaus ausreichend. Eine Stadt, die nahezu drei Jahrhunderte lang, von 1300 bis gegen 1600, fast in jeder Generation eine Fülle von großen künstlerischen Begabungen, mehrere Genies darunter, hervorgebracht hatte, mußte ja einmal erschöpft sein. Aber es ist offensichtlich, daß dieser Zustand nicht in einem zufälligen Augenblick eintrat, sondern zu einem Zeitpunkt, da künstlerische Gestaltungsprinzipien sich durchsetzten, die dem Florentiner Charakter zuwider sein mußten. Was blieben der florentinischen Zeichnung, die ganz von dem Werte des aufbauenden, konstruktiven Striches lebte, für Ausdrucksmöglichkeiten in einer Zeit, da die Hell-Dunkel-Wirkung, die Lavierung, die raffiniertesten Mischtechniken, kurzum die malerischen Mittel des Barock die Handzeichnung eroberten? Was sollten die Florentiner Bildhauer, deren plastisches Denken von den Ebenen des Statuenblockes stets bestimmt blieb, aus dem sie ihre Figuren befreiten, in einer Zeit, die mit weit ausgreifenden Gebärden die Statue nach allen Seiten erregt in den Freiraum ausgreifen ließ?

Vom Standpunkt des Auftraggebers her ergibt sich dasselbe Bild. In den großen Kirchen, den Ruhmeshallen des florentinischen Patriziats, treten aufwendige

barocke Grabmäler zugunsten schlichter Porträtbüsten für den Toten auffallend zurück. Beim Versa- 291
gen der florentinischen Barockmaler als Porträtisten hätte man ja leicht Künstler aus andern Städten Italiens oder aus dem Auslande heranziehen können, wie es etwa der Genueser Adel tat. Es ist dem Stadtadel Venedigs oder Genuas, Neapels oder des kurialen Rom ganz anders ein Herzensanliegen gewesen, das Bild seiner Vertreter aus der Barockzeit durch die Werke bedeutender Porträtisten auf die Nachwelt zu bringen. Offenbar widerstrebte es den alten Florentiner Familien, in Allonge-Perücke und togaartig gerafften Gewändern vor effektvoll zusammengeschobenen Teppichen und abgebrochenen Säulen sich zur Schau zu stellen, weil ihnen »der Sinn für Feierlichkeit fehlte«. In der Stadt Brunellescos und Leonardos, Poggio Bracciolinis und Machiavellis, in der Stadt der Facezien, der bissigen, ja grausamen Künstler-Anekdote und der kritischen Geschichtsschreibung war man weniger als andernorts bereit, sich die barocke Apotheose gefallen zu lassen und sich barocker Extase hinzugeben.

Die Anziehungskraft von Florenz erlischt. Die Stadt wird die vornehme, stille Residenz eines kleinen absolutistischen Staates. Zu den großen Malerschulen, welche die Ästhetiker und Viten-Schreiber des Seicento als Vorbilder hingestellt haben, gehört die florentinische nicht mehr. Goethe ist auf der Rückreise aus Italien hier nur eben durchgefahren und hat einen sehr flüchtigen Blick auf die Denkmäler geworfen. Daß Rom seine magnetische Kraft nie verliert, ist eine Sache für sich; der Sitz des Statthalters Christi und die Reste der Antike blieben in ihrer Gel-

tung von den Wandlungen des Geschmacks unbe-
292 rührt. Aber auch Mailand, in einzigartiger geographischer Position, die Brücke nach Frankreich und zum südwestlichen Deutschland, Venedig, das Tor zur Levante, Neapel mit seinen spanischen Vizekönigen und der Bindung an jene Monarchie, in der auch im Seicento die Sonne noch nicht unterging, Genua, der Sitz des blühenden Handels, wo Rubens und van Dyck eine gefeierte Wirksamkeit entfalteten – sie alle strahlen im 17. und 18. Jahrhundert dieselben Kräfte aus wie in der Renaissance. Nur Florenz tritt in den Schatten, weil es sich ausgegeben hat[208].

(208) An nennenswerten Bildersammlungen entstand nur die Galerie Corsini. Ist deren toskanischer Grundstock auch nicht zu verkennen, so bietet sie sich doch eher als die Sammlung eines päpstlichen Nepoten denn als die einer Florentiner Adelsfamilie dar. Vor der Mitte des Seicento hat die Familie Bilder nicht zu sammeln begonnen. Der Hauptsammler ist aber Don Lorenzo, der Nepot Papst Clemens XII. Corsini (1730–40). Vor 1765 hingen die Gemälde im Palazzo verteilt, erst nach diesem Termin dachte man daran, sie galeriemäßig aufzustellen. (Für die Daten vgl. die Einleitung von Ulderigo Medici zum Catalogo della Galleria dei Principi Corsini in Firenze. Firenze 1886, p. 5 ff.)

SIENA

Siena ist in allem das Widerspiel von Florenz. Während die Stadt am Arno sich in der Talsohle am Flußufer ausbreitet, die planen Absteckungen des römischen Militärlagers mit den gleichförmigen Straßenzügen und Häuserblocks im Stadtkern noch immer widerspiegelnd, ist Siena eine Bergstadt, und von einer antiken Gründung haben sich keine Spuren erhalten. Man darf den Stadtgrundriß einer Spinne vergleichen, deren Beine vom Campo aus nach allen Seiten ausgreifen. Zunächst schieben sich nur drei schmale Höhenrücken von der Piazza her gegen die Ebene vor; aber diese gabeln sich wieder, nach allen Seiten steil abfallend, gerade eben Platz für eine schmale, lange Gasse gewährend, die sich der Krümmung des Grats anschmiegt und an die sich rippenförmig enge Seitengäßchen anschließen. Nicht im Stadtzentrum, sondern an den äußersten Enden dieser Höhenzüge, dort, wo der Besiedlung durch den Gelände-Abfall Schranken gesetzt sind, liegen die großen Konvente: im Südwesten S. Agostino und Sa. Ma. del Carmine, im Südosten die Servi di Maria, gegen Nordosten und Nordwesten die beiden Bettelordens-Niederlassungen S. Domenico und S. Francesco. Diese zungenförmig vorgeschobenen Höhenzüge sind voneinander durch tief eingeschnittene Täler getrennt, auf deren Grunde sich die reichste Gartenkultur angesiedelt hat. Diese Lage verleiht dem Stadt-

körper einen engbrüstigen und steilen Charakter.
294 Er kann sich nirgends recht entfalten. An ebenen Plätzen gebricht es überhaupt, aber wie die sienesische Stadtbaukunst aus dieser Not eine Tugend zu machen verstanden hat, bleibt eine große Leistung. Das natürliche Stadtzentrum, der Campo, von dem die Hügelrücken stegartig schmal ausgreifen, mußte unterhalb des beherrschenden Grates am Hang auf abschüssigem Gelände erst angelegt werden. Er hat die Form einer Muschel. Fächerförmig entfaltet sich die Platzfläche, amphitheatralisch zu den im Halbkreis sie umstehenden Palästen emporsteigend. Der Dom liegt auf der höchsten Erhebung der Stadt. Ehe im Barock die Freilegung seiner Südflanke erfolgte, war er eng umdrängt vom erzbischöflichen Palaste, von dem Ospedale della Scala, dem alten Ruhm der Stadt und der Domopera. Platz war hier unendlich kostbar, und von einer natürlichen Ausstrahlung des Doms auf seine nähere Umgebung kann keine Rede sein. Erst nach einer Biegung der schmalen, hohen Gassen, in die wenig Licht einfällt, stehen die großen öffentlichen Bauten *plötzlich* vor dem Auge des Schreitenden. Es gibt hier keine Renaissance-Plätze, wohl aber gotische Stiegen mit vielen steilen Stufen und eng bebaute mittelalterliche Winkel. Fassaden und Höfe entwickeln sich nicht in die Breite, sondern schießen in die Höhe. Die natürliche optische Distanz, die der Renaissance-Bau sonst erheischt, ist hier nirgends eingehalten, die öffentlichen Monumente entfalten sich in zu großer Nahsicht (Pal. Piccolomini, Loggia della Mercanzia, Fassade des Baptisteriums des Doms) oder erst in Fernsicht, von einem andern Höhengrat über die Breite eines Tales hin. Von jeder

Seite aber und von jeder Höhenstufe her erscheint der Dom auf der höchsten Hügelkuppe als die natürliche Bekrönung des Stadtbilds.

Eine solche Bergstadt, in der keine breit ausladende Linie sich dem Horizont verbindet, über der vielmehr aus zusammengedrückten Häusergruppen die überschlanken, scharfkantigen Türme der Mangia und des Domes in den Himmel ragen, scheint ihren geographischen Bedingtheiten nach schon die gotische Idealstadt zu sein. Die schönen Frührenaissance-Paläste, die hier emporwuchsen, das Wirken des Jacopo della Quercia und anderer Bildhauer des 15. Jahrhunderts, haben trotz des Zaubers, der von ihren Werken ausgeht, diesen gotischen Charakter kaum zurückzudrängen vermocht. Wenn der Geist einer italienischen Stadt sich in einer bestimmten Epoche jemals rein ausprägte, dann war es die Eigenart Sienas in der Gotik. An diesem Stile hat die Stadt eigensinnig, gleichsam mit verbundenen Augen festgehalten, als ringsum in der Toskana die Frührenaissance längst gesiegt hatte. Die großen Heiligen und die großen Künstler der Stadt gehören alle der gotischen Epoche an: die hl. Katharina war eins von den zweiundzwanzig Kindern eines Sieneser Färbers. In Siena hat sie ihre Visionen erlitten, von dort sind ihre Briefe an die Großen der Welt ausgegangen, die das politische und kirchliche Schicksal Italiens so tief bestimmt haben, und in der Vaterstadt ist sie dreiunddreißigjährig gestorben, so alt wie auch Christus geworden ist. In dem hl. Bernardino besitzt Siena einen großen Bußprediger. In dem seligen Ambrogio Sansedoni (1220 bis 1286) lernen wir einen dominikanischen Friedensschlichter und Prediger kennen, der 1443 selig ge-

sprochen wurde. Der selige Andrea Gallerani (gestor-
296 ben 1251) organisierte in Siena um 1240 die Genossenschaft der ›Oblaten und Brüder der Barmherzigkeit für die Armen Christi‹, die 1308 im Dominikanerorden aufging, der selige Bernardo Tolomei gründete 1319 den Orden der Benediktiner-Olivetaner (gestorben 1348), während der selige Giovanni Colombini (gestorben 1367) ein reicher Sieneser Patrizier war, der sich mit anderen vornehmen Mitbürgern zum Laienorden der Jesuiten zusammenschloß, der sich der Nächstenliebe – besonders der Krankenpflege und dem Totenbegräbnis – widmete.

Den Stolz der Sienesen auf ihre Vaterstadt, die übertriebene Vorstellung von ihrer politischen Führerrolle und ihre Eitelkeit hat schon Dante gegeißelt, der die Rivalin von Florenz freilich mit den Augen des großen Hassers sah. Wegwerfend meint er

> . . . or fu giammai
> Gente si vana come la sanese?
> Certo non la francesca si d'assai[1].

Als Siena, das nur ein kleines Territorium besaß, 1303 den Äbten von Monte Amiata den Hafen von Talamone in den Maremmen abkaufte, um nun mit den großen Seemächten Pisa und Genua in Wettbewerb zu treten, da fehlte es an Zuzug von Siedlern in die neue Hafenstadt, weil jeder das Maremmenfieber scheute. Wieder spottete Dante über einen Stadtstaat, der seine Hoffnung auf Talamone setzen könne:

> Tu li vedrai tra quella gente vana
> che spera in Talamone, e perderagli
> più di speranza ch'a trovar la Diana;
> ma più vi perderanno li ammiragli[2].

Den sagenhaften Quell der Diana zu finden, war ein anderer Wunschtraum der Sienesen, über den man in der ganzen Toskana spottete. Der ewige Wassermangel der Bergstadt, der besonders auch das Färbereigewerbe während der sommerlichen Trokkenheit lahmzulegen drohte, hat die Sienesen immer wieder dieser Fata Morgana nachjagen lassen[3]. Der Stolz der Sienesen auf die Vaterstadt äußert sich auch in der Art der Planung der großen öffentlichen Bauaufgaben. Vielen sienesischen Bauentwürfen haftet etwas Großmannssüchtiges an. Trotz des Sieges von Montaperti war doch zu Ende des 13. Jahrhunderts Siena praktisch zu einem Stadtstaat zweiten Ranges herabgedrückt. So stand denn hinter den riesigen künstlerischen Planungen oft gar nicht mehr die Möglichkeit ihrer Verwirklichung. Politischer und künstlerischer Ehrgeiz drängten so die Sienesen in die unglückliche Rolle der Projektemacher.

Der alte spätromanische Dom lag am Ende des Dugento noch unvollendet, denn Giovanni Pisano hatte 1297 die Arbeiten an der Fassade eingestellt, die kaum über die Höhe der Wimperge der Portale hinausgediehen waren, und hatte die Stadt verlassen. Trotzdem begannen die Sienesen schon 1316 den alten Dom gegen Osten zu erweitern und den platten Chorschluß um mehrere Joche hinauszurücken. Die künstlerische Verwirklichung dieses Erweiterungsplanes hatte gewaltige Erdbewegungen zur Voraussetzung. Gegen Osten, gegen die Valle Piatta hin, mußten Substruktionen am Steilhang des Felsens errichtet werden, welche die Chorjoche tragen sollten. (Textabb. 4) Diese Fundamente boten sich von selbst als Unterkirche an, welche die Sienesen als Bap-

tisterium einzurichten beschlossen. 1325 werden die
298 Gewölbe der Taufkirche vollendet. Diese Arbeiten hatten große finanzielle Mittel erfordert, gleichwohl griffen die Sienesen einen ganz neuen Gedanken auf: sie beschlossen, den Dom umzuorientieren und ein riesiges dreischiffiges Langhaus senkrecht auf die südliche Querhauswand des alten Domes hinzuführen (Abb. 36). Der alte Dom, dem die Hingabe von drei Generationen des 13. Jahrhunderts gegolten hatte, war nun allenfalls noch gut genug, das Querhaus des Neubaues abzugeben. Die Joche des Altbaues, welche sich diesem Plan nicht gutwillig einbeziehen ließen, sollten abgerissen werden. Schließlich sollte nach abermaliger Erweiterung des Baugrunds, diesmal an dem nördlichen Steilhang des Dombergs, die Vierung des Altbaues durch einen weit ausladenden Umgang mit Kapellenkranz in Form eines Polygons, das sich dem Halbkreis näherte, von Norden her umlagert werden. Tatsächlich hat man 1339 den Grundstein zu dieser Domerweiterung gelegt und in den kurzen neun Jahren bis 1348 erstaunlich viel von diesem Plane verwirklicht. Aber das Pestjahr, in dem Siena drei Viertel seiner Einwohner verlor und das auch den Bauleiter dahinraffte, hat zur Aufgabe des Projektes gezwungen. Der heutige Torso bezeugt noch immer, daß in keiner anderen italienischen Stadt, auch in Bologna und Mailand nicht, aus der Dombauhütte derartig maßlose Pläne in die Wirklichkeit umzusetzen versucht worden sind[4]. Auch die Fassade des Baptisteriums, die nach der Aufgabe des Neubau-Projekts um 1350 in Angriff genommen wurde, ist niemals vollendet worden.

Nicht viel mehr Glück hatten die Sienesen mit dem

Hauptschmuck ihres Campo, der Fonte Gaia. Denn der Brunnen des Jacopo della Quercia bleibt weit hinter dem zurück, was man ursprünglich geplant hatte[5]. 1334, also in der Hochzeit des Planens, in demselben Jahrzehnt, da man Hand an den Domneubau legte, schloß die Stadt mit Meister Jacopo di Vanni Ugolini einen Vertrag ab, der ihn verpflichtete, innerhalb von drei Jahren so viel Wasser zum Hauptplatz hinaufzuführen, wie die Fonte Branda, der größte Brunnen Sienas, spenden konnte[6]. Aber das kühne Unterfangen, vierzehn Kilometer weit her von dem Flusse Staggia so große Wassermassen herbeizuführen und den Berg hinaufzuleiten, scheiterte schon nach drei Jahren, und Meister Jacopo erklärte sich

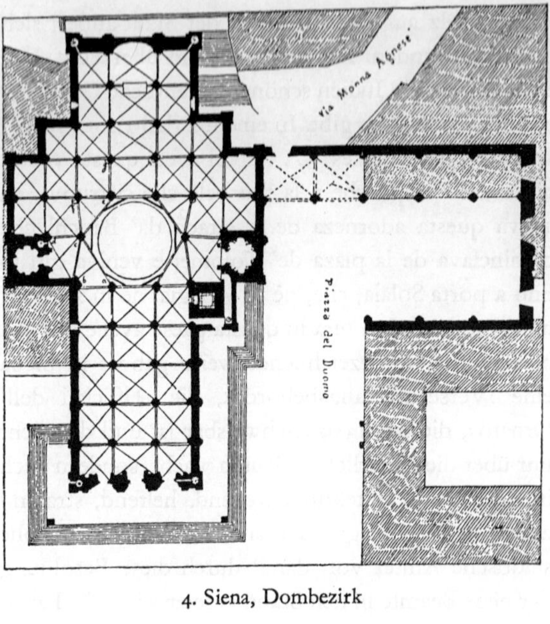

4. Siena, Dombezirk

für unfähig, seinen Plan zu Ende zu führen[7]. Nach
300 immer neuen, stets fruchtlosen Versuchen durch das ganze Trecento hindurch erging dann 1408 der Auftrag an Jacopo della Quercia für den heute stehenden Brunnen. So neuartig und kühn seine Form ist, so beispiellos der Gedanke bleibt, die Brunnenwände dem abfallenden Gelände anzuschmiegen und auf die Rampen die ersten Freifiguren aufzustellen, welche das Abendland seit dem Ausgang der Antike schuf, – es ist nicht mehr das Brunnenhaus von der Größe der Fonte Branda, was man sich jetzt mitten im Herzen der Bergstadt aufzuführen getraute, sondern nur noch ein Brunnentrog. Drei Menschenalter lang hatte man einen großen Nutzbrunnen zu erzwingen gedacht, nun wurde ein Zierbrunnen draus.

Der Stolz auf die Schönheit der Stadt äußert sich in den Urkunden. Die Sienesen sind überzeugt, daß es nirgendwo in Italien schönere öffentliche Gebäude, Straßen und Plätze gibt. In einem Erlaß vom 27. November 1398 heißt es: ». . . e voi avete questa vostra piaza del Campo che è la più bela che si truovi, ed aveva questa adorneza de la strada da' Banchi che cominciava de la piaza de' Tolomei e veniva gìu in fino a porta Solaia, che, nè in Vinegia, nè in Firenze, nè in nessuna altra tera in questa paese avene una più bela via . . .[8]«. Bezeichnenderweise gab es in Siena eine ›Verschönerungsbehörde‹, die ›Ufficiali dell' Ornato‹, die seit 1359 nachweisbar ist und die nicht nur über die öffentlichen Bauten wacht, sondern auch in die Privatarchitektur anregend, helfend, strafend eingreift. Sie schlägt der Kommune Bürger für hohe städtische Ämter vor, damit durch diese Besoldung der neue Beamte in den Stand gesetzt wird, die Fassade seines Palastes so zu vollenden, wie die Verschönerungs-Behörde es vorgeschrieben hat. Sie erwirkt Schuldennachlaß für Arme, damit diese Balkons an ihren Häusern entfernen lassen sollen, welche die Schönheit der Straße verunzieren[9].

Der sienesische Stadtstolz offenbarte sich schließlich in der Ausschmückung des Stadtpalastes. Im großen Saale des Pal. Ducale in Venedig waren 1362 in einem großen Freskenzyklus von zweiundzwanzig Bildern die Zusammenkunft Papst Alexanders III. mit Kaiser Friedrich Barbarossa 1177 in der Lagunenstadt und andere Ereignisse der Geschichte dieses Papstes dargestellt worden. Nun war Alexander III. ein Sienese aus der Familie Bandinelli gewesen. Galten die venezianischen Fresken einem der stolzesten Augenblicke der Stadtgeschichte, so durfte nun Siena sich desselben Stoffes bemächtigen, weil er einen der größten Söhne der Kommune verherrlichte. Daß man in Siena in bewußten Wettstreit mit Venedig treten wollte, wird ganz klar aus der Behandlung des Stoffes. Als nämlich Spinello Aretino 1408 den Auftrag erhielt, den Balia-Saal des Sieneser Ratspalastes mit sechzehn Bildern aus dem Leben Alexanders III. zu schmücken[10], erzählte er nicht den Ablauf des wirklichen historischen Geschehens, sondern trug seinen Stoff in einer legendenartigen Fassung vor, die sich spätestens im Laufe des 14. Jahrhunderts in der Lagunenstadt herausgebildet hatte[11]. In Venedig wird man lächelnd verstanden haben, wie die Sorge um den munizipalen Ruhm die damals längst in unaufhaltsamem Abstieg begriffene toskanische Bergstadt in diesen malerischen Wettbewerb hineintrieb.

Gerade die Sienesen haben auch außerhalb ihrer

Stadt auf das treueste zusammengehalten. Der in
302 Rom zu Reichtum gekommene sienesische Bankier Agostino Chigi, der Freund Raffaels und Leos X., baute 1509 in Rom auf dem rechten Tiberufer eine suburbane Villa, die heutige Farnesina. Als Architekten bestellte er den Sienesen Baldassare Peruzzi, den Chigi schon vorher an den päpstlichen Hof empfohlen hatte. Die Ausmalung wurde neben Raffael – vor dessen Namen natürlich alle landsmannschaftlichen Verbindungen erblassen mußten – dem seit mehr als einem Jahrzehnt in Siena ansässigen Lombarden Sodoma und Peruzzi anvertraut (seit 1512). Als dann ein Chigi in den glücklichsten Jahren des Hochbarock, in den Altersjahren Berninis, als Alexander VII. den päpstlichen Thron bestieg, hat er sich nicht nur im Vatikan mit Sienesen umgeben, sondern tat auch als Mäzen alles, um den Ruhm der vaterstädtischen Kunst und Geschichte zu erneuern.

Der gotische Charakter der Stadt konnte sich um so reiner entfalten, als eine große antike Tradition ihn nicht beschwerte. Nirgends im Stadtgebiet ist man auf etruskische oder römische Überreste gestoßen[12]. Indessen ist es nicht erlaubt, an dem antiken Ursprung überhaupt zu zweifeln[13]. Einmal nennt die Zensusliste des Kaisers Augustus Saena unter den vierundvierzig blühenden Kolonien, die unter seinen und der Triumvirn Auspizien gegründet worden seien, und zum andern hätte Siena unmöglich schon 313 n. Chr. Sitz eines Bischofs sein können, wenn hier keine ansehnliche spätantike Siedlung bestanden hätte. Der Stolz auf die zu Macht und Ansehen gelangte spätmittelalterliche Kommune einerseits und das Fehlen der antiken Monumente im Stadtbild andererseits hat in den Sienesen das Bedürfnis wachgerufen, durch eine Gründungssage die Entstehung ihrer Stadt mit der von Rom zu verbinden. Es handelt sich dabei um mehr, als nur um den Versuch, Siena als eine Tochtergründung Roms zu legitimieren. Indem beide Städte etwa zur gleichen Zeit von derselben erlauchten Familie gestiftet werden, tritt die Ebenbürtigkeit von Siena und Rom für den mittelalterlichen Menschen überzeugend zutage. Die Sage will, daß die Söhne des Remus, Senus und Aschio, vor ihrem Oheim Romulus in die Berge von Siena geflüchtet seien, woselbst sie Schutz gefunden und die Burg Senio gegründet haben sollen. Natürlich hatten sie bei ihrer Flucht auch das Palladium des Geschlechts, die Lupa mit den Zwillingen, mitgenommen, die nun in den Mauern Sienas dieselbe Rolle wie in Rom spielen sollte. Doch scheinen die Sieneser Chronisten den sagenhaften Ursprung der Stadt nicht vor dem 14. Jahrhundert behauptet zu haben[14]. Wann die Wölfin in das sienesische Stadtwappen aufgenommen worden ist, läßt sich leider nicht feststellen[15]. Auch mit den erhaltenen Denkmälern selbst kommt man nicht weit über die Grenze von 1300 zurück. Wenn die Lupa der Domopera[16] wirklich von Giovanni Pisano stammt, so müßte sie zwischen 1284 und 1297 entstanden sein[17].

Die Stadt des frühen und hohen Mittelalters hatte jedenfalls bis zur Schwelle der gotischen Zeit keine politische oder künstlerische Geschichte von eigenem Gesicht. Keine nur halbwegs bedeutsame romanische Kirche, die uns erhalten wäre oder von der wir wüßten, keine Kunde oder keine Reste von erwähnens-

werter romanischer Plastik oder Malerei. So wenig also
304 Siena als ein Vorort der Malerei des hohen Mittel-
alters abendländischer Prägung betrachtet werden
kann, im 13. Jahrhundert und noch in den beiden ersten Jahrzehnten des Trecento war die südtoskanische Stadt das Emporium der byzantinischen Tafelmalerei. Länger als die andern italienischen Städte – natürlich mit Ausnahme von Venedig – hat Siena an dieser verführerischen Spätkunst festgehalten. Wer vor Duccios Maestà hintritt, wird sich sogleich erinnern, die Bildkomposition der meisten dieser Täfelchen schon einmal gesehen zu haben, sei es auf den Mosaiken in Schiff und Querarmen des Domes von Monreale, einem byzantinischen Zyklus, der zwischen dem Ende des 12. und der Mitte des 13. Jahrhunderts entstand, sei es auf Ikonen oder silbernen Treibarbeiten aus dem Osten.

Mit dem Heraufkommen der Gotik wird Siena nun die politische Gegenspielerin von Florenz in der Toskana. Die ghibellinischen Kräfte des Landes finden hier ihren natürlichen Mittelpunkt, und auch wirtschaftlich wird die Stadt durch das Florieren der großen Banken ein Machtfaktor. Auch in künstlerischer Hinsicht hat es auf dem Felde der Architektur und Plastik den Anschein, als ob die Stadt nur darauf gewartet hätte, daß jenseits der Alpen der neue Stil aufkäme, um sich ihm sogleich anzuschließen. Lediglich auf dem Gebiete der Malerei wendet man sich der Gotik später, aber dafür um so leidenschaftlicher zu.

Nicht nur die großen Monumente, der Dom und die Bettelordenskirchen, das Rathaus und das Ospedale della Scala, die öffentlichen Brunnenhäuser und die Stadtbefestigung entstanden in den beiden großen

Jahrhunderten der Gotik, auch ganze Straßenzüge haben ihren dugentesken Charakter unverfälscht bewahrt, am eindrucksvollsten vielleicht die Via Sallustio Bandini, wo man den Typ des fünf- und sechsstöckigen gotischen Reihenhauses gut studieren kann, oder die Banchi di Sotto und die Via di Pantaneto. Auch von den gotischen Palästen ist vieles erhalten[18].

Freilich, weder die Zisterzienser von S. Galgano, die den Domchor und das Schiff errichteten, noch Giovanni Pisano, der die Fassade davorsetzte und mit einem großartigen bauplastischen Zyklus schmückte, waren geborene Sienesen oder auch nur sienesische Bürger. Aber die Bauprojekte land- und stadtfremder Meister wurden in Siena von der Regierung der Neune, vom Rat, in den von ihm eingesetzten Bürgerausschüssen, in Kommissionen von Fachleuten jahrelang durchberaten. In keiner anderen italienischen Stadt war die geistige Mitarbeit des Auftraggebers an den öffentlichen Bauten der Kommune so lebhaft und so bis ins einzelne durchorganisiert wie gerade in Siena[19].

Aber es besagt noch nichts über die Verwandtschaft von Zeit- und Ortsstil, wenn die gotischen Bauten unter der leidenschaftlichen Anteilnahme der Bürgerschaft emporwachsen. Das war in Paris oder Lübeck nicht anders. Aber Siena hielt an dem Stil, der das Stadtbild geprägt hatte, noch Jahrhunderte später fest. Das zeigt die Regulierung des Domplatzes im Hochbarock zur Zeit Papst Alexanders VII. aus dem Hause Chigi (1655–1667). Auf dem heute unbebauten

(18) Wenn auch hier die Restaurierungen des 19. Jhdts. manchen Bau bös verfälscht haben (z. B. Pal. Salimbeni, restauriert 1879).

Platze zwischen der südlichen Seitenfront des Doms
306 und dem Pal. del Granduca stand der erzbischöfliche Palast, ein Hochrenaissancebau, der damals niedergelegt wurde. Den neuen Bischofspalast verlegte man an die Nordseite des Doms, wo bisher ein kleines gotisches Häuschen, das Gebäude des Rettore dell' opera gestanden hatte. Dessen Fassadensystem übernahm der neue erzbischöfliche Palast. »Diese Gotisierung des Domplatzes ist das früheste Beispiel einer Restaurierung im historischen Sinn.« (Ausgeführt übrigens nicht mehr unter Alexander VII., sondern erst 1713[20].)

Da die politische Rolle Sienas um die Mitte des 16. Jahrhunderts ausgespielt war, da die Stadt dann bald ein stilles Provinznest des Großherzogtums Toskana werden sollte, das, abseits der Straße liegend, von gewaltsamen Veränderungen des Stadtbildes verschont blieb, so entstanden hier auch keine Lücken im Stadtkörper, die der Barock zu schließen Anlaß gehabt hätte. So ist Siena die gotische Stadt geblieben, deren Zauber dann die englische Spätromantik wiederentdeckt hat. Es ist erstaunlich, wie lautlos und selbstverständlich die Frührenaissance-Paläste aus der Zeit Papst Pius II. sich in die gotischen Straßenfronten und Bauparzellen einfügen (Pal. Piccolomini, Pal. Spannocchi, Pal. Piccolomini delle Papesse)[21].

Der gotische Charakter der Stadt beweist sich ferner in der Liebe für das Holz als Werkstoff, sei es um daraus Freifiguren zu schaffen, sei es um mit verschiedenfarbigen eingelegten Hölzern die Kunst der Intarsie zu pflegen. Läßt man einmal die Bauskulptur beiseite, die natürlich stets von Steinmetzen in der Hütte geschaffen wurde, so hat im 13. Jahrhundert in allen Ländern des Nordens das Holz das bevorzugte Material des romanischen Stils, die Bronze, entthront. Italien indessen blieb dem einheimischen Marmor auch in der Gotik stets verbunden. Nur in ganz wenigen Landschaften entwickelte sich die gotische Holzskulptur, in Umbrien, den Marken und den Abruzzen. Aber keine andere Stadt hat eine solche Dichtigkeit der Produktion von Schnitzwerken während der Gotik aufzuweisen wie Siena. Es wäre töricht, dies vorwiegend aus der Armut der Südtoskana an Marmor und bearbeitbarem Stein erklären zu wollen. In dieser Stadt allein haftet dem Bildwerk aus Holz nicht der Charakter einer niederen Gattung an, ist es nicht bloß eine Äußerung der ›Volkskunst‹. Denn gerade die großen Bildner haben hier in Holz geschnitzt, vielleicht Lorenzo Maitani[22], sicher Jacopo della Quercia, Vecchietta und Francesco di Giorgio[23]. Es sind nicht allein die Bildhauer, die Holzskulpturen schaffen, auch Architekten, Goldschmiede und Maler greifen zum Schnitzmesser, wie etwa Lando di Pietro oder Nerocchio di Bartolomeo[24]. Indessen ist der Strom der Produktion so breit, daß die meisten erhaltenen Holzskulpturen für uns namenloses Gut bleiben. »Wir können es schon als Wunder betrachten, wenn es heute gelingt, zwei oder mehr Stücke demselben Meister zuzuweisen und zusammen mit anderen, meist anonymen Werken zu stilistisch einleuchtenden Gruppen zusammenzuschließen[25].« Wie viele Schnitzwerkstätten es damals in Siena gegeben haben muß, kann man aus der einfachen Tatsache ersehen, daß das Fassen von Holzfiguren von manchen Malern als besondere Spezialität ausgebildet wurde[26]. Die Bildschnitzerei blüht bis in die letzte

Generation der Frührenaissancekünstler hinein. Es
308 ist für das Erlöschen dieser Gattung bezeichnend, daß Meister wie Francesco di Giorgio und Nerocchio di Bartolomeo nur in ihrer Jugend noch Holzbildwerke geschaffen haben. Dann werden sie durch den Techniker und Spezialisten abgelöst, das heißt durch den ›maestro di legname‹[27].

Intarsien aus Siena waren in der Gotik weltberühmt. So suchte der Herzog von Berry, der größte Mäzen und Sammler des späten 14. Jahrhunderts im Abendland, 1408 einen Meister aus Siena in seine Dienste zu ziehen, der in der Intarsiatura in verschiedenen Farben sehr geschickt war[28]. Besonders das ganze Quattrocento hindurch sind aus den Sieneser Werkstätten Gestühle mit herrlichen Einlegearbeiten auf den Rückwänden über den Sitzen hervorgegangen (Abb. 34). Die Intarsienkunst erlischt hier erst im frühen 16. Jahrhundert, denn wir wissen noch von einem großen Auftrag für ein Chorgestühl mit sechsundzwanzig Intarsienfeldern aus dem Jahre 1511[29]. Der Hochrenaissance freilich mit ihrer malerisch-atmosphärischen Art des Sehens konnten weder die beschränkte und spröde Farbenskala noch das von dieser Technik nicht zu trennende Gerüst von Linien und Stegen der Intarsien genügen. »Während die heiteren und liebenswerten Holzbildwerke in ihrer farbigen Fassung in den Nischen und auf den Altären der alten Kirchen von Siena nachzudunkeln und dahinzutrauern begannen, traten das ›caelum‹, der Meißel des Steinmetzen und der Stichel des magister lignaminis endgültig ihre Rechte dem ›penicillum‹, dem Pinsel ab[30].«

Da die Sienesen also nur in diesem einen Zeitalter ihr Wesen auszusprechen vermochten, so sollte man annehmen, hier wenigstens, in der Gotik, seien sie von der knospenhaften Entfaltung des Stiles bis zu seinem Welken als Schrittmacher führend und kontinuierlich an dessen Entwicklung beteiligt gewesen. Nichts wäre falscher als diese Vorstellung! Es ist vielmehr typisch für alles *Sieneser Kunstwesen*, daß *die Tradition immer wieder abreißt* und die großen führenden Meister alle dem Haupt des Zeus entsprungen zu sein scheinen, so wenig entwachsen sie ihrer Umwelt. Das Bestehen einer Bauhütte garantiert für das Gedeihen der Plastik in einer Stadt allerdings keine Stetigkeit, kometengleich tauchen die großen Steinmetzen auf und verschwinden sie wieder. So siedelt der Steinmetzentrupp, den Giovanni Pisano in der Sieneser Hütte 1284 zusammengestellt und für seine Wünsche dann sich erzogen hatte, 1297 mit seinem Meister in die Pisaner Dombauhütte über[31]. Aber auch Jacopo della Quercia schießt für uns plötzlich aus dem Boden, ganz vergebens haben wir bisher in der Bauplastik des Doms oder der Sieneser Holzskulptur die Quellen seines Stils gesucht[32]. Auch die neuesten Versuche, seine Jugendwerke in Florenz nachzuweisen, scheinen uns nicht gelungen zu sein[33].

Das bekannteste Beispiel für das Abreißen jeder künstlerischen Tradition in Siena bedeutet das Pestjahr 1348, dem von den großen Malern beide Brüder Lorenzetti zum Opfer fielen, von den Bildhauern wohl Giovanni d'Agostino, im benachbarten Orvieto Andrea Pisano. Die Folgen dieser Epidemie waren katastrophal: die Sieneser Architektur mußte das

Projekt des Dom-Neubaus aufgeben, die Holzplastik
310 geriet, da alle schöpferischen einheimischen Meister dahingerafft waren, unter den Einfluß der pisanischen Schule des Nino Pisano[34]. Die sienesische Malerschule kam, da auch Simone Martini schon vier Jahre vor dem Auftreten des schwarzen Todes gestorben war, fast völlig zum Erliegen[35]. Unsagbar mühsam haben Meister wie Bartolo di Fredi, Paolo di Giovanni Fei oder Luca di Tomé nach dem Erlöschen der Pest die Tradition wiederhergestellt[36]. Das Beispiel vom Pestjahre findet seine einfache biologische Erklärung. Wenn in einer auch für das Trecento nur mittelgroßen Stadt zwei Drittel der Einwohner einer Seuche zum Opfer fallen und darunter auch die führenden Künstler, so reißen alle Fäden der künstlerischen Überlieferung, und die Regeneration der schöpferischen Kräfte erfordert Jahrzehnte. Eine Großstadt wie Florenz überwindet einen solchen Aderlaß leichter.

Aber vor den anderen genannten Beispielen für das Abreißen oder jähe Aufbrechen künstlerischer Bewegungen hier in Siena versagen solche biologischen Überlegungen. Die Gründe müssen vielmehr in der künstlerischen Wesensart der Sienesen selbst zu suchen sein. Sind die Florentiner Systematiker und Konstrukteure, die jedes Problem aufgreifen, das in ihrem künstlerischen Gesichtskreis liegt, um es von Generation zu Generation einer vollkommeneren Lösung entgegenzuführen, so sind die Sienesen weniger stetige, vielmehr triebhafte und sprunghafte Naturen. Übertreibend könnte man sagen, daß mit der Genesis

(35) Nur Barna und der Ovile-Meister führen die Kontinuität über die Jahrhundertmitte fort.

vieler Florentiner Kunstwerke zugleich die Lösung oder doch wenigstens die Veranschaulichung anatomischer oder perspektivischer, koloristischer oder archäologischer Probleme verbunden sei, während den sienesischen Künstlern die Dinge zufliegen und von ihnen instinktiv erfaßt werden. Aller sienesischen Kunst von Duccio bis Giovanni di Paolo haftet ein Hauch des Dekadenten an, dem florentinischen Wesen nie, selbst in den Spätphasen der Stile nicht. Wo sind in Siena die Künstler, die im 15. Jahrhundert den Fragen der Linear- und Luftperspektive, des Aktes oder der Ponderation wirklich zu Leibe gegangen wären? Das Traktateschreiben war schon gar nicht ihre Sache, wenn man von dem einen Francesco di Giorgio absieht. Es ist also der Mangel an künstlerischer Stetigkeit, es ist das schnelle Ermüden hochveranlagter, aber übersensibler Naturen, denen wir die Sprunghaftigkeit der Sieneser künstlerischen Entwicklung im großen zuschreiben müssen.

Selbst wenn man sich die künstlerische Wandlungsfähigkeit eines Lorenzo Lotto, Antonello da Messina, den Spätstil des Paolo Uccello vor Augen hält, wird man den überraschenden und unmotivierten Wechsel der künstlerischen Richtungen innerhalb einer Lebensbahn als besonderes Kennzeichen sienesischer Künstlerviten in Anspruch nehmen dürfen. Daß solche Wandlungen und Neubeginne in Siena fast stets eine Entwicklung einleiten, die dem Zeitstil in den anderen Kunstzentren stracks zuwiderläuft, verrät den konservativen oder den das Neue weit voraus witternden Charakter der sienesischen Kunst.

Das denkwürdigste Beispiel einer solchen künstlerischen Entwicklung, der mit logischen Überlegun-

gen schlechterdings nicht beizukommen ist, bietet
312 das malerische Lebenswerk des Francesco di Giorgio Martini. Die drei Cassoni mit Darstellungen aus der Geschichte von Joseph und der von Susanna (Siena, Pinakothek)[37], gemalt um 1457 von dem etwa achtzehn- bis zwanzigjährigen Anfänger, zeigen Francesco di Giorgio als Schüler von Vecchietta, ehe dieser unter den Einfluß norditalienischer, Florentiner und umbrischer Meister geriet. Sie machen deutlich, daß der junge Künstler einen Binnenraum wie Außenarchitekturen entsprechend den Gesetzen der Linearperspektive einwandfrei wiederzugeben vermag. Auch auf der Lunette mit der Verkündigung an Maria (Yale University), die in der Zeit der Zusammenarbeit mit Nerocchio (d.h. also vor 1475) entstanden sein muß, wo aber die Architekturdarstellung sicher den Anteil des Francesco di Giorgio bedeutet[38], handelt es sich um eine exakte Konstruktion der Bildtiefe nach einem Fluchtpunkt. Die Erschließung des Raums wird dem Betrachter durch das aufdringliche Hilfsmittel eines gemusterten Fliesenbodens vorgerechnet. Etwa zur gleichen Zeit aber muß die Verkündigung der Pinakothek in Siena gemalt sein (Abb. 38). Nicht nur die Figuren sind nun wieder gotischer, auch die Raumdarstellung wirkt unbeholfener, ja verwildert, die Gestalten rutschen auf abschüssigem Fliesenboden nach vorn aus dem Bilde heraus. Die räumliche Beziehung zwischen Madonna und Säulenportikus bleibt unklar, der Kandelaber zwischen beiden Gestalten erscheint in ganz verzerrter Perspektive u.a. mehr. Das Werk »zeige eine entschiedene Abkehr von der sogenannten wissenschaftlichen Raumkonstruktion und eine Hinwendung zu der älteren sienesischen

Überlieferung von Ausdruck und dekorativer Flächenaufteilung um ihrer selbst willen«, hat Francesco di Giorgios neuester Biograph bemerkt[39].

Unmittelbar danach aber (1475) tritt der Künstler in den Dienst des Herzogs von Urbino als Ingenieur, Architekt und Mathematiker. Er wechselt also aus einem engen gotischen Stadtstaat an einen Hof hinüber, an dem die naturwissenschaftlichen, vor allem aber die optischen und perspektivischen Studien blühten, wie nirgends sonst in Italien. In diesem Kreise nimmt Francesco di Giorgio sogleich mühelos eine führende Stellung ein. Alsbald entstehen die berühmten Bronzereliefs, wie die Geißelung Christi (Perugia, Pinakothek) (Abb. 39) oder die sogenannte Discordia (London, Viktoria and Albert Museum), welche die reifsten und überzeugendsten Raumlösungen bringen, die das späte Quattrocento überhaupt hervorgebracht hat[40]. Bei Francesco di Giorgio lösen sich also innerhalb eines Jahrzehnts ab: die Verwendung der wissenschaftlichen Perspektive im Dienste der Kunst, dann die radikale Abkehr von ihr, unmittelbar darauf aber ihr intensives und magistrales Studium.

Aus all dem erhellt, daß die sienesische Kunst selten ›zeitgemäß‹ ist. Bald eilt sie voraus, bald hinkt sie nach – und ihre wesentlichen Beiträge zur gesamtitalienischen Entwicklung sind solche *kühnen Vorgriffe, die allein und verfrüht in ihrer Zeit stehen.*

Seit mehr als sechshundert Jahren ragen die herrlichen Mittelschiffsarkaden des Sieneser Domtorsos ins Leere[41] (Abb. 36). Auch sie bedeuten für ihre Zeit eine sehr kühne Leistung – aber niemand hat den Bau vollendet, geschweige denn seine Baugedanken

weiter getragen. Sucht man sich den fertigen Bau vor-
314 zustellen, so gewahrt man sogleich, daß er in der Toskana seinesgleichen nicht gehabt hätte. Die innere Eingangswand, an der allein heute die Höhe der Mittelschiffsgewölbe, des Obergadens u.ä. sich ablesen lassen, mag zunächst den Eindruck erwecken, als ob das Mittelschiff unerträglich engbrüstig und steil gewirkt haben müsse. Ein Blick auf die Breite der Seitenschiffe scheint diesen Eindruck noch zu verstärken. Macht man sich dann aber klar, daß selbst für den Fall, daß die Obergadenfenster hoch in die Gewölbekappen hinaufgereicht haben würden, die Hochschiffswand selbst nur sehr niedrig gewesen wäre, so wird man zugeben müssen, daß die Breitentendenz den dreischiffigen Bau vorwiegend bestimmt hätte. Der niedrige Obergaden, die riesigen Halbkreisarkaden, die sehr schlanken Stützen vom Querschnitt in Kleeblattform hätten sowohl in der Höhe, wie in der Kommunikation der Schiffe untereinander am ehesten Raumproportionen in der Art von Sa. Ma. Novella bewirkt. Aber der Sieneser Domtorso ist nicht nur etwa neunzig Jahre jünger als die Florentiner Dominikanerkirche, er ist vor allem ganz unflorentinisch. Der energische Spitzbogen bleibt – heute wenigstens – auf die Fensterformen in den Abseiten beschränkt. Nur in Siena tönt der wohlige Klang, der vom Bogenschlag der Halbkreisarkaden ausströmt, die sich von Stütze zu Stütze schwingen.

»Die namenlos schönen Verhältnisse der Arkaden werden an Wonne von keinem Werke des Bramante'schen Zeitalters übertroffen«, hat Heinrich von Geymüller, der erste Kenner der Renaissance-Architektur im 19. Jahrhundert, geurteilt. Ja, er glaubte sogar dem

Sieneser Domtorso aus dem Trecento seine genauen Verwandten in der Hochrenaissance zuweisen zu können – es sei das berühmte Schloß Gaillon, das Fra Giocondo für den Kardinal von Amboise »im italo-französischen Kompromiß-Stil 1500 errichtete«.

Im Ineinanderfluten der Schiffe, in der Bildung der Stützen zeigt sich dieselbe antigotische Spannungslosigkeit wie in diesen harmonischen Halbkreisbögen. Der Sieneser Dom steht Kirchen der Florentiner Protorenaissance um 1100 und den Kirchen Brunellescos viel näher als dem Florentiner Dom, der mit ihm gleichzeitig emporwuchs (Abb. 37). Entsteigt beim Sieneser Domtorso eines der aufstrebenden Bauglieder dem andern in zartem Übergang, so wird in Florenz eine Ordnung auf die andere getürmt, und die so entstehenden Geschosse sind durch scharf akzentuierte Kapitelle und Pfeilerbasen voneinander getrennt. Nach dem Vorbild von S. Croce umzieht ein Laufgang auf kräftigen und stark vorkragenden Konsolen den Raum, unmittelbar über den Mittelschiffsarkaden, direkt am Ansatz der Gurtbogen und Rippen. Auf diese Weise wird die Verbindung zwischen den Pfeilern und den daraufstehenden Pilastervorlagen einerseits und den Gewölbeanfängen andererseits zerschnitten. Man wird den Eindruck nicht los, daß die Gewölbezone wie ein abhebbarer Deckel auf dem Schiff ruhe. Im Grunde genügt schon eine Einzelform, um den ganzen Gegensatz zwischen sienesischem und florentinischem architektonischem Empfinden anschaulich werden zu lassen: in Siena haben die Mittelschiffsstützen den Grundriß eines ausgewogenen Vierpasses, der nach allen Seiten weich sich rundet; der Florentiner Pfeiler wird durch Pilaster, die ihm auf allen vier Sei-

ten vorgelegt sind, zu einer Art Bündelpfeiler mit
316 scharfen Ecken und Kanten. Kurzum: die Florentiner Architekturgesinnung betont alle jene Kompositionsprinzipien, denen die sienesische aus dem Wege geht.

Wer von uns hätte nicht schon einmal Ambrogio Lorenzettis Fresko im Pal. Pubblico, das die Segnungen des guten Regiments im befriedeten Contado schildert, für das schönste Kunstwerk erklärt, das die Mauern Sienas beherbergen (1337–1340)[42]! Es ist nur die rechte Hälfte eines Gemäldes, das sich über die ganze Wand ausdehnt (Abb. 41)! Die linke Seite zeigt als Ergänzung die Wirkungen des Friedens und der Eintracht innerhalb der Mauern der Stadt. Die Stadtansicht der linken und die Landschaft der rechten Bildhälfte sind also nicht um ihrer selbst willen gemalt, sie geben nur den Schauplatz für eine moralisch-lehrhafte Schilderung der politischen Segnungen einer guten Stadtregierung ab. Der Akzent der Schilderung liegt demnach nicht auf der Landschaft, sondern auf der menschlichen Tätigkeit. Daß man in Frieden pflügen und Korn schneiden, dreschen, fischen und jagen kann außerhalb des sicheren Schutzes der Mauern, daß niemand dem Treiber die hochbepackten Saumtiere wegnimmt oder dem Bauern das Schwein, das er zu Markte treibt, daß der Edelmann unbesorgt mit dem Falken auf der Faust zur Beize ziehen kann, während der einfache Bürger mit der Armbrust sich vergnügt, – dies und vieles andere wird in einer Folge unverbunden nebeneinander gesetzter Einzelszenen in eifervoller Didaktik vor dem Beschauer ausgebreitet. Aber ein Bild, eine echte Komposition über eine riesige Wandfläche hin, wird diese Darstellung doch nur durch die Landschaftsbühne, welche all diese kleinen Augenblicksschilderungen profaner menschlicher Tätigkeit in sich aufnimmt. Für einen modernen Betrachter, der auf die halbtausendjährige Geschichte der abendländischen Landschaftsmalerei zurückblickt, ist es schwer zu entscheiden, ob die Zeitgenossen des Malers schon ein Auge für den sinnlichen Reiz dieser Landschaft besessen haben. Die Landschaft als Bildgattung hatte es ja bis dahin nicht gegeben, und vielleicht haben die Beschauer an der Landschaft nur die Fakten gesehen, die sie identifizieren sollten, also etwa am Busen des Tyrrhenischen Meeres, der von rechts ins Bild hineingreift, den wohlbefestigten Hafen von Talamone, mit dem die Sienesen noch immer den Wunschtraum verbanden, daß er sie zur Seemacht aufsteigen lassen solle, oder all die Kastelle auf den Hügelkuppen, welche die Sicherheit des Contado verbürgten und mit denen der Betrachter ganz gewiß bestimmte Namen verband. Dem modernen Beschauer, der hingegen weiß, daß er die erste Großtat der abendländischen Landschaftsmalerei vor sich hat, muß es unbegreiflich erscheinen, daß eine solche Darstellung riesigen Formats (Breite der Contado-Hälfte 6,76 m) so ganz ohne Vorstufen vor uns steht, die ihre Genesis dem historischen Blick verständlich machen würden. Weder in der sienesischen noch der florentinischen Miniaturmalerei gibt es im kleinen Formate Lösungen, welche die monumentale Darstellung Ambrogio Lorenzettis halbwegs erklären könnten. Freilich, ganz so einsam, wie der heutige Denkmälerbestand es glauben machen möchte, stand das Sieneser Rathaus-Fresko nicht in seiner Zeit. Ghiberti berichtet in seinen Kommentarien von einem anderen, heute zerstörten Fresko

des Ambrogio Lorenzetti im Kreuzgang von S. Fran-
318 cesco in Siena, das Martyrium der Franziskaner in Ceuta darstellend und ebenfalls eine sehr große Wandfläche einnehmend: ». . . und als jene Brüder enthauptet waren, erhob sich ein dunkles Unwetter mit starkem Hagel, Blitzen, Donner und Erdbeben. Es erweckte den Eindruck des Wirklichen: Gefahren von Himmel und Erde, es scheint, daß alle versuchen, mit großem Zittern sich zu bedecken, man sieht Männer und Frauen sich die Kleider rittlings über die Köpfe ziehen, die Bewaffneten sich die Schilde über das Haupt halten, man sieht, wie dichter Hagel auf die Schilde fällt, es scheint, ob als dieser Hagel in tollem Sturme auf die Schilde herniederprassele. Man sieht die Bäume sich bis zur Erde biegen und einige zerbrechen, und jeder scheint in wilder Flucht begriffen . . . Für eine gemalte Geschichte erscheint mir das ein wahres Wunder«, fügt Ghiberti hinzu[43]. Selbst wenn der Wind hier noch durch den Windgott mit pustenden Backen als Allegorie dargestellt gewesen sein sollte, – die Wirkung auf Erde und Menschen war offenbar ganz naturalistisch wiedergegeben.

Vor allem aber hat Ambrogio Lorenzetti in Simone Martini anscheinend einen Vorgänger besessen. In dem Fresko mit dem Drachenkampf des hl. Georg, das eine Wand in der Vorhalle der Kathedrale von Avignon schmückte und von dem wir uns nur eine Vorstellung aus alten Beschreibungen und einer Zeichnungskopie bilden können[44], spielte die Szene der Legende vor einer weitgespannten Hügellandschaft, die am linken Bildrand in einem Berge gipfelte, der von einem Kastell gekrönt wurde.

Noch wichtiger aber ist es, daß Simone Martini

auch im *profanen* Bereich Landschaftsbilder gemalt zu haben scheint. Es ist schon längst darauf hingewiesen worden[45], daß hinter den berühmten Fresken mit Darstellung des Vogel- und Fischfangs im Tour de la Garderobe im Papstpalast in Avignon (besonders im Chambre du Cerf)[46] die 1343–1346 gemalt wurden, verlorene Fresken gleicher Art des Simone Martini stehen müssen, mit denen er die Gemächer sienesischer Adelspaläste oder avignonesische Kardinalswohnungen geschmückt haben wird. Dieses Komponieren mit geschlossenen Laubhecken als Raumkulissen kommt letztlich aus der antiken Malerei und kann dem großen Sienesen durch eine damals zugängliche römische Villa vermittelt worden sein. So allein wie es uns heute scheinen will, stand also das Fresko mit den Segnungen des Guten Regiments wahrscheinlich nicht in seiner Zeit[47]. Aber die historische Verschiebung, die sich dabei ergibt, berührt doch nur den Bereich der Künstlergeschichte. Ist nicht Ambrogio Lorenzetti der Schöpfer der neuen Bildgattung, so ist es Simone Martini, der dem Jüngeren den Weg gebahnt hat. Die Tatsache, daß in Siena die Gattung der Landschaftsmalerei uns *unvermittelt* in einem Bilde entgegentritt, das der euro- 319

(47) Die beiden Täfelchen von Ambrogio Lorenzetti in der Sieneser Pinakothek (Nr. 70 und 71) hingegen sind nicht die beiden ersten selbständigen abendländischen Landschaftsbilder in der Tafelmalerei, wie immer wieder behauptet (z. B. von Antal, Jahrb. f. Kunstwiss. 1924–1925, p. 213) und von C. Brandi zu begründen versucht wurde. (La Pinacoteca di Siena, p. 127ff.) C. A. Isermeyer hat vielmehr (Deutsche Literaturzeitung 1934, Sp. 1371) den Nachweis erbracht, daß es sich um Fragmente von Altären handelt, die effektvoll zurechtgeschnitten wurden.

päischen Entwicklung auf diesem Felde um Jahr-
320 hunderte vorauszueilen scheint, bleibt bestehen.

Indessen nutzen solche historischen Überlegungen wenig, um das Wunder der künstlerischen Form dieses Bildes zu begreifen. Wir modernen Menschen sind gewohnt, riesige Wandflächen durch die Mittel der Linearperspektive mit Fluchtpunkt und Distanzwinkel künstlerisch bezwungen zu sehen, oder wir erwarten, daß durch die Anwendung der Luftperspektive die Abstufung der Dingwelt nach der Tiefe zu stofflich und farbig differenziert werde. Wir wissen, wie sehr die Aufteilung eines Bildfeldes in Licht- und Schattenpartien schon die Einheit der künstlerischen Komposition gewährleisten kann. Von alledem hat Ambrogio Lorenzetti nichts gewußt. Er wählt einen idealen Standpunkt aus hoher Vogelschau, der ihm den größten Teil seines Panoramas in Aufsicht bietet, dabei aber dem Himmel noch keinen Raum gönnt. Dieser hohe Standpunkt bedingt es, daß das Bild im Zentrum und im rechten Bilddrittel überhaupt keinen Vordergrund besitzt. Das Auge wird da sofort in den Mittelgrund gezogen, und auch die Grenze zwischen Mittel- und Hintergrund bleibt fließend. Auch das Abnehmen des Größenmaßstabes der menschlichen Gestalten ist noch nicht konsequent als Hilfsmittel benutzt, die Tiefendimension anschaulich werden zu lassen. Die Armbrustschützen hart links am vorderen Bildrand sind viel kleiner gegeben als der Adlige, der jenseits des Feldes mit seinem Gefolge zur Falkenjagd ausreitet. Aber das muß man sich erst klar machen: künstlerisch scheint das Größenverhältnis von Landschaft und Staffage absolut überzeugend.

Die Farbenskala beschränkt sich auf ein Minimum an Tönen. Man behält nur Rotbraun, Ziegelrot und 321
Grün in Erinnerung. Die heute stumpfbraun wirkenden Ährenfelder im Mittelgrund sind nachgedunkelt und leuchteten wohl ursprünglich in einem hellen Goldbraun. Der Meerbusen von Talamone erscheint in einem schwärzlichen Grün, die Brücke vorn rechts ziegelrot, wie auch die Stadtmauer. Die Menschen sind in Braun oder Grau, also in ganz neutrale Farben gekleidet, nur das Gewand des zur Beize ausziehenden Ritters bildet einen warmen, leuchtenden, tiefroten Farbakzent. Die Farbkomposition bleibt also auf den alten Wegen, sie kommt mit Lokalfarben und ›chiaroscuro plastico‹[48] aus. Denkt man aber an das Rezept, das Cennino Cennini noch ein halbes Jahrhundert nach der Entstehung unseres Freskos in seinem Traktate den Malern für die Wiedergabe von Bergen empfahl – sie sollten einfach große Steine mit rauher Oberfläche zum Vorbild nehmen und vergrößern[49] –, so begreift man recht, welche Denkvorstellungen Ambrogio Lorenzetti hinter sich lassen mußte und welch ungeheure sinnliche Anschauungskraft die Voraussetzung für das Gelingen dieses großen Wurfes bildet. Für nichts besaßen er und seine Generation Exempla und Erfahrungen, wissenschaftliche Hilfsmittel oder literarische Rezepte – alles und jedes ist hier sein eigen. Infolgedessen hat das Fresko auch keine Nachfolge gefunden. Mit dem Pestjahr 1348 erlosch auch die sienesische Landschaftsmalerei; das spätere Trecento hat dem ager Senensis des Ambrogio Lorenzetti nichts an die Seite zu setzen vermocht.

Wenn dieses Werk kühn und einsam in seiner Zeit steht, aber voraufweisend auf kommende Jahrhun-

derte, so bleibt hingegen die sienesische Landschafts-
322 malerei des Quattrocento hinter ihrer Zeit zurück. Seit der Wiederentdeckung dieser Kunst zu Anfang unseres Jahrhunderts stehen die Altäre und Predellen der Sassetta, Giovanni di Paolo und Sano di Pietro, welche der Landschaft viel Raum gewähren, im Mittelpunkte der allgemeinen Bewunderung.

Diese Maler entdecken dabei nicht die ›wirkliche‹ Welt, sie sind nicht die Gefährten des Baldovinetti oder der Brüder Pollajuolo, sie haben noch keinen Sinn für blutige Sonnenuntergänge im Garten Gethsemane oder für die Vorfrühlingskargheit und die Kälte am Ostermorgen gehabt wie Giovanni Bellini. Sie verzichten bewußt auf Linear- und Luftperspektive, um welche die Florentiner sich durch drei Künstler-Generationen des Quattrocento hindurch konsequent bemühten. Auch Piero della Francescas Luftmalerei und Landschafts-Auffassung ist in Siena keine Nachfolge erwachsen, obwohl Pieros Wirkungsstätten, Arezzo und Borgo Sansepolcro, in einem Siena benachbarten Landstrich liegen. Je weiter das 15. Jahrhundert fortschreitet, desto mehr bleibt die sienesische Landschaftsmalerei hinter den ›Erfordernissen der Zeit‹ zurück. Auch dort, wo ihre Naturbeobachtung im einzelnen von zartester Genauigkeit und wunderbarer Frische ist, dient sie meist nur dazu, den Weg in ein unbetretbares Traumland zu erschließen.

Die kostbaren Predellentäfelchen des Lorenzo Monaco in der Florentiner Akademie, zu einem nicht mehr nachweisbaren Altar gehörig, müssen aus der Spätzeit des Meisters stammen. Siren denkt sie sich nach 1418 entstanden, jedoch spiegeln sie noch nicht den Einfluß des Dreikönigsaltars des Gentile da Fabriano, der im Mai 1423 vollendet wurde. Das ganz unmittelbare Verhältnis zur Natur, der Stimmungsgehalt sind die sienesische Mitgift des Künstlers. In der Predella mit dem hl. Nikolaus, der ein in Seenot geratenes Schiff rettet, ist der unmittelbare Rückgriff auf Ambrogio Lorenzetti auch gar nicht zu verkennen. Vor allem aber würde kein florentinischer Künstler je das Weben des Mondlichtes so zu beschwören gewußt haben wie der sienesische Mönch auf der Predella mit dem Leben des hl. Einsiedlers Onofrius. Die Szenerie bildet eine braune, trockene Sandwüste, aus der einige nackte Felskulissen emporragen. Trostverheißend spannt sich über dem sehr hohen Horizonte nur ein schmaler Streifen warmen, tiefblauen Himmels. Der Mond ist nicht sichtbar, aber in seinem milchig graublauen Schein leuchten die Klause des Eremiten und einige Felszacken auf. Dazwischen bewegen sich, getaucht in den Schimmer des Mondlichts, die huschenden Gestalten der disputierenden Mönche ganz unkörperlich und ungreifbar[50]. In dem Fehlen eines streng tektonischen Bildaufbaus, in dem unmittelbaren sinnlichen Kontakt mit der Natur erweist sich die Predella als ein echt sienesisches Kunstwerk.

Die Straße des jugendlichen Täufers, der sich von seinem Vaterhause aufmacht, um in die Wüste zu ziehen, leitet ihn bei Giovanni di Paolo (Johannes-Zyklus, Chicago, Art Institute)[51] in eine Sphäre hoch über der bebauten und bewohnten Welt (Abb. 40). Man kann nicht überschauen, wohin dieser Weg führt, aber wir wissen es ohnehin: nicht zurück auf unsere arme Erde. Ob nun bei Sassetta den hl. Antonius Ab-

bas in der Stille seiner Waldeinsamkeit der Teufel
324 in Gestalt eines schönen Engels versucht oder ob ihn der Waldgott unter der Form eines Zentauren über den rechten Weg belehrt: wir dürfen getrost sein, dem Heiligen wird nichts geschehen, sein Einsiedlerleben bleibt so unberührt und friedvoll wie die Natur[52].

An den dämonischen Kräften des Kosmos mußten die sienesischen Maler vorbeisehen, weil ihnen viel höher als die Wirklichkeitsbeobachtung das mittelalterliche Gedankenbild stand, das eine innere Vorstellung wiedergibt. Wenn Giovanni di Paolo Meer malt, so verliert die Unendlichkeit des Wasserspiegels alles Bedrohliche. Die Meeresoberfläche stellt sich als eine höchst regelmäßige Abwechslung von Wellenbergen und -tälern dar, und das Ganze wirkt wie ein Blick aus hoher Vogelschau auf die Hügellandschaft der Toskana. Auf der Errettung eines Schiffbrüchigen durch den hl. Nikolaus von Bari (um 1456, Philadelphia, Sammlung Johnson) erscheint folgerichtig auch der erhellte Horizont nicht als durchgehende Horizontale, sondern als Silhouette ganz ferner Wellenberge und -täler[53]. Auf den beiden berühmten Madonnen in freier Landschaft (Siena, Pinakothek und Boston, Museum, ehem. Sammlung Figdor) ist der Hintergrund aufgeteilt in quadratische Felder. Diese Schachbrettgliederung der Landschaft – die es natürlich auch im 15. Jahrhundert auf den Feldern um Siena nicht gegeben hat – schafft abermals ein rechtes Gedankenbild. Weitere Beispiele: Anbetung der Könige (Washington, National Gallery, aus Sammlung Mellon) und die Tafeln der Täuferlegende in Chicago[54]. Die Versatzkulissen von

Felsmassiven sind wohl die letzten Rückbleibsel der byzantinischen Malerei, die sich in abendländischen Bildern noch finden. Auch die Felsenhöhlen auf den Predellen des Sano di Pietro kommen aus Byzanz[55]. Die Predellen-Tafel mit der Anbetung der Könige vom Fondi-Altar des Giovanni di Paolo (1436, Otterlo, Sammlung Kröller-Müller)[56] mit den enggestellten steilen Kulissen, deren Hohlwege die Figurengruppen verschlucken, übernimmt ein Landschaftsrezept von französischen Miniaturen, die aber alle um mehr als eine Generation früher entstanden waren[57].

So ist es denn nicht verwunderlich, wenn fast das ganze Quattrocento hindurch der geheime Nährgrund dieser Landschaftsmalerei noch die Goldfolie blieb. Wo sie aber wirklich mit ihr schalten dürfen, da fühlen die Sienesen sich recht in ihrem Element und wagen sofort zu experimentieren. Hatte der Dreikönigs-Altar des Gentile da Fabriano von 1423 (Florenz, Uffizien) in Florenz eine denkbar geringe Wirkung ausgestrahlt, so mußte ein Sienese von dieser Kunst ganz anders angesprochen werden, und auf dem Täfelchen mit der Flucht nach Ägypten in der Sieneser Pinakothek, das neuerdings wieder als Predella für den Fondi-Altar aus S. Francesco von 1436 in Anspruch genommen wird[58], hat Giovanni di Paolo eine sehr freie Variante der Predella des Altars des großen Wanderkünstlers aus den Marken geliefert (Abb. 43). Auch Gentile hatte die linke Hälfte seines Flucht-Bildes ganz auf Goldgrund gemalt, wobei er seine Farben zum Teil nur sehr dünn und lasierend auf diese Folie auftrug. Nirgends aber lag *ursprünglich* dieser Goldgrund offen (Abb. 42). Der

Sienese hingegen hat die blanke Goldfolie als Mal-
326 grund benutzt. Daß auf seinem Bilde das Gold immer freilag, beweisen die entsprechend der Stellung der Gipssonne richtig fallenden Schatten von Bäumen, Menschen und Tieren, welche unmittelbar auf den Goldgrund gemalt wurden[59]. Diese Schatten sind Giovannis eigenster Beitrag, denn Menschen und Gegenstände bei Gentile da Fabriano sind noch schattenlos. Die Bäume und Gespanne auf des Sienesen Predella werfen zarte und durchsichtige Schlagschatten, wenn sie auf den Ackerboden in hellem Grau fallen. Hingegen erscheinen sie kräftig und schwer, wenn sie auf die Straße fallen, die, als goldenes Band im Grund der Tafel ausgespart, das Bild in der Diagonale durchzieht. In der Linearkomposition wirkt die Landschaft gegenüber der Predella des großen Umbrers höchst altertümlich: die biblischen Figuren verharren auf einem schmalen Streifen vor der eigentlichen Raumbühne, während sich Gentile sehr um eine Verknüpfung zwischen Gestalten und Landschaft bemüht hatte. Vor allem aber kann Giovanni di Paolo die Bildtiefe nur durch eine trecentistische Art der Gliederung und durch den Blick aus der Vogelschau gewinnen, während bei Gentile diese sprunghafte Art der Tiefenerschließung schon durch eine organischere, wenn auch noch umständliche Gestaltung der Bildbühne überwunden worden war.

Es ist außerordentlich bezeichnend, daß dieser Ablehnung der mathematisch konstruierten, wissenschaftlich begründeten Zentralperspektive durch die Sienesen im Quattrocento ein ganz anderes Verhalten der einheimischen Künstler solchen Problemen gegenüber im Trecento voraufgegangen war. So lange man die Vorstufen der neuen Darstellungsweise erprobte, so lange man eine Perspektive empirisch ertasten mußte, hat Siena im zweiten Drittel des Trecento bei der Ausbildung solcher Verfahren eine führende Rolle gespielt. Aber in der Bergstadt herrschte eine solche Scheu vor der systematischen Bewältigung künstlerischer Probleme und ihrer konstanten Entwicklung durch mehrere Generationen von Künstlern hindurch, daß es höchst begreiflich ist, wenn Siena von der konsequent entwickelten Zentralperspektive wenig mehr wissen wollte, sobald man in Florenz die Probleme mit Hilfe der Geometrie zu meistern gelernt hatte.

In der Zeit Simone Martinis und der Lorenzetti indessen hielt man in der Frage der Perspektive gleichen Schritt mit den Florentinern. Zwar hat man Ambrogio Lorenzettis Verkündigung von 1344 (Siena, Pinakothek) den Ruhm wieder nehmen müssen, eine ›Inkunabel der Zentralperspektive‹ zu sein[60]. Denn das Fliesenmuster des Fußbodens unterliegt wohl einer zentralisierenden Verkürzung, aber seine Fluchtlinien vereinigen sich nicht in einem Punkte, und auch die Tiefenabstände der Transversalen sind gefühlsmäßig richtig gewählt, verkürzen sich aber keineswegs mathematisch exakt[61]. »Es handelt sich also ... nur um eine allerdings erstaunliche, auf rein empirischem Wege erreichte Annäherung an das von der Frührenaissance geschaffene System perspektivischer Darstellung[62].« Denkwürdig ist ferner das Wagnis des Pietro Lorenzetti, bei Tafelbildern eine Raumillusion dadurch erzielen zu wollen, daß der Bilderrahmen aus Holz in die Komposition des Bildes einbezogen wird. Schon in einem Jugendwerk, dem

Retabel auf dem Hochaltar der Pieve von Arezzo
328 (1320 in Auftrag gegeben), hatte die Tafel mit der Verkündigung die Holzsäulchen, auf denen die Halbkreisarkaden des Altarrahmens ruhen, als die vordersten Freistützen des gemalten Raumes betrachtet und die ganze gemalte Bildarchitektur an diesen realen Holzsäulchen sozusagen aufgehängt. Auf den Kapitellen der rahmenden Säulchen scheinen die Zimmerdecken zu lasten, der Fries, der den Raum umzieht, hat genau die Höhe des Kapitells usw. In Pietros Tafel mit der Geburt der Maria von 1342 in der Domopera in Siena ist die Illusion weiter gesteigert (Abb. 44). »Der reale Rahmen ist als geöffnete Vorderfront des im Bilde sichtbaren Gebäudekomplexes aufgefaßt[63].« Indem der untere Rand der wimpergartigen Rahmenbekrönungen als Gurtbogen des Gewölbes ausgedeutet wird, das sich über der Wochenstube ausspannt, gewinnt das Altarbild eine erstaunliche Bildtiefe. Ein letzter Schritt dieses Illusionismus besteht darin, daß die rahmenden Säulchen nun nicht mehr Einzelfiguren oder Gruppen umschließen, sondern sie überschneiden. So ist die am Bett der Wöchnerin verweilende Besucherin von einem der Pfosten des Rahmens gerade in der Mitte ihrer Gestalt verdeckt[64]. Das Ergebnis ist von verblüffender Kühnheit. Die einzelnen Teile des Triptychons streben, bezwungen durch die Gewalt einer empirisch ermittelten Perspektive, zu einem einheitlich konzipierten Bildraum zusammen. Hier geschieht

(64) Die Sieneser Malerei der zweiten Hälfte des Trecento hat an diesem Schema noch hartnäckig festgehalten. (Z. B. Paolo di Giovanni Fei, Siena Pinakothek. P. Toesca, Il Trecento, Abb. 529.)

also das nämliche, was bei Mantegna im Altar von S. Zeno in Verona dann erst über hundert Jahre später erreicht wird.

Aber als es im 15. Jahrhundert dann das Bestreben aller italienischen Kunstzentren ist, die Teile eines Altars in einen Einheitsraum zu verschmelzen, da ist es gerade Siena, das aus dieser Entwicklung ausscheidet, ganz so, als habe es sie niemals ausgelöst. In Siena hält man trotzig daran fest, jede Heiligenfigur auf den Altären des Giovanni di Paolo und Sano di Pietro unter einem eigenen Wimperg zu postieren und auf diese Weise jede Gruppenbildung zu verhindern, von der Andeutung eines einheitlichen Raumes ganz zu schweigen.

Simone Martini hat den Zusammenhang von Rahmenarchitektur und umfaßtem Gemälde sogar vom Altarblatt auf den Gesamtraum ausgedehnt. Schon bei der Maestà des Pal. Pubblico von 1316 hatte in Fragen der Perspektive Simone sich als gelehriger Schüler Giottos erwiesen. Die Figuren stehen da, als empfingen sie Licht aus der natürlichen Lichtquelle, den Fenstern des Saales[65]. Die perspektivische Wirkung der von unten gesehenen Baldachine ist geglückt. Aber in der Komposition der Martinskapelle am Langhaus der Unterkirche von S. Francesco in Assisi (um 1322–1326) geht der Sienese nun weit über Giottos perspektivische Beobachtungen hinaus. Die Kapelle besteht aus einem querrechteckigen, mit einer Spitztonne eingewölbten Joch und einem anschließenden Polygon, das von einem fünfteiligen Rippengewölbe überspannt ist. Die Fresken, mit denen Simone Martini den Raum schmückte, sollen nur von dessen mittlerer Tiefenachse aus betrachtet

werden[66]. Zwar haben wir es hier noch nicht mit dem
330 Porphyrplättchen im Fußboden von S. Ignazio in Rom zu tun, auf das der Betrachter sich stellen muß, wenn er das riesige barocke Deckengemälde des Andrea Pozzo in der richtigen Perspektive sehen will. Statt eines Standpunktes wird hier nur eine Raumachse vorgeschrieben, auf der entlang der Beschauer sich bewegen soll. Auf den Seitenwänden erscheinen die Szenen der Martinslegende paarweise zusammengeordnet. »Der perspektivische Blickpunkt für die darin dargestellten Bauwerke liegt jeweils auf der mittleren Teilungslinie der Wand[67].« Die innere Eingangswand der Kapelle, die sich durch einen großen Spitzbogen gegen das Langhaus hin öffnet, ist mit einer Architekturmalerei bedeckt, die in sehr geistreicher Weise diese Kapellenöffnung umspielt und im Scheitel überbrückt. In das Maßwerk dieser Dekoration sieht man schräg von unten hinein und hindurch auf den blauen Himmelsgrund, aber nur von der Mittelachse aus bieten sich die Verkürzungen aus der Untersicht ›richtig‹ dar. In den Laibungen des Kapelleneingangs und der Fenster des Polygons hat Simone Martini Halbfiguren in gemalten gotischen Nischen angebracht. Diese Gestalten verkürzen sich mit dem Winkel der Fensterlaibung, auf der sie sitzen, d.h. die dem Rauminneren zugekehrte Körperhälfte ist vom Künstler schmäler gebildet als die der Lichtquelle zugewandte, dem Beschauer abgekehrte. Auch hier wird die Illusion nur für einen Beschauer wirksam, der sich an die mittlere Tiefenachse der Kapelle hält.

Wenige Schritte weiter, im Gewölbe des südlichen Querhauses der Unterkirche, hat Pietro Lorenzetti in denselben zwanziger Jahren des Trecento die Feier des Abendmahls in einen sechseckigen Zentralbau verlegt. »In der ganzen Geschichte des Innenraumbildes, wie es sich seit dem Ausgang des 13. Jahrhunderts in der italienischen Malerei entwickelt hatte, gibt es dafür keine Parallele[68].« Das künstliche Licht, welches das Hexagon erhellt, wirkt um so magischer, als seine Quelle nicht erkennbar ist. An der weiteren Verfolgung dieser Probleme aber hat Siena keinerlei Anteil mehr genommen, seinen Vorsprung schnell verloren und dann, als die Zentralperspektive im zweiten Jahrzehnt des Quattrocento in Florenz entdeckt worden war, vor dieser Lösung die Augen verschlossen.

Ganz das gleiche gegensätzliche Verhalten offenbaren Siena und Florenz gegenüber der Entstehung der plastischen Freifigur. Die ersten, noch unvollkommenen Lösungen finden beide Städte unabhängig voneinander im gleichen Jahrfünft. Nanni di Bancos Jesaias und Donatellos Marmordavid in Florenz (für die Bekrönung der Domtribuna, beide 1408–1409 entstanden) entspricht in Siena Quercias jugendlicher Heiliger auf dem Traufgesims des nördlichen Seitenschiffs von S. Martino in Lucca[69]. Er hat noch die überlebensgroßen Ausmaße, die spätmittelalterliche Plastik so oft besitzt, wenn sie von hohem Standort aus wirken muß (2,49 m hoch). Aber so wie die Florentiner den David Donatellos nach wenigen Monaten schon dem sakralen Rahmen entzogen, für den er geschaffen war, genauso hat Quercia in Siena im gleichen Jahre 1408 den Schritt aus dem sakralen in den profanen Bereich und von der Fernsicht zur Nahsicht gewagt. Die beiden Frauengruppen, die

frei auf den Rampen der seitlichen Schauwände der
332 Fonte Gaia in Siena stehen und welche die beiden
antiken Stadtpatroninnen Rhea Sylvia und Acca Lau-
rentia darstellen, sind offenbar wirklich ›die aller-
ersten ihrer Art‹ (1408–1419)[70]. Zwar reicht die Tra-
dition, hier den Brunnentrog mit Skulpturen zu
schmücken, mehr als zwei Menschenalter, bis in den
Anfang des Brunnen-Projektes zurück. Auf der äl-
testen Fonte des Campo, die 1343 eröffnet worden
war, hatte eine damals ausgegrabene Venusstatue ge-
standen[71], vielleicht eine Kopie der Anadyomene des
Lysipp. Als die Statue dann 1357 entfernt, als heid-
nisches Blendwerk in Stücke zerschlagen und – auf
florentinischem Gebiet vergraben worden war, be-
kam sie eine Madonna als Nachfolgerin, die zuerst
1394 erwähnt wird, die verehrt wurde, vor der Ker-
zen brannten und die 1403 farbig neu gefaßt werden
mußte[72]. Man hat diese Figur neuerdings für die äl-
teste Brunnen-Madonna erklärt, von der wir Kunde
haben[73]. Über die Art ihrer Aufstellung wissen wir
leider nichts, können also nicht entscheiden, ob Quer-
cia sich auch im Formalen an die Vorgängerin seiner
Fonte anschloß. Die Idee für die gesamte Komposi-
tion ist jedenfalls neu: niemals war vorher im Mittel-
alter ein dem fallenden Gelände angepaßter Brunnen-
kasten künstlerisch ausgestattet worden. Hier zuerst
traten anstelle des Becken-Polygons abfallende Sei-
tenwände von zwickelförmigem Zuschnitt und eine
abschließende Schauwand jenseits des Wasserspie-
gels gegen die Berglehne. Die abschirmenden Ram-
pen mußten nun dazu einladen, sie durch Freigrup-
pen zu krönen.

Leider stehen die beiden Frauengruppen, die heute

in der großen Loggia an der Rückseite des Pal. Publico mit den übrigen Fragmenten der Fonte Gaia vor Verwitterung Schutz gefunden haben, dort eingemauert unmittelbar vor der Wand der Loggia, so daß es so gut wie unmöglich ist, sich von den Rückenansichten eine Vorstellung zu bilden (Abb. 53). Auch diese Freifiguren sind noch weit davon entfernt, »à ronde bosse‹ gearbeitet zu sein, selbst ausgesprochene Seitenansichten im Profil geben die Statuen nicht ab. Zum Glück besitzen wir eine Zeichnung des Meisters von der Fonte Gaia, die uns erlaubt, aus ihr die Art der ursprünglichen Aufstellung und Quercias Anschauung von der gewünschten Wirkung seiner Statuen herauszulesen[74] (Abb. 52). Wenn der Abstand zwischen dem lockeren Aufbau der Gruppe in der Zeichnung und der steiferen Marmorausführung wirklich beträchtlich ist, so teilt die Zeichnung diese Spannung mit den übrigen frühen italienischen Bildhauer-Zeichnungen, die alle keine genaue Übereinstimmung von Entwurf und Ausführung kennen. Man wird also aus der Zeichnung herauslesen dürfen, daß die Absicht Quercias auf eine möglichst vielbildige Ansicht der Skulpturen auf dem Brunnenrand gerichtet war. Gerade die Bindung an die Fläche, die den beiden Statuen eignet, scheint die Zeichnung überwinden zu wollen. Der eine der Zwillinge der Rhea Sylvia tritt auf dem Londoner Blatt etwas zurück, mit einer halben Körperdrehung wendet sich die Mutter ihm zu, den Blick über die verworfene Schulter hinabgleiten lassend.

Stellen wir nun der *sienesischen Kunst* ›von übermorgen‹ die ›*von vorgestern*‹ gegenüber, so haben

wir nicht etwa Belege für hier und dort auftretende
334 Einzelzüge aus allen Jahrhunderten zusammenzutragen. Ganz von selbst entsteht dabei vielmehr ein geschlossenes Bild der sienesischen Kunstentwicklung seit etwa 1430, denn seit diesem Zeitpunkt ist besonders die sienesische Malerei durch volle siebzig Jahre gegen den Strom des italienischen Zeitstils angeschwommen. Der Weiche Stil der Epoche von 1400 bis 1430 war dem sienesischen Kunstcharakter so gemäß gewesen, dieser hatte sich in ihm so ideal aussprechen können, daß man hier auch nach 1430 an seinen Stilmitteln zähe festhielt. Aber man blickte sehnsüchtig auch weit über den Weichen Stil zurück. Ghiberti war es gar nicht recht, als er feststellen mußte »tengono i pittori Sanesi fosse il migliore Simone Martini[75]«. Die großen Bildkompositionen der Martini und Lorenzetti wurden von den Sienesen im Quattrocento so sehr als endgültige Fassungen mancher religiösen Stoffe angesehen, daß sich immer wieder Besteller fanden, die Kopien nach solchen berühmten Werken in Auftrag gaben. Auf diese Weise bildete sich ein Replikenwesen aus, wie wir es im ganzen Bereiche der italienischen Kunst so nur in Siena kennen, das uns aber von der klassischen Archäologie vertraut ist. Wie diese etwa ihre Vorstellung vom Diskobol des Myron aus Dutzenden von römischen Kopien gewinnen muß, so können wir etwa von den verlorenen Fassadenmalereien, welche die beiden Brüder Lorenzetti 1335 am Ospedale della Scala angebracht hatten und die kurz nach 1720 zerstört wurden, uns ein Bild nach zahlreichen mehr oder weniger freien Kopien machen, die Sassetta und Giovanni di Paolo, Sano di Pietro oder Vecchietta nach ihnen

angefertigt haben[76]. Von Pietro Lorenzettis berühmtem Bilde der Mariengeburt von 1342 (ursprünglich Siena, Dom, jetzt Domopera) werden bis zum Jahre 1435, dem ungefähren Termin der Replik in der Collegiata von Asciano von Sano di Pietro, etwa ein Dutzend Varianten gezählt[77]. Nach der Darbringung im Tempel, die Ambrogio Lorenzetti, ebenfalls 1342, für das Spedaletto der Mona Agnese gemalt hatte (heute Florenz, Uffizien), besitzen wir allein zwei große, farbig etwas voneinander abweichende Repliken in der Sieneser Pinakothek von Giovanni di Paolo, beide um 1447 entstanden[78]. Eine voraufgehende Kopie von Bartolo di Fredi im Louvre, eine von Sano di Pietro, welche die beiden Bilder des Giovanni di Paolo wohl zur Voraussetzung hat, im Dome von Massa Marittima[79]. Simone Martinis Verkündigung aus dem Dom von Siena von 1333 (heute Florenz, Uffizien) fand um 1450 Nachahmung in dem Bilde in S. Pietro a Ovile in Siena, das man heute einem Anonymus zuschreibt, der nach diesem Werke seinen Namen trägt[80]. Besonders zahlreich aber sind die Repliken, die auf ein verlorenes Hauptwerk des Simone Martini zurückgehen müssen, eine Himmelfahrt der Madonna, zumeist verbunden mit der Gürtelspende an den hl. Thomas[81]. 335

Aber Siena hält nicht nur an den alten Bildkompositionen fest, sondern auch an den überlieferten Bildthemen. Die profanen Stoffe der Frührenaissance, römische Historie und antike Mythologie, finden in der Bergstadt sehr viel später Eingang als in Florenz und bleiben auch dann vorwiegend auf den Schmuck von Möbeln beschränkt. Die ältesten erhaltenen Cassoni stammen aus der Werkstatt des Giovanni di

Paolo um 1450 und stellen die Geschichte der Hippo
336 dar (Walters Collection, Baltimore)[82], die schönsten dann aus der frühen Sieneser Wirksamkeit des Francesco di Giorgio (entstanden demnach vor 1475), ein Parisurteil, ein Raub der Europa und eine ungedeutete Szene[83]. Es folgt Nerocchio di Bartolomeos Antonius und Kleopatra (Washington, National Gallery)[84]. Erst ganz am Jahrhundertende erobern die mythologischen Stoffe in den Fresken von Signorelli, Genga und Pinturicchio für den Palazzo des Pandolfo Petrucci auch das große Format[85].

Siena kennt demnach kein Gegenstück zu Castagnos Fresken mit den Uomini famosi aus der Villa in Legnaja (um 1449), zu Uccellos zeitgeschichtlichem Ereignisbild von der Schlacht von S. Romano aus dem Pal. Medici (vor 1459), zu den großen Leinwandbildern des Antonio Pollajuolo mit den Herkulestaten (1460) oder zu seinem Täfelchen mit Apoll und Daphne (London, National Gallery). Siena ist im Quattrocento keine Humanistenstadt, sondern der Wirkungsort des hl. Bernhardin. Es bleibt gotisch und es bleibt fromm. So wie es in der Plastik an der gotischen Holzskulptur noch durch das ganze Jahrhundert hin festgehalten hat, so behauptet sich in der Malerei der spitzbogige obere Abschluß des Altars mit dem gotischen Rahmenwerk. Vor allem hält man in Siena leidenschaftlich an der Form des Poliptychons fest, bei der jede Figur isoliert in einem eigenen gotischen Rahmen unter einem eigenen Baldachin erscheint, womöglich auch noch auf eine isolierte Holztafel gemalt. Giovanni di Paolos erster Renaissance-Altar mit einem einheitlichen Bildfeld, das überhaupt den Bau einer Gruppe ermöglicht, entstand erst 1463. Es ist das Altarblatt für den Dom in Pienza. Die Altarform und der Renaissance-Rahmen entspringen hier freilich nicht des Künstlers eigenem Geschmack, sondern gehen auf die Vorschrift des Auftraggebers, Papst Pius II., zurück[86]. Es ist nur natürlich, wenn Giovanni di Paolo bei der ersten Gruppenbildung im großen Bildformat, vor die er mit mehr als sechzig Jahren gestellt wurde, scheiterte. Sano di Pietro hat diese Altarform schon etwas früher, um 1455, verwendet (Maestà, Siena, Pinakothek, no. 273)[87]. Es ist aber höchst aufschlußreich, daß Sano bei anderen Werken am Sinn dieser neuen Rahmenform ganz vorbeisah und innerhalb eines solchen Renaissance-Rahmens mehrere ihr Eigenleben führende gotische Tafeln anordnete (Altar in S. Quirico d'Orcia)[88]. Aber noch Benvenuto di Giovannis Anbetung der Könige (Washington, National Gallery), die um 1490 entstanden sein dürfte, besitzt einen reich figurierten oberen Abschluß, der die spätgotische Kielbogenform variiert[89]. Selbst noch Nerocchios Spätwerk, die Madonna mit den hl. Sigismund und Antonius dem Einsiedler (Washington, National Gallery, entstanden ebenfalls in den neunziger Jahren) bleibt dem Goldgrund treu[90].

Der hl. Bernhardin (gest. 1444, heilig gesprochen 1450) hatte noch einmal die mystische Glaubensinbrunst der gotischen Stadt entfacht. So kennen denn die Sieneser Altäre nichts anderes als Passion, Marienleben und Heiligenlegenden. Bildthemen, die sonst eher dem Trecento angehören, werden dabei bevorzugt: die Schutzmantel-Madonna (Giovanni di Paolo, Siena, Sa. Ma. dei Servi), der Schmerzensmann, der mit dem Weltenrichter zusammengestellt wird

zum ›leidenden und triumphierenden Christus‹,
338 (Giovanni di Paolo, Siena, Pinakothek), der Kruzifix in mystischer Form (Giovanni di Paolo, Darmstadt, Sammlung Heyl und ehemals Sammlung Lanckoronski, Wien)[91], der Triumph des Todes (wenn auch nur als Miniatur)[92], das Jüngste Gericht in hocharchaisierender Form[93], das Votivbild mit einer altertümelnden Größenordnung der Figuren (Votivbild Callixt III. von 1456 von Sano di Pietro, Siena, Pinakothek).

Diese nach Inhalt und Form gotische Welt zu verlassen, haben alle Sieneser Maler des Quattrocento sich ängstlich gehütet. Sassetta zwar beginnt seinen Weg in enger Berührung mit der großen italienischen Kunst seiner Zeit. Ob man nun in seinem Maria-Schnee-Altar (Florenz, Conte Contini-Bonacossi), der 1430 für die Bonifazius-Kapelle des Sieneser Doms in Auftrag gegeben und 1432 vollendet war, mehr den Einfluß des Masolino oder der verlorenen Jugendwerke des Fra Filippo Lippi sehen mag[94] – jedenfalls hat Sassetta niemals wieder eine solche Tiefe der Raumbühne erstrebt, auf der sich die Heiligen und Engel in drei Zonen gegen den Grund hin staffeln. Niemals später finden wir bei diesem Maler Figuren, die so voll von angespannter körperlicher Aktion sind wie die beiden im Vordergrund knieenden Johannes der Täufer und Franziskus. Aus Körperfunktionen Raumwerte zu erschließen, das konnte man damals nur in Florenz lernen. Ganz besonders aber zeugen die Predellen mit der Gründungslegende von Sa. Ma. Maggiore für eine genaue Kenntnis von Masaccios Brancacci-Kapelle[95] (Abb. 47). Schon die Aufteilung des Täfelchens mit dem Schneewunder ist erstaunlich, da nur die untere Hälfte dem Geschehen eingeräumt wird, während die obere Partie einem Himmel von leichten Sommerwolken vorbehalten bleibt, wobei die Trennungslinie, durch die Isokephalie bewirkt, genau in halber Bildhöhe gelegt ist. Durch diese verblüffend einfache Teilung werden statische Verhältnisse geschaffen, welche die Gotik für immer überwunden zu haben scheinen. Auch in den Predellen mit dem Bauplatz von Sa. Ma. Maggiore und mit der Weihe der Kirche, wo ein in richtiger Schrägansicht und kühner Verkürzung gegebener Säulenportikus auffällt, möchte man den Maler auf dem Wege sehen, einer der führenden Meister der Frührenaissance zu werden. Aber schon das 1434 entstandene Triptychon für S. Domenico in Cortona kehrt ganz zur starren Aufreihung unbeweglicher Figuren in gotischen Arkaden zurück. Nur in der Gruppierung der Engel zu Füssen der Madonna dell'Umiltà im Mittelfeld zeigt sich noch ein Widerschein der florentinischen Kunstlehren, die Sassetta wenige Jahre vorher noch so wichtig gewesen waren. Im übrigen aber hat er »das Bemühen um die Illusion des Dreidimensionalen wieder der linearen Zeichnung aufgeopfert[96]«. Man darf diese persönliche Entwicklung keinesfalls mit der Regotisierungstendenz zusammensehen wollen, die in Florenz und auch sonst in Italien in den fünfziger Jahren einsetzt und die um 1460 ihren Höhepunkt erreicht (Ausmalung der Kapelle des Pal. Medici in Florenz durch Benozzo Gozzoli 1459, Altar dieser Kapelle von Filippo Lippi, Berlin, Kaiser Friedrich Museum, Uccellos Predella von Urbino 1467), denn Sassetta vollzieht diese Rückwendung volle zwanzig Jahre früher. Nein, es handelt sich hier um eine rein sienesische Reaktion auf die erste Be-

kanntschaft mit der Frührenaissance, die sich genau
340 so bei Giovanni di Paolo und Sano di Pietro verfolgen läßt.

Schon fast ein Menschenalter muß Donatellos Bronzerelief mit dem Tanz der Salome am Taufbrunnen im Baptisterium von Siena (1427 vollendet) vor aller Augen gestanden haben (Abb. 50), als Giovanni di Paolo eine sienesische Interpretation von der Komposition des großen Florentiners lieferte.

Innerhalb einer Folge von Szenen aus der Täufergeschichte, die sich heute fast alle im Art Institute in Chicago befinden, kommt auch das Gastmahl des Herodes vor (Abb. 51). Die Täfelchen, die zwischen 1455 und 1460 entstanden sein werden, mögen die Rückseite oder die Flügel eines Johannes-Altars gebildet haben und besitzen alle ein hohes, schmales Format (68 × 38 cm)[97]. Es wird den künstlerischen Absichten des Giovanni di Paolo sehr gelegen gekommen sein, daß die Maße des Altars ihn zwangen, die quadratische Komposition des Donatello (60 × 60 cm) in einem solchen Steilformat zu variieren. Bei dem Florentiner ist die gesamte Architektur nach den Gesetzen der Linear-Perspektive bildparallel aufgebaut und auf das Maß des Menschen bezogen. Bei Giovanni di Paolo wird sie über Eck gestellt und wächst mit ihren Proportionen den Figuren über den Kopf. Dieses Bildformat drängte den Maler geradezu, auf Architekturen aus der Zeit der Lorenzetti zurückzugreifen, denn nur die idealen Hausmodelle des Trecento ließen sich so in die Länge ziehen. So haftet dieser Bildarchitektur der Zwittercharakter aller Bildkulissen des Trecento an, der von einer einheitlichen Erfassung der Raumbühne noch sehr weit entfernt ist. Mit den Menschen steht es nicht anders. Die Renaissance-Menschen Donatellos können schreiten, knien, sich in den Gelenken drehen, die Figurinen Giovanni di Paolos sind gotische Gedankenbilder.

Es fällt nicht schwer, in der gleichzeitigen Plastik ähnlich archaisierende Strömungen aufzuweisen. Denn wenn die Bronzestatuette des David mit dem Haupte des Goliath (Berlin, Kaiser-Friedrich-Museum)[98] auch kein Werk des Francesco di Giorgio sein kann, in Siena wird sie gewiß entstanden sein (Abb. 55). Die Lokalisierungs-Versuche nach Florenz, Padua oder Venedig sind gescheitert, in dem romantisierenden Siena aber kann man sich am ehesten eine solche modische Art des Herausputzens eines simplen Hirtenfelles vorstellen, bei der in raffinierter Weise die Vorder- und die Rückseite des Felles gegeneinander ausgespielt werden. Wenn tatsächlich der Apoll von Belvedere als Ideal hinter dieser Kleinbronze stehen sollte[99], so hätte der Künstler alles getan, was in seinen Kräften stand, um sein Vorbild mißzuverstehen. Nicht nur, daß der klassizistische Umriß des nackten Körpers der römischen Kopie hier durch das Hirtenfell erneut verdeckt wird, vor allem ist die antike Statuarik, der edle Kontrapost, hier wieder zur gotischen S-Kurve zurückverwandelt, und die beiden

(99) Der Fundort des Belvederischen Apoll ist unbekannt, doch war die Statue seit vor 1494 im Garten bei der Kirche von S. Pietro in Vincoli aufgestellt, deren Titel-Kardinal damals der Besitzer der Statue, Giuliano della Rovere, der spätere Papst Julius II. war. H. Egger, Codex Escurialensis (Sonderschriften des österr. Archäolog. Inst. i. Wien IV, Wien 1906, p. 130.).

berühmten Pendelfalten des Weichen Stils baumeln
342 noch einmal von den Hüften herab. Um 1500 hätte kein florentinischer oder paduanischer Modelleur mehr seine Statuette über einem dynamischen Standmotiv aufgebaut, das an der antiken Ponderation so sehr vorbeisah. Verrocchios David (Florenz, Bargello) lehrt, wie man in Florenz in der letzten Generation der Frührenaissance-Bildhauer diesen Gegenstand behandelte (Abb. 54).

Es ist kein Wunder, wenn in einer Stadt, die durch volle siebzig Jahre hindurch, vom Ende des Weichen Stiles bis zum Tode der letzten Generation der quattrocentistischen Maler (1430–1502), allein gegen die Entwicklung der italienischen Kunst ankämpft und den Zeitgeist verleugnet, nun Werke entstehen, die etwas Welkes, etwas vom Charakter vertrockneter und zusammengeschrumpfter Früchte an sich tragen. Schon Sassettas letztes Werk, eine Predella, die zu einem heute verlorenen, großen gemalten Kruzifix gehört haben muß, mit den drei Szenen von Gethsemane, Judaskuß und Kreuztragung, hat das Harte, Erstarrte, das bei einem so liebenswürdigen Erzähler doppelt merkwürdig anmutet[100] (Abb. 46). Wenn man bedenkt, mit welch prachtvollen Gruppenbildungen Sassetta in den Predellen seines Jugendwerks, der Pala der Arte della Lana (1423–1426) begonnen hatte – besonders in dem Wunder des Altarsakramentes (Bowes Museum, Barnard Castle) mit der fallenden Diagonale der Figurenkette auf die Hostie hin[101] –, so wird man die Kraftlosigkeit der Kreuztragung zunächst als persönliches Versagen des Sassetta verstehen müssen. Gemessen etwa an der anmutigen Silhouette des Monte Amiata auf der Vermählung

des hl. Franziskus mit der Armut in Chantilly scheint die Szenerie dieses Golgathabildes einer eingefrorenen
Phantasie entsprungen. Die ausgeklügelte Art, ein System von parallel geführten Diagonalen durch das Bild zu legen (Bergkontur – Kreuz Christi – Speere der römischen Soldaten), findet sich vorher niemals bei einem solchen Erzähler von Geblüt. Was ist aber vollends aus den früher so anmutigen Konturen der menschlichen Gestalt geworden!

Wir haben aber hier nicht nur den tragischen Altersstil eines einzelnen Malers vor uns, sondern alle Quattrocentisten Sienas schaffen nach 1430 solche Werke, und je länger Siena sich gegen die gesamtitalienische Entwicklung verschließt, desto gespenstischer wirken solche Tafeln. Im Lebenswerk des Giovanni di Paolo sind die Symptome des Eintrocknens der Formen seit der Anbetung der Könige (aus Sammlung Mellon, Washington, National Gallery)[102] in stetem Ansteigen begriffen. In seinem Spätstil erscheinen solche Tafeln greis wie byzantinische Ikonen, auf denen die Müdigkeit von Jahrhunderten der Tradition lastet. Die einzelnen Formen wirken verkrustet, die Phantasie kann den Weg aus den übersteilen, engen Bildformaten mit dem Spitzbogenschluß heraus in die Freiheit des Komponierens über die Breite der Fläche hin nicht mehr finden (Geburt Christi, Cherbourg, Museum, eine zweite Esztergom, Fürstprimas von Ungarn, späte sechziger Jahre)[103]. Die ganz späte, große Tafel mit der Assunta aus S. Silvestro bei Staggia (einst inschriftlich signiert und datiert 1475)[104], die vielleicht noch spätere gleichen Themas (Siena, Pinakothek, no. 575), wie die kleinen Predellen des Altars von S. Galgano (Siena,

Pinakothek, no. 198, datierbar zwischen 1463 und
344 1475)[105] sind in gleicher Weise Zeugnisse für das Absterben einer Malerschule, die längst keinen Kontakt mit dem Zeitgeist mehr besitzt. Am allerdeutlichsten aber spricht diese Abkapselung der Sieneser Malerei des reifen Quattrocento aus den zahlreichen Altären des Sano di Pietro aus seiner zweiten Lebenshälfte[106] oder Tafeln des Piero di Giovanni[107].

Schon während des reifen Mannesalters von Giovanni di Paolo und Sano di Pietro waren die Zeiten längst dahin, da französische Künstler, wie die Hofmaler des Herzogs von Berry, verehrungsvoll nach Siena geschaut hatten. (Der Besuch eines der Brüder von Limburg in Siena wird sehr wahrscheinlich, wenn man sieht, daß das Stundenbuch von Chantilly die Rom-Darstellung des Taddeo di Bartolo aus dem Pal. Pubblico in Siena kopiert.) Aber seit der Weiche Stil durch die Frührenaissance abgelöst worden war, mußte man nun selbst nach Florenz in die Schule gehen. Merkwürdig, wie wenig noch Matteo di Giovanni gegen Ende des Jahrhunderts in den beiden Darstellungen des Bethlehemitischen Kindermords (Siena, S. Agostino, 1482; Servi di Maria, 1491) von der ars nova begriffen hat. Bei ihm kommt es weder zu einer einigermaßen anschaulichen Erschließung der Bildtiefe noch zu einem echten Gruppenbau. Der Künstler gönnt sich nicht die Muße zu einem Intervall, das doch die Voraussetzung jeder echten Bildkomposition bedeutet. Der Raum ist überfüllt von Menschen, alles bleibt gotisch engbrüstig, steil und übertrieben heftig.

So ist es denn nur ein bewundernswert richtiger Instinkt, wenn von den gotischen Tafelmalern des Quattrocento die Welt des *Freskos* gemieden wurde, die sie vor große Formate und große Aufgaben gestellt hätte[108]. Bedenkt man, wieviele Wandgemälde im Trecento in Siena entstanden, so muß die Armut an Fresken durch das ganze 15. Jahrhundert hin doppelt überraschen. Vom Soziologischen her ist die Tatsache allein gewiß nicht zu erklären. Schon gar nicht darf man den Grund für das Fehlen von Quattrocento-Fresken darin suchen wollen, daß alle großen öffentlichen Aufträge solcher Natur bereits in der ersten Hälfte des Trecento durch Simone Martini, die Lorenzetti und ihre weniger bedeutenden Gefährten ausgeführt gewesen seien und daß den Spätgeborenen nichts mehr zu tun übrig blieb. In wirklich schöpferischen Zeiten, wenn die Künstler zur Monumentalmalerei drängen, werden sich ihnen Kirche und Kommune mit öffentlichen Aufträgen gewiß nicht versagen. Nein, die Sieneser Maler des 15. Jahrhunderts zog es deshalb nicht zum Fresko, weil sie im Unterbewußtsein davon überzeugt gewesen sein müssen, daß sie den großen Formaten nicht mehr gewachsen seien. So kommt es denn zu einer Scheidung, die der toskanischen Kunst des Trecento ganz fremd gewesen war. Die vorwärtsdrängenden Kräfte in Florenz, die Frührenaissance-Meister, bevorzugen das Fresko, die konservativen Maler Sienas, die Spätgotiker, schaffen ausschließlich Bildtafeln[109]. Mit Recht hat man darauf hingewiesen, daß

(109) Einzige Ausnahmen: Ausmalung der Domsakristei, heute dem Gualterio di Giovanni zugeschrieben, von 1411 (Brandi, Quattrocentisti Senesi, Abb. 22–27). Vecchiettas Fresken in

der einzige sienesische Freskenzyklus von Bedeutung
346 aus dem ganzen Jahrhundert, Domenico di Bartolos Wandgemälde im Pellegrinaio des Ospedale della Scala, welche die Geschichte und den Tageslauf des Hospitals schildern, von einem Geistlichen in Auftrag gegeben worden sind, der Beziehungen zu Florenz unterhielt (1441–1444)[110] (Abb. 49). Zudem handelt es sich um einen halb-profanen Auftrag. Von den großen Wandfeldern herab sollten die Bilder die Besucher des Ospedale anregen, durch fromme Gaben diese gemeinnützige Einrichtung zu unterstützen. Bezeichnenderweise hat Domenico di Bartolo im engsten Anschluß an die Florentiner Frührenaissance seine Aufgabe zu lösen versucht, denn für die Wirklichkeitsbeobachtung, die ein so nüchtern-profanes Thema wie die Schilderung eines Hospitalbetriebs erforderte, bot die gotische Kunst Sienas schlechterdings keine Hilfsmittel. Domenico ist trotzdem gescheitert. Denn so schön einzelne Gruppenbildungen, so geglückt hier und da die Wirklichkeitsbeobachtung beim Einfangen von Genreszenen sein mögen – von dem Geiste der tektonischen Strenge, der jeden beherrschen muß, der mit Fresken großen Formats weite Säle füllt, wußte Domenico di Bartolo nichts. Von einer spielerischen Schmuckfreudigkeit, von einem wahren horror vacui zumal in der Architekturwiedergabe besessen, legt er seiner Phantasie keine Schranken auf, die Wandfläche wird aufgewühlt, aber nicht gegliedert[111]. Erst an der Schwelle der Hochrenaissance hat dann um 1498 im Palazzo des Pandolfo

der alten Sakristei des Ospedale della Scala (1446–1449) und im Gewölbe des Baptisteriums S. Giovanni 1450 (G. Vigni, Vecchietta, p. 24ff. und 33ff., Tafel VIff.)

Petrucci die Profanmalerei mit mythologischen Stoffen auch in Siena das Wandfeld erobert durch die Fresken der Signorelli, Genga und Pinturicchio[112].

In einem Kunstzentrum, das so wenig Anteil an der Entdeckung der sichtbaren Welt im 15. Jahrhundert nimmt wie Siena, kann das *Porträt* zu keiner Rolle berufen sein. In der Tat besitzen wir ein Bildnis erst aus den allerletzten Jahren des Quattrocento, und dies junge Mädchen des Nerocchio (Washington, National Gallery)[113] sieht genauso aus wie des Meisters Madonnen, es kann sich also nur um ein Idealbildnis handeln. Aber auch in der Hochrenaissance ändert sich die Einstellung Sienas nicht, von Sodoma oder Beccafumi besitzen wir kein einziges bezeugtes Bildnis; ein dem Girolamo di Benvenuto zugeschriebenes Mädchenporträt steht ganz allein in der sienesischen Umwelt[114]. Selbst ein Künstler, der so engen Kontakt mit Florenz hielt wie Matteo di Giovanni, vermag keine Gesichter in Ruhe zu schildern. Das gotische Erbe bedingt, daß bei ihm die Köpfe zur Grimasse, zur Maske erstarren (seine Darstellung des Bethlehemitischen Kindermords).

Die religiöse Malerei oder die gotische Holzschnitzkunst Sienas findet zur *Akt-Darstellung* allenfalls bei der Wiedergabe des Kruzifix oder des hl. Sebastian Gelegenheit. Wenn der alte Giovanni di Paolo um 1460 einen Sebastian malt, so drückt der Mangel an anatomischen Kenntnissen eine solche Tafel beinahe auf das Niveau der Volkskunst herab[115]. Überall dort aber, wo die sienesische Kunst mit der antiken Welt in Berührung kommen mußte, in den Gattun-

gen der Kleinbronze, der Medaille und der Plakette,
348 des großen Bronze- und Tonreliefs, schließlich in der Kunst der Cassoni, verraten die sienesischen Meister ein überraschendes Verständnis für den menschlichen Organismus.

Die sienesische Kunst besitzt der florentinischen gegenüber die unmittelbarere Sinnlichkeit. Eine Gestalt wie die Eva auf dem Fresko des Ambrogio Lorenzetti in Monte Siepi bei S. Galgano, die als sündiges Weib der makellosen Madonna zu Füßen liegt, und die mit einem Blick, in dem alle Urinstinkte wach sind, aus dem Bilde sieht[116], hat die florentinische Kunst niemals geschaffen (Abb. 45). Die beiden Brunnenfiguren von Quercias Fonte Gaia und die Reliefs des Francesco di Giorgio haben das ursprüngliche Verhältnis zum nackten Körper, das in Florenz immer erst erarbeitet werden muß, und das dann fast nie ohne einen Rest archäologisch-gelehrter Reflexion bleibt.

Diese spontane Sinnlichkeit schenkte der sienesischen Kunst den unmittelbaren Kontakt mit der Antike. Die Sienesen zog das systematische Studium der statuarischen Probleme der antiken Plastik, des Realismus des römischen Porträts und der Relief-Komposition antiker Sarkophage nicht an. Aber den Zauber, der ein antikes Kunstwerk umweht, haben sie schnell verspürt und eingefangen. Daß die letzte Welle der byzantinischen Kunst vom Ende des 13. Jahrhunderts noch immer die legitime Erbin der griechischen Antike sei, das hat Duccio sehr viel besser gewußt als Giotto. Nirgends sonst in Italien stellt sich bei der Begegnung von absterbender byzantinischer Kunst und erster Blüte der jungen, aus Frankreich kommenden Gotik ein so echter antiker Klang ein wie bei den großen Engeln, die Duccios Maestà umgeben.

Für den dionysischen Zug der Antike brachte das quattrocentistische Florenz wenig Sinn auf. Aber Francesco di Giorgios Discordia-Relief (London, Victoria and Albert Museum) und Baldassare Peruzzis Fries in einem Zimmer im Erdgeschoß der Farnesina in Rom mit Darstellungen aus Ovids Metamorphosen beweisen einen erstaunlich offenen Blick für die chthonischen Kräfte in der Antike. Hier hat die Kleistsche Auffassung der Penthesilea ihre Vorläufer. Ins Christliche gewendet spricht sich dieser sienesische Sinn für den entfesselten Dämon dann in Matteo di Giovannis Darstellungen des Bethlehemitischen Kindermords aus. So ist es kein Wunder, daß die ersten Nachrichten aus Trecento und Frührenaissance über die öffentliche Aufstellung von antiken Statuen aus Siena kommen. Der Aufstellung einer Venusstatue auf der Fonte des Campo um 1350 folgte im Quattrocento der Einzug der eben gefundenen Gruppe der drei Grazien in die Dombibliothek[117].

Vom Wesen solcher Venusstatuen scheint in das Bronze-Relief des Francesco di Giorgio mit dem Urteil des Paris (New York, Duveen Brothers) sehr viel eingegangen zu sein[118] (Abb. 56). Wo gäbe es eine florentinische Plakette aus dem letzten Drittel des Quattrocento, in der antikische Körper von so dünnen klassischen Gewändern mit so melodiösen Säumen graziös umspielt und umweht würden? Ein Vergleich etwa mit Bertoldo di Giovannis Plakette fast gleichen Formates mit der Darstellung des Erotenbaumes (im Berliner Kaiser-Friedrich-Museum[119])

(Abb. 57) zeigt sogleich die viel strengere Tektonik
350 des florentinischen Reliefs. Die Anatomie der Akte ist sehr viel deutlicher herausmodelliert, jede Bewegung der lebhaften Figurengruppe scheint nur der Verfestigung der Dreieckskomposition zu dienen. Die Anmut des sienesischen Reliefs hingegen ist so groß, daß sie auch über die Fehler der Anatomie und des räumlichen Aufbaus der Plakette spielend hinwegtäuscht. Denn die Aphrodite, die im Hintergrunde von Paris den Siegespreis des Apfels empfängt, hat noch viel vom spätgotischen Frauenideal, die zu kleinen Brüstchen und den vorgeschobenen Unterleib. Während sie doch in Wahrheit auf gleicher Höhe, Aug in Auge mit Paris steht, erweckt die ungeschickte Verkleinerung der Gestalt den Anschein, als ob sie sich viel tiefer hinten im Bildraum befände. Gleichwohl kann das sienesische Relief es sich leisten, auf eine Standfläche zu verzichten, auf welcher die Grazien posierten, während die florentinische Plakette die feste Basis durch die Einführung eines Frieses ausdrücklich unterstreicht. Das Parisurteil entbehrt ja nicht nur der Standfläche, die gesamte Bildkomposition erscheint dem fest gefügten Dreieck Bertoldos gegenüber ganz locker und unaufdringlich. Die mittlere Breitenachse (markiert durch vier Arme und Hände) und die mittlere Höhenachse (bezeichnet durch den Seitenkontur der einen bekleideten Göttin) teilen die Plakette nach Form eines Fadenkreuzes in vier gleich große quadratische Felder. Während bei dem Relief des Hofkünstlers der Mediceer ausgestreckte Arme für klare Kompositionslinien sorgen, bilden auf dem Parisurteil lockere Girlanden von Armen, Händen und Gewandsäumen nur Leitlinien, die gar

nicht den Auftrag haben, sich fest gegeneinander zu verstreben.

Bei der Betrachtung dieser Plakette springt es in die Augen, daß der *Linie in der sienesischen Kunst* eine größere Bedeutung zukommt als in den anderen italienischen Kunstzentren. Es ist typisch, daß die beiden Phasen der Gotik, die ganz unter der Herrschaft der Linie stehen, die Zeit von 1300–1330 und das Menschenalter von 1400–1430, zugleich die großen Blütezeiten der sienesischen Kunst sind. Der erste dieser beiden Zeitabschnitte ist die Schaffenszeit des Simone Martini und der beiden Lorenzetti, der Maitani, Gano und Goro di Gregorio. Der Weiche Stil aber bedeutet für Siena die Glanzzeit unter Quercia, Sassetta und Giovanni di Paolo. In den Grabsteinen des Ehepaares Trenta und in dem von ihnen gestifteten Altare in S. Frediano in Lucca (1422) von Quercia hat die Plastik sich dem Ausdruckswerte der Linie in einem Ausmaße unterworfen wie nur selten im Laufe der Kunstgeschichte.

Auch in der Architektur bedeutet die Linie mehr als in der zeitgenössischen florentinischen. Die Torre del Mangia, welche den Pal. Pubblico überragt (1338 bis 1344), lebt von der Härte und der Eleganz der vier Kanten des Turmes, die ungehemmt durch irgendeine Horizontalgliederung, unverkleidet durch eine Maßwerkzone nach oben schießen (Abb. 35). Wie verschleift hingegen der genau gleichzeitige Campanile des Florentiner Doms (1334 begonnen) diese vier Kanten, wie unterbricht seine bedächtige Geschoßteilung das Aufschnellen der Linien. Wieviel mehr muß die Linie ursprünglich für die Gliederung der

Fassade des Pal. Pubblico bedeutet haben, bevor die
352 Aufstockung eines zweiten Obergeschosses auf die Seitenflügel 1680–1681 den vier Mittelachsen ihren stolzen Hochdrang nahm[120]. Wie prägt sich der Rand der Muschel des Campo dem Besucher ein, besonders in den Augenblicken der Spannung, wenn unsere Blicke während des Palio den Pferden folgen, die diesen Kontur entlangjagen. Wieviel mehr bedeuten die harmonischen Halbkreisarkaden am Torso des neuen Doms für den Raumeindruck als die Scheidbogen im Langhaus der Florentiner Kathedrale.

Rufen wir die Verkündigung des Simone Martini (Florenz, Uffizien) vor unser geistiges Auge, so bauen sich zunächst nicht Farbfelder, sondern Linien vor uns auf (Abb. 48). Und mit den Werken der Brüder Lorenzetti steht es kaum anders. Bei Sassettas Vermählung des hl. Franziskus mit der Armut (Chantilly) bleibt der Bergkontur des Monte Amiata, bleiben die drei entschwebenden Tugenden jedem Betrachter unvergeßlich – an die Farben des Bildes werden sich nur wenige erinnern. Wie bitter empfindet man die Versteinerung der Linie in den Spätwerken des Giovanni di Paolo.

Die sienesische Linie kann spielen, die florentinische verschmäht es. Für den Florentiner ist die Linie die kürzeste Verbindung zwischen zwei Gelenkpunkten, der Sienese entzieht sich nicht ihrem dekorativen Reiz. Die florentinische Linie ist statisch, struktiv, ihr ›aufbauender Charakter‹ ist immer wieder betont worden. Mit dem Struktiven verbindet sich oft ein Anhauch des Abstrakten, die sienesische Linie ist sinnlicher und anmutiger.

Duccios Rucellai- und Giottos Ognissanti-Madonna

bilden das klassische Gegensatzpaar. Über Simone Martinis hl. Ludwig von Toulouse (1317, Neapel Pi- 353
nakothek), über Sassettas Maria-Schnee-Altar (1432) bis zu den spätesten Bildern des Nerocchio di Bartolomeo und Francesco di Giorgio bleibt das Steile aller Konturen in der sienesischen Malerei unvergeßlich. Für die reine Zeichnung hat B. Degenhart bestätigt, es sei »das in Siena vergleichsweise häufige Zeichnen (nicht nur Schraffieren) mit steilstehenden Strichen eine Möglichkeit, die viel dazu beiträgt, Siena mehr als die anderen mittelitalienischen Kunstkreise für gotisches Linienempfinden prädestiniert erscheinen zu lassen[121] . . . Es ist, als ob die Sieneser Zeichnung ›Quattrocento‹ und Renaissance überspränge, um von den Ausläufern der Gotik in den Manierismus hinüber zu gleiten (hochansteigende Linien bei Beccafumi[122]) . . . Gegenüber Florenz erscheint diese Linienführung, besonders in der Innenzeichnung, gefühlsgetragener, so wie sienesische Farbigkeit die florentinische an lyrischem Gehalt übertrifft[123].«

Kein Kunstwerk aber bietet reicheren Aufschluß über das Verhältnis des Sienesen zur Linie als das Dompaviment, dem die Generationen einheimischer Meister durch eindreiviertel Jahrhunderte mit Hingabe ihre Kräfte gewidmet haben. Die Intaglien des Domfußbodens sind der Stolz der Stadt. Keine zweite italienische Kathedrale hat einen ähnlichen Pavimentschmuck aufzuweisen. Der gesamte Fußboden des Doms ist in Schiff, Vierung, Querhaus und Chor mit figürlichen Marmor-Intaglien ausgelegt, die sich sogar bis auf das Podest draußen über der Freitreppe vor der Westportal-Gruppe ausdehnen[124].

Für Vasari war dieses Paviment ein so ehrwürdiges

und so typisch sienesisches Unternehmen, daß er es
354 sich nicht anders vorstellen konnte, als daß Duccio das Werk begonnen habe[125]. Die ersten Zahlungsbelege besitzen wir jedoch erst für das Jahr 1369, vollendet war das Paviment 1546.

Die spärlichen Reste, die von dem Arbeitsanteil des Trecento auf uns gekommen sind, vermögen über die Art des Sieneser Verhältnisses zur Linie insofern wenig auszusagen, als im 14. Jahrhundert sich das ganze Abendland vorwiegend in Linienkunst aussprach. Wenn man in Siena in die weiße Marmorplatte mit Meißel, Stichel und Steinbohrer die Umrisse eingräbt und die ausgehobenen Linien dann mit dem ›cemento‹, einer Art schwarzen Mörtels, füllt, so ist das eine Technik, die sich bei den berühmten flandrischen Messinggrabplatten des 14. Jahrhunderts im Prinzip genauso findet. Hier wie dort schließen sich malerische Absichten von selbst aus, bleiben auch die Mittel der Schraffur noch unverwendet. Das einzige Feld des Sieneser Paviments, das einigermaßen intakt aus dem Trecento erhalten ist, die Darstellung der Justitia im Nordostwinkel des platten Chorschlusses, entspricht genau dieser Sehstufe. Es muß um 1380 entstanden sein[126]. Die Figur ist noch aus mehreren weißen Marmorplatten sehr verschiedener Größe und Gestalt zusammengesetzt und in einen gesprenkelten, schwarzgrünen Marmorgrund eingepaßt.

Wirklich aufschlußreich für Sienas Verhältnis zu Linie und Farbe werden erst die im Quattrocento entstandenen Platten. Wenn die Ausschmückung des Dompaviments immer mehr die große Gemeinschaftsarbeit für die sienesischen Maler dieses Jahrhunderts wurde, wenn die Felder von Jahrzehnt zu Jahrzehnt technisch anspruchsvoller und im Maßstabe größer werden, so sieht das nach einer unbewußten Flucht in einen künstlerischen Werkstoff aus, der die Möglichkeit der Wiedergabe einer Luftperspektive überhaupt ausschloß und der die Darstellung der Linearperspektive jederzeit von der geometrischen Richtigkeit ins Dekorative abzubiegen erlaubte.

In der Darstellung von Einzelfiguren ließ sich ein konservativer, linearer Stil naturgemäß am längsten aufrechterhalten (Sibyllenzyklus in den Seitenschiffen des Langhauses, 1482–1483 nach den Entwürfen der Antonio Federighi, Matteo di Giovanni, Benvenuto di Giovanni u.a. ausgeführt). Hingegen läßt sich in den vielfigurigen Darstellungen der schrittweise Einbruch eines malerischen Sehens verfolgen, und von diesem Zeitgeist wird der sienesische Ortsstil schließlich gänzlich überwältigt. In den Querhaus-Feldern mit erzählenden Szenen aus dem Alten Testament erweitert sich die Farbenskala schon beträchtlich gegen das Malerische hin. Zu dem bisher verwendeten Schwarz-Blau eines gesprenkelten Marmors treten Rotbraun und als dritte Farbe ein helles Gelb. Aber noch immer ist die Eindringlichkeit der linearen Charakterisierung bei den Köpfen von Menschen und Tieren so groß, daß die Folien in Schwarzbraun und Rotbraun keine größere Rolle zu spielen vermögen, als etwa das getönte Papier bei einer toskanischen Quattrocento-Zeichnung. Erst mit der Darstellung des Bethlehemitischen Kindermords im nördlichen Querhaus von Matteo di Giovanni (1481)[127] gelingt dem malerischen Sehen der endgültige Einbruch in das Dompaviment. Die Farbenskala ist nun so sehr bereichert, daß der Künstler der Versuchung erliegt,

den Wettbewerb mit der Wirkung von Tafelbildern
356 aufzunehmen.

Andernorts weiß sich aber die eingeborene sienesische Linienkunst länger zu behaupten, z.B. in dem Paviment des Francesco di Giorgio in der Katharinenkapelle von S. Domenico in Siena mit der Darstellung des Adam unter den Tieren, ausgeführt in einer kombinierten Technik, welche die Marmorintaglia mit der linearen Sgraffitotechnik verbindet[128] (Abb. 58). Die Tiere z.B. sind jeweils aus einer einfarbigen Marmorplatte geschnitten, deren Tönung sich von jener der Nachbarplatten sehr unterscheidet. Gleichwohl erhält sich in der Hauptgestalt des Adam die reinste Sgraffito-Technik; ja man darf sagen, daß die nervöse Anmut der sienesischen Liniensprache in diesem Paviment sich nicht weniger rein ausspricht als in den berühmtesten Handzeichnungen des Francesco di Giorgio.

Der *sienesische Farbsinn* läßt sich etwa von demselben Zeitpunkt an verfolgen wie der florentinische, d.h. seit etwa der Mitte des 13. Jahrhunderts. Die Gegensätze des Farbgeschmacks treten uns in den beiden toskanischen Nachbarstädten nicht erst in dem klassischen Vergleichspaare von Cimabues Madonna aus SS. Trinità (Florenz, Uffizien) und Duccios Rucellai-Madonna (Florenz, Sa. Ma. Novella) entgegen. Bereits um die Mitte des Dugento sind diese Gegensätze mit Händen zu greifen. Aber anders als in Florenz, wo die ortsgebundene Farbgesinnung plötzlich fertig ausgebildet vor unsere Augen tritt, gewinnen wir in Siena genauen Einblick in den stufenweisen Entstehungsprozeß des Farbgeschmacks. Dieser ist auf das tiefste bestimmt von der letzten

Phase der byzantinischen Kunst. Es gibt keine zweite italienische Stadt, wo der Übergang von der maniera greca zum gotischen Stil so ganz ohne Bruch, ja fast unmerklich erfolgt ist. Von der byzantinischen Tafelmalerei werden die sienesischen Künstler um die Mitte des 13. Jahrhunderts wohl ebensowenig eine Vorstellung besessen haben wie die modernen Historiker. Die byzantinischen Vorlagen, die auf den Tischen in den Sieneser Malerwerkstätten lagen, waren wohl ausschließlich Miniaturen. Bei der großen Franziskus-Tafel der Sieneser Pinakothek aus der zweiten Hälfte des 13. Jahrhunderts (Katalog no. 313 ›Scuola di Guido da Siena‹) läßt sich dieser Übergang vom Byzantinischen ins eigenständig Sienesische genau beobachten. Neben den byzantinischen Farben, dem tintigen leuchtenden Blaugrün, dem stechenden Rosaviolett, dem kräftigen Ocker, die hier für Häuser, Kirchen, Tabernakel verwendet werden, treten nun Töne, die bei Simone Martini oder den Lorenzetti sechzig und siebzig Jahre später immer wieder vorkommen werden: ein milchiges Graublau und Terra di Siena, d.h. ein herrliches Zimmetbraun, für Berge und Felder verwendet, eine Farbe, die sich von dem farbig benachbarten, aber so viel kälteren Ocker der Architekturdarstellungen sehr unterscheidet. Vor allem aber ist die monumentale Gestalt des hl. Franziskus in der Mitte der Tafel nicht mit der vorgeschriebenen mausgrauen Kutte bekleidet, wie das in Florenz der Fall sein würde, sondern das Mönchsgewand ist in einem warmen Graublau gegeben, das in den Faltenstegen nach einem silbrigen Violett gehöht ist. Auch die Ordenskleider auf den Nebenszenen vermeiden das Mausgrau zugunsten eines war-

men Grau- oder Brauntons. In dem Paliotto der Sie-
358 neser Pinakothek, no. 14, den hl. Johannes den Täufer und Szenen aus seiner Legende darstellend, entstanden um 1270[129], werden neben den byzantinischen nun auch gotisch-französische Einflüsse wirksam.

Es ist merkwürdig zu beobachten, mit welcher Instinktsicherheit der sienesische Farbgeschmack dann diejenigen Töne der byzantinischen Malerei aus seiner Farbenskala ausscheidet, welche in der Folge die Lieblingsfarben der Florentiner werden sollten! Das stechende, wässerige Rosaviolett, der trockene Ocker, das vernünftige Blaugrün – Farben, denen die Franziskustafel noch viel Raum gewährt hatte, verschwinden gegen Ende des 13. Jahrhunderts vollständig aus der sienesischen Malerei. Aber schon um 1275 hatte sich eine eigene warme und sonore Farbgesinnung in Siena durchgesetzt. Der bedeutendste Maler aus der Duccio voraufgehenden Generation, Guido da Siena, zeigt sich auf der Madonnentafel aus S. Domenico (heute im Pal. Pubblico)[130] bereits im Besitz einer wunderbar warmen Farbigkeit. In den Gewändern der Madonna und der Stoffbespannung ihres Thrones finden sich die verschiedensten Abstufungen von warmen Rottönen, vom tiefen Purpur bis zu Rotbraun, im Kleidchen des Kindes ein sattes Grün, das zwischen Reseda- und Moosgrün die Mitte hält. Der Paliotto mit der thronenden Mittelfigur des hl. Petrus und vier Szenen aus seiner Legende, sowie

(130) Mit R. Offner, Guido da Siena and A. D. 1221, Gaz. des beaux arts 1950, p. 61 ff. und mit R. Oertel, Die Frühzeit der italienischen Malerei, p. 42 ff. glauben wir, daß das Datum der Inschrift nicht für die Entstehung der Tafel verbindlich ist, die vielmehr um 1275 entstanden sein muß.

einer Verkündigung und Geburt Christi (Siena, Pinakothek, no. 15, früher Guido da Siena zugeschrieben, entstanden nicht nach 1275)[131] verfügt über eine farbige Differenziertheit, einen Sinn für zarteste Nuance, der Florenz zu dieser Zeit ganz fremd ist. Die Hauptfigur, in einen Mantel von tiefem Purpur gehüllt, vor der grünen Folie der Rückenlehne ihres Thrones erscheinend, sichert dem Mittelteil der Tafel eine warme Farbatmosphäre. Die erzählenden Felder hingegen sind von einer glasigen Glätte und Kälte und haben etwas von dem Charakter japanischer Lackarbeiten. Die Farbenskala dieser Seitenbildchen ist alles andere als reich, aber die wenigen auftretenden Farben werden auf das Raffinierteste variiert und abgestuft. Vorherrschend ist ein eisiges Grüngrau (für Bergkulissen und Meer verwendet), dann wässeriges hellstes Blau, kräftigeres Blau mit weißen Höhungen und Rosaviolett in allen Schattierungen. Kurzum, das typische Werk einer Übergangszeit!

Das ist die Entwicklungsstufe, von der Duccio ausgeht. Man sieht, welche malerischen Aufgaben sich ihm stellten: die glasige Kälte der erzählenden Szenen des Petrus-Retabels, die ja z.T. byzantinisches Erbe war (z.B. das Eisgrün) mußte Duccio aus der sienesischen Farbüberlieferung ganz ausscheiden, um zu einer wärmeren Tönung zu gelangen. Andererseits aber hatte er die laute hieratische Farbenpracht der byzantinischen Kunst zu beschwichtigen, vielmehr aber noch diejenige der französisch-gotischen Malerei mit den starken Tönen ihrer kanonischen Farben Rot und Blau. Die Farben von Duccios Maestà wirken nicht nur wärmer als die gleichzeitigen florentinischen, sie wirken vor allem sinnlicher. Die abstrakte Farbkon-

struktion, die hinter jedem Florentiner Bilde des Tre-
360 cento steht – die Werke des Taddeo Gaddi ausgenommen –, scheint einem Schaffensprozeß entsprungen, der in Siena selten vollzogen wird. Durch sein unmittelbareres Verhältnis zur Umwelt, in diesem Falle zu Stoffen und Trachten, gelangt dann Duccio zu neuen Farbkombinationen, die man in Florenz nicht kennt. Die beiden Rahmenfiguren der Vorderseite der Maestà, die Hl. Katharina und Agnes, breiten auf dem Weißgrau ihrer Mäntel vom Tone eines alten Pergaments die kostbarsten Brokatmuster aus. Duccio, die großen Trecentisten und noch die Epigonen des 15. Jahrhunderts haben eine förmliche Leidenschaft entwickelt, solche neutralen, aber hellen und warmen Gründe mit den Mustern der kostbarsten Gewebe zu bedecken.

Aber auch zum Goldgrund haben die Sienesen ein viel spontaneres und glücklicheres Verhältnis besessen als die Florentiner. Am Arno unterwarf man sich der abstrahierenden Idealität der Goldfolie. In Siena aber wird die abschließende Goldwand als Malgrund genutzt und mit Raumvorstellungen durchsetzt. Das herrlichste Beispiel dafür bildet wohl Simone Martinis Verkündigungsaltar (Florenz, Uffizien), bei dem das goldene Gewand des Engels – materiell eins mit dem Bildgrund – plastisches Leben gewinnt durch einzelne Pinselstriche in Ultramarin, welche Falten des Gewandes markieren, am Knie, an den Ärmeln unter der Achsel, und solche, die am Boden aufstauen. Die Engelsflügel und die flatternden Zipfel des Mantels lösen sich durch eine Modellierung in tiefstem Rotbraun aus dem Goldgrund[132]. Aus dem Quattro-

(132) Für diese Art des Zeichnens mit dem Pinsel auf die Gold-

cento besitzen wir zumindest noch ein sehr kühnes Zeugnis für das unmittelbare Verhältnis zur Gold- folie in Siena, die Predella des Giovanni di Paolo, welche im Anschluß an den Dreikönigs-Altar des Gentile da Fabriano entstand[133].

Bei den erzählenden Szenen der Maestà – also auf der Rückseite, auf der Predella und der Bekrönung –, wo Duccio der repräsentativen Verpflichtungen ledig war, gewinnen seine Farben jenen juwelenhaften Glanz und zarten Schmelz, den die abendländische Malerei in solcher Erlesenheit bis dahin nicht gekannt hatte. Zweifellos dominiert hier der gotische Zweiklang von Scharlachrot und Ultramarinblau (Christusfigur). Darin spricht sich der Zeitstil ungebrochen aus. Aber in manchen dieser Täfelchen erscheint Duccio daneben auch als Vollender der überalterten und müden byzantinischen Malerei. Das sind vor allem jene Szenen, die das Geschehen vor den Goldgrund stellen (zwölfjähriger Jesus im Tempel, Fischzug Petri). Aber Duccio ist sehr viel mehr als der Moderator und Kultivator der byzantinischen Farbigkeit. Wie jung und kühn dieser Künstler in Wahrheit ist, der so viele Züge eines späten Menschen trägt, zeigen am schönsten diejenigen Szenen, die in einem Innenraum spielen. Hier darf der Künstler den Farbgrund selbst bereiten, von dem seine Gestalten sich abheben sollen. Die Farbenskala, die er jetzt ausbrei-

folie als Malgrund, der die ideale Distanz abgestreift hat, sind weitere Belege aus dem Trecento: Ambrogio Lorenzetti, Thronende Madonna mit Heiligen (Siena Pin., no. 65), die Assunta des Meisters von S. Pietro a Ovile (zweite Hälfte des Jhdts., Siena Pin., no. 61), Paolo di Giovanni Fei's thronende Madonna (Siena Pin., no. 146).

tet, war dem Abendland bis dahin unbekannt. Die
362 Verkündigungsszene spielt in einem Raum mit blaß
himbeerrosa Wänden, der Abschied der Apostel vor
einer Folie von hellem Braun, alle Richterszenen vor
einem erdbeerroten Grund, über dem dämpfend ein
Braunton schwebt, alle Geschehnisse des Abendmahls
in einer Bildbühne von warmem Apfelgrün. Das
Kühnste und zugleich doch Zarteste an Farbgeschmack
stellt aber das Oktogon dar, auf dessen Söller sich die
Versuchung Christi abspielt. Das ganze Gebäude ist
in Elfenbeinweiß gehalten, über dem der Anhauch
eines Rosatons liegt. Wie hier vor der Balustrade des
Söllers drei dunkle Porphyrplatten aus dem weißen
Grunde schimmern, das ist eine Farbwirkung, die es
bis zu Piero della Francesca in der italienischen Ma-
lerei dann nicht mehr gegeben hat! Durch das offene
Portal blickt man in das Innere des Zentralbaus mit
seinen schlanken frühgotischen Säulen, deren Formen
gegen die Tiefe zu im Raumdämmer verschwimmen.
Wo hätte es in der Arena oder bei den anderen Flo-
rentinern ein Auge für Raumdämmerung gegeben?
Aber bei Ambrogio Lorenzettis Darstellung im Tem-
pel (Florenz, Uffizien) schwebt das Halbdunkel eben-
so über dem Raum und seinen Dingen und hängt
zwischen den Figuren. Duccio erreicht in dem Tä-
felchen der Maestà diese magische Wirkung durch die
geometrische Zusammenfügung kleinster Farbfelder
in einem Fußbodenmuster von braunen, schwarzen
und weißen Platten, die in einem Gesamtton von
summendem Braun aufgehen, der in der Streifen-
inkrustation der Rückwand des Raumes immer wär-
mer und tiefer wird. Übrigens ist Duccio in den er-
zählenden Szenen auch sonst nirgends glücklicher, als

wenn er den Schmelz seiner gedämpften warmen Farben vor weißen Folien ausbreiten darf, über denen ein zarter rosa Schimmer liegt (z.B. Hochzeit zu Kana).

Das Schaffen der drei großen Maler aus der Generation, die auf Duccio folgte, der Simone Martini, Pietro und Ambrogio Lorenzetti, bedeutet den Höhepunkt auch für die sienesische Farbkultur. Alle drei Künstler gebieten mühelos über Prinzipien der Farbkomposition, die einander widersprechen, kennen das Schalten mit lauten, glühenden Farben in geschlossenen Farbfeldern, wie den Aufbau eines Bildes aus abgeschatteten und gedämpften Tönen und Lichtern. Derselbe Pietro Lorenzetti, der die Komposition seiner Altäre auf die tyrannische Vorherrschaft einer einzigen Farbe gründen kann (Madonna del Carmine, 1329, Siena, Pinakothek, no. 82, sowie der Altar der Uffizien aus S. Francesco in Pistoja, signiert und datiert 1340) – er ist nun auch der Meister, der die leisesten Übergänge zwischen zarten, einander nahestehenden Farbtönen herzustellen weiß. In der Predella des Carmine-Altars mit Szenen aus der Geschichte des Carmeliter-Ordens gibt es zwei Bildchen, die Papst und Kardinals-Kollegium im Konsistorium zeigen. Beide Male also war die Vorherrschaft von Karminrot schlechterdings nicht zu umgehen. Die eine Szene bettet dieses leuchtende Rot in eine Architektur von Maronebraun, eine Farbe, die auf den der Lichtquelle zugekehrten Wänden einen silbrigen Ton annimmt. Zwei weitere Spielarten belegten Brauns (Fußboden, Sitzbänke) verhelfen zur Abdämpfung des Kardinalsrots. In dem anderen Täfelchen hingegen hat Lorenzetti dem Kardinalsrot zu einer noch weit dominierenderen Rolle verholfen,

indem er es auf die Stoffbespannung an den Wänden
364 des Raumes ausdehnt. Gleichwohl wird er dieser leuchtenden Lokalfarbe auch hier Herr. Das Rot selbst klingt nur in dem Rotbraun der Balkendecke ab. Zur Beschwichtigung hat der Maler hier vielmehr das milde Grüngrau der begrenzenden Architektur aufgeboten, dem sich gegen den Bildrand hin ein kreidiges Grüngrau, silbriges Grau und stumpfes Mausgrau anschließen.

Solche kammermusikartigen Wirkungen sind die Stärke aller Künstler dieser großen Generation, die um 1348 abtrat. Die intimen Töne sind merkwürdigerweise nicht an das kleine Format gebunden: auch wandfüllende Fresken können große Wirkungen durch die sparsame Verwendung weniger in der Farbenskala nebeneinander stehender Farben in zarten Abstufungen erzielen. Wenn Ambrogio Lorenzetti die Folgen des Guten Regiments im Innern der Stadt schildert (Siena, Pal. Pubblico), so kommt er mit zwei Grundfarben aus. Hier treten alle Abstufungen von Grau (Mausgrau, Hechtgrau, Silbergrau, Grüngrau) und alle Arten von Rotbraun (vom tiefen Maronebraun bis fast zu Lachsrosa) auf. Auch die andere Bildhälfte, welche die Segnungen des Friedens im Contado schildert, beschränkt sich auf die Variationen von Grau und Dunkelgrün.

Auf der Höhe einer solchen Farbkultur hält man sich nicht lange! Es ist erstaunlich, wie rasch nach dem Pestjahre der sublime Sieneser Farbsinn sich vergröbert. Wie armselig ist die Kopie des Paolo di Giovanni Fei nach Pietro Lorenzettis Altar der Domopera von 1342! (Siena, Pinakothek, no. 116.) Er hat eben gerade noch die Streifung der Decke des Wochenbetts in Gelb und Blau beibehalten. Alle anderen Farben sind entstellt. Bei den Altären des Quattrocento, welche die Säle der Sieneser Pinakothek in großer Vollständigkeit aufbewahren, fällt als erstes der Unterschied in der Qualität der Farbkomposition zwischen großen Formaten und kleinen Bildern auf. Auf den großen Altären hält der Rückgang an malerischer Sensibilität und Farbkultur weiterhin an, im kleinen Maßstab hingegen gelingen noch blühende Farbkompositionen. Aber trotz aller Verarmung der Sieneser Palette bleibt diese überall gedämpfter, belegter und wärmer als die florentinische des Quattrocento. Selbst bei einem so besonders schwachen Werke des Giovanni di Paolo wie der Maestà (Siena, Pinakothek, no. 575), das doch einen erschreckenden Rückgang der Farbphantasie offenbart, sind alle Töne gedämpft vorgetragen. Keiner wäre kräftig genug, um im Rahmen einer florentinischen Tafel der Zeit bestehen zu können. In dem niedrigen predellenartigen Breitformat des Jüngsten Gerichtes (Siena, Pinakothek, no. 172), einem Spätwerk, wahrscheinlich um 1463–1482 entstanden[134], hat Giovanni di Paolo sich motivisch und in der Linearkomposition an das große Vorbild des Fra Angelico gehalten (Altar im Museo di S. Marco, Florenz). Aber farbig ist er dem Einfluß des Frate nicht erlegen. Von den scharfen, klaren, kalten Florentiner Farben findet sich keine auf der sienesischen Tafel. Das Blau ist immer gedeckt und hat einen milden Schimmer, das Safrangelb erscheint ins Milchige getrübt, das Rosa hat niemals den violetten Kaltton wie in Florenz, Grün wird in der Dämpfung nach Olivfarben oder belegtem Reseda vorgetragen. Die Grottenarchitektur der Hölle er-

scheint in warmem Maronebraun und gibt ein Ge-
366 häuse ab, mit welchem die graubraunen Akte der Verdammten sich weich verbinden. Der Künstler hat als Sienese darauf verzichtet, die Schrecken der Höllenqualen durch kalte Farbkontraste ins Farbsymbolische zu steigern. Statt des kräftig leuchtenden Blaues des Himmelszeltes, das die Gerichtsszene des Fra Angelico überspannt, wölbt sich bei Giovanni di Paolo ein tonig-gebundenes, milchig graublaues Firmament über dem Gericht[135].

In den Cassone-Bildern mit der Versuchung des Joseph durch Potiphar und der Susanna im Bade von Francesco di Giorgio (Siena, Pinakothek, no. 274–276) breitet sich hinter der Szene der Grund in zartestem Erdbeerrosa. Schilderten die Täfelchen nicht so delikate Themen, *farbig* würden sie nicht herausfallen, wenn man sie zwischen die Passionsszenen von Duccios Maestà einfügen wollte. Auf Francesco di Giorgios Tafel der Verkündigung (Siena, Pinakothek, no. 277) finden sich die zarten und blassen Töne wieder, in die Pietro Lorenzetti seine Architekturen taucht, nur um wenige Stufen ins Lichte gesteigert. Es ist, als

(135) Im Werke des Sano di Pietro läßt sich sehr schön verfolgen, wie seine Farben blühend und kräftig sind, solange er vom allgemein verbindlichen europäischen Zeitstil getragen wird. Da versteht er die Farben des Weichen Stiles ganz in der sienesischen Spielart vorzutragen (Madonna mit Engelskonzert, Siena Pin., no. 224). Sobald aber Sano gegen den Strom zu schwimmen gezwungen ist, weil er an einem Farbgeschmack festhält, von dem man sich im ganzen Abendlande abgewendet hatte, werden seine Farben trüb und schwer und die Komposition verarmt. (Vgl. den sign. und dat. Altar von 1444, Siena Pin., no. 246) oder den ebenfalls sign. und dat. von 1449 (Siena Pin., no. 255).

ob die Farben der großen Trecentisten die hieratische Strenge abgestreift hätten und ein Einbruch von Weltfreudigkeit erfolgt sei. Auch in die Altäre großen Formats zieht mit Francesco di Giorgio diese neue Farbigkeit ein, die wieder auf Duccio und seine Nachfolger zurückgreift[136]. Die sterile Abkapselung ist damit endlich überwunden, welche das Schaffen der Generation der Sassetta, Giovanni di Paolo und Sano di Pietro für die Farbgebung der großen Altäre bedeutet hatte.

Um 1500 mehren sich die Anzeichen, daß der Sieneser Farbsinn zu erlöschen beginnt. Bartolomeo Fungai, Giacomo Pacchiarotti geben sich ganz der Farbkultur der Umbrer hin. Sodoma, die Hauptfigur der sienesischen Malerei in der Epoche der Hochrenaissance, bleibt zeit seines Lebens der Lombarde, der den Einfluß des Leonardo da Vinci erfahren hatte. Er bietet ein gutes Beispiel dafür, daß man durch Jahrzehnte hindurch das Schulhaupt eines Kunstzentrums abgeben kann, ohne vom Genius loci im mindesten berührt zu werden. Nur bei Domenico Beccafumi bricht der alte Sieneser Farbgeschmack noch einmal durch. Die Farben von Simone Martinis Altar des Beato Agostino Novello in S. Agostino in Siena kom-

(136) Nach dem heutigen Denkmälerbestand hat es den Anschein, als ob Francesco di Giorgios Lehrer Lorenzo Vecchietta auf den Innenseiten der Flügel seines Reliquienschrankes aus Sa. Ma. della Scala (mit Szenen aus der Passion Christi, Siena Pin., no. 204) von 1445 diese neue sienesische Farbepoche vorbereitet und dem Schüler vermittelt hätte. Die Malereien dieses Schrankes sind ein ausgesprochenes Frühwerk des Vecchietta, seine älteste erhaltene Tafelmalerei (G. Vigni, Vecchietta, p. 22 und 74. – Milanesi, Documenti Senesi II, p. 369).

men fast alle in denselben Tonstufen auf den großen
368 Bildern des Beccafumi vor: das Weinrot, das nach Violett changiert, das Krapprot, das tiefmoosige Grün mit den olivfarbigen Schatten wie auch das tintige Blaugrün und schließlich das eisige Grüngrau. Im größten Gegensatz zu der Kälte der Farben, die ein Wesensmerkmal des Manierismus für ganz Europa bildet, haben alle Staffelei-Bilder und manche Fresken des Beccafumi eine warme Farbigkeit mit tiefen, luminaristisch behandelten Schatten.

Darf man sich zutrauen, bei so fundamentaler Verschiedenheit des künstlerischen Charakters von Florenz und Siena nach einem gemeinsamen Generalnenner zu suchen, der die beiden feindlichen Kommunen nun doch als toskanische Schwesterstädte anzusehen erlaubt?

Wir versuchen es. In beiden Städten wird das reinste und schönste Italienisch gesprochen; die Dialekte beider Orte weisen nicht mehr Abweichungen voneinander auf, als es bei Städten üblich ist, die durch eine Entfernung von etwa sechzig Kilometern voneinander getrennt sind. Auch die Art der Lebensführung ist in beiden Städten brüderlich verwandt, besonders der Hang zum suburbanen Landleben. Nur im Veneto und an den Hängen der lombardischen Voralpenberge und -Seen bestimmen die Villen noch einmal so das Gesicht der Landschaft wie hier in der Toskana. Schon in einem Sonetten-Zyklus des Folgore da S. Gimignano auf die Monate des Jahres aus dem Anfang des Trecento heißt es:

. . . una montagnetta
coverta di bellissimi arbescelli
con trenta ville e dodici castelli
chi siano entorno a una cittadetta[137].

Giovanni Villani berichtet zum Jahre 1338, auf dem Lande baue man jetzt auf einmal die Villen reicher und schöner als selbst die Wohnungen in der Stadt, so daß Fremde schon drei Miglien vor der Stadt glaubten, sie seien in Florenz angelangt[138]. Als Papst Pius II. den Sommer des Jahres 1459 über seine Villegiatur in dem Observantenkloster Capriola bei Siena hielt, schrieb er in seinen Kommentarien: »Hier gibt es keinen Hügel, auf dem nicht die Bürger prächtige Landhäuser errichtet hätten. Hier erblickt man schöne, von frommen Menschen bewohnte Klöster, dort Privathäuser der Bürger, die nach Festungsart erbaut sind.« In der Tat waren die Hügel um Siena vorwiegend mit gotischen Sommerhäusern bestanden, deren Herkunft aus dem französischen ›manoir‹ sich noch deutlich verfolgen läßt[139], während der Kranz der Villen um Florenz sich fast ausschließlich aus Renaissancebauten zusammensetzt[140]. (Petraja, Castello, Poggio a Cajano, Pratolino, Artimino usw.) Über Lorenzo Medici als Schriftsteller hat man geurteilt: »Die wahrsten seiner Dichtungen sind diejenigen, die ländlich-bäuerliche Töne anschlagen. Nur jemand, der inmitten des Handelsgewerbes, der Politik, des raffinierten geistigen Lebens den Kontakt mit dem ländlichen Leben nicht verloren hatte, konnte solche Töne finden[141].« So haben die Mediceer denn

(140) Man muß sich allerdings vor Augen halten, wieviele suburbane Villen von den Florentinern selbst vor dem Beginn der Belagerung 1529 abgerissen wurden.

auch ihre Dichter wie Polizian, ihre Philosophen wie
370 Marsilio Ficino und ihre bildenden Künstler wie Donatello mit Landgütern beschenkt, die den also Geehrten wirtschaftliche Vorteile bringen und eine schöpferische Tätigkeit in ländlicher Stille ermöglichen sollten. Wie sehr diese Lebenshaltung dem toskanischen Grundcharakter entsprach, hat Rudolf Borchardt in dem schönsten und berühmtesten seiner Essays ›Villa‹ dargelegt[142].

Das künstlerische Leben dieser Landschaft strahlt von zwei sehr ungleichen Schwesterstädten aus. Die Gaben, welche die Natur den Bewohnern von Siena lieh, versagte sie den Florentinern – und umgekehrt. Beide Kommunen haben mit ihrem Pfunde gewuchert, sie haben nicht nur um die künstlerische Vorherrschaft in der Toskana miteinander gerungen, beide sahen ihre Künstler weit über die Grenzen dieser Landschaft hinaus begehrt. Auch als Siena dann als politische Macht Florenz gegenüber längst auf einen dritten Platz verwiesen war – etwa im frühen 15. Jahrhundert –, besaßen seine Maler noch internationalen Ruf. Sienesische Bildhauer unter Lorenzo Maitani schufen seit 1310 den Schmuck für die Domfassade von Orvieto, Simone Martini erhielt Aufträge für Altäre in den Kirchen dieser Stadt. Pietro Lorenzetti malte Altarbilder für Pistoja, Cortona und Arezzo, Sassetta für Borgo Sansepolcro und Cortona. Quercia arbeitete für den Signoren von Lucca und stand an der Spitze der Bauhütte von San Petronio in Bologna. Ein Grabmal von Vecchietta steht in Sa. Ma. del Popolo in Rom. Aber der Ruhm der sienesischen Malerei drang weit über die Grenzen Italiens hinaus. Simone Martini schuf seine letzten Werke in Avignon und starb dort, und noch die Stundenbücher des Herzogs von Berry in Brüssel und Chantilly verwenden für die Darstellung der Kreuztragung Christi ein Täfelchen aus dem Passionsaltar des Simone Martini als Exemplum oder kopieren eine Rom-Vedute aus dem Pal. Pubblico in Siena[143].

Jede der beiden feindlichen Schwestern bedurfte an einem entscheidenden Wendepunkt ihrer künstlerischen Entwicklung der Hilfe der anderen. Mit Coppo di Marcovaldos Servi-Madonna und Duccios Rucellai-Madonna, die der Ognissanti-Madonna Giottos vorausgeht, beginnen diese schöpferischen Begegnungen. Pietro Lorenzetti ist in der nächsten Generation zeitweise ein strenger Schüler Giottos – aber dafür bricht Bernardo Daddi in Florenz dem Einfluß der sienesischen Malweise die Bahn. Der jüngere Lorenzetti, Ambrogio, weilte gar zweimal für mehrere Jahre in Florenz. Der erste Aufenthalt läßt sich für die Zeitspanne von 1319–1321 genau belegen, der zweite muß in die Jahre 1332 bis etwa 1334 gesetzt werden[144]. So ist es denn keine Überraschung, wenn das erste Werk des jungen Künstlers, die Madonna von Vico l'Abbate bei Florenz (signiert und 1319 datiert), auch ihn ganz unter dem Einfluß Giottos zeigt, dem er sich erst schrittweise entzogen hat. Eine ganze Reihe anderer sienesischer Künstler wurde ebenfalls noch zu Giottos Lebzeiten nach Florenz berufen[145]. Der Kamaldulenser Don Simone, der Hauptrepräsentant der Miniaturmalerei des späten Trecento in Florenz (gestorben 1437)[146] und Don Lorenzo Monaco, der führende Maler des Weichen Stils in der Arnostadt[147], sind beide gebürtige Sienesen. Domenico di Bartolo geriet in den Bannkreis Masaccios, und seine

Jugendentwicklung verläuft der des Filippo Lippi
372 so ähnlich, daß eine ganze Anzahl von Bildern zwischen beiden Künstlern strittig ist. Sassetta ist in seiner Frühzeit ebenfalls von Masaccio, Giovanni di Paolo von Fra Angelico, Vecchietta von Donatello beeinflußt worden. Matteo di Giovanni hat am Ende des Quattrocento nicht nur die Florentiner Bildkomposition, sondern auch die Florentiner Farbigkeit als das Rettungsmittel betrachtet, um aus der Enge der sienesischen Spätgotik herauszufinden.

Es gibt schließlich auch Gemeinschaftsarbeiten beider Städte, zu denen sich die Künstler aus Florenz und Siena friedlich zusammenfanden. Die Tätigkeit am Taufbrunnen des Sieneser Baptisteriums vereinigte die berühmtesten Bildhauer aus beiden Kommunen nach dem Gesamtentwurf des Lorenzo Ghiberti unter der Oberleitung des Jacopo della Quercia[148]. Aus zufällig erhaltenen Briefen des Ghiberti an den sienesischen Bildhauer Giovanni Turini ersieht man, daß die Beziehungen dieser Meister untereinander herzlich waren, man lieh den Kollegen Vorlageblätter aus den eigenen Musterbüchern aus oder übernahm für sie gar kleine handwerkliche Hilfsdienste an deren Werken[149].

Florentinische von sienesischer Kunst unterscheiden zu lernen, ist eine der ersten Aufgaben, die dem kunsthistorischen Anfänger gestellt werden. Florentinische und sienesische Werke erscheinen als Beispiel und Gegenbeispiel in allen Büchern, die Anleitung zum vergleichenden Sehen vermitteln wollen. Gleichwohl sind bei der Unterscheidung der künstlerischen Produktion der beiden Schwesterstädte oft die besten Spezialgelehrten in die Irre gegangen. Wie lange hat es gedauert, bis der Streit um die Rucellai-Madonna entschieden worden ist! Seit dem Ende des 18. Jahrhunderts war die Autorschaft zwischen Cimabue und Duccio strittig gewesen[150], ja noch heute gibt es vereinzelte Gelehrte, die dem endlich erreichten Übereinkommen nicht beipflichten, welches die große Tafel für ein Hauptwerk von Duccio hält. Wilhelm v. Bode hat nach einer mehr als fünfzigjährigen Forschertätigkeit auf dem Gebiete der italienischen Renaissanceplastik am Ende seines Lebens ein Buch über den Bronzebildner Bertoldo di Giovanni, den Hofkünstler der Mediceer, veröffentlicht. Man sollte meinen, die florentinisch-spröde Art von Bertoldos Kunst, in der etruskische Züge wieder aufzutauchen scheinen, müsse einen so großen Kenner wie Bode davor bewahrt haben, typisch sienesische Bronzereliefs unter Bertoldos Werke aufzunehmen. Gleichwohl sind eine ganze Reihe der schönsten Bronzen, die Bode in seinem Buche dem Bertoldo zuweist, sichere Werke des Sienesen Francesco di Giorgio[151]. Andere Arbeiten dieses großen Sienesen hatte Bode Jahrzehnte hindurch für Leonardo da Vinci in Anspruch genommen[152], obwohl sie durch eine Anmut, eine echte Nähe zur Antike und eine Melodik der Linienführung ausgezeichnet sind, die Florenz von jeher ganz fremd ist. Eine Reihe von Breitbildern, annähernd Predellen-Formate, mit Architekturprospekten, die in den Museen von Urbino, Berlin und Baltimore aufbewahrt werden, hat man durch Jahrzehnte hindurch abwechselnd dem Piero della Francesca, dem L. Laurana und dem Francesco di Giorgio zugeschrieben, ohne daß bis zum heutigen Tage eine wirklich überzeugende Entscheidung zugunsten eines

dieser Meister hätte getroffen werden können[153].
374 Sehr spät erst hat man eingesehen, daß die Frage nach dem Urheber der Fresken vom Triumph des Todes, Thebais und Jüngstem Gericht im Camposanto zu Pisa mit der Alternative Florenz oder Siena nicht zu entscheiden sei[154]. Aber auch nachdem die allgemeine Meinung sich auf einen pisanischen Künstler, Francesco Traini, als den Maler dieses gewaltigsten italienischen Freskenzyklus des Trecento geeinigt zu haben schien, sind immer wieder Meinungen laut geworden, welche die untoskanischen Züge dieser Wandbilder stark betonten. Graf Vitzthum, der einerseits auf den Zusammenhang mit der avignonesischen Hofkunst hingewiesen hatte, hob andererseits den starken Einschlag der Malerei der Romagna (Colalto) hervor[155], und noch ein volles Menschenalter später hat Roberto Longhi den emilianischen Charakter der Pisaner Fresken zu erweisen versucht, indem er sie dem Vitale da Bologna zuschrieb[156].

Solche Irrtümer der Forschung sind nur allzu begreiflich, wenn man sich vor Augen hält, daß eben beide Städte in der Toskana liegen, daß in beiden die problematischen Künstlernaturen wirkten. Denn im Hang zum Experiment sind etwa Uccello und Francesco di Giorgio nahe verwandte Charaktere. Und des Sienesen Madonna del Calcinaio unterhalb von Cortona verrät kaum weniger Lust am Probieren als Brunellescos Rückgriff auf die Form der altchristlichen Basilika in S. Lorenzo oder Antonio da Sangallos d. Ä. frühchristlicher Narthex vor SS. Annunziata in Arezzo.

Überblickt man den Gesamtverlauf der künstlerischen Entwicklung in den beiden toskanischen

Schwesterstädten, so gewahrt man, wie beide zu ganz verschiedenen Zeitpunkten zu Kunststädten werden, wie aber beide zur gleichen Zeit versiegen. Während Florenz mit der Inkrustationsarchitektur um die Mitte des 11. Jahrhunderts einen ganz neuen Ton in die italienische, ja die abendländische Baukunst bringt, bleibt Siena noch zwei volle Jahrhunderte, bis zum Eindringen der Gotik in Italien, stumm. Hingegen erlischt die große, bodenständige Kunst in beiden Städten vor Ende des 16. Jahrhunderts. – Dem Barock haben demnach beide Kunstzentren die gleiche Abneigung entgegengebracht. Innerhalb der langen Jahrhunderte schöpferischer Tätigkeit fallen die Blütezeiten hier wie dort in die nämlichen Jahrzehnte, d. h. der künstlerische Lebensrhythmus ist in beiden Städten der gleiche. Um 1300 erlebt die florentinische Malerei unter Giotto, die sienesische unter Duccio ihre große Stunde; die zweite Hälfte des Trecento ist in beiden Städten eine unschöpferische Zeit, in der sich die künstlerischen Kräfte regenerieren, um 1400 treten sich im Weichen Stil der Florentiner Ghiberti und der Sienese Quercia als Antipoden gegenüber. Freilich stockt dieser Gleichklang um 1500: den klassischen Malern der Hochrenaissance am Arno, Leonardo und Michelangelo, Fra Bartolomeo und Andrea del Sarto sind in Siena keine Gesinnungsgenossen erwachsen. Die sienesische Malerei ist aus der letzten Phase der Spätgotik eigentlich unmittelbar in den Manierismus hinübergewechselt. Dieser Stil stellt dann den Gleichklang der künstlerischen Entwicklung wieder her, sein Erlöschen bedeutet das Ende künstlerischen Schaffens für Florenz wie Siena.

UMBRIEN

Umbrien ist die Herzlandschaft von Mittelitalien. Außer Piemont und der Lombardei ist es die einzige Provinz der Halbinsel, die keinen Zugang zum Meere besitzt[1]. Der Apennin biegt in seinem Zuge von Nordwesten nach Südosten hier in Mittelitalien stark nach Osten aus, so daß gegen die Adria hin nur Platz für einen schmalen Uferstreifen zwischen dem Abfall des Gebirges und dem Küstensaum übrig bleibt, während er gegen das Tyrrhenische Meer zu bogenförmig ein Berg- und Waldland umgreift, das sich in diese Kurve schmiegt. Dies dem Tyrrhenischen Meere zugekehrte Land ist Umbrien, der Küstenstreifen an der Adria sind die Marken. Im Nordwesten schiebt sich die Toskana, im Südwesten Nord-Latium zwischen Umbrien und das Meer. Umbrien hat etwa die Form eines Rhombus, dessen obere Spitze nördlich Città di Castello, ostwärts Borgo Sansepolcro an Bocca Trabaria (1044 m) auf dem Apenninrücken liegt. Die untere Spitze liegt südlich Terni und Narni am östlichen Tiberufer. Seine größte Breite erreicht dieser Rhombus im Westen dort, wo er bis zum Chianatal ausgreift und wo er südwestlich von Orvieto den Kraterrand des Bolsener Sees berührt; im Osten bei Norcia, wo die Grenze Umbriens am 2478 m hohen Monte Vettore verläuft. Das ergibt eine größte Längsachse von ca. 150 km und eine größte Breitenachse von ca. 105 km.

Man muß nicht Historiker sein, um bei einem Blick auf die Landkarte sogleich zu begreifen, daß das 377 heutige Umbrien kein organisches geographisches Gebilde darstellt, sondern ein ›Rest- und Rückzugsgebiet‹[2], das eine verzweifelte Urbevölkerung wider alles Erwarten schließlich doch hat behaupten können. Die Eroberungskämpfe der als Sieger die Halbinsel überziehenden Völker haben Umbrien immer wieder in verschiedene Teile zerrissen, so daß es wie ein Wunder wirkt, wenn sich gerade hier ein so homogener und in sich ruhender Stammescharakter ausbilden konnte. Ursprünglich soll der zu den Italikern gehörende Stamm der Umbrer sich bis zu den Quellen des Po, vom Tyrrhenischen Meer bis zur Adria hin ausgedehnt haben. Aber in den Zeiten vor der etruskischen Landnahme hielt er wenigstens außer dem eigentlichen Umbrien noch das Arnotal oberhalb Arezzo, das Casentino und die Hochtäler des Apennin besiedelt[3]. Als indessen die Etrusker Italien besetzten, wurde das heutige Umbrien zum ersten Male auseinander gerissen, denn die Eroberer drängten die Umbrer auf das östliche Ufer des Tiber zurück, der damit nun zur Grenze wurde. Das Land westlich des Flusses mit den Städtchen Orvieto und Perugia wurde die Beute der Etrusker, und Perugia war die am weitesten nach Osten vorgeschobene Position des etruskischen Zwölf-Städte-Bundes. Das Land ostwärts des Tiber mit Spoleto, Todi und Assisi verblieb den Umbrern[4], denn die Etrusker als ein Seefahrervolk wagten sich nicht bis zur Kette des Hochapennin vor[5].

(5) Doch wird man sich die Trennung der beiden Hälften nicht zu streng vorstellen dürfen. Aus dem Ritual von Iguvium geht hervor, daß dort neben den Stammesgenossen Tadinaten und

Mit dem Gallier-Einfall wurden die Umbrer auch von
378 der Adria-Küste abgedrängt und so auf das bergige Binnenland Mittelitaliens beschränkt, das heute noch ihren Namen trägt. Aber während uns die etruskische Kultur immer vertrauter wird, bleibt die altumbrische für uns ungreifbar. Die eugubinischen Tafeln, welche in umbrischer Sprache die Riten und Gesetze eines Priesterkollegs festhalten (teils in etruskischem Alphabet, erste Hälfte 3. Jahrhundert v. Chr., teils in lateinischen Lettern, 2. Hälfte 2. Jahrhundert), bleiben ein ganz einsames Zeugnis altumbrischen Lebens. Diese Spaltung Umbriens wurde aufgehoben durch den Sieg der Römer bei Sentino 295 v. Chr. über die verbündeten Etrusker, Umbrer, Gallier und Samniten. Etruskische und umbrische Kultur gingen nun im Römertum auf.

Aber das Schicksal Umbriens bei der etruskischen Landnahme sollte sich immer wieder beim Eindringen der Goten, der Byzantiner, der Langobarden erneuern. Die berühmte Belagerung und Eroberung Perugias durch Totila (547) war nur ein kurzes Zwischenspiel, denn die Goten konnten sich in Italien nicht behaupten. Schlimmer war es, daß die Langobarden im ersten Siegeslauf nicht ganz Umbrien zu erobern vermochten und daß die Rückgewinnung durch die Byzantiner nach Anfangserfolgen steckenblieb. Es war aber eine Lebensfrage für das Papsttum, daß eine Verbindungsstraße zum Exarchat von Ravenna und zur Pentapolis dem Hl. Stuhle erhalten

Nahartern auch Kelten und Etrusker wohnten, denn diese werden bei der großen Sühnefeier zum Verlassen der Gemeinde aufgefordert. (Nissen I, p. 507.) Ähnliche Verhältnisse für Todi und Vettona bezeugt: Nissen I, p. 480 und p. 494.

blieb: so hat man hier vom 6. zum 8. Jahrhundert um jeden Quadratmeter Boden gerungen. Orvieto war heute byzantinisch, morgen langobardisch[6]. Auch Amelia, Todi, Perugia waren um 590, beim Beginn des Pontifikats Gregors des Großen, vorübergehend in langobardischem Besitz[7]. Dieser schmale Streifen byzantinischen Landes mit der Etappenstraße und ihren Stationen Amelia, Todi und Perugia hat sich nie zu einer wirklichen Verbindungsbrücke und Sperre gegen die Germanen abdichten lassen. Die Reisenden wurden hier von einem militärischen Stützpunkt zum andern durch byzantinische Besatzungskräfte eskortiert, und zwischen diesen Befestigungen floß der niemals abreißende Strom der Langobarden ungehinder hin und her[8]. Das hat einschneidende Folgen gehabt: bis auf den heutigen Tag verläuft die Sprachgrenze zwischen Mittel- und Süditalien, die etwa von Rom über Terni nach Ancona zieht, ungefähr die südliche Grenze von Umbrien entlang[9]. Der umbrische Anteil dieser Linie Orte–Terni–Spoleto–Norcia, geographisch ganz ohne den Charakter eines Grenzgebietes, ist für das sprachliche, geschichtliche, künstlerische Leben Italiens gleichwohl eine der einschneidendsten binnenländischen Markierungen[10]. Übrigens bedeutet auch die Westgrenze Umbriens von Borgo Sansepolcro über Chiusi und Orvieto bis Orte eine, wenn auch weniger belangreiche, Sprachgrenze[11].

Der Charakter der umbrischen Landschaft ist so einheitlich, daß er sich dem Wandrer schnell erschließt. Die Struktur der Erdoberfläche bestimmen die Bergketten, aber noch mehr die Täler, die von diesen umschlossen werden. Die Bergrücken ziehen dem Grate des Hochapennin parallel von Nordwesten nach Südosten. Sie bleiben ohne Steilhänge, schroff abstürzende Falten und scharfe Einschnitte, bilden vielmehr breite Buckel und glatt gehobelte Rücken. Gegen den Gebirgsgrat des Hochapennin hin werden die Dimensionen größer, aber der Charakter der Landschaft ändert sich kaum. Die eigentümlich stumpfe und beinahe dunkle, grünlich-graue und zumeist kontrastarme Farbe der oft kahlen Berge und Kuppen beherrscht das Bild dort genau so wie am Subasio über Assisi.

Auch die Becken folgen der leichten Süd-West-Richtung der Höhenzüge. Sie sind an keine bestimmte Höhenlage gebunden (Bacino von Terni wenig über 100 m, Bacino von Cascia über 700 m hoch). Diese Becken von Gubbio, von Gualdo Tadino, von Terni, Norcia und Cascia waren ursprünglich alle Binnenseen. Am Trasimenischen See können wir uns heute noch ein Bild machen, wie ursprünglich alle diese Becken aussahen. Da er von keiner Wasserader angeschnitten wird, so hatte der Trasimenische See ein anderes Schicksal als die übrigen Becken: er kann nicht abfließen, sondern verlandet langsam. Auf der Sohle dieser ehemaligen Binnenseen hat sich der fruchtbarste Schwemmlandboden abgesetzt, was zugleich erklärt, daß die Siedlungen nicht auf dem Grunde der Becken, sondern in Hanglage gegründet wurden. So entstand die umbrische Bergstadt. Von all diesen Bekken ist die Pianura Umbra natürlich die bedeutendste, die sich von unterhalb Perugia bis Spoleto erstreckt. Dieses Haupttal ist fast 60 km lang und hat einen Flächeninhalt von 264 qkm. Noch zur Zeit des Properz breitete sich zwischen Assisi und Bettona ein See, der lacus umber, der dann erst unter König Theoderich

ausgetrocknet wurde[12]. Doch wies der Abschnitt zwischen Trevi und Foligno noch bis zum Jahre 1563
ausgedehnte Sümpfe auf[13].

Die Flüsse des Landes stellen die Durchbruchstäler von Becken zu Becken her – sie bilden die wildromantischen Partien von Umbrien, wo sich das Wasser den Weg durch das Erdreich gebahnt und das Sedimentgestein zersägt und durchfressen hat. Überall, wo auf der Landkarte das Wort incisa (Einschnitt) oder gola (Kehle), forra (Schlucht), serravalle (Talverschluß), stretto oder auch stretta (Engpaß) verzeichnet steht, treffen wir auf den gleichen Sieg des beharrenden Wassers über die Gesteinsmassive.

Niemand wird bei einem so unglücklichen Verlauf der Stammes- und Volksgeschichte erwarten, daß die Grenzen der geographischen Provinz und der Umriß der Kunstlandschaft Umbrien sich überall decken. Orvieto, hart an der westlichen Grenze des Landes gelegen, ist nächst Perugia das wichtigste Kunstzentrum der Provinz. Nirgends klingt der Ton der umbrischen Kunst reiner und verzaubernder. Aber geographisch ist das alte Felsennest die letzte, die am weitesten nach Norden vorgeschobene Formation der Tuffgebirge Nord-Latiums, und wie es auf dem porösen, aber ausgedörrten, altgoldenen und honiggelben Tafelfelsen ruht, das erinnert an die Lage von Nepi oder Cività Castellana, aber an keine umbrische Stadt.

Im Nordzipfel von Umbrien erlitt Città di Castello das umgekehrte Geschick. Die Stadt befindet sich, obwohl an der Tiberstraße gelegen, in einer politischen Isolierung. Das so sehr umbrische Borgo Sansepolcro, die Heimat und die lebenslängliche Wir-

kungsstätte des größten italienischen Malers des
382 Quattrocento, des Piero della Francesca, ging unter Papst Leo x. in die Hände der Florentiner über, also in dem nämlichen Jahrzehnt, in dem das übrige Umbrien in einem einheitlichen Staatsgebilde, dem Kirchenstaat, aufging. Borgo Sansepolco gehört heute noch zur toskanischen Provinz Arezzo. Diese politische Entscheidung des frühen 16. Jahrhunderts zog auch das ohnehin nicht im wirtschaftlichen oder künstlerischen Kraftfeld von Umbrien liegende Città di Castello kulturell zur Toskana herüber, obwohl es politisch stets eine umbrische Stadt blieb. Das Straßenbild jedoch ist ganz das einer toskanischen Landstadt. Da die namhaftesten Paläste von Antonio da Sangallo, von Vasari u. a. Florentiner Baumeistern errichtet wurden, da Andrea und Giovanni della Robbia, Raffaellino del Garbo, Ridolfo Ghirlandajo, Rosso Fiorentino und abermals Vasari die Kirchen ausgestattet haben, so befindet man sich hier kunstgeographisch eher in einem südlichen Ausläufer des florentinischen Contado, als in dem Nordzipfel von Umbrien. Über dem Stadtbild liegt ein rationalistischer, beherrschter und etwas trockener Zug, der den übrigen umbrischen Städten ganz fremd ist.

Am allermerkwürdigsten aber ist es, daß es nirgends in Italien so viele offene und fließende Grenzstriche gibt, wie gerade in Umbrien. Ganz unscharf sind die Grenzen dort, wo die Südost-Toskana und die westlichste Ausbuchtung von Umbrien einander berühren, d. h. auf der Strecke zwischen Trasimenischem und Bolsener See. Die Lieblingsraumform Umbriens, die Hallenkirche, ist über diese Grenze nach Siena eingeführt worden. Umgekehrt hat Simone

Martini mehrere Altarwerke für Orvieto gemalt, die Orvietaner Maler des späten Trecento, Ugolino di Prete Ilario, Cola Petruccioli, Andrea di Giovanni u.a.[14] stehen ganz unter sienesischem Einfluß. Das dichteste Verbreitungsgebiet einer volkstümlichen Holzplastik in ganz Italien wird durch unsere Grenze in zwei etwa gleich große Hälften geteilt. Die künstlerischen Charaktere der Städte Siena und Orvieto gleichen sich also einander an. Nur so wird es erklärlich, daß man die Reliefs der Orvietaner Domfassade als vollgültige Zeugnisse umbrischer Kunst in Anspruch nehmen darf, daß wir in der umbrischen Plastik und Malerei immer wieder auf einen diesen Marmorreliefs verwandten Ausdruck treffen, obwohl der leitende Meister Lorenzo Maitani ein gebürtiger Sienese war[15].

Am allermeisten aber wird die Wahrnehmung überraschen, daß die einzige natürliche geographische Grenze, welche Umbrien besitzt, alles andere als eine kulturelle Schranke bedeutet. Denn so steil auch die Bergketten des Hochapennin ansteigen mögen, die Pässe, welche hinüber in die Marken führen, haben geringe Höhe und bequeme Anstiegsstraßen. Die wichtigste Übergangstelle ist natürlich für zwei Jahrtausende die Via Flaminia gewesen, die, von Foligno aus über Nocera und Gualdo Tadino heraufziehend, über den Paß von Scheggia (632 m) den Übergang in die Marken fand[16]. Seit der Einführung der Eisenbahn ist eine schon von alters viel benutzte Paßstraße wichtiger geworden, die bereits von Gualdo Tadino aus über den Colle di Fossato (740 m) nach Fabriano abzweigt und von dort direkt zur Küste bei Ancona führt. Ihrem Laufe folgt die Eisenbahnlinie Rom–Ancona. Von Perugia nach Gubbio sind es

30km, von Gubbio über den Scheggia-Paß nach
384 Urbino nicht mehr als 40km Luftlinie. So sind denn Umbrien und die Marken politisch und kulturell auf das engste verbunden. Bei der Regionen-Einteilung des Augustus umfaßte die sechste regio, Umbria, das heutige Umbrien und die Marken. Der Apennin teilte die Provinz in zwei Hälften[17]. Seit Diokletian war aber die Verwaltung der beiden Landschaften wieder getrennt[18]. Aber der künstlerische Charakter dieser beiden Gebiete ist heute noch so wesensverwandt, daß es gerechtfertigt erscheint, beide Provinzen in einem Kapitel zusammenzuschließen. In den Blütezeiten der Kunst griffen die Marken auch politisch nach Umbrien hinüber. Gubbio war von 1384 bis 1624, bis zum Ende des Herzogtums Urbino, zunächst im Besitz der Montefeltre (bis 1508), dann der Rovere, und den Herzogspalast in Gubbio ließ der große Federigo, der hier geboren war, von dem Meister der urbinatischen Residenz erbauen.

Der in Urbino in den Marken geborene Raffael erscheint in den meisten Kunstgeschichten als Umbrer. Piero della Francesca, von der toskanisch-umbrischen Grenze stammend, hat ebenso in Urbino gearbeitet wie Luca Signorelli aus Cortona. Außer Raffael haben noch andere Söhne der Marken in Umbrien ihre künstlerische Ausbildung erfahren: Giovanni Boccati kam aus Camerino und erwarb 1445 das Bürgerrecht von Perugia. Der Urbinate Federigo Barocci war für Perugia tätig. So ist es denn kein Wunder, daß Umbrien und die Marken für den Kulturhistoriker zu einem Begriff zusammengewachsen sind.

Umbrien ist ein zusammenhängendes Berg- und

Waldland[19]. Der einzige große Flußlauf, der Tiber, würde Umbrien in zwei etwa spiegelbildlich gleiche Hälften teilen, wiche er nicht vor dem Felsmassiv von Todi scharf nach Westen aus, um dann von Orvieto an südwärts die westliche Grenze Umbriens zu bilden. Der bedeutendste Nebenfluß ist die Nera, die bei Orte in den Tiber einmündet. Dieses Entwässerungssystem zeigt, daß das Land sich geographisch gegen Südwesten hin öffnet, in die Richtung, nach der dem Lande die natürliche Ausdehnung versagt blieb. Der Tiber durchfließt zwar ganz Umbrien, aber in seinem Mündungsgebiet liegt Rom, das für die Umbrer einen Sperriegel bedeutete. An eine Ausdehnung nach Nordwesten aber war bei der zahlenmäßigen Überlegenheit der Etrusker gar nicht zu denken. Wie die Mündung, so liegt auch die Quelle dieses umbrischen Flusses nicht in Umbrien. In der Antike verwehrten die Etrusker den Zugang zum Tiberursprung, und im Verlaufe der Geschichte hat sich diese Grenze in die zwischen Kirchenstaat und Großherzogtum Toskana und schließlich in jene zwischen den modernen Provinzen Perugia (Umbria) und Arezzo (Toskana) gewandelt. Aber seitdem Rom die Hauptstadt eines geeinten Italiens geworden ist und das Neratal um Terni ein hochentwickeltes Industriegebiet, hat sich das wirtschaftliche Schwergewicht von Umbrien mehr und mehr nach Südwesten verlagert. Die Interessen des Landes folgen dem Lauf des Tiber. Nicht nur in Terni und Spoleto, auch in Gubbio, an der Ostgrenze von Umbrien, ist die meistgelesene Tageszeitung der römische ›Messaggero‹, der

(19) 6% des Landes sind eben, 41% hügelig und 53% gebirgig. Guida del Touring-Club, p. 11.

für alle diese umbrischen Städte mit einer lokalen
386 Beilage erscheint. Bei dem großen Feste von Gubbio, den ›Ceri‹, sah man 1954 auf den Parkplätzen unter Hunderten von Autos mit den Nummernschildern der Provinzen Perugia, Ancona und Rom nicht ein einziges aus den Provinzen Arezzo oder Florenz, obwohl Gubbio näher an Arezzo als an Ancona liegt. Dieser Verlagerung des wirtschaftlichen Schwergewichts von Umbrien in den Süden der Landschaft hat schließlich auch die staatliche Verwaltung Rechnung tragen müssen. Früher bestand Umbrien nur aus einer einzigen Provinz, Perugia. 1927 hat man diese in die beiden Provinzen Perugia und Terni aufgeteilt und so dem Industriegebiet einen eigenen verwaltungsmäßigen Mittelpunkt gegeben (Provinz Perugia 6357 qkm, Provinz Terni 2140 qkm).

Wenn Umbrien kein abseitiges Agrarland wurde, das sich selbstgenügsam gegen die große Welt abschloß, so verdankt es das der Tatsache, daß es als Herzstück Mittelitaliens ein rechtes Durchgangs- und Straßenland war. Je mehr Rom der Vorort Italiens, je mehr es die Hauptstadt eines Weltreiches wurde, desto mehr wurde Umbrien von großen Straßensystemen und ihren Ablegern nach und nach geradezu durchfurcht[20]. Im wahrsten Sinne des Wortes das Rückgrat von Umbrien wurde die Via Flaminia, die, 220 v. Chr. angelegt, Rom mit Rimini verbindet, der Kolonie an der Adria, wo die Römer zuerst oberitalienischen Boden betraten und von wo aus sie die Poebene erschlossen und eroberten[21]. In der Diagonalen von Südwesten nach Nordosten schließt diese Römerstraße Umbrien und die Marken in ihrer ganzen Länge auf. In der späteren Kaiserzeit wurde der

Lauf der Straße verlegt[22], die bergige Strecke zwischen Narni und dem Topino ging ein und die Städte an diesem älteren Strang zerfielen. (Carsulae und die antike Vorgängerin des heutigen Massa Martana. Bevagna, als Mevania von den klassischen Schriftstellern oft erwähnt, fristete seit seiner Zerstörung im 6. Jahrhundert ein kümmerliches Leben[23].) Spoleto an dem neuen Arm der Straße stieg hingegen schnell empor und wurde zur wichtigsten Sperrfeste ganz Mittelitaliens.

In dem überraschend geringen Abstand von nur 10 km lief die Via Amerina zunächst der Flaminia parallel. Sie zweigte nach dem dreiundzwanzigsten Meilensteine von der stracks nordwärts in die Toskana führenden Via Cassia ab, um zunächst Amerina, das heutige Amélia, zu erreichen und dann über Todi nach Perugia weiterzuführen[24]. An der Südgrenze von Umbrien streicht die von Rom heraufziehende uralte Via Salaria vorbei, welche bei S. Benedetto del Tronto die Adria erreicht[25].

In einem solchen Durchgangs- und Straßenland liegen alle Städte an den großen Verkehrsstraßen aufgereiht: Orte, Todi und Perugia an der Via Amerina, Narni, Terni, Spoleto, Trevi und Foligno an dem neuen Strang der Via Flaminia. Nach der Wiedervereinigung der antiken und der frühmittelalterlichen Strecke nördlich Foligno liegen an der Via Flaminia noch Nocera und Gualdo Tadino, während Gubbio durch eine Stich-Straße mit dem Scheggia-Paß verbunden ist. Mit Ausnahme von Orvieto, das hoch droben auf seinem Felsmassiv zwischen Via Cassia und Via Amerina sitzt, und mit Ausnahme von Città di Castello liegen also sämtliche Städte Umbriens an antiken Straßen. Beide Städte sind denn auch charakteristischerweise keine römischen Gründungen. 388 Orvieto ist ein uraltes Etruskernest, aber in der eigentlichen Römerzeit scheint es unbesiedelt gewesen zu sein (die ersten Spuren von Besiedlung wieder aus dem ersten nachchristlichen Jahrhundert). Tifernum aber ist ein altes Zentrum des umbrischen Stammes, das sonst keine antiken Denkmäler oder Inschriften aufzuweisen hat[26]. Der Charakter des Straßenlandes bedingt es auch, daß bis zur Erschließung durch Eisenbahn und Automobil diesem Nordzipfel von Umbrien um Città di Castello etwas von einem toten Winkel anhaftete, denn die Straßensysteme, die alle eine Verbindung zwischen Rom und den Städten an der Adria schlugen, durchzogen Umbrien diagonal von Südwesten nach Nordosten und ließen den Nordteil des Landes links liegen.

Die Straße hat aber auch das Schicksal von Todi bestimmt. Als im Frühmittelalter die Versumpfung des Chianatals die Via Cassia unpassierbar macht, »drückt das den Verkehr westlich über Siena und östlich über Todi; dies sind im Mittelalter die direktesten Wege nach Rom. Als die Straße über Arezzo wieder frei wird, versinken beide Bergstädte wieder in Vergessenheit[27]«.

Fast alle umbrischen Städte sind Bergnester. Perugia, Amélia, Narni, Orvieto, auch Orte (obwohl dies verwaltungsmäßig nicht mehr zu Umbrien gehört) sind Plateaustädte auf hohem Bergmassiv. Spoleto, Trevi, Spello, Assisi, Todi und Gubbio klettern steile Berghänge hinauf. Daß auf dem Schwemmlandboden der umbrischen Becken keine Städte gegründet wurden, ist nur natürlich, und die frühmittelalterlichen Wege gingen niemals durch die Täler, sondern verliefen immer über die Höhen. Die Hauptaufgabe der umbrischen Stadtbaumeister war es also, Straßenzüge und öffentliche Bauten terrassenartig den Hang hinauf übereinander zu staffeln. Am herrlichsten ist das zweifellos in Gubbio gelungen. Wer wird je vergessen, wie sich am Steilhang die öffentlichen Bauten, antithetisch auseinander tretend, dennoch zu einer Gruppe zusammendrängen. Der Pal. dei Consoli und der Pal. Pretorio treten gleichberechtigt einander gegenüber, die Flanken eines großartigen Platzes über gewaltigen Substruktionen bildend. Unmittelbar darüber schieben sich von links der urbinatische Herzogspalast der Frührenaissance und von rechts der gotische Dom als nächste Stufe ins Bild, und die mittelalterliche Stadtmauer schließt nach oben die Komposition ab. Die Substruktionen von S. Francesco in Assisi erkennt man von Perugia wie der ganzen Pianura her. Der sich allmählich senkende Domplatz in Spoleto mit dem Baptisterium zur Linken, die Baugruppe der Piazza in Perugia mit dem Brunnen der Pisani, der auf abschüssigem Gelände die Mitte zwischen der Domflanke und dem Stadtpalast einnimmt – so viele Denkmäler wie glückliche Meisterungen des abfallenden Geländes solcher Bergstädte.

Daß das berühmteste Jahres- und Volksfest Umbriens, die Ceri in Gubbio[28], in einem Wettlauf mit Heiligenstatuen einen sehr steilen Berg hinauf besteht, will einem fast selbstverständlich vorkommen.

Über all diesen Städten aber, droben auf der Bergkuppe, steht die Rocca, die in der Zeit des avignonesischen Exils der Kirche der eiserne spanische Kardinal Albornoz erbaute, um die Kommunen dem Kirchenstaate zu unterwerfen. (So in Spoleto, Assisi,

Todi, Narni, Piediluco, Orvieto. Auch in Gubbio
390 griff Albornoz ein, ohne daß es aber hier zum Bau einer Zwingburg gekommen wäre.)

Eigentlich hätte eine Landschaft, die damals ein reines Agrarland war, im Mittelalter alle Voraussetzungen mitgebracht, ein Feudalland großer Herren zu werden. Aber die Tradition der Polis erwies sich in einem solchen Straßenland doch als stärker. So kam es auch hier in den Städten zu Geschlechterfehden und zur Signoren-Herrschaft wie anderswo. In Perugia herrschten die Baglioni, deren Schicksale durch die Chronik des Matarazzo aufbewahrt sind, in Città di Castello die Vitelli, in Foligno die Trinci, in Orvieto die Monaldeschi, in Todi die Atti. Selbstredend bildete sich unter diesen städtischen Dynastien kein umbrisches Gemeinschafts-Bewußtsein aus. Um 1500, also in der Zeit der ersten Hochblüte humanistischer Geschichtsforschung, rechneten die Historiker z. B. Perugia den toskanischen Städten zu, wie aus der Chronik des Matarazzo hervorgeht. Schon 1354, z. Z. des Kardinals Albornoz, war Spoleto endgültig dem Kirchenstaat einverleibt worden, 1439 folgte Foligno, 1450 Orvieto, am Anfang des 16. Jahrhunderts sind dann die anderen Städte Umbriens denselben Weg gegangen, zuletzt Perugia 1540. So war nun das ganze Land innerhalb eines Staatsgebildes wirklich vereinigt – aber natürlich lag es keinem Regimente ferner, ein selbstbewußtes Stammes- oder Regionalgefühl zu wecken als gerade dem Kirchenstaate.

Aus Umbrien sind die verschiedenartigsten Menschen hervorgegangen. Der Kaiser Nerva kommt aus Narni, Properz aus Assisi, Plautus aus Sarsina, einem

umbrischen Städtchen an der Grenze gegen die Marken hin. Im Quattrocento stellte Umbrien zahlreiche
Condottieri, von denen Gattamelata, Nicolo, Francesco und Jacopo Piccinino und Malatesta Baglione die bekanntesten sind. Aber neben den großen Gewalttätigen stehen als ihre Gegenspieler der hl. Benedikt und der hl. Franz von Assisi.

Der Charakter der umbrischen Kunst ist leichter zu fassen[29]. Er ist ganz eindeutig und hat nicht viele Saiten, die er zum Schwingen bringen kann. Man könnte die Umbrer die Schwaben von Italien nennen. Sie nehmen nur auf, was sich zu einem harmonischen Weltbild fügt. Es ist eine Welt der Stille und des lyrischen Verweilens; von den großen Lyrikern ist außer dem hl. Franziskus auch Jacopone da Todi hier zu Hause.

Die Künstler aber, welche ein dämonisches Müssen dazu treibt, ihre Kräfte zu einem großen Wurf anzuspannen, werden der umbrischen Umwelt schnell entwachsen. In Umbrien und den Marken kann man zum großen Künstler nicht gebildet werden. Perugino und Raffael mußten durch das florentinische Fegefeuer hindurch, um zu sich selbst zu finden. Bramante ging in die Lombardei an den Hof des Lodovico il Moro, Vincenzo Danti aus Perugia wurde Wahlflorentiner, ein anderer Peruginer, Galeazzo Alessi, war der große Stadtbaumeister Genuas zur Zeit seiner Blüte in der Spätrenaissance.

Der auffallendste Zug der umbrischen Baukunst ist ihre *Vorliebe für die Form der Hallenkirche*. Diese Raumform tritt sonst nur in der Lombardei auf, in Mittel- und Unteritalien ist sie so gut wie unbekannt

geblieben. Im Gegensatz zur Basilika und zum Zen-
392 tralbau fehlt der Hallenkirche die ausgesprochene Richtungsbezogenheit auf ein Ziel hin. Während die Bauformen der Basilika auf den Hauptaltar im Chor zueilen, umkreist im Zentralraum der Kranz der Nebenräume Vierung und Kuppel. In der Halle aber darf sich die Breitentendenz ungehemmt entfalten. Sind die Joche schmal (queroblong), d.h. stehen also die Stützen dicht aneinander, so wird der Blick aus dem Mittelschiff in die Seitenschiffe unübersichtlich und die seitlichen Raumgrenzen werden verschleiert, weshalb die echte Halle zur Bildung von eher quadratischen Jochen neigen wird. Zumeist besitzt das Mittelschiff in Breite oder Höhe kein Übergewicht über die Seitenschiffe, so daß sein Raumvolumen gegen die seitlichen Ränder zu abfließen kann. Gegenüber der Achsenbezogenheit der Basilika ergeben sich in der Halle durch Schrägansichten oft die schönsten Durchblicke und Raumbereicherungen. Die Form der Halle ist deshalb im allgemeinen von denjenigen abendländischen Kulturlandschaften aufgegriffen worden, deren Bewohner einen bedächtigen und ausgewogenen, kurzum einen harmonischen Stammescharakter besitzen, vom Poitou, von Westfalen, von Schwaben, von Österreich. Und so haben auch die Umbrer in allen Blütezeiten ihrer Kunst eine Raumform bevorzugt, die strenge Richtungskontraste vermied, unscharfe Raumgrenzen erlaubte, weiche und zart modellierte Mantelformen forderte.

Die älteste umbrische Hallenkirche, S. Andrea in Orvieto, ist Torso geblieben[30]. Es sind nur zwei Joche ausgeführt worden, die heute wie ein aufgegebenes doppeltes Querhaus wirken. Schon vor dem Beginn des Langhauses wurde das neue Architektursystem wieder verlassen, auch der Chor erscheint nicht zugehörig. Die dreischiffige Anlage hat queroblonge Joche. Die Gewölbe werden von riesigen abgetreppten romanischen Pfeilern getragen. Diese haben auf allen vier Seiten Halbsäulenvorlagen und an der Basis teilweise noch Ecksporen. Die sehr rohen, romanischen Tuffkapitelle sind z.T. in der Bozze stehen geblieben. Alle Gurtbögen sind spitzbogig geführt und zeigen das verbreitetste französisch-frühgotische Rippenprofil (Bandrippe begleitet von zwei seitlichen Wulsten). Diagonalrippen finden sich nur in den beiden östlichen Jochen der Abseiten, auf den übrigen Gewölben sind die Rippen heute nur aufgemalt. In dem westlichen Joch tritt ein neuer Baugedanke auf: auf die alte, reich profilierte Pfeilerbasis wird eine Art kantonierter Rhombuspfeiler gesetzt. Man sieht, wie diese Bauhütte während ihres kurzen Bestandes voller Leben und Ideen war. Diese mögen aus dem Poitou oder der Touraine nach Umbrien gedrungen sein. Die Bauzeit kann nur um 1200 liegen[31] (Abb. 63).

Blieb S. Andrea in Orvieto ein Fragment, so ist volle hundert Jahre später S. Fortunato in Todi nun eine echte Halle, eine großräumige Anlage und die bedeutendste Leistung der umbrischen mittelalterlichen Sakralarchitektur nach S. Francesco in Assisi (Abb. 65). Der Bau wurde 1292 begonnen, die östlichen Joche waren 1328 in Benutzung und wurden 1335–1345 gewölbt. Die westliche Partie ist erst im 15. Jahrhundert nach einer langen Baupause ganz im Sinne des Trecento vollendet worden[32]. Aber umbrisch ist hier nur erst die Rückkehr zur Hallenform, alle Einzelglieder sprechen so eindringlich die Sprache

der nordischen Gotik, daß man S. Fortunato gar nicht
394 als italienischen, geschweige denn als umbrischen Raum empfinden, den Bau vielmehr als nordisches Reiseerlebnis mitten im umbrischen Bergland in Erinnerung behalten wird. Denn das Vorbild der 1162 im Bau befindlichen Kathedrale von Poitiers, als der ersten großen gotischen Hallenkirche Südfrankreichs, hat den Bau von S. Fortunato bis in die Einzelheiten hinein bestimmt. Hier wie dort sind alle drei Schiffe gleich hoch, und die Gewölbekämpfer liegen in der gleichen Zone. Auch die Form der Stützen ist die nämliche: Bündelpfeiler, die sich jenseits der Kapitellzone in den Rippen des Kreuzgewölbes fortsetzen. Doch ist in Todi die Unterscheidung zwischen alten und jungen Diensten ebenso fortgefallen wie die zwischen Gurten und Rippen, welche das französische System als differenzierter und konsequenter erscheinen läßt. Vor allem aber hat Todi das ›angevinische‹ Wandsystem übernommen, die Strebepfeiler mit den dreiteiligen Dienstvorlagen sind in das Innere gezogen und die Wand selbst ist gestuft. Oberhalb eines den ganzen Bau umziehenden Laufganges ist die Wand als Substanz erleichtert, indem sie nach außen zurücktritt. Die schönen Maße des Raums hat Todi offensichtlich in engem Anschluß an Poitiers entwickelt: die beinahe quadratische, nur leicht queroblonge Jochbildung im Mittelschiff, die dominierende Weite dieses Mittelschiffs, schließlich das Abnehmen der Jochtiefe von Osten nach Westen – das alles findet sich hier wie dort. Lediglich in der Behandlung der Seitenschiffe schließt sich Todi an die Nachfolgebauten von Poitiers an. Während in der südfranzösischen Kathedrale alle drei Schiffe fast

gleich breit sind, haben in Todi die Seitenschiffe nur knapp die halbe Breite des Mittelschiffs, eine Grundriß- und Jochbildung, wie sie etwa Notre Dame in Le Puy entlehnt werden konnte[33]. Da aber eine dauernde Verbindung mit diesen weit entfernten südfranzösischen Bauten natürlich nicht aufrecht zu erhalten war, so schloß sich der Baumeister von Todi, was die Einzelformen betrifft, an die Bauhütte von S. Francesco in Assisi an. Er durfte es um so eher tun, als ja die Mutterkirche des Franziskaner-Ordens ihr Vorbild in derselben südfranzösischen Bautengruppe gefunden hatte, in der Kathedrale von Angers[34].

Die Form der Halle ganz italianisiert zu haben, scheint die geschichtliche Rolle von S. Domenico in Perugia gewesen zu sein. Leider ist die Peruginer Bettelordenskirche 1614 eingestürzt, ein Neubau in den alten Mauern mußte 1621 wieder abgetragen werden, und der heutige Bau, das Werk des Carlo Maderna, 1632 geweiht, ist eine pseudobasilikale Anlage, bei der die Seitenschiffe nur fast genau die halbe Höhe der ursprünglichen gotischen Halle erreichen[35]. Die Dominikanerkirche, 1304 begonnen, war ursprünglich eine dreischiffige Halle mit einem Querhaus von rechteckiger Vierung und beträchtlich über das Langhaus hinausragenden Kreuzarmen. Die Ostseite des Querschiffs ist nach Zisterzienser-Art in rechteckige Kapellen aufgelöst. Mit diesem Bau wollten die Dominikaner von Perugia die Hallenkirche der Franziskaner im benachbarten Todi übertrumpfen[36]. Auch die beiden großen Ordenskirchen in Florenz, Sa. Ma. Novella und S. Croce, mögen den Baueifer der Peruginer Dominikaner mit entfacht haben. Aber in Perugia wird das System von S. Fortunato nun ins

Italienische übersetzt. An Stelle des achtteiligen Bündel-
396 pfeilers von Todi tritt jetzt der glatte kantige Achteckpfeiler als Freistütze. Als Wandvorlage entspricht ihm der halbierte Achteckpfeiler mit antikisierenden korinthischen Kapitellen. In Höhe des Gewölbeansatzes umzieht ein schweres kräftiges Konsolengesims das ganze Langhaus. In echt italienischer Weise ist so das Emporsprießen des gotischen Systems an seiner empfindlichsten Stelle durch eine beschwichtigende Horizontale gehemmt. Wahrscheinlich hat im ursprünglichen Hallenbau die Gewölbezone wie ein Deckel gewirkt, der sich über die drei Schiffe legte.

Eine Vorstellung von dem verlorenen Raum von S. Domenico können wir uns im Dom von Perugia bilden, der sich aufs engste an das Vorbild der Bettelordenskirche anschließt[37] (Abb. 61). »Das gesamte System des Aufbaus folgt dem Vorbild von S. Domenico so bis ins einzelne hinein, daß sich die Beschreibung erübrigt[38].« Der Dom ist eine Schöpfung erst des reifen Quattrocento, 1437 begonnen und gegen Ende des Jahrhunderts vollendet. Infolgedessen hat man das konstruktive Gerüst des gotischen Systems nicht mehr offen zu zeigen gewagt. Die Umfassungsmauern sind so stark gebildet, daß am Außenbau jede Verstärkung durch Strebepfeiler fortfallen durfte. Im Innern findet sich zwar der halbierte Achteckpfeiler als Wandvorlage wie in S. Domenico, aber viel schmaler und flächiger, er ist gleichsam in der Mauerdicke stecken geblieben. Im Innen- und Außenbau setzt sich die Herrschaft der Fläche durch[39]. In noch höherem Maße als es S. Domenico je getan haben kann, wirkt der Dom als Kastenraum. Die Gewölbezone ist zu niedrig im Verhältnis zur Höhe der

Schiffe. Die gleichsam vegetabile Entfaltung des gotischen Systems ist zurückgedrängt und damit der irrationale Zug des Raums. Die Renaissance tritt in ihre Rechte.

Es ist sehr bezeichnend, daß auch die ganz wenigen Hallenkirchen der Renaissance im übrigen Italien fast alle an den Grenzen von Umbrien liegen. Von diesen stehen allein drei in den Marken, die im weiteren Sinne ja künstlerisch zu Umbrien gehören. Unter ihnen ist die Basilica della S. Casa in Loreto die ehrwürdigste. Denn unter dieser amtlichen liturgischen Namensbezeichnung verbirgt sich gleichwohl eine Hallenkirche (erbaut 1468 ff.)[40]. In der kleinen Kirche von Sa. Ma. della Misericordia in Ancona ist die Halle aus dem älteren romanischen Schema der Kreuzkuppelkirche entwickelt (1399 vollendet)[41]. Verwenden diese beiden Bauten Pfeiler als Stützen, so besitzen die Marken in Sa. Ma. Annunziata zu Camerino auch eine Renaissance-Hallenkirche auf Säulen (nach 1494 erbaut)[42]. Diesen Hallenkirchen an der östlichen Grenze von Umbrien entspricht im westlichen Nachbargebiet die Kirche der Fontegiusta in Siena (1484 begonnen)[43]. Die helle Klarheit, die zarte Anmut des Raumes, der gleichwohl ein Anflug von Nüchternheit nicht fehlt, machen ihn allerdings zu einem echten Zeugnis toskanischer Kunst[44].

Dies alles sind echte Hallenräume. Aber die latente Neigung zu dieser Raumform ist in Umbrien so tief

(44) Die Halle hat zwar als gebaute Architektur um 1500 in Umbrien ausgespielt, nicht aber in der Malerei. Es ist sehr auffällig, wie viele Altäre des Perugino ihre heiligen Szenen in dreischiffige Pfeilerhallen der Renaissance verlegen (Perugino, Klassiker der Kunst, Tafel 23, 26, 28, 36, 39, 65, 70, 73).

eingewurzelt, daß auch in einer Reihe von ungewölb-
398 ten Bettelordenskirchen der Hallencharakter sich durchsetzt, wenn sie auch des Abschlusses durch drei gleich hoch liegende Gewölbescheitel nebeneinander entbehren. So war z. B. S. Francesco in Gubbio (1259 begonnen, 1292 noch nicht vollendet) ursprünglich in allen drei Schiffen ungewölbt. Das Mittelschiff ragte zwar etwas über die Abseiten empor, besaß aber keinen Lichtgaden[45]. Als Stützen sind hohe schlanke Achteckpfeiler verwendet, die durch rundbogige Arkaden miteinander verbunden waren. Der Raum hat im Barock dann eine Einwölbung mit gleich hohen Gewölbescheiteln in allen Schiffen erfahren, die den reinen Hallencharakter des Baues so noch nachträglich hergestellt hat. Das gleiche System der ungewölbten (pseudobasilikalen) Hallenkirche zeigte eine weitere Gruppe von Bettelordensbauten des 13. Jahrhunderts in Umbrien und den Marken[46], sehr wahrscheinlich auch der ursprüngliche Bau von S. Francesco in Narni, die Franziskanerkirchen in Ascoli Piceno, Sulmona und Fermo. Umbauten der Barockzeit haben fast alle Kirchen von Ascoli Piceno in Hallen verwandelt. Schließlich ist diese Raumform auch in den Abruzzen weit verbreitet, wohin sie aus Umbrien verpflanzt worden ist[47]. Man sieht, die Hallenform in reiner und getrübter Ausprägung ist während der Gotik die beherrschende Raumform Umbriens.

Die umbrische Architektur besitzt eine leidenschaftliche *Vorliebe für das Gestalten in planen Flächen*, die umbrische Plastik für das Modellieren im Flachrelief. Alle Kirchenfassaden des Mittelalters aus Umbrien und den Marken verraten einen untrüglichen Sinn, der darauf aus ist, die Homogenität der Fläche unberührt zu bewahren. Man vermeidet peinlich, die Fläche durch Ordnungen zu gliedern oder durch plastische Bündelung an Portallaibungen und Fenstergewänden die Stärke und das Ponderose des Mauerverbandes ins Bewußtsein zu erheben. Die Unterteilung einer großen Fassade in viele Einzelfelder geschieht auf die allereinfachste Weise, nämlich durch ein möglichst flach gehaltenes, rechteckiges Rahmenwerk. Von der Fassade von S. Pietro vor Spoleto (Abb. 59) und der des Domes in der Stadt (beide um 1200) über die Fronten der Dome von Assisi (1217 noch im Bau, 1228 Weihe) und von Orvieto (ab 1310) bis zur Stirn von SS. Vincenzo e Anastasio in Ascoli Piceno (1389) (Abb. 60) mit ihrer Aufteilung in vierundsechzig Felder bewahrt sich überall dasselbe Gliederungsprinzip.

Die Neigung zum Komponieren in Flächen hatten wir zwar auch als einen vorherrschenden Wesenszug der florentinischen Kunst bezeichnet. Aber die Vorstellung von Fläche, von Mauer, von Raumgrenze ist in Umbrien und Florenz nun höchst verschieden. In Umbrien genießt man die leere Fläche, in Florenz herrscht der horror vacui. Die florentinische Inkrustations-Architektur gliedert die Fläche durch höchst komplizierte (oft ›geflochtene‹) graphische Muster, wodurch ein Spannungsverhältnis entsteht. Der florentinische Inkrustations-Rahmen umschließt ein Kraftfeld, die umbrische Fassadenstirn ist ein wohlig sich ausbreitendes dekoratives Ensemble. Der Zweiklang der florentinischen Inkrustation ist weiß und grün, der der umbrischen Wandverkleidung weiß und

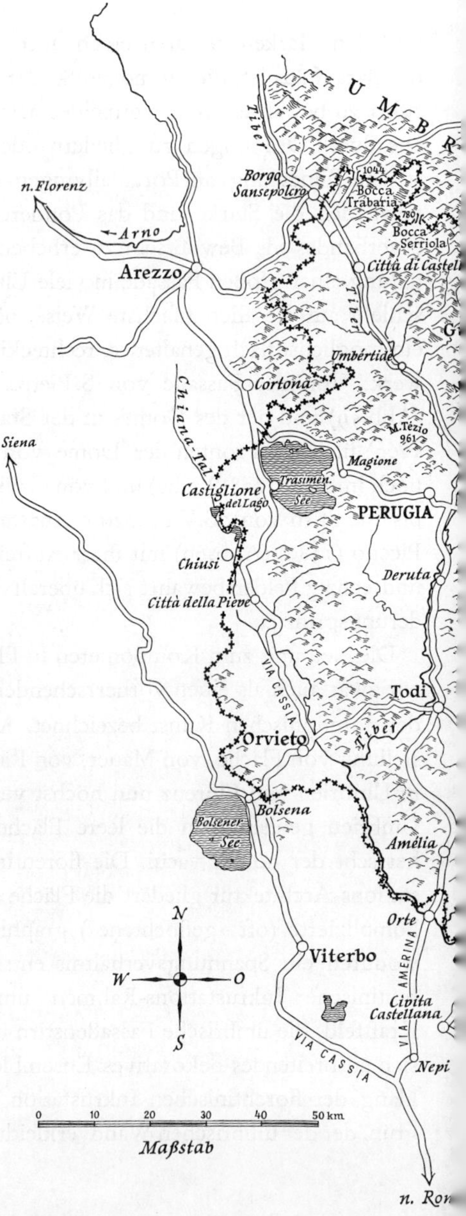
Tiber
Borgo Sansepolcro
1044
Bocca Trabaria
780
Bocca Serriola
n. Florenz
Arno
Arezzo
Umbèrtide
Cortona
Chiana Tal
M. Tézio 961
n. Siena
Magione
Castiglione del Lago
Trasimen. See
PERUGIA
Chiusi
Deruta
Città della Pieve
VIA CASSIA
Todi
Tiber
Orvieto
Bolsena
Bolsener See
Amélia
Orte
N
W
O
S
Viterbo
VIA AMERINA
Civita Castellana
VIA CASSIA
Nepi
0
10
20
30
40
50 km
Maßstab

UMBRIEN

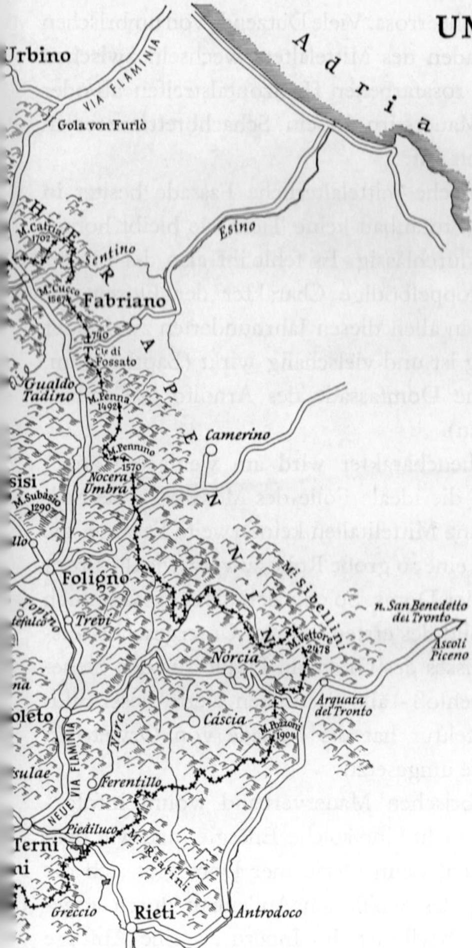
Adria
Urbino
VIA FLAMINIA
Gola von Furlò
Esino
M. Catria 1702
Sentino
M. Cucco 1567
Fabriano
APENNIN
Cle di Fossato
Gualdo Tadino
M. Penna 1492
Camerino
M. Pennino 1570
Nocera Umbra
M. Subasio 1290
Foligno
Mti Sibellini
Topino
Trevi
n. San Benedetto del Tronto
Ascoli Piceno
M. Vettore 2478
Norcia
Arquata del Tronto
Cáscia
Nera
NEUE VIA FLAMINIA
M. Pozzoni 1904
Ferentillo
Piediluco
Mti Reatini
Terni
Greccio
Rieti
Antrodoco
VIA SALARIA

zartestes Himbeerrosa. Viele Dutzende von umbrischen
402 Kirchenfassaden des Mittelalters wechseln zwischen weißen und rosafarbenen Horizontalstreifen ab oder lösen die Mauerstirn in ein Schachbrettmuster in diesen Farben auf.

Die umbrische mittelalterliche Fassade besitzt in Sakral- und Profanbau keine Tiefe, sie bleibt homogen und undurchlässig. Es fehlt ihr also der hintergründige, doppelbödige Charakter der Florentiner Fassade, die in allen diesen Jahrhunderten zwei- oder dreischichtig ist und vielschalig wirkt (Baptisterium, abgebrochene Domfassade des Arnolfo di Cambio, Domtribunen).

Der Flächencharakter wird am wenigsten angetastet durch die ideale Folie des Mosaiks, – deshalb gibt es in ganz Mittelitalien keine zweite Fassade, die dem Mosaik eine so große Rolle zuweist wie die Front des Orvietaner Doms. So eng sich diese Fassade auch an das Vorbild des ersten, nur im Untergeschoß ausgeführten Risses des Giovanni Pisano für den Sieneser Dom anschloß – alle plastischen Werte dieser Bildhauer-Architektur hat die Fassade von Orvieto in Flächenwerte umgesetzt.

Dem umbrischen Mauerverband wohnt infolgedessen auch nicht eine solche Energie inne wie dem florentinischen. Beim Orvietaner Dom gibt sich die Umlagerung des Schiffs am Außenbau durch angeschobene Halbzylinder, im Innern als eine Abfolge von Kapellen zu erkennen, die in einem eigentümlich spannungslos-neutralen Abstand voneinander die Seitenfluchten ausweiten (Abb. 64). Es kann keine Rede davon sein, daß die seitliche Begrenzungszone des Doms hier ›in Schwingung versetzt würde‹, denn diese Kapellen haben nichts mehr von der Substanz und der statischen Kraft romanischer Apsiden und noch nichts von dem echten Raumvolumen von Renaissance-Kapellen. Von hier führt kein Weg zu der Durchmodellierung der Seitenschiffwände an S. Spirito in Florenz. Aber gerade durch ihre neutrale Zurückhaltung verhelfen die Kapellen dem Raummantel in seiner unteren Zone zu einer nicht ganz festen und nicht sogleich überschaubaren Grenze. Damit unterstreichen sie den latent frühchristlichen Charakter, der dem Orvietaner Dom durch seinen Grundriß, seinen oberen Abschluß u. a. wie so vielen anderen umbrischen Basiliken anhaftet. Umbrische Kirchen des Mittelalters sind niemals gruppierte Gliederbauten mit festgefügten Jochfolgen. Die spannungslose Harmonie, welche dem Genius loci eigen ist, besitzt eine innere Verwandtschaft zur altchristlichen Architektur.

Dieselbe Auflockerung und Verschleifung des Raummantels findet sich ferner in S. Agostino in Perugia (zweite Hälfte 13. Jahrhundert), wo die Querarme mit flachen fünfseitigen Apsiden umlagert werden[48], und an S. Francesco in Ascoli Piceno (Planung 14., Ausführung 15. Jahrhundert)[49].

Die umbrische Architekturgesinnung hat nicht eher geruht, als bis sie auch den Einzelgliedern eines gotischen Baues den Charakter der Anspannung, des Kantigen und Scharfen genommen und ihnen einen harmonischen Zug mitgeteilt hatte. Der Ruhm des Orvietaner Doms sind die riesigen Rundpfeiler, deren Schäfte nach einem antiken Kanon geformt zu sein scheinen und die durch Rundbogen-Arkaden von wohligen Proportionen verbunden werden. Aber zur

Form dieser wie eine Verkörperung umbrischen We-
404 sens wirkenden gewaltigen Freistützen war es erst im Verlaufe eines läuternden Bauprozesses gekommen. Die Bauführung ging von Osten nach Westen. Das erste Stützenpaar im Osten des Schiffs sind zwei achtseitige Polygonpfeiler. Auch die Vorlagen am Vierungspfeiler haben noch die scharfen Kanten eines halben Achteckes. Erst in der weiteren Bauführung nach Westen wird der Übergang vom toskanischen Polygon- zum umbrischen Rundpfeiler vollzogen.

Aber schon in S. Gregorio Magno in Spoleto (12. Jahrhundert) sind die Stützen Rundpfeiler, die aus Haustein aufgemauert sind, und zwischen ihnen spannen sich Segmentbogen. Wir finden hier schon dieselben wohligen Proportionen wie in Orvieto; man hat das Gefühl, daß eine laue Luft an den Pfeilern vorbeistreicht. Im Dom von Todi (spätes 13. Jahrhundert) sind die neun Arkaden des Schiffs nach der Form des Stützenwechsels gruppiert, der vielleicht aus dem Vorgängerbau übernommen wurde[50]. Es ist aber nun sehr merkwürdig, daß man diese Rhythmisierung der Tiefenachse kaum wahrnimmt. Der schöne Wohllaut der Arkaden teilt dieser Stützenfolge vielmehr etwas von der beruhigten Harmonie einer Renaissance-Bogenstellung mit, um so mehr, als die Säulenmonolithe durchwegs sehr schlanke Spolien sind. Man genießt den weiten Abstand der Arkaden mit den schönen, nur einmal abgetreppten Scheidbögen. Aus dem Rahmen fällt eigentlich nur der Kapitellschmuck, dessen Blattwerk wie vom starken Sturmwind gepeitscht erscheint, hinter dem die bildnerische Phantasie des Giovanni Pisano stehen muß[51]. Im Ganzen aber finden die Absage an die Höhentendenz, die Kommunikation nach den Abseiten hin, das Milde, Abgeklärte, Friedvolle im Raumeindruck des Doms von Orvieto im klassischen Jahrhundert der gotischen Kathedrale hier in Todi ihre Entsprechung.

Der Chor von S. Francesco in Assisi bedeutet vielleicht den Höhepunkt umbrischer Flächenkomposition (Abb. 62). Schon die geistige Leistung ist hier sublimer als bei den Fassadenlösungen. Da die Chöre gotischer Kirchen überall in polygonaler Form gebrochen sind – am häufigsten im $^5/_8$- oder $^7/_{12}$-Schluß –, so bedurfte es eines Übermaßes an schöpferischer Phantasie, um das harte Prisma des Außenbaues eines gotischen Chores hier in einen Mauermantel mit einer dominierenden homogenen Mauerstirn zurückzuverwandeln. Zum zweiten ist der hochgotische Chor fast stets ein Glashaus, d. h. die Füllwände zwischen den tragenden Streben werden weitgehend in Fensteröffnungen aufgelöst. Indem der Architekt von S. Francesco dem Chor den Charakter des Prismas nahm und die Homogenität der geschlossenen Wand auf Kosten der relativ kleinen Chorfenster der Oberkirche wiederherstellte, entfernte er sich weit von den allgemeingültigen architektonischen Vorstellungen seiner Zeit. Mit der größten Schlichtheit und Sicherheit entwickelt er den $^5/_8$-Schluß des Chores der Oberkirche aus dem reinen Rund der Apsis der Unterkirche, der ihm als Sockel dient[52]. Um diesem polygonalen Chor der Oberkirche den Eindruck des Prismatischen zu nehmen, verkleidet er die Kanten des Polygons durch

(52) Ein knappes Menschenalter vorher hatte der Meister des Bamberger Georgenchors ebenfalls ein zylindrisches Untergeschoß in ein prismatisches Fenstergeschoß überführt (um 1220).

flache Lisenen. Er läßt die Westwände des Querhau-
406 ses – S. Francesco ist nicht orientiert, sondern nach Westen gerichtet – völlig ungegliedert und bezieht sie seinem flächenhaft zu verstehenden Chor ein, indem er im Winkel zwischen Querhaus und Chor zylindrische Treppentürme vom Polygon zu den Querhauswänden vermitteln läßt. Auf diese Weise verhilft er der Breitenausdehnung der Chorpartie zum Siege über die Tiefenerstreckung. Außerdem gibt es nun keine Rücksprünge und Winkel mehr, das Auge gleitet von Form zu Form, ohne sich an einer Zäsur zu stoßen. Vor allem aber verdecken die voluminösen, zylindrischen Treppentürme die geraden Seiten des Chorpolygons völlig, d. h. Abschnitt 1 und 5, welche allein energisch nach vorn stoßen und dem Chor erst seinen eigentlich räumlichen Charakter im Außenbau zu verleihen pflegen, bleiben verstellt. Auf eine geniale Weise werden so dem Beschauer nur die drei stumpfwinklig aneinander anschließenden, fast ungegliederten Polygonseiten dargeboten, wobei sich der Charakter einer homogenen Flächenkomposition von zartestem Reiz einstellt. Als Papst Sixtus IV. 1476 die Apsis auf drei Seiten durch den doppelgeschossigen Kreuzgang mit halbkreisförmigen Arkaden umschließen ließ, erhob er sie so zum ›Bild‹.

Die Rolle, welche für die umbrische Baukunst des Mittelalters die Halle spielt, geht mit dem Beginn der Renaissance auf den *Zentralbau* über. Beide kennen nicht die übersteigerte Höhentendenz, die sich im Mittelschiff der Basilika so oft durchsetzt. So wie die drei oder gar fünf Schiffe der Halle in der Breite sich einander anzugleichen suchen, so stellt auch der

Kuppel- oder Vierungsraum des Zentralbaus der Renaissance ein wohliges Verhältnis zu den ihn umlagernden und abstützenden Konchen, Umgängen, Kreuzarmen und Kapellen her. Im Zentralbau der Renaissance fand der umbrische Kunstcharakter indessen noch weit mehr als in der Halle die harmonischen Proportionen, die dem menschlichen Körper angeglichen sind und die ihm Raum und Raummantel sogleich überschaubar werden lassen.

Man braucht gar nicht die gebaute Architektur zu Rate zu ziehen. In der umbrischen Malerei der Renaissance können sich die architektonischen Wunschträume dieser Landschaft ganz ohne Rücksicht auf technische Schwierigkeiten und finanzielle Schranken aussprechen. Da sieht man denn, daß das leidenschaftliche Interesse des architektonischen Vorstellungsvermögens dem Zentralbau gilt. Beim Meister der Bernhardinslegende von 1473 läßt sich diese Vorliebe zuerst wahrnehmen[53]. Mit Peruginos Fresko der Schlüsselübergabe an Petrus in der Sixtinischen Kapelle (1480–1482) und dem Sposalizio in Caen (1499 noch nicht begonnen, 1503 noch nicht vollendet), das dann sogleich Raffael zur Darstellung des gleichen Themas anregte (Mailand, Brera 1504), schließlich mit Pinturricchios Fresko vom zwölfjährigen Jesus unter den Schriftgelehrten, wo die Szene ganz wider alle biblische Schilderung aus dem Tempel auf eine Wiese vor dem Gebäude verlegt wird, um nur ja den Betrachter nicht um den Genuß des Tempels in seiner ganzen Größe und Schönheit zu bringen (Spello 1501), erreicht die umbrische Leidenschaft für den Zentralbau im Architektur-Prospekt des Gemäldes ihren Höhepunkt.

Die wirklich gebauten Zentralkirchen in Umbrien
408 und den Marken treten ganz in den gleichen Jahrzehnten auf, in denen sie zuerst auf den Bildern der Frührenaissance-Maler aus dieser Landschaft erscheinen. S. Bernardino vor Urbino besitzt zwar ein Langhaus, aber in der zentrierenden Ostpartie scheinen ursprünglich drei ganz gleich gebildete Kreuzarme den Kuppelraum umlagert zu haben (1473)[54]. In Castel Durante, dem heutigen Urbania, dem Geburtsort des Bramante (cirka 20 km südwestlich von Urbino), gibt es ein Polygon mit einem einfachen Zeltdach, das aber erst um 1490 entstanden sein wird, während der 1444 geborene Bramante schon seit 1477 in und um Mailand nachweisbar ist, also mit dem Bau nichts zu tun haben kann. Bramante hat den idealen Zentralbau der Hochrenaissance nicht in Umbrien zu verwirklichen unternommen, sondern in der Lombardei und an St. Peter in Rom. Von wem nun auch die Zeichnung Uffiz. 27 manuell ausgeführt sein mag – wir glauben, daß sie die beste Vorstellung von der ursprünglichen Konzeption des Bramante aufbewahrt hat[55]. Aber ihr haftet ebensowenig Umbrisches an, wie dem gemalten Zentralbau Raffaels auf dem Fresko der Schule von Athen. Für Bramante und Raffael bedeutet der Zentralbau die Forderung der Zeit, den gemäßesten Rahmen für die Verwirklichung der Ansprüche des historischen Augenblicks, aber kein Problem, das zu lösen die Jugendeindrücke aus dem Bergland der Marken sie bestimmt hätten! (Abb. 91)

Gleichwohl steht – nach dem endgültigen Scheitern des Zentralbau-Gedankens in der Bauhütte von St. Peter – der klassische Idealbau dieser Gattung in Umbrien. Es ist die Consolazione vor Todi (Abb. 66).

Wer der Architekt war, wissen wir noch immer nicht, denn Nicola da Caprarola, der hier seit 1508 bezeugt ist[56], kann nur der örtliche Bauführer sein. Während bei dem bedeutendsten Zentralbau der Hochrenaissance in der Toskana, bei S. Biagio in Montepulciano, vier Rechteckarme den Kuppelraum umgeben, sind es in Umbrien vier Halbkreiskonchen, so daß ein kleeblattförmiger Grundriß entsteht. Wunderbar weitet sich die Vierung nach allen Seiten aus, aber zwischen Raumkern und Raumschale entsteht trotzdem kein Spannungsverhältnis; das reine Halbrund der Exedren drängt weder nach außen noch läßt es sich nach innen drücken. Doch hat der Raum in der langen Bauzeit – die Kuppel wurde erst 1607 vollendet – nicht unwesentliche Veränderungen erfahren. Das Ideal der Hochrenaissance, das spannungslose, harmonische Verhältnis aller Raumteile zueinander, wurde schließlich von dem entschiedenen Höhendrang des Frühbarock überwältigt. Die vier Gurtbögen der Vierung verlangen bald über ihren Scheiteln eine Zentralkuppel, welche die vier Exedren zusammenschließt. Niemals kann 1508 ein so hoher Tambour geplant gewesen sein, wie er heute dem Raumzentrum seine drängende Vertikaltendenz mitteilt. Die Zentralkuppel sollte wohl unmittelbar über den vier Kalotten der Konchen den Raum überwölben. Der Kuppeltambour ist zudem nicht durch regelmäßige Intervalle gegliedert, sondern die Ordnungen sind in rhythmischem Wechsel gruppiert, und demzufolge auch die Rippen, welche die Gliederung des Tambours über die innere Kuppelschale hin fortsetzen, um sich am Sprengring der Laterne zu vereinigen. Das kann nicht um 1500 erdacht sein. Dazu treten die Än-

derungen des ursprünglichen Plans, die weniger ein-
410 schneidend sind, aber doch den heutigen Raumeindruck mitbestimmen. So sollten gewiß die Kalotten der Exedren in ihren unteren Partien ursprünglich nicht von Fenstern durchstoßen werden. Ferner wirken der dreidimensionale und etwas derbe Schmuck der Pendentifs und die barocke Kassettierung der Vierungsbögen zu schwer für die ursprüngliche Modellierung des Raums. Auch bedeutet die gekünstelte Verschiebung des Schlußsteins der Rippen der vier Kalotten vom Scheitel des Vierungsbogens weg in die Halbkuppel hinein ein gesuchtes Hemmnis für den spannungslosen Zusammenschluß von Haupt- und Nebenräumen. Die barocke Bewegung soll nach dem Überwinden von Widerständen nur um so kräftiger strömen. Diese und viele andere Einzelbeobachtungen lassen erkennen, daß der Wechsel der Baumeister, das Kommen und Gehen der zur Beratung gebetenen Künstler durch genau ein Jahrhundert hindurch den ursprünglichen Baugedanken der Hochrenaissance verfälscht haben. Und doch wird man in der Consolazione die Verwirklichung des umbrischen Traums vom idealen Zentralbau erblicken müssen.

Selbst in Todi gibt es kleinere Zentralbauten der Renaissance, die man nach dem Besuch von Sa. Ma. della Consolazione noch mit Genuß betrachtet. S. Filippo Benizzi schließt an ein Langhaus ein Oktogon aus der Zeit um 1500, SS. Crocifisso (1593) hat den Grundriß eines griechischen Kreuzes. In Spoleto ist das heutige Baptisterium am Domplatz, ursprünglich eine Votivkirche, die nach dem Sacco die Roma 1527 gelobt wurde, ein Oktogon. S. Rocco, ebenfalls aus der Frühzeit des 16. Jahrhunderts, hat die Form eines griechischen Kreuzes, während der Tambour durch Pendentifs ins Oktogon überführt ist. Die Madonna di Mongiovino, ein berühmter Wallfahrtsort nordostwärts Città della Pieve (die Portale von Rocco di Vicenza 1524–1526 in Arbeit)[57] ist ein rechteckiger Zentralbau mit einer oktogonalen Kuppel.

Das Santuario di Macereto (zwischen Visso und Camerino in den Marken), ein reines Oktogon mit tambourloser Kuppel, errichtete Battista di Lugano, 1527 im Bau, 1539 vollendet[58]. In denselben Kreis gehört das Santuario der Madonna della Neve bei Norcia, außen ein Oktogon, im Innern ein griechisches Kreuz (1565–1571 erbaut, reich mit manieristischen Fresken geschmückt)[59]. Die Madonna delle Vergini vor Macerata (1550 von Galeazzo Alghisi da Carpi begonnen, Fassade 1587 vollendet)[60] hat wieder die Form eines griechischen Kreuzes, und dies bleibt dann die bevorzugte Grundrißform bis in den Klassizismus des späten 18. Jahrhunderts hinein: Madonna di Loreto in Spoleto (1572 begonnen), die schon erwähnte Kirche SS. Crocifisso in Todi von 1593, ein sehr schöner, ganz unmanieristischer Raum. Aus dem 18. Jahrhundert sind die Madonna del Prato in Gubbio und die Nunziatella in Foligno zu nennen. Sa. Ma. della Reggia in Umbertide ist ein großes Oktogon, dessen bekrönende Kuppel 1647 erneuert wurde. Man sieht also, daß schon rein zahlenmäßig die Zentralkirchen in Umbrien von der Vorliebe der Landschaft für diese Raumform zeugen.

Die umbrische Auffassung vom Relief kündigt sich bereits an der Fassade von S. Pietro vor Spoleto an, die um 1200 entstand (Abb. 59). Wie die Stirn-

wand des Doms von Assisi, so ist auch hier die Kir-
412 chenfront durch ein flaches Rahmenwerk in Reihen von queroblongen Feldern aufgeteilt, nur daß jetzt vor dem leeren Grunde figürliche Reliefs stehen, vor allem Tierkampf-Szenen. Gewiß haben diese noch viel von dem kompakten Volumen spätromanischer Tierfriese, bemühen sich aber gleichwohl, zwischen der vordersten Reliefschicht und dem Grunde, wo es die Darstellung nur irgend erlaubt, eine Parallelität herzustellen. Diese plane Auffassung von Relief und Grund, diese einfache überschaubare Felderrahmung in Rechtecken, machen die Fassade von S. Pietro zu einer Vorläuferin der etwa hundertzwanzig Jahre jüngeren Marmorstirn des Orvietaner Doms.

Hier hat Lorenzo Maitani 1310 zur Verwirklichung des großen bauplastischen Programms eine Steinmetzengemeinschaft zusammengezogen, die aus einzelnen Trupps sehr verschiedener Herkunft und Erziehung erst eine Einheit werden mußte. Ganz ist es nicht geglückt; die pisanische, die sienesische Schulung mancher Gehilfen verleugnet sich nicht. Indessen wäre die lockere Gesamtkomposition der riesigen Pfeilerreliefs in der Toskana undenkbar (Abb. 67 und 68). Dort würden die einzelnen Szenen in festen Maßwerk-Rahmen oder in Vierpässen, Sechsecken, Rhomben oder ähnlichen klar begrenzten geometrischen Feldern sitzen. Die äußeren Pfeiler der Fassade von Orvieto aber sind wie die Buchseiten einer hochgotischen Prunkhandschrift durch sprossendes Rankenwerk locker aufgeteilt. Auf diese Weise entzieht sich die Gesamtkomposition dem monumentalen Anspruch, den die florentinische Kunst so gern erfüllt. Alle Szenen der beiden äußeren Pfeiler in Orvieto haben fließende Grenzen, während die Schärfe der Bildränder und die Wiederkehr der Rahmenform innerhalb der Bildkomposition eines der Hauptprinzipien toskanischer Bildgestaltung ist. Wenn die beiden mittleren Pfeiler mit Darstellungen der Wurzel Jesse und der Jakobsleiter fast alle Szenen in das geschlossene Rund des Tondos fügen, so ist das kein Verdienst der umbrischen, sondern eine direkte Übernahme aus der byzantinischen Kunst, wie neueste Forschungen schlagend bewiesen[61]. Von byzantinischen Wandfresken und Nadelmalereien kirchlicher Prunkgewänder wurde nicht nur das ikonographische Programm des Wurzel-Jesse-Pfeilers bis in die letzte Eigentümlichkeit entlehnt, sondern gleichzeitig auch die Gesamtkomposition der Pfeilerstirn. Übrigens ist in Orvieto auch das Verhältnis von erhabenem Relief zu Reliefgrund sehr anders als in der Toskana. Das toskanische Steinrelief[62] kennt den leeren Grund eigentlich nicht. Wo er ausnahmsweise einmal auftritt, wie an dem Peruginer Brunnen der beiden Pisani, geht das auf die Anregung byzantinischer Künstler, nämlich des Johannesmeisters vom Portal des Pisaner Baptisteriums, zurück. Die graphische Durchmusterung des Reliefgrundes geschieht in der Toskana auf sehr verschiedene Weise. Bei den Kanzelreliefs der Pisani, Vater und Sohn, ist der Reliefgrund mit einer Art Hinterglasmalerei belegt[63]; die Felder des Andrea Pisano vom untersten Geschoß des Florentiner Campanile mit den Darstellungen der Freien Künste beweisen durch ihren aufgerauhten Reliefgrund, daß hier ursprünglich farbige

(62) Die Relieffelder der Bronzetüren gehören in eine ganz andere Gattung.

Pasten saßen, wie sie auf den Hintergründen der
414 rhombischen Reliefs des zweiten Geschosses noch heute zu sehen sind. Von der romanischen Plastik des 12. Jahrhunderts an über Orcagnas Tabernakel in Orsanmichele bis zu Donatellos Sängerkanzeln und zu seiner Verkündigung in S. Croce hat die toskanische Reliefskulptur das Bedürfnis, den Grund graphisch durchzustilisieren, nicht aufgegeben. Hier in Orvieto aber kommt gar keine Antithese von Hochrelief und Grund auf. Ideal, homogen und undurchdringlich wie ein Goldgrund breitet sich hier die Folie aus. Sie will in den Platten, die Maitanis Anweisungen am genauesten folgen, auch keine Raumanweisungen enthalten. Es sind damit alle Möglichkeiten einer Bildspannung zwischen Figur und Grund, zwischen Pfeilerrahmen und Folie aus dem Wege geräumt. An die Stelle der Bildspannung tritt die Bildharmonie. Das ist echt umbrisch. Auch die Lichtführung trägt das ihre zur Herbeiführung dieser Harmonie bei. Gerade über den Platten, die mit Sicherheit von umbrischen Steinmetzen stammen (oberer Teil des Weltgerichts-Pfeilers, oberer Teil des Jakobs-Leiter-Pfeilers) liegt eine gleichmäßige Helligkeit, während die Abstufung der Tonwerte, das künstlerische Rechnen mit lichten und schattigen Partien den Anteil der toskanisch geschulten Kräfte verrät (die vier ersten Szenen des Marienlebens). Auch im Gegenständlichen ist die Dramatik möglichst umgangen. Den rechten Eckpfeiler, der die Darstellung des Jüngsten Gerichts trägt und der in zwei spiegelbildlich gleiche Hälften gegliedert ist, erwartet man natürlich so aufgeteilt zu finden, daß die linke Hälfte in ganzer Höhe den Seligen, die rechte

den Verdammten vorbehalten ist. Aber Maitani hat die Einhaltung dieses ikonographischen Schemas vermieden, weil es ihm eine viel zu erregte Komposition aufgezwungen hätte. So hat er die Antithese von Geretteten und Verlorenen auf die beiden Sokkelstreifen beschränkt und diese zudem ganz eng übereinander gruppiert. Die drei oberen Zonen aber, die mehr als drei Viertel der Höhe des Pfeilers einnehmen, sind allein den Scharen der Seligen vorbehalten, die dem Weltenrichter entzückt entgegenziehen, wobei jeder Figurenzeile aus dem weiten, sie umgebenden Grunde Würde und Bedeutung zuwächst. So ist auch inhaltlich diesem beherrschenden Teile des Pfeilers jede erregende Spannung genommen. Man versteht, daß fast hundertfünfzig Jahre später, als man die Wände des Innenraums für große Fresken mit der Darstellung der letzten Dinge vergab, die Wahl auf keinen Umbrer fallen konnte. Die einzelnen Gestalten aller vier Pfeiler der Orvietaner Fassade sind zarte, lyrische, weiche Charaktere (Abb. 67 u. 68). Der international verbindliche Zeitstil der Generation von 1300 bis 1330, der in den Grabfiguren von St. Denis oder bei Tino da Camaino eine verwandte Stimmungskunst beschworen hatte, trifft hier in Umbrien wie im benachbarten Siena auf eine lokale Grundveranlagung, die ihm entgegenkam. Deshalb mußte in solchen lyrischen Stilphasen, die eine kalligraphische und konventionell gebundene Kunst hervorbrachten, auch für Umbrien seine große Stunde schlagen.

Selten wohl ist in der Geschichte des Christentums Gottvater als eine so milde, leise und gütige Erscheinung verstanden worden. Wie gedämpft ist die Pas-

sionsgeschichte Christi vorgetragen! Dem Judas-
416 kuß ist das Bittere und Dämonische der Szene ganz genommen, auch die Geißelung verzichtet auf drastische Darstellungsmittel; man sieht sogleich, daß bei den Tondi, die Christus als Wundertäter oder als Verklärten zu schildern haben, die Bildner am meisten in ihrem Elemente waren. In den vier Szenen der Jakobsleiter mit Verkündigung, Heimsuchung, Geburt und Anbetung der Könige herrscht nicht nur eine ganz andere Relief-Auffassung, sondern auch eine ganz verschiedene Charakterisierung der Figuren. Die heiligen Stoffe gewinnen plötzlich ein eindringlicheres und schwermütigeres Leben. Es wird breiter erzählt, der reine Legendenton geht verloren. Die Gestalten sind nicht mehr kindlich, sondern wissend. Der Betrachter ist keinen Augenblick darüber im Unklaren gelassen, daß aus diesen Geburts- und Kindheitsgeschichten Jesu sich die Passionsszenen entwickeln werden. Diese Platten, welche Gehilfen des Giovanni Pisano gearbeitet haben, die bis 1310 an der Pisaner Domkanzel tätig gewesen sein könnten, machen das begrenzte Darstellungsvermögen umbrischer Kunst durch das Mittel des Kontrastes besonders deutlich. Offenbar sieht der Umbrer an manchen Seiten des Gegenstandes vorbei, den er künstlerisch bewältigen will. Wie sehr anders wäre der Weltenrichter, den die Engel in der Mandorla zum Jüngsten Gerichte tragen, ausgefallen, wenn ihn jene toskanisch geschulten Werkstattkräfte gemeißelt hätten, welche die Marienszenen schufen!

Freilich, nach weiteren bedeutenden Skulpturen in Stein werden wir uns in Umbrien vergeblich umschauen. Es ist, als ob das künstlerische Temperament in Umbrien nicht zähe, ausdauernd und kräftig genug gewesen sei, um den Kampf mit dem harten Marmor zu bestehen. Der in Perugia geborene hochgebildete Skulptor Vincenzo Danti (1530–1576) fand infolgedessen daheim gar keine Ausbildungsmöglichkeiten und gehört künstlerisch ganz in den Kreis der Florentiner Manieristen[63a]. Ippolito Scalza ist doch nur ein lokales Talent.

Dennoch besitzen wir eine sehr lebendige Vorstellung von dem Verhältnis des Umbrers zur Skulptur, das sich in der *volkstümlichen Plastik des privaten Andachtsbildes* ausspricht. Die *Volksfrömmigkeit* und ihre vielfältigen künstlerischen Äußerungen sind der Stolz und der alte Ruhm Umbriens. Die älteste fest datierbare und lokalisierbare mittelalterliche Holzskulptur Italiens, die im Auftrage des Abtes Petrus im Januar 1199 von dem Priester Martinus geschnitzte Figur der thronenden Madonna mit dem Kinde, wurde für das Kloster der Kamaldulenser in Borgo Sansepolcro geschaffen. Diese damals auch politisch noch zu Umbrien gehörige Stadt und das hart am Ostrand der Toskana gelegene Arezzo scheinen die frühesten italienischen Schnitzwerkstätten beherbergt zu haben[64]. Die Produktion solcher Andachtsbilder der thronenden Gottesmutter aus Holz läßt sich dann durch das ganze 13. Jahrhundert in Umbrien verfolgen[65]. Auch der Typus des gotischen Kruzifixes, das die Leiden des Herrn mit erbarmungsloser Deutlichkeit schildert, um das Mitleid des frommen Beters zu erwecken, tritt frühe in den Marken auf[66] und hat im Trecento auch in Umbrien seine Tradition. In einem Lande, in dem der hl. Franziskus

und der Selige Jacopone da Todi geboren waren und
418 dichteten, mußte das aus Deutschland kommende Vesperbild, die Pietà, schnell Eingang finden. »So kam es denn allein in Umbrien zu einer festen Tradition der Pietà[67].« Der Katalog der von W. Körte gesammelten deutschen Vesperbilder in Italien erweist, daß bei weitem die meisten Stücke in Umbrien und den Marken stehen. Die deutschen Wandermeister kamen aus Oberitalien, arbeiteten an der Adriaküste und überstiegen dann den Kamm des Apennin. »Das ist wichtig: die deutsche Erfindung war nicht durch das toskanische Medium hindurchgegangen, als Umbrien sie empfing. Leicht hätte ihr dabei gerade derjenige Gehalt verloren gehen können, der Umbrien und dem Norden gemeinsam ist. Vielmehr wurde Toskana, das Kernland der italienischen Erneuerung, von jener stillen Wanderung umgangen wie eine wohlgerüstete Festung[68].« In Umbrien und den Marken vor allem sind solche Pietà-Gruppen schnell zu weit berühmten und hoch verehrten Gnadenbildern geworden. Im Tempio Malatestiano in Rimini ist es die Madonna dell'Acqua, zu der das Volk um Regen bittet, ein Werk des sogenannten ›Rimini-Meisters‹, von dem der große Alabasteraltar des Frankfurter Liebieghauses stammt[69] (Abb. 79). In Assisi in der Kathedrale steht die ›Vergine del Pianto‹, die im Jahre 1494 wirkliche Tränen vergoß[70]. Auch von dem Vesperbild in S. Severino in den Marken berichtet fromme Überlieferung, daß es 1519 geweint habe[71]. Die Verehrung dieser Gruppen erhielt sich ungeschwächt durch die Jahrhunderte: ein ganz geringes Bildwerk in Pievefavera in den Marken wurde noch 1814 von Papst Pius VII. eigenhändig mit der Krone

des wundertätigen Bildes geschmückt[72]. Die Pietà-Gruppen treten in Umbrien und den Marken in einer solchen Dichtigkeit auf, daß man hier allein beobachten kann, wie die Werke deutscher Wandermeister dann von Italienern übernommen, nachgeahmt und mit italienischen Eigentümlichkeiten ausgestattet werden. Neben der Typenwanderung von Volk zu Volk kann man auch wahrnehmen, wie die deutschen Werkstätten, die sich in der Einsamkeit des Berglandes der Marken oder Umbriens niederlassen, fern von jedem ihnen gemäßen künstlerischen Nährboden zunächst noch erstarrte ›Devotionalien‹ hervorbringen, um dann ganz abzusterben[73]. Aber auch die italienischen Pietà-Werkstätten, die nur diesen einzigen Bildtypus ständig wiederholten, sind rasch degeneriert.

Aus der Plastik ist das Andachtsbild der Mutter mit dem toten Sohne auf dem Schoße dann in die Malerei übernommen worden. Von anonymer Hand gemalt finden sich allein in S. Domenico in Spoleto zwei solche Pietà-Darstellungen aus der 1. Hälfte des Quattrocento[73a]. In keiner anderen italienischen Kunstlandschaft hat die Pietà aber in so starkem Maße Eingang in die Kunst der bedeutenden Maler gefunden. Von Perugino allein kennen wir mindestens vier verschiedene Fassungen[74], von Bartolomeo Caporali das 1486 datierte Bild des Dommuseums in Perugia[75], dazu das Fresko aus dem Umkreis des Caporali im Chor von S. Pietro, datiert 1469[76], und das Fresko aus dem Konvent von Ferneto (jetzt Perugia, Pinakothek), das als Hauptwerk des jungen Perugino wieder erkannt wurde[77].

Außer der Pietà sind es die Schutzmantel-Madonna, die Madonna del Soccorso, der Schmerzensmann, der

gegeißelte Christus, der hl. Christophorus oder der
420 hl. Sebastian, die immer wieder auf den ländlichen Votivbildern dargestellt werden, die im Val di Nera um Spoleto sich am häufigsten finden. Künstlerisch gesehen sind es die Vorbilder der großen Maler des Weichen Stiles aus den Marken, der Gentile da Fabriano und der Lorenzo und Jacopo da Sanseverino, die hier ins volkstümliche Fresko von ländlichen Meistern übertragen werden. In der Gegend um Gubbio liefert Ottaviano Nelli die Vorlagen. Diese Zeugnisse einer echten Volksfrömmigkeit sind in Umbrien weit häufiger als in irgendeiner anderen Kunstlandschaft Italiens, wie man sich aus den langen Denkmäler-Verzeichnissen bei van Marle leicht überzeugen kann[78].

Das *Wesen der umbrischen Malerei* verstehen wir am ehesten vor dem Tafelbilde mit der Vision des hl. Bernhard, das Perugino um 1498 für eine Familienkapelle in der florentinischen Kirche Sa. Ma. Maddalena dei Pazzi gemalt hat (heute München, Alte Pinakothek) (Abb. 69). In einer dreischiffigen offenen Pfeilerhalle, deren Arkaden rückwärts den Blick auf eine umbrische Berglandschaft freigeben, sitzt der hl. Bernhard von Clairvaux in der weißen Kutte des Zisterzienserordens vor einem Schreibpult, wie es die Legenda Aurea erzählt. Er ist müde und krank und besitzt kaum noch die Kraft, die Feder zu halten, um seine Homelien zu schreiben. Da steht plötzlich die Madonna vor seinem Pulte, um ihm Mut und Kraft zuzusprechen, sein Werk zu vollenden. Die Komposition ist auf den ersten Blick überschaubar. Die beiden Hauptfiguren nehmen die Breite des Mittelschiffs der Halle ein, die Nebenpersonen sind der Stützenreihe zugeordnet. Das eigentliche Geschehen spielt sich hart am vorderen Bildrande ab, die Assistenzfiguren aber staffeln sich in die Tiefe. Die Madonna und der hl. Bernhard sind durch eine fallende Diagonale verknüpft, die von der Kämpferplatte des Pfeilers hinter der Jungfrau über die Augenpartie der Gottesmutter und die Schräge des Schreibpultes bis zur Basis des vordersten Pfeilers am rechten Bildrand absinkt. Der Schnittpunkt des Diagonalenkreuzes, welches die vier Bildecken des quadratischen Gemäldes (1.73 × 1.70 m) verbindet, deckt sich mit dem zentralen Fluchtpunkt der Perspektivkonstruktion. Dieser liegt auf dem Gipfel des Berges, dessen sanft fallender Kontur weit nach rechts ausgreift. Indem alle architektonischen Linien des Bildes demnach auf die Mitte dieses Landschafts-Ausschnittes hinzielen, der sich unter der Halbkreisarkade wie ein Bild im Bilde präsentiert, wird die Natur in das heilige Geschehen einbezogen. Das ist echt umbrisch, denn die Umbrer haben neben den Venezianern und den Sienesen am ehesten ein Organ für Landschaftsmalerei besessen. Es ist von höchster Kunst, wie die beiden Hauptfiguren die Mitte des Bildes für die Landschaft freigeben und dabei dem Vorgang doch nichts von seinem Gewichte nehmen. Die Darstellung einer solchen Vision war der gegebene Vorwurf für einen umbrischen Künstler. Hier durfte es leise zugehen. Es fällt kein Laut, die beiden Hauptfiguren verständigen sich durch die Gebärdensprache. Der Heilige hat beide Handflächen in überraschtem Staunen erhoben. Er begreift das Wunder. Die Madonna weist mit der Hand auf das aufgeschlagene Manuskript der Homelien, deretwegen sie gekommen ist. An einer

reichen Abstufung verschiedener Charaktere hat
422 Perugino nichts gelegen. Die Engel sind sich geschwisterlich ähnlich und höchst verwandt dem holden und reinen Madonnenantlitz. Die Gesichter der drei männlichen Heiligen atmen den nämlichen Gottesfrieden, die Kämpfe und Leidenschaften dieser Welt haben in ihr Antlitz keine Furchen gegraben. Die Charaktere erscheinen so harmonisch wie die Pfeilerarchitektur, die sie umfängt, und wie die Landschaft, die hinter der frommen Szene steht[79].

Auch der florentinische Maler Filippino Lippi hat eine Vision des hl. Bernhard gemalt, die 1486 vollendet worden sein muß, weil in diesem Jahre das Altarbild und der Rahmen bezahlt werden[80] (Abb. 70). Das Bild, ursprünglich für eine Klosterkirche vor Porta Romana gemalt, befindet sich heute in der Badia von Florenz selbst. Hat die deutsche Forschung recht, so liegt ein zeitlicher Abstand von etwa zwölf Jahren zwischen den beiden Darstellungen. Wenn man sich der italienischen Ansicht anschließt, welche mit Gnoli und Venturi Peruginos Bild zehn Jahre früher setzen möchte, so wären beide Gemälde genau gleichzeitig entstanden.

Man kann sich kaum eine verschiedenartigere Auffassung des Legendenstoffes vorstellen, als sie sich in den beiden Tafeln ausspricht, und dieser Gegensatz drückt zugleich den Unterschied von umbrischer und florentinischer Kunstweise vollkommen aus. Statt des reinen Einklangs, in dem bei Perugino die Handlung und die Bühne stehen, auf der sich das Geschehen vollzieht, erfüllt bei Filippino eine nervöse Unruhe das Bild bis an den obersten Rand. Die Vision ist ins Freie verlegt, aber die Natur ist weit davon

entfernt, nur die gefügige Folie für den Legendenstoff abgeben zu wollen. Das Bild hat einen sehr hohen 423
Horizont, die ganze Landschaft ist in Aufsicht gegeben und buchstäblich bis zum oberen Rand mit Nebenszenen vollgepackt, zu denen sich der Blick des Beschauers von unten heraufarbeiten muß. Am Fuße des Berges sitzt vor einer sich auftürmenden Wand von Felsgeschiebe der Heilige auf einer Bank vor seinem Schreibpulte aus knorpeligem Astwerk. Hinter seinem Rücken zur Rechten öffnet sich der bröckelige Fels zu einer Höhle, von links tritt die Madonna mit ihrem Gefolge an das Pult heran. Anders als bei Perugino muß der Kontakt zwischen den Hauptpersonen über einen von Formen vollgestopften, von der Handlung abziehenden Zwischenraum hin hergestellt werden. Beide Figuren erscheinen fast in gleicher Augenhöhe, wodurch die einfache Diagonale als hauptsächlichste Kompositionslinie fortfällt. Weit mehr als durch den Blick werden die beiden hl. Personen durch das wundervolle Spiel der Hände miteinander verknüpft. Den geöffneten Handflächen des Heiligen – die Spitzen aller zehn Finger der Madonna zugekehrt, abwehrend und sehnsüchtig zugleich –, steht die geschlossene Form der flächig gehaltenen Handrücken und Finger der Madonna gegenüber. Die Erfindung des Motivs der sich begegnenden Hände ist wahrscheinlich nicht Filippinos Eigentum, sondern wird auf eine verlorene Komposition Leonardo da Vincis zurückgehen, der auch Dürer in seinem Christus unter den Schriftgelehrten (Lugano, Slg. Tyssen) gefolgt zu sein scheint[81]. Auch die Charakterisierung der Hauptfiguren hat mehr schwebende Nuancen als bei Perugino. Der hl. Bernhard ist weder alt noch milde,

sondern eher ein problematischer Grübler. Die Ma-
424 donna aber wird sehr viel mehr denn bei Perugino als Vision betrachtet, obwohl sie als irdische Erscheinung den Grund tritt. Die Einheit der Linearkomposition ist bei Filippino erkämpft. Erst bei näherem Zusehen gewahrt man, wie der Dreiecksaufbau der Figurengruppe von dem kongruenten Aufbau der Felskulisse umzogen wird. Nur mühsam macht man sich klar, daß der untere Bildrand kein willkürlich abgeschnittener Streifen ist, sondern durchaus die Basis für eine Figurenkompositon abgibt. Spät erst sieht man ein, daß die Diagonalbewegung, welche der Engel in der linken Ecke vor der Madonna einleitet, erst rechts oben in dem Gebäude auf dem Berggipfel zur Ruhe kommt oder daß die Begegnung der beiden Hauptfiguren in dem Gegenüber der beiden alten Mönche im Mittelgrunde rechts abklingt.

Derselbe Gegensatz, der die Linearkomposition beider Bilder beherrscht, spricht sich nun auch in ihrer farbigen Haltung aus: bei Perugino eine harmonische Verteilung der Farbgewichte über das ganze Bild hin, bei Filippino hingegen ein kühn antithetischer Aufbau der Farbkomposition. Auf dem Bilde des Umbrers findet nur die pergamentfarbene, rauchgraue Kutte des Zisterziensers keine Entsprechung in der Farbkomposition – im übrigen sind Rot und Blau in den beiden Bildhälften harmonisch verteilt, und das Moosgrün in den Gewändern von Engeln und Heiligen bereitet auf den Landschaftsausschnitt in seinem tintigen, olivfarbenen Grün vor.

Bei dem Florentiner hingegen bleibt beim Aufbau einer unsymmetrischen Farbkomposition die rechte Bildhälfte allein verschiedenen Braun- und

Grautönen vorbehalten. Alle klingenden Farben sind für die linke Bildhälfte aufgespart, wo die Madonna in ultramarinblauem Mantel und karminrotem Gewande erscheint, während der vorderste Engel in ein schweres Goldocker gekleidet ist, das in den Schattenpartien rötlich glüht, und die andern Engel des Gefolges in Gewändern und Gefiedern das Rot und Blau der Madonnenkleidung variieren. Um das Gleichgewicht zwischen der Farbkomposition der beiden Bildhälften einigermaßen herzustellen, ist der Stifter am rechten unteren Bildrande in schwarzem Gewande mit rotem Schulterkragen und Kapuze gegeben. Während bei Perugino die Bildeinheit prästabiliert ist, erscheint sie bei Filippino als Zeugnis der Versöhnung nach dem Kampfe der einzelnen Bildelemente gegeneinander.

Die schönste und genaueste Einsicht in das Verhältnis von umbrischer zu florentinischer Kunst läßt sich natürlich dort gewinnen, wo umbrische Meister große florentinische Vorbilder direkt kopieren. 1486 malte Domenico Ghirlandajo ein Tafelbild mit einer Krönung Mariä für den Konvent von S. Girolamo in Narni, das sich heute im dortigen Municipio befindet[82] (Abb. 72). Obwohl das Bild unter starker Beteiligung von Werkstattkräften entstand, fand es in Umbrien so große Bewunderung, daß Giovanni Spagna, ein aus der Pyrenäen-Halbinsel zugewanderter Schüler des Perugino – schon seit 1470 als Magister in Perugia nachweisbar –, 1507 von dem Procurator von Monte Santo in Todi den Auftrag erhielt, eine Tafel »ad istar et similitudinem tabule facte in ecclesia Sancti Hieronimi de Narnea«[83] zu liefern (1511 vollendet) (Abb. 73). Dies große Altarbild, das sich heute in der städtischen Galerie in Todi befindet[84],

trifft nun sehr wesentliche Veränderungen an seinem
426 Vorbilde. Ghirlandajos Altarblatt hatte die Gestalten *wieder*, in einer archaisierenden Rückwendung, vor einen Goldgrund gestellt. Lo Spagna ersetzte diesen durch eine weite und weiche umbrische Landschaft, welche für die kniende Glaubensgemeinschaft eine Folie schafft, die das Grau der Kutten und das Grüngrau der Hügel, Inkarnate und Himmel zart aufeinander abstimmt, während bei Ghirlandajo die Köpfe aus der Goldfolie scharf herausstechen. Ganz im Sinne dieses Gegensatzes hat nun Lo Spagna die gesamte Farbenskala verändert. Die Farbkomposition der Hauptgruppe bei Ghirlandajo mußte ihm viel zu intensiv erscheinen. Christus trug dort ein kirschrotes Gewand und einen kobaltblauen Mantel, während die Madonna in einen Mantel gehüllt war, der in den Schattenpartien nach Schiefergrau, in den lichten Teilen nach Perlgrau spielte, mit schwefelgelben und perlmuttfarbenen Lichtern. Das war für Lo Spagna zu fremd und zu kompliziert. Seine Madonna hat einen umbrisch blauen Mantel und ein umbrisch rotes Kleid, wie es die kirchliche Tradition bestimmte. Die raffinierten florentinischen Changeants in den Gewändern der Engel, welche in zwei Halbchören die Krönungsszene umschweben, waren für den umbrischen Farbgeschmack des Lo Spagna viel zu nervös und zu nuanciert, als daß er sie nachzuahmen versucht hätte. Selbstverständlich erschienen auch die geschlossenen, leuchtenden Farbfelder in den Gewändern der sechs im Vordergrund knienden, vom Rücken gesehenen Heiligenfiguren Ghirlandajos in ihrem kämpferischen Nebeneinander einem umbrischen Auge zu unvermittelt. Es ver-

langte nach Abstufungen, nach Übergangstönen zwischen diesen Farbfeldern. So nahm Lo Spagna dem hl. Ludwig von Toulouse – dem zweiten von links – seinen leuchtenden ultramarinblauen Mantel, der mit den französischen Königslilien übersät war, und hüllte ihn in ein weißes Pluviale, auf dem Brokatmuster in sanftem Grau erscheinen. Auch überall sonst sind die Farbkontraste Ghirlandajos geflissentlich vermieden. Dem Blanken und Geputzten, aber auch dem Hellen und Verstandesmäßigen seines Vorbildes ist Lo Spagna ausgewichen, wo er konnte. Wie die Farben, so werden auch die Menschen bei Lo Spagna milder charakterisiert. In den Physiognomien des Ghirlandajo prägt der Verstand, bei dem Umbrer die Empfindsamkeit die Züge. Nur die Gestalten Lo Spagnas kennen den ›himmelnden‹ Blick[85].

Aber nicht nur Ghirlandajo, auch Filippo Lippi ist von Lo Spagna kopiert worden. In dem Dorfe S. Giacomo di Spoleto, zwischen dieser Stadt und Trevi in der Pianura Umbra gelegen, hat der Spanier Hauptapsis und Nebenapsiden ausgemalt. Es ist sein letztes Werk aus den Jahren 1526–1527. In der Apsiskalotte sitzt eine Marienkrönung, welche Filippos Fresko aus der Hauptapsis des Doms zu Spoleto kopiert. Es ergeben sich sehr schwerwiegende stilistische Unterschiede aus der Tatsache, daß zwischen Ghirlan-

(85) Noch ein zweites Mal hat der Umbrer 11 Jahre später die Komposition Ghirlandajos kopiert. Aber auf dem Bilde im Municipio in Trevi, das aus S. Martino fuori stammt, nimmt er sich das Recht zu gewissen Variationen: die Gruppe der sechs knienden Heiligen bildet nicht mehr eine geschlossene Mauer. In der Mitte ist nun eine große Lücke gelassen, die es erlaubt, den knienden hl. Franziskus ohne jede Überschneidung ganz zu betrachten usw.

dajos Bild in Narni und Spagnas Kopie in Todi ein
428 zeitlicher Abstand von ›nur‹ etwa vierundzwanzig Jahren herrschte, während zwischen dem letzten Werke des Filippo Lippi und der letzten Arbeit des Spagna eine zeitliche Differenz von immerhin siebenundfünfzig Jahren klafft. Dieser Abstand von mehr als einem halben Jahrhundert wird besonders deutlich bei der Rolle, welche die Changeants nun in der Farbkomposition der Kopie spielen. Doch hat Lo Spagna für die Hauptgruppe, die Krönungsszene, sich im zeichnerischen wie im malerischen Aufbau keine Freiheiten gegenüber seinem Vorbild erlaubt. Um so gewichtiger sind die Abweichungen, die sich ungewollt und unbewußt einstellen. Von der Strenge des florentinischen disegno, die den Hauptreiz der Mittelgruppe des Vorbildes ausmacht, ist bei Lo Spagna gar nichts geblieben. Die Gesichter erscheinen milder, der hieratische Ernst der Spoletaner Domapsis ist in der Kopie einer weichen Stimmung gewichen. Die umbrische Auffassung der hl. Themen setzt sich also gegenüber den Vorbildern von Ghirlandajo und Filippo Lippi in der gleichen Weise durch.

Ein *Überblick über den Ablauf der umbrischen Malerei* läßt sich deshalb so mühsam gewinnen, weil eine kontinuierliche Entwicklung nicht zu beobachten ist. Die umbrische Malerei setzt großartig genug ein mit der Ausmalung des Schiffes der Unterkirche von S. Francesco in Assisi, die um 1270 einem Passionszyklus auf der Nordwand eine Franziskus-Legende auf der Südseite gegenüberstellt[86]. Der Meister dieser Fresken muß ein Umbrer gewesen sein, das verrät seine Farbenskala deutlich genug. Er trägt seine

Farben in warmen und gedämpften Tönen vor, ein samtiges Blau, ein bedecktes Rotbraun, kein helles,
sondern ein warmes Siegellack-Rot. Die Kutte des hl. Franziskus erscheint nicht in Mausgrau, sondern eher in Terra di Siena. Während das Violett-Braun, in dem die Landschaft der Stigmatisation einheitlich grundiert ist, alt sein könnte, scheinen die herausfallenden milchig hellblauen Töne der Fresken erst eine Zutat aus dem Barock zu sein. So viel jedenfalls läßt sich beobachten: es sind nicht dieselben Farbtöne, wohl aber ist es der nämliche Farbgeschmack, dieselbe Freude an warmen und kräftigen, aber gedämpften und belegten Tönen, es ist das Vermeiden von hell klingenden oder gar schrillen Farben – so wie wir es dann in der umbrischen Malerei zur Zeit des Perugino wiederfinden werden.

Man sollte meinen, der Zeitstil der Generation von 1300–1330 hätte die umbrische Malerei ansprechen müssen, so sehr kam er dem Grundcharakter des umbrischen Wesens entgegen. Indessen überliefert die umbrische Malerei keinen Fresken-Zyklus, der ein Gegenstück zu den Reliefs der Domfassade von Orvieto abgeben könnte. Es regen sich zu Anfang des 14. Jahrhunderts hier nur dumpfe künstlerische Kräfte, die der provinziellen Befangenheit nirgends entwachsen[87]. In Assisi liegt die Vollendung der malerischen Ausstattung der Unterkirche um 1320 ganz in den Händen der Sienesen, wo Simone Martini und Pietro Lorenzetti ihre Zyklen schaffen. In Perugia bestellt man die Altarbilder aus Siena (Vigoroso da Siena 1280, Meo da Siena erwirbt sogar 1319 das Peruginer Bürgerrecht)[88].

Die zweite linienselige, von lyrischem Gefühls-

überschwang durchtränkte Stilphase der Gotik, der
430 Weiche Stil, entband dann aber am Anfang des 15. Jahrhunderts in Umbrien eine schöpferische Periode. Allüberall im Lande bestätigen die Denkmäler, daß Zeitstil und Genius loci nun wirklich zueinander gefunden haben. In den Kirchen Gubbios malt Ottaviano Nelli, umgeben von einer zahlreichen Schülerschaft[89]. (S. Francesco, S. Domenico, S. Agostino, Sa. Ma. Nuova.) In Spoleto tragen S. Domenico und die Misericordia (das ist die Unterkirche von S. Nicolò), in Città di Castello S. Domenico Freskenschmuck aus der Zeit des Weichen Stils. Ja, der große Zyklus des Ugolino di Prete Ilario von 1370–1384, der den Chor des Doms von Orvieto ausfüllt, muß trotz des frühen Datums schon als Übergangswerk betrachtet werden, das zum Weichen Stil hinführt[90]. Im Pal. Trinci in Foligno lernt man die Profanmalerei kennen, wie sie um 1424 mit ihren chevaleresken und antikischen Themen die Wände der Hofhaltung eines städtischen Tyrannen überzog: neun gute Helden, die Heroen der römischen Geschichte, die artes liberales und die Planeten, gemalt von Ottaviano Nelli und anderen umbrischen Meistern, die oberitalienisch geschult waren, wenn sie nicht gar direkte Beziehungen zur französischen Malerei besessen haben[91].

Die mit Umbrien so nahe verbundenen Marken vermögen im Weichen Stil sogar eine führende Rolle für die ganze Halbinsel zu erringen. Der bedeutendste Maler dieser Stilphase, Gentile da Fabriano, trat aus dem Städtchen an der Grenze zwischen den Marken und Umbrien seinen Weg zu internationalem Ruhm an, die beiden Maler Jacopo und Lorenzo Salimbeni, aus San Severino stammend, stehen nur wenig hinter ihm zurück[92]. Von Gentile da Fabriano gibt es auf umbrischem Boden wenigstens noch das Mittelstück eines großen Altars mit der thronenden Madonna aus S. Domenico in Perugia (heute Pinakothek) und das Fragment eines Madonnen-Freskos im Dom von Orvieto.

Es ist nur schade, daß der Weiche Stil, den die Italiener sehr zu Recht das ›gotico internationale‹ nennen, und der selbst die Grenzen der Kunstanschauungen zwischen dem Norden und Süden von Europa verwischen konnte, für die künstlerische Eigenart von Stammescharakteren besonders wenig ergiebig ist.

Hingegen wurde schon aus den einleitenden Gegenüberstellungen dieses Abschnitts deutlich, daß sich florentinisches und umbrisches Wesen wie Feuer und Wasser scheiden. Bei der reichen Beschäftigung, welche florentinische Meister in Umbrien stets fanden, ist es nun sehr aufschlußreich, sich klarzumachen, welchen künstlerischen Strömungen von Florenz Umbrien seine Tore öffnete und welchen es sie verschloß[93]. In Umbrien hat man Aufträge nur an die wahlverwandten Florentiner Künstler vergeben, d. h. an Meister, welche Hauptvertreter des Weichen Stils waren oder deren Werdejahre in diese Epoche fielen und die ihren Jugendeindrücken treu blieben. In S. Fortunato in Todi hat Masolino 1432 gearbeitet, Domenico Veneziano ist 1438 in Perugia nachweisbar, Fra Angelico da Fiesole begann 1447 mit einer Schar von florentinischen und umbrischen Gehilfen, unter denen sich auch Benozzo Gozzoli befand, die Ausmalung der Cappella Nuova des Doms von Orvieto, die dann erst ein halbes Jahrhundert später Luca

Signorelli vollendete. Den Benozzo Gozzoli in seiner
432 weichen, schmiegsamen, harmonischen Art müssen die Umbrer fast als einen der ihrigen empfunden haben. Er wird mit Aufträgen überschüttet, seit 1450 hat er in Narni, Foligno und Montefalco, später auch in Perugia und Terni gewirkt. Er hat in Umbrien Schule gemacht und die Umbrer sogar die alten Bindungen an Siena vergessen lassen, denn von Sassetta, Giovanni di Paolo und Sano di Pietro wurden keine Altäre mehr nach Umbrien geliefert. In Perugia stehen Benedetto Bonfigli, Bartolomeo Caporali und Fiorenzo di Lorenzo in ihrer Jugendentwicklung unter dem Einfluß des Gozzoli. Die künstlerische Richtung dieses Florentiners hielt sich in etwas abgelegenen Kunststädten wie Foligno und Montefalco bis an den Anfang des 16. Jahrhunderts (Bernardino Mezzastris[94], Ugolino di Gisberto[95]). Wo Masolino und Fra Angelico begehrt waren, da mußte auch Fra Filippo Lippi eine Wirkungsstätte finden. 1451 erhielt er den Auftrag für einen Altar in S. Domenico in Perugia. Die Ausmalung der Domapsis von Spoleto ist sein letztes Werk, in dessen Schatten er auch begraben liegt.

Hingegen sind den florentinischen Problematikern, in deren Werk die Welt des Sichtbaren mit Hilfe der neuen wissenschaftlichen Erkenntnisse erobert wird, keine umbrischen Aufträge zugefallen. Weder Donatello noch Masaccio, weder Uccello noch Castagno haben für Umbrien gearbeitet. In der zweiten Jahrhunderthälfte unterhielten, soviel wir wissen, weder die Pollajuoli noch Filippino Beziehungen zu Umbrien. Das rationale Moment in ihrer Bildform müssen die umbrischen Auftraggeber als etwas Fremdes empfunden haben. Die Kunst des Piero della Francesca ertrug man hier nur in der altertümlichen Form des gotischen Triptychons. Schwerlich würde dieser große Neuerer für seinen Altar in S. Antonio in Perugia von sich aus ein solches fünfteiliges Rahmenwerk statt eines einheitlichen Altarblattes gewählt haben. Offensichtlich zwangen die Mönche ihm diese archaisierende Komposition auf[96]. Nur die großen Meister, die eine wirkliche Berufung in sich trugen, mußte es nach einer echten Auseinandersetzung mit der führenden Strömung der florentinischen Kunst verlangen. Da sie nur mit deren konservativer, selbstgenügsamer Richtung (Fra Angelico, Gozzoli) in Umbrien bekannt werden konnten, so hatten sie die Arnostadt selbst aufzusuchen. Das ist der Weg, den Perugino und Raffael beschritten haben. Ebensowenig wie die venezianische Malerei ohne die Hilfe florentinischer Künstler den Weg aus dem Weichen Stil herausgefunden hätte, würde die umbrische Malerei ohne das Durchgangsstadium einer florentinischen Schulung eine eigene Form von gesamtitalienischer Gültigkeit haben entwickeln können. Das Männliche, das Metallische, fehlte der umbrischen Kunst von Haus aus, es mußte draußen erworben werden.

Aber im Weichen Stil hatte umbrisches Wesen sich so glücklich auszusprechen vermocht, daß in späteren Jahrzehnten immer wieder etwas von seiner Natur durchbricht. Ob Pinturicchio nun zeitgenössische politische Geschichte malt (den Zyklus mit dem Leben Papst Pius II. in der Dombibliothek in Siena), ob er die christliche Legende darstellt (Borgia-Gemächer des Vatikan) oder antikische Stoffe (Penelope am Webstuhl, London, National Gallery) – es ist

immer die gleiche Märchenwelt (Abb. 74). Kein Sie-
434 nese aus dem ersten Jahrzehnt des Cinquecento, der, in der Dombibliothek auf- und abwandelnd, sich die Fresken mit dem Leben des Enea Silvio besah, wird ernsthaft geglaubt haben, vierzig Jahre vorher hätten Menschen und Städte in Italien so ausgesehen. Die Fresken müssen auch für ihn ein unbetretbares Land geschildert haben, in dem Männer und Frauen gleich schön und gut blieben, wo immer Sonntag war und der allerblaueste Himmel auf die allerschönsten Festtagsgewänder herabsah. Ganz ebenso wird die Disputation der hl. Katharina (Vatikan, Borgia-Gemächer) ins Freie auf eine Märchenwiese verlegt. In den Tafeln der Bernhardins-Legende von 1473, in den Fresken des Cambio von Perugino finden wir ganz die gleiche Weltflucht und den Hang zur lyrischen Verklärung, welche die anderen italienischen Kunstzentren mit dem Weichen Stil hinter sich gelassen haben.

Kurzum, die umbrische Malerei der Frührenaissance besaß kein echtes Verhältnis zur Wirklichkeit des Lebens, und das wird der tiefste Grund dafür gewesen sein, daß diese Malerschule an der Schwelle der Hochrenaissance erlosch. Was nach 1500 in Umbrien noch gemalt wurde, erweist sich als das Werk von Epigonen, mögen sie nun Eusebio di San Giorgio, Sinibaldo Ibi oder Berto di Giovanni heißen. In den Jahrzehnten vor dem Aufgehen Umbriens im Kirchenstaat waren die Zustände im Lande drückender, die Formen des Lebenskampfes gewiß grausamer als in einer anderen italienischen Kunstprovinz. In dieser Zeit hat die Malerei für das unglückliche Land in großen Freskenzyklen wie kleinen Tafelbildchen den

Zugang zu einer fernen Traumwelt erschlossen. Bei solchen Verhältnissen ist es eigentlich sehr merkwürdig, daß die umbrische Malerei die Bildgattung der Idylle nicht gekannt hat. Die Veranlagung dafür hätte man in Umbrien ebensowohl besessen wie in Venedig oder Ferrara. Nur bei Perugino gibt es Ansätze dafür (Apoll und Marsyas, Paris, Louvre).

Es ist eine einigermaßen ernüchternde Erkenntnis, daß das, was jeder europäische Galeriebesucher unter ›Umbrischer Malerei‹ versteht, nicht vor 1472 auftritt und mit dem Tode Peruginos und Pinturicchios wieder erlischt. Eine Betrachtungsweise, die ihre Erkenntnisse aus dem Studium von Konstanten schöpft, aus künstlerischen Verhaltensweisen, die sich in verschiedenen Jahrhunderten immer wieder beobachten lassen, hat hier also einen sehr schweren Stand. Man wird um die Frage nicht herumkommen, ob das, was wir einen umbrischen Lokalstil nennen, nicht einfach ein persönlicher Stil des Perugino (und zweier oder dreier seiner Generationsgenossen) sei? Ganz ebenso, wie man prüfen muß, ob die so spät erst zu Tage tretende Eigenart der ferraresischen Malerei nicht einfach eine lokale Spielart der Mantegna-Schule bedeutet, von Tura aus Padua und Mantua nach Ferrara verpflanzt.

Wir dürfen solche skeptischen Gedanken aber fallen lassen. Denn es ist ja mit Händen zu greifen, daß die Malerei Peruginos in den hundertsechzig Jahre älteren Reliefs der Orvietaner Domfassade Vorläufer besitzt, die ganz das nämliche Verhältnis zu Gott und Welt widerspiegeln. Auch das private Andachtsbild Umbriens, mag es nun in der Form des Freskos oder der anonymen Holzskulptur auftreten, findet in Peru-

gino einen Vollender, der aus den gleichen Quellen
436 schöpft. Schließlich wird man noch weiter zurückgehen dürfen und schon in den Fresken des Langhauses der Unterkirche von S. Francesco in Assisi aus der Zeit um 1270 eine Farbgesinnung erkennen, die bei den Malern der letzten Generation der Frührenaissance in Umbrien ähnlich wiederkehrt.

Ihren eigenen Stil, ihren eigenen Farbgeschmack zu finden, haben sich Perugino und seine Altersgenossen sehr sauer werden lassen. Das älteste dem Künstler zugeschriebene Bild, das dann noch der zweiten Hälfte der sechziger Jahre angehören müßte, die Halbfigur eines hl. Petrus in einem Früchtekranz (Hannover, Kestner-Museum)[97], zeigt noch einen milden Greis, dem alle Eigenschaften der Energie, des geistigen Feuers und der Zornwütigkeit fehlen, ohne die man sich außerhalb Umbriens den Apostelfürsten nicht vorzustellen vermag. Aber bereits die Madonna Castellani (die sogenannte Goldschmiede-Madonna, Paris, Musée Jacquemart-André) bezeugt sehr deutlich in ihrem engen Anschluß an Verrocchios Tafelbilder, wie sehr der junge Umbrer auf dem Wege ist, ein Wahlflorentiner zu werden[98]. 1472 ist er dann als selbständiger Meister in die Florentiner Malerzunft aufgenommen. Da aber ›1473 finis‹ auf einem der Täfelchen der Bernhardins-Legende (Perugia, Pinakothek) steht, das von Perugino stammen muß, so ist demnach zu diesem Termin der florentinische Meister wieder in der umbrischen Heimat bezeugt. Zu den vielen Einflüssen, die auf die Meister der Bernhardins-Legende wirksam gewesen sind, gehört auch ein florentinisches Element. Wir haben erst kürzlich einsehen gelernt, wie eng die Fäden sind, die von der jüngst rekonstruierten Predella von Verrocchios Madonna di Piazza in der Kathedrale von Pistoja (1474 in Auftrag gegeben) zu den Täfelchen der Bernhardins-Legende laufen[99]. Das Mittelstück dieser Predella stammt von Leonardo, die beiden seitlichen Täfelchen von Lorenzo di Credi und Perugino. Dessen Anteil ist eine Geburt Johannes des Täufers, die mit der Heilung der Polissena aus der Bernhardins-Legende (Abb. 71) und mit der Leinwand-Pietà mit der hl. Magdalena und dem hl. Hieronymus als Assistenten (Perugia, Pinakothek) die engste stilistische Übereinstimmung besitzt.

Es ist erstaunlich, wie schnell nach seiner Rückkehr in die Heimat sich Perugino in der Farbgebung von den übermächtigen Florentiner Einflüssen frei zu machen verstand. Anders als der Meister der Verkündigung Gardner, der sich Filippo Lippi anschloß[100], anders als Fiorenzo di Lorenzo, der etwa das trompetenhafte Safrangelb Verrocchios nicht vergessen konnte, findet nun Perugino zu einer verhaltenen, gedämpften Farbigkeit hin, die freilich nicht allein seine persönliche Schöpfung ist, sondern die schon bei der voraufgehenden Generation der Peruginer Maler sich in tastenden Ansätzen deutlich beobachten läßt. Die Verkündigung des Benedetto Bonfigli (Perugia, Pinakothek), ist in der Linearkomposition völlig florentinisch, im farbigen Aufbau aber ganz umbrisch[101]. Ein Cremegelb, das nach Braun hinüberspielt, viel stumpfes Grün, Karmesinrot, ein bedecktes Blau – auch bei Bartolomeo Caporali bekommt das Blau schon einen milchig neutralen Ton, und der Purpur hat nicht mehr einen Stich ins Violette (Perugia, Pinakothek, Nr. 142–146). Das waren sehr neue Töne, gemessen

an den hellen, bunten, scharfen Farben, welche die
438 umbrischen Schüler der Florentiner Fra Angelico und Benozzo Gozzoli bisher bevorzugt hatten. In Peruginos Anbetung der Könige und der Leinwand-Pietà (beide Perugia, Pinakothek), beide kurz nach 1473 entstanden, tritt uns dann das, was man gemeinhin unter der umbrischen Palette der Frührenaissance zu verstehen pflegt, fertig ausgebildet entgegen. Beim Madonnenmantel der Pietà löst ein dumpfes Schiefergraublau das bisher vorherrschende Kobaltblau ab. Der Brokat glüht in tiefem Braun und glänzt nicht mehr golden auf; alles was in der Generation vorher zitronengelb war, wird nach Braun gedämpft. Auch über der Landschaft liegt nun ein milchiges Blau: kein Fernenblau wie bei den Alt-Niederländern oder den Florentinern, das Sehnsucht weckt, kein Wasserspiegel, der seine Ufer reflektierend verschwimmen läßt, keine ziehenden Wolken.

Nach unserer Schilderung des umbrischen Wesens wird man im voraus überzeugt sein, daß ein Hauptkennzeichen umbrischer Farbkultur die Vorliebe für *milde Farben* sei. Vielleicht ist die Farbphantasie der umbrischen Frührenaissance-Malerei ärmer als die der anderen italienischen Kunstlandschaften ihrer Zeit, sicherlich wagt sie weniger. Weil sie mit weniger Tönen auskommt, so hat sie es auch leichter, harmonisch zu sein. Jedes Bild der Perugino-Zeit ist auf den Dreiklang von warmem Rotbraun (der zwischen Siegellackrot und Purpur liegt), von tiefem Blau und Moosgrün aufgebaut, das allenfalls durch ein Resedagrün ersetzt werden kann. Weiß bekommt einen schweren Elfenbeinton, Ocker wird immer warm vorgetragen, d.h. nach Hellbraun hinspielend,

Oliv ist häufig und steht neben Ziegelbraun und einem stumpfen Schiefergraublau. Demnach bevorzugt die umbrische Palette warme, gedeckte Töne. Das Blitzende, Helle, Kontrastfreudige vermeidet sie. Vor dem manieristischen Hang zum Changeant, dem Florenz schon um die Mitte des Quattrocento, besonders unter dem Einfluß Castagnos nachgegeben hatte, mußte Umbrien die Segel streichen. Schon von dem gedämpften, harmonischen Farbgeschmack der umbrischen Maler her gesehen muß es einleuchten, wenn diese Landschaft dem Manierismus sich verschließt. Jedenfalls ist es kein erfreulicher Anblick, wenn Giannicola di Paolo (Giannicola Manni) während des zweiten Abschnitts seiner Ausmalung der Cappella di S. Giovanni im Cambio von Perugia (1526–1528) unter dem Einfluß des Andrea del Sarto und des Mariotto Albertinelli den Changeants des Florentiner Manierismus Einlaß gewährt. Und doch ist die Ausmalung dieser Kapelle das letzte bedeutende Zeugnis eigenständiger umbrischer Malerei[102].

Die *umbrische Landschaft* ist ein für alle Galerie-Besucher vertrauter Begriff; gleichwohl ist auch sie die Schöpfung einer einzigen Generation, der Perugino und Pinturicchio, die mit diesen Malern aufkommt und wieder erlischt. In Benedetto Bonfiglis Anbetung der Könige (Perugia, Pinakothek)[103] ist der Landschaftsprospekt noch nach dem Sieneser Schema behandelt. Auf einer weiten, ebenen Fläche erheben sich Hügel, gleich groß und mit regelmäßigem Kontur wie Maulwurfshaufen. Auf den Täfelchen der Bernhardins-Legende ist es schön zu beobachten, wie die eigentlich umbrische Landschaft einer

romantischen Jugendphase erst entwachsen muß. Auf
440 der Heilung des Fallsüchtigen zum Beispiel nimmt die rechte Hälfte des Bildes eine ganz und gar unwirkliche turmartig steile, aufgestockte Felsarchitektur ein. Auch auf dem Täfelchen mit der Mißhandlung des Hauptmanns Tommaso kommen solche Formationen vor[104]. In der berühmten Pietà der Pinakothek von Perugia, die heute wieder Perugino heißt[105], sind solche Felsenstücke ein konstituierendes Element des Bildes. Aber daneben bietet die Bernhardins-Legende in dem Landschaftsausschnitt der Heilung der Polissena nun doch schon die klassische Formulierung der umbrischen Naturauffassung. Da sind zum ersten Male die hintereinander gestaffelten sanften Hügelketten, deren Hänge sich allmählich zu einem Flußtal hinabsenken; da sind die großen einzelnen Bäume, in deren Laubkronen man jedes Blatt erkennen kann, so daß man stets den Eindruck hat, diese Bäume seien eigentlich nur vergrößerte Stengel von Zittergras. Meist sind diese Bäume die einzigen Vertikalen in der Landschaft, die all jene vielen Horizontalen der Hügelketten auswiegen müssen. In Peruginos und Pinturicchios Fresken in der Sixtinischen Kapelle wird diese Landschaftsauffassung dann ins monumentale Format übertragen (Reise des Moses und Beschneidung des Gersain; Taufe Christi). In den Borgia-Gemächern des Vatikan greift Pinturicchio noch einmal auf diese nadelförmigen Felsformationen der Bernhardins-Legende zurück, um den Legenden- und Märchenton dieses Freskenzyklus nur recht zu treffen, während Perugino auf diese romantischen Rudimente nie zurückgekommen ist. Je älter Vannucci wird, desto fader und phantasieloser werden

auch die landschaftlichen Hintergründe seiner Altäre. Die friedliche, stille Hügellandschaft, die sich stets im Einklang mit dem reinen Gemüt des Beters befindet, sich niemals dem Menschen feindlich zeigt und von dämonischen Kräften und Naturkatastrophen schon gar nichts weiß, hat allen umbrischen Malern genügt – nur Pinturicchio hat die engen Grenzen einer solchen Naturauffassung einmal wenigstens überschritten, als er in der Sieneser Dom-Bibliothek die großartige Gewitterlandschaft mit jenen über den Wasserspiegel hinziehenden Regenschleiern malte, die hinter dem Fresko mit der Abreise des jungen Enea Silvio zum Konzil in Basel steht[106]. (Abb. 74.)

Die *Gattung des Bildnisses* haben die Umbrer kaum gepflegt. Daß Perugino die Begabung dafür mitgebracht hätte, zeigen die prachtvollen Porträts der Assistenzfiguren auf dem Fresko der Schlüsselübergabe in der Sixtinischen Kapelle[107] oder das Selbstbildnis im Cambio in Perugia, das hier als Signatur und Gedächtnismal in einem steht. Von Perugino besitzen wir sonst nur das großartige Bildnis des Francesco dell'Opere in den Uffizien, bei dem allerdings die typisch umbrische Landschaft nicht darüber hinwegtäuschen kann, daß hier eine ganz florentinische Porträtauffassung herrscht, so niederländisch die Pose auch sein mag, die der Dargestellte einnimmt. Das Bildnis eines Jünglings in den Uffizien hat man auf Lorenzo Costa umgetauft[108]. Von Pinturicchio besitzen wir sehr bezeichnenderweise nur Jünglings- und Kinderbildnisse[109] (Abb. 77). Es ist, als ob den umbrischen Malern das Erschließen des Charakters eines fremden Gegenübers ebensowenig

gelegen hätte, wie den umbrischen Bildhauern das
442 Aufschließen eines Statuenblocks. Die umbrischen Maler waren in ihre Welt der Stille, des Friedens und des Traums zu sehr verfangen, als daß es sie hätte reizen können, den Charakter ihrer Mitmenschen zu ergründen.

Unter den Bildformaten wird man sich den *Tondo* gern als eine umbrische Lieblingsform vorstellen. Dazu wird man durch die Jugendwerke Raffaels verführt, die noch in Umbrien entstanden. Aber man muß sich von M. Hauptmann belehren lassen, daß solche Vorstellungen falsch sind. »Perugia übernahm mit anderen Anregungen von der Florentiner Malerei auch den Tondo; aber ›das Rundbild ist selten in der Peruginer Malerei‹ (Bombe). Und ein großer Teil der peruginesker Tondi ist wohl auf florentinische Bestellungen zurückzuführen und in der Florentiner Werkstatt und Schule Peruginos entstanden [110].« Auch Raffael hat als Schüler Peruginos in Umbrien wenig Neigung gezeigt, »den einzelnen Körper in seiner Stellung und Silhouette von der Peripherie abhängig zu machen. Auch für Raffael ist anfangs der Kreis nichts weiter als ein Format, das wohl die Anmut und Geschlossenheit einer Komposition, die ebenso oder fast ebenso im Hochformat existieren könnte, steigert, das jedoch keine eigentümlichen und grundlegenden formalen Forderungen stellt[111].« Gerade die frühen umbrischen Madonnen Raffaels sind entweder im Eckformat konzipiert und dann im Rund als Gemälde ausgeführt worden (Madonna des Duca di Terranuova, Berlin, Kaiser-Friedrich-Museum) oder umgekehrt als Tondi erdacht und dann ins hohe Steilformat verwandelt worden (Madonna del Granduca, Florenz, Pal. Pitti). Infolgedessen kann Hauptmann mit Recht sagen: »Es fehlt in Raffaels früher Produktion noch durchaus der Wille, das Problem der Tondo-Komposition ernsthaft auf seine Konsequenzen und Möglichkeiten hin durchzudenken[112].« Erst in Rom hat Raffael endlich Tondi geschaffen, die von der gegebenen Form des Runds her die Komposition aufbauen (Madonna des Hauses Alba, um 1510). Die vertraute Vorstellung, daß der Tondo in Umbrien besonders gepflegt worden sei, muß aufgegeben werden.

Der spezifische Charakter der umbrischen Zeichnung tritt nicht nur in der Generation der Perugino und Pinturicchio offen zutage, er läßt sich vielmehr durch drei volle Jahrhunderte verfolgen, von Ottaviano Nelli und Gentile da Fabriano bis zu den Barockmalern Maratta und Sassoferrato (gestorben 1685)[113]. Doch kann man nicht leugnen: »Das Material ist hier in der Frühzeit ganz lückenhaft und setzt erst mit Perugino in breitem Fluß ein. In ihm findet das Stetige umbrischen Liniengefüges seine einfachste und verständlichste Prägung[114].« Als das Hauptmerkmal der umbrischen Zeichnung hat Degenhart immer wieder die dichten Schraffurlagen bezeichnet, die sich besonders bei Diagonalschraffuren zu netzartigen Gespinsten zusammenziehen. »Doch ist hier alles flächiger, netzartiger gegenüber der plastischen Schärfe der Florentiner Schraffur. Auch rechnet der Umbrer gegenüber gleichzeitigen Florentinern anders und stärker mit der Farbe, und diese Gesinnung bedingt die Verschiedenheit seiner Schraf-

fur mit. Die Gleichmäßigkeit und Flächigkeit, mit
444 der sie über den Dingen liegt, entspricht umbrischem Farbgeschmack und bedeutet einen Florenz fremden Wert[115] (Abb. 78).« Bei diesem Charakter der Schraffurlage wird man kaum erwarten können, daß der einzelne Strich als tektonischer Wert aufgefaßt wird. »Jede Einzelheit zeigt, daß der Strich hier als Gerüst, Skelett des Aufbaus oder der plastischen Form eines Gesichts, einer Figur weniger bedeutet als in Florenz[116]. . . . Nichts von dem Kontrastreichtum, der Verspannung, die in Florenz zwischen dem Kontur und der Binnenzeichnung einerseits, ihm und der Hinterarbeitung andererseits besteht[117].«

Mit dem Tode Peruginos etwa ist auch die umbrische Kunst erloschen, soweit sie als Wesensausdruck der umbrischen Landschaft gelten darf. Nicht, daß *das künstlerische Leben in der Barockzeit* eingeschlafen sei. Es ist im Gegenteil erstaunlich, daß fast in allen umbrischen Städten im 17. und 18. Jahrhundert große künstlerische Aufträge vergeben werden. Die meisten mittelalterlichen Kirchen des Landes erhalten nun ein barockes Kleid[118]. Nur ist es bezeichnend, daß unter all diesen Umbauten nicht ein einziger gelungener Wurf sich befindet, daß aus all diesen dekorativen barocken Fresken nicht einmal die Hand-

(118) In Perugia: S. Agostino, S. Domenico, Sa. Ma. Nuova, Oratorio di Confraternità di S. Agostino, Gesù dei Barnabiti, Madonna di Monteluce. – In Assisi: der Dom, Sa. Ma. sopra Minerva. – In Todi: S. Prassede, S. Andrea, S. Biagio. – In Spoleto: der Dom, S. Pietro fuori, S. Ponziano fuori, S. Ansano, S. Domenico. – In Foligno: der Dom (1771, schon à la grecque), S. Agostino, S. Giacomo, S. Salvatore. – In Gubbio: S. Domenico, S. Francesco, Sa. Ma. Nuova. – In Città di Castello: S. Francesco. – In Orvieto: S. Francesco usw.

schrift einer unverwechselbaren künstlerischen Persönlichkeit heraussieht. Weder in der Architektur noch in der Plastik oder der Malerei hat Umbrien im Barock einen Beitrag zur italienischen Kunstgeschichte geleistet. Wir wundern uns darüber nicht. Wer die zarte Gliederung der bedeutendsten Kirchenfassaden des Landes aus der spätromanischen und der gotischen Zeit in Erinnerung hat, wem das Liniengeflecht einer Perugino-Zeichnung vor Augen steht, wer die Vorliebe des Landes für das Raumideal des Zentralbaus in der Hochrenaissance kennt, der wird begreifen, daß den Umbrern der Barock zu vital, zu derb und zu gewalttätig gegenüber der Einzelform erscheinen mußte. Die barocke Schwingung der Wand, die Verschränkung und das Ineinanderfließen komplizierter Raumzellen hat Umbrien abgelehnt. Es ist aufschlußreich, daß unter den aufgezählten umbrischen Zentralbauten des 18. Jahrhunderts fast alle an der für diese Zeit ganz uncharakteristischen und hochaltertümlichen Form des griechischen Kreuzes festhalten, über die der Zeitstil längst hinweggeschritten war.

Auf den ersten Blick ist der *Landschaftscharakter der Marken* von dem Umbriens schwer zu unterscheiden. Fährt man von Fabriano nach Perugia oder von Urbino nach Gubbio und von Ascoli Piceno nach Norcia, so überschreitet man nirgends eine natürliche Grenze, sondern befindet sich hier wie dort im Berglande des Apennin. Beide Landschaften sind charakterisiert durch das Fehlen des Flachlandes. 51,4% des Bodens der Marken gehören der Gebirgsformation an, 48,6% der Zone des Hügellandes[119].

Die Marken nehmen unter den gebirgigen Regionen
446 Italiens den vierten Platz ein[120]. Mit Ligurien und den Abruzzen zusammen weist ihr Relief die höchste Durchschnittshöhe der Halbinsel auf. Der Gebirgsrücken in seinem Verlaufe von Bocca Trabaria (1044 m) im Norden bis zu den Monti Sibillini (2334 m) und zum Monte Vettore (2478 m) im Süden bildet die Westgrenze der Marken, der als östlicher Abschluß der Küstensaum von Cattolica nördlich Pesaro bis Porto d'Ascoli (bei Ascoli Piceno) im Süden entspricht. Nirgends beträgt der Abstand zwischen Ost- und Westgrenze der Marken, zwischen Gebirgskamm und Meeresküste, mehr als achtzig Kilometer. Es fehlt demnach den Marken nicht nur an einer wirklichen Ebene, hier gibt es auch die großen und kleinen Becken nicht mehr, die für Umbrien so charakteristisch sind. Lebt man in Umbrien in Becken, so in den Marken auf hohen Stegen und Rücken. (Urbino, Camerino, Recanati, Ascoli Piceno usw.) Durch die zahlreichen Flüßchen und Bäche, die zum Adriatischen Meere strömen, sind die Talschluchten ausgewaschen und die Berghänge und Hügel abgerundet worden. So entstand die Hügellandschaft der Marken mit den kahlen, runden, kegelartigen Kuppen, streckenweise unterbrochen von den abstürzenden Graten tertiärer Formationen[120a]. Auf diesen ›Balze‹ wächst ebensowenig wie auf denen um Siena oder Volterra. Von den Mauern Urbinos schaut man auf eine solche melancholisch-graue Hügellandschaft, aus der freilich das lichte Fernenblau der Apenninberge und das tiefe Blau des Küstenstrichs der Adria den Charakter des Bedrückenden schnell vertreiben. Die großartigsten Naturbilder hat die Tätigkeit der Flüsse

geschaffen. Dort, wo die Via Flaminia den Candigliano entlang läuft, kurz ehe dieses Flüßchen sich mit dem Metaurus vereinigt, kommt der Engpaß von Furlò. Die tiefe Furche, die hier das Wasser in den Kalkstein gesägt hatte, ließ Kaiser Vespasian 77 n. Chr. an ihrer engsten Stelle erweitern, so daß nunmehr die Flaminia, die vorher über den Berg lief, durch diese eineinhalb Kilometer lange Klause (Galleria) geführt werden konnte[121]. Die Gola von Furlò hieß im Altertum intercisa saxa.

Eine Nord-Südverbindung innerhalb des Landes läßt die Bodenformation nicht zu, denn die Wasserscheide des Gebirgskamms hat Täler formiert, die alle west-östlich verlaufen. Die mangelnde Kommunikations-Möglichkeit innerhalb des Landes ist es vor allem, die dem Gebiet den Charakter des Unerschlossenen und damit des Provinziellen mitteilt. Immer muß man bis an die Küste zurück, um dann in einem neuen Tälchen gegen den Gebirgskamm vordringen zu können. Dazu kommt, daß sich ein eigentlicher Uferstreifen nicht bilden kann, weil die Ausläufer des Gebirges in Hügelformationen oft bis unmittelbar an die Meeresküste herantreten. Zur Blüte großer Städte kam es hier aus zwei Gründen nicht. Die Küste verläuft schnurgerade und formt keine Buchten für natürliche Häfen, und der Uferstreifen besitzt kein Hinterland, das eine Kulturlandschaft hätte bilden können, sondern nur ein schwer erschließbares, alle Zeit dünn bevölkertes Berg- und Waldland, das nur über Paßstraßen hin den Weg nach Umbrien, der Toskana und Latium freigab. So ist Ancona mit seinem Hafen im Schutze des herrlichen Vorgebirges heute die einzige Großstadt der

Marken, während der Renaissance der einzige Hafen
448 von mehr als provinzieller Bedeutung, wo Pius II.
die Schiffe für seinen Kreuzzug sammelte.

So ist im Lande alles ohne Folge geblieben, was politische Neuerer hier unternahmen. Auch die Kreuzzugsflotte des Humanisten-Papstes ist niemals ausgelaufen. Die Schöpfung gerann schon im Augenblicke der Stiftung, der vorausschauende und kühne Weitblick trog. Urbino ist heute noch die Frührenaissance-Stadt, die nirgends den Rahmen überschritt, den ihr Federigo da Montefeltre abgesteckt hatte. Die Universität von Camerino, 1727 von Benedikt XIII. anerkannt, ist die kleinste Italiens geblieben. Daß einer der größten Söhne der Marken, Papst Sixtus V., in den fünf allzu kurzen Jahren seines Pontifikats die Heimatprovinz mit seiner Gunst überschüttete, den Flecken Montalto, da er geboren wurde, zur Stadt und Montalto samt San Severino, Tolentino und Loreto zu Bischofssitzen erhob, alte Gerechtsamen zurückgab und neue Gerichtshöfe schuf, hat für die Dauer kein gesteigertes Leben in den Marken zu wecken vermocht. Wie wenig hat die Herrschaft eines Nebenzweiges des Hauses Sforza in Pesaro in die Weite gewirkt, wie gering sind die Fäden, welche etwa die Stadtgeschichte von Macerata mit der gesamtitalienischen verbinden.

Aber gerade weil man abseits der großen Kunstzentren Mittelitaliens im Bergland saß, gab es hier opferbereite Mäzene. Das Verhältnis des einzelnen Bewohners zum Kunstwerk ist inniger als in den schöpferischen Provinzen westlich des Apenninrükkens, wo der Reichtum der künstlerischen Kultur allzu selbstverständlich hingenommen wurde und die

Augen schneller abstumpften. Die Kargheit des heimischen Milieus weckte das Bedürfnis nach dem echten Kunstwerk. So besitzt denn eigentlich jede der kleinen Städte der Marken ihre künstlerische Besonderheit, auf die sie stolz ist. In Fabriano findet man in der Systematisierung der unregelmäßigen mittelalterlichen Anlage des Hauptplatzes – der damaligen Piazza alta – eine der ersten städtebaulichen Leistungen der Frührenaissance. Wahrscheinlich im Jahre 1451 hat Bernardo Rossellino im Auftrage Papst Nikolaus v. die »häßlichen, kleinen Häuschen« der wichtigsten Platzseite hinter einer geschlossenen Loggienreihe versteckt, dann das Motiv auf die gegenüberliegende Platzwand übertragen und so einen der ältesten gefaßten Plätze mit einheitlichen Fronten in der neueren Stadtbaukunst geschaffen[122]. Auch San Severino besitzt einen großen Ovalplatz als Stadtzentrum von offenbar einheitlicher Konzeption und bemerkenswerten Ausmaßen. Die Väter vom Oratorium in Fermo, einer Niederlassung, die noch zu Lebzeiten des Ordensstifters, des hl. Filippo Neri (gestorben 1595) gegründet wurde, nahmen die Gelegenheit wahr, bei Rubens, während er die römische Mutterkirche der Oratorianer, Sa. Ma. in Vallicella, mit einem Hochaltar schmückte (1606–1608), auch ihrerseits eine Anbetung der Hirten zu bestellen. Das herrliche Altarblatt befindet sich noch heute in S. Filippo in Fermo[123].

Nach dem Erdbeben von 1799 herrschte in dem kleinen Camerino Lebenskraft genug, um die großen Kirchen (Dom und S. Venanzio) im klassizistischen Stile sehr pompös wieder aufzubauen. Besonders dicht ist die Theaterkultur der Marken. In Fermo steht das bezaubernde Teatro dell'Aquila (1780 von Cosimo

Morelli), in Monte Giorgio, einem Dorfe von heute
450 siebentausend Einwohnern, das aber um die Mitte des vorigen Jahrhunderts kaum erst die Hälfte seiner heutigen Bevölkerung gehabt haben kann, wurde nach 1850 das Teatro Verdi errichtet, ein Bau von zwölf Fensterachsen Tiefe mit drei Rängen zu je fünfzehn Logen bei im ganzen über fünfhundert Plätzen. 1951 sind hier ›Trovatore‹ und ›Madame Butterfly‹ gespielt worden; Orchester, Chor und Dirigent kamen aus Rom. Die bedeutendste Theateranlage des 19. Jahrhunderts aber ist das ›Sferisterio‹ von Macerata, zu seiner Zeit eine Berühmtheit durch ganz Europa. Es ist ein riesiges Amphitheater[124], dessen Freiraum von zwei Stockwerken von Logen eingefaßt wird, die ihrerseits an ihrer Stirnseite gegen die Arena hin durch Kolossalordnungen gegliedert sind. Der Bau ist eine Stiftung von hundert Einwohnern, die ihrer Vaterstadt einen würdigen Rahmen für das alte Gioco del Pallone schaffen wollten, in den Jahren 1821–1829 erbaut.

Aber während Umbrien künstlerisch nach der Toskana blickt, nach Florenz und Siena, sind die Marken von alters her eine Kunstprovinz von Venedig. Schon von den venezianischen Trecentisten finden sich Gemälde in den Marken, von Paolo Veneziano (letzte Erwähnung 1362) und von dessen Schüler Lorenzo Veneziano[125]. Von den Meistern des Weichen Stils haben besonders Jacobello del Fiore (mit den herrlichen, juwelenhaft glänzenden Täfelchen des Altars in der Pinakothek von Fermo) und Michele Giambono für die Marken gearbeitet. Wenn Jacopo Bellini (mit der Anconetta im Museo Piersanti in Matelica) in seinem Alter ein Werk seiner Hand in die Marken schickt, so stattet er damit den Dank ab für das, was er in der Jugend von seinem Lehrer Gentile da Fabriano, dem großen Wanderkünstler des Weichen Stils aus den Marken, empfangen hatte. Giovanni Bellini war sicherlich in den Marken, gewiß in Pesaro, vielleicht auch in Ancona. Vor allem aber hat der zwischen 1430 und 1435 in Venedig geborene Carlo Crivelli fast seine ganze Schaffenszeit in den Marken verbracht. Zwischen 1457 und 1468 muß er dorthin übergesiedelt sein. In Ascoli Piceno, in Fermo und Camerino hat er seine Werkstatt aufgeschlagen, und in Fermo ist er 1495 gestorben. Er hat mit seinen Altären die venezianische Lieblingsform des Poliptychons in den Marken heimisch gemacht[126]. Seine bewußt archaisierende Kunst mit ihrer scharfen, harten Liniensprache, mit der unerhörten Genauigkeit der dinglichen Wiedergabe von Geschmeiden und Brokaten, aber auch von Wunden und körperlichen Mißbildungen, mußte in einem Land sehr gefallen, das bar jeglicher malerischen Tradition war. Auch sein Bruder Vittore Crivelli verbrachte fast sein ganzes Leben in den Marken (gestorben 1501). Was die Gestalt des Carlo Crivelli für den venezianischen Einfluß in den Marken während der zweiten Hälfte des Quattrocento bedeutet, das stellt die Persönlichkeit des Lorenzo Lotto für die erste Hälfte des Cinquecento dar. Er ist in seinem langen Wanderleben immer wieder in die Marken zurückgekehrt, von 1506, wo er zum ersten Male in Recanati auftritt, bis zu seinem Tode in Loreto, wo er wahrscheinlich 1556 als Oblato der Casa Santa starb. Aber während die Tätigkeit des Crivelli fünfzig Jahre früher immerhin eine Gefolgschaft in den Marken gefunden hatte, blieb diese dem so unvergleichlich viel bedeu-

tenderen Lotto versagt. Die künstlerische Entwick-
452 lung dieses Proteus der italienischen Malerei war viel zu sprunghaft und vielgesichtig, sein Leben zu unstet, als daß sich Schüler an ihn hätten anschließen können.

Eine eigenständige bedeutende Malerei haben die Marken nur in dem kurzen Menschenalter des Weichen Stiles gekannt, da neben Gentile da Fabriano im Lande selbst vor allem die beiden Brüder Lorenzo und Jacopo Salimbeni tätig waren[127]. Die politischen Verhältnisse standen hier sonst der Entfaltung einer kulturellen Blüte entgegen. »Fortwährende Wirren und Volksaufstände, erbitterte Kriege gegen die Unterdrückung durch die Adelsgeschlechter, blutige Zusammenstöße zwischen den einzelnen Städten und die ständigen Heimsuchungen der adriatischen Küste durch die Sarazenen hemmten jede freie Entwicklung[128].«

Wenn die Marken gleichwohl vom Ruhme umstrahlt werden, eine Kunstlandschaft zu sein, so verdanken sie das allein den kurzen Jahrzehnten der *Blütezeit des Musenhofes von Urbino* unter der Regierung des Federigo da Montefeltre. Das Geschlecht war nicht als eine Signorenfamilie soeben erst hochgestiegen, es regierte schon seit Jahrhunderten in dem Bergnest, das nun ab etwa 1465 die Künstler aus aller Welt an sich zog. Die Medici haben um ihren Haushalt im wesentlichen nur florentinische Künstler geschart, in Urbino kehrten die Maler aus allen Teilen Italiens, aus Flandern und Spanien ein. Piero della Francesca hat hier vielleicht schon zum ersten Male zwischen 1440 und 1450 geweilt, indessen zur Bildung eines

künstlerischen Kreises kam es erst nach 1465[129]. Paolo Uccello kommt 1467 nach Urbino, die Ankunftsdaten
von Luciano Laurana und Melozzo da Forli sind nicht genau überliefert; die beiden werden aber ebenfalls um 1465 am Hofe des Montefeltre eingetroffen sein. Der Name des Joos van Gent taucht zum ersten Male in einer Urkunde von 1473 in Urbino auf, der Sienese Francesco di Giorgio ist hier seit 1477 bezeugt, dürfte aber schon 1475 nach Urbino übergesiedelt sein. Seit 1477 ist auch der Spanier Pedro Berruguete in den Urkunden des Hofes nachweisbar. Der große Mathematiker Luca Pacioli, der Verfasser der ›Divina Proportione‹[130], einer Lehre vom Goldenen Schnitt, muß ebenfalls in den siebziger Jahren dem urbinatischen Kreise nahegetreten sein, während er in dem benachbarten Perugia Mathematik lehrte (1477–1480). Piero della Francesca wird seinen Schüler, den er in den mathematischen Disziplinen unterrichtet hatte, am urbinatischen Hofe eingeführt haben. Ein urbinatischer Künstler war es wohl auch, der wesentlich später, 1495, den Pacioli gemalt hat (Neapel, Pinakothek). Nichts vermittelt die Atmosphäre des Künstlerkreises um den Montefeltre besser als dieses Bild (Abb. 75). Da steht der Mathematiker hinter einem Tisch, auf dem sein Handwerkszeug ausgebreitet liegt, ein Winkelmesser, ein Kompaß, ein aufgeschlagenes Buch mit geometrischen Figuren am Rand, ein Polyeder aus Holz. Von der Decke herab aber hängt, an einer roten Schnur befestigt, ein zweiter Polyeder, nun aus Kristall, auf dessen Facetten das Licht sich bricht und Teile der Außenwelt reflektiert werden, welche der durch ein unsichtbares Fenster eingedrungene Strahl vermittelt hat[131]. Federigo »gab seinem

Hof einen eigenen Charakter, der sich im Laufe eines
454 Jahrhunderts trotz aller politischer und innerer Veränderungen erhielt. Urbino entwickelte sich zur Stadt der Mathematiker, die als solche in der zweiten Hälfte des 16. Jahrhunderts ihren höchsten Glanz erreichte[132].« Der florentinische Künstler-Kreis, welcher die Gesetze der Zentralperspektive erfunden hatte und der so vielen anderen mathematischen und optischen Problemen nachgegangen war, hatte sich nach dem Tode Brunellescos und Ghibertis aufgelöst; Alberti war nach Rom übergesiedelt, und als Donatello 1454 nach zehnjähriger Abwesenheit nach Florenz zurückkehrte, fand er, daß die Interessen des mediceischen Hauses sich ganz philologischen und philosophischen Problemen zuwandten[133]. So konnte der Hof von Urbino das Erbe des florentinischen Künstlerkreises aus den ersten drei Jahrzehnten der Frührenaissance antreten.

Alles, was an Kunstwerken nun in Urbino entsteht, spiegelt das Interesse für Skenographie und Mathematik, für Linear- und Luftperspektive, für die Darstellung geometrischer und optischer Gesetze wider. Am Anfang steht zeitlich Piero della Francescas Geißelung Christi mit dem Aufruf zum Kreuzzug, jenes rätselhafte Bild der Galerie in Urbino, das kürzlich überzeugend von H. Siebenhüner gedeutet wurde und das 1464–1465 entstanden sein muß[134] (Abb. 76). Es folgen die Architektur-Prospekte in niedrigem Breitformat von der Hand des großen Baumeisters Luciano Laurana, des Erbauers des herzoglichen Palastes[135], die berühmten Täfelchen aus der Galerie Barberini in Rom mit Szenen aus dem Leben der hl. Jungfrau (heute Metropolitan Museum), die früher Fra

Carnevale hießen und die man kürzlich als Jugendwerke des Bramante angesprochen hat[136]. Auch die Intarsien der großen Türflügel des Herzogspalastes, von denen die ersten um und nach 1472 entstanden, stellen Straßenbilder mit tiefen Hausfluchten in toten, menschenleeren Städten dar[137]. Solange Francesco di Giorgio in Siena Architektur-Hintergründe für seine Altarblätter malt, sind seine Raumvorstellungen kleinlich-befangen oder gar ›falsch‹ im Sinne der neuen Linearperspektive (wie z.B. auf der Verkündigung der Sieneser Pinakothek). Sobald er als Festungsbaumeister nach Urbino gerufen wird, zieht in seine Bronzereliefs die großartige Weiträumigkeit und das edle und freizügige Schalten mit den Elementen der antiken Architektur ein, die auch das Wesen von Lauranas architektonischer Schöpfung bestimmen. Lange ehe der Flame Joos van Wassenhove in den Dienst des Herzogs trat, schon kurz nach 1455, hatte Federigo jenes Interieur des Jan van Eyck mit einer Badeszene erworben, das die Brechung des Lichts durch die Scheiben eines Fensters, das Aufglänzen eines Messingbeckens und die Modellierung eines Mädchenkörpers im gedämpften Lichte eines Binnenraums schilderte und schließlich die ganze Szene in einem Rundspiegel auffing und zurückwarf[138]. Piero della Francescas Madonna von Senigaglia wird in der Lichtführung viel von jenem Täfelchen van Eycks gelernt haben. Auch der nächsten Generation hat dieses Interesse für die malerische Darstellung architektonischer Probleme am Hofe sich noch mitgeteilt. »Von den beiden größten Künstlern Urbinos begann Bramante seine Laufbahn als Maler und Raffael beendete die seine als Architekt[139].«

So trägt die Kunstpflege am Hofe von Urbino ein
456 einheitlicheres Gesicht als die an den anderen Musenhöfen der italienischen Frührenaissance – aber bodenständig war sie nicht. Ein Umbrer aus Borgo Sansepolcro und ein Dalmatiner vom anderen Ufer der Adria als die treibenden Kräfte, dazu drei Toskaner, der Florentiner Uccello, der Sienese Francesco di Giorgio, der Cortonese Signorelli, weiter der Romagnole Melozzo aus Forlì, schließlich ein Flame, ein Spanier gar – nur aus den italienischen Marken kam keiner der Künstler, die aus Urbino ein ›Bethlehem in Juda klein und groß‹ gemacht haben[140].

(140) Über die Beziehungen des einzigen in Urbino gebürtigen Architekten, des Bramante, zur dortigen Hofkunst läßt sich Sicheres nicht ermitteln. Zu den zahlreichen Theorien über die vermeintlichen urbinatischen Jugendarbeiten des Bramante vgl. z.B. P. Rotondi I, p. 353 ff.

ROM

Tu regere imperio populos,
Romane, memento.

Vergil, Aeneis VI, 851

Quamdiu stat Colisaeus, stat et Roma.
Quando cadet Colisaeus, cadet et Roma.
Quando cadet Roma, cadet et mundus.

(Pilgerspruch um 700)

Rom entstand als Brückenkopf am Tiberufer. Aus allen Winden drängen sich hier die Straßen zusammen. Nur dem Westen, der Küste, kehrt Rom den Rücken zu. Obwohl die Stadt kaum fünfundzwanzig Kilometer vom Meere entfernt liegt, hat sie niemals den Versuch gemacht, Seestadt zu werden. Der Gedanke, das antike Ostia oder Portus zu erneuern und eine Rivalin von Pisa oder Genua zu werden, ist Rom im Mittelalter nie gekommen. Noch Stendhal lebte in Civitavecchia in der Verbannung. Auch die moderne Großstadt hat noch mit dem latinischen Küstensaum vor ihren Toren nichts anzufangen gewußt. Dort sah es am Vorabend des ersten Weltkrieges noch recht still und leer aus. Erst unter Mussolini entstand hier nach dem Bau der Bahnlinie, welche den Strand mit der Stadt verband, die eben die Millionengrenze überschritt, ein frohes Strandleben.

Rom ist als Bauernstadt emporgekommen und ist es lange geblieben[1]. Die Stadt liegt in einer weiten ausgedörrten Ebene, die Sabiner-, Herniker- und Volskerberge im Osten, der Soracte und der Ciminische Wald im Norden schließen die Ebene wandartig

steil gegen das Innere der Halbinsel ab. Etwa in der
458 Mitte des Flachlandes, gleich weit entfernt von der
Bergkette des Sabinergebirges und dem Küstensaum,
liegt Rom. Wer auf einer der vielen Straßen der Ewigen Stadt zuzieht, kommt durch keine üppige Kulturlandschaft. Hier ist die Ebene nicht mit der Fülle von Landhäusern besät wie um Florenz, hier grünt nicht die Rebe und zeugt nicht die Stattlichkeit des Podere von der Wohlhabenheit des Bauern wie in der Toskana. Das Land ist geschichtslos. Stadtgründungen des Mittelalters und der Renaissance gibt es hier nicht, alle Siedlungen waren schon immer da. Die Kirchen der wenigen Dörfer sind nicht voll von bunten Renaissance-Fresken, die mit Weitläufigkeit und Behagen das Leben des Ortsheiligen erzählen. Kein bunter Majolikafries, keine Hausmadonna erlösen das Straßenbild von seiner steinernen Schweigsamkeit. In den größeren Orten sind nicht der Hof oder die Fassade des Municipio mit den alten Podestà-Wappen übersät. Nur in den uralten Bischofssitzen wird die Zeitlosigkeit dieser Bergstädtchen unterbrochen durch ein Stück Zyklopenmauer, einen antiken Sarkophag oder durch einen Bischofsstuhl mit musivischen Borten in der Art der Cosmaten, der in der Kathedrale steht. Das alles stammt nicht aus Jahrhunderten, in die wir noch ein natürliches historisches Einfühlungsvermögen besitzen. Es scheint uns alles urlange her zu sein. Die Zeit steht hier still. Dies Latium rund um Rom tritt uns nicht als bebauter Kulturboden, sondern als heroische Landschaft entgegen. Zu den kahlen Bergketten und der Ebene tritt abends, wenn die Sonne zur Rüste geht und der Dunstschleier zerreißt, der aufglänzende Spiegel des Tyr-

rhenischen Meeres, auf dem man dann etwa von Frascati oder Ariccia aus jedes Schiff klar mit bloßem Auge erkennen kann. Dieser Dreiklang von Berg, Ebene, Meer bildet ein Panorama, das recht in sich aufzunehmen dem Betrachter deshalb so schwer fällt, weil es keine Maßstäbe dafür gibt. Keine Hügelkuppen, keine Talschluchten lenken den Blick sicher zum Mittelgrund und von dort in die Tiefe. Das Auge muß springen, nirgends bietet sich ihm eine Kontrolle, wie weit es in die Ferne taucht. Sind es Wegstunden, sind es Tagemärsche? Am Horizont gewahrt man den hellen Dunst über dem Häusermeer der Millionenstadt Rom. Einzelheiten erkennt man nicht, nur die Peterskuppel schwebt groß und deutlich über dem Glaststreifen, so daß man nahe an der Stadt zu sein glaubt.

Die großen Prospekte dieser Gegenden haben die Maler bestimmt, hier heroische Motive zu malen seit es eine Landschaftsmalerei gibt. Alle Nationen, Franzosen, Niederländer, Deutsche, Engländer hat der Zauber dieser Landschaft in gleicher Weise zu künstlerischem Schaffen angeregt, was die Toskana etwa nicht vermocht hat. Alle Zeiten und Künstler fanden in Latium die Motive, die sie suchten – und sei es nur die Serpentara bei Olevano, welche den deutschen Romantikern das heimische Waldesrauschen ersetzen mußte. Die heroische Landschaft lebt von der Spannung, die zwischen der zeitlosen Natur und der zerfallenden menschlichen Schöpfung in ihr entsteht. Die Ruine ist hier kein Versatzstück romantischer Landschaftsmaler: die Reste der Etruskerstädte Veji oder Faleri in der Einsamkeit des Weidelandes, die zerstörten Aquädukte, deren Bögen die Campagna durchquerend in immer gleichem Rhythmus der

Ewigen Stadt zueilen, die verfallenden Monumente
460 an der Gräberstraße, der Via Appia, die wegen der Malaria-Gefahr verlassenen mittelalterlichen Siedlungen wie Ninfa unterhalb Cori, das Kastell Torre Astura und die nicht mehr besetzten Wachttürme am latinischen Strand, die bis vor einem Menschenalter der Seuche preisgegebenen Pontinischen Sümpfe – dort hat überall die Natur über das Werk von Menschenhand den Sieg davongetragen. Es hat allezeit menschliche Gemüter gegeben, die diesen Gegensatz im gestalteten Kunstwerk zu versöhnen gesucht haben. Von Masolinos Landschaft mit der Kreuzigung Christi in der Katharinen-Kapelle von S. Clemente in Rom über Raffaels Disputà und Polidoro da Caravaggios Fresken in S. Silvestro al Quirinale, den Erstlingen der Gattung der Landschaftsmalerei in Italien, über Elsheimers, Poussins und Claude Lorrains Gemälde und schließlich bis zu den akademisch gebauten Kompositionen der Romantiker und Nazarener vom Schlage Joseph Anton Kochs oder Oliviers und bis zu Corots, Feuerbachs und Böcklins Campagna-Bildern – welche Kette großer Gesichte, in denen die Weite, die Einsamkeit, das Fehlen der Spuren von der Wirksamkeit des Menschen und darum also die Zeitlosigkeit geprägte Form geworden sind. Auf allen diesen Bildern erscheint der Mensch nur unter der Gestalt des Hirten. Das bedeutet keinesfalls, daß gedankenlose Maler auf diese billige Staffage nicht hätten verzichten lernen. Eine Umwelt, die alle Spuren stolzeren irdischen Planens nur als Trümmer gelten läßt, kann der Mensch nur im Urzustande, also als Jäger oder Hirte, als Nomade betreten. Eine ländliche Einsamkeit, die unschuldig ist, weil sie fernab aller Kultur liegt und be-

völkert nur von Schäfern, das ist Arkadien. In der Tat kann die heroische Landschaft rings um Rom unvermittelt arkadische Züge annehmen. Auch Arkadien ist ja zeitlos. Wieviele Hirten gibt es noch heute in der Zeit der Standesämter und der Statistik, denen ihr eigenes Alter so unbekannt wie gleichgültig ist. »Es genügt zu wissen, daß wir alt sind und bereit sein müssen, zu sterben«, sagte uns ein Hirt, den wir auf einem herbstlichen Jahrmarkt in Bellegra – dem Civitella der deutschen Romantiker – trafen, zu dem die Gebirgsbevölkerung und zumal die Hirten von weit her zusammengeströmt waren. Auch die ungeheure Armut dieses größtenteils unbebauten Landes teilt seinen Bewohnern den Hauch der Zeitlosigkeit mit. Das Einkaufen einer Pfanne, eines Messinggeschirrs, eines Stuhles auf einem solchen Jahrmarkt, das ist für den Käufer eine der wichtigsten Wegmarken durch das ganze Jahr. Sieht man dann am Abend die Besucher auf ihren Maultieren heimreiten, so begreift man, daß seit den Eklogen des Vergil sich hier an den Grundgesetzen des menschlichen Daseins nicht allzuviel verändert hat, obwohl der Espresso in solchen Bergnestern in Latium oft kaum schlechter ist als an der Piazza di Spagna und der Autobus, der in Tivoli, Palestrina oder Subiaco den Anschluß an den Abendzug nach Rom findet, ziemlich pünktlich abgeht.

Diese ungeheure Weite der umgebenden Landschaft hat in das Stadtbild Roms im Laufe der Jahrtausende wenigstens zweimal ihren Einzug gehalten, in das Rom der Kaiserzeit und in die Stadt der Päpste seit Sixtus v. (1585–1590).

Das Areal der spätantiken Stadt in ihrer größten

Ausdehnung, wie es der Mauerbau des Kaisers Aure-
462 lian von 271 n. Chr. uns noch heute eindrucksvoll vor Augen stellt, war außerordentlich locker besiedelt. In der Zeit der größten Bevölkerungsdichte hatte das spätantike Rom höchstens eine Einwohnerzahl von sechshundert- bis siebenhunderttausend Menschen. Armin von Gerkan hat eine Karte der Stadt innerhalb der Aureliansmauer gezeichnet, in der die bestimmbaren unbewohnten Gebiete durch Schraffur herausgehoben sind[2] (Textabb. 5). Aus ihr ergibt sich, daß »im Altertum Rom an Freiflächen und öffentlichen Anlagen das halbe Stadtgebiet aufwies[3]«. Das Kapitol z.B. war nur mit ganz vereinzelten Wohnhäusern an den wenigen flachen Hängen bebaut, in

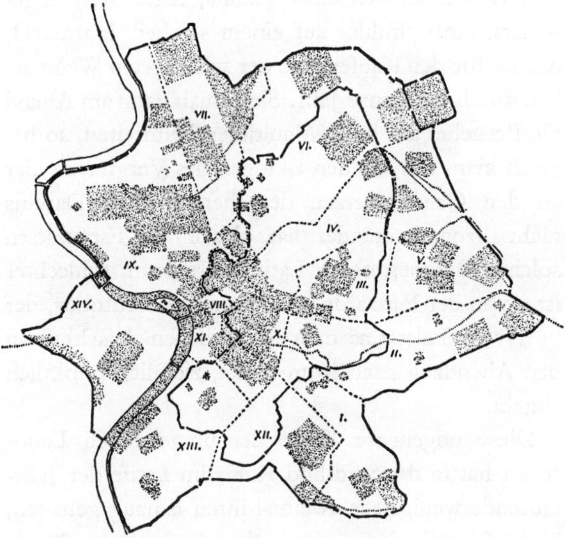

5. Rom. Bebauter Grund und Grünflächen in der Antike
(nach A. v. Gerkan)

der Umgebung des Marcellus-Theaters bis an den Tiber haben keine Häuser gestanden, auch das Gebiet zwischen den Kaiserfora und dem Kapitol blieb frei davon. Die Gegend vom Flavischen Amphitheater bis zu den Thermen des Titus und Trajan, ja bis zu den Sette Sale war unbevölkert, auch die Hänge des Janikulus waren, wie heute noch, nur dünn besiedelt[4]. Die großen Gärten, die sich z.T. bis in die Renaissance als Vignen behauptet haben, wechselten mit großen Feldern. Das Marsfeld wird auf dreihundert Meter im Quadrat geschätzt: also ein Wechsel von dicht zusammengedrängten insulae mit großen öffentlichen Bauten wie Basiliken, Thermen, Tempeln – alle Wohnquartiere, Verwaltungsviertel und Kultbauten aber untermischt mit weiten Grünanlagen.

Im Cinquecento war die Struktur des Stadtplans davon nicht allzu verschieden. Schon in der reifen Renaissance, vor allem aber im Barock, legte sich um den Stadtkern der Kranz der suburbanen Casini mit den herrlichen, weiträumigen Parks. Ein Blick auf Faldas großen römischen Stadtplan von 1676 überzeugt uns davon, daß viele der Hauptstraßen in den von Sixtus v. neu erschlossenen Quartieren gegen Ende des Seicento noch mit Vignen-Mauern gesäumt waren. Was uns heute entzücken würde, fand die Mißbilligung der Reisenden der Barockzeit: daß nämlich das von der Aureliansmauer umschlossene Stadtgebiet nur etwa zu einem Drittel bewohnt war, während der Rest aus Grünflächen bestand, in denen Villen und Klöster lagen. Ein anynomer Rom-Reisender aus dem Anfang der dreißiger Jahre des 18. Jahrhunderts hat den Gegensatz zwischen dem Stadtinnern am Ti-

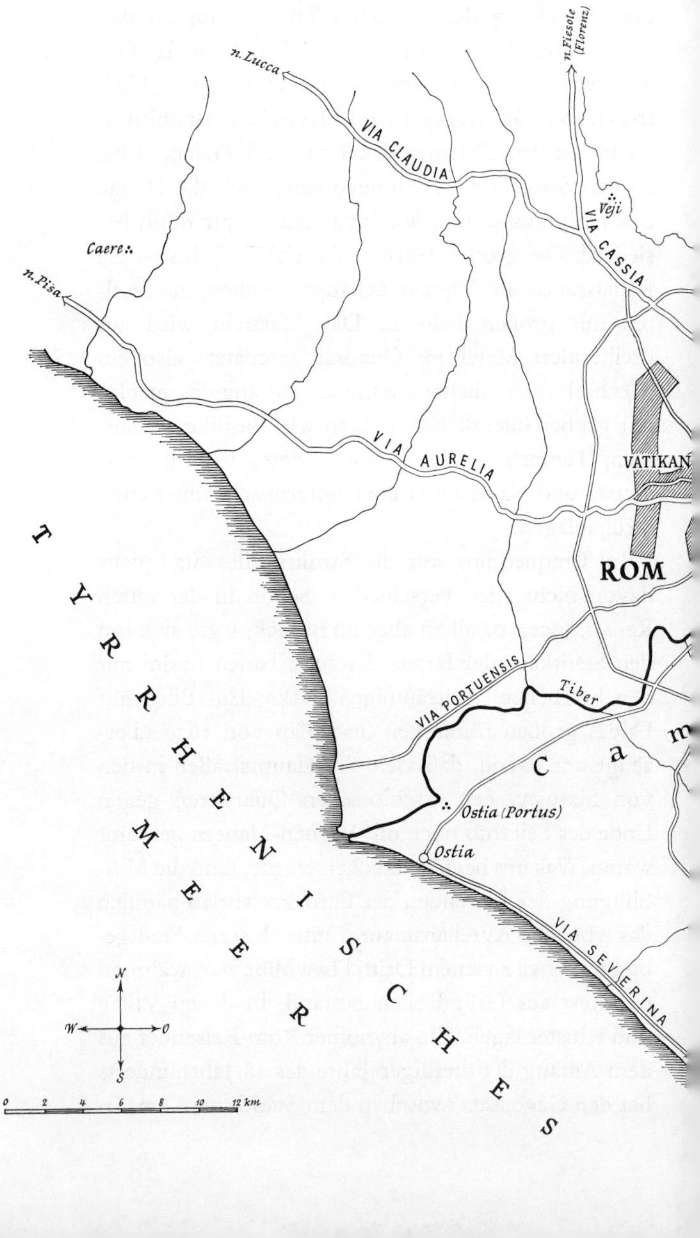
n. Lucca
n. Fiesole (Florenz)
VIA CLAUDIA
Veji
VIA CASSIA
Caere
n. Pisa
VIA AURELIA
VATIKAN
ROM
TYRRHENISCHES
MEER
Tiber
VIA PORTUENSIS
Cam
Ostia (Portus)
Ostia
VIA SEVERINA
N
W
O
S
0 2 4 6 8 10 12 km

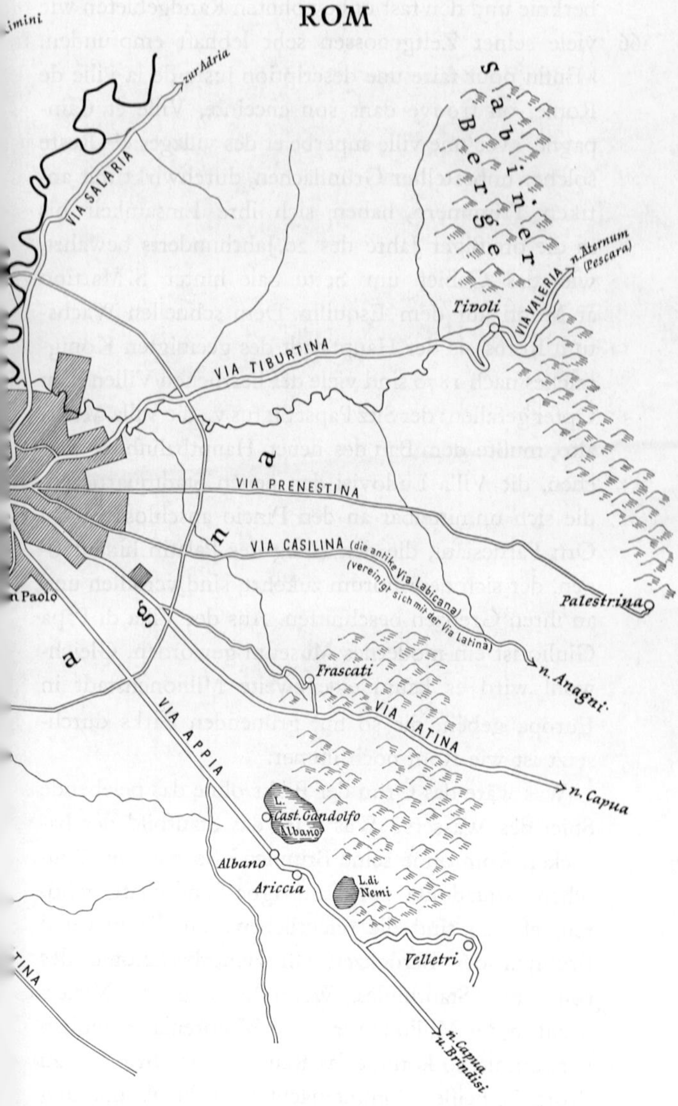
ROM
zur Adria
VIA SALARIA
Sabiner Berge
n. Aternum (Pescara)
VIA VALERIA
Tivoli
VIA TIBURTINA
C a m p a g n a
VIA PRENESTINA
VIA CASILINA (die antike Via Labicana) (vereinigt sich mit der Via Latina)
Palestrina
n. Anagni
Frascati
VIA LATINA
VIA APPIA
n. Capua
L. Cast. Gandolfo Albano
Albano
Ariccia
L. di Nemi
Velletri
n. Capua u. Brindisi

berknie und den fast unbewohnten Randgebieten wie
466 viele seiner Zeitgenossen sehr lebhaft empfunden. »Enfin pour faire une description juste de la ville de Rome, on trouve dans son enceinte, Ville et Campagne, avec une ville superbe et des villages.«[4a] Reste solcher unbestellter Grünflächen, durchwirkt mit antiken Trümmern, haben sich ihre Einsamkeit bis in die dreißiger Jahre des 20. Jahrhunderts bewahrt, wie das Gebiet um Sette Sale hinter S. Martino ai Monti auf dem Esquilin. Dem schnellen Wachstum Roms als der Hauptstadt des geeinigten Königreiches nach 1870 sind viele der herrlichen Villen zum Opfer gefallen: der Sitz Papst Sixtus v., die Villa Montalto, mußte dem Bau des neuen Hauptbahnhofs weichen, die Villa Ludovisi den neuen Stadtquartieren, die sich unmittelbar an den Pincio anschlossen; die Orti Farnesiani, die den Hang des Palatin hinaufzogen, der sich dem Forum zukehrt, sind verfallen und an ihren Grenzen beschnitten. Aus der Villa di Papa Giulio ist ein modernes Museum geworden. Gleichwohl wird es kaum eine zweite Millionenstadt in Europa geben, die so mit grünenden Parks durchsetzt ist wie Rom noch immer.

Was wäre das Grün der Parks ohne das belebende Spiel des Wassers? Was wäre das Stadtbild des barocken Rom ohne seine Brunnen? So wie die römischen Aquädukte zur Campagna-Landschaft gehören, ebenso sind die öffentlichen und die privaten Brunnen der Barockzeit ein Hauptbestandteil des römischen Stadtbildes. Wenn heute gegen Mitternacht in der Millionenstadt der Motorenlärm endlich verstummt, so kommt das Rauschen der Brunnen zu Wort. In heißen Sommernächten ist die Wanderung von Brunnen zu Brunnen, von der Piazza Navona zur Fontana Trevi, von dort zu den Cavalli des Quirinal hinauf oder zur Barcaccia am Fuße der Spanischen Treppe hinüber ein Labsal der Römer. Alle Kinder der Ewigen Stadt haben von Natur aus ein Verhältnis zum Wasser. Als Bernini in Paris 1665 einmal wieder einen sehr angestrengten Arbeitstag hinter sich hatte, »fiel die Spazierfahrt abends nur kurz aus. Er wollte nach dem Pont Rouge fahren, ließ den Wagen eine gute Viertelstunde auf der Brücke halten, blickte flußaufwärts und -abwärts und sagte: ›Das ist ein schöner Blick. Ich bin ein großer Freund des Wassers, es tut meiner Stimmung so wohl.‹ Dann fuhren wir wieder nach Hause[5].« Wir besitzen genügend alte Veduten, die uns das Caroussel auf der Piazza Navona anschaulich schildern. Im Sommer wurde der Agon an drei Sonntagen unter Wasser gesetzt, das sogenannte Divertimento del Lago konnte beginnen. Zunächst waren die Zufahrtsstraßen abzuriegeln, so daß das Wasser nicht abfließen konnte und dann der Schwall von Berninis Vier-Ströme-Brunnen durch Verstopfen der Abflüsse auf das Pflaster abzuleiten. Durch die seichten Fluten fuhren dann die Karossen des Adels ihr Wasser-Caroussel[6].

Dank der Fürsorge der Päpste war die Wasserversorgung der Ewigen Stadt während der neueren Jahrhunderte glänzend zu nennen. So konnten Projekte aufkommen, wie jenes, von dem Bernini 1665 in Paris mehrfach erzählt: »Ich habe dem Papst einmal vorgeschlagen, die Trajanssäule auf den Platz zu schaffen, wo die Antoniussäule steht und zwei Fontänen darum zu gruppieren, die den ganzen Platz bespült hätten. Das wäre der Glanzpunkt von Rom geworden[7].« Von

der antiken Fassung der Ufer der Tiberinsel in die
468 Form eines Schiffes über die Acqua Felice und Acqua
Paolo bis zum Ausbau der Fontana Trevi – welche
Fülle von riesigen Brunnen aller Gattungen (Wand-
brunnen, Freibrunnen, Hausbrunnen, Pferdetränken
usw.) im römischen Stadtbild.

Von diesem Stadtleib strahlen nun seit mehr als
zweitausend Jahren die Straßen aus, die umliegenden
Landschaften gleichsam in ein Vorfeld dieser einzig-
artigen Stadt verwandelnd. Je mehr Rom die beherr-
schende Macht Mittelitaliens, dann die Gebieterin der
Halbinsel, schließlich die Herrin der Welt wurde, desto
größere Bedeutung gewannen diese Straßen. »Alle
Wege führen nach Rom«, sagt noch heute das Sprich-
wort. Die älteste dieser Straßen ist die Via Appia,
welche der Zensor Appius Claudius Caecus 312 v. Chr.
begann, und die über die uralten Sitze des Latiner-
tums in den Albanischen Bergen – zu denen natürlich
längst Straßenverbindungen bestanden hatten – nach
Capua führte (hundertzweiunddreißig Miglien lang)[8].
Auch die Via Latina, die Stadt durch das Tor ver-
lassend, das ihren Namen trug, hatte Capua zum End-
ziel. Nach Norden entließ die Stadt drei Hauptver-
kehrsadern, die Via Aurelia an die tyrrhenische Küste,
die 241 v. Chr. wohl nur bis Ansedonia ging, dann bis
Pisa, schließlich bis Genua verlängert wurde. Durch
die Mitte des Landes lief die Via Cassia nach Arezzo
und Fiesole, die jüngste von allen Straßen, wohl erst
125 v. Chr. erbaut; zur Adria aber führte die wichtig-
ste dieser drei Nordstraßen, die Via Flaminia[9], welche
220 v. Chr. von dem Zensor Gaius Flaminius in An-
griff genommen wurde, zweihundertzwölf Miglien
lang und bis Rimini führend, dem strategischen Aus-

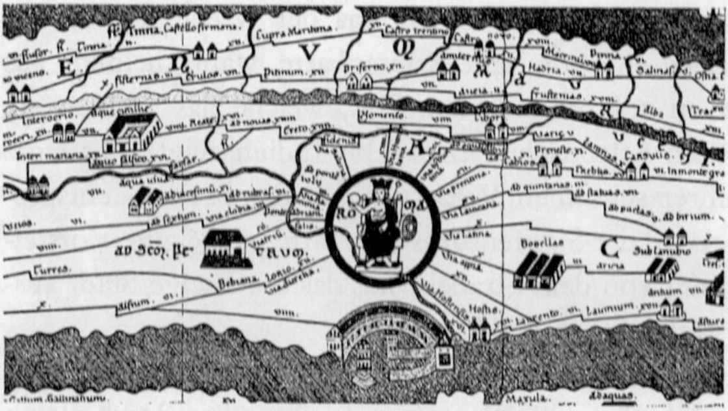

6. Peutingersche Tafel, Latium

gangspunkt für die spätere Eroberung Norditaliens. Unmittelbar nördlich von Rom zweigte von der Via Flaminia die Via Amerina ab, die nach Umbrien, in die heutigen Städte Todi und Perugia führte und die fast in ihrem ganzen Verlaufe der Via Flaminia parallel zog. Genau an der Nordspitze der Stadt verließ durch die Porta Collina die Via Salaria Rom, die uralte Salzstraße durch das Sabinerland, die dann den Apennin überschritt und bei Castrum Truentinum – Tronto die Adriaküste erreichte. An der Porta Esquilina im Osten entließ die Ewige Stadt die Via Valeria, welche 154 v. Chr., als sie angelegt wurde, nur bis Alba Fucens am Fuciner See führte, schließlich aber den Abruzzenkamm überstieg und die ganze Halbinsel in östlicher Richtung überquerte, um bei Aternum, dem heutigen Pescara, am Gestade zu münden. So strahlt von Rom seit fast zweitausendzweihundert Jahren ein Straßensystem nach allen Richtungen aus. Nur gegen Westen unterband die Küste des Tyrrhenischen Meeres dieses Ausgreifen zu Lande über viele Hunderte von Kilometern hin.

Die Tabula Peutingeriana der Wiener Hofbiblio-
470 thek, eine römische Routenkarte, wahrscheinlich aus
dem 4. Jahrhundert n. Chr., welche das Straßennetz vom Atlantischen Ozean bis Indien zeigt, gibt trotz ihrer seltsamen Verzerrung in die Breite – entsprechend der Streifenform der Karte – eine gute Vorstellung von dem Straßennetz, das die Ewige Stadt ausstrahlt (Textabb. 6)[9a].

Alle diese Straßen haben Fernziele, Capua oder Rimini, Pisa oder Perugia – Latium aber durchqueren sie nur. Gewiß ist aus all den alten Nestern der Campagna zu allen Zeiten auch der Nahverkehr über diese Straßen gelaufen, und heute herrscht die ganze Nacht hindurch auf ihnen das regste Leben, damit die Millionenstadt jeden Morgen mit Lebensmitteln, Fleisch, Obst oder Gemüse versorgt sei.

Aber die Menschen, welche das politische, kulturelle und künstlerische Leben Roms durch die Jahrtausende bestimmt haben, kamen alle weither über die Fernstraßen. Es ist also ganz anders als in Florenz, wo der unerschöpfliche Reichtum des künstlerischen Lebens sich allenfalls dadurch erklärt, daß aus der ganzen Nordtoskana die Bauernsöhne in die Stadt ziehen, wo sie durch ihre Ursprünglichkeit das künstlerische Leben davor bewahren, in artistischer Problematik zu erstarren. Es ist auch anders als in Venedig, das die Künstler aus der ganzen Terra ferma anzog, als in Bologna, dessen Maler alle aus der Stadt oder aus dem künstlerischen Weichbild stammten, Reni aus Calvenzano, Guercino aus Cento. Rom allein besitzt in Italien kein natürliches künstlerisches Hinterland, so wenig wie Paris oder Madrid; die Kapitalen der großen Staaten sind der Treffpunkt für die Künstler des ganzen Landes. So werden die alten Bischofsstädte Latiums, Viterbo oder Anagni, Sutri oder gar Rieti im Sabinerlande gleichsam überspielt. Mögen die modernsten Erzeugnisse der Technik in ihnen ebenso selbstverständlich benutzt werden wie in Rom, als Quellkammern des künstlerischen Lebens der Hauptstadt haben sie nie gesprudelt. So besitzt Rom als Kunststadt zu seiner Campagna ein merkwürdig distanziertes Verhältnis, weil es sich biologisch aus ihr nicht regeneriert.

Bei allen italienischen Kunstlandschaften, die wir betrachtet haben oder noch behandeln werden, ist das Sich-gleich-Bleiben der künstlerischen Seite des Stammescharakters durch den Wechsel der Zeiten bis an die Schwelle des 19. Jahrhunderts hin ein Prozeß, der sich allein im Bereiche des Unbewußten vollzieht. Was wir den Genius loci von Venedig oder Siena nennen, ist erst dem nachgeborenen Forscher aus der Zeit des Historismus erkennbar. Die schöpferischen Menschen jener Städte und Kunstlandschaften indessen ahnten vor dem Ende des 18. Jahrhunderts nur sehr selten, in welch lebendiger künstlerischer Tradition sie standen. Sie werden im allgemeinen nur ein Lächeln für den Puppenstand der Kunstwerke vergangener Geschlechter übrig gehabt haben. Nirgendwo knüpft man absichtsvoll an *lokale* Vorbilder an[10], die um Jahrhunderte zurücklagen und denen man sich verpflichtet gewußt hätte. Es gibt nur eine Ausnahme: Brunellesco hat um 1420 in Florenz sich die Bauten der Proto-Renaissance aus der

(10) Der Genie-Kult, der mit Michelangelo, Raffael, den Carracci oder Guido Reni getrieben wurde, steht auf einem andern Blatt.

Zeit um 1100 zur Richtschnur gewählt, aber nicht,
472 weil sie Zeugnisse einer florentinischen Tradition waren, die er etwa fortzusetzen gedacht hätte, sondern weil er sie irrtümlicherweise für römische Gebäude hielt, denn die erlauchte antike Vergangenheit wollte er allerdings erneuern. Von diesem Zwischenspiel abgesehen, gibt es aber weder in Florenz noch in einem anderen Kunstzentrum Italiens eine Lokaltradition, die stark genug gewesen wäre, politische Ideen aufzustellen, die ganz von selbst ästhetische Ideale aus sich hervortrieben, so daß es zwangsläufig zur Ausbildung eines Formenkanons hätte kommen müssen, der durch die Jahrhunderte hindurch als Norm gegolten hätte.

Allein in Rom ist dies der Fall gewesen. Es gibt keine ›Florenz-Idee‹, aber es gibt seit zwei Jahrtausenden einen Rom-Gedanken. Was Florenz ist, kann nur derjenige begreifen, der mit offenen Augen die Straßen und Plätze der Stadt durchwandert – aber den Rom-Gedanken haben viele Menschen verstanden und ihr Leben in den Dienst dieser Idee gestellt, die niemals die Peterskirche oder das Kolosseum geschaut haben: Dorfpfarrer aus Polen, Krankenschwestern aus Peru, norwegische Straßenbaumeister, politische Legionäre oder Flüchtlinge und wandernde Humanisten, die heute eine Pfründe in Canterbury genossen und morgen eine Professur in Erfurt bekleideten, Maler aus den Ateliers von Montmartre oder Schwabing, die nie das Geld für eine Italienreise zusammenbrachten, junge Dichter im Quartier Latin, die noch den Klang der Verse Vergils im Ohre haben.

Dante wählte sich nicht umsonst den Vergil zum Führer. In ewigen Versen hat er die Tradierung des

Rom-Gedankens vom Heidnischen ins Christliche als den Weg der göttlichen Vorsehung bezeichnet und den Aeneas als Platzhalter für Petrus angesehen (Inf. II, 18 ff.) Als ›caput mundi‹ wird Rom schon seit den Tagen Ovids gepriesen. Der Ausdruck ›urbs aeterna‹ hingegen, zuerst von Tibull gebraucht, begegnet seit dem Siege des Christentums im Mittelalter nur noch ausnahmsweise. Er widersprach zu sehr der Vergänglichkeit alles Irdischen, von der die neue Lehre überzeugt war[11]. Für die Bezeichnung ›Aurea Roma‹ gibt es seit Ovid Belege, häufiger hat man sie erst seit der karolingischen Zeit verwendet[12]. Der Vers »Roma caput mundi – regit orbis frena rotundi« taucht als Umschrift einer Bulle Kaiser Konrads II. von 1033 zum ersten Male auf und ist vielleicht von einem Literaten aus dem Gefolge des Saliers verfaßt[13].

Die Rom-Sehnsucht hat sich seit dem frühen Mittelalter in der Rom-Symbolik niedergeschlagen. Deren Zeugnisse schmückten im Mittelalter die Freisäulen der öffentlichen Plätze, die Siegel der Kaiserurkunden, die illustrierten Handschriften der Enzyklopädien (Abb. 81)[13a] oder die Fresken in den Prunksälen der Rathäuser. Manche dieser Symbole waren schon dem römischen Staatswesen der Antike heilig gewesen, wie das Bild der Wölfin mit den Zwillingen, andere hat das Mittelalter neu geschaffen, wie die Romansichten auf den Siegeln und Bullen an den Kaiserurkunden, welche die berühmtesten Bauwerke, die mirabilia urbis, in ganz unnaturalistischer Weise zu einer idealen Vedute zusammenziehen (Abb. 80).

Weit wichtiger aber als die fortwirkende Kraft solcher mittelalterlichen Symbole ist das Leben, das

von den antiken Denkmälern selbst ausgeht, die im
474 Grunde gar nicht der Verbreitung durch das Bild für ihren Ruhm bedürfen. Die Rätsel, welche im Verfalle der Ewigen Stadt während des Mittelalters wie ein Nebelmeer jedes dieser Bauwerke umdrängten, die Ungewißheit über ihren Namen, ihre einstige Bestimmung und das ursprüngliche Aussehen der Ruine haben nicht nur die Römer, sondern alle Völker des Abendlandes beschäftigt, bis zu den britischen Inseln und nach Irland.

Die Namen der großen Monumente waren in Vergessenheit gesunken. Die Bedeutung und der Name des Hadrian-Grabmals blieben bis ins 12. Jahrhundert hinein dem Mittelalter unbekannt, obwohl die Bezeichnung Hadrianum sich gehalten hatte. Auch der Name des Marcellus-Theaters war wach geblieben, doch hielt man den Bau für einen Tempel. Der Circus Flaminius hieß im Volksmund Castellum aureum[14]. Der Obelisk im Circus des Nero galt als Caesars Grabdenkmal, während man die beiden Stadtgründer Romulus und Remus in den beiden Pyramiden beigesetzt glaubte, in der des Cestius und jener andern, heute verschwundenen, am Eingang des Borgo[15]. Aber an den Bestand des Kolosseums ist der Bestand Roms und der der Welt geknüpft. In einer Weissagung um 700, deren Niederschrift vielleicht irisch ist, heißt es:

Quamdiu stat Colisaeus, stat et Roma.
Quando cadet Colisaeus, cadet et Roma.
Quando cadet Roma, cadet et mundus[16].

Hier hat man offenbar ausnahmsweise einmal ein Stück römischer Volkssage vor sich, eine Romsage,

(16) F. Schneider, Rom und Romgedanke im Mittelalter, p. 66.–

die in den Norden drang. Im allgemeinen aber sind diese mittelalterlichen Rommärchen alles andere als Geschichten, die sich die Pilger auf ihren langen Wegen erzählten; sie sind vielmehr in den Grammatikerschulen und Schreibstuben des frühen Mittelalters entstanden[17]. Das beweist schon die Tatsache, daß manche Fabeleien, die sich an ein Denkmal hängen, aus sehr naiven und gewaltsamen etymologischen Deutungen des Namens des Monuments herausgesponnen werden[18]. Viele dieser Zaubergeschichten und Weissagungen, dieser Versuche, die Romlegende mit dem alttestamentarischen Sagenstoff orientalischer Herkunft zu verbinden, lassen sich bis in die Spätantike oder doch bis in die Karolingerzeit zurückverfolgen. Das Merkwürdigste an diesen Romsagen ist die Tatsache, daß sie in Zeiten eines unvorstellbaren Verfalls des Stadtbildes den Glauben an die ewige Sendung Roms als eine Selbstverständlichkeit aufrecht erhalten.

Manches davon ist eingeströmt in die Mirabilia Urbis Romae, mit denen die antiken Ruinen Roms zu Anfang der vierziger Jahre des 12. Jahrhunderts dann auch ihre literarische Beschreibung finden[19]. Zu dem Stoff der Mirabilien treten seit dem 13. Jahrhundert die Fabeln der ›Gesta Romanorum‹. Schließlich münden die Mirabilien in den gedruckten Pilger-

A. Graf, Roma nella memoria e nelle immaginazioni del medio evo. Torino 1923, p. 92 ff. – Von Ch. Hülsen, Forum und Palatin, München o. J., p. 60, die Weissagung nicht auf das Kolosseum, sondern auf den Sonnenkoloß des Nero bezogen, ehemals neben dem flavischen Amphitheater.

(18) Der ausschweifende Kaiser Nero hat einen dicken Frosch geboren, eine lata rana, demnach Lateran (Schneider, p. 168). Das Capitolium ist das Haupt des Tolius (ebda., p. 165) usw.

führer aus, bei dem die heidnischen Stoffe immer mehr
476 durch die christliche Legende verdrängt werden. Zu der Zeit der Redaktion der Mirabilien wurden die antiken Monumente zum ersten Male Gegenstand denkmalpflegerischer Sorge. Im Jahre 1119 wird über den Besitz der Markus-Säule, die in den Bezirk des Klosters S. Silvestro in Capite gehörte, eifervoll gestritten, und 1162 bedrohte der römische Senat jeden mit Todesstrafe und Konfiskation, der die Trajanssäule anzutasten wagen würde[20]. Das sind genau die Jahre, in denen Hildebert von Lavardin, der spätere Erzbischof von Tours (gestorben 1133), seine beiden Gedichte, die Elegie auf das verfallene und den Hymnus auf das christliche Rom verfaßte[21], in denen nun sogar der Sinn für die Schönheit der antiken Skulptur wieder erwacht ist, denn Werke der Götter werden von Künstlerhand in den Schatten gestellt:

Siehe, die Götter bestaunen ja selbst hier Göttergebilde
wünschend, sie wären zumal gleich wie Statuen schön.
Konnte Natur doch nimmer den Göttern schaffen ein Antlitz,
Hold wie der Mensch es dem Gott reizend in Formen geprägt[22].

Wir sehen: es gibt einen künstlerischen Romgedanken, dessen Leuchtkraft kaum geringer ist als die des antik-politischen oder die des mittelalterlich-christlichen. Alle drei sind nur Aspekte derselben Sache. Wäre der Gedanke an die politischen Tugenden und Erfolge des Römertums nicht lebendig gewesen, so hätte Petrarca seine Trionfi nicht gedichtet und Mantegna sie nicht gemalt. Als man um 1200 in Sa. Ma. in Valle bei Ferentillo in Umbrien und als man zu Ende des 13. Jahrhunderts in Assisi die Fresken von den Hochschiffwänden der frühchristlichen Basiliken von St. Peter und St. Paul kopierte[23], da geschah das wohl kaum vorwiegend der künstlerischen Qualität dieser Vorbilder wegen, sondern man fand Thema und Komposition der Heiligkeit ihrer Anbringungsorte wegen nachahmenswert.

Uns geht es hier nur um ein beschränktes Teilgebiet aus der Geschichte des Rom-Gedankens, um das Wachwerden und Weiterwirken dieser Idee in der Ewigen Stadt selbst. Wir müssen uns dabei jedoch immer vor Augen halten, daß wir es nur mit einem Ausschnitt aus einem großen Problemkreis zu tun haben werden. Denn der Rom-Gedanke ist zumindest seit dem 12. Jahrhundert alles andere als eine stadtrömische Bewegung. In Aachen und Cluny, in Freising und Salisbury, in Le Mans und Tours haben Kaiser und Kirchenfürsten, Kleriker, Geschichtsschreiber und bildende Künstler unausgesetzt am Rom-Gedanken geformt. Überall, wo in einem Fresko ein Triumphbogen erscheint oder wo er gar gebaut wird bis zum Münchner Siegestor (1844–1850) hin, überall wo Ehrensäulen nach dem Vorbild der Trajanssäule errichtet werden, bis zur Säule auf der Place Vendôme in Paris oder zur Nelson Column auf dem Trafalgar Square in London – überall dort lebt ein Stück Rom, genauso wie in jeder Schulklasse, in der die Knaben sich um die Übersetzung von Caesars Bellum Gallicum mühen.

Gleichwohl hat sich in *Rom niemals eine bodenständige Kunst entwickelt.* Antoniazzo Romano, ein Dutzendmaler des späten Quattrocento, der Manierist Giulio Romano, Giacomo della Porta, der die

Peterskuppel wölbte, nachdem er den Entwurf des
478 Michelangelo in modischem Sinn abgeändert hatte, der Landschaftsmaler Agostino Tassi, ein Schüler des Paul Bril, und der Maler Domenico Feti, der aber von Mantua aus entscheidenden Anteil an der Einleitung der Hochbarockphase der oberitalienischen Malerei nahm, schließlich Andrea Sacchi, sind so ziemlich die einzigen Stadtrömer unter den Künstlern. Die Meister, welche das künstlerische Antlitz Roms bestimmt haben, sind Toskaner, Umbrer, Venezianer, Lombarden, vor allem aber sind es Florentiner und noch einmal Florentiner. Aber ihrer aller Kunst wandelt sich, sobald sie die Ewige Stadt betreten haben; sie alle wachsen nun in ihre ›römische Manier‹ hinein. Das geschieht unbewußt und ist nicht etwa ein Prozeß der künstlerischen Selbsterziehung. Das war schon in der Antike nicht anders gewesen. Auch »von den großen römischen Dichtern war keiner ein Römer: Catull kam aus Verona, Vergil aus der Nähe von Mantua, Horaz aus Venosa an der Grenze Apuliens, Ovid aus Sulmona im Pelignerlande. Das politische Rom zog sie an und machte sie groß[24]«. Das ist sehr vergleichbar dem Begriff des Preußentums, der von lauter Nichtpreußen getragen wird, Politikern, Feldherrn, Künstlern und Gelehrten, die sich alle um ein aus Schwaben gekommenes Herrscherhaus scharen.

Auch in Rom sind es nicht allein die Künstler, die aus fremden Landschaften herbeiströmen. Unter den Gestaltern des politischen Schicksals der Stadt befindet sich ebenfalls kaum ein Stadtrömer: seit dem Ende des 13. Jahrhunderts sind Nikolaus III. (1277 bis 1280), ein Orsini, der mütterlicherseits von den Gaetani abstammte, und Bonifaz VIII. Gaetani die

letzten Stadtrömer unter den Päpsten, sie haben sich der Vaterstadt gegenüber als echte Mäzene bewiesen[25].
Aber von den großen Päpsten aus der Renaissance und der Barockzeit stammt außer Paul v. Borghese und Innozenz x. Pamphili kein einziger mehr aus Rom, Nikolaus v., Sixtus iv. und Julius ii., die beiden Rovere-Päpste, sind Ligurer, Leo x. und Urban viii. Florentiner, Sixtus v. kam aus den Marken, Alexander vii. ist ein Chigi aus Siena, Benedikt xiv. schließlich ein Lambertini aus Bologna. Man sieht, das Stadtbild des barocken Rom wird von Bauherren geformt, unter denen sich kaum ein Römer befand.

Dieser versagenden biologischen Schöpferkraft der Urbs entspricht nun die *mangelnde Initiative in politischen und religiösen Dingen*. Von den großen kirchlichen Erneuerungsbewegungen des Mittelalters und der Renaissance hat keine einzige von Rom ihren Ausgang genommen. Der hl. Benedikt, der Begründer des Mönchstums in seiner abendländischen Form, entstammte einer umbrischen Landadelsfamilie in Nursia, und in Montecassino, an der Grenze von Süditalien, entfaltet er seine Hauptwirksamkeit. Auch Thomas von Aquino, in dem sich die Hochscholastik vollendet, kommt aus Süditalien. Die Cluniazenser und die Zisterzienser sind französische Kongregationen, von den Bettelorden sind die Franziskaner aus Umbrien, die Dominikaner aus Spanien hervorgegangen, und aus Spanien kommen auch Ignatius von Loyola und mit ihm die ersten Jünger des Jesuitenordens. Die anderen neuen Orden der Gegenreformation, Somasken, Ursulinen, Barnabiten, sind alle oberitalienischen Ursprungs, die Theatiner sind in

Chieti, dem antiken Teate an der Via Valeria in den
480 Marken gegründet, und unter den führenden Männern, welche die kirchliche Reform vorbereiteten und das Tridentinische Konzil bestimmten, Sadoleto, Contarini, Giovanni de Morone, Seripanto, ist kein Römer. Aber das Papsttum hat nicht einmal diese Erneuerungsbewegungen sogleich an sich gezogen. Als das Cluniazensertum aus seiner burgundisch-südfranzösischen Heimat langsam über die Alpen vordringt und Italien zu reformieren beginnt, da ist es kein Papst, sondern der weltliche Regent von Rom, der Princeps und Senator Alberich (932–954), welcher der jungen cluniazensischen Bewegung die Klöster des Patrimoniums geöffnet hat. Aber gerade Rom und das römische Papsttum haben sich am längsten und zähesten gegen die Cluniazenser zur Wehr gesetzt. Erst als ein aus Lothringen stammender Papst in Leo IX. die Tiara erlangte und als es auf der Synode von Sutri zu festen Beschlüssen kam, setzte sich die Reformbewegung durch. In demselben Augenblick aber, in dem das Cluniazensertum in Rom Fuß faßt, wird es aus einer mönchischen Reformbewegung zu einer kirchenpolitischen Weltmacht, die den Anspruch auf die hierarchische Führung des Abendlandes durch das Papsttum zu verwirklichen strebt.

Infolgedessen steht auch keiner von den großen Kirchenbauten, welche jeweils eine neue Phase der mittelalterlichen Architektur einleiten, in Rom. Von Centula, von Cluny, von Hirsau, von Cîteaux, von Clairvaux, von Prémontré aus haben sich die neuen Raumformen mit rasender Schnelligkeit über das Abendland verbreitet. Aber Rom hat nicht nur keinen dieser Baugedanken geboren, es hat ihnen auch die Tore verschlossen. In der nachkarolingischen Zeit hat die Ewige Stadt mit einem unbeschreiblichen Beharrungsvermögen an der Raumform der frühchristlichen Basilika festgehalten. Das bedeutet, daß das Problem der Wölbung von Räumen, welches seit dem Anfang des 12. Jahrhunderts die abendländische Baukunst bewegte, gar nicht in den römischen Gesichtskreis trat. Auch neue Raumschöpfungen, wie die Halle mit mehreren gleich hohen Schiffen, welche seit dem 13. Jahrhundert gleichberechtigt neben die Basilika trat, blieben in Rom ganz unbekannt. All die großen Probleme mittelalterlicher sakraler Raumgestaltung: die Doppelchörigkeit der Anlage, das Westwerk, die Unterfangung des Chors durch eine Krypta, die Umlagerung des Chorhaupts durch einen Umgang mit reichem Kapellenkranz, die zentralisierenden Tendenzen einer ausgeschiedenen Vierung, die Absteckung des Grundrisses nach dem gebundenen System, die stolze Alternative des Außenbaues: Doppelturm-Fassade oder Flankentürme, welche sich um die Vierung scharen – das alles fand nicht den leisesten Widerhall in der römischen Baukunst. Infolgedessen blieben auch die Künste in Rom stumm, welche sich nur in einem architektonischen Rahmen entfalten können: Bauplastik und Glasmalerei. Die großartige Entwicklung, welche die abendländische Skulptur zumindest seit der Mitte des 12. Jahrhunderts, seit den Westfassaden von St. Denis und Chartres genommen hatte, weckte in Rom kein Echo. Auch die neuen, durch die Liturgie bedingten kirchlichen Möbel sucht man in römischen Kirchen vergebens. Den Lettner etwa brauchte man nicht, weil man an der frühchristlichen Einrichtung der Chorschranken mit

Ambonen zähe festhielt. Im hohen und späten Mittel-
482 alter, als sich alle Dynastengeschlechter ihre großen
Grablegen schufen, in St. Denis und Westminster
Abbey, in S. Chiara in Neapel und im Krakauer Dom,
blieben die Grabmäler der Päpste in St. Peter als
künstlerische Denkmäler weit hinter jenen anderen
Gedächtnisstätten zurück, weil Rom vom 13. bis
über die Mitte des 15. Jahrhunderts hinaus keine be-
deutenden Bildhauer anzuziehen vermocht hatte[26].

Rom war auch das ganze Mittelalter hindurch das Haupt einer zentral regierten Kirche. Aber die Quellen des religiösen Lebens entsprangen nicht hier am Sitze der Hierarchie, und so konnten die großen Kunstwerke gar nicht in Rom entstehen, sondern nur dort, wo der heiße Atem religiösen Lebens wehte, in Burgund, in der Île de France, in den Rheinlanden oder in Umbrien. Wäre Rom im Mittelalter ebensosehr der künstlerische Mittelpunkt der christlichen Kirche gewesen, wie es ihr organisatorischer war, so hätte vielleicht das Gesicht der abendländischen Kunst einen unerträglich uniformen Charakter angenommen. Die zahllosen Nachbildungen von Gesù oder von St. Peter, vom Tabernakel oder vom Sakramentsaltar Berninis beweisen, wie sehr selbst in der Barockzeit trotz des so subjektiven Charakters des künstlerischen Schaffensprozesses diese Gefahr immer im Hintergrunde stand. Erst seit dem Jahre 1500, erst nachdem Bramante, Michelangelo und Raffael Rom zum Schauplatz ihrer Taten gemacht hatten, ist die Hauptstadt der Christenheit nun auch wieder ihr künstlerischer Mittelpunkt. Damit ist der Zustand endlich wiederhergestellt, der im augusteischen und noch im hadrianischen Rom geherrscht hatte.

Es sind die Indolenz und das Beharrungsvermögen der Ewigen Stadt, die sich in einer solchen Kunstpolitik während der langen Jahrhunderte des Mittelalters bis an die Schwelle der Frührenaissance aussprechen. Auch politisch war der Urbs immer alles zugefallen. Die Althistoriker haben längst dargetan, daß Rom nicht nach vorgesetztem Plan die italienische Halbinsel erobert und dann ein Weltreich gegründet hat, sondern daß es Schritt für Schritt auf diesem Weg von den politischen Notwendigkeiten vorwärts getrieben wurde[27]. Selbst als das Reich zerfiel, als die Hauptstadt in die Nova Roma am Bosporus verlegt wurde, mußte die Urbs sich eine neue Weltgeltung nicht erst erkämpfen. Die Päpste lösten die Kaiser ab, die Welt sah weiter nach Rom, ohne daß die Ewige Stadt ihre Kräfte deshalb hätte anspannen müssen. Mochten alle großen geistigen Bewegungen in der Kirche des Mittelalters außerhalb Roms, ja zumeist jenseits der Alpen sich entfalten, Rom behielt sich vor, sie zu billigen. Es hat die Regel des hl. Benedikt wie die des hl. Ignatius von Loyola erst bestätigen müssen. Nicht nur die Pilger, die zu den Apostelgräbern und den anderen Gnadenstätten wallfahrteten, nicht nur die Bischöfe und die gesamte kirchliche Verwaltung zogen nach Rom. Von dem Weihnachtstage 800 an bis zu Friedrich III. mußten die deutschen Könige die Kaiserkrone sich in Rom aufs Haupt setzen lassen. Rom wartete, die geistlichen und weltlichen Herrscher kamen. Das Beharrungsvermögen Roms überstand jede Krise. Als das Papsttum nach der Katastrophe von Anagni in die babylonische Gefangenschaft nach Avignon ging, als durch die Französierung der Kurie jede Hoffnung auf

Rückkehr zu schwinden schien, als im Kardinals-Kollegium neben Dutzenden von französischen nur noch drei italienische Kardinäle saßen, führten das mutige Handeln einer heiligen Frau und der Nimbus des Namens Rom das Papsttum zu den Apostelgräbern zurück. Die Ewige Stadt hat auch weiterhin jede tödliche Bedrohung überstanden. Nach dem Sacco di Roma, der Plünderung durch die deutschen Landsknechte von 1527, erholte sich die Stadt überraschend schnell. Es hat dem Glanze Roms und des Papsttums wenig anhaben können, daß Napoleon Pius VI. in die französische Gefangenschaft führte, daß das Papsttum zwei Weltkriege nicht hat verhindern können und zu den Friedensverhandlungen nicht zugezogen wurde. Es geht hier nicht um territoriale Ansprüche und Machtpositionen, sondern um eine Idee, die auf das Wort Christi aus Matthäus 16,18f. gegründet ist: »Tu es Petrus . . .«

Wie Rom im Weltgeschehen passiv verharrt und abwartet, so hat es auch zu Kunstwerken ein sehr distanziertes Verhältnis besessen bis auf den heutigen Tag. Einmal sind die hier schaffenden Künstler ja nicht Stadtkinder, sondern Fremde, die kommen und gehen, vor allem aber ist alle Kunst hier Hofkunst. Sie kann ihr Antlitz mit jedem Pontifikate ändern, musische und amusische Regierungen wechseln wie Aprilwetter, und auch unter den kunstbegeisterten Päpsten hat nicht jeder etwas für die Stadt und ihre öffentlichen Bauten getan. Die Urbs selbst vergab so gut wie keine Aufträge, es blieb ihr nur die passive Rolle der Beschenkten und Beglückten. So ist es kein Wunder, daß die Gleichgültigkeit gegenüber seinen Kunstschätzen zu dem passiven Charakter des römischen Kunstwesens gehört. Im Unterbewußtsein von der Gewißheit getragen, daß für jedes zugrunde gehende Kunstwerk ihr vom Schicksal ein schöneres in den Schoß geschüttet werde, hat die Urbs wenig oder nichts für die Erhaltung der großen Meisterwerke getan. Seit den dreißiger Jahren des 15. Jahrhunderts flutet das künstlerische Leben hier wieder so reich, durfte die Stadt gewiß sein, daß der Zustrom der Genies und großen Talente hier nicht versiegen würde. So bereitete man völlig sorglos den Meisterwerken der letzten Generation den Untergang, wenn es der Gegenwart nach einer Wirkungsmöglichkeit gerade an dieser Stelle verlangte.

Man vergegenwärtige sich nur einmal, was an Gemälden der Frührenaissance in Rom alles zugrunde gegangen ist: von den Fresken Gentile da Fabrianos (1427) und Pisanellos (1431–1432) an den Hochschiffwänden der lateranensischen Basilika über die Fresken der Umbrer Benedetto Bonfigli, Bartolomeo da Foligno und Perugino, der Florentiner Fra Angelico und Castagno, des Umbrers Piero della Francesca, der Oberitaliener Melozzo da Forli und Andrea Mantegna im Vatikan bis zu den Wandgemälden des Benozzo Gozzoli in Ara Coeli. Gewiß haben auch andere Kunststädte solche Verluste zu verzeichnen; nirgends ist das Selbstgefühl des Barock mit den Kunstwerken des Mittelalters und der Frührenaissance rücksichtsvoller umgegangen. In Rom zumal, wo der Barock eine so große schöpferische Blütezeit bedeutete, ist diese Einstellung zur Kunst der Vergangenheit doppelt verständlich. Trotzdem scheint die im Unterbewußtsein stets lebendige Animosität Roms gegen die Frühstile, besonders gegen das ›Kleine und Viele‹

des Quattrocento, das noch nicht große Form war,
486 wirkungsvoll beigetragen zu haben zum Untergang
so vieler Werke des 15. Jahrhunderts.

Was ist nun *das Wesen der römischen Kunst?* Auf diese Frage dürfen wir am ehesten eine Antwort zu finden hoffen, wenn wir uns klar machen, in welchen Jahrhunderten die großen Blüte- und die großen Verfallszeiten dieser Kunst liegen.

Wenn ›römisch‹ ist, was die großen Blütezeiten hervorbringen, so sind die Spätphase der Republik samt den ersten beiden Jahrhunderten der römischen Kaiserzeit etwa bis zum Tode Marc Aurels (180 n. Chr.), die Zeiten der Hochrenaissance und des Barock die drei großen Epochen, in denen der Genius loci mit dem Zeitstil sich am reinsten verbindet. Diese drei Stilphasen gehören wirklich innerlich zusammen. Über die Lücken unschöpferischer Jahrhunderte hin spricht sich hier die Fähigkeit des römischen Bodens zur Regeneration des klassischen Erbes aus. Hochrenaissance und Barock senken ihre Wurzeln ja tief in den antiken Mutterboden. Nichts ist in diesem Zusammenhang aufschlußreicher als das Verhältnis der Urbs zur Frührenaissance. Rom ist überhaupt keine Stadt der Frühstile, sondern der klassischen Hochphasen, nicht der Morgenfrühe, sondern der mittäglichen Stunde, da die Sonne im Zenith steht. Die Frührenaissance war eine künstlerische Bewegung, die um 1420 aus den florentinischen Ateliers der Brunellesco, Masaccio und Donatello hervorgegangen war. Zunächst stand die echte Antike noch gar nicht im Blickpunkt dieser Künstler, sondern das, was sie irrtümlicherweise dafür hielten, die Kunst der Protorenaissance aus der Zeit um 1100. Erst als das Studium der römischen Gewölbebauten durch Alberti eine neue Phase der Frührenaissance heraufführte, waren für Rom die Voraussetzungen geschaffen, daß es sich an dieser künstlerischen Bewegung beteiligen konnte. Rom drängte sofort zum Monumentalen, übersprang sozusagen die Frühphase des Stils und schob alles beiseite, was die Anmut der gleichzeitigen florentinischen Kunst ausgemacht hatte. Für die Leichtigkeit des Gliederbaus, den erlesenen Schmuck der fast leeren Fläche, die leise Schwellung der Säule, die zarte Profilierung der Kämpferplatte hatte man in Rom kein Auge. Die ersten Bauten des neuen Stils schon verrieten den angeborenen Sinn für den Massenbau, für die Schwerkraft des einzelnen Steins und für eine Führung des Bogens, die den römischen Aquädukten viel verwandter ist als den Bauten Brunellescos.

Unrömisch sind die Stile, denen Rom sich versagt: die beiden großen Bausysteme des Mittelalters, romanischer und gotischer Stil, Malerei und Plastik der Frührenaissance und dann die Kunst des 18. Jahrhunderts nach Berninis Tode, das Rokoko. Daß das Caput Mundi der Antike und die Stadt der Renaissance nicht die Fähigkeit besitzt, an transzendenten Stilen des Nordens schöpferischen Anteil zu nehmen, wird man als sinnvoll begreifen.

Es konnte keine künstlerische Bewegung geben, die der antiken Überlieferung der Stadt so fremd gegenüber stand wie die Gotik. Deshalb ist Sa. Ma. sopra Minerva die einzige nennenswerte gotische Kirche Roms geblieben[28], und auch sie ist nur eine freie Kopie von Sa. Ma. Novella in Florenz. Die leid-

volle Baugeschichte im Mittelalter erneuerte sich im
488 19. Jahrhundert. In der Zeit des Historismus hat man die Kirche zwar von 1848–1855 regotisiert, dabei aber das Wesen der gotischen Pfeiler, Wandvorlagen und Dienste so gröblich mißverstanden, daß man sie mit einer Marmorinkrustation von starker Äderung verkleidete. Aber schon die Erbauer aus dem 13. Jahrhundert hatten von der Großartigkeit ihres Vorbildes, von Sa. Ma. Novella in Florenz, nichts einzufangen gewußt. Die Stützen der florentinischen Kirche sind schlank und sehnig, in Rom ist man bei schweren Pfeilern von spätromanischem Querschnitt geblieben. Die Gewölbe, durch Spitzbogen von energischem Stich getrennt, steigen in Florenz hoch empor, während die niedrigen Gewölbe der Minerva dem Raum eine Breitentendenz mitteilen, die noch immer wie ein Erbe der altchristlichen Basilika wirkt.

Das Trecento ist in Florenz, Siena oder Venedig das Jahrhundert der großen Freskenzyklen. In den Kirchen werden die Dogmen des christlichen Glaubens und in den Kommunalpalästen die großen Ereignisse der Stadtgeschichte mit lehrhaftem Zug an den Wänden ausgebreitet. In den etwa hundert Jahren zwischen dem Erlöschen der Werkstatt des Pietro Cavallini und der Ausmalung der Katharinenkapelle in S. Clemente (1428–1431) ist in Rom hingegen überhaupt kein Fresko oder Mosaik entstanden[29]. So sehr man auch den Verfall Roms während der avignonesischen Gefangenschaft des Papsttums und die Jahre des großen Schismas dafür verantwortlich machen mag, aus wirtschaftlichen Gründen allein ist das völlige Versiegen der römischen Malerei und Plastik – um die es kaum besser steht[30] – nicht zu erklären. Hier spricht sich vor allem die Abneigung Roms gegen die Gotik aus.

Während der Frührenaissance verharrt aber der Genius loci von Rom fast uneingeschränkt in jener Kampfstellung gegen den Zeitgeist, welche er in der Gotik eingenommen hatte. Man kann die rege Bautätigkeit des 15. Jahrhunderts in Rom – von dem Wirken Albertis abgesehen – kaum hart genug beurteilen. »Es ist sicherlich mehr als Zufall, daß wir von keiner der ansehnlichen Kirchen, die damals entstanden, den Erfinder des Planes nennen können. S. Agostino wirkt fast wie ein deutscher Bau um 1100, dem man einige Requisiten der Brunellesco-Nachfolge angefügt hätte; Sa. Ma. della Pace, ein achteckiger Kuppelbau mit Nischen hinter einer einschiffigen, zweijochigen Vorhalle, könnte als Plangedanke fast jedem Jahrhundert vom 6. bis zum 18. entstammen. So wenig wie sie beide hat der überhöhte quaderförmige Saal der Sixtinischen Kapelle mit dem Geist und mit dem Stil zu tun, den man übereingekommen ist, unter ›Frührenaissance‹ zu verstehen[31].«

Von einer römischen Frührenaissance-Malerei kann schon insofern keine Rede sein, als es einheimische Werkstätten gar nicht gab. Die großen italienischen Maler des Quattrocento kamen, von umfangreichen Aufträgen des päpstlichen Hofes angelockt, und verließen die Ewige Stadt sofort nach der Vollendung ihrer Fresken wieder: Masolino, Pisanello, Piero della Francesca, Perugino, Botticelli, Signorelli, Ghirlandajo, Pinturicchio, Filippino Lippi, Mantegna und viele andere gaben nur kurze Gastspiele in Rom.

Auf dem Gebiete der Plastik steht es ein wenig besser. Zwar tauchen auch hier die führenden Bild-

hauer der Toskana nur zu kurzen Besuchen auf: Do-
490 natello, Filarete, Vecchietta, die beiden Pollajuoli, die freilich hier starben, Andrea Sansovino. Aber daneben gibt es nun ortsansässige Ateliers, die den Bedarf an Grabmälern befriedigen. Die Reihe dieser Meister, die alle aus der Fremde einwanderten, beginnt mit Isaia da Pisa, der 1447 nach dem Tode Eugens IV. dessen Grabmal für S. Salvatore in Lauro arbeitet[32]. Der Sohn des toskanischen Bildhauers heißt dann schon Gian Cristoforo Romano. Seit etwa 1460 ist ein Dalmatiner, Jan Duknovich aus Traù, in Rom Giovanni Dalmata genannt, hier seßhaft, seit 1464–1465 der Lombarde Andrea Bregno vom Luganer See. Diese Meister haben den jeweils modischen Typ des Grabmals aus allen Phasen der florentinischen Frührenaissance ins Hausbackene abgewandelt und damit offenbar den Geschmack ihrer Auftraggeber getroffen. Aber eine Kunst, die der Ewigen Stadt würdig gewesen wäre, ist das nicht. Die italienische Kunst des Quattrocento war zu sensibel, um in Rom verstanden zu werden.

Eine Stadt, in welcher der spätantike Barock und jener der Bernini-Zeit das Straßenbild geformt haben, muß auch eine Stadt ohne Rokoko sein. Dieser Stil ist intim, nicht monumental, und er ist in seinen besten Leistungen sublim. Ein Kunstzentrum, das die Kraft für das Kolosseum, die Kaiserfora und die großen Thermen, für den Stadtplan Sixtus V. und den Petersplatz aufbringt, kann nicht sublim sein. Für die Theologie der Ostkirche mit ihren Dogmenstreitigkeiten und Gewissenskonflikten hat Rom im 4.–5. Jahrhundert ebenfalls kein Verständnis aufbringen können. Den Byzantinern hingegen erschien die römische Theolo-

gie derb[33]. So ist es nur natürlich, daß das römische Rokoko auf ein paar sehr bescheidene Kirchen be-
schränkt bleibt. (Sa. Ma. della Morte, Ovalkirche von F. Fuga, 1733–1737, S. Pasquale Babylon in Trastevere, 1745 von Giuseppe Sardi, Sa. Ma. della Quercia, 1727–1731, Ospedale di S. Gallicano, 1724–1726, beide von F. Raguzzini[34]).

Das Rokoko ist ja zunächst und vor allem ein Dekorationssystem für intime Wohnräume. In Rom, wo man auch im 18. Jahrhundert am monumentalen Prunkraum des Salone festhielt, wo man für eine Wohnkultur, die ›Behagen‹ ausbreitet, ebenso wenig Sinn aufbrachte wie im übrigen Italien, gibt es nur spärliche Rokoko-Dekorationen (Villa Aldobrandini, Palazzo Doria Pamphili am Corso). Die Formgespinste dieser zarten Flächenkunst wollen aus Nahsicht betrachtet sein. Es ist aber eines der Wesensmerkmale der auf monumentale Wirkung ausgehenden römischen Kunst, daß sie zu allen Zeiten die Details summarisch behandelt hat und daß das Formgebilde aus Fernsicht zu genießen ratsam ist, wenn man bei der Betrachtung der Einzelheiten vor Enttäuschungen bewahrt bleiben will. Aber damit sind wir bei der Rolle angekommen, welche die Dimensionen in der römischen Kunst spielen.

Jedem Neuankömmling in der Ewigen Stadt fallen sogleich *die absoluten Größenmaßstäbe* auf, die es mit den Augen zu beschauen oder gar mit den Füßen zu bewältigen gilt. Das hat gar nichts damit zu tun, daß Rom in der Antike eine Weltstadt war, die das von der Aurelians-Mauer umschlossene Areal besiedelt hielt, und daß die Stadt heute eine moderne

Großstadt ist, die eben in großer Hast eine Einwoh-
492 nerzahl von zwei Millionen überschritten hat. Auch Neapel und Mailand, London und Wien sind Millionenstädte, ohne daß dort in der Stadtbaukunst wie am Einzelmonument das Kolossale des Maßstabs sofort in die Augen spränge. Nur aus Paris hat die Stadtbaukunst des 19. Jahrhunderts seit der Anlage der Champs Elysées, der Place de l'Étoile und seit dem Abbruch der Tuilerien ein Stadtbild geschaffen, in dem die großen Achsen den gesamten Stadtkörper aufzuschließen scheinen und in dem das Einzelmonument sich wahrhaft monumental präsentiert. Rom aber hat diesen Sinn allein von allen abendländischen Städten seit fast zweitausend Jahren entwickelt.

Sprechen wir zunächst von dem einzelnen Denkmal. Kein antikes Amphitheater kann sich in absoluten Dimensionen mit dem Kolosseum, die moles keines antiken Grabbaus mit der Größe der Engelsburg, des Hadriansgrabs, vergleichen, kein anderer gewölbter Rundtempel mit dem Durchmesser des Pantheon. In den Zeiten der Renaissance und des Barock, die mit dem bewußten Anschluß an die Antike auch die Übernahme der absoluten Dimensionen verbinden, wird der Petersdom die größte nachmittelalterliche Kirche der Christenheit, wird die Galleria delle Carte Geografiche des Vatikan die größte künstlerisch geformte Tiefenachse einer Binnenraumflucht. Im Mittelfestsaal des Pal. Barberini trägt das größte barocke Deckenfresko Pietro da Cortonas allegorische Huldigung Urbans VIII. und seines Hauses, der Petersplatz Berninis ist die größte barocke Platzanlage Europas. Wie die Freitreppe vor Sa. Ma. d'Ara

Coeli eine der größten Freitreppen des Mittelalters war (zum Dank für die Bewahrung der Stadt vor der Pestepidemie des Jahres 1348 dargebracht, gebaut auf Veranlassung von Cola di Rienzo mit hundertvierundzwanzig steilen Stufen)[35], so ist die Spanische Treppe die größte Anlage dieser Art in der neueren Zeit. Die Fontana Trevi schließlich ist die größte Brunnenanlage, die eine abendländische Stadt besitzt.

Nun bedeuten absolute Dimensionen an sich noch keinen künstlerischen Wert; davon haben wir uns als Zeitgenossen vor den Nürnberger Bauten Adolf Hitlers überzeugen können. Das Ausschlaggebende ist vielmehr, daß in Rom diese absoluten Maße künstlerisch bewältigt werden. Sie sind eingegangen in geschlossene, in sich ruhende Gebilde, sind reine Form, der nichts vom Torso anhaftet. Nirgends wirken diese gewaltigen Dimensionen wie unerlaubte Vergrößerungen kleinerer Anlagen, die durch die Übertragung ins große Format um ihr Bestes betrogen würden.

Aber keines dieser Denkmäler ist ungesellig. Ihre wirkliche Größe beweisen sie erst dadurch, daß jeder dieser Bauten einem weiteren Zusammenhang sich willig unterordnet. Zusammen mit seinem Mausoleum baute Kaiser Hadrian den Pons Aelius, die heutige Engelsbrücke, deren drei mittlere Bögen noch antik sind. Die Brücke führte unmittelbar auf den Eingang zum Grabmal zu, und zwischen Brücke und Portal standen vier große Travertin-Pfeiler, welche Pfauen aus Bronze trugen. So war das vor der Stadt im unbebauten Gelände liegende Mausoleum also mit dem Marsfeld durch eine Achse verknüpft,

welche den Tiber überquerte. Das Kolosseum hin-
494 gegen errichtete man an der tiefsten Stelle der Talsenke zwischen Palatin und Esquilin, dort, wo Nero einen künstlichen See angelegt hatte. In den fast zweitausend Jahren seit der Erbauung des flavischen Amphitheaters (80 n.Chr. eingeweiht) hat sich die Umgebung des Baues gründlich verändert, die Domus aurea des Nero steckt heute unter der Erdoberfläche, das Forum ist ein Ruinenfeld, um S. Clemente ist ein mittelalterlicher Stadtteil entstanden – aber die Einbettung des Kolosseums in die Tiefe der Talsohle ist keine der schwächsten unter den magnetischen Kräften, welche von dem riesigen Ovalbau ausgehen. Peterskirche und Petersplatz in ein Grundrißsystem einzuspannen, das die ganze Leo-Stadt umschließt und das Platz und Kirche als bekrönende Abschlüsse einer Tiefenachse aufspart, die sich von der Engelsbrücke her ansteigend entfaltet, hat seit den Bauplänen des ersten Renaissance-Papstes Nikolaus v. fast jede Bauherrn- und Künstlergeneration erwogen. Der Kardinal Ehrle hat die Geschichte des Projektes geschrieben[36], unter Pius xi. und Mussolini ist 1937 dann der Ausbruch der ›Spina‹, d.h. des Häuserblocks zwischen der Nordseite des Borgo Nuovo und der Südzeile des Borgo Vecchio, wirklich durchgeführt worden, und zum Jubeljahr 1950 sind die Arbeiten unter Papst Pius xii. an den Bauten, welche Berninis Platzoval mit der neuen Via della Conciliazione verbinden, zum Abschluß gekommen. Der Salone des Pal. Barberini mit Pietro da Cortonas riesigem Fresko liegt in der mittleren Tiefenachse des Gebäudes, die er ganz aufschließt. Aber da diese Palastanlage zugleich die erste ist, welche den ge-

schlossenen Block des mittelalterlichen und des Renaissance-Palastes aufgibt, um die offene französische Flügelanlage um einen Ehrenhof in Rom einzuführen, so ist dieser Festsaal Cortonas nun wirklich zum Herzen der Anlage geworden, gegen Fassade und Gartensaal sich öffnend und die Flügelbauten fest zusammenschließend. Die Spanische Treppe schließlich ist genau auf die lange Straßenachse bezogen, die, vom Tiberufer beim Albergo del Orso abzweigend, den Hang des Pincio bei der heutigen Piazza di Spagna erreicht. Sie fand ihre grundrißmäßige genaue Entsprechung im Stadtbild in dem Tiberhafen der Ripetta, der schon 1703 von Alessandro Specchi errichtet war[37]. Diese prachtvoll geschwungenen und gebrochenen Stufenfolgen, die von S. Girolamo degli Schiavoni zum Flußufer hinabstiegen, sind zwar längst dem modernen Verkehr zum Opfer gefallen, aber aus alten Zeichnungen und Stichen (darunter solchen von A. Specchi und Piranesi) vermögen wir uns eine Vorstellung von der Anlage zu bilden[38]. Den Stiegenanlagen, die sich von der Piazza di Spagna den Pincio hinauf entfalten, entsprachen symmetrisch jenseits der Mittelachse des Corso die Stufen, die von demselben Bodenniveau aus nun zum Wasser hinabstiegen. In keiner anderen Stadt des Abendlandes wurden die Einzelmonumente so von vornherein auf einen großen Zusammenhang hin komponiert oder ließen sich wenigstens nachträglich in einen solchen mühelos einspannen.

Keine andere Stadt Europas hat ihr gesamtes Baugelände und die einzelnen großen Baukomplexe (Thermen, Plätze, Parks, Villenanlagen usw.) so wie Rom

der *Komposition nach großen Achsen* unterworfen. Zwar
496 verbot das Gelände der sieben Hügel für den ältesten Stadtkern ganz von selbst eine Ausrichtung auf Achsen. Auf dem Palatin, dann auf dem Esquilin entstanden selbständige Dörfer, die zunächst gar keine Verbindung untereinander besaßen[39], denn die ständig wiederkehrenden Überschwemmungen des Tiber und die damit verbundene Malaria-Gefahr verboten eine Besiedlung der Talsohle.

Goethe, der diese Zusammenhänge noch nicht kannte und annahm, zuerst sei das Tal besiedelt und dann erst seien die Hügel erstiegen worden, beurteilte gleichwohl mit seinem großen Blick die Situation vollständig richtig: »Wir sehen bald, hier hat sich kein wanderndes, großes, wohlgeführtes Volk niedergelassen und den Mittelpunkt eines Reiches weislich festgesetzt; hier hat kein mächtiger Fürst einen schicklichen Ort zum Wohnsitz einer Kolonie bestimmt. Nein, Hirten und Gesindel haben sich hier zuerst eine Stätte bereitet, ein paar rüstige Jünglinge haben auf dem Hügel den Grund zu Palästen der Herren der Welt gelegt, an dessen Fuß sie die Willkür des Ausrichters zwischen Morast und Schilf einst hinlegte. So sind die sieben Hügel Roms nicht Erhöhungen gegen das Land, das hinter ihnen liegt, sie sind es gegen die Tiber und gegen das uralte Bette der Tiber, was Campus Martius ward.« (Italienische Reise unter dem 25. Januar 1787.)

Aber selbst als die von der berühmten servianischen Mauer umschlossene Stadt – ein nierenförmiges Längsoval, welches das rechte Tiberufer bei der Tiberinsel und der Bocca della Verità tangierte – zu eng wurde, konnte man noch nicht an die Anlage achsial gerichteter Baublöcke denken. Vor dem Anfang des ersten vorchristlichen Jahrhunderts setzt sich diese Art des Planens in Rom nicht durch. 497

Aber die römischen Kaiserfora kennen nicht mehr die Vielheit selbständiger Bauwerke, welche keinerlei Rücksicht aufeinander nehmen, wie die griechischen Weihbezirke von Delphi, der Altis von Olympia u. a. (Textabb. 7). »Das klassische Griechentum hat sich gegen achsial-symmetrische Anlagen, die ihm doch aus dem benachbarten Orient bekannt waren,

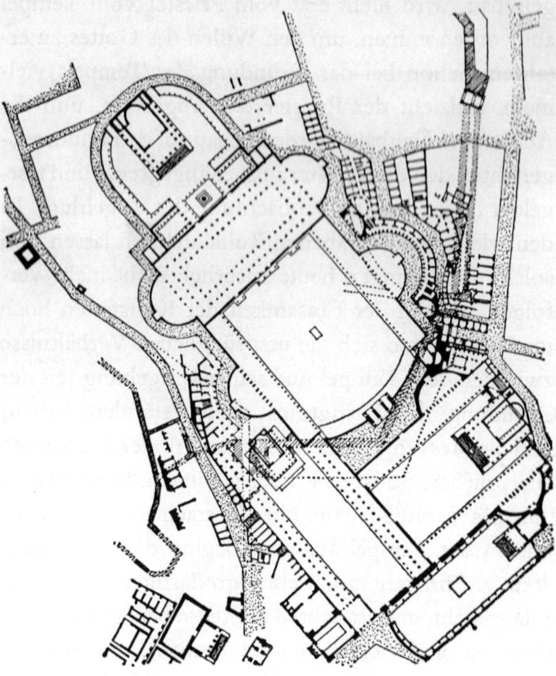

7. Rom, Kaiserfora

gewehrt. Der Stadtplan von Priene vermeidet sie mit
498 Absicht, sie fehlen in Pergamon, dessen Kunst dem griechischen Kernlande besonders nahesteht[40].«

Die Aufteilung des römischen Castrums hingegen nach dem Straßenkreuz von Cardo und Decumanus beweist, daß den Römern diese Art des architektonischen Denkens im Gegensatze zu den Griechen von frühe auf vertraut war.

Heinz Kähler hat bündig nachgewiesen, daß das Schalten mit großen Achsen im römischen religiösen Kult seinen Ursprung hat[40a]. Das Auspizium, die Vogelschau, wird nicht erst vom Priester vom Tempel aus vorgenommen, um den Willen des Gottes zu erfahren. Schon bei der Gründung des Tempels vielmehr vollzieht der Priester das Augurium, und die Achsen des Neubaus werden genau auf den Raum ausgerichtet, den der Priester vorher abgegrenzt und festgelegt hatte für seine Beobachtung des Vogelflugs. In den wieder ausgegrabenen Ruinenfeldern lassen sich solche Beziehungen heute natürlich nicht mehr verfolgen, aber in der Einsamkeit der Kultstätten hoch im Gebirge, wo sich die ursprünglichen Verhältnisse zwischen dem Tempel und seiner Umgebung seit der Gründung des Heiligtums nicht verändert haben, sind die Messungen der römischen Priester noch heute überprüfbar. So ist es Kähler gelungen, beim Heiligtum des Jupiter-Anxur über Terracina festzustellen, warum der Tempel aus dem Beginn des 1. Jahrhunderts v. Chr. schräg auf einer großartigen Terrassenanlage steht, anstatt achsial auf diese bezogen zu sein. Hier »ist die Orientierung des Tempels, . . . die ja im Gründungsauspizium gegeben war, offenbar durch die beiden höchsten Gipfel zur Linken und zur Rechten bestimmt, den Monte Lanzo hinter Sperlunga im Osten und den höchsten Berg des Monte Circeo im Westen. Die Mittelachse des zwischen ihnen und dem Standort des Tempels gebildeten Winkels entspricht der Achse des Tempels[40b].«

Von Kähler angeregt, hat dann Heinrich Drerup die römische Profanbaukunst, besonders die Villen-Architektur, auf ähnliche Gesetze hin untersucht. »Um einen hochgelegenen Palast wertlos zu machen, um ihn in seinen Besitz zu bekommen, konnte man drohen, seine Aussicht zu verbauen; um der Aussicht willen war der Villenbesitzer zu gewaltsamen Übergriffen in das Eigentum des Nachbarn imstande, wurden Villen vom Kaiser enteignet. Umgekehrt gehörte zu den Servituten, die der eigentumsfremden Umgebung eines Gebäudes auferlegt werden durften, die in den justinianischen Digesten nicht weniger als dreimal aufgeführte servitus ne prospectui officiatur oder offendetur. Die Aussicht – der ›prospectus‹ – zählte in solchen Fällen zum gerichtlich einklagbaren Besitz einer Villa[40c].«

Das alles ist für uns nur deshalb wichtig, weil dieser prospectus nun nicht vom schweifenden Blick des umherwandelnden glücklichen Besitzers der Villa genossen – vielmehr streng achsial vom Binnenraum aus erfaßt wird. Die Baukunst des römischen Hauses schließt dessen Tiefe durch durchgehende Achsen auf, wobei der Blick die Intervalle der Säulenstellungen des Atriums passiert, um schließlich an der Außenwand des Tricliniums durch Doppeltüren oder Fenster oder gar abermals durch Säulenstellungen die Landschaft im Ausschnitt präsentiert zu bekommen. Nichts lag hier ferner, als eine Naturschwärmerei

des rastlos genießenden und entzückten Blicks, der
500 vielmehr von strengen architektonischen Prinzipien geleitet wurde: »die Fernsicht als erst dem Römer mit Bewußtheit zugänglicher ästhetischer Genuß wurde ... auf eine außerhalb befindliche, vom Betrachter abgetrennte Welt bezogen[40d]« – d. h. als Bild genossen, das in einem festen architektonischen Rahmen saß, über den hinaus der Blick zwar endlos achsial in die Tiefe wandern, aber kaum nach den Seiten abschweifen konnte.

Im römischen Haus wird die Tiefenachse durchkreuzt von der sie im rechten Winkel schneidenden Breitenachse der Alae[41]. »Limitation, Lager und Haus zeigen, daß Haupteigenschaften der römischen Staatsarchitektur, regelmäßige Umgrenzung, Achsialität, Symmetrie und Richtungsgehalt in einer noch tieferen Grundlage wurzeln als im Bereiche des Ästhetischen[42].« In der öffentlichen Stadtbaukunst der Urbs sind diese Prinzipien zuerst unter Caesar verwirklicht worden. »Neben dem nicht planmäßig gestalteten, sondern geschichtlich gewachsenen Forum Romanum hatte Julius Caesar ein neues achsial-symmetrisch geordnetes Forum mit dem Tempel der Venus Genetrix errichtet[43].«

Es muß außerordentlich überraschen, daß dies Gestaltungsprinzip bei der Gliederung eines steilen Berghangs schon eine Generation früher greifbar wird, als bei Stadtanlagen in der Ebene. Das antike Praeneste, eine alte römische Kolonie am Rande der Volskerberge, war in den Bürgerkriegen von den Truppen des Marius verteidigt, von Sulla aber 82 v. Chr. erobert und zerstört worden (Abb. 88). Von alters her war Praeneste durch einen Fortuna-Tempel,

verbunden mit einem Orakel, in hohem Ansehen gestanden und dieses zu erneuern hielt Sulla für klug. 501
Das bot die Gelegenheit, hier eine einheitliche Anlage neu zu konzipieren. So ist in den kurzen Jahren, die dem Diktator bis zu seinem Tode 78 v. Chr. noch blieben, hier eine Riesenarbeit geleistet worden. Der sehr steile Berghang wurde oberhalb der Basilika in sechs Terrassen gegliedert, die durch rampenförmige Treppenanlagen miteinander verbunden sind, welche der mittleren Tiefenachse folgen, oder sich doch wenigstens von dieser aus symmetrisch entfalten und zu ihr zurückkehren. So kommt es zu einem festgefügten System sich rechtwinklig durchdringender Breiten- und Tiefenachsen, das wir erst gegen Ende des zweiten Weltkrieges kennen und verstehen gelernt haben, nachdem das Barockstädtchen der Barberini, das sich in die antike Anlage eingenistet hatte, durch Fliegerbomben zerstört worden war[44]. Steigt man heute die Terrassen hinauf und hinab, so wird man sich ganz vergeblich fragen, worin denn der Unterschied in der Struktur zwischen dem sullanischen Heiligtum und der berühmtesten Villenanlage der Spätrenaissance, der Villa d'Este in Tivoli (erbaut nach 1559), nun eigentlich bestehe. Man muß sich aus dem Park im benachbarten Tivoli nur alles das wegdenken, was die Romantiker hier begeisterte und was das Entzücken der Maler von Fragonard bis Corot und Blechen bildete. Ein Stich des Dupérac von 1573 (Abb. 87) beweist, daß hier zur Erbauungszeit statt der schattigen Wege und lauschigen Verstecke unter hohen Baumkronen einst unbeschränkt der Zug der großen herabstürzenden Achsen über den niedrigen und schattenlosen Bosketts triumphierte. Das ganze,

hier abnorm steil abfallende Gelände war in schach-
502 brettartige Parzellen aufgeteilt; die beherrschende Mittelachse in die Tiefe wurde genau wie in Palestrina durch weniger betonte Nebenachsen links und rechts flankiert. Die Führung der flachen gegenläufigen Treppenrampen ist an beiden Steilhängen die gleiche.

Nun darf man freilich einwenden, die Ähnlichkeit beider Anlagen sei keine unbewußte, denn seitdem man im 15. Jahrhundert sich für das Studium und die Rekonstruktion antiker Bauten zu interessieren begann, haben die Architekten das Fortuna-Heiligtum von Praeneste aufgenommen und zeichnerisch ergänzt[45]. Selbstredend sind dem Architekten des Kardinals Ippolito d'Este diese archäologischen Bemühungen bekannt gewesen. Indessen handelt es sich bei der Villa d'Este gar nicht um einen Einzelfall, sondern um ein relativ spätes Glied aus einer Kette verwandter Anlagen. Freilich stehen bei ihnen allen antike Vorbilder im Hintergrunde, von Bramantes Entwurf für den Cortile del Belvedere im Vatikan an über Raffaels Villa Madama – bei der sich der Garten gar nach zwei Fronten hin den Berghang hinab entwickeln sollte –, über die Farnesischen Gärten am Abfalle des Palatin gegen das Forum hin, über Schloß Caprarola am Abhang des Ciminischen Waldes in der Nähe von Viterbo bis hin zu den großen Villen in Frascati aus der Zeit um 1600 (Villa Aldobrandini).

Für das Gebiet der Stadtbaukunst gelten dieselben Beobachtungen wie für Villen und Palastanlagen. Die Gesetzmäßigkeit der Kaiserfora mit ihrer strengen Ausrichtung im Orthogonalennetz, der fortwährenden Durchdringung von Längs- und Querachsen, deren Ausmündung im Scheitel des Halbrunds gewaltiger Apsiden nach Hunderten von Metern, lebt sogleich in der Frührenaissance in den Stadtplänen Papst Nikolaus v. wieder auf und wird nach deren Scheitern mehr als ein Jahrhundert später Gestalt in der Stadterweiterung Papst Sixtus v.

Dazwischen aber liegen mehr als tausend Jahre Mittelalter; es tut sich eine klaffende Lücke auf, die um so eindrucksvoller die Wahlverwandtschaft zwischen Antike und Renaissance beweist. Denn als die Residenz des Reiches 330 n. Chr. in die Nova Roma am Bosporus verlegt worden war, als die Urbs ihre politische Bedeutung damit weitgehend einbüßte, die Bevölkerungszahl überraschend schnell sank, die Hügel Roms wieder leer wurden und die Reste der Bewohner sich im Frühmittelalter im Tiberknie, d.h. in der Ebene am linken Flußufer zusammenzogen, da war von einer planmäßigen Stadtsiedlung nichts mehr zu spüren. Im übrigen müssen die Wohnverhältnisse Roms vor dem Auftreten Caesars und in der mittelalterlichen Stadt sehr verwandt gewesen sein: man hauste auf engstem Raum und auf Brückensituationen ausgerichtet, dazu – wenigstens im Mittelalter – in ungesündester Lage. Von den Kaiserfora oder der Stadterweiterung Sixtus v. her betrachtet gibt es kein seltsameres Bild als das der Possessio-Prozession, eine der ersten Amtshandlungen des neugewählten Herrn der Christenheit im Mittelalter, die ihn vom Vatikan zur Besitzergreifung des Lateran durch das Gewinkel enger, dunkler und schmutziger Gassen führte.

Aber es ist sehr bezeichnend, daß sogleich beim Aufkommen der Frührenaissance eine ihrer allerersten künstlerischen Äußerungen in Rom das Projekt für eine Stadtanlage in weiten Achsen ist. Der erste

Renaissance-Papst, der diesen Namen verdient, Ni-
504 kolaus v., ließ durch L. B. Alberti einen Plan für die einheitliche Gestaltung der Borghi, des Petersplatzes, der Peterskirche und des Vatikanischen Palastes, kurzum der ganzen Leo-Stadt, ausarbeiten (Textabb. 8). Wegen des frühen Todes des Papstes sind diese Pläne dann unausgeführt geblieben[46]. Sie gehören aber keineswegs ins Reich des Utopischen; bei der Energie Nikolaus v. in Bausachen wären zumindest die neuen Straßen im Borgogebiet bald in Angriff genommen worden, hätte der Papst nur länger gelebt. Die gesamte Straßenanlage sollte sich um eine Mittelachse gruppieren, welche die Engelsbrücke mit dem Apostelgrab verbunden haben würde. Diese Confessio von St. Peter hätte »räumlich den Endpunkt, ideal den Mittelpunkt« des Ganzen gebildet[47]. An der Engelsbrücke wollte man einen großen Platz freilegen, und von ihm aus sollten drei Straßen zum heutigen Petersplatz ziehen, die vielleicht parallel, sehr viel wahrscheinlicher aber vom Brückenkopf her fächerförmig ausstrahlend verlaufen wären. Ihr Ziel waren das Hauptportal und die beiden Nebentüren der Ostfassade von St. Peter. Der Petersplatz sollte –

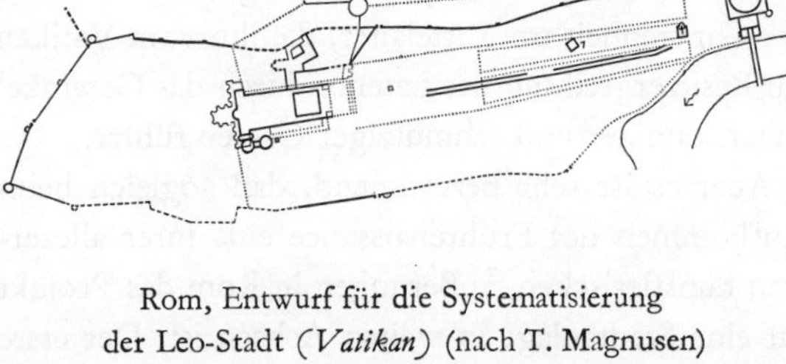

Rom, Entwurf für die Systematisierung
der Leo-Stadt *(Vatikan)* (nach T. Magnusen)

abweichend von den Vorschriften der alten Autoren – im Verhältnis zur Breite die doppelte Länge (zweihundert zu hundert Ellen) erhalten. Zur Linken sollten die Wohnungen der Geistlichen und Regularen den Platz einfassen, rechts gedachte man den Eingang zum Vatikan zu öffnen. Das ansteigende Gelände vor den Portalen der Basilika beabsichtigte Alberti klug zu nutzen. Über breite Stufen wollte man zu der Fassade emporsteigen, die von zwei großen Campanili eingerahmt werden sollte. Den frühchristlichen Vorhof zu erhalten war man offensichtlich geneigt. Selbstverständlich hätten seine Umgänge in einen Quadriporticus verwandelt werden müssen. Auch die drei von der Engelsbrücke herziehenden Straßen waren als gedeckte lange Säulengänge geplant. Macht man sich klar, welche ausführenden Künstler dem Papste und Alberti für die Verwirklichung dieses Projektes zur Verfügung standen, so wird man die Bedenken von L. Bruhns teilen müssen, der findet, »mit zu dünnförmiger Zierlichkeit hätte Bernardo Rossellino, hätte die große Schar der Florentiner Feinmeister Albertis Riesenidee verkörpert[48]«.

Der nächste Ansatz zur Stadtsystematisierung fällt schon in die Hochrenaissance. Unter Papst Leo x. wurden von der Piazza del Popolo zwei diagonal ausstrahlende Straßen, die Via di Ripetta und die Via del Babuino, abgezweigt, die mit der uralten Mittelachse des Corso zusammen ein fächerförmig ausgebreitetes Straßennetz bildeten, wie es dann die Barockzeit so unendlich oft für ihre Gründungsstädte übernommen hat, von Versailles bis Rastatt und Karlsruhe. Einheitlich geplant und in Angriff genommen, wurden diese Straßen unter Clemens VII.

vollendet[49]. Aber es hatte noch gute Weile, bis ge-
506 schlossene Häuserzeilen diese Straßen rahmten. Die Via del Babuino z.B. war gegen die Hügelseite hin auch im dritten Viertel des Cinquecento noch nicht durchaus bebaut[50].

Eine monumentale Inschrift in der Via dei Banchi Nuovi 29–30, 1512 errichtet, preist in lateinischer Sprache die städtebaulichen Verdienste Julius II. »Dem Papste Julius II., der nach Erweiterung der Grenzen des Kirchenstaates und der Befreiung Italiens die zu eng gebaute und der regelmäßigen Wege entbehrende Stadt Rom entsprechend dem Ansehen des Reiches durch Anlegung neuer Straßen schmückte[51].« Aber allenfalls die Anlage der Via Giulia konnte den hier angeschlagenen Ton rechtfertigen, die übrigen von den Päpsten Sixtus IV., Julius II., ja noch Leo X. gebauten Straßen waren zwar grundrißmäßig klug geführt, aber noch von mittelalterlicher Engbrüstigkeit.

Das bedeutsame Endglied in der Kette der achsial gebundenen Gartenanlagen bildet die Villa Montalto, die der spätere Papst Sixtus V. als Kardinal seit 1576 zwischen Sa. Ma. Maggiore und dem heutigen Thermenmuseum hatte anlegen lassen und die dem Bau des römischen Hauptbahnhofs und seiner Umgebung zwischen 1873 und 1888 bis auf den letzten Baum

(49) L. v. Pastor, IV, 1, p. 387. – IV, 2, p. 561. – Nach Castagnoli–Cecchelli–Giovannoni–Zocca, Topografia e Urbanistica di Roma (Storia di Roma, Vol. XXII), Bologna 1958, p. 384ff. und p. 507f. ist unter Leo X. nur die Ripetta angelegt, die Via del Babuino aber erst unter Clemens VII. hinzugefügt worden, so daß die Idee der achsial-symmetrischen Anlage erst das Verdienst des zweiten Medici-Papstes wäre.

zum Opfer gefallen ist[52] (Abb. 84). Sixtus hatte sich schon als Kardinal des Domenico Fontana als Architekten bedient, und so nimmt es nicht wunder, daß man die Prinzipien des sixtinischen Stadtplans hier bereits verwirklicht findet. Gleich beim Portal der Villa neben Sa. Ma. Maggiore entfalteten sich drei Alleen fächerförmig, von denen die mittelste zum Casino führte, das übrigens klein und architektonisch nicht bedeutend war. Das Neue ist nun, daß diese Alleen wie alle übrigen des Gartens mit Zypressen gerahmt waren. Damit ist zum ersten Male in der Geschichte der italienischen Gartenbaukunst der Blick nach allen Seiten über die Beete und der freie Überblick über die Gesamtbreite des Gartens unterbunden. Alte Ansichten lassen keinen Zweifel darüber, daß die Zypressen von Anfang an so dicht gepflanzt waren, daß sie sich wandartig zusammenschließen mußten, sobald sie ausgewachsen waren[53]. Das bedeutet, daß der Blick, durch die langen Alleen eingefangen, nur in die Tiefe geleitet werden konnte. In der Tat finden wir in dem eigentlichen Park, der sich hinter dem Casino an den Ziergarten anschloß, die beiden Hauptalleen in der Tiefe durch Hügel mit Statuen abgeschlossen. Das ist das erste Auftreten des Point de vue in der Gartenkunst. »Erst mehr als ein halbes Jahrhundert später knüpft an diese Ideen Fontanas der französische Garten an[54].« Die Folgen für die Gartenbaukunst sind sehr weittragend: die

(53) Daß die Hecke hier schon eine Rolle gespielt habe, wie H. Rose, Spätbarock, München 1922, p. 45 f., gestützt auf einen Stich von Venturini glauben machen will, vermögen wir nicht zuzugeben. Alle anderen Ansichten beweisen, daß dem Stiche Venturinis in diesem Punkte nicht zu trauen ist.

Beete verlieren ihre selbständige Bedeutung, das
508 Schachbrettmuster und das darin noch immer nachklingende System des Kraut- und Wurzgartens des Mittelalters und der Renaissance haben nun ihre Rolle ausgespielt. Während das Ansehen des Beetes schwindet, wächst die Bedeutung des Platzes. Infolgedessen spielen als Erweiterung der großen Achsen an deren Schnittpunkten die Rondelle, an ihren Mündungsstellen halbkreisförmige Exedren – alle natürlich von Zypressen umstanden – in Villa Montalto eine viel größere Rolle als in irgendeiner voraufgehenden Gartenanlage. Das ist schon den Reisenden vor der Mitte des 17. Jahrhunderts aufgefallen.

Sixtus V. übertrug die Gesetze achsialer Bindung, die er als Kardinal Montalto in der Gartenbaukunst erprobt hatte, in den fünf kurzen Jahren seines Pontifikats (1585–1590) auf die Stadtbaukunst von Rom. Es sind nicht in erster Linie bevölkerungspolitische, noch gar ästhetische Gesichtspunkte gewesen, welche den städtebaulichen Eifer Sixtus V. entfachten, sondern vor allem ein religiöser Impuls. Er wollte Rom zum besuchtesten Wallfahrtsort der ganzen Christenheit machen. »Ein gewaltiges Straßennetz, das die altehrwürdigen Hauptkirchen Roms in weitsichtigen Prospekten miteinander verbindet, wird über die ganze Stadt ausgespannt und die Knotenpunkte mit anschaulicher Eindringlichkeit durch die Aufrichtung von Obelisken gekennzeichnet[55].« Wie zeitgenössische Stiche und Gemälde deutlich machen[56], sollten diese Pilgerstraßen nicht nur, die Wallfahrtskirchen verbindend, sich willkürlich überkreuzen (Abb. 86). Die leitende Idee war eine zentrierte Anlage mit des Papstes Lieblingskirche, Sa. Ma. Maggiore, als Mittelpunkt, von der die neuen Wege sternenförmig ausstrahlen sollten (Abb. 85). Des Papstes Marien-Verehrung zieht also die Stadtbaukunst in ihren Dienst. Von den fünf Straßen, die heute von Sa. Ma. Maggiore radial wegführen, fand Sixtus die Verbindung mit dem Lateran, die Via Merulana, schon vor, welche bereits dem Pontifikat Gregors XIII. angehört[57]. Der frühe Tod Sixtus V. trug Schuld daran, daß eine sechste Straße unausgeführt blieb, die über S. Pietro in Vincoli zum Kolosseum führen sollte. Auf dem Fresko in den Lünetten der vatikanischen Bibliothek, welches dem Straßensystem Sixtus V. gewidmet ist, findet sich dieser Weg schon eingetragen. Ausgeführt wurden die vier Achsen nach Porta S. Lorenzo[57a], nach S. Croce in Gerusalemme, nach der Trajanssäule und nach SS. Trinità dei Monti.

Gleichwohl hatten die neuen Straßenzüge natürlich den größten Einfluß auf die Besiedlung, und selbstverständlich hat auch dies in den Absichten des Papstes gelegen. Noch am Ende der Renaissance, also etwa beim Ausgang des langen Pontifikats Pauls III. (1550), drängte sich die Stadt in dem großen Tiberknie zusammen und hatte die Hügel noch nicht wieder erstiegen[58]. Innerhalb des von der Aurelians-Mauer umschlossenen Gebietes waren noch immer zwei Drittel unbewohnt. Die Rom-Pläne von L. Buffalini (1551) und M. Kartarius (1576) lassen keinen Zweifel darüber, daß die Hügel im Norden, Osten und Süden, daß Pincio, Quirinal, Viminal, Esquilin, Celio und Aventin damals fast unbesiedelt waren.

(57a) Diese Straße bildete zugleich die südliche Begrenzung der Villa Montalto u. fiel mit dieser zusammen nach 1870 dem Neubau des römischen Hauptbahnhofs zum Opfer.

Den Pincio erklomm noch kein Straßenzug, zwischen
510 SS. Trinità dei Monti und Sa. Ma. Maggiore gab es noch keine Verbindung, die Kirchen auf dem Aventin lagen in der Einsamkeit. Durch das sixtinische Straßensystem wurden die Höhen des Esquilin, des Viminal und des Quirinal mit der unteren Stadt in der Tiberebene verknüpft; die Bebauung der Hänge begann nun wieder. Im April 1587 meint der mantuanische Gesandte, innerhalb von drei Jahren werde die ganze Gegend zwischen Monte Cavallo und Pincio bewohnt sein[59]. Schon Ende des 16. Jahrhunderts wirkte sich diese Verschiebung des Schwerpunktes des städtischen Lebens darin aus, daß die Hauptgasthöfe aus der Gegend der Banchi und des Campo dei Fiori nach der Piazza di Spagna verlegt wurden. Natürlich ging das alles nicht ohne Gewaltsamkeiten ab. »Hier werden die Gebäude ebenso gequält wie die Menschen«, berichtet der Korrespondent des Großherzogs von Toskana im Mai 1587 nach Hause[60]. Gleichwohl – als Sixtus V. in den Lünetten des großen Saales der vatikanischen Bibliothek sein Straßensystem in einer Ansicht aus der Vogelperspektive malen ließ, war er sich bewußt, mit vorausschauendem Weitblick den folgenden Jahrhunderten der römischen Stadtbaukunst das Gesetz des Handelns vorgeschrieben zu haben. In der Tat hat Rom etwa dreihundertdreißig Jahre lang bis zum Anwachsen zur Millionenstadt, d. h. fast bis zu den städtebaulichen Reformen Mussolinis, in dem Straßennetz Sixtus V. Verkehrsadern besessen, die dem Stadtorganismus genügten.

Wie sehr hier unter Sixtus V. ganze Arbeit getan worden war, erkennt man daran, daß den großen Bauherren unter den Päpsten des Seicento, Urban VIII.,

Innocenz x. und Alexander vii., in städtebaulicher Hinsicht fast nichts zu tun übrig blieb. Die Piazza Navona zu einem Forum für seine Familie auszugestalten, gelang noch Innocenz x., der Petersplatz ist das Werk Alexanders vii., die Anlage von Ripetta und Spanischer Treppe fallen dann ins 18. Jahrhundert.

Aber auch aus anderen Gründen lohnt es sich nicht, unsere Betrachtung über die Regierungszeit Sixtus v. hinaus auszudehnen. Im Seicento nämlich ist das Komponieren in großen Achsen längst ein barockes Gestaltungsprinzip geworden, dessen sich die gesamte abendländische Architektur bedient und das keine römische Eigentümlichkeit mehr darstellt.

Sixtus v. Stadtplan markierte nur die Mittelpunkte der Plätze durch Obelisken; an der architektonischen Fassung des Areals durch Häuserstirnen war er ganz uninteressiert. Insofern besitzen seine neuen Plätze keine Geschlossenheit und bleiben also weit hinter dem Kapitol zurück. Das beste Beispiel dafür bildet die Piazza del Popolo[61], die ihren transitorischen Charakter beibehalten hat, bis um 1800 der französische Architekt Valadier die heutige Anlage schuf. Vorher führten lange, kahle Vignenmauern den durch die Porta del Popolo Eintretenden schleunigst und ohne ihn abzulenken zu der Gabelung der drei fächerförmig sich entfaltenden Straßen. Trotz des Obelisken in der Platzmitte und des Springbrunnens davor ist die Piazza del Popolo erst im Klassizismus aus einer trichterförmigen Durchgangsstraße zu einem Platz in unserem Sinne geworden. Wo aber die einheitliche Gestaltung der Platzwände zunächst unterblieb und die Bebauung der anliegenden Grundstücke nach und nach geschah und eher zufälligen Lösungen überlassen blieb, ist dieser transitorische Charakter 512 der Plätze Sixtus v. bis auf den heutigen Tag nicht zu verwischen gewesen. Das zeigt sich am Quirinalsplatz. Der Obelisk, die Dioskuren, der Brunnen Pius vi. bilden einen großartigen Point de vue ganz im Sinne Sixtus v. für den von den Quattro Fontane Herankommenden. Sie schaffen auch den Schwerpunkt einer Platzmitte. Aber das Areal ist zu unregelmäßig gestaltet, als daß die plastische Gruppe die zentrierende Kraft besäße, alle Platzwände zu sich in Beziehung zu setzen. So ist hier nie ein geschlossener Platzraum ausgebildet worden.

Die übrigen Platzanlagen Roms von Michelangelos Kapitolsplatz über Berninis Petersplatz und Pietro da Cortonas Vorhof von Sa. Ma. della Pace[62] bis zu Filippo Ragguzzinis Piazza S. Ignazio (1727ff.) hin gehören nicht in unser Buch, da es sich um geniale Einzellösungen handelt, die dem Genius loci nicht ihre Struktur verdanken, sondern allenfalls Einzelzüge.

Das transitorische Moment, das in der Abfolge der Kaiserfora und dem Straßensystem Papst Sixtus v. sich so deutlich ausspricht, rechnet mit Fernsichten und mit dem Point de vue als Abschluß[63]. Auf der Piazza S. Ignazio gibt es ganz wie bei den großen Deckengemälden mit Architekturprospekten nur einen einzigen Standpunkt, von dem aus die Komposition sich ›richtig‹ darbietet, d. h. ohne perspektivische Verzerrung. Nur wenn man seinen Platz

(63) Daß schon der rückwärtige Abschlußbau in der Mittelachse eines Forums häufig als Prospekt entrückt wird, hat H. Kähler, Wandlungen der antiken Form, München o. J. (1949), p. 15, vorzüglich dargelegt.

vor dem Kirchenportal von S. Ignazio wählt, bietet sich einem die optische Gewähr, daß die Platzwände nicht auseinanderfallen, jede Attika die richtige Höhe hat und den Anschluß an das Dachgesims des Nachbarhauses findet[64].

Hier zielt alles nur auf den Gesamteindruck ab. *Die Einzelform an sich hat kein Eigenleben*, geschweige denn, daß ihre Ausbildung uns entzücken könnte. Das liegt aber nicht etwa an den künstlerischen Tendenzen des Settecento. Im 16. oder 17. Jahrhundert war es in Rom nicht anders gewesen. Wie hatte Borromini die Einzelformen vergewaltigt, wie sind die Basen der Säulenvorlagen in S. Carlo alle Quattro Fontane zurecht geschnitten, wie grausam willkürlich wechseln die Größenmaßstäbe in der Dekoration der Kuppel von S. Ivo della Sapienza. Man argumentiere nicht, Borromini nehme im Rom des Hochbarock eine Sonderstellung ein. Wie derb und illusionslos sind auch an der Kirche in Ariccia von Bernini die Verjüngung der Seitenflügel und die Abnahme der Größenmaßstäbe der Pilaster, welche die Seitenwände gliedern, gehandhabt. Ganz ebenso ist die Schließung der Naht zwischen dem ursprünglichen Zentralbau von St. Peter und dem Madernaschen Langhaus mit einer Gewaltsamkeit und Derbheit im Detail vollzogen worden, wie es in der Toskana niemals möglich gewesen wäre. Bei Berninis Grabmal Papst Alexanders VII. in St. Peter, wo es dem Künstler nicht geglückt ist, den Massen afrikanischen Marmors den Charakter einer riesigen Stoffdraperie zu verleihen, oder bei den Flußgöttern des Vierströme-Brunnens auf der Piazza Navona darf man

sich ebensowenig in ein Studium der Oberfläche auf
514 Nahsicht einlassen wie beim großen Fries des Per-
gamenischen Altars. Die aufwendigen Wandgrab-
mäler der Päpste aus der Zeit der Gegenreformation
in den Kapellen Sixtina und Paolina von Sa. Ma. Mag-
giore, Unternehmer-Arbeiten, die nur unter Zuhilfe-
nahme ausländischer Steinmetzen zustande kamen,
wirken wie künstlerische Gewalttaten. Es fehlt ihnen
das Fluidum der gewachsenen Form. Es handelt sich
dabei keineswegs um Gestaltungsprinzipien des
Barockstils, wie man sie in allen europäischen Län-
dern im 17. und 18. Jahrhundert wahrnehmen kann.
Die beobachteten Phänomene finden sich in Rom
vielmehr in allen Jahrhunderten. An dem Haus des
Nicolò Crescenzio an der Bocca della Verità ist die
Spolie genauso gewaltsam in den Ziegelverband des
Wehrturms des 11. Jahrhunderts eingebunden, wie
der Wechsel der Ordnungen im Hofe des Pal. Far-
nese aus dem 16. Jahrhundert erschreckt, wo auf die
edlen dorischen und jonischen Halbsäulenvorlagen
der beiden unteren Geschosse nun nach dem Plan-
wechsel vor 1589 plötzlich die schweren übergroßen
Pilasterbündel der aufgestockten dritten Etage des
Giacomo della Porta drücken[65]!

Wer lange in Rom gelebt hat und dann in die Toskana zurückkehrt, muß umlernen. Es wird ihm nicht leicht fallen, in Florenz oder Montepulciano, in Siena oder Monte San Savino die Zartheit eines Renaissanceprofils, die Leichtigkeit einer Verkröpfung, die Höhe des Reliefs eines Pilasters, die Weite des Vorspringens einer Sohlbank wieder gebührend zu würdigen. Die monumentale Kunst Roms erzieht zu einer summarischen Art des Sehens, sie lenkt den

Blick auf große Zusammenhänge hin, aber die Einzelform hat sie von jeher vergewaltigt. Deshalb ist Rom die Stadt des antiken und modernen Barock geworden, deshalb sind die Frühstile hier nicht zu Hause. 515

Alles Gewölbte empfinden wir als römisch. »Römisch ist das Runde, das Ausgehöhlte, das Räumliche, das Dunkle, Innerliche. Die vollendete Lösung ist bekannt: das Pantheon. Es ist in allem dem griechischen fremd und entgegen[66].« Wir verdanken den tiefsinnigen Forschungen des Freiherrn Guido von Kaschnitz-Weinberg die Erkenntnis, daß dieser Zug zum Gewölbten das altitalische Erbe der römischen Kunst ist[67]. Zwar sind im gesamten Mittelmeergebiet die unterirdischen Räume ›ausgehöhlt‹, d.h. gewölbt. Daß also die Basilica Sotterranea vor der Porta Maggiore in Rom (Mitte des 1. Jahrhunderts n.Chr.) oder das Mithräum unter S. Clemente mit Tonnengewölben überdeckt sind, ist nur natürlich. Auch die grätigen Kreuzgewölbe im Mithräum unter den Caracalla-Thermen darf man noch aus dem Höhlencharakter solcher Anlagen ableiten. Aber als rein römische Eigentümlichkeit sieht von Kaschnitz-Weinberg den »Prozeß des Aufsteigens der Höhlenarchitektur aus dem Unterirdischen an die Erdoberfläche und die damit parallel gehende sphärische Modellierung des Innenraums durch die zur Mauer sublimierte Materie (Erde)« an[68]. In der Tat läßt sich dieser Prozeß an der frührömischen Architektur noch deutlich ablesen. Noch das Grabmal des Kaisers Augustus hielt den Zusammenhang mit jedem beliebigen Tumulus-Grab in Cerveteri aufrecht, da

es mit einem Erdhügel bekrönt und mit Bäumen be-
516 pflanzt war[69]. Auch das Grabmal der Cecilia Metella an der Via Appia trug einst an Stelle des gotischen Zinnenkranzes, den die Gaetani um 1300 aufsetzten, einen bepflanzten Erdhügel als oberen Abschluß. Erst das Hadriansgrab, die Engelsburg, deren ursprüngliche oberste Partie wir uns übrigens nicht recht vorstellen können, hat diese Verbindung zum Tumulus aufgegeben. In republikanischer Zeit bleibt das Tonnengewölbe noch auf die unterirdischen Räume beschränkt, auf die Kanäle, die Basisräume der Tempel und die Bäder[70].

Eine zweite Quelle für die römischen Wölbungsbauten erkennt Rodenwaldt in den Thermenanlagen Kampaniens. »Hier bot der vulkanische Sand die Mittel zur Entwicklung des gegossenen Gewölbes, auf dem die ganze Entwicklung der römischen Wölbarchitektur beruht[71].« Jedenfalls sind die ersten oberirdischen Gewölbebauten in Rom, die keine Grabmäler sind, die Calidarien der großen Thermen. Auch das Pantheon ist mit der Thermen-Architektur Kampaniens verwandt. In Bajae hat man kürzlich einen Kuppelraum aus den dortigen Thermen freigelegt, der Ende des 18. Jahrhunderts und Anfang des 19. Jahrhunderts noch gut sichtbar und intakt war, denn wir besitzen Stiche, die eine vorzügliche Raumvorstellung von ihm vermitteln[72]. Dieser Raum war dem Pantheon des Agrippa zeitlich unmittelbar voraufgegangen und besitzt auch zur Raumform des heutigen Pantheon noch die erstaunlichste Verwandtschaft[73]. Rodenwaldt findet es »keinen Zufall, daß das Pantheon in engem räumlichen Zusammenhang mit den Thermen Agrippas stand[74].« Am heutigen

Pantheon treten griechische und römische Architektur-Auffassung in sehr eindrucksvoller Art auseinander: vor die gewaltige moles des Ziegelbaues der Rotunde, die sich prinzipiell vom Augusteo oder von der Engelsburg nicht unterscheidet, ist in ganz unmotivierter Weise die griechische Vorhalle mit dem klassischen Dreiecksgiebel gelegt. Zu einem organischen Zusammenschluß der beiden einander so fremden Bauteile kann es gar nicht kommen[75].

Die eigentliche Staatsarchitektur, die forensische Basilika und der Tempel, haben sich allerdings dem Tonnengewölbe lange versagt. Das grätige Kreuzgewölbe hat in die römische Sakralarchitektur überhaupt niemals einzudringen vermocht und blieb auf die neuen praktischen Bauaufgaben, Amphitheater, Thermen und die Palastarchitektur beschränkt[76]. Die älteste Basilika, die mit Kreuzgewölben eingedeckt ist, wobei die Wölbung auf Freisäulen ruht, welche vor die Wand treten, ist Hadrians Basilica Neptuni an der Südseite des Pantheon gewesen. Unter Hadrian haben auch Kuppel und Tonne den Sakralraum erobert. Die Tempel der Venus und der Roma und des Divus Hadrianus sind die ersten tonnengewölbten Tempel Roms[77]. Wir betrachten die Gewölbebauten von der Art des Mausoleums von Torre de'Schiavi oder der Minerva Medica, aber auch die Tonnenbögen der Seitenschiffe der Maxentius-Basilika, ja jeden Bogen, der sich bei den Aquädukten zwischen den Pfeilern spannt, als echten Ausdruck römischen We-

(75) Brauchte es übrigens auch nicht, da die Vorhalle in einen viereckigen Platz einbezogen war, der von Säulenhallen umzogen wurde, welche die Moles absonderten und wohl in ihrer vollen Höhe unsichtbar machten.

sens[78]. Infolgedessen empfinden wir die frühchrist-
518 liche Basilika, die letzte große Schöpfung der antiken Architektur, nicht in dem Sinne der Antiken-Interpretation Piranesis als ›römisch‹, weil sie auf die Wölbung verzichtet. Historisch gesehen ist dieses Fehlen der Wölbung nur logisch. Die frühchristliche Basilika entwickelt sich aus der heidnischen forensischen vom Typ der Basilica Ulpia[79], und diese war stets flach gedeckt gewesen. Die griechische Auffassung von der Würde eines solchen Raumes hatte sich damit durchgesetzt. »Mit der Entscheidung für die horizontale Decke bewahrt die christliche Basilika die griechische Tradition des heiligen Raums«, sagt auch Rodenwaldt[80].

Nur von hier aus ist es allenfalls zu verstehen, daß während der Herrschaft des romanischen Stils in Roms Mauern keine einzige Kirche mit schweren lastenden Tonnengewölben eingedeckt wurde. Man sollte glauben, im romanischen Stile müsse Rom – ut ait nomen – der Vorort der Gewölbebaukunst im Abendlande gewesen sein. Aber die riesigen Mittelschiffe, die mit durchlaufenden monumentalen Halbkreistonnen seit etwa 1100 eingewölbt werden, heißen St. Sernin in Toulouse und St. Trophime in Arles, Vézelay und Cluny III, Santiago und St. Benoît-sur-Loire. Als der burgundische Orden der Zisterzienser dann mit der Kirche von Fontenay (1139–1147) einen Raumtyp schuf, der mit einer Spitztonne eingewölbt war und der sich mit der größten Schnelligkeit über das Abendland verbreitete, wurde diese Spitztonne auch in die italienischen Niederlassungen der französischen Orden getragen, z. B. in die Prämonstratenser-Abtei SS. Severo e Martirio

unmittelbar unter dem Tuffelsen von Orvieto (um 1220), ja in die Zisterzienser-Abtei alle tre Fontane
unmittelbar vor den Toren Roms, bei S. Paolo fuori (nach 1140)[81]. Aber innerhalb der Mauern bauten die französischen Mönchsorden anders als draußen vor den Toren. Als Papst Lucius II. (1144–1145) das alte Kloster von S. Saba auf dem Aventin den Cluniazensern übergab, errichteten diese einen Neubau im Charakter der frühchristlichen Basiliken, ganz more Romano, mit Säulenarkaden, offenem Dachstuhl und ohne Querschiff[82] – gerade, als ob die Auftraggeber von den großen burgundischen Gewölbebauten nichts gewußt hätten. Das gibt uns den Schlüssel für dieses seltsame Verhalten in die Hand: in der Stadt der Apostelgräber, der Märtyrer und der Katakomben blieb man dem Baustile der frühchristlichen Kirchen treu, die den Namen der großen ersten Blutzeugen des Christentums trugen. Die Raumform des 12. Jahrhunderts sollte der Geist des 4. Jahrhunderts weihen.

Daß sich Rom dem gotischen Kreuzrippengewölbe versagte, wird man schon weit eher begreiflich finden. Die Verlegung der statischen Kräfte von der Schwerkraft des lastenden Mauerverbandes weg auf ein dynamisches Gerüst von Pfeilern, Streben, Diensten und Rippen mußte der Ewigen Stadt fremd bleiben. Das Rippengewölbe trat in Latium überraschend früh auf, im nördlichen Vorfeld Roms in Sa. Ma. di Castello in Tarquinia (1121 gegründet, um 1150 fertig)[83]. Im Süden, in der Zisterzienser-Abtei Fossanova (1182 begonnen) hingegen bleibt es zunächst noch beim Kreuzgratgewölbe.

Erst die Renaissance bringt auch die Rückkehr zum Gewölbebau. Die Verwandtschaft von Bramantes

St. Peter (Abb. 91) mit dem Pantheon mag man als
520 bewußten Rückgriff und Bildungserlebnis als wenig beweiskräftig beiseite schieben. Aber die Beziehungen zwischen Berninis Ovalkirche von S. Andrea al Quirinale (Abb. 92) und den kleinen spätrömischen Kuppelbauten vom Schlage der Torre de'Schiavi (Abb. 89), der Torre Pignattara oder der Minerva Medica liegen im Bereich des Unbewußten und ihnen wird darum die volle Beweiskraft niemand absprechen können. Auch bei den archäologisch gerichteten Versuchen, das Raumideal des Pantheon in kleinen Dimensionen zu verwirklichen, stellt sich sofort die Nähe zu jenen spätantiken Moles mit den schweren, lastenden Kuppelschalen kleiner Mausoleen ein, die so gar nicht frei zu schweben scheinen wie die Kuppel des Pantheon, den Gesetzen von Stütze und Last enthoben. (Vignolas S. Andrea in Via Flaminia, Berninis Entwürfe aus dem ersten Stadium der Planung für Ariccia[84].) Dieser Sinn für das Pesante, Grotten- und Höhlenartige der Kuppel ist im römischen Cinquecento so allgemein, daß selbst das Schaffen des Genies die allgemeine Entwicklung widerspiegelt. Michelangelos Zentralbau-Entwurf für S. Giovanni dei Fiorentini hat etwas vom Charakter von Grabbauten aus Corneto Tarquinia, die den Erdhügel durchstoßen haben und ans Licht gewachsen sind[85]. Das tragische Grundgefühl des großen Einsamen und der Ortsstil verbinden sich in einer geheimnisvollen Weise. Noch gesteigert finden sich diese Tendenzen bei der Peterskuppel Michelangelos. Sehr mit Recht hat Werner Körte die Frage aufgeworfen, »wie ein ganzes Stadtbild jene höchst persönliche, großartig gequälte Form als beherrschenden

Akzent hätte ertragen sollen[86]«. Macht man sich klar, daß die innere Kuppelschale bei Michelangelo die Travertin-Quader unverkleidet gezeigt hätte, so wird der Charakter des Lastenden und Römischen noch deutlicher, der sich bei der ausgeführten Kuppel Portas mit den banalen und bunten Mosaiken des Cavaliere d'Arpino natürlich nicht einstellen kann.

Schauen wir vom Pincio oder vom Janikulus auf Rom hinab: welche Fülle von Kuppeln aus der Zeitspanne von der Frührenaissance bis zum Klassizismus über den Vierungen der Kirchen, wieviele Trabanten für die Peterskuppel. Das ist keineswegs überall in Italien so! Florenz hat die Tonne über dem Langhaus und die Halbkreiskuppel nie sonderlich geschätzt. Die Bauten des jungen und mittleren Brunellesco sehen an den wirklichen Ausdrucksmöglichkeiten dieser Formgebilde noch ganz vorbei und dem alten Brunellesco hat die Vaterstadt die Gefolgschaft verweigert. Von L. B. Albertis gewaltigen Bauten im römischen Sinne aber steht kein einziger in Florenz. Das erste riesige Tonnengewölbe über einem Langhaus spannte Alberti in Mantua, und die ersten großen Kuppeln, weithin sichtbar über die Dachfirste von Langhaus und Querarmen hinausgehoben, plante er für Mantua und Rimini. Die venezianischen Architekten der Hochrenaissance hingegen, welche Kuppel und Tonne reichlich verwenden, tun das ganz im Geiste der byzantinischen Baukunst. Der Blick der venezianischen Baumeister bleibt auch in der Renaissance auf S. Marco gerichtet.

Nur in Rom entwickelt man den Sinn für das Lastende der Halbkreistonne, die mit schweren Kassetten ausgelegt wird. Als man von den klassischen

Mustern, wie sie die Einfahrt des Pal. Farnese zeigt,
522 zu den komplizierten Kassettierungen des Manierismus überging (Sala Regia des Vatikan), verlor darob das Gewölbe nicht an lastender Wucht und Würde. Vor allem liebte man in Rom den langen, ununterbrochenen Tiefenzug von einer Halbkreistonne überwölbter Räume. Im Profanbau sind die Galleria delle Carte Geografiche und der Mittelgang der Peterskolonnaden, im Sakralbau die Langhäuser des Gesù, von St. Peter, S. Andrea della Valle und S. Ignazio die eindrucksvollsten Belege dafür. Gewiß hat das Verhältnis des römischen Barock zu Kuppelkontur und Kuppellast, zu neutral gespannter Kalotte und drückend beugender Schale sich von Generation zu Generation gewandelt. Mit Giacomo della Portas Abwandlung von Michelangelos Kontur der Peterskuppel kommt ein optimistischer Zug in den römischen Kuppelbau. Daß die große Zeit des römischen Barock zu Ende geht, zeigt sich kaum irgendwo so deutlich wie bei den schlaffen Kuppelumrissen der beiden Kirchen, die an der Piazza del Popolo den Eingang zum Corso flankieren und die nur noch den Kontur aufgespannter Regenschirme haben.

Die römischen Langhausbauten des Quattrocento sind die einzigen Frührenaissancekirchen in Italien, die mit grätigen Kreuzgewölben das Hauptschiff eindecken (Sa. Ma. del Popolo, S. Agostino, S. Marco). Man kann dies schlecht anders denn als bewußten Rückgriff auf die großen Säle der Thermen der späten Kaiserzeit deuten[87] (Abb. 98).

Was sich hier in der Architektur ausspricht, pflegt man *Gravità romana* zu nennen, wenn es einem in

Plastik oder Malerei begegnet. Es tritt uns, völlig ausgebildet, schon in der römischen Malerei des Hochmittelalters entgegen. Rom hatte keinen selbständigen Beitrag zur romanischen und gotischen Architektur oder Plastik geleistet. In der Malerei indessen besaß es um 1300 eine bedeutende, über die ganze Halbinsel hin ausstrahlende Schule. Da deren Blütezeit mit der Entstehung der ersten selbständigen Malerschulen von Florenz und Siena innerlich zusammenhängt und zeitlich übereinstimmt, so wird man mit einiger Skepsis fragen, ob sich der Genius loci in dieser römischen Malerei um 1300 ebenso deutlich ausspricht, wie sich damals florentinisches Wesen in Giotto und sienesische Art in Duccio zum ersten Male vollkommen mitteilt. Eine Stadt, in die alle Straßen münden, der Hauptort der Christenheit, die Erbin des Imperium Romanum, wird einen internationalen Zug niemals abstreifen können. »Rom war zu groß, zu weltoffen und universal, um gleich Florenz oder Siena eine bodenständige Schule von charakteristischer, ganz eigener Prägung entstehen zu lassen[88].« In der Tat vermag man an den Freskenfolgen, die in Rom und Latium in den beiden letzten Generationen vor dem Auftreten des Cavallini entstanden – etwa an der Ausmalung der Sylvesterkapelle von SS. Quattro Coronati in Rom (um 1246) und den Resten von Wandbildern der Abtei von Grottaferrata (bald nach 1272)[89] – eigentlich römische Merkmale nicht zu erkennen.

Bei Cavallini aber wird das nun ganz anders. Den reinsten Eindruck gewinnt man von seiner Malerei vor dem Fresko mit dem Jüngsten Gericht auf der inneren Eingangswand von S. Cecilia in Trastevere,

wenn es auch nur als Torso erhalten ist. Die zwölf
524 Apostel als Beisitzer des Weltgerichts sind römische Togati, von schwerer Leiblichkeit, ruhigem Umriß und fast ganz ohne Abwechslung in den Sitzmotiven und der Gewanddrapierung. Von den Gestalten ist keine ›geistreich‹ komponiert, sie alle haben die römische Würde und Schwere; sie sind nicht aktiv, das Geschehen in der irdischen Zone entlockt ihnen keine sichtbare Teilnahme. Die Gesichter sind vielmehr ruhig und nüchtern, ganz ohne das Feuer und die Ekstase der östlichen Kunst. In der Tat hat zwischen den Fresken von Grottaferrata und denen von S. Cecilia die römische Malerei sich der byzantinischen Sphäre entzogen. Das ist – soviel wir heute sehen – die Tat Cavallinis. Aber die Wandlung zum Abendländischen bedeutet nicht gleich einen Schritt zum Römischen! Bei den Gesichtern der Apostel mag man nur den Verlust sehen, den diese Abkehr von Byzanz zwangsläufig mit sich bringt. Ganz anders bei der Gestalt Christi. So monumental hatte seit der Spätantike kein Herrscher mehr gethront. Nur in Rom, der Hauptstadt der alten und der mittelalterlichen Welt, konnte die Würde des Thronens diese neue Form finden. Nur in Rom konnte diese reine Ebenmäßigkeit der Gesichtszüge sich ausprägen, die ebenso der Sitz für Milde und Hoheit, Abgeklärtheit und Distanz ist, wie das Antlitz auf den schönsten Porträts aus Raffaels römischer Epoche (Kardinalsbildnis im Prado).

In der Kunst der Hochrenaissance deckt sich dieser römische Ortsstil mit dem Zeitstil. Deshalb erlebt jetzt Rom eine hohe Blütezeit. Die Gravità ist jetzt zur Zeitmode geworden, die als Gegenbewegung gegen das überschlanke, zarte, ja morbide Menschenideal der Botticelli und Schongauer, der Pollajuoli und Riemenschneider zu verstehen ist. Die reife Fülle, welche in den Frauenporträts aus der römischen Zeit von Raffael oder Sebastiano del Piombo die Dargestellten kennzeichnet, ist gewiß ein Stilmittel, um zu der großen Form zu gelangen, welche die Renaissance-Kunst in dem goldenen Jahrzehnt zwischen 1510 und 1520 überall geprägt hat. Aber daß es gerade Römerinnen waren, die als Modelle für eine solche Stilisierung des Porträts ins Monumentale dienten, hat seinen guten Sinn. Der römische Menschenschlag ist groß und schwer. Solche Frauen haben in der kurzen Spanne der Hochrenaissance dem Ideal nicht so unähnlich gesehen, das die Kunst von dem großen Individuum damals entwickelt hat. ›Grandezza romana‹ und ›Gravità romana‹, den Töchtern der Ewigen Stadt stets nachgerühmt, sind in Raffaels Donna Velata (Abb. 106) und in Sebastianos Bildnis einer Dame im römischen Kostüm[90] große Form geworden. Caravaggios Bildnis einer jungen Frau (Berlin, Kaiser-Friedrich-Museum, 1945 verbrannt) (Abb. 107), seine Rosenkranzmadonna in Wien (Kunsthistorisches Museum) bezeugen, daß auch das Seicento diesen Sinn für Gravità noch besitzt. Auch in Berninis und Algardis Büsten und Ehrenstatuen der Päpste des Seicento lebt er noch ungebrochen.

Auch *die Farbigkeit der römischen Malerei* ist nicht mehr die einer morgenfrischen jugendlichen Kunst. Es fehlt die helle Buntheit, die uns bei den Toskanern, die gedämpfte, die uns bei den Umbrern entzückt; wie die Formen, so werden die Farben

schwer, wenn die Maler ihren römischen Stil gefun-
526 den haben. Einer der Hauptgründe für diese Vereinfachung einer blühenden Palette ist der starke Einfluß, den die antike Plastik Roms auf die neu ankommenden Maler sogleich zu üben beginnt. Gewiß ist Marten van Heemskerk ein Sonderfall, er ist ebensosehr Antiquar wie Maler. Auch Rubens sieht in den beiden Seitenbildern des Hochaltars von Sa. Ma. in Vallicella die hl. Domitilla und den hl. Achilleus kaum weniger mit den Augen des Antikenkenners. Das statuarische Interesse überwiegt hier jedes andere, wenn man auch zugeben muß, daß die zurückhaltende Farbigkeit hier zum größten Teil auf Rechnung des ungewöhnlichen Malmaterials, des Schiefers, geht, der für die zweite Fassung verwendet wurde, um die Beeinträchtigung der Sichtbarkeit des Bildes durch Spiegelungen zu vermeiden. Aber auch Raffael gibt in Rom sogleich die Buntheit seiner florentinischen Jahre auf.

Noch aufschlußreicher ist es, wie Sebastiano del Piombo, der in den Fresken der Farnesina noch arglos den ganzen Zauber seines venezianischen Kolorits ausbreitet, in den Tafelbildern dann Schritt für Schritt diese Leuchtkraft zurücktreten läßt, ganz so wie der Lombarde Sodoma seiner hellen oberitalienischen Farbigkeit in Rom nun schwere deckende Töne beimischt. Adam Elsheimer vergißt am Tiber schnell das Chromgelb und die Changeants des Paolo Veronese. Besonders deutlich ist bei Caravaggio zu beobachten, wie in den Bildern aus seinen etwa sechs ersten römischen Jahren bis zur Contarelli-Kapelle hin die Palette verarmt und die Formen groß und schwer werden.

Unter dem Studium der antiken Skulptur verschob sich seit Beginn der Hochrenaissance in Rom das Interesse der Maler auf die Beherrschung der Anatomie und der großen Posen, auf die Austeilung von Licht und Schatten in der Art, wie sie an antiken Reliefkompositionen studiert werden konnte. Die Grisaille ist zwar in Oberitalien enstanden (Giottos Sokkelzone in der Arena zu Padua) und ausgebildet worden (Mantegna), es liegt aber auf der Hand, daß die Ausbreitung der Grisaille mit dem Studium der Sarkophagreliefs Hand in Hand ging. Das Ergebnis solcher Bemühungen stellt sich einmal in den Sockel- und Gewölbemalereien von Raffaels Stanzen dar, zum andern in dem Fassadenschmuck der römischen Paläste mit ihren Chiaroscuro-Malereien. Der bestimmende Meister ist hier Polidoro da Caravaggio, ein Virtuose der monochromen Malweise[91].

Im frühen 17. Jahrhundert hat dann ein großer Teil der jungen römischen Künstlerschaft seinen Unterhalt mit dem Zeichnen und Aufnehmen antiker Dinge im Dienste von Sammlern von der Art des Marchese Giustiniani und des Cassiano del Pozzo verdient. So soll Pietro da Cortona nach einem Bericht seines Neffen Luca Berrettini die Trajanssäule dreimal in verschiedener Größe gezeichnet haben[92]. Noch Herr von Chantelou betonte 1665 Bernini gegenüber in Paris die erzieherische Wirkung der Reliefs der Trajanssäule. »Ich selbst war seinerzeit so begeistert davon, daß ich eine Menge Abgüsse danach anfertigen und nach Frankreich transportieren ließ. Für Raffael, Giulio Romano und die ganzen Altmeister ist sie eine wahre Fundgrube von Kunst gewesen.« Es ist gewiß mehr als Höflichkeit, wenn Bernini dann

bekräftigt: »Die Trajanssäule ist für alle unsere gro-
528 ßen Meister ein Quell der Kraft und die Hohe Schule der Zeichnung gewesen[93].« »Der Wert eines Paolo Veronese«, sagt Bernini ein anderes Mal als echtes Kind seiner Zeit, »liegt in der Farbgebung, aber trotzdem, was nicht in Rom gemalt ist, besitzt weder decoro noch costume[94].«

Als während seines zweiten Rom-Aufenthalts 1784–86 die Palette des J. Louis David zu schwärzlich geworden war, suchte er sie durch das Studium der Flamen wieder aufzuhellen. Das Bild mit ›Paris und Helena als Liebespaar‹ von 1788 (Paris, Louvre) ist das Ergebnis dieser Bemühungen. Noch weit deutlicher ist derselbe Prozeß 1816–17 während des römischen Jahres von Géricault zu verfolgen. Der Künstler gelangt rasch zu einer reliefmäßigen Bildkomposition. »Der Preis, den er dafür zahlt, ist freilich der Verzicht auf die Farbe … Schnell entwöhnt er sich des pastosen Pinselstrichs, um von den antiken Sarkophagen sich nun nicht nur wie schon vorher zu Einzelmotiven anregen zu lassen, sondern zur Komposition größerer Gruppen, und sogar zur reliefmäßigen Auslegung einer ganzen Komposition.« (K. Berger.)

Von allen römischen Eigentümlichkeiten die römischste ist aber *die Kraft zu Renaissancen*. So wie die Stadt sich immer wieder aus ihrem politischen und wirtschaftlichen Verfall erholt hat, um – eben noch von anderen Völkern verachtet – wieder die Hauptstadt des Abendlandes zu werden, genau so hat sie auf dem Gebiete der Kunst sich immer wieder erneuert. Ging der Urbs auch in den dunkelsten Stunden ihres staatlichen und politischen Lebens nie die Vorstel-

lung von ihrer Größe im Altertum verloren, so zog auch die künstlerische Erneuerung ihre Kräfte stets
aus der antiken Kunst.

Das ist schon seit dem hohen Mittelalter wahrnehmbar. Unmittelbar neben dem Tempel der Fortuna Virilis an der Bocca della Verità steht das Haus des Nicolò Crescenzio aus dem 11. Jahrhundert, das bekannter unter den volkstümlichen Namen ›Casa di Pilato‹ oder ›Casa di Rienzo‹ ist[95]. Die Crescenzier sind zwar eines der berühmtesten römischen Adelsgeschlechter des 10. Jahrhunderts, aber dieser Nikolaus ist uns nur aus der langen Inschrift bekannt, die er an seiner Schöpfung anbringen ließ, seinen Ruhm zu verkünden. Es handelt sich nicht um ein ›Haus‹, sondern um den Stumpf eines Adelsturms, der hier in der Brückensituation im Hochmittelalter eine beträchtliche strategische Bedeutung für seinen Besitzer gehabt haben muß. An diesem Turm nun, einem Ziegelbau vermutlich aus dem 11. Jahrhundert, beweist sich die Kraft des römischen Erneuerungsgedankens zum ersten Male auf dem Gebiete der *Profan*baukunst. Die Wand ist in ganz unmittelalterlicher Weise durch versenkte Säulen gegliedert, wie sie antike Bauten an der Via Appia zeigen. Über die schlichten Ziegelwände ist der erborgte Prunk von Spolien ausgestreut. Auf den Säulen sitzt ein sehr reiches antikes Gebälk auf vierzehn Konsolen, die zwischen 310 und 315 n. Chr. entstanden sind und von einem Monument aus der Werkstatt des Konstantinsbogens stammen[95a]. Der Fries ist aus ganz verschiedenartigen Fragmenten gestückt. Eine lange Inschrift in leoninischen Versen beweist, daß diese Plünderung antiker Denkmäler einem tieferen Be-

dürfnis entsprach. Der Erbauer des Bogens bekundet
530 von sich:

> »Verum quod fecit hanc non tam vana coegit
> Gloria quam Rome veterem renovare decorem . . .«

Die Büste des Erbauers, heute verloren, stand ursprünglich in einer Außennische am Portal; die ruhmredige Inschrift, welche sie begleitete, blieb erhalten.

Aber schon Jahrhunderte früher, in der Karolingerzeit, war die erste dieser Renaissance-Bewegungen auf dem Gebiete der *Sakral*baukunst erfolgt. Ziemlich genau um das Jahr 800 setzt sich das Raumideal der großen frühchristlichen Basiliken von St. Peter und dem Lateran, von St. Paul und Sa. Ma. Maggiore (Abb. 96) wieder durch. Die Jahrhunderte vorher (6. bis 8. Jahrhundert) hatte Rom auf dem Gebiete der kirchlichen Baukunst die neuen Einflüsse willig aufgegriffen und verarbeitet, welche von den frühmittelalterlichen Bauten in Nordafrika und Syrien, im Hl. Lande oder in Byzanz ausgingen[96]. Im Pontifikat Leos III. (795–816) aber gewinnt das stadtrömische Raumbild der konstantinischen und theodosianischen Basilika seine Anziehungskraft zurück. Die meisten Kirchen, die damals entstanden, sind uns heute nur in barockem Gewande erhalten: S. Anastasia, S. Prassede, S. Cecilia, S. Marco und S. Martino ai Monti. Lediglich S. Stefano degli Abessini ist in seinem karolingischen Charakter heute wieder hergestellt. Das späteste Beispiel dieser Gruppe bildet S. Martino ai Monti (844–847). Kurz nach 860 kommt die kirchliche Baukunst Roms dann überhaupt bis zur Jahrtausendwende zum Stillstand.

Nun kann nicht geleugnet werden, daß während all diese Bauten sich in bescheidenem Maßstabe halten, auch gar nicht alle Wesensmerkmale der frühchristlichen Basilika wieder aufgreifen, nördlich der Alpen sich diese Renaissance-Bewegung sehr viel großartiger repräsentiert. Ja, wenn die Abteikirche von St. Denis einen solchen karolingischen Grundriß mit ›durchgeschobenem‹, weit ausladendem Querhaus wirklich besessen haben sollte, so würde gar kein stadtrömischer, sondern ein fränkischer Bau sich auch zeitlich an die Spitze dieser architektonischen Bewegung stellen (nach 754 unter Pippin begonnen, 775 unter Karl dem Großen geweiht).

Diese Erneuerungsbewegung, die in Fulda und Hersfeld, im Hildesheimer Dom und in Seligenstadt am Main sehr viel ausgeprägtere und stolzere Spuren hinterlassen hat als in der Ewigen Stadt, ist also eine europäische und keine stadtrömische Strömung. Sie sucht auch nicht den Glanz des paganen Rom zu erneuern, sondern das altchristliche Rom Konstantins, des letzten großen antiken und des ersten christlichen Herrschers. Karl der Große wurde in den Schreiben der päpstlichen Kanzlei als ›neuer Konstantin‹ bezeichnet; die Krone, welche Konstantin dem Papst Sylvester als Zeichen von dessen weltlicher Herrschaft übergeben haben sollte, wurde angeblich durch Papst Stefan IV. verwendet, als er 816 Ludwig den Frommen krönte. Denn in jenen Jahrzehnten ist ja auch die ›konstantinische Schenkung‹ verfaßt worden; auch sie ein Zeugnis dafür, daß die Vereinigung von Antike und Christentum während Konstantins Regierung unter dem Bilde eines Goldenen Zeitalters erscheint, das man erneuern müsse. Diese älteste Re-

naissance-Bewegung, auf die wir stoßen, versucht also
532 in ihrer Art dasselbe, was die Renaissance des 15. und 16. Jahrhunderts erst recht versuchen mußte: die Interpretatio christiana der antiken Überlieferung.

Die nächste Welle der Renaissance-Bewegung auf dem Gebiete der Sakralbaukunst bringt das 12. Jahrhundert. Abermals geht es um die Erneuerung der Raumform der frühchristlichen Basilika. Die Gruppe umfaßt die Bauten von S. Crisogono (1123–1130), Sa. Ma. in Trastevere (nach 1138) (Abb. 95) und als Nachzügler das Langhaus von S. Lorenzo fuori (1216 bis 1227)[97]. Der pseudo-frühchristliche Charakter dieser Bauten hat sich im Laufe der Jahrhunderte nicht rein bewahren lassen[98], zwei von ihnen haben den offenen Dachstuhl des 12. Jahrhunderts mit schweren und üppigen Kassettendecken aus der Zeit des Frühbarock vertauscht, und ihr Obergaden hat eine neuzeitliche Belichtung und Dekoration erfahren. Gleichwohl spürt man hinter der Breitlagerung der Baukörper, den durchgehenden Querhäusern, dem Dominieren des Mittelschiffs, dem durchlaufenden Architrav über den enggestellten Granitsäulen das Vorbild von Alt-St. Peter (und z. T. von Sa. Ma. Maggiore). Die Basiliken von S. Saba (1145) und S. Giovanni a Porta Latina (1193 ff)[99] haben über den Stützen des Mittelschiffs eine Arkatur statt des Architravs, schließen sich demnach nicht dem Typ von St. Peter, sondern dem von S. Paolo fuori an.

Dieser Rückgriff auf die Form der frühchristlichen Basilika wirft wieder ein sehr bezeichnendes Licht auf den passiven Charakter im römischen Wesen. Denn nicht in Rom reifte diesmal der Entschluß, Bauformen aufzugreifen, die schon achthundert Jahre alt waren. Erst auf dem Umweg über Monte Cassino drang im 12. Jahrhundert dieser Erneuerungsgedanke in Rom ein. Im Mutterkloster der Benediktiner, dem Hauptsitz der kirchlichen Reform in Italien, hatte man 1071 den großen Neubau des Abtes Desiderius geweiht, der im 17. Jahrhundert einer barocken Klosteranlage weichen mußte[100]. Dieser Desiderius-Bau war eine Säulenbasilika mit sehr tiefem, aber über die Langhausfluchten nicht vortretendem Querschiff ohne ausgeschiedene Vierung. Die alles beherrschende Breite des Mittelschiffs, das dreimal so breit wie die Seitenschiffe ist, und die enge Stellung der Mittelschiffsstützen beweisen, daß der Anschluß an die frühchristliche stadtrömische Basilika bewußt gesucht wurde. Ist Monte Cassino auch zerstört, so können wir uns nach seinen süditalienischen Filiationen noch eine gute Vorstellung von dem Desiderius-Bau bilden: in den Kathedralen von Salerno, Capua, Ravello, Sessa Aurunca und der Kirche von S. Angelo in Formis. Die Normannen, welche die Araber und Byzantiner aus Unteritalien verdrängt hatten, führten bei der kirchlichen Neuorganisation des Landes die benediktinische Reform ein. Und so verbreitet der benediktinische Mönch das Raumideal der frühchristlichen Basilika im Land. Hatten die stadtrömischen Denkmäler der frühchristlichen Zeit also im 11. Jahrhundert eine hohe Anziehungskraft auf die cluniazensische Reform Süditaliens ausgestrahlt, so tritt im 12. Jahrhundert eine rückläufige Bewegung ein. Die zweite Welle der Renaissance der frühchristlichen Basilika in Rom geht nicht von den Apostelgräbern, sondern von dem Urkloster des Benediktinerordens aus.

Die Erforschung der abendländischen Plastik des
534 13. Jahrhunderts hat uns in den letzten Jahrzehnten erkennen lassen, daß diese Zeit eine echte innere Nähe zur antiken Plastik besessen hat, – eine Wahlverwandtschaft, deren sich die bewußte und reflektierende Renaissance-Bewegung des 15. und 16. Jahrhunderts nicht immer rühmen durfte. Der Reimser Meister der Visitatio, der Marientod des Straßburger Ecclesia-Meisters, Niccolò Pisano und Arnolfo di Cambio lassen es begreiflich erscheinen, wenn man von der Mitte des 13. Jahrhunderts als vom »griechischen Augenblick der abendländischen Plastik« (Pinder) des Mittelalters spricht. Für Italien nimmt diese Bewegung ihren Ausgangspunkt in der Hofbildhauerschule Kaiser Friedrichs II. in Kampanien und Apulien, und durch Niccolò Pisano ist sie aus dem Süden nach Pisa und in die übrige Toskana geleitet worden. Rom aber, die Stadt, von der man erwarten sollte, daß sie sich an die Spitze dieser Renaissance-Bewegung stellen würde, blieb von ihr fast unberührt. Das liegt daran, daß dieser ›griechische Augenblick‹ an die Bauhütte gebunden blieb; in Reims und in Straßburg, in Pisa und in Siena sind die Zeugnisse dieser Bewegung durchaus Werke der Kathedralplastik. Da Rom aber keine gotischen Bauhütten besaß, so hatte es nur sporadische Kunde von der neuen Formenwelt durch Wandermeister erhalten. Arnolfo di Cambio, der im Dienste Karls von Anjou hier vermutlich jahrzehntelang gewirkt hat, kehrte aber in Rom die antikische Seite seiner Kunst weniger heraus als in Perugia oder Florenz, was auf den Geschmack seines französischen Auftraggebers zurückzuführen sein dürfte. Kurzum, an der Renaissance-Strömung

der abendländischen Plastik im 13. Jahrhundert ist Rom so gut wie unbeteiligt[101]. 535

An der großen Renaissance-Bewegung des 15. Jahrhunderts hat Rom nur das römische Erbe gesehen und neu erweckt. Alles, was aus dem Kreise des Brunellesco kam und eher eine Wiederbelebung der florentinischen Protorenaissance um 1100 als der echten antiken Denkmäler bedeutete, hat Rom gar nicht wahrgenommen. Die erste Phase der Frührenaissance hat Rom also nicht verschlafen, sie blieb dem Genius loci nur zu wesensfremd.

Die Renaissance der Baukunst aus römischem Geiste, hinter der Tabularium, Marcellus-Theater und Kolosseum als Vorbilder stehen, ist mit dem Pontifikate Pauls II. (1464–1471) aus der venezianischen Familie Barbo verknüpft. Unter seiner Regierung entstanden die Vorhalle der Kirche von S. Marco (seit 1466), die unvollendet gebliebenen Hofarkaden des daneben gelegenen Pal. Venezia (1468 ist ein Holzmodell des Projekts erwähnt, zwischen 1468 und 1471 wurde der Bau begonnen, wie die angebrachten Wappen bezeugen) und die Benediktions-Loggia von St. Peter (1461 von Pius II. begonnen, aber nach langer Bauunterbrechung von Paul II. aufgeführt), welche keine hundertfünfzig Jahre gestanden hat und der Fassade des Neubaus von St. Peter weichen mußte[102]. Der Hof des Pal. Venezia ist der erste Pfeilerhof der italienischen Renaissance und zugleich der vollendete Ausdruck der Gravità romana (Abb. 94). Florenz hatte nur die Säulenarkade für den Hof verwendet. Römisch hingegen war schon in der antiken Baukunst die Idee gewesen, Bögen auf Pfeilern abzufangen (Abb. 93). Indem man dem römischen Pfei-

ler eine griechische Halbsäulenvorlage samt dem
536 dazu gehörigen Gebälk vorblendete, entstand eine wahrhaft monumentale Bauform. »Die Verbindung dieser beiden Elemente zu einem neuen Fassadensystem war einer der fruchtbarsten Gedanken in der Geschichte der antiken Architektur ... Dieses Fassadensystem kam dort zur Anwendung, wo eine Reihe von Gewölben einen Bau zu tragen oder zusammenzuhalten hatte[103].« Sehr bezeichnend ist es, daß diese Stützenform bei den Tempeln, denen die Gewölbe ja fehlten, in der Antike nicht verwendet wurde. Man nimmt an, daß das Theater des Pompejus das Vorbild für die Fassadenbildung des Marcellus-Theaters und des flavischen Amphitheaters abgegeben hat. Auch Rodenwaldt hat den rein römischen Charakter dieser Arkaden-Architektur auf Pfeilern betont. »Wo sie im griechischen Osten erscheint, bleibt sie ein Fremdkörper[104].«

Am Hofe des Pal. Venezia ist das System des Kolosseums getreu übernommen, nur ist die großartige plastische Gedrungenheit des Vorbildes dadurch etwas aufgelockert, daß die Arkadenöffnungen weiter und höher und die tragenden Ordnungen dünner geworden sind (Abb. 94). Die Postamente unter den Säulenvorlagen sind höher als bei den antiken Pfeilervorlagen, finden sich aber an den antiken Triumphbogen so. Daß dem Gebälk zwischen den beiden Geschossen des Hofes die antike Stärke fehle, hat man oft genug kritisch vermerkt. Durch diesen ›Fehler‹ bekommen die überschlanken Säulenvorlagen beider Geschosse leichtes Spiel. Die übereinander stehenden Halbsäulen vermögen sich für das Auge zu sehr bestimmten Vertikalachsen zusammenzuschließen, während sie bei den antiken Bauten ganz die Trabanten der schweren Pfeilermassen geblieben waren. Vor allem aber ist das Abschlußgesims über dem Obergeschoß zu schwach entwickelt. Wie hinter dem großartigen Projekt der städtebaulichen Erneuerung der Borghi und der gesamten Leostadt, so steht auch hinter dieser Pfeilerarkaden-Architektur L. B. Alberti, der nach einem langen Wanderleben sich in Rom niedergelassen hatte[105].

Jedenfalls hat die Neigung zu diesem Massenstil aus dem Geiste des Kolosseums zunächst in Rom keine Gegenliebe gefunden. Mit dem Tode des Papstes (gestorben 1471) und dem Hinscheiden des großen Anregers Alberti (gestorben 1472) erlischt diese Stilphase, der große Pfeilerhof des Pal. Venezia blieb ein Torso. Der Zeitstil gewann im dritten Viertel des Quattrocento noch einmal über einen aus der Antike abgeleiteten Ortsstil die Oberhand. Der zartgliedrigen Baukunst der Frührenaissance ging der Sinn für die Schwerkraft des Mauerverbandes und die kubischen Formen dieses Massenstils noch ab. Und so ist es kein Wunder, daß der zweite Hof des Pal. Venezia, der sogenannte Cortile del Palazzetto, wieder zur gedrungenen achteckigen Stütze zurückkehrt, die florentinischen Klosterhöfen entlehnt zu sein scheint[106]. Erst mußten das Monumentale und die Gravitas zu Forderungen des Zeitstiles werden, erst mußte der Zauber des Säulenhofes der Cancelleria (begonnen vielleicht 1483) verblaßt sein. Beides trat um 1500 ein.

Bramante hat sogleich in seinem allerersten Werke in Rom auf den Pfeilerhof in der Form der Bauten aus dem Pontifikat Pauls II. zurückgegriffen. Der im

Jahre 1500 begonnene Klosterhof von Sa. Ma. della
538 Pace legt dünne jonische Pilaster auf hohen Piedestalen vor die Pfeilerarkaden des Erdgeschosses. Die Verhältnisse sind hier sehr viel urbaner als in dem wenige Jahre älteren Hof der Festung von Cività Castellana des Antonio da Sangallo des Älteren, wo die Zweckbestimmung dieser Architektur zum Breiten, Soliden und Derben drängte. Der römische Palasthof ist von da an ein Pfeilerhof geblieben (Pal. Farnese, Pal. Spada, im Barock Sapienza, Quirinal). Die gekoppelten Säulen im Hofe des Pal. Borghese würde man auch ohne den Charakter des Kulissenhaften, der ihnen eignet, als oberitalienisch empfinden.

Der Mauerverband der Hochrenaissance wirkt schwer. In der Forderung nach der durchmodellierten Wand, deren Dicke durch Nischen und durch klaffende Öffnungen ästhetisch glaubhaft gemacht wird, finden sich der Ortsstil und der Zeitgeist zusammen. Der Pfeiler bekommt eine Wucht und einen Ernst, die Säule und die Halbsäulenvorlage eine Prallheit und Schwellkraft, die sie seit der Antike nicht mehr besessen hatten. In der Gartenloggia von Raffaels Villa Madama, in der Durchfahrt des Pal. Farnese von Antonio da Sangallo dem Jüngeren sind solche Räume erhalten, welche den Zeitgenossen der Erbauer sicher noch viel antikischer erschienen als den Menschen des 20. Jahrhunderts. Die Kalotten der Exedren der Villa Madama legen bis zum Muschelknoten im Scheitel eine Dekorationsschicht aus Stuck über die andere. Indem beim Betrachter der Wunsch erweckt wird, sie abzulösen wie die Schale und die verschiedenen Häute einer Frucht, soll die Stärke der Mauersubstanz anschaulich gemacht werden.

Dem Bramante wird der Ausspruch zugeschrieben, er habe »das Pantheon auf die Gewölbe des Friedenstempels (d.i. der Konstantins-Basilika) setzen wollen[107]«. In der Tat, sieht man sich die Gründungs-Medaille des Caradosso an oder den Torso des Baues, wie ihn uns die Zeichnungen des Marten van Heemskerk überliefert haben, ehe er durch die Bautätigkeit von Bramantes Nachfolgern seines ursprünglichen Sinnes beraubt wurde, so verliert dieser Ausspruch jeglichen legendarischen Charakter. Gerade die klassischen Archäologen haben das Römische an St. Peter stets empfunden. »Als Bramante und Michelangelo daran gehen, für das ehrwürdigste Grabmal der abendländischen Christenheit – das Apostelgrab in Rom – einen neuen Bau zu schaffen, da ist es ein Saal, kuppelüberwölbt, letzten Endes nichts anderes als eine Weiterbildung und Übersteigerung spätrömischer Mausoleen im Sinne der neueren Zeit[108].« (Abb. 90)

Eine ganz neue Spielart der Renaissance-Bewegung lernen wir um 1600 kennen. Die jungen Maler aus Bologna zogen nicht in erster Linie der Antike wegen nach Rom, sondern weil ihre Raffael-Verehrung sie dorthin trieb. Das Hauptdenkmal dieses Kultes ist die Galerie im Palazzo Farnese, die seit etwa 1597 von Annibale Carracci ausgemalt wurde[108a]. Er zog dann seinen Bruder Agostino aus Bologna zur Mitarbeit heran. 1602 treffen auch Guido Reni und Albani in Rom ein, bald darauf ist ihnen Domenichino gefolgt. Sie alle sehen die Antike mit den Augen Raffaels, nur bei der Scheinarchitektur der Galerie Farnese verbinden sich bei Annibale die Prinzipien der bolognesischen Architekturmalerei seiner Zeit mit dem überwältigenden Vorbild der Sixtinischen Decke Michel-

angelos. Den Raffaelkult dieser jungen Maler hat frei-
540 lich die bolognesische Kunstliteratur aus Lokalpatriotismus nicht Wort haben wollen, und besonders der Graf Malvasia hat sich verpflichtet gefühlt, die Carracci vor dem Verdachte zu bewahren, daß sie Raffaels wegen nach Rom gezogen seien und einem Künstler nachliefen, den der Verfasser der ›Felsina Pittrice‹ einen boccalajo (Töpfergesellen) genannt hatte[108b]. Das blieb aber ein vergebliches Bemühen, bis auf den heutigen Tag zeugen die Fresken der Galerie Farnese davon, daß die klassische Kunst der Hochrenaissance in Rom bereits nach fünfundachtzig Jahren eine Renaissance-Bewegung entzündete, die vor allem das Vorbild Raffael in ihren Werken zu erreichen versuchte.

Die letzte große Renaissance-Bewegung, die Rom erlebt hat, der Hochbarock zur Zeit Berninis und Cortonas, hat der Antike gegenüber eine königliche Freiheit besessen. Antikenkopien, wie sie die Hochrenaissance betrieb, lassen sich jetzt kaum noch nachweisen, es wird nicht mehr im engen Anschluß an die Antike, sondern aus ihrem Geiste heraus geschaffen: für Berninis Peterskolonnaden, für seinen Tritonenbrunnen auf der Piazza Barberini stehen nirgends im Bereiche des Imperium Romanum die direkten Vorbilder. Bernini wagt schon gleich beim ältesten seiner Brunnen, der Fontana del Tritone (um 1640), auf das architektonische Gerüst ganz zu verzichten. Er setzt den gesamten Aufbau nur aus Formen der organischen Natur zusammen, aus Menschen- und Tierkörpern und aus Muscheln[109]. Das ist ein völlig unantikes Prinzip, nur ist es mit solch vollendeter Natürlichkeit und Eindringlichkeit vorgetragen, daß bei jedem Betrachter die Überzeugung im Unterbewußtsein mitschwingt, alle jene Tritonen, Flußgötter und Mohren der Berninischen Brunnen könnten an den antiken Denkmälern nur dieselbe Funktion im gleichen Rahmen ausgeübt haben. In Wahrheit verzichtet der antike öffentliche Brunnen auf die Rück- und Schauwand niemals[110]!

Wirkt sein großer Gegenspieler Borromini als einsamer Fremdling in Rom, so scheint Bernini nur geboren zu sein, um die natürlichen Wachstumsgesetze der Ewigen Stadt in seiner persönlichen Entwicklung zu verwirklichen. »Rome c'est le Bernin!« hat Rodin gesagt. In jeder Phase seines mehr als sechzigjährigen Schaffens befindet sich Bernini mit dem Genius loci in beneidenswertem Einklang. Seine Skulpturen, sein Anteil an der römischen Stadtbaukunst wirken wie ein Aufgreifen wahlverwandter Gedanken der römischen Kaiserzeit. Geht man zwischen dem Marforio im Hofe des Kapitol. Mus. (Abb. 82) und den Flußgöttern vom Vierströme-Brunnen auf der Piazza Navona (Abb. 83) hin und her, so wird man sich vergebens fragen, welche in die Augen springenden Unterschiede es zwischen antiker und moderner Barockplastik nun eigentlich gäbe.

Den Gedanken, die vier spätantiken gewundenen Säulen aus Alt-St. Peter zu Trägern eines ziborienartigen Gehäuses zu machen, hatte schon Ferrabosco

(110) Kleinbronzen als Brunnenfiguren, wie sie die pompejanischen Ausgrabungen zutage gefördert haben (tanzender Faun, Knabe mit dem Delphin u.ä.), kannte Bernini wohl kaum. Außerdem konnten Werke einer intimen Kleinkunst für Berninis Brunnen, die doch alle städtebauliche Lösungen sind, keine Vorbilder bedeuten.

vor Bernini gefaßt. Als Bernini diese Anregung auf-
542 griff, formte er sie in echt spätantikem Geiste um[111].
Er verzichtete auf die alten Marmorsäulen und goß moderne Bronzesäulen von der vielfachen Größe der antiken, deren formaler Aufbau allerdings streng kopiert wurde. Nur durch diese Übersetzung ins Riesengroße konnte ein Ziborium geschaffen werden, das sich maßstäblich in der Vierung von St. Peter unter Michelangelos Kuppel zu behaupten weiß. Der sichere Instinkt Berninis für die Möglichkeiten, welche in den einzelnen antiken Bauformen schlummerten, tritt hier klar zutage. Gerade Säulen konnte man nicht in beliebiger Höhe bilden, die Maße des klassischen Kanons verboten das. Außerdem forderten solche regelgerechten Säulen mit geraden Schäften die Bekrönung durch einen Architrav, andernfalls die Verbindung untercinander durch Halbkreisbögen. Allein die gewundene Säule konnte sich der Verpflichtung eines derartigen oberen Abschlusses entziehen, ihr Schaft besaß das Eigenrecht eines plastischen Körpers, und nur hier durfte es erlaubt sein, eine luftige Zeltarchitektur über den Kapitellen aufzuspannen. Geistreicher und freier, spielerischer und doch mit höherem Ernste hat niemand sonst mit dem antiken Formenschatze geschaltet.

Dieselbe innere Unbefangenheit bewahrt sich Bernini dem erhabensten antiken Gewölbebau, dem Pantheon gegenüber. Mit überraschender Selbständigkeit hat des Meisters Phantasie sich von den absoluten Dimensionen des Baues freizumachen verstanden und diesen größten römischen Sakralbau der Antike in Ariccia als Vorbild für eine Landkirche gewählt, die beinahe mehr den Charakter einer Kapelle als den einer Kirche hat. Der Innenbau des Pantheons wird bestimmt durch die Harmonie der Maßverhältnisse 1:1; d.h. der Durchmesser des Baues ist gleich seiner Höhe. An diesen Grundproportionen zu rütteln, hieß eigentlich, die Raumidee des Pantheons aufzugeben. Bernini hat es getan und die Verhältnisse zugunsten eines barocken Steilraums verschoben[112]. Im Außenbau konnte man die ›versenkte‹ Kuppel des Pantheon nicht brauchen. Eine Zeichnung aus dem Anfange der Planung, welche die Kuppelschale durch Hochführung des Raumzylinders weitgehend verkleiden wollte, wurde bald verworfen[113]. Im Zeitalter des Barock mußte natürlich die Kuppel dominieren, ganz besonders in dieser landschaftlichen Lage auf der letzten vorgeschobenen Bergstufe über der Campagna. Bis zum Küstensaum des latinischen Strandes sollte die Kuppel von Ariccia die Ebene beherrschen. Weiterhin kam es Bernini nicht in den Sinn, den Zylinder des Rundbaues unverkleidet an den schmalen Straßenplatz zu stellen. Er entschied sich genau wie der antike Baumeister des Pantheon, obwohl er ganz gewiß nichts davon gewußt hat, daß die Vorhalle des Pantheon in der Antike in einen großen portikusumstandenen Vorhof einbezogen war, welcher den Blick auf den Zylinder des Zentralraums verwehrte. Bernini wünschte allerdings die moles des Außenbaus nicht zu verstecken, wie der antike Meister, sondern die stereometrische Form des Zylinders in ihrer Würde zu steigern. Zunächst hatte er geplant, die Kirche von zwei Palastflügeln umgreifen zu lassen, welche die Höhe von zwei vollen Geschossen und einem Mezzanin besaßen[114]. Damit wäre freilich seine Kirche in große Dimensionen gewachsen,

und es wären Substruktionen am Berghang nötig
544 gewesen, um den Baugrund zu erweitern. Als der Auftraggeber darauf nicht einging, entschloß sich Bernini zu der ausgeführten Lösung mit den Portici, die mit weit ausgreifenden Fangarmen den Zylinder umfassen und keine perspektivischen Mittel scheuen, ihn größer erscheinen zu lassen, als er in Wahrheit ist.

Das Verhältnis des Pietro da Cortona zur antiken Baukunst ist nicht so unreflektiert wie das seines größeren Konkurrenten. Es lebt von Haus aus eine klassizistische Tendenz in ihm, die Bernini fehlt. Diese wird es sein, die ihn auch zur wissenschaftlichen Beschäftigung mit der antiken Baukunst getrieben hat. Den Tempel von Praeneste hat er rekonstruiert[115]. Indem er den Berghang durch ein Belvedere bekrönte, vor dessen Stirn eine »freistehende, zweckentbundene Säulenkolonnade« (Wittkower) gelegt war, schuf er seinen eigenen großen Entwürfen eine Legitimation von der Antike her. Denn seine großartigen Zeichnungen für die Fassade der Fontana Trevi in cod. Chigianus P. VII, 10 der vatikanischen Bibliothek – einem der Klebebände, in welchen Alexander VII. die Bauprojekte seines Pontifikats zusammenstellen ließ – unterscheiden sich mit konkav geschwungener Mittelpartie und Kolossalordnungen nur wenig von der Rekonstruktion für Palestrina. Auch seine Entwürfe für den Neubau des Louvre, die er 1665 einreichte und welche beim Brande der Tuilerien 1871 zugrunde gingen, müssen ähnlich ausgesehen haben wie die Zeichnungen für die Fontana Trevi. Herr von Chantelou berichtete Bernini 1665 in Paris: »Pietro Cortonas Entwurf gleicht seiner Idee nach eher einem Tempel als einem Palais und die ganze Anlage ist insofern verfehlt, als sie nicht mit den bestehenden Baulichkeiten rechnet[116].«

Das toskanische Maß und die florentinische Sprödigkeit, welche in diesem echten Toskaner lebten, haben ihn in seinen Kirchenfassaden (besonders bei dem Spätwerk von Sa. Ma. in Via Lata) eher den Anschluß an Palladio suchen lassen, als an den Spätbarock der römischen Kaiserzeit, dessen Einfluß auf Cortonas Profanbauten beschränkt blieb.

Selbst zu einer Zeit, da die schöpferischen Kräfte längst aus der römischen Architektur gewichen waren, kam es noch einmal zu einer Vermählung von Antike und frühestem Klassizismus. Der alte Michelangelo hatte das Tepidarium der Diokletians-Thermen in die Kirche Sa. Ma. degli Angeli umgewandelt (Abb. 97). Er war dabei so behutsam vorgegangen, daß er in den baulichen Bestand der Ruinen fast überhaupt nicht eingegriffen und die Räume nur für die Abhaltung des christlichen Kultes einigermaßen hergerichtet hatte[117]. Es überrascht zunächst, daß die Nebenräume, welche das Tepidarium in seiner Längsachse umlagerten, von dem Hauptraum noch nicht durch Wände abgetrennt wurden. Die künstlerischen Einzelformen Michelangelos beschränken sich auf die eigenartigen großen Querovalfenster, die später wieder beseitigt wurden. Erst fast zweihundert Jahre später hat dann Vanvitelli aus den Thermensälen eine christliche Kirche geformt (1749). Indem er das riesige grätige Kreuzgewölbe des Tepidariums weiterhin unstuckiert ließ, verrät sich die Abkehr vom Barock. Zwischen dieser ersten Stufe des Frühklassizismus, die Vanvitelli vertritt und der diokletiani-

schen Phase der Spätantike besteht eine tiefe Wahlver-
546 wandtschaft; es war also eine glückliche Fügung, welche die Umwandlung des Thermenraumes in eine christliche Kirche bis zu diesem späten Zeitpunkte hinausgeschoben hatte. Die Zugänge zu den Nebenräumen des Tepidariums wurden erst jetzt vermauert und die Wandflächen mit großen Fresken bedeckt. Das etwas kalte Braun der mit Weiß gesprenkelten Pilasterordnungen und des Frieses paßt vorzüglich zu dem ursprünglichen spätantiken Raumeindruck. Das warme Rotbraun des barocken Stuckmarmors findet sich erst in den kannelierten Vorlagen der Querarme. Ein instinktsicherer und großartiger Griff war es, das Tepidarium gegen Altarraum und Eingangsarm hin durch ein Ehrenbogenmotiv abzusetzen, bei dem eine ganz flache Segmenttonne das Schiff überspannt. Das Motiv ist aus den Seitenschiffen von St. Peter übernommen, wo es Maderna zuerst verwendet hat[118]. Doch wirkt seine Verpflanzung hierher wie das Neuaufgreifen einer spätantiken Form; man würde auf den ersten Blick hin nicht glauben, daß das Motiv schon vorher im christlichen Kirchenbau verwendet wurde.

Die Renaissance der Antike um 1770 gehört nicht in unser Buch. Der Klassizismus aus der Zeit der Milizia und Winckelmanns blüht nicht in Rom allein, er ist in der Tat eine gesamteuropäische Bewegung.

Alle diese Züge des römischen Wesens, die wir eben systematisch zusammenzustellen versuchten, werden uns nun einzeln und verstreut noch einmal begegnen, wenn wir betrachten, wie in *dieser Stadt*, die selbst kaum Künstler hervorbrachte, *die Fremden zu Römern wurden.* Denn auch in Renaissance und Barock bewährt sich die gewaltige *Assimilationskraft*, mit der Rom in der Antike die hellenische und hellenisierte Welt rezipiert hatte und im frühen Christentum die synkretistischen Kulte. Auch seit dem 16. Jahrhundert sind die Künstler nach Rom geströmt, nicht um hier kurz zu verweilen und sich zu bilden, sondern um Römer zu werden. Man kam zwar mit der Absicht, hier ein oder mehrere Jahre sich auszubilden – und blieb für immer. Die Bril und Elsheimer, Poussin und Claude Lorrain, Piranesi und Overbeck ›blieben hier hängen‹. Die Künstler von diesseits und jenseits der Alpen wurden am Tiber oft von landsmannschaftlichen Vereinigungen aufgenommen, die ihnen durch ihre Satzungen zum Bewußtsein brachten, daß die Sehnsucht nach Rom kein individueller Zug der Ankömmlinge war, sondern ein Ziel, das durch Generationen hin wach blieb. Der Genius loci wirkte auf diese Neulinge als künstlerische Atmosphäre. Keinesfalls darf man sich diese Wirkung zu handgreiflich direkt vorstellen. Vor dem Ende der Hochrenaissance, d.h. vor der Vollendung der Sixtinischen Decke und der Stanzen, gab es hier zunächst nur berühmte Werke der Plastik und der Stukkatur, durch deren fleißiges Kopieren die zugereisten Maler in ihre eigene ›römische Manier‹ hätten hineinwachsen können. Antike Gemälde mit klassischen Kompositionen waren damals der Erde noch gar nicht entstiegen[119]. Es ist viel weniger das Kopieren antiker

(119) Die Aldobrandinische Hochzeit wurde unter Clemens VIII. (1592–1605) gefunden, die Odyssee-Landschaften sind erst 1848 ausgegraben worden. Antike Skulpturen standen als Stiftung Papst Sixtus IV. auf dem Kapitol und im vatikani-

Statuen oder der Fresken der Stanzen, was den frem-
548 den Künstler zum Römer machte, als das Heranreifen in der römischen Luft.

Jedem Besucher der römischen Kirchen fallen die liturgischen Möbel aus spätromanischer und frühgotischer Zeit auf, die Kanzeln, Ambonen, Chorschranken, Bischofsstühle, Fußböden (Abb. 114), später auch Grabmäler, die vom mittleren 12. bis zum Ende des 13. Jahrhunderts von römischen Marmorarbeitern geschaffen wurden. Diese Dekorationskunst, die ein architektonisches Marmorgerüst mit dem üppigen Schmuck bunter musivischer Einlegearbeit überzieht, ist in einem bestimmten Kreis untereinander versippter römischer Familien von Baudekorateuren gepflegt worden, in denen sich das Handwerk vom Vater auf den Sohn vererbte. In mehreren Fällen ist eine ununterbrochene künstlerische Tätigkeit durch vier Generationen, also vom Großvater bis zum Urenkel hinab, nachweisbar. Nach dem Vornamen Cosmas, der in einigen dieser Familien geführt wird, hat man diese ganze Dekorationskunst ›Cosmaten-Arbeiten‹ genannt[120]. Die uns bekannten Familien sind die Mellini, die Oderisi, die

schen Belvedere, wo Julius II., Leo X. und Clemens VII. nach und nach die berühmte Slg. zusammengebracht hatten. Die Einrichtung der Antiken-Gärten geht nicht über die Mitte der zwanziger Jahre des 16. Jhdts. zurück (Garten des Kardinals Cesi). Die Villa des Kardinals von Carpi stammt erst aus der zweiten Hälfte der vierziger Jahre, die Antikenslg. des Kardinals Ippolito d'Este kam in der Hauptsache gar erst nach der Jahrhundertmitte zusammen. – Chr. Hülsen, Römische Antikengärten des XVI. Jhdts. (Abhandlgn. d. Heidelberger Akad. d. Wissensch.-Philos.-Histor. Klasse 4, Heidelberg 1917.)

Vassalletti. An einigen Vorhallen, vielleicht auch in einigen Kreuzgängen, treten diese Marmorarii romani auch als Architekten auf. Giovanni Cosmas ist im letzten Viertel des 13. Jahrhunderts ein Bildhauer gewesen, der lebensgroße Grabmals-Figuren ganz im Stile seines Lehrers Arnolfo di Cambio meißelte, damit also unter den Einfluß der toskanischen Skulptur der Schule des Niccolò Pisano geriet. Von solchen Ausnahmen abgesehen, haben aber die Cosmaten nur Dekorationsarbeit geleistet, ihr Mosaik bestand zunächst in Steinen, später aus Glasflüssen und Gold. Die Felder des Frieses im Kreuzgang des Lateran wechseln zwischen Porphyr- und Serpentinquadern, die Zwischenfelder sind mit Emaille-Mosaik belegt. Neben diese Felder treten die musivischen Bänder, deren Muster sich aus kleinen Pasten oder Glasstiften zusammensetzen.

Diese Kunst gilt als typisch römisch, ihr Verbreitungsgebiet bleibt zunächst auf Latium (Viterbo, Anagni) und die Abruzzen beschränkt. Diese römischen Werkstätten hatten endlich solchen Ruhm erworben, daß man für den Schrein Edward des Bekenners in der Westminster Abbey in London einen Cosmaten berief, der sein Werk 1269 vollendete und ›Petrus Civis Romanus‹ signierte. Als Arnolfo di Cambio den Auftrag für den Neubau des Florentiner Doms 1296 erhielt, da brachte er aus Rom einen Trupp von Marmorarbeitern mit, der die Fassade mit dem reichen musivischen Schmuck ganz in den Mustern und Farben der Cosmaten belegte. Beim Tode des Arnolfo di Cambio 1302 kehrten aber diese Marmorarii romani offenbar wieder nach Hause zurück. Nun, da der leitende Meister tot war, der sie berufen hatte, werden sie in Florenz keinen Rückhalt mehr gefunden haben,

denn diese bunte Farbigkeit widersprach dem zurück-
550 haltenden und trockenen Farbsinn, den die Arnostadt in ihrer Inkrustationsarchitektur entwickelt hatte[121]. Man sieht demnach, daß das Schaffen der Cosmaten überall als eine bodenständige Kunst der Ewigen Stadt angesehen wurde.

Dabei ist keines der Elemente dieser Kunst in Rom geboren, und doch wirkt das Ensemble auch heute noch echt römisch. Die Art des musivischen Marmorbelags wurde aus der arabischen Kunst Siziliens und Kampaniens übernommen; noch in den normannischen Lustschlössern um Palermo finden sich diese Dekorationen in bunten Steinen bei Wandbrunnen u.ä. Nur sind die Farben dort noch mehr vom Zauber der orientalischen Welt bestimmt. Smaragdgrün und Safrangelb sind von Sizilien noch nordwärts bis Kampanien gewandert, in Rom aber werden sie durch die schwereren, dichteren und kompakteren Farbfelder von Blau und Rot verdrängt. Hierin mag sich allerdings auch der Geschmack des Zeitstils aussprechen, denn die römischen Arbeiten entstanden später als die süditalienischen und Blau und Rot sind die kanonischen Farben der Gotik. In Rom kommt außerdem ein Klassizismus in der Zeichnung der ornamentalen Muster hinzu, während in Kampanien noch ganz sarazenische Vorlagen verwendet werden; Bertaux hat ihren Zauber mit dem von persischen Teppichen verglichen[122]. Zu diesem musivischen Farbenreiz aus dem sarazenisch-normannischen Süden, zu dem klassizistischen Aufgreifen von Formen der Antike tritt schließlich für die figürliche Bauplastik in den Kreuzgängen der Einfluß der apulischen Skulptur aus der Hofschule Kaiser Friedrichs II., für die Grabplastik die Verbindung mit der toskanischen Kunst der Pisani. Das alles geht in eine Kunst ein, die man trotzdem im 13. Jahrhundert von London bis Florenz als typisch römisch empfand und noch heute empfindet.

Es ist schmerzlich, daß der heutige Denkmälerbestand es nicht mehr gestattet, die Reihe der großen Maler, die in den Bannkreis des Genius loci gerieten, mit den beiden großen Florentinern Cimabue und Giotto zu eröffnen. Nicht ausgeschlossen, daß die Fresken der ersten Franziskanerkirche in Rom, von S. Francesco a Ripa in Trastevere, für die italienische Malerei ursprünglich eine ähnliche Bedeutung gehabt haben, wie die Skulpturen der Kathedrale von Chartres für die französische Plastik. Denn Cimabue muß wie Giotto in Rom gelernt haben, in der Toskana jedenfalls gab es keine Ateliers, in denen damals schon Zyklen der Monumentalmalerei entstanden sein könnten. So darf man vielleicht die großen römischen Freskanten und Mosaizisten sich in Werkstattgemeinschaft mit ihren jungen Florentiner Lehrlingen in S. Francesco a Ripa auf den Gerüsten vorstellen.

Bis vor wenigen Jahren würde in der Reihe der Werke, die besonders deutlich offenbaren, wie ihre Meister über der Arbeit zu Römern wurden, das Fresko mit der Kreuzigung Christi in der Katharinen-Kapelle von S. Clemente, das die ganze Breite der Altarwand ausfüllt und von Masolino vor dem Jahre 1431 für den Kardinal Branda Castiglione gemalt wurde, einen Ehrenplatz eingenommen haben (Abb. 103). Seitdem indessen kurz nach 1950 das Fresko gereinigt und von den vielen Schichten seiner Übermalungen befreit wurde, zeigt sich, daß von dem ur-

sprünglichen Bilde so wenig übriggeblieben ist, daß
552 nur die allgemeinsten Schlüsse sich noch daraus ziehen lassen[123]. Immerhin scheint eines festzustehen: die Landschaft ist in so hoher Aufsicht gegeben und der Horizont dabei so tief herabgedrückt, daß die Gestalten Christi und der beiden Schächer vor der Folie eines unverstellten Himmels erscheinen. Vielleicht haben die Horizontalen der Landschaft einmal das Gegengewicht zu den Vertikalen der drei hochragenden Kreuze gebildet, und sicherlich legte die Landschaft eine Zone des Schweigens zwischen Christus und das Menschengewimmel auf dem Hügel von Golgatha. Aus den Fragmenten der Horizontlinien und Bergkonturen darf man vielleicht zögernd folgern, daß der Toskaner von der einsamen Landschaft der Campagna einen großen Eindruck empfangen haben muß. Die ihm vertrauten Vorstellungen seiner heimatlichen Umwelt ließ er jedenfalls hinter sich – so viel erlauben die Reste der fast ganz zerstörten Landschaft zu beobachten. Hier fehlte alles toskanisch Nahe und Viele. Vielleicht baute sich seine Landschaft nur aus den Elementen Berg, Ebene und Meer auf. Möglich, daß man noch einen Schritt weitergehen und vermuten darf, daß die Landschaft nicht nach hinten zu immer dunkler wurde, wie es als spätmittelalterliches Rezept noch von Cennino Cennini empfohlen wird[124], vielmehr das hellste Licht auf den Spiegel des Sees versammelte, von dem freilich nach der Reinigung des Freskos kaum eine Andeutung mehr zu sehen ist. Daß auf der Landschaft von Masaccios Zinsgroschen in der Brancacci-Kapelle von Sa. Ma. del Carmine in Florenz ebenfalls eine ursprünglich helle, heute stark nachgedunkelte Was-

serfläche erglänzte, scheint diese Vermutung zu stützen. Sehr viel Genaueres kann man über die Gestaltung der Vorderzone aussagen. Die Menschenmasse auf dem Golgatha-Hügel mußte ja eigentlich, bei normalem Aufbau der Komposition nach den Vorschriften der Ikonographie, den Ausblick in die Tiefe des Grundes ganz versperren. Um der Landschaft nun aber die große Rolle zuweisen zu können, die sie offensichtlich doch einmal gespielt hat, greift Masolino zu einem neuen artistischen Hilfsmittel. Er läßt den Golgatha-Hügel nach hinten zu jäh abfallen, so daß ein großer Teil der Gestalten der Reiter von der Bodenwelle verschluckt wird. Das ist ein Kunstgriff, dessen sich erst der Manierismus wieder bedienen sollte, der in seiner Scheu vor der kraftvollen Aktion Massen, die ihre Stoßkraft eigentlich nach vorn entfalten mußten, durch dieses Kunstmittel im Hintergrund verschwinden ließ. Erst durch diese Figuren-Verteilung wurde die Landschaft an den Betrachter ›herangeholt‹. Vielleicht hat dieses Fresko einmal mit den Mitteln des 15. Jahrhunderts zu erreichen versucht, was Raffaels Disputà dann mit den vollkommeneren Kräften des 16. Jahrhunderts gelingen sollte: durch einen tiefliegenden Horizont, der eine große Menschenmenge hinterfängt, den Eindruck der Weite der römischen Welt anschaulich werden zu lassen.

Auch Fra Angelico da Fiesoles Kunst hat der Aufenthalt in der Ewigen Stadt ganz verwandelt. Gegen Ende seines Lebens erst wurde er an den päpstlichen Hof berufen, und in Rom ist er auch gestorben und begraben. Die Einladung, im Vatikan zu malen, ging wohl noch von Papst Eugen IV. aus, die Tätigkeit

des Frate fällt dann aber in die Regierungszeit Niko-
554 laus v. Im März 1447 traf der Beato in Rom ein, um die Hauskapelle des Papstes auszumalen, Ende des Jahres 1448 müssen die Arbeiten vollendet gewesen sein, denn seit dem 1. Januar 1449 widmete sich der Meister der Ausschmückung anderer Räume im Vatikan, die untergegangen sind. Der Dominikaner ist bei diesen Arbeiten von einer Schar von vier Gehilfen umgeben gewesen, die wir namentlich kennen, unter denen aber als künstlerische Persönlichkeit allein Benozzo Gozzoli in Betracht kommt. Dieser erhält auch ein höheres Gehalt als seine Gefährten. Die frühere Forschung hat ihm denn auch den Löwenanteil an der Arbeit zuschreiben wollen. Der jüngste Biograph aber, John Pope-Hennessy, gibt den Zyklus wieder ganz dem Frate[125], schließt ausdrücklich die Verantwortlichkeit des Gozzoli für den Entwurf oder auch nur die Ausführung eines ganzen Freskos aus und will die Mitarbeit des Jüngeren auf einzelne Köpfe und Figuren beschränkt wissen[126]. Die Fresken, im letzten Viertel des 16. Jahrhunderts, dann wieder 1712 und schließlich 1815 stark übermalt, sind 1947–1951 sachgemäß gereinigt worden. Bestimmte bei Masolinos Castiglione-Kapelle die Campagna-Landschaft den römischen Charakter des Kreuzigungs-Freskos, so fällt in den Lünetten der Nikolaus-Kapelle der Architektur diese Rolle zu. Nicht etwa, daß es in der Ewigen Stadt solche Bauten wirklich gegeben hätte. Die Aurelians-Mauer sieht ganz anders aus als der große Befestigungsgürtel, der die Szenen des Ausweisung und der Steinigung des hl. Stephanus voneinander trennt (Abb. 104), und solche auf die Stadtmauer aufgestockte Wohntrakte, wie sie

hinter der Predigt des hl. Diakons aufragen, wird man in Rom oder den alten Bischofsstädten Latiums ganz vergebens suchen. Nicht vedutenmäßige Treue, sondern freie Verarbeitung und Monumentalität machen diese Fresken zu echten Zeugnissen römischer Kunst. Die Notwendigkeit, aus thematischen Gründen ein geschlossenes architektonisches Feld, wie eine Lünette, in zwei getrennte Schauplätze zu zerlegen, hat immer etwas Mißliches. Hier aber schafft die Kühnheit, mit der die Stadtmauer aus der Tiefe hervorkommt, die allernatürlichsten Raumverhältnisse. Nirgends findet man vorher in den Bildern Fra Angelicos diese großzügige Flächenteilung. Der neuen Monumentalisierung des Schauplatzes mußte eine solche der Figuren entsprechen. Die Gestalten der Stephanus-Legende sind keine schlanken ätherischen Wesen mehr, sondern haben an Volumen gewonnen, denkt man an die früheren Fresken des Fra Angelico zurück. Jede hat einen ihr allein zugehörigen Freiraum um sich, und das weit ausgreifende Gliederspiel hilft ihn überbrücken. Gewiß, diese Figuren sind nicht römisch, sondern giottesk. Zu solchen blockhaft geschlossenen Gestalten kam man nicht vom Studium der antiken Skulptur, die dem Frate zudem wohl zu heidnisch erschienen wäre. Aber daß der Meister nun in Rom sich der Notwendigkeit bewußt wurde, die Einzelfigur zu einem ihm bis dahin ganz ungewohnten Bildgewichte zu machen, das scheint uns ohne die stille Wirkung der Gravitas romana auf den Mönch gar nicht denkbar.

Als Bramante gegen Ende des Jahres 1499 in Rom eintraf, war er ein Mann von fünfundfünfzig Jahren. Er hatte soeben durch den Fall des Lodovico il Moro

in Mailand Amt und Brot verloren, die Stadt aber
556 wohl schon vor der Eroberung durch Ludwig XII. von Frankreich, die im Oktober 1499 geschah, verlassen. Da er um das Jahr 1480 in Mailand angekommen war, so wandte er also den Zeugnissen einer Schaffenszeit von zwei Jahrzehnten den Rücken. Seine architektonische Vorstellungswelt steckte um die Zeit seiner Übersiedlung noch so tief in dem lombardischen Zwitterwesen, daß den beiden ersten römischen Werken noch sehr viel von der willkürlichen mailändischen Behandlung der antiken Formenwelt anhaftet. Einige Lombardismen hat Bramante in der Ewigen Stadt überhaupt nicht mehr abgestreift. Der päpstliche Justizpalast in Via Giulia, der über die riesigen Basemente niemals hinausgekommen ist, hätte – nach der Gründungsmedaille zu urteilen – mit seinen zinnenbekrönten Ecktürmen und dem mastio (dem Belfried) in der Mitte ganz außerordentlich dem Castello Sforzesco in seiner äußeren Erscheinung geglichen. Und bei den Fenstern des Chors von St. Peter treten in den Archivolten jene spielerisch-dekorativ hingesetzten Scheiben auf, die in mailändischen Kirchen zum Beispiel an den Vierungsbögen von Sa. Ma. delle Grazie vorkommen. Im übrigen aber weiß Bramante, auf welchen Wahlverwandten er in Rom trifft.

Am 17. August des Jahres 1500 wurde die Errichtung des Hofes der Canonica von Sa. Ma. della Pace vergeben »gemäß der in der Hand des Architekten, Maestro Bramante, verbliebenen Zeichnung« (1504 vollendet). Es ist sehr merkwürdig, daß Bramante gleich bei seiner Ankunft in Rom da anknüpft, wo L. B. Alberti aufgehört hatte: beim Pfeilerhof aus der Nachfolge des Kolosseums und des Marcellus-Theaters. Diese beiden Großen waren also von denselben antiken Bauten am nachhaltigsten beeindruckt worden. Freilich überkommt den Betrachter hier »ein Gefühl, als ob hier, zum ersten- und allerdings auch zum letztenmal, Bramante vor der Aufgabe ein wenig befangen wäre[127]«. Gegenüber den Bauten aus dem Pontifikate Pauls II. wirkt der Hof von Sa. Ma. della Pace noch sehr viel feingliedriger und weniger wuchtig. In Mailand hatte Bramante bei S. Ambrogio und Sa. Ma. delle Grazie mehrere Klosterhöfe nach toskanischer Art geschaffen, bei denen herrlich schlanke Säulenschäfte die Halbkreisarkaden tragen. Von diesem System konnte der Meister sich offensichtlich nicht so schnell lösen. Im Untergeschoß des Hofes von Sa. Ma. della Pace spielen diese Halbkreisarkaden noch eine so dominierende Rolle, daß der Eindruck entstehen kann, aus einer homogenen Wand seien diese Arkaden herausgeschnitten worden, während man sie doch eigentlich als Intervalle zwischen mächtigen Pfeilern begreifen müßte. Auch diese Pfeiler wirken wie Reststücke der durchbrochenen Wand; zu dem Charakter des Pfeilers verhelfen ihnen lediglich die jonischen Pilaster, die ihnen gegen die Hofseite hin vorgesetzt sind und die das Gesims abstützen. Alles in allem: die konstituierende Kraft, welche der Pfeiler bei Alberti im größeren Hofe von S. Marco besitzt, geht im Hofe von Sa. Ma. della Pace noch nicht wieder von ihm aus. Nicht der plastische Körper, sondern die homogene Fläche dominiert hier noch. Sehr störend wirkt ferner die unglückliche Idee, im Obergeschoß des Hofes einen Stützenwechsel zwischen Pfeilerbündeln und schlanken Säu-

len eintreten zu lassen, wobei die Säule genau über
558 den Arkadenscheitel des Untergeschosses zu stehen kommt und an seiner empfindlichsten Stelle auf den Bogen drückt. Die Harmonie der großen römischen Werke Bramantes beruht auf der wunderbaren Ausgeglichenheit von Stütze und Last. Im Klosterhofe von Sa. Ma. della Pace ist dieses Problem noch nicht gemeistert.

In dem großen Entwurf für St. Peter aber hat Bramante alle Unsicherheit abgestreift. Wir glauben, daß die Zeichnung Uffiz. 27 (Geymüller Nr. 53)[128] (Abb. 91) die beste Vorstellung von Bramantes endgültigem Entwurf des Außenbaues gewährt. Ob diese Zeichnung von Bramantes eigener Hand stammt oder nur aus seinem Atelier hervorgegangen ist, bleibt eine müßige Frage, da wir keine eigenhändige Zeichnung von Bramante besitzen und uns also Vergleichsmöglichkeiten fehlen. Die Zeichnung ist an den seitlichen Rändern und am oberen Abschluß beschnitten. Sie will nur eine Gesamtvorstellung vermitteln. So verzichtet sie auf die Einzeichnung der Kuppeln über den Kapellen in den Winkeln zwischen den vier Kreuzarmen. Die geschlossenen Plattformen über diesen Kapellen sollen nur anzeigen, daß man sich zu dem Zeitpunkt der Entstehung des Blattes über die Gewölbelösung für diese Eckkapellen noch nicht schlüssig war[129]. Auch der Säulenkranz des Tambours ist nur in der ersten Anlage der Zeichnung eingetragen

(129) Die Variante der rechten Hälfte will über diesen Kapellen die Campanili der Gründungsmedaille Caradossos errichten, eine sehr ungeschickte Lösung, weil den drei Obergadenfenstern jedes Kreuzarms das meiste Licht dadurch entzogen worden wäre.

gewesen, die kräftige Überzeichnung der Schlußredaktion des Blattes hat ihn dann fortgelassen. Schließlich ist die Laterne auf der Vierungskuppel nicht angegeben. Denkt man sich diese hinzu, so zeigt aber das Blatt eine enge Übereinstimmung in der Kuppelpartie mit der Gründungsmedaille Caradossos und mit dem Holzschnitt der Kuppel aus Serlios III. Buch[130] und erweist sich auch von dort her als in den engsten Bramante-Kreis gehörig. Der Entwurf hat den Mut, die kolossalen Ordnungen des Innenraums auf den Außenbau zu übertragen, wodurch die Unterpartie erst zu einem wirksamen Gegenspieler der Obergadenzone der vier Kreuzarme und der Kuppel wird. Erst durch die Einführung der großen Pilaster-Ordnungen ist der ruhige, stufenförmige Aufbau in drei Höhenzonen möglich geworden.

Neben dem einen Manne aus den Marken, der auf dem Umwege über die Lombardei den Weg in die Ewige Stadt fand, steht nun der andere, der nach einer Studienzeit in Florenz nach Rom kam. Seit 1508 ist Raffael wohl in der Tiberstadt seßhaft, 1509 beginnt er in den Stanzen zu malen, und seine beiden ersten römischen Jahre sind ganz von der Tätigkeit an der Disputà und der Schule von Athen erfüllt (Abb. 105). Seine enge geistige Verbindung mit dem Landsmann bekundet sich in dem architektonischen Schauplatz der Schule von Athen, der eine profane Abwandlung der Pläne Bramantes für St. Peter bedeutet. Die zentrale Kuppel, Tonnen, Kolossalpilaster und Wandnischen sind die Elemente, aus denen sich schon die Räume der antiken Architektur Roms aufgebaut hatten. Die strenge Verstrebung von Horizontalen und

Vertikalen als Gliederungsprinzip haben wir vom
560 cardo und decumanus des römischen Lagers an verfolgen können; in der Schule von Athen bewirkt die Isokephalie der obersten Reihe der Dargestellten die Halbierung des Freskos durch die Horizontale. Die Art, wie Plato und Aristoteles von den Halbkreisbogen am äußersten Ende der Wandelhalle gerahmt werden, macht sie den Kaiserbildern verwandt, die in den Exedren der Thronsäle und den Apsiden der forensischen Basiliken standen. Niemals vorher in der Renaissancemalerei ist das antike Gewand so wenig antiquarisch-ängstlich behandelt worden. Überall ist das starre Schema der Togati zugunsten einer idealischen Tracht aufgegeben, die zeitlos wirkt, obwohl auch Kostüme aus der Mode um 1510 getragen werden. Die Gestalten der Philosophen bewegen sich frei und gelöst; in dem auf den Stufen gelagerten Diogenes erkennt man von weitem einen Flußgott wieder, in der heischenden Geste des Mannes in der obersten Zone gegen den linken Bildrand hin die Armbewegung des Augustus von Primaporta. Vor allem aber empfinden wir das Verhältnis, das zwischen Figur und Raum waltet, als römisch-antik und römisch-renaissancemäßig zugleich. Es ist ein Raum, dessen Größe meßbar und verständlich wirkt durch die menschliche Gestalt; es waltet eine Vorstellung vom Menschen, die ihm seine Würde aus der klassischen Architektur zuwachsen läßt.

Masolino und Fra Angelico kamen aus Florenz, auch Perugino und Raffael waren durch die florentinische Schule des ›disegno‹ hindurchgegangen, als sie die Ewige Stadt betraten. Ein Schauspiel ganz anderer Art aber mußte sich darbieten, wenn ein

Venezianer in die römische Kunstwelt hineinwuchs. Die Einladung des Agostino Chigi, der ihm während eines Aufenthaltes in der Lagunenstadt antrug, einen Saal seiner eben fertig gewordenen suburbanen Villa am Tiberufer mit Fresken zu schmücken, führte den Sebastiano Luciani 1511 nach Rom, wo ihm 1531 das Amt des Siegelbewahrers an der Kurie zufiel, nach dem er von da ab Sebastiano del Piombo heißt. Wenn man von einem Besuche in der Heimat in den Jahren 1528–1529 absieht, so hat Sebastiano die Ewige Stadt bis zu seinem 1547 erfolgten Tode nicht mehr verlassen. Er ist einer der großen Repräsentanten der Malerei der römischen Hochrenaissance geworden, aber er hat hartes Lehrgeld zahlen müssen, bis er sich durch vollkommene Werke eingekauft hatte in jenen Kreis von Wahlrömern, welche das künstlerische Antlitz der Urbs bestimmten. Die Fresken in dem großen Erdgeschoß-Saal der Farnesina stellten den jungen Venezianer vor eine ungewohnte Aufgabe[131]. Dem Staffelei-Maler war der verpflichtende architektonische Rahmen dieser Lünettenbilder ungewohnt, der ihn zu Kompositionen im halben Tondo anhielt. Außerdem zwang der Stoff aus der antiken Mythologie ihn zur Wiedergabe von Akten oder von Figuren in höchst komplizierten Bewegungen, denn bei den Erzählungen von Dädalus und Ikarus und von Phaëtons Schicksal ging es ohne Schilderung von Fliegenden und Stürzenden nicht ab. Aber für einen jungen Venezianer, der aus der Schule des Giorgione kam, war die Bewältigung von Akten in fast monumentalem Format ein besonders schwieriges Unterfangen. Außerdem widersprach die Darstellung von Menschen in angespannter Aktion nun

einmal dem venezianischen Phlegma. Die Venezianer
562 sind die Meister der Schilderung von Menschen in der Ruhe des Seins. Diese beiden echt venezianischen Eigentümlichkeiten wirkten dahin, daß die organische Durchbildung der Gestalten, etwa der Dädalus-Lünette, ganz unbefriedigend ausfiel, von dem Mißverhältnis ganz zu schweigen, in dem hier Bildfeld und Bildrahmen zueinander stehen. Weit besser sind bezeichnenderweise diejenigen Szenen geglückt, wo der Bildvorwurf nicht Handlung, sondern Zustand vorschrieb. Die Komposition zerflattert nicht, die Glieder der Figuren werden nicht mehr vom Bildrand überschnitten, die mangelnde Beherrschung des Aktes kann durch schöne Gewanddrapierungen verdeckt werden. Aber nirgends geht es ohne Anleihen aus Michelangelos Formenwelt ab. Die Ignudi und die Familienszenen der Vorfahren Christi in den Lünetten und Zwickeln der Sixtinischen Decke haben die Vorbilder für das Posieren monumentaler Figuren in strengem architektonischem Rahmen abgeben müssen, das dem Venezianer von Haus aus so fremd war. Hat Sebastiano im Bezug auf die Flächenkomposition, auf den ›disegno‹, sofort begriffen, daß er paktieren müsse, so wollte er doch sein venezianisches Kolorit unbeirrt vortragen. In einem Saale, in dem Raffaels zeichnerisch-plastisches, fast farbloses Galathea-Fresko den Raum beherrscht, in einem Hause, in dem Sodomas Wandbilder mit ihrer schweren, gebrochenen Farbigkeit prangen und Peruzzis bezaubernder Fries mit seiner schnippisch-koketten, archaisierenden Haltung die Antikenkenner erfreut, aber auch in der Farbigkeit mit dem zarten, lichten Vortrag von Quattrocento-Fresken liebäugelt und

dabei doch unbewußt in die Nähe der schönsten pompejanischen Wandbilder gerät – in diese Umgebung wollen sich Sebastianos Lünetten nicht einfügen. Seine Bilder sind bunter und leuchtender als alles andere hier im Hause. Er vermag auf die Wirkungen der Ölmalerei noch nicht zu verzichten, das Kolorit changiert noch zu viel, der Maler versucht noch zu sehr, stoffliche Wirkungen zu erzielen. Die Verpflichtungen, welche große Wandflächen dem Freskanten auferlegen, sind ihm noch nicht klar geworden. »Der im Tafelbild erträgliche Sinnlichkeitszauber gerät in Widerspruch zur monumentalen Forderung und den Anleihen aus einer Bildwelt ganz anderer Herkunft [132].«

Einen antiken Stoff hat Sebastiano nur noch einmal behandelt, in dem etwa gleichzeitig mit den Farnesina-Fresken entstandenen großen Leinwandbild vom Tode des Adonis (Florenz, Uffizien) aus den ersten römischen Jahren (Abb. 108). Das wäre an sich ein Stoff, der dem venezianischen Naturell gemäß ist: Venus im stillen Schmerze vor dem Leichnam des Geliebten, das Geschehen umfangen von einer ganz von elegischer Stimmung durchtränkten, atmosphärisch-weichen Landschaft. Aber nur den Hintergrund behandelt Sebastiano derartigen Erwartungen gemäß; dort liegt der bekleidete tote Adonis am Ufer eines Sees mit einem stillen Wasserspiegel. Das jenseitige Ufer des Gewässers ist als das Gestade des Baccino von Venedig aufgefaßt, Dogenpalast, Piazzetta und Campanile grüßen herüber. Das ist alles so schön und verträumt wie auf Giorgiones ›Gewitter‹. Aber für den Vordergrund hat dem Sebastiano die in stillem Schmerz versunkene Venus nicht mehr genügen können. In der neuen Umwelt der Sixtina und der

Stanzen, die ihn nun umgab, galt nur die Figur in
564 Aktion, war die reichste Bewegung in vollkommener anatomischer und zeichnerischer Beherrschung das Hauptanliegen der Künstler. Sebastiano ist von dieser Strömung mitgezogen worden. So kommt es zu der befremdlichen Figur einer Venus, die mit übergeschlagenen Beinen um den Tod ihres Geliebten klagt als wäre sie einer der Ignudi von der Sixtina-Decke. So kommt es zu der Einführung einer belanglosen Nebenhandlung, die eine figurenreiche Szene rechtfertigen soll. Indem ein Silen von rechts mit Heilkräutern herantritt, um das Schicksal des Adonis noch im letzten Augenblick zu wenden, indem eine Dienerin ihre Herrin auf diesen Ankömmling aufmerksam macht, wird doch nur ein Vorwand für die Ausbreitung einer friesartigen Reliefkomposition geschaffen. So gewinnt der Künstler die Möglichkeit, den im Profil erscheinenden Akt der Venus nun mit einem frontal und mit einem vom Rücken gesehenen nackten Frauenkörper zu umgeben. Hat man den ganzen linearen Bildaufbau als römisch empfunden[133], so liegen in der Farbkomposition die venezianische Herkunft und die neue römische Umwelt noch im Streite. Es gibt noch genug giorgioneske Töne, wie das fettige Weiß des Hemdes des Adonis und das helle warme Blau seines Mantels. Auch die Gewänder der Frauen in ihrem tiefen schweren Grün, in dem marmorfarbenen Ton, der sich über das Rosaviolett legt, wirken noch ganz venezianisch, – wie die Leinwand selbst noch die

(133) »Weder die scharfe Gegensätzlichkeit der Orthogonalen (Horizontale Figurenkette – Vertikale der Bäume) ist in Oberitalien üblich, noch jene gewichtsmäßige Belastung einer Seite.« Dußler, Sebastiano del Piombo, 1942, p. 34.

fischgrätenartige Textur zeigt, die allein in Venedig zu Haus ist. Aber die Brauntöne des Inkarnats sind nun ganz ohne Gold, und alle Schatten wirken schwärzer als auf venezianischen Bildern. Die Blätter der Bäume sind ganz unmalerisch aufgefaßt, vereinzelt und konturiert.

Es ist das sehr merkwürdige Bild eines Künstlers, der sich in einer Übergangsphase befindet. Die michelangeleske Figurenkomposition des Vordergrundes und die venezianische Landschaft des Hintergrundes mit den rötlichen Abendtönen finden sich nicht zu einem überzeugenden Bildganzen zusammen, und die Kosten hat der Bildvorwurf zu tragen. Das Vorwalten der formalen Probleme hat die Ausschöpfung des antiken Mythos in seiner ganzen Tiefe verhindert.

Von den liebenswürdigen und anmutigen Madonnen-Statuen des Jacopo Sansovino aus seinen frühen venezianischen Jahren ist die einzige Skulptur einer Gottesmutter, die noch seiner römischen Zeit entstammt, durch eine Welt getrennt. Unmittelbar nach seiner Ankunft in der Ewigen Stadt, in der zweiten Hälfte des Jahres 1518, erhielt Sansovino von dem Florentiner Giovanni Francesco Martelli den Auftrag für die Madonna del Parto in S. Agostino in Rom[134] (Abb. 115). Der Meister hat sich dabei so eng an das Vorbild antiker Skulpturen angeschlossen, daß die Legende aufkommen konnte, man habe hier ein heidnisches Bildwerk der Agrippina mit dem kleinen Nero vor sich[135]. In der Tat sind der ebenmäßige Aufbau des Gesichts und die strenge Umrahmung von Stirn und Schläfen durch die antikische Haarfrisur einer römischen Skulptur abgesehen. Die späteren Madonnenstatuen des Künstlers haben diesen junonischen

Typ wieder aufgegeben, nur in seiner römischen Zeit
566 entsteigt die Gottesmutter diesem riesigen Blockvolumen, kommt es zu den weiten und ruhigen Armbewegungen, sind Mutter und Kind antithetisch entwickelt. Vor allem aber ist es Sansovino nie wieder um einen so majestätisch ausladenden Kontur zu tun wie den, der die Gruppe der Madonna del Parto fest zusammenschließt. Die antike Nische tut ein übriges, den klassischen Charakter des Bildwerks zu erhöhen.

Dem Annibale Carracci und seinen Verwandten und Gesinnungsgenossen, die ihm nach und nach aus Bologna an den Tiber folgten, bedeutete Rom vor allem die Wirkungsstätte Raffaels und Michelangelos. Aber neben diesem höchst bewußt vollzogenen Anschluß an die verehrten Großen der Hochrenaissance, deren Kunst sie erneuern und erreichen wollten, erfolgt nun bei Annibale Carracci im Unterbewußtsein eine viel breitere Auseinandersetzung mit dem Genius loci überhaupt.

Die Landschaften Annibales aus seiner bolognesischen Jugendzeit hatten ganz unter dem Einfluß der venezianischen Kunst gestanden. Auch von Ferrara und Dosso Dossi her kamen Anregungen. Die Landschaft mit den Kahnfahrenden (ehemals Leipzig, Sammlung Platzky)[136] etwa steht auf der Stufe der venezianischen Landschaften des Paolo Fiammingo, wo die einzelnen Bäume als Repoussoirs in ähnlicher Weise verwendet werden; eine warme, tonig gebundene Malweise, wie sie die Landschaften Tizians und Tintorettos auszeichnet, erfüllt das Bild. Noch früher mögen die beiden Landschaften des Louvre entstanden sein, weil es ihnen an einer einheitlichen

Bildkomposition gebricht[137]. Die Landschaft im Longchamp-Museum in Marseille zeigt gar flämische Einflüsse in der Art, wie eine buntbewegte Volksmenge in dem streifenförmig gegliederten Gelände sich bewegt[138].

Sobald aber Annibale Carracci nach Rom übergesiedelt war (1594; Tätigkeit an der Galleria Farnese etwa 1597–1604), bekommen seine Landschaften das Großartig-Gebaute. Daß in ihnen nun römisch-antikische Motive auftauchen, ist relativ belanglos; immerhin tragen schon in die Landschaft mit der Brücke (Berlin, Kaiser-Friedrich-Museum) die schweren Brückenpfeiler und die Tonnenbögen eine römische Note. Von den biblischen Landschaften, die wohl in den Jahren 1603–1604 für die Privatkapelle des Pal. Aldobrandini gemalt worden waren, bringt wenigstens die eigenhändige Flucht nach Ägypten (Gal. Doria-Pamphili) ein großartig-freies Schalten mit den drei Raumzonen, das dem Meister bisher nicht geglückt war, und eine erstaunliche Erschließung der Bildtiefe. Die folgerichtige Fortsetzung und Vollendung dieser Landschaftskunst bringt dann Domenichino mit Kompositionen, die nur noch aus der Durchdringung von Horizontalen und Vertikalen bestehen, welche das Bild in seiner ganzen Höhe und Breite aufteilen (Jordan-Taufe mit dem Soracte im Hintergrunde, ehem. Slg. Cook in Richmond)[139] (Abb. 111). Es sind Bilder, die sich nur noch in der Farbgebung von den um ein halbes Jahrhundert jüngeren Spätwerken des Claude Lorrain unterscheiden.

Neben den Akademikern und Raffael-Verehrern aus Bologna gibt es aber um 1600 auch eine lombardische Strömung in der Ewigen Stadt. Diese Lom-

barden sind es gewesen, die Rom aus der intellekt-
568 überfrachteten, unschöpferischen Periode des Manierismus erlöst und den Frühbarock heraufgeführt haben. In der Architektur hat sich diese Wandlung auf eine stille, fast unauffällige Art vollzogen, während sie in der Malerei an eine Revolution geknüpft ist, welche das Wirken des Michelangelo da Caravaggio beschwor. So gerne würden wir den Prozeß verfolgen, wie Caravaggio seine lombardische Jugenderziehung hinter sich läßt, um in seine römische Manier hineinzuwachsen! Denn was kann es Römischeres geben als die Bekehrung Pauli des Meisters in der Cerasi-Kapelle von Sa. Ma. del Popolo! Indessen, es sind keine Werke aus Caravaggios vorrömischer Zeit auf uns gekommen, und damit sind wir um die Möglichkeit betrogen, die Wandlung des Künstlers zum Römer auf eine methodisch unanfechtbare Weise zu schildern. Es bleibt uns lediglich der Weg, an den Frühwerken aus der römischen Zeit des Meisters die lombardischen Züge zu registrieren und damit auf indirektem Wege uns ein Bild seiner oberitalienischen Jugendjahre zu erschließen.

Als Caravaggio nach Rom kam, fand er nur die sterile Schule des späten Manierismus mit der Ausschmückung der Neubauten Sixtus v. beschäftigt. Er hat sich nicht der Wirksamkeit dieser Meister anbequemt, sondern vielmehr dafür gesorgt, daß durch seine Werke die Namen der Taddeo und Federico Zuccari, des Cesare Nebbia und des Cavaliere d'Arpino und wie diese römischen Maler um 1595 heißen mochten, der Vergessenheit anheimfielen – mochte T. Zuccari auch von seinen Zeitgenossen einer Bestattung im Pantheon unlängst für würdig erachtet worden sein. Eine schöpferische Begabung wie Caravaggio konnte aus der römischen Umwelt um 1595 keine Kräfte ziehen, denn der Raffael-Kult der Bolognesen mußte ihm so fremd bleiben wie der römische Eklektizismus. Durfte er also an der zeitgenössischen römischen Kunst vorbeisehen, so blieb noch die zeitlose! Aber das Schulgut der künstlerischen Überlieferung, wie es in Akademien und Traktaten, in Antikenstudium und Werkstattrezepten fortgeerbt wurde, ist gewiß niemals jemandem gleichgültiger gewesen als diesem jungen Lombarden, der seiner Kraft gewiß war. Caravaggio war nicht beflissen, sich in die römische Tradition einzufügen, sondern er trachtete, sie zu zerschlagen. Sein erstes Hauptwerk in der Ewigen Stadt haben die urteilsfähigen Zeitgenossen denn auch nicht als römisch, sondern als unter dem Einfluß der Venezianer stehend empfunden[140].

Michelangelo Merisi, 1573 in Caravaggio bei Bergamo geboren, schon als Elfjähriger 1584 bei dem aus Bergamo stammenden Dutzendmaler Simone Peterzano in Mailand in die Lehre gegeben, muß etwa 1592 oder 1593 in Rom aufgetreten sein[141]. Ein genaues Datum ist uns urkundlich nicht überliefert[142]. Die frühesten Bilder, die wir von ihm kennen, der ›kranke‹ Bacchus der Galerie Borghese, der Bacchus

(140) »Pur venendovi a vederla Federico Zucchero, mentre io era presente, disse: che rumore è questo? E guardando il tutto diligentemente soggiunse: ›Io non ci vedo altro, che il pensiero di Giorgione nella tavola del Santo, quando Christo il chiamò all'Apostolato; e sogghinando, e maravigliandosi di tanto rumore, voltò le spalle, e andossene con Dio.‹« Gio. Baglione, Le vite de pittori, scultori et architetti. Roma 1642, p. 137.

der Uffizien, der Jüngling mit dem Fruchtkorb der
570 Borghese, der Knabe, der von der Eidechse gebissen wird (Viscount Harcourt, Nuneham Park) zeigen alle die lombardische und besonders bergamaskische Vorliebe für das Stilleben[143], das unter den Händen des jungen Malers eine unbeschreibliche Eindringlichkeit gewinnt. In dem Fruchtkorb der Ambrosiana besitzen wir dann eine reine ›natura morte‹ von seiner Hand. Auch ein sehr nahes Verhältnis zu Tieren spricht sich in diesen Jugendbildern aus. Seit den Tagen Pisanellos und Jacopo Bellinis war ja Oberitalien auch die Heimat des intensiven Tierstudiums gewesen, und die ersten Schritte scheinen auch hier gerade in der Lombardei getan worden zu sein[144]. In der Ruhe auf der Flucht der Galleria Doria Pamphili in Rom, mit der man zeitlich freilich schon an die Schwelle der Contarelli-Kapelle gelangt, d.h. also etwa in die Jahre 1598 oder 1599, ist der Esel mit einem so warmen Blick aus dem großen Auge geschildert, ist sein Kopf in eine so brüderlich-vertraute Nähe zu dem Antlitz des Josef gebracht, gewinnen das Stilleben des Reisebündels mit der Korbflasche oder Steine und Pflanzen am Boden eine solche magische Gegenwärtigkeit, wie man das in Rom noch nicht erlebt hatte. Aber seit dem Jahre 1600 etwa sind diese oberitalienischen Jugendeindrücke bei Caravaggio völlig ausgelöscht. Bezeichnend dafür ist die Madonna dei Palafrenieri (Rom, Galleria Borghese), wo Caravaggio nur noch den Blick für römisch-statuarische Probleme hat und zwei Erwachsene und ein Kind ohne die leiseste Andeutung von Umwelt geschildert werden. Jene Jugendbilder müssen aber für empfängliche Augen in Rom auch farbig wie

eine Offenbarung gewirkt haben. Während hier um 1595 die Bilder der eingesessenen Meister noch 571 in den Changeants kalter und ausgelaugter Farben schillerten, gemahnt die Palette der ersten römischen Arbeiten des jungen Lombarden in ihrer warmen Farbigkeit am ehesten an Savoldo. Das fette Weiß, das schon Töne von Domenico Feti oder Strozzi vorausnimmt, das warme Rot, überhaupt der neue Sinn für die Stofflichkeit der Oberfläche, der den späten Manieristen so ganz abhanden gekommen war – all das hat Caravaggio erst in Rom heimisch gemacht. Aber wie es bei einem so jungen Menschen gar nicht anders sein kann, manche dieser Bilder sind zu laut, andere zu anekdotisch erzählt. Beides mußte Caravaggio opfern, um ein Römer zu werden. Der Knabe, der von der Eidechse gebissen wird, aber auch ein antiker Stoff wie der Schild mit der Gorgo (Uffizien) haben das Jäh-Momentane, das mit dem Monumentalen der Ewigen Stadt unvereinbar bleibt. Ganz unrömisch wirkt auch die neue Gattung des Genrebildes, deren Erfindung noch der Jugendphase des Caravaggio angehören muß. In Bildern wie der Wahrsagerin und den Falschspielern mit ihren vielen Repliken und Nachfolgern wird das Anekdotische um seiner selbst willen bildwürdig[145]. Die Falschspieler sind denn auch durch Bellori ausdrücklich als Frühwerk des Meisters bezeugt.

Erst das Martyrium des hl. Matthäus in der Contarelli-Kapelle von S. Luigi dei Francesi – laut kürzlich entdeckter Rechnungen für die zweite Hälfte des Dezember 1600 als vollendet erwiesen[146] – bekundet nun endlich, daß Caravaggio in die Auseinandersetzung mit seiner römischen Umwelt eingetreten ist.

Der oberitalienische Faden ist nun abgesponnen; hier,
572 wo es sich nicht mehr um Halbfiguren-Szenen anekdotischen Inhalts handelte, sondern um wandfüllende Bilder mit heiligen Stoffen, war bei der Meisterung der Flächenkomposition das Sich-Messen mit den römischen Zeitgenossen nicht zu umgehen. Es hat Caravaggio schwere Mühe bereitet, die Figuren richtig in dem Bildfeld unterzubringen, denn unter dem heutigen Bilde sitzen zwei frühere Fassungen, wie Röntgenaufnahmen von 1951 ergeben haben[147]. Schließlich enden seine Überlegungen dann doch beim Diagonalenkreuz des späten Manierismus als Bildgerüst, an das er sich strenge hält. Die Aktfigur des Henkers, in der sich die beiden Diagonalen durchdringen, ist ganz gegen den Sinn der Legende so zur Hauptfigur des Bildes geworden. Auch der Aufbau der Bildbühne hat in der endgültigen Fassung, nach so vielen Überlegungen und Änderungen, immer noch etwas gequält Akademisches, besonders in der peinlich genauen Einteilung von Vorder-, Mittel- und Hintergrund und in der sehr gewaltsamen Art, wie die Figur in der unteren linken Bildecke den vorderen Bildrand erreicht. Die beiden Repoussoir-Figuren in den Ecken bilden mit dem Henker zusammen ein gleichschenkliges Dreieck von strenger Geschlossenheit, dessen Scheitel in der rechten Schulter der Mittelfigur liegt. Der die Märtyrer-Palme aus den Wolken herabreichende Engel mit der bravourös gemeisterten Verkürzung ist ein Zugeständnis an den römischen Eklektizismus, den Caravaggio hier mit seinen eigenen Waffen schlagen wollte. (Abb. 109)

Erst mit der zweiten Fassung der Bekehrung Pauli in der Cappella Cerasi von Sa. Ma. del Popolo (1600), die sich zeitlich unmittelbar an die Contarelli-Kapelle anschließt, ist die große barocke Kompositionsform gefunden, und zwar auf römische Art. (Abb. 122)

Die Gewalt des Geschehens stößt überall an den Bildrand an. Es gibt genug antike römische Reliefs, deren Komposition ebenso gegen die Reliefränder drängt (z. B. die Reliefs von einem Ehrenbogen, der bald nach 180 n. Chr. dem Marc Aurel errichtet wurde, heute im Treppenhaus des Konservatoren-Palastes[148]). Auch ist der Vorgang mit der Genauigkeit und scheinbaren Nüchternheit geschildert, mit denen römische Staatshandlungen auf antiken Reliefs dargestellt zu werden pflegen. Bei diesem Pferde wird niemand mehr an lombardische Tierstücke denken, sondern allenfalls an das Roß des Marc Aurel. Undenkbar, daß es an einem anderen Orte als in Rom gemalt wäre.

Von nun an ist für die kurze Spanne von knapp sechs Jahren (1600–1606) Caravaggio ein großer Römer aus der Nachfolge der Raffael und Michelangelo. Wie stille es nun in seinen Bildern wird und mit wie wenigen Figuren sie auskommen! Monumentale Gestalten, die einander nicht überschneiden, erscheinen vor einem neutralen Hintergrund, der die Aufmerksamkeit nicht auf sich lenkt. Manche dieser Figuren wirken wie Kopien von Statuen (Madonna di Loreto, Rom S. Agostino – Madonna dei Palafrenieri, Rom Gal. Borghese). Daß es in einem Emmaus-Mahl lautlos zugeht, mag man im Thema beschlossen finden, aber nun sind auch die großen, vielfigurigen Altarblätter, der Marientod im Louvre und die Rosenkranzmadonna in Wien, trotz ihrer Riesenformate recht stille Bilder. Indessen wird auch dort, wo ein

entsetzliches und grausames Geschehen geschildert
574 ist (Kreuzigung Petri in Sa. Ma. del Popolo) ein Augenblick der Handlung gewählt, während dessen die Schrecklichkeit des Vorgangs sich nicht völlig enthüllt. Petrus ist schon ans Kreuz geschlagen – das ist vorbei; aber das Kreuz ist noch nicht aufgerichtet – das liegt noch in der Zukunft. Noch steigt dem Märtyrer, der mit den Beinen nach oben gekreuzigt wird, das Blut nicht zu Kopf, noch richtet sich die kniende Rückenfigur nicht auf, noch reißt der Zerrende mit seinem Strick den Kreuzesstamm nicht empor. Jeder Muskel der Agierenden ist bis zum Zerreißen angespannt, aber der Effekt von soviel körperlicher Anstrengung bleibt für einen Augenblick aufgespart, der dem geschilderten unmittelbar folgen wird.

Es ist erstaunlich, wie rasch diese römische Monumentalität aus den Bildern Caravaggios verschwindet – wenn auch nicht für immer –, sobald dieser aus dem römischen in das neapolitanische Milieu hinüberwechselt (1606). Das nun anhebende unruhige Wanderleben des Gehetzten und Verfolgten kann nur eine recht äußerliche Begründung dafür bieten. Daß die Sieben Werke der Barmherzigkeit, das erste neapolitanische Bild, es zu keiner großen und ruhigen Form brachte, darf man gewiß dem Thema zur Last legen, das sieben, zum Teil figurenreiche Geschehnisse in einem Bildformat zu vereinigen vorschrieb. Aber vor allem ist es die Farbgebung, welche deutlich werden läßt, wie schnell Caravaggio der römischen Atmosphäre wieder entwachsen ist. »Sogar Erinnerungen an die oberitalienischen Lehrjahre brechen noch einmal durch: ihr Wiederauftauchen mag geradezu eine Folge des Weggangs von Rom sein. Nicht nur Lotto und Savoldo oder die Maler des Cremoneser Manierismus haben bei diesem Bilde Pate gestanden, sondern Caravaggio verrät hier unzweifelhaft Kenntnis venezianischer Malerei. Der unruhige Schimmer des Fackellichts, der samtige Glanz auf der Jacke des Leichenträgers, die strähnigen Lichter auf weißen Gewandfalten sind ohne das Vorbild der Bassano-Schule nicht denkbar[149].«

In der Architektur hat Carlo Maderna die Rolle Caravaggios gespielt und die stadtrömische Baukunst aus dem Manierismus in den Frühbarock hinübergeführt. Auch er ein Lombarde, der allerdings siebzehn Jahre älter als Caravaggio war (geb. 1556) und bereits seit 1582 in der Ewigen Stadt nachweisbar ist, wahrscheinlich aber schon 1577 hier weilte[150].

Ein Architekt, der Nutzbauten schafft, ist abhängiger von dem Auftraggeber als ein Bildhauer oder Maler. So wächst denn auch Maderna zwangsläufig in die architektonische Vorstellungswelt der römischen Ateliers hinein. Zumal beim größten Bauauftrag seines Lebens, bei der Vollendung von St. Peter, blieb jeder seiner Schritte gebunden an die bereits aufgeführte Architektur seiner großen Vorgänger Bramante und Michelangelo. Besonders bei der Gestaltung der Fassade gegen den Petersplatz hin war Maderna durch die Ordnungen Michelangelos an der Chorpartie das Gesetz des Handelns vorgeschrieben. So ist das volle Hineinwachsen in die römische Tradition, das bei Caravaggio als organischer und höchst individueller Entwicklungsprozeß erschien, bei Maderna ein Schauspiel, das der Großartigkeit entbehrt, weil es nicht überall von freiem Entschluß getragen war.

Einen sehr besonderen Fall stellt die Entwicklung
576 Guercinos dar. Ihm wurde nicht das Betreten, sondern das Verlassen der Ewigen Stadt zum Schicksal. 1591 in Cento in der Emilia (zwischen Bologna und Ferrara) geboren, zählt er zur bolognesischen Schule. Doch ist für seine Jugendphase damit wenig gesagt, denn die Malweise seiner Frühwerke ist höchst persönlich und ganz unabhängig von dem Farbenvortrag der Carracci. Guercino ist von Anfang an der Meister einer Lichtmalerei, die einen wunderbar silbrigen Gesamtton über die Altartafeln breitet. Die schweren und undurchsichtigen Schatten der Carracci hat er leicht und durchsichtig gemacht und dabei eine Hell-Dunkel-Wirkung erzielt, die von der Kunst des Caravaggio gar nichts weiß. Von seinen Farbtönen erinnert besonders das fette Weiß, das einen Stich ins Gelbe hat, an Feti und Strozzi, auch das schwere tiefe Rotbraun findet sich in dieser Kraft nicht bei den Bolognesen der Carracci-Werkstatt. Als Gregor XV. zur Tiara gelangte, der den Künstler schon als Kardinal Ludovisi in Bologna begünstigt hatte, berief er den Guercino nach Rom. Unmittelbar nach dem unerwartet frühen Tode des Papstes verließ aber der Künstler mit den andern enttäuschten Emilianern die Ewige Stadt wieder. Die römischen Werke aus den kurzen Jahren 1621–1623 zeigen schon nicht mehr die Durchsichtigkeit der schwebenden Atmosphäre, und die modernen Kritiker haben den noch in der Heimat entstandenen hl. Wilhelm von Aquitanien (1620, Bologna, Pinakothek) hoch über die Riesentafel mit dem Begräbnis und der Verklärung des hl. Petronilla (1622–1623, Rom, Kapitolinische Galerie) gestellt[151].

Denis Mahon legte ausführlich und überzeugend dar, wie schon in der römischen Zeit und darüber hinaus der Stil Guercinos sich wandelt, in der Richtung auf einen Klassizismus hin. Mit dem Jahre 1626 sieht Mahon diese Übergangszeit abgeschlossen. In diesen Krisenjahren werden die Überschneidungen von Konturen immer mehr vermieden, die Figuren nicht mehr zu barocken Gruppen geballt, sondern möglichst isoliert und überschaubar gemacht, über die einzelnen Zonen der Bildtiefe wird immer peinlicher Rechenschaft abgelegt. Diese Entwicklung geht Hand in Hand mit dem Rückgang der Farbphantasie. Die kanonischen Rot- und Blautöne sind es nun, welche die Tafeln immer mehr beherrschen – wie weit liegen die Zeiten zurück, da auf dem Bilde der Galleria Doria in Rom mit dem verwundeten Tankred, der von Erminia beklagt wird[152], der Reichtum der Lichter und Schatten so unerhört war, daß das unruhige Flackern der fahlen oder tintigen Farben die Bildeinheit zu sprengen drohte. Die Beine des Verwundeten hatten noch in graufahlem Lichte aufgeleuchtet, während andere Partien in pelziggraue Schatten getaucht blieben.

Nach der Rückkehr in die Heimat hat der Maler von 1623 bis zu Guido Renis Tode (1642) in Cento in selbstgewählter Zurückgezogenheit gelebt, von da ab bis zu seinem eignen Hinscheiden 1666 in Bologna, wohin er übergesiedelt war, um die Nachfolge Renis als Schulhaupt der bolognesischen Malerei anzutreten. Er hat, dem künstlerischen Leben Roms entfremdet, sich ganz dem übermächtigen Einfluß des großen Vorbilds seines Landsmannes Reni hingegeben und dabei seine ganze Eigenart geopfert.

Der silbrige Glanz, alles Sfumato seiner Jugendwerke
578 gehen verloren, die Bilder werden farbig roh und glatt, in der Zeichnung akademisch-korrekt und inhaltlich trivial. »Die Natürlichkeit der Beobachtung verliert sich in blasse, schemenhafte Idealität.« (Voß). Wäre Guercino nach dem Tode seines Gönners in Rom geblieben, in dauernder Berührung mit den malerischen Strömungen der Zeit, so wäre es gewiß auch dort offenbar geworden, daß er sich mit seinen genialen Jugendwerken bereits ausgegeben hatte und daß ein Stil der reifen Mannesjahre ihm versagt blieb, welcher der Jugendentwicklung ebenbürtig gewesen wäre. Aber der traurige Abstieg, den Guercino nun in Cento erlebte, wäre ihm in Rom ganz gewiß erspart geblieben, wo der Umgang mit den andern Bolognesen (Domenichino, Lanfranco u.a.) eine künstlerische Lebenssphäre für Guercino gebildet hätte, aus der dem Meister Ansprüche entgegengehalten worden wären, die er zu erfüllen hätte trachten müssen. Die römische Tradition hätte ihn getragen, nicht fallen lassen.

Droben auf dem Quirinal zwischen den Cavalli und den Quattro Fontane stehen an derselben Straße, nur in ein paar hundert Schritt Abstand voneinander, zwei kleine Kirchen, S. Carlo alle Quattro Fontane von Francesco Borromini (Abb. 101 und Textabb. 10 und 11) und S. Andrea al Quirinale von dessen Gegenspieler Lorenzo Bernini (Abb. 99, 100 und Textabb. 9, nach de Rossi)[152a]. Es gibt kaum noch einmal zwei Denkmäler, die in so beispielhafter Weise die beiden Möglichkeiten der Haltung widerspiegeln, die ein großer Künstler gegenüber der römischen Überlieferung einzunehmen vermag. Beide Bauten dürfen durch-

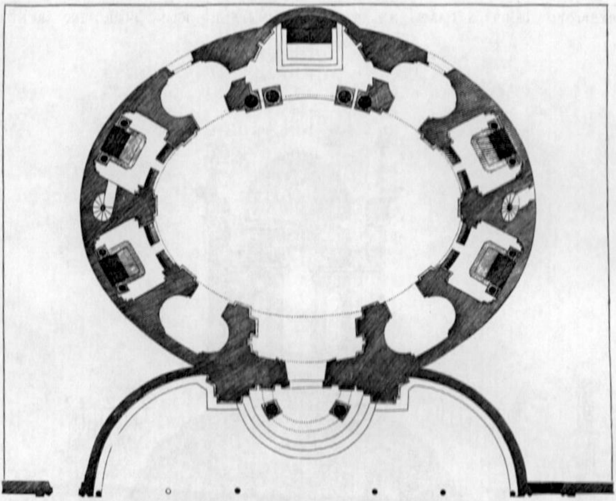

9. Rom, S. Andrea al Quirinale. *Grundriß*

aus verglichen werden, denn beide sind Zentralkirchen kleinen Ausmaßes und beide waren als Ordenskirchen bestimmt, S. Carlo für eine Kongregation der spanischen Barfüßer, S. Andrea als Noviziatkirche des Jesuitenordens[153]. Auch die Bauzeiten stimmen leidlich überein. Zwar ist der Innenraum von S. Carlino ein Frühwerk Borrominis, entworfen 1634, erbaut 1638–1641, aber die Fassade entstand erst 1665–1668 und war beim Tode des Meisters noch nicht ganz vollendet. Damit kommt man in die Zeit von S. Andrea, dessen Grundsteinlegung 1658 erfolgte (Innenausstattung bis 1662). Die kleine Kirche ist der geistreichste der drei Zentralbauten, die Bernini um 1660 errichtete. S. Andrea hat den Grundriß eines geschlossenen Querovals. Aber dieser Ovalraum dehnt sich nicht wohlig in die Breite, sondern die Raumschale

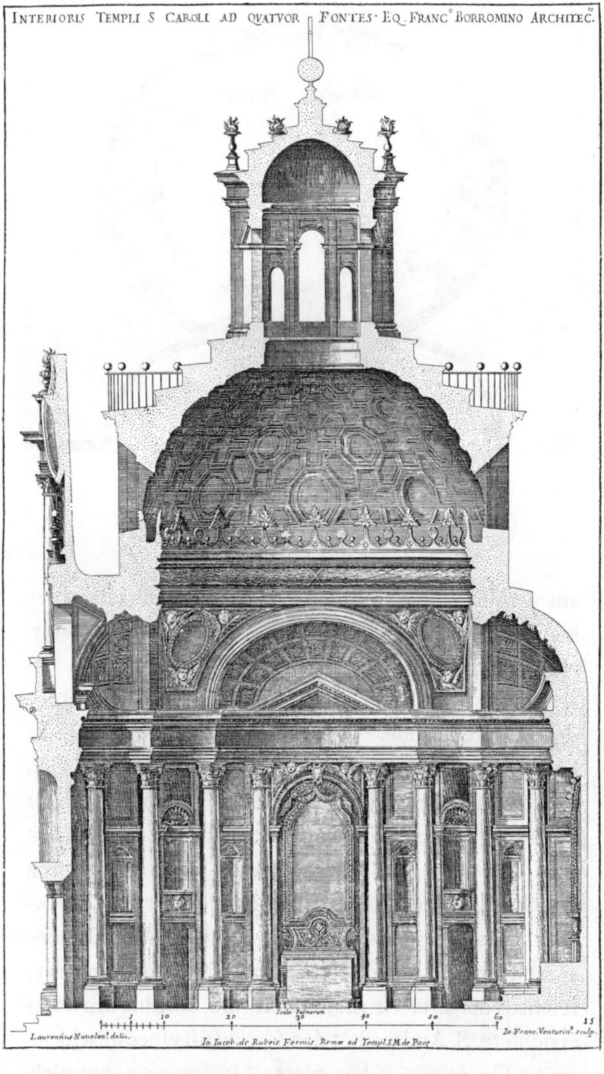

10. Rom, S. Carlo alle quattro Fontane. *Schnitt*

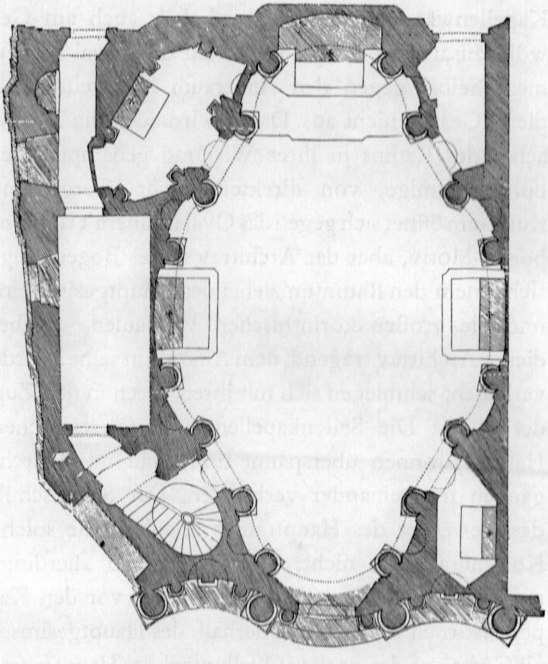

11. Rom, S. Carlo alle quattro Fontane. *Grundriß*

ist bis zur äußersten Straffheit angespannt. Den Zentralraum umzieht zwar ein niedriger Kapellenkranz, aber in der mittleren Querachse weitet der Hauptraum sich nicht in die Tiefe einer Kapelle aus, sondern hier gebietet ein Pilaster, der an der Nahtstelle des Zusammenschlusses zweier Kapellen sitzt, der Breitenachse Halt. Der Blick kann nicht abirren, er wird mitgerissen vom Zuge der Ellipse. Auch sonst geschieht alles, um die reine Form des Ovals nur nirgends zu trüben. Ein hohes Hauptgebälk mit einem breiten Friesband, das von den Pilastern vor den

Kapellenwänden getragen wird, hält auch am Ge-
582 wölbeansatz wie ein goldener Reif dies Oval zusammen. Selbst gegen den Altarraum hin weitet sich dieses Gesims nicht aus. Damit wird auch die Tiefenachse des Raums in ihrer Wirkung gedämpft. Der bohnenförmige, von direktem Licht übergossene Kultraum öffnet sich gegen das Oval in einem Triumphbogen-Motiv, aber der Architrav dieses Bogens fügt sich jenem den Raum umziehenden Hauptgesims ein, und die großen korinthischen Vollsäulen, welche, diesen Architrav tragend, dem Altarraum seine Würde verleihen, schmiegen sich mit ihren Basen in den Zug des Ovals. Die Seitenkapellen sind von einfachen Halbkreistonnen überspannt und nicht mit Durchgängen untereinander verbunden. Der Seitenschub des Gewölbes des Hauptraums erlaubte eine solche Kommunikation nicht, die von Bernini allerdings ursprünglich geplant war. Die Pilaster vor den Kapellenstirnen setzen sich oberhalb des Hauptgesimses als Gurte auf der großen Ovalkuppel des Hauptraums fort, die sich unter dem Laternenring vereinigen. Hinter diesen Gurten wölbt sich nun nicht eine einheitliche ovale Kuppelschale, sondern die zwischen zwei Rippen verspannten Gewölbeteile sind jeweils gesondert gewölbt. Es ist demnach eine Art gotischen Gewölbe-Prinzips von Bernini angewendet worden, bei dem ja ebenfalls die materielle Last der Gewölbekappen auf den Diagonalrippen aufruhte. Dadurch kommt eine wundervolle Lebendigkeit in das Muster der Kuppeldekoration. Die Kuppelschale ist nämlich mit einem System nach oben sich verjüngender, rhombischer Kassetten belegt. Da die Gewölbeschale sich nicht einheitlich rundet, sondern in großen und klei-

nen Kappen zwischen den Gurten sich bust, so entsteht eine leise und sehr lebendige Verschiebung der einzelnen Kassetten gegeneinander, die ja nicht mehr einem Kegel- oder Kugelausschnitt aufliegen wie bei einem Renaissance-Gewölbe. Bernini hat also in einer großartigen synthetischen Leistung hier zwei ganz verschiedene Systeme miteinander verbunden, ein gotisch-konstruktives und ein antik-dekoratives. Die Fähigkeit zur Synthese ist ja vom Pantheon über Raffael zu Bernini hin eines der größten Geschenke, das die Ewige Stadt für die Künstler bereit hält, die wirklich ihre Bürger werden. Für die Fenster des Hauptraums ist keine eigene Tambourzone eingeschaltet, von einer niedrigen Attika schneiden die Fenster direkt in die sich krümmende Kuppelschale ein. Es sind rechteckige Öffnungen mit einem Stichbogenschluß »über denen sich das Restfeld wie eine Haut zwischen Vogelkrallen spannt[154]«.

Es ist nicht die Kostbarkeit des Materials allein, der warme rote Marmor und das Gold der Dekoration, was diesen Raum für jeden Besucher so unvergeßlich macht. Es ist vielmehr die der intimen Raumproportion abgewonnene monumentale Wirkung. Aber diese ist nicht durch Archaisieren erreicht, durch Entlehnungen aus dem Formenschatz der antiken oder der Renaissance-Architektur. Gewiß war Bernini neben Rubens der am ehesten umfassend gebildete Künstler seiner Epoche – aber wie bei Rubens wird auch bei ihm jede fremde Anregung in schöpferischer Umbildung verwandelt. Bernini ist bei der Planung seiner architektonischen Schöpfungen stets von einem einfachen Grundgedanken ausgegangen, an dem er durch alle Phasen des Entwurfs hindurch fest-

hält, so viele Modulationen und Verbesserungen im
584 einzelnen auch die weitere Beschäftigung mit dem Thema bringen mag! Schon die urspüngliche Kirche im Collegio di Propaganda Fide von 1634, welche dem Umbau Borrominis dann geopfert wurde, hatte ein quergelegtes Oval wie S. Andrea dargestellt[155]. Auch die gleichzeitig mit S. Andrea emporwachsende Kirche von Ariccia hielt ja vom Anfang bis zum Ende der Planung, wie wir sahen, am Pantheon-Gedanken fest, mochten die Größenvorstellungen während der Entwurfsphase auch mehrfach zwischen den extremsten Möglichkeiten schwanken. Bei S. Andrea sind die Abänderungen des ausgeführten Baues gegenüber dem ersten Entwurf im Grunde geringfügig. Die Fenster im Kuppelfuß sollten ursprünglich reine Kreisfenster sein, wodurch die Verbindung mit spätantiken Grabbauten von der Art der Torre de'Schiavi bei Rom oder byzantinischen Kuppelbauten deutlich zutage getreten wäre (Abb. 92). Aber je abgeklärter Berninis Raumvorstellungen wurden, desto mehr verflüchtigt sich die Erinnerung an solche historische Vorbilder. Bei der Kirche von Ariccia haben Berninis gelehrte Interessen im Anfangsstadium der Planung auf eine Rekonstruktion des Pantheon hingedrängt, hier in S. Andrea aber stellt sich der Raum ganz *unbewußt* in die große römische Tradition.

Francesco Borromini kam vom Comer See nach Rom. Er ist ein naher Verwandter von Domenico Fontana, dem Baumeister Sixtus v. und von Carlo Maderna, der den Neffen in Rom unter seine Fittiche nahm. S. Carlo alle Quattro Fontane ist ein merkwürdiger Raum. Die römische Zentralkirche der Barockzeit pflegt die einzelnen übereinander geschichteten Zonen des Raums logisch auseinander zu entwickeln. Von den Basen der Säulen bis zum Sprengring der kuppelbekrönenden Laterne steigen die dynamischen Kräfte ungehemmt empor. Das ist in S. Carlo ganz anders. Die Kuppelschale leitet nicht den Kräftestrom der Ordnungen aus der unteren Raumzone zur Laterne hinauf, sondern wirkt vielmehr als Störungszone, deren reiche Kassetten-Gliederung ein sehr bestimmtes Eigenleben entfaltet, das sich dem Raume nicht anpaßt. Auch sonst enthält die kleine Kirche viel für römische Augen Ungewohntes. Das architektonische Gerüst einer solchen kleinen zentralen Kuppelkirche pflegt sonst von den Vierungspfeilern getragen zu werden, welche die Akzente im Raume setzen. Hier in S. Carlo ist alles geschehen, um diese Vierungspfeiler zu entwerten und ihre ursprüngliche Funktion zu verwischen. Sie sind eingebunden in das Wandsystem, aller Nachdruck liegt auf der Ausweitung der Raumschale in den vier Konchen nach den Hauptrichtungen, und die Vierungspfeiler sind weiter nichts als die Scharniere zwischen diesen vier Exedren. Jedes Eigenleben ist ihnen dadurch geraubt, daß das Säulenintervall der Vierungspfeiler als begleitendes Nebenintervall zu der Travee-Gliederung der Konchen vom Auge gezogen werden kann und auf diese Weise bald als flankierender Abschluß der Apsiden in der Tiefenachse, bald als solcher der Konchen in der Querrichtung gelesen wird. Aber auch wenn man den Vierungspfeiler selbst als den die Gesetze der Wandgliederung bestimmenden Schwerpunkt empfinden will, vermag er kein Eigenleben zu führen. Er erscheint dann als das gerade Mittelintervall, an das sich zwei konkave Seitentraveen als Flü-

gel anschließen; und auch die eilige Art, in der das
586 Hauptgesims ohne jede Verkröpfung über die Stirn des Vierungspfeilers hinweggleitet, entwertet natürlich dessen funktionellen Sinn. H. Sedlmayr hat die Fremdartigkeit des Systems einer solchen Wandgliederung scharfsinnig beschrieben[156]. Dazu kommt, daß der Besucher hier – wie bei anderen Bauten Borrominis, etwa in S. Ivo della Sapienza – sich keine Gewißheit verschaffen kann, ob die Verkürzung bei den Kassetten der Gewölbe-Kalotten der Apsiden und in der großen Kuppelschale perspektivisch gelesen sein will oder ob sie nur als sehr eigenwilliges graphisches Ornament zu werten ist. Schließen sich alle einander widerstrebenden Teile in Berninis Kirche von S. Andrea zu einer Harmonie zusammen, von der gilt,

> »und alles Drängen, alles Ringen
> ist ewige Ruh in Gott dem Herrn«

so empfindet man das problematische Verhältnis doppelt, in dem in S. Carlino die einzelnen Raumteile zueinander verharren. Auch die Genesis des architektonischen Entwurfs für diesen Raum stellt den größten Gegensatz zur Konzeption von S. Andrea dar. Borromini geht zunächst von einem Raumgedanken aus, der zu seiner Zeit schon veraltet war[157], und durch ornamentale Modulationen dieses ersten Grundrisses bildet sich in einer Kette von Zeichnungen dann allmählich der endgültige Entwurf heraus. Es scheint sich bei Borromini nicht zunächst und nicht unmittelbar um die Raumkonzeption gehandelt zu haben, sondern um eine graphische Variation von Grundriß-Zeichnungen, an denen dann erst in einer letzten Stufe des Entwerfens die Raumvorstellung selbst sich entzündet. 587

Für den Außenbau hatte die römische Sakralbaukunst des Barock ihre strengen Gesetze. Bei zweigeschossigen Kirchenfassaden saß das Obergeschoß gleichberechtigt oder verjüngt auf dem unteren Hauptgeschoß. Die großen Baumeister des römischen Seicento, Pietro da Cortona, Carlo Rainaldi, Martino Lunghi, haben sich diesem Brauche fast stets gefügt, ihre Fassaden streben empor und haben nichts Lastendes. Borromini aber bildet an S. Carlo die Ordnungen beider Geschosse nicht nur gleich groß. Indem das Gesims über dem Obergeschoß nicht in einer Kurve durchschwingt, sondern sich mehrfach bricht, indem es von einer Balustrade gekrönt ist, wirkt durch diese Form des Abschlusses das Obergeschoß höher als das untere. Außerdem sind römische Kirchenfassaden stets geschlossene Mauerstirnen. Gerade dort, wo die Fronten konkav und konvex geschwungen werden, ist die Homogenität des Travertin-Verbandes der Krümmungsflächen besonders gewahrt. Borromini allein behandelt die Fassade von S. Carlo wie einen umgekehrten Handschuh und versetzt die Elemente der inneren Raumschale an den Außenbau. Die intime Wirkung der einzelnen Motive kann sich an einer Fassade gar nicht behaupten. In den Feldern zu Seiten des Hauptportals stehen antike Opferaltäre mit Festons umwunden, die hier als Sockel für Ovalfenster dienen müssen. Da Altäre und Fenster in keinem Sinnbezug und keinem vernünftigen Größenverhältnis zueinander stehen, so kommt dadurch eine skurrile Note in die Fassa-

den-Dekoration. Die Einfügung eines querovalen
588 Tabernakels in die Mittelachse des Obergeschosses
erschien Borromini notwendig, um dem Übergang
von der konvexen Krümmung des Mitteljochs im
Untergeschoß in die konkave des Obergeschosses
das Plötzliche zu nehmen. Aber ein Tabernakel, das
nichts umschließt, sondern in das nur ein Fenster
eingeschnitten ist, wirkt bei der ausgeprägten Morphologie römischer Fassadensysteme höchst fremdartig. Auch die Ausstattung der Nischen der Seitenintervalle ist auf den Reiz von Innenräumen abgestimmt.

Geht man durch die Straßen Roms, so wird man bald gewahr, daß es überall die Bauten Borrominis sind, die sich in der Barockzeit dem prachtvoll geschlossenen römischen Stadtbild nicht einfügen wollen. Der Campanile von S. Andrea delle Fratte darf überhaupt nicht als barockes Bauwerk bezeichnet werden, wenn anders das Wort barock seinen Sinn behaupten soll (Abb. 102). Er ›zerfällt‹ in einzelne Stockwerke, die durch breite und stark akzentuierte Gesimse voneinander getrennt sind. Kein einheitlicher, von unten aufsteigender Bewegungsstrom schließt alle Geschosse zusammen. In jedem Stockwerk waltet vielmehr ein anderes Gliederungsprinzip: zu unterst der rechteckige Turmstumpf, vor dessen Kanten Vollsäulen treten, darüber ein Kranz von Säulen auf kreisförmigem Grundriß, der ein hohes Gesims samt einer Balustrade trägt, hierauf ein Zentralbau, vor dessen konkav eingezogene Wände Cherubim-Hermen als Ordnungen treten. Auf der reich verkröpften Gebälkzone stehen Fackelvasen, und als Bekrönung des gesamten Aufbaus schließt eine Amphora, welche eine Krone trägt, den Campanile ab. Borromini hat peinlich vermieden, zwischen den einzelnen Stockwerken einen organischen Übergang zu schaffen, jedes Geschoß bleibt für sich, hat eine andere Struktur und andere Ordnungen. Auf dem Antlitz der Engel vom Kranz der Hermen rings um das bekrönende Gehäuse liegt ein bezauberndes Lächeln – unmittelbar zu ihren Häupten aber klappert der Apparat der abstrakten Verkröpfungen. Das Unheimlichste jedoch ist das Springen in den Größenmaßstäben. Man vermag keine sinnvollen Proportionen zu entdecken, die zwischen den einzelnen Geschossen walten könnten. Erscheinen die barocken Türme und Kuppeln Roms als organische Gebilde, von einem heißen Lebensstrom durchpulst, so wirken der Campanile von S. Andrea delle Fratte oder die Kuppel von S. Ivo della Sapienza wie Skelette. Sie haben allenfalls den Reiz des Morbiden und Morosen, der Rom fremd ist.

Daß Borromini aber andererseits am Filippiner-Oratorium eine hochbarocke Fassade mit hinreißendem Schwunge zu bilden vermochte – wie aus einem einzigen großen Ziegelstein herausgeformt, so hat er es einmal selbst gefordert –, macht die Sache nur um so befremdlicher. Es gibt im Seicento sonst keine Architekten in Rom, die in ganz verschiedenen Manieren schaffen konnten. Dieser Stilbruch durchzieht das gesamte Schaffen des Meisters – dem Klosterkomplex von S. Carlino gehört ja nicht nur jene für Rom so fremdartige, überladene Fassade an, sondern auch der formenstrenge kleine Klosterhof, dessen ernste dorische Säulenstellung nach dem Palladio-Motiv gruppiert ist und den Eindruck erwecken soll,

als stamme dieser Freiraum noch aus der Hochrenais-
590 sance. Diese Wendigkeit und Gespaltenheit seiner Phantasie tragen Schuld daran, daß die Assimilationskraft Roms vor Borromini versagen mußte.

Auch der Künstler, der das Bild vom antiken und barocken Rom seit der Mitte des 18. Jahrhunderts in der Erinnerung so vieler Italienreisenden bestimmte, dessen Veduten die Sehnsucht nach der Ewigen Stadt in den kultivierten Häusern und Palästen von ganz Europa wachriefen und wachrufen, war kein gebürtiger Römer, sondern ein Venezianer. In einem Dorfe bei Mestre 1720 geboren, weilte Giovanni Battista Piranesi 1740–43 zum ersten Male in Rom, aber erst 1745 gelang es ihm, sich für dauernd am Tiber niederzulassen, wo er bis zu seinem Tode 1778 mehr als ein Menschenalter lang eine nie abreißende schöpferische Tätigkeit entfaltete.

Wichtiger als die praktische Ausbildung bei dem Architekten Scalfurotto, die Erlernung der Perspektive bei dem Kupferstecher Carlo Zucchi und die Arbeit unter den Theatermalern Giuseppe und Domenico Valeriani daheim in Venedig, müssen jene Stunden gewesen sein, in denen ein Bruder Piranesis, der Karthäuser-Mönch war, ihn in die Lektüre der lateinischen Schriftsteller über römische Geschichte eingeführt zu haben scheint, und damit die Sehnsucht nach Rom in dem jungen Künstler wachrief.

Piranesis Sehweise bleibt in der Ewigen Stadt bei der Rezeption seiner Eindrücke zunächst so venezianisch wie nur möglich. Die Zeichnungen, in denen er seine Impressionen niederschreibt, unterscheiden sich kaum von Blättern Guardis, weder die Figurinen noch die Innenaufnahmen, noch gar die Landschaftsstu-

dien[157a]. Aber auch unter den berühmten Kupfer-
stichen wirken bezeichnenderweise diejenigen, auf 591
welchen die Landschaft eine große Rolle spielt, gar
nicht römisch. Noch relativ späte Blätter wie die Ci-
sterne von Albano (1764), die Caracalla-Thermen aus
der Vogelschau (um 1765) und die Wasserfälle von
Tivoli (1766) sind venezianische Veduten geblieben.
Aber Piranesi wäre eben nicht Piranesi geworden,
wenn nicht bei der überwiegenden Mehrzahl seiner
Blätter zwischen dem zeichnerischen Entwurf und sei-
ner Übertragung in den Stich ein typischer Umwand-
lungsprozeß sich vollzogen hätte. Für die kubische
Gewalt der Moles oder für die Schwerkraft des zyklo-
pischen Mauerverbandes, für die Wucht des gespann-
ten Bogens und die drückende Last des Tonnenge-
wölbes hatte das Rokoko rings um den jungen Vene-
zianer herum keinen rechten Sinn gehabt in der Zeit
der Nymphenbäder und Eremitagen, der Grotten und
Solitüden, der Pagoden und der Teehäuschen. Aber
auch die hausbackene Tradition des römischen Archi-
tekturstichs bot kaum Anregungen, die der Ankömm-
ling hätte weiter entwickeln können. Vor allem gibt es
in diesen braven Veduten keine Ansätze dazu, die
Weiträumigkeit spätantiker Baukomplexe durch eine
sehr hohe und berechnende Kunst der Licht- und
Schattenverteilung in eine feste, mit einem Blick über-
schaubare Bildkomposition zu bannen. Diese künst-
lerische Bewältigung von Straßen, Plätzen und Bin-
nenräumen mit all ihrer Vielgestaltigkeit und zappeln-
dem Leben durch ein Auge, das zum atmosphärischen
Sehen erzogen war, bedeutet das venezianische Erb-
teil Piranesis. So haben auch Canaletto und Guardi
ihre Veduten aufgebaut. Des Stechers persönliches

Eigentum hingegen ist die neue Vision der Antike,
592 das neue Verhältnis zur Ruine, die nun nicht mehr verniedlicht wird, und die unerhörte Kühnheit der Bildkomposition. Die Totalansichten großer Gebäudemassen aus hoher Vogelschau, wie sie ein Menschenauge damals noch gar nicht zu erblicken vermochte (Kolosseum) oder die suggestive Gestaltung von Baukörpern, die aus dem Bilde heraus auf den Beschauer zu sich in Bewegung zu setzen scheinen (Konstantins-Basilika) haben weder in Venedig noch sonstwo ihre Vorstufen. Es sind die Steine, Mauern und Gewölbe der Urbs, die Piranesi zum Römer gemacht haben. Dort, wo Piranesi dasselbe römische Denkmal zweimal oder gar mehrfach in Kupfer gestochen hat, einmal bald nach seiner Ankunft in Rom, das andere Mal gegen Ende seines Lebens, kann man beim Vergleich solcher Blätter wunderbar studieren, wie zart, licht und leicht, wie ganz von venezianischer Luft erfüllt die frühen Werke sind, während in den späten Serien die Wiedergabe des Atmosphärischen eine weit geringere Rolle spielt und die behutsame Zartheit der Architektur-Interpretation durch das Aufsuchen des Monumentalen verdrängt wird. (Fontana Trevi, Piazza Navona – jeweils 1751 und 1773; Petersplatz 1748 und 1775.)

Aber nicht nur Italiener aus allen Landschaften werden in der Ewigen Stadt zu Römern, sondern auch *an den Oltramontani bewährt sich die verwandelnde Kraft der Urbs.* Adam Elsheimer, der Maler von Frankfurt, betrat als Zweiundzwanzigjähriger im Jubeljahre 1600 die Ewige Stadt, nachdem er kurzen Aufenthalt in Venedig genommen hatte, und nach

nur zehnjähriger Wirksamkeit ist er in Rom begraben worden. Gewiß ist es ein sehr weiter Weg, den der 593
Freund des Paul Bril und des Rubens in seinen kleinen Tafelbildern zu durchmessen hatte, von den beiden Fassungen der Predigt des Täufers im Walde (München, Alte Pinakothek und Hamburg, Kunsthalle) an, die noch ganz unter dem Einfluß des Gillis van Coninxloo und der Frankenthaler Maler standen, bis zur Aurora des Braunschweiger Museums[158]. Man sollte denken, daß die römische Umwelt ihm fremder gewesen wäre und ihn mehr bedrückt hätte als alle anderen Oltramontani, denn er war ein Klein- und Feinmeister und ist es bis an sein Lebensende geblieben. Merkwürdig, daß diese Stadt, in der alles in die großen Maßstäbe drängte, ihn nicht beirrt hat. Die riesigen Fresken, die großen Leinwandbilder seiner neuen Umwelt warfen ihn deshalb nicht um, weil er genau wußte, was er wollte. Er geriet nicht in Abhängigkeit von dem alle jungen Fiaminghi in seinen Bann ziehenden Caravaggio, weil er – wie neue Funde gezeigt haben[159] – gar nicht als Manierist begonnen und auf seine stille, aber präzise und sichere Art schon zu einem eigenen Frühbarock hingefunden hatte. So konnte er in der neuen Umwelt als Gebender auftreten, von dem Orazio Gentileschi und Carlo Saraceni gelernt haben, zu dem Rubens sich dankbar bekannt hat. Aber das römische Milieu hat ihn sicherer gemacht. Seine kleinen Täfelchen streifen jetzt den Rest von Zaghaftigkeit ab, der ihre innere Monumentalität bisher noch gehemmt hatte, und seine Farben bekommen ein tiefes Glühen, eine Leuchtkraft von innen heraus. Auch Elsheimers Zeichnungen sind in seiner Spätzeit zuweilen von

einer geradezu bestürzenden Monumentalität, selbst
594 bei der Wiedergabe einer alltäglichen römischen Stra-
ßenszene, wie der Beladung eines Maulesels (Pinsel-
zeichnung, 15,7 × 26,0 cm, Nürnberg, Germ. Nat.
Mus.) (Abb. 113)[160]. Solche in Feder, Rohrfeder oder
Pinsel hingeworfenen Skizzen aus Elsheimers letzten
Jahren beweisen, wie das Reifwerden seines Strichs
Schritt hält mit einem die Gegenstände immer mehr
isolierenden, immer beruhigteren Schauen[161], jenem
großen Geschenk, das der Süden zu vergeben hat.
Es ist nicht das antikische Kostüm, das den klassi-
schen Charakter weckt, obwohl das alltägliche Ge-
schehen einer Straßenszene um 1600 umstilisiert ist
in das idealische Gewand. Es ist vielmehr die klassi-
sche Gruppenbildung: zwischen den beiden Rahmen-
figuren schwingt die Hauptlinie der Komposition
über den Rücken des Maultiers hin lang aus. Wie
sicher die Umrißlinien nun geworden sind, die in
Zeichnungen der ersten römischen Zeit noch tastend
hin und her fuhren! Wie souverän sind nun Licht-
und Schattenpartien gegeneinander ausgewogen! Wie
klar wird jede Körperbewegung, selbst bei der inein-
ander verschränkten Gruppe von drei Sackträgern am
linken Bildrande! Elsheimer fand in Rom, was auch
Goethe dort und was Dürer in Venedig beschert
worden war: er sah sich umgeben von einer Monu-
mentalität, zu der er selbst längst auf dem Wege ge-
wesen war.

Peter Paul Rubens war ein vertrauter Freund Els-
heimers, der den frühen Tod des Frankfurter Meisters
tief beklagt hat. Zu Anfang von Rubens' italienischen
Studienjahren, also in der Mantuaner Zeit, hat die
Antikenkopie für Rubens noch nicht so viel bedeutet.

Zunächst setzt er sich mit den modernen Künstlern seiner neuen Umwelt auseinander. Auf dem großen Bilde im Chor von SS. Trinità in Mantua (1604–1605) sind Stellungsmotive und Modellierung der Akte noch Michelangelos Karton der badenden Soldaten entlehnt. Erst während des römischen Aufenthalts entstehen Bilder, bei denen es über jeden Zweifel erhaben ist, daß antike Statuen den Figuren dieser Gemälde als Vorbilder gedient haben. »Doch nicht bloß eine Sammlung motivischer Einzelheiten ergaben diese Kopierarbeiten, sondern der ganze zeichnerische Stil des Künstlers, der unter dem Einfluß Venedigs etwas verquollen war, nimmt jetzt straffere Formen an. Indem er die steinernen Bilder stofflich, nämlich im Gegensatz von Gewand und Fleisch naturalistisch behandelt, die Draperien als Tuch, nicht als Stein charakterisiert, und die ausdruckslosen Augen der Statuen nach eigenem Gutdünken mit lebhaftem Blick erfüllt, entstehen Gebilde von einer schwer zu definierenden Doppelnatur zwischen Plastik und wirklichem Leben[162].« Vor allem sind es die auf Schiefer gemalten Seitenflügel der zweiten Fassung des Hochaltars von Sa. Ma. in Vallicella, für welche die Forschung die Vorbilder aus dem Bereiche der römischen Plastik hat genau belegen können[163]. Den einmal gewonnenen Kontakt zur antiken Plastik hat dann Rubens durch sein ganzes Leben hin bewahrt, wie nicht nur seine mythologischen Gemälde beweisen.

Auch zur römischen Landschaft hat Rubens in jenen Jahren vor 1609 eine ursprüngliche Beziehung gefunden. Zwar soll er die Gattung der Landschaftsmalerei damals ja noch gar nicht gepflegt haben, wie die Forschung meint. Indessen ist es ein römisches

Motiv, das ihm für eines seiner ersten, wenn nicht
596 gar für sein alleraltestes Landschaftsbild gerade gut genug ist: es ist die Landschaft mit den Ruinen des Palatin im Louvre[164].

Erst etwa ein Jahrzehnt nach Rubens' Abschied von Rom ist dann seine schönste Verherrlichung römischen Wesens und römischer Geschichte gemalt worden, der Zyklus vom Tode des Konsuls Decius Mus (1617–1618 als Vorlage für Gobelinweber auf Bestellung genuesischer Edelleute entstanden. Die Wandteppiche 1618 in Brüssel gewirkt. Von Rubens selbst nur die Skizzen, die ausgeführten Bilder ehem. Wien, Liechtenstein-Galerie[165]). Um die gleiche Zeit ist auch die Findung von Romulus und Remus, die durch die Wölfin genährt werden, gemalt (Rom, Kapitolinisches Museum[166]).

Claude Lorrain kam schon als etwa Vierzehnjähriger in die Ewige Stadt, hat also hier noch einen Teil seiner Lehrzeit durchgemacht[167]. Im Jahre 1625 riß er sich noch einmal von Rom los, um in die Heimat zurückzukehren. Aber nur kurz hielt er es als Hofmaler in Nancy aus, Oktober 1627 betrat er wieder den römischen Boden, um ihn bis zu seinem Tode 1682 nicht mehr zu verlassen. In der Trinità dei Monti droben wurde er begraben. Seit fast drei Jahrhunderten strahlt sein Ruhm ungeschmälert als der des ›Entdeckers römischer Luft und römischer Landschaft‹, ein Ruhm, in den er sich mit seinem Landsmann Poussin teilen muß, der in Rom mit ihm in derselben Gasse wohnte, ohne daß die beiden drum persönlichen Umgang gepflogen hätten. Dieser Ruhm besteht zu Recht. Von den ersten uns bekannt gewordenen Bildern an – die ältesten besitzen wir freilich erst von dem etwa Fünfunddreißigjährigen – hat er den Zauber der römischen Atmosphäre einzufangen gewußt wie kein anderer Maler vor oder nach ihm (Campo Vaccino, Louvre, Paris, vor 1636; Albaner See mit Castel Gandolfo, Rom, Pal. Barberini 1639)[168]. Aber die künstlerischen Mittel, mit denen er diese Aufgaben meisterte, waren ihm nicht in Rom zugewachsen. Wie Adam Elsheimer ist auch der Lothringer aus der Schule der niederländischen Landschaftsmaler hervorgegangen. Als er die Ewige Stadt betrat, war die Landschaftsmalerei hier die große Mode. Paul Bril war Ende der siebziger Jahre des 16. Jahrhunderts hierher gekommen; er war seinem Bruder Matthäus gefolgt, der schon etwas länger hier wirkte. Agostino Tassi ist zwar nicht der Schüler des Paul Bril, hat aber im Pal. Rospigliosi nach 1612 mit dem Niederländer zusammengearbeitet und ist dabei unter dessen Einfluß geraten. Wir besitzen eine Federzeichnung Tassis nach einem Gemälde von Paul Bril[169]. Bei diesem Tassi hat der junge Claude nach seiner Ankunft in Rom Faktotum und Malerknaben in eins gespielt. Er backte ihm Pasteten und rieb ihm die Farben[170]. Das früheste erhaltene Bild des Claude, das Campo Vaccino des Louvre, ist eine Art Kopie nach einem Bilde des gleichen Gegenstandes von Tassi[171]. Adam Elsheimer war schon etwa ein Jahrfünft lang tot, als Claude in Rom eintraf, aber auch seine Bilder, die hoch im Kurse standen, muß der junge Lothringer sich sehr genau angesehen haben. Hingegen blieb die Wirkung der römischen Landschaftsmalerei, die aus italienischer Wurzel kam, fast ohne jeden Eindruck auf Claude Lorrain, das heißt jene Landschaftskunst der Bolognesen, die in Annibale Carracci und seinem

Schüler Domenichino ihre Hauptvertreter besaß.

598 Die Lehrjahre lagen längst hinter ihm, als Claude Lorrain die Zeichnung mit dem Bisterpinsel im Britischen Museum ausführte mit einer Tiberschleife im Vordergrund und dem Monte Cavo als Abschluß[172] (Abb. 110). Zwar hatte das gesamte Seicento seine zeichnerischen Kompositionen auf einer Hell-Dunkel-Kontrastwirkung aufgebaut, wofür lavierte Pinselzeichnungen mit Sepia und Bister oder Zeichnungen in Kohle oder fetter schwarzer Kreide die gemäßen künstlerischen Ausdrucksmittel boten. Dieser Wirkungsmöglichkeit haben sich die Le Nain und Poussin, Bernini und Rembrandt mit der gleichen Selbstverständlichkeit bedient wie Claude Lorrain. Auch Rembrandts Zeichnung mit der Ansicht von London kennt solch schwere Ballungen der Schattenpartien und ausgesparte weiße Inseln auf dem Papier, welche dann die höchsten Helligkeitswerte darstellen. Diese schweren Lavierungen in Tusche, wie sie auf der Tiberlandschaft um des Kontrastes willen gewählt sind, um die zähflüssige, schwerfällige Scheidung von Licht und Finsternis beim Morgengrauen über der Campagna zu schildern, sind demnach nichts typisch Römisches. Aber diese Stilelemente schließen sich zu einer klassischen Form zusammen. Zunächst werden im Vordergrund drei durchgehende Horizontalen aufgebaut, von denen dann am rechten Bildrand eine die ganze Bildfläche durchdringende und die Tiefe erschließende Diagonale fast unmerklich sich loslöst. Sogleich nach dieser Gabelungsstelle sind die Horizontalen wieder aufgenommen, die schließlich die Diagonale im Hintergrund wieder zudecken. Man kann sich eine einfachere Komposition nicht

vorstellen: kein Ausspielen der Geländeformationen gegeneinander, keine Akzentuierung der Übergänge von Mittel- und Hintergrund.

Niemand hat sich leidenschaftlicher nach Rom gesehnt, als Claudes großer Gegenspieler Nicolas Poussin. Nachdem zwei Versuche, in die Ewige Stadt zu gelangen, gescheitert waren – das erste Mal, wohl Ende 1620, kam er nur bis Florenz, das andere Mal gar nur bis Lyon – traf er endlich 1624 in Rom ein, das er bis zu seinem Tode nicht wieder verließ, von der halb unfreiwillig angetretenen Reise nach Paris von 1640 bis 1642 abgesehen.

In Rom eingetroffen, hat er sich sogleich auf das Antikenstudium geworfen, zusammen mit Dusquesnoy oder Algardi Messungen an alten Statuen vorgenommen[173], denn der Kanon der menschlichen Gestalt war ja ein Anliegen aller Klassizisten. Er hat die spätantike Malerei auf ihre Farbtechnik hin untersucht; von der Aldobrandinischen Hochzeit, deren Auffindung damals gerade erst ein knappes Menschenalter zurücklag, besitzen wir vielleicht eine Kopie von Poussins Hand (Rom, Galleria Doria Pamphili)[174]. Das damals neu entdeckte große spätantike Mosaik in Palestrina hat er studiert[175], nach antiken Sarkophagen und Reliefs gezeichnet, natürlich auch nach der Trajanssäule[176]. Aber direkte Übernahmen dieser Vorlagen in seine Bildkompositionen sind sehr selten[177], dazu war Poussin zu sehr eine schöpferische Natur.

Wie alle florentinischen und römischen Manieristen beginnt auch Poussin seine Laufbahn in der Ewigen Stadt mit friesartigen Schlachtkompositionen, auf denen die Kampfgruppen das Bildfeld gleichmäßig aus-

füllen. (Sieg des Josua über die Amalekiter und über
600 die Amoriter. Gegenstücke von 1625–26, heute Leningrad, Eremitage, und Moskau, Puschkin-Museum.) Poussin entlehnt die Einzelmotive antiken Schlachtsarkophagen oder der Trajanssäule, wie es Giulio Romano, Salviati oder Vasari auch getan hatten. Daneben läuft aber nun von Anfang an die Auseinandersetzung mit den römischen Zeitgenossen. Der Triumph des David (um 1626–27, Alleyne's College, Dulwich) kopiert nicht nur eine berühmte Bildkomposition Domenichinos, hier schließt sich Poussin auch auf das engste an dessen Palette an, wie in dem Zitronengelb und hellem Braun mit den grünen Schatten in der Mädchengruppe am linken Bildrand. Die Flucht nach Ägypten in dem Augenblick im Bilde festzuhalten, da die Heilige Familie in einem Kahn einen Fluß überquert (um 1637–38, Cleveland Ohio, Museum) ist eine Idee des Agostino Carracci, die sich Poussin hier zu eigen macht, das Motiv des Fährmanns ist wieder von Domenichino angeregt.

Um 1630 bekommen die etwas ängstlichen, noch ganz reliefmäßig konstruierten und am Vordergrund klebenden Kompositionen nun aber einen großen Zug. Die Bildtiefe wird durch diagonal gestaffelte Figurenketten erschlossen, wundervoll klingende Konturen beginnen nun fest gefügte Gruppen mit pathetisch ausfahrenden Bewegungen zu umschließen. In dem Bilde ›Moses verwandelt die bitteren Wässer von Marah‹ (1626–27, Baltimore, Museum of Art) tritt diese neue Stilphase zum ersten Male ans Licht, in der ›Marter des hl. Erasmus‹ für St. Peter und der ›Erscheinung der Jungfrau vor dem hl. Jakobus Major‹ für Valenciennes (beide 1629, heute Paris, Louvre) steht sie auf ihrem Höhepunkt. Das sind Kompositionen, die ganz vom Geiste des Annibale Carracci erfüllt sind, das sind Einzelfiguren, in denen der Einfluß des Pietro da Cortona greifbar wird. Poussin hat den Anschluß an die erste Phase des römischen Hochbarock gefunden[177a].

Gleichwohl bedeutet das Romerlebnis eines so sensiblen Künstlers alles andere als ein eindeutiges Bekenntnis zur römischen Tradition. Seine Palette opfert nicht nach der Ankunft in der Ewigen Stadt unter dem Einfluß der antiken Figur und der antiken Reliefs ihren blühenden Reichtum, wie wir das etwa bei Sebastiano del Piombo beobachtet haben. Poussins Instinkt, vielleicht auch sein überlegener Verstand, sind dieser Gefahr durch die Hinwendung zu Tizian entgangen. Indem der junge Franzose nun ganz in den Bann von Tizians Kolorit geriet – unter dem Einfluß der drei herrlichen Bilder, die der große Venezianer für Herzog Alfonso I. von Ferrara gemalt hatte, die seit Anfang des 17. Jahrhunderts in der Villa Ludovisi hingen, ehe sie dann 1638 als Geschenke für den König von Spanien nach Madrid weiterwanderten –, blieb er sich selbst treu. Die Einwirkung der Ewigen Stadt auf den jungen Poussin ist also zwiespältig: ein Genie, das in Rom als Zeichner zum römischen Antiquar, als Maler aber – zum Venezianer wird, hat die römische Umwelt sonst nicht gebildet.

Erst anfangs der vierziger Jahre, nach der Pariser Reise, erfolgt dann die neue und jetzt konsequente Rückwendung zu Raffael, die schon der Zeitgenosse Sandrart richtig gesehen und beschrieben hat[178]. Freilich, der Zurückkehrende sah genau wie der Neuan-

kömmling fast zwanzig Jahre früher die große Kunst
602 der Hochrenaissance mit den Augen seiner Zeitgenossen. Wenn Poussin uns heute mehr der Raffael-Interpretation der Carracci als dem großen Urbinaten selbst verpflichtet erscheint, so ist das durch des Meisters französisches Erbgut, den Klassizismus, bedingt, der durch die Berührung mit Domenichino und den bolognesischen Altersgenossen nur noch bestärkt wurde.

Jedenfalls stehen seine Bilder einem Fresko wie Domenichinos Geißelung des hl. Andreas in S. Gregorio Magno von 1623 sehr viel näher als einem der Wandbilder Raffaels aus den Stanzen[179]. Die vorbereitende Handzeichnung zu Poussins Triumph der Galathea (Chantilly) zeigt gleich dem ausgeführten Gemälde in Petersburg[180] trotz einzelner motivischer Übereinstimmungen mit Raffaels berühmtem Wandbild der Farnesina ein vollständig anderes Körpergefühl, eben das der Carracci-Schüler. Derselbe generelle Unterschied besteht zwischen Poussins Darstellung des Parnaß im Prado und Raffaels Fresko aus den Stanzen[181]. Auch die Landschaften aus der Hauskapelle der Aldobrandini von Annibale Carracci, Domenichino und Albani[182] müssen auf den Landschaftsmaler Poussin großen Eindruck gemacht haben. Am reinsten und stärksten spricht sich für den heutigen Betrachter Poussins Rom-Erlebnis in den großartigen Pinselzeichnungen aus, die der Maler vor den bedeutendsten plastischen Denkmälern der römischen Antike angefertigt hat. Von der Reiterstatue des Marc Aurel besitzen wir solche Aufnahmen von mehreren Seiten[183]; von den Rossebändigern[184], von der Ara Pacis, von den Reliefs des Titusbogens[185], von einer Castor- und Pollux-Gruppe[186] (Abb. 112) sind herrliche Blätter auf uns gekommen. 603

Auch auf solche Blätter darf man den Schlußabschnitt von Jacob Burckhardts ›Cicerone‹ beziehen: »Wer diesen beiden Meistern [Lorrain und Poussin] außerhalb Italiens wiederbegegnet, dem werden sie vielleicht viel stärker als die glänzendsten modernen Veduten das Heimweh rege machen, welches nur zeitweise schlummert, nie stirbt, nach dem unvergeßlichen Rom.«

Die Klassizisten des 18. Jahrhunderts vom Schlage des Raffael Mengs haben antike Größe und echte klassische Bildhoheit trotz oder wegen des leidenschaftlichen Bemühens darum nie erreicht. Aber in der Mengszeit, etwa hundert Jahre nach Claude Lorrains Tode, wohnte am Corso in einem Hause gegenüber dem Pal. Rondanini der Deutsche Giovanni Filippo Möller und goß seine Prosa-Iphigenie in Verse um. Von demselben Manne noch an der Schwelle des Greisenalters wußte Sulpice Boisserée eine Äußerung während der Rheinreise vom 11. August 1815 aus Mainz zu berichten: »Goethes Vorliebe für das Römische wurde ausgesprochen: er habe gewiß schon einmal unter Hadrian gelebt. Alles Römische ziehe ihn unwillkürlich an. Dieser große Verstand, diese Ordnung in allen Dingen sage ihm zu, das Griechische nicht so. Die Liebe und Neigung dafür habe er sich nur angeeignet[187].«

UNTERITALIEN

Mit Ausnahme seiner komplizierten, historisch ge-
606 wordenen und nicht von der Natur geschaffenen oder wenigstens vorbereiteten Nordgrenze ist Süditalien rings vom Meere umsäumt. Die Landschaften an der Westküste sind Kampanien und Kalabrien, an der Ostküste Molise und Apulien. Zwischen die Grenzen von Kalabrien, Kampanien und Apulien schiebt sich keilförmig vom Tarentinischen Golf her die Basilikata, die auch am Golf von Policastro einen schmalen Zugang zum Tyrrhenischen Meer gewinnt. Die Kalabrien vorgelagerte Insel Sizilien gehört geologisch, kulturell und durch die Schicksale ihrer politischen Geschichte zu Unteritalien. Sardinien und Korsika dürfen außer Betracht bleiben, da sie an der kulturellen Entwicklung Italiens wenig Anteil haben. Die Küstensäume Süditaliens schauen nach Spanien, nach Nordafrika, nach Griechenland und dem Heiligen Lande aus – nur die Nordgrenze hält die Verbindung mit den übrigen Landschaften Italiens. Diese Linie, die etwa von Terracina am Tyrrhenischen Meer bis hinüber nach Termoli an der Adria (nordwestlich des Monte Gargano) reicht, geographisch kaum faßbar, ist trotzdem die einschneidendste italienische Binnenmarkierung. Hier an der tyrrhenischen Küste allein wird die Grenze zwischen Mittel- und Süditalien zum Greifen deutlich, und unsere berühmten Reisenden aus der klassischen Zeit haben alle den bei Terracina plötzlich eintretenden Wechsel der Vegetation wahrgenommen, von Goethe über Seume bis zu C. G. Carus. Nun breiten sich Orangen- und Zitronenwäldchen zwischen der Küste und dem Gebirge aus. Goethe beschreibt die Pomeranzen-Pflanzungen und fügt hinzu: »Mignon hatte wohl recht, sich dahin zu

sehnen.« Dialekt und Physiognomien in Anagni und Frosinone ähneln schon sehr neapolitanischer Sprache und neapolitanischen Gesichtern. Gaeta und Formia gehören zwar verwaltungsmäßig seit 1870 zu Latium, aber die Territorien von Gaeta und Sora hatten bis zum Sturze der bourbonischen Herrschaft 1860 »dem Königreich beider Sizilien di qua dal Faro« angehört, während Süd-Latium nördlich Terracina bis 1870 einer der vier ›Delegazioni‹ des Kirchenstaats inkorporiert war, die von Frosinone aus verwaltet wurde. Eine mehr als tausendjährige Geschichte, welche das Land nördlich und südlich des Circeo in ganz verschieden gearteten Staatswesen durchlebt hatte, konnte durch die Zusammenführung dieser Landschaften im geeinten Königreich nach 1870 nicht ausgelöscht werden. Von dem rastlosen Treiben der Zivilisation merkt man in Gaeta gar nichts – dort und in Formia sind die Kriegsschäden aus der Zeit von 1943–44 noch nicht beseitigt –, viele Ruinen bieten sich noch so dar, wie sie seit dem Tage des Bombardements liegen.

»Diese Scheidewand zwischen dem Norden und dem Süden, welche die Langobarden zufolge ihres ungenügend entwickelten politischen Instinktes und Interesses in jenen Jahrhunderten hatten bestehen lassen, wo ihre Niederreißung einer zielbewußt und konzentriert angesetzten Kraft noch möglich gewesen wäre, wurde nun zum Schicksal Italiens. Für elf Jahrhunderte verhinderte sie die Entfaltung der nationalen Kräfte . . . Für immer blieb Unteritalien hinter den Mauern des Kirchenstaates, außerhalb des Verbandes des abendländischen Kaiserreichs, ob nun Normannen oder Staufer, Anjou, Spanier oder Bour-

bonen herrschten, und noch heute verspürt der Nord-
608 italiener an dieser Linie eine scharfe Kulturgrenze. Wenn Italien so lange auf seine nationale Einigung hat warten müssen, so liegt der erste historische Grund in diesen Ereignissen. Erst die Überwindung des politischen Papsttums hat die Bahn hierfür freigelegt.« (W. v. Wartburg.)

Süditalien trägt geographisch, wirtschaftlich und kulturell ein weit weniger einheitliches Gepräge als Mittel- und Norditalien, es ist das Land der großen Gegensätze. Neben den unendlich fruchtbaren Ebenen, welche der Fleiß der Bebauer in Jahrhunderten durch feingliedrige Bewässerungsanlagen im Ertrag noch gesteigert hat, wie dem Herzland Kampaniens, das daher auch den bezeichnenden Namen terra di lavoro führt, oder der Conca d'oro bei Palermo, wo der Reinerlös der Ernte nicht selten auf den zwanzigfachen Wert steigt, steht das noch heute vom Verkehr unerschlossene Innere von Kalabrien. Unmittelbar neben dem dichtbesiedelten Apulien mit seinen alten romanischen Bischofssitzen und Hafenstädten, die seit den Tagen der Kreuzzüge das Tor zum Orient bedeuteten und die heute z.T. – wie Bari oder Brindisi – mächtige Industrie- und Handelsemporien geworden sind, liegt der unfruchtbare Boden der ewigen Erdbebenherde der Basilikata um Melfi, Potenza und Matera.

Die politische und kulturelle Geschichte des Landes ist nicht weniger unausgeglichen. Das Kommen und Gehen ganzer Stämme und Völkerschaften oder zum mindesten dünner Erobererschichten ist durch die Jahrtausende nicht abgerissen und hat die Ausbildung stetiger politischer Verhältnisse, welche die

Voraussetzung aller Kultur bilden, auch in der nachantiken Zeit verhindert. Von dem Beginn der griechi- 609
schen Kolonisation in Sizilien zu Anfang des letzten Drittels des 8. Jahrhunderts v. Chr. bis zu Garibaldis Zug der Mille vom Jahre 1860, der dem Bourbonischen Königreich in Süditalien den Todesstoß versetzte, haben zumeist fremde Mächte das Schicksal des Landes bestimmt. Steht man hoch droben in der alten Sikuler-Siedlung Taormina auf dem Felsen und schaut hinab auf die früheste griechische Kolonie Siziliens, das 735 v. Chr. gegründete Naxos, wie es auf dem Gelände des heutigen Kap Schisò schutzlos vor dem anstürmenden Wogenschlag unmittelbar auf dem Uferstreifen liegt, so tritt die Verschiedenheit der Besiedlungsart bei Ureinwohnern und griechischen Kolonisatoren eindrucksvoll vor Augen. So wie Naxos liegen die andern Griechenstädte Himera, Metapont und Syrakus – und erst die Normannen haben wieder dasselbe unmittelbare Verhältnis zu dem Element des Wassers besessen, als sie in Trani, Barletta und Cefalù ihre Dome so hart, nahe und furchtlos ans Meer bauten.

Der Anteil, den Griechen, Etrusker, Langobarden, Byzantiner, Araber, Normannen und Hohenstaufen, Aragonesen und Bourbonen auf die Gestaltung der süditalienischen Kulturlandschaft gewannen, war naturgemäß höchst verschiedenartig. Nur während des Altertums haben sich wirkliche Volkskulturen zur höchsten Blüte entfalten können, weil stabile politische Verhältnisse sich durch die Jahrhunderte hin behaupteten. Die Griechen woben dem süditalienischen Festlande und Sizilien den berühmten Küstensaum an, besetzt von einem Kranze blühender Städte

– ein Gebiet größer als das Mutterland und darum
610 Magna Graecia genannt, also ein planmäßig besiedeltes Land, in dem griechische Sprache und Religion, griechisches Recht und Sitte galten. Hingegen waren Normannen und Hohenstaufen, Anjous und Aragonesen nur fremde Zwingherren, die ihre Herrschaft auf die dünne Schicht eines Schwert- und Beamtenadels stützten, der mit ihnen ins Land gekommen war. Blutmischungen, Änderungen der Bevölkerungssubstanz haben seit dem 11. Jahrhundert in Unteritalien im wesentlichen Ausmaße kaum noch stattgefunden. Gleichwohl konnte es bei dem häufigen Wechsel der Dynastien und damit der kulturellen Strömungen seit dem beginnenden Mittelalter zu keiner organischen Entwicklung kommen; jede Kunstblüte hat in Süditalien den Charakter des Treibhausartigen und Plötzlichen. Nicht vom Volke getragen, sondern an eine Herrenkaste gebunden, erlischt auch die Kunstrichtung, wenn diese Auftraggeberschicht abtritt.

Zunächst waren es wohl nur vierzig Ritter aus der Normandie, die im Jahre 1016, auf dem Rückweg von einer Pilgerfahrt ins Hl. Land, bei der Verteidigung Salernos tatkräftig und erfolgreich Hilfe leisteten. Zum Bleiben aufgefordert, zogen sie andere nordfranzösische Adlige ins Land: bald waren es zweihundertfünfzig normannische Herren. Im Dienste heute der Byzantiner, morgen des Papstes, übermorgen der kleinen Fürstentümer kamen sie empor. Als auf der Synode von Melfi Papst Nikolaus II. 1059 den Robert Guiscard mit Apulien, Kalabrien und Sizilien belehnte, bedeutete diese Belehnung, was die Insel betrifft, zunächst nichts als den Auftrag zur Zurückgewinnung für das Kreuz und das Abendland.

Aber Süditalien bis zur Meerenge von Messina war damals ganz in normannischen Händen, und zugleich waren die Voraussetzungen für die Latinisierung dieses Landes geschaffen.

Das Antlitz der normannischen Kunst ist alles andere als einheitlich. »Eine Sichtung der gesamten Kunst unter den Normannen ergibt, daß offenbar Spezialisten für das jeweilige Fach aus aller Welt herbeigerufen wurden: arabische Maler und Stukkateure, byzantinische Glas-Mosaik-Künstler, griechische Weber und Sticker, Bronzegießer aus Pisa, sarazenische Keramiker, französische Baumeister und schließlich Spezialistentrupps für die Steinmosaiken der Wände und Fußböden der Kathedralen und Paläste und Spezialistentrupps für die figürliche Plastik, deren Herkunft wir aber bisher nicht kennen[2].«

Wenn Robert Guiscard als Grablege für die Familie der Hauteville die Benediktinerabtei Venosa gründete, die als gewaltiger Torso liegen blieb, so erfolgt dabei einfach eine Übertragung französischer Baugedanken nach Apulien (kurz vor 1135 erst begonnen, aber Ostpartie und Langhaus durch einen zeitlichen Abstand von fünfzig Jahren getrennt)[3]. Der Grundriß eines burgundischen Benediktinerklosters kontrastiert mit dem Baumaterial, großen antiken Blöcken, die dem Amphitheater und anderen römischen Monumenten von Venosa entnommen wurden. Die Kirchenfürsten Siziliens waren nach der Rückeroberung der Insel während des 12. Jahrhunderts zumeist Engländer. Der Erzbischof von Palermo hieß z.B. während der Zeitspanne von 1169–1190 Walter of the Mill. Wenn heute in Cefalù kein Dom von einheitlich englisch-normannischem Gepräge steht, so liegt das nur an

dem Planwechsel, der zwischen 1170 und 1180 statt-
612 fand und der vor die nordische, steil aufragende Ostpartie ein Langhaus von süditalienischer Tradition setzte. Für die Ostteile hat H. M. Schwarz den Einfluß der normannisch-englischen Baukunst bündig nachgewiesen: in den Querhausgewölben (um 1145 geschlossen), dem Laufgang, der hoch über der Fensterregion dies Querhaus rings umzieht und der auch durch das Langhaus geleitet werden sollte, in der zweitürmigen Westfront, der Verkleidung des gesamten Außenbaues unter dem Traufgesims mit bandartig ineinander verflochtenen Arkaden treten uns englische Baugedanken entgegen[4].

Mag nun in Venosa ein französischer, in Cefalù ein englischer Architekt der Bauhütte vorgestanden haben, der die nordischen Baugedanken mit einheimischen Steinmetzen verwirklichte – bei den Fußbodenmosaiken apulischer Dome liegen die Verhältnisse schon komplizierter. Die Kathedralen der Terra d'Otranto und der Terra di Bari breiteten in der 2. Hälfte des 12. Jahrhunderts auf ihren Pavimenten Stoffe aus dem bretonischen Sagenkreis der fernen Heimat der Auftraggeber aus. Die Illustrationen zur Artus-Sage und zur Legende Karls des Großen und zu den Abenteuern seiner Paladine erläutern zuweilen das bildliche Geschehen durch französische Inschriften[5]. Die Besteller sind französische Erzbischöfe und Bischöfe, die Künstler aber Byzantiner. In Otranto z. B. nennt sich in zwei Inschriften ein Priester namens Pantaleon als Meister, der zwischen 1163 und 1166, unter der Regierung König Wilhelms II., das Paviment schuf. Bretonische Sagenkreise, von byzantinischen Künstlern illustriert, denen diese Stoffe ganz fremd

sein mußten, bezeugen schon eine Mischkultur, die uns dann auf Sizilien in noch viel differenzierterer
Ausprägung entgegentritt. Nach der Rückeroberung der Insel für das Christentum durch die Normannen, also am Ende der Fatimiden-Dynastie (1091), bestand die Bevölkerung Siziliens etwa zu einem Drittel aus Byzantinern, zu zwei Dritteln aus Arabern und Mohammedanern. So paradox es klingen mag: vielleicht ist die sizilianische Kunst nie wieder so ›bodenständig‹ gewesen, hat sich ihr Charakter niemals wieder so rein ausgeprägt wie in der Hochzeit des 12. Jahrhunderts, als sie keinen Charakter besaß. Die Durchdringung der normannisch-nordischen, der byzantinischen und der islamischen Kunst wirkt in jenen glücklichen Jahrzehnten alles andere als eklektizistisch. Diese Kunst ist vielmehr der vollkommene Ausdruck eines Staatsgebildes und einer Kultur, welche die verschiedensten Rassen und Konfessionen umschlossen.

Der Übergang des süditalienischen Reiches von den Normannen auf die Staufer hat den Charakter der Mischkultur eher noch gesteigert. Auch die paradoxen Situationen sind geblieben. Bertaux hat über die Militärarchitektur der Anjous geurteilt: »Der Höhepunkt des französischen Einflusses auf die Architektur der königlichen Schlösser in Apulien muß für die Zeit Friedrichs II. angenommen werden. Unter Karl von Anjou ist die öffentliche Baukunst weniger bewußt und weniger rein französisch in diesem nun französisch gewordenen Königreiche, als sie es unter der Regierung des deutschen Kaisers gewesen war[6]«.

Die architekturgeschichtliche Situation kompliziert sich dadurch noch, daß die französische Gotik Apu-

lien vielfach erst auf dem Umweg über das Hl. Land
614 erreicht. Das bedeutet, daß die einzelnen Bauformen
entwicklungsgeschichtlich hinter denen des französischen Mutterlandes zurückbleiben[7]. Alles, was auf die persönliche Initiative Kaiser Friedrichs II. als Bauherrn zurückgeht, trägt einen weltweiten Zug. Man hat wahrscheinlich machen können, daß der Hohenstaufe auf der Kreuzfahrt mit oströmischen Kastellen des limes arabicus bekannt wurde, vornehmlich in dessen syrischem Bereich[8]. Ein genaues Vorbild für die Gesamtanlage von Castel del Monte hat sich in dem Kastell von Khan-i-Khurra bei Dehbid in Persien nachweisen lassen (Achteck mit an den Kanten vorspringenden Türmen um einen ebenfalls oktogonalen Hof)[9] und einen gleichzeitigen Bau in Erkilet in Zentralanatolien (1241 datiert), offenbar ein straßensperrendes Kastell, hat man kürzlich entdeckt[10].

Hingegen vereinfacht sich das Bild der künstlerischen Kultur unter den Anjous. Die Züge einer Mischkultur treten immer mehr zurück. Die Franzosen, die mit Karl von Anjou nach Süditalien kamen, waren gewiß zahlreicher als die Normannen, welche 250 Jahre vorher die Söhne des Tankred von Hauteville dorthin begleitet hatten. Aber nach den angevinischen Registern sind es auch nicht mehr als 4500 Gefolgsleute gewesen. Unter den Künstlern waren nur die leitenden Bauintendanten, Architekten, Zimmermeister und Vorarbeiter Franzosen. In der zweiten Generation sind die Goldschmiede, welche den Bedarf für den Hof des neuen Königs herstellten, aus dem Mutterlande gekommen. Da hier das Urkundenmaterial in so dichter Fülle erhalten ist, daß wir über diese Kunsthandwerker mehr wissen als über die Goldschmiede der Könige von Frankreich vom Ende des 13. und vom Anfang des 14. Jahrhunderts, so gewinnen wir auch eine Vorstellung, in welch organischer Weise italienische Künstler in die Welt der französischen Gotik hineinwuchsen und die französischen Handwerker dann nach ein oder zwei Generationen zu ersetzen vermochten. Am Hofe Roberts II. arbeiteten zwei sienesische Goldschmiede, die in Neapel ansässig waren; der 1349 verstorbene Goldschmied Jean de St. Omer, der im Dienste der Königin Johanna I. stand, wurde durch einen Florentiner, Giovanni di Ser Giacomo, ersetzt[11]. Merkwürdigerweise sind mit Karl I. keine französischen Bildhauer ins Land gekommen, und so ist es dann auch in der nächsten Generation geblieben[12].

Der große gotische Maler aus Siena, Simone Martini, fügt sich ganz natürlich in diese neapolitanisch-französische Hofkunst der Anjous ein, gerade als ob er ihr von Geburt aus angehörte. Es ist kein Wunder, daß der Herrscher ihm die Ritterwürde verlieh. Man sollte denken, die Wirksamkeit des Pietro Cavallini und des Giotto müßten die französischen Auftraggeber als etwas ihrer Kunstauffassung Fremdes empfunden haben. Dem war aber nicht so – sonst hätten dem Giotto hier nicht so umfassende Aufgaben zufallen können, der in einer königlichen Urkunde als »prothopictor familiaris ef fidelis noster« bezeichnet wird. Macht man sich klar, daß der angevinische Hof dieselben Künstler in seinen Dienst zieht, die auch in San Francesco in Assisi zusammen wirkten, so steht der rein italienische, ja der vorwiegend toskanische Charakter der Monumental-Malerei in Neapel außer Frage. Die künstlerische Spannweite aber, die in den

nächsten Generationen von den religiösen Fresken
616 der Giotto-Epigonen zu den international orientierten höfischen Malereien reicht, welche mit der Darstellung von Monatsbildern, ritterlichen Spielen und französischen Romanstoffen die Kastelle schmückten, herrscht damals ebenso in Trient und Treviso, in Padua und Ferrara. Die Denkmäler, welche Tino da Camaino für die Grablege des angevinischen Königshauses in Sa. Chiara in Neapel schuf, könnten ebensogut in Sa. Ma. Antiqua in Verona, aber auch in St. Denis oder Marburg an der Lahn stehen, so sehr sprechen sie die Sprache der höfischen Gotik.

Gleichwohl ist es weder in Neapel noch in einer andern unteritalienischen Stadt jetzt oder später zur Ausprägung bestimmter künstlerischer Eigentümlichkeiten gekommen, die sich als Konstanten dann durch die Jahrhunderte verfolgen ließen. Denn nach wie vor bleibt bis ins 17. Jahrhundert alle neapolitanische Kunst Hofkunst. Pisanello, der als eine Art von Generalintendant der Schönen Künste am Hofe Alfonsos von Aragonien eine weitgreifende, viele Kunstzweige belebende Tätigkeit entfaltete, verschwindet nach wenigen Jahren wieder spurlos aus Neapel. Das Triumphtor am Castel Nuovo zieht dann Bildhauer aus allen Teilen Italiens nach Neapel, aber das Atelier löst sich nach Vollendung des Bogens sogleich wieder auf. Auch im übrigen Süditalien entstanden nirgends ortsgebundene Werkstätten, die es zu überlokaler Bedeutung gebracht hätten, – wenn man vom Wirken des Antonello in Messina nach der Mitte des 15. Jahrhunderts einmal absieht.

Erst im Seicento bekommt wenigstens die neapolitanische Malerei ein eigenes Gesicht. »Die geheimnisvolle, immer von neuem sich bestätigende Übereinstimmung von Kunst und Landschaft wird nun endlich auch für Neapel offenbar . . . Ein Blick auf die heißblütige, unabsehbar sich dehnende Stadt am Fuße des Vesuvs läßt ohne weiteres begreifen, warum in Neapel – wie unter ganz ähnlichen Bedingungen auch in Genua – im 17. Jahrhundert eine blühende Malerschule entsteht. Nach jahrhundertelanger Unselbständigkeit bringt die Stadt plötzlich eine Fülle von Begabungen hervor und zieht überdies fremde Kräfte aus aller Welt an sich[12a].«

Indessen wird niemand kühn genug sein, die Eigenart dieser barocken Malerschule schon in der neapolitanischen Freskenkunst des Trecento erkennen zu wollen, oder zwischen den Skulpturen des sizilianischen Rokoko-Bildhauers Giac. Serpotta (1656–1732) und denen der Familie Gagini aus der Zeit der Renaissance Beziehungen herzustellen trachten.

Ein Überblick über die unteritalienische Kunst drängt nebenbei die Erkenntnis auf, daß »les extrèmes se touchent«, *daß Nord- und Süditalien viele künstlerische Situationen gleich erleben*, dabei aber in Gegensatz treten zu der Mitte der Halbinsel, die sie gemeinsam umgreifen. Nur in Mittelitalien, besonders in Florenz und Rom, dort wo das Maß herrscht und wo die tektonische Form niemals in Gefahr gerät, von einem ornamentalen Trieb überwuchert zu werden, kommt es zu klassischen Phasen. Aber weder Ober- noch Unteritalien haben es – mit Ausnahme von Venedig – zu einer Klassik aus eigener Kraft gebracht. Die Maßstablosigkeit, die sich in der Lombardei im Quattrocento an der Colleoni-Kapelle in Bergamo

ebenso offenbart wie in Neapel am Grabmal des Kö-
618 nigs Ladislaus von Ungarn (gestorben 1414, San Giovanni a Carbonara), erscheint hier wie dort als das Erbteil von Eroberer-Völkern, welche Mittelitalien nicht betreten haben.

Ohne viel Gewicht darauf zu legen, darf daran erinnert werden, daß es zwischen dem Norden und dem Süden des Landes auch manche biologische Gemeinsamkeiten gibt. Die langobardischen Fürstentümer Benevent, Capua und Salerno führten ein zähes Nachleben. »Noch in griechischen oder arabischen Urkunden des 11. und 12. Jahrhunderts wird auf Grund der starken langobardischen Durchdringung (in politischer und kultureller Hinsicht) das nördliche Apulien (etwa die heutige Provinz Bari) Langobardìa genannt. Auch in der Erdbeschreibung des arabischen Geographen Edrisi (12. Jahrhundert) ist Langobardìa (arabisch' ànkubardîah) die Bezeichnung von Apulien, als seine Hauptstadt wird Bari genannt[13].« Als es relativ spät, seit dem 11. Jahrhundert in Süditalien zur Bildung einer Gemeinsprache kommt, die nun Griechen und Sarazenen erlernen, trägt diese teils toskanische, teils oberitalienische Züge, ja, die Einwanderung aus Oberitalien war teilweise so stark »daß in gewissen Zentren Siziliens eine piemontesische (nur in einigen Zügen sizilianisierte) Mundart gesprochen wird[14].« »Darüber hinaus zeigen viele andere Zonen Siziliens geringere oder stärkere norditalienische Einflüsse. Gewisse sprachliche Merkmale Oberitaliens (besonders im Wortschatz) haben sich der gesamten Insel mitgeteilt[15].« Die Rohlfs'schen Forschungen für den Sprachatlas haben für den Wortschatz zuweilen ergeben, daß »äußerster Norden und äußerster Süden ... den alten lateinischen Ausdruck bewahrt haben, während in den dazwischen liegenden Gebieten jüngere Ausdrücke in Aufnahme gekommen sind[16]«.

Nur im Norden und Süden der Halbinsel treten Darstellungen französisch-bretonischer Sagenstoffe auf. Im Süden ist das meiste der Zeit zum Opfer gefallen. Die Dome von Tarent, Lecce, Trani und Brindisi besaßen Fußboden-Mosaiken, von denen wir uns z.T. nach alten Beschreibungen oder Zeichnungen ein Bild verschaffen können[17]. Erhalten hat sich nur ein Teil der zyklischen Darstellungen des Paviments von Otranto, die ursprünglich die drei Schiffe und den Chor des Doms vollständig ausfüllten und die man einen »steingewirkten Teppich von Bayeux« genannt hat[18].

In Norditalien ist Roland mit dem Schwerte Durindara an dem Gewände der Kathedrale von Verona dargestellt, mit seinem Horne Olifant auf den Fußbodenmosaiken des Domes von Brindisi. An einem Seitenportal der Kathedrale von Modena erscheint im Relief ›Artus de Bretania‹, auf dem Fußboden von Otranto ›Arturus Rex‹.

Eng sind die Beziehungen zwischen lombardischer und süditalienischer Baukunst im späten 11. und im 12. Jahrhundert. Beide treten unter den Einfluß der normannischen Architektur. Den Typ von Jumièges übernehmen S. Lorenzo in Verona wie S. Nicola in Bari[19], auf Kalabrien wie auf S. Fermo in Verona scheint vor allem die Abtei von Bernay gewirkt zu haben, die – zwischen 1025 und 1040 errichtet – »als erster Großbau der Normandie cluniazensische Anregungen aufnahm[20]«. Cluniazensische Chöre sind an vielen kalabrischen Kirchen zu beobachten. 620 Der beim Erdbeben von 1117 zerstörte Dom von Parma scheint schon in Abhängigkeit vom Speyerer Dom gestanden zu haben. Dem entspricht im Süden die Gliederung der Apsiden und des Langhauses des Domes von Gerace in Kalabrien durch große Blenden, die eindeutig rhein-maasländischen Ursprungs sind[21]. »Eines der wesentlichsten dekorativen Elemente der gesamten normannischen Architektur« ist das Motiv der sich durchkreuzenden Rund- und Spitzbogenblenden. Ein solcher Fries umzieht Querhäuser und Chor des Domes von Cefalù als oberer Wandabschluß vollständig; vermischt mit orientalischen Motiven findet man ihn auch an der Fassadenstirn des Doms von Monreale. Indessen auch Norditalien kennt das Motiv, es hat es wohl unmittelbar aus England übernommen. Die alte Fassade des Doms von Casale Monferrato (um 1150) und die Kirche von Sa. Ma. Assunta in Fornovo di Taro (12. Jahrhundert) sind Belege dafür[22].

Im 15. Jahrhundert sind die Wechselbeziehungen zwischen nord- und süditalienischer Bildhauerkunst besonders sinnfällig. Mittelitalien hatte zu allen Zeiten eine Scheu vor der Aufstellung freiplastischer Gruppen besessen. Diese Kreuzabnahmen, Beweinungen, Anbetungsgruppen mit Hirten oder Magiern schmeckten dem Mittelitaliener zu sehr nach Panoptikum. Aber die Emilia und die Lombardei haben diese Art Volkskunst ebenso leidenschaftlich gepflegt wie etwa Neapel, dessen Krippenkunst weltberühmt ist, deren älteste erhaltene Zeugnisse bis ins 15. Jahrhundert zurückreichen[23]. Gegen Ende des Quattrocento nun fand geradezu ein Austausch von künstlerischen Kräften zwischen Nord- und Süditalien statt.

Der Hauptmeister solcher freiplastischer Gruppen aus gebranntem Ton in der Emilia, Guido Mazzoni, wirkte seit 1489 in Neapel, wo er u.a. eine Heiliggrabgruppe für den Herzog von Kalabrien schuf (1492 bezahlt, jetzt frei in Monte Oliveto aufgestellt). Während der Abwesenheit des Mazzoni von der emilianischen Heimat arbeitete aber nun der aus Bari gebürtige Niccolo dell'Arca an seiner Statt die berühmteste oberitalienische Pietà-Gruppe für Sa. Ma. della Vita in Bologna.

Sehr merkwürdig mutet es an, daß die flandrische Malerei, welche ja auch in der Lombardei hoch geschätzt wurde, in Süditalien geradezu eine zweite Heimstätte fand. König Alfonso von Aragonien, der 1442 den guten König René von Anjou aus Neapel vertrieben hatte, war ein leidenschaftlicher Sammler. In Neapel standen den unteritalienischen Künstlern die schönsten Originalwerke von Jan van Eyck und Rogier van der Weyden vor Augen[24]. Auch in Antonellos Vaterstadt Messina gab es niederländische Originale zu sehen, zumal auch die Handelsbeziehungen nach Flandern lebhaft waren. So entsteht eine außerordentlich merkwürdige Situation: der stärkste Einfluß der niederländischen, burgundischen und provenzalischen Malerei wird nicht in den Grenzlandschaften gegen Frankreich hin, in Piemont oder der Lombardei, wirksam, sondern im Süden der Halbinsel. Antonello da Messina übernimmt die niederländische Form des Andachtsbildes für seine Frühwerke, malt Landschaften, die von einem flandrischen Künstler geschaffen sein könnten und bevölkert sie mit Figuren, die in Blockvolumen und Faltenwurf die stärksten Beziehungen zu den Gestalten des jun-

gen Konrad Witz oder zum Meister der Verkündi-
622 gung von Aix haben.

Es wirkt fast wie eine Naturgesetzlichkeit, daß der Lombarde Caravaggio, der Begründer der italienischen Barockmalerei, sich in den Süden wendete, als er eines bürgerlichen Delikts wegen aus Rom fliehen mußte. Aus dem ›klassischen‹ Mittelitalien abgedrängt, fand er im Süden eine künstlerische Umwelt, die der seiner lombardischen Heimat nicht unähnlich war. In Ober- und Unteritalien herrscht die gleiche Neigung zum Naturalismus, ja zum Verismus, der in der Mitte des Landes durch die klassischen Ideale immer wieder beschwichtigt wurde. Ober- und Unteritalien allein haben im Seicento die Freude am Stilleben als selbständiger Bildgattung, an der Battaglienmalerei, an der reinen Landschaftsdarstellung entwickelt. Was Giov. Batt. Ruoppolo, Gius. Recco, Andrea Belvedere im Stilleben, Dom. Gargiulo und Andrea de Lione in der Landschaftsmalerei und Salvatore Rosa in der Battaglienmalerei geleistet haben[25], findet man in Genua im gleichen Bildformate und gleicher Auffassung wieder.

Während es keine mittelitalienische Landschaft zu einer echten Rokoko-Architektur gebracht hat – am allerwenigsten Rom – findet sich die einzige Parallele zu dem Piemont der Juvara-Zeit in den Städten Siziliens. In Catania, Noto, Ragusa, Modica erstanden nach dem Erdbeben von 1693 opulente Kirchen, einheitlich gestaltete Platzanlagen, riesige Freitreppen, stattliche Brunnen und Obelisken.

Man sieht: um die künstlerische Entwicklung Unteritaliens ganz verstehen zu können, müssen wir uns nunmehr Oberitalien zuwenden.

»Der Gedanke, daß von einer Landschaft formende Kräfte auf ihre Bewohner überströmen, daß Volkstum mit seiner Umwelt, das heißt mit Landschaft und Klima, in Zusammenhang steht, ist zuerst von dem größten Arzt des klassischen Altertums, von Hippokrates, ausgesprochen worden ... Fast alle unserer großen Schriftsteller des 18. und 19. Jahrhunderts sind dem Verhältnis von Landschaft und Klima einerseits und den Menschen und ihrer Kunst andererseits nachgegangen, bis der Positivismus des 19. Jahrhunderts ein ganzes System der Geschichtsbetrachtung auf diesem Gedanken aufgebaut hat.« Mit diesen Sätzen leitet Harald Keller seine großangelegte Kunsttopographie Italiens ein. Vielleicht ist es das letzte Mal gewesen, daß ein deutscher Gelehrter einen wesentlichen Teil seines Lebens daransetzte, ein Land zu Fuß zu durchwandern, um all den differenzierten landschaftlichen Nuancen nachzuspüren, die die einzelnen Kunstprovinzen Italiens auch heute noch kennzeichnen. ›Die Kunstlandschaften Italiens‹ zählt zu den Standardwerken der Kunstliteratur.

insel taschenbuch 1576

Harald Keller

Die Kunstlandschaften Italiens

HARALD KELLER
DIE KUNST-LANDSCHAFTEN ITALIENS

Zweiter Band
Lombardei · Emilia
Venedig

Insel Verlag

Umschlagabbildung:
Leonardo da Vinci, Verkündigung an Maria
Öl auf Holz, um 1472-75. Ausschnitt
Uffizien, Florenz. Foto: Scala

insel taschenbuch 1576
Erste Auflage 1994

Vertrieb durch den Suhrkamp Taschenbuch Verlag
Umschlag nach Entwürfen von Willy Fleckhaus
Druck: Nomos Verlagsgesellschaft, Baden-Baden
Printed in Germany

1 2 3 4 5 6 – 99 98 97 96 95 94

INHALT

OBERITALIEN

Oberitalien mit den fünf Landschaften Piemont, Lom-
624 bardei, Venezien, Ligurien und der Emilia wird auf drei Seiten ganz von hohen Bergketten umschlossen: im Norden und Westen von den Alpen, im Süden vom Apennin, der, die Halbinsel in der Diagonale von Nordwesten nach Südosten durchschneidend, eine hohe Schranke gegen Mittelitalien aufrichtet. Zu den Gebirgsketten treten als Begrenzung die Meeresküsten: im Osten die Adria von Triest bis Rimini, im Südwesten die Riviera di Ponente und die Riviera di Levante um den Golf von Genua. Da aber die ligurischen Alpen die Riviera gegen Oberitalien abschirmen, nimmt dieser Küstensaum am Leben Oberitaliens nicht entfernt den Anteil wie die Adriaküste. Betrachtet man die Landkarte, so öffnet sich die oberitalienische Tiefebene, welche die Gebirge umschließen, in Form eines Füllhorns gegen Osten. Der Po, dessen Lauf dieser Ebene Rückgrat und Richtung gibt, ergießt sich in großem Delta in die Adria. Die letzten neunzig Kilometer zieht die Etsch nördlich dem Stromverlauf des Po parallel dem Meere zu. Merkwürdigerweise liegen die großen Städte nicht an den Ufern dieser Flüsse. »Der reiche Städtekranz, welcher Rhein und Rhône schmückt, fehlt dem Po[1].« Auch verlaufen die großen Verkehrsstraßen nicht dem Ufer entlang. Seltsam unbeteiligt an dem kulturellen Leben Oberitaliens nimmt der Strom seine Bahn. In keinem Jahrhundert ist der Schiffsverkehr zwischen Piacenza und Ravenna nennenswert gewesen. Der Po ist ein tückischer Geselle. Durch die wasserreichen, aus dem Gebirge kommenden Nebenflüsse neigt er zu plötzlichen Überschwemmungen, und diese sind um so unheilvoller, als das Flußbett beträchtlich über

der eigentlichen Po-Ebene liegt, in der Nähe von
Ferrara acht Meter über der Padana. Das geogra- 625
phische Gefälle der Po-Ebene weist eindeutig von
Westen nach Osten. Aber es wäre ein großer Irrtum,
wollte man annehmen, daß auch das kulturelle Ant-
litz Oberitaliens sich mit derselben Ausschließlich-
keit nach Osten wendet, schon deshalb nicht, weil
an der gesamten Ostküste außer Venedig kein be-
deutender Hafen liegt, der hier einen kulturellen oder
wirtschaftlichen Schwerpunkt bilden könnte – ähn-
lich wie Genua der einzige bedeutende Hafen Ober-
italiens am Tyrrhenischen Meere ist. Grado, Aquileja,
Caorle, Jesolo, Comacchio und Ravenna haben ihre
Rolle als Hafenstädte der Adria seit tausend Jahren
oder mehr ausgespielt. Von Venedig und Genua
allein sind die Kreuzfahrerflotten ausgelaufen, und
nur dort ist der Levante-Handel eingeströmt. Vor
allem aber: die Alpenpässe, die im Norden die Ver-
bindung mit Deutschland und den Eidgenossen, im
Westen mit Frankreich herstellen, sind so wichtig
wie die Adria-Häfen. Die Hauptachse Italiens verläuft
von Norden nach Süden. Infolgedessen ziehen die
großen Straßen nicht dem Po parallel, sondern über-
brücken ihn, und die großen Städte sind aus römi-
schen Straßenbefestigungen zu ihrer heutigen Be-
deutung aufgewachsen. Wie oft haben die lombardi-
schen Städte dem Heereszuge des deutschen Königs
nach Rom zur Kaiserkrönung die Veroneser Klause
gesperrt, und welche weltpolitische Rolle hat das
Veltlin im späten 16. und frühen 17. Jahrhundert für
die Weltpolitik gespielt, als seine Alpenpässe die
einzige Verbindungsbrücke zwischen den Ländern
der spanischen und der österreichischen Linie des

Hauses Habsburg darstellten[2]. Die Beherrschung der
626 Pässe vom Großen und Kleinen St. Bernhard, von Mont Cenis und Mont Genèvre hat das Haus Savoyen groß gemacht[3]. Noch heute sind die Beziehungen zwischen der Schweizer und der Mailänder Industrie eng. Durch das Etschtal sind die Fäden zwischen Mantegna und Pacher gelaufen, ist Stefano da Zevio zweimal, 1434 und 1438, nach Tirol gereist.

Obwohl die Meer-Alpen und die Cottischen Alpen bis zu 3800 m aufsteigen, haben sie die Knüpfung enger Beziehungen zwischen Oberitalien und Südfrankreich nicht erschwert. Beide Bereiche sind altes Keltenland. Seit 400 v. Chr. gehörte etwa der vierte Teil des italienischen Festlandes den Kelten, darunter die fruchtbaren Ebenen von Piemont, der Lombardei und der Emilia. Gegen Osten bildeten der Gardasee, der Mincio, der Hauptarm des Po zwischen Mincio und Delta und die Adria die Grenze des keltischen Siedlungsgebietes. Zwischen dem Kamm des Apennin und der Meeresküste schob sich wie ein Keil das gallische Volkstum bis Pesaro. Dies ist der südlichste Ort, an dem im Altertum gallische Mundart gesprochen wurde. Mehr als hundert Jahre mußte sich Rom nach der Eroberung des Kapitols um 390 v. Chr. durch einen gallischen Heerhaufen auf die Verteidigung beschränken; erst 285 v. Chr. ging es zum Angriff auf die Kelten über. 191 v. Chr. endlich ist der letzte Widerstand gebrochen, doch hat sich die nordische Volkskraft hier zähe behauptet. Noch um 100 n. Chr. wirtschafteten die Grundherren mit freien Arbeitern, nicht wie auf der übrigen Halbinsel mit Sklaven[4]. Diese Verhältnisse haben sich auf die Sprachgeographie entscheidend ausgewirkt. »Man darf also sagen, daß viele Spracheigentümlichkeiten, die das Galloromanische charakterisieren, nicht am Gebirgskamm der Westalpen ihren Abschluß finden, sondern erst am Kamm des Apennins, der Oberitalien von der Toskana scheidet. Das Gebirge bildet hier zwischen der Toskana und der Emilia einen wirkungsvollen Querriegel. An keiner Stelle in Italien hat sich eine so entscheidende Sprachgrenze gebildet ... Die Wirkung des Gebirgsriegels für die Ausbildung einer Sprachgrenze wurde in unserem Falle dadurch verstärkt, daß nördlich des Gebirges die Romanisierung über gallischem Substrat erfolgte, während im Süden die Etrusker die ethnische Grundlage bildeten. Dazu kommt, daß viele Jahrhunderte hindurch diese Linie eine wichtige kirchliche Scheidegrenze bildete: sie trennte die Kirchenprovinz Ravenna von der Kirchenprovinz Rom. So erscheint also Oberitalien in vielen wichtigen Erscheinungen als eine Fortsetzung des galloromanischen Sprachtyps. Erst südlich des Apennin treffen wir auf den eigentlichen italienischen Sprachtyp[5].«

Auch die geistigen Strömungen haben das Land diesseits und jenseits der Alpenkette verbunden. Die Ketzerbewegungen des letzten Drittels des 12. Jahrhunderts, die Waldenser und Albigenser, sind in Südfrankreich entstanden, haben aber in Oberitalien den größten Anhang gefunden und in beiden Ländern das gleiche Schicksal erlitten. Cluniazensische Kirchengrundrisse etwa von der Stufe von Bernay finden sich in Verona in einer Reinheit ausgebildet, wie es in Mittelitalien niemals möglich wäre (S. Lorenzo und S. Fermo)[6]. Eine normannische Doppelturmfassade war im ersten Bauabschnitt des Doms

von Piacenza geplant (1122–1150), und dort tritt auch
628 das sechsteilige Gewölbe fast schon so früh wie in
seinem Mutterlande, der Normandie, auf (1125–1140)[7].

Die französische Gotik hat hier denn auch eine viel größere Resonanz gefunden als in Mittelitalien. Schon die ikonographischen Programme der provenzalischen Kirchen des 12. Jahrhunderts wurden durch das Wirken Antelamis in Oberitalien verbreitet, während sie südlich des Apennin nicht Fuß fassen konnten. Die großartige schöpferische Freiheit, mit der man um 1300 in der Toskana und z.T. auch in Umbrien den französischen Vorbildern unbefangen gegenüber trat – man denke nur an Giovanni Pisano, Arnolfo di Cambio oder Lorenzo Maitani –, sucht man in Oberitalien vergebens. Wie eng schließt sich die Westfassade der Kathedrale von Genua mit ihrer großen Dreiergruppe von Stufenportalen an die Baukunst des französischen Kronlands aus dem 12. Jahrhundert an, wie hat sich der Meister des Tympanons mit dem Jüngsten Gericht über dem Hauptportal der Kathedrale von Ferrara vom Ende des 13. Jahrhunderts so ganz in die französische Formenwelt eingelebt. Von der Basilika von Casale Monferrato und S. Andrea in Vercelli über die Dome von Mailand und Verona bis hinüber nach S. Niccolò von Treviso, nach Süden über den Santo in Padua bis S. Francesco und S. Petronio in Bologna und zurück über den Dom von Piacenza bis zur Certosa di Pavia vor den Toren von Mailand sind noch heute die Hauptkirchen Oberitaliens gotische Kirchen. Lange und eigensinnig hat man hier an der gotischen Formensprache festgehalten. Sehr merkwürdig ist der erste ›Frührenaissance‹-Bau, das Ospedale Maggiore in Mailand, schwer und ungern hat es sich von dem gotischen Formenapparat losgerungen. Noch im reifen 16. Jahrhundert sind die Konkurrenz-Entwürfe für die Vollendung der Fassade von S. Petronio in Bologna in gotischem Stile gehalten[8]. Als die Italiener in der Spätphase der Gotik sich dieser Formensprache versagten, rief man Deutsche und Franzosen in die Bauhütten, um diese großen Unternehmungen überhaupt zu einem Abschluß bringen zu können. Anechino de Alamania, Florian von Brixen, Hans von Freiburg, Hans von Fernach, Heinrich III. Parler von Gmünd, Ulrich von Ensingen, die Franzosen Nicolas Bonaventure und Jean Mignot übernehmen die Leitung der Mailänder Domopera oder erscheinen wenigstens zu Konsultationen[9].

Auch die Mäzene, denen die Ausbildung junger Künstler am Herzen lag, und die Auftraggeber von Tafelgemälden und plastischen Altären blickten aus der Po-Ebene nicht nur auf Venedig oder Florenz, sondern nicht selten auch nach Norden. Ende 1460 sendet der Mailänder Herzog Francesco Sforza den Maler Zanetto Bugatti nach Brüssel zu Rogier van der Weyden, um ihn in dessen Werkstatt drei Jahre lang in die Lehre gehen zu lassen. Nach vollendeter Ausbildung läßt die Herzogin unter dem 7. Mai 1463 dem großen flandrischen Maler ein Dankschreiben zukommen[10]. Ein Mitglied der piemontesischen Familie de Villa mit dem Vornamen Oberto gab um 1440 einen kleinen Flügelaltar bei Rogier in Auftrag, den sogenannten Turiner Altar (Zürich, Slg. Abegg), auf dem der Stifter kniend dargestellt ist[11]. Dasselbe Wappen und wohl auch den gleichen Stifter zeigt ein großer flandrischer Schnitzaltar im Musée du Cinquantenaire in Brüssel.

Das Castel del Valentino in Turin (1633–1638 der 630 Kern der gegenwärtigen Anlage) und das Castel von Aglie (1639 begonnen) sind französische Frühbarockschlösser, und in einigen Turiner Palästen des Settecento gibt es die schönsten Dekorationen im Stile des französischen Rokoko. Die lockere Gruppierung einer Schloßanlage um einen Cour d'honneur mit Akzentuierung der Trakte durch Pavillons nach französischem Brauch findet man zuweilen in der Lombardei und in Piemont (Brignano d'Adda, Schloß Racconigi). Noch der erste Bahnhof von Mailand, 1857 bis 1864 von Bouchot erbaut, der dem 1931 vollendeten Neubau weichen mußte, ahmte in der Blütezeit der historischen Stile die Orangerie eines französischen Schlosses nach.

Die *oberitalienische Tiefebene* hat ihres rauhen Klimas wegen noch kein mediterranes Gepräge. Der Ölbaum, der an den norditalienischen Seen wegen deren geschützter Lage schon auftritt, verschwindet in der Tiefebene völlig. Es bleiben nur die weniger empfindlichen Maulbeerbäume, die in langen Reihen stehen, weil an ihnen die Rebe sich emporwindet. Auch Ulmen und Pappeln wachsen auf der waldlosen Fläche. Dies Fehlen des Ölbaums ist es vor allem, was die Vegetation Oberitaliens von der der Toskana und ganz Mittelitaliens unterscheidet. Das verstaubte Silbergrau der Oliven würde auch gegen die lauteren und fetteren Farben der Po-Ebene einen schweren Stand haben. Zum Zweiten sind nirgends in der Toskana oder in Umbrien die Horizonte so weit, die Verhältnisse so großräumig. Die Ebene der Padania, ein gewaltiges Senkungsfeld zwischen

Alpen und Apennin, das noch zur Pliozänzeit eine Meeresbucht der Adria war, bildet die überschaubarste 631 und einheitlichste Landschaft Italiens. Die Bebauung durch die Hand des Menschen hat allerdings diesen Charakter der Landschaft teilweise umgeformt. Während die Kulturarbeit die offenen Horizonte im Veneto nirgends verstellt hat, ist die intensive Bewirtschaftung der landwirtschaftlichen Nutzfläche in der Lombardei im kleinbäuerlichen Eigen- und Pachtbetrieb zu einer handtuchartigen Streifenaufteilung des Landes gelangt, welche das podere mit einer festen Einfriedung aus Baum und Strauch umgibt, die eine Fernsicht auch nur auf wenige hundert Meter unmöglich macht. Langhinziehende hohe Pappelreihen, Maulbeerbäume, Feldahorn und Weiden, an denen die Weinrebe sich emporrankt, bewirken ein Kulissensystem, das dem Fremden die Orientierungsmöglichkeit rauben würde, könnte er sich nicht am Bewässerungssystem zurechtfinden. Hier wird Mais und Weizen angebaut, in Piemont und der Ostlombardei findet man Reisfelder wie in der Provence, um Ferrara wird Hanf gezogen. Die ›cultura mista‹ Mittelitaliens mit immergrünen Steineichen und Ölbäumen verwandelt jeden Landstrich in ein Gartenland. Die Rebgefilde, die Baumkulturen schieben sich bunt gemischt ineinander, während in der Po-Ebene die Felder vielfach einen regelmäßigen und gleichartigen Zuschnitt haben, und die im Winter kahlen Baumreihen von Maulbeeren, Weiden oder Pappeln verleihen der Landschaft einen nüchtern-rationalistischen Zug, der den Nordländer enttäuscht und den auch der Mittelitaliener stark empfindet[12]. Ein höchst kompliziertes und verzweigtes Bewässerungssystem

von Kanälen und Gräben bewirkt seit dem Altertum
632 diese üppige Vegetation. In der Lombardei werden die Wiesen nicht selten bis zu achtmal im Jahre geschnitten[13].

Daß *die Menschen, die dieses Land bewohnen*, nicht über die schöne Ausgeglichenheit des Mittelitalieners verfügen, sagt uns ihre Kunst. Das Leise und Stille, das Maßhalten im Schmerz ist ihnen nicht in die Wiege gelegt worden. Arnold von Brescia ist ebenso hier zu Hause wie Savonarola, der, aus einer Paduaner Familie stammend, in Ferrara geboren wurde. Auch unter den Künstlern gedeihen hier die ekstatischen Naturen, die in der Toskana, in Umbrien oder in Rom fast unbekannt sind. Magnasco ist Genuese, Morazzone, Caravaggio und Borromini sind Lombarden, Squarcione Paduaner, Crivelli und Tintoretto Venezianer. Unruhige und verdeckte Lichtführung, ja das Nachtstück haben diese problematischen Künstler längst vor Caravaggio gekannt: Pisanello und Carpaccio (Gethsemane in S. Giorgio degli Schiavoni); Savoldo und Lotto, die Bassani, die Campi und Simone Peterzano.

Es ist möglich, daß hier uraltes Bluterbe mitspricht, denn außer den Galliern sind auch die beiden anderen Völker, die Oberitaliens Schicksal im Altertum bestimmten, die Veneter und Etrusker, von sehr kompliziertem Volkscharakter gewesen. Die nördlichsten Positionen der Etrusker sind Ravenna, Bologna (das alte Felsina) und Mantua, das sich nördlich des Po als etruskische Sprachinsel behaupten konnte[14].

Die mittelalterlichen Bauten dieses Landes sind in Backstein errichtet, vom Kastell in Turin bis zu den

Bettelordenskirchen von Venedig, von der Scaliger-Brücke über die Etsch in Verona bis zu den beiden Wahrzeichen von Bologna, den Geschlechtertürmen der Asinelli und Garisendi. Oberitalien ist das Land der ältesten städtischen Kultur des Abendlandes – und ist gleichwohl das Gebiet der großen feudalen Territorien des hohen und späten Mittelalters. Die mächtigen Dynasten sind zumeist nicht aus dem Landadel hervorgegangen, sondern haben als Signoren zunächst die Stadt unterworfen, deren Bürger sie waren und von ihr aus dann die Territorienbildung betrieben. Gleichwohl besteht ein Gegensatz zwischen den stolzen Verwaltungsbauten der freien Kommunen und den Zwingburgen und Kultbauten der großen Dynasten. Dieser Gegensatz drückt sich zugleich in der zeitlichen Aufeinanderfolge des romanischen und des gotischen Stiles aus. Von Piacenza bis Treviso sind die Kommunalpaläste mächtige Backsteinbauten in schweren romanischen Formen. Die großen Zwingburgen aber, welche die Scaliger in Verona, die Carrara in Padua, die Este in Ferrara, die Gonzaga in Mantua, die Malatesta in Rimini und Cesena, die Sforza in Imola, die Ordelaffi in Forlì errichteten, sind rein gotische Bauten, das riesige Kastell der Sforza in Mailand hält zwischen gotischem und Früh-renaissance-Stil die Mitte.

Viel bedeutungsvoller aber für das Bild der Kulturlandschaft sind die zahllosen Kastelle, welche die Territorien zu sichern hatten. Man denke nur daran, wie all die Scaliger-Burgen der Landschaft um den Gardasee ihr Gepräge geben: Sirmione (Abb. 116), Malcesine, Arco, Torri del Benaco, Lazise. Dazu kommen dann ostwärts von Verona die beiden ein-

ander gegenüberliegenden Burgen von Montecchio
634 Maggiore: Bella Guarda und Bella Vista. Die Sorge der Visconti um die Sicherheit ihres Territoriums tritt hinter der Bautätigkeit der verhaßten Scaliger nicht zurück. Von besonderer Großartigkeit ist die von ihnen 1393 errichtete Brücke über den Mincio bei Borghetto di Valeggio, die nicht nur dem Heer des Gian Galeazzo Visconti den Flußübergang ermöglichen, sondern die zugleich als Sperrmauer dienen sollte, um die Seen um Mantua auszutrocknen und dadurch die Belagerung der Stadt zu erleichtern. Was die Visconti mit planmäßiger Befestigung des Herzogtums Mailand begannen, haben die Sforza fortgesetzt, von den drei Kastellen von Bellinzona bis hinunter nach Sonzino (nordöstlich Crema). Dazu treten die Kastellbauten der Markgrafen von Monferrato, der Carrara von Padua (Este, Montagnana), der Signoria von Venedig (Castelfranco, Conegliano), der Ezzelini (Bassano) oder der Este (Este, Rovigo). Zum Glück hat das 19. Jahrhundert an all diesen gotischen Burgen und Stadtmauern wenig geändert. Das Land war im Risorgimento und im geeinten Königreich noch zu arm, um das Wirkungsfeld eines italienischen Viollet-le-Duc werden zu können. Die Burg von Soave, wenige Kilometer nördlich der Bahnlinie Verona–Vicenza gelegen und mit der Stadt zu ihren Füßen durch eine den Hang hinaufkletternde Mauer vereinigt, bildet eine der wenigen Ausnahmen, wo man sich an Carcassonne erinnert fühlt (1892 erneuert)[15]. Hingegen beherrscht nirgends in Mittelitalien die ritterlich gotische Baukunst so das Bild der Landschaft. Daß alle Städte ihren Contado befestigen, geschieht freilich in ganz Italien. Hingegen hat Julius

von Schlosser schon darauf hingewiesen, daß es unmöglich ein Zufall sein könne, »daß gerade auf gallischem Boden Oberitaliens, von dem ohnehin halbfranzösischen Piemont bis an die Adria hin jene glänzenden Ritterhöfe entstanden sind«[16]. Alle berühmten Denkmäler ritterlichen Lebens bleiben in der Tat auf Oberitalien beschränkt. Das Spiel von der Erstürmung der Minneburg ist offenbar zuerst 1214 in Treviso aufgeführt worden. In provenzalischen Balladen heißt es infolgedessen »la danza Trevisana«, wie überhaupt Treviso als Stadt ritterlichen Lebens großen Ruf besaß[17]. Im Adler-Turm in Trient ist in den Fresken mit den Monatsbildern das Leben und Treiben der ritterlichen Gesellschaft durch den ganzen Jahreslauf hin geschildert[18] (Abb. 119). In Ferrara hat die Ritterdichtung französischen Ursprungs bis in die reife Renaissance gelebt und durch Bojardo, Ariost und Tasso ihre Krönung erfahren. Während das Thema des Totentanzes sonst in Italien unbekannt bleibt und an den Wänden der Friedhöfe statt dessen die Thebais auftritt, kennen die Lombardei und das Trentino eine Reihe datierter Beispiele dieses Hauptthemas der didaktischen Malerei des ausgehenden Mittelalters in Deutschland und Frankreich[19].

So charakteristisch wie die mittelalterlichen Kastelle und Stadtmauern sind für die oberitalienische Landschaft ihre Wallfahrtskirchen auf den Bergen. Selbst über jeder der großen Städte in der Ebene erhebt sich das Heiligtum auf dem Berg: über Turin die Superga und der Monte dei Cappucini, über Bologna die Madonna di S. Luca, über Vicenza die Basilica di Monte Berico; vollends aber sind viele Vorberge der Alpen und so manche Hügel über den

italienischen Seen mit berühmten Wallfahrtskirchen
636 gekrönt. In Piemont über Varallo, über Orta heilige Berge mit zwanzig und mehr einzelnen Zentralbauten, über Varese kaum weniger[20], in der Lombardei die Heiligtümer der Brianza in Montevecchia, der Madonna del Bosco in Imbersago, das Santuario von Imbevera, die Madonna del Sasso über Locarno u. v. a.

Trotz der ungeheuren Verschiedenheit des Charakters der einzelnen Kunstzentren, von denen sich besonders Mailand und Venedig als Antipoden gegenübertreten, gibt es nun eine ganze Reihe von *Eigentümlichkeiten, die allen oberitalienischen Kunstlandschaften gemeinsam sind*, in Mittel- und Unteritalien aber fehlen.

Da ist die nordische Raumform der Hallenkirche, die keineswegs nur in der Lombardei beheimatet ist[21], und die von der Kathedrale in Asti in Piemont (14. Jahrhundert) bis nach Venedig (S. Cassiano) hinüber immer wieder auftritt. Da ist die versteckte Raumtendenz der Basilika zur Hallenkirche, die bei sehr hohen Seitenschiffen den Obergaden des Mittelschiffs ganz niedrig hält und durch sehr weite Arkadenstellungen die Schiffe in der Breite einander möglichst durchdringen läßt. Diese latente Neigung zur Halle haben von den frühen romanischen Backsteinbauten Mailands bis zum Mailänder Dom und der Kathedrale von Cividale im Friaul sehr viele Kirchenräume Oberitaliens.

Auch der hochgetürmte Außenbau des Nordens hat in Oberitalien reiche Nachfolge gefunden, während Mittelitalien sich mit dem einen Campanile zufrieden gibt, ganz wie es die frühchristlichen Basiliken getan hatten. Wenn zwei hohe Fassadentürme im Westen sich mit einem beherrschenden Vierungsturm verbinden, wie bei S. Andrea in Vercelli, so wird man an rheinische Dome erinnert (Abb. 117). Aber schon das Doppelturmpaar im Westen (Casale Monferrato) oder im Osten zu Seiten der Hauptapsis (S. Abbondio in Como, Kathedrale von Ivrea) allein vermag den latent spätantiken, gelagerten Charakter jeder Basilika aufzuheben. Eine wahre Leidenschaft hat Oberitalien bis in die Frührenaissance hinein für stolze Vierungstürme besessen (Certosa di Pavia, Tiburio des Mailänder Doms), der von Chiaravalle Milanese aus dem 14. Jahrhundert ist mehr als doppelt so hoch wie der Kirchenkörper darunter, was für einen Zisterzienserbau, dem die Ordensvorschriften nur einen schlichten Dachreiter zubilligten, besonders merkwürdig ist (Abb. 118).

Ganz Oberitalien gemeinsam sind ferner die freiplastischen Gruppen der Beweinung Christi, die zunächst aus Holz, seit dem 15. Jahrhundert dann aus Terracotta geformt werden[22]. Sie sind keineswegs nur für die Emilia charakteristisch, wo die Gruppen von Guido Mazzoni und Niccolò dell'Arca gemeinitalienischen Ruhm erlangten. Auch in Piemont und der Lombardei, im Veneto und Venedig selbst, im Friaul finden sich solche Freigruppen aus Holz und Ton. Padua z. B., wo Agostino de Fondutis aus Crema wirkte, muß geradezu ein Zentrum für die Produktion solcher Werke gewesen sein. Diese Gruppen hielten sich auch noch den ganzen Barock hindurch. Die

(22) Merkwürdigerweise tritt die älteste auf uns gekommene Gruppe, entstanden um oder kurz nach der Mitte des Trecento, in der Toskana auf (S. Michele a Casanuova). Vgl. G. Castelfranco, Bollettino d'arte 27, 1933–1934, p. 269. – W. Körte, Kunstgesch. Jahrb. d. Bibl. Hertziana I, 1937, p. 69 ff.

mangelnde Distanz vom Beschauer, die Lebensgröße 638 und die Rundplastik, welche die Figuren dem Betrachter fast als seinesgleichen erscheinen lassen mußten, die frei ausgreifenden, pathetischen Gesten der Gestalten, die unbesorgte Äußerung des Gefühlslebens – das alles sind Züge, welche dem Wesen allein der oberitalienischen Kunst entgegenkamen. Den Höhepunkt dieser volkstümlichen Plastik bedeuten die Skulpturen in den Wallfahrtsstätten der heiligen Berge Varallo, Orta oder Varese, »fromme Theater mit leblosen Schauspielern«[23]. In voller Lebensgröße treten die buntbemalten Gruppen mit schmerzerfüllten Gesichtern den Andächtigen auf gleicher Ebene, ohne Sockel, entgegen (Abb. 126).

Es ist fast ein Wunder, daß die so viel intimere deutsche Holzgruppe des Vesperbildes, welche die Trauer der Mutter um den Sohn ohne Gegenwart von Zeugen darstellt und vollends die öffentliche Totenklage scheut, in diesen oberitalienischen Landschaften viele Abnehmer fand, während das Auftreten solcher deutscher Pietà-Gruppen jenseits des Apennin fast ausschließlich auf das Bergland Umbrien samt den Marken und Abruzzen beschränkt bleibt. Freilich ist die Aufnahmebereitschaft für das deutsche Andachtsbild im Veneto und im Friaul offensichtlich viel größer gewesen als in der Lombardei; westlich der Linie, die Bologna mit dem Gardasee verbindet, haben sich in der Tat nur wenige Gruppen nachweisen lassen[24]. Die von Körte zusammengestellten Regesten zum Wirken deutscher Bildhauer und Schnitzer des 15. Jahrhunderts in Oberitalien[25] zeigen darüber hinaus, daß deutsche Wanderkünstler wie Egidius von Wiener-Neustadt, Walter von München, Leonhard Thaner u.a. in Padua, Venedig, Udine und Treviso ihr Brot fanden.

Die Vorliebe für eine möglichst eindringliche Darstellung des Passionsgeschehens teilen die edelsten Werke der großen oberitalienischen Maler mit diesen einfachen volkstümlichen Gruppen. Die Ecce-Homo-Darstellung (imago pietatis)[26] spielt in allen Schulen Oberitaliens eine weit größere Rolle als in irgendeinem Kunstzentrum südlich des Apennin. Immer wieder haben die Bellini seit den Skizzenbüchern des Vaters Jacopo dieses Thema abgewandelt. Mit schonungsloser Realistik hat Carlo Crivelli das Erbärmdebild ausgestaltet[27], darin nur von seinem Bruder Vittorio überboten[28]. Carpaccio, Marco Basaiti, Cima da Conegliano, Bartolomeo Montagna, Giovanni Buonconsiglio – sie alle haben ihren Beitrag geleistet. Besonders leidenschaftlich haben dann die Ferraresen alle Arten des Erbärmdebildes aufgegriffen, die Cosmé Tura in der Werkstatt des Mantegna kennengelernt und mit in die Emilia gebracht hatte[29] (Abb. 121). Auch alle ganz persönlichen Prägungen des Passionsbildes im Quattrocento sind auf oberitalienischem Boden gemalt worden, von Mantegnas totem Christus im Leichentuch, in verkürzter Sicht gesehen (Mailand, Brera), bis zu Giovanni Bellinis Christus mit dem Stamm des Kreuzes und einem Engel, der das Blut Jesu, das aus der Seitenwunde sprüht, in einem Kelch auffängt; von der Aufbahrung des nackten Heilands von Carpaccio (Berlin, Kaiser-Friedrich-Museum)[30] bis zu dem merkwürdigen, auf einer Treppe sitzenden Schmerzensmann des Moretto (Brescia, Pinakothek)[31].

Die Verbindung Oberitaliens mit dem Norden 640 offenbart sich auch in der *Vorliebe für Pflanze, Tier und Landschaft*, die hier früher wissenschaftlich erforscht und künstlerisch dargestellt wurden als in Mittelitalien. Höchst gleichgültig, ja ablehnend, hat besonders Florenz, wo man sich im Grunde nur für den Menschen und seine Werke interessierte, der Entdeckung der Natur im Quattrocento überall da gegenüber gestanden, wo sie nicht auf rationalistischem und wissenschaftlichem Wege erfolgte, sondern wo die Kräfte des Herzens und eine echte Einfühlungsgabe hinzutreten mußten. Nur auf dem Umwege über die altniederländische Malerei konnte die Aufmerksamkeit der Florentiner auf Pflanze, Tier und Landschaft gelenkt werden. In Oberitalien hingegen ist der unmittelbare sinnliche Kontakt zu diesen Dingen auf Schritt und Tritt deutlich. Illustrierte Herbarien hatte es in der Antike und durch das ganze Mittelalter hindurch überall gegeben[32]. Aber in dem Herbarium des Britischen Museums, das für den letzten Signoren von Padua, Francesco Carrara Novello, geschrieben wurde und das demnach vor 1403 vollendet worden sein muß, finden wir die ersten Pflanzenstudien nach der Natur seit der Antike, soweit der heutige Denkmälerbestand urteilen läßt[33]. Der Maler wagt es sogar, von der vollständigen Darstellung einer Pflanze, bei der in abstrakter Systematik Wurzel, Stengel, Blätter, Blüte und Frucht vereinigt zu sehen sind, abzugehen und die Naturstudie allein des Oberteils einer Pflanze oder gar nur eines einzelnen Zweiges zu bieten. Das mittelalterliche Gedankenbild wir hier abgelöst von einer Darstellungsart, bei der »Eindrücke der Außenwelt die ersten Impulse für die künstlerische Phantasie und Erfindung auslösen«[34]. Für die veronesische Familie Cerruti ist ebenfalls vor dem Jahre 1405 ein heute in Wien bewahrtes Tacuinum sanitatis mit hundertzehn Miniaturen gemalt worden (Abb. 124), das »in Frage und Antwort diätetische Vorschriften über die Regelung von Speise und Trank ... enthält, also eine populäre Gesundheitslehre für den Hausgebrauch«[35]. Da findet sich nun vom Spinat bis zur Zwiebel, von der Zitrone bis zum Wermuthstrauch die ganze Pflanzenkunde in Einzelminiaturen ausgebreitet. Die ältesten Tacuina Oberitaliens, die um 1380–1390 datiert werden, sind aber in der Lombardei entstanden, und zwar in dem Kreise des Giovannino de Grassi, aus dem auch die ältesten beobachteten Tierstudien hervorgegangen sind[36].

Von Pisanello, der in Verona groß geworden ist, gibt es dann Blumenstudien in Feder und Silberstift. Daß zum Codex Vallardi auch zwei große Baumstudien gehören, die eine in schwarzem Stift, die andere in Kreide, hat erst Bernhard Degenhart erkannt[37]. Von solchen Blättern sind die Baumzeichnungen des Jacopo Bellini ausgegangen mit ihrem zarten, zitternd und schwank bewegten Blattwerk[38]. Von einem der drei Bellini muß auch das Aquarell einer Schwertlilie stammen, das sich in einem der Skizzenbücher findet[39]. Am Hofe von Ferrara pflegte man die Gattung der Blumenmalerei. Angiolo da Siena erhielt ein Geschenk von 800 Liren, als Gegengabe mußte er dem Markgrafen Borso jedes Jahr am Ostersonntag das Bild einer Blume überreichen[40]. Noch Caravaggio erweist sich als echter Oberitaliener dadurch, daß er auch die Pflanzen, Blumen und Früchte mit ganz neuen Augen sieht – vor allem, so lange er der lom-

bardischen Umwelt noch nicht entfremdet ist. Die
642 oberitalienischen Provinzen haben dann im Seicento das reine Blumenstück sehr wenig gepflegt[41], es ging in der umfassenderen Gattung des Stillebens auf.

Der Mailänder Humanist Uberto Decembrio, der um 1400 schrieb, erzählt von dem bekannten lombardischen Maler Michelino da Besozzo, der Bub habe schon von anderen bewunderte Tierstudien gemacht, ehe er sprechen gelernt habe[42]. Diese Künstleranekdote muß nicht wahr sein, aber sie ist bezeichnend genug für das Milieu. Die ältesten Tierzeichnungen enthält ein kleines Skizzenbuch in Bergamo von etwa sechzig Seiten. Durch eine gute alte Inschrift vom Ende des 14. Jahrhunderts auf einem der Blätter ist das Bändchen für das Atelier des Giovannino de Grassi gesichert[43] (Abb. 123). Das Musterbuch hat mit den Bestiarien des Mittelalters nichts mehr zu tun, wenn es auch noch immer eine Darstellung des sagenhaften Einhorns mitschleppt, das freilich für das Impresenwesen des Weichen Stils unentbehrlich ist. Es handelt sich vielmehr um in der Natur beobachtete Tiere[44], wenn diese auch noch nicht in Augenblicksbewegungen festgehalten sind. Man hat bemerkt, Grassis Tiere sähen so aus, als ob sie nach Ausstellungsobjekten in einem zoologischen Museum und nicht nach lebendigen Tieren gezeichnet seien[45]. Die frische Naturbeobachtung entfaltet sich noch ohne viel Anmut, da der Prozeß beschwerlich ist, die neue Studienart dem alten Verband des Musterbuches einzufügen, wo die Tiere natürlich noch bewegungslos, d.h. heraldisch-gebannt erscheinen. Daß sich in solchen Musterbüchern das Weiterkopieren alter exempla aus dem Vorrat der Werkstatt friedlich mit Blättern voll genauester Wirklichkeitsbeobachtung vereinigt, beweist noch der Codex Vallardi des Pisanello, in dem der Meister Szenen einer Hasenjagd kopiert, deren Motive sich bis in die Antike zurückverfolgen lassen[46]. Aus dem lombardischen Kreise war dieses Interesse am Tierstudium auf Verona übergesprungen, wo Stefano da Zevio und Pisanello die führenden Meister sind[47]. In dem Tafelgemälde mit dem büßenden hl. Hieronymus im Museo Civico in Verona von Jacopo Bellini und in zahlreichen Blättern der beiden Skizzenbücher[48] sieht man dann, wie diese Themenstellung sich bis Venedig hin ausbreitet.

Es ist ein großartiges Schauspiel, wie Pisanello den fixierten Tierdarstellungen der lombardischen und veronesischen Ateliers gleichsam den Atem des Lebendigen einhaucht. Den stolzen Zug des Reihers, die Bösartigkeit der Katze beim Sprung, die Mühseligkeit der Tagesarbeit des unter dem Joche schreitenden Ochsenpaares, aber auch den Charakter des Stofflichen der Oberfläche, wie die sammetartige Weichheit des Felles des Rehes und die Härte der Schale der Schildkröte hat er in seinen Zeichnungen eingefangen. Das haben schon die Zeitgenossen genau so empfunden. In einem lateinischen Gedicht des Veronesen Guarino, enstanden um 1438, heißt es: »... bei dir bin ich versucht, dem arbeitenden Pferd den Schweiß von der Stirn zu wischen, und glaube, das Wiehern des Streitrosses zu hören ... Wenn du ein Nachtstück malst, läßt du die Nachtvögel kreisen und keinen Tagvogel sich zeigen[49].« Am Hofe von Rimini singt Basinio von Parma 1447: »Wälder sah

ich von Nordwest bewegt und die Vögel des Himmels
644 ihren Flug antreten. Sah den Adler den furchtsamen Hasen mit krummen Klauen anpacken und den Unglücklichen, dem die Füße schwer werden, ergreifen. Ich staunte über die Hunde ... und über flüchtige Hirsche, wie sie dunklen Staub aufwirbelten[50].« Das franziskanisch religiöse Gefühl für ›den Bruder Tier‹ dokumentiert sich in der bildenden Kunst hier zum ersten Male. Die beiden größten Tiermaler der italienischen Kunst, Pisanello und Caravaggio, waren beide Oberitaliener. Auch im 16. Jahrhundert spürt man auf den Altarbildern der Lombarden die unmittelbare Beziehung zum Tier, man braucht nur an Morettos hl. Giustina (Wien, Kunsthistorisches Museum) oder an seine Bekehrung Pauli (Mailand, Sa. Ma. presso S. Celso) zu erinnern. In Venedig ist das Tierstück im Kreise der Familie Bassano zu einer vielbegehrten eigenen Bildgattung geworden, bei der die biblischen Themen nur noch Vorwand sind (Aufbruch nach Kaanan, Arche Noah, Vertreibung der Wechsler aus dem Tempel usw.)[51]. Auch vor Veroneses Pferden, Stieren und Doggen fühlt man sich oft daran erinnert, daß der Meister aus der Stadt des Pisanello in die Lagune einwanderte. Der Esel vom Engelskonzert auf der Flucht nach Ägypten (Rom, Galleria Doria) und das Pferd auf der Bekehrung Pauli in der Cerasi-Kapelle in Sa. Ma. del Popolo von Caravaggio (Abb. 122) stehen also in einer reichen oberitalienischen Tradition, die auch nach des Meisters Tode kräftig weiterblühte. In Genua, wo eine tüchtige flämische Maler-Kolonie bestand[52], schuf Sinibaldo Scorza Tierstücke. Bei den frühesten[53] ist es ganz deutlich, daß er von der Art des Roeland Sa-

very ausgegangen ist, bei den späteren zeigt sich die Kenntnis von Frans Snyders. Die Reihe der genuesi- 645
schen Tiermaler wird durch Antonio Travi[54], Giovanni Benedetto Castiglione und Antonio Maria Vassallo[55] fortgesetzt. In der Lombardei sind Angelo Maria Crivelli, der sogenannte Crivellone[56], und Francesco Londonio[57] die Hauptmeister im Seicento, im 18. Jahrhundert der Graf Duranti[58] – d.h. diese Gattung ist nur in Oberitalien beheimatet.

Die neueste Forschung hat ergeben, daß auch für die Entstehung der Landschaftsdarstellungen des Weichen Stils nicht Frankreich, sondern Oberitalien die Führerrolle gebührt[59]. Nicht die Fresken mit den Monatsbildern im Adlerturm von Trient stehen unter dem Einfluß der französischen Stundenbücher, sondern umgekehrt, es treten diese Wandbilder als die schöpferischen Erstlinge an die Spitze der Entwicklung. Dafür spricht nicht nur die Chronologie – die Monatsbilder des Adlerturms müssen aus politischen Gründen kurz vor 1407 gemalt worden sein[59a] –, sondern auch das Thema, denn die italienische Landschaftsmalerei ist aus der Buchmalerei der Tacuina und den Kalenderminiaturen herausgewachsen[60], und dieser Zusammenhang ist gerade in den Fresken des Adlerturms mit Händen zu greifen. Vor allem aber nehmen wir heute keine verlorene französische Quelle mehr an, welche die oberitalienische Entwicklung gespeist haben müßte, seit wir wissen, daß die Buchillustrationen der Brüder Limburg, die den Très Riches Heures in Chantilly vorausgingen, diese keineswegs künstlerisch vorbereiteten[61] (Abb. 119).

Die volle Klarheit der Einsicht in die Anfänge der oberitalienischen Landschaftsmalerei bleibt uns trotz-

dem schon allein deshalb versagt, weil wir uns von
646 der Rolle, die Pisanello hier gespielt hat, keine rechte Vorstellung mehr bilden können. Der Codex Vallardi enthält nur eine einzige Landschaftszeichnung, und diese steht noch mitten zwischen mittelalterlichem Gedankenbild und Naturbeobachtung[62]. Höchstwahrscheinlich darf man aber die verlorenen Fresken in Pavia, Venedig und Mantua mit ihren höfischen Zyklen sich nicht in der Art dieser Federzeichnung vorstellen. Guarino hat als Zeitgenosse von diesen Bildern bezeugt: »Wenn du ein Nachtstück malst..., dann kann man die Sterne sehen, den Ball des Mondes, das sonnenlose Dunkel, und wenn du des Winters Werk hervorzauberst, starrt alles in eisiger Kälte, und doch ist der Baum auch ohne Blätter voll Leben. Oder wenn du die Handlung in den Frühling verlegst, befinden sich die verschiedensten Blumen in der Au. Die Bäume haben wieder ihre alte Pracht, es glänzen die Hügel und der Sang der Vögel erfreut die Lüfte[63].« Aus den paar schnell hingeworfenen Federskizzen für solche Fresken, die sich erhalten haben[64], läßt sich freilich diese Wirkung auf die Zeitgenossen kaum mehr nachfühlen.

In den beiden Skizzenbüchern des Jacopo Bellini spielt die Landschaftsdarstellung eine wahrhaft dominierende Rolle, im Gegensatz zum Codex Vallardi, dem anderen oberitalienischen Musterbuch. Hier stehen Dutzende von Gedankenbildern, Exempla in der Maniera byzantina, Schemata für große Bildentwürfe, neben ganz schlichten und intimen Augenblicksbildchen, wie dem mit einem Planwagen, der eine sommerliche Allee entlang rollt[65]. Man möchte schwören, der Maler habe im Straßengraben gesessen und die herankommende Fuhre mit dem Stifte festgehalten. Man fragt sich freilich, welche spätere Verwendung einer solchen zarten Zeichnung zugedacht war. Auswerten wollte man sie, sonst hätte sie nicht Aufnahme im Musterbuch gefunden. Ob man den landschaftlichen Hintergrund eines höfischen Freskos mit einer solchen Genreszene ausstaffieren wollte?

Von den beiden Söhnen des Jacopo Bellini ist der eine dann der Meister der Veduten-Malerei, der andere der erste große Landschaftsmaler Venedigs geworden. Auch die anderen Kunstzentren Oberitaliens bewegt dasselbe Interesse. Immer wieder sind es Oberitaliener, welche die Entwicklung der italienischen Landschaftsmalerei bestimmen. Polidoro da Caravaggio hatte in seinen Fresken in S. Silvestro al Quirinale in Rom (entstanden zwischen 1520 und 1528) zwei Szenen aus der Legende der hl. Magdalena darzustellen, aber das heilige Geschehen ist zur bloßen Staffage herabgedrückt. Man findet hier »alles Wesentliche der späteren Entwicklung der heroischen Landschaft bis auf Dughet und Claude Lorrain vorweggenommen«[66].

Freilich kam in Oberitalien selbst im Cinquecento noch kein Sinn für die heroische Landschaft auf. Sind die Fresken des Polidoro fast monochrom gehalten, so oszillieren die Farben auf den Landschaften des Dosso Dossi in allen Tönen von Rubin bis zu den fahlen Farben der Verwesung, ganz so wie man es bei einem Maler aus dem Sumpfnest Ferrara erwartet. In Modena hat Niccolò dell'Abbate um die Mitte des 16. Jahrhunderts Landschaften gemalt, die ohne die Vorbilder der Flamen nicht denkbar wären[67]. Auch

für die venezianische Landschaftsmalerei dieser Zeit
648 erkennen wir immer deutlicher die große Rolle, welche niederländische Künstler hier spielten. Selbst zu Beginn des Seicento gab es noch niederländische Werkstätten wie die der Brüder de Wael in Genua, welche die flämische Art der Landschaftsmalerei den Italienern vermittelten. Bologna und Genua bleiben dann auch im reifen 17. Jahrhundert die einzigen Kunstzentren Italiens, in denen die Landschaftsmalerei als selbständige Bildgattung gepflegt wird. Sonst hatten im Seicento die Nordländer Bril und Elsheimer, Poussin, Dughet und Claude Lorrain den Italienern längst den Rang abgelaufen. In Bologna aber knüpfte man an die venezianische Malerei des Cinquecento an, wobei der Weg über Ferrara gelaufen sein mag und Dosso Dossi den Vermittler gemacht haben wird. Daß die großen Leinwandbilder der Annibale Carracci und Domenichino[68] nicht öde Akademie-Kompositionen dieses eklektischen Kreises sind, beweisen die herrlichen vorbereitenden Landschaftszeichnungen beider Meister, von denen die schönsten in der Unbefangenheit der Naturbeobachtung und der Frische des Strichs an Claude Lorrain erinnern[69]. In Genua sind A. Travi[70], C. A. Tavella[71], der wahrscheinlich im selben Jahre wie Magnasco[72] geboren wurde, und dieser selbst die führenden Meister. Magnascos Hauptwirksamkeit fällt schon in das 18. Jahrhundert. Er ist der bedeutendste Landschaftsmaler seiner Zeit, bis dann Venedig seine alte Führerstellung mit Guardi und A. Canale, Belotto und Piranesi zurückerobert. In den Jugendwerken Guardis ist der Einfluß des Magnasco zum Greifen deutlich[73].

Wo die Liebe zu Tier, Pflanze und Landschaft in der abendländischen Malerei zum ersten Male her- 649 vortrat, da muß auch das *Stilleben* entstanden sein. In der Tat ist das Stilleben, das früher nur als Beigabe auf religiösen Bildern erschien, als selbständige Bildgattung zuerst in Oberitalien aufgetreten und zwar in der Kunst der Intarsien. In den Rückenlehnen des Chorgestühls des Doms von Modena haben die Brüder Lendinara in den Jahren 1471 bis 1477 die ersten Stilleben in der Vertäfelung angebracht[74]. In denselben Jahren sind dann in den beiden Studioli des Federigo da Montefeltre in seinen Palästen von Urbino und Gubbio von dem Florentiner Baccio Pontelli Stilleben in Intarsia geschaffen worden, bei denen neben Büchern nun auch Rüstungen, Beinschienen u. a. dargestellt werden[75]. In der italienischen Tafelmalerei wird das Stillleben zunächst in Venedig um 1500 bei Jacopo de' Barbari bildwürdig[76]. Aber ihre eigentliche Entwicklung hat die Gattung erst in der Lombardei erfahren, wo Caravaggio seine Vorläufer hat. Von den Malern der Cremoneser Künstlerfamilie Campi hat der jüngste, Vincenzo (1536–1591) Stilleben gemalt[77]. Die beiden Bilder der Brera, eine Früchte- und eine Fischhändlerin, verraten deutlich, daß er sich dieser Gattung unter dem Einfluß der niederländischen Stilleben-Maler Pieter Aertsen oder Beukelaer zugewandt hatte. Auch die Emilia besitzt in Bartolomeo Passarotti und Agostino Carracci Maler dieses Genres[78]. Neben dem Ernsthaften steht das Absonderliche. Der Mailänder Maler Giuseppe Arcimboldo (um 1530–1593) komponierte auf seinen Bildern lebensgroße menschliche Figuren, etwa die vier Elemente oder die vier Jahreszeiten, die nur aus Blumen, Früchten oder Tieren zu-

sammengesetzt waren. In Italien fand er freilich für
650 diese formlosen Gebilde einer skurrilen Phantasie keine rechten Abnehmer, aber für den Prager Hof Kaiser Rudolfs II. war er der rechte Mann, von wo seine Bilder dann in die Wiener Galerie und das Grazer Johanneum gelangten[79].

In der Zeit nach dem Tode des Caravaggio ist der bedeutendste Stilleben-Maler der Bergamaske Evaristo Baschenis (1617–1677), der sich ausschließlich diesem Genre gewidmet hat[80], das in der Kunstkritik des Seicento noch nicht ›natura morte‹, sondern ›soggetto di ferma‹ hieß[81]. Wenn die Darstellungen von Fischen seine frühesten Arbeiten sind, so würde das eine Beeinflussung seiner Anfänge durch die niederländische Malerei bezeugen. Sehr bald aber hat er diese Motive beiseite geschoben und sich ganz auf Stilleben von Musikinstrumenten spezialisiert, die ihn berühmt gemacht haben (Abb. 125).

Von dort zum Musikstück, d. h. dem Bilde mit Musizierenden, ist es nur ein Schritt. Wir brauchen kaum zu beteuern, daß auch diese Bildgattung zuerst in Oberitalien auftritt. Entwickelt hat sie sich aus den musikalischen Unterhaltungen, die auf den höfischen Fresken des Trecento häufig wiederkehren. Im Camposanto in Pisa stößt ja der Tod auf eine solche nichtsahnende Gesellschaft von musizierenden Adligen nieder. Die ersten Studienblätter, in denen die Musikanten nun aus jedem größeren Zusammenhang, sei es dem eines religiösen oder höfisch-profanen Freskos, gelöst sind, finden sich sehr bezeichnenderweise in demselben Skizzenbuch des Giovannino de Grassi in Bergamo, das auch die ältesten Tierstudien enthält (um 1380). Hier

gibt es ein Blatt mit einer Harfe spielenden Dame,
der eine zweite den Takt zur Melodie mit den Fin- 651
gern auf die Schulter klopft[82]. Noch schöner ist die Zeichnung mit einer Gruppe von fünf singenden Männern, die eine lange Schriftrolle mit Noten zwischen sich entfaltet halten. Der Laureatus im langen Gewande ist offensichtlich der Dirigent[83]. In einer anderen lombardischen Zeichnung vom Ende des Trecento sitzen eine Harfe spielende Dame und ein Laute schlagender Herr einander gegenüber[84]. Man sollte denken, der Schritt von solchen Studienblättern zu dem selbständigen profanen gerahmten Tafelbild des Musikstücks sei zuerst in der musikalischsten Stadt Italiens, in Venedig, getan worden. Indessen fehlen uns dafür jegliche Belege. Eine lavierte Zeichnung Carpaccios im Britischen Museum in London zeigt vielmehr die sehr reizvolle Zwischenstufe, auf der das Musikstück sich der sakralen Sphäre gerade entzieht[85]. Es ist ein heiliger Stoff, dessen Deutung noch nicht geglückt ist. Soll der Mönch, in dessen Zelle die musizierenden schönen Frauen eingedrungen sind, versucht oder getröstet werden? So viel kann man jedenfalls sehen, daß der Legendenstoff, der hier zu illustrieren war, nur noch Vorwand ist; bald wird man ihn ganz fallen lassen und das profane Musikstück übrigbleiben. Das älteste erhaltene Gemälde dieser Art ist das Halbfigurenbild dreier Musikanten hinter einer Brüstung (London, National Gallery), dem Ercole Roberti, auch Costa zugeschrieben[86]. Die beiden kleinen Musikantenszenen in antikischem Kostüm von Bernardo Parentino (Berlin, Kaiser-Friedrich-Museum) gehörten wohl ursprünglich als Schmuck in eine Wandvertäfelung oder an ein Mö-

bel[87]. Sie zeigen die Formensprache des Mantegna-
652 Kreises. Damit kommen wir in die Nähe Venedigs. Dort ist das Musikstück dann zur weltberühmten Gattung geworden. Mag die Fête champêtre des Louvre noch zwischen Pastorale und Musikstück stehen, in dem Konzert des Pitti, von Giorgione begonnen und dem jungen Tizian vollendet, ist das Thema dann klassisch formuliert und von Palma Vecchio, Bonifazio Veronese[88] und den Bassani gepflegt worden. Mit dem Auftreten des Caravaggio geht dann die Führung wieder auf die Lombardei über (Lautenspieler, Leningrad, Eremitage – Ruhe auf der Flucht, Rom, Galleria Doria). Seine Nachfolge greift das Motiv auf (Gentileschi, Galerie Liechtenstein, Wien – E. Baschenis[89], Selbstbildnis, Bergamo, Privatbesitz) und hat es bis nach Spanien (Velasquez, Berlin, Kaiser-Friedrich-Museum), Frankreich und den Niederlanden verbreitet[90].

Alle diese Themen sind also in Oberitalien aufgekommen.

Wenden wir uns nun von den ikonographischen zu den formalen Eigentümlichkeiten der oberitalienischen Kunst. Jedem, der zum ersten Male in dem Lande zwischen Alpen und Apennin reist, wird es auffallen, wie eine ungeheure Schmuckfreudigkeit an den Gebäuden das tektonische Gerüst zu übertönen versucht. Von der Fassade von S. Michele in Pavia mit ihrem reichen romanischen Bauschmuck über den Außenbau des Mailänder Doms und der Certosa di Pavia, der überladensten Kirchenfront

(88) Bei dem Musikszenen allerdings nur als Nebenhandlungen auf seinen religiösen Bildern auftreten.

Italiens überhaupt, bis zur Fassade von Sa. Ma. presso S. Celso in Mailand aus dem Manierismus – welcher Überschwang eines dekorativen Spieltriebs, welch andere Auffassung von Mauerverband und statischen Kräften als in Mittelitalien! Daß die Architektur des Jugendstils mit ihren ins Monumentale getriebenen dekorativen Wucherungen in der Lombardei einen wohlvorbereiteten Boden fand, ist demnach offenkundig. In der Tat stehen fast alle wichtigen italienischen Bauten dieses Stils in der Lombardei (Eingangsfront zum Friedhof in Bergamo, dem Kyffhäuser-Denkmal sehr verwandt, Elektrizitätswerk in Trezzo an der Adda, Hauptbahnhof in Mailand usw.).

In Venedig ist das dekorative Gefühl nicht geringer, nur ist es sehr viel zarter als im westlichen Oberitalien. Während hinter der lombardischen Dekoration die germanische Ornamentik der Zeit der Völkerwanderung steht, erwuchs die dekorative Haltung in Venedig aus ihrer Begegnung mit der byzantinischen und islamischen Kunst. Der venezianische Sinn für Dekoration ist also sehr viel älter, müder und feiner als der lombardische. Seine zarte Sinnlichkeit vermeidet die groben Effekte, welche die Lombardei zumindest seit dem 14. Jahrhundert immer mehr ausspielte. Man muß sich vergegenwärtigen, daß zwischen der endgültigen Ausgestaltung der Fassade von S. Marco im Weichen Stil und dem Baubeginn der Fassade der Certosa di Pavia keine zwei Menschenalter liegen. Dem venezianischen Farbsinn, erzogen durch byzantinische Inkrustation, Zellenschmelz und die Mosaiken von S. Marco, mußte die Fassade der Colleoni-Kapelle in Bergamo als unerträglich laut und bunt erscheinen. Der dekorative Sinn des

Venezianers bemächtigt sich im Mittelalter des Mauer-
654 gefüges selbst, das er für die optische Erscheinung in ein textiles Gewebe umzudeuten vermochte. Die lombardische Schmuckfreudigkeit ist gröber. Sie verwandelt den Steinverband nicht, sie belegt nur seine Oberfläche mit Schmuck. Erst zu demjenigen Zeitpunkt, da in Venedig die Kräfte erloschen, welche die einheimische Dekorationsart getragen hatten, d.h. im Quattrocento, vermögen die Lombarden in Venedig Fuß zu fassen. Die zarte venezianische Art zu ornamentieren wird sehr schnell übertrumpft, ja ausgelöscht.

Vom Pal. dei Camerlenghi bis zum Hof und zur Rückfront des Dogenpalastes, von der Fassade der Scuola di S. Marco bis zum Chor von S. Giobbe – so viele Fremdkörper im venezianischen Stadtbild als Bauten! Man sieht, der gemeinsame Grundtrieb Oberitaliens, der dekorative Sinn, hat so viele Spielarten, daß dieses Gemeinsame in den Varianten fast unkenntlich wird.

Indessen gibt es auch Stilperioden, in denen die einzelnen Kunstprovinzen Oberitaliens sozusagen zu einer großen Kunstlandschaft zusammenwachsen. Das schönste Beispiel dafür bietet das Verhalten aller Kunstzentren in der Po-Ebene am Ende der Hochrenaissance bei der Entstehung des antiklassischen Stiles. Es ist mitnichten so, daß der Manierismus zwischen 1520 und 1530 allein in Florenz geschaffen worden sei und sich von dort über die andern italienischen Länder verbreitet habe. Oberitalien besitzt eine eigene antiklassische Strömung zunächst in seiner Malerei, deren älteste Denkmäler so frühe entstanden, daß sie von der Toskana gar nicht abhängig sein können. Vor

allem aber ist die oberitalienische Spielart des Manierismus kein linearer Stil, sondern bleibt dem leuch- 655
tenden Kolorismus treu, sie vermeidet kalte Farben und schrille Changeants, und die Linien und Konturen sind zwar so artistisch und ornamental wie in Florenz – aber ganz ohne den toskanischen Zug zur Abstraktion.

In einer solchen Auffassung des antiklassischen Stiles sind sich alle oberitalienischen Kunstlandschaften einig; das Friaul mit Pordenone, die Lombardei mit Lotto, Moretto und Moroni, Ferrara mit Dosso Dossi, Parma mit Correggio und Parmigianino, Venedig mit Schiavone, Tintoretto und Veronese. Von der Lagune bis vor die Tore Mailands, vom nördlichen Apennin-Rand bis zum Fuße der Carnischen Alpen bietet die oberitalienische Malerei um 1540 ein erstaunlich einheitliches Gesicht, mißt man die Kunstwerke ihrer einzelnen Landschaften an florentinischen oder sienesischen Gemälden.

Im 17. Jahrhundert sehen alle zeitgenössischen Kunstkenner erst recht Oberitalien als eine einheitliche Kunstlandschaft an, was durch die Tatsache bezeugt wird, daß die ›lombardische Malerschule‹ nun als Sammelname sich einbürgert, welche die venezianische wie die emilianische Malerei ganz selbstverständlich mit umschließt. Der Begründer dieser lombardischen Schule ist für die Menschen aus der Zeit des Barock und Rokoko Correggio, er ist zugleich der große Übergangsmeister zur ›modernen Kunst‹ der Bolognesen, d. h. der Carracci und ihrer Schüler. Bernini bezeichnet in den Gesprächen, die er 1665 in Paris mit dem Kammerherrn von Chantelou führte, Tizian und Veronese stets als lombardische Maler[90a].

Wir haben gesehen, welch große Rolle für die
656 florentinische Kunst der Rahmen spielt, von den Fassaden des Inkrustationsstils über Giottos Fresken bis zu dem Studiolo Francescos I. im Pal. Vecchio (1570–1573 unter Oberleitung von Vasari). Der Verzicht auf Rahmung und Trennung hingegen ist eine der Hauptäußerungen des dekorativen Gefühls in Oberitalien. Die riesige Obermauer des Dogenpalastes in Venedig ist weder an den Kanten des Baublocks noch am oberen Abschluß zureichend tektonisch gerahmt. Das Innere der Rotonda von Rovigo (Madonna del Soccorso), eines mächtigen Oktogons, ist im 17. Jahrhundert von Künstlern der Terra ferma (darunter Fr. Maffei) dekoriert worden. Die Statuen-Nischen des Mittelgeschosses ›schwimmen‹ ohne genügende Verankerung in der Fläche, die großen Leinwandbilder der unteren und oberen Zone werden durch die viel zu schmalen Leisten nicht wirkungsvoll genug gegeneinander abgesetzt. So entsteht der Eindruck, als ob es sich eher um einen einzigen großen Gobelin handele[91]. In dem Konvent der Annunziata bei Borno (Val Camonica, einem Alpental nordwärts Brescia) hat P. Giovanni da Cemmo in der zweiten Hälfte des 15. Jahrhunderts eine hohe Schildbogenwand zwischen Presbyterium und Schiff mit der Darstellung eines Passionszyklus geschmückt, der aus vielen Feldern quadratischen Formats besteht[92]. Dort, wo der Schildbogen diese schachbrettartige Wandaufteilung nun überschneidet, hat der Maler in seiner Flächenaufteilung nicht die mindeste Rücksicht auf diese architektonische Begrenzung genommen. Wie leicht hätte er durch einen Kranz von Engeln, welche die Leidenswerkzeuge tragen,

die häßlichen Restformen angeschnittener Quadrate vermeiden können. Übrigens sind auch hier die Grenzstreifen zwischen den einzelnen Feldern so schmal, daß wieder der gobelinartige Eindruck aufkommt.

Es ist nun sehr merkwürdig zu beobachten, wie rasch ein bedeutender toskanischer Meister dieser lahmen oberitalienischen Art der Flächenaufteilung ohne feste tektonische Rahmung erliegt. Im Baptisterium von Castiglione Olona hat Masolino sich überraschend schnell damit abgefunden, auf die Rahmungen der Szenen seines Johannes-Zyklus überhaupt zu verzichten[93] (Abb. 120). Es fehlt nicht nur zwischen der oberen und der unteren Freskenreihe jede Horizontalteilung durch einen Rahmen, eine Borte, ein Sims oder ähnliches, so daß die Felskulisse von der Taufe Christi ganz von selbst in das Bergmassiv übergeht, in der die Johannespredigt stattfindet. Vor allem knickt der Fries der Erzählung auch rechtwinklig um: die Predigt Johannes des Täufers in der Wüste befindet sich auf der Wand neben einem Fenster, während die Zuhörer zum Teil in der Fensterlaibung plaziert sind. »Die scharf geprägten individuellen Köpfe der Männer, die reichen modischen Trachten, die schwülstigen Formen des Nackten auf dem Taufbild, die Landschaft, im allerhöchsten Maße aber das Kolorit mit dem Vorwalten der gedämpften Töne, des in breiten Flächen die Bilder beherrschenden Braun, alles das ist oberitalienisch ... Masolino muß sich wohl, ehe er hier ans Werk ging, längere Zeit in der Lombardei aufgehalten haben, sonst wäre eine solche Wandlung und Anpassung nicht zu erklären, eine so leichtfertige Preisgabe der höchsten Werte seiner heimatlichen Kunst.« (Georg Graf Vitzthum.)

Aber nicht nur in der Lombardei fügen sich die
658 Florentiner dem Genius loci. Wenn ein Schüler des Ghiberti, Michele da Firenze, von 1433–1438 in der Cappella Pellegrini von S. Anastasia in Verona Terrakotta-Reliefs mit dem Leben Christi bildet, so streifen diese dabei völlig den Charakter der florentinischen Kunst aus der Zeit des Don Lorenzo Monaco und des Ghiberti ab und geraten ganz unter den Einfluß des Weichen Stils, dessen nordische Komponente in Verona sich sehr viel stärker durchsetzt als in Florenz. Verrät sich aber der Florentiner immer noch an der starken Tektonik der Reliefkomposition in diesem Zyklus, so hat er sich bei dem riesigen Poliptychon in der Art der Massegne im Dom von Modena (Altare delle Statuine, 1442 datiert) völlig in den Charakter der oberitalienischen Kunst eingelebt[94]. Es gab noch andere Florentiner, die ganz in der venezianischen Spielart des Weichen Stils aufgingen. Dem Vater Niccolò Lamberti, genannt il Pela, der 1415 als Proto, d. h. als oberster Bauleiter, in den Dienst der Bauhütte von S. Marco trat, folgte 1418 sein Sohn Pietro in die Lagunenstadt, der in Florenz unter dem Einfluß des Nanni di Banco und des Donatello gestanden hatte[95]. Schon das Grabmal des Dogen Tomaso Mocenigo in SS. Giovanni e Paolo (1423 signiert und datiert) ist ganz von der lockeren Kompositionsart oberitalienischer Wandgrabmäler, doch halten die zwei Reihen von Statuen-Nischen noch einige tektonische Ordnung. Diese ist dann aber in dem Grabmal des Beato Pacifico von 1437 in den Frari von Nanni di Bartolo aus Florenz ganz aufgegeben zugunsten einer ornamentalen Gliederung im Style flamboyant[96].

Noch weiter geht Rosso Fiorentino in seinen großen Wandgrabmälern in Verona und Padua[97], die auf architektonische Rahmung ganz verzichten und wie Bühnenprospekte wirken. Kennt man Rosso nur als den strengen Statuariker, der am Florentiner Campanile im Wettstreit mit Donatello die großen Nischenfiguren aufbaut, so begreift man die Macht des oberitalienischen Milieus.

Wenn umgekehrt oberitalienische Künstler in der Toskana schufen, so kamen ähnliche Zwitterbildungen zustande. Im Dome von Pistoja steht ein großer Bronzeleuchter des Bartolomeo Bellano aus Padua (Abb. 127). Auf einer dreieckigen, von Löwensphingen getragenen Basis erhebt sich der Schaft des Leuchters in Gestalt einer urflorentinischen Vase mit langem Halse und spiralartiger Riffelung. An den Schaft der Vase schmiegen sich vier ganz dünne Henkel, die sich gegen das obere Ende volutenartig zusammenrollen. Das alles sind ausgesprochen toskanische Renaissance-Motive, wie sie im Umkreis von Donatello häufig auftreten[98]. Aus der Vase wachsen aber dann in S-förmiger Krümmung sieben Äste hervor, die zunächst bis zur Hälfte mit Laubblättern bedeckt sind und die sich schließlich kelchartig erweitern, um Teller für die Kerzen zu bilden. So toskanisch streng und trocken, so tektonisch-zuchtvoll die untere Hälfte des Leuchters ist, so oberitalienisch phantasievoll und ungebunden wirkt der Oberteil. Obwohl der Leuchter zwischen 1453 und 1466 entstanden sein muß – und eher gegen das Ende dieser Spanne hin – lebt in dem oberen Teile noch viel heimliche Gotik. Bezeichnenderweise fallen einem für diesen Oberteil Vergleiche nur aus dem organischen Bereich ein, unwillkürlich denkt man an einen großen Seekrebs oder sonst irgendein Schalentier mit sieben großen Fangarmen. Gerade der unstatische Charakter des Leuchters wird durch die ausgreifenden Arme betont: so straff wie der Unterbau der Vase, so schwankend wirkt der Oberteil. Der Bronzeleuchter des Verrocchio (durch Inschrift 1468 datiert, Berlin Schloßmuseum) zeigt, wie der Pistojeser Leuchter aussehen müßte, wenn er ganz in florentinischem Sinne entworfen worden wäre[99] (Abb. 128).

Von den fünf Landschaften Oberitaliens scheiden für unsere Untersuchung zwei aus, Ligurien und Piemont, denn unsere Betrachtungsart versagt vor diesen beiden Provinzen. Die Eigenart einer Kunstlandschaft läßt sich nur dann aufzeigen, wenn in verschiedenen Jahrhunderten dieselben künstlerischen Verhaltensweisen wirksam werden. In Ligurien und Piemont aber ist das künstlerische Schaffen zu oft ganz abgerissen, und in den andern Epochen ist es zumeist nicht dicht genug gewesen, um so weitgreifende Schlüsse wie die auf den Grundcharakter einer Kunstlandschaft zuzulassen.

Ligurien ist die einzige italienische Provinz, die ganz von natürlichen Grenzen umschlossen ist. Die baumlosen Bergketten der ligurischen Alpen und des ligurischen Apennin umdrängen wie ein riesiges Amphitheater den schmalen Küstensaum mit den Siedlungen am Tyrrhenischen Meer, ein Land von einer solchen geographischen, klimatischen und ethnischen Geschlossenheit, wie man kaum ein zweites in Italien findet. Der Abfall des Gebirges zum Meer hin ist steil und felsig und wird nur von kurzen Kerb-

tälern unterbrochen. Der ligurische Apennin bedeutet nur im Winter eine scharfe Klimascheide. Zu 661
Füßen seines Südhangs breitet sich die Felsenbuchten-Landschaft der Riviera mit wintermildem Mittelmeerklima und mediterraner Vegetation in üppigster Form, mit Olivenhainen, Weinbergen, Dattelpalmen, Eukalyptusbäumen, mit Blumen- und Gemüsegärten. Der Nordhang hingegen ist im Winter rauh. In Ligurien haben keine Völkerbewegungen und Rassenmischungen stattgefunden. Die Ligurer sind die Urbevölkerung, weder eine Wander- noch eine Ursprungssage gibt es in ihrem Sagenschatz[100]. Von den beiden großen Landnahmen, welche das übrige westliche Oberitalien vollständig überwältigten, ist allein Ligurien verschont geblieben: verloren die Ligurer auch viel Grund an die Etrusker, in das heutige Ligurien wenigstens sind die Tusker niemals eingedrungen, und ebenso haben die Langobarden hier niemals Fuß fassen können[101]. Ligurien war sprachlich schon im Altertum vollständig isoliert. Ursprünglich reichte das Gebiet der Ligurer westlich bis an die Rhône, nördlich über den Po hinaus bis Turin, südlich bis Pisa und Arezzo. Das alles haben die Kelten und die Etrusker ihnen abgenommen. »Die Wohnsitze sind klärlich nicht derart wie sie ein siegreich vordringender Wanderzug erkämpft, sondern die Zufluchtsstätte, welche die Reste einer untergehenden Nation rettet[102].« Der Tatsache, daß Ligurien die einzige italienische Landschaft ist, wo keine Rassenmischungen stattfanden, wird es sein völliges Versagen als Kunstlandschaft zu danken haben. Dazu treten freilich geographische Eigentümlichkeiten, welche die Ausbildung einer echten Kulturprovinz

erschwerten. Der Küstenstreifen der Liguria di Le-
662 vante ist sehr schmal und außerordentlich arm an natürlichen Häfen. Vor allem aber hat dieser Küstensaum kein Hinterland. Die spärlichen Pässe, die in ziemlicher Höhe das Gebirge überqueren, führen in Gebiete, die nicht mehr zu Ligurien gehören. Im Golf von La Spezia hatte die Natur zwar einen großartigen Hafen geschaffen, der auch den an dieser Küste so notwendigen Südwestschutz bot; aber die Lage der Bucht zwischen den großen Rivalinnen Pisa und Genua ließ es hier während des Mittelalters und bis in die jüngste Neuzeit zu keiner Stadtgründung kommen[108]. In Porto Venere, wie schon dem Namen zu entnehmen ist, einer antiken Gründung, die für den Seeverkehr während der Karolingerzeit noch einmal vorübergehende Bedeutung erlangt hatte, wird zwischen 1113 und 1161, nachdem die Siedlung endgültig in genuesischen Besitz gekommen war, eine Rocca errichtet. Darauf antworten die Pisaner sogleich mit der Erbauung einer Burg am andern Ende des Golfs in Lerici und umgeben auch die Ansiedlung darunter mit Mauern, die den Namen ›Borgo Pisano‹ annimmt. (Erwähnt bei Dante, Purgatorio III, 49.) Erst 1861 nach dem Verlust von Villafranca an Frankreich ist Spezia der Kriegshafen des neuerstandenen Königreichs Italien geworden.

Verwehrte die Natur Ligurien so einen reichen Kranz von blühenden Städten, so schloß sie durch hohe Gebirgsketten das Land auch noch von der reichen städtischen Kultur der Lombardei und dem ritterlich höfischen Wesen des Mittelalters in ganz Oberitalien ab. So wurden die Ligurer ein Seefahrer- und Fernhandelsvolk, das hinaus sah aufs Meer. Der

Kaufmannsgeist, der sich hier früh ausbildete, war amusisch, und drum haben die übrigen italienischen 663
Landschaften von jeher auf die Ligurer und besonders die Genuesen herabgesehen. Dante, der freilich ein großer Hasser war, hat die Genuesen Feinde jeder Sitte und pien d'ogni magagna genannt[104]. Bernini ließ in Paris 1665 gegenüber Herrn von Chantelou seinem Unmut freien Lauf: »Die Genuesen sind überhaupt die faulsten Köpfe von ganz Italien, und zwar durch den Handel, der ihr Urteil prostituiert und jegliches Verständnis für anderes verdirbt[105].« Ein Italiener unserer Tage schließlich urteilt: »Es scheint, als seien die Musen vor der aufdringlichen Pracht der Natur geflohen, als habe die indiskrete Sonne dieser Fels- und Meereslandschaft den Menschen den Einblick in ihre Seele verwehrt, so arm ist sie an Poesie und an originellen Werken der bildenden Kunst[106].«

Von den großen Künstlern, die in Ligurien gewirkt haben, ist kaum einer ein Landeskind. Galeazzo Alessi, der Erbauer der Paläste an der Prunkstraße von Genua, der Via Garibaldi, und von Sa.Ma. di Carignano, ist in Perugia geboren und gestorben. Rocco Lurago, der Meister des Pal. Doria Tursi (Pal. Municipale) ist Comaske, Giovanni Battista Castello kommt aus Bergamo. Der bedeutendste Barockmaler Genuas, Bernardo Strozzi (1581–1644), ist zwar gebürtiger Genuese, hat aber das letzte halbe Menschenalter seiner Schaffenszeit in Venedig verbracht und ist dort gestorben. Der gesuchteste genuesische Architekt der Barockzeit war Bart. Bianco aus Como. Man muß sich einmal klar machen, wie die Künstler aus allen Ländern sich hier um 1600 ein Stelldichein

geben. Baroccis Kreuzigung für S. Lorenzo entstand
664 1595, Rubens malt das erste Bild für Genua, die Beschneidung in S. Ambrogio, 1607–1608. Frans Snyders trifft 1608 ein, zur gleichen Zeit malt Gentileschi seine Verkündigung für S. Siro, Agostino Tassi kommt 1610 nach Genua, die Brüder de Wael, die hier eine ganze niederländische Kolonie gründen, vielleicht vor 1613, van Dyck und Simon Vouet 1621[107]. Daß den Ausländern Rubens und besonders van Dyck die großen Porträtaufträge zufielen, welche das Genueser Patriziat im Seicento zu vergeben hatte, daß der französische Barockbildhauer Pierre Puget hier von 1660–1667 ein reiches Wirkungsfeld fand, bezeichnet das Versagen der einheimischen Kräfte. Und dabei ist das 17. Jahrhundert noch die fruchtbarste Zeit der genuesischen Kunst! Aber wie wenig bedeutet eine Gestalt wie Giovanni Benedetto Castiglione, genannt Grechetto[108], für die gesamtitalienische Kunst. Nur unter den Malern des italienischen Settecento ist ein großer Genuese, der unheimliche Alessandro Magnasco (1667–1749)[109].

In *Piemont* liegen die Verhältnisse ganz anders als in Ligurien. Es spielt eine rechte Vermittlerrolle zwischen den beiden großen romanischen Nationen, bis 1859 war das Französische hier eine Art von zweiter Amtssprache, und erst recht sprach man am Turiner Hofe noch unter Karl Albert französisch. Auch in geographischer, klimatischer und ethnischer Hinsicht überbrückt Piemont die Gegensätze. Die Höhenunterschiede zwischen dem gegen die Poebene steil abfallenden Gürtel der Cottischen, Grajischen und Penninischen Alpen und dem oberitalienischen

Flachland sind bedeutend. Gegen alle übrigen Himmelsrichtungen durch die Alpenketten abgeschlossen, 665
liegt allein die Grenze des Landes gegen Osten hin, am Ticino entlang, vollständig offen. Wie im Altertum in Piemont ligurisches, iberisches, keltisches, etruskisches Volkstum sich durchdrungen haben[110], so in Mittelalter und Neuzeit italienisches und französisches Wesen. Dieses Land besaß die einzige angestammte Dynastie von ganz Italien. Zu Beginn des 11. Jahrhunderts treten die Grafen von Savoyen in die Geschichte ein, gleich von Anfang an sind sie im Besitz der westlichen Alpenpässe, erst nachher greifen sie in die Po-Ebene aus und werden damit nun wirklich zu einer italienischen Macht. 1290, nach dem Sturze des ›großen Markgrafen‹ Wilhelm erben die Savoyer Teile der Markgrafschaft Montferrat, 1588 dann die Markgrafschaft Saluzzo. Ans Meer waren sie schon 1388 mit der Erwerbung der Grafschaft Nizza gelangt, wobei ihnen in Villafranca ein Seehafen zufiel. Mit der größten Stetigkeit ist das Haus Savoyen seinen Weg gegangen, der es dann 1870 durch die Porta Pia nach Rom führte. Was für Genua Kaufmannsgeist und Handelsflotte bedeuteten, waren für Piemont Beamten-Verantwortlichkeit und Heer. Die Geschichte Piemonts ist die Geschichte des Hauses Savoyen. Oft genug hat man Savoyen und Preußen, die Dynastien Savoyen und Hohenzollern verglichen. In beiden Fällen ging die Einigung von dem straff organisierten Beamtenstaate ganz an der Peripherie der Nation aus. Haushälterisch, sparsam, opferbereit waren hier und dort die Kreise des Landadels und des Bürgertums, welche diese Entwicklung trugen. Das ist nicht die rechte Atmosphäre für die Kunst. »Praktisch und

nüchtern, real und amusisch wurde das piemontesi-
666 sche Volk[111].«

Es ist erstaunlich, wie wenig Anteil an der künstlerischen Kultur Italiens Turin noch im 15. und 16. Jahrhundert nimmt. Obwohl die Stadt schon seit dem 5. Jahrhundert Sitz eines Bischofs, seit 1515 Sitz eines Erzbischofs ist, macht die Kathedrale aus der Frührenaissance in ihrer Ausstattung, die alles andere als eine stolze Geschichte widerspiegelt, einen recht bescheidenen Eindruck. Der Mangel an einer künstlerisch interessierten Auftraggeberschicht aus Hofadel und städtischem Patriziat wird offenkundig. (An der inneren Eingangswand das Monument für die Gräfin Giovanna d'Orlié de la Balme (um 1493) – ein ganz französischer Grabmal-Typus, die Verstorbene kniend und betend auf ihrem Sarkophag darstellend.)

Als dann die beiden Wunderwerke des landfremden Guarini emporwachsen, zeigt sich, daß man in Turin gar nicht in der Lage ist, sie im Zeitgeschmack zu dekorieren. Besonders S. Lorenzo (Beginn der Ausstattung des Innenraums um 1680) prangt in einer schweren, frühbarocken Inkrustation, die noch der römischen Stilart des Maderna entspricht, aber viel zu kleinteilig ist, um die Raumidee Guarinis interpretieren zu können, mit der sie sich nicht zusammenfindet.

Auch was draußen im Lande in glücklicher Stunde geschaffen wird, steht zumeist außerhalb jeder Tradition. Stets hat man es mit Werken von Einzelgängern zu tun. Wieso gelingt der große Wurf trotzdem? Die Zisterzienserkirche Staffarda (südwestlich von Turin bei Saluzzo; Hauptbauzeit nach 1159) folgt weder im Grundriß noch in den Raumproportionen den Bauvorschriften und -gewohnheiten des Ordens, sondern dem Raumtyp der lombardischen Ziegelbauten von der Art von S. Ambrogio in Mailand, doch bildet sie in sehr selbständiger Weise die Verhältnisse ins Offene, Freie und Großräumige um. – Die Vorhalle, welche um 1200 dem Dom von Casale Monferrato vorgelegt wurde, wirkt wie ein einsamer Findling in der abendländischen Architekturgeschichte. Das Schwibbogengewölbe mit seinen tief ausgeschnittenen Kappen, die an Honigwaben erinnern, ist ohne islamische Vorbilder nicht denkbar. Diese Vorbilder scheinen eher in der armenischen, als in der arabisch-spanischen Baukunst zu liegen. – Ein aus theoretischen Erwägungen entsprungener Grundriß wie der von Schloß Stupinigi (dem ›Versailles‹ von Turin, errichtet seit 1729 nach Plänen von F. Juvara), wo sich zwei diagonal angeordnete Längstrakte in einem hohen kreisrunden Zentralbau durchdringen, würde andernorts wahrscheinlich erklügelt wirken. In Stupinigi aber kommt der Charakter des Gekünstelten gar nicht auf, selbst die bei dem Anfall der Diagonaltrakte an den Mittelpavillon in der Querachse entstehenden spitzen Winkel sind elegant verkleidet.

Zu einer großen künstlerischen Epoche hat es Piemont erst im Barock gebracht, im 17. und vor allem im 18. Jahrhundert. Es war eine echte Blüte. In den beiden ersten Generationen blieben die Führerpersönlichkeiten zwar noch Fremde (Guarini und Juvara), aber wenigstens die Spätphase wurde von Landeskindern getragen (Vittone, Ben. Alfieri u. a.). Nicht nur der Hof und die Residenzstadt Turin, sondern das ganze Land nahmen an der regen Baubewegung Anteil, von der Kathedrale von Carignano

über die Wallfahrtsstätten Mondovi und Oropa bis
668 zu der letzten Dorfkirche[112]. So bodenständig die bildende Kunst Piemonts im 18. Jahrhundert also ist, die literarische Kultur war damals im gesamten Abendlande französisch, und sie war es natürlich in Piemont in doppeltem Maße. So »hat Piemont erst mit dem Dichter Alfieri Ende des 18. Jahrhunderts den dauernden geistigen Anschluß an das übrige Italien gefunden[117]«.

Leider sind nun aber die Denkmäler der bildenden Kunst in Romanik, Gotik oder Renaissance in Piemont nicht bedeutend und dicht genug, um eine künstlerische Kontinuität entstehen zu lassen, die uns erlauben würde, eine gleiche künstlerische Grundhaltung oder wenigstens einzelne künstlerische Eigentümlichkeiten durch die Jahrhunderte hin abzulesen[117]. Wir besitzen also schlechterdings keine Handhabe, um festzustellen, was das eigentlich Piemontesische an der Baukunst der Juvara-Zeit ist. Gewiß, es gibt höchst komplizierte Raumvorstellungen im Zentralbau noch um und nach der Mitte des 18. Jahrhunderts, besonders bei Bernardo Vittone (gestorben 1770). Aber wer will entscheiden, ob hier eine piemontesische Grundveranlagung sich ausspricht oder ob die Raumvorstellungen der Architekten noch immer unter dem Banne der Ideen des Guarini stehen?

Somit bleiben für unsere Betrachtung nur drei oberitalienische Landschaften übrig: die Lombardei, die Emilia und Venedig mit seiner Terra ferma.

LOMBARDEI

Die Lombardei ist das Land am Südhange der Alpen samt der großen fruchtbaren Po-Ebene zu Füßen des Gebirges zwischen Ticino und Mincio. Die Südgrenze der Lombardei bildet der Flußlauf des Po von Valenza, unmittelbar nördlich Alessandria, bis Ostiglia, etwas ostwärts Mantua. Das ist eine Grenze, die von Osten nach Westen im großen und ganzen geradlinig verläuft. Lediglich südlich von Pavia, zwischen Voghera und Piacenza, greift die Lombardei auf das südliche Po-Ufer über und dringt in einem Dreieckszipfel gegen den Kamm des Ligurischen Apennin vor. Doch ist diese Zunge südlich des Po, die in ihrer größten Tiefe kaum fünfzig Kilometer Ausdehnung hat, für unsere Betrachtung belanglos. Es liegen keine bedeutenden Städte dort; die alte Reichsabtei Bobbio im Trebbia-Tal, unmittelbar an der Südspitze des Zipfels, gehört schon zur Romagna. Die Westgrenze der Lombardei bilden das Ostufer des Lago Maggiore und der Tessin, der unter den Nebenflüssen des Po der wasserreichste ist, die Ostgrenze aber das Westufer des Gardassee, dann zunächst der Lauf des Mincio für ein kurzes Stück. Schließlich umgeht die Grenzführung Mantua im Osten, um den Po bei Ostiglia zu erreichen. Nördlich des Gardasees, also im Gebirge, ist die Ostgrenze nicht so leicht überschaubar. Sie verläuft in der Zone »zwischen Oglio und Adda, die keine Zugänge aus den

Alpen besitzt, und somit ein natürliches Grenzland
670 gegen Venetien bildet[1]«. Die Lombardei besitzt im Norden eine natürliche Grenze im Alpenmassiv und im Südwesten zwischen Alessandria und Piacenza im Nordhang des Apennin. Sämtliche übrigen Grenzen sind weit geöffnet, und gerade daraus leitet sich die Mission der Landschaft ab.

Die Römer betraten oberitalienischen Boden zuerst in Rimini, sie eroberten, befriedeten und kultivierten das Land in der Richtung der späteren Via Emilia. Diese verläßt die Landschaft, der sie den Namen gibt, bei Piacenza und tritt dort in die Lombardei über. So ist Piacenza noch heute das Haupttor der Lombardei vom Süden her, und die Eisenbahnlinie, welche die Via Emilia im 19. Jahrhundert ersetzt hat, ist noch heute das entscheidende Bindeglied zwischen Mailand und Rom, d.h. zwischen der Lombardei und dem übrigen Italien. Nach dem Übertritt auf das nördliche Po-Ufer ändert die Via Emilia ihre Richtung nicht, führt vielmehr schnurgerade nach Mailand. Aber auch von Norden her betrachtet, bedeutet Mailand »den Brennpunkt des Landes, nach dem sämtliche mittleren Alpenpässe konvergieren; zwischen Ticino und Adda münden sie allein neun an der Zahl[2]«. Von ihnen waren mehr als die Hälfte im Altertum schon begangen[3]. So bildet Mailand den natürlichen Schwerpunkt des Landes. »Durch die römische Eroberung wird die Lombardei geraume Zeit in den Schatten gedrängt, da die Politik Roms nach allen Weltgegenden, nur nicht nach Mitteleuropa ausschaute[4]«, aber in der diokletianischen Reichsteilung wurde Mailand zusammen mit Trier, Sirmium und Nicodemia Residenz eines der Tetrarchen

des Imperium Romanum, und Sitz der Augusti ist es bis 404 n. Chr. geblieben. Durch das gesamte Früh- 671
und Hochmittelalter hält Mailand die Schlüsselstellung für die Verbindung mit dem Römischen Reich Deutscher Nation. Als dann im 15. Jahrhundert Frankreich emporsteigt, wird Mailand nun die große Mittlerin zum Westen, wie es sie zum Norden gewesen war. Es sieht nicht so aus, als ob der Flugverkehr, der an keine Alpenpässe, Verkehrsstraßen und Eisenbahnnetze mehr gebunden ist, die Bedeutung der Industriestadt Mailand beeinträchtigen könnte. In keiner anderen Millionenstadt Europas sind im letzten Jahrzehnt so viele Hochhäuser gleich Pilzen aus dem Erdboden geschossen wie hier.

Kulturpolitisch aber bedeutet Mailand nicht nur den Schwerpunkt der Lombardei, sondern besonders seit dem 15. Jahrhundert sind die Begriffe Lombardei und Mailand synonym. Seit nämlich Venedig sich entschlossen hatte, eine Festlandsmacht zu werden, war die geographische Grenze zwischen Venetien und der Lombardei am Gardasee und Mincio nicht mehr auch die politische Grenze. Nachdem der Markuslöwe in Brescia 1426, Bergamo 1428 und Crema 1449 aufgerichtet worden war und diese Städte nun auch künstlerisch ganz unter den Einfluß von Venedig traten, blieb die Lombardei in kulturpolitischem Sinne bis zum Einfall der französischen Revolutionsheere wirklich auf Mailand beschränkt. Die Bedeutung Pavias, der alten Königsstadt der Langobarden, des Augapfels der fränkischen Politik, beruht auf der alten steinernen Po-Brücke südlich der Stadt[5]. Schon in ottonischer Zeit erlosch die Würde Pavias als einer Hauptstadt des Regnum Italicum. Lodi war 1111

zerstört worden, gegen Pavia und Como behielt Mai-
672 land im sogenannten »zehnjährigen Krieg« (1118 bis 1127) die Oberhand, so daß eigentlich nur die unversöhnliche Feindin Cremona selbständig blieb, die Bundesgenossin Friedrich Barbarossas, die den Haß des Kaisers schürte, wo sie konnte. Mantua schließlich lag nicht nur geographisch abseits, vor allem entfaltete sich hier eine Hofkunst, die niemals bodenständig war.

Heute ist die Lombardei in neun Provinzen gegliedert: Pavia, Milano, Cremona, Mantua, Varese, Como, Bergamo, Brescia und Sondrio. Die letzte Provinz kann hier beiseite bleiben. Es ist das Veltlin, das ebenso wie das Tessin zur Schweiz gehörte. Aber 1799 baten die Veltliner, der ewigen Spannung mit den Eidgenossen müde, um Aufnahme in Napoleons zisalpinische Republik. Auf diese Weise kamen die wichtigsten Alpenpässe an die Lombardei. Julier, Septimer und Splügen vermitteln den Verkehr vom Engadin, dem Bergell und dem Hinterrhein her. Nicht nur durch seine eigene Geschichte, auch durch seine wirtschaftliche Struktur als alpines Agrarland führt das stolze Veltlin im Rahmen der reichen lombardischen Provinzen ein Sonderdasein[6]. Denn von den zehn fruchtbarsten Provinzen Italiens stehen unmittelbar hinter Neapel gleich vier lombardische Provinzen an zweiter, dritter, fünfter und sechster Stelle: Cremona, Mailand, Pavia und Mantua[7]. »Dieses Herzogthumb«, sagt eine Weltbeschreibung von 1576, »wirdt für das beste Herzogthumb der ganzen Christenheit, gleichwie Flandern für die beste Graffschafft geacht[8].«

Um solche Landschaften pflegen sich die Völker

zu streiten, und so ist die Lombardei die geschichts-
trächtigste von allen Kulturprovinzen Italiens neben 673
Rom und Latium. Auch die Toskana kann sich in
diesem Punkte mit ihr nicht messen, selbst Rom
läuft die Lombardei den Rang ab durch die Vielfalt
der Strömungen, aus denen sich diese Tradition
bildet. Die Geschichte Roms ist so ernst und mono-
ton wie die Landschaft Latium, die ihr Schauplatz
ist. In der römischen Geschichte handelt es sich um
große Grundprinzipien, die durch die Jahrtausende
hin durchgehalten, von der Gegenseite aber immer
wieder angefochten werden. Die Methoden können
wechseln, die Grundrichtung bleibt und Roma docet.
Das ist in der Lombardei alles ganz anders. Auf allen
Seiten von großen Potenzen umgeben, kamen Be-
drohungen und glückliche Schickungen heute von
hier, morgen von dort her. In Rom gab es in christ-
licher Zeit nur eine Abwehrstellung, die nach Nor-
den. Hatte man Süditalien befriedet, durch ein
System von Lehnsverhältnissen vom Heiligen Stuhle
abhängig gemacht und so dafür gesorgt, daß weder
Salier noch Staufer im Rücken des Papsttums sich
festzusetzen vermochten, so konnte von auswärtigen
Feinden eigentlich keine Gefahr mehr drohen.

Aber wer in Italien einfiel, mußte Mailand zunächst gewinnen. Von den keltischen Insubrern, die sich beim Auftreten Hannibals noch einmal, mit diesem verbündet, gegen die Römer erhoben (218 v. Chr.), über die Plünderung durch die Hunnen (452 n. Chr.), die beiden Belagerungen durch Friedrich Barbarossa (1158 und 1162), in deren Folge die Stadt nicht zerstört, aber unbewohnbar gemacht wurde, über die Einfälle der Franzosen und Spanier bis zu den Feld-

zügen des jungen Napoleon und Radetzkys – ein fast
674 ununterbrochenes Einbrechen fremder Heere aus allen Himmelsrichtungen! Zu Sommerszeiten war die Po-Ebene das Schlachtfeld Europas: Pavia (1525), Turin (1706), Lodi (1796), Rivoli (1797), an der Ostgrenze der Lombardei Arcole (1796), Magenta und Solferino (1859), Custozza (1848), Sommacampagna (1866), ein Schlachtfeld reiht sich ans andere. Wenn Rom beharrt hat und sich behauptet, so hat Mailand sich arrangieren müssen. Man kann nicht sagen, daß es darob seinen imperialen Charakter eingebüßt habe. Noch Stendhal wollte, daß auf seinem Grabstein nichts anderes stehen solle als »Enrico Beyle Milanese«.

Mailand und Rom sind auch kulturpolitisch betrachtet Gegenspieler. Die Blütezeiten der einen Stadt bedeuten unweigerlich die Verfallszeiten der andern. In der Spätantike ist Rom verfallen, Mailand emporgestiegen. Die erste große Epoche der mittelalterlichen Kunst in der Lombardei ist die Karolingerzeit, während deren in Rom das künstlerische Schaffen fast völlig versiegt war. Wie trübe und armselig sind die Zeiten der Ottonen und des hohen Mittelalters für Rom, in denen mächtige Feudalherren die Päpste in der unwürdigsten Weise mißhandelten und das geistige Leben stagnierte. Währenddessen entsteht in der Lombardei die große politisch-soziale Bewegung, welche im 11. Jahrhundert zur Bildung der selbständigen Kommunen führt. Mit dem Lombardenbund als politischem Instrument können diese Städte in die Weltpolitik eingreifen. Mit der Selbstverwaltung der Kommune ist die Ausbildung des römischen Rechts, das Entstehen einer ausgesprochen bürger-

lichen Geschichtsschreibung, die, obwohl noch von Geistlichen verfaßt, den Ruhm des Bürgerstandes 675
verkündet[9], ist überhaupt das Aufkommen städtischer Kultur, Verwaltung, Rechtsnormen und die Blüte einer großen Baukunst (S. Ambrogio) und Bauplastik verbunden. Als das Papsttum 1377 aus der avignonesischen Gefangenschaft in das verödete Rom zurückkehrt, als das große Schisma die Weltgeltung der Kirche völlig zu untergraben droht, da erlebt Mailand eine besondere Blütezeit und schickt sich an, der Vorort eines italienischen Königreichs zu werden. Der vorzeitige Tod Gian Galeazzo III. Visconti 1402 hat diese Pläne allerdings zunichte gemacht. Die drei Jahrhunderte nach dem Sturze des Lodovico il Moro aber (1499) sind keine künstlerischen Blütezeiten für die Lombardei mehr, während dann Rom in Hochrenaissance und Barock gerade seine Glanzzeit erlebt. Im 19. Jahrhundert hinwiederum überflügelte Mailand die mittelitalienische Rivalin: seit 1797 war Mailand die Hauptstadt der zisalpinischen Republik, später regierte Eugène Beauharnais hier als Vizekönig. Man mußte nicht napoleonischer Reiteroffizier gewesen sein, um dem Zauber dieser damals einzigen modernen Großstadt der Halbinsel zu unterliegen. Stendhal kannte sein Italien auch sonst, aber verliebt war er nur in Mailand (und in die Kunst Canovas). Im Risorgimento ist Mailand wie von selbst die Führerrolle zugefallen. Während im geeinigten Italien Rom dann zur Verwaltungs- und Beamtenstadt wurde, hat sich Mailand zum größten Industrie-Emporium der Halbinsel entwickelt.

In keiner anderen Stadt Italiens hat sich das Nachleben der Antike so lange und lebenskräftig behaup-

tet, wie in Mailand. Ja, noch die karolingische und
676 ottonische Kunst bewahren hier den Charakter des Imperialen. Die Jahrhunderte, welche für die übrigen Städte und Landschaften der Halbinsel die dunkelsten sind, bedeuten für Mailand und die Lombardei Zeiten des Glanzes. 383 war Mailand Reichshauptstadt geworden, wenn auch nur für eine kurze Zeitspanne, weil schon 404 n. Chr. die Residenz nach Ravenna verlegt wurde. Aber in den nämlichen Jahrzehnten ist Mailand auch ein kirchenpolitisches Zentrum ersten Ranges durch den hl. Ambrosius geworden. Während seiner Regierungszeit (374–397) entstanden nicht weniger als elf Kirchen und Baptisterien in der Stadt. Drei- und fünfschiffige Basiliken mit hohem, dem Langhaus ebenbürtigem Querschiff, wie sie die konstantinische kirchliche Baukunst entwickelte, sind in Mailand selten (die ursprüngliche Kathedrale S. Tecla)[10]. Der hl. Ambrosius scheint andere Bauideale besessen zu haben. Von den Kirchen, die mit ihm in Zusammenhang gebracht werden, stehen die Basilica Apostolorum an der Via Roma, an der heutigen Stelle von SS. Nazaro e Celso, und die Basilica Virginum, heute S. Simpliciana, oben an[11]. Diese Bauten bevorzugen den weiten, ungeteilten Saal, an den sich an Stelle der Querhäuser niedrige Baukuben anschließen, deren architektonische und kultische Selbständigkeit durch Einschnürungen, Säulenarkaden und Vela dem saalartigen Langhaus gegenüber betont wird. Über den Verwendungszweck dieser selbständigen Querarme ist man sich nicht einig, manche Forscher möchten sie als Sepulkralbauten, andere als Zweckbauten für das Leben der frühchristlichen Gemeinde ansprechen[12]. Daneben kannte die kaiserliche Residenz

an ihrer Peripherie gewiß einen reichen Kranz von Mausoleen[13]. Von dem frühchristlichen Zentralbau neben der Basilika von S. Vittore al Corpo, der bis zum Ende des 16. Jahrhunderts gestanden hat und von dessen Außenbau wir eine anschauliche niederländische Zeichnung der Renaissancezeit im Stuttgarter Museum besitzen[14], steht noch nicht fest, ob er als Baptisterium errichtet wurde oder ob es sich um ein großes kaiserliches Mausoleum handelt, das später zur Kirche S. Gregorio umgewandelt wurde. Der berühmteste Zentralbau des frühchristlichen Mailand aber, S. Lorenzo, wird mit seinen gesamten Annexen unmittelbar nach 450 n. Chr. datiert. Die Vorbilder stehen im Osten, besonders in Syrien, mag man nun an Bosra oder an das 1938 freigelegte Martyrium von Seleucia, der Hafenstadt von Antiochia, denken[15]. Auch die Mailänder Apostelkirche hat man mit dem von den Amerikanern ergrabenen Kreuzbau von Kausiyeh im Weichbild von Antiochia in Verbindung gebracht[16].

Auf dem Gebiete der Plastik waren manche Stücke lange zwischen Mailand und Kleinasien strittig, bis sich der oberitalienische Charakter endlich beweisen ließ. So ist der Stadttor-Sarkophag von S. Ambrogio, obwohl er auf allen vier Seiten mit Reliefdarstellungen geschmückt ist, was sonst nur in Kleinasien vorkommt, eindeutig in Mailand entstanden, weil er aus einem Marmor gearbeitet wurde, der aus einem Bruch bei Como stammt[17]. Aber schon in der hohen Kaiserzeit hatte sich Oberitalien und mit ihm Gallien in der Sarkophagkunst weitgehend an kleinasiatische Formen angelehnt, sich aber der stadtrömischen Entwicklung gegenüber verschlossen[18].

Der Mailänder Stadttor-Sarkophag bildet zusammen mit der Holztür von S. Ambrogio und dem getriebenen Silberkästchen von SS. Nazaro e Celso die einzigen Reste der frühchristlichen Plastik aus ambrosianischer Zeit. Aber eine bodenständige oberitalienische oder gar lombardische Tradition spricht aus keiner dieser Skulpturen. Es sind Zeugnisse einer Hofkunst. »Der Zufall politischen Geschehens läßt für kurze Zeit die Stadt aus allen lebendigen Quellen des Reiches schöpfen und läßt eine reiche, wenn auch bald wieder vergessene Kunst erblühen[19]«. In den letzten Jahren hat die Forschung mit wachsendem Eifer frühchristliche Elfenbeine nach Oberitalien und besonders Mailand lokalisiert. Um das Konsulardiptychon des Stilicho (Monza, Basilica S. Giovanni Evangelista), das man aus politischen Gründen von jeher in der Residenzstadt entstanden glaubte[20], hat sich eine ganze Fülle von Konsulardiptychen und Täfelchen mit neutestamentlichen Stoffen gruppieren lassen, zu der auch die allerersten Passionsreliefs gehören dürften[21]. Ja, selbst die oberitalienische Entstehung der Lipsanothek von Brescia wird heute verfochten[22].

678

In der karolingischen Zeit trägt die Mailänder Kunst ganz die nämlichen kosmopolitischen Züge. Vor allem muß damals Mailand der Sitz hochbedeutender Malerateliers gewesen sein. Freskenfunde des letzten Jahrzehnts, an abgelegenen Orten gemacht, haben uns endlich eine Vorstellung von dieser karolingischen Malerei verschafft. Nördlich von Mailand, unweit von Tradate, fanden sich in Sa. Ma. di Castelseprio Freskenreste, die mit der ›mittelbyzantinischen Renaissance‹ in engster Verbindung stehen und wohl mit Recht in das zweite Viertel des 10. Jahrhunderts gesetzt werden[23]. Es ist sehr bezeichnend für die noch ganz imperiale Mailänder Gesinnung in dieser Zeit, daß es sich bisher nicht hat klären lassen, ob hier hellenisierte Syrer oder Alexandriner am Werke waren, von dem bilderfeindlichen Islam aus der Heimat vertrieben, ob die Fresken Byzantinern zu verdanken sind, die ebenfalls vor Bilderstürmern flüchtig waren, oder ob schließlich einheimische Meister in Castelseprio malten, die spätantike oder östliche Vorlagen in Händen hatten. Auch die in St. Johann in Münster in Graubünden ganz kürzlich entdeckten großartigen Malereien, die noch in das erste Viertel des 9. Jahrhunderts gesetzt werden, »haben mit der uns bekannten karolingischen Kunst nördlich der Alpen nur wenig gemein[24]«. Da das von Karl d. Gr. gegründete Kloster auf einer der Paßhöhen liegt, über welche die frühmittelalterlichen Wege in die Lombardei führten, so ist die Forschung geneigt[25], auch hier an oberitalienischen Ursprung zu denken. Trifft das zu, so hätten wir einen sehr anschaulichen Beweis für die weite geographische Strahlkraft der alten Residenz der Augusti und auch für die Stärke des Weiterlebens ihrer antiken Tradition.

Selbst in ottonischer Zeit hat Mailand diesen weltoffenen Zug noch nicht abgestreift, sonst würde uns die große Blüte der Schnitzkunst in Elfenbein aus dem letzten Drittel des 10. Jahrhunderts nicht solche Lokalisierungsschwierigkeiten bereiten. Als Adolph Goldschmidt 1918 diese Denkmäler zum ersten Male gruppierte und beschrieb, da wagte er nicht zu entscheiden, ob sie in Mailand oder auf der Insel Reichenau entstanden seien, so sehr auch die äußeren

Indizien (Auftraggeber, Aufbewahrungsort usw.) für die Lombardei als Ursprungsland sprächen[26]. Bei dieser Ungewißheit ist es bis auf den heutigen Tag geblieben, trotz des leidenschaftlichen Plädoyers von Géza de Francovich zugunsten der Lombardei[27]. Jedenfalls kann man sich den geistigen Horizont um die Jahrtausendwende in Mailand nicht weit genug vorstellen, und wie in Bobbio[28] und anderen Klöstern kölnische[29] und frühe[30] und späte[31] Reichenauer Handschriften zu finden waren, so könnte sehr wohl das große Antependium aus Elfenbein für den Magdeburger Dom hier bestellt worden sein[32].

Neben diese Schnitzkunst tritt eine großartige Monumentalmalerei, ihrer karolingischen Vorgängerin würdig. Die Fresken in der Pfarrkirche von S. Vincenzo in Galliano in der Nähe des Comer Sees, die gewiß von einer Mailänder Werkstatt ausgeführt wurden, hat man ein lombardisches Gegenstück zu den Malereien von Oberzell auf der Insel Reichenau genannt[33], doch mögen die lombardischen Fresken zwei Jahrzehnte jünger sein. Stifter ist derselbe Erzbischof Ariberto von Intimiano, der auch das Evangeliar des Mailänder Doms und um 1040 das getriebene große Kreuz[34] schenkte. Man hat zu manchen Einzelformen in Galliano »auffallend genaue Parallelen in der Malerei der Reichenau« erkannt. »Die Verbindung mit dem künstlerischen Zentrum des deutschen Südwestens scheint nicht nur zufälliger, gelegentlicher Art gewesen zu sein[35].« Für die Malerei lassen sich demnach Zusammenhänge zwischen denselben künstlerischen Zentren belegen wie für die Elfenbeinschnitzerei.

Solange dieser neue Imperialstil des Ottonen-Reiches blüht, der es nicht einmal mit Sicherheit erlaubt, die Nationalität des Entstehungsortes eines Kunstwerks einwandfrei festzustellen, solange sind Betrachtungen über regionale Eigentümlichkeiten solcher Kunstwerke müßig. Und doch zeigt die Backsteinarchitektur der Lombardei gerade im 11. Jahrhundert zum ersten Male klar landschaftliche Charakteristika einer künstlerischen Provinz, eben der Lombardei. Von S. Pietro in Agliate (9. Jahrhundert), über S. Michele in Nonantola (Mitte 11. Jahrhundert) bis zu S. Giacomo in Como (um 1105) bildet sich die Zwerggalerie aus[36]. Es ist genau die gleiche Zeit, welche uns gestattet, in der ottonischen Baukunst jenseits der Alpen besondere Eigentümlichkeiten etwa der niederrheinischen Baukunst zu beobachten, wie z. B. die Gliederung der Wände des Schiffs durch seichte Nischen (Essen, Damenstiftskirche, Werden an der Ruhr, St. Lucius, Brauweiler)[37]. Um die Mitte des 11. Jahrhunderts gelangt dann auch die Toskana durch die Ausbildung ihrer Inkrustationsarchitektur zu einem unverwechselbaren Regionalstil. Vor Denkmälern des 11. Jahrhunderts wie Sa. Ma. in Lomello, dem Dom von Acqui, oder S. Abbondio in Como[38] ist es an der Zeit, sich auf die besonderen Eigentümlichkeiten des Charakters der lombardischen Kunst und ihrer Meister zu besinnen.

Die Methode der Beweisführung unseres Buches bestand bisher darin, daß wir sich gleich bleibende Stammesveranlagungen durch die Jahrhunderte hin aufzuzeigen versuchten. Dabei wurde es deutlich, daß der jeweilige Zeitgeist die unveränderliche Grundeinstellung nicht entscheidend zu überlagern ver-

mochte. Die Lombardei ist jedoch die einzige ita-
682 lienische Kunstlandschaft, in der solche *konstanten Stammesbegabungen sich nicht nachweisen lassen.* Den Umbrern – so fanden wir – hat zu allen Zeiten der Sinn für plastisches Bilden gefehlt, die Florentiner haben in jedem Jahrhundert denselben harten Farbsinn, der ein atmosphärisches Sehen und die Ausbildung einer auf tonige Bindung ausgehenden Malerei verhindert. Bei den Lombarden hingegen läßt sich eine durch die Jahrhunderte gleichbleibende Auffassung von Raum, Raummantel oder Baudekor überhaupt nicht feststellen. Um 1120 gehört die lombardische Architektur mit S. Ambrogio in Mailand zu den führenden Bauschulen des Abendlandes, und ihr Einfluß reicht über die Alpen. In Mailand kommt man früh zu einer klassischen Lösung für das Überwölben von Räumen. In der Gotik hingegen verliert sich kein anderes italienisches Kunstzentrum so weit an fremdartige Systeme und Einflüsse. Nirgends sonst hält man so lange an dem überalterten Stile fest. Als Brunellesco längst gestorben war, begann man hier noch immer Bauten in gotischem Stile. Die Frührenaissance-Baukunst läßt den reinen tektonischen Sinn, der die lombardischen Denkmäler des 12. Jahrhunderts in so hohem Maße ausgezeichnet hatte, vollständig vermissen. Ein dekorativer Spieltrieb sucht vielmehr das architektonische Gerüst ganz um seine Wirkung zu bringen (Fassade der Certosa di Pavia, Mailand, Cappella Portinari bei S. Eustorgio.) Im Barock aber, wo es nun am Platze wäre, eine solche dekorative Begabung frei zu entfalten, zeigt die lombardische Architektur einen steifen Ernst, Trockenheit und Schwere.

Über die lombardische Zeichnung hat einer der ersten Kenner geurteilt: »Der Mailänder Schulkreis 683
ist in der Zeichnung besonders reich an ständigem Wechsel, ja Überraschungen in der Strichbildung. Und zwar in steter Mischung von übergroßer Weichheit und plötzlich dazwischen fahrenden Härten, die aber wieder nicht, wie in Florenz, Verfestigungen des Aufbaus verursachen, sondern ihn in schiefen Zwischenlagen lockern, stören, oft sogar seinen klaren Ablauf zerstören. Aus dieser Unberechenbarkeit der Mailänder Liniengruppe entsteht ihr Reiz einer gewissen Rätselhaftigkeit, welche auf den, der sie mit Hingabe abzulesen sich bemüht, die Unruhe ständigen Stimmungswechsels zu übertragen vermag. Sie ist stets von jener Unwirklichkeit (in ihrer Einstellung zum Gegenständlichen sowohl, wie in ihrer graphischen Eigenheit und ihrem inneren Zusammenhalt), die auch der Mailänder Malerei zuweilen eigentümlich war[39].«

Wir sehen schon jetzt, daß der künstlerische Charakter der Lombardei sprunghaft und unausgeglichen ist. Es wird kein vorschneller Schluß sein, wenn wir die politische Geschichte der Landschaft mit ihren Völker- und Rassenmischungen[40], mit dem dauernden Wechsel politischer Konstellationen und

(40) Die Frage nach dem blutmäßigen Anteil der germanischen Eroberer an den neuen geistigen, politischen und wirtschaftlichen Bewegungen in der Lombardei hat vor allem die Forscher vor dem ersten Weltkriege beschäftigt. (Gute Übersicht bei W. Götz, Italien im Mittelalter I, Die Entstehung der italienischen Nationalität, p. 6ff.) Seither scheint man eingesehen zu haben, daß solche Fragen mit wissenschaftlichen Methoden nicht lösbar sind.

geographischer Orientierungen dafür verantwortlich
684 machen.

Diese Unausgeglichenheit spricht sich auch darin aus, daß es keine zweite italienische Kunstlandschaft gibt, deren Kinder so häufig außerhalb der Heimat tätig sind. Schon im 12. Jahrhundert wandern lombardische Steinmetzen bis Speyer, Königslutter und Lund in Schweden. Nach Como nennt man die Maestri Comacini. Deren genossenschaftlicher Zusammenschluß läßt sich nun wirklich bis in die Zeit der langobardischen Landnahme zurückverfolgen. Es gibt ein Edikt des Königs Rotari vom 22. November 643, das Bestimmungen trifft für den Fall, daß während der Bauarbeiten eines »magister comacinus cum colligantes suos« jemand zu Schaden käme[41]. Ein Supplement zu einem Edikt des Königs Liutprand vom 28. Februar 713 trägt den Titel »Memoratorio de Mercedes Comacinorum[42]«. Am Luganer See liegt das Dorf Campione. Nach ihm sind die Campionesen genannt. Bis gegen Ende des 12. Jahrhunderts bewahren diese Baumeister, Steinmetzen usw. ihre Anonymität, seit Anfang des 13. Jahrhunderts fügen sie in die Inschriften zu ihrer Heimatbezeichnung die Taufnamen (z. B. an der Kanzel des Doms von Modena 1322 »... actibus Henrici sculptoris Campionensis[43]«). Im Mittelalter waren so viele Bauarbeiter Lombarden, daß in Frankreich diese Stammesbezeichnung auf das ganze Maurerhandwerk hat übergehen können (Comacinus – maçon)[44]. Von den Renaissance-Architekten Venedigs kommt die Familie der Lombardi aus Carona am Luganer See, Moro Coducci ist in Lenna im Valle Brembano (Provinz Bergamo) geboren, und Antonio Scarpagnano, der Erbauer von

S. Giovanni Elemosinario und des oberen Teils der Fassade der Scuola di S. Rocco, wanderte von Mailand in die Lagune ein. 685

Die großen römischen Barockarchitekten, so weit sie aus dem Handwerk aufgestiegen sind, stammen fast alle von den alten Maurerdörfern an den lombardischen Seen: im späten 16. Jahrhundert ist Rom überschwemmt worden mit lombardischen Maurern und Steinmetzen. Domenico Fontana, der Architekt Sixtus v., kommt aus Melide am Luganer See (geb. 1543); sein Neffe ist Carlo Maderna, der aus Capolago vom selben See stammt, Borromini ist in Bissone am Comer See geboren; Maderna war auch sein Verwandter, der ihm in Rom die Wege geebnet hat. Ein verwandtschaftlicher Zusammenhang zwischen dem Architekten des römischen Spätbarock Carlo Fontana und dem Architekten Sixtus' v. läßt sich nicht nachweisen, doch stammt auch der Bernini-Schüler aus einem Dorfe zehn Kilometer nordwärts von Como. Martino Longhi der Ältere kam aus Viggiù bei Mailand nach Rom.

Nun ist es ja an sich kein Zeichen von Schwäche, sondern von Lebenskraft, wenn die Kunst eines Stammes weit über die Grenzen seiner Landschaft hinaus begehrt, wenn das Handwerk einer bestimmten Gegend ob seiner besonderen Tüchtigkeit und Gediegenheit berühmt wird. Den tragischen Zug bekommen diese Verhältnisse erst dadurch, daß alle diese Meister in der Heimat selbt kein Betätigungsfeld fanden: Caravaggio, Maderna, Borromini hinterlassen kein einziges Werk in der Lombardei.

Caravaggio, Borromini – diese Namen bringen uns zum Bewußtsein, daß der unausgeglichene Gesamt-

charakter der lombardischen Kunst entstehen muß,
686 weil die einzelnen Künstler problematische Naturen von Haus aus sind. Von hier aus gesehen kann es auch nicht als Spiel des Zufalls erscheinen, daß Leonardo da Vinci so lange Jahrzehnte in der Lombardei gearbeitet hat. Es bedeutet die gewaltige Überlegenheit der italienischen Kunst über die des Nordens, daß ihr im allgemeinen zwiespältige Künstlernaturen erspart geblieben sind. Es macht gerade das Wesen italienischer Schöpfungen aus, daß der große Wurf hier gelingt und daß sich kein Spalt auftut zwischen Wollen und Vollbringen, daß der Reichtum der Gedanken und die große Form adäquat sind. Selbst den toskanischen und umbrischen Theoretikern des Quattrocento, mögen sie nun Uccello heißen oder Piero della Francesca, gelingt es stets, die Reinheit des künstlerischen Gebildes über alle artistischen Erwägungen triumphieren zu lassen. Die nordischen Problematiker von Dürer bis Hans von Marées haben in Italien allein in der Lombardei ihre Schicksalsgefährten. Auch dort sind die zwiespältigen Naturen zu Haus.

Da sind zunächst die unglücklichen Lebensläufe der Genies, die mit ihrem Dämon nicht fertig werden: das gehetzte Leben und der tragische Tod des Caravaggio, das Mißtrauen, die Einsamkeit und der Selbstmord des Borromini. Da sind künstlerische Entwicklungen, die weniger stete Folge als proteusartige Verwandlung kennen. Diese Sprunghaftigkeit des Schaffens erweist den Lorenzo Lotto als echten Lombarden. Bartolomeo Veneto, der sich auf einem Bilde selbst als »mezo vinitian, mezo cremonese« bezeichnet, steht dem Lotto im Wechsel der verschiedensten ›Manieren‹ nicht nach[45]. Bei Borromini

macht dieses Schaffenkönnen in den verschiedensten ›Strukturen‹ den Betrachter oft ratlos. Die Bildnisse des 687
Franciabigio, der bestimmt mailändische Eltern hatte, vielleicht auch noch selbst in Mailand geboren war, sondern sich von den florentinischen Porträts der Hochrenaissance und des Frühmanierismus ab durch den bitteren Bodensatz an Melancholie, die im Gemüt der Dargestellten ruht. Wenn Sodoma einen gegeißelten Christus, ein »Erbärmde-Bild« malt (Christus an der Geißelsäule, Florenz, Uffizien; Schulbild mit dem gleichen Gegenstande, Florenz, Pal. Pitti), so ist das mit derselben düsteren und schmerzlichen Eindringlichkeit vor Augen gestellt, mit der Cerano und Morazzone (P. F. Mazzuchelli) fast hundert Jahre später die Verzückung ihrer christlichen Heiligen und die Ekstase ihrer Helden der römischen Geschichte schildern[46]. Das Selbstbildnis des Lomazzo (Wien, Kunsthistorisches Museum) ist so merkwürdig in der Kostümierung wie problematisch im Ausdruck (Abb. 138). Es ist nicht verwunderlich, daß das mehransichtige Porträt, welches das Modell in verschiedenen Stellungen innerhalb eines Rahmens festhält, von lombardischen Problematikern aufgebracht worden ist. Zunächst wird diese neue Gattung des Bildnisses noch naturalistisch motiviert. Auf dem Bildnis eines geharnischten Mannes von Savoldo (im Louvre) werden die Profil- und Rückenansichten noch von Spiegeln zurückgeworfen (Abb. 140)[47]. Bei

(47) Doch darf nicht verschwiegen werden, daß bei der Entstehung solcher Bilder wie des Porträts von Savoldo im Louvre der Zeitstil eine ebenso wichtige Rolle spielt wie der Ortsstil. Im 16. Jhdt. beherrscht der »Paragone« immer mehr die Kunsttheorie, jene uns heute müßig erscheinende Frage, ob die Gat-

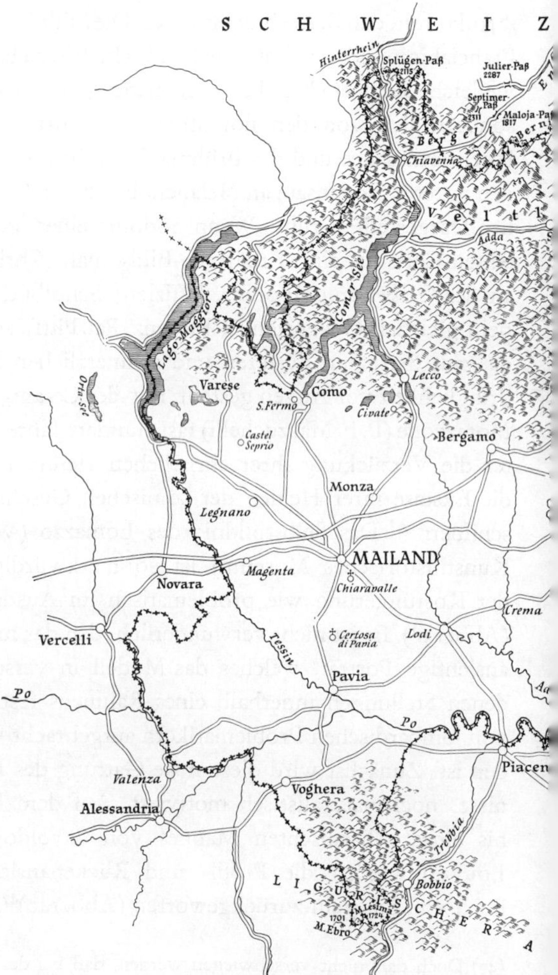

S C H W E I Z
Hinterrhein
Splügen-Paß
2115
Julier-Paß
2287
Septimer-Paß
2311
Maloja-Pa
1817
Bergell
Chiavenna
V e l t l
Adda
Comer See
Lago Maggiore
Orta-See
Varese
Como
S. Fermo
Lecco
Civate
Castel Seprio
Bergamo
Monza
Legnano
MAILAND
Magenta
Novara
Chiaravalle
Crema
Vercelli
Certosa di Pavia
Lodi
Tessin
Pavia
Po
Po
Piacen
Valenza
Voghera
Alessandria
Trebbia
L I G U R I S
Bobbio
M. Lesima
1724
1701
M. Ebro
C H E R A
GENUA

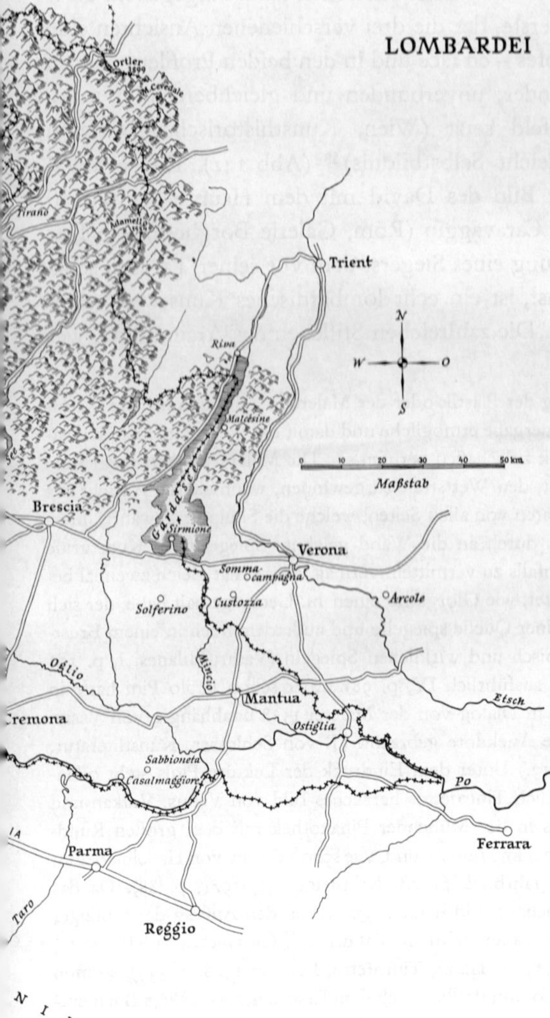
LOMBARDEI
Ortler
3899
M. Cevedale
Tirano
Trient
N
W
O
S
Riva
Malcesine
0 10 20 30 40 50 km
Maßstab
Brescia
Gardasee
Sirmione
Verona
Somma-
campagna
Solferino
Custozza
Arcole
Oglio
Mincio
Mantua
Etsch
Cremona
Ostiglia
Sabbioneta
Casalmaggiore
Po
Ferrara
Parma
Taro
Reggio

Lotto sind solche Fiktionen dann aufgegeben. Er ist der erste, der die drei verschiedenen Ansichten eines Kopfes – en face und in den beiden Profilen – nebeneinander, unverbunden und gleichberechtigt in ein Bildfeld setzt (Wien, Kunsthistorisches Museum, vielleicht Selbstbildnis)[48] (Abb. 141). Das grüblerische Bild des David mit dem Haupte des Goliath von Caravaggio (Rom, Galerie Borghese), die Darstellung eines Siegers, dem vor seiner Tat nun selbst graust, ist ein echt lombardisches Kunstwerk (Abb. 139). Die zahlreichen Stilleben des Arcimboldo, wel-

tung der Plastik oder der Malerei die vollkommenere Naturwiedergabe ermögliche und damit das vollkommenere Kunstwerk zu schaffen berufen sei. Die Malerei hat nur dann Aussicht, den Wettstreit zu gewinnen, wenn sie die Ansicht der Figuren von allen Seiten, welche die Skulptur gewährt, ihrerseits durch an die Wand gelehnte Spiegel u. ä. Kunstgriffe ebenfalls zu vermitteln vermag. Vasari hat gleich zweimal berichtet, wie Giorgione einen hl. Georg gemalt habe, der sich in einer Quelle spiegelte und außerdem noch in einem Brustharnisch und wirklichen Spiegeln (Vasari-Milanesi I, p. 101 und ausführlich IV, p. 98). Aber schon Paolo Pini hatte in seinem Dialog von der Malerei 1548 unabhängig von Vasari diese Anekdote gebracht. (J. von Schlosser, Kunstliteratur, p. 212.) Unter dem Eindruck der Lektüre Pinis steht offensichtlich Tintorettos herrliches Bild von Venus, Vulkan und Mars in der Münchner Pinakothek mit dem großen Rundspiegel im Hintergrund, wie schon Detlev von Hadeln erkannt hat (Jahrb. d. preuß. Kunstslgn. 42, 1921, p. 88). Da das Münchner Bild heute allgemein in den Anfang der fünfziger Jahre datiert wird (R. Pallucchini, Giovinezza di Tintoretto, p. 133; H. Tietze, Tintoretto, London 1948, p. 355), so muß es also unmittelbar nach dem Erscheinen von Pinis Buch entstanden sein. In jedem Falle aber sind alle diese Künstler (Giorgione, Savoldo, Tintoretto) und Kunsttheoretiker Oberitaliener.

che Tiere (Fisch, Vögel, Hirsche), Küchengeräte, die Handwerkszeuge für die Landwirtschaft, vor allem aber immer wieder die Früchte jeder Jahreszeit zu menschlichen Figuren zusammenzubauen versuchen[40], wirken zunächst nur als Zeugnisse einer Zeitmode. Sie haben zu den Sehenswürdigkeiten der Kunst- und Wunderkammern des Manierismus gehört und sind unter anderen Skurrilitäten dort nicht sonderlich aufgefallen (Abb. 137). Erst für den modernen Menschen gewinnt das Verhältnis zur organischen Welt, das aus den Bildern des Arcimboldo spricht, etwas Unheimliches. Sehr bezeichnenderweise ist die 1954 erschienene erste Monographie des Malers von einem Nachwort von Oskar Kokoschka begleitet, der sich so nachdrücklich zu dieser Art von ›abstrakter Kunst‹ bekennt, wie er die moderne ablehnt.

Dieser zwiespältige, zerrissene Charakter des künstlerischen Individuums findet seine Entsprechung in den unglücklichen Verhältnissen der kollektiven künstlerischen Verbände. Daß die mittelalterlichen Dombauhütten sich mit ihren Plänen übernehmen und die Bauwerke als grandiose Torsi dann bis gegen die Mitte des 19. Jahrhunderts über die Dächer der alten Städte hinausragen, ist eine allgemeine Erscheinung, die man in Köln oder Beauvais so gut beobachten kann wie in Siena. Die schleppende, von Pausen unterbrochene Verwirklichung der Domprojekte von Mailand und Pavia ist also keine lombardische Eigentümlichkeit. Aber überall sonst im Abendland ist es die Schuld rein äußerlicher Verhältnisse, wenn die Bauunternehmungen ins Stocken gerieten: äußere Kriege und Kämpfe der Parteien innerhalb der Kommune, Seuchen wie die Pest von 1348, der chronische

Geldmangel, Wegberufung des leitenden Künstlers
692 in den Dienst eines mächtigeren Bauherren usw. Daß bei solch schleppender Bauführung die Pläne veralteten und ein Planungswechsel dem Geschmack einer neuen Generation von Bauherren Rechnung tragen mußte, darf man ebenfalls als sehr natürlich ansehen. Aber in der Mailänder Domopera handelt es sich um etwas anderes. Hier hat man sich von Anfang an in eine zwiespältige Situation begeben: man hatte Hand an die Verwirklichung von Plänen gelegt, denen man innerlich fremd gegenüberstand und die man aus eigener Kraft gar nicht verwirklichen konnte. Die echt lombardische Dissonanz zwischen Wollen und Vollbringen wird hier im Bereich gemeinschaftlicher Unternehmen ebenso deutlich wie im einzelnen Künstlerleben.

Es ist sehr aufschlußreich, daß der Name des entwerfenden Architekten und ersten Bauleiters, der doch bei dem dort früh ausgebildeten schriftlichen Rechtsverkehr sonst aus allen italienischen Bauhütten bekannt ist, für den Mailänder Dom im Dunkeln bleibt[50]. 1387 ist am Dom ernsthaft zu bauen begonnen worden, aber schon 1389 befriedigt der Pfeilerquerschnitt des ersten Entwurfs den Bauherrn nicht mehr. Der erst 1389 als Generalbauführer berufene Franzose Nicolas Bonaventure wird schon im Juli des folgenden Jahres wieder entlassen, weil er über die Pfeilerstatik anderer Ansicht ist als die Italiener. Im August 1391 tritt man in eine neue Baukrise: indem man die Höhenabmessungen der einzelnen Schiffe, den Querschnitt der Gesamtanlage diskutiert, erkennt man den ersten Entwurf von 1387 schon gar nicht mehr als verbindlich an[51]. Die italienischen Baumeister wissen keinen Rat. »Die nordische Bauwissenschaft der Gotik ist ihnen Geheimnis und wird es bleiben, auch wenn sie selbst noch wichtige Erfahrungen am Bau machen und damit gleichsam sich selbst Lehrer werden[52].« So folgt nun die Befragung einer ausländischen Autorität nach der andern, 1391 Heinrich III. Parler von Gmünd, 1394 Ulrich von Ensingen, 1399 Jean Mignot. Es finden immer neue Bausitzungen statt, die hohen Gäste entwerfen immer neue Risse – aber das Entscheidende wie Erstaunliche ist, daß man den Rat, den man erbeten hat, nicht annehmen will, und daß alle nordischen Architekten unverrichteter Sache wieder abziehen müssen, selbst dann, wenn sie nicht allein, sondern gleich mit einem ganzen Bautrupp von fünfzehn Mann gekommen sind, wie 1483 der Meister der Straßburger Münster-Bauhütte, Johann Niesenberger[53]. Die Einheimischen stöhnen, wissen nicht ein noch aus und führen das Werk doch schließlich zu einem guten Ende, ohne sich von den Fremden im mindesten hineinreden zu lassen.

Nach alledem wird es verständlich erscheinen, daß die Lombardei immer dann eine geschichtliche Mission zu erfüllen haben wird, wenn die Kunstformen kompliziert werden, wenn dem Intellekt beim künstlerischen Schöpfungsakt die Hauptrolle zufällt. Das ist um 1100 so, als das Problem der Einwölbung großer Basiliken überall im Abendland akut wird und Mailand mit S. Ambrogio um 1120 die reifste Lösung gelingt. Um 1500 beschäftigt man sich am Mailänder Hofe mit dem Problem des Zentralbaus, und aus dem engen Kreise der Hofkunst dringt das Interesse für diese Raumform in den letzten Winkel der Lom-

bardei zur nämlichen Zeit, als die Gedanken Leonar-
694 dos und seiner Umgebung von Bramante nach Rom getragen und dort zu verwirklichen begonnen werden. Im reifen Hochbarock des Seicento werden die kompliziertesten Sakralräume des Abendlandes von dem Lombarden Borromini geschaffen, und Guarino Guarini, der als einziger diese Baugedanken konsequent weiterentwickelt, stammt wenigstens aus der benachbarten Emilia (geb. in Modena 1624). Die Hell-Dunkel-Malerei des Barock hat mit dem Lombarden Caravaggio begonnen und auch ihre Vorstufen von Savoldo bis Peterzano sind von lombardischen Meistern gelegt worden. Das ganz neue Verhältnis zu den überlieferten Bildinhalten des Neuen Testaments und der Heiligenlegende, das uns in jedem Bilde Caravaggios entgegentritt, fließt allerdings aus dem religiösen Vorstellungsvermögen eines einsamen Genies und ist alles andere als eine lombardische Eigentümlichkeit[54].

Wir werden in der Lombardei mehr ›interessante‹ künstlerische Gebilde finden als in den anderen italienischen Kunstlandschaften, aber auch mehr unreine Formen, mehr unharmonische Lösungen. Die Beispiele drängen sich förmlich auf. Bei der Umorientierung von S. Satiro in Mailand erlaubte eine an der Ostpartie vorüberziehende Straße kein Hinausgehen über die Querarme für den Chor. Bramante errichtete hier den berühmten Scheinchor (1486 vollendet), der in der Tat für den das Schiff im Westen Betretenden die prächtigste Wirkung tut. Je mehr man sich jedoch dem Chor nähert, desto mehr verflüchtigt sich die Illusion und ganz ernüchtert steht man schließlich vor den drei Arkaden aus Stuck[55]. Man darf daran erinnern, daß auch die Kolonnade im Hof des Pal. Spada in Rom, die auf ähnliche Effekte ausgeht, 695 von einem Lombarden (Borromini) stammt[56]. Die malerische Ausschmückung der Räume des Pal. del Te vor Mantua ist nicht nur eines der allerersten Zeugnisse der Malerei des Manierismus in Italien, sie bedeutet auch den ausgefallensten Versuch, dem Menschen das Recht zu bestreiten, in Räumen zu leben und zu atmen, die doch zu diesem Zwecke gebaut sind (Abb. 142). Nur in der Lombardei war es möglich, einen Raum wie die Sala dei Giganti auszumalen, ohne Sockelpartie, ohne Hauptgesims oder Voute, so daß zwischen dem Betrachter und den Bildern keine ästhetische Distanz mehr bleibt. Wer den Raum betritt, ist sofort hineingerissen in das Chaos des entsetzlichen Geschehens, mag er wollen oder nicht. Krachende Gewölbe, berstende Säulen, immer neue Massen von Fels- und Urgestein brechen über ihn herein, bereit, zusammen mit dem Aufruhr aller Elemente ihn zu zermalmen. Die römischen Innendekorationen des Giulio Romano, seiner Generationsgenossen und Nachfolger geben das Architektursystem stets mit einem hohen Sockel (Vatikanische Stanzen, Sala del Costantino, Giulio Romano; Engelsburg, Sala Paolina, Pierino del Vaga; Cancelleria, Sala di Paolo III., Vasari). Niemals ist in Mittelitalien der architektonische Rahmen so einfach weggewischt worden wie in Mantua[57].

Dieses mangelnde Gefühl für das Organische öffnet dem *Eklektizismus* Tür und Tor, der in der Tat die große Gefahr für die lombardische Kunst bedeutet, eine Versuchung, der sie nur allzuoft erlegen ist.

Schon in den politischen Verhältnissen stößt man
696 auf dieses eklektische Wesen, so wenn Lodovico il Moro sich brüstet »der Papst sei sein Kaplan, der Kaiser sein Condottiere, Venedig sein Kämmerer, der König von Frankreich sein Kurier, der da kommen und gehen müsse, wie es ihm beliebe[58]«. Auch die Kunst an seinem Hofe trägt eklektische Züge; gegenüber den philosophisch-philologischen Interessen im Kreise der Medici und der platonischen Akademie in Florenz, gegenüber der mathematisch-naturwissenschaftlichen Richtung der Studien am Musenhofe des Federigo da Montefeltre in Urbino erscheint die vielfältig schillernde Kunst am Hofe der Sforza in Mailand ohne rechten Kern, ohne innere Folgerichtigkeit. Gewiß trug der politische Zusammenbruch der Dynastie beim Einbruch der Franzosen 1499 Schuld daran, wenn die Früchte in Mailand nicht reifen konnten, wie das so viel glücklichere politische Klima es in Florenz und Urbino gestattete. Indessen geriet schon von Natur aus am Mailänder Hof alles diffuser und sprunghafter.

Selbst Künstler, die aus der strengen florentinischen Schulung kommen, Toskaner reinen Geblüts, geben sich diesem eklektischen Treiben hin. Ihre Werke nehmen im Norden den Charakter von Zwitterbildungen an, wobei nicht immer leicht zu entscheiden ist, ob nicht die äußeren Verhältnisse, d. h. der Kompromiß mit dem Geschmack des Auftraggebers, diese Verzerrung des künstlerischen Entwurfs erst bedingt haben. Antonio Filarete gerät bei der Fassadengestaltung seines Ospedale Maggiore in Mailand gegen die Straße hin (begonnen 1456) erstaunlich stark unter oberitalienischen Einfluß (Abb. 131). Da herrscht ein fröhliches Durcheinander der Stile. Das Untergeschoß zeigt die rundbogige Arkadenstellung der Frührenaissance, die Fenster des Obergeschosses sind spitzbogige, spätgotische Biforien, in deren Laibungen das üppigste spätgotische Ornament sich breit macht, Laubwerk und gedrehte Säulchen[59]. Als dann nach einer langen Baupause von über hundert Jahren, die durch den Sturz der Sforza bedingt war, im Barock die Bauarbeiten seit 1625 fortgeführt wurden, empfanden Francesco Maria Ricchini und Fabio Mangone den bizarren Reiz dieser spätgotischen Biforien so stark, daß sie an der Hauptfassade zu Seiten des großen Barockportals diese Fenstergliederung nicht nur beibehielten, sondern sie sogar auf beide Geschosse ausdehnten. 697

Sehr viel schwieriger ist die Tätigkeit eines anderen Florentiners, des Michelozzo, für Mailand zu bewerten. Als Francesco Sforza dem Cosimo Vecchio ein stattliches Haus in Mailand schenkte, das dieser in die lombardische Filiale seiner Bank umbauen ließ, da wurde Michelozzo als Hausarchitekt der Medici mit dieser Aufgabe betraut (1456 begonnen). Aber es ist nicht einmal dokumentarisch gesichert, ob der Künstler selbst jemals in Mailand erschien oder ob er nur Pläne und Anweisungen dorthin sandte. Zudem ist der Banco Mediceo längst zerstört, wir besitzen nur im Traktat des Filarete eine ausführliche Baubeschreibung und eine Aufnahme der Hauptfassade[60]. An Ort und Stelle hat sich nur ein Stück der Hofhallen erhalten und im Archäologischen Museum das Mittelportal. Die Fenster des Hauptgeschosses sind denen des Ospedale Maggiore so ähnlich, daß man vermutet hat, sie seien von Filarete als

dem ortsansässigen Architekten in das Michelozzo-
698 sche Projekt erst eingeführt worden[61]. Das Hauptportal zeigt die ungezügelte Dekorationsfreude der Lombardei. Zu Seiten der rahmenden Pilaster stehen Vollfiguren, darüber schweben kleinere Gestalten und als Abschluß ein Gebilde aus Laub und Früchten in Gestalt eines Baldachins. Dies alles ist dem florentinischen Formempfinden so fremd wie möglich.

Ähnlich liegen die Probleme bei der Cappella Portinari, die als selbständiger Baukörper an die Ostpartie der alten Kirche von S. Eustorgio angefügt wurde (Abb. 134). Hier handelt es sich also um einen völligen Neubau, und so konnte Michelozzo im Entwurf seine toskanische Raumvorstellung ungehindert walten lassen. Sein Vorbild ist die alte Sakristei von S. Lorenzo, der Erstlingsbau der Renaissance in Florenz. Der Bauherr der Kapelle, der Florentiner Patrizier Pigello Portinari, war als Vorsteher (procuratore) des Bankhauses Medici in Mailand tätig. Aber weder dem Außenbau noch dem Innenraum kann man es ansehen, daß wir hier das Werk eines florentinischen Architekten für einen florentinischen Auftraggeber vor uns haben. Auch hier also müssen der örtliche Bauleiter und seine Mitarbeiter, typische Lombarden, den Entwurf des Michelozzo entscheidend abgeändert haben. Die ›Verbesserungen‹ werden ganz aus dem Geiste heraus vorgenommen, der auch am Banco Mediceo die Strenge der florentinischen tektonischen Gesinnung so sehr verkannte. Schon im Außenbau ist der schlichte Blockcharakter der alten Sakristei von S. Lorenzo aufgegeben zugunsten einer Auflösung der Silhouette der Tambourzone nach nordischem Geschmack. Auf den Ecken des Unterbaues sitzen Türmchen von der Struktur gotischer Tabernakel, wie wir sie von allen französischen Kathedralen kennen und wie sie auch die Querarme und den Chorabschluß der Certosa von Pavia bekrönen. Auch die Laterne, welche den Kuppelscheitel ziert, besitzt eine ganz ähnliche Form. Das Innere der Kapelle zeigt den für alle lombardische Kunst so charakteristischen Höhendrang (Abb. 133). Der Raum ist in der Horizontalen in drei Zonen geteilt, wie die Alte Sakristei. Aber während diese drei Raumschichten übereinander in Florenz etwa von gleicher Höhe sind, wächst die Kuppelzone in S. Eustorgio dem Raum über den Kopf. Das wird durch Einschaltung einer Tambourzone bewirkt, in der gemalte Scheinfenster sitzen, und durch eine steil emporsteigende Kuppel, deren Schale durch Rippen in zwölf Kappen aufgelöst ist. Die Höhe der unteren Raumzone vom Fußboden bis zum Hauptgesims unmittelbar über den Pendentifzwickeln ist etwa genau so hoch wie der Abstand von diesem Gesims bis zur Laterne, d. h. also der Unterbau und die Kuppel verhalten sich wie 1 : 1. Für das tektonische Gerüst des Raums ist es aufschlußreich, daß die Formen der mittleren Raumzone sich nicht überall aus denen der unteren entwickeln. Die geknickten Pilaster in den Ecken der untersten Raumschicht z. B., die von Brunellescos Pilastern an der gleichen Stelle in der alten Sakristei übernommen sind, setzen sich nicht oberhalb des von ihnen getragenen Gesimses in den Schildbogen fort, wie das bei dem Florentiner Vorbild der Fall ist. Dazu haben nun die lombardischen lokalen Bauführer das tragende Gerüst mit üppigem Dekor belegt – ein Greuel für alle florentinische 699

Architektur-Auffassung. Die Pilaster der untersten
700 Zone sind mit Kandelabern, Fruchtschnüren u. ä. Darstellungen in starkem Relief geschmückt. Auf dem Hauptgesims über diesen Pilastern sitzt ein Fries aus Engelköpfen in Stuck. Vor der Architektur des Tambours zieht sich ein Engelsreigen hin, dessen in Relief geformte, fast dreidimensionale Gestalten bunt bemalt sind. Auch die Fruchtgebinde in Glockenform, die sie zwischen sich an langen Seilen schwingen lassen, sind aus Stuck, während die Bogenstellung hinter ihnen nur gemalt ist, wobei die Kapitelle, auf denen die Arkaden ruhen, wieder aus Stuck geformt sind. Diese konsequente Verwischung der Grenzen zwischen Plastik und Malerei, von der wir sehr zu Unrecht annehmen, sie sei ein Prinzip erst der Bernini-Zeit, finden wir überall in der Kapelle wieder. Die Ausmalung des Vincenzo Foppa (vor 1468) hat z. B. in die Pendentifzwickel gefiederte Engel gesetzt, die aber plastische Wappen mit beiden Händen halten. Zu dem hier aufgebotenen üppigen Apparat von Renaissance-Formen steht eine Reihe gotischer Residuen in Gegensatz. Die beiden Seitenwände tragen in der Schildbogenwand als Fenster große gotische Biforien mit einem Spitzbogenschluß, aber als Mittelpfosten dient eine untersetzte, stark ausladende Renaissance-Baluster, also ein lombardisches Motiv, das an den Fenstern der Certosa di Pavia immer wieder begegnet. Gegenüber den Malereien Foppas muß die Ausmalung der Kuppelschale mit Schuppenmustern in verschiedenen Farbzonen ganz archaisch wirken. Diese einander abwechselnden Streifen von Rot, Gelb, Grün und Blau erscheinen so gotisch wie der Farbaufbau eines Engelsgefieders bei Pisanello. Nichts wird in

diesem Raume weniger gesucht als Einheitlichkeit des Stils – die Vielfalt heterogener Formen soll viel- 701 mehr als künstlerischer Reiz empfunden werden. Es gibt wenige Bauten, die so sehr das Kampffeld für die Raumauffassung zweier verschiedener italienischer Kunstlandschaften abgeben wie die Portinari-Kapelle von S. Eustorgio.

Die Anfänge des Zentralbaus in der Frührenaissance werden ausschließlich von fremden Meistern gelenkt, denn auf S. Eustorgio folgen die oktogonale Sakristei von Sa. Ma. presso S. Satiro von Bramante (nach 1486), die Tribuna von Sa. Ma. delle Grazie und die Planung für den Dom von Pavia und außerdem die Zentralbau-Entwürfe des Leonardo da Vinci. Dabei kann man immer denselben Prozeß verfolgen: die Mittelitaliener planen, werfen aber entweder die Ausführung hin oder werden bald von den einheimischen Bauführern und Polieren überspielt. Das Ergebnis ist stets der dekorative Mischmasch der Lombarden, die sich durchsetzen.

Es ist schwer vorstellbar, daß der Hang zum Dekorativen nach Bramantes Geschmack war. Auch er wird sich dem Willen seiner Auftraggeber haben fügen müssen. Sicher ist die Sakristei von Sa. Ma. presso S. Satiro dasjenige Werk Bramantes, das durch die Zusammenarbeit mit den lombardischen Baudekorateuren sich im Innenbau am meisten von dem ursprünglichen Entwurf des Meisters entfernt. Die Zugeständnisse an die lombardische Frührenaissance gehen am weitesten beim Außenbau von Sa. Ma. delle Grazie (Abb. 129). Jede Einzelform, die hier auftritt, hat schon die innere Größe, Geschlossenheit und Ruhe der Formenwelt der Hochrenaissance. Aber die

Art, wie diese Einzelformen hier gehäuft werden,
702 bringt sie um ein Großteil ihrer Wirkung. Die rhythmische Gruppierung dieser Arkadenbögen und Biforien ist schwerblütig, schleppend, ja stockend. Dazu tritt, daß die Verkleidung der Vierungskuppel im Äußeren so wenig geglückt ist, daß die Dissonanz zwischen Innen- und Außenbau nur um so deutlicher wird. Selbst wenn man nichts von Bramantes weiterem Lebensweg wüßte, würde man wohl urteilen: es bedurfte der Herauslösung aus der Umwelt der Lombardei, damit dieser Künstler seine Formenwelt von allen Schlacken befreit ausbilden konnte.

Aber mit dem Sturze des Moro verließen die großen Fremdlinge auf Nimmerwiedersehen die Lombardei, und die einheimischen Künstler sahen sich ganz auf sich selbst gestellt. Schon die Baugeschichte des Doms von Pavia[62] zeigt, wie die Lombarden von jeher gleichberechtigt in den Baubüros neben den fremden Hofkünstlern an der Planung beteiligt waren und wie sie bei jeder neuen Umstellung sich einzuschalten und ihre Meinung in die Wagschale zu werfen wußten. Die Fülle der Zentralbauten, welche durch das ganze Cinquecento hindurch in der Lombardei errichtet wird, beweist zunächst, daß diese Architekturgattung von den Bewohnern des Landes als eine ihnen besonders zusagende Raumform empfunden wurde. In diesen Zentralbauten der Renaissance erstehen die großen Baptisterien der romanischen Jahrhunderte gewissermaßen neu. So viele Varianten der Zentralanlage die lombardische Phantasie im 16. Jahrhundert auch hervorgebracht hat, der Grundtyp von Sa. Ma. delle Grazie wird nie verleugnet. Vor allem wölbt sich die Kuppelschale niemals

im reinen Halbrund ihres Konturs gipfelnd über dem Außenbau. Die Krümmung der Wölbung wird viel- 703
mehr für die Außenansicht hinter einem Tambourgeschoß verborgen und der Kuppelscheitel unter einem ziemlich flachen Zeltdach versteckt. Auf diese Weise fehlt den lombardischen Städten ganz der Reichtum offen liegender Kuppeln aus dem Cinquecento. Allen diesen Ortsbildern ist vielmehr der massive Zentralturm eigentümlich, dessen Aufstieg von einem Zelt- oder Pultdach eher abgefangen und gedämpft als gesteigert und bekrönt wird. Zumeist übernimmt man von der Tambourzone von Sa. Ma. delle Grazie die Form des Polygons mit vielen Seiten, so daß der aufsteigende Turmkörper in einem sehr schwerfälligen Rhythmus die Polygonseiten so oft zu knicken scheint, daß sie dem reinen Rund möglichst angenähert werden. So kommt zuweilen der Eindruck auf, eine mächtige Maschine beginne sich in Bewegung zu setzen. Steht einmal der Zentralbau als ungebrochener, einheitlicher Zylinder vor uns (Sa. Ma. della Croce bei Crema)[63], so wird man die Geschlossenheit der Form bewundern, aber die polygonale Brechung des Raummantels doch als die lombardischere Lösung empfinden. Daß das System der Außenansichten solcher Zentralbauten von landfremden Künstlern noch am Ausgange des Quattrocento festgelegt worden war, merkt man den Tambourpartien noch auf lange hinaus an. Sehr spät erst stoßen die lombardischen Baumeister die überschlanken Frührenaissancestützen solcher Biforien oder anderer Arkadenstellungen ab. Die Tamboure um die Kuppeln der Madonna del Ponte in Brissago (seit 1526) und der Madonna di Campagna in Pallan-

za (seit 1527)[64] werden noch aus einem ganz luftigen
704 und zerbrechlichen Frührenaissance-Gestänge gebildet. Entäußert man sich aber endlich um die Mitte des Cinquecento dieser leichten Arkaden und führt die geschlossene Wand ein, die mit schweren Ordnungen nach Art römischer Paläste gegliedert wird (Kuppel von Sa. Ma. della Passione in Mailand, um 1550, vielleicht von Cristoforo Lombardi[65]; Bertonico, S. Clemente, 1565–1570 von Giambattista Lonate[66]), so nimmt dieser Mauerverband einen geradezu bedrohlichen Charakter an.

Legt sich vor diese Zentralbauten ein Langhaus, so ist es immer nach demselben Prinzip gegliedert, das seit L. B. Albertis Schiff von S. Andrea in Mantua und Giulio Romanos Dom in dieser Stadt als das oberitalienische Schema schlechthin galt: ein langer, einschiffiger Saal, durch eine Halbkreistonne eingedeckt, flankiert von niedrigen Kapellen[67]. Es ändert den Raumcharakter und seine Proportionen kaum, wenn an Stelle des Saals mit angeschobenen Kapellen die dreischiffige Pfeilerbasilika mit dominierendem Mittelschiff tritt[68].

Das Ende der Cinquecento-Architektur in Mailand kündet sich durch nichts so einschneidend an, wie durch das Auftreten von Vierungskuppeln, die ihre gesamte Kuppelschale unverkleidet in den Himmel recken (Mailand, S. Fedele, Projekt von Pellegrino Tibaldi, nicht die ausgeführte Kuppel von Ricchini[69]; S. Alessandro, die ursprüngliche Kuppel des Baus, Grundsteinlegung 1602, 1629 abgetragen, da sie einzustürzen drohte[70]). Erhält ein echt lombardischer

(70) Die heutige Kuppel von 1630 erhielt ihre Ummantelung erst in der ersten Hälfte des 18. Jhdts. (H. Hoffmann, Die Ent-

Bau der Renaissance mit dem schwerfälligen Rhythmus seiner Konchen, wie der Dom von Como, Jahrhunderte später eine solch elegante Barockkuppel (1731 von F. Juvara), so empfindet man diese als einen Fremdkörper[71].

Die merkwürdige Zwiespältigkeit haftet aller lombardischen Kunst schon vom Anfang ihrer Entwicklung her an. Gerade in jenen Jahrhunderten, in denen uns die Rolle Mailands als einer der vier ehemaligen Residenzen des römischen Weltreichs noch immer nicht erloschen schien und in denen der Kunst dieser Stadt der Charakter des ›Imperialen‹ noch aufgeprägt blieb, breitet sich nun seit dem 7. Jahrhundert an Sarkophagen und Ziborien, an Chorschranken und Grabplatten eine Ornamentik aus, deren Formensprache in ihrer Abstraktheit den größten Gegensatz bildet zur eigentlich spätantiken Kunst, hinter der bei allem Verfall der schöpferischen Formkraft doch immer der Trieb nach dem Sinnlichen und Anschaulichen erhalten blieb. Diese Platten mit ihren Flechtband- oder Akanthusranken, die an Figürlichem nur der christlichen Symbolwelt (Pfauen, Lämmern, Adlern, Greifen u. ä.) einen Platz einräumten, sind Zeugnisse eines ganz neuen ornamentalen Triebs. Die Frage, ob die Langobarden, die im April 568 ihre Wohnsitze in Pannonien in der Nähe des Plattensees verlassen, im gleichen Jahre noch Cividale im Friaul und im Frühjahr 569 das übrige Oberitalien besetzt hatten, die Träger dieser neuen Kunst sein könnten, führte in der Wissenschaft zu leidenschaftlichen Kämp-

wicklung der Architektur Mailands von 1550–1650. Wiener Jahrb. f. Kunstgesch. IX, 1934, p. 87.)

fen, die nicht immer ohne nationale Voreingenom-
706 menheit ausgefochten worden sind. Im wesentlichen wurden drei Theorien aufgestellt. Für die meisten Italiener war die ›langobardische‹ Kunst einfach die Kunst der römischen Spätantike, die durch Einflüsse aus dem griechischen Osten ihr Gesicht geändert hatte. Eine schöpferische Beteiligung der langobardischen Eroberer wurde schlechthin geleugnet. Die entgegengesetzte These, die Langobarden allein hätten die ›langobardische‹ Kunst mitgebracht und ausgebildet, wird seit etwa 1910 wohl von niemandem mehr vertreten. Die heute allein sinnvolle Fragestellung: »Haben die Langobarden in die Formenwelt, welche durch die Vermählung der Kunst der römischen Spätantike mit der des griechischen Ostens entstanden war, eigene schöpferische Kräfte einschießen lassen?« – diese Frage wird heute freilich so verschieden beurteilt wie je. Rudolf Kautzsch hatte in seinen letzten Arbeiten in den Germanen die eigentlichen Träger dieser Kunst gesehen[72]. Er findet, daß »die Aktivität, die Bewegung, die Spannung das eigentlich wesentliche Element im reifen Stil« dieser Kunst ist. »Wenn wir so den wesentlichen Gehalt unserer Kunst in der Versinnlichung dynamischer Werte erblicken, so müssen wir uns sagen: das ist etwas Neues. Das ist nicht spätantik. Es ist aber auch nicht östlich[73]. ... Wir dürfen mit Bestimmtheit sagen: weder aus Byzanz noch aus Vorderasien oder Ägypten können die entscheidenden Antriebe zur Ausbildung des reifen Stils der sogenannten langobardischen Kunst gekommen sein ...[74]. Das ist allgemein gesagt, nordisch, vor allem germanisch[75].« Die neuesten italienischen Forschungen lassen von alledem kein Wort

gelten. Für G.P.Bognetti etwa ist die langobardische Kunst »di oltre mare«, aus Byzanz und dem Osten, und nur ihre schwächsten, abstraktesten und graphisch härtesten Nebenschößlinge werden aus soziologischen Erwägungen heraus den Langobarden zugeschoben[76].

Wem auch immer der schöpferische Part in dieser ›langobardischen‹ Kunst zugehören mag, jedenfalls ist die Lombardei der in vorkarolingischer Zeit dort zutage liegenden Art des Verhältnisses zum Dekorativen durch die Jahrhunderte hin treu geblieben. Niemals taucht hier die maßvolle Form der Flächenfüllung auf, wie sie etwa die Toskana zu allen Zeiten entwickelt hat, die dem Überladenen und Unübersichtlichen aus dem Wege ging. In der Lombardei hingegen neigt alles Ornament zum abstrakten Linienspiel, darin den Erzeugnissen der Buchmalerei und der Bauornamentik der nordischen Länder verwandt. Infolgedessen hat der Baudekor von S. Michele Maggiore in Pavia[77] oder von S. Abbondio in Como[78] oder der Kapitellschmuck von S. Ambrogio in Mailand und der Dome von Parma oder Piacenza bis Speyer, Königslutter[79] und Lund[80] in Schweden gewirkt. Soweit hinauf sind lombardische Wandermeister begehrt worden. Von den Maßwerkfenstern des Mailänder Domes sprachen wir schon. Auch Leonardos Ausmalung der Sala delle Asse des Castello Sforzesco[81] könnte nirgends anders als auf lombardischem Boden geschaffen sein. Die Frührenaissance-Ornamentik, wie sie die Bauschule der Certosa von Pavia ausgebildet hat, findet an Überladenheit nirgends in Europa ihresgleichen. Natürlich hat sich der Charakter dieses Ornaments seit dem Mittelalter

sehr gewandelt. An der Certosa di Pavia, an der Fassade der Colleoni-Kapelle bei Sa. Ma. Maggiore in
708 Bergamo (Abb. 130) wird die Fläche gar nicht mehr durch reine Linienkunst, sondern durch den Belag mit Platten von einfacher geometrischer Rahmung gegliedert, wobei die Farbwerte eine sehr große Rolle spielen. An der Fassade der Certosa herrschen weißer Marmor, roter von Valcamonica und Pietra verde vor (Abb. 132). Allein das mangelnde Gefühl für das Organische macht sich genau noch so bemerkbar wie an den Ambonen der ›langobardischen‹ Zeit oder an der streifenförmigen, nicht gerahmten Anordnung der Bauplastik von S. Michele in Pavia um 1100. Die Lautheit, ja Zügellosigkeit solcher lombardischer Prachtfassaden aus dem Kreise der Amadei ist von der Familie der ›Lombardi‹ dann nach Venedig getragen worden, wo sie sich gegenüber der altvenezianischen Zurückhaltung in der Dekoration seltsam genug ausnimmt, die dort immer etwas vom Charakter kostbarer orientalischer Gewebe hat.

In Bramantes Sakristei von Sa. Ma. presso S. Satiro ist diesem lombardischen Geschmack mehr Rechnung getragen, als dem Raume gut ist. Nicht nur die antikischen Büsten, die damals eine mailändische Mode waren, beweisen das, sondern vor allem die großen Blattvoluten, welche ganz unmotiviert auf der Wandgliederung sitzen und diese hindern, das Verhältnis von Stütze und Last rein zum Ausdruck zu bringen. Im Frühbarock überschwemmen die lombardischen Stukkateure nicht nur Rom, sondern auch die heimischen Bauten erhalten eine einheitliche Ausstattung von saftigem, fast vollplastischem Stuck, einem Gemisch von prallen Fruchtschnüren, Engeln und Putten.

In Sa. Ma. Maggiore in Bergamo, wo der alte romanische Raum 1614 ein neues Kleid erhielt, fürchtet der 709
Beschauer förmlich, die Stuckengel könnten aus dem Obergaden herabfallen. (Vgl. ferner die Ausstattung der Krypta des Mailänder Doms von Pellegrino Tibaldi, seit 1570, oder von Sa. Ma. della Grazie in Brescia, 1617.) Nirgends in Italien sind im 18. Jahrhundert die Kirchen mit einer so lauten Ausmalung versehen worden wie in der Lombardei. Die Settecento-Dekoration des Doms von Monza übertrifft jeden gleichzeitigen nordischen Kirchenraum an Unruhe. (Ferner S. Alessandro in Mailand, am schlimmsten aber wohl Sa. Ma. della Croce in Crema.) In Como ist im Santuario del Crocifisso an einer solchen unruhigen Rokoko-Ausstattung noch durch zwei Jahrhunderte weitergemalt worden. (Das Gewölbe mit seinen flammenden Formen 1853, die Kuppel 1929.)

Es muß nachdenklich stimmen, daß die Lombardei (samt der geographisch sich ihr anschließenden Emilia) *die einzige Kunstlandschaft* Italiens ist, in der es zu einer großen, *eigenständigen Blütezeit des romanischen Stils* kommt. Während Rom im hohen Mittelalter gar nichts zur Lösung des Problems beigetragen hat, die großen Kirchenschiffe wieder mit steinernen Gewölben zu überdecken, wie sie die Kaiserthermen und die Tempel der Spätantike besessen hatten, führte die Lombardei um 1110 mit S. Ambrogio in Mailand den Gewölbebau wieder in die italienische Baukunst ein (Hauptbauzeit um 1110, das westliche Joch des Langhauses 1128 im Bau, Vollendung des Schiffs wohl im vierten Jahrzehnt)[82]. Schon im letzten Jahrzehnt des 11. Jahrhunderts hatte sich die Halle mit queroblongem Mittelschiffsjoch in der Lombardei im Anschluß an französische Bauten durchgesetzt[83]. Ganz ebenso haben allein die Lombardei und die Emilia eine bedeutende, hier gewachsene romanische Bauskulptur gekannt. Die romanischen Figurenportale der Dome von Ferrara (1135) und Verona (nach 1139) sind die ältesten erhaltenen des Abendlandes, ein halbes Menschenalter vor dem Westportal der Kathedrale von Chartres entstanden[84], wenn es auch unwahrscheinlich ist, daß diese so zukunftsträchtige Gattung des Statuenportals in Italien geschaffen wurde. In den siebziger Jahren des 12. Jahrhunderts folgt dann eine zweite Gruppe von Gewändeportalen mit S. Antonino in Piacenza, Lodi und Cremona. Die Tätigkeit der Bauplastiker Wiligelmus von Modena und Nikolaus von Ferrara wird im letzten Drittel des Jahrhunderts gekrönt durch das Auftreten des Antelami, der an seinen Bauten nun die ikonographischen Programme der französischen Kirchen des 12. Jahrhunderts, die er dort studiert haben muß, in geschlossenen Zyklen zu verwirklichen strebt. Mag man diese große Blüte der romanischen Baukunst und Bauplastik in der Lombardei im 12. Jahrhundert nun einfach aus der geographischen Lage der Provinz als eines Grenzlandes gegen Frankreich und Deutschland hin erklären, die benachbarten führenden Kunstländer des romanischen Stils, oder mag man die nordische Blutmischung beschwören wollen, jedenfalls steht die Lombardei mit ihrer leidenschaftlichen schöpferischen Beteiligung am romanischen Stil in Italien allein, denn im Süden des Landes ist die reiche romanische Kunst eine fremde Blüte.

Fährt man mit der Eisenbahn durch die Po-Ebene, so grüßen aus allen Dörfern die auffallend hohen Kirch- 711
türme, deren Klangarkaden im Palladio-Motiv sich öffnen. Dieser *Hochdrang der Bauten* gehört zum nordischen Erbe der Lombardei. Schon in der Zeit des romanischen Stiles wuchsen die Baptisterien in der Po-Ebene höher empor als sonst irgendwo im Abendland (Cremona, Parma). Dem Zisterzienser-Orden verboten seine Regeln den Bau von stolzen Vierungstürmen. Aber derjenige der Abtei von Chiaravalle Milanese (14. Jahrhundert) überragt den Kirchenkörper um ein Vielfaches und ist wohl der höchste in der Christenheit. Die Entwicklung der romanischen Kirchenfassaden in die Breite entsprach dem späteren Stilempfinden so wenig, daß der Dom in Crema seit 1284 mit einer Schaufront im Westen ausgestattet wurde, die den Kirchenkörper dahinter hoch überragt, und daß dem Dome in Cremona seit 1501 ein schmales steiles Obergeschoß mit klassischem Dreiecksgiebel aufgesetzt wurde. Aus derselben Zeit stammen die vielen hohen Zentraltürme der Befestigungsbauten: die Torre Filarete des Castello Sforzesco in Mailand (erhalten nur in einer modernen Rekonstruktion, die aber archäologisch getreu ist; der ursprüngliche Turm 1521 zerstört), der Turm des Kastells von Vigevano, den Lodovico il Moro durch Bramante errichten ließ. Ein erstaunliches Zeugnis für den Höhendrang der lombardischen Baukunst zur Zeit der Hochrenaissance ist auch die turmartige Grabkapelle, die der Marschall Gian Giacomo Trivulzio dem Schiff der uralten Kirche von S. Nazaro Maggiore 1512–1520 durch Bramantino vorsetzen ließ[85]. Denkt man an die lange Reihe der römischen

Kirchenfassaden des Manierismus, so wird Galeazzo
712 Alessis Front von Sa. Ma. presso S. Celso durch ihre besondere Steilheit sich davon abheben (1564 begonnen)[86]. Auch die Proportionen von Schiff und Kuppel von Sa. Ma. della Misericordia in Castellone sind im Außenbau für die klassischen Jahre der Hochrenaissance ungewöhnlich steil (1513–1525 von Agostino de Fondutis)[87].

Betrachtet man die Grabmäler der Scaliger um Sa. Ma. Antiqua in Verona oder die der Visconti in Mailand, die riesigen Maßwerkfenster des Mailänder Doms und dessen Bauplastik, gegen welche die Italiener in der Gotik sonst eine so ungewöhnliche Abneigung besaßen[88], die höfischen Fresken aus der Zeit des Weichen Stils im Pal. Borromeo, so gewinnt man überhaupt die Überzeugung, daß die Lombarden an der Gotik desto mehr Freude gefunden haben, je reifer und später dieser Stil wurde. Den großen Zug bringt Giangaleazzo Visconti in die lombardische Kunst der Spätgotik[89]. In einer Zeit, wo kein Mensch sonst mehr an den Neubau riesiger Baukomplexe herangeht, gründet er die Certosa di Pavia, vollendet den Herzogspalast in Pavia und bringt auch die Fabbrica des Mailänder Doms, den der Erzbischof begonnen hatte, in seine Hand. Die Forschungen Otto Pächts haben bewiesen, daß schließlich auch auf dem Gebiete der Malerei zur Zeit des Weichen Stils nicht Burgund, sondern die Lombardei das führende Land ist[90]. Von hier gehen die neuen Naturbeobachtungen aus, wie sie in Herbarien und Arzneibüchern ihren Niederschlag fanden; darüber hinaus scheint aber die Schilderung von Landschaft und Gesellschaft, wie sie die Fresken im Adlerturm

des Kastells von Trient zeigen, den zeitlichen und entwicklungsgeschichtlichen Vorrang vor dem Stun- 713
denbuch von Chantilly zu besitzen.

Keiner anderen Kunstlandschaft Italiens ist dafür auch der Abschied von der Gotik so schwer gefallen wie der Lombardei. In Mailand selbst besteht die Gruppe von Kirchen, die um und nach der Mitte des Quattrocento noch in den reinsten gotischen Formen errichtet wurde, aus Sa. Ma. del Carmine, S. Pietro in Gessate[91] und Sa. Ma. delle Grazie. Von ihnen ist die Carmine die älteste, sie weicht von den beiden Schwesterkirchen etwas ab, da sie nach dem gebundenen System angelegt wurde und außerdem Fenster im Obergaden des Mittelschiffs besitzt. Diese Bauten mit ihren gedrungenen Granitstützen, mit dem sparsamen Blattwerk der Kapitelle, wulstförmigen Rippen, Bandrippen als Gurtbögen, Schlußsteinen im Gewölbe und Eckblättern an den Basen der Mittelstützen haben etwas Mönchisch-Strenges. In S. Pietro in Gessate wirken alle Einzelformen wie die einer Bettelordenskirche des 13. Jahrhunderts. Die wohligen Proportionen des Raumes indessen verraten, daß man trotz aller Kargheit sich in einem spätgotischen Bau befindet. Das Nordquerhaus hat seine ursprüngliche Bemalung noch, die ganz gotisch wirkt (Butinone). Aber diese Baubewegung blieb nicht auf die Hauptstadt beschränkt. Vor den Toren von Cremona ließ die Herzogin Bianca Maria Sforza seit 1463 durch Bartolomeo Gadio die Kirche S. Sigismondo errichten, einen Backsteinbau mit einem rein gotischen Strebesystem. (Das Innere zu Ende des 16. Jahrhunderts vollständig umgebaut.)

Alles, was die Brüder Rodari in Como schaffen,

besonders die Standbilder der beiden Plinius an der
714 Domfassade, ferner alle Tympana, die Marmoraltäre im rechten Seitenschiff, ist gotisierend. Besonders aber wirkt die große hölzerne Ancona des Andrea Passeri (tätig 1487–1511) wie der reinste Antwerpener Schnitzaltar, mit dem sie auch das Interesse für Architektur und Perspektive teilt. Viele Skulpturen von Giovanni Antonio Amadeo und Cristoforo Mantegazza (Mailand, Museo Castello Sforzesco) verraten die Meister als heimliche Spätgotiker.

Eine *Malerei mit eigentümlich lombardischen Zügen* hat sich sehr spät im Quattrocento erst ausgebildet. Bernardino Butinone und Bernardo Zenale, die beiden Maler aus Treviglio, lösen sich erst langsam vom Einflusse Mantegnas und Crivellis; Andrea Solario und Boccaccio Boccaccini trugen die Ergebnisse venezianischer Malerei nach Mailand und Cremona[92]. Als eine eigenständige Malerei sich im letzten Drittel des Quattrocento in Mailand endlich zu bilden begann, traf Leonardo da Vinci hier ein und machte aus Lombarden Leonardo-Schüler. »Wenn sie der große etruskische Herr nicht zu sklavischen Schreibern erniedrigt hätte, so hätten sich diese Künstler zweiten Ranges unter der Einwirkung verwandter venezianischer Einflüsse, vielleicht aus den Traditionen Foppas, zu einer Malerschule ähnlich der von Brescia entwickelt, aber in größerem Umfange und von längerer Dauer; es ist auch nicht undenkbar, daß sie schließlich einen Künstler hervorgebracht hätten, der dem Veronese ähnlicher als dem Luini gewesen wäre[93].« Lediglich Bramantino wußte seine Eigenart gegenüber Leonardo zu behaupten[94].

Wo nicht der Einfluß Leonardos die Palette ver-
färbt, herrschen in der Mailänder Malerei um 1500 715
Ziegelrot und ein stumpfes Braun vor. Schon die große Kreuzigung aus Pavia aus dem 15. Jahrhundert (Mailand, Brera) ist ein Schulbeispiel für das Vorherrschen von Braun- und Cremetönen. Auch Foppa und der Meister der Pala Sforzesca haben eine Vorliebe für Zinnober, das aber nach Ziegelrot hin gedämpft wird. Aber wir sind der Mühe enthoben, diese Farben genauer zu beschreiben, da die Mailänder Maler des Manierismus, die Proccaccini und Crespi, eine ganz andere Farbenskala entwickeln. In der Lombardei gibt es eben keine durchgehenden Konstanten.

EMILIA

Die Emilia ist ein Straßenland. Sie hat ihren Namen von der großen Römerstraße, die der Konsul Marcus Emilius Lepidus im Jahre 187 v. Chr. anlegen ließ, um nach Unterwerfung der Ligurer deren Land mit der Via Flaminia zu verbinden. Sie führt von Rimini bis Piacenza, ist etwa 265 km lang und teilt heute wie vor zweitausend Jahren als mittlere Längsachse die Landschaft in zwei spiegelbildlich gleiche Hälften. Nur ist die Römerstraße heute durch den Schienenstrang der Eisenbahn verdrängt, die in geringem Abstande – oft sind es nur einige Dutzend Meter – der alten Straße parallel zieht. Schon die antike Straße war durch künstliche Aufschüttungen so hoch gelegt worden, daß sie hochwasserfrei blieb. Die Via Emilia wird überkreuzt von all jenen Straßen, die, den Apennin überwindend, die Verbindung zwischen Ober- und Mittelitalien herstellen. Es sind die Heerstraßen der Romzüge der deutschen Kaiser. Unter ihnen sind die Verbindungswege zwischen Bologna und Florenz (die kaiserliche Renostraße, die in Pistoja mündete und also auch erlaubte, Florenz zu umgehen; die antikaiserliche Futastraße) und von Parma das Tarotal hinauf über den Cisa-Paß und Pontremoli nach Pisa (heute nach La Spezia) natürlich die wichtigsten. Von Faenza führen über den Paß von Casa d'Alpe, von Forlì über den Muraglione (Passo di S. Godenzo) die Wege ins Mugello. »Unterhalb Cesena gibt es nur Pässe in das

Tibertal; Cesena nimmt eine Sonderstellung ein; von
hier kommt man an den oberen Arno und nach Arezzo[1].« 717
Die Städte der Emilia, besonders aber Bologna und Parma, hielten also das ganze Mittelalter hindurch die militärischen Schlüsselstellungen für die Apenninpässe.

Obwohl die Emilia so als rechtes Verkehrs- und Durchgangsland erscheint, hat sie doch zumindest im Osten und Süden natürliche Grenzen. Im Osten bildet die Adriaküste vom Po-Delta bis Rimini und Cattolica die Grenze, während die Südgrenze gegen die Marken, die Toskana und Ligurien hin auf dem Kamm des Apennin verläuft, wo alle jene in der Kriegsgeschichte so oft umkämpften Pässe liegen. Die Westgrenze der Emilia hingegen ist von der Natur nicht vorgezeichnet. Gegen die Südlombardei und Ligurien hin bilden die Flußläufe der Trebbia und des Tidone keine sehr markanten Grenzen. Vollends aber ist die Nordgrenze der Emilia alles andere als natürlich. Hier bildet der Lauf des Po von Piacenza bis zu seinem Mündungsdelta nördlich Comacchio die Begrenzung gegen die Lombardei und das Veneto. Der breite Flußlauf, der die Lebensader einer unsagbar fruchtbaren Kulturlandschaft darstellt, hat nichts Trennendes, sondern eher etwas Sammelndes. Während der Apenninkamm hier – sehr im Gegensatz zu den Verhältnissen im umbrischen Bergland – nicht nur eine geographische, sondern auch eine echte kulturelle Grenze bildet, bedeutet der Po kein Hindernis für kulturelle Strömungen. Die emilianische Straße überschreitet ihn leicht. Piacenza ist schon seit der römischen Kaiserzeit und bis auf den heutigen Tag nicht mehr der Endpunkt der Via Emilia, sondern Mailand. Die Emilia blickt also nach Norden[2].

In der Blütezeit des Lombardenbundes und des ro-
718 manischen Stiles bilden Lombardei und Emilia geradezu eine Kulturlandschaft. Die Dome von Piacenza und Cremona bezeugen das. Sie bleiben sich brüderlich verwandt, auch wenn der eine noch in der Emilia, der andere schon in der Lombardei steht. Aber auch die südöstliche Hälfte der Emilia hat ihre Bindungen an die Ostlombardei und das angrenzende Veneto. Mantua zwischen seinen Sümpfen auf dem Nordufer des Po und Ferrara zwischen seinen Sümpfen auf dem Südufer des Flusses befinden sich geographisch in der gleichen Situation und stehen als Residenzen erlauchter, durch die Jahrhunderte herrschender Dynastien mit altvererbten künstlerischen Neigungen kulturell unter denselben Bedingungen. Vor allem aber ist die Wirkung der Kulturzentren Venedig und Padua auf die Städte der östlichen Emilia von jeher sehr tief gewesen. Die Nachfolge, die Mantegna in seiner Paduaner Zeit in Ferrara gefunden hat, ließ die italienische Forschung von einer ›cultura artistica padovano-ferrarese‹ sprechen. Auch im 16. Jahrhundert wird der Einfluß der venezianischen Maler etwa auf Dosso Dossi in Ferrara nicht geringer. Dafür wirkt Parmigianino, besonders durch seine Druckgraphik, auf die venezianischen Maler von der Art des Schiavone und des jungen Tintoretto. Zwischen den beiden Hochburgen der italienischen Gelehrsamkeit, Bologna und Padua, sind die Fäden natürlich immer hin und her gelaufen.

Die Via Emilia erstreckt sich von ihrem Ausgangspunkte Rimini bis zu ihrem ursprünglichen Zielpunkt Piacenza von Südosten nach Nordwesten. Die Landschaft, welche sie durchquert, besteht et-

wa zu gleichen Hälften aus einer großen Ebene, dem Südteil der Po-Ebene ($46^{0}/_{0}$ der Emilia, mehr 719
als 10 200 qkm) und aus Berg- und Hügelland ($54^{0}/_{0}$), dem Nordhange des Apennin, ausschließlich an der Südseite der Straße gelegen. Die Hauptkette des Apennin mit Gipfeln von 1600 bis 2000 m begleitet die Via Emilia etwa in parallelem Zuge. Der Subapennin fällt in einer Breite von etwa 50 km gegen die Straße zu ab. Etwa dreißig Quertäler entwässern sich mit Flüssen und Bächen in das Po-Land.

Südlich Rimini endete die den Metaurus entlang ziehende Via Flaminia an der Adria im ager gallicus. Mit der Gründung Riminis 268 v. Chr. betraten die Römer Oberitalien, das Land nördlich des Apennin. Die Eroberung und Urbarmachung des mit Sumpf und Wald bedeckten Landes bewegte sich der späteren emilianischen Straße entlang[3]. 218 v. Chr. wurden mit der Anlage der Kolonien am Po, Piacentia und Cremona, gegen die Gallier Brückenköpfe im Norden gebildet, die sich in den Punischen Kriegen gegen Hannibal und Hasdrubal großartig bewährten. Aber wirkliche Befriedung trat erst mit der Anlage der Straße ein, die Piacenza auch vom Charakter einer Vorpostenstellung befreite. Nach und nach legten die Römer an der Straße ein Dutzend Städte an. Diese liegen alle an den Schnittpunkten der schnurgerade verlaufenden Emilia mit anderen Verkehrswegen, deren Richtung zumeist im Süden von den Apennin-Pässen, im Norden von den Po-Übergängen festgelegt wird. Richtiger gesagt: alle jene Städte liegen *auf* der Straße, die den Stadtkern in zwei Hälften teilt. Wird die Via Emilia von einer anderen Verkehrsstraße

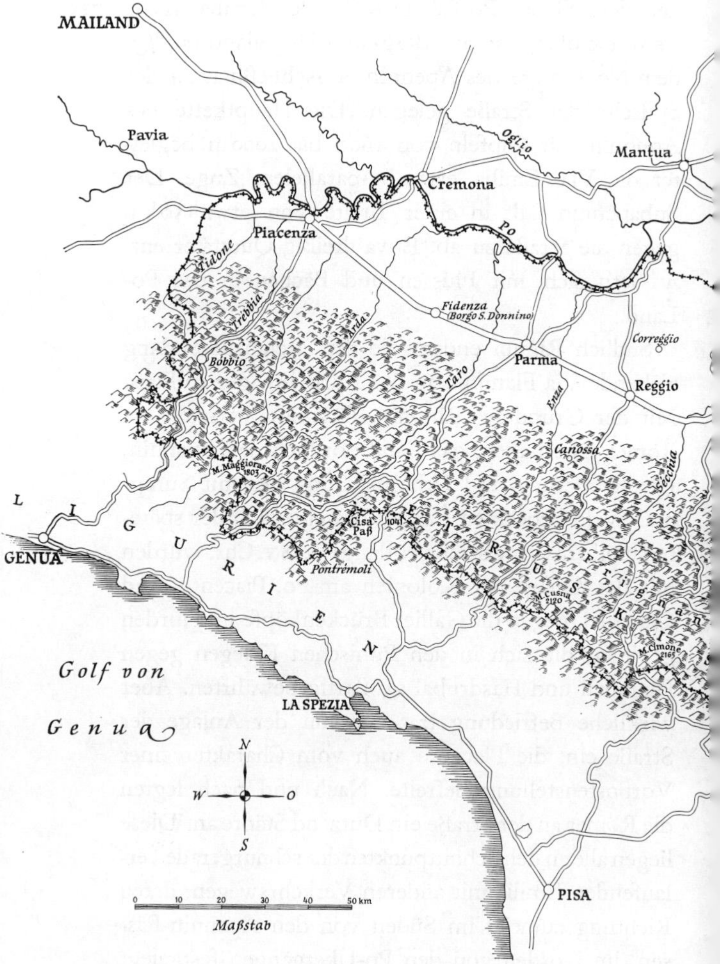
MAILAND
Pavia
Oglio
Mantua
Cremona
Piacenza
Po
Tidone
Trebbia
Arda
Fidenza
(Borgo S. Donnino)
Correggio
Bobbio
Taro
Parma
Enza
Reggio
Canossa
Secchia
M. Maggiorasca
1803
Cisa-
Paß
1041
L I G U R I E N
E T R U S K I
Frignano
GENUA
Pontrémoli
M. Cusna
2120
M. Cimone
2165
Golf von
Genua
LA SPEZIA
N
W
O
S
PISA
0
10
20
30
40
50 km
Maßstab

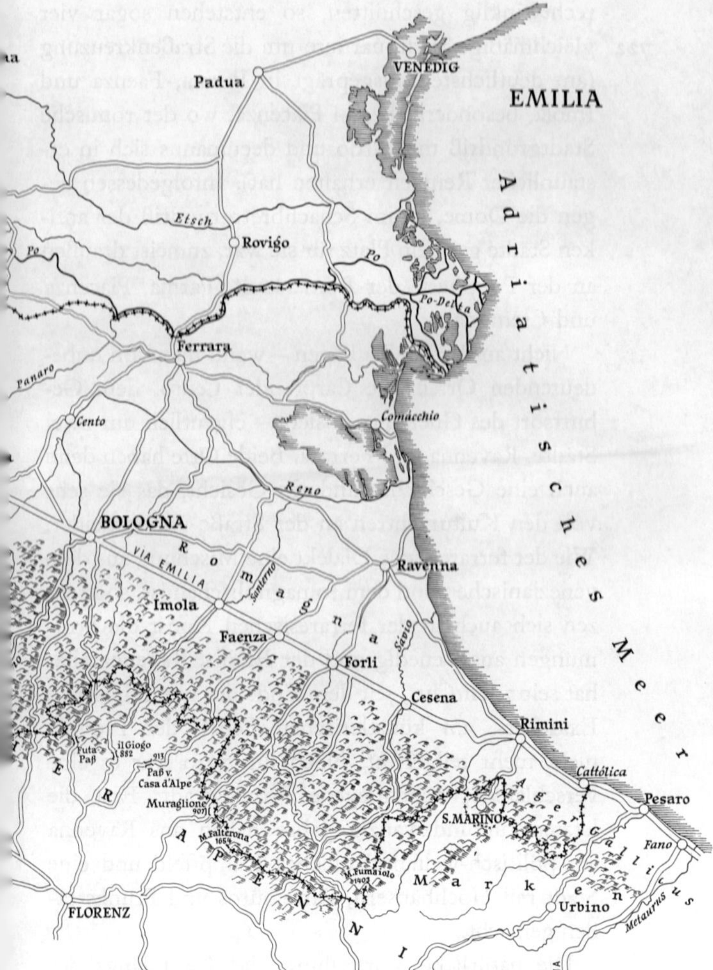
EMILIA
VENEDIG
Padua
Etsch
Rovigo
Po
Po-Delta
Ferrara
Panaro
Cento
Comacchio
Reno
Adriatisches Meer
BOLOGNA
VIA EMILIA
Romagna
Santerno
Ravenna
Imola
Faenza
Forli
Savio
Cesena
Rimini
Cattolica
Pesaro
Fano
Futa Paß
il Giogo 882
913
Paß v. Casa d'Alpe
Muraglione 907
M. Falterona 1654
M. Fumaiolo 1407
S. MARINO
Ager Gallicus
Marken
Urbino
Metaurus
APENNIN
FLORENZ
VIA FLAMINIA

rechtwinklig geschnitten, so entstehen sogar vier
722 gleichmäßige Stadtquartiere um die Straßenkreuzung (am deutlichsten ausgeprägt in Parma, Faenza und Imola, besonders aber in Piacenza, wo der römische Stadtgrundriß mit cardo und decumanus sich in erstaunlicher Reinheit erhalten hat). Infolgedessen liegen die Dome, da im Schachbrettgrundriß der antiken Städte gar kein Platz für sie war, zumeist draußen an der Peripherie der Römerstadt (Parma, Piacenza und Cremona).

Nicht an der Emilia liegen – wenn man von unbedeutenden Orten wie Carpi oder Cento, dem Geburtsort des Guercino, absieht – eigentlich nur zwei Städte, Ravenna und Ferrara. Beide Orte haben denn auch eine Geschichte und ein Gesicht, das sie sehr von den Kulturzentren an der Straße unterscheidet. Wie der ferraresische Dialekt eine Mischung aus dem venezianischen und dem romagnolischen ist, so kreuzen sich auch in der ferraresischen Kunst die Strömungen aus Venedig und der Emilia. Ravenna aber hat seit 751 n. Chr., seit dem Ende des byzantinischen Exarchats, am künstlerischen Leben der Provinz nicht mehr teilgehabt. Noch um 1930 war es eine verschlafene, weltentlegene Provinzstadt. Erst die letzten fünfundzwanzig Jahre haben aus Ravenna ein politisch-weltanschauliches Kampffeld und eine Stadt mit Hochhäusern, Parteibüros und Prunkstraßen gemacht.

Die natürliche Vorstellung, das Land längs der emilianischen Straße als die Emilia schlechthin anzusehen, besteht allerdings nur dann zu Recht, wenn man die Romagna als ein Teilglied der Emilia betrachtet, wie es in der Tat die Enciclopedia Italiana

und die Guida des Touring Club Italiano tun[4]. Moderne statistische Publikationen unterscheiden – histo- 723
risch betrachtend – zwischen einer Emilia dei ducati und einer Emilia delle legazioni oder – geographisch gliedernd – zwischen einer Emilia occidentale und einer Emilia orientale, wobei mit der zweiten Bezeichnung jedesmal die Romagna gemeint ist. Unter der Romagna versteht man also das Land um den Ostteil der Via Emilia zwischen Bologna (mit Ausschluß dieser Stadt) und Rimini, mit den Städten Imola, Faenza, Forlì und Cesena an der Straße und mit den Küstenstädten hinauf bis Ravenna, dem alten Haupte des Exarchats und der Pentapolis[5]. Es ist ein Land mit kleinen Städten, ohne Zentren wie Bologna oder Parma, die nur die Schnittpunkte heute unbedeutend gewordener Verkehrswege bilden. Kurzum, gegenüber der lebenskräftigen, volkreichen Emilia ist die Romagna bis ins 19. Jahrhundert Provinz geblieben.

Die Romagna unterscheidet sich von der eigentlichen Emilia nicht nur durch einen selbständigen Dialekt[6], die Romagnolen gelten àls ein besonders verwegener Menschenschlag. Sie besitzen wahrscheinlich den ungünstigsten Ruf unter allen Landschaften der Halbinsel. Von alters her sind sie als heißblütig, händelsüchtig und brutal verschrien. Ein Sprichwort charakterisiert sie als ›razza di eroi e razza di delinquenti‹. Francesco Giucciardini nannte die Romagna ›una

(5) Die Pentapolis bleibt für das ganze Mittelalter ein bestimmter politischer Begriff. Es sind die zu Grafschaften gewordenn Städte Ancona, Senigallia, Fano, Pesaro und Rimini, welche seit der Eroberung durch Pippin (756) zunächst als Reichsland galten, bis Kaiser Otto III. sie der Kirche schenkte.

provincia avviluppata‹ – eine verwickelte Provinz. 724 Schon Bandello schildert in der Novelle ›Die Kaufleute aus Lucca in Antwerpen‹ einen romagnolischen Raufbold: »Giulio mochte in der Romagna bei ihren verwünschten Parteiungen, wo sie selbst die Kinder in der Wiege und Leute in den Kirchen umbringen, auf hundert Morde gekommen sein; so trat er denn jetzt in den Saal, hob den Säbel . . . usw.« Die Mißwirtschaft des Kirchenstaates tat ein übriges, so daß im Risorgimento seit 1838 die Romagna eine führende Rolle spielte. »Eine in Italien sprichwörtliche Unbändigkeit und der im langen Kampf . . . bodenständig gewordene Geist des Widerspruchs trieben die Romagnolen mit feurigem Eifer allen wichtigen sozialpolitischen Ideen der Neuzeit entgegen[7].« Mussolini war ein echter Romagnole. Während eines lokalen Wahlkampfes 1951 wurden in der eigentlichen Emilia die Wähler durch Plakate an den Häusern aufgefordert, dafür zu sorgen, daß nicht wieder Romagnolen in der Politik eine verhängnisvolle Rolle spielen könnten.

Behält man diese starken Unterschiede im Charakter der Bevölkerung der Romagna und der eigentlichen Emilia immer vor Augen, so darf man die geographisch einheitliche Landschaft doch unbesorgt als geschlossene Kulturprovinz betrachten, wobei die Romagna an schöpferischem Leben weit hinter der westlichen Emilia zurücksteht. Da es weder in der Emilia noch der Romagna im Hochmittelalter zur Bildung eines führenden großen Territoriums gekommen war, so herrschte hier seit dem 12. Jahrhundert der Kampf der Städte untereinander. Parma und Piacenza machten sich gegenseitig den Besitz des

an der Straße zwischen beiden Städten liegenden
Borgo S. Donnino streitig, Reggio und Modena kämpf- 725
ten um das Wasser des Sécchia-Flüßchens, Modena
und Bologna lagen sich in den Haaren um die Kastelle
des Frignano (des Nordabhangs des Apennin südlich
beider Städte), Bologna wollte Imola unterwerfen;
Faenza, Forlì und Ravenna sind heute verbündet und
stehen sich morgen als Feinde gegenüber[8]. Seit dem
13. Jahrhundert wachsen dann aus den Parteifehden
in den einzelnen Städten siegreiche Familien hervor,
deren Häupter sich zu Signoren der Kommunen auf-
werfen. Die Ergebnisse dieser Kämpfe sind nun frei-
lich für Emilia und Romagna sehr verschieden aus-
gefallen. In der Romagna sind alle Verhältnisse viel
kleiner, die Städte waren schon im Mittelalter nicht
so lebenskräftig wie die auf den Lombardenbund
schauenden der Emilia, und so wurden sie leicht die
Beute von Signoren. Die Stadtherrschaft einer Familie
hat sich oft durch Jahrhunderte behauptet, so daß
aus der Gewaltherrschaft der Gründer Dynastien
werden konnten, die vom Glanze der Legitimität
umstrahlt waren. Die Malatesta in Rimini haben von
1295–1509, die Polenta in Ravenna, die dem irrenden
Dante Gastfreundschaft und Grabstätte gewährten,
haben von 1275 bis 1438 regiert, bis Venedig die
Stadt an sich riß. In Cesena saßen die Ordelaffi von
1333 bis 1359, ihnen folgten die Malatesta von 1379
bis 1465. In Forlì hingegen konnten sich die Orde-
laffi von 1315 bis 1480 behaupten, sie kehrten sogar
1504 noch einmal wieder, kurz ehe die Stadt dem Kir-
chenstaat anheimfiel. Die Signoren von Faenza waren
die Manfredi von 1313 bis 1501, aber schon vor der
Schlacht von Cortenuovo war diese guelfische Familie

dort mächtig gewesen. In Imola hielten sich die Alidosi
726 als Signoren von 1341 bis 1424.

Da alle diese Herrschaften viel zu klein waren, so konnten sie sich in dem Entscheidungskampfe nicht behaupten, den sich zwei große Potenzen um den Besitz der Romagna lieferten. In diesem Streit zwischen Venedig und dem Papsttum blieb Julius II. Sieger: Imola und Forlì fielen 1504, Rimini und Ravenna 1509, Faenza 1510 an den Kirchenstaat, dessen Hauptstadt das schon 1506 eroberte Bologna bildete. So entstand die Emilia delle Legazioni, und bis zum Eindringen der französischen Revolutionsheere haben alle Städte unter der Herrschaft der Kirche gestanden, manche sogar – wie Forlì – bis zur Bildung des Königreichs Italien.

Man sollte meinen, daß Dynastien, die sich durch die Jahrhunderte zu behaupten vermochten, alle Voraussetzungen mitgebracht hätten, ein blühendes Mäzenatentum zu entfalten. In Wahrheit bleiben Persönlichkeiten wie Sigismondo Malatesta in Rimini, Malatesta Novello in Cesena oder Caterina Sforza in Forlì doch seltene Ausnahmeerscheinungen. Der Musenhof der Este in Ferrara hat in der Romagna keine Schule gemacht. Die Manfredi in Faenza z.B. hatten wenig Kontakt mit Malern und weniger noch mit Bildhauern[9]. Francesco da Faenza, Ansuino da Forlì, besonders aber Melozzo da Forlì fanden in der Romagna nicht genug Aufträge, um hier ihr Brot verdienen zu können. Sehr bezeichnend für die Romagna ist auch die späte Einführung der Druckerpresse. Wenn man von dem Einzelfall des Auftretens einer Offizin in Forlì am Ende des 15. Jahrhunderts absieht, so hat es bis in die zweite Hälfte des 16. Jahr-

hunderts, ja bis in das 17. Jahrhundert gedauert, bis es in den Städten der Romagna zur ständigen Ein- 727
richtung von Druckereien kam[10].

Neben den genannten städtischen Signoren gab es noch eine Fülle ländlicher Großgrundbesitzer, die ebenfalls Hofhaltungen unterhielten und »die sich die Herrschaft über Burgen und Schlösser streitig machten, verstreut über die Campagna gelegen, auf den Sätteln der Hügel, eine Stadt flankierend und manchmal gar zu einer Vorstadt sich kristallisierend[11]«. Diese Klasse der Landedelleute war besonders für die Romagna charakteristisch. Machiavelli sagt: »Di queste due sorta di uomini ne sono pieni il regno di Napoli, la Romagna e la Lombardia[12].« Und der moderne Historiker Corrado Ricci bestätigt es: »In der langen Periode der Renaissance war keine Region Italiens so überschwemmt mit kleinen Höfen oder ›focolai di civiltà‹.« Aber soweit wir sehen, hat diese Schicht ländlicher Großgrundbesitzer keine offene Hand für die Kunst gehabt.

In der eigentlichen Emilia sind die Verhältnisse großzügiger, ist der Geist lebendiger. Die Städte sind volkreiche, stolze Kommunen, bis an die Schwelle der Neuzeit erfüllt von den Traditionen des Lombardenbundes. Die Dynastien sind stärker, ihre Territorien größer als in der Romagna – so vermögen sie sich dem Kirchenstaat gegenüber zu behaupten. Es entstehen in der Renaissance moderne Fürstentümer, die z. T. bis zur Französischen Revolution selbständig blieben. So tritt neben die Emilia delle Legazioni die Emilia dei Ducati, die eigentliche Emilia, d. h. das Land von Bologna nach Nordwesten hin.

Noch in Goethes Tasso findet sich der Lobpreis des

Musenhofes von Ferrara. Dort saßen die Este, die
728 schon 1185 das Erbe der Marcheselli angetreten hatten und die demnach nur von den Herzögen von Savoyen im Alter ihrer Dynastie überboten wurden. In einigen ihrer Städte gelang es den Este, die mittelalterliche Signorie ohne Bruch in das absolute Fürstentum der Renaissance und des Barock hinüber zu führen. Zwar konnten sie sich in Ferrara nur bis 1598 behaupten, zu welchem Termin Papst Clemens VIII. Ferrara für den Kirchenstaat als erledigtes Lehen beim Aussterben der legitimen Linie des Hauses Este einzog. Aber in Modena, das sich schon 1288 unter den Schutz der Este von Ferrara gestellt hatte, um den Geschlechterkämpfen in seinen Mauern zu entgehen, in Reggio Emilia, wo die Este seit 1409 im Sattel saßen, haben sie sich behauptet, bis der letzte Este 1796 vor den französischen Revolutionsheeren floh. In Parma und Piacenza haben die großen Familien während der Renaissance sich im Stadtregiment zu oft abgelöst, als daß es zu stetigen Verhältnissen gekommen wäre. In Parma wechselten Visconti, Este und Sforza, in Piacenza die Pallavicini, Visconti und Sforza, bis es den Farnese gelang, hier ein absolutes Fürstentum zu errichten, das bis 1731, bis zum Aussterben der Familie im Mannesstamme, Bestand hatte.

Selbst die Guida des Touring Club Italiano gesteht, man könne von der *Emilia nicht* als von *einer geschlossenen Kunstprovinz* mit einheitlichem, sich durch die Jahrhunderte forterbendem Charakter sprechen, wie von der Toskana oder vom Veneto. Daß die künstlerische Tätigkeit hier so vielgesichtig erscheine, liege neben den historischen Umständen vor allem an der Menge der künstlerischen Zentren, die sich längs der emilianischen Straße aufreihen[13]. 729

Für das ganze Mittelalter, besonders aber für die romanische Zeit, erscheint eine Abgrenzung der Kunst gegenüber derjenigen der Lombardei sehr fragwürdig. Es ist unmöglich, in den großen Domen von Parma, Modena, Piacenza oder Borgo S. Donnino einen spezifisch emilianischen Baucharakter zu entdecken. Ebenso gegenstandslos ist die Frage nach der Ortsgebundenheit der großen romanischen Bildhauer des 12. Jahrhunderts, des Meisters Wiligelmus in Modena und seiner Schüler, der Meister Nikolaus in Ferrara und Guglielmo in Verona. Diese Wandermeister sind ihrer künstlerischen Erziehung, wahrscheinlich aber auch der bürgerlichen Herkunft nach Lombarden gewesen. Für Antelami läßt sich das in hohem Grade wahrscheinlich machen, denn Antelamo ist der Name eines Tales im Gebiet von Como gegen den Lago Maggiore hin[14]. Aber die Frage nach Antelamis Herkunft ist müßig, entscheidend allein ist die Frage nach seiner künstlerischen Ausbildung, die der große Vermittler der ikonographischen Programme der französischen Kathedralen gewiß in der Provence erfuhr. In der Frührenaissance aber, wo die Künstler für uns greifbare Persönlichkeiten werden, ist es aussichtslos, etwa für die Malerei der Städte Ferrara und Bologna einen gemeinsamen Grundcharakter, eben den emilianischen Zug, entdecken zu wollen. Was hat der harte, strenge Stil der Bilder des Cosmè Tura, dessen Figuren versteinert

(14) Das Antelamo-Tal ist laut einer Urkunde Kaiser Konrads II. vom Jahre 1033 im Besitz der Kirche von S. Pietro in Ciel d'Oro in Pavia. G. Merzario, I maestri Comacini, I., p. 145 ff.

zu sein scheinen und dessen Landschaften aus Kristallen aufgebaut sind, mit den lieblichen Madonnentafeln des sanften Perugino-Schülers Francesco Francia in Bologna zu tun? Wie fällt die Altartafel des Ferraresen Francesco Cossa von 1474, die in der Pinakothek von Bologna im Saale der Meister der bolognesischen Frührenaissance hängt, so völlig aus dieser Umgebung heraus! Für die Farbigkeit der Bilder des braven Marco Palmezzano aus Forlì und die des Ercole Roberti aus Ferrara mit ihren phosphoreszierenden, oszillierenden und opalisierenden Tönen gibt es keinen gemeinsamen Nenner.

Wir müssen also zusehen, ob die Verhältnisse ähnlich liegen wie in der Toskana, wo die Stammesbegabung so reich und stark war, daß das künstlerische Leben um zwei Pole, um Florenz und Siena, kreiste. Aber diese Rolle übernehmen Ferrara und Bologna nun keineswegs für die Emilia, schon deshalb nicht, weil die Zeitspanne viel zu kurz ist, in der sich der künstlerische Charakter Ferraras wirklich rein offenbart. Zur Ausbildung von künstlerischen Eigenzügen, welche durch die Jahrhunderte hin als Konstanten nachzuweisen wären, kommt es in Ferrara deshalb so selten, weil dort alle Kunst Hofkunst ist. Die Maler besonders kehren aus allen Teilen Italiens für eine kurze Spanne am Hofe der Este ein und gehen wieder, wenn der Auftrag erfüllt ist, der sie herzog. Pisanello, der hier herrliche Tafelbildnisse und Medaillen schuf, war ein Wanderkünstler, der an allen Höfen der Halbinsel zu Hause war[15], Jacopo Bellini, der an den estensischen Hof Dekorationen für höfische Feste und Turniere und ebenfalls Bildnisse lieferte, hatte seine Werkstatt in Venedig. Piero della Francesca, dessen

heimischer Wirkungskreis auf der Grenze zwischen
Umbrien und der Südtoskana lag, malte hier 1449 731
ebenfalls höfische Themen[16], und im selben Jahre
tritt Mantegna zum ersten Male in Ferrara auf, um
ein Doppelbildnis des Marchese Lionello mit einem
seiner Günstlinge zu malen, das älteste Freundschafts-
bild, von dem wir wissen[17]. Den Rogier van der Wey-
den zog nur das heilige Jahr 1450 nach Italien und an
den estensischen Hof[18].

Mag es aber immerhin gelingen, für die künstlerischen Kräfte Ferraras einen gemeinsamen Nenner zu finden, für Bologna ist solches Bemühen aussichtslos. Das merkwürdig Zwiespältige im Charakter der Stadt weist auf die geographische wie kulturelle Verbundenheit der westlichen Emilia mit Mailand hin, wo wir ein ähnliches Doppelwesen beobachten konnten. Auf der einen Seite eine korrekte und nüchterne Backsteingotik in S. Francesco oder S. Petronio, eine trocken-akademische Renaissance-Architektur, zumal im Palastbau, die das Straßenbild sehr wesentlich beherrscht, auf der anderen Seite die großartigen Barockpaläste mit ihren herrlichen Stiegenhäusern (Pal. della Giustizia, um 1700; Pal. Davia Bargellini, entworfen 1720, ausgeführt 1730) und die Barockmalerei der Carracci, Reni, Domenichino, welche die Wände von Palästen und Kirchen füllt. Allein die bolognesische Graphik vor Augen, hat B. Degenhart geurteilt, daß »die bolognesische Zeichnung zwei grundverschiedene Formen der Strichbildung« kennt. »Eigentümlichkeit und Stärke der bolognesischen Zeichnung beruht auf dem Nebeneinander von streng akademisch-gebundenem und freiestem, wildestem Liniendenken[19].« Ja, diese beiden widerstreitenden

Elemente können im Lebenswerke desselben Künst-
732 lers auftreten. Es ist geradezu ein Kennzeichen für die großen bolognesischen Barockmaler, daß in ihrem Werke neben überschäumend barocken ganz kühl-klassizistische Leinwandbilder und Fresken stehen. An einem Beispiel aus dem Zeichenschatz Chiodarolos kann Degenhart diese barocke »Doppelpoligkeit der Bologneser Strichführung« schon bei einem Maler aus dem Anfang des Cinquecento nachweisen[20].

Lokalstile konnten sich wohl in den Städten der Emilia ausbilden, nicht aber in denen der Romagna an der Straße selbst. Die Verhältnisse waren zu klein und – *Florenz zu nahe*. Über die Pässe von Casa d'Alpe und den Muraglione (Passo di S. Godenzo) fährt man heute im Autobus in knapp dreidreiviertel Stunden von Florenz in die Städte der Romagna. Auch im Trecento und der Frührenaissance ist die Verbindung über diese Paßstraßen lebhaft gewesen. Es ist einer der Hauptunterschiede zwischen Romagna und Emilia, daß die Romagna auf weite Strecken hin eine künstlerische Provinz von Florenz ist, während die Emilia sich selbständiger zu behaupten vermag.

Die Malerei der Romagna beginnt recht eigentlich mit dem Auftreten Giottos, der vermutlich bald nach 1305, nach der Vollendung der Arena, in Rimini geweilt haben muß. Von dem, was er hier gemalt hat, ist nichts erhalten. Immerhin hat man in dem Kruzifix von S. Francesco lange ein eigenhändiges Werk des großen Florentiners gesehen[21]. Die Fresken aus seiner Nachfolge in S. Agostino in Rimini[22] werden noch in das zweite Jahrzehnt des Trecento gesetzt.

Die Maler von Rimini waren die ersten außerhalb der Toskana, welche sich dem neuen Stile Giottos 733
anschlossen, erst nach ihnen folgten die Maler von Bologna und Modena.

Unter den großen Bauten der Frührenaissance in der Romagna ist kaum einer, der nicht einem florentinischen Architekten gehörte. L. B. Alberti begann den Umbau der gotischen Franziskanerkirche in Rimini zum Tempio Malatestiano. Giuliano da Majano erbaute den Dom von Faenza (seit 1474)[23]. Als Malatesta Novello, der Stadtherr von Cesena, die Bibliothek der Franziskaner seiner Stadt erweiterte, systematisch ausbaute und ein neues Gebäude dafür aufführen ließ (1447–1452), da kopierte hier Matteo Nuti von Nocera die Bibliothek des Klosters in S. Marco zu Florenz von Michelozzo (1440), obwohl er sich in einer volltönenden lateinischen Inschrift neben dem Portal einen ›Dedalus alter‹ nannte. In der Bibliothek von S. Sepolcro in Piacenza (jetzt Hospital) besitzt die Emilia eine zweite Nachahmung des Michelozzo-Baues. Girolamo Riario, der Signore von Imola und seine Nachfolgerin Caterina Sforza hatten einen Giorgio Fiorentino in ihren Diensten, der für die Befestigungs- und Zivilbaukunst von Imola eine Art Intendant gewesen zu sein scheint[24]. Von ihm stammt der Pal. Sersanti an der Piazza, den Girolamo Riario 1482 als Amtsgebäude für die Behörden errichten ließ. Über den deutschen Architekten Undevaldo, der die Kathedrale von Cesena erbaute (Grundsteinlegung 1408, dann offenbar schnelle Bauführung, Rohbau angeblich schon 1412 vollendet), ist nichts zu erfahren[25].

In der Plastik der Romagna spielen die toskanischen

Denkmäler vielleicht eine noch beherrschendere Rolle.
734 Für die bauplastische Ausschmückung des Tempio Malatestiano in Rimini wurde Agostino di Duccio 1447 aus Florenz berufen, der hier mit einem Stab von florentinischen Mitarbeitern erschien. Die Grabmäler des Patriziats in den Kirchen wurden bei Benedetto da Majano, Bernardo Rossellino oder Francesco di Simone Ferrucci bestellt.

Als selbständige Leistung der Romagna bleibt somit nur ihre Malerschule des Quattrocento – wobei man sich aber vor Augen halten muß, daß die bedeutenden Werke des Melozzo da Forlì alle außerhalb der Romagna entstanden.

Die Emilia ist weit mehr als die Romagna Einflüssen von den verschiedensten Seiten ausgesetzt gewesen. Auch hier überwiegt das Kommen und Gehen von Fremden das stille Sich-Entfalten seßhafter Meister. Der Sinn für das plastische Bilden ist offenbar in der Emilia besonders schwach entwickelt. In Bologna hat es zu keiner Zeit einheimische Bildhauerwerkstätten von Rang gegeben, und in Ferrara stand es nicht anders. Daß die Bauhütte von S. Petronio ihre Capomaestri von überallher berief, ist in der Ordnung, denn alle mittelalterlichen Bauhütten bleiben ortsfremd. Am Sockel der Fassade und unter den großen Fenstern der Abseiten arbeiteten an den Brüstungsreliefs seit 1393 Venezianer[26]. 1425 wird der Sienese Jacopo della Quercia als Leiter der Hütte von S. Petronio berufen[27]. 1459 waren Albertino Rusconi aus Mantua und Domenico di Antonio aus Mailand die direttori dell'opera. Eine ganze Schar von venezianischen, dalmatinischen, lombardischen Steinmetzen ist hier am Werk. Je weiter das Quattrocento vorschreitet, desto mehr spielen sich natürlich die Florentiner in den Vordergrund: Domenico Rosselli, Antonio di Simone, Pagno di Lapo, Francesco di Simone Ferrucci sind um 1460 hier tätig[28].

Außerhalb der Dombauhütte ist das Bild nicht anders. Aus der Toskana kommen Niccolò Pisano und sein Gehilfe Fra Guglielmo, mehr als zweihundert Jahre später Michelangelo und schließlich Giambologna, aus Apulien Niccolò dell'Arca, aus Venedig die Brüder Massegne.

Die meisten der großen Architekten wurden als Leiter der Hütte von S. Petronio nach Bologna berufen: Bramante, Peruzzi, Serlio, Galeazzo Alessi. Am längsten verweilte Vignola in Bologna, der, schon 1541 von Paul III. zum Architekten und Ingenieur der Fabbrica von S. Petronio ernannt, von 1543–1550 diesem Bauwesen vorstand.

Auch in der Profan-Architektur bietet Bologna in der Renaissance kein einheitliches Bild. Lombardische und florentinische Einflüsse überlagern auch hier die Tätigkeit einheimischer Meister, die nicht recht zur Entfaltung kommen.

Aber auch was die Einheimischen bauen, ist merkwürdig disparat: Bartolomeo Triachini (gestorben 1587) komponiert heute streng klassizistisch (Pal. Malvezzi, 1560), morgen mit einem großen Aufgebot manieristischer Einzelformen (Pal. Vizani-Sanguinetti, 1549–1552)[29]. In der zweiten Jahrhunderthälfte dominiert dann der lombardische Einfluß auf die bolognesische Architektur, dem die beiden Tibaldi hier Bahn gebrochen haben. Dem Pellegrino Tibaldi verdankt dazu die manieristische Malerei Bolognas ihre Haupterzeugnisse (Pal. Poggi, heute Universität;

Cappella Poggi in S. Giacomo Maggiore)[30]. Mit 22
736 Jahren signierte er ein Bild (die Anbetung der Hirten in der Gal. Borghese) ›Peregrinus Tibaldi Bonon. faciebat‹ – er hat sich also in seiner Jugend ganz als Bolognese gefühlt[31].

Fragt man sich, welche Inseln autochthoner Kunst aus diesem Strudel lombardischer, florentinischer und venezianischer Einflußströme auftauchen, so wird man finden, daß es eigentlich *nur die emilianische Malerei* ist, die sich *zu eigenständigen Leistungen aufgeschwungen* hat, welche sich neben denen der anderen Kunstlandschaften Italiens ebenbürtig behaupten. Dabei hat in jedem Jahrhundert eine andere emilianische Stadt die Führerrolle innegehabt: im 15. Jahrhundert ist es Ferrara mit Tura, Cossa und Roberti, im 16. Jahrhundert Parma mit Correggio und Parmigianino, im 17. Jahrhundert schließlich Bologna mit der Schule der Carracci, mit Guido Reni und Guercino, also jener Schule, die für den Carracci-Schwärmer Bernini neben Raffael den anderen Gipfelpunkt der italienischen Malerei schlechthin bedeutete und für deren Künstler noch Goethe auf seiner italienischen Reise Worte tiefer Verehrung gefunden hat.

Erst mit dem Auftreten Cosmè Turas wird ein ausgesprochen ferraresischer Lokalstil in der Malerei offenkundig, dessen Blüte allenfalls durch einen Zeitraum von drei Generationen, d.h. durch neunzig Jahre währt: von der ersten urkundlichen Erwähnung des Tura in den Rechnungsbüchern des ferraresischen Hofes von 1451 bis zu dem Tode des Dosso Dossi 1542. Zunächst freilich wird man untersuchen müssen, ob dieser sehr eigenwillige Stil des Meisters wirklich von irgendwelchen Kräften der heimischen Umwelt gespeist wird. Sollte er nicht etwa das Ergebnis eines individuellen Bildungserlebnisses des Tura sein, einer Lehrzeit in Padua unter dem Einfluß Squarciones, Mantegnas und Donatellos, so daß wir statt eines Lokalstils nur eine örtliche Filiation der Squarcione-Werkstatt vor uns hätten? In der Tat spricht vieles für eine solche Ansicht. Die versteinerte Welt von Turas Landschaften, diese Vorliebe für Fels und amorphes Urgestein, die Falten seiner Gewänder, die oft etwas von den Wurzeln alter Riesenbäume haben, die offen über den Waldboden laufen, erklären sich als Werkstattgut des Paduaner Squarcione-Kreises.

Aber schon die Altartafel des Francesco Cossa von 1474 in der Pinakothek von Bologna zeigt einen dumpfen und brutalen Naturalismus, der dem Mantegna-Atelier denkbar fremd bleiben mußte, weil das Bild von der Antike, das man sich dort machte, solche veristischen Vorstellungen ausschloß. Vor allem aber beweist die Farbengebung Turas, Cossas und Ercole Robertis, daß es eine große und eigenständige ferraresische Malerschule im Quattrocento gab, deren Künstler von manchen Forschern als die bedeutendsten Koloristen der Halbinsel in der Frührenaissance angesehen werden. Mantegnas Farbigkeit aber ist niemals oszillierend und makaber, es fehlt ihr vielmehr an ursprünglicher Sinnlichkeit, welche die Ferraresen im höchsten Maße besitzen. Außerdem kann die mantegneske Kunst sich nicht entspannen, während in Ferrara ein ausgesprochener Sinn für Bukolik und Idylle herrscht. Infolgedessen ist die Antiken-Rezeption in Ferrara auch längst nicht so dogmatisch

und konsequent wie bei Mantegna in Mantua. Bei
738 den Ferraresen wirkt das alles zufälliger, lockerer und verspielter. Ferraras Malerei ist also im Quattrocento sehr viel mehr als eine Filiation der Mantegna-Werkstatt gewesen.

Daß es im Quattrocento eine echte eigene ferraresische Kunst gibt, läßt sich durch die einfache Tatsache beweisen, daß Niccolò dell'Arca in sie hineinwächst und daß Lorenzo Costa die ferraresische Malweise aufgeben kann, um dem Pietro Perugino nachzustreben. Niccolò dell'Arca war den zahlreich erhaltenen Urkunden nach ein Apulier aus Bari (nur einmal wird als sein Heimatort abweichend Ragusa in Dalmatien genannt). Um 1435 muß er geboren sein. Über seine Entwicklungs- und Wanderjahre wissen wir aus schriftlichen Urkunden gar nichts. Er wird in Neapel gelernt haben, und von dort liefen ja viele Fäden nach Frankreich und Flandern. Denn in Burgund hat er nun seine entscheidenden künstlerischen Eindrücke empfangen. Als er dann 1463 in Bologna, in der Dombauhütte faßbar wird, als er 1469 den großen Auftrag übernimmt, dem er seinen Beinamen verdankt, die Bekrönung der Arca mit den Gebeinen des hl. Dominicus in S. Domenico, da sind die ersten Statuen, die er bildet, Skulpturen, die der Werkstatt des Claus Sluter entstammen könnten. Die bekrönende Gestalt Gott-Vaters, die vier Evangelisten, welche, auf den eingerollten Voluten-Enden des Aufsatzes sich behauptend, noch gar keine Notiz von den Gesetzen der Ponderation der Frührenaissance nehmen, wirken ganz burgundisch[32]. Aber auch die nächste Phase seiner Kunst zeigt den Niccolò dell'Arca noch nicht in der neuen Heimat eingewurzelt. Zunächst muß

er noch durch das Fegefeuer der florentinischen Kunst hindurch, denn eine emilianische Skulptur, die ihm
Vorbild hätte sein können, gab es damals noch nicht. Die spätesten, um 1473 entstandenen Teile der Arca, der hl. Vitalis und die Putten zwischen den Festons[33], sind ohne das Studium der Werke des Andrea Verrocchio ebensowenig denkbar wie die 1478 datierte Madonna di Piazza (am Pal. Comunale)[34]. Aber nachdem auch die florentinische Welt durchschritten ist, findet Niccolò zur Kunst der Emilia hin. Mit seinem Spätwerk, der freiplastischen Beweinungsgruppe von Sa. Ma. della Vita in Bologna (um 1485–1490) übernimmt er einen Auftrag von der Art, für die bisher Guido Mazzoni durch die ganze Emilia hin eine Art Monopol besessen hatte (Abb. 145). Da aber Mazzoni 1489 an den Neapler Hof berufen wurde und anschließend nach Paris übersiedelte, so kann die Bestellung einer solchen Gruppe nun Niccolò dell'Arca zufallen. Aber da geschieht etwas sehr Merkwürdiges: Niccolò schließt sich zwar an die Formensprache an, die Guido Mazzoni für solche lebensgroßen Terrakotta-Figuren ausgebildet hatte, steigert sie aber in einen barocken Expressionismus hinein, der die Kunst des Mazzoni weit hinter sich läßt, vielmehr den Stil der ferraresischen Malerei vom Ende des Quattrocento in die Plastik umsetzt.

Es ist längst beobachtet worden, wie die Gestalt der hl. Maria Magdalena, der rechten Randfigur der Gruppe, die mit weit ausgebreiteten Armen, wehendem Gewande und flatterndem Kopftuche wie eine Furie herangerast kommt, fast genau so auf Ercole Robertis Predella zum Griffoni-Altar (Vatikanische Pinakothek) erscheint[35] und auch sonst in dessen

Werken auftritt (Abb. 143). Auch dem fühllosesten Betrachter muß der Gegensatz auffallen, der bei Niccolò dell'Arca und Ercole Roberti zwischen dem Inhalt der Darstellung herrscht und der Form, in die sie gepreßt wurde. Es ist, als habe man eine der Metamorphosen des Ovid vor sich. Wie Daphne im schnellem Lauf ganz plötzlich erstarrt und im Boden Wurzeln schlägt, ganz so ist das Heranstürzen der Maria Magdalena, das Ringen der Hände und das Drehen der Hüften der andern Klagefiguren nicht in fließenden Formen modelliert, sondern in so überscharfen, fest umrissenen und endgültig geprägten, daß man auch hier den Eindruck gewinnt, Augenblicksbewegungen seien zu ewiger Dauer geronnen. Ähnliches ist auch auf dem Spätwerk des Ercole Roberti, der Dresdner Predella mit Szenen aus der Passion Christi, zu beobachten. Die meisten Gestalten erscheinen in eine diagonale Körperhaltung gepreßt, als würden sie von einem gewaltigen Sturmwind von rechts gegen den linken Bildrand getrieben. Aber die Gewänder sind nicht von Luft emporgeweht, hier zeigt sich kein Hauch von Atmosphäre, die Falten wirken, als seien sie aus Metall hervorgetrieben, so scharf sind die zeichnerischen Formen, welche sie umschreiben. Von hier bis zur Karikatur oder zum Aufkommen echt spukhafter Erscheinungen ist es nur ein kleiner Schritt. Schon in der Pala di Ravenna (1480, Mailand, Brera) hat Ercole Roberti diese Grenze überschritten[36]. Am Sockel des Thrones der Madonna dieser sacra conversazione sind drei Szenen angebracht, Grisaillen vor altgold-kupferfarbenem Grund, die offenbar als Reliefs in antikischem Sinne verstanden sein wollen (Abb. 144). Das eine ist nur in starker perspekti-

vischer Verkürzung zu sehen und sein Gegenstand kaum zu deuten. Die beiden andern stellen Anbetung 741
der Könige und Bethlehemitischen Kindermord dar. Die Auffassung des Stoffes aber läßt alles antikische oder Renaissance-Gefühl für die Würde der menschlichen Gestalt vermissen. Diese drei Könige aus dem Morgenlande gehören Falstaffs viertem Aufgebot an, ein Don Quichotte sprengt von links heran, auf ein Kamel schlagen irgendwelche Strauchdiebe und Wegelagerer ein, wie man sie nicht im Gefolge der drei Magier suchen würde. Die Pferdebeine sind in grotesk-gespenstischer Weise abgemagert und in die Länge gezogen, die Silhouetten und die einzelnen Gewandfalten aller Figuren, die sehr viel eher als Vogelscheuchen, denn als menschliche Gestalten erscheinen, sind von äußerster Prägnanz und Schärfe, verabscheuen jede Schönlinigkeit und bilden möglichst spitze und scharfe Winkel. Wieder wird man unmittelbar an die Härte der Formen von Niccolò dell'Arcas Gruppe in Sa. Ma. della Vita erinnert.

So wie der Pugliese in diese Formenwelt hineingewachsen ist, so hat sie Lorenzo Costa verlassen. Wenn R. Longhi recht gesehen hat[37], so beginnt Costa als strenger Schüler des Ercole Roberti. Die Kreuzigung der Sammlung Berenson in Settignano, welche der Katalog der Ausstellung in Ferrara noch als Werk des Roberti selbst aufführt[38], wäre nach Longhi eines der ersten Werke des jungen Costa. Zweifellos ist der Menschenschlag des Ercole hier von einem jugendlichen Nachfolger noch weiter ins Zappelige, Quirlige gesteigert; besonders die Schächer am Kreuz und die Folterknechte, welche eben die Leiter hinaufsteigen, um ihnen die Knie zu bre-

chen, sehen aus, als ob sie aus Draht geflochten wären.
742 Der hl. Sebastian in Dresden, der in hebräischen Buchstaben die Künstlersignatur des Costa trägt, wirkt hingegen völlig wie ein Werk von Tura, und so hat sich denn die allgemeine Überzeugung ausgebildet, es handele sich wirklich um eine späte Tafel des Tura, die Costa nur vollendet und signiert habe[39]. R. Longhi hat erkannt, daß das Bild gar nicht so früh entstanden sein kann, er setzt es mit Recht erst in die Zeit von 1485–1490 und hält es für möglich, daß der Auftraggeber gewünscht habe, ein Bild in der Manier des Tura zu erhalten. »Um es frei heraus zu sagen, eine Imitation nach Tura, von Costa hergestellt, als er selbst schon im Besitze eines ganz anderen Stiles war[40].« Wie ein wirkliches Jugendwerk des Costa unter dem unmittelbaren Einfluß des Tura um 1480 aussieht, zeigt die kleine Kreuzigung im Museum von Altenburg[41]. Aber Schritt für Schritt entzieht sich Costa der ferraresischen Atmosphäre, deren treues Spiegelbild seine Jugendwerke waren. Der Altar für S.Petronio in Bologna, für 1492 durch Inschrift gesichert, ist eine sacra conversazione ganz venezianischen Gepräges; einzelne Gestalten sind direkt aus Antonello da Messinas Pala di S. Cassiano übernommen. Aber in aller ferraresischen Kunst schwingt immer so viel Venezianisches mit, daß der venezianische Bildaufbau noch keinen Grund bedeutet, das Bild als unferraresisch zu empfinden, um so weniger, als die Koloristik trotz der Einflüsse der Palette von Antonello und Giambellino noch immer viel von den Großmeistern der ferraresischen Kunst zeigt[42]. Erst mit dem Ghedini-Altar in S. Giovanni in Monte in Bologna von 1497[43] ist Costa so sehr in den Schatten

von Perugino und Francesco Francia getreten, daß nun die Fäden zur ferraresischen Malerei endgültig 743
zerschnitten erscheinen.

Man sollte meinen, vom Wesen dieser ferraresischen Malerei, welcher der Bildhauer Niccolò dell'Arca sich anschloß und der Lorenzo Costa den Rücken kehrte, würde man mehr als aus solchen Reflexen erfahren, wenn man sie dort aufsuchte, wo sie entsteht, wo ihre ausgeprägte Eigenart in frischen Jugendwerken zum ersten Male zu bewundern ist. In Ferrara waren diese Erstlinge der Frührenaissance alle in einem Casino versammelt, in dem Studio des Lustschlosses von Belfiore draußen vor den Mauern der Stadt, das zunächst Lionello d'Este und nach seinem Tode 1450 sein Bruder und Nachfolger Borso ausschmücken ließen. Gleichwohl ist der Einblick in die Genesis der eigenständigen ferraresischen Malerei sehr schwer zu gewinnen, denn die meisten der hier beschäftigten Maler sind als künstlerische Persönlichkeiten nur schwer greifbar. Außerdem sind diese geschlossenen Zyklen der Musen, der Kardinaltugenden und der Jahreszeiten heute in den Museen von ganz Europa zerstreut, und signiert ist nur ein einziges von den erhaltenen Bildern (die Ceresdarstellung von Michele Pannonio im Museum von Budapest). Bis zum Jahre 1456 scheint der leitende Meister der Sienese Angelo del Maccagnino gewesen zu sein[44]; da aber in Tura ein viel bedeutenderer und jüngerer Vermittler der Paduaner Formenwelt von der Stufe Mantegnas erwuchs, so sind wohl der Sienese wie der alte und konservative Ungar für die Ausschmükkung des Studios nur als Randfiguren zu werten. So wird Tura die eigentliche Zentralgestalt der ferraresi-

schen Malerei des Quattrocento. Seine persönliche
744 Entwicklung ist zugleich die Entfaltung der eigenständigen ferraresischen Malerei.

Um sicher zu gehen, daß die Koloristik des großen Dreigestirns Tura – Cossa – Roberti wirklich nicht nur die Farbigkeit dreier großer Individuen bedeutet, sondern das Wesen der ferraresischen Malerei gültig vertritt, müßten wir vor oder nach der Schaffensperiode dieser Großen noch einmal eine ähnlich kühne Koloristik in Ferrara treffen. Wir finden sie bei Dosso Dossi. Nicht etwa in dem Sinne, daß das schwermütige Blaugrau des Tura, das glühende Rubinrot und das warme tiefe Moosgrün des Ercole Roberti nun in der Palette des Dosso wörtlich wiederkehrten! Das ist bei der Zugehörigkeit dieses Meisters zu einer jüngeren Generation und bei der Art seiner künstlerischen Ausbildung ganz ausgeschlossen: 1479 oder 1480 geboren, lernte er wahrscheinlich in Venedig, wenn er auch erst 1518 zum ersten Male dokumentarisch in der Lagunenstadt nachzuweisen ist. 1519 macht er zusammen mit Tizian eine Reise nach Mantua. Zu dem übermächtigen Einfluß Giorgiones und Tizians tritt anläßlich einer Romreise von 1519 bis 1520 die persönliche Bekanntschaft mit Raffael.

Auf dem Altar der Madonna in der Glorie mit den beiden Johannes (Florenz, Uffizien) sind alle Farben und Töne venezianisch – und doch immer um eine Nuance anders. Der Johannes Evangelista hat einen Mantel von dem berühmten satten giorgionesken Grün, aber tiefer, dunkler, glühender. Das Gewand ist goldbraun wie bei Giovanni Bellini oder Cima, aber mit einem ganz persönlichen Stich nach

dem Altgoldenen, Kupferfarbenen, wie es nie in Ve-
nedig auftritt. Der karmesinrote Mantel hat in den 745
wenigen aufgelichteten Partien das Pfirsichblüten-
rosa des Giorgione, ist aber in seinem eigentlichen
Grundton ganz ungiorgionesk. Auch die rosaviolet-
ten Töne im Inkarnat kennt Venedig so nicht. Noch
viel persönlicher als die farbige Gestaltung der Figu-
ren ist aber die der Landschaft. Über Architektur und
Bäumen liegt ein staubiges Grau, ein staubiges Grün-
braun. Dieser den Farbwert dämpfende Staubton
ist für Dossos Landschaften so integrierend wie der
Silberton für die des reifen Corot. Auf dem Bilde
der Madonna mit den beiden Johannes taucht zwi-
schen den Figuren die Engelsburg vor tintig-grauen
und blaß himbeerrosa Wolken auf. Vor diesem Land-
schaftshintergrund oder vor dem seines Hauptbildes,
der Circe (Rom, Villa Borghese), oder der Entdek-
kung des Fehltritts der Callisto (ebda.) (Abb. 150) wird
man an die Landschaft auf Robertis Pala di Ravenna
(Mailand, Brera) erinnert (Abb. 148), wo man durch
die Säulen des Thronaufbaues hindurch den Aus-
blick auf eine Bucht mit einem Hafen, einer Stadt und
einem abschließenden Gebirgszug genießt – alles
nur in Braun- und tintigen Grün- und Blautönen, das
großartigste Stück tonig gebundener Landschafts-
malerei aus dem ganzen italienischen Quattrocento.
Roberti ist der geistige Ahnherr von Dossos Land-
schaftskunst.

Es springt in die Augen, daß diese staubig grauen
und braunen Gesamttöne den Dosso Dossi in hervor-
ragendem Maße zum Entwerfer von Gobelins be-
fähigen mußten. Seit 1536 haben in Ferrara die Brü-
der Karcher aus Antwerpen samt acht aus Flandern

mitgebrachten Wirkern »eine fieberhafte Tätigkeit«
746 für die Manufaktur des estensischen Hofes entfaltet[45]. Die Serie mit den Metamorphosen des Ovid ist durch ein Täfelchen auf einer Außenbordüre auf 1545 fest datiert (Abb. 149). (Die Stücke heute im Louvre und in französischem Privatbesitz zerstreut.) Wir bilden die Episode Metam. II, 304–380 ab, die auch Michelangelo in drei Geschenkzeichnungen für Tommaso Cavalieri 1533 und die beiden Dossi selbst schon in der Villa Imperiale vor Pesaro 1533 in Fresken behandelt hatten. Dargestellt ist die Verwandlung der Schwestern des Phaeton, der Heliaden, die nach dem Sturz des Bruders vom Himmel in den Eridanos so lange weinten, bis sie in Bäume umgestaltet wurden. Es kann uns gleichgültig sein, daß Battista Dossi, der Bruder des Dosso, größeren Anteil an den Entwürfen zu haben scheint, weil er ganz unter dem Einfluß des bedeutenderen Älteren steht. Durch ein Gitter von Karyatiden, die alle wie Daphne sich in Bäume verwandeln, deren Blätterkronen sich spitzbogenförmig zu einer Laub-Architektur verschlingen, genießt man den Ausblick in die herrlichsten Fernen, auf Weinberge und Flüsse, in Ziergärten und Parkarchitekturen. Niemals hat sich der ferraresische Hang zur Idylle reiner ausgesprochen. Auch das Nächste ist schon luminaristisch beobachtet, der Zug der Schwäne, die Steinblöcke im Wasser, welche bewirken, daß der Spiegel sich strudelnd teilt. Die einzigen Farben der Wirkerei sind Blau und Gold, die wenigen Brauntöne treten ganz zurück. Selbst die Blätter der großen rahmenden Bogenarchitektur erscheinen halb in Gold, halb in Blau; aber dieses edle Blau ist manchmal in tintiges Grün gebrochen, so daß der Gobelin der

Farbenskala der Dossoschen Tafelbilder doch sehr angenähert erscheint.

Aber Dosso steht mit dieser Farbauffassung in seiner Generation nicht allein. Die Basis für diese Art des farbigen Sehens ist in der Emilia viel breiter. Ortolano (um 1488 wohl in Ferrara geb.) hat in seiner Beweinung Christi, einem Bilde sehr großen Formats (Rom, Galerie Borghese), das tiefe Honigbraun, das intensive Moosgrün und das Purpurrot des Dosso. Daneben finden sich aber Töne, die an Parma und speziell an Schedoni erinnern: das helle, reine, scharfe Weiß des Leichentuchs, ein siegellackschweres Rosa, ein merkwürdig fahles Grün mit blaßrosa Lichtern. Garofalo (1481 bei Ferrara geb.) zeigt auf seinem großen Altar der Galerie Corsini von 1523 dieselben Brauntöne, dasselbe schwere Rot, dieselbe Landschaftsauffassung. Das Braungrau der Mönchskutte links erinnert in der Gewähltheit der Farbnuancen an Ercole Roberti.

Allein alle diese Künstler sind Ferraresen. Beweiskraft gewinnen unsere Beobachtungen erst, wenn sich Fäden zwischen den Malerateliers der verschiedenen emilianischen Städte anspinnen lassen. Das Jugendwerk des Correggio mit der Geburt Christi (Mailand, Brera) wurde noch 1897 in London als ›Schule des Dosso‹ erworben[46]. Das einzigartige, schwer zu beschreibende Grau-Grün-Braun in den Gewändern in Parmigianinos Madonna al collo lungo (Florenz, Uffizien), das als Ganzes silbrig glänzt, ist in der gesamten italienischen Malerei nur an den Gewändern der männlichen Thronassistenten von Ercole Robertis Altar in der Mailänder Brera vorbereitet.

Die Bildniskunst der Emilia verrät uns keine so

ausgeprägte, nur dieser Landschaft eigentümliche
748 Vorstellung vom Menschen, wie sie florentinische,
venezianische und auch noch lombardische Porträts
vermitteln. Dazu kommt, daß die schönsten und be-
zeichnendsten emilianischen Bildnisse des 15. Jahr-
hunderts eigentlich alle nicht mit bestimmten Künst-
lernamen in Verbindung gebracht werden können.
So viel aber ist deutlich: auch hier hat Ferrara die
Führung gehabt. Von wem auch immer das herrliche
A. F. P. signierte Brustbild im Profil des Museo civico
Correr in Venedig gemalt sein mag, auf jeden Fall ist
es ebenso ferraresisch[47] wie das berühmte Gruppen-
bild der Alten Pinakothek in München, das man frü-
her auf den Verlegenheitsnamen Baldassare Estense
getauft hatte[48]. Dabei haben die beiden Bilder in der
farbigen Haltung gar nichts gemeinsam. Von dem
leuchtenden Ziegelrot und dem satten Grün der Tafel
in Venedig unterscheiden sich die tonig gebundenen
Brauntöne und das tintige, stumpfe Grün der Mün-
chener Leinwand sehr empfindlich. Das Gemeinsame
besteht demnach nur in der scharfen Menschenbeob-
achtung, in der graphischen Härte, mit der die Formen
der Physiognomie eingefangen werden. Von hier
aus betrachtet gibt sich auch das männliche Bildnis
des Museo Civico in Padua sofort als ferraresisch zu
erkennen[49]. Ein Porträt von Francesco Francia wie
der Violinspieler der National Gallery in Dublin[50]
unterscheidet sich durch den weicheren und maleri-
scheren Vortrag und durch die Spiegelung von Ge-
fühlswerten sehr lebhaft von solchen ferraresischen
Bildnissen. Wieder kann man sich das Wesen der
emilianischen Porträts durch Gegenüberstellung mit
Bildnissen des Lorenzo Costa klar machen, die er

nach dem Verlassen der emilianischen Heimat gemalt hat. Schon wenige Monate nach dem Tode des Andrea Mantegna war der Ferrarese 1506 dessen Nachfolger als Hofmaler der Gonzaga in Mantua geworden. Zeigt ihn das vermutliche Bildnis der Eleonora Gonzaga[51] noch ganz unter dem bolognesischen Einfluß des Francesco Francia stehend, so rückt die Art der Menschenauffassung des wunderbaren Frauenbildnisses im Louvre, in dem A. Venturi und Gronau ein Bildnis der Isabella d'Este sehen möchten[52], ganz in den Mailänder Bannkreis des Leonardo da Vinci.

Im 16. Jahrhundert läßt sich die Porträtkunst der einzelnen emilianischen Städte noch schwerer auf einen gemeinsamen Nenner bringen als im Quattrocento. Dossos Porträtmalerei unterscheidet sich wesentlich von der Parmas. Hängen in demselben Saale eines Museums Bilder von Dosso und Parmigianino – wie es z. B. in den Uffizien der Fall ist –, so sieht man sogleich, wie hinter jedem der Bildnisse von Dosso Tizian als Vorbild steht, während Parmigianino von dem großen Venezianer ganz unberührt erscheint. Daß wir uns von Correggios Tätigkeit als Porträtist keine Vorstellung mehr bilden können, ist in diesem Falle ohne Belang, denn nicht an den Landsmann knüpft Parmigianino an, sondern an den römischen Sebastiano del Piombo, mit dem er während seines Aufenthalts in der Ewigen Stadt (1524–1527) persönlichen Umgang pflog, und an Raffaels Bildnisse[53]. Das Porträt des Gian Galeazzo Sanvitale (1524, Neapel, Pinakothek) ist eine manieristische Antwort auf Raffaels Bildnis des Grafen Castiglione.

Wo die Schwierigkeiten also unüberwindbar er-
750 scheinen mögen, für die zeitgenössischen Maler in Ferrara, Bologna und Parma das gemeinsame Band zu finden, das ihre Kunst vereint – wie soll man da gar für die emilianischen Künstler aus den verschiedenen Jahrhunderten brüderlich verwandte Züge aufweisen? Was verbindet die Gemälde der Ferraresen Tura und Roberti aus dem Quattrocento und die der Bolognesen der Barockzeit Annibale Carracci und Albani? Immer wieder sind wir in unserer Betrachtung auf eine *latente barocke Tendenz* gestoßen, die so vielen emilianischen Kunstwerken innewohnt. Sie ist schon im 15. Jahrhundert in Ferrara mit Händen zu greifen. B. Degenhart hat auf ein frühes bolognesisches Beispiel, auf einen Entwurf des Chiodarolo hingewiesen für eines der Fresken der Cäcilienlegende in S. Giacomo Maggiore, die dann allerdings von Malern aus dem Kreise des Francesco Francia ausgeführt wurden. Aber während das Fresko als »der Inbegriff gleichgültig-glatter Malerei in einer verspäteten Quattrocento-Manier« sich präsentiert, »ist die Strichführung dieser Zeichnung von einer Wildheit im Aneinanderfügen kurzer Strichlagen, die an gewaltsam zerworfene Gesteinsschichten gemahnt, einer Unmäßigkeit der Ballung, einer Lockerheit und einem jähen Wechsel, daß der zeichnende Chiodarolo zu einem besonders markanten Vertreter der immanenten barocken Tendenzen der Bologneser Zeichnung ... wird[54]«. Wenn auch nicht so klar wie das Beispiel Chiodarolos weisen Zeichnungen Cosmé Turas, Bagnacavallos und Niccolò dell'Abbates den barocken Grundcharakter der emilianischen Graphik *vor* dem Barock auf[55].

In der Natur großer, leidenschaftlicher Künstler
spricht sich dieser dramatisch-bewegte Zug rein aus, 751
aber bei kleineren Talenten kann er sich in den Ausdruck einer etwas hohlen Theatralik verwandeln. In jedem Falle aber müssen in einer Kunstlandschaft, der man eine barocke Grundtendenz zuspricht, die Verbindungen zwischen Kunst und allen Ausdrucksformen des Theaters besonders enge sein.

Guido Mazzoni beginnt seine künstlerische Tätigkeit mit dem Herstellen von Theatermasken aus Cartapesta, den berühmten ›volti Modenesi‹[56], wie sie in der Karnevalszeit jedermann trug und die noch im Cinquecento bei Aretino, Annibale Caro und Tasso einen hohen Ruf genießen. Die Ansicht, die Terrakotta-Gruppen des Mazzoni verdankten ihre Entstehung den Mysterienspielen der Gotik[57], läßt sich freilich nicht halten, zumal wir mit den ältesten dieser Gruppen weit über den Zeitpunkt zurückkommen, zu dem wir den breiten Einfluß der religiösen Bühne auf diese Kunstart zu beobachten pflegen. Wir besitzen in der nördlichen Seitenapsis der Basilika von SS. Pietro e Paolo im Kirchenbezirk von S. Stefano in Bologna eine unterlebensgroße Holzgruppe der Anbetung der Könige, deren Entstehung um 1370 durch die modischen Einzelheiten der Tracht absolut gesichert ist. Die Figuren sind heute halbkreisförmig um die Madonna mit dem Kinde gruppiert, doch waren sie noch um 1900 in S. Francesco reliefartig aufgebaut, wobei sich der Zug von rechts her auf die links am Rande sitzende Madonna hin bewegte[58]. Etwa gleichaltrig muß auch die Beweinungsgruppe in der modernen Kirche der Cavalleria vor Porta Saffi sein, wenn sie auch eine ganz andere Stilrichtung ver-

tritt[59]. Es sind etwas unterlebensgroße Gestalten,
752 die nur bis zu den Knien reichen. Allein die Madonna und der ausgestreckte Leichnam Christi, um den die sechs Gestalten versammelt sind, ragen maßstäblich über die übrigen Figuren hinaus. Hier entsteht auch zum ersten Male eine Verbindung unter den Klagenden. Die Frau links von der Madonna legt ihren linken Arm mitfühlend um die linke Schulter der Gottesmutter[60].

Diese Gruppen des Trecento sind noch in Holz gearbeitet. Im Quattrocento werden hl. Gräber aus Terrakotta dann zu einer Eigentümlichkeit der Emilia. Der Mann, der diese bemalten Tongruppen zu Ruhm über die ganze Halbinsel hin brachte, war Guido Mazzoni[61]. Leider ist keine von seinen Gruppen in ihrer ursprünglichen Komposition und architektonischen Umwelt auf uns gekommen; aber die Aufstellung lebensgroßer, hochnaturalistischer Freifiguren aus Terrakotta auf gleicher Ebene mit dem Beschauer dürfte auch bei strengster architektonischer Rahmung ein theatralisches Element kaum haben verleugnen können. Schon sein ältestes erhaltenes Werk, die lebensgroße Beweinung von Busseto (um 1475), zeigt die Figuren mit gerungenen Händen und mit zum Schreien geöffnetem Munde. Das junge Mädchen mit den weit ausgebreiteten Armen und den pathetisch geöffneten Handflächen stellt die Verbindung her mit der ziemlich genau hundert Jahre älteren bolognesischen Gruppe aus Holz in der Chiesa della Cavalleria, wo die entsprechende Figur mit echt gotischem Stilempfinden die Arme noch senkrecht in die Luft geworfen hatte. Das nächste Werk, der Kalvarienberg in S. Giovanni Evangelista in Reggio

Emilia (entstanden zwischen 1477 und 1480), bringt eine große Steigerung ins Pathetisch-Expressive[62]. 753
In der letzten dieser Gruppen, in Monte Oliveto, Neapel (1492), haben die Skulpturen dann den tektonischen Charakter ganz abgestreift und greifen mit ihren Gliedern frei in den Raum aus. Besonders die weit ausladenden Armbewegungen bringen zum Bewußtsein, daß die Gruppe zeitlich an die Schwelle der Hochrenaissance heranführt. Was man Mazzoni an selbständigen Bildnisbüsten hat zuschreiben können, zeigt ebenfalls dies maskenhaft überdeutliche Linienspiel[63].

Offenbar sind es die äußeren Erfolge des Mazzoni gewesen, die Niccolò dell'Arca veranlaßt haben, in seine Spuren zu treten mit seiner lebensgroßen Freigruppe einer Pietà aus Terrakotta in Sa. Ma. della Vita in Bologna[64]. Für den Geschmack des 16. Jahrhunderts waren solche Gruppen dann zu laut. Alfonso Lombardis (um 1497 in Ferrara geb.) Gruppen zeichnen sich durch eine größere Gehaltenheit des Schmerzes aus (Marientod 1519–1522, Bologna, Sa. Ma. della Vita; Pietà, Bologna, Dom)[65]. Die zahlreichen Gruppen des Antonio Begarelli (um 1499 in Modena geb., gestorben 1565) erscheinen kleinfiguriger und effektvoller komponiert und erinnern zuweilen schon an die Krippen des 18. Jahrhunderts[66]. In der Tat hat diese Gattung bis in den Klassizismus hinein fortgelebt. Auch für die hl. Gräber, welche in der Passionszeit in den Kirchen aufgestellt werden, hatten bolognesische Meister das Privileg. Für Angelo Piò (1690 bis 1770) hat sich ein Verzeichnis erhalten, das 28 Prunkgräber aufzählt, die er für verschiedene römische Kirchen schuf. Auch sein Sohn Domenico (1799

gestorben) war ein Spezialist für solche Dekorationen
754 der Passionszeit. Man sieht, diese Gattung haben die Bolognesen bis an die Schwelle des 19. Jahrhunderts gepflegt.

Solchen plastischen Gruppen entspricht in der Schwesterkunst die illusionistische Architektur-Malerei, die sich ebenfalls durch volle vier Jahrhunderte in der Emilia nachweisen läßt. Diese Kunstgattung in der Frührenaissance wieder aufgebracht zu haben, galt früher als das unbestrittene Verdienst des Andrea Mantegna. Indessen scheinen die Anfänge dieser Illusionsmalerei tatsächlich in der Emilia zu liegen. H. Beenken hat das Studio von Belfiore vor den Toren von Ferrara als den Ausgangspunkt dieser Entwicklung zu erweisen versucht. »Die Malereien dieses Raumes stellten wohl das früheste Beispiel einer mit der Absicht einer illusionistischen Erweiterung des Gesamtraums durchgeführten Perspektive ›di sotto in su‹ dar. Zwei Jahrzehnte vor Mantegnas Camera degli sposi in Mantua ist hier bereits ein Weg eingeschlagen, der zuletzt zu den großartigen Leistungen der illusionistischen Deckenmalerei eines Correggio und dann der Jahrhunderte des Barock führen sollte[67]. Alle Bilder, die uns aus dem Studio in Belfiore erhalten sind, müssen sehr hoch gesessen haben, über einer weit hinauf reichenden Vertäfelung. Der Horizont der Landschaft liegt bei allen etwa in Kniehöhe der Figuren. Wenn auch die einzelnen Tafeln in einem Rahmen gesessen haben mögen, sie alle rings gereiht ergeben erst einen Zusammenhang. »Man blickte empor, sah überall vor Himmel und Landschaft Gestalten auf Sockeln und Thronen in Untersicht, wohl sicher in zwei Reihen übereinander und von diesen die oberste mit den Bildern Angelos wahrscheinlich schon nahe der Decke[68].« Allerdings herrscht hier noch nicht die totale perspektivische Illusion, wie dann zwanzig Jahre später bei Mantegna, denn jedes der verschiedenen Bilder besitzt in Belfiore noch seinen eigenen Fluchtpunkt.

Der größte Perspektivmaler unter den Quattrocento-Künstlern ist der 1438 in Forlí geborene Melozzo. Von ihm stammt die Ausmalung der Apsis von SS. Apostoli in Rom mit dem segnenden Christus, der zwischen Cherubimen, musizierenden Engeln und Aposteln schwebt (im allgemeinen 1478–1480 angesetzt[69], wahrscheinlich jedoch erst kurz vor 1484 gemalt[70]). Hier muß die Behandlung aus der Untersicht zum ersten Male konsequent auf eine sehr große Komposition mit Dutzenden, ja in dem Engelschor hinter Christus mit Hunderten von Gestalten ausgedehnt worden sein. Eine Zeichnung des Britischen Museums für einen der aufschauenden Apostel zeigt, mit welchem Ernste Melozzo die Verkürzung solcher Köpfe zeichnerisch vorbereitet hat[71]. Auch die Ausmalung der Cappella del Tesoro in der Basilika von Loreto kann nicht lange nach 1484 entstanden sein. Die Forschung ist sich heute darüber einig, daß nur der Entwurf von Melozzo selbst stammt, während die Ausführung völlig in den Händen von Schülern

(70) Mostra di Melozzo e del Quattrocento Romagnolo, Forlì 1938. Catalogo Band I, p. 10.
Bei der Barockisierung der Kirche 1711 wurde die alte Apsis ihres Schmuckes beraubt. Die Gestalt des Christus heute im Treppenhaus des Quirinal, die geschmäcklerisch zu Halbfiguren zusammengeschnittenen Gestalten musizierender Engel in der vatikanischen Pinakothek.

lag, die ihrer Beeinflussung durch die vlämische
756 Kunst wegen aus dem Kreise von Urbino gekommen sein müssen[72]. In der achteckigen Kuppel sitzt in jeder der acht Kappen ein offenes Fenster, durch das soeben gerade ein Engel in den Raum hereinschwebt (Abb. 135). Auch hier sind die Fliegenden in so starker Untersicht gegeben, daß man ihnen unter die Fußsohlen blickt. Auf dem Gesims am Kuppelfuß sitzen acht Propheten. Die moderne Forschung hat die schon vor fast sieben Jahrzehnten ausgesprochene Ansicht von A. Schmarsow bestätigt, daß Melozzo seine künstlerische Ausbildung im Kreise des Piero della Francesca am Hofe von Urbino empfangen habe[73], und in der Tat kommt seine ganze Koloristik dort her. Man darf aber darüber nicht vergessen, daß man für Melozzos architektonische Perspektivmalerei ohne das Vorbild von Mantegnas Camera degli sposi nicht auskommt. Indessen, Rezzio Buscaroli hat zu zeigen versucht, daß Melozzo wie Mantegna von der ravennatischen Architektur und Dekoration ausgehen. Wenn man diese Seiten Buscarolis[74] nicht wortwörtlich nimmt, so haben sie ihren guten Sinn. Er findet, die Architekturmalerei Melozzos gleiche der ravennatischen Architektur, die »ha un suo volto melanconico, trascendente, profondamente cristiano eppur classico, ma di quel classicismo che pare un rimpianto e un abbandono a un mondo che non è più«[75]. Bei dem nicht aus der Romagna stammenden Mantegna, der nur durch das Polesine die sich dort verfärbenden Einflüsse von Ravenna erfahren habe, sei immer ein starkes Wirklichkeitsbewußtsein in seiner Architekturmalerei vorhanden, sein ›sotto in su‹ habe nicht »quell'abbandono esta-

tico in un ›al di là‹ astratto, non con quel rimpianto lirico – trascendente, con quel desiderio di distacco e di assenza del mondo reale che è in Melozzo[76]«. Das Ultramarin der Gründe auf den vatikanischen Fragmenten sei ravennatisch-byzantinisches Erbe[77].

In Correggio erreicht diese Illusionsmalerei dann ihren absoluten Höhepunkt. Hier »hat die Erinnerung an die Geschlossenheit des architektonischen Raumes alle Macht verloren. In den Kuppeln zu Parma ist die Augentäuschung vollkommen gelungen (Abb. 136). Der wirkliche Raum scheint sich über die Bildfläche hinaus in weite Höhen zur himmlischen Glorie empor zu dehnen. Wolken sind niedergeschwebt ins Innere vor die Zwickel der Kuppel, Heilige und Apostel tragend. Nie vorher war die überirdische Welt in ähnlicher Glaubhaftigkeit mit dem wirklichen Raum in Verbindung gebracht worden[78].« Jedesmal wieder, wenn man unter der Kuppel des Doms von Parma steht, fällt es auch dem Historiker schwer, einzusehen, daß dies Fresko 1522–1530 ausgeführt worden ist, so sehr scheinen hier alle Gesetze der Optik und der Farbenkomposition aus der Zeit des Rokoko vorweggenommen.

Die illusionistische Deckenmalerei Roms hat neue Impulse immer wieder durch Emilianer erfahren. Die in der Ewigen Stadt schaffenden mittelitalienischen Künstler hingegen waren niemals geneigt, die Klarheit des geschlossenen Raums dem malerischen Schein zum Opfer zu bringen. Der in seiner Jugend sich als Bolognese fühlende Pellegrino Tibaldi bricht mit dem System der geschlossenen Bildfelder im festen Wandverband, durchstößt im Pal. Poggi (heute Universität) mit seiner Scheinarchitektur an den vier

Ecken des Odysseus-Saales die Decke und läßt eine
758 fiktive Außenarchitektur und den blauen Himmel hereinschauen. Im Phaeton-Saal ist das System noch konsequenter durchgeführt[79], das sogleich Nachfolge findet (z.B. in Tommaso Lauretis Pal. Vizzani-Sanguinetti). Der bolognesische Papst Gregor XIII. aus der Familie Buoncampagni (1572–1585) rief eine Gruppe solcher bolognesischer Perspektivmaler nach Rom, welche z.B. die Sala Bolognese des Vatikan ausmalte. Tommaso Laureti schmückte die Decke der Sala di Costantino in den Stanzen nach dem neuen Geschmack. Mit der Übersiedlung des Annibale Carracci von Bologna nach Rom 1594 und mit der Aufnahme der Arbeit an der Galleria des Pal. Farnese beginnt dann ein völlig neuer Abschnitt in der Geschichte der Deckenmalerei. Da das große Vorbild für die Komposition dieses Plafonds aber noch Michelangelos Sixtinische Decke ist, so bleibt das Aufbrechen des geschlossenen Raums gegen das Freie hin hier noch maßvoll und versteckt, ja ausgeklügelt. Jedoch Carraccis bolognesische Nachfolger Domenichino und Guercino verbinden sich mit dem römischen Quadraturmaler Agostino Tassi, und nun entstehen die berühmten Deckenfresken des Pal. Costaguti, des Casino Ludovisi, welche den gesamten Plafond in die Himmelszone verwandeln, so daß der Raum keine Decke mehr zu haben scheint. Lanfranco hat mit der Ausmalung der Vierungskuppel von S. Andrea della Valle (1621–1625) auch das Prinzip der Ausmalung der Kuppel des Doms von Parma durch Correggio nach Rom übertragen[80].

Das älteste unter den großen Barocktheatern Italiens besaß Parma, bis die Bomben des zweiten Weltkriegs es zerstörten. Im Seicento war es das größte und glänzendste Theater der Welt (von Ranuccio I. Farnese 1618 erbaut, erste Aufführung 1628). Die Familie der Galli-Bibiena, welche den Theaterbau zum vollendeten Kunstwerk machte und die Bühnendekoration auf die höchste Stufe der Illusion hob und über ganz Europa verbreitete, stammt aus Bologna. Durch vier Generationen hin künstlerisch tätig, findet sich fast an jedem europäischen Fürstenhof der Barockzeit ein Bibiena als Theaterdekorateur.

Von den großen Bildhauern des Barock kommt Algardi aus Bologna. Wir empfinden es auch nicht als Zufall, daß die großartigsten Reiterdenkmäler des italienischen Barock in der Emilia stehen, die Standbilder der Farnese auf der Piazza in Piacenza (1619 bis 1629). Zwar ist ihr Schöpfer Francesco Mocchi Toskaner (geb. 1580 in Montevarchi bei Florenz), aber auf einem öffentlichen Platze in einer toskanischen Stadt kann man sich diese beiden Monumente in ihrem barocken Pathos schlechterdings nicht vorstellen[81]. In der Barockarchitektur zeigt sich der Hang zum Theatralischen besonders in der Leidenschaft für aufwendige Stiegenhäuser. In Piacenza allein findet man deren Dutzende[82], schöne Beispiele auch in Modena[83], hochberühmte in Bologna.

Seitdem wir wissen, daß Caravaggio in der Contarelli-Kapelle von S. Luigi dei Francesi seine Bilder erst im Jahre 1600 vollendet hat, scheidet Rom als Entstehungsherd der italienischen Barockmalerei aus, und die Entwicklung beschränkt sich auf zwei Brennpunkte, auf Urbino und Bologna. Die Residenz in den Marken ist zwar im 16. Jahrhundert ein Vorort der mathematischen Wissenschaft für ganz Italien, aber

für das künstlerische Leben doch nur noch ein ein-
760 sames Bergnest. Was also der große Wegbereiter der Barockmalerei, Federigo Barocci, hier schuf, blieb in kleinen Kirchen und Konventen von Pesaro, Senigaglia oder Arezzo, oder im Palazzo Ducale von Urbino versteckt und fand nur im Stich seinen Weg in die kulturträchtigen Landschaften westlich des Apennin. (Madonna del Popolo, 1575–79 für die Confraternità della Misericordia in Arezzo geschaffen.) ›Bologna inquieta‹ aber ist eine Weltstadt. Die Bedeutung Lodovico Carraccis für die Entstehung der abendländischen Barockmalerei ist gewiß nicht größer als die des Barocci, aber sie ist einflußreicher, weil sie sich in einem großen und blühenden Kunstzentrum vor aller Augen vollzieht. (Bekehrung Pauli, 1587–88; Madonna dei Bargellini, 1588 datiert und signiert, beide Bologna, Pinakothek; Altar von Cento, 1591 datiert und signiert.) Mag Lodovico sich diesen Weg ganz allein gebahnt haben – bei seinen Vettern Annibale und Agostino sind die ersten Schritte auf der Bahn zur barocken Bildkomposition mit einem emilianischen, in der Bewußtseinshelle sich vollziehenden Bildungs-Erlebnis verbunden; beide machen gegen Ende 1584 oder Anfang 1585 eine Studienreise nach Parma und geraten nun ganz unter den Einfluß des Correggio: Annibales Mystische Vermählung der hl. Katharina von 1586 im Palazzo Reale in Neapel, besonders aber sein erster großer Altar, die Taufe Christi in S. Gregorio in Bologna (datiert 1585), legen Zeugnis dafür ab. Im ersten Jahrzehnt des Seicento hat dann auch Bartolomeo Schedoni in kleinen Halbfigurenbildern der Madonna mit dem kleinen Jesus- und Johannesknaben (Mailand, Brera, und Florenz, Uffizien) die

Gemälde Correggios kopiert. Im weiteren Verlauf des 17. Jahrhunderts, zumal aber im 18. Jahrhundert, während des Rokoko, bedeutet dann Correggio eine Weltmacht, und in einem berühmten Brief von 1759 hat ihn der Graf Francesco Algarotti noch über Raffael gestellt – vorerst aber, in den letzten anderthalb Jahrzehnten des Cinquecento, ist der bis dahin kaum beachtete Correggio nur der Helfer seiner emilianischen Landsleute auf dem Weg zur Bildkomposition des Frühbarock.

Auch die bolognesische Barockmalerei ist theatralischer als die römische, die genuesische oder die venezianische. Diese Eigenschaft hat ihr bis in das 19. Jahrhundert hinein die besondere Bewunderung der Kenner, später aber deren gründliche Abneigung eingetragen. Auf der anderen Seite aber ist diese bolognesische Barockmalerei klassizistischer als die zeitgenössische Malerei irgendeiner anderen italienischen Schule – und das erklärt den großen Einfluß, den Domenichino auf Poussin gewinnen konnte, erklärt die große Vorliebe der Franzosen für Albani und die besondere Verehrung Goethes für die Bolognesen. Mit dem Begriff des Klassizistischen verbindet sich der des Akademischen. Dieses wertende Wort kommt aus dem Sprachgebrauch Bologneser Künstlerwerkstätten. Es bezeichnet ursprünglich eine Darstellungsart, welche die Zeichenakademie der Carracci ausbildete und hat erst später den Beigeschmack von ›akademisch-korrekt‹ angenommen. Wie die Malerei keines anderen italienischen Kunstzentrums trägt also die Barockmalerei Bolognas einen Januskopf: sie ist barock und klassizistisch zugleich. Diese Spannung findet sich im Werke desselben Künstlers. Annibale

Carracci ist nicht nur der Schöpfer der drei großen 762 Mittelfelder der Decke der Galleria Farnese in Rom mit der Darstellung des Triumphes der Liebe auf der Erde, im Wasser und in der Luft, den Hauptwerken des Klassizismus im Seicento, sondern auch der Maler hochbarocker Altarblätter mit der Himmelfahrt der Madonna (Dresden und Madrid)[84]. Von Domenichino besitzen wir die Geißelung des hl. Andreas in S. Gregorio Magno und die Errichtung der Abtei Grottaferrata durch den hl. Nilus (Grottaferrata), zwei Werke von einem geradezu französischen Klassizismus, aber andererseits die Pendentivzwickel von S. Andrea della Valle in Rom und der Cappella di S. Gennaro im Dom zu Neapel[85]. Dieselbe Doppelpoligkeit des Schaffens läßt sich bei Guido Reni beobachten. Neben dem Pathos des Bethlehemitischen Kindermords (Bologna, Pinakothek) stehen rein reliefmäßig aufgebaute, streng klassizistisch-linienschöne Bilder wie Atalanta und Ippomene (Neapel, Pinakothek)[86]. B. Degenhart hat schon vor langer Zeit akademisch strengen Zeichnungen von Agostino Carracci und Passerotti Blätter dieser Meister gegenübergestellt, die vom Furioso einer barocken Strichführung aufgewühlt erscheinen[87]. Für den Laien ist es schwer einzusehen, daß diese Blätter von so ganz entgegengesetztem Aufbau derselben Hand entstammen. Indessen, diese Verbindung scheinbar unvereinbarer künstlerischer Gestaltungsprinzipien in einem Lebenswerke stellt eine typisch emilianische Schaffensweise dar, die keineswegs nur auf die bolognesische Malerei der Barockzeit beschränkt bleibt. Sie liegt bei der ferraresischen Malerei des Quattrocento ebenfalls offen zutage. Selbst bei dem unruhigen, gewalttätigen Tura empfängt der Tondo mit der Hinrichtung des hl. Maurelius (Ferrara, Pinakothek)[88] seine Gliederung durch die überlangen dünnen Fahnenstangen, von denen die mittlere das Rund in zwei gleiche Hälften in der Vertikalen teilt, während die beiden anderen in symmetrischem Abstand dem mittleren Schafte parallel geführt sind. Daß der zerbrechlichen Schlankheit dieser drei Kompositionslinien sich sämtliche sieben Figuren unterordnen, welche zu bewegungslosen Bildsäulen erstarrt sind, teilt dem Tondo den Charakter des Klassizistischen mit. Bei Francesco Cossa finden sich die beiden divergierenden Gestaltungsprinzipien ebenfalls. Von dem Meister der Fresken des Pal. Schiffanoja mit ihrer bizarr barocken Formensprache wird man kaum erwarten, ein Spätwerk wie den Verkündigungsaltar aus der Osservanza in Bologna (um 1472, Dresden, Galerie)[89] zu finden, bei dem die Raumaufteilung etwas von der selbstverständlichen Ruhe und Monumentalität des Piero della Francesca besitzt und bei dem auch die Gesichter etwas von der sphinxhaften Ebenmäßigkeit und Unbeweglichkeit der Köpfe Pieros angenommen haben. In der Pala di Ravenna des Ercole Roberti (1480–1481, Mailand, Brera) finden wir die beiden Stilmöglichkeiten gar in demselben Kunstwerk vereinigt. Während die Gesamtkomposition die klassische Würde einer venezianischen Sacra Conversazione ausstrahlt, beschwören die Basreliefs am Sockel des Marienthrons eine Welt des Makabren und Grotesken in den spitzigen und spelligen Formen der nordischen Spätgotik. Das Hinüberwechseln des Lorenzo Costa aus der Atmosphäre der Tura und Cossa in den Einflußbereich von Francia und Peru-

gino konnte sich deshalb so ohne inneren Bruch voll-
764 ziehen, weil in der künstlerischen Veranlagung der Emilianer die Möglichkeiten zur Entwicklung beider Stiltendezen schlummern. Merkwürdig eng liegen auch im zeichnerischen Werk Parmigianinos die manieristischen und barocken Elemente unmittelbar nebeneinander[90].

Kurzum, in der emilianischen Kunst laufen klassizistische und barocke Strömungen von jeher nebeneinander her. Vergleicht man einmal Correggios Danae (um 1526, Rom, Galleria Borghese) (Abb. 146) mit Guido Renis Atalanta und Ippomene (um 1625, Neapel, Pinakothek) (Abb. 147), so fällt es schwer, einzusehen, daß die beiden Bilder ein Abstand von hundert Jahren trennt. Beide geben eine streng reliefmäßig-klassizistische Komposition, wie Pierino del Vaga, Poussin oder Asmus Carstens. Vor einem einigermaßen neutralen und homogenen Grund entfaltet sich das Gliederspiel der Figuren bildparallel, fast ohne Überschneidungen, ganz auf den Umriß abgestellt. Ja, die Kompositionsgesetze haben sich über ein Jahrhundert hin kaum geändert; die Führung des Gliederspiels in lang auslaufenden Diagonalen durch das ganze Bild ist hier wie dort die nämliche, wenn diese Schrägen auch bei Correggio in weichstes silbriges Sfumato gehüllt sind, während sie sich bei Reni mit zeichnerischer Schärfe abheben. Eine Geschichte der emilianischen Zeichenkunst würde vielleicht in den unheimlich klar und hart umrissenen Blättern des Ercole Roberti (z.B. der Vorstudie für die Pietà in Liverpool, Berlin, Kupferstich-Kabinett)[91] eine Vorstufe für die Linienreinheit der Umrisse des Guido Reni zu erkennen haben.

Neben Rom ist Bologna das einzige Kunstzentrum
in Italien gewesen, das *im Seicento eine bedeutende Land-* 765
schaftsmalerei entwickelte – ja, die reichsten römischen
Werke dieser Gattung sind die Früchte vom Baum
der bolognesischen Kunst. Während in Genua die
Landschaftsmaler sich nur schwer von der Schablone
zu lösen vermochten, erwacht in Bologna um 1600
ein echtes Naturgefühl, das doch die Voraussetzung
einer solchen Malerei ist. Die Anfänge dieser reiz-
vollen Entwicklung sind uns noch nicht recht deut-
lich. Einflüsse von Ferrara her, aus dem Kreise der
beiden Dossi, sind nirgends wahrzunehmen, auch hat
Ferrara für die bolognesischen Landschaftsmaler
nicht als Verbindungsbrücke zur venezianischen
Landschaftskunst gelockt. Für die Idylle in Ferrara
hat man in Bologna um 1600 überhaupt kein Auge
mehr. Täuscht nicht alles, so ist es die Landschafts-
malerei des niederländischen Manierismus, welche
Pate bei der Entstehung dieser Gattung in Bologna
gestanden hat. Das scheinen die merkwürdigen Land-
schaften des Niccolò dell'Abbate[92] ebenso zu be-
weisen wie die ›festa campestre‹ des jungen Annibale
Carracci (entstanden um 1586, Marseille, Musée
Longchamp). Die dichte Staffage dieses letzteren
Bildes erinnert auch lebhaft an französische Gobelins
des Manierismus; venezianische Züge fehlen diesem
Bilde jedenfalls ganz. Sehr rasch hat sich aber Anni-
bale dann von solchen Vorbildern frei gemacht und
ist noch in seinem letzten bolognesischen Jahrzehnt,
also zwischen 1586 und 1595, zum großen Landschafts-
zeichner geworden. Diese frühen Blätter haben im
17. Jahrhundert hohe Berühmtheit genossen. Jabach,
der eine Reihe von ihnen besaß, hat diese im siebenten

Jahrzehnt des Seicento stechen lassen, Crozat und
766 Mariette erwarben solche Landschaftsstudien der Sammlung Jabach.

Sieht man von einigen Kreidezeichnungen auf getöntem Papier mit weißen Höhungen ab, so sind alle diese Entwürfe Federzeichnungen von einer erstaunlichen Leichtigkeit und Durchsichtigkeit der Strichführung (fast alle Louvre, Cabinet des Dessins und Lord Ellesmere, Dublin, Schottland). Von den Blättern aus der bolognesischen Zeit Annibales hat kein einziges im Gegenständlichen, in der Kompositionsart oder der Zeichenmanier etwas Venezianisches; die späten römischen Federzeichnungen idyllischer Landschaften mit Hirten und mit Herden leiten unmittelbar zu Agostino Tassi und dem jungen Claude Lorrain über. Diese späten Blätter sind von einer großartigen Tektonik der Strichführung. Jene Technik hat Domenichino nach seinem Eintreffen in Rom für seine Landschaftszeichnungen übernommen. In seinen Gemälden schließt er sich noch enger an seinen Meister an, so daß eine ganze Reihe von Landschaften Carraccis nach 1600 erst kürzlich aus dem Werke des Domenichino ausgeschieden werden konnten. Fast unmerklich verwandelt sich dann im zweiten und dritten Jahrzehnt des Seicento unter Domenichinos Händen die bolognesische Landschaftsmalerei in die römische[93]).

(93) Bei keiner der Landschaftszeichnungen des Annibale Carracci kommt der Gedanke auf, daß sie etwas anderes sein könnten, als im Atelier entstandene ideale Kompositionen. Hingegen gibt es Federzeichnungen des Domenichino, die ganz so aussehen wie Naturstudien im Freien (vgl. etwa J. Pope-Hennessy, The Drawings of Domenichino at Windsor Castle, London o. J. [1948], Abb. 63 und 65 gegenüber allen anderen

Abbildungen, wobei Abb. 67 die Kopie nach einer holländischen Landschaft, etwa des Jan van Goyen, zu sein scheint). – Mostra dei Carracci, Bologna 1956, Disegni, Abb. 25–26, bes. aber Abb. 79 ff. – Musée du Louvre, XXVIIIe Exposition du Cabinet des Dessins. Dessins des Carrache, 1961, passim. – L'Ideale classico del Seicento in Italia e la pittura di paesaggio. Bologna, V. Mostra del Biennale d'arte antica. Bologna 1962. Catalogo, passim. – Maestri della pittura del Seicento Emiliano. Mostra del Biennale d'arte antica. Bologna 1959, Kat. Nr. 17 ff. – Für Giovanni Fr. Grimaldi vgl. O. Kurz, Bolognese drawings of 17. and 18. centuries at Windsor Castle. London 1955, Taf. 44 ff.

VENEDIG

> *Venetorum urbs divina disponente providentia in aquis fundata aquarum ambitu circumsepta aquis pro muro munitur. quisquis igitur quoquomodo detrimentum publicis aquis inferre ausus fuerit et hostis patriae judicetur nec minore plectatur poena quam qui sanctos muros patriae violasset.*
>
> **(Inschrift im Sitzungssaale des gravissimo magistrato sulle acque)**

Ausgeglichenheit und Beharrlichkeit sind die hervorragendsten Züge der venezianischen Staatskunst. Wer sein Haus nicht auf festen Boden, sondern auf Schlammgrund baut, wer die Lagune vor Stürmen und die Kanäle vor Verlandung schützen will, muß beharrlich sein. So ist Venedig zum konservativsten Staatsgebilde des Abendlandes geworden, dessen stabile Regierungsverhältnisse so sehr von denen der andern italienischen Kunststädte abweichen. Hier gab es nicht die Aufstände eines zuchtlosen Adels gegen die höchste Gewalt, die das Papsttum mehr als einmal in die Engelsburg zu fliehen zwangen, hier erhob sich kein Arnold von Brescia und kein Cola di Rienzo. Sicher im Schutze der Lagune hat Venedig keinen Sacco di Roma über sich ergehen lassen müssen. Keine fremde Großmacht, kein Papst und kein französischer König wagten nach dem Corno ducale zu greifen. Aber auch die ewige Spannung zwischen Popolanen-Partei und Optimaten, welche die Geschichte von Florenz vor dem endgültigen Siege des Hauses Medici 1434 so mit Erregung erfüllt, blieb Venedig erspart[1]. Hier kämpften nicht Guelfen gegen Ghibellinen, hier unterjochte kein Bischof als Stadtherr die Selbstverwaltung, hier standen keine Tyrannenfamilien auf, hier erhob sich kein religiöser Reformator, um aus der Lagunenstadt eine civitas dei zu machen. Dieselben Familien herrschten durch die Jahrhunderte in einer oligarchischen Staatsverfassung. Sehnsüchtig und neidvoll haben die florentinischen Reformatoren und Denker von Savonarola bis zu Guicciardini und Gianotti auf die Stetigkeit der Staatsführung der Lagunenstadt geblickt, während die eigne Vaterstadt ja stets »wie eine Fiebernde die Lage wechsele[2]«.

Gleichwohl ist die Kunst Venedigs nicht die Kunst seiner Aristokratie, etwa so wie alle römische Kunst nur ihre Impulse vom päpstlichen Hofe empfängt, wobei durch die Jahrhunderte hindurch der Bevölkerung nur die passive Rolle der Beglückten und Beschenkten übrig bleibt. Ganz im Gegenteil ist nur noch einmal in der abendländischen Kultur die Kunst ebensosehr Spiegel des gesamten Staats- und Volkslebens gewesen wie im Venedig des 15. bis 18. Jahrhunderts: in Holland in seiner großen Zeit der Hals und Rembrandt. Und doch waltet ein tiefer Unterschied zwischen der Kunst dieser beiden an der Meeresküste gelegenen Landschaften, der sie im Grunde unvergleichbar erscheinen läßt. Während die holländische Malerei des 17. Jahrhunderts eine reine Profankunst ist, aus welcher der Einzelgänger Rembrandt fremdartig und unverstanden mit seinen religiösen Bildern herausragt, für die es keinen Platz mehr auf den Altären der Kirchen gibt, bleiben die religiösen Bilder, die Staat und Bruderschaften, Kirche und Patriziat in Auftrag geben, der unverrückbare Mittelpunkt der venezianischen Bildthematik.

Die geographische Lage macht das Stadtbild von

Venedig unvergleichlich – und es ist besser erhalten
770 als das irgendeiner italienischen Stadt auf dem Festlande. In den genau tausend Jahren zwischen der karolingischen Eroberung von 809 und dem Sturz der Republik 1797 blieb Venedig von fremden Heeren und damit von kriegerischen Plünderungen und Zerstörungen verschont. Die Lage in der Lagune schützte die Stadt zudem vor der Industrialisierung und den Stadterweiterungen des 19. Jahrhunderts, und bis auf einige allzu prunkvolle neugotische Paläste sind auch die historischen Stile gnädig mit dem Stadtbild umgegangen. Vor Freilegungen großer Denkmäler, die andernorts den größten Schaden anrichteten, war man hier vollends sicher, und dem modernen Moloch des Verkehrs zuliebe brauchten hier keine Stadtviertel ›systematisiert‹ zu werden. In der Krümmung einer S-Kurve windet sich die Prunkstraße, der Canal Grande, durch die Hauptinsel[3]. Der Fremde, der nur kurz in Venedig weilt, nimmt gern an, daß die Paläste der großen Familien alle am Hauptkanal liegen. Aber gerade die Stammhäuser der berühmtesten Geschlechter der Stadtgeschichte stehen an größeren oder kleineren Plätzen (campo oder campiello) oder an Seitenkanälen (rio). Pal. Loredan liegt am Campo S. Stefano, die Paläste der Pisani und der Morosini in unmittelbarer Nähe dieses Platzes. Pal. Corner-Mocenigo und Pal. Tiepolo-Maffetti stehen in der Platzfront des Campo S. Polo, des größten Platzes in Venedig nach dem Markusplatze. Pal. Foscarini liegt an einem Rio unmittelbar gegenüber der Fassade der Carmini, die Priuli und die Zorzi saßen an Seitenkanälen in der Parrocchia von S. Zaccaria. Plätze mittlerer Größe sind selten (wie Piazza Manin), der Campiello ist die

beherrschende Form, dem fast immer etwas Über-
raschendes und Kulissenhaftes anhaftet. Die Seiten- 771
kanäle werden durch Hunderte von kleinen Brücken
überquert. Sie haben alle die gleiche Grundform, die
aber in hundert Spielarten variiert wird. Der Wasser-
lauf wird überspannt durch den gemauerten Bogen,
der zuweilen die Form des Halbkreises hat, zumeist
aber als flacher Segmentbogen sich strafft. Auf ihm
liegt die Stufenfolge des Treppenlaufes. Die verwei-
lenden Podeste sind so verteilt, daß eine trapezför-
mige Rampenführung entsteht und das Geländer zwei-
mal geknickt wird. Dies ist die Regel. Sind die Winkel
des Trapezes spitz, so steigen die Treppenrampen steil
empor. Es entspricht aber dem venezianischen Tem-
perament mehr, diese Winkel ganz stumpf zu bilden,
so daß die Rampenführung sich einem ganz span-
nungslosen Segmentbogen annähert. (Ponte degli
Scalzi über den Canal Grande von 1934, wobei die
Mittel der modernen Statik die Verwirklichung einer
Formvorstellung erlaubten, welcher der Brückenbau
voraufgehender Jahrhunderte sich nur hatte annähern
können.) Diese Brückenform scheint der Einfachheit
ihres Prinzips wegen eine Urform zu sein, die überall
auftreten kann. Tatsächlich findet sie sich an den Paß-
straßen über die Schweizer Hochalpenübergänge wie
in China[4]. Besonders häufig aber scheint sie auf dem
Balkan verbreitet zu sein, von Jugoslawien und Al-
banien bis Epirus[5] – also im venezianischen Einfluß-
gebiet. Jedenfalls hat die Brückenform mit den tra-
pezförmig geknickten Rampen seit der Renaissance
als eine Art Wahrzeichen von Venedig gegolten, und
wo die Herrin der Adria auf der Terra ferma nach-
geahmt wird, da entstehen auch solche Brücken (Vi-

cenza, Ponte di S. Michele 1621–1623). Der Barock
772 hat über den sehr breiten Canal di Cannaregio 1688 den Ponte dei tre Archi schlagen zu müssen geglaubt[6] und die Laufführung durch breite, behäbige und bequeme Podeste unterbrochen, wie es dem Stilgefühl des Seicento entsprach. Es ist sehr lehrreich zu sehen, wie bei diesem Nachlassen der Spannung der eigentlich venezianische Charakter der Brücke verloren geht.

Diese gespannte Form teilt die Brücke über den Rio mit der Gondel, die unter ihr hindurchfährt. Auch an ihrem erprobten Umriß hat sich seit Jahrhunderten nichts mehr geändert. Nach der ganz knappen Krümmung des eigentlichen Bootskörpers werden Bug (Prua) und Heck scharf emporgebogen, und am Bug sitzt ein stark gezahnter Schiffsschnabel in Form einer Hellebarde aus Metall (die Ferra). Daß Venedig eine aristokratische Stadt ist, erweist sich kaum irgendwo so sehr wie an der Farbe seiner Gondeln. Mögen ihre Besitzer arm oder reich, Adlige oder Handwerker sein, die Gondeln erscheinen in einheitlichem Schwarz, selbst ohne eine Kante in sich absetzender Farbe. Volkstümliche Motive sind ganz verpönt. Es ist das Schwarz der Fest- und Amtstracht der regierenden Schichten in der Spätrenaissance, und tatsächlich geht der schwarze Anstrich der Gondeln auf eine Ordinanza des Senats vom 8. Oktober 1562 zurück.

Der Hausanstrich erscheint heute vorwiegend in Rotbraun und Gelbbraun. Es sind die Tintorettofarben. Sie stimmen den Ton der Venezia ›rossa‹, der Stadt der Backsteinfassaden der Gotik, nach dem Ende dieses Stils um eine Stufe tiefer. Das tiefe Kupferrot der römischen Hausfassaden, das helle Apfelsinengelb anderer Kunstlandschaften, das stille, vornehme Sil-

bergrau der Toskana werden hier in Venedig gleich
gemieden. Es darf schon hier darauf aufmerksam ge- 773
macht werden, daß dieses Tintoretto-Braun auch der
vorherrschende Ton in den Marmorpavimenten der
venezianischen Kirchen und Paläste seit dem mittle-
ren Cinquecento ist[7]. Die Farbe, die man im Stadtbild
am meisten vermißt, ist das helle Grün. Nur hier und
da gibt es zwei kleine Baumreihen auf dem Campiello
eines Außenviertels und ab und an die Kronen in den
Vorgärten der Häuser auf den Fondamenta oder den
Zattere, die über die Gartenmauer ragen. Die be-
herrschenden Farben aber sind die des Wasserspiegels,
die zu jeder Tageszeit und bei jeder Wolkenbewegung
sich verändern. Fast so charakteristisch wie die Brük-
ken sind für das Stadtbild schließlich die Brunnen.
Die Trogform ist immer rund, handle es sich nun um
einen Hausbrunnen oder um einen öffentlichen auf
dem Campiello. Sehr oft ahmen diese Brunnen die
Architekturform des Kapitells nach.

Kanäle und Rii, Calli und Campielli sind vom Ta-
gesanbruch bis in die Nacht von einer wogenden, nie
abreißenden Volksmenge erfüllt. Dieses Treiben ist
am Rialto natürlich am dichtesten und buntesten, weil
hier bis zur Mitte des 19. Jahrhunderts (1854) die ein-
zige Brücke stand, die den Kanal überspannte, die
Insel von Rialto mit Dossoduro verbindend. Vor allem
aber liegen hier die großen Märkte. Kanalaufwärts zu
Füßen des Pal. dei Camerlenghi beginnt die Erberia. Was
hier an Früchten und Gemüse an Land gebracht wird,
gelangt auf dem Straßenmarkt zum Verkauf, der sich
zwischen Brücke und S. Giovanni Elemosinario er-
streckt. An die Erberia schließt sich die Pescheria an.
Aber in der Merceria, auf Piazza und Piazzetta, auf

den kleinen Vorplätzen der Pfarrkirchen und Bruder-
774 schaften ist der Verkehr zu jeder Tageszeit kaum schwächer. Dazu tritt in den Seitenkanälen der Transport von Lebensmitteln, Kisten und Kasten in tiefgehenden Lastgondeln, und der warnende Ruf des Gondoliere, der seinen Kahn um die Ecke in einen anderen Seitenkanal lenkt, begleitet die Fahrt.

Auch wenn die Dankesprozessionen der Dogen an den Jahrestagen der Siege der venezianischen Seemacht längst nicht mehr zu den alten Kirchen gehen, auch wenn der Doge nicht mehr alljährlich an Christi Himmelfahrt, der ›sensa‹, auf dem Bucintoro ausfährt, sich mit dem Meere zu vermählen, so sind noch genug Feste übrig geblieben, welche halb Venedig in buntem Trubel alljährlich vereinigen[8]. Da sind die großen Regatten, da ist besonders die Nacht vor der Festa del Redentore, der Vorabend des dritten Sonntags im Juli. Palladios Kirche des Redentore wird zu diesem Feste durch eine Ponton-Brücke, welche den Kanal zwischen Giudecca und Zattere überquert, mit der eigentlichen Stadt verbunden. Ursprünglich ging der Doge mit der gesamten Signoria alljährlich an diesem Tage über die Schiffsbrücke, um in der während der Pest vom Jahre 1576 gelobten Votivkirche den Dank für die Befreiung von der Seuche darzubringen. Heute ist der Schwerpunkt auf die Nacht vorher gerückt, wo ganz Venedig in beleuchteten Barken hier sein Mittsommerfest begeht. Auch Venedig hatte seinen Kampf um eine Brücke als alljährlich wiederkehrendes Spiel wie Pisa. Aber wie in der toskanischen Stadt hat auch in Venedig das Fest im 18. Jahrhundert unterdrückt werden müssen, weil Mord und Totschlag aus dem Wettkampfe zweier Stadtteile erwuchsen. Der Ponte dei Pugni bei S. Barnaba trägt davon noch den Namen. Hier gerieten vom September bis in den Dezember hinein – also nicht nur an einem bestimmten Tage des Jahres wie in Pisa – die Castellani, d.h. die Bewohner von Castello, und die Nicoletti, d.h. die Leute von Dossoduro aus der Pfarrei von S. Niccolò ins Handgemenge, zunächst mit Stöcken, später in der Jahreszeit mit Faustschlägen[9]. Aber das ist ebenso dahin wie der venezianische Karneval, zu dem einst im Settecento die Aristokratie aus allen Ländern des Abendlandes in der Lagune zusammenströmte.

Betrachtet man das Stadtbild vom Turme von S. Giorgio Maggiore herab oder läßt, vom Lido hereinfahrend, die Gebäude um die Piazzetta vor sich aufwachsen, so wird man das Schicksal dankbar verehren, das die schöpferischen Kräfte hier vom 11. bis zum 18. Jahrhundert nie erlöschen ließ und den Gestaltungswillen so vielen Generationen lieh, den Stadtorganismus wirklich ganz durchzuformen. Fehlen im Stadtbild von Rom die gotischen Bauten, war Florenz im Sei- und Settecento eine stille Landstadt, konnte Neapel keine große Renaissance-Architektur hervorbringen – in Venedig ist der schöpferische Atem nie erlahmt: von S. Marco über den Dogenpalast und die Markusbibliothek bis zum Pal. Labia und zur Dogana haben alle Stile und Epochen fast gleichmäßigen Anteil an der Ausbildung des Stadtkörpers genommen, der heute vor uns steht.

Wahrlich, eine Stadt des Lebens und der Schöpferkraft! Merkwürdigerweise ist von den großen Besuchern Goethe der letzte gewesen, der sie als solche verstanden und beschrieben hat. Es mag sein, daß das

Erlöschen des venezianischen Staates 1797, das Auf-
776 hören eines politischen Zustandes, den man für ewig begründet gehalten hatte, die Reisenden nun die Lagunenstadt mit anderen Augen betrachten ließ. Vor allem aber war es die Romantik, die in Venedig ein Musterbeispiel für ihre Kunsttheorie sah. Die Stadt, eine soeben gefallene politische Größe, weckte Wehmut, die Flut historischer Erinnerungen, Ruinensehnsucht und Todesverlangen. In Byrons Child Harold heißt es:

> Venedig tönt nicht mehr von Tassos Sang,
> stumm schifft der Gondler, seine Lieder schweigen,
> Paläste stürzen ein den Strand entlang . . .

Das war schlicht und einfach nicht wahr. Aber das v. Sonett August von Platens auf Venedig beginnt ebenfalls mit den Versen:

> Venedig liegt nur noch im Land der Träume
> und wirft nur Schatten her aus alten Tagen . . .

Diesen Ton hat die europäische Literatur mit geringen Abwandlungen im Grunde hundert Jahre durchgehalten. Besonders für die Deutschen wurde Venedig der Inbegriff des Kranken und Morbiden, des Hintergründigen und Unwirklichen, die Stadt, deren Plätze aus Kulissen bestehen und deren Menschen sich hinter der Maske verbergen. Dieses Venedigbild ist bei uns deshalb herrschend geblieben, weil gerade die beiden bedeutendsten deutschen Dichter der ersten Hälfte des 20. Jahrhunderts es sich zu eigen machten, Thomas Mann und Hugo von Hofmannsthal. Thomas Mann, von Schopenhauer und Nietzsche her kommend, wählte für seine Novelle ›Tod in Venedig‹ die Lagunenstadt als den überzeugendsten Rahmen für die Darlegung der unentwirrbaren Verstricktheit von Schönheit und Todesgewißheit. »Das war Venedig, die schmeichlerische und verdächtige Schöne – diese Stadt, halb Märchen, halb Fremdenfalle, in deren fauliger Luft die Kunst einst schwelgerisch aufwucherte und welche den Musikern Klänge eingab, die wiegen und buhlerisch einlullen.« In Hofmannsthals nachgelassenem Romanfragment ›Andreas oder die Vereinigten‹ (niedergeschrieben 1912–1913, die losen Aphorismen und Notizen bis 1918, nach dem Zusammenbruch Österreich-Ungarns der Plan aufgegeben, veröffentlicht 1932) wird besonders das Doppelleben unter der Maske und seine Steigerung zum Doppelgängertum im Anschluß an Aphorismen von Novalis als das eigentümlich Venezianische in den Vordergrund gerückt. Das Unwirkliche dieses Stadtbildes hat auch ein Philosoph des Jugendstils, Georg Simmel, stark empfunden. In seinem Venedig-Essay von 1907 finden sich die Sätze: »Jedes innerlich wahre Kunstwerk, so phantastisch und subjektiv es sei, spricht irgend eine Art und Weise aus, auf die das Leben möglich ist. Fährt man aber den Kanal Grande entlang, so weiß man: wie das Leben auch sei – so jedenfalls kann es nicht sein[10].« Es wäre an der Zeit, daß der deutsche gebildete Reisende sich von diesem Venedigbild des 19. Jahrhunderts[11] endlich frei machte.

In keiner anderen italienischen Kunstlandschaft treten *die drei Faktoren, welche das Schicksal einer Kultur bestimmen – Herkunft, Landschaft und Geschichte* – so rein und anschaulich zutage wie in Venedig. Hier wird deutlich, wieviel ein Volk seiner Herkunft verdankt. Die Veneter treten, soweit wir heute sehen

können, noch vor den Etruskern bald nach der Wende
778 des 1. Jahrtausends v. Chr. zuerst in der italienischen Geschichte auf. Sie wandern zu diesem Zeitpunkt über die Ostalpen in Italien ein[12]. Sie müssen eine eigene Kultur besessen haben, wenn sie »bezeichnende Gefäßformen aus ihrer Heimat und von ihrem Wanderzug mitbringen[13]«. Das Siedlungsgebiet der Veneter muß sich im Westen bis an den Gardasee erstreckt haben. Das keltische Substrat, das seinen Schwerpunkt in der Westlombardei hat, geht nach Osten über den Gardasee nicht hinaus. »Man darf also annehmen, daß in Venetien vor der Romanisierung nicht gallisch, sondern eine andere Sprache (die vermutlich zum illyrisch-venetischen Sprachzweig gehörte) gesprochen wurde[14].« »Das Venezianische ist die einzige rein italienische Mundart Oberitaliens, im Gegensatz zu den gallo-italischen Mundarten des Polandes, denen ü- und o-Laute, dazu auch der unitalienische konsonantische Auslaut charakteristisch sind[15].« Dort, wo die heutigen Dialekte am Po zusammenstoßen, muß auch die ehemalige Sprachgrenze gelaufen sein. Verona liegt gerade noch im keltischen, Vicenza und Este liegen im venetischen Gebiet. Bis hierher reicht also ethnologisch die Terra ferma. Dieses Volk setzte sich nun in den Lagunen fest. Von den Eigentümlichkeiten venezianischer Kunst lassen sich viele schon bei den Venetern feststellen. Schon sie verfertigten Glas- und Mosaikarbeiten. In seinem Essay über die Entstehung Venedigs, der zum Schönsten gehört, was jemals über das Wesen der Lagunenstadt geschrieben wurde, hat Julius von Schlosser darauf hingewiesen, daß auch das Bedürfnis nach nationalen Festen und deren Verherrlichung durch die bildende Kunst schon

ein Zug der alten Veneter war. Wie das Lieblingsgerät der heutigen Venezianer, der kupferne Brunnen- 779
eimer (secchi) zuweilen mit Treibarbeit geschmückt ist, so tragen die entsprechenden Gefäße der alten Veneter (situlae) ähnlich reichen figürlichen Schmuck, der zumeist ihre kultischen Feste schildert. Auch die merkwürdige Form der vorn eingekniffenen Schiffermütze, die dann seit dem späten 13. Jahrhundert nur noch im Corno ducale, im Abzeichen des venezianischen Staatsoberhauptes weiterlebte, findet sich auf den Reliefs dieser Eimer schon[16].

Mehr aber als die Rasse hat die *Landschaft* selbst das Wesen der venezianischen Kunst geprägt. In Venedig muß auch der größte Gegner der Milieu-Theorie zu ihrem Anhänger werden[17]. Ein Volk, das in der Lagune lebt, wird ein ursprüngliches Verhältnis zum Steinbau nicht besitzen. Wenn es ihn aber zu meistern gelernt hat, so wird das Gefühl für die tektonischen Grundverhältnisse, für die Ausgewogenheit von Stütze und Last hier schwächer bleiben als auf dem festen Lande. Vor allem werden sich die eigentlichen künstlerischen Kräfte der Lagunenbewohner nicht in Architektur und Plastik, sondern in der Malerei entfalten. Wo von morgens bis abends die Wandlungen des Lichts im Wasser zu beobachten sind, wo feste Formen in den Brechungen des Spiegelbildes sogleich ein zitterndes Gegenbild finden, wo weiche Töne alle Formen zusammenbinden, da muß die Malerei, muß besonders die Kunst des Sfumato zu Hause sein. Die Zeichenkunst der Tiepolo, Canaletto und Guardi, die schließlich in den spätesten Stunden der venezianischen Malerei die feste Strichführung überhaupt aufgibt und die lavierte Zeichnung in ein Spiel von Lich-

tern und Schatten auflöst, bei der die Farbflecken über
780 die nervösen, immer wieder abbrechenden Konturfragmente obsiegen, konnte nur in der Luft Venedigs sich ausbilden.

Nur aus der landschaftlichen Umwelt heraus findet auch das größte Rätsel der venezianischen Kunst seine Erklärung: das späte Erblühen einer großen Malkunst. Erst mehr als hundertfünfzig Jahre nachdem Rom durch Cavallini, Torriti u.a., Florenz durch Cimabue und Giotto und Siena durch Duccio zu Zentren großer Malschulen geworden waren, tritt Venedig in die Geschichte der italienischen Malerei ein, die von der Lagunenstadt bis zum Ende des ersten Drittels des 15. Jahrhunderts nichts Rühmenswertes zu berichten hat. Solange ein hoher gotischer Idealstil herrscht, der sich zunächst in der Linie ausspricht, und der nur den absoluten Ausdruckswert der Farbe kennt, nicht aber das geheimnisvolle Leben, das sie unter dem Einfluß des Lichtes und der Atmosphäre entfaltet, solange konnte Venedig kein Vorort der Malerei werden. Aber in dem Augenblick, wo die Malerei nicht mehr fragt: »was bedeutet diese Farbe?«, sondern »wie sieht sie sich im Hellen an, wie bricht sie sich im Schatten, wie verwandelt sie sich im Innenraum?«, d.h. im Augenblick, als man Licht, Luft und Wasser malen lernte, nach dem Weichen Stil (nach 1430), regen sich in der Lagunenstadt die ersten malerischen Kräfte, die einen eigenen Ton anschlagen.

Umgekehrt wird die Zeichenkunst in Zeiten, die eine ungebrochene Linienführung lieben und ihre Komposition auf der aufbauenden Kraft der Strichbildung gründen, in Venedig keine großen Leistungen hervorbringen. Niemals ist die Kunst des disegno

mehr gepflegt worden als im Manierismus, und damals hat sich bezeichnenderweise auch die Theorie 781
des disegno ausgebildet. Es kann nicht überraschen, daß Florenz die Geburtsstätte des manieristischen disegno ist und daß sich kein anderes Kunstzentrum diesem Zeitstil gegenüber so kühl und zurückhaltend benimmt wie Venedig. Ein Stadtbild, in dem alle geschlossenen Linien sich dem Betrachter in die Feuchtigkeit der Atmosphäre und ins Flimmern des Lichtes auflösen, konnte keine Pflegstätte des disegno in akademisch korrektem Sinne werden.

Rasse und Umwelt sind Gegebenheiten, weit wichtiger aber ist für die venezianische Kunst, was die *formende Hand der Geschichte* aus diesen Grundstoffen gemacht hat. Die langobardische Landnahme hat für alle Zeiten die künftige Entwicklung Venedigs bestimmt. Die Langobarden waren keine Seefahrer. »Sie haben nie eine Küste angegriffen[18].« Sie drängten bei der Besitzergreifung der Halbinsel die Bevölkerung vom Innern hinaus zu den Küsten. »So verschieben sich unter diesem Druck von innen heraus langsam die alten geographischen und politischen Begriffe der Kaiserzeit; viele der alten Landschaften Italiens werden immer schmaler, bis sie zu Küstenlandschaften werden, deren Gesicht vom Lande abgewandt allein noch nach dem Meere schaut[19].« Da das römische Venetien nicht den natürlichen Schutz eines Gebirgsgürtels gegen das Binnenland besaß wie Ligurien oder Kampanien, so wären die Veneter ihres letzten Uferstreifens beraubt worden, wenn es hier nicht die Lagunen gegeben hätte, die sie aufnahmen. »Wir haben hier das merkwürdige Schauspiel, daß

ein römischer Landesteil tatsächlich in das Meer ge-
782 drückt wird, daß er im Meere weiterlebt, daß im Meere die kaiserliche Provinz erhalten bleibt[20].« Wie Ravenna, so bleibt Venedig byzantinischer Besitz. Auch nach der Eroberung durch Pippin, den Sohn Karls des Großen, wird die Lagune an Byzanz zurückgegeben um den Preis der Anerkennung des Basileus-Titels für die Karolinger[21]. Aber schon seit der Mitte des 9. Jahrhunderts ist die politische Loslösung von Byzanz praktisch vollzogen, die Lagunenstadt führte selbständig Kriege und schloß Verträge[22]. 1204 wird dann der Doge Enrico Dandolo das Markusbanner auf den Trümmern des eroberten Konstantinopel aufpflanzen.

Aber der kulturelle Einfluß von Byzanz bleibt ungebrochen. Seitdem 751 Ravenna in die Hände der Langobarden gefallen war, die den Hafen Classe zerstört und damit die Verbindung der Stadt mit dem Orient abgeschnitten hatten, seitdem über Parenzo, Grado, Torcello ähnliche Schicksale gekommen waren, wurde Venedig der beherrschende Adria-Hafen. Bis zum Erlöschen ihres Staates hat die Lagunenstadt dann die Mittlerrolle zwischen Abend- und Morgenland geübt. Für Europa war sie das Tor zum Orient, für Byzanz der Schlüssel zum Abendland. So mußte Venedig auch zum *Vorort der byzantinischen Kunst* werden.

Nachdem im Jahre 810–811 der Regierungssitz endgültig nach den Rialto-Inseln verlegt worden war, beginnt die venezianische Baukunst als ein Zweig der byzantinischen. Für den Bau des Klosters S. Zaccaria soll Kaiser Leo I. – wenn die Urkunden echt sind – zwischen 814 und 820 Spezialkünstler aus Byzanz in

die Lagune gesandt haben[23]. Schon die Kirchen-Patrozinien S. Zaccaria, S. Geremia, S. Giobbe, S. Moise, 783
S. Samuele u. a sind byzantinischer Herkunft, denn allein die Ostkirche hat den Persönlichkeiten des alten Testaments den Heiligenschein und die Ehre der Altäre gewährt.

Die Staatskirche S. Marco ist bekanntlich eine freie Kopie der Justinianischen Apostelkirche in Konstantinopel, einer Kreuzkuppelkirche mit fünf großen Kuppeln. In S. Giacomo di Rialto, der der Tradition nach ältesten Kirche Venedigs, hat auch der Umbau von 1601 noch die ursprüngliche Struktur des 11. Jahrhunderts bewahrt, eine tetrastile Anlage mit einer Mittelkuppel, d. h. also den geläufigsten Kirchentypus der mittelbyzantinischen Kunst.

Diese byzantinischen Kuppelkirchen prägten sich eben ihrer Fremdartigkeit wegen jedem Besucher als eine besondere Merkwürdigkeit Venedigs ein, und zumal von der Perspektive der Terra ferma her wurden sie geradezu die Wahrzeichen venezianischer Architektur. Selbst eine schlichte Bettelordenskirche wie der Santo in Padua verwandelte seine Dachregion in ein Gebirge von Kuppeln, und als Venedig nun gar auch politisch von dem Festland Besitz ergriffen hatte, konnte sich S. Giustina in Padua, ein Langhausbau der Spätrenaissance, mit Kuppeln nicht genug tun.

Auch in Venedig selbst war im Quattrocento der Raumtyp der byzantinischen tetrastilen Kuppelkirche wieder so in Aufnahme gekommen, daß die sakrale venezianische Renaissance-Architektur sich als eine Wiedergeburt nicht der antiken, sondern der mittelbyzantinischen Baukunst darstellt. Daß hier die Haupt- wie die Nebenkuppeln von freistehenden Stüt-

VENETIEN

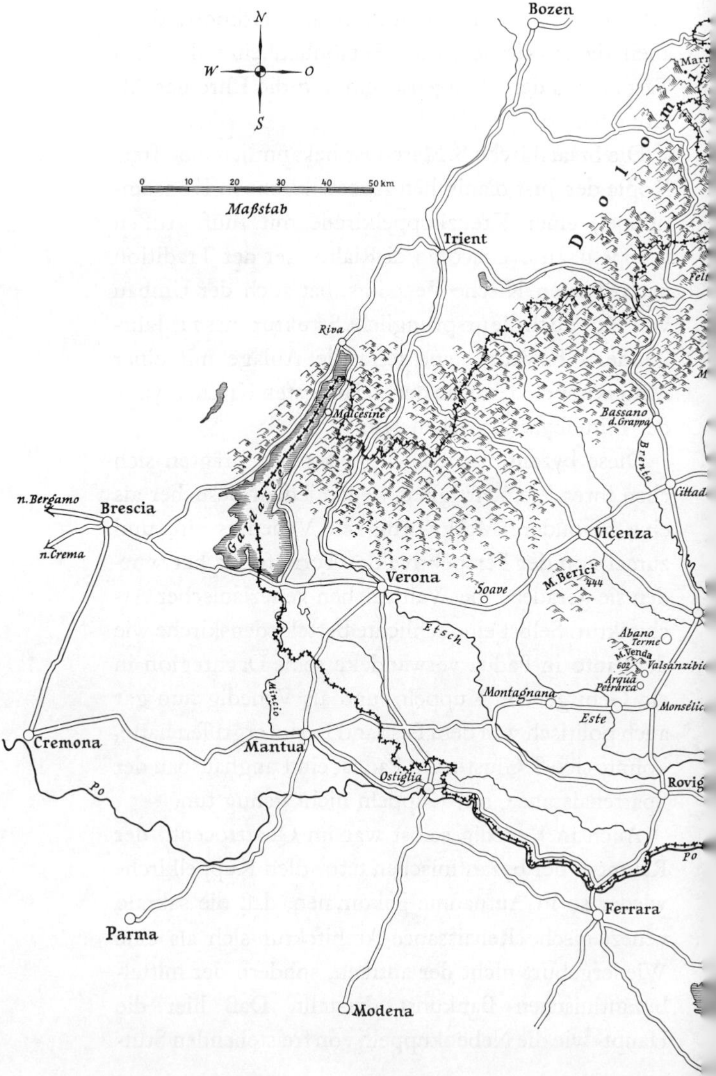
N
W
O
S
0
10
20
30
40
50 km
Maßstab
Bozen
Trient
Riva
Malcesine
Gardasee
n. Bergamo
Brescia
n. Crema
Verona
Soave
Etsch
M. Berici
444
Vicenza
Bassano
d. Grappa
Brenta
Abano
Terme
M. Venda
602
Arquà
Petrarca
Montagnana
Este
Mincio
Cremona
Mantua
Ostiglia
Po
Ferrara
Parma
Modena

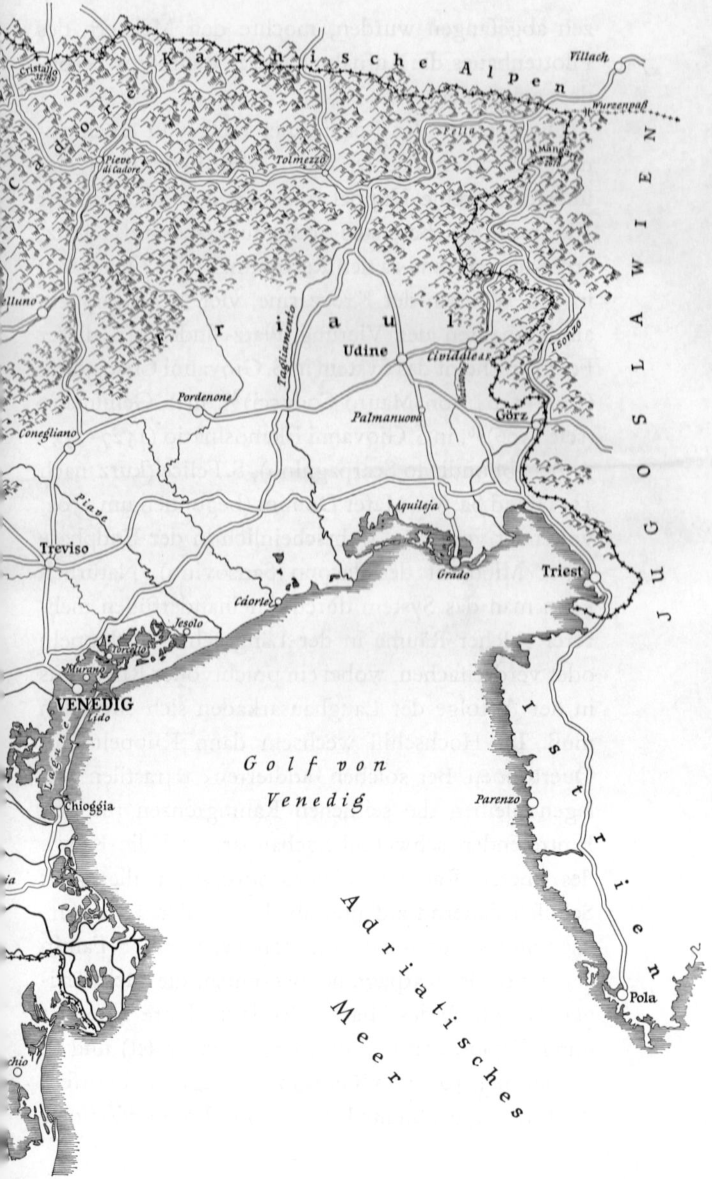
Karnische Alpen
Cadore
Cristallo
Villach
Wurzenpaß
Fella
Tolmezzo
Pieve di Cadore
Friaul
Udine
Cividale
Tagliamento
Isonzo
Pordenone
Palmanuova
Görz
Conegliano
Piave
Aquileja
Treviso
Grado
Triest
Caorle
Jesolo
Torcello
Murano
VENEDIG
Lido
Laguna
Golf von Venedig
Chioggia
Parenzo
Istrien
Pola
Adriatisches Meer
JUGOSLAWIEN

zen abgefangen wurden, mochte den Meistern des
786 Pilottenbaues die Aufnahme dieses Raumtyps besonders empfehlen.

Die Meister der Renaissance stellen in einen annähernd quadratischen Raum vier Freistützen ein, über denen eine Kuppel ruht. An den Seiten dieser Vierung schließen sich tonnenüberspannte Kreuzarme an, während in den Resträumen, den Quadraten in den Winkeln der Kreuzarme, vier Nebenkuppeln als Trabanten der Vierung Platz finden. In dieser Form erscheint das System in S. Giovanni Crisostomo (1497–1504 von Mauro Coducci)[24], in S. Geminiano (seit 1506)[25], in S. Giovanni Elemosinario (1527–1539 v. A. Abbondi, lo Scarpagnino), S. Felice (kurz nach 1531) und Sa. Ma. Mater Domini (begonnen um 1502, vollendet vor 1540, wahrscheinlich in der Endphase unter Mitarbeit des Jacopo Sansovino). Natürlich kann man das System durch Aneinanderfügen mehrerer solcher Räume in der Längsachse verdoppeln oder verdreifachen, wobei ein prachtvoller Rhythmus in der Abfolge der Langhausarkaden sich einstellen muß. Im Hochschiff wechseln dann Kuppeln mit Quertonnen. Bei solchen ›addierten‹ tetrastilen Anlagen bleiben die seitlichen Raumgrenzen für den Eintretenden schwer überschaubar, und die Kurve des oberen Raumabschlusses springt in allen drei Schiffen dauernd auf und ab. Die beiden Hauptkirchen dieses ›zusammengesetzten Typs‹ sind S. Fantin (1507 von lo Scarpagnino begonnen, die rückwärtigen Teile nach des Meisters Tode im Jahre 1549 erst unter Jacopo Sansovino um 1563 vollendet) und S. Salvatore (1506 von Giorgio Spavento entworfen, Ausführung größtenteils von Tullio Lombardo unter

Mitwirkung seines Vaters Pietro, die Kuppelscheitel durch Laternen erst 1574 von V. Scamozzi aufgebrochen) (Abb. 154).

Die byzantinische Architektur hat Züge, die dem venezianischen Wesen von Grund auf verwandt erscheinen mußten. So bestärkte die Levante die untektonische Gesinnung Venedigs, genauso wie die Spanier durch die Araber darin ermutigt worden waren. Es wird nicht immer zu entscheiden sein, was hier venezianische Grundveranlagung und was byzantinischer Einfluß ist, da wir eine venezianische Kunst vor der Bindung an Byzanz ja nicht besitzen. Die dekorative Aufteilung der Fläche, ja die ›textile‹ Struktur der Wand etwa des Dogenpalastes, von der noch zu sprechen sein wird, findet, wo nicht byzantinische, so doch arabisch-orientalische Vorbilder.

Ob nun schon mit dem Erlöschen des Exarchats von Ravenna die Mosaiken- und Glasbläserwerkstätten von dort in die Lagune von Venedig übergesiedelt sind oder nicht, seitdem S. Marco von byzantinischen Mosaizisten den herrlichen Schmuck seiner Kuppeln erhalten hatte, war die Herstellung solcher Mosaiken auch ein venezianisches Gewerbe geworden. Nachdem schon unter Papst Innozenz III. venezianische Mosaizisten zur Restaurierung der Apsis-Mosaiken von Alt-S. Peter nach Rom berufen worden waren, dankt am 23. Januar 1218 Papst Honorius III. erneut dem Dogen, daß er venezianische Mosaikarbeiter zu den Arbeiten an der Basilika von S. Paolo fuori le Mura in Rom gesandt habe und bittet um weitere Künstler[26]. 1250 sind wohl venezianische Mosaizisten neben dem Florentiner Andrea Tafi im Baptisterium von Florenz tätig, wenn es auch unsicher bleibt, ob der legendäre

Apollonius, von dem Vasari spricht[27], Venezianer
788 war.

Diese Vorherrschaft des Mosaiks ist es vor allem gewesen, die den Anschluß Venedigs an die italienische Malerei so lange hinausgezögert hat, denn in den andern italienischen Kunstlandschaften spielte das Fresko die führende Rolle. Es hat seinen tiefen Sinn, daß in dem gleichen Jahrzehnt, in dem der venezianische Senat das völlige Erlöschen der Mosaik-Technik in der Lagunenstadt amtlich feststellt (Beschluß vom 11. März 1424)[28], Venedig sich anschickt, in die Aufgaben der italienischen Malerei hineinzuwachsen. Das bedeutet aber zugleich eine völlige geographische und politische Umorientierung: in den zwanziger Jahren des 15. Jahrhunderts werden nun die führenden Florentiner Maler nach Venedig berufen. Indem man von der florentinischen Signoria Paolo Uccello sich als den geeigneten Mann für die Erneuerung der venezianischen Mosaikkunst ausbat, zog man in Wahrheit das trojanische Pferd in die Stadt. Aus der Erneuerung des Mosaiks ist nicht viel geworden, weil für die naturalistische Sprache dieser ersten Generation der Entdecker der Wirklichkeit das Mosaik keine Ausdrucksmöglichkeiten mehr bot. Aber die übrige Tätigkeit der Uccello und Filippo Lippi in der Lagunenstadt und auf der Terra ferma hat den venezianischen Malern geholfen, mit den künstlerischen Mitteln der neuen Bewegung in Florenz die Enge des

(27) Vasari-Milanesi I, p. 334. – Die Glasindustrie ist wohl im frühen 13. Jhd. noch auf die Bläser in den Quartieren der orientalischen Kolonien beschränkt gewesen. Kretschmayr I, p. 270. Die Übersiedlung der Glasindustrie nach Murano fand Ende des 13. Jhdts. statt.

Weichen Stils zu überwinden, was sie, allein auf sich selbst gestellt, niemals vermocht hätten.

Man hat sich von der byzantinischen Mosaikkunst in Venedig so spät erst gelöst, weil man sie als wahlverwandt empfand. Das hochmittelalterliche Mosaik mit seinem Goldgrund verzichtet in S. Marco auf die Rahmung des einzelnen Bildfeldes; wie die Darstellung nach der Tiefe zu verschwimmt, so verfließen auch die seitlichen Ränder. Die Figur schwebt raumlos und körperlos vor der unendlichen Folie des Goldes. Durch das Vorbild solcher Fresken und byzantinischer Ikonen ist der dem ruhigen Sein zugewandte Charakter aller venezianischen Kunst, der gegen das Dramatische wie gegen das betont Individuelle eine echte Abneigung besitzt, in seinem Wesen nur vertieft worden. Die Bindung an die byzantinische Malerei ist der Grund dafür, daß das Bildnis in Venedig so viel später auftritt als in den andern italienischen Kunstzentren[29]. Solange der Kreter Domenico Theotocopuli in Venedig arbeitete, war er ein großer Maler, sobald er die Lagunenstadt verlassen hatte und damit erst wirklich dem heimischen Boden entfremdet worden war, begann in Spanien seine skurrile Entwicklung. Er wurde ein ›psychiatrischer Fall‹ – aber als Maler hat er die Leuchtkraft der Palette aus seiner venezianischen Epoche nicht mehr erreicht. In Venedig war Greco um die Mitte des 16. Jahrhunderts

(29) »Wie es fast durch den ganzen Lauf seiner Geschichte mit dem griechischen Osten in Verbindung war, so liegt ein zarter Duft griechischer Kunstweise und Typik über allen seinen Schöpfungen, ein merkwürdiger Gegensatz zu der individualistischen Herbigkeit der alten und neuen Etrusker.« J. v. Schlosser, Präludien, p. 111.

wirklich noch einer unter vielen byzantinischen Malern, wenn natürlich auch der begabteste. Bis in das 17. Jahrhundert hinein haben die Madonneri vom Rialto eine Tafelmalerei im Stile des byzantinischen 12. und 13. Jahrhunderts weiter gepflegt[30]. S. Giorgio dei Greci, der Kultraum der griechisch-orthodoxen Glaubensgenossen in Venedig, vermittelt noch heute eine gute Vorstellung von ihrer Kunst. Zwar ist der Bau selbst eine oberitalienische Spätrenaissance-Kirche ohne jeden östlichen Zug, aber die Mosaiken der Ikonostasis, die Kultgeräte und Ikonen sind ein spätes Reis rein byzantinischer Kunst. Im Museo Correr werden zwei Standarten vom Flaggschiff des Dogen Francesco Morosini, des Peloponnesiaco, vom Ende des 17. Jahrhunderts aufbewahrt, die, doppelseitig bemalt, vor eingewebtem Golde das Kruzifix zeigen, vor dessen Fuß eine griechische Inschrift steht. Über dem Kreuze aber, vor dem der hl. Markus kniet, den Markuslöwen neben sich, schwebt die Schwarze Madonna von Candia, eine greco-byzantinische Ikone, die der siegreiche Morosini 1672 aus S. Tito in Candia nach Sa. Ma. della Salute hatte überführen lassen, wo sie heute noch unter der Custodia auf dem Hochaltar steht. Die Fahne seines barocken Admiralsschiffs, die er unter den Schutz des verehrten Gnadenbildes stellte, wirkt wie eine byzantinische Standarte des Mittelalters.

Wenn die venezianische Malerei gerade in ihren großen Meistern an die byzantinische Mosaiken- und Ikonenkunst erinnert, so ist es nicht immer leicht zu entscheiden, ob es sich dabei um bewußte Rückgriffe auf die östliche Kunst oder um eine innere Wahlverwandtschaft, eine wirkliche Wesensnähe handelt. Der

so ganz unindividuelle Ausdruck vieler Madonnen des Giovanni Bellini und der schwere, drückende 791
Ernst der Farbgebung dieser Halbfigurenbilder haben schon viele Betrachter an byzantinische Ikonen gemahnt. Um 1500, als die kecken und leuchtenden Farben der Frührenaissance aus der Mode kommen, gibt es bei Carpaccio eine Schaffensstufe, auf der die großen tiefen Farbtöne der Hochrenaissance – etwa auf der Darbringung im Tempel von 1510 in der Accademia – der Farbenskala der Mosaiken von S. Marco wieder erstaunlich nahe kommen. Dieser Eindruck wird noch bestärkt durch die Gesichtsbildung dieser Figuren. Das neue Pathos der Hochrenaissance, das die frische Wirklichkeitsbeobachtung des 15. Jahrhunderts nun ganz verleugnet, strebt zur typischen Menschenschilderung, die eine merkwürdige Nähe zu der anti-individuellen Auffassung der byzantinischen Kunst besitzt, was durch den bleichen Ernst des Inkarnats noch unterstrichen wird.

Da die byzantinische Kunst schon seit dem Bilderstreit eine Vollplastik überhaupt nicht mehr hervorgebracht hat, so kennt die venezianische Skulptur bis ins 13. Jahrhundert ebenfalls nur das Relief. Infolgedessen beschränkt sich der bauplastische Schmuck von S. Marco auf solche Reliefs, sind auch die Hausmadonnen bis ins 16. Jahrhundert keine Freifiguren mit dem Kinde auf dem Arm, sondern durchaus Flachreliefs mit der Darstellung der Maria orans, eines Madonnentyps, der sich seit dem 11. Jahrhundert in Venedig kaum gewandelt hat[31]. Erst mit den Engeln der Antelami-Schule aus der Vierung von S. Marco treten im 13. Jahrhundert die ersten Vollfiguren in Venedig auf[32], erst mit den Archivolten des

Mittelportals dieser Kirche schlägt die Reliefkunst in
792 Venedig einen eigenen Ton an. Um 1240 durchdringen sich in diesen Archivolten die alten byzantinischen Elemente mit den neuesten Strömungen des oberitalienischen Festlands, und bei diesem Ausgleich erfüllt Venedig zum ersten Male im Bereiche der Plastik eine geschichtliche Sendung. Die Kunst des Benedetto Antelami, der die Programme und die künstlerische Formenwelt der südfranzösischen Bauplastik über die Alpen in die Emilia getragen hatte, ist nun von Parma und Borgo S. Donnino her über Ferrara in die Lagune eingedrungen. In die müde byzantinische Formenwelt wird der frische Pulsschlag eines jungen, eben sich entfaltenden Stils getragen. Aber sehr schnell hat ein neuer, verstärkter Strom byzantinischen Wesens diesen keimenden venezianischen Charakter der Bauplastik von S. Marco wieder zugedeckt[33]. Jetzt entstehen die Hauptstücke unter den Fassadenreliefs, die erst den Höhepunkt der byzantinischen Reliefkunst in Venedig bringen, die Hl. Georg, Leonhard und Christophorus[34]. Sehr schwer hat sich die künstlerische Bewegung von Westen her dagegen durchsetzen können: daß Giovanni Pisano für die Arena in Padua seine herrliche Madonna schuf, blieb für die Kunst der Lagunenstadt ganz ohne Wirkung. Während das Grabmal des Petrus Martyr von Giovanni di Balduccio da Pisa in S. Eustorgio in Mailand von 1338 mit einem Male dem Einfluß der toskanischen Trecento-Plastik in der Lombardei die Bahn brach, dringt die Formenwelt der Pisani und ihrer Schüler in Venedig nur in verdeckten Kanälen, in vielfachen Brechungen und Spiegelungen ein, von denen eine sienesische Variante die wichtigste zu sein

scheint[35]. Die offizielle Kunst der Signoria blieb in den Dogengräbern der byzantinischen einheimischen Richtung ergeben.

Das Schicksal der venezianischen Kunst war es, daß sie die byzantinische Herkunft niemals vergessen konnte. Venedigs Kunst war niemals jung, sie trägt von den ersten Regungen an altersweise, aber auch greisenhafte Züge. Das ist ihr byzantinisches Erbe. Den ungestümen Schritt wagemutiger Entdecker-Generationen, den die pisanische Skulptur von Niccolò über Giovanni und Andrea bis hin zu Nino Pisano gegangen ist, den die florentinische Malerei von Cimabue über Giotto bis zu Masaccio zurücklegte, hat Venedig nicht gekannt. Es ist keine Stadt der ›Primitiven‹, sondern der Lebensreife.

Von den großen Meistern der florentinischen Kunst stammt, wie wir sahen, etwa die Hälfte aus der Stadt selbst, die andere Hälfte aus dem Contado. In Venedig ist das Verhältnis noch weit ungünstiger für die Stadt. Von den Malern sind nur die Vivarini, Bellini, Carpaccio, Crivelli, Basaiti, Lazzaro Bastiani, Mansueti, Jacopo de' Barbari, Catena und die Tintoretto in der Lagune geboren. Die überwiegende Mehrzahl der Meister, denen die Königin der Adria ihren Ruhm als Kunstzentrum verdankt, kam von der Terra ferma. Aus dem Trevisanischen sind Giorgione (aus Castelfranco), Cima (aus Conegliano), Paris Bordone und Bissolo (beide aus Treviso selbst). Im benachbarten Friaul, in Pieve di Cadore, ist Tizian zu Hause. Bernardo Licinio, Giovanni Cariani, Palma Vecchio und Andrea Previtali sind Bergamasken, und auch Lorenzo Lotto, obwohl in Venedig geboren, stammt von bergamaskischen Eltern. Bartolomeo Montagna kommt

aus der Nähe von Brescia, hat aber seine Werkstatt
794 in Vicenza gehabt. Stattlich ist die Reihe der Vero-
nesen in der venezianischen Kunst. Paolo Cagliari ist
erst als Fünfundzwanzigjähriger (1553) aus der Vater-
stadt nach Venedig übergesiedelt, Bonifacio de Pitati
kam schon als etwa Achtzehnjähriger aus Verona in
die Lagunenstadt. Piazzetta ist zwar in Venedig ge-
boren, aber sein Vater war ein Bildhauer aus der
Gegend von Feltre, der erst kurz vor der Geburt des
Sohnes in Venedig seßhaft geworden war. Die Fa-
milie der Guardi stammt aus Mastellina im Val di Sole
aus dem Trentino, wo der Vater des Francesco noch
geboren ist, während der Sohn schon in der Stadt an
der Adria das Licht der Welt erblickte. Bei Domenico
Campagnola ist es strittig, ob er Venezianer, Padua-
ner oder deutschen Ursprungs ist. Schiavone kam aus
Zara nach Venedig, Marco Basaiti wurde von grie-
chischen Eltern im Venezianischen geboren.

Das sind die Maler. Nicht besser steht es bei Bild-
hauern und Architekten. Sobald die Baumeister aus
der mittelalterlichen Anonymität herauswachsen und
greifbare Persönlichkeiten werden – was in Venedig
nicht vor dem Quattrocento geschieht –, bestätigt es
sich, daß kein einziger gebürtiger Venezianer darunter
ist. In der Lagune wurde der architektonische Sinn
niemandem in die Wiege gelegt. In der Frührenais-
sance waren Lombarden die führenden Meister: die
Solari aus Carona, Pietro der Vater, Antonio und
Tullio die Söhne, die kurzweg als die ›Lombardi‹ in
die venezianische Kunstgeschichte eingegangen sind.
Auch Mauro Coducci war ein Lombarde aus der Nähe
von Bergamo. In der Spätrenaissance und im Barock
beherrschen neben dem Florentiner Sansovino die

Architekten der Terra ferma das venezianische öffent-
liche Bauwesen: Sanmicheli aus Verona, Palladio und 795
Scamozzi aus Vicenza. Im Seicento ist Baldassare
Longhena der führende Meister, der zwar in Venedig
geboren wurde, aber einer Maurerfamilie angehört,
die vom Comer-See eingewandert war. Unter den
Bildhauern der Frührenaissance sind die beiden Lam-
berti und Nanni di Bartolo Florentiner, Antonio Rizzo
ist Veronese. Unter den Bildhauern des 16. Jahrhun-
derts ist kein geborener Venezianer, denn neben den
Lombardi und Sansovino kann sich nur Alessandro
Vittoria behaupten, der aus Trient kam.

Bei der Betrachtung der Malerateliers fällt als venezianische Eigentümlichkeit auf, daß hier sehr selten einzelne Individuen auftreten, sondern daß in echt mittelalterlicher Weise ganze Familienverbände, in denen das Handwerk sich vom Vater auf den Sohn vererbt, den Ruhm des Künstlernamens verbreiten. Im 15. Jahrhundert die Vivarini, die Bellini, die Carpaccio, im 16. Jahrhundert die Vecelli, die Campagnola, die Palma, die Pitati, die Bassani, die Robusti (Tintoretto), die Caliari (Veronese), im 18. Jahrhundert die Ricci, die Longhi, die Tiepolo, die Guardi, die Canaletto[36]. Bei fast allen wird das Malerhandwerk durch mehrere Generationen gleichzeitig von mehreren Geschwistern, Brüdern und Schwestern, betrieben. »Es gibt wenige Künstler, deren Tätigkeit nicht von Söhnen, Brüdern, Neffen fortgesetzt würde; die Ausnahmen sind Giorgione, der vorzeitig starb, und Sebastiano del Piombo, der Geistlicher wurde und nach Rom wegzog[37].« Nur in Venedig war es möglich, daß nach Paolo Veroneses Tod die Brüder und die Söhne des großen Malers die Werkstatt ge-

meinsam weiterführten unter der Signatur, die sie
796 ihren Bildern mitgaben: ›Haeredes Paoli‹[38]. Auch bei den Bildhauern findet sich die Schaffensweise in Familienverbänden: die Masegne, die Buon.

In diesen Werkstätten wurde auch das künstlerische Handwerkszeug vererbt. Dazu gehört der gesamte Bestand an geschlossenen Musterbüchern und an Einzelblättern mit exempla. Wir wissen aus den Testamenten von Jacopo Bellinis Witwe Anna, geborener Rinversi, von 1471 und von Gentile Bellini von 1507, wie der Bestand der Bellinis an Vorlagen jeweils dem künftigen Werkstattleiter vermacht wurde (1507: »dimitto e dari volo librum designamentorum qui fuit prefati patris nostri . . .«). Fast hundert Jahre später, 1594, beim Tode Jacopo Tintorettos, geht dessen ganzes Material an Zeichnungen an den ältesten Sohn und neuen Werkstattleiter Domenico über, unter der Bedingung, daß die Sammlung von ihm und seinem Bruder Marco gemeinschaftlich verwertet wird[39]. 1630, in Domenicos Testament, wird der ganze Schatz dann seinem Bruder Marco vermacht, mit Ausnahme eines Legats von über zweihundert Zeichnungen nebst mehreren Abgüssen nach Skulpturen für den Garzone seiner Werkstatt.

Dieser Gliederung der Künstler nach Familienverbänden entspricht von Seiten der Auftraggeber eine ständische. Auftraggeber ist der Staat, der den Dogenpalast und seine Staatskirche, S. Marco, erbaut und schmückt. Es ist erstaunlich, wie wenig in all den Jahrhunderten des venezianischen Glanzes die Kirche als Rivalin der Signoria beim Vergeben von Aufträgen hervortritt. Nach der Gründung des eigentlichen Venedig, nach der Überführung der Gebeine

des hl. Markus von Alexandria her (828) wurden diese Reliquien zunächst in der Burg des Herzogs versteckt, 797
und so wurde S. Marco ganz von selbst der Heilige der herzoglichen Pfalzkapelle. Die kirchlichen Anfänge Venedigs aber entwickelten sich weitab vom Zentrum der staatlichen Macht. An der östlichen Spitze Venedigs, hinter dem Arsenal, auf der kleinen Insel Castello, liegt S. Pietro di Castello. Hier ist das älteste Heiligtum der Lagune, denn das Fischervolk hatte hier den Menschenfischer Petrus, der so oft den alten Meergott Poseidon abgelöst hatte, verehrt[40]. S. Pietro ist die Kathedrale des Bischofs von Olivolo, dessen Sprengel (begründet 774/75) aus den Rialto-Inseln besteht[41]. So standen seit der Karolingerzeit S. Marco und S. Pietro einander als Staatskirche und Kathedrale gegenüber. Als das Patriarchat von Grado durch päpstliches Dekret 1451 nach Venedig übertragen wurde, legalisierte man freilich damit nur bestehende Verhältnisse: der Patriarch besaß längst seinen Palast am Rialto. Aber seit 1451 braucht er nun auch eine Kathedral-Kirche. Bei dem kühlen Verhältnis zwischen Kirche und Staat, das für Venedig von jeher bezeichnend war, konnte der Patriarch nicht daran denken, in S. Marco seinen Stuhl zu errichten. So ging denn 1451 das Bistum von Olivolo in dem Patriarchat auf, der Oberhirte nahm in Castello seinen Sitz, und erst in der napoleonischen Zeit (1807), nach dem Untergang der Republik, als S. Marco aufgehört hatte, Cappella Ducale zu sein, konnte aus der Staatskirche S. Marco nun der Metropolitansitz der Lagunenstadt werden.

In Venedig war von früh an der Geistlichkeit jeder politische Einfluß genommen. »Man kann vom 13.

Jahrhundert her die politische Geschichte Venedigs
798 erzählen, ohne der heimischen Kirche gedenken zu müssen«, bemerkt der Biograph der Stadt[42]. »So innig Staat und Kirche als Kultur- und Gesellschaftsmächte sich durchdrangen, so scharf sollte ihre politische Trennung sein. Es ist eine Vereinigung von äußerem Christentum und innerem Rationalismus, von Lebendigkeit der Religion im Privatleben und Leblosigkeit im Staatswesen[43].« Nirgends hat die Inquisition weniger Fuß fassen können, nirgends haben so wenig Hexenprozesse stattgefunden wie in Venedig. Besonders im 16. Jahrhundert ist die Lagunenstadt die Zuflucht der um ihres Glaubens willen Verfolgten und der freien Geister gewesen. »Graubündener Neugläubige, deutsche Protestanten, französische Hugenotten, aber auch verfolgte Katholiken wie Reginald Pole fühlten sich wohl in ihr[44].«

Die Kirche als Auftraggeberin der Kunst spricht sich vor allem in den Ordensniederlassungen aus. S. Nicolò a Lido, S. Giorgio Maggiore sind Benediktinerstifte. Diesen aristokratischen Konventen haben die großen gotischen Bettelordenskirchen Sa. Ma. Gloriosa dei Frari und SS. Giovanni e Paolo in der Gunst der Gläubigen den Rang abgelaufen. Beide Backsteinkirchen sind die Grablegen der großen Familien und dadurch die Ruhmeshallen der venezianischen Geschichte geworden. Waren die Klosterkirchen der Spiegel der religiösen Kunst der herrschenden Schichten, so findet man in den Gebäuden der Bruderschaften vorwiegend den Ausdruck der kirchlichen Frömmigkeit der unteren Stände. ›Ars‹, ›scuola‹ und ›confraternità‹ sind die schillernden und wechselnden Namen dieser Institutionen. »Der Ausdruck ›ars‹ für die reglementierte Handwerkervereinigung gleicher Beschäftigung ist schon im 12. Jahrhundert in Brauch, während ›scola‹ eine Doppelbedeutung hat, im 9. Jahrhundert eine Versammlung oder einen Versammlungsraum, hernach, klar zuerst 1110, eine aus Mitgliedern aller Stände sich zusammensetzende Bruderschaft, ›fraternitas‹ endlich, klar zuerst 1213, ebenso wie ›ars‹ die gesellschaftlich ausgestaltete Vereinigung von Handwerkern gleichen Gewerbes, eben die Zunft, bezeichnet[45].« Im 15. Jahrhundert sind ›artes‹ und ›scolae‹ die den wirtschaftlichen Aufgaben dienenden Zünfte, während die ›fraternitates‹ Geselligkeit und Kunstpflege zugewandt bleiben. Das Entscheidende ist jedenfalls, daß die kluge Staatsführung Venedigs es zu vermeiden gewußt hat, daß im 13. und 14. Jahrhundert die Zünfte zu maßgebenden politischen Körperschaften aufstiegen, wie überall sonst in Italien und im ganzen Abendland[46]. Um so eher hat man bei der wunderbaren Ausgeglichenheit der Stände im venezianischen Staatsorganismus den Zünften auf dem Gebiete der Kunstpflege freie Hand gelassen.

Von Alters her unterschied man drei verschiedene Arten von Scuole[47]. Diese können zunächst rein devotionale Vereinigungen sein, wie die Scuola di S. Giovanni Evangelista, die 1261 als eine Bruderschaft von Flagellanten gegründet wurde und die 1340–1354 ein eigenes Versammlungsgebäude erhielt. Daneben stehen die landsmannschaftlichen Verbindungen, die sich dem Schutzheiligen ihres fernen Heimatlandes zu unterstellen pflegten. Die Dalmatiner oder Schiavoni, seit 1409 dem venezianischen Staatsverband eingegliedert, gründeten 1450 in der Lagunenstadt eine Sodalität,

deren Zweck die Versorgung der Alten, Kranken-
800 pflege und die Beerdigung der Verstorbenen bildete. Eine Scuola für die albanische Kolonie war schon 1442 gegründet worden, 1487 folgte deren Kapelle. Seit Skutari 1479 endgültig in die Hände der Türken gefallen war, wurde Venedig für viele Albanesen eine zweite Heimat. Eine dritte und letzte Spielart schließlich bilden die arti, die einen Heiligen verehren, der ihr Handwerk ausgeübt hatte, so die Schuster S. Aniano, die Barbiere die Ärzte Cosmas und Damian usw. Allmählich bildeten sich sechs Scuole grandi heraus, die diesen Namen ihrem Reichtum, ihren Privilegien und ihrem Einfluß verdankten[48]. Sa. Ma. della Carità, S. Giovanni Evangelista, Sa. Ma. della Misericordia, S. Marco, S. Rocco, S. Teodoro.

Die Scuole minori wurden auch Fraglie genannt. Die meisten dieser Bruderschaften sind nach dem Untergang der Republik in der napoleonischen Zeit der Säkularisation zum Opfer gefallen, doch blüht z.B. die Scuola di S. Girolamo degli Schiavoni noch heute in der ursprünglichen landsmannschaftlichen Zusammensetzung. In der Glanzzeit des Bruderschaftswesens, um 1500, verzichtete keine dieser Scuole auf drei Bestandteile: Kapelle, Hospital und Gesellschaftsräume. Die ersten Mitglieder freilich hatten sich im Hochmittelalter an bescheidenen Orten versammelt, meist in den Sakristeien der Kirchen[49]. Die nächste Stufe war dann der eigene Altar in der Kirche für den Schutzpatron der Vereinigung gewesen. Den Endpunkt der Entwicklung bedeutete schließlich die eigene Scuola neben der Kirche, in der man ursprünglich zusammengetreten war. Die Bindung der Mitglieder an die Scuola war streng. In einem Kapitel der

Scuola degli Orefici vom Mai 1262 wurde festgesetzt, daß niemand sich einem Amt in der Scuola entziehen konnte, zu dem er gewählt wurde[50].

Seit der Frührenaissance ist die Lebensarbeit einzelner Künstler fast ganz im Dienste solcher Scuole geleistet worden. Carpaccio und Gentile Bellini haben vorwiegend für solche Gemeinschaften gearbeitet, und Tintoretto hat durch vierundzwanzig Jahre hindurch (1564–1588) in der Scuola di S. Rocco sein eigentliches Lebenswerk vollbracht[51]. Die politisch einflußlosen Zünfte von Venedig haben also für das kulturelle Leben ihrer Stadt kaum weniger bedeutet als die politisch so mächtigen Arti von Florenz, deren Händen von Staats wegen die öffentliche Kunstpflege anvertraut war.

Die gesamte venezianische Kunst ist also Ausdruck einer ständischen Gliederung, die alle Schichten der Bevölkerung umfaßt. Ganz anders als vor den Gemälden aus anderen italienischen Kunstlandschaften haben wir bei venezianischen Bildern das Empfinden, daß sie sich vorwiegend an eine bestimmte Bestellerschicht wenden. Tizian im 16. und Tiepolo im 18. Jahrhundert entwickeln einen ausgesprochenen Sinn

(51) Daß aber Tintorettos Verhältnis zu dem Vorstand der Scuola di S. Rocco und zu seinem Arbeitsfeld ein völlig anderes war, als das der Steinmetzen der mittelalterlichen Kathedralen zu ihrer Hütte, beweisen die schriftlichen Quellen zur Genüge. (R. Berliner, Die Tätigkeit Tintorettos in der Scuola di San Rocco. Kunstchronik und Kunstmarkt, 55, 1919–1920, I, p. 468ff. u. p. 492ff.). In einer Republik lebend, wo die Aufträge in öffentlichen Konkurrenzen ausgeschrieben werden, hat sich Tintoretto in listenreichem und scharfem Vorgehen jede Phase seiner Wirksamkeit in der Scuola di S. Rocco erst erkämpfen müssen.

für die Aristokratie. Giorgiones Bilder mit den rätsel-
802 vollen Stoffen können nur für Auftraggeber bestimmt gewesen sein, die, in Geheimbünden vereinigt, sich als ›the happy few‹ fühlten, denen allein Stendhals Romane gewidmet waren[52]. Die Bildnisse der Schönen von Palma Vecchio, welche die eine entblößte Brust eindeutig als Kurtisanen kennzeichnet, wenden sich viel unverhüllter an einen bestimmten Käuferkreis. Tintoretto entfaltet eine unbeschreibliche Geisteskraft im Auseinanderhalten von staatlicher Allegorese und kirchlicher Ikonographie. Als Veronese die reinliche Scheidung der beiden Welten mißglückt, wird er seiner großen Gastmähler wegen 1573 vor die Inquisition zitiert und der empietà angeklagt. Er verteidigt sich mit der Sentenz: »Nui pittori si pigliamo la licentia che si pigliano i poeti e i matti[53].«

In keiner andern Stadt Italiens hat die Staatsverwaltung solchen Wert darauf gelegt, in großen Kunstwerken an öffentlich sichtbarer Stelle repräsentiert zu sein. Auch das Rom der Päpste vermag in Spätmittelalter und Renaissance darin nicht mit Venedig zu wetteifern. Schon der architektonische Rahmen, S. Marco und der Dogenpalast, Piazza und Piazzetta, Procuratien und Münze, Landeplatz und die Einmündung der Merceria ergeben einen Schauplatz für staatliche Repräsentation, dem sich allenfalls der Dom von Pisa als kirchliches Zentrum zu vergleichen wagen darf, und auch dieser nur für moderne Betrachter.

Im Sitzungssaale des Großen Rats im Dogenpalast, der 1382 benutzbar war und 1400 seine kostbare Sternendecke erhielt, erfüllte ein Zyklus von zweiundzwanzig Darstellungen aus den stolzesten Tagen der Stadtgeschichte die Wände. Die Zusammenkunft zwischen Papst Alexander III. und Friedrich Barbarossa 1177 in der Lagunenstadt war hier nicht getreu dem historischen Geschehen berichtet, sondern in einer merkwürdigen Mischung von spätmittelalterlicher Legende und gotischem Roman, wie sie sich offenbar gegen Ende des Trecento kristallisiert hatte[54]. Es ging der Lokalsage vor allem darum, die Ehrenzeichen des Dogen, die in Wahrheit alle älteren Ursprungs sind und aus dem byzantinischen Zeremonial stammen, ihrer Herkunft nach als Gunstbezeugungen des Papstes an den venezianischen Bundesgenossen im Kampfe gegen das deutsche Kaisertum zu erklären. Das Trecento hatte weltliche Ereignisbilder zumeist noch nicht als Erzählungen, sondern in Form frostiger Allegorien behandelt, man braucht nur an das Florentiner Fresko von 1343 mit der Vertreibung des Abenteurers, der den Shakespeareschen Titel eines Herzogs von Athen führte, zu erinnern[55]. Im Dogenpalast aber wurde erzählt, breit und mit Behagen und mit ganz besonderer Freude an prunkhaften Aufzügen, Empfängen und Staatsvisiten. Als an einem Dezembertage des Jahres 1577 der große Ratssaal ausbrannte, ging dieser ganze Zyklus zugrunde. Eigentlich waren es zwei Zyklen, denn über den ursprünglichen Fresken saß seit dem Ende des Quattrocento eine zweite Schicht von Leinwandbildern. Es mag sein, daß das Seeklima den Fresken aus der Zeit um 1400 wirklich schlecht bekommen war, doch wird der Hauptgrund für die Erneuerung gewesen sein, daß die großen Malergenerationen der Gentile und Giovanni Bellini und Carpaccio und dann der Tintoretto und Veronese danach drängten, den stolzesten Vorwurf der Stadtgeschichte in dem Ruhmessaal

des Dogenpalastes nun auch ihrerseits zu schildern,
804 und die Auftraggeber mögen ihnen gern zu Willen gewesen sein, da die Bilder der Gentile da Fabriano und Pisanello aus dem Weichen Stil ihnen sicherlich veraltet erschienen.

Seit der Hochrenaissance trat dann aber auch in Venedig an Stelle der breiten Schilderung historischer Ereignisse die allegorische Repräsentation. Als nach dem Kriege der Liga von Cambrai die Großmachtstellung Venedigs für immer erschüttert war, setzte sogleich der Drang ein, die sachliche Schilderung zurücktreten zu lassen zugunsten der Verklärung der venezianischen Geschichte ins Mythische. Im Dienste dieser Idee haben alle großen Maler des Cinquecento die Säle des Dogenpalastes geschmückt, allen voran Tizian, Veronese und Tintoretto. Die Ausmalung erfolgte nach einem bis ins letzte durchdachten, gedankenüberfrachteten Programm, das von venezianischen Humanisten herrührte[56]. 1553 begonnen, erweiterte es sich nach den Bränden von 1574 und 1577 ins Ungemessene, da nun fast alle Prunkräume neu auszustatten waren. Gleich im ersten Abschnitt trat 1553/54 die Frauengestalt der Venezia als Allegorie zum ersten Male auf, und um diese Figur sammeln sich nun die mythologischen Szenen als um einen festen Kern. Jupiter geleitet Venezia in die Lagunen, Juno übergibt Venezia einen ihrer Pfauen, Juno schüttet ihre Reichtümer – darunter die Dogenmütze – der Venezia in den Schoß u.a. Um die Liga von Cambrai zu versinnlichen, wird gezeigt, wie der Doge Leonardo Loredan die auf dem Markuslöwen reitende Venezia gegen die Europa auf dem Stier hetzt (Bild des Jacopo Palma Giovane in der Sala del Senato). Aber jetzt handelt es sich nicht mehr nur um Kriegstaten, wie in den Zeiten der Pisanello und Bellini: auch die Rechtspflege und die Verwaltung, die Diplomatie und die kulturelle Blüte des Staates scheinen der Einbeziehung in diese Apotheose wert. Trotz aller Vorstufen im Palazzo Vecchio in Florenz bedeutet der Freskenzyklus des Dogenpalastes die erste Ruhmes-Allegorie für ein Staatswesen, wie sie dann die Barockzeit so sehr gepflegt hat. Den absoluten Höhepunkt der Freskenfolge bedeutet Veroneses ›Triumph der Venezia‹ in dem großen ovalen Mittelfeld der Decke der Sala del Maggior Consiglio von 1581[57]. In der Sala dello Scrutinio hatte Palma Giovane schon die thronende Venezia gemalt, mit Zepter und Krone, zu ihren Füßen Waffen und einen Schiffsbug. Von Kriegern werden Gefesselte herangeführt, weinende Frauen sind die Allegorien der unterworfenen Städte – es war die Verherrlichung des venezianischen Kriegsruhms. Aber in Veroneses Bild gibt es keine gefesselten Sklaven mehr – das Reich des Friedens und des Glücks herrscht hier ohne Ende, ohne bitteren Bodensatz irdischer Schmerzen. Über der Menge schwebt eine himmlische Erscheinung, es ist Venezia, deren Thron von Tugenden und Göttinnen dicht umlagert wird, dargestellt in dem Augenblick, da ihr ein geflügelter Genius den Lorbeerkranz aufs Haupt setzt. Muß schon das Bewußtsein von der Größe der eigenen Sendung, die aus der Aufstellung eines solchen Programms spricht, muß schon der lange Atem, der zu seiner Durchführung gehört, unser Erstaunen wekken, das Bewundernswerteste bleibt doch, daß Venedig in dem Menschenalter zwischen 1553 und 1584 die künstlerischen Kräfte wirklich zur Verfügung

standen, dieses humanistische Programm aus der fro-
806 stigen Ebene allegorisch-literarischer Gedankengänge in die reine Sphäre echter künstlerischer Anschauung zu erheben. Gewiß ist neben den Großen der venezianischen Malerei hier eine Unzahl von Künstlern zweiten, dritten und vierten Ranges beteiligt gewesen, um die Ausmalung der riesigen Säle jeweils in wenigen Jahren überhaupt zu ermöglichen. Ihre Namen haben geringen Klang (Jacopo Palma il Giovane, Domenico Tintoretto) oder sind überhaupt der Vergessenheit anheim gefallen (Carletto und Gabriele Caliari, Tomaso Dolabella, Gerolamo Gamberato, Andrea Vicentino). Aber bei den großen Hauptbildern ist der Anspruch der politischen Idee durch die Reinheit der künstlerischen Form gesteigert und geadelt worden.

Man sollte meinen, Vorstellungswelt und Erzählton müßten sich sehr herabstimmen, wenn man sich von den Zyklen des Dogenpalastes zu den Scuole der Handwerker wendet. Aber als die Zunft der Wollweber, die Scuola di S. Stefano, durch Carpaccio die Legende ihres Patrons in einem Zyklus malen ließ, hatte der Meister sich keinem Milieu von Gevatter Schneidern und Handschuhmachern anzubequemen. Hier herrscht vielmehr der gleiche Sinn für edle Repräsentation. Die Befriedigung der Schaulust ist überhaupt ein venezianisches Urbedürfnis, und es ist eigentümlich, wie sehr bei Carpaccio etwa der Stoff der christlichen Legende so zurechtgeschnitten wird, daß er solchen Ansprüchen Rechnung trägt. Die Legende der hl. Ursula ist bei Carpaccio ja weit weniger die Darstellung des Weges der Unschuld durch die Anfechtungen dieser Zeitlichkeit und der schließliche Märtyrertod von elftausend Jungfrauen, als das beständige Kommen und Gehen von Gesandtschaften, Bewillkommnung von fürstlichen Personen, Abhaltung von Empfängen und Entfaltung von Festzügen, deren letzter dann schließlich die Bestattung der hl. Ursula ist. Entscheidend aber bleibt, daß das Ganze nicht erzählt, sondern inszeniert wird, d. h. daß die Figuren der christlichen Legende sich als Akteure in einem Bühnenrahmen bewegen, in den auch die Zuschauer so notwendig gehören wie der Chor in die griechische Tragödie. In dem Bilde der Scuola degli Schiavoni, in dem der hl. Georg den Drachen erschlägt, ist der Legendenstoff selbst fast zum Nichts zusammengeschrumpft, während die Zuschauer den Raum erfüllen und das Ganze einen opernhaften Zug bekommt. Aber als die Zeit des ›Kleinen und Vielen‹, als das Quattrocento zu Ende ist, schränken die großen Meister des Cinquecento die Zuschauermenge nicht auf wenige Repräsentanten ein: merkwürdig ist, daß selbst so strenge und verinnerlichte Themen wie das Mahl in Emmaus, dessen Personenkreis nach dem Neuen Testament auf drei, mit dem Wirtspaar allenfalls auf fünf Personen festgelegt ist, nun zur Darstellung schaulustiger Familienverbände anwachsen, wie in Veroneses Fassung dieses Themas von 1560 im Louvre[58]. In keinem andern Kunstzentrum durften die Stifterfamilien zwei Drittel des gesamten Bildraums einnehmen, wie es auf der berühmten Anbetung der Madonna durch die Familie Cuccina von Veronese (Dresden) geschieht[59] (Abb. 158). Überhaupt nimmt im 16. Jahrhundert der gesellschaftliche Charakter religiöser Bilder in Venedig auch außerhalb des Veronese-Kreises ständig zu (Bonifacio Veronese,

Findung des Moses, Brera). In Tintorettos Bildern
808 erreicht dieser festlich-öffentliche Charakter seinen Höhepunkt (Abschied des Aeneas von Dido, Braunschweig; Moses schlägt Wasser aus dem Felsen, Frankfurt, Städel; die Taufe Christi, Scuola di S. Rocco; die hl. Katharina im Gefängnis, Venedig, Akademie)[60].

Die abendländische Barockmalerei kennt eine Reihe von Themen, die alle die Großherzigkeit, den Edelmut, die Opferbereitschaft ihrer Helden zur Schau stellen: Die Frauen des Darius vor Alexander, Die Enthaltsamkeit des Scipio, Die Auffindung des Mosesknaben am Nil, Antonius und Kleopatra, Der Tod der Kleopatra, Die Feuerprobe des Mucius Scaevola, Der Opfertod des Markus Curtius u.a. Von diesen Themen sind nur zwei aus mittelalterlichen Zyklen übernommen: Die Gerechtigkeit des Trajan aus den Gerechtigkeitsbildern der Rathäuser[61] und Das Zusammentreffen zwischen Salomo und der Königin von Saba aus der Legende des Kreuzholzes Christi (vgl. Piero della Francesca in Arezzo). Daß die übrigen Themen bildwürdig wurden, setzt die Nachfrage einer aristokratischen und zugleich humanistischen Bestellerschicht voraus, darüber hinaus aber die Freude an Festgepränge, Staatsaktionen und an typischem Geschehen. Es hat sich noch nicht beweisen lassen, daß alle diese Themen in Venedig aufgekommen sind, wenn auch ihr oberitalienischer Ursprung feststehen dürfte. Aber im Atelier des Paolo Veronese sind alle diese Bildvorwürfe aufgegriffen worden, und manche haben hier eine so klassische Formulierung erfahren, daß von nun an Thema und Komposition des Paolo ihre gemeinsame Verbreitung finden[62]. Auch Tintoretto ist an diesem Prozeß nicht unbeteiligt[63].

Von jeher hat es Verwunderung erregt, daß die Stadt in der Lagune, die Beherrscherin der Meere, das 809
Marinebild nicht gekannt hat[64]. Freilich muß man sich klar machen, daß das Seestück seine große Zeit im 17. Jahrhundert erlebte, und dies ist gerade das Jahrhundert, in dem die venezianische Malerei völlig versiegt war. Von den großen Malern des 16. Jahrhunderts hat allein der Magier der Farbe, Tizian, ein Auge für das Farbenspiel des Meeres besessen. Freilich sind sowohl ›Perseus befreit die Andromeda‹ (um 1554–1560, London, Wallace-Collection) wie das Spätwerk der allerletzten Jahre ›Spanien kommt der Religion zu Hilfe‹ (um 1566–1575, Madrid, Prado) zu sehr die persönlichen Formulierungen eines Genies, als daß sie als stellvertretend für die venezianische Malerei gelten könnten. Selbst Tintoretto konnte dem Meeresspiegel keine farbigen Reize abgewinnen – bei ihm erscheint die tiefgrünschwarze, tintige Flut stets nur als ein dem Menschen bedrohliches Element. Im 18. Jahrhundert gibt es dann von Marco Ricci eine ganze Reihe von Marinen[65], die aber konventionell sind, wenn nicht das große Vorbild des Genuesen Alessandro Magnasco hinter einem solchen Bilde steht. Auch Guardis Interesse blieb auf die Lagune beschränkt; auf das offene Meer hinaus hat er sein Malerauge nur selten gerichtet[66].

Daß die Kunst einer oligarchisch regierten Stadt mit einer vorwiegend aristokratischen Auftraggeberschicht das Leben der hart arbeitenden unteren Klassen nicht bildwürdig fand, ist nur natürlich. Aber in Venedigs Universitätsstadt Padua ist diese ›Armleutekunst‹ zunächst in dem Formate der Kleinbronzen aufgekommen. Gedanken und Formen, welche die Monumentalkunst niemals zuerst zu bilden vermocht hätte, sind ja aus dem Experimentierfeld der Kleinkunst oft zur großen Form aufgestiegen. In Padua hat Andrea Riccio zuerst zerlumpte Vogelsteller und ausgemergelte Feldarbeiter während der Mittagsrast dargestellt. Wenn er für den formalen Aufbau seiner Statuen wirklich antike Vorbilder benutzte, so wäre der Schritt zu diesem neuen Realismus nur um so kühner[67].

Die tiefsten Aufschlüsse über das Wesen der venezianischen Kunst wird man *von der Architektur erwarten* dürfen. Die Baukunst ist vom Boden hier abhängiger als andernorts. Schon Cassiodor hat geschildert, wie mühsam der dem Meere abgewonnene Boden trockengelegt und durch Reisigfaschinen und eingestampfte Erde gefestigt wurde[68]. Darauf erhoben sich Pfahlbauten, die nur durch die Festigkeit der Konstruktion von denen der alten Veneter sich unterschieden. Ausgrabungen, die man am Campanile von S. Marco 1885 vornahm, haben uns Aufschluß über das System seiner Fundamentierung gewährt[69]. In die »harte unterste Tonschicht des Lagunengrundes« wurden mächtige Ulmenpfähle gerammt, darüber ein Querlager von kräftigen Eichenbalken angebracht, und erst dieses »trägt das Gefüge der im Alluvialsand

(68) »In diesem Gebiete, um welches Meer und Erde sich streiten, habt Ihr Euch Häuser aufgerichtet wie die Nester von Wasservögeln, durch Faschinen und künstliche Dämme versteht Ihr Eure Wohnungen miteinander zu verbinden; den Meeressand häufet Ihr an, um die Wut der Wellen zu brechen, und der scheinbar schwache Wall trotzt der Stärke des Wassers.« Cassiodor, Variae XII, 24 (ed. Mon. Germ. Hist. Auct. antiqu. XII, p. 379 f.).

und im Meerschlamm eingebetteten Grundblöcke aus istrischem Stein«. Und trotz der Sorgsamkeit dieser 811
Fundamentierung reicht sie nur fünf Meter unter das Pflaster der heutigen Piazza hinab, wobei außerdem noch zu berücksichtigen ist, daß das gotische Ziegelpflaster einen Meter tiefer lag. Nach der Aufstockung des Campanile 1511–1514 betrug die Fundamentierung nur ein Zwanzigstel der Turmhöhe – kein Wunder, daß er 1902 einstürzte. Selten war hingegen die Pilotierung durch Steinpfeiler anstatt durch Holzstämme. Die Pfeiler waren dann durch gemauerte Bögen verbunden, darauf ruhte ein Holzrost mit Steinlage und hierauf das Fundamentmauerwerk. Beim Bau des Dogenpalastes 1340 verwendete man schon ein vollkommeneres System der Fundamentierung. »Die Masse des Gebäudes schwebt hier auf einem einzigen weitgespannten Rost kolossaler Lärchenstämme[70]«, das heißt die Piloten stützten hier nicht bloß an den statisch wichtigen Punkten die Mauern ab, sondern eine Plattform von Pfählen trug nunmehr die gesamte Gebäudefläche. »Pavimentum est mare, celum est tectum et paries decursus aquarum« hat Buoncampagno dichterisch das venezianische Haus umschrieben[71].

Es ist nur natürlich, daß sich in Venedig der Holzbau länger hält als andernorts. Auch im Dugento war Venedig größtenteils eine Holzstadt. »Noch aus dem Trecento sind uns große, nur für eine Holzstadt verständliche Feuersbrünste in langer Reihe überliefert, und im Jahre 1330 ist ganz Malamocco ausgebrannt[72].« Die Brücken waren zumeist aus Holz; Carpaccios ›Wunder des Heiligen Kreuzes‹ zeugt, daß die Rialto-Brücke um 1500 noch eine gedeckte Holzbrücke war,

wie so viele Brücken im heutigen Tirol, in Ober-
812 bayern und Südwestdeutschland. Nur trug die Rialto-Brücke in der Mitte ein aufziehbares Gatter, das Mastenschiffen die Durchfahrt durch den Canal Grande ermöglichte[73]. Auch den Dogenpalast des Trecento mit seinem doppelgeschossigen Säulenumgang, der den riesigen Mauersturz des ungegliederten Obergeschosses abstützt, darf man ästhetisch als eine Übernahme der Piloten- und Pfahlbauweise in den Steinbau interpretieren, um so eher, als die Säulen des Erdgeschosses keine Basen haben und wie eingerammt erscheinen (Abb. 152). Auch ihre gedrungene Form erinnert eher an Pfähle als an jene edlen Säulenschäfte, die eine Analogie zum menschlichen Körper hervorrufen. Wenn das riesige Obergeschoß die beiden abfangenden Säulenstellungen ästhetisch nicht erdrückt, so nur deshalb nicht, weil die Wand dieses Oberbaues durch ihre Struktur die lastende Schwere des Steins hinwegtäuscht und damit das gestörte Gleichgewicht von Stütze und Last für das Auge wiederherstellt. Diese ästhetisch notwendige optische Erleichterung der Hochwand geschieht durch eine Marmorinkrustation in weißem und gelbem Stein in Rautenmustern. Das ist alles andere als ein architektonisches Gliederungsprinzip, es erinnert eher an textile Muster oder gar an Strohgeflechte[74]. Dieser Eindruck wird noch dadurch verstärkt, daß auch die Gewände der riesigen spitzbogigen Fenster es ängstlich vermeiden, als Durch-

(74) Dieses Rautenmuster läßt sich vorher in Venedig nicht nachweisen, hat aber Schule gemacht (oberstes Geschoß des Pal. della Ragione in Padua, entstanden nach dem Brand von 1420, Pal. della Ragione von Vicenza 1444–1477). In der Malerei hat dieses Muster ein weltberühmtes venezianisches

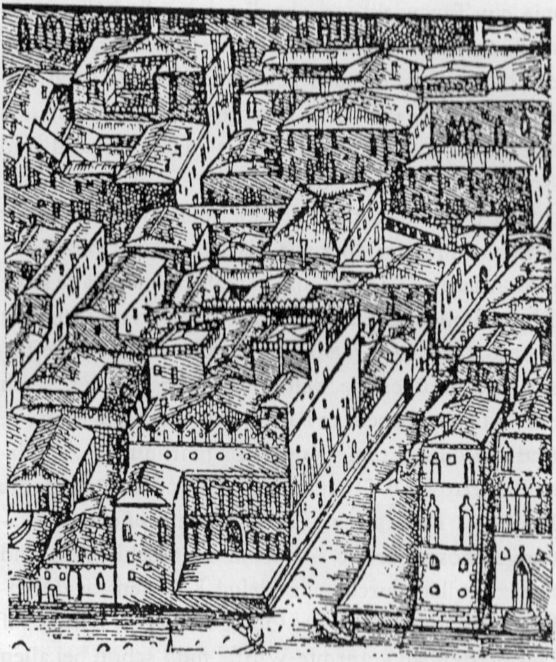

12. Venedig, Palazzo Barozzi bei San Moisé. *Stadtplan von 1500*

brechungen einer schweren und dicken Mauer zu erscheinen, was allerdings z.T. auf das spätere Herausbrechen des gotischen Maßwerks zurückzuführen ist. Heute jedenfalls wirken die Fensterrahmen nicht wie modelliert, sondern wie ausgeschnitten. Daß die Kanten des riesigen Palastwürfels im Obergeschoß je mit einer ganz dünnen gedrehten Säule belegt sind, die

Bild noch ganz spät verwendet: die Hausfassade, vor der sich der Tempelgang Mariä von Tizian in der venezianischen Akademie (1534–1538) vollzieht, ist ganz mit diesem Rhombenmuster des Trecento belegt.

wie ein Tau wirkt, erhöht diesen textilen Charakter
814 noch mehr. Der maurische Zinnenkranz schließlich, der das ganze Gebäude bekrönt, macht es noch einmal deutlich, daß dies Obergeschoß nicht an den abendländischen Maßstäben für Mauerverband und -schwere gemessen werden darf.

Der Dogenpalast steht heute freilich in Venedig als ein Fremdling da, aber wir wissen, daß das venezianische Adelshaus des 12. und 13. Jahrhunderts alle seine Eigentümlichkeiten schon besaß. Den gedrückten Portikus mit ganz niedrigen Säulenschäften ohne Basen und darüber die weite hohe Loggia zeigte auch der 1844 abgebrochene Pal. Giustiniani bei S. Moisé[75], und der offenbar im späteren 16. Jahrhundert zerstörte Pal. Barozzi[76] (Textabb. 12). Über den beiden, die Basis des Blocks ganz umziehenden offenen Arkadengeschossen erhob sich dann die geschlossene und nur zuweilen durch sehr kleine Kreisfenster durchbrochene Wandfläche des Obergeschosses. Dieser auf den Mastenbau getürmte Würfel muß schon bei allen Vorläufern des Dogenpalastes als viel zu lastend für die zarten Arkadenstützen des Untergeschosses erschienen sein (weshalb man zum Beispiel bei der berüchtigten Instandsetzung des Fondaco dei Turchi 1858–1869 dies drückende Obergeschoß einfach kassiert hat)[77]. Die obere Bekrönung bildete zumeist eine Zinnenreihe, die hier mehr maurischen, dort – bei jüngeren Bauten – mehr gotischen Charakter hatte. Die ältesten dieser Paläste waren noch bewehrt, entweder besaßen sie zwei Flankentürme, welche die Schauseite gegen den Kanal zwischen sich verspannten (wie die ›Torriselle‹ des Fondaco dei Turchi, der ja nicht als Kaufhof, sondern als Stadtpalast der Pa-

trizierfamilie Pesaro entstand), oder sie wachsen aus der Mitte der Seitenfronten des Würfels heraus 815
(Pal. Barozzi). Schließlich ist auch die dekorative Entstofflichung der hohen Mauerstirn über den beiden Arkadengeschossen schon vor dem Dogenpalast üblich gewesen (Pal. Giustiniani belegt diesen Wandabschnitt mit Pateren und byzantinischen Reliefs).

Die ›textile‹ Inkrustation der Wand des Dogenpalastes hat aber eine noch weiter zurückreichende Tradition, deren frühestes Zeugnis die Marmorverkleidung an der Schatzkammer von S. Marco ist, die von Lorenzetti ins 9. oder 10. Jahrhundert gesetzt und vermutungsweise als ein Eckturm des alten Dogenkastells aus dem 9. Jahrhundert angesprochen wird. Diese Art der Dekoration ist natürlich erst im Osten aufgekommen. In Venedig scheint sie vom 11. bis 13. Jahrhundert sehr verbreitet gewesen zu sein, im Sakral- wie im Profanbau. Für den einen sind Haupt- und Nebenfassaden sowie das Innere von S. Marco ein Zeugnis, für den andern leider nur noch die Ca' da Mosto (13. Jahrhundert), wenigstens in den beiden Untergeschossen, die noch ganz mit rauchgrauen Platten inkrustiert sind[79]. Für die Marmorverkleidung des Außenbaues von Sa. Ma. dei Miracoli sollen einer alten Überlieferung nach Platten aus dem Besitz der Bauhütte von S. Marco übernommen worden sein[80], was sehr glaubwürdig erscheint in Anbetracht der nördlichen Seitenfassade der Basilika zur Piazza dei Leoncini hin, welche ganz den gleichen Charakter, die nämliche Farbigkeit und die gleiche Art der Äderung der Platten zeigt.

Als dann in der Gotik die Inkrustation außer Ge-

brauch kommt, entsteht die ›Venezia Rossa‹, die Stadt
816 der unverkleideten Backsteinfassaden, wie sie uns die Bilder der großen venezianischen Maler in den Bruderschaftsgebäuden mit vedutenhafter Treue vor Augen stellen und von der wir heute noch umfangen werden, sobald wir, von der Prunkstraße des Canal Grande abbiegend, tiefer in einen Rio eindringen (etwa die Fondamenta dell' Osmarin hinter S. Zaccaria mit dem Pal. Priuli, dem Pal. Zorzi und anderen)[81].

Gewiß muß dieser neue Stilwillen der Gotik, der den Ziegelverband des Palastes unverkleidet zu zeigen wünschte, um die Wende vom 13. zum 14. Jahrhundert einen tiefen Einschnitt für die sakrale und profane Fassadengestaltung Venedigs gebracht haben. Das untektonische Prinzip der Einmauerung von byzantinischen Reliefs zum Schmucke der Fassade, das im 13. Jahrhundert noch gang und gäbe gewesen war (z. B. bei der Casa Zane bei Sa. Ma. Mater Domini, bei der Ca' da Mosto, Ca' Lion[82], Pal. Businello già Giustiniani am Canal Grande[83] usw.), hört nun schlagartig auf. Aber der Sinn für die Behandlung der Wandfläche in der Art eines Gewebes, der doch der gotischen Auffassung eines Mauerverbandes stracks zuwiderlief, sollte sich auch in der Venezia Rossa durchsetzen. Auf dem Gemälde von Giovanni Mansueti, das ein Wunder der Reliquie des Hl. Kreuzes

(81) Der berühmteste venezianische Palast der Spätgotik, die Ca' d'Oro ist, was die Dekoration betrifft, ganz unvenezianisch und ein sehr typisches Zeugnis für die Modewelle des Gotico internazionale, des Weichen Stils (P. Paoletti, La Ca' d'Oro. Venezia I, 1920, p. 88ff. – Lorenzetti, Venezia ed il suo estuario, p. 412 und 615).

darstellt und das in den Zyklus von Bildern aus der Scuola di S. Giovanni Evangelista gehört (alle entstanden um das Jahr 1500, heute Venedig, Accademia)[84] sind Fassaden einfacher gotischer Bürgerhäuser zu sehen, welche die rote Backsteinwand ganz mit gelben Ziegeln streifenförmig durchsetzen, so daß Rautenmuster entstehen, die den Hausfassaden den Charakter von Gobelins verleihen, zumal auf seitliche Rahmungen verzichtet wird (Abb. 153). An der vedutenhaften Treue dieses Gemäldes ist nicht zu zweifeln. Wenn sich auch Fassaden dieser Art nicht erhalten haben, so bestätigt das Gemälde des Mansueti doch, daß die Inkrustationsmotive der Oberwand des Dogenpalastes noch im späten 15. Jahrhundert in die Backsteinbaukunst weiter getragen wurden[85].

Eine Kunsttheorie, welche die Romantik ausgebildet hat und die jüngst wieder aufgegriffen wurde[86], will, daß sich das gotische System aus dem nordischen Holzbau entwickelt habe und daß es sich um die Übertragung von Stab- und Mastenbauten in den Stein handele. Wenn diese Ansicht richtig ist, würde sie das innere Einverständnis erhellen, in dem in Venedig der Pilotenbau mit den Freistützen in den Schiffen der großen Bettelordenskirchen und mit dem Maß- und Stabwerk der Prunkfassaden der gotischen Paläste steht. Für die Anhänger dieser Theorie wird es dann freilich überraschend sein, daß die gotische Kirchenbaukunst Venedigs in der Breite ihrer Denkmäler aber keinesfalls dafür spricht, daß die Lagunenstadt zu die-

(85) Daß auch die Fassadenbemalung schon vor Giorgione sehr stark verbreitet war, wissen wir durch die berühmten Memoiren des Philippe de Commynes. Vgl. M. Hauptmann, Der Tondo, p. 51, Note 8.

sem Baustil ein angeborenes Verhältnis besessen hätte.
818 Denn S. Madonna dell' Orto, S. Alvise, S. Stefano, S. Elena, S. Gregorio, S. Antonio al Castello (letztere 1807 abgerissen und nur durch ein Gemälde Carpaccios in der Accademia überliefert, das einen Längsschnitt durch das Innere bietet)[87] sind doch sehr einfache Räume und zumeist auch ohne Gewölbe. Ganz anders hingegen verhält sich der Profanbau.

Wenn vor den gotischen Fassaden der Palazzi Giovanelli, Bernardo, Foscari, Pisani, Ca' d' Oro usw. mit ihren Loggien und ihrem Maßwerk gewiß unsere Überzeugung aufkommen darf, daß der Pilotenbau über die Fundamentierung hinaus nun von der ganzen Fassade Besitz ergriffen habe, so wird man den Bruch besonders stark empfinden, der zwischen der gotischen Profanbaukunst und der der Renaissance klafft. Die völlige Preisgabe der altvenezianischen Tradition bringt hier noch nicht die spielerische Frührenaissance in der Art der Lombarden, sondern erst die Palastbaukunst der Hochrenaissance von strenger Observanz. Der Pal. Vendramin-Calergi (nach 1500 von Mauro Coducci begonnen, 1504 an die Werkstatt der Lombardi übergegangen, 1509 von Antonio und Tullio vollendet) hat bereits die Neuerung der über die ganze Fassade hinlaufenden, schwer lastenden Gesimse, die in allen drei Geschossen von Ordnungen abgestützt werden. Aber die Mauerstirn ist doch noch vollständig in Fenster aufgelöst, und das Maßwerk samt den dünnen Freistützen spielt hier kaum eine geringere Rolle als an der Ca' d' Oro. Vor allem aber ist das Erdgeschoß noch außerordentlich zurückhaltend behandelt. Während die beiden Hauptgeschosse durch vor die Wand tretende Vollsäulen gegliedert sind, begnügt sich das Untergeschoß mit der viel leiseren Instrumentierung durch Pilaster, und der Sockel lädt nicht durch Sohlbänke, starke Gesimse u. ä. weit aus. Erst bei den Bauten der reifen Hochrenaissance empfindet der Betrachter den Gegensatz zwischen dem schwankenden Wasserspiegel des Kanals und der Sockelbehandlung des Erdgeschosses, die den Eindruck erwecken will, als wachse sie aus nacktem, uraltem und fest gefügtem Fels empor (Sanmicheli: Pal. Grimani; Sansovino: Pal. Corner, Ca' Grande) (Abb. 157). Die Rustika des Erdgeschosses, bei Sansovino noch reine Flächengliederung, schlägt dann in den Barockfassaden auch die Schäfte der Ordnungen durch schwere Steinbänder in Fesseln (Pal. Pesaro, Pal. Rezzonico) – nach dem Vorbild von Sansovinos Zecca. In keine Stadt aber gehört die Rustika weniger als nach Venedig. Die Ordnungen der Fassade mit Bossenbändern oder Quadern zu umringen, so daß der Säulenschaft an Volumen mächtig zunimmt und die horizontale Schichtung der gesamten Fassade verstärkt wird, hätte dort – so denkt man – am ehesten vermieden werden sollen, wo der Boden keine Belastung vertrug. Wie drückt sich aber in der Fassade der Zecca das Lastende aus, wie sind die Proportionen nach dem Gedrängten, Untersetzten hin verschoben. Alle diese Baumeister: Sanmicheli, Palladio, Sansovino sind keine gebürtigen Venezianer, und die beiden ersteren tragen die Bauweise der Terra ferma in das Schwemmland der Lagune. Es ist das erste Mal in der venezianischen Kunstgeschichte, daß die Terra ferma nicht als der empfangende, sondern als der schöpferische Partner erscheint.

Dem Eindringen des fremdartigen Palasttyps der

Hochrenaissance war das Aufkommen der lombardi-
820 dischen Dekorationsart in der Lagune vorausgegangen. Was die Venezianer selbst um die Mitte des Quattrocento und noch später unter Gebäudeschmuck verstanden, gibt sich nirgends liebenswürdiger zu erkennen, als in sorglos-unverbindlichen Entwürfen der beiden Skizzenbücher des Jacopo Bellini[88]. Da werden spätgotische und Frührenaissance-Formen fröhlich durcheinander verwendet. Neben der schweren antikischen Kassettendecke stehen Maßwerk und Zinnenkranz im style flamboyant (II, 26). Das Ausspielen der beiden einander fremden Formenwelten gegeneinander wird als Reiz ausgekostet, von logischer Durchbildung findet sich keine Spur. Hinter den aufwendigsten Renaissancefassaden liegen Räume mit schweren Balkendecken nach alt-venezianischem Herkommen (II, 12). Mit Ausnahme ganz weniger streng klassizistischer Entwürfe (der Triumphbogen II, 34) herrscht überall diese Unverbindlichkeit.

Die Lombardi hingegen waren viel zu selbstbewußt, um das Wesen des venezianischen Sinns für das Dekorative zu begreifen. Die Art, wie die Porphyr- und Serpentinplatten in ihren schweren und kräftigen Farben in Form von Kreuzen, Kreisen, Oktogonen und Rosetten als Fremdkörper in die Fassade von Sa. Ma. dei Miracoli eingebettet werden, ohne sich um die Homogenität der Fläche im mindesten zu kümmern, war Venedig ganz fremd. Im Profanbau vertreten Pietro Lombardos Pal. Dario am Canal Grande von 1487, abgeschwächt auch Pal. Manzoni Angaran, diese Entwicklungsstufe. Auch die Verkleidung der Fassade der Scuola di S. Marco durch eine Scheinarchitektur von perspektivisch gesehenen

Pfeilerhallen und Tonnengewölben im Flachrelief
(begonnen zwischen 1487 und 1490 von Pietro Lom- 821
bardo und seinen Söhnen, seit 1490 Mitarbeit von Mauro Coducci, aber 1535 noch immer unvollendet) bedeutet für das venezianische Stadtbild der Bellini- und Carpacciozeit einen viel zu derben Effekt. Ebenso steht der Chor von S. Giobbe ganz fremd in der venezianischen Umwelt. Am deutlichsten aber offenbart sich der Gegensatz zwischen lombardischem und venezianischem dekorativem Sinn bei der Vollendung des Dogenpalastes. Um 1480 fehlten diesem noch die Rückseite gegen den Seitenkanal (Rio di Palazzo) und der gesamte Hof. Als der Veronese Antonio Rizzo 1498 aus Venedig floh, kam die Bauführung in die Hände der Lombardi. Rizzo hatte die beiden Untergeschosse des Hofs in offener Arkadenstellung und die Fassade gegen den Rio hin errichtet. Die Fortführung der Lombarden zeigt eine erstaunliche Unbekümmertheit um die gegebenen Größenmaßstäbe von Ordnungen und Geschossen, um die Einhaltung von Achsenabständen und um das Verhältnis von Stütze und Last[89]. Gewiß waren das auch Sünden der venezianischen Architekturgesinnung. Aber diese Art des Auftrumpfens war in Venedig bisher ganz unbekannt gewesen. Dem mangelnden architektonischen Gefühl Venedigs war von der wahlverwandten Gesinnung des Ostens soviel Würde zugewachsen, daß man dies Gebrechen den Venezianern viel eher verzeiht als den lauten und energischen Lombarden.

Als eines der *Hauptmerkmale venezianischen architektonischen Denkens* fällt die lässige *Aneinanderreihung von Räumen an einer Tiefenachse* entlang auf,

wobei die Abschlußwand in der Ferne gern als Bild
822 konzipiert wird. Das hat beileibe nichts zu tun mit dem schnellen und energischen Erschließen der Tiefe in den Achsen der römischen Fora oder der Renaissancepaläste und Gartenarchitekturen in Rom oder Florenz. In Venedig fehlt der Charakter des jähen Aufstoßens, fehlt auch die Verspannung und Durchkreuzung der Tiefenachse mit einer oder mehreren Querachsen. Es handelt sich vielmehr um ein weiches Gleiten und vor allem um ein rechtzeitiges Einhalten, denn der dann nicht mehr durchschrittene Raum soll sich ja als Gegenüber, als point de vue, darbieten.

Am auffälligsten ist es, wie die venezianischen Paläste trotz ihrer Beschränkung im Flächenraum in der Tiefenachse eine solche Raumfolge von Eingangshalle, Vestibül, großem Binnenhof, Wirtschaftshof usw. herzustellen versuchen. Andernorts gehört die ›enfilade‹ zu den Prinzipien der Palast- und Schloßbaukunst erst seit dem 16. Jahrhundert. Hier aber haben schon die erhaltenen gotischen Paläste des Patriziats diese achsiale Aufreihung der Räume in der Tiefenachse[90]. In Renaissance und Barock wird die Aneinanderreihung der einzelnen Kompartimente immer lockerer, und das Einstellen rahmender Freisäulen in die Durchgänge zwischen zwei Höfen erhöht die Bildwirkung erheblich (Pal. Pisani, Ca'Rezzonico). Das großartigste Beispiel aber bildet der Klosterkomplex der Benediktiner von S. Giorgio Maggiore mit seinen Höfen. Auf einer Insel für sich allein, mit relativ viel freier Fläche gesegnet, konnten die Mönche hier einmal in großen Achsen komponieren. Longhena, der die bauliche Gestaltung abschloß, schuf hier mit einer ganz lockeren und spannungslosen Raumverbindung in der

Tiefenachse ein profanes Gegenstück zu dem Kirchen-
innern von Sa. Ma. della Salute[91].

In der Sakralbaukunst aber läßt sich dies Kompositionsprinzip schon an den gotischen Bettelordenskirchen der Stadt nachweisen. Sowohl Sa. Ma. Gloriosa dei Frari (wahrscheinlich um 1280 begonnen) wie SS. Giovanni e Paolo (bald nach 1250 begonnen) sind Basiliken, wirken aber mit den hohen Langhausarkaden, die nur eine niedrige Obergadenzone übrig lassen, eher wie Pseudohallen. Dieser Eindruck muß um so eher entstehen, als die riesigen Rundpfeiler den Blick nach den Seitenschiffen hin nicht verstellen und so die drei Schiffe des Langhauses zusammenschließen (Abb. 151). Der Blick wird also in den Frari nicht durch die geschlossenen Wände des Obergadens und die schnell sich folgenden Scheidbogen und Mittelschiffsstützen sicher und eilig auf das Ende des ›Heiligen Weges‹ zugeführt, vielmehr baut sich in der Ferne, abgetrennt vom Schiff durch ein breites und ausladendes Querhaus, das ganz in Fenster aufgeschlitzte Polygon des Chores als ›Bild‹ auf. Als man hier eine monumentale Eingangswand für den Mönchschor im Quattrocento errichtete (1475 vollendet), die zwar nicht die praktischen, wohl aber alle ästhetischen Funktionen eines Lettners erfüllt, interpretierten die Minoriten die Raumgedanken des 13. Jahrhunderts völlig richtig. Der Chor wird nun zur nicht betretbaren, nur mit dem Auge zu erschließenden Zone. Selbstverständlich hat man sich auch SS. Giovanni e Paolo ursprünglich mit einem solchen Lettner ausgestattet zu denken. Der optische Reiz wird in beiden Bettelordenskirchen erheblich gesteigert durch die Form der gotischen Maßwerkfenster des Chors. Wie

es bei so engbrüstigen Polygonseiten gar nicht anders
824 sein kann, handelt es sich architektonisch um schmale Lanzettfenster, in zwei Geschossen übereinander angeordnet. Aber für das Auge werden diese Fenster durch Maßwerkbänder auf der Mitte ihrer Höhe noch einmal halbiert, so daß nun vier Fensterzonen übereinander in rhythmischem Wechsel zwischen Wandfläche und Biforium das Chorpolygon zum Zielpunkt aller Blicke werden lassen. Daß wir hier nicht die Äußerungen eines Zeitstils, nämlich der ersten Phase der italienischen Gotik, vor uns haben, daß sich hier vielmehr eine venezianische Grundeinstellung der Raumfolie gegenüber durchsetzt, beweist die Tatsache, daß noch in der zweiten Hälfte des Quattrocento – also Jahrzehnte nach dem Tode Brunellescos – die Venezianer solche gotischen Chorgehäuse mit optisch hoch aufgeschlitzten Polygonseiten erbaut haben, wie S. Gregorio (direkt neben Sa. Ma. della Salute, Apsiden nach 1461), Sa. Ma. della Carità (heute Accademia, zwischen 1441 und 1452) und besonders den Chor von S. Zaccaria. Um nämlich hier den Durchblick durch den Altarraum auf den umlaufenden Kapellenkranz vom Schiff her zu gewähren, mußte die polygonale Chorwand so durchsichtig wie möglich gehalten werden (1458–1460 von Marco Gambello). Wenn in S. Zaccaria der Chor sich besonders eindrucksvoll als Bild dem Langhaus gegenüber absetzt, so ist das allerdings nicht die Folge einer einheitlichen künstlerischen Komposition, sondern eines Planwechsels nach 1460. Das Langhaus in seinen Renaissanceformen läßt in seiner schweren Konsistenz die durchsichtige Schauwand des Chores ganz unfreiwillig als lockeren Raumabschluß erscheinen.

Jene geschlossene Gruppe von Renaissancekirchen, die den Typ der tetrastylen byzantinischen Kuppel- 825
kirche im 15. Jahrhundert wieder aufgreift, verstehen wir jetzt auch besser. Indem die Langhäuser solcher Bauten auf der Tiefenachse nun mehrere solcher tetrastylen Zellenbauten hintereinander koppelten, entstehen etwa in S. Fantin (1507 begonnen) oder S. Salvatore (begonnen 1506) lauter addierend zusammengefügte Raumzonen, die mit ihren Baldachin-Einbauten das Schiff bald verbreitern, bald verschmälern, und mit ihren Wölbeformen jedes Joch anders eindecken, bis diese auch durch eine streifenförmig wechselnde Helligkeit geschichteten Zonen in der bildhaft entrückten Apsis ihre Ruhe finden.

Es ist überraschend, wie genau die Chöre der beiden Kirchen des Palladio sich im 16. Jahrhundert in diese Tradition einfügen. Nur daß jetzt das verfeinerte malerische Sehen die künstlerischen Mittel bereit hält, die abschließende Raumschale wirklich aufzubrechen oder die einzelnen Raumzonen ineinander verschwimmen zu lassen. In S. Giorgio Maggiore gab die liturgisch geforderte Abtrennung des Mönchschors von dem Hochaltarraum die Gelegenheit, den Einblick in den Psallierchor durch Einbau einer Orgelempore in die Bogenstellung zwischen beiden Chören zu verschleiern. So erscheint der Mönchschor vom Schiff her nur als Ausschnitt, ohne seitliche Begrenzungen, seine Größe bleibt für den Betrachter unmeßbar. Noch reicher ist diese Lösung beim Redentore (Abb. 155). Die Ostwand des Langhauses wird etwas vorgezogen, der Kuppelraum gegen das Schiff abgeschnürt. Infolgedessen wirkt schon dieser Zentralraum als Bild. Der Bogen zwischen Langhaus und Kuppelraum und

der Triumphbogen schieben sich für den im Lang-
826 haus stehenden Betrachter als konzentrische Bögen ineinander, d.h. sie bilden einen festen Rahmen für den Blick in den Mönchschor, der vom Altarraum durch eine im Halbkreis gruppierte, sehr edle Säulenstellung getrennt wird. Hier hat der Psallierchor einen segmentbogenförmig flachen Ostabschluß, der jegliche genaue Vorstellung über die Tiefe dieses Chors vereitelt. Im Seicento werden dann in Sa. Ma. della Salute in der Tiefenachse drei Räume locker hintereinander aufgereiht, und da der vorderste dieser Räume einen Umgang besitzt, so sind sogar fünf Raumzonen ›additiv‹ gestaffelt (Abb. 156). Zwischen Kuppelraum und abschließendem queroblongen Chor sind gekoppelte Freisäulen vor die Wand gestellt. Sie treten sonst in der Kirche nicht auf und sind hier als letzte Steigerung für die Raumverknüpfung aufgespart. Noch im späten Klassizismus ist in S. Silvestro (1836–1843) der einfache Saal des Schiffs durch ein Palladio-Motiv auf Freisäulen gegen die kreisförmige Apsis wie gegen den Vorraum im Westen abgesetzt.

Diese Beobachtungen lassen erwarten, daß der Lettner in Venedig eine besonders starke Verbreitung gefunden habe[91a]. Der heutige Bestand an solchen Schranken in venezianischen Kirchen bestätigt diese Vermutung freilich nicht, was aber gar nichts besagt,

(91a) Der Lettner im Mittelschiff von S. Giovanni e Paolo war dem der Frari sehr ähnlich und stammte aus der gleichen Zeit. Er saß zwischen dem vorletzten Pfeilerpaar vor der Vierung. Als liturgische Grenze zeichnete diese Pfeiler eine besondere Form aus: pilloni polistili anstatt der üblichen Rundpfeiler (Abb. 151). Der Lettner wurde 1682 abgebrochen, also etwa gleichzeitig mit den Lettnern von Straßburg und Mainz. Die da der Barock überall im Abendland in seinem Bedürfnis nach Weitraumigkeit solche liturgischen Einbauten aus den Kirchen entfernte. Ein besonders schöner Lettner aus Holz, der in genauem architektonischen Verband mit den Seitenwänden des Schiffes steht, hat sich aber wenigstens in S. Nicolò dei Mendicoli erhalten (Anfang 17. Jahrhundert). Durch eine Kreuzigungsgruppe gekrönt, gewähren seine Arkaden den Durchblick auf die Hauptapsis.

Auch die venezianische Malerei gestaltet auf ihren Bildgründen mit Vorliebe solche Durchblicke durch mehrere Architekturkulissen hindurch auf irgendeinen Zielpunkt, eine Brunnenanlage, eine Statue o. ä. Die Verkündigungsbilder von Tintoretto (Berlin, Kaiser Friedrich Museum), Veronese (Florenz, Uffizien, Venedig, Accademia u. a.), Bilder von Bonifacio u. a. liefern eine Fülle von Beispielen.

Als Venedig mit dem Erlöschen des gotischen Stils der seinem Boden gemäßen Bauart beraubt war, blieb der Stadt eigentlich nichts als *die Flucht in den Klassizismus*. Denn ein eigentlich architektonischer Sinn hatte sich in diesem Wassernest ja nicht entwickeln können, und dem freien Spiel der Kräfte, das die neuzeitliche Baukunst jeder schöpferischen Persönlichkeit willig zugesteht, mußte Venedig hilflos gegenüber treten. Es brauchte Regeln und Anweisungen,

meisten venezianischen Lettner wurden aber schon im 16. Jhdt. zerstört (S. Giobbe, Sto. Stefano, S. Antonio a Castello). – Ich verdanke diese Angaben Herrn Prof. Dr. Christian Adolf Isermeyer in Hamburg, der mit ausgedehnten Studien über die Rolle des Lettners in den italienischen Kirchen beschäftigt ist.

Gesetze und Rezepte, und diese hielt der Klassizismus
828 bereit. So ist die Baukunst der Lagunenstadt vom 16. bis zum 18. Jahrhundert ein Hort des Klassizismus. Deshalb sind die beiden edelsten Sakralbauten des 16. Jahrhunderts die beiden Kirchen Palladios. Die Fassadenlösung dieser Bauten ist dann für die gesamte venezianische Kirchenbaukunst verpflichtend geblieben bis ins 19. Jahrhundert hinein (Gesuati, S. Stae, S. Pietro di Castello, Sa. Ma. della Pietà, S. Vitale, S. Barnabà, S. Geremia usw.). Wie gut man mit dieser Art der Fassadenlösung beraten war, sieht man an den paar Ausnahmefällen, bei denen man das klassizistische Frontispiz verschmähte: dann entstanden Fronten, die an auftrumpfender Überladenheit, Lautheit und Derbheit allenfalls vom neapolitanischen Barock überboten werden (Fassaden von S. Moisè 1668, Sa. Ma. Zobenigo 1678–1683, Ospedaletto, Sa. Ma. dei Derelitti von Longhena 1674[92]).

Durch solche palladianischen Fassaden tritt man in Kirchen ein, deren Raumideal ein einfacher rechteckiger Saal mit seitlichen Kapellen ist. Flachtonnen mit Stichkappen wölben das Schiff ein, vor dessen Seitenwänden palladianisch-edle Säulen auf hohen Piedestalen stehen. Dieser Raumform sind Dutzende von venezianischen Kirchen bis zum Ende des Rokoko treu geblieben: S. Barnabà, S. Stae, S. Pietro di Castello, die Gesuati, S. Vitale, Sa. Ma. della Fava, S. Pantaleon, S. Giuliano usw.

Eine völlig durchorganisierte Frühbarockkirche wie S. Niccolò da Tolentino von Scamozzi (1591 begonnen)[93] wirkt in Venedig absolut als Fremdkörper. Nichts ist aufschlußreicher, als daß die Kuppel unausgeführt blieb und daß der Tambour noch heute durch einen Leinwandplafond nach oben abgeschlossen wird.

Von den großartigen Raumideen des römischen 829
Seicento hat keine den Weg nach Venedig gefunden.
Weder interessierte man sich dort für die neuen dynamischen Formen des reinen Zentralbaues noch für die zahlreichen Variationen der Lösung des Problems einer Durchdringung von Längsbau und Zentralbau. In der Stadt, wo nur Saalkirchen gebaut wurden, scheute man vor der Verschmelzung von Raumteilen und Räumen zurück, wünschte man weder den Raum noch seine Fassade in Schwingung zu versetzen. Ja, selbst ein Zentralbau wie das Hauptwerk der kirchlichen Baukunst des 17. Jahrhunderts, Sa. Ma. della Salute, ist eigentlich eine reine Renaissancekirche, in der die ›Addition‹ der einzelnen Raumteile nirgends angetastet wird (Abb. 156). Hier gibt es keine gekrümmten Wände oder komplizierten Gewölbeformen – hier herrschen noch die Halbkreistonne und das grätige Kreuzgewölbe. Kein gesprengtes Gesims, kein durchbrochener Giebel, keine Art der Bündelung von Pfeilern, die nicht schon dem 16. Jahrhundert vertraut gewesen wären.

So ist es höchst bezeichnend, daß die früheste Ovalkirche erst 1718–1738 mit S. Simeone Piccolo auftritt, wobei aber der Außenbau, der in die Nachfolge des Pantheon gehört, die Ovalform zu verschleiern strebt. Die zweite Ovalkirche, Sa. Ma. della Pietà, nach Entwurf von Massari 1745-1760, flacht im Sinne des Frühklassizismus das Oval in der mittleren Breitenachse der Kirche ab, gehört also schon nicht mehr ganz diesem Bautyp an.

Daß Venedig im 17. Jahrhundert keine bedeutende Architektur hervorbrachte, wird man leicht begreiflich finden, da ja auch auf dem Gebiete der Malerei das Seicento für Venedig eine Epoche völliger Erschöpfung bedeutete.

Sehr viel befremdlicher hingegen ist es, daß in den Tagen des Rokoko, das sich in Italien nirgends glänzender entfaltete als in Venedig, der architektonische Rahmen für die Fresken des Tiepolo, die Altarblätter des Piazzetta und für die Feste der abendländischen Aristokratie, die sich hier ein Stelldichein gab, im regelstrengen Klassizismus aufgebaut wird. Auf den ersten Blick mag es schwer begreiflich erscheinen, daß auf dem Gebiete der Architektur die Generationsgenossen der Ricci und Piazzetta, der Canale und Guardi die Baumeister Giorgio Massari (um 1686–1766)[94] und Bernardino Maccaruzzi (gest. 1798) sind. Ihr Ideal waren helle, kastenförmige Räume und eine kühle Instrumentierung der Wand. Vergleicht man aber einmal Massaris Treppenhaus in Ca' Rezzonico[95] oder das im Palazzo Grassi, jetzt Stucky[96] mit der Stiege des Baldassare Longhena im Konvent von S. Giorgio Maggiore (nach 1663), so wird man einsehen, daß dieser kühle, vornehme Palladianismus eine Grundhaltung ist, welcher die venezianische Einstellung zu Barock und Rokoko in gleicher Weise bestimmt.

Nach alldem wird es nicht mehr verwundern, daß der Erneuerer der klassizistischen Skulptur im Abendland um 1800, Antonio Canova, aus dem venezianischen Gebiet stammt, aus der Provinz Treviso. Wo von Haus aus kein angeborenes Verhältnis zum tektonischen Aufbau der Statue, zu Kontrapost und Schwerkraft des Steins besteht, wird das Ideal der antiken Skulptur die größte Anziehungskraft ausüben.

Wo der Klassizismus seine Gedanken so rein vorträgt, bleibt kein Platz für das Zerbrechen des klassi- 831
schen Kanons, d.h. für den Manierismus. Infolgedessen kommen wir ohne den ganz aus der Mode gekommenen Begriff der ›Spätrenaissance‹ nicht aus, wenn wir einen Namen für all jene Bauten um die Mitte des 16. Jahrhunderts in Venedig suchen, die der klassizistischen Strömung nicht angehören. Es darf nicht übersehen werden, daß es hier ganz besonders langweilige Spätrenaissance-Kirchen ohne eigene Baugedanken gibt (S. Francesco della Vigna, S. Giorgio dei Greci, S. Angelo Raffaele – obwohl letztere erst seit 1618 errichtet. – Ja, in S. Canciano wird noch 1705 eine Raumform der toskanischen Renaissance nachgeahmt).

Betrachtet man die schmucküberhäufte Fassade der Markus-Bibliothek, so fällt einem auf, daß alle Einzelformen dieses Dekors vorher schon auf der Terra ferma, besonders bei Sanmicheli auftreten: die Vorliebe für den Triglyphenfries, die Viktorien in den Zwickeln zwischen Loggienbogen und Hauptgesims, das vegetabile Ornament im Fries des Kranzgesimses (Verona, Pal. Bevilacqua, frühe dreißiger Jahre des 16. Jahrhunderts)[97]. Aber das drängende rhythmische Leben dieser veronesischen Vorbilder, die fast schmerzhafte Anspannung der Flächengliederung, die eine manieristische Note ist, verwandelt die überlange Front der Markusbibliothek in den spannungslosen Gleichklang ihrer Joche. In der Koordination aller Bauglieder spricht sich vielleicht weniger die Harmonie der Renaissance als das Phlegma der Venezianer aus. In Florenz oder Rom wäre eine so lange Front ohne feste Verstrebung an den beiden Flanken-

jochen nicht denkbar. Der eine zarte Pilaster an der
832 Blockkante genügt optisch nicht als Zäsur. Es tritt hier dieselbe Scheu zu Tage, die in der Malerei bei venezianischen Breitbildern die seitliche Rahmung der Komposition durch feste Figurengruppen vermeidet. Es gibt noch ein zweites Merkmal, das verrät, wie sehr Sansovino der Architekturauffassung seiner Vaterstadt schon entfremdet ist: indem sämtliche Arkadenzwickel in beiden Geschossen nun mit Liegefiguren ausgestattet werden, wird dies Motiv überanstrengt. Es ist sehr merkwürdig, daß gerade einem Florentiner der Sinn für den Eigenwert der Skulptur als Architekt so schnell abhanden kam, daß er glaubt, hier mit dekorativer Bauplastik dauernd fortissimo spielen zu können.

Die Plastik tritt in Venedig hinter der Malerei bescheiden zurück. Neben der glanzvollen Kette großer Malernamen wollen die Buon, Sansovino und Vittoria wenig bedeuten. In einer Stadt, wo alle Erscheinungsformen nicht auf ihre Struktur hin gewertet werden, sondern auf ihre dekorative und atmosphärische Wirkung hin, wo man nach ihrer Verwandlung durch Licht, Luft und Farbe späht, da kann das Ringen des Künstlers um den Aufbau des menschlichen Organismus nach tektonischen Gesetzen keine große lockende Aufgabe sein. Wo der Daseinsgrund die schwankende Wasserfläche ist, kann das Gefühl für die Plazierung der Figur auf einer festen Standfläche, für das Eingebundensein der Skulptur in die ideell immer weiter bestehenden Ebenen des unbehauenen Statuenblocks nicht heimisch sein. In keiner anderen Stadt Italiens gibt es so viel mißglückte öffentliche

Freiplastik. Die ganz unstatisch schaukelnden Heili-
gen auf den Kielbogen der Giebel an der Fassade von 833
S. Marco aus dem Weichen Stil, die kaum weniger unglücklich postierten Heiligen in den Flankenjochen der Fassade von Sa. Ma. dell'Orto, die im Maßstab verfehlten Kolossalfiguren von Mars und Neptun auf der Scala dei Giganti (1554–1556) im Hofe des Dogenpalastes, schließlich der Schmuck der Fassaden des Ospedaletto und von Sa. Ma. Zobenigo – sie alle verraten kein Gefühl für den tektonischen Aufbau der menschlichen Gestalt.

In einer Stadt ohne ausgesprochen architektonische Gesinnung wird man ohnehin nicht hoffen dürfen, echte Bauplastik zu finden. Der plastische Schmuck von S. Marco besteht vorwiegend aus Reliefs, und auf eine wie unverbindliche und bloß dekorative Weise sind die strahlenden Zeugnisse einer echten Plastik, die Bronzerosse aus der Siegesbeute von Konstantinopel dem architektonischen Aufbau der Fassade eingefügt. Die großen repräsentativen Aufträge des Staates, der seine Geschichte verklärt, seine Gegenwart ins Mythische gesteigert sehen wollte, fielen ohnehin allein der Malerei zu.

Betrachten wir nun die venezianische Malerei auf die ihr eigentümlichen Bildthemata hin. Im letzten Viertel des Quattrocento und während der ganzen Hochrenaissance ist das beherrschende Thema für venezianische Altarblätter die *Sacra Conversazione*[98].

(98) Der Name ist nicht alt, er findet sich weder bei Marcanton Michiel, noch bei Vasari oder Ridolfi. Er kommt zum ersten Male bei Zanotti 1740 vor, worauf mich Wolfgang Braunfels im Gespräch liebenswürdigerweise aufmerksam gemacht hat.

Um den erhöhten Thron der Madonna, zu dessen
834 Füßen meistens musizierende Engel sitzen, sind die Heiligen in stillem Verweilen, nicht als agierende Figuren, gruppiert. Niemand spricht, niemand macht eine Bewegung mit der Hand – es ist, als ob alle nur dem Lautenkonzert der Engel lauschten. Bei diesen Sante Conversazioni erscheint das Zuhören und Hineinhorchen beinahe so wichtig wie das Ansehen. Diese Bildgattung führte wahrscheinlich Antonello da Messina mit seiner Pala di S. Cassiano[99] in Venedig ein (1475–1476). Er konnte sich auf zwei Vorläufer stützen, die beide schon sehr nahe an die neue Bildform herangeführt hatten. Das eine ist Andrea Mantegnas Hochaltar von S. Zeno in Verona (1456 bis 1459), nur daß hier der Zusammenschluß der Szene noch behindert wird, indem an der alten Altarform des Triptychons festgehalten wurde und es der Fiktion nicht ganz gelingt, die drei Teile zu einem Raume zusammenzubinden. Das andere Vorbild ist der Montefeltre-Altar des Piero della Francesca (ehemals auf dem Hochaltar von S. Bernardino vor Urbino, heute Mailand, Brera, aus der ersten Hälfte der siebziger Jahre). Doch ist hier die Madonna noch nicht durch einen erhöhten Thron hoch über den Halbkreis der sie umstehenden Heiligen entrückt. Die Pala di S. Cassiano muß sogleich den größten Eindruck in Venedig gemacht haben. Noch vor 1480 hat Giovanni Bellini bei einem 1867 verbrannten Altar für SS. Giovanni e Paolo die Komposition des Antonello übernommen[100], und indem der Hauptmeister Venedigs nun in diese Bahn einlenkte, zog er einen Schwarm von Nachfolgern[101] hinter sich her. Auch die Sacra Conversazione als Halbfigurenbild ist eine eigentümlich

venezianische Bildform. Sie tritt um 1490 bei Giovanni Bellini in zwei bekannten Bildern der venezianischen Akademie auf[102]. Diese Bildform verdankt ihr Dasein der venezianischen Vorliebe für das Breitformat und für den ›fließenden‹ unteren Bildrand, worüber noch ausführlich zu sprechen sein wird.

In einer Stadt, in der das vegetative Sein, der passive Charakter des Menschen so eindringlich dargestellt war, mußte auch der Sinn für *das Stilleben* früher erwachen als in den anderen italienischen Kunstzentren. In der Tat ist das Stilleben als selbständiges Thema der Malerei zuerst in Venedig um 1500 aufgetreten. In der niederländischen, deutschen und süditalienischen Malerei des 15. Jahrhunderts war es nur Attribut im Rahmen des Altarbildes geblieben, und so hatten es auch die Mosaiken von S. Marco um die Mitte des Quattrocento gekannt[103]. Ein volles Menschenalter hat es demnach noch gedauert, bis das Stillleben, das es in den italienischen Intarsien zu einem selbständigen Bildgegenstand gebracht hatte (Modena, Dom, Sakristei 1477; Urbino, Pal. Ducale, Studiolo des Federigo da Montefeltre 1479) auch als selbständiges Thema der Malerei bildwürdig wurde. Das 1504 bezeichnete Täfelchen des Jacopo de' Barbari in der Alten Pinakothek in München, das ein Paar Eisenhandschuhe, einen Armbrustbolzen und ein totes Rebhuhn friedlich vereinigt an einer hellen Wand aufgehängt zeigt, ist dem heutigen Denkmälerbefund nach das älteste erhaltene Stilleben der abendländischen Tafelmalerei[104]. Indessen bleibt es eine Frage, ob man das Bildchen als ein vollgültiges Zeugnis der venezianischen Kunst betrachten darf. Im

Jahre 1504 befand sich sein Maler längst schon im
836 Norden, und für die Jahre 1503–1505 ist sein Aufenthalt im Hofdienst Kurfürst Friedrichs des Weisen in Torgau, Wittenberg und anderen kursächsischen Städten belegbar. Dürer hat er vielleicht schon bei dessen erstem venezianischen Aufenthalt kennengelernt, während seiner Tätigkeit für Kaiser Maximilian aber wird Barbari von 1500–1504 vorwiegend in Nürnberg seßhaft gewesen sein. Infolgedessen hat man allgemein angenommen, die prachtvollen Aquarelle Dürers von toten Nebelkrähen, Enten und einzelnen Flügeln solcher Tiere hätten Barbari erst veranlaßt, einen ähnlichen Stoff für seine Stilleben zu wählen[105]. Nun lassen sich jedoch Dürersche Aquarelle nach toten Tieren für die Frühzeit allenfalls indirekt erschließen. Die erhaltenen Blätter aber sind erst 1512 datiert (Winkler III, Nr. 614–616), höchstens die Studie nach einem toten Reiher könnte man noch ins erste Jahrzehnt des 16. Jahrhunderts setzen (Winkler II, Nr. 363). Da nun aber Lukas Cranach drei Aquarelle mit toten Vögeln malt, sobald Barbari von Nürnberg nach Wittenberg gekommen ist, ist es doch am natürlichsten zu folgern, daß auch Dürer dem wandernden Venezianer, den er so sehr bewunderte, das Aquarellieren nach toten Tieren absah. Denn solche Stilleben in Tafelgemälden sind von dem Venezianer in Aquarellen sehr sorgfältig vorbereitet worden. Im Britischen Museum in London ist die Studie eines an der Wand aufgehängten Rebhuhns in Feder und Wasserfarben erhalten, die sehr wohl die direkte Vorstufe für das Münchner Gemälde sein könnte[106].

Aber auch die formale Autonomie des Münchner Stillebens hat man bestritten, indem man wahrscheinlich machen wollte, daß die Tafel der Alten Pinakothek ursprünglich nur Rückseite oder Schiebedeckel eines figuralen Gemäldes, etwa für das Bildnis eines Jägers, gewesen sei[107]. Trotzdem spricht vieles dafür, daß man in dem Münchner Bilde ein reines Werk des l'art pour l'art vor sich hat. Jedenfalls konnte nur an einem Orte, wo eine so sublime Farbkultur herrschte wie in Venedig, es einen Maler locken, das anspruchslose, pelzige Grau des Rebhuhngefieders und das nur durch Nuancen sich davon abhebende metallische Silbergrau des Panzerhandschuhs mit dem schwebenden Elfenbeinton des neutralen Grundes zu einem Farbklang zusammenzubinden, dem nur ein zum feinsten malerischen Sehen erzogenes Auge Reize abzugewinnen vermochte.

Dem Stilleben verwandt ist die *Darstellung der Ignuda*, d.h. der liegenden nackten Frau in der Landschaft, seltener im geschlossenen Raum, der dann zumeist auch den Blick auf einen herrlichen Landschaftsausschnitt im Hintergrunde freigibt (Abb. 167). Das Bildthema in allen seinen Variationen setzt erst an der Schwelle des 16. Jahrhunderts mit Giorgiones ruhender Venus ein[113]. Die Ignuda kann sich als Danae, als Leda[114], als Antiope (mit Jupiter als Gegenspieler) geben, oder überhaupt namenlos bleiben, wie auf Carianis herrlichem Berliner Bilde, bei dem die junge Frau über die Schulter aus dem Bilde heraussieht[115]. Die gemäßeste Situation ist aber die der Venus, die dem

(114) Die Behandlung des Leda-Stoffes ist aber in Venedig offenbar selten. Ein Bild des Giorgione-Kreises in Padua, Museo Civico (G. Fiocco, Giorgione, Abb. 54), Tintoretto (v. d. Bercken, Tintoretto, Tafel 69).

Orgelspieler lauscht, eines der Lieblingsthemen Ti-
838 zians. Sind die Bilder dieser Gattung alle ohnehin von heimlicher Musik durchwoben, so wird das hier auch äußerlich motiviert. Die Madrider Bilder der Venus mit dem Orgelspieler wirken wie eine Illustration zu dem rätselhaften, nie gedeuteten Gedicht Goethes:

»O gib, vom weichen Pfühle,
träumend, ein halb Gehör!
Bei meinem Saitenspiele
schlafe! Was willst Du mehr?«[116]

Natürlich sind diese Themen nicht nur von der venezianischen Malerei behandelt worden, es sind Lieblingsstoffe der Zeit, an kein Lokal gebunden: die Leda mit dem Schwan, die Danae hat auch Correggio gemalt, und seit Michelangelo 1530 für den Herzog Alfonso I. von Ferrara eine Leda schuf, ist das Thema von allen Florentiner Michelangelo-Epigonen behandelt worden. Auch Venus und Amor haben die Florentiner Manieristen wie Bronzino und Vasari gemalt[117]. Aber gerade diese emilianischen und florentinischen Fassungen des gleichen Themas würde niemand als die Darstellung einer Ignuda zu bezeichnen wagen. Vergleicht man einmal die Neapler oder Madrider Fassung von Tizians Danae (1545–1546 bzw. 1554) mit Correggios Darstellung des gleichen Themas in der Villa Borghese (Abb. 146), so ist es nicht in erster Linie das Kolorit, was die Bilder unterscheidet, obwohl dem tiefen warmen Goldton bei Tizian, der

(116) Vgl. indessen O. Brendel, The Holkam-Hall Venus. Art Bulletin 28, 1946, p. 65 ff., wo nachgewiesen wird, daß es sich bei Tizian um eine allegorische Darstellung der fünf Sinne handelt.

sich in dem späteren Bilde sogar in ein schweres, sonores Braun bricht, bei Correggio ein kühler, heller, silbriger Gesamtton als denkbar größter Gegensatz gegenüber tritt. Hier werden die porzellanweißen und elfenbeinfarbenen Töne von dem tintigen Grüngrau der Hintergrundsarchitektur und -dekoration umschlossen. Der Hauptunterschied besteht gleichwohl in der ganz anderen inhaltlichen Auffassung der Szene. Tizians Danaen sind reife Frauen, ihre Körper haben die Fülle spätsommerlicher Früchte. Correggios Danae ist ein zartgliedriges, schnellfüßiges Mädchen, das zu jung ist, um dem mythischen Vorgang entgegenzubangen, wie es die Frauen des Tizian tun. Diese – wie alle ihre venezianischen Schwestern – sind erfüllt von dem, was ihnen geschieht, sie sind keine Partnerinnen des Gottes, sie erleiden nur das Wunder. Correggios Danae hingegen hat den ausfahrend-aktiven Charakter, der den Menschen auf emilianischen Bildern so oft eignet.

Erscheint der Gegensatz zwischen venezianischen Bildern und denen des führenden Meisters der Emilia schon eindringlich genug, so bleibt der Abstand zwischen venezianischen und florentinischen Bildern unüberbrückbar. Wenn Vasari die ruhende Venus darstellt, die von Amor liebkost wird (Rom, Galleria Colonna), so ist für den toskanischen Manieristen das Hauptanliegen, die Torsion des bewegten Körpers in einen Kontur von fehlerfreiem disegno einzufangen. (vgl. auch Abb. 166).

Es leuchtet ein, daß die Ignuda noch kein Bildthema des Quattrocento sein konnte. Dies war mit der »Entdeckung der Landschaft und des Menschen« vollauf

beschäftigt, vermochte aber nicht gleichzeitig auch
840 schon den ganzen sinnlichen Zauber, die Schwere und Süße des ruhend gelagerten Frauenkörpers zu entdecken. Giovanni Bellinis »Junges Mädchen mit dem Spiegel« (Wien, Kunsthistorisches Museum) – alles andere als ein Courtisanenbild – ist von knospenhaftem Zauber und die Entblößung der schlafenden Nymphe durch die Satyrn auf dem Götterfest in Washington wirkt eher als schlimmer Frevel denn als erotisches Idyll.

Es muß überraschen, daß der Schöpfer der Ignuda Giorgione mit seiner ruhenden Venus (Dresdner Galerie) ist, denn von ihm, der vorher fast ausschließlich Porträts von jungen Männern geschaffen und anscheinend nur in hermetisch verschlossenen Kreisen von Astrologen und Männerbünden verkehrt hatte, durfte man diese Schöpfung am wenigsten erwarten. Diese Dresdner Venus hat Dutzende von Nachfolgern das ganze 16. Jahrhundert hindurch besessen. Tizian hat Giorgiones »Schöpfungs-Typ« immer wieder variiert, bis hin zur Cambridger Fassung der Venus mit dem Lautenspieler (um 1565).

Tintoretto mußte bei seinem rastlosen und visionären Temperament dem Thema fremd bleiben. Ruhe und Spannungslosigkeit waren nicht seine Sache. Dazu kam seine halb florentinische Erziehung. Er biegt seine Gestalten im Kontur so zurecht, daß alle neun Musen sitzend, stehend, fliegend, musizierend mühelos in einem Bildfeld vereinigt werden können. In den vier Bildern des Anticollegio des Dogenpalastes, in denen die Göttinnen vereint wirken, welche als Helferinnen der venezianischen Geschichte gelten, ist die Komposition z. T. aus girlandenförmigen Leitlinien aufgebaut, zu denen Arme und Beine, vor allem aber die Gestalt der Fliegenden, zusammengeschnitten sind 841 (Abb. 179). In solchen Bildern wie der Entdeckung von Venus und Ares durch Vulkan (München, Alte Pinakothek) kann der Charakterisierung der Frau etwas Zynisches anhaften, da sie ganz marionettenhaft wirkt, gezogen an Fäden in der Hand des alten Vulkan. Das alles ist so unvenezianisch wie möglich. Und doch wird von demselben Maler die Wiener Susanna im Bade gemalt, das herrlichste Stück gemalter Plastik in Venedig, mit der vollen Natürlichkeit einer sich nicht beobachtet glaubenden Frau. Tintorettos Spannweite in der Gestaltung des Aktes reicht bis zur »Rettung der Arsinoe« in Dresden, wo ein echtes Liebesfeuer entfacht und durch die Führung der sinkenden Ketten noch geschürt wird.

Paolo Veronese blieb dem Thema der Ignuda völlig fremd, er besaß eine andere und strengere Vorstellung von Dezenz als die anderen Großen der venezianischen Malerei des 16. Jahrhunderts. Ihm ging es bei der Ignuda stets um die Verwandlung der Castitas in Caritas, infolgedessen sind seine »erotischen« Bilder zumeist von tiefstem Ernst erfüllt (Abb. 187), am schönsten vielleicht bei dem Zyklus von vier allegorisch-erotischen Bildern der Londoner National Gallery, die wahrscheinlich schon Rudolf II. besaß. Wo Lüsternheit gefordert wurde, mußte Veronese scheitern (z. B. bei der mehrfachen Darstellung von Susanna und den beiden Alten).

Tizian besaß eine wundervolle natürliche Sinnlichkeit, die ihn zum Verehrer des Frauenkörpers machte. Aber zu der Überlegenheit über alle anderen Maler in der venezianischen Renaissance auf diesem Felde ver-

half ein Geschenk, das ihm allein in die Wiege gelegt
842 worden war: das wirkliche Verständnis des antiken Mythos, die Einsicht in die Verrechnung von Unschuld und Schuld durch die Götter bei ihren Liebesabenteuern, die Grausamkeit des Leids, das dem verstoßenen und verwandelten Partner angetan wird. Der antike Mythos hat Tizians Frauenkenntnis vertieft. Auch ihn beschäftigte das Bildmotiv der Ignuda bis in die allerletzten Jahre oder Monate seines langen Lebens, wie das Wiener Gemälde von Nymphe und Schäfer beweist. Freilich konnte das Thema der Ignuda ihm nicht genügen, sein Sinn ging nach der Darstellung des weiblichen nackten Körpers in Aktion. Ob nun Venus den Adonis von dem Aufbruch zur verhängnisvollen Jagd zurückhalten will, ob die Schwangerschaft der Callisto von den Nymphen entdeckt und enthüllt wird, ob die keusche Diana sich vor den Blicken des Aktäon verhüllt, ob die verzweifelte Europa sich dagegen aufbäumt, von Jupiter geraubt zu werden, oder schließlich Lukrezia ihrem Mörder ins Auge schaut, in dem Augenblick, in dem Tarquinius den Todesstoß zu führen sich anschickt – bis zu Rubens und Velasquez hin hat kein zweiter Maler das Wesen der Frau so verstanden wie Tizian.

Von der Ignuda zur *Idylle* ist kein weiter Schritt. An Giorgiones Gewitterlandschaft aus der Sammlung Giovanelli (Venedig, Akademie) sieht man, wie nahe sich beide Gattungen stehen. Die großen Jahrhunderte der venezianischen Kunst sind, politisch gesehen, Zeiten des Ausruhens im Genusse von Macht und Besitz. Im Schatten solcher Verhältnisse wird, zumal wenn ein Menschenschlag von ausgeglichenem Charakter das begünstigt, die Idylle erblühen. Sie braucht das Behagen, das nur konservative und stetige Lebens- verhältnisse mitzuteilen vermögen, als Grundvoraussetzung. Geßners Idyllen sind in einem Stadtstaat von oligarchischer Verfassung gedichtet worden, und aus jedem Verse von Goethes ›Hermann und Dorothea‹ spricht das Gefühl der Sicherheit und Geborgenheit, das man diesseits des Rheins gegenüber den Unruhen der Französischen Revolution empfand. In ganz Italien war die Zeit für die Idylle, die doch erst durch den Humanismus der Frührenaissance ihr Daseinsrecht erworben hatte, um 1525 am Ende der Hochrenaissance schon wieder endgültig dahin. Allein in Venedig hat sie sich fast das ganze Cinquecento hindurch behauptet, weil das tragische Lebensgefühl des Manierismus hier keinen Nährboden gefunden hatte. Noch in Tizians Erziehung des Amor (um 1565–1568, Rom, Galleria Borghese) waltet die Stimmung der goldenen Zeit der Hochrenaissance ungetrübt. In der späten Darstellung aus der Veronese-Schule ›una foresta‹ im Atrio quadrato des Dogenpalastes[118] (Abb. 168) wird die Idylle durch das Eindringen der deutschen Landschaftsmalerei, vor allem durch Aufnahme von Motiven Albrecht Altdorfers, noch einmal neu befruchtet. In Florenz hingegen, bei einem so verstandesklaren und unruhigen Menschenschlag, war die Idylle nie gediehen.

Die Idylle war nur dem venezianischen Lebensgefühl gemäß. Sie beginnt mit dem Auftreten des Giorgione, der sie schon in seinen Jugendwerken zur selbständigen Bildgattung erhoben hatte. Aber die Wurzeln solcher neuen Bildvorstellungen liegen durchaus noch im Bereich der Sakralmalerei des Quattrocento.

Giorgiones großer Lehrer Giambellin hatte in dem
844 privaten religiösen Andachtsbild, das nicht für einen öffentlichen Kultraum, sondern nur für das Haus bestimmt gewesen sein kann, bereits den Ton der Idylle getroffen. Die religiöse Allegorie der Uffizien, die sogenannte Madonna am See, deren Deutung neuerdings wieder in Frage gestellt ist[119], wird man nicht anders denn als eine religiöse Idylle bezeichnen können[120]. Hingegen war es eine merkwürdige Verkennung der künstlerischen Begabung des Giovanni Bellini, als Alfonso I. von Este für seine Camerine d'alabastre im Kastell von Ferrara bei dem alten Meister ein Bacchanal erbat. Wem hätte ekstatisches Treiben fremder sein müssen als diesem frommen Madonnenmaler? Für die dionysische Seite der Antike hatte man in Venedig überhaupt kein Auge. Wenn Tizians Bacchus und Ariadne von 1523 (London, National Gallery) den tobenden Zug des Gottes in wilder Verzückung zeigt, so wuchs hier das Genie weit über die Möglichkeiten seiner künstlerischen Umwelt hinaus. Im »Götterfest« ist aus dem bacchischen Treiben ein ruhiges Zustandsbild geworden. Wären nicht die beiden linken Randfiguren, so würde man eher eine Mittagsruhe von Erntearbeitern denn ein Götterfest vor sich zu haben glauben. Die dionysische Erregung ist von der venezianischen Stille verschlungen. Seit wir nun gar durch Edgar Wind belehrt worden sind, daß der Bildinhalt des Götterfestes satirisch und sarkastisch zu deuten sei, daß womöglich sogar verkleidete Porträts der estensischen Hofgesellschaft hier unter den olympischen Gestalten zu suchen wären[121], begreifen wir erst ganz, wie wenig Bellini der gestellten Aufgabe gerecht geworden ist. Je mehr er der antiken

Travestie schuldig blieb, desto klarer trat sein venezianisches Temperament zutage.

In diesem Alterswerke zeigt sich Bellini beeinflußt von dem vier Jahre vorher verstorbenen Giorgione. In dem Jahrzehnt, das dem Götterfest für Ferrara vorausging, hatte dieser die Gattung des Pastorale geschaffen. Die Anregungen gehen natürlich von den venezianischen und paduanischen Humanistenkreisen aus, die auch die Käuferschicht gestellt haben werden. Im Atelier des Giorgione hat man z. B. die 1502 in Venedig erschienenen Eklogen des ferraresischen Dichters Tebaldeo sogleich illustriert, es sind jene kostbaren Täfelchen, welche die National Gallery in London 1937 erwarb und die man heute dem Previtali gibt[122]. Offensichtlich sind die ersten Jugendwerke Giorgiones, die solche Idyllen mit mythologischen Stoffen bringen, alle von kleinstem Formate gewesen[123], was auf ihre Herkunft aus der Sphäre der Cassoni deutet. Erst mit der Tempesta scheint diese Gattung das anspruchsvollere Bildformat erobert zu haben.

Bei seinen Nachfolgern fehlt das Schwebend-Andeutende, die kindliche Reinheit, die von allen Pastoralen Giorgiones ausgeht. Dafür sind bezeichnend die beiden Nymphen Palmas (Frankfurt, Städelsches Kunstinstitut) um 1512–1515 oder dessen Schäfer der National Gallery in London (um 1510–1512)[124]. Nur wo die arkadische Stimmung in die Hirtengeschichten des Alten Testaments hineingetragen wird, wie bei der Begegnung von Jakob und Rahel am Brunnen (Dresden, um 1515), entsteht bei Palma noch einmal ein echter Klang. Hingegen hat die venezianische Idylle in Ferrara ein langes Nachleben führen dürfen, bis der ganz alte Tizian sie noch einmal in die Lagu-

nenstadt heimholte und hier glanzvoll zwischen 1560
846 und 1570 erneuerte (Jupiter und Antiope, Paris um 1560, Hirtenszene, Wien um 1566–1570). Sogar Tintoretto hat sich damals in solchen Stoffen versucht (Diana und Endymion, London, Frank T. Sabin, um 1576–1582, und eine Szene aus Tassos Befreitem Jerusalem, wohl gleich nach dem Erscheinen der Dichtung, 1581, gemalt[125]). Aber das Temperament Tintorettos war nicht das eines Idyllikers, sondern eines Visionärs. Der dynamische Bau seiner Bildkompositionen, die drängende Unrast seiner Phantasie und vor allem die hohe Vorstellung vom Mythos, die in ihm wohnte, ließen jeden Stoff dieser Art, den er unter die Hände bekam, sofort aus dem friedvollen Bezirk der Idylle hinüberwachsen in ein ernsteres Reich, aus dem die chtonischen und dionysischen Kräfte nicht verbannt blieben. (Die Rettung der Arsinoë, Dresden, Rückkehr des Pompejus, Braunschweig[126].) Den vielen Hirtenbildern der Familie Bassano, die Aufbruch nach Kanaan, Reise des Abraham o. ä. heißen, fehlt es hingegen an echter Poesie. Sie sind zu hausbacken, um zur Gattung der Idylle gerechnet werden können. Hier erscheint nirgends »Apoll den Hirten zugestaltet, daß ihm der schönsten einer glich[127]«.

Ganz überraschend und ohne jede Vorbereitung tritt die Idylle im 18. Jahrhundert wieder auf, diesmal vor allem in der Graphik und mit einem Schlage damit der venezianischen Radierung des Settecento Weltgeltung verschaffend. Die Idylle scheint thematisch aus dem Capriccio hervorgegangen zu sein, wie die graphische Produktion des Marco Ricci (1676 bis 1730) vermuten läßt. Zunächst sind seine klassischen Ruinenlandschaften mit ihren Durchblicken durch weite Bögen noch mit zeitgenössischen Figurinen bevölkert, die aber dann durch antike Statuen-Torsi, Kapitelle, zerbrochene Vasen und Grabmäler verdrängt werden. Ja, sogar die Fassaden der oberitalienischen Bettelordenskirchen mußten herhalten, den Reiz des Fremdartigen zu erhöhen.

Den Gipfel der Gattung stellen die beiden Zyklen G. B. Tiepolos dar, die »Capricci«, bestehend aus 10 Blatt, aber erst posthum 1785 herausgegeben, und die »Scherzi di Fantasia«, 23 Blatt, von denen aber Domenico nach des Vaters Tode nur 14 veröffentlichte (1775). Welche von beiden Serien die frühere ist, bleibt noch immer umstritten. Die meisten Forscher entscheiden sich heute mit Aldo Rizzi für eine Frühdatierung der »Scherzi« auf 1735–40[127a].

An den Bildinhalten beider Zyklen bleibt vieles geheimnisvoll. Keineswegs herrscht in diesen Blättern die Tradition der klassischen Antike vor. Wüstenscheiche in immer neuen Varianten, die an antiken Resten (Sarkophagen, Obelisken, einem Cippus) herumdeuten, wechseln mit Satyrfamilien ab, die fast regelmäßig eine Eule oder ein Käuzchen bei sich haben, die von dem Ast eines Baumes regungslos zuschauen. Die Unheimlichkeit der Schlange ist selten so eindringlich dargestellt worden. Im ganzen ist der Kontrast als wichtigstes Kompositionsthema ausgespielt: der uralte Magier im Turban gegen den schönen Epheben (Abb. 171), die junge Frau, umdrängt von blühenden Kindern, gegen den schwarzbärtigen Räuberhauptmann. Auch die beiden einzigen Blätter, die man genau benennen kann, bieten solche Gegensätze: der am Wegrand sitzende Tod, der alt und jung Audienz erteilt, und die »Auffindung des Grabes des

Pulcinella« (das wir gern ›Et in Arcadia ego‹ betiteln
848 möchten), wo strahlende Schönheit jugendlicher Leiber und die Leiche des armen Gobbo in der hölzernen Sargkiste einander gegenüberstehen.

Die Elemente dieser seltsamen Welt sind von überall her zusammengeholt. Der Astronom, der mit dem Zirkel an einem Globus mißt, ist von Salvatore Rosa übernommen, anderes von Giovanni Batt. Castiglione entlehnt, mit manchen aus der alchimistischen Sphäre stammenden Motiven greift Tiepolo gar bis in den Giorgionekreis zurück.

Die Flucht nach Ägypten, in einer Folge von 24 Radierungen, schuf der Sohn Domenico in Würzburg und widmete sie beim Abschied von Franken (1753) dem Fürstbischof Karl Philipp von Greiffenklau. Es sind reine, arglose Phantasien über ein biblisches Thema, lauter Szenen, von denen die Marienlegenden nichts wissen: ein Mann, eine Frau, ein kleines Kind und ein Esel auf einer Wanderung, fast stets von Engelchören sicher geleitet, mit der Fähre über einen Fluß gesetzt oder durch ein Stadttor einziehend (Abb. 170). Eine unerschöpfliche Phantasie, immer wieder das einfache Urmotiv, die Wanderung der heiligen Familie umkreisend, ganz ohne den unheimlichen Hintergrund, der den wenigen Idyllen des Piazzetta eigen ist. Sie gehören ausnahmsweise der Gattung der Malerei an. Auch hier ist eine Deutung des Bildinhalts bisher kaum gelungen.

Sucht man nach den Gründen, die so wider alles Erwarten eine große Landschaftsmalerei in Venedig gedeihen ließen, so wird man finden, daß die Landschafts-Schilderung einem Hauptzuge des venezianischen Wesens entgegenkommt, nämlich dem Drang zum Beharrenden und Passiven. Im Gegensatz zu der 849 religiösen Malerei oder zum Historienbild ist die Landschaftsmalerei ohne Aktion. Die Berge verharren durch die Jahrtausende bewegungslos und altern nicht.

Dieser Sinn für die Landschaftsmalerei begleitet die venezianische Kunst fast von ihrem Anbeginn an. Welch außerordentlich breiten Raum nehmen die Landschaftszeichnungen in den beiden Skizzenbüchern des Jacopo Bellini ein. Hier kann man sozusagen das Sprengen der Eisdecke beobachten, welche die byzantinische und gotische Konvention über die Natur ausgebreitet hatten. Neben dem mittelalterlichen Gedankenbild, das wir in jenen Blättern vor uns haben, die an den Felskulissen der byzantinischen Kunst festhalten[128], steht eine noch höchst zaghafte Naturbeobachtung, verbunden mit dem gelehrten Bemühen, durch Anwendung der Linearperspektive Tiefe in den Bildraum zu bringen[129].

Als der geborene Landschaftsmaler erweist sich der junge Giovanni schon auf der Tafel mit dem Gebet am Ölberg in London (Abb. 161). Nirgends sonst steht er so stark unter dem Einfluß seines Schwagers Mantegna, dessen Ölberg-Szene ebenfalls in der National Gallery hängt. Beide Bilder dürften zurückgehen auf die Vorlage aus dem Skizzenbuch des Jacopo in London (Golubew I, 50). Die beiden Londoner Tafeln sind Schulbeispiele für die Erfassung desselben Gegenstandes durch zwei ganz verschiedene künstlerische Temperamente. Mantegna sieht die Landschaft zunächst als Zeichner, Giovanni Bellini ist der geborene Maler und Künder eines atmosphärisch weichen Sehens. Infolgedessen braucht er zunächst einen

Horizont, dessen Linie unbehindert durch das ganze Bild schwingen kann, und über und unter dieser Kurve vollzieht sich das Naturschauspiel des Kampfes zwischen dem verscheidenden Abend und der heraufziehenden Nacht. Nirgends hat ein Italiener vorher so die Glut der Farben der zur Rüste gehenden Sonne, die Reinheit der allein noch vom Strahl erhellten Horizontstreifen und die letzten Reflexe des Lichtes auf der nun mächtig aufziehenden Wolkenbank geschildert. Die Darstellung solcher beobachteter Natur-Phänomene auf Altarbildern ist nicht möglich ohne vorbereitende Farbstudien in freier Landschaft. B. Degenhart hat deshalb Aquarellstudien Giovanni Bellinis vorausgesetzt, die skizzenhaft das frische Erleben der Natur*stimmungen* in Wasserfarben festhielten – »grundsätzlich verschieden von den farbigen Musterblättern aus dem frühen 15. Jahrhundert«[131]. Degenhart kann das Existieren solcher Aquarelle nun sehr wahrscheinlich machen. Einmal besitzen wir ein Landschaftsaquarell von dem Schüler des Giambellin, Marco Basaiti, das nachweislich eine Vorstudie für ein Altarblatt gewesen sein muß[132]. Zweitens enthält der Pariser Band der Skizzenbücher des Jacopo Bellini ein Aquarell mit einer Schwertlilie (Golubew II, 56a), das von einem der drei Bellini stammen dürfte, womit farbige Naturstudien, wenn auch nicht gerade Landschaftsaquarelle, für dieses Atelier belegt sind. Schließlich aber scheint sich der Reflex solcher Bellini-Aquarelle im Schaffen Dürers widerzuspiegeln, dessen Landschaftsstudien in Wasserfarben nach der ersten italienischen Reise eine freiere Pinselführung annehmen und eine kühnere Beobachtung der farbigen Lichteffekte am Himmel zeigen – Züge, die der junge

Nürnberger offenbar dem venezianischen Schulhaupt abgesehen hat. 851

Carpaccios Gemälde bedeuten für die Landschaftsmalerei nicht entfernt so viel, wie seine vorbereitenden Zeichnungen erwarten lassen, unter denen sich herrliche Blätter befinden, die hinter einer schmalen Vordergrundsbühne mit agierenden Figuren eine weite Landschaft ausbreiten, die meist in leiser Aufsicht gegeben wird und die durch einen sechsten Sinn für das Stoffliche von Meer, Wolken, Küstensäumen und Buchten ausgezeichnet sind[133] (Abb. 184). Was Giovanni Bellini für die Entwicklung der venezianischen Landschaftsmalerei im Freiraum bedeutet, das ist Carpaccio für die Geschichte des Interieurs. Wenn das Stilleben in Venedig im 15. Jahrhundert zum ersten Male seit der Antike wieder Gegenstand eines selbständigen Bildes wurde, so kann es nicht überraschen, daß auch das Interieur jetzt und hier aufkam. Die Stille, die Bewegungslosigkeit mußte den Venezianern das Innenraumbild empfehlen. Auch hier gehen, wie bei der Landschaftsmalerei, die Anfänge auf Jacopo Bellini zurück. In dessen Skizzenbüchern finden sich überraschend viele Innenansichten von Gebäuden[134]. Das Interesse des Zeichners ist aber noch der Eifer des Lernenden, es liegt ganz allein bei der richtigen perspektivischen Erfassung des Raumes und eines rechten Größenmaßstabs der Figuren, die sich noch nicht frei durch den Raum bewegen, sondern nur an der Wand entlang als Wegmarken für die Raumtiefe postiert sind (typisch dafür besonders Golubew II, 40). Der Weg von diesen Skizzenbüchern des Jacopo Bellini zu den großen Leinwandbildern der Scuolen des Vittore Carpaccio ist die Wendung von phanta-

stischen Märchenarchitekturen, wie sie nirgends im
852 Abendland und selbst nicht in Venedig standen, zu der getreuen Wiedergabe alltäglicher Innenräume der venezianischen Frührenaissance. Und es ist zum zweiten der Schritt von der Erfassung von Räumen durch die aus der Toskana kommende Linearperspektive zur ersten Anwendung der Luftperspektive in Venedig. Das hatten vorher in Italien nur Masaccio, Piero della Francesco und Leonardo vollbracht.

Es ist erstaunlich, daß diese Neuerungen nicht zunächst im kleinen Bildformat erprobt werden, sondern daß alle Interieurs von Carpaccio sehr großen Ausmaßes sind. Der Traum der hl. Ursula (1495 datiert, Leinwand, 2,74×2,67 m), zu dem wir eine Skizze der Gesamtkomposition in den Uffizien besitzen[135], unterscheidet sich von der Farbenfreudigkeit der übrigen Bilder der Ursulalegende (Abb. 165). Das Braun der Bettdecke, das Weiß des Lakens erinnern an die Farben des reifen Rembrandt aus den fünfziger Jahren. Die linke Seitenwand liegt in hellem Licht, während die bildparallele Wand im Hintergrund in vollem, gleichmäßig schwebendem Schatten bleibt. Daß die eigentliche Lichtquelle die Fenster und die Tür der rechten Seitenwand sind, durch welche der Engel eben eintritt, wird absichtsvoll verschleiert durch die starke Verkürzung dieser Wand. Den Weg des Lichtes soll man vielmehr an der Figur des Engels, besonders aber an den langen Schlagschatten ablesen, die auf den Fußboden fallen. Hier ist zum ersten Male in Venedig die Luft gemalt, die zwischen den Gegenständen hängt. Auch auf der Verkündigung des Pietro Pollajuolo (Berlin, Kaiser-Friedrich-Museum) (Abb. 164) ist der Raum vor den Menschen da, aber dort handelt es sich um einen echt florentinischen, d.h. um einen ausschließlich perspektivisch konstruierten Raum. Bei Carpaccio hingegen formt er sich vor allem aus den Reflexen, welche das Licht auf die Gegenstände fallen läßt. Weihwasserbecken und Wandleuchter glänzen in mattem Gold vor perlgrauer Wand. Durch die Seitentür in der linken Ecke des Zimmers gewinnt man Einblick in einen zweiten Raum, es tritt also hier schon das Motiv des ›Interieurs im Interieur‹ auf, das man dann im 17. Jahrhundert auf so vielen Bildern des Pieter de Hoogh wiederfindet. Immer wieder wandert unser Blick den Weg der Lichtbahn von den fast völlig verdeckten Fenstern rechts über die aufschimmernden dünnen Tragstangen des Betthimmels zu dem Kopf der Träumenden und den Gegenständen an der Wand hinter ihr.

Wir kehren zur Freiraumlandschaft zurück. Der Übergang von der Früh- zur Hochrenaissance geschieht hier behutsam und tastend, fast zaghaft und doch bestimmt, denn es ist der Weg des Giorgione. Vor der ›Tempesta‹ vergißt man zunächst ganz, welche einschneidende Bedeutung das Bild für die Geschichte der abendländischen Landschaftsmalerei besitzt, so liebenswürdig und so zart ist umwälzend Neues eingeführt und vorgetragen. In der Komposition bleibt noch viel von dem vorsichtig-streifenförmigen Aufbau der Landschaftsgründe Bellinis zu spüren, und den zarten Quattrocento-Stämmen der Bäume kann man nicht ansehen, daß dies Bild die erste Schilderung des Aufruhrs der Elemente in der europäischen Landschaftsmalerei bedeutet. Man sollte meinen, das venezianische Wesen werde der Dramatisierung der stum-

men Natur besonders abgeneigt sein. Tatsächlich ist
854 die eigentliche Entfesselung der Elemente erst mit den Stilmitteln des Manierismus und des Barock erreicht worden. Vor Tintorettos visionären Landschaften und Grecos Bild von Toledo im Gewitter wird nirgends das gesamte Bildfeld der Entladung der Atmosphäre unterworfen. So spielt sich hier das Gewitter allein im Hintergrunde ab, nur die Stadtmauer wird durch das grelle Licht des Blitzes dem Dunkel für den Bruchteil einer Sekunde entrissen, aber die Idylle im Vordergrund erhält ihre gleichmäßig schwebende Beleuchtung aus einer unsichtbaren Lichtquelle nicht weit vom vorderen Bildrande.

Neben Giorgione steht ebenbürtig in demselben 1. Jahrzehnt des 16. Jhs. Lorenzo Lotto. Seine beiden kühnsten Leistungen sind auf die Deckel von Kästen gemalt, in denen man damals Gemälde aufbewahrte, also Arbeiten auf Holz kleineren Formats (beide Washingt. Nat. Gal. Der Schiebedeckel zum Bildnis des Bischofs Rossi ist mit Juli 1505 genau datiert). Das eine Bild zeigt auf seiner linken Seite eine klare Hügellandschaft, während die rechte Hälfte unter dem Schleier eines Gewitterschauers einen Seespiegel verhüllt. Der andere Deckel zeigt die wechselnden Farben einer Waldlandschaft bei Sonnenuntergang mit freiliegendem Horizont, der hinter einer Danae-artigen Darstellung steht. Lottos wunderbaren büßenden Heiligen Hieronymus (Paris, Louvre, 1506 datiert und signiert) würde man sich ohne direkte Einflüsse von seiten der Donauschule kaum entstanden denken, wäre das Bild nicht so früh datiert[136]. Das Intime, Trauliche, die Geborgenheit des Einsiedlers im Walde erinnern wirklich an Altdorfer.

Daß ein Aquarell des Basaiti nicht nur ähnliche Arbeiten seines Lehrers Giambellin voraussetzt, son- 855
dern auch ohne den unmittelbaren Einfluß von Dürer während seines ersten venezianischen Aufenthalts schwer denkbar ist, hat B. Degenhart hervorgehoben. »Gewisse Farbtöne, wie besonders das Grünblau des Buschwerks, die strahlende Lichtheit des Himmels, die auf der Wirkung des ungedeckten Weiß des Papiergrunds beruht, gehen auf Dürer zurück[137].« Auch in der Druckgraphik nach Gemälden des Tizian, etwa in Boldrinis Holzschnitten nach der Stigmatisation des hl. Franziskus und nach dem Gemälde von Venus und Amor (1566), (Abb. 169), treten Baumschilderungen auf, deren Formen mit den herabhängenden moosbewachsenen Zweigen ebenfalls ohne Kenntnis der Altdorferschen Graphik nicht denkbar sind[138]. Wir wissen übrigens, daß Tizian einige Deutsche und zuweilen auch Flamen in sein Haus aufgenommen hatte, die ihm Landschaften und Baumschlag (paesi e verzure) in die Hintergründe seiner Bilder malten[139/140]. Paolo Veronese hat nach Zeugnis des Ridolfi in seiner Jugend Stiche von Dürer kopiert[141], und seine Idylle im Anticollegio des Dogenpalastes zeigt ihn der Graphik Albrecht Altdorfers tief verpflichtet[142], (Abb. 168).

Während die Kupferstiche mit deutschen (und wohl auch flämischen) Landschaften, die man nach Vasaris Zeugnis zu seiner Zeit (1547) in jeder Florentiner Schusterbude an der Wand sehen konnte, dort nur die Wünsche der Käufer befriedigten, nicht aber das Schaffen der Florentiner Künstler beeinflußt haben, war das in Venedig ganz anders. Hier, wo um 1500 schon eine echte Stimmungslandschaft entstanden

war, berührten sich die künstlerischen Tendenzen
856 ganz von selbst mit den oberdeutschen der Donauschule, vor allem aber mit den flämischen.

Wenn die Landschaftsmalerei auch in der Nachfolge Tizians und Tintorettos sich noch lebenskräftig behaupten konnte, so haben die Fiaminghi ihren großen Anteil daran. Überall in Italien fanden diese Niederländer damals ihr Brot, weil das Interesse an der nordischen Landschaftsmalerei auch in der Zeit des ausgehenden Manierismus in Genua, Florenz und Rom noch anhielt. Nach Venedig aber zog sie der Charakter der Landschaftskunst der Tizian, Schiavone und Tintoretto, deren ›nordische‹ Züge sie als wahlverwandt empfunden haben müssen. Die beiden einzigen ›paesisti‹, denen Ridolfi diesen Namen beilegt, sind zwei Flamen, Paolo Fiammingo und Lodewijk Toeput, genannt Pozzoserrato[143]. Boschini berichtet 1660 von einem Gemälde im Pal. Morosini in Venedig, einer Darstellung des Paradieses, die Tizian unvollendet hinterlassen hatte und welche die größten Meister Venedigs dann fertigstellten: Bassano, der die Tiere, Tintoretto, der den Adam und Toeput, der die Landschaft vollendete[144]. Ridolfi erzählt in mehreren seiner Viten, Tizian und Tintoretto hätten von ihren niederländischen Schülern sich landschaftliche Hintergründe in ihre Bilder malen lassen[145]. Diese Oltramontani haben sich so gut in das venezianische Milieu eingefügt, daß die Forschung erst nach und nach ihre wichtige Rolle erkannt hat. Für die Landschaftsfresken in den Nebenräumen der berühmten Villa Maser bei Castelfranco hat Ch. Sterling die Beteiligung des Pozzoserrato zwar nicht für die intimen Stücke, wohl aber für die Weltlandschaften bündig nachweisen können[146]. Wolfgang Wegner konnte die Beweise vermehren[147]. Vor allem aber sind nun mehr als ein Dutzend direkter Vorbilder mit Kupferstichen nach römischen Ruinen nachgewiesen worden, die Veronese und seine Schüler aus einer Folge von Ruinenbildern des Flamen Hieronimus Cock übernahm, welche 1551 erschienen war und welche der Vicentiner Battista Pittoni dann 1561 erweiterte[148]. Der Einfluß der nordischen Graphik auf diese achtundzwanzig großen dekorativen Landschaftsfresken von leichter, skizzenhafter Manier ist jedenfalls offenkundig.

Solche ›Weltlandschaften‹, die hinter Flüssen, Seen und Meeren noch gewaltige Gebirge aufsteigen lassen und ganze Städte auf Landzungen tief in den Seespiegel hinausschieben, kennen wir seit Patiniers Gemälden und Pieter Breughels Zeichnungen in den Niederlanden (Abb. 160). Venezianisch aber ist das alles ganz und gar nicht.

Indem die Genies sich solcher Fiaminghi willig bedienen, sie als Famigliari in ihr Haus aufnehmen und ihnen die Hintergrundspartien der eigenen Bilder zur Vollendung überlassen, bekunden sie sehr eindrücklich, daß es ihnen selbst in der Landschaftsmalerei auf etwas anderes ankam. Am deutlichsten liegen die Dinge bei Veronese. Schon die Hintergründe seiner religiösen Bilder würden genügen, ihm seinen Platz unter den großen Landschaftsmalern zu sichern. Auf einem Spätwerk, dem Kalvarienberg in der Accademia von Venedig, spannt sich hinter dem Passionsgeschehen ein blaß-zimmetfarbener Himmel aus, der einer Landschaft Jan van Goyens würdig wäre (Abb. 172). Auf dem Querbilde mit der Taufe und Versuchung Christi (Mailand, Brera), einem der allerletzten Werke,

ist die gesamte Landschaft nur aus verschiedenen Ab-
858 stufungen von Grün aufgebaut, tintigem, moosigem, opalisierendem Grün, alles in leichten skizzierenden Pinselstrichen hingesetzt als handele es sich um ein Aquarell, aber in einer Konsequenz, wie sie dann erst wieder dem Claude Lorrain auf seiner Landschaft der Pinakothek von Neapel gelingt. Von solchen Leistungen aus betrachtet kann es nicht zweifelhaft sein, daß die berühmten Landschaften der Villa Maser, die bisher vor allem unser Bild von Veronese als Landschaftsmaler bestimmten, alles andere als ›urvenezianisch‹ sind. Um 1560 entstanden, bedeuten die wenigen Wandfelder, die von Veronese selbst gemalt sind, den Niederschlag seiner römischen Reise vom Frühjahr 1560. R. Pallucchini hat mit Recht die Kälte der Tonwerte hervorgehoben, die sich besonders in den Blaus des Himmels und den verschiedenen Grüntönen ausspricht[150]. Die Mehrheit der Landschaftsfresken in Maser steht aber nicht unter römischem, sondern unter flämischem Einfluß.

Tizian hat ebensowenig wie Giorgione reine Landschaften gemalt[151]. Das Elementare bei ihm ist immer auf den Menschen bezogen. Dabei hat er den engen Kreis des Bukolisch-Elegischen des Lehrers schnell verlassen. Gleichwohl ist er der größte Landschafter des Cinquecento – und nicht nur in Venedig. Alle Farbtöne, mit denen Böcklin später vergebens zu betören versucht hat, haben sich über jenem Meeresspiegel zusammengefunden, an dessen Gestade Spanien der gefallenen Kirche zu Hilfe eilt (Madrid, Prado)! Aber derselbe Künstler malt das große Altarbild mit der Ermordung von St. Petrus Martyr, eine bis ins letzte rational durchrechnete Figuren-Komposi-

tion, bei der es überhaupt nicht um die kosmische Natur geht, sondern wo Baumstämme und Äste keine 859
andere Aufgabe haben als den Gruppenbau der Kämpfenden am Boden in der Zone über ihren Häupten durch Flächenteilung und Linienstrahlen zu verdeutlichen, die direkt auf die Gelenkpunkte der Komposition herabstoßen. Neben der demütigen Einfühlung in die Natur steht also bei Tizian ihre souveräne Beherrschung als Hilfsmittel zur Lösung artistischer Probleme. Die große Wirkung, die Tizian auf die gesamte abendländische Landschaftsmalerei ausübte, ging aber nicht von seinen Gemälden, sondern von den Stichen nach seinen Zeichnungen aus. Als der niederländische Literat Dominique Lampsonius – es ist derselbe, der Vasari für seine Viten flämischer Künstler mit Material versah – einmal sechs Stiche seines Landsmannes Cornelis Cort nach Tizian'schen Landschaften zum Geschenk erhielt, schrieb er in einem Dankesbrief vom 13. März 1567 aus Lüttich an den greisen Meister in Venedig: »Et in fatti V. S. ha di gran lungha tolto il vanto a tutti i nostri Fiaminghi in paesaggi, nella quale parte di pittura (poichè in quanto alle fighure restavanno vinti da voi altri Signori Italiani) credevamo tener il campo.« (Gaye, III, p. 242.)

Auch in der Gattung der Landschaftsmalerei erweist sich Tintorettos Sonderstellung[149]. Nichts lag der Kunst Venedigs ferner als die angespannte visio-

(149) Unter den Landschaften Tintorettos könnte z.B. der Narziß der Gal. Colonna in Rom (v. d. Bercken, Abb. 92) die Mitarbeit Paolo Fiammingos für die Baumgruppen verraten. S. jedoch die Verteidigung der Eigenhändigkeit Tintorettos bei Joh. Wilde, Zeitschr. f. Kunstgesch. VII, 1938, p. 152f. Ganz sicher hingegen ist alles Landschaftliche auf der Su-

näre Schau, wie sie in Tintorettos beiden hohen Schmalbildern der Scuola di S. Rocco mit der hl. Maria Ägyptiaca und der hl. Maria Magdalena (beide um 1583 bis 1584) verwirklicht ist[152]. Von der elegischen Stimmung der Pastoralen Giorgiones wie von den Landschaften des Tizian führt kein Weg hierher. Wo wäre auf den biblischen Bildern beider Künstler der Raum bis in die hintersten Gründe so von magischen Kräften aufgewühlt wie auf Tintorettos Flucht nach Ägypten (Scuola di S. Rocco)[153]? Die anderen großen Landschafter Venedigs suchten in dieser Gattung die Schweigsamkeit und die Passivität der Natur. Bei Tintoretto knistert es in jedem Landschaftsbild von elektrischen Funken und da am meisten, wo es sich nicht um die Darstellung eines Gewitters handelt. Wirklich ist auch in den beiden hohen Schmalbildern die Farbe nicht aus dem Malgrund entwickelt, sondern Baumstämme, Zweige und Laub, Sonnenlichter in Flur und Wasser, die Konturen von Bergen und Gebäuden sind mit dem Pinsel in Cremefarben auf den rotbraunen Grund skizziert. Dieser visionäre Charakter ist nicht venezianisch, er ist vielmehr ein

sanna des Louvre nicht von Tintorettos Hand, weder die Allee-Bäume, die in der Diagonale die Tiefe erschließen, noch die Pflanzen und Sträucher der rechten Bildhälfte, die sich zu keiner Komposition zusammenfinden.

Tintoretto hat im ersten Jahrzehnt seines Schaffens noch kein rechtes Auge für die Landschaft gehabt; auf dem herrlichen Quellwunder des Moses von etwa 1547/48 (Frankfurt, Städel) ist alles Landschaftliche mit fast verletzender Gleichgültigkeit behandelt.

Bei Veronese dürfte z. B. die Landschaft auf dem Bilde des Barmherzigen Samariters in Dresden von einem Fiammingo herrühren.

Ausdruck des Zeitgeistes des Manierismus, der in
Tintoretto in Venedig seinen bedeutendsten Vertreter 861
hat. Die Kunst Grecos, Bellanges und noch Callots
hat verwandte Züge.

Als dann im 18. Jahrhundert nach der großen Pause, welche das Seicento für alles venezianische Kunstschaffen bedeutet, eine neue Landschaftsmalerei entsteht, ist es wieder das Vorbild einer ungezügelten, überschwänglichen, ja krankhaften Phantastik, das zunächst in die beruhigten Bahnen venezianischen Naturempfindens gelenkt werden muß. Marco Ricci und noch Francesco Guardi zeigen sich in ihren ersten Landschaften von der Kunst des Genuesen Alessandro Magnasco auf das tiefste beeinflußt. Guardis Berglandschaft mit dem Turm (Venedig, Sammlung I. Brass)[154] hat noch jene das Bild wie Blitze durchzuckenden Diagonalen, und die einzelnen Lichtflekken schwimmen noch wie Inseln in ziemlich dunklen Umgebungsfarben. Es ist ein sehr weiter Weg von solchen Frühbildern bis zu dem berühmten Alterswerk ›Gondel auf der Lagune‹ (Mailand, Museo Poldi Pezzoli)[155], einem ganz intimen Bildchen, bei dessen Schöpfung der Künstler sich einmal völlig von der Sorge um den Broterwerb des Vedutenmalers frei gemacht hat. Meer und Himmel sind durch die Atmosphäre fast in eins gezogen, und mitten darin schwimmt die Silhouette von Venedig, gegenständlich wie Porzellan, das Chardin malt, oder wie eine Vignenmauer auf einem Bilde aus der römischen Frühzeit von Corot. Von jeher hat man gefunden, daß Guardi das pleinair des 19. Jahrhunderts vorausnehme. In der Tat sind es im Jahrhundert des Rokoko nun ganz ausschließlich die Venezianer, die darzustellen verstehen,

wie in Mittagsglut und Sommerhitze die Luft zu flim-
862 mern und zu tanzen anfängt und wie die Konturen der Gebäude im Licht zerfließen. Ob es sich um eine Vedute der Piazzetta handelt, um eine Genreszene oder um Figurengruppen, bei Guardi geht jede Erscheinung im Weben der Atmosphäre auf[156]. Dem Antonio Canaletto ist es sogar gelungen, durch seine Zeichenweise der Monumentalität der römischen antiken Denkmäler ihre Gravità zu nehmen. Zeichnet er am Tiberufer bei der Bocca della Verità (Abb. 182), so glaubt man, eine Vedute des Brenta-Kanals vor sich zu haben, und wie umrieseln venezianische Meeresluft und Lagunenhimmel seine Zeichnungen von Tempeln und Triumphbogen des römischen Forums[157]!

Bei der Betrachtung der übrigen italienischen Kunstlandschaften hatte es sich fast als Norm ergeben, daß eine besondere Begabung für die Landschaftsmalerei oder das Bildnis innerhalb des Stammescharakters sich gegenseitig ausschließen. Die Florentiner, große Porträtisten von Haus aus, haben nur wenig echten Sinn für die Landschaftsmalerei bewiesen. In Siena und Umbrien, wo diese daheim war, hat man das Bildnis nicht gepflegt. Venedig allein kehrt sich nicht um diese scheinbare Gesetzlichkeit, denn hier sind neben den bedeutenden Landschaftsmalern nun auch die *großen Porträtisten* zu Haus. Die großartigsten Zeugnisse der Welt- und Menschenkenntnis aus der Zeit der italienischen Renaissance sind die Relationen der venezianischen Gesandten von den fremden Fürstenhöfen. Das Bild, das wir uns heute von der Persönlichkeit Karls v. oder Philipps II. machen. ist nicht zuletzt mit den Augen der venezianischen

Diplomaten gesehen[158]. Das Bildnis des Dogen Leonardo Loredan in der Londoner National Gallery erscheint uns in der Souveränität seiner Menschenschilderung diesen berühmten venezianischen Gesandtschafts-Berichten ebenbürtig. Es wirkt so überlegen und weise, so völlig im Besitze aller malerischen und psychologischen Mittel der Menschen-Erfassung, daß man dies Bildnis für ein besonders spätes Glied aus der langen Kette venezianischer Porträts halten möchte. Die Erfahrungen ganzer Generationen von Bildnismalern der Dominante scheinen hier genutzt zu sein. Mit der größten Überraschung wird man daher feststellen, daß das Porträt in Venedig sehr viel später aufkam als in den anderen Kunstzentren Italiens und daß die Gattung kaum zwei Menschenalter erst sich durchgesetzt hatte, als jenes Bildnis des Dogen Loredan entstand[159]. Das merkwürdig späte Auftreten des Porträts in Venedig wird durch ein – ungeschriebenes – Gesetz der venezianischen Oligarchie bestimmt sein, die eifersüchtig darüber gewacht zu haben scheint, daß es nicht zu einer Verherrlichung Einzelner aus ihrer Kaste durch Bildnisse kam. 863

Aber die eigentlichen Gründe für die Scheu vor dem Porträt liegen tiefer. Als Erbteil der byzantinischen hatte die venezianische Kunst einen Sinn für das Typische in der Menschenschilderung mitbekommen, welcher der Ausbildung eines individuellen Porträts, wie es das Quattrocento seit dem Ende des Weichen Stils andernorts entwickelte, im Wege stand. Tintorettos Tesorieri mit ihren drei obersten Sekretären sehen auf dem großen Breitbild der venezianischen Akademie alle sechs ganz gleich aus[160]. Bei Tiepolo wird man, einmal darauf aufmerksam gewor-

den, überrascht sein, mit wie wenigen Typen er für
864 seine Menschenschilderung auskommt. Da ist immer wieder der Wüstenscheich mit dem hohen Turban, der als Bischof eine hohe Mitra und als Hofmann eine Halskrause trägt, da ist die stolze schöne junge Frau, die heute Kleopatra, morgen Iphigenie und übermorgen die hl. Giustina heißt und doch immer dieselbe ist. Alle Jünglingsbilder Giorgiones, die drei Schwestern in Dresden und die anderen blonden Schönen Palmas, alle Männer der Sacre Conversazioni von Veronese verbindet ein gemeinsamer Zug. Selbst dem großen Familienbild des Leandro Bassano in den Uffizien fehlt jeder Wunsch zur Differenzierung der Charaktere der einzelnen Mitglieder des musizierenden Kreises, obwohl doch hier der engste menschliche Kontakt zu jedem einzelnen Dargestellten natürlich gegeben war, wenn es sich wirklich um die eigene Familie des Künstlers handelt[161].

Es kann demnach keinesfalls der fragmentarischen Denkmälerüberlieferung die Schuld dafür aufgebürdet werden, daß wir Porträts aus der ersten Hälfte des Quattrocento aus Venedig nicht besitzen. Die beiden Skizzenbücher des Jacopo Bellini in Paris und London beweisen uns vielmehr, daß hier kein blinder Zufall die historischen Zusammenhänge verschüttet hat. Nichts ist aufschlußreicher als der Vergleich dieser Musterbücher des alten Bellini mit der anderen großen Exempla-Sammlung aus den Werkstätten des Weichen Stils in Oberitalien, dem Codex Vallardi. Während wir bei Pisanello auf die Fülle der mannigfaltigsten Bildniszeichnungen treffen, ist in den beiden Skizzenbüchern des Jacopo Bellini nur eine einzige Porträtzeichnung zu finden und auch diese nur in der altertümlichen Form des Profilbildnisses[162]. Daß dieser Meister kein vielgesuchter Maler für Bildnis-Täfelchen gewesen sein kann[163], darf man wohl weniger aus den fehlenden Denkmälern als aus den frühesten Bildnissen seines Sohnes Gentile schließen, die doch ganz offensichtlich als die Inkunabeln der Porträtkunst für Venedig zu gelten haben. Die Porträts in der Zeit des Weichen Stiles sind hier von fremden Wanderkünstlern, von Gentile da Fabriano und Pisanello gemalt worden[164]. Ein Blick auf die Skulptur bestätigt die Zaghaftigkeit der Anfänge der Bildniskunst in der Lagune. In andern Kunstzentren ist die große Reihe der Büsten von Bürgern aus dem Quattrocento noch heute der Stolz der Stadt. In Venedig hat diese Bildgattung kaum Eingang gefunden, die schöne Büste aus Bronze im Museo Correr, die zwischen Riccio und Rizzo strittig ist[165], und die Tonbüste eines Mannes in mittleren Jahren in den Berliner Museen, die aus einer Villa im Venezianischen stammt[166], sind die seltenen Beispiele venezianischer Porträtplastik, die beide erst ganz dem Ende des Jahrhunderts angehören.

Ein Bildnismaler von Amts wegen, der die Bildnisse der Dogen während ihrer Amtszeit für den Saal des Großen Rats zu malen hatte, wurde von der Serenissima offensichtlich erst sehr spät bestellt. Ein Datum dafür läßt sich leider ebensowenig ermitteln wie sich die Anzahl der Vorgänger feststellen läßt, die

(163) Trotz des hohen literarischen Ruhms, den sein Bildnis des Markgrafen Lionello d'Este erntete, das er 1441 im Wettstreit mit Pisanello malte. Vgl. A. Venturi, Le Vite di Vasari I, Gentile da Fabriano e Pisanello. Firenze 1896, p. 46f.

Gentile Bellini in diesem Amte gehabt hat[167]. Bei dem
866 großen Brande des Dogenpalastes im Dezember 1577 sind mit allen jenen Fresken und Leinwandbildern, welche in die Schilderung der großen Ereignisse der Stadtgeschichte berühmte Zeitgenossen als Assistenzfiguren verflochten, auch die Porträtreihen mit den Brustbildnissen der Dogen zugrunde gegangen, die zumindest seit der zweiten Hälfte des 15. Jahrhunderts gleich nach dem Dienstantritt der Dargestellten in Auftrag gegeben zu werden pflegten. Für diesen Verlust bieten die erhaltenen Tafeln mit den Dogenbildnissen des Gentile Bellini einen gewissen Ersatz (natürlich nur für die Zeit nach 1460). Und diese Porträts wirken in ihrem kleinteiligen, zusammentragenden Sehen wie die Erstlinge der Bildniskunst in der Lagunenstadt[168]. Ihr archaischer Charakter prägt sich ferner in der strengen Profilansicht aus, in dem fließenden unteren Bildabschluß (weder Büste noch Halbfigur), in dem Weglassen der Hände und schließlich in der Derbheit der Charakterisierung, in der sich das Bildnis des Dogen Giovanni Mocenigo im Museo Correr (Abb. 176) und das des Dogen Andrea Vendramin in der Frick Foundation in New York einig sind. Hinter beiden Bildnissen steht noch nicht die zwingende Gesamtvorstellung von einer Individualität. Auch das Bildnis Mohammeds II. (London, Na-

(165) Von einer Dogenreihe des Lazzaro Bastiani aus der Sala del Collegio dei 25 im Pal. Ducale haben sich im Museo Correr die beiden unterlebensgroßen Sitzfiguren der Dogen Antonio Venier und Michele Steno erhalten. Sie tragen lange Spruchbänder in Händen, welche die Taten ihrer Regierungszeit preisen und die Aufzählung je mit den Worten »sub me…« beginnen lassen. Ridolfi I, p. 50.

tional Gallery) registriert zwar die ethnologisch auffallenden Züge des Sultans getreulich, dringt aber ebenfalls nicht von der Schilderung des Angehörigen einer fremden Rasse zu der eines unverwechselbaren Menschen vor.

Dem heutigen Denkmälerbestand nach sieht es fast so aus, als habe es eines Anstoßes von außen bedurft, damit die Gattung des Bildnisses auch in Venedig heimisch würde. Offenbar ist Antonello da Messina der Maler gewesen, der das Eis gesprengt hat. Jedenfalls wird erst nach seinem kurzen, aber für die venezianische Malerei so bedeutungsvollen Aufenthalt von 1475 bis 1476 in der Lagunenstadt die Freude der Auftraggeber und die Bereitschaft der Künstler am Porträt für uns deutlich. Antonello führt das niederländische Porträtschema, so wie es Jan van Eyck ausgebildet hatte, in Venedig ein: die diagonal aus dem Bilde sich herauswendende Halbfigur, die hinter einer Steinbrüstung erscheint, wobei aber der Blick der Körperhaltung nicht zwanglos angepaßt wird, sondern sich stracks dem Beschauer zukehrt[169]. Die strenge Büstenform bei der Drehung ins Viertelprofil nach links, die Jan van Eyck aufgebracht hatte, d.h. das Brustbildnis ohne Hände, hat Antonello in Italien recht eigentlich heimisch gemacht. Seinen sämtlichen Porträts fehlen die Hände als Widerspiel und Ergänzung der Charakterisierung des Antlitzes, und alle – mit Ausnahme des letzten bekannten Werkes des Meisters von 1478 – lassen das Haupt vor dunklem Grunde auftauchen. Gerade die auf die Jahre seines venezianischen Aufenthaltes 1475 bis 1476 inschriftlich datierten Porträts des Messinesen, der Condottiere im Louvre und das Bildnis der Sammlung Tri-

vulzio (heute Mailand, Castello Sforzesco), bedeuten
868 selbst innerhalb der Bildniskunst des Meisters ein Höchstmaß an konzentrierter Charakterisierung.

Wenn die Zuschreibung G. Fioccos und R. Longhis zu Recht besteht und das Bildnis eines bekränzten Humanisten im Castello Sforzesco in Mailand eine Jugendarbeit des Giovanni Bellini ist[170], so haben wir ein großartiges Zeugnis für die unmittelbare Wirkung des Antonello auf den jungen Venezianer. Das Bildnis des Jörg Fugger von 1474, offenbar einer der frühesten Bildnisaufträge Bellinis, liegt wohl kaum sehr viel mehr als ein Jahr zurück[171] – aber wieviel dominierender sitzt der Kopf des Bekränzten im Bildrahmen, wieviel sicherer und ausgesprochener ist das Antlitz nun modelliert, wieviel souveräner tritt nun der Maler seinem Objekt gegenüber. Indessen, die venezianische Malerei hätte sich selbst aufgeben müssen, wenn sie sich von Antonello in die Bahnen seiner Bildniskunst hätte fortreißen lassen. Die plastische Wucht dieser Köpfe, denen ein eng gezogener Rahmen nur wenig umfangenden Bildgrund zugesteht, bot zu wenig Möglichkeiten zur Entfaltung von eigentlich malerischen Werten. So hat denn Giovanni Bellini zunächst einmal den neutralen Hintergrund der Bilder Antonellos aufgegeben und seine Figuren vor einen blauen Himmel mit großen weißen Wolken gestellt. Sie sind also nun von Atmosphäre umgeben, wenn auch Bellini weiterhin an den bestimmenden Formen der Bildnisse des Messinesen nicht zu rütteln wagt: an der Brüstung im unteren Bildrand, dem strengen Büstenausschnitt und an der ein für allemal festgelegten Wendung ins Dreiviertelprofil nach links. Die große Menge von Bildnissen aus der Werkstatt

und dem Umkreis des Giambellin[172], die dem Marco Basaiti[173] und dem Catena[174] zugeschriebenen Por- 869
träts, behalten vielfach sklavisch streng den Bildaufbau Antonellos bei. Sehr merkwürdig ist es, daß der feste untere Bildabschluß in Gestalt einer steinernen Brüstung sich durch Antonello für lange Jahrzehnte in Venedig einbürgern ließ. Man sollte meinen, die venezianische Vorliebe für die ›fließende‹ untere Bildgrenze hätte das Motiv des festen Sockels schnell wieder verdrängt. Antonellos scharf zupackende Beobachtungsgabe indessen wurde in Venedig als wesensfremd empfunden. Jedenfalls scheinen sich Giovanni Bellinis Menschen nicht ganz auszusprechen. Es liegt wie ein Schleier über allen Gesichtern.

Das ist bei den Bildnissen des Giorgione nicht anders. Er begreift sein Gegenüber als vegetatives Sein, der Versuch zu einer Ergründung seines Charakters, zu einem psychologischen Porträt, liegt gar nicht in Giorgiones Blickfeld. Die Porträtierten sind nicht als Handelnde gegeben, sie haben für uns kein Schicksal und keine Geschichte, sondern treten uns lediglich als ›Erscheinung‹ gegenüber. Bei dieser Einstellung zum Bildnis nimmt es nicht wunder, daß Giorgione fast nur junge Menschen gemalt hat. Sieht man einmal von dem bereits erwähnten Kurtisanenbildnis mit den Lorbeerzweigen in Wien ab, so stellen alle erhaltenen Porträts des Meisters nur junge Männer dar: der Broccardo (Budapest), das Berliner Bildnis, das Braunschweiger Fragment. Auch was an Bildnissen in seinen Umkreis gehört, verharrt beim Jünglingsporträt: der Mann mit den Handschuhen in München, der Bravo in Wien[175]. Ja, der alte, mehr als achtzigjährige Giambellin gerät noch unter den Ein-

fluß dieses giorgionesken Romantizismus. Auf seinem
870 herrlichen Spätwerk in S. Giovanni Crisostomo in Venedig von 1513 trägt der jugendliche Heilige Ludwig von Toulouse das verschleierte Jünglingslächeln der Freunde des Giorgione.

Nun könnte man annehmen, die Porträtauffassung Giorgiones sei nur die jenes esoterischen Kreises, in dem er sich offenbar sein Lebtag bewegt hat[176]. Indessen findet sich die giorgioneske Auffassung vom Bildnis noch mehr als zwei Jahrhunderte später im Rokoko wieder. Vergleicht man einmal Giorgiones Braunschweiger Selbstbildnis (Abb. 174) mit dem Porträt, das Piazzetta von seiner Schülerin, der Malerin Giulia Lama, um 1725 gemalt hat[177] (Abb. 175), so begegnen einem derselbe Blick aus halbverhangenen Augen, die Drehung des Kopfes über die verworfene Schulter, dasselbe Leiden am Leben und dieselbe Undurchsichtigkeit.

Die Porträts des Tizian brauchen lange, bis sie sich diesem Stimmungszauber Giorgiones entzogen haben. Der Malteser (Uffizien), das männliche Bildnis in München, der homme au gant des Louvre, Tommaso Mosti, der Sekretär des Herzogs von Ferrara (Florenz, Pal. Pitti) – bis um 1520 malt auch er fast nur junge Männer. Es sind Höhepunkte der abendlichen Bildnismalerei in der Renaissance. Wenn dann Tizian selbst alt wird und die giorgioneske Atmosphäre weit hinter ihm liegt, so wird vor seinen Bildnissen der Betrachter gleichwohl nicht immer Klarheit gewinnen, ob die Undurchdringlichkeit mancher Porträts wirklich dem Charakter des Dargestellten entsprach oder ob sich hier das byzantinische Erbe Venedigs und die Jugendeindrücke im Atelier Giorgiones durchsetzen

(Kardinal Ippolito von Medici im ungarischen Ko-
stüm, Florenz, Uffizien). Wenn Tizian einen so un- 871
heimlich ruhigen Herrn wie Karl v. malt (Abb. 177),
so ist er dazu nicht nur als großer Menschenkenner,
sondern schon als venezianischer Künstler prädesti-
niert. Vor allen venezianischen Bildnissen spürt man,
daß ihre Maler nicht geglaubt haben, den Wesenskern
des Dargestellten durch eine Charakterschilderung an-
schaulich machen zu können[178]. Hier werden keine
Einzelzüge notiert und addiert wie auf florentinischen
Porträts dieser Generation. Überschaut man die Bild-
nisse des Ridolfo Ghirlandajo[179], auch noch die frühen
Porträts des Pontormo, so gewahrt man den hellen, flo-
rentinischen Intellekt, während die venezianischen Por-
träts den Kontakt zwischen Maler und Besteller eher
auf dem Wege über den Instinkt herzustellen scheinen.
Der einzige Florentiner, dessen Bildnisse nur die Stim-
mung der Dargestellten ausströmen lassen, Francia-
bigio, ist eben gar kein Florentiner, sondern stammt
aus einer Mailänder Familie und ist vielleicht selbst
noch in der Lombardei geboren[180]. Aber selbst in
seinen melancholischsten Bildnissen, wieviel rationale
florentinische Charakterisierungsmittel! Wie auf dem
Jünglingsbildnis des Kaiser-Friedrich-Museums das
einzelne Haar des Schwermütigen sich von der Frisur
ablöst und in das Gebüsch des Hintergrunds über-

(178) »In der klassischen Zeit (Venedigs) hatte das Bildnis eigentlich kaum als Wiedergabe psychologischer Beobachtungen zu gelten; es war vielmehr erfüllt von bestimmten Affekttypen, die sozusagen als allgemeine Attribute der Schönheit betrachtet wurden und die der Künstler aus einem bestimmten Ausdrucksbedürfnis in das Modell hineinprojizierte.« G. Gombosi, Moretto da Brescia, p. 67.

geht, so daß die Grenze zwischen Zweig und Haar,
872 zwischen Natur und dumpf brütendem Geiste nicht gleich erfaßbar ist – das könnte niemals in Venedig gemalt sein.

Selbst den Malern der Terra ferma gelingt die Einfühlung in die Porträt-Auffassung des Giorgione-Kreises nicht. In dem Bildnis des geharnischten Ritters mit seinem Knappen, dem sogenannten ›Gattamelata‹ des Veronesen Cavazzola (Florenz, Pal. Pitti, gemalt wahrscheinlich 1515–1516)[181], spürt man sofort den härteren Willen und die Gedankenklarheit, die keine Stimmung aufkommen läßt. Zudem hat das Bild für seine Zeit einen erstaunlich manieristischen Aufbau. Auch darin ist es ganz unvenezianisch. Denn das Ende der klassischen Hochrenaissance führte allein in Venedig zu keiner einschneidenden Wandlung in der Auffassung vom Bildnis. Während im florentinischen Manierismus, auf den Porträts von Pontormo und später von Bronzino, die Dargestellten alle gleichsam Panzer anlegen und die Gesichter das maskenhaft Starre und Kalte bekommen, treten uns die Menschen auf venezianischen Bildern dieser Zeit ohne Zwang entgegen. Man sollte denken, das Abweisende und Aristokratische, das manieristische Bilder aus Florenz und Rom stets haben, müßte sich in dem von einer hochgezüchteten, geschlossenen Kaste regierten Staatsleben der Lagunenstadt erst recht ausgebildet finden. Aber die venezianische Oligarchie war wohl schon zu lange an der Macht und in ihrer Existenz zu wenig bedroht, als daß es für sie der Kunst der Distanzierung im Porträt selbst in der Zeit des Manierismus bedurft hätte. Man war in Venedig seiner selbst, seines Amts und der Bedeutung seiner

Familie sicher. Gewiß gab es um die Mitte des Cinquecento in keinem andern Kunstzentrum Italiens so viele ungebrochene Naturen in den oberen Ständen, in denen man sich porträtieren ließ, wie hier in Venedig. Eine Staatsverfassung, die keine inneren Krisen zu überstehen hatte, trug in den führenden Schichten zu der Ausbildung eines ausgeglichenen Charakters der Bürger bei. Alle von Geburt her zu den Staatsämtern Berechtigten hatten als Kaufleute in der Levante Welt- und Menschenkenntnis gesammelt, ehe der Dienst in der genauesten Staatsmaschinerie des Abendlandes ihre Gesichter endgültig formte. Der Horizont war hier weiter als am Arno, man rieb sich nicht so schnell an seinen Grenzen wund wie in dem kleinen Herzogtum der Toskana. Was für die Auftraggeberschicht gilt, trifft auch auf die Künstler zu. Man war viel zu wenig psychologisch interessiert, um sich an dem rationalen Versteck-Spiel der florentinischen Porträts aus der Zeit des Manierismus zu beteiligen. Auch im 18. Jahrhundert, als man in Venedig fast das ganze Jahr hindurch unter der Maske ging, nehmen die Porträts keinen abweisend-verschlossenen Charakter an.

Auf den komplizierten Aufbau der Halbfigur verzichtet man. Es gibt keine venezianischen Bildnisse, bei denen die Dargestellten so in die Horizontalen und Vertikalen der Hintergrund-Architektur eingespannt sind wie der Ugolino Martelli (Berlin, Kaiser-Friedrich-Museum) oder der Bartolomeo Panciatichi (Florenz, Uffizien) des Bronzino. Allen venezianischen Bildnissen um die Mitte des 16. Jahrhunderts eignet vielmehr der neutrale Grund, wenn es sich nicht gerade um ein ausgesprochenes Standes-

bildnis handelt, wo etwa bei einem Admiralsporträt
874 natürlich der Ausblick auf die Galeeren eröffnet werden muß. Der Kontur bedeutet – im Gegensatz zu Florenz – keine ›auferlegte Form‹, denn die Figur scheint sich in diesem Umriß wohl zu fühlen. Die Bildnisse des Paris Bordone aus dem Jahrzehnt zwischen 1530 und 1540 halten an dem bewährten Porträt-Schema Tizians fest, Haltung und Gesichtsausdruck sind gelöst und frei[182]. Erst die späteren Porträts, wie die aus den Uffizien, nehmen das verschlossene Wesen an, wobei man nicht immer ganz sicher sein kann, ob das eine manieristische Haltung oder nur ein spätes Nachwirken der Porträtkunst des Giorgione ist. Lotto als Porträtist beweist schon dadurch seine lombardische Herkunft, daß seine Bildnisse den bewegten, springenden Umriß haben und daß die Dargestellten aus der Tiefe hervortauchen, uns etwa ein Schmuckstück entgegenhaltend (Mann mit der Hasenpfote, Wien) oder daß sie durch die Aktion der weit ausgreifenden Arme des Porträtierten die seitlichen Bildränder zu sprengen scheinen (Der Edelmann auf der Terrasse, Cleveland, Museum)[183]. Moretto beginnt als Bildnismaler ganz im Geiste Venedigs[184], sobald er aber unter den Einfluß seines engeren Landsmanns Lorenzo Lotto gerät, tauchen auch seine Gestalten aus dem Hintergrund hervor (Der Mann im Hermelinpelz, London, Nat. Gal.)[185].

Tizians Bildnisse aus der Zeit seiner vollen Meisterschaft sind Werke eines Genius, der seiner lokalen Umwelt völlig entwachsen ist. Gleichwohl konnte ein Porträt wie Tizians Gruppenbild Pauls III. Farnese mit den beiden Nepoten 1545 so nur von einem Venezianer gemalt werden. Freilich, wenn der Maler nicht

Tizian oder Tintoretto heißt, so vermißt man oft schmerzlich das mangelnde psychologische Interesse 875
des Künstlers. Man erinnert sich dann an die Klagen der Historiker, daß Venedig niemals Philosophen hervorgebracht habe. Bonifazio Veronese hat überhaupt keine Bildnisse gemalt, Sebastiano del Piombo ist zum großen Porträtisten doch erst in Rom geworden. Bei andern Meistern läßt das alte byzantinische Erbe, der Hang zum Typischen, im Antlitz der Dargestellten die Spuren geistiger Beweglichkeit zurücktreten. Während Tintoretto Ganzfigurenbildnisse überhaupt nicht gemalt zu haben scheint, während sie bei Tizian ausschließlich der Darstellung von regierenden Fürstlichkeiten vorbehalten bleiben, beweist Veronese seine Herkunft von der Terra ferma durch die leidenschaftliche Vorliebe für das repräsentative Ganzfigurenbild im schmalen Hochformat, so wie es der Bergamaske G.B. Moroni und der Brescianer Moretto ausgebildet hatten. Nur ist bei Veronese der Aufbau des Bildes von viel ornamentalerem Kontur als bei den Bergamasken oder bei den großen Venezianern, ganz besonders wenn es sich um die Zusammenordnung eines Ehepaares, auf zwei getrennten ›Flügeln‹ gemalt, zu einer Gruppe handelt.

Ferner besitzt Veronese eine Vorliebe für das Dinglich-Stoffliche, besonders für einen weißen, gefleckten oder getigerten Pelz, dessen Bahnen ganz von selbst zu den Leitlinien seiner Bildniskomposition werden, – eine Vorliebe, die uns ganz unvenezianisch erscheint. Veroneses Interesse am Porträt unterliegt großen Schwankungen. Während man sich in das Wesen einer lieblichen jungen Frau kaum zarter einfühlen kann als es Veronese in der ›Bella Nani‹ des Louvre

tat, steht der Meister bei dem Männerbildnis der
876 Gal. Colonna in Rom dem Dargestellten vollständig gleichgültig gegenüber, sein Blick ist ausschließlich auf den Aufbau der Farbkomposition aus den verschiedensten Abstufungen von Grün gerichtet[186]. Hetzer hat sehr schön gesagt, daß Veroneses »geringeres Interesse am einzelnen und am einzeln dargestellten Menschen und ebenso die offenbar nicht große Neigung des Publikums, sich von ihm malen zu lassen ... in Verbindung zu bringen« sei »damit, daß der einzelne Mensch vor allem jenem Reich der Gedanken und Begriffe angehört, wie wir es in den Allegorien verkörpert sehen ...[187]. Sicherlich ist es nicht das Geistige, was uns auf Veroneses Porträt zuerst entgegentritt, wenigstens nicht als Intelligenz, Witz und Schärfe, auch nicht als Enttäuschung, Müdigkeit, Verschlossenheit und Resignation[188].« Auch an den gar nicht seltenen Porträts der Familie Bassano lassen sich keine Charakterstudien treiben.

Hingegen wird alles, was nicht psychologisches Einfühlungsvermögen verlangt, sondern nur das Erfassen eines Eindrucks von der Vitalität des Dargestellten, mit großartiger Illusionslosigkeit gemeistert. Geradezu charakteristisch für Venedig ist die mitleidlose Aufmerksamkeit für das Verfallene im Greisen-Antlitz. Die Reihe beginnt mit Giorgiones alter Frau (Venedig, Accademia) – freilich keinem Bildnis in unserem Sinne – und erreicht ihren Höhepunkt im Bassano-Kreis. Leandro da Pontes Bildnis einer Achtzigjährigen mit dem wieder kindisch gewordenen Mund, den die Alte nicht mehr regieren kann[189], das Porträt des dicken, vom Schlagfluß bedrohten Mannes im Prado[190], das Bildnis einer Greisin aus der

Bassano-Schule im Museo Civico in Vicenza – das sind jeweils ›Naturen‹, so wie die Ignuda eine Na- 877
tur ist.

Venedig ist der Sitz der italienischen Malerei schlechthin, wenn man unter Malerei einen blühenden *Kolorismus* verstehen will. Spätestens seit Bellori hatte sich in der italienischen Ästhetik und Kunsttheorie die Überzeugung ausgebildet, daß man in Florenz den disegno, in Venedig den colorito und bei Raffael und den Bolognesen die Komposition lernen müsse[191]. Wer alle drei Vorzüge in sich vereinige, werde ein vollkommenes Bild malen. Das 19. Jahrhundert hatte im Zeitalter der Milieutheorie die Beobachtung hinzugefügt, daß alle Schulen, die sich durch einen solchen Kolorismus oder einen Luminarismus auszeichnen, am Meere liegen, angefangen bei der frühen venezianischen über die holländische aus der Zeit Jan van Goyens und Vermeers bis zu der englischen der Constable und Turner. Der venezianische Kolorismus tritt uns keineswegs erst in den frühesten Bildern des Quattrocento, etwa in denen der Familie Bellini entgegen – er besitzt vielmehr ein Vorspiel in der venezianischen Inkrustation und dekorativen Mosaikkunst der byzantinischen Zeit. Diese stellt sich auf drei verschiedenen Stufen dar. Die entwicklungsgeschichtlich älteste ist die Innendekoration von S. Marco. Sie liefert eine Kopie der Inkrustation der Hagia Sophia in Konstantinopel, bedeutet also kein Zeugnis für den östlichen Farbgeschmack der Zeit um 1100, sondern spiegelt die frühbyzantinische Epoche um 550 wider. Im Inneren von S. Marco – der ganze Bau ist bis zur Höhe der Empore völlig mit

Marmor inkrustiert – sitzen die schönsten Platten
878 naturgemäß in der mittleren Breitenachse, also an den Wänden der Seitenschiffe, weil dorthin allein helles Licht fällt und die großen Arkadenstellungen die Betrachtung aus Fernsicht ermöglichen. Im allgemeinen, wenn auch nicht immer, handelt es sich um mitten durchgesägte Platten, so daß jeweils zwei Felder sich im Muster spiegelbildlich ergänzen. Hier sind die stärksten Töne ein tiefes Braunviolett mit starken bandartigen Äderungen, die fast den Charakter des Achat annehmen, tiefes Maronebraun mit weißen Einsprenkelungen, eisiges Grün, rauchiges Grau, Grüngrau mit pfauenfederartigen Mustern und schließlich ein Graurosa von der Farbe des Rosenquarzes. Die Querhausarme und die Vierungspfeiler sind in Rauchgrau, einem hellen Braun und in Braungrau inkrustiert, während am Außenbau ein Grüngrau, das zum kältesten Eisgrün werden kann, fast ausschließlich herrscht.

Die zweite Phase repräsentiert den Kolorismus der mittelbyzantinischen Zeit und tritt uns an der Marmorverkleidung der Schatzkammer von S. Marco entgegen, die ins 9. Jahrhundert gesetzt wird[192]. Während die Füllungen der Westseite noch in zurückhaltendem Taubengrau, Perlgrau und Braungelb schimmern, auch die Rahmungen von ähnlicher Tönung sind, finden sich auf der Südseite hingegen Platten in kräftigem Rotbraun, geflammt, getigert, oder mit Purpurtönen durchsetzt, und auch die Felderrahmen sind konsequenterweise von kräftigem Grün. Die dritte und letzte Stufe bringt eine weitere Steigerung der Farbenskala ins Kräftige und Reiche in den Fußbodenmosaiken von S. Marco oder von Torcello, wo dunkler Porphyr, purpurfarbene, schwarze, grünlich-schwarze und tief rosabraune Steine verwendet werden. Mit jeder Stufe wird also diese Farbigkeit schwerer und sonorer. Die erste dieser Phasen ist von der großen Epoche der venezianischen Malerei um mehr als neunhundert Jahre getrennt, die zweite um ein halbes Jahrtausend, die dritte immer noch um dreihundertfünfzig Jahre. Es kann also gar nicht erwartet werden, daß die Farben der veneto-byzantinischen Inkrustation auf den Bildern Bellinis oder Tizians wieder auftauchen. Aber der Farbgeschmack, die Auswahl unter den Möglichkeiten, farbige Wirkungen zu erzielen, läßt über solch riesige Zeitspannen hinweg eine Wahlverwandtschaft erkennen, die zwischen byzantinischer und venezianischer *Tafel*malerei keineswegs besteht. Die byzantinische Inkrustation teilt mit der venezianischen Malerei des 15. und 16. Jahrhunderts den Sinn für die zarte Farbe, die Farbnuance, sowie die Freude am Spiel fast unmerklich ineinander verschwebender Farbtöne, die sich in der Abstimmung benachbarter Farbfelder aufeinander bewährt und infolgedessen der harten Rahmungen entraten kann, mit denen die florentinische Inkrustation die Platten umschließt.

Hingegen setzt die venezianische Malerei des Trecento mit den vollen und lauten Farbklängen der byzantinischen Miniaturmalerei ein. Sie hat also im Kolorit noch kein eigenes Gesicht. Paolo di Venezia (datierte Werke seit 1333, gestorben kurz nach 1358) überträgt die Farben der Pala d'Oro auf Holz. Seine Farben sind von starker, lauter, byzantinischer Sicherheit. Auch Lorenzo Veneziano wirkt in der Accademia sehr viel mehr als Trecentist denn als Venezianer.

Man wird von der Bercken beipflichten müssen: »Die
880 Farbenverteilung des venezianischen Trecento ist eine gleichmäßige Durchmusterung des Bildes mit Stückchen bunter Farbe. Kein Teil soll durch besondere Ausbreitung oder durch abweichenden Farbcharakter die gleichmäßige Bildfüllung aufheben, und darum ist es sogar vermieden, daß neutrale Farben den Zusammenhang der bunten Farbstückchen unterbrechen[193].«

Erst vom Auftreten der Familie Bellini bis zu Canaletto und Guardi erstreckt sich das Königreich der venezianischen Koloristik. In keinem andern italienischen Kunstzentrum hat man so den Sinn für geschlossene Felder kostbarer Farben entwickelt und zu feierlicher Wirkung erhoben. Auf Giovanni Bellinis Taufe Christi in S. Corona in Vicenza sind die Falten-Kaskaden der Gewänder der drei Engel, die der Taufhandlung assistieren, von einer Reinheit und Leuchtkraft, wie sonst nur auf alt-niederländischen Bildern. Der erste erscheint in hellstem Gelbbraun, der zweite in tiefstem Blau, der dritte in grünem Gewand und weinrotem Mantel. Der einfache Akkord gelb – blau – rot ist hier von einer Kraft, daß man ihn nicht mehr vergißt. Dieselbe Freude an der Kombination edler Farben spricht sich seit der Frührenaissance in der nur Venedig eigentümlichen Streifung der Kostüme aus. Seit Gentile Bellini und Carpaccio setzt diese Längsstreifung ein, und noch auf dem Münsterschwarzacher Altar und den Würzburger Fresken Tiepolos tut sie ihre großartige Wirkung. Tauchen diese gestreiften Gewänder hingegen in Raffaels Stanzen im Vatikan auf, so wirken sie fremdartig, und tatsächlich hat man für diese Partie die Mitarbeit eines Venezianers, des Sebastiano del Piombo, vermutet.

Die Freude am ungestuften, nicht changierenden Farbwert hat Giorgione in seinen Grüns, Tizian in 881 seinen Rots (Assunta), ganz besonders aber Tiepolo. Sein Zinnober, Königsblau, Zitronengelb, kostbarstes Goldgelb (la Fede auf dem Deckenfeld der Scuola von Sa. Ma. del Carmine) bleiben auch dann noch in Erinnerung, wenn man die Bildkomposition längst vergessen hat. Tiepolo hat in vielem sich bewußt an Veronese gehalten[194]. Er übernimmt für die Rückenfiguren des Hintergrundes seiner Altäre die safranfarbenen Gewänder, die im Schatten cremegelb erscheinen, oder das intensive Blau mit silbrigen Lichtern, die jeden Stoff wie Seide schillern lassen, besonders aber das Prinzip, um die Hauptfigur der Komposition drei intensiv leuchtende Farbfelder zu vereinigen.

Im allgemeinen aber sind in Venedig nicht dieselben Lieblingsfarben durch die Jahrhunderte verwendet worden – nein, nur die Art, wie man mit den Farben umgeht, bleibt in den großen Blütezeiten der venezianischen Malerei die gleiche. Es zeugt für den Reichtum der Phantasie, daß in Venedig die Spannweite der Möglichkeiten für die Farbenkomposition innerhalb des Oeuvres eines einzelnen Meisters oder innerhalb einer Epoche viel größer ist als in irgendeinem anderen Kunstzentrum Italiens. Ja, in verschiedenen Bildern desselben Zyklus kann ein venezianischer Maler scheinbar sich widersprechende Möglichkeiten der Farbenkomposition so entfalten, daß man denken möchte, ganz verschiedene Hände hätten sich hier in die Arbeit geteilt. Am schönsten ist das vielleicht in Carpaccios Bildern der Scuola von S. Giorgio degli Schiavoni zu beobachten. Von der

delikaten Buntheit der Bilder der Georgslegende ste-
882 chen die drei Szenen aus dem Leben des hl. Hieronymus sehr ab. Zwei von ihnen, die Flucht der Brüder vor dem Löwen und der Tod des hl. Hieronymus, kommen mit drei Farben aus: dem tintigen Blau der Kutten, dem Weiß der Gewänder und dem warmen Goldbraun, das Wiesenplan und Gebäuden des Hintergrundes in gleicher Weise eignet. Es sind bewundernswerte, vollkommene Farbkompositionen, aber deren Beschränkung auf nur drei Töne stand bei dem buntfarbigsten der venezianischen Quattrocentisten eigentlich am wenigsten zu erwarten.

Da von Jacopo Bellini bis Guardi die Venezianer allein die warmen Farben geliebt haben, schlug die große Stunde der Bewährung für den venezianischen Farbgeschmack im Manierismus, als die italienische Malerei unter der Führung von Florenz in kalten, ausgelaugten Farben sich nicht genug tun konnte, ja als man sogar neue Malgründe von gesucht kühlem Material (Kupfer, Marmor) verwendete. Es ist erstaunlich, wie wenig die venezianische Malerei selbst in der Zeit der stärksten Entfaltung des manieristischen Stils dessen Versuchungen erlegen ist. Paris Bordones berühmtes Bild mit dem Fischer, der den Ring dem Dogen bringt (von 1534), zeigt nicht einen einzigen manieristisch kalten Ton: ein Weinrot, das nach warmem Gold hinüberspielt, Türkisfarben, nach Silber gehöht, ein Apfelgrün, das in sonores Gelb übergeht – kein einziges Changeant nach Rosaviolett oder kaltem Blau, wie es auf jedem florentinischen Bild der Zeit zu finden wäre[195]. Besonders die Grisaille-Malerei mit den Reliefs der Meerwesen im Vordergrunde hat nicht das kreidig Graue oder Leichenfahle, das solche gemalten Architektur-Details im Manierismus in Florenz oder Rom sogleich annehmen, sondern bleibt beim noblen venezianischen Schwarzgrau, über dem in der Stadt der Mosaiken von S. Marco immer ein leiser Goldton schwebt. Auch bei Bonifazio Veronese zeigen die späten Bilder der dreißiger und vierziger Jahre keinen Einbruch der manieristischen Farbigkeit. Sein Hauptwerk, das Gastmahl des Reichen (Venedig, Accademia) ist zwar nicht datiert, wird aber um 1535 entstanden sein[196]. Es hat die warmen sonoren Farben der Hochrenaissance. Die vier Bilder des Andrea Previtali, die vielleicht aus dem Dogenpalast stammen (Accademia no. 639–640, 1031–1032) mögen in ihrer Flächenkomposition manieristische Züge aufweisen, farbig sind sie dieser Richtung nicht erlegen, obwohl der Einfluß des Lorenzo Lotto unverkennbar ist. Tiefe, savoldohafte Brauntöne bildet die venezianische Malerei schon sehr früh aus (Basaitis Berufung der Söhne Zebedäi, 1510, Venedig, Accademia).

Erst durch Tintoretto, der als Zeichner ja überhaupt ganz florentinisch erzogen ist, dringen die kalten Farbwerte des florentinischen Manierismus in Venedig ein. Die Darbringung im Tempel und die Kreuzigung (Accademia no. 725 und 213) haben plötzlich das scharfe Rot mit dem Stich ins Violette an Hauptfiguren der Komposition. Die Kreuzigung aus S. Severo galt schon Ridolfi als Frühwerk und wird durch von der Bercken gegen 1548–1553 angesetzt[197]. Die Darbringung muß mindestens ein Jahrzehnt jünger sein, ist aber wohl nicht nach 1563 gemalt[198]. Dieses scharfe Rot bleibt auch im Bilde ganz isoliert, während die übrigen warmen Farben der Hauptfiguren (Kupferfarben, Rotbraun) in skizzenhaften Vari-

anten in den kleinen Hintergrundsfiguren abklingen.
884 Bei der Darbringung ist übrigens der Einfluß des Florentiner Manierismus auch in der Linearkomposition unverkennbar. Das Streben nach Übersetzung einer Rundplastik in die Malerei, der Versuch einer regelrechten Statuen-Ponderierung ist in der rechten Randfigur, der Mutter mit dem Kinde, mit Händen zu greifen. Selten hat sich Tintoretto so weit wie in diesen beiden Bildern von dem venezianischen Farbgeschmack entfernt, denn er ist natürlich einer der Kronzeugen des venezianischen Kolorismus. Die Befreiung des Sklaven durch den hl. Markus (1548, Venedig, Accademia) hat noch große, geschlossene Farbfelder von Tizianischer Leuchtkraft. Aber je älter Tintoretto wird, desto mehr gewinnen Rotbraun, Purpur und tintiges Blau die Oberhand. In der Scuola di S. Rocco wird man nirgends auf eine Nuance von kräftigem Grün treffen (Apfelgrün, Resedagrün, Moosgrün usw.), nirgends ein Safrangelb, nirgends ein Zinnober oder Karmin. Die Darstellung des Bethlehemitischen Kindermordes ist eine der geschlossensten Farbkompositionen des ganzen Zyklus; mit lauter ineinander übergehenden Tönen kommt der Meister aus: Purpurrot, Rotbraun, Kastanienbraun, Blaugrau, Stahlgrau, Grüngrau. Ridolfi erzählt, daß Tintoretto auf die Frage nach den schönsten Farben sich für Schwarz und Weiß entschieden habe: »Perche l'uno dava forza alle figure profondanda le ombre, l'altro il rilievo[199].« In der Tat ist sein Weiß von der größten Kostbarkeit und Mannigfaltigkeit. In dem Verkündigungsbilde der Scuola di S. Rocco findet sich fast schon das fette, sahneschwere Weiß Caravaggios, und wie versteht der mittlere Tintoretto dies Weiß im Schatten zu dämp-

fen und geheimnisvoller zu gestalten (Christus-Ge-
wand in dem Verhör vor Pilatus). Die Speisung der 885
Fünftausend ist aus lauter cremefarbenen Tönen aufgebaut, nur ganz links tritt noch ein manieristisch-fahles, ausgelaugtes Grün hinzu. Indem manche Bilder der Scuola di S. Rocco sich in der Farbgebung streng auf die Variation der liturgisch vorgeschriebenen Farben Rot und Blau von den Gewändern Christi und der Madonna beschränken, sind hier Ansätze zu einer Farbsymbolik gemacht (Taufe Christi).

Mit der Palette seiner reiferen Jahre befand sich Tintoretto nicht nur im Einklang mit dem Farbgeschmack der Zeit, sondern auch mit dem des Genius loci. Das beweisen die Pavimente der venezianischen Kirchen. Daß diese um 1560 in den Tintoretto-Farben ausgelegt sind, ist nicht weiter bemerkenswert, wohl aber, daß sich diese Farben bis zum Frühklassizismus im Grunde ohne jede Veränderung beim Schmucke der Fußböden von venezianischen Kirchen und Palästen behaupten! In der Zeit um 1550 scheidet das warme helle Braungelb aus der Plattenzusammenstellung aus, das z. B. im Chor von Sa. Ma. dei Miracoli noch für einen lichteren, weniger ernsten Gesamteindruck gesorgt hatte. Es bleiben Schwarz, Weiß und Rotbraun, eben das Tintoretto-Braun. (Zweite Hälfte 16. Jahrhundert: Chor von S. Giorgio Maggiore, Chor von Redentore, S. Salvatore, der gesamte Fußboden der Kirche einheitlich um 1568, fast nur in Schwarz und Rotbraun, wenige graue und gelbbraune Felder. Nur der Belag vor den Altären der Seitenschiffe in schwarzgrauen Mustern jünger. 17. Jahrhundert: Sa. Ma. della Salute, einheitlich in allen Raumteilen. Dieselben Farben wie im 16. Jahrhundert, dazu treten Grauviolett,

das aber nur an untergeordneten Stellen auftritt, und
886 Rosaviolett, das ganz an den Rand verwiesen ist. 18. Jahrhundert: Gesuati, keine Veränderung.)

In Veroneses großen Bildern taucht eine neue Art der Farbkomposition auf, die so kühn ist, daß man erst im Seicento ihre Tragweite begriff und sie nachzuahmen wagte. Veronese führt in seine großen, sorgfältig gemalten Bilder einzelne Figuren ein, die unfertig erscheinen[200], so sehr hat ihre farbige Anlage den Charakter des Skizzenhaft-Leichten. Der Farbkörper – wenn von einem solchen überhaupt gesprochen werden darf – besitzt in diesen Partien nicht den festen Zusammenhang der übrigen Oberfläche. Diese flüssig-durchsichtigen Farben haben gleichsam einen anderen Aggregatzustand als das übrige Bild. Über den Sinn dieser Neuerung kann man nicht im Unklaren sein. Um bei besonders figurenreichen und überfüllten Kompositionen die Gelenkpunkte des Bildes herauszuheben, besetzte Veronese diese Stellen durch Gestalten von einer gewichtloseren, unverbindlicheren Farbigkeit, die den Eindruck des non finito aus der Plastik in die Malerei überträgt. Wie bei Michelangelos non finito ist auch hier das Wesentliche der Kontrast des Abbozzo gegenüber dem Vollendeten. Das Hauptbeispiel dieser Richtung ist die große Kreuzigung der Accademia no. 255, ein ausgesprochenes Spätwerk von gedämpften Farben und verhangenem Himmel mit schweren, zimmetfarbenen Regenwolken[201] (Abb. 172). Wichtiger als die Kreuzigung am linken Bildrand ist der Zug der von Golgatha abrückenden Soldaten. Mit der merkwürdigen Raumscheu des Manierismus entfaltet sich dieser Menschenstrom aber nicht gegen den vorderen Bildrand hin,

sondern wird vom Mittelgrund aus in die Tiefe abgelenkt[202]. An diesem Wendepunkt, wo der militärische 887
Zug nach links abschwenkt, sitzen zwei inhaltlich völlig belanglose Figuren, die in hellsten Skizzenfarben, in wäßrigem Violett, Cremegelb und silbrigem Weiß angelegt sind. Zudem hebt sie auch ihr helles Inkarnat aus der tiefbraunen Hautfarbe der übrigen Figuren heraus. Der herabströmende Zug wird kompositionell verspannt zwischen diesen Figurinen und den Frauen unter dem Kreuz. Die Gottesmutter in hellviolettem Kleid mit weißen Höhungen, die Magdalena in rosabraunem Gewand und cremegelbem Mantel antworten mit ihren leichteren Farbgewichten jenen namenlosen Frauen an der Wegkehre.

Offensichtlich gehört diese Einführung des Kunstmittels des non finito erst der Spätzeit des Künstlers an, denn auch die Predigt Johannes des Täufers der Galleria Borghese in Rom gilt als Alterswerk[203]. Während die Figurengruppe des Vordergrundes mit der Predigt des Johannes in tiefen schweren Farben angelegt ist, erscheint der aus dem Hintergrund heraufkommende Christus, auf den der ausgestreckte Arm des Täufers hinweist, in einem Gewande von hellem Lachsrosa. Die Frauen am Wegrand sind in Rosa, Gelb, Lila und Veilchenblau gegeben, wobei auch der Malgrund der ausgesparten Stellen der Leinwand als Farbwert in Rechnung gestellt wird. Da diese ›unfertigen‹ Farben mit dem Kleid der knienden jungen Mutter, einer zur biblischen Szene nicht gehörenden Füllfigur in der unteren rechten Bildecke, in Beziehung gesetzt sind, bilden diese skizzenhaften Partien eine Farbkomposition in der Diagonalen aus der Tiefe her. Außerdem wird man schwerlich übersehen kön-

nen, daß hier ein Versuch der symbolischen Verwen-
888 dung von Farben vorliegt. Indem die Herren der Stunde in völlig durchgeführten Farben geschildert werden, der Vertreter des Kommenden aber, dem gerade erst der Weg bereitet wird, in ›unvollendeten‹ Farben, wird durch die Farbkomposition das Inhaltliche gedeutet.

Es wird nicht zu kühn sein, darauf hinzuweisen, daß im Quattrocento eine ähnliche Gewichtsverteilung der Farbe bei Carpaccio gewollt und vorbereitet ist, nur hat er natürlich diesem Kompositionsprinzip nicht mit Hilfe von skizzenhaft-unfertig erscheinenden Partien zum Siege zu verhelfen versucht. In dem Ursula-Zyklus ist der Abschied des Ercleo und das Treffen der beiden Verlobten eines der dunkleren Bilder. Die Figuren sind in friesartiger Reihung vor den grüngrauen Wasserspiegel gesetzt. Um nun aus dieser etwas einförmigen Gruppierung die Hauptakteure herauszuheben, sind sie in Gewänder von kostbar geblümten Mustern gekleidet, während die meisten Assistenzfiguren einfarbige Kleider tragen. Das gibt es überall. Aber hier sind auch die Nebenfiguren, die an Gelenkpunkte der Frieskomposition zu stehen kommen, in Brokatmuster gehüllt, die durch die unendliche Zartheit ihrer Farbnuancen und deren lichteren Charakter aus den einfachen, nicht changierenden Farbfeldern der Umgebung sehr herausfallen. Die Farben aber, kostbar ausgebreitet und in den unwahrscheinlichsten Changeants glänzend, sind schon fast dieselben wie bei Veronese. Die Brokatmuster stehen vor cremegelb-braunem, vor zart maronebraunem oder dem schimmernden Grund der weißen Seide. Diese sublimen, zarten Nuancen von

höchster Vollendung werden als Farbgewichte in der Komposition genau so verwendet, wie es Veronese 889
dann achtzig Jahre später mit seinen ›unvollendeten‹ Farben tut. Man wird also getrost von einer Eigentümlichkeit der venezianischen Koloristik sprechen dürfen, zumal auch bei Tintoretto sich Ansätze zu solchem Komponieren finden.

Im Settecento gab es so viele Arten der Farbkomposition wie es Maler in Venedig gab, könnte man beinahe sagen. Piazzetta und Tiepolo erscheinen uns in ihren reifen Werken wie Antipoden. In Wahrheit aber hat der junge Tiepolo ganz im Schatten Piazzettas und Bencovichs zu malen begonnen und seine Jugendbilder, ganz in Rotbraun gehalten, so daß man stets den Eindruck hat, hier sei der Bolusgrund durchgewachsen, sind erst in mühevoller Arbeit von der Forschung aus dem Oeuvre Piazzettas und seiner Schule ausgeschieden worden[204]. Erst unter dem Einfluß des Sebastiano Ricci gewinnt dann Tiepolos Palette die Leuchtkraft der Farben. Noch ein Meisterwerk wie das Altarblatt der Sa. Ma. della Fava mit der Erziehung der Jungfrau Maria, entstanden um 1732 bis 1733, fällt in die Zeit von Tiepolos ›attenuato piazzettismo‹[205].

So entfaltet die Kunst der Lagunenstadt in der letzten Spätphase vor ihrem Erlöschen noch einmal eine Fülle der verschiedenartigsten Möglichkeiten malerischer Anschauung, wie es für solch schöpferisches Versprühen in den euphorischen Stunden vor dem Zusammenbruch einer großen Kultur typisch ist. Aber nur aus allzu großer Nahsicht behält dies Bild das Ungeordnete und Verwirrende. Bei einigem Abstand bemerkt man sehr bald, daß es vor allem die beiden von jeher vorhandenen Spielarten venezianischer Farbkomposition sind, die noch einmal als getrennte Ströme klar zutage treten. Die Linie, die von Giovanni Bellini über Giorgione, den jungen und mittleren Tizian über Veronese bis zu Tiepolo die strahlende Leuchtkraft der Farben verkündet, regiert nicht allein. Gleichberechtigt tritt neben sie jene andere Anschauungsweise, die ihre Bilder vor allem aus hellen und dunklen Brauntönen aufbaut, und die ihre eigentliche Erfüllung erst im Settecento erleben sollte. Es ist die Strömung, die von Gentile Bellinis Kreuzwunder und Carpaccios Traum der hl. Ursula über die Bilder der Bassani und die Spätwerke Tizians und Tintorettos hinführt zu Piazzetta und den sächsischen und Warschauer Veduten Belottos. Ein Genie wie der junge Tiepolo kann mühelos den Übergang von der einen Kompositionsart zur anderen vollziehen. Als latente Möglichkeit ist das Schalten mit beiden Arten der Farbkomposition eigentlich im Werke jedes großen venezianischen Malers vorhanden, im Quattrocento am deutlichsten bei Giovanni Bellini und Carpaccio.

Gewiß gibt es genügend Künstler, die sich im 18. Jahrhundert weder der einen noch der anderen Gruppe zuordnen lassen. Von der banalen Buntheit der konventionellen Landschaften von Giuseppe Zais und Francesco Zuccarelli läßt sich keine Brücke schlagen zu der tonigen Gebundenheit der Veduten Guardis und Belottos. Aber jene Abseitsstehenden haben untereinander nun auch kaum gemeinsame Züge. Welche Distanz zwischen den Werken der berühmtesten Venezianerin des 18. Jahrhunderts, Rosalba Carriera, die mit dem Kreideton ihrer Pastelle einsam bleibt,

und den Bildchen des Pietro Longhi, die das galante Leben der Lagunenstadt mit dem Schmelz ihrer erd- 891
beerroten und seladongrünen Töne schildern, denen man die Lehrzeit ihres Schöpfers bei Giovanni Maria Crespi in Bologna ebenso ansieht, wie das Studium der Bilder des Watteau und der französischen Maler seiner eigenen Generation.

Neben die Farbkomposition tritt die lineare Bildkomposition. Auch sie hat viele Züge ausgebildet, die als typisch venezianisch gelten dürfen, und die durch die Jahrhunderte hin so nur in der Lagune vorkommen. Für Venedig spielten das *Bildformat und die Form des Bildrahmens* eine viel gewichtigere und augenfälligere Rolle als in den andern italienischen Malschulen. Am Anfang der venezianischen Tafelmalerei stand die Altarform des Poliptychon. Diese echt venezianische Kompositionsart hat nun freilich die Malerei in der Lagune nicht durch die Jahrhunderte begleitet. Sie mußte vielmehr möglichst schnell aufgegeben werden, wenn die venezianische Malerei die Stufe der mittelalterlichen Bildkomposition überwinden wollte. In den Kirchen, in dem großen ersten Saale der Accademia, überall erscheinen die Altäre des Trecento aus lauter kleinen Einzeltafeln zusammengesetzt. Ein großes dominierendes Mittelbild fehlt. Wo bei Giotto das Ganze des Bildfelds herrscht, erblicken wir hier die Summe der Einzeltäfelchen. Zur Gruppenkomposition wie zum monumentalen Bildformat führt vom Poliptychon kein Weg. Die Ancona ist zumeist zweigeschossig. In jedem Stockwerk stehen fünf Täfelchen nebeneinander, während in der Toskana das eingeschossige Tripty-

chon die übliche Altarform bildete. Die venezianische
892 Plastik des Trecento hat die Vorbilder der Malerei in riesige Marmor-Poliptychen umgesetzt (Hochaltar von S. Francesco in Bologna von den Brüdern Jacobello und Pierpaolo Massegne, 1388 in Auftrag gegeben, 1403 noch nicht völlig bezahlt[206]). Nun ist diese Retabelform keineswegs in Malerei und Plastik auf Venedig beschränkt[207], aber typisch ist sie eben in Italien nur für Venedig. Es ist offenbar so, daß die Dominante hier an eine byzantinische Altarform anknüpft (Pala d'Oro). Gleich bei den ersten venezianischen Malern, die für uns greifbar werden, Maestro Paolo (1333), Lorenzo Veneziano u.a. findet sich die Form des Poliptychons[208], sie hält sich noch durch den Weichen Stil hindurch (Jacobello del Fiore)[209], wird fast alleinherrschend bei Antonio Vivarini[210], und selbst die Frühwerke des Giovanni Bellini haben sich noch mit dieser Altarform auseinanderzusetzen gehabt, wenn auch in einer schon stark reduzierten Form[211]. Als dann in der Frührenaissance die Unterteilung der Altartafel endlich ganz aufgegeben wurde, kam Florenz vom Triptychon her wie von selbst zum Quadrat, Venedig vom Poliptychon aber zum Querbild[212].

Durchschreitet man in einer großen europäischen Galerie die den Venezianern eingeräumten Säle und Kabinette, so springt es sofort in die Augen, wie unter den Bildern hier das *Breitformat* vorherrscht. Schon die Quattrocentisten haben es bevorzugt, etwa die sogenannten Skizzenbücher des Jacopo Bellini und die Halbfiguren-Tafeln seines Sohnes Giovanni. In der Hochrenaissance steigert sich der Hang zum Breitformat womöglich noch. Auch in die Kassettendecken großer Säle, deren ganzer Raumrhythmus das Hochformat zu fordern scheint, sind Breitbilder eingepaßt. Bei Tiepolo und Guardi hat die Bevorzugung dieses Formats noch immer nicht nachgelassen. Eins der großartigsten Frühwerke Tiepolos, die Karmeliter-Madonna (um 1718–1720, Mailand, Brera)[213], kein Altarblatt natürlich, sondern von der Seitenwand einer Kapelle aus S. Aponal in Venedig, hat das ungewöhnliche Breitformat von 6,50×2,10 m. 893

Nun darf man freilich nicht vergessen, daß das Breitformat in Venedig nicht jeweils vom schaffenden Künstler frei gewählt wird. In sehr vielen Fällen sind es die praktischen Bedingungen der venezianischen Wohnkultur, die dem Maler dies Format aufzwingen. In den venezianischen Wohnzimmern wie in den Versammlungsräumen der Bruderschaften waren die Wände bis ziemlich hoch hinauf mit Holztäfelungen verkleidet, so daß in der Fensterzone, wo die Wand dann nackt zutage trat, nur Platz für das Anbringen von Bildern im Querformat blieb. Von diesen Verhältnissen kann man sich heute noch etwa in der Scuola von S. Giorgio degli Schiavoni überzeugen, deren Inneneinrichtung aus der Zeit um 1500 unverändert auf uns gekommen ist. Man kann sich schwer vorstellen, daß Tintoretto freiwillig für die Themen vom Sündenfall und von Kains Brudermord ein Breitformat gewählt hätte, wenn er nicht durch den Auftrag für ein Bruderschaftsgebäude von vornherein auf diese Proportionen festgelegt gewesen wäre. (Ursprünglich in der Scuola della Trinità, heute Venedig, Accademia, entstanden 1550–1553[214].) Denn die christliche Ikonographie kennt die Versuchungsszene nur in der Form, daß die beiden ersten Menschen unter dem

Baume *stehen*, um dessen Stamm sich die Schlange
894 ringelt. Um das Thema im Breitformat unterzubringen, mußte Tintoretto die ersten Eltern auf niedrigen Steinbänken in diagonaler Lage mehr liegend als sitzend darstellen, und kaum weniger gewaltsam ist die Gruppe der Kämpfenden auf der Ermordung Abels nach der Breitendimension hin verschoben.

Manche Lieblingsgegenstände der venezianischen Malerei, die Ignuda, das Prozessionsbild, die Trionfi, die großen religiösen Gastmahlsdarstellungen (Hochzeit zu Kana, Gastmahl des Reichen, Christus im Hause des Zöllners usw.) in den Refektorien der Klöster fordern ganz von selbst das Breitbild. Durchblättert man etwa einen Band, der die Gemälde des Bonifazio Veronese zusammenträgt, so wird man mit Ausnahme einiger Altarblätter nur Bilder im Breitformat abgebildet finden[215].

Auch in Florenz gibt es berühmte Breitbilder (Botticelli, Geburt der Venus und Frühling, Leonardos Abendmahl in einem Mailänder Konvent usw.). Aber das Entscheidende ist, daß Florentiner Bilder die seitlichen Ränder der Komposition fest verstreben. Während in Florenz die Kraft des tektonischen Bildgerüstes wesentlich auf der Festigkeit der Rahmenfiguren beruht, sind in Venedig hingegen die seitlichen Bildränder fast niemals betont. Man hat sich dabei oft genug an die Unbegrenztheit des nach allen Seiten ausgedehnten Goldgrundes der byzantinischen Mosaiken erinnert gefühlt[216]. Man wird den Eindruck nicht los, als seien die Seitenränder venezianischer Bilder zufällig gewählt, so daß sehr oft die Illusion entsteht, das Bild sei nur der Ausschnitt aus einem laufenden Band, historisch gesprochen, aus einem

Fries oder Rotulus. Ebenso könnten die Joche der
Procuratien auf der Piazza nach Belieben verlängert 895
oder verkürzt werden. Bei einem Florentiner Bilde könnte man niemals in Versuchung geraten, links oder rechts Einzelfiguren oder Gruppen anfügen oder wegnehmen zu wollen, ebensowenig wie bei einem Florentiner Renaissance-Palaste Flankenjoche. Bei venezianischen Bildern fühlt man sich oft dazu versucht (Lazzaro Bastiani, Der Doge Mocenigo vor der Madonna, London, Nat. Gal.; Giovanni Bellini, Der Doge Barbarigo vor der Madonna; Murano, S. Pietro Martire; Tintoretto, Madonna mit den Tesorieri, Venedig, Accademia, viele Bilder des Bonifazio Veronese usw.).

Daß der untere Bildrand nicht als Basis der Komposition benutzt wird, sondern oft nur als zufällige Begrenzung des Bildes nach unten erscheint, paßt genau mit dem zusammen, was wir über das Verhältnis der venezianischen Architektur zum Wasserspiegel und über die Ponderation der Plastik auf ihrer Standfläche gesagt haben. Die Verklärung Christi auf dem Berge Tabor, ein Hauptwerk der mittleren Reifezeit des Giovanni Bellini um 1480 (Neapel, Pinakothek) (Abb. 162) ist eines der frühesten und eindrucksvollsten Zeugnisse für diesen ›fließenden‹ unteren Bildabschluß. Das Felsmassiv des Hügels, in das der Maler Einblick gewährt, schafft zwar einen festen, ja monumentalen Sockel für die Dreiergruppe Christi und der Propheten. Aber indem er einen abschüssigen Weg im Vordergrund und sein Geländer von dem unteren Bildrande schroff überschneiden läßt, schwächt Bellini den Eindruck von dem sockelhaften Charakter des Felsgeschiebes wieder ab. Noch mehr

fällt das Willkürliche des unteren Bildabschlusses ins
896 Auge, wenn er die Gestalt eines knienden Stifters schon in Höhe der anbetend erhobenen Hände überschneidet. Ein besonders eindrucksvolles Beispiel dafür ist Giovanni Bellinis Breitbild der Madonna mit Heiligen und dem Stifter Giacomo Dolfin in S. Francesco della Vigna in Venedig (signiert und datiert 1507, ein berühmtes Bild, da mehrere zeitgenössische Repliken erhalten sind[217]). Hier wächst die Landschaft der dicht gedrängten Gruppe der Heiligen zudem so über den Kopf, daß die ganze Figurenzone nach unten abzusinken scheint.

Sehr auffallend ist es, daß das repräsentative venezianische Bildnis des Cinquecento weder ein Halbfigurenbild noch ein Kniestück ist, wie in Rom und bei Raffael, sondern ein Mittelding zwischen beiden. Der untere Abschluß liegt an einer Stelle, die durch den körperlichen Organismus des Dargestellten nicht bedingt ist. Wo im Florentiner Manierismus ein ähnlicher unterer Bildrand vorkommt, verliert er alles Fließende und Ungewisse durch die absichtsvolle Anordnung der Hände, die so gruppiert sind, daß der Abschluß an dieser Stelle als höchst natürlich erscheint[218]. Tizian führt dieses Format mit dem fließenden unteren Rand schon unmittelbar nach Giorgiones Tod ein (Bildnis des Arztes Palma, um 1511, Wien, Kunsthistorisches Museum) und behält es für Porträts in seinem weiteren Schaffen bei. Tintoretto hat ganz ausschließlich Bildnisse mit dieser Art des unteren Abschlusses gemalt. Einen tieferen Sinn wird man darin erblicken, daß das Ganzfigurenbildnis, eine im frühen 16. Jahrhundert neu aufkommende Gattung des Porträts, die Lieblingsform für Bildnisse auf

der Terra ferma wurde (besonders unter Moroni und Moretto), während Venedig selbst sich ziemlich ab- 897
lehnend gegen das neue Bildformat verhielt. Von Tintoretto, Bordone, den Bassani ist kein Ganzfigurenbildnis überliefert. Die Gründe für dies Verhalten liegen auf der Hand: Venedig besaß eine Abneigung gegen das Porträt, das sich auf fester Standfläche aufbaute, und wie die ponderierte Skulptur auf fester Basis, so vermied es auch das Ganzfigurenbildnis wenigstens im Cinquecento. Im Seicento ließ sich diese Abneigung in den repräsentativen Bildnissen der Magistrate in öffentlichen Sitzungssälen u.a. nicht mehr aufrechterhalten.

Im genauen Zusammenhang mit dem Mangel einer festen Verstrebung der Bildränder steht die für florentinisch erzogene Augen ganz unverständliche Tatsache, daß bei venezianischen Bildern oft kein Gravitationspunkt in der Mitte des Bildfeldes vorhanden ist. In Florenz pflegen hier der Scheitelpunkt des Dreiecks der Bildkomposition, der Schnittpunkt der Diagonalen, die Brennpunkte einer Ellipse oder ähnliches zu liegen. Dort, wo die Bildmitte selbst nicht betont wird, sucht man zumeist die beiden Bildhälften gegen die ideale Mittelachse hin zu orientieren. In Venedig aber liegt nicht in der Mitte des Bildfelds der Magnet, der von allen Teilen der Fläche her die Formen anzieht. Ganz im Gegenteil fließen die Kompositionslinien sehr oft von der Bildmitte gegen die offenen Ränder zu ab[219]. Am deutlichsten wird dies im Manierismus, wo eine höchst künstliche Bildmitte scheinbar betont wird, zu der alles hinstreben soll, während in Wahrheit die zentrifugale Tendenz der Komposition nur um so offener zutage tritt und alle For-

men nach der Seite wegstreben (Tintoretto, Abschied
898 des Aenaeas von der Dido, Braunschweig, Museum[220]; weniger ausgeprägt auch bei der wunderbaren Vermehrung der Brote und Fische, New York, Metropolitan Museum)[221]. Andere erstaunliche Vermeidungen eines ruhenden Bildzentrums findet man bei Domenico Tintoretto: Die Entstehung der Milchstraße, London, Nat. Gal.; Jacopo Tintoretto, Martyrium der hl. Katharina zwischen Rädern, Venedig, Accademia; das Deckenbild des Atrio quadrato des Dogenpalastes mit dem Dogen Priuli, der von der Gerechtigkeit Schwert und Waage empfängt, und die vier herrlichen Szenen des Anticollegio[222] (Abb. 179). Die Hauptfigur, welche in beherrschender Stellung die Bildmitte einnimmt, wird in Venedig ihres zentrierenden Charakters gleichwohl entkleidet, so wie die Gerechtigkeit in dem Amtsbild des Dogen Priuli. Auf ein besonders typisches Beispiel, auf Cima da Coneglianos Madonna mit den Hl. Michael und Andreas (Parma, Gal.), hat schon von der Bercken aufmerksam gemacht[223], wo die Gottesmutter sich um eine Gebäude-Ecke herumwenden muß, um nur ja den Charakter des Thronens in der Bildmitte zu vermeiden. Bei Tizians Bacchus und Ariadne (1522 bis 1523, London, Nat. Gal.) führt die große Diagonale, welche die beiden Hauptfiguren verbindet, mit Vehemenz aus dem Bilde heraus. Es ist alles dafür getan, daß die inhaltlich und formal beherrschende Mitte des Bildes, der Bacchus, keine zentrierende Wirkung entfaltet. Mit der Madonna des Hauses Pesaro verdrängt Tizian dann den Typ der Sacra Conversazione, die Madonna wird von der Bildmitte an den äußersten Rand gerückt, und die-

ses neue Bildschema hat durch Jahrhunderte eine ungeheure Wirkung gehabt.

Das Abfließen nach den Seiten ist besonders schön auf Tintorettos Findung Mosis (St. Louis, Museum), der Mannalese (Venedig, S. Giorgio Maggiore)[224], besonders aber auf den Historienbildern des Gonzaga-Zyklus aus Mantua (München, Alte Pinak.)[225] zu beobachten. Die parallele Häufung von fallenden Diagonalen, die nirgends von einer Gegenbewegung gehemmt werden, ist ein Kunstmittel des Manierismus in allen Schulen; für Venedig aber wird damit nur eine alte Form der Flächengliederung neu bestätigt.

Die einfache Diagonale ist bevorzugtes Mittel der Bildgliederung für alle Jahrhunderte der venezianischen Kunst. Von Giovanni Bellinis Stigmatisation des hl. Franziskus an (New York, Sammlung Frick)[226] geht die Reihe zu Giorgione, der in der Allendale-Anbetung (Washington, Nat. Gal.) die Diagonale noch dogmatisch-streng als Rückgrat seiner Bildkomposition verwendet, aber über die Tempesta hin bis zur Fête champêtre immer größere Freiheit in der Handhabung dieses Hilfsmittels gewinnt. Von Tizians Verkündigung Mariä (Treviso, Dom, um 1515–1517) über Bacchus und Ariadne (London, Nat. Gal., 1523) bis zu den zahlreichen Abendmahlsdarstellungen Tintorettos mit ihren diagonal in die Tiefe gruppierten Tischen, die sich in jäher Verkürzung darbieten, nimmt die Bedeutung der Diagonalkomposition für die venezianische Malerei dauernd zu. Ortsstil und Zeitstil decken sich hier. Bedarf der Manierismus der Stoßkraft der Diagonale zur plötzlichen und abrupten Erschließung der

Bildtiefe, so können die Venezianer dem ihnen sonst
900 so wesensfremden Stil hier einmal nachgeben, weil sie dies Gliederungsprinzip schon lange bevorzugt hatten.

Alle diese merkwürdigen Beobachtungen drängen uns die Erkenntnis auf, daß das venezianische Bild nicht wie das florentinische in sich selbst ruht. Die geschlossenen geometrischen Figuren, die für die Kompositionen toskanischer Bilder das Gerüst abgeben (Dreiecke, Rhomben, Quadrate, Kreise, Trapeze usw.), weisen nicht über sich selbst hinaus, wohl aber bei Tintoretto ganze Diagonalenbündel, bei Tizians Madonna des Hauses Pesaro die großen abbrechenden Säulen, bei Giorgiones Frühbildern in den Uffizien die großen Baumgruppen usw.

Es erscheint nur konsequent, daß Venedig derjenigen Bildform, die allein vom Rande her die Komposition gestaltet, die Tore verschlossen hielt. Der Tondo hat im Quattrocento in Florenz und Umbrien als die modischste Bildform die größte Verbreitung gefunden. Alle bedeutenden Maler, Filippo Lippi und Botticelli, Raffael und Michelangelo, haben in Früh- und Hochrenaissance Tondi geschaffen – aber kein einziger venezianischer Künstler! Hier, wo im Bildzentrum der Gravitationspunkt der Komposition unverrückbar liegen muß, von dem aus sich alle weitere Bewegung in Ringen bis zum Bildrand fortpflanzt, haben wir in der Tat das äußerste Widerspiel zu allem venezianischen malerischen Gestalten vor uns[227]. Es ist sehr bezeichnend, daß der junge Paolo Veronese unmittelbar nach seiner Ankunft in der Dominante 1553 Tondi – wenn auch nur an untergeordneter Stelle – in seiner Erstlingsarbeit im Soffitto der Sa-

kristei von S. Sebastiano und an den Ecken des Pla-
fonds der Kirche selbst anordnet (1556). Sobald er 901
aber in der Lagunenstadt eingelebt ist, bekehrt auch
er sich zum Oval und das Tondo verschwindet[228].
In den großen Holzsoffitti der Prunksäle des Dogen-
palastes (nach dem Brande von 1577) tritt der Tondo
überhaupt nicht auf[229].

Der Gegensatz zwischen venezianischer und florentinischer Dekoration tritt kaum auf einem anderen Gebiete so ausgeprägt hervor wie beim Vergleich dieser Prunkdecken des Dogenpalastes mit gleichzeitigen florentinischen Palastsoffitti[230]. Bei allen toskanischen Decken bleibt das System der antiken

(228) Veroneses Bild, Accademia 661, der hl. Nikolaus von der Gemeinde in Myra empfangen, ist erst später zum Tondo zurecht geschnitten worden (G. Fiocco, P. Veronese, Tafel XCIII). – Auch unter Tintorettos Jugendwerken taucht der Tondo einmal auf. Diese Bestrafung der Niobiden (v. d. Berkken Taf. 25, R. Pallucchini, La Giovinezza di Tintoretto p. 91 f., Abb. 136), entstanden um 1544, entzieht sich der inneren Gesetzmäßigkeit dieser Bildgattung zwar nicht ganz, aber die typisch venezianischen Diagonalenbündel stören die Kreissegmente, die sich zusammenfinden wollen, wo sie nur immer können.

(229) Sehr auffällig ist hingegen, daß das Gewölbe des Salone der Markus-Bibliothek nur mit 21 Tondi geschmückt ist, die von Veronese, Schiavone u. a. gemalt sind, die hier unter Leitung und unter Beteiligung von Tizian arbeiteten. Da in der Baudekoration der Gewölbe in den Erdgeschoßloggien der Bibliothek ebenfalls Tondi in ornamentaler Verwendung auftreten, dürfte auch die Anordnung der Rundbilder im großen Bibliothekssaal nicht auf den Maler, sondern auf den Architekten Sansovino zurückgehen, der sich als Florentiner ein ursprüngliches Verhältnis zum Tondo bewahrt hätte. Der Tondo in der Bauornamentik in Venedig sonst ebenfalls selten (z. B. Campanile von Sa. Ma. Formosa).

Kassettendecke mit dem Grundgedanken der Durch-
902 dringung horizontaler und vertikaler Balkenlagen bewahrt. Es wird nur abgewandelt. In den Decken des Dogenpalastes (Abb. 159) hingegen werden an ein oblonges Mittelfeld die umlagernden seitlichen Spiegel von ovaler Form, ferner halbierte Ellipsen und Restfelder von komplizierter sphärischer Begrenzung durch merkwürdige Bandverschlingungen herangeholt und festgeknüpft. Man erinnert sich sogleich, daß dies in Deutschland die Zeit des Rollwerks ist. Nur sind die venezianischen Einrollungen und Verschlingungen frei von der kauzigen Enge des deutschen Ornaments; in großen kühnen Bogen fließen die Kurven. Aber sie ›bauen‹ sich nicht auf oder ›spannen‹ sich nicht. Das tektonische Gerüst schiebt sich nicht in den Vordergrund, die Volutenbögen in der Sala del Senato überfluten den Rahmen des Mittelfeldes wie die Meereswogen den Strand[231].

Eine malerische Kultur, die sich so sinnfällig mit dem Milieu verbindet, das den Abkömmling umfängt, mußte den *Fremdling* in kürzester Zeit *verführen*, die äußere Erscheinung der Dinge *mit venezianischen Augen zu sehen*. Gerade diejenigen Künstler, denen ihrer ganzen Herkunft und bisherigen Umwelt nach ein solches atmosphärisches, malerisches Sehen denkbar fremd sein mußte, bekehren sich in der Lagunenstadt schnell zu einem leuchtenden Kolorismus.

In den Jahren 1475–1476 weilte der Maler *Antonello da Messina* zu kurzem Aufenthalte hier. Seine künstlerische Erziehung hatte er in Neapel genossen, wo der um 1425–1430 Geborene vor dem Jahre 1455 in Berührung mit den Originalen niederländischer Malerei gekommen sein muß und wo er durch den etwa gleichaltrigen Maler Colantonio mit der zeitgenössischen Strömung der südfranzösisch-burgundischen Malerei bekanntgemacht wurde[232]. Unter Alfonso von Aragonien, einem Sammler niederländischer Bilder, befand sich in Neapel eine ganze Reihe von Werken von Jan van Eyck und Rogier van der Weyden. In einem ähnlichen Milieu muß dann Antonello auch in Messina gelebt haben. Aber der Messinese ist ein Proteus, wie die Geschichte der italienischen Malerei keinen zweiten kennt, den Lorenzo Lotto vielleicht ausgenommen. Als Antonello nach zwanzigjähriger Seßhaftigkeit in seiner Vaterstadt die Insel zum ersten Male wieder verläßt und 1475 die große Reise antritt, die ihn wohl über Urbino und Padua nach Venedig führt, da ist er den neuen Eindrücken so aufgeschlossen, wie Jahrzehnte vorher dem Jugenderlebnis der flandrischen Tafeln in Neapel. Es ist kaum zu begreifen, wie er in den knapp eineinhalb Jahren, die er in der Dominante verbrachte, sich so sehr in Geist und Form der venezianischen Malerei einleben konnte, daß seine hier entstandenen Werke nicht nur von den Gemälden der einheimischen Werkstätten kaum zu unterscheiden sind, – nein, daß sie sogar als Hauptzeugen der Entwicklung der venezianischen Malerei des Quattrocento figurieren können. Denn in der zwischen August 1475 und März 1476 gemalten Pala di S. Cassiano, deren Fragmente sich heute im Wiener Kunsthistorischen Museum befinden, hat Antonello geradezu das Schema des venezianischen Andachtsbildes geschaffen, das von vielen Dutzenden einheimischer Altäre der Re-

naissance übernommen werden sollte[233]. Auf die
904 glücklichen Kompositionen zweier großer Vorläufer sich stützend, deren Werke er auf der Reise von Süden herauf in Urbino und Padua vermutlich aufgesucht hatte, glückte Antonello dieser große Wurf. Es ist erstaunlich, wie sehr sich der an nordischen Bildern Erzogene in das Phlegma des venezianischen Charakters einzuleben vermochte, wie gut er die Stille zu treffen wußte, die über venezianischen Altarbildern liegt. Das ist um so merkwürdiger, als seine Andachtsbilder, wie die Büstenfigur des Christus an der Geißelsäule oder seine Kreuzigungstafeln bisher nach niederländischer Weise an den Schmerz des Beschauers dieser Passionsdarstellungen sehr eindringlich appelliert hatten. All das ist nun in der Pala di S. Cassiano wie verflogen, die feierliche Ruhe der auf ihrem Thron hoch entrückten Madonna, das wunschlose Schauen der zu ihren Füßen versammelten Heiligen, das friedliche Beieinander ihrer Attribute in stillebenhafter Eindringlichkeit, der Glanz, der auf Glas und goldenen Kugeln und Buch liegt, – das alles scheint nicht von einem eben in Venedig eingetroffenen Sizilianer, sondern von einem dritten, bisher unbekannten Bruder Bellini gemalt zu sein. Auch die Farbigkeit zeigt sich in diesem Werk verändert. »Im Gegensatz zur kühleren, klaren, fast harten Tönung noch der Verkündigung von 1474 ist ihr jetzt eine warme Sättigung und tiefe Leuchtkraft eigen, gesteigerte Intensität und ein Schmelz und fester Zusammenhang der Oberfläche[234].« Das ist der Einfluß der Spätwerke des Piero della Francesca während der Reise und dann die lebendige Berührung mit Giovanni Bellini in Venedig.

Das venezianische Sentiment hat Antonello in dem zweiten Hauptwerk des venezianischen Aufenthalts, 905
dem hl. Sebastian (Dresden, Gal.), noch sehr viel unmittelbarer getroffen (Abb. 163). So sehr für den statuarischen Aufbau der Figur Piero della Francescas Christus an der Geißelsäule in Urbino das Vorbild abgegeben hat (Abb. 76), so sehr auch die Lichtprobleme, besonders bei den Hintergrundsfiguren, die vor der schimmernd hellen Folie der Architektur erscheinen, im Sinne Pieros gelöst sind[235], der halb geöffnete Mund, das volle sinnliche Kinn, das spannungslose Dastehen der Figur, die ihr lässiges Sein, die Würde ihrer Person selbst am Marterpfahl nicht verliert und die durch eine Welt von den gequälten Märtyrern der Toskana und der Emilia getrennt ist, vielmehr die Autonomie der Gestalt in den Raum ausstrahlt – das alles bedeutet eine erstaunliche Einfühlungskraft des Messinesen in venezianisches Wesen (Abb. 163). Es gibt wenige Künstler, deren Verhältnis zu einem fremden Kunstkreis so komplizierter Natur ist, wie das des Antonello zur Lagunenstadt. Er erscheint hier als Empfangender wie als Gebender. Denn durch seinen venezianischen Aufenthalt hat Antonello wesentlich dazu beigetragen, die venezianische Malerei ganz aus dem Banne Mantegnas zu lösen, dessen harte spröde Farben und dessen graphische Bestimmtheit dem venezianischen Wesen so fremd wie möglich waren.

Albrecht Dürer hat sich in der venezianischen Atmosphäre so wohl gefühlt, daß er an den Freund Willibald Pirckheimer in Nürnberg schrieb: »O, wie wird mich noch der Sunnen frieren, hie bin ich ein Herr, doheim ein Schmarotzer.«. Als er im Herbst 1505

Venedig zum zweiten Male besuchte, war er vierund-
906 dreißig Jahre alt und ein Mann, der seine Form gefunden zu haben schien. Ein größerer Gegensatz als der zwischen der künstlerischen Umwelt, aus der Dürer kam, und der neuen, in die er nun eintauchte, ist kaum vorstellbar. Nürnberg war die Stadt eines graphischen, harten, genauen und kleinteiligen Sehens. Der Farbensinn war hier nicht so entwickelt wie am Mittelrhein oder in Schwaben. Die spröden Nürnberger Maler, die Pleydenwurff und Wohlgemuth, trennte eine Welt von dem leuchtenden Kolorit der venezianischen Malerei. Dürer hat sich ganz ohne Vorbehalt der neuen Sehweise hingegeben, nicht nur als Maler, sondern auch als Zeichner. Der weiche Tuschpinsel, den Dürer bisher nur ab und an verwendet hatte, löst nun die Feder ab, und besonders benutzt er von jetzt an farbig getönte Papiere (blaue), wie sie in Venedig üblich waren, die durch Höhung mit weiß – ebenfalls mit dem Pinsel – noch mehr in die Sphäre des Malerischen gezogen wurden[236].

Die Berliner Madonna mit dem Zeisig von 1506 (Abb. 187) zeigt, welchen Eindruck allein schon in der Flächenkomposition der alte Giovanni Bellini auf Dürer gemacht hat, von dem er heim schrieb: »Er ist sehr alt und ist noch der best im Gemäl.« Da sitzt die Madonna in freier Landschaft vor der Folie einer Thronrückwand von rotem Tuch, einem venezianischen Lieblingsmotiv. Die Stoffbahn läßt links und rechts nur schmale Landschaftsausschnitte übrig, bei denen selbst die Staffage noch dem alten Venezianer verpflichtet ist. Der Baum rechts vom Thron ist der Madonna degli Alberetti (Venedig, Accademia) entlehnt. Die innige Verbindung von Mutter und Kind, die in Dürers frühen Zeichnungen, Aquarellen und Stichen so sehr entzückt und die noch in dem Stich von 1503, auf dem die Mutter dem Kinde die Brust reicht (B 34), eine besonders intime Formulierung gefunden hatte, ist nun aufgegeben. Wie auf den Halbfigurenbildern Bellinis wenden Mutter und Kind sich voll dem Beschauer zu. Die Madonna ist eine reife große Dame geworden, und das voll überschaubare Gliederspiel des Sohnes hat alles spätgotisch Krause und Spitzwinklige verloren. Während Dürers Madonnen bisher stets mit ganzem Herzen bei ihrem Tun gewesen waren, thront die Madonna jetzt. Die Art, wie sie die Hand auf das hochgestellte Buch legt und wie sie nach den Maiglöckchen greift, verrät die leere Reflexbewegung. Alles dies und den strengen Aufbau der Flächenkomposition im gleichschenkligen Dreieck hätte Dürer aber auch in Florenz lernen können. Echt venezianisch jedoch ist der Jubel der tiefen, glühenden, warmen Farben. Vor dem Vorhang von leuchtendem Kirschrot prangt die Madonna in einem Gewand von gemaltem Lapislazuli. Dort, wo der rote Vorhang und das Blau des Madonnenkleides an der Schulterpartie zusammentreffen, wo das Plüschrot des Kissens neben dem satten Grün des Maiglöckchenstraußes steht, erklingen echt bellineske Farbakkorde. Das Inkarnat durchläuft alle Stufen von Braun, vom Kastanienbraun zu einem falben Zimmetbraun. Freilich, ganz ist der große Wurf nicht gelungen. Das Tuch, welches von dem Körper des Jesusknaben zurückgeschlagen ist, bildet mit seinem milchigen Blaugrau eine recht unausgesprochene Farbfläche, und in der graphischen Unruhe, welche die ganze Komposition durchrieselt, setzt sich das zeich-

nerische Erbe der Vaterstadt durch, das von der vene-
908 zianischen Gelassenheit sehr absticht. Gleichwohl durfte Dürer mit sich zufrieden sein. Von der Aufnahme des Rosenkranzbildes, das Dürer als Hauptwerk des venezianischen Aufenthaltes für den Fondaco dei Tedeschi gemalt hatte, berichtet er am 8. September 1506 an Pirckheimer nach Hause: »Ich hab auch die Moler all geschtillt, die do sagten, im Stechen wär ich gut, aber im Molen west ich nit mit Farben umzugehn. Itz spricht Jderman, sie haben schoner Farben nie gesehen.«

Im Jahre 1508, zwei Jahre nach Dürer, war der damals dreiunddreißigjährige *Fra Bartolomeo* in Venedig. Unmittelbar nach seiner Rückkehr malte er 1509 die Madonna mit den Hl. Stephanus und Johannes dem Täufer im Dom zu Lucca[237]. Da ist zunächst der lautespielende Engel aus den Altartafeln des Giovanni Bellini übernommen, der hier wie dort am Sokkel des Thrones der Madonna sitzt. Vor allem aber hat nun Fra Bartolomeo den leuchtend warmen Goldton des venezianischen Kolorits, den die Bilder dieses Erztoskaners vorher nicht kannten. »Wundervoll sind in der Gewandung Mariae das Dunkelrot des Kleides mit dem Blaugrün des Mantels zusammengestimmt. Aus dieser Farbenzusammenstellung leuchten hervor der warme goldige Ton von Gesicht, Händen und des Kinderkörpers[238].« In der Heimat bald wieder eingelebt, hat sich der Einfluß des venezianischen Kolorits bei Fra Bartolomeo dann schnell genug wieder verloren[239].

Als ›*El Greco*‹, der 1541 in einem Dorfe bei Candia auf Kreta geboren war, etwa vierundzwanzigjährig nach Venedig kam, trat er in eine Umwelt, die ihm nicht völlig fremd war, denn die Malerei der byzantinischen Madonnenmaler, der Madonneri vom Rialto, stand hier noch auf lange hin in Blüte[240]. Theotokopuli war auch nicht der einzige Kreter, der im Cinquecento in die Lagunenstadt übersiedelte. Kurz nach ihm ist z.B. auch der bekannteste griechische Maler der Insel, Micheíákis Damaskinós, von den Italienern dann Michele Damasceno genannt, nach Venedig gekommen, von der Griechenkolonie berufen, um in ihrer Nationalkirche S. Giorgio dei Greci zu malen. (Datierte Bilder von 1577.) Den Stil des jungen Greco bald nach seiner Ankunft in Venedig kennen wir genau, seit auf dem Tragaltärchen der Galleria Estense in Modena die Inschrift in griechischer Sprache und Buchstaben entdeckt worden ist: »die Hand von Domenico[241]« und seitdem andere Funde sich an das Triptychon von Modena anschließen ließen[242]. Von 1570–1571 lebte Greco dann in Rom, aber in der zweiten Hälfte der sechziger Jahre muß er Werkstattgenosse des alten Tizian gewesen sein. Es ist nun wunderbar zu beobachten, wie der junge Künstler etwa zwischen seinem fünfundzwanzigsten und seinem dreißigsten Lebensjahr die byzantinische Manier und ihre kretesischen Provinzialismen abstreift, um in die venezianische Auffassung der großen Ateliers von Gegenstand und Malweise hineinzuwachsen. Zwar war die Technik Tizians aus den späten sechziger Jahren in ihrer souveränen ›impressionistischen‹ Art wenig dazu geeignet, jungen Schülern eine Hilfe zu bieten[243]. Hingegen haben sich zwei Darstellungen der Anbetung der Könige erhalten (beide in der Galleria Borghese in Rom), in denen der junge Greco Kompositionen des Jacopo

Bassano kopierte. Den vollsten Widerhall des vene-
910 zianischen, golden glühenden Kolorits bedeutet die Heilung des Blinden (Parma, Galerie), die man um 1571, also schon in die Zeit des kurzen römischen Aufenthalts, datiert[244]. Von der Austreibung der Wechsler aus dem Tempel, einem Stoff, den Greco bis an sein Lebensende immer wieder gestaltet hat, ist die Fassung bei Sir Herbert Cook in Richmond die früheste. Sie steht ganz unter dem Eindruck des Tintoretto und hat von diesem besonders den preziösen Umriß der Figuren entlehnt. Der letzten Spanne des Aufenthalts des Greco in Venedig, der Zeit kurz vor 1576, muß das großartige Ganzfigurenporträt des Ottavio Farnese angehören[245], welches das Vorbild des Paolo Veronese nicht verkennen läßt, dieses aber weit überflügelt. In Spanien ist dann Greco der venezianischen Figurenkomposition, Malweise und Farbenskala schnell entwachsen. An der Einsamkeit, die seine Kunst im Reiche Philipps II., der den Künstler ablehnte, dann schnell umfängt, wird deutlich, wie sehr Venedig für einen Mann aus Kreta im Cinquecento noch Mutterboden hatte bedeuten können.

Als *Adam Elsheimer*, der Maler von Frankfurt, 1598 nach Italien zog, ging er nicht gleich nach Rom, wo er erst 1600 eintraf und wo er sein Leben dann allzu früh beschließen sollte. In den beiden letzten Jahren des Cinquecento hat Elsheimer sich in Venedig aufgehalten und in einem engen Werkstatt-Verhältnis zu dem Augsburger Maler Johannes Rottenhammer gestanden, der schon seit 1589 in Italien lebte. Aber so sehr Elsheimer sich auch den Kompositionsprinzipien seines Landsmannes bequemte, er war selbst ein zu bedeutender Künstler, als daß er

sich vor der venezianischen Umwelt verschlossen
hätte. Davon gibt eine kleine Gruppe von Gemälden 911
Zeugnis, die in Venedig entstand und aus der die
Flucht nach Ägypten des Berliner Kaiser-Friedrich-
Museums das bedeutendste ist[246] (Abb. 188). Ein
Künstler, zu dessen ersten Werken die Predigt Jo-
hannes des Täufers im Dunkel eines Eichenwaldes ge-
hört hatte (München, Alte Pinakothek), brachte für die
Tenebrosi Tintorettos den rechten Sinn mit. Es ist
ein bedeutsamer Augenblick für die deutsche Malerei,
in dem dieser letzte Nachfahr einer deutschen Hell-
Dunkelmalerei, der geistige Erbe einer Tradition von
Grünewald, Baldung und Altdorfer her, nun in Vene-
digs Malerei ähnliche Probleme souverän behandelt
fand, aber auf einer ganz anderen Stufe atmosphäri-
schen Sehens. Die Leuchtkraft der venezianischen
Palette hat Elsheimer zu erreichen versucht, wobei
er sich am ehesten an Paolo Veroneses Farbenskala
angeschlossen zu haben scheint, denn der cremegelbe
Mantel des Engels vorne links mit den grün-blauen
Brokatmustern findet sich immer wieder in dessen
Bildern. Im übrigen ist die Komposition auf der »aus
Blau, Rot und Gelb gebildeten Triade, die sich von
Tizian bis auf Tintoretto als eines der beliebtesten
Mittel venezianischer Koloristik verfolgen läßt«[247]
aufgebaut. Die beiden Vordergrundsfiguren, Joseph
und der Engel, sind in Untersicht gegeben, so wie
das Elsheimer vielen Bildern Veroneses und Tinto-
rettos hatte absehen können. Gleichwohl bleiben die
Innigkeit des Geschehens, der Blick, die Handbewe-
gung des Schutzengels, die großartig rhythmische
Kette des Engelreigens eher altdorferisch als vene-
zianisch. Aber die Art, wie die gesamte Farbigkeit aus

dem grünblauen Grund der Kupferplatte herausent-
912 wickelt ist, wie die Dunkelheiten sich tonig binden, wie die belichteten Stellen als Farbinseln in ihnen zu schwimmen scheinen, wie die Rahmenfigur des Joseph in Purpur glüht und das Gewand der Madonna nach Rotviolett gebrochen ist, wie das Grün der Vegetation ohne Einschnitt in das Grünblau des Himmels übergeht, wie die Engelkette ohne eigentliche Lokalfarben in pelzigem Grau schimmert, ihr Licht von der Aura im Bildscheitel empfangend – das wäre alles ohne das Studium der beiden letzten Generationen der venezianischen Malerei nicht zu denken.

Aber auch den einzigen anderen bedeutenden deutschen Maler des 17. Jahrhunderts, *Jan Liss*, zog es nach Venedig. Als der etwa vierundzwanzigjährige Holsteiner nach einer mehrjährigen Studienzeit in Amsterdam 1621 in Venedig eintraf, hielt es ihn dort nicht lange, und schnell reiste er nach Rom weiter[248]. Wohl schon 1622 wird er in der ›Schilderbent‹, einer Genossenschaft niederländischer Künstler in Rom, als Mitglied geführt. Aber die künstlerischen Zirkel der Ewigen Stadt müssen ihn enttäuscht haben, jedenfalls ist Liss bald in die Lagune zurückgekehrt, wo er von 1622 bis zu seinem Tode seßhaft blieb. Die Pestepidemie von 1629–1630 hat ihn dann in jungen Jahren dahingerafft.

Als er nach Italien kam, hatte er den Kopf voll von flämischen Genreszenen: Bauerntanz und Bauernstreit, galante Szenen mit Soldaten, Dirnen, Kartenspielern und Wahrsagerinnen bildeten den Gegenstand seiner Bilder. In den ersten venezianischen Jahren bleibt er diesen Themen durchaus noch treu; er konnte die niederdeutsch-flämische Welt noch keines-

wegs vergessen, sobald er die Alpen hinter sich gelassen hatte, zumal ja seit Caravaggio solche Bild- 913
motive auch in Italien die große Mode waren. Aber je länger Liss in Venedig weilt, desto mehr gerät er nun unter den Einfluß des Genius loci. Die großen Maler des Cinquecento waren freilich lange tot und ebenbürtige Nachfolger ihnen im 17. Jahrhundert nicht erwachsen. So ist denn von lebendigen Künstlern die größte Anregung auf Liss von einem Römer ausgegangen, von Domenico Feti, der Hofmaler des Herzogs von Mantua war und der wie Liss selbst nur zum Besuch in der Lagune weilte, der aber schon 1624 oder 1625 in Venedig starb. Beide Künstler, der Römer und der Holsteiner, nennen eine neue Farbenskala ihr eigen, nämlich die aus den Jahren des werdenden Hochbarock. Ihr fettes leuchtendes Weiß, ihr tiefes gesättigtes Karmin- und Ziegelrot erweist sie eher als die Zeitgenossen des Caravaggio denn als die Nachfolger Tizians und Tintorettos. Aber diese neue Farbigkeit wird nun in einer malerischen Sehweise vorgetragen, die sich Liss nirgends anders als in Venedig aneignen konnte. Sein stillstes Bild, die Trauer der ersten Eltern um den toten Abel (Venedig, Accademia)[249] (Abb. 173), übernimmt nicht nur aus Tintorettos berühmtem Jugendwerk mit der Befreiung eines Sklaven durch den hl. Markus (Venedig, Accademia) den Akt des Erschlagenen wortwörtlich, es spannt vor allem hinter dem fallenden Berghang einen Abendhimmel aus, auf dem sich die scheidende Sonne in tizianischem Golde verströmt.

Für *Rubens* bedeutet Venedig zunächst die Begegnung mit Tizian. Unter den Genies besteht nirgends sonst eine so tiefe Wahlverwandtschaft wie die zwi-

schen Tizian und Rubens. Ein positives Verhältnis zu
914 Gott und Welt, zu Mitmensch und Geschichte scheint beiden Malern angeboren zu sein, nicht errungen. Von Kämpfen und Krisen des schaffenden Künstlers ist in die Form des Werks bei beiden nichts mehr eingegangen. Die Männlichkeit und die Bejahung des Daseins werden es gewesen sein, die Rubens zu Tizian hinzogen. Von 1600 oder 1601 an hat der junge Flame im Dienste des Herzogs von Mantua gestanden. Von 1601 bis 1605 weilte er – unterbrochen von Besuchen in Rom und Genua und der spanischen Reise von 1603–1604 – in der oberitalienischen Residenz, und 1604 hat er vermutlich von dort aus Venedig zu längerem Studienaufenthalt besucht[250]. Aber die Verehrung für Tizian blieb nicht auf diesen Besuch in der Lagune beschränkt, sie begleitete ihn durch sein ganzes Leben. Längst schon ein weltberühmter Meister, kopierte er 1628/29 in Madrid, wohin ihn eine diplomatische Mission geführt hatte, fünfundzwanzig Gemälde Tizians, darunter mehr als ein Dutzend aus königlichem Besitz; es waren alle Stoffe vertreten: Altes Testament (Sündenfall), Mythologie (die beiden Bäder der Diana, Venus und Adonis usw.), viele Porträts (den Landgrafen von Hessen, den Kurfürsten von Sachsen, den Herzog von Alba, einen Dogen)[251]. 1604 zogen ihn in Venedig selbst bezeichnenderweise vor allem Tizians Bilder aus dem Jahrzehnt von 1540–1550 an, in denen der große Venezianer einen kraftvollen Frühbarock entwickelte. Gleich eine der ersten Zeichnungen des Rubens aus der venezianischen Zeit ist ein großes Blatt in schwarzer Kreide und brauner Sepia mit Höhungen, eine Kopie des Abrahams-Opfers von Tizian aus

der Decke der Sakristei von Sa. Ma. della Salute[252]. Eine Kreidezeichnung nach Tizians Altarblatt mit dem hl. Hieronymus in Sa. Ma. Nuova in Venedig (heute Mailand, Brera) gehört schon in die spätere Zeit des Italienaufenthalts[253]. »Der ganze Rubens hat sich mit dem ganzen Tizian erfüllt: ein Weg ist Tizian dem Rubens gewesen, sich mit dem Dasein als Maler auseinanderzusetzen[254].« Der Hofmaler Justus Sustermans in Florenz besaß mehrere Werke von Rubens, die so sehr in der Art Tizians ausgeführt waren, daß ein venezianischer Maler sie für Werke seines großen Landsmannes halten konnte. Sustermans klärte den Gast auf: »Ich will Ihnen die Wahrheit nicht verbergen, sie sind alle gesichert von Rubens. Aber dieser hatte Tizian so in seinem Geist, wie eine Dame ihren lebendigen Geliebten im Herzen hat. Er ist damals mein guter Freund gewesen, in Flandern; ich habe ihn oft besucht, und wenn wir auf Tizian kamen, konnte man ihn Wunder reden hören. Er bestand darauf, als auf der Wahrheit und ohne Übertriebenheit, aber mit aller Wärme, daß Tizian der Gipfel der Malerei und der größte Meister gewesen sei, der jemals war[255].«

Indessen, des Rubens Begegnung mit Tizian könnte auf der magischen Anziehungskraft zwischen den Genies allein beruhen und sagt noch gar nichts über des Flamen Verhältnis zu Venedig aus. Erst indem sich Rubens auch dem Einfluß des so ganz anders gearteten Tintoretto hingibt, wird die Bedeutung offenbar, welche die Lagunenstadt als Kunstzentrum für ihn gewonnen hat. Einen niederländischen Maler, der aus der Werkstatt des Manieristen van Veen kam, mußte die manieristische Bildkomposition Tintorettos be-

geistern, die Gliederung der Leinwand durch orna-
916 mentale Ketten aus menschlichen Gestalten. Bilder von Tintoretto in der Art wie Christi Niederstieg in die Vorhölle 1568 (Venedig, S. Cassiano)[256], stehen hinter dem großartigen Jugendwerk von 1604 mit der Geschichte von Hero und Leander (Dresden, Gal.)[257] (Abb. 180). Die herabstürzende Hero ist direkt Tintorettos berühmtem Frühwerk mit der Befreiung eines Sklaven durch den heiligen Markus (Venedig, Accademia) entlehnt. Aber auch die »malerischen Beleuchtungseffekte, mit den in die Dunkelheit brechenden Strahlen und die Art und Weise, mit langgezogenen Randlichtern zu wirken, die Breite des Strichs und die technische Freiheit des Pinsels[258]« kommen von Tintoretto her. Die drei Bilder der Jesuitenkirche von Mantua (seit 1797 zerstreut, Dreifaltigkeit zerstört, Fragmente in Mantua, Taufe Christi in Antwerpen, Museum, Verklärung Christi in Nancy, Museum), gemalt zwischen dem Sommer 1604 und dem 25. Mai 1605, mögen in der Gestaltenkomposition Michelangelo verpflichtet sein. »Farbig bewegen sich die drei Bilder ganz auf der Skala Tintorettos. Ihm ist auch der pathetische Vortrag des Pinsels abgesehen, der die Tiefen fett, die kreidigen Lichter aber trocken und rauh auf die Leinwand bürstet. So gelangt in dem naiven Eklektizimus dieser Werke, den der feurige Vortrag vor jeder Öde bewahrt, die alte Forderung der Epigonenkunst, Michelangelos Zeichnung mit venezianischem Kolorit zu vergleichen, mit einer in der Geschichte des niederländischen Romanismus unerhört ursprünglichen Kraft in Erfüllung[259].« Indessen währte die Spanne des venezianischen Einflusses auf Rubens nicht lange. Mit der

Übersiedlung von Mantua nach Rom, die 1605 erfolgte, traten ganz andere Eindrücke vor das Auge 917
des großen Flamen, Caravaggio und die Antike schoben sich vor das Bild von Venedig.

Seitdem *Diego Velasquez* von Sevilla nach Madrid übergesiedelt und in den königlichen Dienst getreten war (1623), der ihm ein Atelier im Erdgeschoß des königlichen Schlosses einbrachte, hat sich sein Tagwerk in dem täglichen unmittelbaren Umgang mit den herrlichsten Bildern Tizians vollzogen. Aber das große Vorbild für den jungen Maler hieß Caravaggio, und das bedeutet, daß er zu Tizians Kunst zunächst keinen Zugang finden konnte. Naturalismus und Kellerlicht-Malerei, stillebenartige Genrestücke in der Art der Flamen und der Bolognesen – von da führte kein Weg zu Tizian. Erst die italienische Reise von 1629 öffnete Velasquez die Augen für die Werte der venezianischen Malerei. Im August betrat er in Genua den italienischen Boden, und Venedig war das allererste große Kunstzentrum, dem er sich zuwandte. Von Ende August bis in den Winter hinein hat er sich in der Lagunenstadt aufgehalten. Er wohnte beim spanischen Gesandten und studierte fleißig. In dem nicht ganz zeitgenössischen Bericht von Palomino heißt es: »Sehr gefielen ihm die Gemälde von Tizian, Tintoretto, Paolo und anderen Künstlern jener Schule, daher er unablässig zeichnete, die ganze Zeit, die er dort zubrachte; namentlich machte er Studien nach der berühmten Kreuzigung Tintorettos (in der Scuola di S. Rocco) und kopierte die Kommunion der Apostel, welche er dem Könige verehrte[260]. Nur der Krieg verhinderte ihn, viel länger dort zu bleiben[261].« Tintoretto, der damals kaum mehr als ein Menschenalter

tot war, hat also den Spanier zunächst gefesselt. Kein
918 Wunder, von Caravaggio war der Weg kürzer zu Tintoretto als zu Tizian. Tintorettos Hell-Dunkel, die tonige Gebundenheit seiner Farben, die von dem Farbenjubel Tizians und Veroneses gleich weit entfernt ist, mögen Velasquez angezogen haben.

Von Tizian hingegen trennte den Spanier die Art seines Verhältnisses zur Farbe schlechthin, wie uns ein tiefsinniges Kapitel in Hetzers Tizian-Buch gelehrt hat[262]. Aber die italienische Reise von 1629–1631 schafft auch da Wandel. »Von den dreißiger Jahren an wird aber dann auch die Farbe venezianischer. Die Hintergründe weiten und öffnen sich, hellen sich auf, treten in farbigen Kontrast zu den Figuren. In den Gewändern und Panzern, nicht minder in den Gesichtern, fängt es an, farbig zu schimmern und zu leuchten. Verwölkte Himmel, blaue Gebirgszüge, mattgrüne Bäume treten in Wechselwirkung mit dem grünlichen Gold der eingelegten Rüstungen mit bunten Schärpen ...«[263]. Mögen diese Farben zunächst nicht tizianisch sein, sehr mit Recht hat Hetzer bemerkt, das Bildnis Innozenz x. (Rom, Gal. Doria) wäre in der Behandlung des Rot niemals möglich gewesen ohne das Vorbild in Tizians Bildnis Pauls III. mit seinen Nepoten in Neapel. Im späteren Werke des Velasquez findet man wenig venezianische Anklänge. Aber den Weg zur Höhe der eigenen malerischen Entfaltung zu finden – dazu hat der venezianische Aufenthalt dem Velasquez die Kräfte gelöst.

Für *Poussin* hingegen waren Venedig und Tizian ein Begriff. Sandrart, der in Rom persönlichen Umgang mit Poussin gepflogen hat, urteilt über die erste römische Periode des Meisters, anfangs »folgte er im Zeichnen Raphaels Gedanken, im Colorit aber Titians Manier nach ...«[264]. Das sieht die moderne Forschung noch genauso wie der zeitgenössische Künstler: Poussin ist in Rom zumindest ebensosehr zum Venezianer wie zum Römer geworden, obwohl er die Lagunenstadt wahrscheinlich nie betreten hat[265]. In Tizians Bann zogen ihn ebensowohl dessen antike Themen wie sein Kolorit[266]. Vor allem hatten es ihm die drei Bilder des großen Venezianers für Herzog Alfonso I. von Ferrara angetan, die zur Zeit von Poussins Ankunft noch in der Ewigen Stadt zu sehen waren. Von dem großen Bacchanal Tizians (heute im Prado) befindet sich eine Kopie im Nationalmuseum in Edinburg, die wohl mit Recht Poussin zugeschrieben wird[267]. Aus diesem Bilde nämlich gibt es auf Poussins frühesten römischen Gemälden mancherlei Entlehnungen (z.B. in seinem Bacchanal im Louvre)[268]. »Man erkennt auch leicht die Farben (Tizians): das tiefe Blau, das lichte seidige Rot, das Goldgelb der Gewänder . . .« Th. Hetzer hat betont, daß die Italiener Tizian fortgesetzt, aber keine Paraphrasen der Tizianschen Mythologie geliefert hätten. Sie besaßen die natürliche Distanz zu diesem Vorfahren. »Poussin aber kommt als Ausländer und hat eine Sensation und ein Erlebnis. Mir will scheinen, als hätten wir in diesen Bildern Poussins ganz deutlich jenes stark persönliche Getroffensein eines Künstlers durch eine große Gestaltung, das sich nur bei Nichtitalienern findet, bis zur Hingabe und Exaltation gehen kann

(265) Ein kurzer Aufenthalt Poussins in Venedig während des Winters 1623/24 hat sich ganz kürzlich belegen lassen, und zwar gleich zweifach. Vgl. Exposition Nicolas Poussin. Musée du Louvre. Mai – Juillet 1960, Catalogue p. 212.

und sich immer und immer wieder bis in unsere Tage wiederholt hat[269].« Anfangs der vierziger Jahre, nach dem äußeren Einschnitt der Pariser Reise (1640–1642), tritt der Einfluß Tizians dann zu Gunsten der zeitgenössischen Bolognesen schnell zurück.

Natürlich wetteiferten in der Verehrung für den venezianischen Kolorit die Italiener mit den Ausländern. Schon Malvasia hat bei den Carracci um 1593–93 »un nuovo corso«, »un nuovo registro« festgestellt. Am leichtesten ist es bei Annibale wahrzunehmen, wie in den frühen neunziger Jahren der ein Jahrfünft vorher wirksame Einfluß des Correggio durch den der großen Venezianer Veronese und auch Tintoretto abgelöst wird. (Auferstehung Christi, Paris, Louvre, 1593 datiert und signiert; Almosenverteilung des hl. Rochus, Dresden, Galerie, 1595 noch unvollendet). Bei Lodovico ist diese Hingabe an den venezianischen Kolorit schon im 1592 datierten Martyrium der Heiligen Ursula und Leonhard (Bologna, Pinakothek) zu verfolgen. Und in der Tat besaß keine italienische Malerschule mehr Grund, ihre harte und laute Farbwahl durch das Studium des venezianischen Kolorits zu kultivieren, als eben die bolognesische.

Im Jahre 1637 trat *Pietro da Cortona*, der bedeutendste Maler des römischen Hochbarock, eine Reise nach Florenz an. Ursprünglich wollte er den Kardinal Giulio Sacchetti bis Bologna begleiten, der dort die Nuntiatur zu übernehmen sich anschickte[270]. Cortona blieb zunächst in Florenz hängen und begann dort im Auftrage Großherzog Ferdinands II. die Ausmalung der Festsäle des Pal. Pitti mit der Darstellung der vier Zeitalter nach Hesiod[271]. Der Großherzog hat da-

mals dem Maler nahegelegt, die Lombardei und Venedig zu besuchen. Offenbar erschienen ihm die Fresken 921
des römischen Malers zu trocken, ohne Sfumato und ohne Tenebrosi. Cortona scheint zunächst den Vorschlag nicht angenommen zu haben, reist aber dann im November doch nach Venedig, ohne sich in irgendeiner anderen oberitalienischen Stadt unterwegs aufzuhalten, außer in Bologna. Marco Boschini hat über den Aufenthalt des Malers »che fra i Toscani porta la corona« in der Lagune berichtet. Er war überrascht und geschmeichelt, daß ein Toskaner ein so freudiger Verehrer der venezianischen Manier sein konnte. Wie auf Velasquez hat auch auf Cortona Tintoretto den größten Eindruck gemacht. »Er habe ihn bei jeder Gelegenheit für einzig und unübertrefflich erklärt[272].« Cortona hat aber die Kunst Tizians und Veroneses nicht weniger in sich aufgenommen. Tizians Mystische Vermählung der hl. Katharina, damals im Pal. Barberini in Rom (heute London, Nat. Gal.) hat er kopiert (diese Kopie heute in der Kapitolinischen Gal.). Indessen ging der Eindruck, den Venedigs Kunst auf Cortona machte, weit über die Beziehungen zu einzelnen Malern der Dominante hinaus. Der Cortonese hatte, als er die Reise nach Florenz und Bologna antrat, den größten Auftrag, den die Deckenmalerei des römischen Seicento zu vergeben hatte, die Ausmalung des Plafonds des Pal. Barberini, kaum angefangen hinter sich gelassen. Als er im Dezember 1637, nach Rom zurückgekehrt, sich wieder diesem Riesenwerk zuwandte, um es nun in der kurzen Spanne von eineinhalb Jahren zu vollenden, sah er den ihm erteilten Auftrag sozusagen mit venezianischen Augen neu. Marco Boschini, der na-

türlich den Einfluß der Lagune auf Cortona als über-
922 wältigend darstellen möchte, berichtet sogar, Cortona habe die Fresken im großen Saale des Pal. Barberini, die er vor Antritt der Reise schon ausgeführt hatte, wieder herabschlagen lassen, um dann »nach venezianischer Art Wunder zu schaffen«[273]. Diese Nachricht ist natürlich übertrieben. Indessen steht fest, daß Cortona ursprünglich die Scheinarchitektur des großen Festsaales im römisch-statischen System nach dem Vorbilde der Gal. Farnese des Annibale Caracci geplant hatte. In eine feste Wandarchitektur sollten Panneaus eingelassen werden, welche von Ignudi, Atlanten und Sklaven gerahmt und gehalten wurden, ganz wie man es seit der Decke der Sixtina gewohnt war. Ein Entwurf Cortonas in der Graphischen Sammlung in München gibt einen guten Begriff von diesem ursprünglichen Plan[274]. Aber die Bekanntschaft mit den Decken des Dogenpalastes und ihrer freien Dynamik verleidete Cortona dieses Projekt. »Veronese und Tintoretto rechnen mit dem herantretenden Beschauer, aber sie meiden die starken Verkürzungen einer durchgeführten Horizontalperspektive. Ihre lichterfüllten Gemälde sind in einer schrägen Untersicht als Ausblicke gegeben, die als Durchbrechung wirksam ist[275].« Es entsteht so, etwa in Paolo Veroneses Triumph der Venezia in der Sala del Gran Consiglio, die Illusion einer unerhörten Tiefenbewegung, die eben auch das Bezeichnendste für den Plafond des Barberinischen Festsaales ist. Die reale Fläche des Deckenbildes scheint aufgegeben, die Komposition staffelt sich in verschiedenen Bildflächen hintereinander, und zur letzten Folie, dem blauen Himmelszelt, führt kein vermittelnder Übergang mehr aus der

Scheinarchitektur des Saales. Zu solch kühnen Darstellungen ist Cortona zweifellos durch die Vorbilder 923
im Dogenpalast bestärkt worden, und die tonige Gebundenheit, die seine früher so viel lauteren Farben aufeinander abstimmt, ist ebenfalls ein Gewinn, den der Toskaner aus der Lagune mitbrachte. Als rein äußerliche Bestätigung dieser Zusammenhänge sei bemerkt, daß die Gestalt der Divina Providenza, die in der Mitte des Barberini-Plafonds von der Ewigkeit mit dem Sternenkranze bekrönt wird, die stärkste Verwandtschaft mit Veroneses triumphierender Venezia besitzt, auf deren Stirn sich eben der Kranz des Ruhmes herabsenkt[276].

Seitdem Vasari von Giorgione und Tizian berichtet hatte, daß beide ihre Gemälde nicht in *Handzeichnungen* vorzubereiten pflegten[277], vor allem seitdem die Kunsttheorie des 17. Jahrhunderts ›il disegno di Michel Angelo‹ gegen ›il colorito di Titiano‹ ausspielte[278], ist die landläufige Auffassung entstanden, in Venedig habe man weder zeichnen können noch gezeichnet. Daß Venedig zu Zeiten durchaus ein Zentrum abendländischer Graphik war, hätte schon allein ein Blick auf den venezianischen Kupferstich lehren können, der durch die Figur des Jacopo de' Barbari einen für die ganze deutsche Kunst bedeutsamen Einfluß auf Dürer gewann. Dem venezianischen Holzschnitt verdanken wir immerhin die Hypnerotomachia Poliphili (von 1499), die man das schönste gedruckte Buch der Welt genannt hat, und die übrigen Holzschnitt-Illustrationen, die im letzten Jahrzehnt des Quattrocento beim alten Aldus Manutius erschienen.

Bernini erzählte 1665 in Paris mehrfach eine Anek-
924 dote, nach der Michelangelo vor einer Venus des
Tizian aus dessen römischer Zeit zu dem Besteller
des Bildes, Papst Paul III., gesagt habe: »Was Gott tut,
das ist wohlgetan, denn wenn solche Maler auch noch
zeichnen könnten, wären es Engel und keine Men-
schen[279].« Wo immer man ihm Bilder des in den fran-
zösischen Sammlungen bezeichnenderweise so reich
vertretenen Paolo Veronese vorführte, hat Bernini
regelmäßig den Kolorit gelobt, aber die Zeichnung
hart getadelt[280]. »Ohne Zeichenfehler kann es doch
bei Veronese nie abgehen.« Die Venezianer haben
sich für solche Ansichten revanchiert, indem sie sich
über den Florentiner Kolorismus mokierten. El Greco,
hierin ein echter Venezianer, antwortet 1611 auf eine
dahingehende Frage des Pacheco, das Malen sei eine
schwierigere Kunst als das Zeichnen. Den Einwand,
ob nicht Michelangelo das Gegenteil beweise, tut er
mit Achselzucken ab, »diciendo que era un buen hom-
bre y que no supo pintar«[281].

Von Carpaccio ist uns eine zeichnerische Hinterlassenschaft von immerhin dreißig Blättern erhalten: Pinsel- und Federzeichnungen, Kohle- und Rötelblätter, intime Studien nur für den Werkstattgebrauch und sogenannte ›modelli‹, d. h. Bestellerzeichnungen, die bei Konkurrenzen eingereicht wurden und die den Auftraggeber gewinnen mußten. Dieser Schatz enthält Gesamtkompositionen, die sich mit ausgeführten Bildern identifizieren lassen, Teilstudien von Köpfen, Beinen, sorgfältige Kopfstudien im akademischen Sinne, dann wieder Blätter, die ganz in der Art eines mittelalterlichen Musterbuches Figurinen für die Hintergründe von Bildern zusammentragen. Hier herrscht

ein Reichtum der verschiedenen Techniken, eine Ver-
siertheit in der Kunst der Höhung oder der Lavie- 925
rung, wie er in Florenz auch nicht größer sein könnte[282]. Der freundliche Zufall, der uns eine so reiche Vorstellung von dem Zeichner Carpaccio gewährt, hat sich nun für das Schaffen anderer Künstler leider nicht wiederholt. Aber auch aus dem vorhandenen fragmentarischen Material lassen sich sichere Schlüsse ziehen, die beweisen, daß auch andere venezianische Maler des Quattrocento ihre Bilder sehr sorgfältig in der Handzeichnung vorbereiteten. Von Gentile Bellini sind zwei Bildnisköpfe auf uns gekommen, die vorbereitende Studien für Porträts von Teilnehmern auf dem Bilde der Prozession mit der Reliquie des Heiligen Kreuzes auf dem Markusplatz (von 1496, Venedig, Accademia) sind[283]. Da dieses Gemälde Hunderte von Bildnissen enthält, so kann man ermessen, wieviele derartige vorbereitende Blätter allein für diesen Auftrag uns verloren gegangen sind.

Aus diesen wenigen Beispielen erhellt, daß man in Venedig kaum weniger zeichnete als in Florenz. Wohl aber ist die Rolle, welche die Zeichnung bei der Genesis des Kunstwerks spielt, in beiden Städten grundverschieden[284]. Der auffallende Mangel an Entwürfen für Gesamtkompositionen und das Überwiegen von Detailstudien in Venedig legt die Vermutung nahe, daß die einzelnen Stadien der Klärung der Bildkomposition dort außerhalb der Welt der Zeichnung erfolgten. Im Venedig der Renaissance hatte man vielmehr die Methode beibehalten, die im Mittelalter allgemein gültig gewesen war: die Vorbereitung der Komposition in allen Phasen auf dem Malgrund selbst zu vollziehen. Infolgedessen sind quadrierte Zeichnun-

gen in Venedig ebenso selten wie Kartons, von Car-
926 paccio ist nur ein einziges quadriertes Blatt erhalten, bezeichnenderweise aus seiner Spätzeit, als er gezwungen war, mit den Meistern der Hochrenaissance in Wettbewerb zu treten[285]. Hingegen gibt es von Carpaccio zwei Kompositionsentwürfe mit Maßangaben am Rande der Blätter[286]. Von Tizian besitzen wir nur etwa fünfunddreißig bis vierzig Zeichnungen[287], also eine erstaunlich geringe Anzahl für einen Meister, der an die siebzig Jahre gewirkt hat. Unter diesen Zeichnungen sind nur vier Blätter, die Entwürfe für Gesamtkompositionen von Gemälden darstellen[288]. Von ihnen sind nur der Entwurf für das Ganzfigurenbild des Herzogs von Urbino und der für das Abrahamsopfer in der Sakristei der Salute quadriert[289]. Auch unter den Detailstudien befinden sich nur wenige quadrierte Blätter (stürzende Reiter, die wahrscheinlich zur Schlacht von Cadore gehören)[290].

Dieser seltsame Befund läßt sich nicht durch äußere Zufälle, wie etwa starke Verluste von Tizianzeichnungen, befriedigend erklären[291]. Man kann ihn nur deuten aus Tizians Schaffensweise. Palma Giovane (1544–1628), der den Alten in seinem Atelier am Werk gesehen hat, berichtetete dem Marco Boschini über die Arbeitsweise seines Lehrers[292]. Zunächst schuf Tizian eine Untermalung, das Relief einer Helligkeit, wobei er eine Terra rossa als Mittelton verwendete. Dann »lehnte er die Bilder an die Wand und ließ sie dort manchmal mehrere Monate stehen, ohne sie anzusehen. Wenn er dann von neuem daran weitermalen wollte, prüfte er sie, um irgendwelche Fehler in ihnen zu entdecken, mit solcher Schärfe, als ob sie

seine Todfeinde wären«. Dabei überzog er dann so-
zusagen die Untermalungen mit lebendigem Fleisch. 927
Dieser Grisaille-artigen Untermalung, dieser Chiaroscuro-Malerei entwuchsen sowohl die Gesamtkomposition wie die einzelnen Ton- und Farbwerte durch dauerndes Verschieben der Gewichte in allmählichem Übergang. Es ist der denkbar größte Gegensatz zum florentinischen Schaffensprozeß, wo durchgepauste Kartons dann koloriert werden.

Die Kunstwerke selbst und literarische Beschreibungen erlauben uns, die Entstehung dieser Schaffensweise genau zeitlich zu fixieren. Mit einem Worte: die neue Manier hängt mit den Kompositionsprinzipien der Hochrenaissance in Venedig zusammen. Noch von Giovanni Bellini besitzen wir aus dem letzten Jahrzehnt des Quattrocento in der Beweinung Christi der Uffizien ein großes Tafelbild, das den mittelalterlichen Schaffensprozeß auf das Schönste zeigt[293]. Es ist ein unvollendetes Bild, eine Grisaille-Malerei, bei der es dann aus irgendwelchen, uns unbekannten Gründen nicht mehr zur Überdeckung mit transparenten Farbschichten kam. Die Gesamtkomposition war allerdings nicht mehr nach mittelalterlicher Übung direkt auf die Tafel entworfen worden, sondern hier wurden schon die Hilfsmittel der Frührenaissance benutzt: man hatte einen Karton angefertigt und dessen Konturen durch Durchdrücken auf die Tafel gepaust. Auch für Cima da Conegliano läßt sich bei einem unvollendeten Täfelchen die gleiche exakte zeichnerische Vorbereitung des Bildthemas auf dem Malgrund beobachten[294].

Zehn Jahre später indessen sehen wir bei Giorgione die Malweise verwirklicht, die Palma Giovane für

Tizian beschrieben hat. »Giorgione hat nicht erst ge-
928 zeichnet und dann koloriert ..., sondern er hat von Anfang an zu Pinsel und Farbe gegriffen ... Aus der Röntgenaufnahme wissen wir, daß Giorgione das Bild zuerst vollkommen untermalt, in der Ausführung aber vieles abgewandelt hat. Manches war sichtlich weit über eine Untermalung ausgeführt, wurde aber dann vom Maler in Abänderung des ersten Planes mit deckender Farbe übergangen[295].«

So hat es L. von Baldaß mit Hilfe der Röntgenaufnahme an den Drei Philosophen in Wien beobachtet, so hat Vasari das Neue an Giorgiones Arbeitsweise beschrieben[296]. Diese Arbeitsweise ist dann durch Jahrhunderte in Venedig in Übung gewesen[296a]. Die besondere Stellung des florentinisch erzogenen Tintoretto erweist sich indessen auch hier wieder. Bei ihm nämlich löst sich der Vorbereitungsprozeß des Gemäldes wieder vom Leinwandgrund und geht auf die Kreide- oder Pinselzeichnung auf Papier über.

Derselbe Hang zum Malerischen, der sich in der weitgehenden Ausschaltung des Kartons und in der Vorbereitung des Gemäldes in Chiaroscuro auf der Leinwand selbst ausspricht, offenbart sich nun auch in der Behandlung der Detailstudie. Während in Florenz die spröde Feder das Lieblingsmaterial des Zeichners ist, herrscht in Venedig das ganze 15. Jahrhundert hindurch die Vorliebe für die Pinselzeichnung. Hingegen spielt der Silberstift bei den Künstlern nach

(296a) Diese venezianische Malweise gegen Ende des 16. Jhdts. prachtvoll zu beobachten an einem unvollendeten Bilde des Lambert Sustris in Sa. Ma. in Vanzo zu Padua. (Vgl. R. Peltzer, Jahrb. d. allerh. Kaiserhauses 31, 1913–14, p. 234f und Taf. XXXI.)

Jacopo Bellini überhaupt keine Rolle. Aus dem späten Quattrocento besitzen wir nur eine einzige Silberstiftzeichnung (von Giovanni Bellini)[297] – eine erstaunliche Tatsache, wenn man sich die stolze Kette florentinischer Silberstift-Zeichnungen von Fra Angelico über Benozzo Gozzoli hin bis zu Leonardo vergegenwärtigt! »Dem Venezianer war offenbar der Metallgriffel nicht recht geheuer, der eine die reine Linie sicher beherrschende Hand verlangte[298].« Der Pinsel hingegen, den man so malerisch breit und quattrocentistisch-spitzig führen konnte wie man wollte, verbindet sich in Venedig mit dem getönten Papier. Eine so malerisch gerichtete Stadt mußte natürlich farbige Papiere verwenden. Im 15. Jahrhundert waren es vorwiegend blaue, die jetzt grünlich erscheinen. Als Dürer 1506 in Venedig weilte, griff er die Technik der Pinselzeichnung auf farbigem Papier begierig auf. Er sah sie gerade eben noch in Blüte, ehe sie durch die Stilwelle der Hochrenaissance, welche nach andern Ausdrucksmöglichkeiten verlangte, aus der Mode gebracht wurde[299]. Die Feder kennt Venedig im Quattrocento zwar ebenfalls, verwendet sie aber in ganz anderem Sinne als Florenz. Bei Giovanni Bellini ist »das ehedem fast lineare Grund-Lineament weich, locker andeutend geworden, hat sich überwuchern lassen von einer nun ins malerisch Tonige strebenden Schraffierung[300].«

Die kurze Spanne der klassisch-strengen Zeichenmanier der Hochrenaissance steht in Venedig gegen den Genius loci. »Ja, von weiterer Distanz aus betrachtet, schiebt sich diese Zeitspanne mit ihrem Gefühl für strengere lineare Werte als etwas Fremdartiges ein zwischen die etwas undisziplinierte Sorglosigkeit, wie sie sowohl der früheren, wie dann auch wieder der späteren Zeichnung in Venedig eigentümlich ist[301].« In dieser Hochrenaissance-Phase treten Kreide und Rötel in den Vordergrund, zwei Materialien, die das venezianische Quattrocento nur sehr sparsam verwendet hatte[302]. Die großen Venezianer des 16. Jahrhunderts, Tizian, Tintoretto, Veronese, haben dem Rötel ebenfalls eine unüberwindliche Abneigung entgegengebracht, während die Maler, die eher auf der Terra ferma heimisch blieben, Palma Vecchio, Bernardo Licinio und vor allem Pordenone, besonders gern zum Rötel griffen[303]. Hadeln hat mit Recht betont, »daß der Rötel irgend etwas besitzen muß, was einer wesentlich koloristisch organisierten Natur unbehaglich ist. Dieses Unbehagen dürfte aus der farbigen Isoliertheit resultieren, in der das grelle Rot wenigstens auf weißer Zeichenfläche steht; während auf blauem Papier – und namentlich wenn dann noch weiße Lichter hinzutreten – eine etwas feminine Farbensüße sich ergibt[304].« Tizian hat daher dem Rötel das Zeichnen mit schwarzer Kreide auf blauem Papier vorgezogen, weniger häufig auch die Benutzung der Kohle, und Paris Bordone, Savoldo, Tintoretto, Veronese, Bassano sind dem großen Vorbild gefolgt[305]. Hingegen ist Tizians zweites zeichnerisches Ausdrucksmittel neben der Kreide, die Feder, eine individuelle Vorliebe, die in den venezianischen Ateliers des reifen Cinquecento kein Echo geweckt hat, die Gruppe der tizianesken Landschaftszeichnungen ausgenommen[306].

Hadeln hat bemerkt, daß dem Venezianer »Zeichnen und Malen nicht zwei scharf getrennte Kategorien, sondern eher zwei verschiedene Stadien derselben Tätigkeit waren[307]«. Das Zurücktreten des Strichs

hinter den malerischen Zusammenhang ist in der Tat
von Carpaccio bis Tiepolo und Guardi das vorherr- 931
schendste Merkmal der venezianischen Zeichnung.
Durchblättert man einen Abbildungsband mit venezianischen Quattrocento-Zeichnungen, so wird man mit Überraschung gewahren, wie gering in einem Jahrhundert, das andernorts überall eine Zeit des linearen Sehens und des genauen Konturs war, in Venedig die Hochachtung vor der einzelnen Linie ist. Die einzelnen Künstler entwerten die Linie auf sehr verschiedene Weise. Carpaccio hat in manchen seiner Federzeichnungen den Strich in eine Kette einzelner Punkte aufgelöst, so daß eine flimmernde, impressionistische Gesamtwirkung anstelle eines graphischen Gewebes tritt, gar nicht unähnlich den Absichten des modernen Pointillismus, jener Spätstufe des Impressionismus um 1890[308] (Abb. 184). Da es sich bei dieser Gruppe von Blättern durchweg um Kompositionsentwürfe handelt, so drängt sich der Vergleich mit florentinischen Blättern gleicher Zeit und gleichen Zwecks ganz von selbst auf, etwa mit den Entwürfen Ghirlandajos für die Fresken der Chorkapelle von Sa. Ma. Novella (Abb. 183). Der ›aufbauenden Kraft des Strichs‹, die wir als das wesentlichste Merkmal der florentinischen Zeichnung erkannt hatten, steht in Venedig die optische Auflösung des graphischen Gewebes in Flocken und Flecken gegenüber. In Florenz ist die einzelne Linie die kürzeste Verbindung zwischen zwei Gelenkpunkten, in Venedig sind die funktionell wichtigen Stellen aus dem zuckenden Netz einzelner Punkte und absetzender kleinster Striche nicht herausgehoben. Bei einem Engel, der im Begriffe steht, sein Knie vor der Madonna zu beugen,

wird man ganz vergebens nach der Markierung dieses
932 Knies unter dem Gewande ausschauen; Handgelenke bei Schreibenden, Füße bei Emporsteigenden, Schultern, Ellenbogen erscheinen ganz ohne den Charakter der Funktion, den ihnen die Anatomie vorschreibt.

Es gibt einen klassischen Fall, der uns die malerischen Werte der venezianischen und die graphischen der florentinischen Zeichnung in einer einprägsamen Gegenüberstellung erschließt. Vasari berichtet, daß Sebastiano del Piombo als Vorbilder für seine Kompositionen Handzeichnungen seines Freundes Michelangelo verwendet habe[309]. In einem einzigen Beispiel wenigstens läßt sich diese Tatsache heute noch belegen. In der Salvatorkirche in Ubeda in Andalusien befindet sich das auf Stein gemalte Halbfigurenbild einer Pietà von Sebastiano, eines seiner best beglaubigten und festest datierten Werke, das 1533 in Auftrag gegeben wurde, 1537 so weit gediehen war, daß um den Preis verhandelt werden konnte und das man 1539 nach Spanien verschiffte[310]. Für die Halbfigur des toten Christus gibt es eine Studie von Sebastiano, die der Gestalt auf dem Gemälde sehr genau entspricht. Diese Zeichnung des Louvre (Frey 21)[311] (Abb. 185) ist die Kopie nach einer Aktstudie des Michelangelo in der Casa Buonarroti in Florenz (Frey 15) (Abb. 186), nur daß der Kopf, der auf Michelangelos Zeichnung in zartem Umriß nur eben angedeutet war, nun von Sebastiano auf seinem Blatt nach dem Antlitz des jungen Ertrunkenen, den ein Alter trägt, aus dem Sintflutfresko an der Decke der Sixtinischen Kapelle ergänzt wurde. Die Zeichnung Michelangelos ist zwar mit weichem Lapis niedergeschrieben, so daß der Anflug einer malerischen Gesamthaltung entsteht, aber alle anatomischen Gelenkpunkte sind genau festgelegt, das Spiel der Muskeln ist mit Späherblick beobachtet. Der Kontur der Arme tastet an Oberarmmuskel und Ellenbogengelenk, auch an der Hüftpartie, um die Einzelheiten des Körperbaues richtig zu begreifen. Eine echt florentinische Zeichnung, der die Schönheit der Strichführung weit weniger am Herzen liegt als die Erfassung des Organismus des Modells! Alles das, was bei Michelangelo aus zusammengetragenen Beobachtungen sich aufbaut, geht bei Sebastiano in einem echt venezianischen Sfumato wieder verloren. Auf dieser Lapiszeichnung ist vom Spiel der Muskeln nichts mehr zu sehen. Dafür tritt dann die Kantilene des Konturs in ihre Rechte. Was bei Michelangelo ein Umsetzen von wissenschaftlicher Beobachtung in künstlerische Notiz ist, wird bei Sebastiano zum Spiele schwebender Halbtöne von Licht und Schatten. Diese Zeichnung ist Selbstzweck, drum erstrebt und erreicht sie die große Form, an die Michelangelo bei seiner Studie nicht dachte. Der Aufbau des Körpers ist in Venedig breiter und lässiger, alles drängt zum beruhigten Bild. Bei Michelangelo hingegen ist die Zeichnung Hilfsmittel und Vorstufe.

Daß die venezianische Art des Sehens und die Vorstellung von Wesen und Bedeutung der Handzeichnung sich durch die Jahrhunderte hin gleich bleiben, mag schließlich eine Gegenüberstellung zweier Federzeichnungen aus dem 15. und 18. Jahrhundert deutlich machen.

Von Carpaccio besitzen wir ein Blatt, das eine Prozession darstellt, in Feder über einer flüchtigen Vorzeichnung in Rötel, welche in der Reproduktion

allerdings nicht mehr sichtbar ist (Chatsworth, Herzog
934 von Devonshire)[312] (Abb. 181). Der Umgang entfaltet sich auf dem Platz vor einem Bruderschaftsgebäude. Es ist erstaunlich, wie weit mit dem spröden Mittel der Federzeichnung und mit der linearen Sehweise des Quattrocento hier die optische Vereinheitlichung alles Dargestellten vorangetrieben ist. Die architektonische Bühne und der sie erfüllende Zug von Frommen sind in der künstlerischen Darstellung auf das stärkste einander angenähert durch den kühlen objektiven Vertikalstrich, der sich hundertfach wiederholt. Trotzdem wird es niemand in den Sinn kommen, diese Linienführung der ›aufbauenden Kraft des Strichs‹ in Florenz verwandt zu finden. Denn die tektonische Gesinnung, die bei der Wiedergabe der Prozession und der Fassade der Scuola durchaus vorhanden ist, kann plötzlich umschlagen in eine impressionistische Ausdrucksweise. Das ist besonders auf der linken Hälfte des Blattes im Mittel- und im Hintergrunde der Fall. Die Fenster der Häuser erscheinen hier nur wie Flecken, und da die Menschen vor diesen Häuserfronten in derselben Form der Abbreviatur durch einzelne dicke Vertikalstriche gegeben sind, so schließen Staffage und Kulisse sich zu einem graphischen Ornament von vibrierendem Leben zusammen. Auf der rechten Hälfte des Blattes wird dieser optische Reiz schwebender Lichter durch eine große Diagonalschraffur erreicht, durch welche vorspringende und zurücktretende Gebäudeteile samt der sie bevölkernden Staffage, gerade Mauerstirn und gekrümmte Kuppelschale, durchbrochene Balustrade und geschlossene Wand – kurzum alles Heterogene optisch vereinheitlicht werden.

Fast dreihundert Jahre später hat sich bei der Behandlung ähnlicher Szenen in Venedig wenig geän- 935
dert. Wenn Canaletto die Ausfahrt des Dogen auf dem Bucintoro zur Vermählung mit dem Meere vor dem Hintergrunde der Piazzetta, des Dogenpalastes und der Riva degli Schiavoni darstellt[313], so gerät man in Versuchung zu behaupten, an die Stelle von Carpaccios Horizontalstrich sei nun die Diagonalschraffur getreten, sonst aber sei alles beim alten geblieben. Natürlich wird man nicht verkennen, daß das optische Sehen und die Mittel seiner künstlerischen Verwirklichung in der Endphase der venezianischen Kunst eine Stufe erreicht haben, von der das späte Quattrocento nichts ahnen konnte. Aber alles was Carpaccios Blatt im Keime enthielt, hat sich bei Canaletto nun entfaltet. Abermals werden bei dem Künstler des Rokoko die Festprozession – diesmal auf dem Meere – und die architektonische Kulisse als Maschen desselben graphischen Netzes ineinandergewoben. Die Angleichung von Wasser und Architektur, von Schiffskörper und Menschengestalt geschieht durch das Eintauchen alles Gesehenen in die gleiche Atmosphäre. Was bei Carpaccio noch durch das Medium einer stehenden, dünnen Luft gesehen schien, ist bei Canaletto unter dem hohen Himmel in den heißen Glast eines Frühsommertags getaucht. Nach wie vor werden körperliche Gebilde, die für den atmosphärischen Zusammenhang ein zu großes plastisches Gewicht erlangen könnten, durch das Überdecken mit einer Diagonalschraffur in ihrer Substanz herabgemindert (das kleinere Mastenschiff links vom Bucintoro, aber auch dieser selbst). Zur einfachen Diagonal- und Kreuzschraffur treten jetzt die ohne

Absetzen durchgeführten Zickzack-Schraffuren, mit
936 denen der räumliche Charakter der Fensterhöhlen der Gebäude wie der Kabinenfenster des Bucintoro hervorgehoben werden soll. Bei geöffneten Fenstern (ganz am linken Bildrande) wird die tiefste Schwärze des Blattes, die als Repoussoir der Tonwerte hier ästhetisch notwendig ist, als Raumdunkel motiviert. Denn die Schwärze und Kraft des Strichs nimmt gegen die Tiefe hin stetig ab, während bei Carpaccio der Strich über das ganze Blatt hin die gleiche Tonstärke bewahrt, einerlei ob er eine Hauskante oder eine Figur bezeichnen soll. Ein wesentlicher Unterschied besteht ferner zwischen der Zeichnung des Carpaccio und dem Blatt des Settecentisten in der Emanzipation des Strichs, der im Laufe der Entwicklung bis zum Rokoko hin einen ornamentalen Charakter von der Zweckfreiheit eines Schnörkels angenommen hat. Besonders die Konturen der Gondeln und ihre Besatzung wirken wie freie Federspiele, die in der Andeutung von Wolken und Himmel sich ganz ins Übermütige auflösen.

Die Sonderstellung Tintorettos, der florentinischen Werkstattgewohnheiten zuneigte, ist schon betont worden. Ridolfi kann sich nicht genug tun im Erzählen von Anekdoten, aus denen hervorgeht, daß für Tintoretto das Zeichnen das A und O aller Kunst bedeutete. Schöne Farben, pflegte der Meister zu sagen, könne man auch in den Läden am Rialto kaufen, aber das Zeichnen käme aus dem innersten Kern des Ingeniums, und das ließe sich nur durch den größten Eifer und lange Mühen erwerben[314]. Dem bolognesischen Maler Odoardo Fialetti (1573 geboren), der ihn um Rat anging, wie er in Venedig seine künstlerische Ausbildung betreiben sollte, antwortete der Alte:

»Zeichnen, zeichnen und nochmals zeichnen[315].« Das waren Töne, die man bisher in Venedig nicht ver- 937
nommen hatte. Daß auch er freilich unter Zeichnen ganz etwas anderes verstand, als man es in dem Vorort des disegno begriff, dessen war Tintoretto sich völlig bewußt. Als ihm nämlich einmal junge durchreisende Fiaminghi auf der Rückkehr von Rom ihre sehr akademischen Rötelzeichnungen von Köpfen vorlegten, an denen der eine zehn, der andere gar vierzehn Tage sich gemüht hatte, tauchte Tintoretto seinen Pinsel in ein Tuschglas und zeichnete mit wenigen Strichen eine Figur, die er dann mit weißen Lichtern höhte und bemerkte dazu: »Noi poveri Venetiani non sappiamo disegnare che in questa guisa[316].« Das ist zweifellos eine magistrale Unterweisung, aber ein bißchen Selbstironie über die abseitige Stellung Venedigs bei der Handhabung des disegno schwingt doch mit. Der absolut malerische Charakter seiner Zeichnungen läßt ihn denn auch mehr als Venezianer, denn als florentinisch Geschulten erscheinen. Welchen Reichtum von Härtestufen und Helligkeitsgraden gewinnt der Kohle- und Kreidestrich unter seiner Hand. Einmal streicht der Künstler zart mit der Kohle über das Papier, dann wieder drückt er schwer mit dem Zeichenmaterial, bis es abbricht und auf dem Blatte zerbröselt. Diese verschiedenen Helligkeitswerte schaffen ein durchaus malerisches Fluidum selbst bei Zeichnungen, die weder gehöht sind noch sich farbiger Papiere bedienen. (Hadeln 45 ist ein Grenzfall, vergleiche aber jedes beliebige Blatt, Hadeln 34ff.[317])

Seit den zwanziger Jahren des 16. Jahrhunderts entwickelt sich die venezianische Malerei nach Wachs-

tumsgesetzen, wie sie keine andere italienische Maler-
938 schule kennt. Während in allen übrigen Kunstzentren,
in Florenz und Rom, aber auch in Parma und Siena,
in Mailand und Mantua die Hochrenaissance nur ein
schmaler Grat gewesen war, der überall bald nach
1520 in die flachen Niederungen des Manierismus ge-
führt hatte, währt in Venedig allein die Hochrenais-
sance nicht nur einen kurzen glücklichen Augenblick.
Sie wird hier nicht von den ihr widerstrebenden Kräf-
ten des *Manierismus* überwunden, sondern lebt sich
harmonisch in einer durch Jahrzehnte währenden
Spätrenaissance aus. Demnach behält dieser heute ganz
aus der Mode gekommene Stilbegriff für Venedig sei-
nen guten Sinn. Hier fällt auch die Zeit der Stilkrise
um 1520 nicht mit den Todesdaten der berühmten
Künstler zusammen, welche das Wesen der Hoch-
renaissance bestimmt hatten (Tod Bramantes, Leonar-
dos, Raffaels), auch löst in Venedig nicht wie in an-
deren Städten um 1520 eine Malergeneration die
andere ab. In der Lagunenstadt entsteht demnach um
diese Zeit biologisch gesehen keine Kluft. In ruhigem
Wachstum durchschreiten die um 1480 geborenen
venezianischen Künstler jene für die anderen Kunst-
zentren so kritischen Jahre: Marco Basaiti lebt noch
1539, Cariani noch 1547, Bernardo Licinio noch 1549,
Bonifacio Veronese stirbt 1553, Lorenzo Lotto 1556,
Domenico Campagnola ist 1562 noch am Leben, Paris
Bordone stirbt 1571. Das entscheidende Ereignis für
die venezianische Kunst ist es indessen, daß Tizian
wohl an die neunzig Jahre alt wurde (gestorben 1576)
und in immer neuen schöpferischen Wandlungen von
1520 bis an sein Ende einfach durch sein Dasein einen
gewaltigen Damm gegen den Manierismus bildete. So

bietet die venezianische Kunst des reifen 16. Jahrhunderts – besonders aber ihre Malerei – das großartige
Bild eines Schwimmers, der gegen den Strom der Zeit siegreich ankämpft.

Die venezianische Kunst befand sich dabei in tiefem Einklang mit dem Staatswesen, das sie trug. Seit den Tagen der Liga von Cambrai war Venedigs politische Macht im Sinken begriffen. »Wie sie kein Morgenlandgroßreich bleiben und kein Abendlandgroßreich werden konnte, so konnte sie auch kein Handelsweltstaat mehr bleiben und keine Weltindustriestadt werden[318].« Wie überall, so sind auch in Venedig nicht die Jahrhunderte des Aufstiegs, sondern ist die Zeit nach dem Überschreiten des Zeniths der politischen Macht die große Epoche der Kunst. Nun werden die Zeiten der politischen Anspannung aller Kräfte von solchen des ruhigen Genusses des Erworbenen abgelöst. Der bewahrende, ausgleichende Charakter der venezianischen Politik, von jeher stark ausgeprägt, entwickelt sich jetzt noch eindeutiger[319]. Nicht zufällig wurde Venedig jetzt die zweite Heimat des konservativsten Staatsdenkers des Cinquecento, des Boccalini, der sich in der Lagunenstadt niederließ[320]. Die Oligarchie behauptet sich durch das 16. Jahrhundert, wie sie sich im 14. behauptet hatte und im 17. behaupten wird. Kein äußerer Feind dringt in die Stadt ein wie in Rom; kein Absolutismus liefert den Staat einer Zentralgewalt aus wie in Florenz, keine religiösen Krisen unterhöhlen den Boden wie in Antwerpen. In der venezianischen Politik wie in der venezianischen Kunst ist die Abneigung gegen das Experiment gleich groß.

Es kann natürlich nicht geleugnet werden, daß es

eine manieristische Strömung auch in Venedig gege-
940 ben hat. Rodolfo Pallucchini hat ihren Verlauf in einer glänzenden Skizze festgehalten[320a].

Bei Tizian und Veronese finden sich nur insoweit manieristische Züge, als das Genie sich dem Zeitgeiste seiner reifen Mannes- und Altersjahre nicht verschließen kann, – ganz so wie Goethe eine romantische Novelle schrieb und der stille Corot gelegentlich heroische Landschaften malte. Wenn Venedig dem Manierismus aber überhaupt Einlaß in die Lagune gewährte, dann in seiner oberitalienischen, nicht in seiner toskanischen Spielart. Wie lange hat Pordenone sich auf das enge, armselige Wirkungsfeld der Pfarrkirchen des Friaul eingeschränkt gesehen! Noch 1527 zeigte man in Venedig wenig Interesse für seine Kunst, erst von 1532 bis zu seinem Tode (Januar 1539) riß man sich dort um ihn[320b]. Ganz ähnlich unterliegen Lorenzo Lottos Beziehungen zu Venedig dem Gesetze der wechselnden Anziehung und Abstoßung. In seiner bergamaskischen Abstammung wird der tiefere Grund dafür zu suchen sein, daß der Meister in seiner Geburtsstadt Venedig nicht seßhaft blieb, sondern ein Wanderleben führte, das ihn in jedem Jahrzehnt von neuem in die Marken, in das Friaul und in die Lombardei trieb. Obwohl seine Art des Manierismus, die er seit den frühen zwanziger Jahren entwickelte, den Venezianern viel näher stehen mußte als die Kunst des gewaltsamen Friulaners, war der Einfluß Pordenones auf die antiklassische Stilströmung in Venedig ungleich größer.

Zu der Kunst des Friulaners und des Bergamasken tritt Parma als dritte und vielleicht wichtigste Quelle des venezianischen Manierismus. Die Malerei des

Parmegianino – allerdings nur gesehen durch das Medium seiner Graphik – in Venedig verbreitet zu haben, 941
ist das Verdienst der Mittlerstellung des Schiavone.

Lotto und Pordenone stehen Pate bei den allerersten Werken des Tintoretto[320c]. Dieser ist nun die große manieristische Künstlerpersönlichkeit Venedigs. Aber obwohl die Familie wahrscheinlich aus Lucca stammte[320d], obwohl die Arbeitsgewohnheiten des Meisters die der florentinischen Ateliers waren (im Verhältnis zu Zeichnung, modelletto u.ä.), hat Tintoretto kaum den Einfluß des toskanischen Manierismus erfahren und ihn überraschend schnell wieder abgestreift. Vasari, der sich vom Dezember 1541 an für dreiviertel Jahr in der Lagune aufhielt, wurde dort kühl empfangen. Was hätte man auch in der Stadt eines warmen, blühenden Kolorismus mit den akademischen Rückenfiguren und ihrem eiskalten Kontur anfangen sollen, wie sie Vasari damals für den Pal. Corner Spinelli schuf[320e]? (Abb. 166).

Noch schlimmer erging es einem andern Sendboten des florentinischen Manierismus, Giuseppe Salviati, der ganz kurz vor Vasari (1539) nach Venedig gekommen war und sich dort niedergelassen hatte. Mit typischen Werken des toskanischen Manierismus führte er sich in der Lagune ein, um mit jedem Jahre mehr zum Venezianer zu werden[320f]. Bei seiner Abendmahlsdarstellung aus Sa. Ma. della Salute kann man noch zweifeln, ob Tintoretto von Salviati abhängig ist oder ob es sich umgekehrt verhält. Bei den späteren Werken steht jedenfalls der Nordtoskaner ganz im Banne des großen Venezianers.

Der Augenblick, in dem die Möglichkeit bestand, daß Tintoretto ein Gefolgsmann des florentinischen

Manierismus hätte werden können[320g], war erstaun-
942 lich kurz. Eine sehr ähnliche Entwicklung hat Jacopo Bassano in seinen Jugendwerken durchschritten. Um 1517–1518 geboren, scheint er 1535 in die Lagune gekommen zu sein, seine entscheidenden Werdejahre füllen das fünfte Jahrzehnt – also dieselbe Zeitspanne, die auch für Tintoretto und Salviati die kritischen Jahre brachte. Das eben erst bekannt gewordene Bild mit der Kreuztragung Christi und der Veronika-Szene aus dem Besitz des Earl of Bradford, das bald nach 1540 entstanden sein muß[320h], baut die Figuren-Komposition aus einem Netz sich vergitternder Arme und Beine auf, wie nur je eine antiklassische Komposition Bronzinos. Die Enthauptung Johannes des Täufers im Kopenhagener Museum[320i] aus der zweiten Hälfte des fünften Jahrzehnts hält den Moment prachtvoll fest, in dem der toskanische Bildaufbau noch nicht aufgegeben ist, während die Proportionen und vor allem die Konturen der Gestalten schon wieder ganz venezianisch geworden sind.

Nur weil er sich der toskanischen Spielart des Manierismus schon wieder entzog, kaum daß er sie kennengelernt hatte – nur weil er aber auch dem jähen und gewaltsamen Manierismus der Terra ferma in der Fassung des Pordenone wie der übergeschmeidigen und übersensiblen Ausprägung des Stils in der Art des Parmegianino und des Schiavone sich versagte, konnte Tintoretto ein großer Venezianer und ein echter Gegenspieler des Tizian werden.

Die gesamte spätere malerische Entwicklung des Tintoretto erscheint um 1544 bereits endgültig festgelegt in jenen Soffitten-Malereien mit alttestamentarischen Szenen im Prado, die Velasquez bei seinem

zweiten Aufenthalt in Venedig für seinen König einkaufte[320k]. Man kann sich keinen größeren Gegensatz 943
zu dem disegno des florentinischen Manierismus vorstellen, als das Largo der lang hinschleppenden, ganz ornamental weitschwingenden Konturen auf dem Breitbilde von Esther vor Ahasver, die sich nach dem feierlichen Rhythmenschritt der Meereswogen zu heben und zu senken scheinen (Abb. 178).

Vor allem aber trennt sein Malerauge Tintoretto von der Kaltfarbigkeit der Florentiner, von den Changeants der Francesco Salviati und Vasari. Zwar muß – nach der Schilderung Pallucchinis – die ›gärende‹ Farbenskala der Soffitti des Prado sich in knalligen, dissonierenden und schrillen Farbtönen nicht genug tun können, ja das Oszillierende, die trügerischen und gefälschten Annäherungen der Farben untereinander scheinen die Unsicherheit des Stehens der verkürzten Figuren noch zu unterstreichen. Gleichwohl steht der Sieg der überlegenen, im eminenten Sinne malerischen Farbkomposition keinen Augenblick in Frage. Indem Tintorettos ordnende Hand die Kontraste der hellen Töne sich vor dunklem Grunde entfalten läßt und umgekehrt, besonders bei der Wiedergabe der Stoffe mit den herrlichen Arabesken-Mustern, beschwichtigt und bindet er den Aufruhr der Farben und erreicht einen ›gusto quasi parnassiano dell'espressione pittorica‹, von dem Florenz um 1550 nichts ahnt[320l].

Wo das Gemälde ohne zeichnerische Vorbereitung aus der braunen Grundierung der Leinwand ent-

(320l) Da wir die Prado-Bilder seit mehreren Jahrzehnten nicht mehr gesehen haben, waren wir gezwungen, uns in der Schilderung ihrer Farbigkeit eng an den Text von Pallucchini anzuschließen.

wickelt wird, hat die linea serpentinata auch in den
944 andern Malerateliers wenig Aussichten, sich durchsetzen zu können. In Venedig gedachte man auch weiterhin die Stadt des warmen, leuchtenden Kolorismus zu bleiben. Hier blieb man infolgedessen auch bei der Leinwand als Malgrund, niemand dachte in der Lagune daran, die Bilder auf das kalte und glatte Material des Kupfers oder des Marmors zu malen wie andernorts.

Die letzte Aversion gegen den Manierismus wird in Venedig indessen nur im Unterbewußtsein gewurzelt haben und den führenden Künstlern als Argument gewiß nicht geläufig gewesen sein. Der künstlerische Instinkt könnte in der Dominante die führenden Meister – immer mit Ausnahme von Tintoretto – davor bewahrt haben, auf dem schwankenden Grunde der Lagune die Statik der Bildkomposition zu relativieren. In der gebauten Architektur wie in der Bildtektonik neigt man zum Bewahrenden: Palladio und Veronese sind einander entsprechende Figuren.

Als um 1590 eine neue Malergeneration allerorten, besonders in Bologna und Rom, aber auch in Florenz, in Urbino und Mailand, sich anschickte, den späten Manierismus zu überwinden durch einen gänzlich anders gearteten Stil, den Frühbarock, da fanden diese jungen Künstler nur in Venedig keine Gesinnungsgenossen, weil die Weltgeltung der venezianischen Kunst gerade für ein volles Jahrhundert erlosch (Veronese 1588, Jacopo Bassano 1592, Tintoretto 1594 gestorben). Aber selbst wenn es um 1590 eine tatendurstige junge Malergeneration in Venedig gegeben hätte, so würde sie einer andern Aufgabe sich haben zuwenden müssen als jener, welcher Caravaggio und die Carracci sich gegenübergestellt sahen. Hier in 945 Venedig galt es damals nicht, die Malerei aus dem Manierismus herauszuführen – er war längst erloschen, von dem ganz alten Tintoretto aber überwunden worden.

Die merkwürdigste Tatsache, mit welcher der Betrachter des Ablaufs der venezianischen Malerei sich abzufinden hat, ist das Phänomen, daß zwischen dem Jahrhundert Tizians und Tintorettos einerseits und dem Piazzettas und Tiepolos andererseits *das Seicento als eine gänzlich unschöpferische Epoche* liegt, in der es nicht ein einziger venezianischer Malername zu italienischem Klang, geschweige denn zu Weltgeltung gebracht hat. Zum einzigen Male in der Geschichte der venezianischen Kunst müssen fremde Meister in die Lagune gerufen werden, wenn es sich um die Vergebung bedeutender malerischer Aufträge handelt. So ist der neapolitanische Barockmaler Luca Giordano bei einem längeren Aufenthalt in Venedig um 1685 für verschiedene venezianische Kirchen tätig gewesen (S. Pietro di Castello, Sa. Ma. del Pianto, für Sa. Ma. della Salute gleich zwei Altarblätter). Auch Pietro da Cortona arbeitete mehrfach für venezianische Kirchen.

Ob die malerischen Aufträge nun einheimischen oder fremden Künstlern zufielen – in jedem Falle wurde die venezianische Tradition des 16. Jahrhunderts von Tizian, Tintoretto und Veronese her nicht fortgeführt. Maler vom Range eines Palma Giovane oder Alessandro Varotari (der sog. Padovanino) besaßen nicht die Kraft, das Erbe der großen Meister

in das neue Jahrhundert zu tragen. Zu Anfang des
946 Seicento war Venedig als Vorort der italienischen Malerei entthront worden durch den revolutionären Lombarden Caravaggio, der von Rom und Unteritalien aus die abendländische Barockmalerei begründete. Den Gegenpol zu Caravaggio bedeutet das bolognesische Akademiewesen der Carracci mit seinem Raffael-Kult. So ist die venezianische Malerei des Seicento nichts als ein getreues Spiegelbild dieser beiden sich bekämpfenden Kunstströmungen der Halbinsel.

Für dies Versagen der venezianischen Malerei im 17. Jahrhundert wird man zunächst biologische Gründe anführen können. Ein Erlöschen der schöpferischen Kräfte nach einer wunderbaren Blüte von etwa hundertsechzig Jahren Dauer (d.h. von 1430 bis 1590) wäre nur allzu verständlich. Aber man muß wohl eine Begründung auch auf dem künstlerischen Felde beibringen. Daß die strahlende Vitalität, das gesammelte Pathos, welches die Großmeister des italienischen Seicento von Caravaggio bis Bernini und Pietro da Cortona auszeichnete, den Venezianern nicht gelegen habe, könnte man schwerlich behaupten. Aber wurden vielleicht die künstlerischen Möglichkeiten des italienischen Seicento in Venedig im 16. Jahrhundert schon vorausgenommen? Wenn man Tizians Madonna des Hauses Pesaro von 1519–1526, wenn man die Deckenbilder mit dem Isaaksopfer in der Sakristei von Sa. Ma. della Salute und andere Werke des Meisters aus den vierziger Jahren, wenn man Veroneses Gastmähler und Tintorettos Paradies im Saale des Großen Rats des Dogenpalastes betrachtet, so könnte man dieser Erklärung zuneigen.

Th. Hetzer, einer der wenigen, die sich über das

Phänomen des Versagens der venezianischen Malerei im Seicento Gedanken gemacht haben, sieht den 947
Grund »in der Abneigung des Venezianers gegen die Isolierung der Farbe, gegen die Verselbständigung von Licht und Schatten«, welche die Venezianer nur als Farbflächen zu begreifen vermochten. »Nach Tizian, Veronese und Tintoretto war man nicht mehr imstande, auf das dem eignen Wesen Widerstrebende einzugehen[321].« Dazu trat eine handwerkliche Schwierigkeit. Nicht erst der Hochbarock, schon der Manierismus des mittleren 16. Jahrhunderts hatte bei der Dekoration von Sälen und Kirchen das riesige Format eingeführt. Während Vasari, Salviati und die Zuccari ihre großen ikonographischen Programme aber in Fresko auf die Wand malten, verharrte man in Venedig bei Leinwandbildern. Die Zyklen der Scuola di S. Rocco, die Historienbilder des Dogenpalastes, Tintorettos Paradies und all die Votivbilder der Dogen sind auf Leinwand gemalt. Dabei wird das Bildformat überfordert. Dem Maßstab des gerahmten Bildes auf Holz oder Leinwand sind Grenzen gesetzt, welche das Fresko nicht einengen. Auf dem Bilde der Auferstehung Christi in der Scuola di S. Rocco etwa werden die Gestalten der unteren Bildhälfte nur skizzenhaft, in großen, flüchtigen und dekorativen Pinselstrichen hingeworfen. Skizzen von solch riesigem Formate aber werden nicht mehr Form. Durch die Abneigung gegen das Fresko geriet Venedig den großen dekorativen Aufgaben des 17. Jahrhunderts gegenüber ins Hintertreffen. Freilich ist damit das Versagen im Altarblatt und im profanen Staffeleibild des Seicento nicht erklärt.

TERRA FERMA

»Pax tibi, Marce, Evangelista meus.«

Die kulturelle Grenze zwischen dem Veneto und der Lombardei deckt sich nicht mit der geographischen, sprachlichen und ethnologischen. Während diese am Gardasee entlang läuft, dann dem Zuge des Mincio folgt und bei Ostiglia den Po erreicht, um ihm bis hin zum Delta zu folgen[322], liegt die Kulturgrenze jenseits dieser Linie. Sie verläuft von Bergamo südwärts bis Crema, d. h. bis fast vor die Tore von Mailand. Die Nordgrenze der Terra ferma reicht bis an den Fuß der Karnischen Alpen, ja bis in deren Täler hinein. Die Ebene am Nordufer des venezianischen Golfs, vom Tagliamento durchströmt, ist das Pordenone-Land und die Region der gotischen Schnitzaltäre. Im Jahre 1420 hatte das weltliche Regiment des Patriarchen von Aquileja im ganzen Friaul und in der Markgrafschaft Istria ein Ende, und im Jahre 1445 schloß der damalige Patriarch mit der Serenissima einen Vertrag, nach dem er seine gesamten Besitzungen an Venedig abtrat. Bis zum Jahre 1795 sind das Friaul und die Markgrafschaft Istrien venezianisches Untertanenland geblieben. Schon von dem Augenblick an, da Venedig, das bis dahin der Terra ferma den Rücken zugewendet hatte, entschlossen war, eine Landmacht zu werden, waren in schnellem Siegeszuge die einzelnen Städte erobert worden: 1389 Treviso, 1395 Rovigo, 1404 Vicenza, 1405 Padua und Verona, 1426 Brescia, 1428 Bergamo, 1449 Crema – im Friaul 1419

Cividale, 1420 Udine und Feltre, schließlich 1508 Pordenone[323]. Gleichzeitig setzte sich Venedig in den endgültigen Besitz des östlichen Adriaufers[324]. Nachdem es schon 1409 Zara an sich gebracht hatte, fielen 1419 Trau, Spalato und die Inseln. Anfang des Jahres 1420 war ganz Dalmatien erobert, 1422 Albanien, 1423 Corfù. »Vom Südrande der Lagunen bis hinüber nach Thessalonike umschlang im Jahre 1423 ein dichter oder dünner gewebtes, aber nirgends abreißendes Band von geschlossenem Besitz und von Warttürmen und Stützpunkten die Küste des Adriatischen und des Ägäischen Meeres[325].« Ganz so wie das römische Weltreich in der Antike im Grunde gegen den Willen der Römer gewachsen war, weil jede neu gewonnene Position zwangsläufig nach deren Sicherung verlangte, so ist auch Venedig zu diesen dalmatinischen und albanesischen Eroberungen mehr gezwungen worden, als daß es aus eigener Initiative zugriff[326].

Freilich, wenn die Gesandten der eroberten Städte dann in weißen Gewändern vor Doge und Signorie auf dem Markusplatz erschienen und zum Zeichen der Unterwerfung Banner und Schlüssel übergaben, pflegte der Doge Michiel Steno zu ihnen das Jesajas-Wort zu sagen: »Das Volk, das wandelte in der Finsternis, hat das große Licht gesehen.« 1405 begrüßte er die Legaten von Verona, 1409 die von Zara so[327].

Aber neben dem politischen Gebiet der Terra ferma gibt es natürlich auch noch den geographischen und ethnologischen Bezirk des Veneto: das Land, in dem die alten Veneter gesiedelt haben[328]. Diese Venezia propria, Venezia Eugánea oder kurz dies Veneto ist sehr viel kleiner als die Terra ferma und reicht im Westen wirklich nur bis an den Gardasee und den

Mincio. Der Charakter dieser Landschaft ist einheitlich und doch abwechslungsreich. Dort, wo die Dolomiten und die Karnischen Alpen steil gegen die unendliche Ebene abfallen, haben die Städte natürlich einen alpinen Zug. In Bassano di Grappa spannt sich über den reißenden Gebirgsfluß der Brenta mit seinem grün-blauen Wasser eine gedeckte Holzbrücke wie in Tirol, und auch Asolo hat ganz das Gepräge eines Alpenstädtchens. Lotto hat auf seinem Altar im Dome von 1506 den Zauber dieser Landschaft eingefangen. Eleonore Duse, die oft hier geweilt hat, wollte in Asolo begraben sein. Blickt man von ihrem Grabe auf dem hochgelegenen Friedhof über das frühlingshafte Land, so versteht man diesen Wunsch. Die frischgrüne Ebene wird im Norden abgeschlossen von der Gebirgswand in ihrem uralten Grüngrau. Aber die Atmosphäre des Frühlingslichts verschmilzt so sehr mit diesen beiden Grün, daß die beschneiten Berggipfel wie losgelöst über der weiten Ebene zu schwimmen scheinen. Steigt man von Belluno noch höher hinauf, so kommt man nach Pieve di Cadore (878 m hoch), wo Tizian daheim ist. Es ist eigentlich nur seine Kunst aus den vierziger Jahren, der man es anmerkt, daß er ein Gebirgler ist. Drunten in der Ebene liegen die kleinen befestigten Städte von rechteckigem oder quadratischem Grundriß, fast alle noch lückenlos von der mittelalterlichen Stadtmauer mit vorspringenden Türmen und Zinnenkranz umwehrt, welche die großen Kommunen im politischen Brettspiel gegeneinander angelegt haben[329]. Castelfranco, die Heimatstadt Giorgiones, wurde 1199 von den Trevisanern gegen Padua gegründet, worauf diese 1220 ihrerseits mit der Errichtung der Stadt Cittadella ant-

worteten. Cittadella hat einen ovalen Grundriß, zwei Hauptstraßen, die sich in der Art von Cardo und 951
Decumanus schneiden, und der fast ganz erhaltene Mauerkranz ist von zweiunddreißig Türmen besetzt. In Castelfranco ist das moderne Leben über die mittelalterliche Mauer hinausgewachsen, die dabei zum Teil zerstört wurde. Dieser ritterliche Charakter der Städte verstärkt sich gegen die Südgrenze des Veneto hin noch. Über Monselice auf steilem Berge thront eine von Kaiser Friedrich II. angelegte Burg, in Este erhielt die alte Burg des Dynastengeschlechts aus dem 11. Jahrhundert, die später oft erneuert und erweitert worden war, 1339 durch die Carraresen, die Signoren von Padua, ihre jetzige Gestalt. Die Anlage wurde nun noch den Hügel hinab bis in die Ebene gezogen; die riesigen Höfe, die hier ein ganzes Arsenal umschlossen, wurden ebenfalls durch Mauern und Zinnen gesichert. Westlich von Este liegt Montagnana mit ganz erhaltener, zinnenbesetzter Mauer und vierundzwanzig Türmen, teils von den Ezzelini (nach 1242), teils von den Carraresen (nach 1260) angelegt.

Aus der Ebene mit den weiten, hellen Horizonten, vor denen sich nur die Silhouetten dieser getürmten Städte abzeichnen, erheben sich südlich Padua die Euganeischen Hügel, eine ganz isolierte Gruppe von Bergen, die mit den Voralpen und den Monti Berici in keiner Verbindung stehen[330]. Es sind keine vulkanischen Gebilde, überall liegt Sedimentgestein offen. Die höchste Erhebung, der Monte Venda, ist sechshundertdrei Meter hoch. Die ganze Gruppe, wie jeder einzelne Berg, entspricht ganz den Vorstellungen, welche die Maler des Quattrocento von Bergen hegten. Jede Kuppe bleibt für sich isoliert und ist

nicht durch einen Sattel mit ihrem Nachbar verbun-
952 den, das heißt die konische Form einer jeden ist von größter Regelmäßigkeit und hebt sich im ganzen Umriß vor dem Himmel ab. Auch die Bewaldung stört diese strenge Konturierung nicht: Edelkastanien und Akazien treten hier eher in Buschform auf, daneben stehen Lärchen und Ulmen. In den geschützten Tälern zwischen den Bergen wachsen Wein und Obst, während Olivenpflanzungen selten sind. Das ganze Hügelgebiet ist reich an heilenden und mineralischen Quellen. Abano ist zum Weltbad aufgestiegen. In Arquà bei Monselice hat Petrarca die letzten Jahre seines Lebens verbracht (1369–1374) auf einem von Wein und Oliven bestandenen kleinen Besitz, dessen Grund und Boden ihm vielleicht die Carrara geschenkt hatten[331]. Vor der Kirche erhebt sich sein Grab in Gestalt eines freistehenden Sarkophags, ein echt oberitalienisches Gelehrtengrab des Trecento. Byron hat 1817–1818 in einer Villa bei Este gelebt, und als P. B. Shelley ihn dort besuchte, entstanden die ›Lines written in the Euganean Hills‹, Robert Browning weilte mehrfach in Asolo. Aber das wahre Land der Villegiaturen war das Veneto doch in Renaissance und Barock, als das venezianische Patriziat sich hier seine stolzen Landsitze schuf, von denen viele es mit den Fürstensitzen des Nordens an Ausdehnung und Pracht aufnehmen können. Das Gesicht dieser Kulturlandschaft wird geformt durch die Unzahl von größeren oder kleineren Villen, die zuweilen unmittelbar an der Straße liegen, manchmal erst durch die Bäume des Parks wahrzunehmen sind. Sie alle tragen dieselben Familienzüge: auch im reifsten Barock bleibt man hier der palladianischen Einfachheit und der vene-

zianischen architektonischen Grundhaltung des Klassizismus treu. Diese Villen prunken nicht durch auf-
gebrochenen Giebel und gehäufte Profile, durch vor- und zurücktretende Säulenstellungen an der Fassade und üppige Fensterumrahmungen, durch reich figurierte Freitreppen und vorspringende Risalite. Das Casino bleibt bei der rechteckigen schlichten Blockform, nur ein edler Portikus mit jonischen Säulen und schlichtem glattem Dreiecksgiebel bildet die Front. Fehlt ein solcher Portikus, so öffnet sich das Fenster auf der Mittelachse im Palladio-Motiv. Die Fensterachsen sind niemals gleichförmig, sondern wie bei stadt-venezianischen Palästen rhythmisch angeordnet, wobei zwischen den äußersten Flankenfenstern der Fassade und der Mittelgruppe stets eine größere geschlossene Wandfläche bleibt. Daß Fassaden mit Reliefschmuck und Skulpturen besetzt werden, ist äußerst selten.

Ob diese edlen Gehäuse nun von Palladio, Jacopo Sansovino oder von Scamozzi stammen, ob von unbekannten Architekten des Seicento, sie alle tragen nach außen die gleiche Zurückhaltung zur Schau. Dafür breitet sich im Innern der kostbarste Freskenschmuck aus; Villa Maser (zwischen Asolo und Castelfranco gelegen, um 1560 von Palladio für Daniele und Marcantonio Barbaro erbaut) gehört durch die Wandgemälde von Paolo Veronese und seiner Schule zu den schönsten Innenräumen des Abendlandes[332]. In der Villa Malcontenta (an einem Seitenkanal der Brenta)[333], in Schloß Cataio (zwischen Monselice und Abano)[334], besonders aber in der Villa Roberti in Brugine[335] befinden sich Wandgemälde von G. B. Zelotti. Von hier reicht die Kette bis zu dem Spätwerk Tiepolos, dem Plafond, der sich über 954 den großen Mittelsaal der Villa Pisani in Strà (zwischen Padua und Venedig) spannt[336]. Dieses 1767 vollendete Fresko mit der Verherrlichung des Hauses Pisani ist nicht nur das letzte in Italien gemalte Wandbild des Meisters. Es ist auch das letzte große Bild des Veneto: wie die Formen des Rokoko schon bei der übrigen Dekoration des Saales unter dem Frost des Frühklassizismus erstarrt zu sein scheinen und Wände, Portal- und Fensterbekrönungen nicht mehr zu beleben vermögen, so sind in dem Plafond die Farben kühl und flau geworden, und der heroische Mensch vermag dies zerrissene Bildfeld nicht mehr zu beherrschen.

Von den großartigen Gärten, in denen diese Villen liegen, ist der von Valsanzibio in den Euganeischen Bergen (um 1669 für den venezianischen Prokurator Antonio Barbarigo angelegt) der schönste und aufwendigste[337]. Die weit in die Landschaft jenseits der Villenmauern hinausstrahlende Tiefenachse wird durchschnitten von einer Querachse mit einem Wasserparterre, in dem Bassins, Fontänen und Kaskaden sich abwechseln. Eine solche Anlage steht aber ganz fremd unter den Villen des Veneto, sie folgt vielmehr noch den römischen Gestaltungsprinzipien der zweiten Hälfte des 16. Jahrhunderts für Gartenarchitektur. Die venezianische Villa scheint in der Tat nur den simplen grünen prato gekannt zu haben – aber keine Parterres, keine Broderien und keine Statuen, keine Grottenpracht und keine Belvederes. Heute jedenfalls bieten sich alle Anlagen so dar: die Malcontenta bei Mirà, Villa Emo in Fanzolo, Maser, Luvigliano, Villa Molin vor Padua. (Die geschnittenen Hecken und Parterres

des Cataio bei Abano scheinen erst auf den vorletzten Besitzer, den österreichischen Erzherzog Franz Ferdi- 955
nand, zurückzugehen.) Bei Palladio finden sich keine Andeutungen über die Gärten, welche seine Villen umgeben sollten, woraus man ebenfalls wird schließen dürfen, daß dem Veneto eine Gartenarchitektur im Sinne der Toskana oder von Latium fremd war.

Die Kunst des Veneto ist ganz von den Kindern des Landes geschaffen, von Venezianern, Vicentinern, Veronesen. Nur die Benediktinerabtei Praglia (bei Abano), 1490 von Tullio Lombardo erbaut, eine der reinsten, strengsten und schönsten Frührenaissancekirchen von ganz Italien, besitzt mit der lombardischen Formensprache ihrer Kirche und ihrer Klosterhöfe in der völligen Einsamkeit der Bergwelt den Reiz, der von allem Fremdartigen ausgeht.

Der Historiker kommt zuweilen in die Lage, geschichtliche Zusammenhänge aufzeigen zu können, für deren Ineinandergreifen er eine Erklärung nicht besitzt. Er erblickt dann dort eine notwendige innere Folgerichtigkeit, wo der Laie nur blinden Zufall walten sehen möchte. Jedenfalls ist es außerordentlich merkwürdig, daß Venedig eine Festlandsmacht in denselben Jahren zwischen 1410 und 1430 wird, in denen eine eigenständige venezianische Malerei erblüht. Hätte die Serenissima sich hundert Jahre früher auf der Terra ferma festgesetzt, so würde die venezianische Kunst den unterworfenen Städten noch nicht als Schenkende gegenübergetreten sein. Dem heutigen Kunsthistoriker muß der Augenblick, in dem Venedig auf das Festland hinübergreift, als sinnvoll, ja als der einzig mögliche erscheinen. Um 1430 erlosch der Weiche Stil und damit das künstlerische

Klima, das der Entfaltung einer ritterlich-höfischen
956 Kunst so günstig gewesen war. Die Venezianer als Städter und Seefahrer standen dieser chevaleresken Phase der Gotik des Trecento und des Weichen Stils so fremd gegenüber, daß sie damals allenfalls in der Skulptur (Buon) eine Führerrolle zu spielen vermocht hätten. Aber da sie nun in einem Augenblick ihre großen Festlandseroberungen machten, in dem diese ihnen ganz fremde ritterlich-höfische Welt von innen heraus in ganz Oberitalien erlosch und in dem nun zugleich eine große Blütezeit der venezianischen Malerei begann, so entstand hier ein ans Wunderbare grenzendes Zusammenwirken politischer und künstlerischer Ereignisse, dessen Folge war, daß die Terra ferma wirklich eine venezianische Kunst-Provinz wurde.

Bis nach Bergamo und Crema also »vexilla leonis prodeunt«; in den meisten dieser Städte steht noch heute auf der Piazza auf hoher Säule der Markuslöwe, mit der aufgeschlagenen Bibel in der Pranke und der Inschrift »pax tibi, Marce, evangelista meus«. Es war ein sanftes Joch, gemessen an der Herrschaft der großen Territorialherren, die mit härterer Faust vorher hier regiert hatten, der Carrara, Scaliger und Visconti. Mit größter Treue und Verehrung haben alle diese Städte Venedig angehangen. An der Loggia del Consiglio zu Verona liest man die Inschrift, mit der die Venezianer ihren Dank abstatteten: »Pro summa fide summus amor« (MDXCII). Als Brescia 1509 bis 1516 unter französische Herrschaft geriet, erhob sich die Stadt aus Treue zu Venedig 1512, wurde aber von Gaston de Foix zurückerobert. Auch die andern Städte der Terra ferma haben in den Tagen der Liga von

Cambrai fast alle mit Waffengewalt die fremde Be-
satzung zu vertreiben und zu Venedig zurückzukeh- 957
ren versucht. Mit dem Markuslöwen zieht überall
venezianisches Recht, venezianische Verwaltung und
venezianische Kultur ein. In der alten Langobarden-
stadt Cividale, wo seit der Zeit des 9. Jahrhunderts
kulturell nichts mehr geleistet worden war – obwohl
die Patriarchen von Aquileja seit dem 8. Jahrhundert
aus dem fiebrigen Sumpfgebiet ihren Sitz hierher ver-
legt hatten und, mit einer Unterbrechung nach 1031,
auch bis 1238 hier residierten –, zog erst mit dem
Markuslöwen neues Leben ein. Schon 1442 wurde die
Brücke über die tiefe Schlucht des Natisone begon-
nen, der berühmte Ponte del Diavolo, ein technisches
Meisterwerk, 1453 ein neuer Dom, schließlich in dem-
selben Jahrzehnt der Pal. del Municipio, mit dem Re-
lief des Markuslöwen über dem Portikus.

Keine andere Stadtregierung Italiens besaß eine solche Anziehungskraft auf die unterworfenen Städte. Alle bildeten sich nun zu einem ›Kleinvenedig‹ um, wobei nicht immer zu entscheiden ist, was auf Anordnung der venezianischen Gobernatoren, was auf freien Entschluß der Regierten hin entstand. Überall findet man Ehrenmäler für die venezianischen Nobili, welche die Serenissima auf der Terra ferma repräsentierten. In Cividale ist an der Fassade des Palazzo dei Provveditori die Büste eines Pisani aus der Barockzeit angebracht, am Pal. del Municipio die des Provveditore Domenico Mocenigo. Vor den Chorschranken des Doms zu Verona sind die Bischöfe der Stadt aus der Barockzeit begraben. Es sind nur die Namen von venezianischen Geschlechtern, die wir hier lesen: die Giustiniani, die Pisani, die Navagero . . . Daß die

Säule mit dem Markuslöwen überall auf der Piazza
958 steht, ist selbstverständlich. Sie ist das Staatssymbol. Wo nach dem Fall der Republik die französischen Invasionsheere diese Säulen umstießen, hat sie das 19. Jahrhundert zumeist wieder aufgerichtet[338]. So stehen sie noch in Rovigo, Bassano del Grappa, Feltre, Udine, Vicenza, Verona, in Este, Asolo oder Arquà Petrarca. Die Sitze der Stadtregierung trugen venezianisches Gepräge. In Malcesine am Gardasee ist der Pal. dei Capitani del Lago ein echt venezianischer Renaissance-Palast, der den freien Rhythmus der Fensterachsen über die Fassade hin, die venezianische Form der Biforien und die maurische Art des Zinnenkranzes nachahmt. Der Pal. dei Rettori in Belluno (1491 begonnen) und der heutige Monte di Pietà in Vicenza (1499–1500, die beiden Obergeschosse später aufgestockt) ähneln ihm durchaus, nur haben beide das Erdgeschoß in eine Arkadenstellung aufgelöst. Wenn Brescia seinen Stadtpalast (1489 begonnen) im Obergeschoß seit 1554 in venezianischer Art vollendete, so stehen als Vorbilder dahinter die mittelalterlichen Saloni von Padua und Vicenza, welche Städte damals schon so lange zum venezianischen Staatsgebilde gehörten, daß ihre Bauten wohl einfach als venezianisch mitgingen.

Nur der Pal. del Trecento in Treviso ist ein spätromanisches Backsteingebäude wie die Kommunal-Paläste der Lombardei[339]. Darin spricht sich sehr genau die mittelalterliche Bündnis-Politik von Treviso aus: die Stadt gehörte in der Regierungszeit Friedrich Barbarossas zum Lombardenbund, kämpfte bei Legnano auf der Seite der Städte und war dann besonders im 13. Jahrhundert ein Vorort ritterlicher Spiele und ritterlicher Dichtung (Loggia dei Cavalieri). Erst als die Stadt an Venedig fällt, wird aus einem lombardischen Stadtbild eines der Terra ferma. Ihre Hauptplätze nach venezianischem Vorbilde auszubauen, ist vor allem Udine und Brescia geglückt. Hinter dem Pal. della Loggia in der friaulischen Stadt steht deutlich der Dogenpalast als bewundertes Beispiel (1448–1456). Die gegenüberliegende andere Breitseite des Platzes wird durch die Loggia di S. Giovanni abgeschlossen, wobei die Kirche dieses Heiligen genau in der Mitte des Traktes liegt, so wie in Venedig S. Gemignano die Mitte des Osttrakts des Markusplatzes beherrschte. Das Relief des Markuslöwen an der Fassade der Paläste, die beiden Freisäulen auf der Piazza, der Torre dell'Orologio (nach Entwurf von Giovanni da Udine 1527) mit der im Freien ohne Bedachung aufgehängten Glocke, auf welcher zwei von links und rechts herantretende Mohren mit langen Hämmern die Stunden schlagen – dies alles soll die Atmosphäre des Markusplatzes bis ins kleinste einfangen. Der Uhrturm, der in Venedig den Zugang vom Markusplatz zur Merceria hin architektonisch faßt (1496–1499) samt seinen beiden Mohren ist auch auf dem Pal. Comunale von Pordenone (nach 1542), auf der Piazza della Loggia in Brescia und dem Pal. del Capitanio in Padua kopiert worden (letzteres Beispiel ohne die Mohren).

Die Form der Stadttore freilich konnten die Städte der Terra ferma nicht von Venedig übernehmen, da die Lagunenstadt Tore ja nicht besaß. Hier setzte sich für das ganze venezianische Staatsgebiet die breite, gelagerte Torform mit Rustika durch, wie sie Sanmicheli für Verona entwickelt hatte[340] (Treviso, Porta S. Tommaso, 1518, Porta S. Quaranta, 1517, Zara, Porta Terra ferma von Sanmicheli 1543)[341]. Die Form der venezianischen Brücken mit der trapezförmigen Knickung der Rampe ist z.B. in Vicenza vom Ponte S. Michele (1621–1623) auf das Festland übernommen worden. Den Versammlungsraum der Scuola, im 16. Jahrhundert längst nicht mehr einer Zunft, sondern einer Bruderschaft, finden wir in der Scuola del Santo in Padua mit den herrlichen Fresken des jungen Tizian, Bartolomeo Montagnas u.a. und in der Scuola dei Battuti in Conegliano mit Fresken, die A. Previtali, Jacopo da Montagnana u.a. zugeschrieben werden. In solchen Scuolen werden die schönen venezianischen Holzvertäfelungen nachgeahmt, wobei die weiten, lockeren und niedrigen Raumproportionen ihrer Vorbilder samt deren Atmosphäre glücklich eingefangen wurden.

Die Bildnisse der venezianischen Magistrate hat man nach dem Ende ihrer Amtszeit in großen Fresken oder Leinwandbildern festgehalten, ganz wie im Dogenpalast in Venedig. In Udine, besonders aber in Vicenza, findet man noch geschlossene Folgen solcher Bildnisse der Rettori. In der riesigen Lünette, die Jacopo Bassano auf der Höhe seines Schaffens (1573) für die beiden Rektoren von Vicenza, Silvano Cappella und Giovanni Moro, malte, knien die beiden Würdenträger noch vor der Madonna, die Magistrate des 17. Jahrhunderts aber werden in den Lünetten der Carpioni und Francesco Maffei von einem Aufgebot sämtlicher Tugenden geleitet und geschirmt, aber nicht mehr immer der Madonna empfohlen[342]. In Rovigo ist das Oktogon der Beata Vergine del Soccorso (die sogenannten Rotonda) in drei Reihen übereinander mit sehr großen Leinwandbildern der venezianischen Magistrate gefüllt. Die Darstellungen sind ikonographisch abwechslungsreich. Hier erscheinen die Rettori vor der Madonna, dort vor ihrem Namenspatron, immer mit dem Kastell im Hintergrund, die besten sind von Francesco Maffei gemalt (drei Bilder von 1646, 1649 und 1655)[343].

Solange das Mittelalter währte, strebte man auf der Terra ferma, auch eine Pala d'Oro auf dem Hochaltar der Kathedrale zu besitzen wie S. Marco. Von dem Ende des 12. bis ins 16. Jahrhundert reicht die Folge, von Cividale, Caorle, Torcello, Grado, Parenzo bis Veglia und Cattaro. Die ältesten beiden sind das Antependium von Caorle (älteste Teile um 1100), und das von Torcello (um 1200)[344]. Der Pallioto auf dem Hochaltar des Doms von Cividale, aus vergoldetem Silber, ist eine Stiftung des Patriarchen Pellegrino III. (1193–1204), die Tafel des Hochaltars der Kathedrale von Grado eine venezianische Treibarbeit aus Silber von 1372.

Das Wandgrabmal auf vorgekragten Konsolen, das auf die strenge architektonische Rahmung durch eine Arkatur oder gar einen Baldachin verzichtet, ist zwar allgemein oberitalienisch, findet sich aber besonders häufig in Venedig. Die Beispiele aus SS. Giovanni e Paolo und den Frari werden zur Nachfolge verlockt haben (z.B. in allen Kirchen Vicenzas, auch außen an der Westfassade von S. Lorenzo, an mehreren Kirchen Veronas und öfter). Ein Grabmal, das für eine Reiterstatue des Toten als Postament dient, hat man dem aus römischem Fürstengeschlecht stammenden venezianischen Condottiere Paolo Savelli im südlichen Querschiff der Frari errichtet, nachdem er 1405

im Kampfe gegen den letzten Signoren von Padua
962 gefallen war[345]. Dieses Reitergrabmal aus Holz hat dann auf der venezianischen Terra ferma eine reiche Nachfolge gehabt, über die Statue des Bartolomeo Colleoni in seinem Mausoleum bei Sa. Ma. Maggiore in Bergamo (1501) bis hin zu den Reitergrabmälern an den inneren Eingangswänden der Kathedralen von Cividale und Udine, beide für im Jahre 1617 gefallene Offiziere (Udine, Daniele Antonini; Cividale, Marc Antonio da Mazzano).

Die Einflüsse von Venedig auf die *private* Baukunst der Städte seiner Terra ferma sind natürlich in dem Gebiet von Padua und Vicenza am stärksten und nehmen gegen die Lombardei hin ab. In Mantua z. B. findet man nur noch wenige Häuser mit venezianischen Baugewohnheiten[346]. Während in der modernen Industriestadt Padua sich nicht allzu viele Beispiele solcher mittelalterlicher Profanbauten venezianischen Stiles erhalten haben[347], besitzt Vicenza venezianische Paläste aus Gotik und Frührenaissance, die ebenso gut am Canal Grande stehen könnten, in reicher Fülle[348].

In der Hochrenaissance aber tritt eine rückläufige Bewegung ein. Der Anstoß, der Venedig und seiner Terra ferma zu gleicher Zeit die Kenntnis des strengen Stils der römischen Hochrenaissance vermittelte, kam von außen. Nach dem Sacco di Roma (1527) wandten sich drei sehr bedeutende, völlig römisch erzogene Künstler nach Norditalien. Giulio Romano verpflanzte den Stil der Raffael-Schule nach Mantua, der Florentiner Sansovino brachte es überraschend schnell zu Amt und Einfluß in Venedig, und Michele Sanmicheli, der einzige gebürtige Oberitaliener unter

ihnen, kehrte 1528 in seine Vaterstadt Verona zurück. Die wenigen Werke, die wir vor diesem Zeitpunkt 963
von ihm in Mittelitalien kennen, zeigen die römische Formensprache seiner Lehrer Bramante, Raffael und Antonio da Sangallo, gelegentlich auch den Einfluß des Peruzzi[349]. Merkwürdig, wie schnell das alles vergessen ist, sobald er in den frühen dreißiger Jahren in der Heimat seine großen Paläste zu errichten beginnt. Es kommt ein festlich-heiterer Zug in seine Kunst. Wie an der Fassade des Pal. Bevilacqua in Verona die Wand zwischen den Säulen des Hauptgeschosses fast ganz in große, von einem Halbkreisbogen geschlossene Fenster aufgelöst wird, weist das Motiv eher auf die Gastmahl-Architekturen Veroneses voraus, als auf Bramantes Paläste zurück. Auch die Kannelierung der Säulenschäfte in der Spirale ist ein Lieblingsmotiv Veroneses. Vor allem aber hat Sanmicheli die Formensprache für die Festungsarchitektur der Spätrenaissance und des Manierismus geschaffen. Kein Stadtportal auf der Terra ferma, das nicht unter seinem Einfluß entstanden wäre. Den Reichtum der Rustika auf das Vielfältigste und Gegensätzlichste auszudeuten hat Palladio von Sanmicheli gelernt. Mit der Fassade der Zecca von Jacopo Sansovino (1536) hatte die Fesselung aller Ordnungen durch die Rustizierung schon früh in der Lagune Fuß gefaßt. Mit den beiden strahlenden Kirchen Palladios gerät dann auch die venezianische Sakralarchitektur in die Hände eines Künstlers der Terra ferma, wenn sich hier auch der Vicentiner in einer erstaunlichen Weise venezianischem Raumdenken anzupassen gewußt hat.

Bei den Malern ist es wie bei den Architekten, je näher die Wirkungsstätte des Künstlers der Lagunen-

stadt liegt, desto magischer werden die Lernenden
964 aus der Provinz in den Bann der großen Maler aus der Dominante gezogen. Ein Werk des Hauptvertreters der Vicentiner Malerei, des Bartolomeo Montagna, ist von einem Bilde des Cima da Conegliano nicht immer leicht zu unterscheiden. In Verona hingegen, wo auch die Einflüsse aus der höfischen Kunst von Mantua her und aus dem starren Klassizismus des Mantegna-Kreises wirksam werden, setzt sich der venezianische Charakter viel langsamer durch. An den äußersten Westgrenzen des venezianischen Festlandsbesitzes nun gar, in Brescia und Bergamo, erblüht in der Hochrenaissance eine große Malerei, ganz selbständig in der Farbkomposition (übrigens hie und da auch in den ikonographischen Themen) und doch nur ein glückliches Emporium des venezianischen Kolorismus. Hier, fast vor den Toren von Mailand, wirken große venezianisch geschulte und venezianisch gesinnte Maler, die sich als Individualitäten den Meistern der Lagunenstadt gegenüber unverwechselbar und ebenbürtig behaupten: Savoldo, Romanino, Moretto in Brescia, Previtali und Cariani, Licino und Palma Vecchio in Bergamo. Sieht man von Cariani und Palma ab, die für dauernd in die Lagune zogen, so haben diese Meister nur Studienjahre in ihrer Jugendzeit in Venedig verbracht, sind aber in ihren Mannesjahren der Heimat als Wirkungsstätte treu geblieben. Ganz gewiß war es dort ihr sehnlichster Wunsch, Werke zu schaffen, die neben den großen Erzeugnissen venezianischer Malerei ebenbürtig bestehen konnten. Hätte sonst Andrea Previtali noch als Mann jenseits Mitte der Dreißig eines seiner Bilder vom Jahre 1506 stolz signiert: »Andreas Bergomensis Dissipulus

Jova. Belini Pinxit« (Bergamo, Accademia Carrara, aus Sammlung Lochis)? Und doch würde niemand 965
den mailändischen Braunton verkennen, der über der kleinen Tafel liegt. Bei dem großen signierten Querbild Previtalis mit der Madonna zwischen den Heiligen Augustinus und Elisabeth (Bergamo, Accademia Carrara), das so gern völlig venezianisch in Kopftypen und Farben erscheinen möchte, wird man indessen nicht an die Gesichter Giovanni Bellinis oder Cimas erinnert, denn die langen, pedantischen Nasenrücken und der Schnitt der Augenlider findet sich genauso bei dem Mailänder Ambrogio Bergognone, und ein so opakes, tiefes, ja ein wenig brutales Purpurrot, wie es das Bischofsgewand des heiligen Augustinus vorträgt, würde man in der Lagune vergeblich suchen. Vollends wirken seine Stifterporträts auf der Madonna mit Heiligen aus dem Hause Casotti (Bergamo, Accademia Carrara) ganz mailändisch derb in Physiognomie und Malweise[350]. Man sieht, das heimische Erbe wird durch das große venezianische Vorbild nicht ganz ausgelöscht, so sehr dies auch im Wunsche solcher Maler von Durchschnitts-Begabung gelegen haben mag.

Wenn aber die venezianische Lehrzeit dieser Meister erst einmal um Jahrzehnte zurückliegt, so bedeuten jeder venezianische Maler und jedes venezianische Bild, die in die Städte der Terra ferma kommen, für all diese Künstler ein großes Erlebnis. Im Jahre 1513 läßt sich als ein solcher Sendbote Lorenzo Lotto in Bergamo nieder, und sein Aufenthalt währt – freilich unterbrochen von Reisen in die Marken – bis zum Jahre 1526. Sofort nach Lottos Eintreffen versucht Previtali auf der Madonna Casotti das Inkarnat der

Tafel und der Predellen Lottos vom Altare aus Sto.
966 Stefano (begonnen 1513) zu kopieren, jenes wunderbar weiche, im Licht gebadete Inkarnat, das alle Wonnen der Fleischtöne Correggios um ein Jahrzehnt vorausnimmt[351]. Sobald Tizian seinen Altar mit der Auferstehung Christi für SS. Nazaro e Celso in Brescia 1522 abgeliefert hat, finden dessen Farben bei Romanino und Moretto ihren Widerschein. Im Abendmahle Morettos (Brescia, Pinakothek)[352] steht kein Farbton, der nicht genau in der gleichen Nuancierung auf Tizians Tafel vorkäme.

Viel großartiger aber ist es, wenn nicht der mittlere Moretto sich wörtlich an Tizian anschließt, sondern wenn der ganz alte Meister von Tizian träumt. Die große Pala in dem Halbrund der Hauptapsis von S. Giovanni Evangelista in Brescia mit den beiden heiligen Johannes, den Heiligen Augustinus und Agnes und den Halbfiguren zweier mönchischer Stifter vor der in Wolken schwebenden Madonna muß eines der allerletzten Werke Morettos sein[353]. Es wird sich kaum ausmachen lassen, ob der etwa Sechzigjährige noch einmal Venedig besucht hat oder ob die Erinnerung an den Tizian der zwanziger Jahre, den Meister der Himmelfahrt aus den Frari, ihn daheim überwältigt hat. Jedenfalls triumphiert die Auseinandersetzung mit dem großen Venezianer hier über alle Anzeichen des Greisenalters und der sinkenden Kraft. Die Farben werden bei den irdischen Assistenzfiguren schon stumpf: das grüne Kleid der heiligen Agnes wirkt fast schwarz, ihr erbsenbrauner Mantel bedrückt und schwer, die Augen liegen in tiefen Höhlen und über dem kreidigen Inkarnat breiten sich schwarze Schatten. Aber in der himmlischen Sphäre jubeln nun die tizianesken Rot- und Brauntöne, vor allem die Varianten von Karmesinrot, wird der Saum des Madonnengewandes bestickt mit einer silbrigen Borte tizianisch verschwebender, huschender Lichter. Das sind Träume und Erinnerungen. Tizian selbst malt um 1550 ganz anders.

Savoldo, Romanino, Moretto – aber auch in Bergamo Cariani – sind viel zu bedeutend, als daß sie nur als lernbegierige Schüler der Venezianer erscheinen dürften. Sie alle sind echte Maler von Geblüt, die sich unverwechselbar neben ihren Zunftgenossen aus der Lagune behaupten. Gewiß, Romaninos Stärke ist die Linearkomposition des Bildes nicht, seine physiognomischen und psychologischen Interessen sind gering – aber dafür ist seine Farbigkeit einzigartig[354]. In den Bildern der Sakramentskapelle von S. Giovanni Evangelista in Brescia hat er ein Weiß, das im Lichte die Seide so gegenständlich wie bei Terborch erscheinen läßt, während dies Weiß in den Schattenpartien in ein eigenartiges Rauchgrau getaucht wird, das etwas Schimmeliges hat und das in Landschaftsgründen mühelos in ein verwesendes Grüngrau übergeht. Das Gold im Gewande seiner Magdalena, welche die Füße des Herrn salbt, ist ein echtes Gold, kein Safran, kein Altgold, kein Ocker, es ist das echte, unverfälschte Gold der Tafelbilder Giovanni Bellinis oder der Fresken Tiepolos.

Was diese Künstler in Brescia bewirken, ist merkwürdig genug. Sie errichten ein Reich der venezianischen Hochrenaissance, das lange von räumlichen oder zeitlichen Schranken nicht bedroht erscheint. Die Lombardei mit ihren ewig problematischen Künstler-Charakteren war sogleich nach 1520 die schnelle Beute des

Manierismus geworden. In den stillen, harmonisch
968 komponierten Bildern des Moretto weiß man, dicht vor den Toren Mailands, lange nichts von solchen Dissonanzen, von der Linea serpetinata, von der Torsion und von dem Aufbau einer Gitterkomposition aus verrenkten Körpern[355]. In einem ausgesprochenen Spätwerk wie dem Kirchenväteraltar in Frankfurt (Städelsches Institut), den man – freilich ohne überzeugende Gründe – 1553, d.h. ein Jahr vor dem Tode des Meisters, entstanden denkt[356], finden sich keine Anzeichen dafür, daß das Reich der Hochrenaissance einmal enden könnte. Jedenfalls währt es in Brescia länger und unbedrohter als in Venedig selbst. »Die Sprache der inneren Gespanntheit« nämlich, die in Venedig nun Bassano, Tintoretto und Greco sprechen[357], dringt nicht bis in die Provinzstadt jenseits des Gardasees. »Das klassische Ideal der ›untätigen‹ Form, die alte hochvenezianische Freude am passiv Gelösten und Verträumten« lebt hier weiter. »Das

(355) Morettos Auseinandersetzung mit dem Manierismus ist kurz, aber sehr geistreich. Der toskanisch-römischen Fassung dieser Strömung hat er in der Mannalese von 1521–24 gehuldigt (Gombosi, Kat.-Nr. 48, Abb. 12), einem Bilde, in dem sich persönlicher Farbgeschmack und Farbstil der Zeit in idealer Weise verbinden, denn das berühmte Morettosche Blaugrün ist in jenen Jahren eine Modefarbe. Hingegen steht der akademische Klassizismus des Bethlehemitischen Kindermordes (Gombosi, Kat.-Nr. 46, Abb. 25, 1530 datiert) im Werke des Meisters ziemlich vereinzelt, auch wegen der kalt und schillernd vorgetragenen Farben, besonders bei der großen Rückenfigur in der Bildmitte. Den Einfluß des oberitalienischen Manierismus von der Art des Parmegianino spiegelt das Altarblatt mit den fünf jugendlichen weiblichen Heiligen in S. Clemente in Brescia (Gombosi, Kat.-Nr. 28, Abb. 76, datiert in die vierziger Jahre) wider.

Bild hat noch die alte venezianische Emanation des Sinnlich-Wohltuenden[358].« Moretto besonders versteht 969
mit den Venezianern Schritt zu halten. Von Tizian, dem Meister der Valeurs, erlernt er die Einsicht in die Valeurfunktionen, die ihn zu seinem großartigen Spätstil befähigen, wie er sich etwa im Schmerzensmann an der Treppe (Brescia, Pinakothek) ausspricht, den man »das reichste und reifste Beispiel morettesker Tonmalerei« genannt hat[359]. Da der Manierismus keine Macht über den Maler gewonnen hat, so wirkt sich diese neue Tonmalerei an harmonischen Bildkompositionen in der Art der Hochrenaissance aus. Die künstlerischen Bestrebungen von Morettos Spätzeit werden fortgeführt von seinem Schüler Giovanni Battista Moroni (geboren in Albino bei Bergamo, Brescianer Schülerjahre von 1539–1543)[360]. »Als die klassische Tradition zusammenbrach, als Mantua, Cremona, Mailand, Verona zu großen leeren Flecken auf der Karte der italienischen Kunstqualitäten wurden, hielt der Brescianer Künstler noch immer die unerschöpfliche Reserve seines malerischen Könnens in der Hand[361].«

Dann aber ebbte die künstlerische Strömung, die von Venedig bis Bergamo und Brescia geflutet war, wieder zurück. Die Etappen dieser Rückströmung lassen sich genau verfolgen. »Anfangs der vierziger Jahre muß Moretto in Verona geradezu eine Werkstatt aufgeschlagen haben[362].« Von Bildern wie dem Gastmahl beim Pharisäer Simon von 1544 (Venedig, Sa. Ma. della Pietà)[363] muß der junge Paolo Veronese ausgegangen sein, der 1540 als vierzehnjähriger Garzone in der Werkstatt seines späteren Schwiegervaters Badile arbeitete. Morettos Bild ist nicht nur die Vor-

aussetzung für Veroneses zahlreiche Gastmähler-
970 Kompositionen, sondern auch für das Frühwerk der Verkündigung (Florenz, Uffizien), und so hat man denn angenommen, der Altar des Moretto sei nicht in der Brescianer, sondern in der Veroneser Werkstatt des Meisters, also unter den Augen des jungen Cagliari entstanden.

Auf dem frühesten Werke, der Pala Bevilacqua (Verona, Museum, aus S. Fermo, entstanden 1548)[364], treffen wir viele Farben, die so nur der Terra ferma eigen sind. Das Rot Johannes des Täufers ist ein neutrales Ziegelrot wie bei Savoldo, das dann später bei Caravaggio so betören wird. Der Bischof unten erinnert sehr an den Farbvortrag bei Moretto und Romanino. Die Farben schillern, besonders das Weiß und das Goldgelb, das ins Zitronenfarbene hinüberspielt. Das Rosa ist noch ganz blaß, auch der rhabarbergrüne Ton schwebt schon über großen, hellen Farbflächen (Mantel der Madonna), er wird noch auf dem riesigen Bilde mit dem Martyrium des hl. Georg in S. Giorgio in Braida aus den sechziger Jahren sich über dem oberen Teil des Bildes wie ein zarter Resedahauch ausbreiten.

Die Farben der Gewänder sind auch auf der Verkündigung in den Uffizien (um 1556)[365] noch ganz unvenezianisch hell. Nirgends deutet sich die spätere Neigung zu schweren Gold- und Brauntönen an; die Madonna trägt noch immer ein rhabarberfarbenes graugrünes Gewand mit silbernen Lichtern, das Engelsgewand spielt zwischen Himbeerrosa und Ocker, die Architekturteile erscheinen in einem merkwürdig kreidigen Weißgrau. Kurzum: die Farben, die beim reifen und späten Veronese allenfalls in skizzenhaftem

Auftrag an Gelenkpunkten der Komposition Verwendung finden, herrschen hier noch allein.

Das Ganzfigurenbild des Pasio Guariento (1556 datiert, Verona, Museum)[366] steht durch sein Format, durch die Klarheit, mit der der Umriß sich vom Grunde abhebt, und durch seinen Kolorismus dem Porträt des Großmeisters Alof de Vignacourt von Caravaggio (Louvre) viel näher als einem Porträt von Tintoretto. Es ist drei Jahre nach Veroneses Übersiedlung in die Lagune entstanden – aber wie ganz und gar ist es noch ein Kunstwerk der Terra ferma. Auch die anderen um 1556 gemalten oder 1558 fest datierten Bildnisse sind noch oberitalienische Ganzfigurenporträts[367].

Manche Eigenzüge der Terra ferma hat Veronese nie abgestreift. Da ist zunächst das Interesse am Tier. »Weder Tizian noch gar Tintoretto kennen ein solches herzliches Eingehen auf das Tier, wo aber auf Bildern, die als Veronese gelten, die Tiere ungeschickt und oberflächlich gemalt sind, kann man sicher sein, daß es sich im besten Falle um Arbeiten der Werkstatt handelt[368].« Wir haben oben daran erinnert, daß Veronese aus der Stadt Pisanellos stammt. Hetzer »meint manchmal, ganz ins Künstlerische gewendet, etwas von der ritterlichen Atmosphäre wieder aufleben zu sehen, wie sie das Verona der Scaliger erfüllt hat[369]«. Für Th. Hetzer sind Pferde und Hunde »fast der Inbegriff dessen, was wir immer wieder bei Veronese als charakteristisch empfinden: der Vereinigung einer Tugend mit der Unschuld eines natürlichen, arglosen Gemüts[370]«.

Sodann beweisen die Architekturen seiner großen Gemälde, daß Veronese ein engerer Landsmann des Palladio ist. Auch er hat die klassizistische Gesinnung,

die in die Entasis einer freistehenden Säule, in die
972 Schwellkraft einer Baluster, in die richtige Breite des Frieses unter dem Gesimse verliebt ist. Der dekorative Charakter der Baukunst des Vicentiners mußte ja dazu verlocken, solche Bauten in die Hintergründe großer Gemälde aufzunehmen. Der erdrückenden Wucht des Steinverbandes und der schweren Gewölbe ledig, den lässigen Gleichklang der Arkaden niemals durch einen manieristisch-stockenden Rhythmus störend, boten diese Bauten die rechte Folie für die Gestalten des Veronese[371].

Der Sinn für den ästhetischen Reiz der Perspektive, den Paolo von der frühen Verkündigung der Uffizien bis zu der späten Fassung des gleichen Themas in der Accademia (unter Beteiligung der Werkstatt entstanden) entfaltet, erinnert an Mantegna und Giulio Romanos Perspektiv-Malereien in Mantua. Die Freude an der jähen Raumflucht sei nicht stadtvenezianisch, hat Hetzer bemerkt[372]. Noch in den strahlenden Werken seiner Reifezeit gibt sich auch in der Farbgebung Veronese als ein Sohn der Terra ferma zu erkennen. Ein so berühmtes Bild wie die mystische Vermählung der hl. Katharina (um 1575) fällt in dem Saale der Accademia in Venedig aus seiner Umgebung ganz heraus. Die Farben haben gleichsam einen anderen Aggregat-Zustand. Die meisten Farben könnten einzeln in Venedig auftreten, so viele lichte nebeneinander aber niemals. Zwei von diesen Farben allerdings trifft man nicht in Venedig: das schwertlilienblaue Kleid der heiligen Katharina und das grünliche Silbergrau im Kopftuch der Madonna. Erstaunlich ist ferner die sorgfältige Genauigkeit, mit der die Brokate auf den Kleidern der Katharina und des links sitzenden Engels wieder-

gegeben sind. Hier gibt es keine malerischen Abkürzungen, keine Skizzierung einzelner Muster. Man 973
wird unwillkürlich an die Zeichnungen für Damenmoden von einem anderen großen Veronesen, von Pisanello, erinnert, die von derselben Ebenmäßigkeit der Durchführung sind.

So trägt Paolo Veronese noch einmal altes Erbgut der Terra ferma in die Lagune hinein. Vielleicht erscheint er deshalb als ein so reiner Ausdruck venezianischen Wesens, weil die Züge der Stadt und des venezianischen Landgebiets sich in seiner Kunst untrennbar verweben.

SCHLUSS

In den Jahren, da sich Goethe die Welt des Ostens erschloß und die Gedichte des Divan entstanden, sprach er die Überzeugung aus:

»Wer den Dichter will verstehen,
Muß in Dichters Lande gehen.«

Als etwa hundert Jahre später Heinrich Wölfflin seine Einleitung zu einer deutschen Übersetzung von Stendhals ›Histoire de la peinture en Italie‹ schrieb, meinte der große Deuter der Form: »Das Gewächs der Kunst mit dem Boden von Person und Volk in Zusammenhang zu bringen, auf dem es groß geworden ist, ist gewiß ein vortrefflicher Grundsatz, aber die Pflanze nach ihrem inneren Bau und Lebensgesetz ist damit doch noch nicht erklärt.« Die Interpretation der Struktur von Einzelkunstwerken ist in dem halben Menschenalter seit Wölfflins Tod erst recht der eigentliche Gegenstand der kunstwissenschaftlichen Forschung geworden. Betrachtungen wie die unsrige vermögen aber niemals alle Seiten eines Kunstwerks zu erhellen, sie erklären nur einen Teil der Genesis des Werks und seiner geprägten Form.

Aber unsere Betrachtungsweise trifft nicht einmal auf alle Kunstzentren zu: Wie in dem staatlich zerrissenen Griechenland die gemeinsame Religion ein verbindendes Element schuf, das den bei den Heiligtümern zu den kultischen Spielen zusammenströmen-

den Hellenen immer wieder das Bewußtsein mitteilte,
Glieder eines Volkes zu sein, so haben auch in der poli- 975
tischen Vielfalt Italiens die heiligen Stätten die Zentren
gebildet, wo alles landsmannschaftliche Eigenbewußt-
sein vergessen war. So zeigen denn die großen italieni-
schen Wallfahrtsorte, der Santo in Padua, die Casa
Santa in Loreto, S. Francesco in Assisi und die Six-
tinische Kapelle im Vatikan als Kunststätten nicht das
Gesicht der Kunstlandschaften, in denen sie liegen.
Zum Schmucke dieser Heiligtümer sind zumeist die ge-
feiertsten Künstler Italiens zusammengerufen worden.

Vor allem aber vollzieht sich die Sendung der großen Künstler unbekümmert um landschaftliche Gebundenheit. Sobald Piero della Francesca und Giorgione, Leonardo und Michelangelo den Ateliers ihrer Lehrmeister entwachsen sind, unterliegen sie keinen Einflüssen des Milieus mehr, ziehen sie vielmehr ihre Sternenbahn. Unsere Methode bewährt sich also nur an Meistern zweiten Ranges.

Aber nicht nur die eigenwüchsige Entfaltung des Individuums will sich in kein System fügen. Schließlich wird unsere Betrachtungsart dauernd bedrängt und bedingt durch den Zeitgeist, der für jede Generation anders weht. Ein wirkliches historisches Bild entsteht erst, wenn man sich dauernd vor Augen stellt, wie der Ortsstil unausgesetzt mit dem Zeitgeist zu ringen hat. Erst die Versöhnung beider Gegensätze:

HAEC EST ITALIA DIIS SACRA.

ANMERKUNGEN

Diejenigen Anmerkungen, welche nicht Literaturbelege sind, sondern wissenschaftliche Aussagen bringen, befinden sich im Text am Fuß der Seite.

(2) Ernst Robert Curtius, Frankreich.I, Die französische Kultur. Leipzig 1930, p. 170 ff.

(3) Einen Überblick über die Theorien vom Ursprung der Ceri vermittelt E. Giovagnoli, Gubbio nella storia e nell'arte. Città di Castello 1932, p. 174 ff.

(4) P. Dengel, M. Dvořák, H. Egger, Der Palazzo di Venezia in Rom. Wien 1909, p. 81. – P. Hiltebrandt, Rom. Geschichte und Geschichten. Stuttg. o. J. (1944), p. 307 ff. – Vgl. auch den Abschnitt über den römischen Karneval in Goethes Italienischer Reise.

(5) H. Kretschmayr, Geschichte von Venedig I. Gotha 1905, p. 267 f.

(6) Die sachlichen Angaben über die lokalen Feste findet man am besten in den entsprechenden Bänden der Guida des Touring Club Italiano. Vgl. ferner V. Troiani di Nerfa, Sagre, feste e riti. Roma 1932. – Dino Provenzal, Usanze e feste del popolo italiano. Bologna 1912. – L. Schudt, Italienreisen im 17. u. 18. Jhdt. (Röm. Forsch. d. Bibl. Hertziana, Band XV), Wien o. J. (1959), p. 213 ff.

(7) L. Olschki, Preuß. Jahrb. 207, 1927, p. 21.

(8) W. Götz, Italien im Mittelalter. Leipzig o. J. I, p. 6 ff. Die Entstehung der italienischen Nationalität; dort bes. p. 42 ff. und p. 61 ff. Das Werden des italienischen Nationalgefühls; dort bes. p. 66 f.

(9) Während W. Vöge, Eine deutsche Malerschule um die Wende des 1. Jahrtausends, Trier 1891, p. 126 f., nur an Tribut-, besser Servitenpflichtige denkt, hat die gesamte spätere Literatur die Deutung auf die gentes. P. E. Schramm, Die deutschen Kaiser und Könige in Bildern ihrer Zeit. Leipzig 1928, p. 108. – H. Jantzen, Ottonische Kunst, München 1947, p. 102 ff. – In der Buchmalerei eine zweite Darstellung im Anhang der Bamberger Apokalypse. H. Wölfflin. Die Bamberger Apokalypse. 2. Aufl. München 1921, Tafel 51 und 52, wobei die Beischrift »distinctae gentes famulantur dona ferentes«. Auch in der zeitgenössischen Dichtung des 11. Jhdts. treten die vier deutschen Stämme Suevi, Saxones, Bavari, Sclavi huldigend auf.

Vgl. G. Swarzenski, Die Regensburger Buchmalerei des 10. und 11. Jhdts. Leipzig 1901, p. 71, letzte Anmerkung.

(10) G. Rohlfs, Sprachgeographische Streifzüge durch Italien. Sitzungsber. der Bayer. Akademie d. Wissensch. Philos.-histor. Klasse, Jahrgang 1944–1946, Heft 3, S. 12.

(11) C. Schnaase, Niederländ. Briefe. Stuttgart und Tübingen 1834, p. 73.

(12) J. v. Schlosser, Präludien. Berlin 1926, p. 167. – Etruskisches bei Michelangelo: A. Hekler, Wiener Jahrb. f. Kunstgesch. VII, 1930, p. 212. Bei dem modernen Bildhauer Marino Marini: B. Degenhart im Ausstellgs.-Kat. von dessen Werken. Bayer. Staatsgem. Slg. München 1952, p. 7ff. – J. Burckhardt, Gesamtausg. XIII, p. 312.

(13) Schlosser, p. 163.

(14) Um unseren Stoff nicht zu überlasten, haben wir die Geschichte der Milieu-Theorie hier ausgeschieden und als selbständige Arbeit vorgelegt. Vgl. H. Keller, Kunstgeschichte und Milieutheorie, Festschrift für Carl Georg Heise, Berlin 1950, p. 31ff.

(15) B. Degenhart, Antonio Pisanello. Wien o. J. (1940), p. 23.

(16) H. Kretschmayr, Geschichte von Venedig. I, Gotha 1905, p. 361ff. und 367ff., II, Gotha 1920, p. 11ff.

(17) H. Brockhaus, Die Brancacci-Kapelle in Florenz. Florentin. Mittlgn. III, 1919–1932, p. 162.

(18) G. Schnürer, Röm. Quartalschrift. 1926, p. 271. – G. Schnürer u. J. M. Ritz, St. Kümmernis und Volto Santo. Düsseldorf 1934, p. 122ff.

(19) P. Menard, Vie de Saint Ovide Martyr, Paris 1667, blieb mir unzugänglich, da es weder in der Bibl. Nationale in Paris noch in der Vaticana in Rom, noch in der Münchner Staatsbibl. vorhanden ist. – G. Pansa, Ovidio nel medioevo e nella tradizione popolare. Sulmona 1924. – B. Bischoff, Eine mittelalterliche Ovid-Legende. Hist. Jahrb. d. Görres-Gesellschaft 71, 1952, p. 268ff.

(20) J. v. Schlosser, Vom modernen Denkmalkult. Vortr. d. Bibl. Warburg 1926–1927, Leipzig 1930, p. 9 und Tafel XII. – H. Keller, Das Geschichtsbewußtsein d. deutschen Humanismus. Festschrift Rudolf v. Heckel, Histor. Jahrb. d. Görres-Gesellschaft 60, 1940, p. 681.

(21) R. Davidsohn, Geschichte von Florenz, II, 1. Berlin 1908,
980 p. 507ff.

(22) Hrsg. v. Luciano Banchi, Archivio storico Italiano. Ser. III, 1 XXII, Firenze 1875, p. 199ff. Vgl. auch B. Schmeidler, Italienische Geschichtsschreiber des 12. und 13. Jhdts. (Leipziger Histor. Abhandlungen, Heft XI), Leipzig 1909, p. 35ff.

(23) L. Banchi, p. 203.

(24) F. Gregorovius, Geschichte der Stadt Rom im Mittelalter. 5. Band (7. Aufl.), Stuttgart 1926, p. 39.

(25) Ebda., Band 7, p. 395.

(26) H. Jantzen, Ottonische Kunst. München o. J. (1947), p. 24.

(27) Ebda., p. 38ff. – A. Verbeek, Ottonische und staufische Wandgliederung am Niederrhein. (Beiträge zur Kunst des Mittelalters. Vorträge des 1. deutschen Kunsthistorikertages, Schloß Brühl, Berlin 1950), p. 70ff.

(28) W. Götz, Italien im Mittelalter, Leipzig o. J. (1942) I, p. 61ff. Das Werden des italienischen Nationalgefühls; dort bes. p. 89.

(29) E. Winkler, Nationalgedanke und Dichtung in Italien (Preuß. Akademie d. Wiss., Vorträge und Schriften, Heft 4), Berlin 1940, p. 6.

(30) W. Götz, I, p. 87, 90, 94.

(31) G. Poggi, Il duomo di Firenze (Italien. Forsch. d. deutsch. kunsthist. Instit. in Florenz II), Berlin 1909, p. LXII.

(32) R. Davidsohn, Geschichte von Florenz. II, 1. Berlin 1908, p. 282. – Forschungen z. Geschichte von Florenz. IV, p. 489f.

(34) J. Burckhardt, Die Kultur der Renaissance in Italien, 4. Abschn., Kap. 3. Gesamt-Ausg. V, p. 215ff. – A. Mühlhäußer, Die Landschaftsschilderung in Briefen der italienischen Frührenaissance. Berlin 1914, p. 56ff. – H. Heß, Die Naturanschauung der Renaissance in Italien. Marburg a. L., 1924, p. 22 und 31ff.

(35) L. H. Heydenreich, Pius II. als Bauherr von Pienza. Zeitschrift f. Kunstgesch. VI, 1937, p. 110.

(36) H. Ritter v. Srbik, Metternich. München o. J. I, p. 206ff. und bes. p. 402ff. – Das Wort Metternichs, gesprochen während des Wiener Kongresses, ist aber erst 1847 bekannt geworden. Vgl. F. F. Graf Beust, Aus dreiviertel Jhdtn. Stuttgart 1887, II, p. 46.

(37) Zitiert nach H. v. Srbik, Metternich, I, p. 404.
(38) A. Monti, L'Idea federalistica nel risorgimento italiano. Bari 1922. – Jacini, Il mezzogiorno nel pensiero politico italiano – W. Th. Elwert, Die Entdeckung Italiens durch die Italiener im 19. Jhdt. Jahrb. d. Petrarca-Hauses III, 1941, p. 77ff.
(39) Zitiert nach der deutschen Übersetzung von E. Schoff-Naef. Zürich o. J. (1948), p. 12.
(40) F. de Sanctis, Storia della Letteratura Italiana a cura di Benedetto Croce. Bari 1939, II, p. 420.
(41) L. Olschki, Kulturgeographie Italiens. Preuß. Jahrb. 207, 1927, p. 21f.
(42) P. Hiltebrandt, Rom, p. 308.
(43) Goethe, Italienische Reise, unter dem 4. Oktober 1786.
(44) L. Olschki, Kulturgeographie, p. 21.
(45) L. v. Pastor, Geschichte der Päpste, IV, 1, 10.–12. Aufl., Freiburg i. B. 1928, p. 371, mit sehr ausführlichen Angaben über die Stellen, welche Florentiner am Hofe Leos X. bekleideten.
(46) D. Frey. Michelangelo-Studien. Wien 1920, p. 38.
(47) L. v. Pastor, Geschichte der Päpste II, 10.–12. Aufl., Freiburg i. B. 1928 p. 201.
(48) L. v. Pastor, ebda. X, 8. Aufl., Freiburg i. B. 1933, p. 84f.
(49) K. Cassirer, Zu Borrominis Umbau der Laterans-Basilika. Jahrb. d. preuß. Kunstslgn. 42, 1921, p. 59ff.
(50) H. Brauer und R. Wittkower, Die Handzeichnungen des Gianlorenzo Bernini (Röm. Forsch. d. Bibl. Hertziana IX). Berlin 1931, p. 59ff.
(51) W. Hager, Die Ehrenstatuen der Päpste (Röm. Forsch. d. Bibl. Hertziana VII). Leipzig 1929, Abb. 31–33.
(52) V. Moschini, S. Giovanni Decollato (Le Chiese di Roma illustrate, Nr. 26), Roma o. J.
(53) B. Nogara, SS. Ambrogio e Carlo al Corso (Le Chiese di Roma illustrate Nr. 3), Roma o. J.
(54) H. Keller, Reallexikon d. deutschen Kunstgesch. III, Spalte 1289. Artikel ›Denkmal‹.
(55) A. Venturi, Storia dell'Arte Italiana VI, Milano 1908, Abb. 627.
(56) J. v. Schlosser, Vom modernen Denkmalkultus, p. 8ff. – H.

Keller, Das Geschichtsbewußtsein des deutschen Humanismus, p. 681 ff.

982 (57) Vasari-Milanesi II, p. 629 f.

(58) Vasari-Milanesi VI, p. 287 und 292.

(59) Benedetto Varchi, Orazione funerale fatta e ricitata da lui pubblicamente nell'essequie di Michelangelo Buonarroti in Firenze nella chiesa di San Lorenzo. Firenze 1564, p. 26.

(60) Über Vasari und die Milieu-Theorie vgl. J. v. Schlosser, Die Kunstliteratur, Wien 1924, p. 283 f.

(61) Die Künstler-Biographien des Giov. Batt. Passeri, hrsg. von J. Hess (Röm. Forsch. d. Bibl. Hertziana, Band XI). Leipzig 1934, p. 130.

(62) G. Bellori, Vita dei pittori, scultori ed architetti. Roma 1728, p. 173.

(63) C. Malvasia. Felsina Pittrice. ed. Bologna 1841, II p. 221.

(64) Marco Boschini, Carta del Navegar pitoresco. Venezia 1660, p. 486. – H. Posse, Das Deckenfresko des Pietro da Cortona im Palazzo Barberini. Jahrb. d. preuß. Kunstslgn. 40, 1919, p. 99.

(65) Vgl. die Skizze, die C. Justi, der wunderbare Schilderer des italienischen Gelehrtenlebens des Settecento, von der 1726 gegründeten ›Etrurischen Akademie‹ in Cortona entworfen hat. (Winckelmann und seine Zeitgenossen II, 1. Buch, Kap. 4. 3. Aufl. 1923, II, p. 309 ff.)

(66) Vasari-Milanesi. VII, p. 447.

(67) H. Thümmler, Die Baukunst des 11. Jhdts. in Italien. Röm. Jahrb. f. Kunstgesch. III, 1939, p. 183 ff. – S. Guyer, Der Dom in Pisa und das Rätsel seiner Entstehung. Münchn. Jahrb. f. bild. Kunst, N. F. IX, 1932, p. 351 ff. – Der Versuch von M. Salmi, Bollettino d'arte, 32, 1938, p. 149 ff., die orientalischen Einflüsse als geringfügig hinzustellen, und den einheitlichen Entwurf des heutigen Baues wieder anzuzweifeln, ist wenig überzeugend. – W. Horn, Florent. Mittlgn. V, 1938, p. 107 f.

(69) G. F. Hartlaub, Giottos zweites Hauptwerk in Padua. Zeitschr. f. Kunstwissensch. IV, 1950, p. 19 ff.

(70) Ein zweiter Florentiner, Giusto di Menabuoi freilich, der im 7. Jahrzehnt das Baptisterium mit seinen Wandbildern schmückte, erlag eher dem oberitalienischen Wesen, als daß

er florentinisches verbreitet hätte. (S. Bettini, Giusto di Menaboui e l'arte del Trecento. Padova 1944.) – B. Degenhart, Eine Zeichnung von Giusto Padovano. Pantheon 26, 1940, p. 217ff.

(71) G. Fiocco, L'Arte di Andrea Mantegna. Bologna 1927, p. 95ff.

(72) C. L. Ragghianti, Critica d'arte II, 1937, p. 236ff. – W. Boeck, P. Uccello. Berlin 1934, p. 4. – I. Pope-Hennessy, The complete work of P. Uccello. London 1950, p. 14 und 173.

(73) H. Kauffmann, Donatello. Berlin 1935, p. 107. – L. Planiscig, Andrea Riccio. Wien 1927, p. 4ff.

(74) C. Neumann. Der unbekannte Jakob Burckhardt und das Mittelalter. Deutsche Vierteljahresschr. f. Literaturwiss. u. Geistesgesch. 9, 1931, p. 226.

MITTELITALIEN

(1) Nissen I, p. 554ff. – Ähnliche Gedankengänge wie Nissen vertreten die modernen italienischen Schriftsteller. Vgl. nur die Betrachtung über den Vergil-Vers ›Humilemque vidimus Italiam‹ bei C. Levi, Christus kam nur bis Eboli. Deutsche Übers. Zürich 1949, p. 149ff.

(2) F. Schneider, Reichsverwaltung in Toskana, p. 33f. – Nissen II, p. 6ff.

(3) H. Schwarz, Sizilien, Wien o. J. (1945), p. 6. – Für Apulien vgl. Theob. Fischer, Mittelmeerbilder, Lpz. 1913, p. 196ff.

(4) Levi, p. 42.

(5) Ebda., p. 13.

(6) Der beste Atlas ist der ›Atlante fisico-economico d'Italia del Touring Club Italiano‹, hrsg. von Giotto Dainelli. Milano 1940. Geographische Darstellungen: Theobald Fischer, Die Südeuropäischen Halbinseln. (Kirchhoffs Länderkunde von Europa II, 2), Wien und Prag 1893. Diese klassische Darstellung ist heute zum Teil veraltet. Vgl. daher O. Maull, Länderkunde von Südeuropa. Leipzig 1929, p. 133ff. (Enzyklopädie der Erdkunde.) – H. Kanter, Italien (Handbuch der geographischen Wissenschaften, hrsg. von H. Klute, Band

Südost- und Südeuropa), Potsdam, p. 289ff. – Das Buch von H.
984 Nissen, Italische Landeskunde, Berlin 1883–1902, ist kein geographisches Buch. Es schildert Italien zur Römerzeit und ist eine der großen klassischen Darstellungen der Altphilologie. – A. v. Hofmann, Das Land Italien und seine Geschichte, Stuttgart 1921, sucht geographische und historische Betrachtung zu verknüpfen, seine Aussagen über Kunstdenkmäler sind leider zumeist einer älteren, längst überholten Literatur entnommen. Für das Linguistische vgl. W. v. Wartburg, Die Entstehung der romanischen Völker, Halle a. S. 1939. – Harri Meier, die Entstehung der romanischen Sprachen und Nationen, Frankfurt a.M. o.J. (1941) ist eher ein Literaturbericht über den Stand der Sprachwissenschaft. – G. Rohlfs, Sprachgeographische Streifzüge durch Italien, Sitzungsberichte d. Bayer. Akademie d. Wissenschaften Philosoph.-histor. Klasse, 1944 bis 1946, Heft 3 enthält eine Fülle anschaulichen Kartenmaterials.

(7) Für mündliche Auskünfte in dieser Frage bin ich dem Geographen der Frankfurter Universität, meinem Kollegen Herbert Lehmann, zu herzlichem Dank verpflichtet.

(8) G. Rohlfs, Sprachgeographische Streifzüge, p. 16f. – Für diesen Korridor zwischen Rom und Ravenna vgl. ferner: F. Schneider, Die Reichsverwaltung in Toskana (Bibl. d. preuß. hist. Inst. in Rom, Band XI), I, Rom 1914, p. 19. – Ders., Die Entstehung von Burg und Landgemeinde in Italien (Abhandlung zur mittleren und neueren Geschichte, Heft 68). Berlin 1924, p. 44. – W. v. Wartburg, p. 141 und die Kartenskizzen 17 und 18.

(9) Parad. XI, 43ff., Schilderung des Abfalls des umbrischen Berglandes von Gubbio bis Assisi. – Parad. XI, 106ff., Schilderung der Lage von La Verna. – Purg. XII, 100ff., Schilderung der Treppe von S. Miniato in Florenz usw.

(10) L. Schudt, Italienreisen des 17. u. 18. Jhdts., p. 146f; 154, 176.

(1) Für die historische Geographie der Toskana im Altertum vgl. H. Nissen I, p. 493 ff. Für das Mittelalter F. Schneider, Die Reichsverwaltung in Toskana, p. 1 ff. – A. v. Hofmann, Das Land Italien, p. 177 ff. – Für die heutige Toskana A. v. Borsig und R. Bianchi-Bandinelli, Die Toskana. Wien 1939. Die Einleitung Bianchi-Bandinellis ist das Beste, das in einer der vier großen abendländischen Sprachen über das Wesen der Toskana geschrieben wurde.

(2) H. Nissen I, p. 471 f.

(3) Ebda. I, p. 303.

(4) Par. IX, 88 ff.

(5) Nissen II, p. 292.

(6) Ebda. II, p. 288 ff.

(7) R. Borchardt, Pisa. Ein Versuch. Frankfurt a. M. o. J. (1948), p. 9.

(8) Über alle diese etruskischen Hafenstädte Nissen II, p. 300 ff.

(9) Nissen II, p. 305.

(10) Vgl. die ausgezeichnete Schilderung bei Borsig und Bianchi-Bandinelli, p. 52 und Tafel 212–215.

(11) Nissen I, p. 303 ff.

(12) Ebda.

(13) Nissen II, p. 313 ff. – F. Schneider, Reichsverwaltung, p. 27 ff.

(15) Nissen I, p. 299. – O. Maull, Länderkunde von Südeuropa, p. 231 ff. mit Kartenskizzen Abb. 31 und 32.

(16) Schneider, Reichsverwaltung, p. 30 ff. – A. v. Hofmann, p. 208 und 214 ff.

(17) Schneider, p. 45 ff., bes. p. 61, Note 1. – Nissen II, p. 283 ff., dem freilich die mittelalterliche Bedeutung des Ortes unbekannt blieb.

(18) A. Casabianca, Guida storica del Chianti, 2. Aufl., Firenze 1937, bringt als Beilage eine Karte des historischen Chianti-Gebiets im Maßstab 1:60000.

(19) So auch Bianchi-Bandinelli, p. 12.

(20) Ebda., p. 12 f.

(21) R. Borchardt, Volterra. Corona 5, 1935, p. 600 ff.

(22) Sehr anschaulich ist die Schilderung dieser Balze bei Nis-

sen II, p. 300 (mit einem langen Zitat von Reyer).

986 (23) Bianchi-Bandinelli, p. 15.

(24) Nach der Übers. J. v. Schlossers, Jahrb. d. allerh. Kaiserhauses, XXIV, 1904, p. 14. Dort auch der italienische Originaltext abgedruckt.

(25) G. Milanesi, Documenti per la storia dell'arte Senese. I, Siena 1854, p. 169.

(27) G. Poggi, Il Duomo di Firenze, p. 245, Dok. 1219. – M. Wackernagel, Lebensraum, p. 39.

(28) Vasari-Milanesi IV, p. 299f.

(29) Liste und Sitzungsprotokolle bei G. Gaye, Carteggio inedito d'artisti, Firenze 1840, p. 454ff. – Vgl. ferner C. Neumann, Die Wahl des Platzes für Michelangelos David. Repert. f. Kunstwissensch. XXXVIII, 1916, p. 1ff. – C. v. Tolnai, Michelangelo I, The youth, 2. Aufl, Princeton, 1947, p. 152ff.

(30) Darüber ausführlich M. Wackernagel, p. 218ff.

(31) Vasari, ed. Frey, I, München 1911, p. 320ff. – W. Horn, Florentiner Mittlgn. V, 1938, p. 104ff.

(32) Vasari, Frey, I, p. 328ff. – R. Davidsohn, Forschungen zur Geschichte von Florenz I, p. 35f.

(33) S. unten p. 104.

(34) Vasari-Milanesi IV, p. 38.

(35) Vasari-Milanesi V, p. 351f. Dies und andere Beispiele angeführt bei Wackernagel p. 292ff. in dem Kapitel ›Der allgemeine Kunstsinn. Das Publikum und die Künstler‹.

(36) Benvenuto Cellini, ed. Carpani, p. 332ff.

(37) Vasari-Milanesi II, p. 470 und IX, p. 256. – Luca Pacioli, Divina proportione, hrsg. v. C. Winterberg (Wiener Quellenschriften zur Kunstgesch. N.F. II), Wien 1896, p. 148.

(38) Alle Modelle dieses Wettbewerbs abgebildet bei L. Wachler, Gio. Ant. Dosio, Röm. Jahrb. f. Kunstgesch. IV, 1940, p. 205.

(39) Das schönste Zeugnis für das Verhältnis zwischen Herrn und Diener ist der einzige erhaltene Brief Bertoldos an den Magnifico vom 29. Juli 1479. Abgedruckt im Original und in deutscher Übers. bei W. v. Bode, Bertoldo und Lorenzo de'Medici, Freiburg i. B. 1925, p. 11f.

(40) Cellini, ed. Carpani, p. 208f. und p. 303.

(41) Ebda., p. 234.

(42) Vasari-Milanesi II, p. 413.
(43) Vasari-Milanesi III, p. 567f.
(44) Lateinischer Text und deutsche Übers. bei H. Keller, Giovanni Pisano, Wien o.J. (1942), p. 69.
(45) Milanesi, Documenti Senesi II, No. 129, p. 167f. Brief v. 26. 3. 1436.
(46) Vasari-Milanesi II, p. 216f.
(47) Vasari-Milanesi IV, p. 132f.
(48) Vasari-Milanesi III, p. 589f.
(49) Ghiberti, Kommentarien, ed. J. v. Schlosser, Berlin 1912, p. 35.
(50) J. v. Schlosser, Die Florentiner Künstler-Anekdote. In: Präludien. Berlin o.J. (1927), p. 248ff. – Ders., Die Kunstliteratur, p. 39ff. – H. Floerke, 75 italienische Künstler-Novellen der Renaissance. München 1912. – E. Kris und O. Kurz, Die Legende vom Künstler. Wien 1934, p. 33ff. und 107ff. – M. Wackernagel, Lebensraum, p. 356ff.
(51) Petrarca, Epist. seniles XIII, 3 vom 9. Sept. 1370 an Giovanni Aretino (Ed. Fracassetti, Firenze 1870, II, p. 282f.) Die Briefstelle in italienischer Übers. abgedruckt auch bei H. Keller, Röm. Jahrb. f. Kunstgesch. III, 1939, p. 353 note 443.
(52) H. Keller, Röm. Jahrb. f. Kunstgesch. III, 1939, p. 336ff. – H. D. Gronau, Andrea Orcagna und Nardo di Cione. Berlin 1937, p. 45 und Tafel 33.
(53) Gaye, Carteggio I, p. 123. – J. Burckhardt, Geschichte der Renaissance in Italien § 138. Gesamtausgabe VI, p. 182.

FLORENZ

(1a) M. Wackernagel, Der Lebensraum des Künstlers in der Florentinischen Renaissance. Leipzig o.J. (1938), p. 306f.
(2) Pasquale Villari, Niccolò Machiavelli e i suoi tempi, Milano 1912, I, p. 294f. – H. Freyer, Machiavelli. Leipzig 1938, p. 29f. – René König, Niccolò Machiavelli. Erlenbach-Zürich 1941, p. 155f. – Der Brief in allen Ausg. der Werke abgedruckt.
(3) A. von Borsig und R. Bianchi-Bandinelli, Die Toskana, p. 8.
(4) W. Paatz, Die Gestalt Giottos im Spiegel einer zeitgenössischen Urkunde. Festschrift f. C. G. Heise, Berlin 1950, p. 92f.

(5) Leonardo Olschki, Geschichte d. neusprachl. wissensch.
988 Literatur, I, Heidelberg 1919, p. 252ff., bes. p. 408ff. – L.H. Heydenreich, Leonardo da Vinci, p. 181 ff.

(6) L. Olschki, I, p. 31ff. – E. Panofsky, Die Perspektive als ›symbolische Form‹, Vorträge der Bibl. Warburg, 1924–1925, p. 283ff. – Dag. Frey, Gotik und Renaissance als Grundlagen der modernen Weltanschauung, Augsburg o. J. (1929) p. 7ff. Besonders aber R. Oertel, Die Frühwerke des Masaccio. Marburger Jahrb. f. Kunstwiss. VII, 1933, p. 227ff.

(7) H. Siebenhüner, Über den Kolorismus der Frührenaissance. Leipziger Dissertation von 1935, p. 22ff.

(8) Nach der Übers. von H. Janitschek, L. B. Alberti, Kleinere kunsttheoretische Schriften (Eitelberger-Ilg's Quellenschriften z. Kunstgesch. XI), Wien 1877, p. 62.

(9) Vgl. auch Siebenhüner, p. passim.

(10) »Perche, oltre al disegno delle linee che è perfetto, lo fece di maniera con i colori sfuggire, che a poco a poco abbagliamente si perde di vista: nel che mostro assai d'intender la prospettiva.« Vasari-Milanesi II, p. 290.

(11) G. Poggi, Il Duomo di Firenze I, p. LXXVf. und Dok. 413, 425, 426.

(12) C. v. Stegmann und H. v. Geymüller, Die Architektur der Renaissance in Toskana I. München o. J., p. 8, Anmk. 4. – C. v. Fabriczy, Brunellesco, p. 258f. – H. Willich, Die Baukunst der Renaissance in Italien (Handb. d. Kunstwissensch.) I, p. 21.

(13) L. Dami, Il giardino italiano. Milano 1924, Tafel LXVIIIff. M. L. Gothein, I, p. 303ff.

(14) Dami, Tafel CXXXVIff. – Gothein I, p. 298ff.

(15) Dami, Tafel XLff. – Gothein I, p. 260ff.

(16) Dami, Tafel CXLV.

(17) K. Kusenberg, Le Rosso. Paris o. J. (1931), p. 22ff. und Tafel XV. – P. Barocchi, Il Rosso Fiorentino. Roma o. J. (1950), p. 51ff. und Tafel 33–36. – H. Voß, Spätrenaissance in Florenz und Rom I, p. 186. – W. Friedländer, Die Entstehung des antiklassischen Stils in der italienischen Malerei, Repert. f. Kunstwiss. 46, 1925, p. 75ff.

(18) F. Arcangeli, Tarsie, 2. Aufl. (Quaderni d'arte, hrsg. von E. Cecchi). Roma o. J., Tafel 46.

(19) K. Vossler, Die Göttliche Komödie. 2. Aufl. Heidelberg 1925, I, p. 179ff., II, p. 628ff. – E. Auerbach, Dante als Dichter der irdischen Welt. Berlin 1929, p. 126ff.

(20) A. Jolles, Einleitung zu Giovanni Boccaccio, Das Dekamerone. Übertragung v. A. Wesselski, Leipzig 1923; 31.–35. Tausend, p. VIIff.

(21) J. v. Schlosser, Giustos Fresken in Padua und die Stanza della Segnatura. Jahrb. d. allerh. Kaiserhauses XVII, 1896, p. 53ff., bes. p. 76. – W. Braunfels, Giottos Campanile. Das Münster, I, 1947–1948, p. 193ff.

(22) ». . . si vede qualche cosetta di riflesso dello splendore di quelli antichi edificj di Roma come fù in Santo Piero Scheraggio ed in Santo Apostolo che sono e furono suoi (i. e. Karls des Großen) edificj.« Filippo Brunellesco di Antonio di Tuccio Manetti, ed. H. Holtzinger, Stuttgart 1887, p. 23.

(23) W. und E. Paatz, Die Kirchen von Florenz III, p. 666 und 678f.

(24) Ebda. IV, p. 568f.

(25) G. Mancini, Vita di L. B. Alberti. Firenze 1882, p. 465f.

(26) G. Dalman, Das Grab Christi in Deutschland. Leipzig 1922.

(27) Am bequemsten zusammengestellt bei Ch. de Tolnay. Michelangelo I, The Youth of Michelangelo. Princeton 1947, Abb. 68–77. – J. Wilde, Florent. Mittlgn. IV. 1932–1934, p. 46ff.

(28) Tolnay, Michelangelo I, Abb. 70.

(29) Vasari-Milanesi IV, p. 256f., VII, p. 141f. – N. Pevsner, Academies of art, past and present, Cambridge 1940, p. 38f. – M. Wackernagel, Lebensraum, p. 269.

(30) Pevsner, p. 39ff.

(31) Ebda., p. 42ff. – L. Olschki, L'Accademia fiorentina del disegno nella storia delle arti e delle scienze. Nuova Antologia, 1926, Dezemberheft.

(32) Pevsner, p. 14ff. – L. Olschki, Geschichte der neusprachlichen wissenschaftlichen Literatur II, Leipzig 1922, p. 171ff.

(33) »Ma considerando che la nostra città di Firenze, figliuola e fattura di Roma, era nel suo montare e a seguire grandi cose, siccome Roma nel suo calare, mi parve convenevole di recare in questo volume e nuova cronica tutti i fatti e cominciamenti della città di Firenze . . .« Gio. Villani, Croniche, lib. VIII, cap. XXXVI.

(34) »... e cosi negli anni 1300, tornato da Roma, cominciai a compilare questo libro, a reverenza di Dio e del beato Giovanni, e commendazione della nostra città di Firenze.« Villani ebda.

(35) R. Krautheimer, Repert. f. Kunstwiss. 50, 1929, p. 51ff.

(36) »... egregios pictores Florentinos inserire, qui artem exanguem e pene extinctam suscitaverunt. Inter quos primus Johannes, cui cognomento Cimabue nomen fuit ...« Der Text am bequemsten zugänglich bei J. v. Schlosser, Quellenbuch z. Kunstgesch. d. abendländ. Mittelalters (Wiener Quellenschriften N.F. VII, Wien 1896), p. 370.

(37) L. Ghibertis Denkwürdigkeiten, hrsg. von J. v. Schlosser, Berlin 1912, I, p. 35.

(38) Vasari-Milanesi I, p. 369f.

(39) s. unten p. 68.

(40) W. Paatz, Florent. Mittlgn. VI, 1940, p. 67ff.

(41) Ebda., p. 71.

(42) Soulier, Les influences orientales dans la peinture Toscane, Paris 1924, p. 34ff. und 45ff.

(43) G. Poggi, Il duomo di Firenze (Italien. Forschungen, hrsg. vom Kunsthist. Inst. in Florenz II), Berlin 1909, p. LVIf. und Fig. 2–4. – K. Rathe, Der figurale Schmuck der alten Domfassade in Florenz. Wien 1910, Fig. 1 und 2. – W. Paatz, Werden und Wesen der Trecento-Architektur in Toskana, Burg 1937, p. 81ff. und Abb. 99. – P. Metz, Jahrb. d. preuß. Kunstsammlungen 59, 1938, p. 121ff. – W. Paatz hat in ›Die Kirchen von Florenz‹ III, p. 341ff. und 443ff. den Ergebnissen von Metz zugestimmt, so daß nun völlige Einmütigkeit über den Meister der Fassade herrscht.

(44) Lediglich das rohe, unverkleidete Ziegelmauerwerk der oberen Fassadenhälfte kam seit 1357 hinzu, als Francesco Talenti das Langhaus einwölbte. W. und E. Paatz, Kirchen von Florenz III, p. 330 und 443f.

(45) Vgl. die Rekonstruktionszeichnung von Metz, Jahrb. d. preuß. Kunstslgn. 59, 1938, p. 145 und bei W. und E. Paatz III, p. 342.

(47) W. Rave, Trompe und Zwickel. Festschrift für Hans Jantzen, Berlin 1951, p. 97ff. – Über den technischen Unterschied zwischen Pendentif und Trompe vgl. ferner die aufschluß-

reiche schematische Darstellung bei H. Folnesičs, F. Brunellesco. Wien 1915, p. 37ff., Tafel III.

(49) Seit Folnesićs, p. 35ff., hat man die Kuppel der Alten Sakristei als eine Auseinandersetzung mit der Konstruktion des Florentiner Baptisteriums betrachtet. Nun hat aber W. Horn in Florent. Mittlgn. V, 1938, p. 122, Note 8, so scharfe Einwendungen gegen die überlieferten Grundrisse und Projektionen der Baptisteriumskuppel erhoben, daß alle Vergleichspunkte zwischen beiden Bauten hinfällig geworden scheinen.

(50) H. v. Geymüller, Toskana-Werk I, p. 16f.

(52) L. Ghiberti, Denkwürdigkeiten, ed. J. v. Schlosser II, p. 174 und 181.

(53) Benvenuto Cellini, Vita, ed. G. P. Carpani II, Milano 1811, p. 368.

(54) F. M. Clapp, Jacopo Carucci da Pontormo. London 1916, p. 39ff. und p. 107ff. – H. Voß, Die Malerei der Spätrenaissance in Rom und Florenz. Berlin 1920, I, p. 167ff.

(55) R. Oertel, Wandmalerei und Zeichnung in Italien. Die Anfänge der Entwurfszeichnung und ihre monumentalen Vorstufen. Florent. Mittlgn. V, 1940, p. 217ff.

(56) An dieser Tatsache ändert auch die große Arbeit von B. Degenhart, Autonome Zeichnungen bei mittelalterlichen Künstlern, Münchn. Jahrb. III. Folge, I, 1950, p. 93ff., gar nichts.

(57) G. Poggi, Il Duomo di Firenze, p. LXXVI und 77f. Dok. 423–424.

(58) Ebda., p. LXXVII und 81, Dok. 441.

(59) Vasari-Milanesi IV, p. 257.

(60) C. v. Fabrizcy, Jahrb. d. preuß. Kunstslgn. 21, 1900, p. 256f.

(61) A. Stix, Kunstchronik und Kunstmarkt, N.F. 35, 1925 bis 1926, p. 139. – J. v. Schlosser, Leben und Meinungen des Florentiner Bildhauers L. Ghiberti, p. 100 und Abb. 29. – Die Einwände, welche E. Panofsky, Staedel-Jahrb. VI, 1930, p. 31, Anmk. 5, und I. Lanyi, Jahrb. f. Kunstwissensch. 1930, p. 46f. gegen die Datierung des Blattes in die erste Hälfte des 15. Jhdts. erhoben haben, erscheinen uns nicht stichhaltig.

(62) B. Degenhart, Pisanello. Wien o.J., 3. Aufl., p. 10ff. – Ders., Zur Graphologie der Handzeichnung. Kunstgesch.

Jahrb. d. Bibl. Hertziana I, 1937, p. 285 ff. – R. Oertel, Florent.
992 Mittlgn. V, 1940, p. 243.

(63) Oertel, p. 256.

(64) Ebda., p. 252 mit Abb. 12–13.

(65) Ebda., p. 303 ff.

(66) R. Oertel, Jahrb. d. preuß. Kunstslgn. 55, 1934, p. 234 ff. – Ders., Florent. Mittlgn. V, 1940, p. 309 f.

(67) R. Oertel, Florent. Mittlgn. V, 1940, p. 312, Anmk. 161.

(68) I. Meder, Die Handzeichnung, 2. Aufl., p. 314. – M. Wackernagel, Lebensraum, p. 325 und 328.

(69) Mantegna müßte durch Donatello von dieser florentinischen Neuerung erfahren haben, wenn man ihm nicht das Verdienst zuschreiben will, auf diese Zeichenweise von selbst gekommen zu sein. Dies wäre nur möglich, wenn das Blatt der Slg. Gathorne-Hardy, Donington-Priory, England (abgebildet bei P. Kristeller, Mantegna, Abb. 32), das im Zusammenhang mit den Fresken der Eremitani ›der heilige Jacobus wird zum Richtplatz geführt‹ (1451) steht, wirklich ein Entwurf und keine Kopie ist. Vgl. ferner die Zeichnung des Louvre, die G. Fiocco L'arte di Andrea Mantegna, Bologna 1927, p. 186, abbildet.

(69a) H. Gutman, Literaten haben die Oper erfunden. Anbruch, Monatsschrift für moderne Musik XI, 1929, p. 257. – Herr Prof. Dr. Theodor W. Adorno hatte die Liebenswürdigkeit, mich auf diesen Aufsatz hinzuweisen.

(69b) Ebda., p. 259.

(69c) Ebda., p. 260.

(70) K. Birch-Hirschfeld, Die Lehre von der Malerei, Leipziger Dissert. von 1912, p. 27 ff. – J. v. Schlosser, Die Kunstliteratur, p. 285 ff., 341 ff., 349 ff. usw. – E. Panofsky, Idea (Studien der Bibl. Warburg V), Leipzig 1924, passim. – Quellen: Vasari-Milanesi I, p. 168 f. – R. Borghini, Riposo. 2. Aufl. Firenze 1730, II, p. 106 f. – G. P. Lomazzo, Trattato dell'arte della pittura, Milano 1585, I, p. 1, cap. 10, 19. – Vgl. ferner: W. Körte, Der Palazzo Zuccari in Rom (Römische Forschungen der Bibl. Hertziana XII), Leipzig 1935, p. 37 ff.

(72) Benvenuto Cellini, ed. Carpani II, p. 135.

(73) Vasari-Milanesi II, p. 396.

(74) Ebda. I, p. 168 ff.

(75) Vasari-Milanesi VII, p. 447. – Übers. v. H. Siebenhüner. G. Vasari, Die Künstler der Renaissance (Slg. Dieterich, Band 39), p. 517.
(76) Vasari-Milanesi VII, p. 210. Siebenhüner, p. 438.
(77) Leonardo da Vinci, Traktat über die Malerei. ed. G. Ludwig (Wiener Quellenschr. zur Kunstgesch. Bd. XV), Wien (1882), Nr. 123.
(78) Ebda. »Non è sempre buono quel che è bello, e questo dico per quei pittori che amano tanto la bellezza de' colori, che non senza gran conscienza danno lor debolissime, e quasi insensibil'ombre, non stimando el loro rilievo.“ Traktat, p. 263; Nr. 236.
(79) Leonardo da Vinci, Traktat, ed. Ludwig, Nr. 412, p. 404.
(80) L. H. Heydenreich, Leonardo da Vinci, Basel o. J. (1953), p. 32.
(81) G. B. Armenini, De'veri Precetti della Pittura, Ravenna 1586, p. 226. Übers. von H. Floerke, Die 75 italienischen Künstlernovellen der Renaissance. München 1913, p. 344f. – Le Lettere di Michelangelo Buonarroti per cura di G. Milanesi. Firenze 1875, p. 522, Nr. CDLXII von 1549.
(82) S. oben p. 16.
(83) O. Deubner, Expolitio. Inkrustation und Wandmalerei. Römische Mittlgn. 54, 1939, p. 14ff. – Ders. in Pauly-Wissowa, Real-Enzyklop. d. klass. Altertumswiss. Supplement VII, Sp. 285ff. unter ›Inkrustation‹. – D. Krencker, Die Trierer Kaiserthermen. Augsburg 1929, p. 306ff. (Anhang: ›Über Marmorwandverkleidungen‹).
(84) Die Entwicklung prachtvoll zu verfolgen bei F. Winter und E. Pernice, Die hellenistische Kunst in Pompeji VI. E. Pernice, Pavimente und figürliche Mosaiken, Berlin 1938, Tafel Iff. – M. E. Blake, The Paviments of the Roman buildings of the Republic and Early Empire. Memoirs of the American Academy in Rome. VIII, 1930, Tafel 1ff. – Antiochia (on the Orontes) Mosaic Pavements, 2 vol. Princeton 1947, hrsg. von Doro Levi.
(85) M. Salmi, Architettura Romanica in Toscana, p. 35f. – W. Paatz, Florent. Mittlgn. VI, 1940, p. 37ff. in dem Abschn. ›Die entwicklungsgeschichtliche Bedeutung der Inkrustation‹ bes. p. 41ff.

(86) Salmi, Tafel XXIX.

994 (87) Ebda., Tafel CCLXXXIII. – Biehl, Tafel 122–124.

(88) Biehl, Tafel 49, 51. – Weitere Beispiele Tafel 55–57, 68, 141f.

(89) Ein überraschend reiches Beleg-Material für die Qualität der florentinischen Rötel-Zeichnung im Seicento enthält die Privatsammlung Filippo Baldinuccis, die sich heute im Louvre befindet. Vgl. den Katalog ›Disegni Fiorentini del Museo del Louvre dalla collezione di Filippo Baldinucci‹, Rom, Farnesina alla Lungara 1959.

(90) B. Berenson, Nr. 1905. Für den ursprünglichen Zustand des Blattes vgl. H. S. Ede, Burlington Magaz. 45, 1924, p. 41f.

(91) W. Boeck, P. Uccello. Berlin 1939, p. 78f. und 128.

(92) B. Berenson (Nr. 2778 C) schreibt das Blatt dem Carrand-Meister zu, G. Pudelko, Florent. Mittlgn. IV, 1934, p. 176, Anmk. 1, dem ›Meister der Karlsruher Anbetung‹, dem sich I. Pope-Hennessy, P. Uccello, London 1950, p. 168, anzuschließen scheint. Vgl. auch den Katalog der Ausstellung von 1954 im Pal. Strozzi ›Quattro Maestri del primo Rinascimento‹, Nr. 51.

(93) Florenz Uffiz. Nr. 1302 F. Höhe 24 cm, Breite oben 26,5 cm, unten 19,5 cm. »Pinsel auf braun grundiertem Papier, weiß gehöht; Konturen zur Übertragung durchstochen. Spätere plumpe Federstriche schneiden in den Hals ein und verstärken die linke Schulter. Die Linien des stereometrischen Körpers sind über der Zeichnung des Engels eingeritzt« (Boeck, p. 128).

(94) B. Degenhart, Kunstgesch. Jahrb. d. Bibl. Hertziana I, 1937, p. 230ff.

(94a) 26 × 39 cm. Uffiz. Nr. 291, B. Berenson Nr. 871.

(96) Horn, ebda., p. 131. – Ders. Art Bulletin 25, 1943, p. 128f. mit Fig. 25.

(99) Nach den sehr sorgfältigen Untersuchungen des Mauerverbandes durch W. Horn, Art Bulletin 25, 1943, p. 112ff.

(100) W. Gross, Die abendländische Architektur um 1300. Stuttgart o. J. (1948), p. 204.

(101) W. und E. Paatz, Die Kirchen von Florenz I, p. 530 und 546.

(103) L. H. Heydenreich, Jahrb. d. preuß. Kunstslgn. 52, 1931, p. 5.

(104) Vasari-Milanesi II, p. 372 – VI, p. 657.

(105) H. v. Geymüller, Toskana-Werk, I, p. 27ff. – C. v. Fabriczy, Brunellesco, p. 209f. – Heydenreich, Jahrb. d. preuß. Kunstslgn. 52, 1931, p. 13.

(106) H. Kauffmann, Donatello, 2. Aufl., p. 150. – H. W. Janson, The sculpture of Donatello, Princeton 1957, p. 77f.

(106a) Noch sehr viel augenfälliger ist die Strenge des Aufbaus, die nur eine vordere und eine hintere Ansichtsebene zuläßt, beim David Martelli. Vgl. die ausgezeichneten Tafeln bei Janson, Abb. 22 a u. b.

(107) Wovon man sich sogar schon nach der Photographie bei S. Ortolani, Il Pollajuolo (Valori Plastici), Milano o. J. Tafel 119 überzeugen kann.

(108) Vasari-Milanesi I, p. 154; VII, p. 273.

(109) C. Neumann, Repert. f. Kunstwissenschaft 38, 1916, p. 10ff. und p. 23.

(110) F. Kriegbaum, Marmi di Benvenuto Cellini ritrovati. Arte 43, 1940, p. 3ff.

(111) In den Abb. 4 und 5 der Arte 43, 1940, besonders gut zu kontrollieren.

(112) Vasari-Milanesi I, p. 158.

(113) So die byzantinische Formulierung. Vgl. etwa Sinibaldi-Brunetti, Pittura italiana del Duecento e Trecento. Catalogo della Mostra Giottesca del 1937, no. 5, p. 18.

(113a) H. Voß, Die Malerei der Spätrenaissance in Rom und Florenz. Berlin 1920, II, p. 300.

(113b) Ebda., II, Abb. 132, 134, 135.

(115) Die kleineren und unbekannteren Bauten des florentinischen Inkrustationsstils bei M. Salmi, L'architettura romanica in Toscana, Tafel 38–39.

(116) W. Horn, Romanesque churches in Florence. Art Bulletin, XXV, 1943, p. 130.

(118) Dies Vorbild bei M. Salmi, Architettura romanica, p. 36 und bei W. Paatz, Florent. Mittlgn. VI, 1940, p. 37.

(119) Zum Beispiel die berühmte Knabenbüste im Bargello. A. Marquand, Andrea della Robbia and his atelier. Vol. I, Princeton 1922, Kat.-Nr. 20, oder das Medaillon mit dem Frauen-

kopf, Bargello, Marquand, Kat.-Nr. 22. – M. Crutwell, Luca and Andrea della Robbia and their successors. London 1902, p. 155.

(120) M. Crutwell, Luca and Andrea della Robbia, p. 244ff. – A. Marquand, Giovanni della Robbia, p. 195 ff., Kat.-Nr. 200.

(121) H. Weigelt, Belvedere X, 1931, p. 167.

(122) Ebda., p. 169.

(123) Ebda., p. 168.

(124) Ant. Zobi, Notizie storiche sull'origine e progressi dei lavori di commesso in pietre dure, 2. edit. Firenze 1853. – H. Weigelt, Florentiner Mosaik in Halbedelsteinen, Belvedere X, 1931, p. 166ff. – L. Bartoli und Edw. Maser, Catalogo del Museo di pietre dure a Firenze. Firenze 1954. – Für die Scagliola in der Lombardei und der Emilia vgl. A. Balletti, Le scaglioli colorate e la loro tecnica. Cronache d'arte I, 1924, p. 194ff. – Enciclopedia Italiana XXVII, p. 224 ff. – E. Neumann, Florentiner Mosaik aus Prag. Jahrb. d. Kunsthist. Slgn. in Wien. 53, N. F. XVII, 1957, p. 157ff.

(125) W. und E. Paatz, Die Kirchen von Florenz, V, p. 146.

(126) Pittura del Duecento e Trecento. Catalogo della Mostra Giottesca di Firenze del 1937, ed. G. Sinibaldi e G. Brunetti. Firenze o. J. (1943), Nr. 52.

(127) R. Oertel, Die Frühzeit der italienischen Malerei, p. 46.

(128) Ebda., p. 47.

(129) Th. Hetzer, Giotto. Frankfurt a. M. o. J., p. 161.

(130) Ebda., p. 161.

(131) Ebda., p. 162.

(132) Ebda., p. 164.

(133) Ebda., p. 166f.

(134) H. Siebenhüner, Über den Kolorismus in der Frührenaissance. Leipziger Dissert. von 1935, p. 60.

(135) Ebda., p. 68.

(136) Über die gelegentlichen Berührungen unter diesen Meistern, die mit Händen zu greifen sind, vgl. H. Keller, Kunstchronik VII, 1954, p. 234.

(137) G. Pudelko, Studien über Domenico Veneziano, Florent. Mittlgn. IV. 1932–1934, p. 145 ff. – R. Wedgwood-Kennedy, Alesso Baldovinetti, New Haven, 1938, p. 3 f.

(138) H. Siebenhüner, p. 56ff.

(139) R. Wedgwood-Kennedy, p. 37 ff.

(139a) R. Oertel, Pontormos büßender Hieronymus. Florent. Mittlgn. VII, 1955, p. 119.

(140) ». . . tale studio era vano, perche col solo gittare d'una spugna piena di diversi colori in un muro esso lasciava in esso muro una machia dove si vedeva un bel paese.« Leonardo da Vinci, Traktat über die Malerei (Wiener Quellenschriften zur Kunstgeschichte, Band. XV), p. 116; Nr. 60.

(141) E. Kris und O. Kurz, Die Legende vom Künstler, p. 53 f.

(142) ». . . e i paesi coi monti, e coi fiumi per via di prospettiva figurandoli, à tante dilettazione reca gli occhi di quelli che si dilettano, che non è casa di ciabattino ove paesi tedeschi non sieno, tirati dalla vaghezza e prospettiva di quelli . . .« Vasari an Benedetto Varchi unter dem 12. Febr. 1547. Bottari-Ticozzi, Raccolta di Lettere (Lettere Pittoriche) I, Milano 1822, no. 21, p. 56. – Es wird sich dabei um Stiche handeln (Hirschvogel, Lautensack), keinesfalls um »flämische Tafelbilder«, wie F. Baumgart, Deutsche Vierteljahrsschrift f. Literaturwissenschaft und Geistesgeschichte 13, 1935, p. 397 annimmt.

(143) Francesco de Hollanda. Vier Gespräche über die Malerei, hrsg. von I. de Vasconcellos (Wiener Quellenschriften zur Kunstgeschichte N. F. Bd. 9.) Wien 1898, p. 29 und 203.

(144) Vasari-Milanesi VII, p. 216.

(145) D. Frey, Gotik und Renaissance. Augsburg o. J. (1929), p. 20 ff.

(148) Die Arbeiten von W. Kallab, Die Toskanische Landschaftsmalerei im 14. und 15. Jhd., Jahrb. d. allerh. Kaiserhauses, 21, 1900, p. 1 ff. und von F. Guthmann, Die Landschaftsmalerei der toskanischen und umbrischen Kunst von Giotto bis Raffael, Leipzig 1902, sind heute völlig veraltet. Die geistesgeschichtliche Darstellung von H. Heß, Die Naturanschauung der Renaissance in Italien, Marburg a. L. 1924, besitzt zu wenig Überblick über die kunstgeschichtliche Entwicklung, um die Akzente richtig setzen zu können. – R. Buscaroli, La pittura del paesaggio in Italia, Bologna 1935, p. 97 ff.

(149) van Marle III, p. 413 ff. und Abb. 240.

(150) I. Pope-Hennessy, Fra Angelico, London, 1952, p. 176, Tafel 67–68 und Textabb. 11. Die Tafel ist 1953 im Istituto del

Ristauro in Rom gereinigt worden und erwies sich dabei als
998 ein Hauptwerk des Meisters. Die Angaben Pope-Hennessys über Erhaltungszustand und Mitarbeit von Gehilfen sind dadurch hinfällig geworden.

(151) I. Pope-Hennessy, p. 176, mit prachtvollen Detailaufnahmen, Tafel 61–64.

(152) Vasari-Milanesi II, p. 265.

(153) R. Longhi, Fatti di Masolino e di Masaccio. La critica d'arte V, 1940, p. 146f. und Abb. 1.

(155) M. Pittaluga, Rassegna ital. 24. 1929, p. 779.

(156) W. Paatz, Una natività di Paolo Uccello. Rivista d'arte XVI, 1934, p. 111ff. – W. und E. Paatz, Die Kirchen von Florenz IV, p. 142. – I. Pope-Hennessy, Uccello, p. 152 und Tafel 77f. – W. Boeck, Uccello, p. 36 und Tafel 36. – M. Salmi, Uccello (Valori plastici), 2. Aufl., p. 34 und Tafel 60. – Mostra di quattro maestri del primo Rinascimento, Florenz 1954, Catalogo Nr. 10, p. 33.

(157) Die Konstruktion bei I. Pope-Hennessy, p. 153 genau beschrieben. Wie mir Robert Oertel liebenswürdigerweise mitteilt, sind ihm andere Frührenaissance-Gemälde mit einer Konstruktion auf zwei Fluchtpunkte hin nicht bekannt.

(158) Klar erkennbar in den Detailaufnahmen bei Paatz, Rivista d'arte XVI, 1934, Abb. 7–8.

(159) H. Siebenhüner, p. 45 f.

(160) G. Pudelko, Studien über Domenico Veneziano. Florent. Mittlgn. IV, 1932–1934, p. 156.

(161) Ebda., p. 155.

(162) M. I. Friedländer, Die altniederländische Malerei. IV, Hugo van der Goes. Berlin 1926, p. 19ff. und 125 f. – W. und E. Paatz IV, p. 24 und 51 f. – A. Warburg, Gesammelte Schriften I, Leipzig 1932, p. 197 und 210.

(163) F. Knapp, Piero di Cosimo, Halle a.S. 1899, p. 74ff., sieht hier nur den Einfluß des Leonardo da Vinci. R. Langton Douglas, Piero di Cosimo, Chicago 1946, p. 77ff. erwähnt ebenfalls die Beziehungen zur niederländischen Malerei nicht.

(164) van Marle, Development IX, Abb. 96–97.

(165) O. Siren, Don Lorenzo Monaco. Zur Kunstgesch. d. Auslands XXXIII, Straßburg 1905, p. 97ff. – V. Golzio, Don Lorenzo Monaco. Roma 1931, p. 47f.

(166) So der Entdecker der Fresken M. Marangoni, Rivista d' Arte 12, 1930, p. 403 ff. – M. Salmi, Uccello, Castagno, Domenico Veneziano (Valori Plastici), Milano o. J., p. 22. – I. Pope-Hennessy, P. Uccello, p. 10. – G. Pudelko, The Art Bulletin XVI, 1934, p. 243. – M. Pittaluga, P. Uccello, Firenze 1946, p. 13. Allein W. Boeck, P. Uccello, schlägt p. 23 ff. eine Datierung in die Frühzeit um 1425 vor, die uns ganz unannehmbar scheint.

(168) I. Pope-Hennessy, The complete Work of Paolo Uccello, Tafel 13.

(169) H. Keller, Kunstchronik 7, 1957, p. 234.

(170) L. H. Heydenreich, Leonardo da Vinci, 2. Aufl., p. 28 f., 154 f.

(171) Ebda., p. 118 f.

(172) W. Körte, Deinokrates und die barocke Phantasie. Die Antike, 13, 1937, p. 291 ff., bes. p. 296.

(173) Vasari-Milanesi VII, p. 216.

(174) H. Gronau, Andrea Orcagna und Nardo di Cione (Kunstwissenschaftliche Studien, Band 23), Berlin 1934, p. 44 f. – O. Wulff, Kunstchronik und Kunstmarkt, 1920–1921, p. 909 ff. – W. Götz, Das Dante-Bildnis (Schriften der Deutschen Dante-Gesellschaft, Heft I), Weimar 1937.

(175) H. Keller, Röm. Jahrb. f. Kunstgesch. III, 1939, p. 341.

(176) Wir nennen aus der sehr umfangreichen Kontrovers-Literatur nur die beiden letzten Abhandlungen: Jenö Lanyi, The Louvre Portrait of five Florentiners. Burlington Magaz. 84, 1944, p. 87 ff. – I. Pope-Hennessy, P. Uccello, p. 154 ff.

(177) I. Lipman, The Florentine Profile Portrait in the Quattrocento. The Art Bulletin XVIII, 1936, p. 54 ff. – G. Pudelko, Florentiner Porträts der Frührenaissance, Pantheon XV, 1935, p. 92 ff. – M. Wackernagel, Der Lebensraum des Künstlers, p. 176 ff. – I. Pope-Hennessy, Uccello, p. 147 ff. – v. Marle X, p. 235 ff., p. 270, p. 327 ff.

(178) E. Panofsky, Early Netherlandish Painting. Cambridge Mass. 1958, p. 171 u. Abb. 378, hält das Antwerpener Bild für eine Kopie, die in der Werkstatt des Rogier v. d. Weyden nach dem Original eines burgundischen Malers am Hofe des Jean sans Peur entstanden sei.

(179) G. M. Richter, Andrea del Castagno. Chicago o. J. (1943),

p. 20 und Tafel 54. – G. Pudelko, Pantheon XV, 1935, p. 97. –
 van Marle X, Abb. 233.

(180) Abgebildet zum Beispiel bei E. Schäffer, Das Florentiner Bildnis. München 1904, p. 104.

(182) So auch J. Burckhardt, Gesamtausgabe XIII, p. 312. Regierende Fürstinnen natürlich ausgenommen, wie die Büste der Battista Sforza von Urbino von der Hand des L. Laurana.

(183) So auch schon J. Burckhardt XIII, p. 313.

(184) I. Fränkel, Andrea del Sarto (Zur Kunstgesch. d. Auslands, Heft 136). Straßburg 1935, p. 88 ff.

(185) W. Biehl, Toskanische Plastik des frühen und hohen Mittelalters. Leipzig 1926, p. 64 ff. und Tafel 116 ff. – M. Salmi, La scultura romanica in Toscana. Firenze 1928, p. 55 ff. und Abb. 107–128.

(187) R. Davidson, Geschichte von Florenz II, 2, p. 62; IV, 1, p. 20; IV, 3, p. 240 f.

(188) R. Oertel, Filippo Lippi. Wien 1942, p. 14 ff.

(189) G. Gaye, Carteggio inedito d'artisti. 1840, I, p. 136 f.

(190) G. Pudelko, Florent. Mittlgn. IV, 1932–1934, p. 186.

(191) Fischel, Jahrb. d. preuß. Kunstslgn. 38, 1917, Beiheft Nr. 46, Abb. 115. – B. Degenhart, Europäische Handzeichnungen aus fünf Jhdtn., Berlin 1943, Abb. 41 und p. 172.

(192) Popham and Pouncey, p. 117, Tafel CLXXIII.

(193) Fischel, Jahrb. d. preuß. Kunstslgn. 38, 1917, Beiheft, p. 40.

(194) Eine Zeichnung Peruginos, wie die Federskizze der im Profil sitzenden Madonna (Fischel, Kat.-Nr. 24, Abb. 99), die »der Periode des Übergangs von Verrocchios zum eigenen Stil angehört« (Fischel, p. 27), müßte also unmittelbar an gleichzeitige Federzeichnungen Leonardos erinnern, der dem Perugino ja nicht nur »par d'etade e par d'amore« war, sondern mit ihm die Ausbildung in der Werkstatt Verrocchios geteilt hatte. In der Tat stellen sich Assoziationen immer wieder ein, wenn es auch nicht gelingen will, schlagende Vergleichspunkte zu finden (vgl. etwa Leonardo, Klassiker der Kunst, p. 117).

(195) O. Fischel, Raphaels Zeichnungen IV. Berlin 1923, Nr. 164 ff.

(198) Besonders aufschlußreich sind die Wettbewerbe für die Vollendung der Domfassade von 1586 ff. und 1636 ff. Vgl.

L. Wachler, Giov. Ant. Dosio, Röm. Jahrb. f. Kunstgesch., IV, 1940, p. 205 ff. – W. und E. Paatz, Die Kirchen von Florenz, III, p. 335 f. und bes. p. 467 ff.

(199) ». . . che ella sia salita tanto alto, che più presto si abbia a temere il calcare a basso che spera oggimai più augumento . . .« Proemio II. – Vasari-Milanesi II, p. 96.

(200) J. v. Schlosser, Die Kunstliteratur. Wien 1924, p. 418.

(201) Schlosser, ebda., p. 418. – W. Bombe, Uffizien-Zeichnungen. Der Cicerone, VII, 1915, p. 141.

(201a) Disegni fiorentini del Museo del Louvre dalla Collezione di Filippo Baldinucci. Roma, Farnesina 1959. Catalogo di R. Bacou e J. Bean.

(202) Lettere inedite del Senatore Carlo degli Strozzi, precedute dalla sua vita; scritto dal Canonico Salvino Salvini, Firenze 1859.

(203) J. v. Schlosser, Die Kunstliteratur, p. 284.

(204) Die inhaltliche Deutung nach F. Baldinucci, Notizie dei professori del disegno, ed. F. Ranalli, IV, Firenze 1846, p. 254 ff. (Vita des Giovanni da San Giovanni). – Franc. Inghirami, Descrizione del Pal. Pitti. Firenze 1819, p. 11 ff.

(206) W. und E. Paatz, Die Kirchen von Florenz IV, p. 165 ff.

(207) Ebda. IV, p. 408.

SIENA

(1) Inferno XXIX, 121–123.

(2) Purgatorio XIII, 151–154. Zu Talamone vgl. W. Braunfels, Mittelalterliche Stadtbaukunst in Toskana. Berlin 1953, p. 77 f.

(3) Braunfels, p. 178 und p. 182 ff., bes. den Ratsbeschluß von 1295, p. 183, note 621. – F. Bargagli-Petrucci, Le fonti di Siena e i loro aquedotti. Florenz 1906, I, p. 8 ff.

(4) Vgl. Jac. Burckhardt, Geschichte der Renaissance in Italien, Kap. 3, Die Baugesinnung der Sienesen.

(5) Jenö Lanyi, Jahrb. f. Kunstwissensch. 1930, p. 59 ff. – W. Braunfels, p. 184 ff.

(6) Bargagli-Petrucci I, p. 214, II, p. 94.

(7) Ebda. I, p. 215, II, p. 195 f.

(8) Braunfels, p. 122 mit Abdruck der Urkunde im Anhang
1002 p. 254 unter no. 8.

(9) Ebda., p. 210f., 112, 122. – G. Milanesi, Documenti Senesi II, no. 239, p. 337f. und no. 244, p. 345f.

(10) van Marle, III, Abb. 340f.

(11) H. Kretschmayr, Geschichte von Venedig I, p. 267f.

(12) Nissen II, p. 32 und 312. – F. Schneider, Die Reichsverwaltung in Toskana, p. 86. – Die von Nissen II, p. 312, angezogene Stelle aus Tacitus hist. IV, 45, mit der ganz ungewöhnlichen grammatikalischen Form »in colonia Seniensi« bezieht sich sicher nicht auf Siena, sondern auf Segni (liebenswürdige Auskunft von Bernhard Bischoff).

(13) Braunfels, p. 66.

(14) Ebda., p. 66.

(15) Ebda., p. 196, Note 668.

(16) H. Keller, Kunstgesch. Jahrb. d. Bibl. Hertziana I, 1937, p. 194 und Abb. 122.

(17) Es entzieht sich unserer Kenntnis, ob die von C. v. Chledowski, Siena I, Berlin 1918, p. 4, berichtete Geschichte, die sienesische Obrigkeit habe einen spottsüchtigen Maler in Geldstrafe genommen, der 1264 ein Schild gemalt habe, auf dem ein Löwe eine Lupa würgte, auf eine echte Urkunde zurückgeht.

(19) Dafür viele Belege bei Braunfels, z. B. p. 152ff., Organisation der Dombauhütte; p. 158ff., Domerweiterung des 14. Jhdts.; p. 193ff., Pal. Pubblico.

(20) K. Cassirer, Jahrb. d. Preuß. Kunstslgn. 42, 1921, p. 59ff.

(21) C. v. Fabrizcy, Jahrb, d. preuß. Kunstslgn. 24, 1903, p. 320ff.

(22) G. de Francovich, Bollettino d'arte 21, 1927–1928, p. 339ff. mit Abb. 24, 27f.

(23) E. Carli, La scultura lignea Senese, Milano o. J. (1951) bringt p. 155ff. eine vorzügliche Bibliographie der Literatur zur sienesischen Holzplastik mit 166 Nummern.

(24) Ebda., p. 10f.

(25) Ebda., p. 14.

(26) Ebda., p. 14.

(27) Ebda., p. 92.

(28) Man weiß freilich nicht, was aus der Sache wurde. Comte P. Durrieu, Les très riches heures du Duc de Berry. Paris 1904, p. 46. – A. de Champeaux, Les relations du Duc de Berry avec

l'art italien. Gaz. des beaux arts, 1888 II, p. 409ff.

(29) Carli, Scultura lignea, p. 97.

(30) Ebda., p. 99.

(31) H. Keller, Kunstgesch. Jahrb. d. Bibl. Hertziana I, 1937, p. 144.

(32) Ebda., p. 219ff.

(33) Die Zuschreibungen von G. Brunetti, Jacopo della Quercia and the Porta della Mandorla, The Art Quarterly 1952, p. 119ff. und Jacopo della Quercia a Firenze, Belle Arti 1951 p. 3ff. haben uns nicht überzeugt.

(34) Carli, p. 33f.

(36) Millard Meiß, Painting in Florence and Siena after the black death. Princeton 1951, p. 7ff.

(37) A. Weller, Francesco di Giorgio. Chicago o. J. (1943), p. 51ff. und Abb. 1ff.

(38) Weller, p. 80ff. und Abb. 19.

(39) Ebda., p. 82.

(40) Ebda., p. 135ff. Auch Weller spricht »of the strangely illogical qualities of his sculptural style« (p. 151). B. Degenhart hat den sprunghaften Wechsel des Zeichenstils bei Francesco di Giorgio ebenfalls stark betont (Zeitschr. f. Kunstgesch. IV, 1935, p. 103ff.).

(41) V. Lusini, Il Duomo di Siena I, Siena 1911, p. 151ff.

(42) G. Milanesi, Documenti Senesi I, p. 195. – G. Rowley, Ambrogio Lorenzetti, Princeton N.Y. 1958, p. 115ff. – Vgl. ferner L. Dami, Giovanni di Paolo Miniatore e i paesisti senesi. Dedalo IV, 1923, p. 269ff. – E. Rotthauwe, Studien zur sienesischen Landschaftsmalerei im Tre- und Quattrocento. Kölner phil. Diss. von 1937, p. 21ff.

(43) Lorenzo Ghibertis Denkwürdigkeiten, ed. J. v. Schlosser, Berlin 1912, I, p. 41 und II, p. 142.

(44) G. de Nicola, Arte IX, 1906, p. 336ff. – A. de Rinaldis, Simone Martini. Roma o. J., p. 60.

(45) E. Rotthauwe, p. 34.

(46) L. H. Labande, Le Palais des Papes et les monuments d'Avignon au XIV. siècle. Marseille 1925, II, p. 19ff.

(48) L. Dami, Dedalo IV, 1923, p. 292.

(49) Cennino Cennini, Das Buch von der Kunst oder Tractat der Malerei (Eitelberger-Ilgs Quellenschriften zur Kunst-

geschichte I), Wien 1871, p.59.

1004 (50) O. Siren, Don Lorenzo Monaco (Zur Kunstgesch. d. Auslands, Heft XXXIII), Straßburg 1905, p.97ff. – V. Golzio, Lorenzo Monaco, Roma 1931, p.47f. – van Marle IX, p. 107ff.

(51) I. Pope-Hennessy, Giovanni di Paolo. London 1937, p.85 und Tafel XXI – C. Brandi, Quattrocentisti Senesi, p. 101, Tafel 149.

(52) I. Pope-Hennessy, Sassetta. London 1939, p. 70ff. und Tafel XII–XIII. – Von C. Brandi, Quattrocentisti Senesi, p. 82ff. und Tafel 94ff. der Antonius-Zyklus dem Sano di Pietro zugeschrieben.

(53) Abb. z. B. Dami, p. 291. – I. Pope-Hennessy, Quattrocento-Malerei in Siena. London 1947, Titelblatt. – Ders., Giovanni di Paolo, p. 77 und Tafel XXIII.

(54) I. Pope-Hennessy, Giovanni di Paolo, Tafel XVIII, XX, XXI.

(55) C. Brandi, Quattrocentisti Senesi, Tafel 90–93.

(56) Ebda., Tafel 125.

(57) Im Livre de la chasse de Gaston Phébus (um 1400) etwa finden sich diese Felskulissen, die diagonal das Bild durchziehend, schräge Hohlwege zwischen sich frei lassen. (B. Martens, Meister Francke, Hamburg 1929, Abb. 78f.) Doch sind dies nicht nur die Kompositionsmethoden von Meister Franckes Barbara-Altar in Helsingfors, sondern auch von Ghibertis späterer Bronzetür, und selbstverständlich können bei der Predella eines 1436 entstandenen Altars dem sienesischen Maler die französischen Vorbilder auch durch Ghiberti vermittelt sein, der ja zumindest mit den sienesischen Bildhauern gute Freundschaft hielt.

(58) C. Brandi, Quattrocentisti Senesi, p. 238 und Tafel 125f. – I. Pope-Hennessy, Giovanni di Paolo, p. 34ff.

(59) I. Pope-Hennessy, Giovanni di Paolo, p. 36, verkennt ganz den originalen Zustand des Bildes, wenn er sagt, die Tafel verdanke das Interesse, das sie wecke, nur den Schäden, welche die Zeit auf ihr bewirkt hätte. – Richtig hingegen Fr. Antal, Jahrb. f. Kunstwissensch. 1924–1925, p. 227, note 1.

(60) Die Ausführungen von E. Panofsky, Die Perspektive als ›symbolische Form‹, Vorträge der Bibl. Warburg, 1924–1925, Leipzig 1927, p. 278ff. und Abb. 22ff. mit vom Verfasser eingezeichneten Perspektivkonstruktionen lassen sich nicht halten.

(61) R. Oertel, Die Frühzeit der italienischen Malerei. Stuttgart o.J. (1953), p. 159.
(62) Ebda., p. 159.
(63) Ebda., p. 153.
(65) Oertel, p. 128.
(66) Ebda., p. 131 ff. Oertel hat das System dieser Dekoration als erster erkannt und beschrieben.
(67) Ebda., p. 132.
(68) Ebda., p. 148.
(69) J. della Quercia zugeschrieben von A. Venturi, Arte 23, 1920, p. 160. Bei P. Bacci, Jacopo della Quercia, Siena 1929, p. 50 mehrere gute Tafeln, p. 44 v, 66 v, 68 v.
(70) Jenö Lanyi, Jahrb. f. Kunstwissensch. 1930, p. 63. – Vgl. schon J. Burckhardt, Gesamtausg. XIII, Stuttgart 1934, p. 275.
(71) L. Ghiberti, Denkwürdigkeiten, ed. von J. v. Schlosser, I, p. 63, II, p. 189 ff. – J. v. Schlosser, Leben und Meinungen des Florentiner Bildhauers Ghiberti, Basel 1941, p. 152 ff. – Braunfels, p. 185.
(72) Bargagli-Petrucci II, p. 284 und 299.
(73) Braunfels, p. 185.
(74) Die rechte Hälfte des Blattes: Jenö Lanyi, Der Entwurf zur Fonte Gaia in Siena. Zeitschr. f. bild. Kunst 61, 1927–1928, p. 257 ff. – Italian drawings, exhibited at the Royal Academy, Burlington House, London 1930, p. 3 und Tafel VII. – Die ganz kürzlich aufgefundene linke Hälfte: R. Krautheimer, The Metropolitan Museum, Bulletin, X, 1952, p. 265 ff. Über die Bedeutung der Zeichnung für den Entstehungsprozeß des Brunnens handelt ausgezeichnet R. Oertel, Wandmalerei und Zeichnung, Florent. Mittlgn. V, 1940, p. 263 ff. – Die von I. Pope-Hennessy (Sassetta, p. 44, Note 56) geäußerte Vermutung, es handele sich um keine Vorzeichnung, sondern um die Nachzeichnung eines Oberitalieners, vielleicht eines Veronesen, vor dem fertigen Brunnen, geht sicher fehl, weil der stilistische Charakter der Zeichnung typisch sienesisch ist (B. Degenhart, Kunstgesch. Jahrb. d. Bibl. Hertziana I, 1937, p. 262).
(75) L. Ghiberti, Denkwürdigkeiten, ed. Schlosser, I, p. 42.
(76) Andras Péter, Pietro és Ambrogio Lorenzetti egy elpusztult

freskóciklusa (Ein verlorener Freskenzyklus der Brüder Lo-
1006 renzetti), Jahrbuch des Budapester Museums VI, 1931 (mit ausführlichem Résumée in deutscher Sprache).

(77) I. Pope-Hennessy, Sassetta, p. 64.

(78) I. Pope-Hennessy, Giovanni di Paolo, p. 56 und Tafel XIII. Das Bild des Conservatorio von Colle di Val d'Elsa kürzlich ebenfalls für die Sieneser Pinakothek erworben. Beide abgebildet bei C. Brandi. Giovanni di Paolo, Frq. 34–35.

(79) Beide bei A. Peter, Abb. 2 und 3. – I. Trübner, Die stilistische Entwicklung der Tafelbilder des Sano di Pietro, Straßburg 1925, p. 87, no. 5.

(80) C. Brandi, Die Verkündigung in S. Pietro a Ovile. Florent. Mittlgn. III, 1931, p. 322 ff. – Ders., Quattrocentisti Senesi, p. 109 und Note 79.

(81) E. T. De Wald, The Ovile Madonna, Art Studies I, 1923, p. 45 mit Katalog von 24 Nachfolgebildern auf p. 54. – H. Beenken, Das Urbild der sienesischen Assunta-Darstellungen im 14. und 15. Jhd., Zeitschr. f. bild. Kunst LXII, 1928–1929, p. 73 ff. – C. Brandi, Quattrocentisti Senesi, Abb. 3, 19, 28, 32, 104, 158. – I. Pope-Hennessy, Quattrocento-Malerei in Siena, Tafel 49, 56. – Ders., Giovanni di Paolo, Tafel XXVIII.

(82) I. Pope-Hennessy, Giovanni di Paolo, p. 156. – P. Schubring, Cassoni. 2. Aufl. Leipzig 1923, p. 132 ff. no. 451. – Gute Abb. bei King, Art Bulletin, 18, 1936, p. 236 u. Abb. 1–2.

(83) Weller, p. 112 ff. u. Abb. 37 ff. – P. Schubring, Cassoni, p. 135 ff., bes. no. 466.

(84) I. Pope-Hennessy, Quattrocento-Malerei, Abb. 19 und 85.

(85) Schubring, Cassoni, p. 139.

(86) I. Pope-Hennessy, Giovanni di Paolo, p. 64 ff. und Tafel XVI.

(87) I. Pope-Hennessy, ebda., p. 65. – I. Trübner, p. 50 ff. und Tafel VIII.

(88) I. Pope-Hennessy, ebda., p. 103, Note 19. – I. Trübner, Tafel XV.

(89) C. Brandi, Quattrocentisti Senesi, Abb. 202. – I. Pope-Hennessy, Quattrocento -Malerei, Tafel 69.

(90) I. Pope-Hennessy, Quattrocento-Malerei, Tafel 90-93.

(91) C. Brandi, Quattrocentisti Senesi, Tafel 118. – I. Pope-Hennessy, Giovanni di Paolo, Tafel VI.

(92) I. Pope-Hennessy, Giovanni di Paolo, p. 100 und Tafel XXV.

(93) Ebda., p. 134 und Tafel XXXII.

(94) I. Pope-Hennessy, Sassetta, p. 25 ff.

(95) Ebda., p. 35.

(96) I. Pope-Hennessy, Quattrocento-Malerei, p. 11 f.

(97) I. Pope-Hennessy, Giovanni di Paolo, p. 80 ff., bes. p. 89. Der von uns angestellte Vergleich schon bei Fr. Antal, Jahrb. d. preuß. Kunstslgn., 1924, p. 225.

(98) 49 cm hoch. – Königl. Museen zu Berlin. Beschreibung der Bildwerke der christl. Epochen. F. Goldschmidt, Die italienischen Bronzen der Renaissance und des Barock. Berlin 1914, Nr. 31, p. 9 und Tafel 14. – Bildwerke des Kaiser-Friedrich-Museums, Die italienischen Bildwerke der Renaissance und des Barock. II. Wilh. v. Bode, Bronzestatuetten. 4. Aufl. Berlin 1930, Nr. 116, p. 25 und Tafel 40. – L. Planiscig, Venezianische Bildhauer der Renaissance, Wien 1921, p. 297 und Abb. 305. – A. Stuart Weller, p. 220 f. und Abb. 89.

(100) I. Pope-Hennessy, Sassetta, p. 114 und Tafel XXIII. – Ders., A passion predella by Sassetta. Burlington Magaz. 73, 1938, p. 49 ff. – C. Brandi, Tafel 75.

(101) I. Pope-Hennessy, Sassetta, Tafel I b. – Brandi, Quattrocentisti Senesi, Tafel 48.

(102) I. Pope-Hennessy, Giovanni di Paolo, p. 75 und Tafel XVIII. – C. Brandi, Quattrocentisti Senesi, Abb. 148.

(103) I. Pope-Hennessy, Giovanni di Paolo, p. 117 und Tafel XXVI.

(104) Siena Pin., no. 324, vgl. C. Brandi, La Regia Pinacoteca di Siena, p. 99 ff. – I. Pope-Hennessy, Giovanni di Paolo, p. 117 ff.

(105) C. Brandi, Pinacoteca di Siena, p. 92. – I. Pope-Hennessy, Giovanni di Paolo, p. 120 f.

(106) I. Trübner, p. 90 und Tafel XII ff.

(107) I. Pope-Hennessy, Sassetta, p. 159 ff. und Tafel XXV und XXVI a.

(108) Wenn man von Sassettas Auftrag für eine Marienkrönung an Porta Romana absieht, einer Arbeit ganz vom Ende seines Lebens, über der er wegstarb. I. Pope-Hennessy, Sassetta, p. 119 ff. – C. Brandi, Quattrocentisti Senesi, p. 65 ff. und Tafel 76 f.

(110) I. Pope-Hennessy, Quattrocento-Malerei, p. 8.
1008 (111) v. Marle IX, 1927, p. 548 ff.
(112) G. della Valle, Lettere Sanesi, 1786, III, p. 320. – Rob. Vischer, L. Signorelli, Leipzig 1879, p. 312 ff.
(113) C. Brandi, Quattrocentisti Senesi, Abb. 235.
(114) Ebda. Abb. 244.
(115) I. Pope-Hennessy, Giovanni di Paolo, Tafel XXIX a.
(116) G. Mazzoni, L'Eva di Monte Siepi, Bollettino d'arte 30, 1936-1937, p. 149 ff. – G. Rowley, Art Studies VII, 1929, p. 107 ff.
(117) L. v. Pastor. Geschichte der Päpste III, 2, 10. Aufl. Freiburg i. Br. 1938, p. 670. – H. Egger, Codex Escurialensis, Wien 1906, p. 106. – Lanciani I, p. 82. – Früheste Kopie von Antonio Federighi: B. Degenhart, Zeitschr. f. Kunstgesch. VIII, 1939, Abb. 48, p. 135.
(118) 13,5 × 13 cm. Nicht ziseliert. The Gustave Dreyfus Collection. Reliefs and Plaquettes by Seymour de Ricci. Oxford 1931, p. 22, Nr. 16. – A. St. Weller, p. 161 ff. – G. F. Hartlaub, Pantheon 25, 1940, p. 90.
(119) 19,5 × 17 cm. Staatl. Museen zu Berlin. Die italienischen Bronzen der Renaissance und des Barock. II. Reliefs und Plaketten. Bearbeitet von E. F. Bange. Berlin 1922, Nr. 6 und Tafel 4. – W. v. Bode, Bertoldo und Lorenzo dei Medici. Freiburg i. B. 1925, p. 83 ff. und Abb. 84.
(120) Abb. des ursprünglichen Zustandes z. B. auf einem Bilde des Sano di Pietro. – Brandi, Quattrocentisti Senesi, Tafel 105.
(121) B. Degenhart, Kunstgesch. Jahrb. d. Bibl. Hertziana I, 1937 p. 260.
(122) Ebda., p. 262.
(123) Ebda., p. 260.
(124) R. H. Cust, The Pavement Masters of Siena, London 1901.
(125) Vasari-Milanesi, I, p. 654.
(126) Milanesi, Documenti Senesi I, p. 177 f.
(127) Cust, p. 59 ff.
(128) G. F. Hartlaub, Ein unbekanntes Hauptwerk des Francesco di Giorgio Martini von Siena. Pantheon 31, 1943, p. 174 ff.
(129) Pittura italiana del Duecento e Trecento. Catalogo della

mostra Giottesca di Firenze del 1937, a cura di G. Sinibaldi e G. Brunetti no. 32.

(131) G. Sinibaldi und G. Brunetti, Catalogo no. 28, p. 95.

(133) S. oben p. 112 f. Andere Beispiele aus dem Quattrocento: Taddeo di Bartolos Verkündigung, signiert und datiert 1409 (Siena Pin., no. 131), Giovanni di Paolos heiliger Nikolaus von Bari, signiert und datiert 1453 (Siena Pin., no. 173), Sano di Pietros Altar mit den Heiligen Diakonen Stephanus und Laurentius (Siena Pin., no. 226).

(134) I. Pope-Hennessy, Giovanni di Paolo, p. 134 ff. und Taf. XXXII.

(137) Zitiert z.B. Journal of the Warburg and Courtauld Institutes XIII, 1950, 9, 47.

(138) Giovanni Villani XI, cap. 93.

(139) Sieneser Kastelle bei B. Patzak, Die Renaissance- und Barockvilla in Italien, I, Leipzig 1912, Abb. 136, 152, 154 usw. Hier auch II, p. 120 ff. Nachrichten über die Einrichtung der Villen nach den Mediceer-Inventaren.

(141) R. Bianchi-Bandinelli, p. 22.

(142) R. Borchardt, Schriften. Prosa I, Berlin 1920, p. 1 ff.

(143) L. Durrieu, Tafel LIV. – A. Weese, Skulptur und Malerei in Frankreich im 15. und 16. Jhd. (Handb. d. Kunstwissensch.) Wildpark Potsdam o. J., Abb. 69–70. – Über die Wechselbeziehungen zwischen Siena und Frankreich vgl. auch I. Pope-Hennessy, Sassetta, p. 81 ff.

(144) A. Grunzweig, Una nuova prova del soggiorno di Ambrogio Lorenzetti a Firenze intorno al 1320. Rivista d'arte XV, 1933, p. 249. – G. de Nicola, Il soggiorno fiorentino di A. Lorenzetti, Bollett. d'arte 1922–1923, II, p. 49 ff.

(145) W. Suida, Florentiner Maler um die Mitte des 14. Jhdts. Straßburg 1905 (Zur Kunstgeschichte des Auslands, Heft 32), p. 1 f.

(146) Vasari-Milanesi II, p. 22 f.

(147) Der urkundliche Beweis für Don Lorenzos Sieneser Herkunft bei Vasari-Milanesi IX, p. 252. – Zustimmend O. Siren, Don Lorenzo Monaco. Straßburg 1905, p. 13. – V. Golzio, Lorenzo Monaco, Roma 1931, p. 27. – G. Pudelko, Burlington Magazine 73, 1938, p. 137 f.

(148) W. Lotz, Der Taufbrunnen des Baptisteriums zu Siena.
1010 (Der Kunstbrief Nr. 50) Berlin 1948, p. 5 ff..

(149) G. Milanesi, Documenti Senesi II, Nr. 85, p. 120.

(150) Die gesamte Kontroversliteratur über die Rucellai-Madonna bei W. und E. Paatz, Die Kirchen von Florenz, III, p. 791 ff. – Vgl. auch C. H. Weigelt, Die Sieneser Malerei des 14. Jhdts., Leipzig 1930, p. 64 f.

(151) W. v. Bode, Bertoldo u. Lorenzo dei Medici, Abb. p. 62, 76, 114.

(152) W. v. Bode, Leonardo als Bildhauer. Jahrb. d. preuß. Kunstslgn. 25, 1904, p. 125 ff.

(153) Fiske Kimball, Luciano Laurana and the ›High Renaissance‹, Art Bulletin, 1927, p. 125 ff. – Vgl. dagegen Kenneth Clark, Piero della Francesca. London 1951, p. 50 (für Piero). – Für Laurana ferner: A. Colasanti, Die Malerei des 15. Jhdts. in den italienischen Marken. Leipzig 1932, p. 82. – A. St. Weller, Francesco di Giorgio. Chicago 1943, p. 186. – Für Laurana zögernd auch: R. Longhi, Piero della Francesca. Paris 1937 p. 118 und 130.

(154) Die Geschichte der Kunstkritik der Pisaner Fresken von Vasari an schrieb Millard Meiss, The problem of Francesco Traini. The Art Bulletin XV, 1933, p. 161 ff.

(155) G. Graf Vitzthum, Von den Quellen des Stils im Triumph des Todes. Repert. f. Kunstwiss. 28, 1905, p. 208.

(156) Florent. Mittlgn. IV, 1932–1934, p. 135. Ausführlicher Bericht über einen Vortrag R. Longhis i. deutsch. kunsthist. Inst. in Florenz am 5. 12. 1931.

UMBRIEN

(1) Die Guida d'Italia del Touring Club Italiano, Umbria, Milano 1950 enthält p. 350 ff. eine, wenn auch sehr lückenhafte Bibliographie der italienischen Literatur über Umbrien. Die gesamte Kunstliteratur bis 1959 am bequemsten zusammengestellt bei Keller-Helbig, Umbrien, Wien 1959, p. 184 f.

(2) A. Philippson, Umbrien und Etrurien. Geographische Zeitschrift 39, 1933, p. 45.

(3) Nissen I, p. 502 ff., II, p. 374 ff.

(4) Nissen II, p. 376ff.
(6) F. Schneider, Die Reichsverwaltung in Toskana, p. 13.
(7) Ebda., p. 12.
(8) Vgl. darüber oben p. 35.
(9) Man vgl. auch die bei G. Rohlfs, Sprachgeographische Streifzüge durch Italien, abgebildeten Tafeln nach K. Jaberg und I. Jud, Sprach- und Sachatlas Italiens und der Südschweiz. 8 Bände, 1928–1940. Karte 4, 5, 6, 9, 10, 23, 25.
(10) Vgl. die Beurteilung durch W. v. Wartburg unten p. 208.
(11) Rohlfs, Karte 9.
(12) Nissen I, p. 310.
(13) Ebda. II, p. 401.
(14) van Marle V, p. 96ff.
(15) G. Milanesi, Documenti Senesi I, p. 172. »Laurentius olim magistri Vitalis de Senis ...«, ferner p. 186, 188 und öfter.
(16) Über die Bedeutung des Passes in der Antike: Nissen II, p. 375.
(17) Nissen II, p. 374.
(18) Ebda., p. 377.
(20) Für das Straßensystem vgl. A. v. Hofmann, p. 301 mit Kartenskizze und die Karte bei Keller-Helbig nach Seite 185.
(21) Th. Ashby und L. Fell, The Via Flaminia. Journal of Roman Studies XI, 1921, p. 125ff.
(22) Nissen II, p. 400.
(23) Ebda. II, p. 397ff.
(24) Ebda. II, p. 398f.
(25) Ebda. II, p. 426.
(26) Ebda. II, p. 394.
(27) A. v. Hofmann, p. 303.
(28) H. Keller und K. Helbig, Umbrien, Taf. 46 und p. 168f.
(29) Deshalb gibt es auch so viele gelungene umbrische ›Heimatbücher‹. In der europäischen Reiseliteratur schwärmte man um 1900 für Umbrien: I. B. Broussolle, Pélérinages ombriens. Paris 1896. – O. v. Gerstfeld, Umbrische Städte. Orvieto, Narni und Spoleto (Stätten der Kultur, Band 17), Leipzig o. J. (nach 1904). – Edw. Hutton, The cities of Umbria. London 1. Aufl. 1905. 5. Aufl. 1913. – G. Urbino, Arte Umbra, Todi o. J. (um 1907).
Im Jahre 1904 erschienen innerhalb der ›Laudi‹ vor allem

Gabriele d'Annunzios ›Le città del silenzio‹, ein Gedicht-
1012 zyklus auf die mittelalterlichen Städte Italiens, der als Mittelstück einen Sonetten-Kranz auf die Städte Umbriens enthält. – Vgl. ferner C. Ricci, Umbria Santa, Milano 1926 und F. Rizzatti, Umbria verde. Bologna 1927.

(30) Warum W. König, Hallenkirchen in Mittelitalien, Kunstgesch. Jahrb. d. Bibl. Hertziana II, 1938, p. 14ff., die beiden Kirchen in Bevagna aus den letzten Jahren des 12. Jhdts. als Hallenkirchen anspricht, bleibt unverständlich. Wenn jeder Kirche, deren Abseiten mit Vierteltonnen gedeckt sind, ein latenter Drang zur Halle innewohnen soll, so müßten auch St. Etienne in Nevers oder Bronnbach einen geheimen Hallencharakter besitzen – was doch offensichtlich nicht der Fall ist.

(31) U. Tarchi, L'arte nell' Umbria e nella Sabina. II. L'arte cristiano-romanica. Milano o. J. Tafel CXVIII. – W. Krönig setzt p. 22 die Hallenjoche von S. Andrea merkwürdigerweise erst ins 14. Jhd.

(32) Krönig, p. 73ff.

(33) Ebda., p. 82.

(34) Ebda., p. 40ff.

(35) Ebda., p. 91ff.

(36) Zeichnerische Rekonstruktion des ursprünglichen Zustandes bei U. Tarchi, L'arte nell'Umbria IV, Tafel CLXXIVff.

(37) Krönig, p. 104ff.

(38) Ebda., p. 109.

(39) Ebda., p. 110.

(40) Ebda., p. 134.

(41) Ebda., p. 133.

(42) Ebda., p. 135f.

(43) Ebda., p. 134.

(45) Krönig, p. 115f.

(46) Ebda., p. 119ff.

(47) Ebda., p. 122ff.

(48) Ebda., p. 51f. und p. 121.

(49) Ebda., p. 119ff.

(50) Tarchi IV, Tafel CLXXXIIIff.

(51) Ebda., Tafel CLXXXIXb.

(53) van Marle XIV, Abb. 107.

(54) R. Papini, Francesco di Giorgio Architetto, Firenze o.J. (1946) p. 117 f. und Tafel VII–XII und Tafel 94–104. 1013
(55) H. v. Geymüller, Die ursprünglichen Entwürfe für St. Peter in Rom. Wien und Paris 1875, Katalog no. 53 und Tafel 18, Fig. 2. – Vgl. hingegen D. Frey, Bramante-Studien. Wien 1914, p. 49.
(56) Vasari-Milanesi IV, p. 150. – Venturi XI, 1; p. 881 ff.
(57) Venturi XI, 1; Abb. 743–745.
(58) Ebda., Abb. 836–848. – L. Serra L'arte nelle Marche II, p. 65 ff. – P. Zampetti, Il Santuario di Macereto ed altri edifizi a pianta centrale del sec. XVI. (Collana di studi archeologici ed artistici Marchiziani VIII).
(59) Venturi XI, 1; Abb. 849–852.
(60) L. Serra II, p. 71 f.
(61) A. Nava, ›L'Albero di Jesse‹ nella Cattedrale d' Orvieto e la Pittura bizantina. Rivista del R. Istituto d'Archeologia e storia dell'arte 1936, p. 363 ff. – A. Watson, The imagery of the tree of Jesse on the West front of Orvieto Cathedral. Fritz Saxl 1890–1948, a volume of memorial essays from his friends in England. London 1957, p. 149 ff.
(63) H. Keller, Giovanni Pisano, Wien 1942, p. 34 ff.
(63a) J. v. Schlosser, Aus der Bildnerwerkstatt der Renaissance. Jahrb. d. allerh. Kaiserhauses 31, 1913–1914, p. 73 ff. – A. Venturi, Storia X/2, p. 507 ff.
(64) G. de Francovich, Art Bulletin 19, 1937, p. 18 ff. – Ders., Scultura medioevale in legno. Roma 1943, p. 5 ff.
(65) Ders., Bollettino d'arte 29, 1935–1936, p. 216 ff. mit Abb. 12–14.
(66) Ders., Kunstgesch. Jahrb. d. Bibl. Hertziana II, 1938, p. 175 ff., mit Abb. 121 ff.
(67) W. Körte, Deutsche Vesperbilder in Italien. Kunstgesch. Jahrb. d. Bibl. Hertziana I, 1937, p. 57.
(68) Ebda., p. 57.
(69) Ebda., p. 42.
(70) Ebda., p. 61.
(71) Ebda., p. 64.
(72) Ebda.
(73) Um Ascoli Piceno: Körte p. 55 und p. 7.

(73a) H. Keller u. K. Helbig, Umbrien, Taf. 95. – R. v. Marle
1014 XV p. 178ff. und p. 239ff.

(74) Perugino, Klassiker der Kunst, hrsg. von W. Bombe. Stuttgart 1914, Abb. Seite 26, 27, 135.

(75) van Marle XIV, Abb. 91.

(76) Ebda., Abb. 95.

(77) Ebda., Abb. 129.

(78) Ebda., p. 22ff. – M. Salmi, Jacopo Bedi, Art in America XI, 1923, p. 150ff.

(79) Vgl. die freilich kurze Schilderung, die H. Wölfflin, Die klassische Kunst, 7. Aufl. München 1924, p. 80f., dem Bilde gönnt. – G. Gronau, Münchner Jahrb. f. Kunstwissensch. IV, 1909, p. 46ff. – A. Scharf, Filippino Lippi, Wien 1935, p. 29f.

(80) Zur Ikonographie der Szene vgl. B. Berenson, Bollettino d'Arte XXVI, 1932–1933, p. 538ff.

(81) Scharf, p. 29.

(82) E. Steinmann, Ghirlandajo (Knackfuß, Künstler-Monographien, Band XXV), Bielefeld 1897, p. 59. – J. Lauts, Dom. Ghirlandajo. Wien o. J. (1943) p. 28 und Abb. 54. – C. Bandini, Giovanni Spagna (Comitato per le onoranze centenarie a Giovanni Spagna) Bergamo 1928.

(83) Urkunde abgedruckt: Archivio storico dell'arte II, 1889, p. 313.

(84) van Marle XIV, Abb. 295.

(86) B. Kleinschmidt, Die Basilika S. Francescos in Assisi, II, Berlin 1926, p. 17ff.

(87) van Marle V, p. 1ff.

(88) W. Bombe, Geschichte der Peruginer Malerei, p. 34ff. – van Marle V, p. 18ff.

(89) van Marle VIII, p. 326ff.

(90) van Marle V, p. 98. – U. Tarchi IV, Tafel XXIII.

(91) M. Salmi, Gli affreschi del Pal. Trinci a Foligno. Bollettino d'arte XIII, 1919, p. 139ff. – van Marle VIII, p. 320ff. – R. Oertel, Florent. Mittlgn. V, 1940, p. 295ff.

(92) van Marle VIII, p. 212ff.

(93) Bombe, p. 76ff.

(94) van Marle XIV, p. 86.

(95) Ebda., p. 67.

(96) Kenneth Clark, Piero della Francesca, London 1951, p. 45 ff.

(97) Die Zuschreibung an Perugino wurde zuerst ausgesprochen von B. Berenson ›Pittura italiana del Rinascimento‹. Milano 1936, p. 375.

(98) Vgl. das Referat von W. Boeck, Der junge Perugino, Pantheon 26, 1940, p. 235 ff. mit guten Literatur-Angaben.

(99) W. R. Valentiner, Studies of Italian Renaissance Sculpture. London 1950, p. 150. mit Abb. 162. – F. Zeri, Il Maestro della Annunciazione Gardner, Bollettino d'arte 38, 1953, p. 135, mit Abb. 12.

(100) F. Zeri, Bolletino d'arte 38, 1953, p. 125 ff. und p. 233 ff.

(101) Von van Marle XIV, p. 122, auf 1455–1460 datiert.

(102) van Marle XIV, p. 421 f.

(103) van Marle XIV, Abb. 63.

(104) Ebda., Abb. 105, 109.

(105) Ebda., Abb. 129.

(106) Ebda., Abb. 174.

(107) Klassiker der Kunst, Perugino, Tafel 8, 10, 11.

(108) Leandro Ozzola, Perugino oder Costa? Pantheon V, 1930, p. 164.

(109) van Marle XIV, Abb. 159 ff.

(110) M. Hauptmann, Der Tondo, p. 236.

(111) Ebda., p. 250.

(112) Ebda., p. 252 f.

(113) B. Degenhart, Kunstgesch. Jahrb. d. Bibl. Hertziana I, 1937, p. 247 ff.

(114) Ebda., p. 250.

(115) Ebda., p. 250 f.

(116) Ebda., p. 252.

(117) Ebda., p. 256.

(119) Guida del Touring Club Italiano. Marche. 2. ed. Milano 1937, p. 20.

(120) E. Manfrini, Le Marche e l'Adriatico. L'Universo. Rivista dell'Istituto Geografico Militare. 31, 1951, p. 326 ff., bes. p. 336.

(120a) Vgl. A. Philippson, Umbrien und Etrurien. Geogr. Zeitschr. 39, 1933, p. 451.

(121) H. Nissen II, p. 382 f.

(122) G. Giovannoni, L'Architettura del Rinascimento, 2. Aufl.
1016 Milano o. J., p. 274 und Abb. 14. – L. H. Heydenreich, Zeitschrift f. Kunstgesch.., VI, 1937, p. 141.

(123) R. Longhi, La ›notte‹ del Rubens a Fermo, Vita artistica, II, 1927, p. 191 ff.

(124) A. Cordini, Macerata, Lo sferisterio. Macerata 1932.

(125) In dem Katalog der ›Mostra della pittura Veneta nelle Marche‹, Ancona 1950, hrsg. von P. Zampetti, sind diese und die im folgenden genannten Werke zusammengestellt und abgebildet.

(126) P. Zampetti, Carlo Crivelli nelle Marche. Urbino 1952.

(127) A. Colasanti, p. 28 ff. und Tafel 26 ff. – L. Serra, L'arte nelle Marche II, Il periodo del rinascimento, Roma 1934, p. 258 ff. – Das Buch von Colasanti besitzt eine erschöpfende Bibliographie zur Geschichte der Malerei des Quattrocento in den Marken bis zum Jahre 1932 (p. 129 ff.). Das gesamte Material breitet Serra aus.

(128) A. Colasanti, p. 1.

(129) Über den urbinatischen Hof ist noch immer unveraltet die Schilderung von A. Schmarsow in Melozzo da Forli, Berlin 1886, p. 72. – Über die wissenschaftlichen Bestrebungen dieses Kreises L. Olschki, Geschichte der neusprachlichen wissenschaftlichen Literatur I, Heidelberg 1919, p. 124 ff. An modernen Darstellungen vgl. vor allem P. Rotondi, Il Pal. ducale di Urbino, Urbino 1950–1951.

(130) Über Pacioli vgl. L. Olschki I, p. 151 ff.

(131) A. Colasanti, p. 101 ff. und Tafel 76. – Mostra di Melozzo e del Quattrocento Romagnolo. Forli 1938. Catalogo Nr. 45, p. 36. Danach ist die andere Halbfigur im Hintergrunde später erst hinzugefügt. Nach einer Vermutung Rob. Longhis könnte sie von der Hand des M. Palmezzano stammen. Die Bestimmung dieser Nebenfigur auf Guidobaldo da Montefeltre ist neuerdings mit Recht aufgegeben worden.

(132) Olschki, p. 124.

(133) Ebda., p. 126.

(134) H. Siebenhüner, Kunstchronik VII, 1954, p. 124 f.

(135) Fiske Kimball, Luciano Laurana and the ›high Renais sance‹. Art Bulletin X, 1927, p. 125 ff. – A. Colasanti, Tafel 70 und 82. – Siehe ferner Kap. Siena, Anm. 153. Die Bilder er-

fuhren ihre inhaltliche Deutung durch R. Krautheimer, The tragic and the comic scene of the renaissance. The Baltimore and Urbino panels. Gaz. d. beaux arts, 90, 1948, p. 327ff.

(136) G. Swarzenski, The Master of the Barberini Panels: Bramante. Bulletin of the Museum of Fine Arts Boston Nr. 230, XXXVIII, 1940, p. 90ff. – Vgl. aber R. Offner, The Barberini Panels and their Painter. Medieval studies in Memory of A. Kingsley Porter I. Cambridge, Mass. 1939, p. 205ff., wo der Einfluß von Filippo Lippi, Domenico Veneziano und Jacopo Bellini auf diesen Anonymus stark betont, dieser also einer früheren Generation zugeordnet wird.

(137) P. Rotondi I, p. 74ff. – R. Papini, Francesco di Giorgio Architetto. Firenze o. J. (1946) II, Tafel 191ff.

(138) Die Urkunde bei W. H. I. Wheale, Hubert and John van Eyck, London 1908, p. LXXIII. – Ein Galeriebild von 1628, das alles Wesentliche der Komposition überliefert hat, bei L. v. Baldass, Jan van Eyck, London 1952, p. 71f. und Abb. 76–77.

(139) Kenneth Clark, Piero della Francesca, p. 50.

ROM

(1) Vgl. das tiefsinnige Schlußkapitel bei H. Nissen I, p. 552ff. Über den Tiber, ebda. p. 293ff und 308ff.

(2) A. v. Gerkan, Römische Mittlgn. 55, 1940, p. 191 und ebda., 58, 1943, p. 219.

(3) Ebda. 55, 1940, p. 180.

(4) Alles nach Gerkan, ebda. 58, 1943, p. 222.

(4a) L. Schudt, Italienreisen im 17. und 18. Jhdt., p. 311.

(5) Chantelou, ed. Rose, p. 82, unter dem 31. Juli 1665.

(6) C. Justi, Winckelmann und seine Zeitgenossen. 3. Aufl. 1923, II, p. 18f. – L. Schudt, Italienreisen p. 214 mit Abb. 49.

(7) Chantelou, ed. Rose, p. 32 und p. 340, unter dem 25. Juni und 19. Okt. 1665.

(8) Nissen II, p. 49ff. und 546.

(9) Nissen II, p. 299, 313, 375ff.

(9a) R. Miller, Die Peutingersche Tafel, Stuttgart 1916. – M. Schanz u. C. Hosius, Geschichte der römischen Literatur II^{4},

1935, p. 331ff. Eine Neuausgabe der Tabula Peutingeriana
1018 wäre ein Hauptanliegen der Forschung. Die in der letzten Zeit so beliebte Frühdatierung bis ins 2. Jhdt. n. Chr. wird sich nicht halten lassen. Die Einzeichnung d. Diocletians-Palastes in Spalato ergibt einen festen Terminus post quem, worauf mich Heinz Kähler aufmerksam machte. Auch die reiche Anlage einer großen christlichen Kirche, die das Stadtbild v. Ravenna repräsentiert, kann unmöglich vor dem 4. Jhdt. gezeichnet worden sein.

(11) P. E. Schramm, Kaiser, Rom und Renovatio (Studien der Bibl. Warburg XVII), I. Leipzig 1929, p. 30. – F. Schneider, Rom und Romgedanke im Mittelalter. München 1926, p. 57f.

(12) Schramm, ebda., p. 31ff. – W. Erben, Rombilder auf kaiserlichen und päpstlichen Siegeln des Mittelalters (Veröffentl. d. histor. Seminars der Universität Graz, VII), Graz 1931, p. 41.

(13) Schramm, ebda., p. 203f. – Erben, p. 43.

(13a) Wir bilden die Rom-Darstellung aus dem »liber floridus« in der Universitätsbibliothek in Gent ab. Die Handschrift wurde im Jahre 1120 vollendet und »schon gleich in der Originalhandschrift mit Illustrationen geschmückt«. Als Verfasser dieser Enzyklopädie nennt sich ein Kanonikus Lambertus in St. Omer, Sohne eines Onulfus. Sie kommt aus dem dortigen Kloster St. Bertin. Der freie Zwischenraum zwischen der Stadtmauer u. dem thronenden Petrus ist »mit Schrift gefüllt, die uns die Zeit von Adam bis zur Gründung der Stadt und bis zur Geburt Christi angeben, die Länge der Peterskirche, die Anzahl ihrer Altäre, die Daten der Regierung und der Passion Petri. So sind die Begriffe: Papst, Peterskirche, Rom miteinander verbunden und haben in einem ornamentalen Komplex ihren gemeinsamen Ausdruck gefunden.« (A. Goldschmidt, Frühmittelalterliche illustrierte Enzyklopädien. Vorträge d. Bibl. Warburg, III, 1923–1924 p. 220 u. 222. – Vgl. ferner: A. Boeckler, Abendl. Miniaturen bis z. Ausgang d. romanischen Zeit. Berlin 1930, p. 96 u. 121.)

(14) Schneider, p. 63.

(15) Ebda., p. 64.

(17) Schneider, p. 163ff.

(19) P. E. Schramm, Kaiser, Rom und Renovatio II, p. 45ff.

Dort auch p. 68 ff. Abdruck des Mirabilien-Textes und der erweiterten Fassung von 1155.
Über die Verbreitung der Mirabilien A. Graf, p. 49 ff. – F. v. Bezold, Das Fortleben der antiken Götter im mittelalterlichen Humanismus. Bonn 1922, p. 49 ff.

(20) F. Gregorovius, Geschichte der Stadt Rom im Mittelalter. 7. Aufl. Stuttgart 1926, p. 648 ff. – P. E. Schramm, Kaiser, Rom und Renovatio II, p. 50.

(21) P. E. Schramm, Kaiser, Rom und Renovatio I, p. 296 ff. mit Abdruck der Texte. – W. Rehm, Europäische Romdichtung, München 1939, p. 38 ff.

(22) Übersetzung nach Gregorovius IV, p. 236. – Rehm, Europäische Romdichtung, p. 38 ff. – W. Heckscher, Die Romruinen, p. 31 ff.

(23) I. Garber, Wirkungen der frühchristlichen Gemäldezyklen der alten Peters- und Paulsbasiliken in Rom. Wien o. J. (1918), p. 28 ff. – G. Matthiae, Note di pittura laziale. Bollettino d'arte 36, 1951, p. 112 ff.

(24) L. Curtius, Das antike Rom. Wien o. J. (1944), p. 8.

(25) H. Schröder, Die kunstfördernde Tätigkeit der Päpste im 13. Jhd. Leipziger Dissertation von 1931, p. 48 ff. und 68 ff.

(26) F. Gregorovius, Le tombe dei Papi. 2. Aufl. riveduta e ampliata da Chr. Huelsen, Roma o. J. (1931). – R. U. Montini, Le tombe dei Papi. Roma o. J. (1958). p. 258 ff.

(27) Cicero, De Re Publica 3, 35 »noster autem populus sociis defendendis terrarum iam omnium potitus est«. – Vgl. dazu Matth. Gelzer, Vom römischen Staat. Leipzig o. J., I, p. 33 f.

(28) L. Bruhns, Die Kunst der Stadt Rom. Wien o. J. (1951), p. 245.

(29) So auch Bruhns, p. 274.

(30) L. Filippini, La scultura nel Trecento in Roma. Torino 1908.

(31) O. H. Förster, Bramantes erste Jahre in Rom. Wallraf-Richartz Jahrb. XV, 1953, p. 158. – Etwas freundlicher urteilt L. Bruhns, p. 295 ff.

(32) L. Bruhns, p. 323 ff.

(33) A. v. Harnack, Lehrbuch der Dogmengeschichte. 5. Aufl. Tübingen 1931–1932, I, p. 496, II, p. 368 ff., p. 416 ff., III, p. 24 ff.

(34) A. de Rinaldis, L'arte in Roma dal Seicento al Novecento.
1020 Bologna o.J. (1948), p. 33 und Tafel XXXI. – M. Rotili, F. Raguzzini e il Rococo a Roma. Roma o.J., p. 34f. und 43f.

(35) L. Bruhns, p. 268.

(36) Fr. Ehrle, S. J., Dalle carte e dai disegni di Virgilio Spada. Atti della Pontificia Accademia Romana di Archeologia, II, 1927.

(37) E. Coudenhove-Erthal, Römisches Stadtbaudenken zu Ende des Seicento. Festschrift für Hermann Egger. Graz 1933, p. 100ff.

(38) E. Coudenhove-Erthal, Carlo Fontana. Wien 1930, p. 113f. und Tafel 19.

(39) Vgl. aber A. v. Gerkan, Die morphologische Stellung des Palatins. Festschrift für Rudolf Egger. Beiträge zur älteren europäischen Kulturgeschichte I. Klagenfurt 1952, p. 91ff.

(40) G. Rodenwaldt, Römische Staatsarchitektur. Das neue Bild der Antike. II, Leipzig o.J. (1942), p. 359f.

(40a) H. Kähler, Rom und seine Welt. I. München 1958, p. 12ff.

(40b) Ebda. I, p. 17 mit Textabb. 4 und Taf. 46ff.

(40c) H. Drerup, Bildraum und Realraum in der römischen Architektur, Röm. Mittlgn., 66, 1959, p. 149.

(40d) Ebda. p. 151.

(41) Rodenwaldt, p. 361.

(42) Ebda.

(43) Ebda., p. 357.

(44) F. Fasolo und G. Gullini, Il santuario della Fortuna Primigenia a Palestrina, Roma 1953. – H. Kähler, Das Fortuna-Heiligtum von Palestrina Praeneste. Annales Universitatis Saraviensis. Philosophie, Lettres, VII, 3-4, 1958, p. 189ff. – Ders., Gnomon 30, 1958, p. 366ff. (Besprechung des Buches von Fasolo und Gullini.)

(45) Eine Liste der Rekonstruktionszeichnungen des Heiligtums, welche die Architekten der Renaissance und des Barocks versuchten, bei R. Delbrück, Hellenistische Bauten in Latium. I, Straßburg 1907, p. 51ff. Seither an wichtigen Funden hinzu gekommen: R. Wittkower, Das siebente Jahrzehnt. 2. Festschrift für Adolf Goldschmidt. Berlin 1935, p. 137ff.

(46) L. v. Pastor, Geschichte der Päpste I, 10. Aufl. Freiburg i.B. 1931, p. 516ff., bes. p. 520ff. – G. Dehio, Die Bauprojekte

Nikolaus V. und L.B.Alberti. In: Kunsthistor. Aufsätze, Berlin 1914, p.163ff. – H. Willich, Baukunst der Renaissance in Italien (Handb. d. Kunstwiss.), p.94. – P.Tomei, L'architettura in Roma nel Quattrocento. Roma 1942, p. 13f. – Torgil Magnuson, The project of Nicholas V for rebuilding the borgo Leonino in Rome. The Art Bulletin 36, 1954, p. 89ff. – Ders. Studies in Roman Quattrocento Architecture. (Figura, Studies edited by the Institute of Art History University of Uppsala. Bd. 9), Stockholm o. J. (1958), p. 65ff.

(47) Dehio, p.172.

(48) Bruhns, p.285.

(50) Siehe die Rompläne von Bernardo Buffalini (1551) und Marius Kartarius (1576). Vgl. F.Hermanin, Die Stadt Rom im 15. und 16.Jhd., 52 Ansichten. Leipzig 1911, Tafel II und III.

(51) L. v. Pastor, Die Stadt Rom zu Ende der Renaissance. 3.–6. Aufl. Freiburg i.B. 1925, Abb. p.26.

(52) L. v. Pastor, X, 8.Aufl. 1933, p.37 und p.423ff. – Gothein I, p.320ff. – Dami, Tafel CIVff. – Die beste Anschauung vermitteln Ch.Percier und P.F.L.Fontaine, p.25ff.

(54) Gothein, I, p.324.

(55) D.Frey, Wiener Jahrb. f. Kunstgesch. III, 1924, p.43. Castagnoli–Cecchelli usw. p. 409ff. – P. Lavedan, Histoire de l'urbanisme. II, Renaissance et temps modernes. Paris 1942, p. 50ff. u. 65ff. – S. Giedion, Space, Time and Architecture. 3. Aufl. Cambridge, Mass. o.J. (1956), p. 75ff.

(56) Die beiden wichtigsten Veduten bei A.Muñoz, Roma barocca. Milano 1919, Abb. p.15 und bei I.A.F.Orbaan, Documenti sul Barocco in Roma (Miscellanea della R. Società Romana di Storia Patria VI). Roma 1920, Tafel I. – Vgl. ferner I. A. F. Orbaan, Sixtine Rome. London 1910, p. 173ff. – A. Muñoz, Domenico Fontana architetto (Quaderni Italo Svizzeri Nr.3), Roma 1944.

(57) L. v. Pastor, X, 8.Aufl., p.433ff.

(58) L. v. Pastor, Die Stadt Rom am Ende der Renaissance, p.31ff.

(59) Pastor, X, 8.Aufl., p.439, mit Aktenstück no.24, p.599.

(60) I.A. de Hübner, Sixte V. d'après des correspondences diplomatiques inédites. Paris 1870, II, p.134f. – Pastor X, p.445.

(61) H. Egger, Römische Veduten, I, Tafel 3–6, bes. aber das
1022 lombardische oder norditalienische Gemälde aus der Slg. Henriette Hertz im Palazzo Venezia. Vgl. I. P. Richter, La collezione Hertz (Römische Forschungen der Bibl. Hertziana V), Leipzig 1928, p. 58 und Taf. XXXVI. – T. Asby und S. R. Pierce, The Piazza del Popolo: Rome. Its history and development. The Town Planning Review XI, Dez. 1924, p. 75 ff. – E. Schulze-Battmann, Giuseppe Valadier, Münchner Dissertation von 1936, p. 13 ff.

(62) A. E. Brinckmann, p. 78. – D. de Rossi. Studio d'architettura civile, Parte terza, Roma 1711, Taf. 72.

(64) A. E. Brinckmann, p. 79 f. – M. Rotili, Filippo Raguzzini, p. 51 ff.

(65) H. Siebenhüner, Wallraf-Richartz-Jahrb. XIV, 1952, p. 161.

(66) K. Bauch, Über die Herkunft der Gotik (Freiburger wissensch. Gesellsch., Heft 27), Freiburg i. B. 1939, p. 10.

(67) G. Frhr. v. Kaschnitz-Weinberg, Die mittelmeerischen Grundlagen der antiken Kunst. Frankfurt a. M. o. J. (1944), passim, bes. p. 50 ff. – Ders., Vergleichende Studien zur italisch-römischen Struktur. Röm. Mittlgn. 59, 1944, p. 89 ff. F. Matz, Hellenistische und römische Grabbauten. Die Antike IV, 1928, p. 266 ff., bes. p. 287 ff. – Beachte jedoch die scharfen Einwendungen A. v. Gerkans gegen diese Theorien: Griechische und römische Architektur. Bonner Jahrb. 152, 1952, p. 25.

(68) v. Kaschnitz-Weinberg, Die mittelmeerischen Grundlagen, p. 51.

(69) Ebda., Abb. 52 und 53.

(70) Ebda., p. 52.

(71) Rodenwaldt, p. 370 f.

(72) Paoli, Antiquitatum Puteolis, Cumis, Bais existentium reliquiae. Napoli, 1768. – De Sariis, Thermologia Puteolana, Napoli 1800.

(73) Rodenwaldt, p. 371. – A. Majuri, Bollettino d'arte, 24, 1930–1931, p. 241 ff.

(74) Rodenwaldt, p. 371.

(76) Rodenwaldt, p. 372.

(77) H. Kähler, Hadrian und seine Villa bei Tivoli, Berlin 1950, p. 91. – G. Rodenwaldt hingegen ist der Ansicht, daß erst unter

Diocletian, also in der letzten Blütezeit der römischen Architektur, die Tonne aufgetreten sei (Einwölbung des kleinen Jupiter-Tempels in Spalato, erst unter Maxentius habe der große Doppeltempel der Venus und der Roma am römischen Forum anläßlich seiner Erneuerung Gewölbe erhalten). 1023

(78) F. Matz, Die Antike, IV, 1928, p. 288ff.

(79) Real-Lexikon für Antike und Christentum, hrsg. v. Th. Klauser, ›Basilika‹ I, Sp. 1249ff. (E. Langlotz und F. W. Deichmann). Bericht und Protokolle über die Münchner Tagung vom 5.–8. April 1951, ›Die Ursprünge der christlichen Basilika‹. Kunstchronik IV, 1951, p. 97ff. Für Ableitung aus dem Thronsaal des Kaiserpalastes plädiert E. Langlotz, Der architektonische Ursprung der christlichen Basilika. Festschrift H. Jantzen, Berlin 1951, p. 30ff.

(80) Rodenwaldt, p. 373.

(81) H. Hahn, Die frühe Kirchenbaukunst der Zisterzienser (Frankfurter Forschungen zur Architekturgeschichte, Band 1). Berlin 1957, p. 171ff. – Über das Vorbild Fontenay, p. 97ff.

(82) L. Bruhns, p. 213f. – F. Hermanin, L'arte in Roma, p. 38, mit Tafel XIV, 2.

(83) Toesca, Storia II, p. 666. – Hahn, p. 180.

(84) H. Brauer und R. Wittkower, Die Handzeichnungen G. L. Berninis, p. 122 und Tafel 94a.

(85) G. J. de Rossi, Insignium Romae Templorum prospectus, Roma 1684, Tafel 48f. – Dag. Frey, Michelangelo-Studien. Wien 1920, p. 81ff. – E. Panofsky, Wasmuths Monatshefte f. Baukunst V, 1920–1921, p. 35.

(86) W. Körte, Zur Peterskuppel des Michelangelo. Jahrb. d. preuß. Kunstslgn. 53, 1932, p. 110.

(87) G. Urban, Röm. Jahrb. d. Bibl. Hertziana, VIII, 1960.

(88) R. Oertel, Frühzeit der italienischen Malerei, p. 56.

(89) Ebda. und L. Bruhns, p. 242.

(90) L. Dussler, Sebastiano del Piombo. Basel 1942, Tafel 51. Ehemals Berlin, Slg. Huldschinsky, heute Barcelona, Slg. Cambò.

(91) H. Voß, Die Malerei der Spätrenaissance in Rom und Florenz, I, Berlin 1920, p. 78. – R. Kultzen, Die Malereien Polidoros da Caravaggio im Giardino del Bufalo in Rom. Florentin. Mttlgn. IX, 1960, p. 99ff.

(92) H. Posse, Jahrb. d. preuß. Kunstslgn. 40, 1919, p. 152,
1024 Anm. 3.

(93) Tagebuch des Herrn v. Chantelou, ed. Rose, p. 340f.

(94) Ebda., p. 94 unter dem 6. August 1665.

(95) F. Gregorovius, Geschichte der Stadt Rom, IV, p. 650ff. Platner-Bunsen, Beschreibung der Stadt Rom, III, 1. Stuttgart 1837, p. 391ff. 672ff. – L. Bruhns, p. 217f.

(95a) H. Kähler, Jahrb. d. deutsch. archäolog. Instituts 51, 1936, p. 192ff.

(96) R. Krautheimer, The Carolingian Revival of Early Christian Architecture, Art Bulletin 24, 1942, p. 1ff.

(97) Bruhns, p. 210ff. – Hermanin, p. 35ff.

(98) Das am 17. Juli 1943 durch Fliegerbomben sehr schwer beschädigte Langhaus von S. Lorenzo ist inzwischen wieder hergestellt worden.

(99) Hermanin, Tafel VI, 2 und XIV, 2.

(100) R. Krautheimer, S. Nicola in Bari und die apulische Architektur des 12. Jhdts., Wiener Jahrb. f. Kunstgesch. IX, 1934, p. 16ff. – H. Tümmler, Die Baukunst des 11. Jhdts. in Italien. Röm. Jahrb. f. Kunstgesch. III, 1939, p. 210ff. – Bruhns, p. 202ff.

(101) An dieser Tatsache haben die ausgezeichneten Untersuchungen von H. Wentzel, Antikenimitationen des 12. und 13. Jhdts. in Italien, Zeitschr. f. Kunstwissensch. IX, 1955, p. 29ff., wenig geändert.

(102) H. Willich, Die Baukunst der Renaissance in Italien (Handbuch d. Kunstwissensch.), p. 98f. – P. Tomei, L'architettura a Roma nel Quattrocento. Roma 1942, p. 109ff. – Bruhns, p. 286ff. – Magnuson p. 245ff.

(103) G. Rodenwaldt, p. 369.

(104) Ebda.

(105) E. Lavagnino, L'architettura del Palazzo Venezia. Rivista del R. Istituto di Archeologia e Storia del' Arte. V, 1935, p. 157. – Bruhns, p. 287. – Tomei, p. 70ff., mit abweichenden Ansichten über die Bauführer.

(106) Tomei, p. 73ff. – Torgil Magnuson, p. 277ff.

(107) L. v. Pastor, III, 2, 10. Aufl., p. 919.

(108) F. Matz, Die Antike, IV, 1928, p. 292.

(108a) H. Tietze, Annibale Carraccis Galerie im Pal. Farnese und seine römische Werkstätte. Jahrb. d. allerh. Kaiserhauses XXVI, 1906, p. 49ff.

(108b) J. v. Schlosser, Die Kunstliteratur, p. 449ff. und p. 467 ff.

(109) Brauer und Wittkower, p. 35.

(111) Brauer-Wittkower, p. 19ff. – H. Kauffmann, Berninis Tabernakel, Münchn. Jahrb. d. bild. Kunst, III. Folge, Band VI, 1955, p. 222ff.

(112) Siehe den Stich bei R. Pane, Bernini Architetto, Venezia 1953, Tafel 131 und p. 66.

(113) Brauer-Wittkower, p. 124 und Tafel 94a.

(114) Ebda., p. 122 und Tafel 95.

(115) R. Wittkower, Pietro da Cortonas Ergänzungsprojekt des Tempels in Palästrina. Das 7. Jahrzehnt. 2. Festschrift f. Adolf Goldschmidt. Berlin 1934, p. 142ff.

(116) Tagebuch des Herrn v. Chantelou, ed. Rose, p. 353.

(117) C. v. Tolnay, Jahrb. d. preuß. Kunstslgn. 51, 1930, p. 18ff. – H. Siebenhüner, Santa Maria degli Angeli, Münchn. Jahrb. f. bild. Kunst, III. Folge, Band VI, p. 179.

(118) N. Caflisch, C. Maderna, München 1934, Tafel XII.

(120) G. Clausse, Les Marbiers Romains, Paris 1897. – G. Giovannoni, J. Cosmati. Archivio della Società Romana di Storia Patria, 1914. – A. Muñoz, Roma di Dante. Milano 1921. – F. Hermanin, L'Arte in Roma dal sec. VIII. – sec. XIV. Roma 1948, p. 59ff. – E. Hutton, The Cosmati, London 1950. – L. Bruhns, p. 227ff.

(121) S. oben p. 80.

(122) E. Bertaux, L'art dans l'Italie méridionale. Paris 1904, p. 495 ff. und 602ff.

(123) Freilich hatte die Forschung schon seit Jahrzehnten dem Erhaltungszustand des Bildes das größte Mißtrauen entgegen gebracht. Vgl. R. Oertel, Marburger Jahrb. f. Kunstwissensch., VII, 1933, p. 211f., p. 256, Akg. 2. – K. Steinbart, Massaccio, Wien o. J. (1948), p. 80.

(124) »E quanto hai a fare le montagne, che paiano più a lungi, più fa scuri i tuo' colori; e quanto le fai dimostrare più appresso, fa i colori più chiari.« Cennino Cennini. Das Buch von der Kunst oder Tractat der Malerei (Eitelberger-Ilgs, Wiener Quellenschr. z. Kunstgesch. I), Wien 1888, p. 58, Cap. 85. Ich verdanke den Hinweis auf diese Stelle der Liebenswürdigkeit von Robert Oertel.

(125) I. Pope-Hennessy, Fra Angelico, London 1952, p. 26.
1026 (126) Eine genaue Scheidung der Hände versucht Pope-Hennessy, p. 189.
(127) O. H. Förster, Wallraf-Richartz-Jahrb. XV, 1953, p. 166.
(128) H. v. Geymüller, p. 209f. und Tafel 18, Fig. 2. – D. Frey, p. 49, glaubt, daß das Blatt nichts mit St. Peter zu tun habe.
(130) Ed. Venetia 1663, p. 119.
(131) Unsere Schilderung der ersten römischen Jahre des Meisters schließt sich eng an die Darstellung L. Dußlers, Sebastiano del Piombo, Basel 1942, p. 29ff. an. – Vgl. ferner P. d'Achiardi, Sebastiano del Piombo, Roma 1908. – R. Pallucchini, Sebastian Viniziano. Milano 1944, p. 29 ff.
(132) Dußler, p. 32.
(134) H. R. Weihrauch, Studien zum bildnerischen Werke des Jacopo Sansovino (Zur Kunstgeschichte des Auslandes, Heft 135). Straßburg 1935, p. 21ff. – A. Venturi, Storia dell'arte italiana X, 2, p. 617 und Abb. 510.
(135) L. Pittoni, Sansovino scultore. Venezia 1909, p. 113.
(136) H. Voß, Die Malerei des Barock in Rom. Berlin o. J., Tafel 159.
(137) H. Bodmer, The Aldobrandini Landscapes in the Doria-Pamphili Gallery. The Art Bulletin 16. 1934, p. 260ff. und Abb. 3.
(138) Ebda., Abb. 4.
(139) Ebda., Abb. 9.
(141) Von der Jugendentwicklung Caravaggios bis zum Jahre 1600 hin haben neue aufschlußreiche Dokumentenfunde und die große Mailänder Caravaggio-Ausstellung 1951 ein völlig neues Bild ergeben. Die ältere Literatur ist demnach meist überholt. Der neue Anstoß ging aus von den Aufsätzen von I. Heß und Denis Mahon, Burlington Magazine 93, 1951, p. 186ff. und 223ff. – Danach: L. Venturi, Caravaggio, Novara 1951. Roger Hinks, Caravaggio, London 1953. W. Friedländer, Caravaggio-Studies. Princeton 1955. F. Baumgart, Caravaggio. Kunst und Wirklichkeit. Berlin 1955.
(142) Denis Mahon, Zeitschr. f. Kunstwissensch., VII, 1953, p. 183.
(143) Darüber s. unten p. 222.

(144) Darüber s. unten p. 219.

(145) F. Baumgart, Das Werk des Künstlers, I, 1939–1940, p. 482ff.

(146) Denis Mahon, Zeitschr. f. Kunstwissensch., VII, 1953, p. 206.

(147) W. Friedländer, Caravaggio-Studies, p. 112 mit Abb. 77 und Tafel 30c. – Vgl. ferner Denis Mahon, Zeitschr. f. Kunstwissensch., VII, 1953, p. 231. – Roger Hinks, p. 67.

(148) W. Technau, Die Kunst der Römer, Berlin 1940, Abb. 180–181.

(149) R. Oertel, Pantheon XXII, 1938, p. 225f. – R. Longhi, Quesiti Caravaggeschi II. Pinacoteca I, 1928–1929, p. 258ff.

(150) H. Keller, Zeitschr. f. Kunstgesch., III, 1935, p. 376.

(151) M. Marangoni, Il vero Guercino. Dedalo I, 1920, p. 28. – Denis Mahon, Studies in Seicento Art and Theory (Studies of the Warburg Institute Vol. 16), London 1947, p. 19ff. – Abweichend urteilt nur Nefta Grimaldi, Il Guercino, Bologna o. J., die ganz im Geschmack des 19. Jhdts. weiterhin im Begräbnis der hlgn. Petronilla den Höhepunkt von Guercinos Schaffen erblickt (p. 78).

(152) Von M. Marangoni, Dedalo I. 1920, p. 36, noch in den römischen Aufenthalt des Künstlers gesetzt, von N. Grimaldi aber auf 1618 datiert (Tafel 42).

(152a) I. de Rossi, Insignium Romae Templorum prospectus. Roma, 1684, Taf. 15, 16, 25.

(153) E. Hempel, F. Borromini. Wien 1924, p. 32ff. – Brauer-Wittkower, p. 110ff. – R. Wittkower, The Art Bulletin, 19, 1937, p. 271ff.

(154) Brauer-Wittkower, p. 112.

(155) E. Hempel, p. 157f. und Abb. 55.

(156) H. Sedlmayr, Gestaltetes Sehen, Belvedere 1925, p. 65ff., 1926, p. 57ff.

(157) E. Hempel, Borromini, Textabb. 6–9.

(157a) Hylton Thomas, The Drawings of G. B. Piranesi. London 1954, Taf. 18–23, 64–79.

(158) H. Weizsäcker, A. Elsheimer, der Maler von Frankfurt. Berlin 1936, I, Tafel 10–15 und Tafel 135.

(159) E. Holzinger, Elsheimers Realismus. Münchn. Jahrb. f. Kunstgesch., III. Folge II, 1951, p. 208ff. mit Abb. 6.

(160) H. Höhn, in Anzeiger des Germ. Nat. Mus. 1936–1939, p.
1028 168.

(161) Andere Zeichnungen dieser Stilstufe bei H. Weizsäcker, Die Zeichnungen des A. Elsheimer im Skizzenband des Städel'schen Kunstinst. Frankfurt a.M. 1923, Tafel 169, 175.

(162) R. Oldenbourg, Rubens in Italien. Jahrb. d. preuß. Kunstslgn. 37, 1916, p. 275.

(163) F. M. Haberditzl, Studien über Rubens. Jahrb. d. allerh. Kaiserhauses 30, 1911–1912, p. 274 mit Abb. 13 und 14. – E. Kieser, Antikes im Werke des Rubens, Münchn. Jahrb. N. F. X., 1933, p. 112. – Natürlich dürfen dabei die Einflüsse der italienischen Barockplastik aus flämischer Wurzel auf die Jugendentwicklung des Meisters nicht übersehen werden. Vgl. E. Dhanens, Jean Boulougne en P. P. Rubens. Gentse Bijdragen tot de Kunstgeschiedenis, XIV, 1955–1956, p. 241 ff.

(164) R. Oldenbourg, Klassiker der Kunst. 4. Aufl. 1921, Abb. 188. Da das Bild sich in den Depots des Louvre befindet u. seit langem in der Schausammlung nicht mehr ausgestellt war, so wird es im allgemeinen als Schulwerk abgetan. In Wahrheit ist es eine herrliche, ganz eigenhändige Arbeit, in einem ganz dünnflüssigen leichten Farbenauftrag alla prima gemalt. Entwicklungsgeschichtlich kann das Bild gar nicht überschätzt werden: es ist sicherlich 15 Jahre älter als die Rubenslandschaften, die bisher für die frühesten gehalten wurden. Wir plädieren für eine Entstehungszeit zwischen 1605 u. 1608. Diese Datierung wird dadurch fast zur Gewißheit, daß die erste Fassung des Hochaltar-Bildes für Sa. Ma. in Vallicella (Hohenzollernscher Hausbesitz, bis 1941 in Haus Doorn) im Gegensatz zu der Grenobler Fassung im Hintergrund eine Landschaft besitzt, welche motivisch mit dem Bilde des Rubens fast identisch ist. Herr Dr. Justus Müller-Hofstede hatte die Güte, mich auf diesen Vorentwurf hinzuweisen.

(165) Ebda., Tafel 142–147.

(166) Ebda., Tafel 180.

(167) W. Friedländer, Claude Lorrain. Berlin 1921, p. 24 ff.

(168) Ebda., Abb. p. 38 und p. 47.

(169) I. Heß, Agostino Tassi, der Lehrer des Claude Lorrain, München 1935, p. 17 ff.

(170) Joachim v. Sandrarts Academie der Bau-, Bild- und Mahlerey-Künste, ed. R.A. Peltzer, München 1925, p. 209.

(171) I. Heß, Tassi, p. 32ff.

(172) A.M. Hind, The Drawings of Claude Lorrain. London 1925, Tafel 42.

(173) O. Grautoff, N. Poussin. München 1914, I, p. 67ff.

(174) Ebda., I, p. 70, II, No. 7.

(175) W. Friedländer in Thieme Becker XXVII, p. 322.

(176) O. Grautoff I, Abb. p. 32. Hingegen nicht Abb. p. 33 und 35, die nicht von Poussin sind und nichts mit der Trajanssäule zu tun haben. Vgl. dazu R. Lavallée, Actes du congrès d'histoire de l'art à Paris 1921. Paris 1924 II, p. 353.

(177) W. Friedländer in Thieme Becker XXVII, p. 322.

(177a) Exposition Nicolas Poussin, Paris, Louvre, Mai-Juillet 1960, Catalogue Nr. 2, 3, 9, 11, 15, 52.

(178) J. v. Sandrarts Academie, ed. Peltzer p. 258.

(179) Über die persönlichen und künstlerischen Beziehungen zu Domenichino vgl. Grautoff I, p. 77f. – W. Friedländer, N. Poussin. München 1914, p. 17ff.

(180) Grautoff I, p. 158f., II, No. 87.

(181) Ebda. I, p. 71f., II, No. 8.

(182) Sandrart, ed. A. R. Peltzer, p. 258. – Grautoff I, p. 215ff.

(183) H. Malo, Cent-deux dessins de Poussin à Chantilly. Paris 1933, Abb. 55–56.

(184) Malo, Abb. 57. – Grautoff I, Abb. p. 65.

(185) Malo, Abb. 75–76.

(186) Malo, Abb. 53. – B. Degenhart, Europäische Handzeichnungen aus fünf Jhdtn.. Zürich o.J. (1943), Tafel 119.

(187) E. Firmenich-Richartz, Die Brüder Boisserée. I, Jena 1916, p. 405. – Goethes Gespräche. Gesamtausgabe, hrsg. v. Fl. Frhr. v. Biedermann, 2. Aufl. Leipz. 1909, II, p. 325.

UNTERITALIEN

(1) W. v. Wartburg, p. 141 und die Karten-Skizze 17 und 18.

(2) H. Wentzel, Sitzungsberichte der Kunstgesch. Gesellsch. z. Berlin 1953–1954, p. 13.

(3) E. Bertaux, L'Art dans l'Italie méridionale. Paris 1904,
1030 p. 318ff.

(4) H. M. Schwarz, Die Baukunst Kalabriens und Siziliens im Zeitalter der Normannen. I. Die kalabrischen Kirchengründungen des 11. Jhdts. und der Dom von Cefalù, Röm. Jahrb. f. Kunstgesch. VI, 1942–1944, p. 59ff.

(5) Bertaux, p. 483ff.

(6) Ebda., p. 114.

(7) Bertaux, p. 690ff. – C. Enlart, Origines françaises de l'architecture gothique en Italie. Paris 1894, p. 165ff.

(8) W. Krönig, Staufische Baukunst in Unteritalien, in: Beiträge zur Kunst des Mittelalters, Vorträge des 1. deutschen Kunsthistorikertages a. Schloß Brühl, Berlin 1950, p. 33.

(9) S. Bottari, Intorno alle origine dell'architettura sveva nell' Italia meridionale. Palladio, N. F. I., 1951, p. 30.

(10) C. Erdmann, Archäologischer Anzeiger 69, 1954, Sp. 171 und Abb. 11.

(11) E. Bertaux, Les artistes français au service des rois angevins de Naples. Gazette des beaux arts 47, 1905, p. 278.

(12) E. Bertaux, Le tombeau d'une reine de France à Cosenza, Gazette des beaux arts 40, 1898, p. 274. – A. de Rinaldis, Naples angevine, Paris 1933, p. 80.

(12a) R. Oertel im Pantheon XXII, 1938, p. 225.

(13) G. Rohlfs, Sprachgeographische Streifzüge, p. 38ff.

(14) Ebda., p. 20, Anm. 2.

(15) Ebda., p. 20, Anm. 2.

(16) Ebda., p. 23.

(17) E. Bertaux, L'Art dans l'Italie méridionale, p. 488ff. – E. Mâle, L'Art réligieux du XIIme siècle, 5. Aufl., Paris 1947, p. 262ff. – P. Deschamps, La légende arturienne à la Cathédrale de Modène. Monuments Piot, XXVIII, 1925–1926, p. 69. – K. Porter und R. S. Loomis, La légende archéologique à la cathédrale de Modène. Gazette des beaux arts LXX, 1928, II, p. 1909. – Eine vorzügliche Gesamtübersicht über die Literatur zum Sagenkreis der Porta della Pescheria in Modena bei Roberto Salvini, Wiligelmo e le origini della scultura romanica. Milano o. J. (1956), p. 178ff.

(18) C. A. Willemsen, Apulien. Leipzig 1944, p. 61.

(19) R. Krautheimer, p. 25f.

(20) H. Schwarz, Röm. Jahrb. d. Kunstgesch. VI, 1942–1944, p. 10.
(21) Ebda., p. 37ff.
(22) Ebda., p. 69.
(23) L. Correra, Il presepe a Napoli, Arte II, 1899, p. 325 ff. – R. Berliner, Die Weihnachtskrippe. München 1955, p. 47 ff.
(24) I. Lauts, Antonello da Messina, Jahrb. d. kunsthist. Slgn. in Wien, N.F. VII, 1933, p. 25 ff. – St. Bottari, Antonello, 2. Aufl. Milano 1953, p. 1ff. – W. Rolfs, Geschichte der Malerei in Neapel. Leipzig 1910, p. 88f.
(25) A. de Rinaldis, Die süditalienische Malerei des 17. Jhdts. Leipzig o. J. (1929), Tafel 73 ff. – La Nature morte de l'antiquité à nos jours. Orangerie des Tuileries. Pariser Ausstellung von 1952, Nr. 69 und 70.

OBERITALIEN

(1) Nissen I, p. 208, vgl. ferner p. 175 ff., bes. p. 183 ff.
(2) H. Kretzschmayr, Geschichte von Venedig, III, Stuttgart 1934, p. 291 ff. – I. Burckhardt, Gesamtausgabe Band XIV, Vorträge, p. 2. – Carl I. Burckhardt, Richelieu. München 1937 p. 184ff.
(3) Über diese Pässe und ihre Geschichte ausgezeichnet Nissen I, p. 155 ff. und A. v. Hofmann, p. 17ff.
(4) Nissen I, p. 475 ff. und 480ff. – v. Wartburg, p. 14ff.
(5) G. Rohlfs, Sprachgeographische Streifzüge, p. 15 f.
(6) W. Arslan, L'architettura Romanica Veronese. Verona 1939, p. 5 ff. mit Textabb. 1–3. – Vgl. ferner Zeitschr. f. Kunstgesch. 17, 1954, p. 158, Akg. 32.
(7) A. M. Romanini, Die Kathedrale von Piacenza. Zeitschr. f. Kunstgesch. 17, 1954 p. 138 und 146.
(8) G. Zucchini, Documenti inediti per la storia di S. Petronio in Bologna. Miscellanea di storia dell'arte in onore di I. B. Supino. Firenze 1933, p. 183ff. – H. Willich, G. Barozzi da Vignola (Zur Kunstgesch. d. Auslands, Heft XLIV), Straßburg 1906, p. 23ff.
(9) H. Siebenhüner, Deutsche Künstler am Mailänder Dom. München o. J. (1944), p. 12ff., dazu die Regesten, p. 64ff.

(10) M. I. Friedländer, Die altniederländische Malerei II, Berlin
1032 1924, p. 121, No. 93. – H. Beenken, Rogier van der Weyden,
München 1953, p. 13.

(11) M. I. Friedländer, Der Rogier-Altar aus Turin. Pantheon XI, 1933, p. 7ff. – Ders., Die altniederländische Malerei XIV, 1937, p. 85.

(12) z. B. Alfred Philippson, Geographische Zeitschrift 39, 1933, p. 449.

(13) Nissen I, p. 208ff. – Vgl. in V. Hehn, Italien, das 2. Kapitel ›Niederlande‹.

(14) Nissen I, p. 479 und p. 498f. – J. v. Schlosser, Präludien, p. 161f.

(15) Dr. Edith und Dr. Hans Ficker sowie Andreas Keller habe ich für reiche Belehrung in Soave zu danken.

(16) J. v. Schlosser, Präludien, p. 163.

(17) J. v. Schlosser, Tommaso da Modena und die älteste Malerei in Treviso. Jahrb. d. allerh. Kaiserhauses XIX, 1898, p. 240. – A. Barnstein, Die Darstellungen der höfischen Verkleidungsspiele im ausgehenden Mittelalter. Münchner Diss. von 1940, Würzburg 1940, p. 8ff.

(18) B. Kurth, Ein Freskenzyklus im Adlerturm zu Trient. Jahrb. d. kunsthist. Inst. der Zentralkommission V, 1911, p. 9ff. – J. v. Schlosser, Jahrb. d. allerh. Kaiserhauses XVI, 1895, p. 156ff. – P. Toesca, La pittura e la miniatura nella Lombardia. Milano 1912, p. 506ff. – A. Morassi, Storia della pittura nella Venezia Tridentina. Roma 1934, p. 273ff.

(19) I. M. Clark, The dance of death in the middle ages and the Renaissance, Glasgow 1950, p. 51ff. – R. van Marle, Iconographie de l'art profane au moyen âge et à la renaissance II, La Haye 1932, p. 379. – L. Angelini, I. Baschenis, 2. ed. Bergamo o. J. weist auf die Totentänze in Pinzolo (Val Rendena bei Trient) von Simone Baschenis von 1519 und 1539 hin, die van Marle entgangen waren.

(20) Samuel Butler, Alpi e Santuari. London 1882. – Ders., Ex Voto. Studio artistico sulle opere d'arte del S. Monte di Varallo e di Crea. Übers. von A. Rizzetti. Novara 1894. – P. Goldhardt, Die heiligen Berge Varallo, Orta und Varese (Beiträge zur Bauwissenschaft, hrsg. von C. Gurlitt, Heft 9), Berlin 1908. – F. Schumacher, Die baulichen Anregungen des heili-

gen Berges von Orta. Architectura I, 1933, p. 8 ff. – Vgl. ferner S. Monti, Storia ed arte nella Provincia ed antica Diocesi di Como. Como 1902, Abb. p. 152, 231 ff., 357. – F. Canevali, Elenco degli edifici monumentali . . . nella Valle Camonica, Milano 1912, Abb. p. 115, p. 215 ff. usw. – Über die Plastik der heiligen Berge: Venturi X, 1; Abb. 514 ff.

(21) R. Krautheimer, Lombardische Hallenkirchen des 12. Jdts., Jahrb. f. Kunstwissensch. 1928, p. 176 ff.

(23) Goldhardt, p. 5.

(24) W. Körte, Deutsche Vesperbilder in Italien, Kunstgesch. Jahrb. d. Bibl. Hertziana I, 1937, p. 31 ff.

(25) Ebda., p. 126 ff.

(26) E. Panofsky, Imago Pietatis. Festschrift f. Max J. Friedländer, Leipzig 1927, p. 261 ff.

(27) van Marle XVIII, Abb. 8, 9, 26, 29, 40.

(28) Ebda., Abb. 49.

(29) R. Longhi, Officina Ferrarese. Rom 1934, Tafel 45, 54, 150, 165, 175. – A. Venturi, Die Malerei des 15. Jhdts. in der Emilia. Florenz. o J. (1931), Tafel 7, 15, 22, 24, 53, 57.

(30) Fr. Hartt, Carpaccios Meditation of the Passion. Art Bulletin XXII, 1940, p. 25 ff.

(31) G. Gombosi, Moretto da Brescia, Basel 1945, Tafel 103 bis 104.

(32) O. Pächt, Early Italian nature Studies and the early Calendar landscape. Journal of the Warburg and Courtauld Inst. XIII, 1950. p. 25 ff.

(33) Ebda., p. 31.

(34) Ebda., p. 32.

(35) J. v. Schlosser, Ein veronesisches Bilderbuch und die höfische Kunst des 14. Jhdts., Jahrb. d. allerh. Kaiserhauses XVI, 1895, p. 144 ff. – Toesca, La pittura . . ., p. 337 ff. – Über die Gattung des Taccuinum sanitatis s. Pächt, p. 34 f.

(36) Pächt, p. 36.

(37) B. Degenhart, Pisanello, 3. Aufl. Wien 1941, p. 55 f. und Abb. 159 f.

(38) Golubew, Die Skizzenbücher des Jacopo Bellini, Brüssel 1908–1912, I, 80.

(39) Golubew II, 57.

(40) A. Venturi, L'arte a Ferrara nel periodo di Borso d'Este,
1034 p. 22. – Golubew, Text zu II, 57.

(41) G. Delogu, Pittori minori Liguri, Lombardi, Piemontesi del Seicento e del Settecento. Venezia 1931, Abb. 293.

(42) Pächt, p. 13 f.

(43) Toesca, La pittura . . ., p. 294 ff., p. 333 f., p. 417 ff.

(44) Darin ist Pächt, p. 16, gegenüber A. van Schendel, Le dessin en Lombardie, Bruxelles o. J. (1938), p. 60 f., recht zu geben.

(45) Pächt, p. 17.

(46) B. Degenhart, Pisanello, p. 55 mit Abb. 155–158.

(47) Toesca, La pittura . . ., p. 447 ff.

(48) Golubew I, 3, 9, 10, 24, 60, 124. – II, 76, 77, 80, 86.

(49) A. Venturi, Le Vite di Vasari I, Gentile da Fabriano e Pisanello. Firenze 1896, p. 40 f. Vers. 36 ff. Deutsche Übers. nach B. Degenhart, Pisanello, p. 8.

(50) Venturi, ebda., p. 57, Vers 9 ff. Übertragung wieder von Degenhart, p. 9.

(51) W. Arslan, I. Bassano, Bologna 1931.

(52) G. Delogu, p. 13 ff.

(53) Ebda., Abb. 10.

(54) Ebda., Abb. 27 ff.

(55) Ebda., Abb. 43 ff.

(56) Ebda., p. 171 ff. und Abb. 297 ff., 306 ff.

(57) Ebda., p. 179 ff. und Abb. 305 ff.

(58) Ebda., p. 193 und Abb. 323 ff.

(59) Pächt, p. 37 ff.

(59a) B. Kurth, Ein Freskenzyklus im Adlerturm von Trient. Jahrbuch der Zentralkommission NF. V, 1911, p. 9 ff. – A. Morassi, Storia della pittura nella Venezia Tridentina. Roma o. J. (1934) p. 273 ff.

(60) Ebda., p. 38.

(61) Ebda., p. 40.

(62) Degenhart, Pisanello, Abb. 141.

(63) Venturi, Le Vite, p. 40, Vers 40 ff.

(64) Degenhart, Pisanello, Abb. 48–49.

(65) Golubew I, 80.

(66) H. Voß, Die Malerei der Spätrenaissance in Florenz und Rom I, Berlin 1920, p. 82 und Abb. 10.

(67) H. Bodmer, Die Landschaften des Niccolo dell'Abbate. Zeitschrift für Kunst, IV, 1950, p. 106ff.

(68) H. Voß, Die Malerei des Barock in Rom. Berlin o. J., Tafel 159, 176, 177 und 191.

(69) I. Pope-Hennessy, The Drawings of Domenichino at Windsor Castle. London o. J. (1948), p. 117ff., Tafel 2f. und 63ff.

(70) G. Delogu, p. 43ff. und Abb. 29ff.

(71) Ebda., p. 66ff. und Abb. 63ff.

(72) Ebda., p. 74ff. und Abb. 96ff.

(73) M. Goering, Francesco Guardi, Wien 1944, p. 19 und Abb. 22. – Vgl. ferner I. Haumann, Das oberitalienische Landschaftsbild des Settecento (Zur Kunstgesch. d. Auslands, Heft 123). Straßburg 1927.

(74) Fr. Arcangeli, Tarsie (Quaderni d'Arte, Heft 3), 2. Aufl. Roma o. J. (1943), p. 15 und Abb. 32, 39, 40.

(75) P. Rotondi, Il palazzo ducale di Urbino. Urbino 1951, p. 337ff., – Arcangeli p. 7ff. und Abb. 6ff.

(76) L. Servolini, Jacopo de'Barbari, Padova o. J. (1944), p. 125f. und Tafel XXVIIff. – La nature morte de l'antiquite.

(77) G. Delogu, p. 159ff. und Abb. 280ff.

(78) H. Bodmer, Die Kunst des Bartolomeo Passarotti. Belvedere XIII, 1938–1939, p. 66, Abb. 88 und 91. – R. Wittkower, The drawings of the Carracci at Windsor Castle, London o. J. (1953), p. 111 mit Textabb. 10.

(79) J. v. Schlosser, Die Kunst- und Wunderkammern der Spätrenaissance (Monographien des Kunstgewerbes XI). Leipzig 1908, p. 88 und Abb. 70–71. – Delogu, p. 157ff.

(80) L. Angeli, J. Baschenis, 2. ed., p. 43ff. – I pittori della realtà in Lombardia, Mostra di Milano 1953. Catalogo, 1. ed., p. 41ff. 94ff. und Abb. 48ff. – Delogu, p. 211ff.

(81) Lombardische Stilleben nach Caravaggio, soweit sie nicht Musikinstrumente darstellen: Delogu, Abb. 287ff. Außerdem die seltenen Werke der Mailänderin Fede Galizia (1578? bis nach 1630), Katalog La nature morte, Nr. 67.

(82) v. Schendel, Abb. 32. Auf die richtige Deutung des Vorgangs hat mich Bernhard Degenhart aufmerksam gemacht.

(83) R. van Marle, Iconographie de l'art profane. I. La Haye 1931, Abb. 91.

(84) Ebda., Abb. 84.

1036 (85) D. Frhr. v. Hadeln, Venezianische Zeichnungen des Quattrocento, Berlin 1925, Tafel 33. – British Museum, Italian drawings of the fourteenth and fifteenth centuries, ed. A. E. Popham und Ph. Pouncey, Nr. 38 und Tafel XXX. – Tietze, Venetian drawings, Nr. 614.

(86) van Marle, Iconographie profane I, Abb. 85. Bei Davies, Nat. Gal. catalogues: The early italian schools, London 1951, nicht aufgenommen.

(87) P. Schubring, Cassoni, 2. Aufl., Leipzig 1923, p. 157 und 163, Nr. 620–621.

(89) Mostra del Caravaggio e dei Caravaggeschi. Milano 1951, Katalog Nr. 19 und 100. – L. Angelini, I. Baschenis, Titelbild und Tafel XLIX.

(90) A. v. Schneider, Caravaggio und die Niederländer, Marburg a. L., 1933, passim.

(90a) Chantelou, ed. Rose, p. 96, 97, 250, 299. – L. Schudt, Italienreisen p. 342 und 362.

(91) Touring-Club Album, Attraverso l'Italia, Band 18, Veneto. Milano 1952, p. 69, Abb. 100.

(92) Touring-Club Album, Attraverso l'Italia III, Lombardia, Parte seconda. Milano 1932, Abb. p. 155.

(93) G. Graf Vitzthum, Festschrift P. Clemen. Düsseldorf 1926, p. 408. – R. Oertel, Marburger Jahrb. f. Kunstwissensch. 7. 1933, p. 234f.

(94) G. Fiocco, Michele da Firenze, Dedalo XII, 1932, p. 542ff. – Ders., Un altare di Michele da Firenze, Rivista d'arte 27, 1951 bis 1952, p. 145ff.

(95) L. Planiscig, Die Bildhauer Venedigs in der 1. Hälfte des Quattrocento. Jahrb. d. kunsthist. Slgn. in Wien, N. F. IV, 1930, p. 50ff.

(96) Ebda., Abb. 42–58 und Abb. 87–88.

(97) G. Fiocco, L'arte di Andrea Mantegna, p. 20.

(98) L. Planiscig, Der Bronzeleuchter im Dom zu Pistoja, Jahrb. d. preuß. Kunstslgn. 49. 1928, p. 200ff.

(99) W. R. Valentiner, Verrocchios lost candlestick, Burlington Magazine 62, 1933, p. 228ff. – Die Berliner Diss. von W. Boeck, Oberitalien und Toskana in der Kunst der Renaissance. Borna-Leipzig 1930 versucht die Gegensätze beider Kunstlandschaften zu charakterisieren.

(100) Nissen I, p. 468f., II, p. 131ff. – Für Mittelalter und Neuzeit vgl. A. v. Hofmann, p. 13ff.

(101) G. Rohlfs, Sprachgeographische Streifzüge, p. 12. – E. Gamillschegg, Romania Germanica, II, p. 178.

(102) Nissen I, p. 470.

(103) A. v. Hofmann, p. 33.

(104) Dante, Inferno XXXIII, 151f.

(105) Tagebuch des Herrn von Chantelou über die Reise des cavaliere Bernini nach Frankreich. Hrsg. von H. Rose, München 1919, p. 190, unter dem 11. 9. 1665.

(106) L. Olschki, Preuß. Jahrb. 207, 1927, p. 26.

(107) Delogu, Pittori minori, p. 8.

(108) G. Delogu, G. B. Castiglione, Bologna 1928. – A. Blunt, The drawings of Gio. Ben. Castiglione, Journal of the Warburg and Courtauld Institutes, VIII, 1945, p. 161ff. – Ders., The Drawings of G. B. Castiglione at Windsor Castle. London o. J. (1954).

(109) Eine gedrängte, aber sehr genaue Übersicht über ligurische Kunst und Künstler: Guida del Touring Club Italiano. Liguria, Milano 1952, p. 28ff.

(110) Nissen II, p. 160ff.

(111) L. Olschki, Preuß. Jahrb. 207, 1927, p. 25.

(112) A. E. Brinckmann, Theatrum novum Pedemontii, Düsseldorf 1931.

(113) L. Olschki, a.a.O., p. 25.

(114) P. Verzone, L'architettura Romanica nel Vercellese. Vercelli 1934. – Ders., L'architettura Romanica nel Novarese, 2 Bände. Novara 1935–1936. – E. Olivero, L'architettura religiosa preromanica e romanica nell'archidiocesi di Torino. Torino 1940. – M. Bernardi, Castelli Piemontesi. Torino 1939. – G. Giacosa, I Castelli Valdostani. Milano 1903. – A. M. Brizio, La pittura in Piemonte dall'età romanica al Cinquecento. Torino o. J. (1942). – van Marle IV, p. 272ff., VII, p. 189ff. – N. Gabrielli, Le pitture Romaniche (Repertorio delle cose d'arte del Piemonte ed. Vitt. Viale, Band I). Torino 1944. – Vitt. Viale, Seconda Mostra d'arte a Pal. Carignano. Gotico e rinascimento in Piemonte, Torino 1939. – S. Weber, Die Begründer der piemontesischen Malerschule im 15. und zu Beginn des 16. Jhdts. (Zur Kunstgesch. d. Auslands, Heft 91). Straßburg 1911.

(1) A. v. Hofmann. p. 48. – Vgl. ferner Nissen II, p. 177ff.
(2) A. v. Hofmann. p. 47.
(3) Genaue Beschreibung der verkehrsgeographischen Bedeutung dieser Pässe ebda., p. 80ff. und Nissen I, p. 155ff.
(4) Nissen II, p. 178.
(5) A. v. Hofmann, p. 67f.
(6) Vgl. die Kartenskizzen über Getreidebau, Seidenraupenzucht und Rinderzucht in der Guida del Touring Club Italiano. Lombardia, Milano 1939, p. 46–48.
(7) Ebda., p. 47.
(8) Zitiert nach Nissen II, p. 178.
(9) Ugo Balzani, Le cronache italiane nel medio evo. 3. Aufl. Milano 1909.
(10) Alberto dei Capitani d'Arzago, La chiesa Maggiore di Milano Sa Tecla. Milano 1952. (Istituto di studi Romani. Sezione Lombarda, 6.)
(11) E. Villa, La Basilica Apostolorum sulla Via Romana a Milano. In: »Arte del Primo Millenio«. Atti del II. convegno per lo studio dell'alto medio evo, Pavia 1950. Torino o. J., p. 83. – E. Arslan, Osservazioni preliminari sulla chiesa di S. Simpliziano a Milano. Archivio storico lombardo. N. Serie X. 1947, p. 5ff. – Ders., Rivista di archeologia christiana 1947.
(12) P. Verzone, Le chiese cimiteriali cristiane a struttura molteplice nell'Italia settentrionale. Arte del primo Millennio, p. 28ff.
(13) A. Calderini, I mausolei imperiali di Milano. Arte del primo Millennio, p. 42ff.
(14) Arte del primo Milennio, Tafel V und p. 48ff. – P. Verzone, L'architettura religiosa dell'alto medio evo nell'Italia settentrionale. Torino 1942, p. 67ff.
(15) A. Calderini-G. Chierici-C. Cecchelli, La Basilica de S. Lorenzo Maggiore in Milano. Milano 1951, Abb. 44 und 49.
(16) Fr. W. Deichmann, Studien zur Architektur Konstantinopels im 5. und 6. Jhd. (Deutsche Beiträge z. Altertumswissenschaft, Heft 4). Baden-Baden 1956, p. 11.
(17) H. U. v. Schoenebeck, Der Mailänder Sarkophag und seine Nachfolge. (Studi di antichità cristiana X.) Città del Vaticano 1935, p. 26.

(18) G. Rodenwaldt, Ein lykisches Motiv. Jahrb. d. arch. Inst. 55, 1940, p. 48 ff. – Ders., Sarkophagprobleme, Röm. Mittlgn. 58, 1943, p. 16 ff.

(19) H. U. v. Schoenebeck, p. 124.

(20) R. Delbrueck, Die Konsulardiptychen und verwandte Denkmäler (Studien zur spätantiken Kunstgesch. II). Berlin 1929, Nr. 63, p. 242. – F. W. Volbach, Elfenbeinarbeiten der Spätantike und des frühen Mittelalters, Mainz 1952, Nr. 63, p. 42.

(21) K. Wessel, Eine Gruppe oberitalienischer Elfenbeinarbeiten. Jahrb. d. arch. Inst. 63-64. 1948-1949, p. 111 ff.

(22) H. Kollwitz, Die Lipsanothek von Brescia, Studien zur spätantiken Kunstgesch. VII, Berlin 1933, p. 62 f.

(23) G. B. Bognetti-G. Chierici-A. dei Capitani d'Arzago, S. Maria di Castelseprio. Milano 1949. – K. Weitzmann, The Fresco Cycle of S. Maria di Castelseprio. (Princeton Monographs in Art and Archeology XXVI.) Princeton 1951. – R. Oertel, Die Frühzeit der italienischen Malerei, p. 18 f. Dort auch p. 208, Note 18 ein besonnener Überblick über die verschiedenen Datierungsversuche, die zwischen 2. Hälfte 7. Jhd. und 2. Viertel 10. Jhd. schwanken.

(24) Oertel, ebda., p. 19.

(25) Oertel, ebda., p. 20. – L. Birchler, Zur karolingischen Architektur und Malerei in Münster – Müstair. Akten zum III. internat. Kongr. f. Frühmittelalterforschung. Frühmittelalterliche Kunst in den Alpenländern, Olten und Lausanne, 1954, p. 167 ff., bes. p. 240 f.

(26) A. Goldschmidt, Die Elfenbeinskulputuren aus der Zeit der karolingischen und sächsischen Kaiser II, Berlin 1918, No. 1–18, Text p. 3 ff.

(27) G. de Francovich, Arte carolingia e ottoniana in Lombardia. Röm. Jahrb. f. Kunstgesch. VI, 1942–1944, p. 149 ff.

(28) Das frühe Reichenauer Missale (Baroni und dell'Acqua, Tesori d' arte in Lombardia. Milano o. J. [1952], Tafel VII), das der Kardinal Federigo Borromeo Anfang 17. Jhd. für die Ambrosiana erwarb, stammt aus Bobbio.

(29) Baroni und dell'Acqua, Tafel VI, Mailand Ambrosiana C 53 sup.

(30) Ebda., Tafel VII, Mailand Ambrosiana D 84 Inf.

(31) Ebda., No. 60–62. Brescia, Museo Civico Cristiano. Auch
1040 Einsiedelner Ursprung ist erwogen worden.

(32) Goldschmidt, Elfenbeine II. No. 4–17, III, No. 301–303.

(33) R. Oertel, Frühzeit, p. 21ff. – E. Waterman Antony, Romanesque Frescos. Princeton 1951, p. 98ff.

(34) G. de Francovich, Röm. Jahrb., p. 223f., mit Abb. 217–222.

(35) R. Oertel, p. 23.

(36) H. Thümmler, Röm. Jahrb. f. Kunstgesch. III, 1939, p. 146 und 162. – R. Krautheimer, Wiener Jahrb. f. Kunstgesch. IX., 1934, p. 39.

(37) H. Jantzen, Ottonische Kunst, München o. J. (1947), Textabbildung p. 36 und Tafel 32. – A. Verbeek, Beiträge zur Kunst des Mittelalters. Vorträge des 1. Deutschen Kunsthistoriker-Tages, Schloß Brühl. Berlin 1950, p. 70ff.

(38) H. Thümmler, Röm. Jahrb. f. Kunstgesch. III, p. 154f.

(39) B. Degenhart, Kunstgesch. Jahrb. d. Bibl. Hertziana I, 1937, p. 303.

(41) G. Menzario, I maestri Comacini I. Milano 1893, p. 39f.

(42) Ebda., p. 41ff.

(43) Venturi IV, p. 609. – Enciclopedia Italiana VIII, p. 610f. bringt eine sorgfältige Zusammenstellung der Hauptmeister. A. G. Meyer, Lombardische Denkmäler des 14. Jhdts. I. Stuttgart 1893, p. 42ff. – C. Baroni, Scultura gotica Lombarda. Milano 1944, p. 31ff. und 95ff. – G. de Francovich, La corrente comasca nella scultura romanica europea. Rivista del R. Istituto d'Archeologia e Storia dell' Arte V, 1935, p. 267ff. u. VI, 1937, p. 47ff.

(44) A. v. Hofmann. p. 80.

(45) E. Michalski, Zur Problematik des Bartolomeo Veneto. Zeitschr. f. bild. Kunst 61, 1927–1928, p. 280ff. und 301ff. Ebda. 65, 1931–1932, p. 177ff.

(46) G. Nicodemi, P. F. Mazzucchelli, detto il Morazzone. Varese 1927, Tafel 88–91, 93, 96, 97.

(48) Mostra di Lorenzo Lotto, Venezia 1953, Catalogo ufficiale No. 85. – A. Banti und A. Boschetto, Lorenzo Lotto, Firenze o. J., p. 86 und Tafel 194. Besonders der rationalistische Sinn der französischen Malerei des 17. Jhdts. hat sich dann dieser Art des Bildnisses bemächtigt: (Philippe de Champaigne, Kardinal Richelieu.)

(49) B. Geiger, I dipinti ghiribizzosi di Giuseppe Arcimboldi. Con un epilogo de Oskar Kokoschka, Firenze 1954. – Legrand et Sluys, Arcimboldo et les arcimboldesques. Aalter o. J. (1955).

(50) H. Siebenhüner, Deutsche Künstler am Mailänder Dom. München o. J. (1944), p. 9. – I. S. Ackerman, Ars sine scientia nihil est. Gothic theory of architecture at the cathedral of Milan, The Art Bulletin 31, 1949, p. 84ff.

(51) Siebenhüner, p. 16.

(52) Ebda., p. 13.

(53) Ebda., p. 27.

(54) Das haben die neuesten Forschungen über Simone Peterzano, den Lehrer Caravaggios, nur bestätigt. Vgl. M. Calvesi, Bollettino d'arte 39. 1954, p. 114ff.

(55) C. Baroni, Larchitettura lombarda da Bramante a Richini. Milano 1941, p. 102 und Abb. 3ff.

(56) E. Hempel, F. Borromini, p. 49 und Tafel 23.

(57) Vasari-Milanesi V, p. 541ff. – E. Gombrich, Zum Werke Giulio Romanos. Jahrb. d. kunsthist. Slgn. in Wien, N.F. VIII 1934, p. 99ff.

(58) M. Seidlmayer, p. 309.

(59) A. Muñoz, Filarete. Roma 1908, p. 207ff. und Abb. 107ff.

(60) Filaretes Traktat über die Baukunst, ed. W. v. Öttingen (Wiener Quellenschriften zur Kunstgesch., N. F. III), Wien 1890, p. 679ff.

(61) O. Morisani, Michelozzo Architetto. Milano o. J. (1951), p. 72. – Vgl. ferner F. Wulff, Michelozzo di Bartolomeo (Zur Kunstgesch. d. Auslands, Heft II), Straßburg 1900, p. 89ff.

(62) C. Baroni, L'architettura Lombarda, p. 106.

(63) Ebda., Tafel 69.

(64) Ebda., p. 120 und Abb. 101a und b.

(65) Ebda., p. 121 und Abb. 105.

(66) Ebda., p. 122 und Abb. 116.

(67) Ebda., Abb. 109, 110, 113, 127, 137, 171.

(68) Ebda., Abb. 8, 9, 73, 83, 124, 125, 126, 160.

(69) Ebda., Abb. 155 und 157.

(71) Baroni, p. 115 und Abb. 78.

(72) R. Kautzsch, Die römische Schmuckkunst in Stein vom 6. bis zum 10. Jhd., Röm. Jahrb. f. Kunstgesch. III, 1939, p. 1ff. –

Ders., Die langobardische Schmuckkunst in Oberitalien,
1042 ebda. V, 1941, p. 1 ff.

(73) Röm. Jahrb. V, 1941, p. 45.

(74) Ebda., p. 46.

(75) Ebda., p. 46.

(76) G. P. Bognetti, Sul tipo e il grado di civiltà dei Langobardi in Italia secondo i dati dell'archeologia e della storia dell'arte. Akten zum III. internationalen Kongreß für Frühmittelalterforschung. Frühmittelalterliche Kunst in den Alpenländern. Schweiz 1951. Olten und Lausanne 1954, p. 41 ff.

(77) G. Chierici, Die Skulpturen der Basilika von S. Michele Maggiore in Pavia. Basel 1947.

(78) R. Kautzsch, Oberitalien und der Mittelrhein. Atti del X. Congr. internat. di storia dell'arte in Roma. 1912, Roma 1922, p. 123 ff. – Ders., Der Dom zu Speyer, Städeljahrb. I, 1921, p. 81 ff.

(79) E. Kluckhohn, Die Kapitellornamentik der Stiftskirche von Königslutter. Marburger Jahrb. f. Kunstwissensch. 11–12, 1938 bis 1939, p. 527 ff.

(80) E. H. Wrangel, La cathédrale de Lund et l'influence italienne au XIIe siècle. Atti del X. Congr internat. . . ., p. 131 ff.

(81) L. H. Heydenreich, Leonardo da Vinci, p. 67 und Abb. 90 f.

(82) E. Kluckhohn, Gestalt und Geschichte der Ambrosius-Kirche in Mailand. Florent. Mittlgn. VI, 1940, p. 73 ff.

(83) R. Krautheimer, Lombardische Hallenkirchen im 12. Jhd. Jahrb. f. Kunstwissensch. 1928, p. 176 ff.

(84) T. Krautheimer-Heß, Die figurale Plastik der Ostlombardei von 1100–1178. Marburger Jahrb. f. Kunstwissensch. IV. 1928, p. 255 ff.

(85) Baroni, p. 118 und Tafel 93–96.

(86) Ebda., p. 126 und Abb. 140–141.

(87) Ebda., p. 116 und Tafel 82.

(88) C. Baroni, Scultura gotica Lombarda, p. 35 ff. und Abb. 290 ff. – Siebenhüner, Tafel 104 ff.

(89) I. Burckhardt, Die Kultur der Renaissance in Italien. Gesamtausgabe V, p. 9.

(90) O. Pächt, Early italian nature studies and the early calendar landscape. Journal of the Warburg and Courtauld Institute 13. 1950, p. 13 ff.

(91) F. Bossi und A. Brambilla, La chiesa di S. Pietro in Gessate, Milano 1953, p. 2.
(92) A. Venturi, Die Malerei des 15. Jhdts. in Oberitalien. Leipzig o. J. (1930), p. 34 ff.
(93) B. Berenson, Die oberitalienischen Maler der Renaissance, München o. J. (1925), p. 172.
(94) W. Suida, Bramante pittore e il Bramantino. Milano o. J. (1953). Venturi, p. 43 ff.

EMILIA

(1) Über die Apenninpässe handelt ausgezeichnet A. v. Hofmann, p. 54. – Vgl. auch H. Nissen I, p. 231 f.
(2) A. v. Hofmann, p. 47 ff., wo der geographische und politische Zusammenhang zwischen Emilia und Lombardei stark in den Vordergrund gerückt wird.
(3) Nissen I, p. 482, II, p. 243 ff.
(4) Enciclopedia Italiana, 29, 1936, p. 928 ff. – Guida d'Italia del Touring Club Italiano. Emilia e Romagna, 3. Aufl. Milano 1935, p. 17. – Vgl. ferner H. Nissen II, p. 245 ff. und A. v. Hofmann, p. 46 ff.
(6) Über das gallische Substrat in der Emilia: Nissen I, p. 476 ff., bes. p. 484, II, p. 245.
(7) L. Olschki, Preuß. Jahrb. 207, 1927, p. 29.
(8) Guida d'Italia del Touring Club Italiano, Emilia e Romagna, p. 33.
(9) R. Buscaroli, La pittura Romagnola del Quattrocento. Faenza o. J. (1931), p. 4.
(10) Ebda., p. 6.
(11) Ebda., p. 3.
(12) Ebda., p. 5.
(13) Guida d'Italia del Touring Club Italiano. Emilia e Romagna, p. 36.
(15) A. Venturi, Le Vite di G. Vasari, I. Gentile da Fabriano e Pisanello. Firenze 1896, p. 38, 46 ff. und 50 ff.
(16) Jan Lauts, Zu Piero dei Franceschis verlorenen Fresken in Ferrara. Zeitschr. f. Kunstgesch. X, 1941–1942, p. 67 ff.
(17) P. Kristeller, Andrea Mantegna, Berlin 1902, p. 41, Note 1.–

G. Fiocco, Mantegna (Valori plastici), Milano o.J., p. 31.

1044 (18) H. Beenken, Rogier van der Weyden, München o.J. (1951), p. 58ff. – Die Ansicht von E. Kantorowicz, Rogier sei nie in Italien gewesen, ist sicher irrig. (The Este Portrait by Rogier van der Weyden. Journal of the Warburg and Courtauld Inst. III, 1939–1940, p. 178ff.)

(19) B. Degenhart, Kunstgesch. Jahrb. d. Bibl. Hertziana I, 1937, p. 321.

(20) Ebda., p. 323.

(21) C. Brandi, Mostra della pittura Riminese del Trecento. Rimini 1935, No. 7, p. 20. – R. Oertel, Die Frühzeit der italienischen Malerei, p. 190. – G. Brunetti und G. Sinibaldi, Pittura italiana del Duecento e Trecento, No. 188.

(22) C. Brandi, p. 160ff. – P. Toesca, Il Trecento, p. 718ff.

(23) C. v. Stegmann und H. v. Geymüller, Toscana-Werk IV, Vita Giuliano da Majano, p. 8. – L. Cendali, Giuliano e Benedetto da Majano. Firenze o.J. (1926), p. 65ff.

(24) Buscaroli, p. 16.

(25) Raimondo Zazzeri, Storia di Cesena dalle sua origine fino ai tempi di Cesare Borgia, Cesena 1890, p. 262.

(26) L. Planiscig, Jahrb. d. allerh. Kaiserhauses 33, 1916, p. 184ff.

(27) Über den Einfluß Quercias, Donatellos u.a. Toskaner auf die Skulptur Bolognas im Quattrocento vgl. F. Malaguzzi-Valeri, Sculture del Rinascimento a Bologna, Dedalo III, 1922–1923, p. 341ff. (doch ist z.B. Abb. 345 sicher eine Fälschung).

(28) I. B. Supino, L'arte nelle chiese di Bologna sec. 15–16. Bologna 1938, p. 171. – C. Gnudi, Niccolò dell'Arca, p. 45.

(29) Supino, p. 38. – A. Longhi, Il Pal. Vizani. Cenni di storia Bolognese, Bologna 1902.

(30) Supino, p. 307ff.

(31) H. Bodmer, Le opere giovanili di Pellegrino Tibaldi. Il Comune di Bologna, 1931, fasc. 7, p. 5ff.

(32) C. Gnudi, Niccolò dell'Arca. Torino 1942, Abb. 27–35.

(33) Ebda., Abb. 24, 43–44.

(34) Ebda., Abb. 58–60.

(35) Ebda., p. 58, Abb. 63–69 und 84.

(36) Die Literatur über die ferraresische Malerei ist durch die

Ausstellung in Ferrara von 1933 neu in Fluß gekommen. Catalogo della esposizione della pittura Ferrarese del Rinascimento. Ferrara 1933. R. Longhi, Officina Ferrarese, Roma 1934. – Ders., Ampliamenti nell' Officina Ferrarese. Supplemento all'anno IV della Critica d'arte, Firenze 1940. – Die Literatur aus der Zeit vor 1933 zumeist veraltet, so E. A. Gardner, The Painters of the School of Ferrara, London o. J. (1911) – A. Venturi, Die Malerei des 15. Jhdts. in der Emilia. Leipzig o. J. (1931). – Hingegen stets heranzuziehen die frühen, aus den Archiven gearbeiteten Aufsätze A. Venturis: I primordi del rinascimento artistico a Ferrara. Rivista storica Italiana 1, fasc. 4, 1884, p. 1 ff. – L'arte a Ferrara nel periodo di Borso d'Este. Ebda., II, fasc. 4, 1885, p. 689 ff. – L'arte Ferrarese nel periodo di Ercole I. d'Este. Atti e memorie della R. Deputazione di Storia Patria per le provincie di Romagna. VI, 1889, fasc. 1–3 und 4–6. Ferner die Bücher von G. Gruyer, L'art Ferrarais à la cour des princes d'Este. 2 Bände. Paris 1897. – I. H. Hermann, Zur Geschichte der Miniaturmalerei am Hofe der Este zu Ferrara. Jahrb. d. allerh. Kaiserhauses 21, 1900, p. 117 ff. – Schließlich die unverwelkliche Studie von J. v. Schlosser, Ferrara, in Präludien. Berlin o. J. (1927), p. 160 ff.

(37) R. Longhi, Officina Ferrarese, p. 83 f.

(38) Catalogo della Esposizione Ferrara 1933, p. 100, No. 118.

(39) Ebda., p. 134, No. 163.

(40) R. Longhi, Officina Ferrarese, p. 85.

(41) Ebda., p. 86 und Tafel 118.

(42) Catalogo della Esposizione Ferrara 1933, p. 137, No. 166.

(43) R. Longhi, Officina Ferrarese, p. 98 f. und Tafel 131.

(44) H. Beenken, Angelo del Maccagnino und das Studio von Belfiore. Jahrb. d. preuß. Kunstslgn. 61, 1940, p. 147 ff. – Ganz anders urteilt G. Gombosi, A Ferrarese pupil of Piero della Francesca. Burlington Magaz. 62, 1933, p. 66 ff.

(45) H. Göbel, Der Wandteppich. II, 1, Leipzig o. J. (1928), p. 371 ff. II, 2, Tafel 356. – Catalogo della Esposizione Ferrara 1933, p. 173, No. 211 bis.

(46) C. Ricci, Antonio Allegri da Correggio. Deutsche Ausg. Berlin 1897, p. 107.

(47) Vorzügliche Abb. bei A. L. Mayer, Das ferraresische Bildnis im Museo Correr. Pantheon IV, 1929, p. 537.

(48) G. Fiocco, Porträts aus der Emilia, Pantheon X, 1932,
1046 Abb. 339.

(49) Ebda., Abb. p. 343.

(50) Ebda., Abb. p. 337.

(51) G. Gronau, Frauenbildnisse des Mantuaner Hofes von Lorenzo Costa. Pantheon I, 1928, p. 235 ff.

(52) Ebda., Abb. p. 239.

(53) L. Fröhlich-Bum, Parmigianino und der Manierismus. Wien 1921, p. 29 ff. – I. Freedberg, Parmigianino. Cambridge (Mass). 1950, p. 102 ff.

(54) Degenhart, Kunstgesch. Jahrb. d. Bibl. Hertziana I, 1937, p. 323.

(55) Ebda., Abb. 305, 308–310, 313.

(56) Venturi VI, p. 770.

(57) J. Mesnil, L'art au nord et au sud des Alpes à l'époque de la renaissance, Brüssel 1911, p. 116 ff.

(58) Phot. Alinari 17902.

(59) R. Buscaroli, Un'antica ›Pietâ‹ in legno nella chiesa di Sa. Ma. delle Grazie a Bologna. Miscellanea di storia dell'arte in onore di I. B. Supino. Firenze 1933, p. 73 ff. – Die Gruppe ist inzwischen in die moderne Kirche vor Porta Saffi versetzt. Buscaroli datiert die Gruppe um 100 Jahre zu früh (2. Hälfte 13. Jhd.).

(60) Auf eine dritte Gruppe dieser Art, die Madonna dell'Acero, vor Bologna, gegen die Toskana hin, machte mich Herr Dr. Cavalli, Bologna, liebenswürdigerweise aufmerksam. Offenbar handele es sich um ein Exvoto. Eine Datierung sei schwer möglich.

(61) A. Pettorelli, Guido Mazzoni da Modena. Torino 1925. – A. Venturi, Storia dell'Arte Ital. VI, p. 768 ff.

(62) Siehe die vorzüglichen Detail-Aufnahmen bei Pettorelli, Tafel 7–13.

(63) M. Weinberger, Bildnisbüsten von G. Mazzoni. Pantheon V, 1930, p. 191 ff. – Über die Nachfolger des Mazzoni in der Emilia, die ›Terracotteri‹, vgl. C. Ricci, L'arte in Italia, Emilia e Romagna, Bergamo 1911, p. 48 ff. und M. Weinberger, Münchn. Jahrb. N.F. VII, 1930, p. 301, note 22.

(64) C. Gnudi, Nicolo dell'Arca, Torino 1942, p. 49 ff.

(65) Venturi X, 1, p. 575 ff. mit vielen Abb.

(66) Venturi X, 1, p. 611 ff. mit vielen Abb. – L. Magnani, Antonio Begarelli, Roma 1930.
(67) H. Beenken, Jahrb. d. preuß. Kunstslgn. 61, 1940, p. 159.
(68) Ebda., p. 160.
(69) R. Buscaroli, Melozzo da Forlì nei documenti, nelle testimonianze dei contemporanei e nella bibliografia. Roma 1938. p. 63 ff.
(71) Buscaroli, Abb. p. 78–79.
(72) So Catalogo 1938, p. 11. – Von A. Schmarsow, Joos van Gent und Melozzo da Forlì in Rom und Urbino, Abhandlungen d. Sächs. Akad. d. Wissensch., Philolog.-hist. Klasse, 29. Band, Heft 7, Leipzig 1912, p. 136 ff., noch für eine eigenhändige Arbeit des Melozzo gehalten.
(73) A. Schmarsow, Melozzo da Forlì, Berlin 1886, p. 90 ff.
(74) Buscaroli, p. 222 ff.
(75) Ebda., p. 223.
(76) Ebda., p. 223.
(77) Ebda., p. 224.
(78) H. Posse, Jahrb. d. preuß. Kunstslgn. 40, 1919, p. 139.
(79) F. S. Würtenberger, Die manieristische Deckenmalerei in Mittelitalien, Röm. Jahrb. f. Kunstgesch. IV, 1940, p. 73 ff. – H. Posse, p. 132 ff.
(80) Posse, p. 146 f.
(81) L. Dami, Francesco Mocchi, Dedalo V, 1924–1925, p. 99 ff.
(82) Pal. Conte Costa, Via Roma 80. – Via Roma 47. – Via Carducci 11, mit großer Kuppel um 1740. – Pal. Mandinelli, Via Bernardino Mandelli 14. – Pal. Maruffi, Via Roma 103. – Pal. Montagna, Via Roma 99, schon gräzisierend, nach 1750.
(83) Via Cesare Battisti 28. – Corso Vittorio Emanuele II, 14, beide nach 1750.
(84) H. Voß, Die Malerei des Barock in Rom, Abb. 152–153.
(85) Ebda., Abb. 193, 194, 208, 209 und 211.
(86) Mostra di Guido Reni. Bologna 1954, Catalogo critico, Nr. 10 und 23.
(87) B. Degenhart, Kunstgesch. Jahrb. d. Bibl. Hertziana I, 1937, Abb. 298–301.
(88) Catalogo della esposizione della pittura Ferrarese, Ferrara 1933, Nr. 49.
(89) R. Longhi, Officina Ferrarese, p. 47.

(90) Vgl. bei A. E. Popham, The drawings of Parmigianino,
1048 London o. J. (1953), die Tafeln IX, XXXV, mit XXIII oder LXI.

(91) Catalogo della esposizione della pittura Ferrarese Nr. 238.

(92) H. Bodmer, Die Landschaften des Niccolò dell'Abbate. Zeitschr. f. Kunst IV, 1950, p. 106. – Ders., Die Aldobrandini-Landschaften der Carracci, Art Bulletin 16, 1934, Abb. 3 und 4.

VENEDIG

(1) Die wenigen belanglosen Versuche zu Volkserhebungen bei Kretschmayr II, p. 71 und 82.

(2) W. Andreas, Staatskunst und Diplomatie der Venezianer im Spiegel ihrer Gesandtschaftsberichte, Leipzig o. J., p. 144 f.

(3) Vgl. den Abschn. ›Topografia e aspetto della città‹ in der Guida des Touring Club Venezia. Milano 1951, p. 57 ff.

(4) P. Bonatz und F. Leonhardt, Brücken (Die Blauen Bücher), Königstein i. T., o. J., Tafel 22, 23 55, 56.

(5) Ebda., Tafel 42 ff.

(6) Ebda., Tafel 46. – F. Guardi, der in seinem Alter in dem Bezirk Cannaregio wohnte, hat die Brücke zuweilen gemalt. M. Goering, F. Guardi, Wien 1944 Abb. 98.

(7) Darüber s. unten p. 298.

(8) G. Lorenzetti, Venezia ed il suo estuario. Venezia o. J. p. 18 ff.

(9) Dargestellt in einem Gemälde von Jos. Heintz d. J. (München, Bayer. Staatsgemäldeslgn.). – R. Peltzer, Quadri Sconosciuti di Giuseppe Heintz il Giovane. Arte Veneta VI, 1952, p. 191 f. – L. Schudt, Italienreisen, p. 218 und Abb. 53.

(10) G. Simmel, Zur Philosophie der Kunst, Potsdam o. J. (1922), p. 68.

(11) Th. von Seuffert, Venedig im Erlebnis deutscher Dichter (Italien. Studien des Petrarca-Hauses, Band 2), Stuttgart 1937, p. 49 ff. Vgl. ferner das Kapitel ›Venedig‹ in E. Bertram, Nietzsche, Berlin 1922, p. 261 ff.

(12) P. Kretschmer hat in Glotta 30, 1943, p. 134 ff. überzeugend nachgewiesen, daß Veneter und Illyrier zwei sprachlich und kulturell voneinander geschiedene Völker sind. – H. Krahe, Das Venetische. Seine Stellung im Kreise der verwandten

Sprachen. Sitzungsber. d. Heidelberg. Akademie d. Wiss., Philosoph.-Histor. Klasse 1950, 3. Abhandlg.

(13) H. Messerschmidt, Klio 32, 1939, p. 146.

(14) G. Rohlfs, Sprachgeographische Streifzüge, p. 28. – H. Nissen I, p. 479 und 488 f.

(15) A. v. Hofmann, p. 88.

(16) J. v. Schlosser, Präludien, p. 88.

(17) Merkwürdigerweise hat H. Taine, der Hauptverfechter der Milieu-Theorie, in den venezianischen Kapiteln seiner Voyage en Italie seine Theorie nur kurz gestreift (im 7. Abschn. über die venezianische Malerei, unter dem 30. April 1864).

(18) A. v. Hofmann, p. 93.

(19) Ebda., p. 94.

(20) Ebda., p. 94.

(21) Kretschmayr I, p. 58 f.

(22) Ebda., p. 95.

(23) G. Fiocco, Bisanzio, Ravenna, Venezia. Rivista della città di Venezia. IX, 1930, p. 57 ff.

(24) H. Willich, Die Baukunst der Renaissance in Italien (Handb. d. Kunstwissensch.), p. 132. Dort auch die übrigen Bauten der Gruppe zusammengestellt.

(25) L. Cicognara, Le fabbriche e i monumenti cospicui di Venezia, Venezia 1838, p. 93 ff. und Tafel 79–82.

(26) Fiocco, Rivista della città di Venezia IX, 1930, p. 69.

(28) G. Fiocco, Il rinnovamento toscano dell'arte del mosaico a Venezia. Dedalo V, 1925–1926, p. 109 ff. Ders., L'arte di Andrea Mantegna, Bologna 1927, p. 31.

(30) S. Bettini, La pittura di icone cretese-veneziana e i Madonneri. Padua 1933. – Ders., Pitture cretesi-veneziane del Museo di Ravenna. Ravenna 1940. – Sandra Marconi, La raccolta di icone veneto-cretese della communità greca di Venezia. Atti del Istitutio Veneto di scienze, lettere ed arti. CVI, Teil 2, 1948–1949, p. 49 ff. – van Marle XVIII, p. 544 ff.

(31) Dutzende von Beispielen am Außen- und Innenbau von S. Marco, in S. Francesco della Vigna, Sa. Ma. Mater Domini usw. Das späteste uns bekannte Beispiel der Maria orans an einem Hause des Campo S. Lucca (Nr. 4890), wohl aus dem reifen 15. oder gar aus dem Anfang des 16. Jhdts. – Vgl. L. Planiscig, Geschichte der venezianischen Skulptur im 14. Jhd.

Jahrb. d. allerh. Kaiserhauses 33, 1916, p. 38 ff.

1050 (32) G. de Francovich, Benedetto Antelami. Milano o. J. (1952), p. 464.

(33) L. Planiscig, Jahrb. d. allerh. Kaiserhauses 33, 1916, p. 33.

(34) Ebda., Abb. 7–19.

(35) Ebda., p. 97.

(36) H. Tietze und E. Tietze-Conrat, The drawings of the Venetian Painters. New York o. J., p. 5. – H. Tietze, Meister und Werkstätte in der Renaissance-Malerei Venedigs. Alte und neue Kunst. Wiener Kunstwissensch. Blätter I, 1952, p. 89 ff.

(37) Tietze, Meister und Werkstätte, p. 90.

(38) G. Fiocco, P. Veronese. Bologna o. J., p. 163.

(39) H. und E. Tietze, Venetian drawings, p. 258.

(40) J. v. Schlosser, Präludien, p. 104. – Kretschmayr I, p. 86 und 209.

(41) Kretschmayr I, p. 52 und 407.

(42) Kretschmayr II, p. 83.

(43) Kretschmayr II, p. 84.

(44) Kretschmayr III, p. 105 ff., bes. p. 111.

(45) Kretschmayr II, p. 138.

(46) Kretschmayr, II, p. 139 f.

(47) P. Molmenti, La storia di Venezia nella vita privata, 4. Aufl. I, p. 181 ff. – G. Ludwig und P. Molmenti, Vittore Carpaccio, Milano 1906, p. 85 ff. – W. Hausenstein, Das Werk des Vittore Carpaccio, Leipzig 1925, p. 73 ff.

(48) Molmenti I, p. 186.

(49) Molmenti I, p. 193.

(50) Molmenti I, p. 188.

(52) F. Hartlaub, Giorgiones Geheimnis, p. 16 ff. und 66 ff.

(53) G. Fiocco, P. Veronese, Bologna o. J., p. 88 und 181.

(54) Kretschmayr I, p. 267 f. – F. Wickhoff, Der Saal des Großen Rats zu Venedig in seinem alten Schmuck. Repertor. f. Kunstwissensch. VI, 1883, p. 10 ff.

(55) H. Keller, Röm. Jahrb. f. Kunstgesch. III, 1939, p. 290 f.

(56) K. Escher, Die großen Gemäldefolgen im Dogenpalast in Venedig und ihre Bedeutung für den Barock. Repertor. f. Kunstwissensch. 41, 1919, p. 87 ff. – W. Hager, Das geschichtliche Ereignisbild. München 1939, p. 105 ff. und 137 ff.

(57) G. Fiocco, P. Veronese, p. 107 und Tafel XCV.

(58) G. Fiocco, P. Veronese, p. 64 und Tafel XXIX.

(59) Ebda., p. 78 f. und Tafel XLVI.

(60) v. d. Bercken, Tintoretto, Tafel 62, 123, 223, 261.

(61) U. Lederle-Krieger, Gerechtigkeitsdarstellungen in deutschen und niederländischen Rathäusern im 15. Jhd. Philippsburg 1937. – K. Simon, Abendländische Gerechtigkeitsbilder. Frankfurt a.M. 1948.

(62) G. Fiocco, P. Veronese, Abb. 27, 32, 33, 96, Tafel LII, LXXI, XCVII.

(63) v. d. Bercken, Tintoretto, Abb. 19, 47, 48, 53, 54.

(64) So z. B. E. v. d. Bercken, Die Malerei der Früh- und Hochrenaissance in Oberitalien (Handb. d. Kunstwissensch.), p. 30.

(65) G. Delogu, Pittori Veneti minori del Settecento. Venezia 1930, p. 90 und Abb. 27–29.

(66) M. Göring, Francesco Guardi. Wien o. J. (1944), Abb. 44, 111.

(67) L. Planiscig, Andrea Riccio. Wien 1927, p. 98 ff. – J. v. Schlosser, ›Armleutekunst‹ alter Zeit. Präludien, p. 304 ff.

(69) Dies und das Folgende nach Schlosser, Präludien, p. 106.

(70) Schlosser, p. 106. – Kretschmayr I, p. 207.

(71) Zitiert nach Kretschmayr II, p. 169.

(72) Kretschmayr II, p. 168.

(73) van Marle XVIII, Abb. 136.

(75) G. Lorenzetti, Un prototipo veneto-bizantino del Pal. Ducale di Venezia. Miscellanea di storia dell'arte in onore di I. B. Supino, Firenze 1933, Abb. 5.

(76) Ebda., p. 23 ff.

(77) G. Lorenzetti, Venezia e il suo estuario, p. 622. – K. M. Swoboda, Römische und romanische Paläste. Wien 1919, p. 185 ff. – Dem Holzschnitt des alten Zustandes bei P. Selvatico, Sulla architettura e sulla scultura in Venezia. Venezia 1847, Tafel gegenüber p. 75, auf den auch Swoboda, p. 192, sich stützt, ist nicht zu trauen.

(78) G. Lorenzetti, Venezia e il suo estuario, p. 179. – W. Paatz, Florent. Mittlgn. VI, 1940, p. 37 ff.

(79) Lorenzetti, Venezia, p. 613 mit Abb. Gute Aufnahmen bei Fiocco, Rivista della città di Venezia IX, 1930, p. 6 ff. und bei P. Toesca, Storia dell'arte italiana II, Abb. 408.

(80) Lorenzetti, Venezia, p. 317.

(82) Lorenzetti, Venezia, p. 386.

1052 (83) Ebda., p. 606.

(84) van Marle XVII, Abb. 105, 93. – W. Hausenstein, Das Werk des Vittore Carpaccio, Abb. 25.

(86) K. Bauch, Über die Herkunft der Gotik (Freiburger Wissensch. Gesellschaft, Heft 27). Freiburg 1939, p. 12 ff. – E. Gall, Die gotische Baukunst in Frankreich und Deutschland. I. Leipzig 1925, p. 8, bes. note 1.

(87) G. Ludwig und P. Molmenti, p. 285 mit Tafel. – Hausenstein, Abb. p. 69.

(88) Golubew II, 5, 10, 11, 12, 22, 24, 26 usw.

(89) Vgl. hierzu den Stoßseufzer des Klassizisten Jacob Burckhardt, Kunst der Renaissance in Italien, § 43 (Gesamtausg. VI, p. 58 f.).

(90) Es fehlt jede Publikation, die Grundrisse des venezianischen Profanbaus des Mittelalters brächte.

(91) G. Damerini, L'Isola e il Cenobio di S. Giorgio Maggiore. Venezia o. J. (1956).

(92) Bei Sa. Ma. Zobenigo und S. Moisè ist es die persönliche Ruhmsucht privater Auftraggeber gewesen, die das Abweichen von dem palladianischen Fassadenschema veranlaßte. Beide Fronten wollten von den Bestellern weniger als Architekturen, denn als vergrößerte Wandgrabmäler verstanden werden, die Statuen und Büsten ihrer Angehörigen und an Sa. Ma. Zobenigo auch Reliefs mit der Darstellung von deren Kriegstaten Raum böten. Gute Abb. bei H. Decker, Venedig, Antlitz und Kunst einer Stadt. Wien o. J. Tafel 200–201.

(93) F. Barbieri, Vincenzo Scamozzi. Vicenza 1952, p. 105 f. und Tafel 33.

(94) V. Moschini, Dedalo XII, 1932, p. 188 ff.

(95) G. Lorenzetti, Ca' Rezzonico. Venezia 1936, p. 17 und Tafel III.

(96) Moschini, Dedalo XII, 1932, Abb. 208.

(97) Langenskiöld, p. 61 ff.

(99) I. Wilde, Die Pala di S. Cassiano von Antonello da Messina. Jahrb. d. kunsthist. Slgn. in Wien. N. F. III, 1929, p. 70 ff. – I. Lauts, Antonello da Messina. Ebda. N. F. VII, 1933, p. 48; bes. den Exkurs p. 84 ff. – St. Bottari, Antonello, 2. Aufl. Milano 1953, p. 35 ff.

(100) Ein Stich nach dem verbrannten Bilde z.B. bei L. Dußler, Gio. Bellini. Wien 1949, p. 21 und Tafel 48.

(101) Zusammenstellung dieser Filiationen bei I. Lauts, Jahrb. d. kunsthist. Slgn. in Wien. N.F. VII, 1933, p. 84ff.

(102) Dußler, Tafel 71–72.

(103) M. Salmi, Uccello, Castagno, Dom. Veneziano (Valori plastici), 2. Aufl. Milano 1938, Tafel 32, 33, 36.

(104) L. Servolini, Jacopo de'Barbari. Padova 1944, p. 125. – van Marle XVIII, p. 470f. – La nature morte de l'antiquité à nos jours. Catalogue de l'exposition. Orangerie des Tuilleries. Paris 1952, ed. Ch. Sterling, p. 31. Nr. 15.

(105) F. Winkler, Die Zeichnungen Albrecht Dürers III. Berlin 1938, p. 61.

(106) A. E. Popham und P. Pouncey, Italian Drawings in the Department of prints and drawings in the British Mus. London 1950, Nr. 5 und Tafel V. – Das Aquarell war Servolini unbekannt geblieben.
Das Bild eines Falken in der Nat. Gall. in London (S. Servolini, p. 125f. und Tafel XXVIII) ist ein Tierstück, aber keine ›natura morte‹.

(107) L. v. Baldass, Pantheon XXII, 1938, p. 319.

(108) D. v. Hadeln, Venezianische Zeichnungen d. Quattrocento. Berlin 1925, Taf. 16, 29. – J. Lauts, Carpaccio, Köln 1962, Taf. 7, 66, 147.

(109) H. Tietze, Tizian, Taf. 222. – H. Keller, Tizians Poesie für König Philipp II. v. Spanien. (Sitzungsberichte d. Wissenschaftl. Gesellschaft d. Joh. Wolfgang Goethe Universität 7, 1968, Heft 4, p. 145ff. bes. p. 168.) – Wethey, The Painting of Titian III. No. 30 u. Taf. 134ff.

(110) H. Tietze, Tintoretto, Abb. 110–111.

(111) Für Magnasco: G. Delogu, Pittori minori Liguri Lombardi Piemontesi e del Seicento e del Settecento, Venezia 1931, p. 166ff. – Für Ricci: G. Delogu, Pittori Veneti minori del Settecento, Venezia 1930, Taf. 26ff. – Marco Ricci, Catalogo della Mostra a Bassano del Grappa, 1963 a cura di G. M. Pilo, Abb. 7, 11, 14 usw. u. Textabb. 3.

(112) F. Göring, Francesco Guardi, Wien 1944, Taf. 44 und 111.

(113) L. Justi, Giorgione, 2. Aufl. Berlin 1926, I, p. 205ff.

(115) G. Troche, Jahrb. d. preuß. Kunstslgn., 55, 1934, p. 110.

Hingegen von L. v. Baldaß, Jahrb. d. kunsthist. Slgn. in Wien
 N.F. III, 1929, p. 102, Anmk. 24 dem Cariani abgesprochen.

(117) H. Voß, Malerei der Spätrenaissance in Florenz und Rom I, Abb. 70.

(118) G. Fiocco, P. Veronese, Abb. 70. – Th. Hetzer, Das deutsche Element in der italienischen Malerei des 16. Jhdts. (Kunstwissensch. Studien, Band III), Berlin 1929, p. 142 und Abb. 48.

(119) Die Deutung von G. Ludwig, Jahrb. d. preuß. Kunstslgn. 23, 1902, p. 163 ff., bestritten vom Catalogo der Mostra di Gio. Bellini, Venezia, 1949, hrsg. von R. Pallucchini, No. 86, p. 137. – Der Deutungsversuch von Wolfgang Braunfels, Das Münster, 9, 1956, p. 1 ff., läßt die wichtigsten Details unerklärt.

(120) Über den antiken Ursprung der Idylle vgl. B. Snell, Die Entdeckung des Geistes, Hamburg o. J., p. 233, Kap. X, Arkadien, die Entdeckung einer geistigen Landschaft.

(121) E. Wind, Bellinis feast of the gods. Cambridge Mass. 1948.

(122) Für Giorgione: Kenneth Clark, Burlington Magazine, 71, 1937, p. 199 ff. Vgl. die daran sich anschließende Diskussion T. Borenius, ebda., p. 286 ff. und ebda. 72, 1938, p. 33 ff. – Für Palma: T. Borenius, Pantheon XX, 1937, p. 374 ff. – Für Previtali: G. M. Richter, Burlington Magazine 72, 1938, p. 33 und später auch T. Borenius.

(123) G. Fiocco, Giorgione. Roma und Hamburg 1941, Abb. 54–57 bildet Repliken solcher Jugendwerke ab. Katalog der Mostra, Giorgione e i Giorgioneschi. Venezia 1955 no 1 ff.

(124) Klassiker der Kunst, Palma, hrsg. von G. Gombosi, Abb. 36–37, auch schon Abb. 19.

(125) v. d. Bercken, Tintoretto, Tafel 194 und 196.

(126) v. d. Bercken, Abb. 61–62.

(127) Auch in der Relief-Skulptur gibt es vereinzelte Beispiele von Idyllen, vgl. L. Planiscig, Del Giorgionismo nella scultura veneziana all'inizio del Cinquecento. Bollettino d'arte 28, 1934–1935, p. 146 ff.

(127a) A. Rizzi, The etchings of the Tiepolos. Complete edition. London 1971, p. 29 ff.

(128) V. Golubew, Die Skizzenbücher Jacopo Bellinis, II, Brüssel 1908, Tafel 14, 19, 23, 25, 29, 30, 37 usw.

(129) Ebda. II, Tafel 18, 32, 33. – I, 80, 95, 51a.

(130) Ebda., II, Tafel 8, 9, 15, 52.

(131) B. Degenhart, Zeitschr. f. Kunst, IV, 1950, p. 33.
(132) B. Degenhart, Dürer oder Basaiti. Florent. Mittlgn. V, 1940, p. 423 ff.
(133) D. Frhr. v. Hadeln, Venezianische Zeichnungen des Quattrocento. Berlin 1925, Tafel 16, 29, 37. – Tietze, Venezian drawings, Nr. 591, 606, 623.
(134) Golubew II, Tafel 10, 12, 26, 27, 40, 53, 73.
(135) D. v. Hadeln, Venezianische Zeichnungen des Quattrocento, Tafel 12. – Tietze, Nr. 604.
(136) Nach Mittlg. von G. Fiocco (Vortrag zum Abschluß der Lotto-Ausstellung im Dogenpalast zu Venedig am 19. Okt. 1953) hat Georg Gronau eine Kopie Lottos nach Grünewald zur Begutachtung vorgelegen.
(137) B. Degenhart, Florent. Mittlgn. VI, 1940, p. 423 f.
(138) F. Mauroner, Le incisioni di Tiziano, Padova o. J. (1943), Abb. 33 und 45. Vgl. ferner Abb. 38 und 39.
(139) »... in mezzo a una gran boscaglia e certi paesi molto ben fatti ... e tenuto per cio in casa alcuni Tedeschi, eccelenti pittori di paesi e verzure.« Vasari-Milanesi VII, p. 429. Vgl. unten Anm. 145.
(140) R. A. Peltzer, Lambert Sustris von Amsterdam. Jahrb. d. allerh. Kaiserhauses 31, 1913, p. 221 ff.
(141) Ridolfi, ed. Hadeln, I, p. 345.
(142) G. Fiocco, P. Veronese, Abb. 70.
(143) C. Ridolfi, ed. Hadeln II, p. 81 ff. und 93 f. – R. A. Peltzer, Niederländisch-venezianische Landschaftsmalerei. Münchn. Jahrb. N. F. I, 1924, p. 126 ff. – Ders., Lod. Toeput und die Landschaftsfresken der Villa Maser. Münchn. Jahrb. N. F. 10, 1933, p. 270 ff. – Ders., Per la conoscenza di Lodewyck Toeput, Arte Veneta V, 1951, p. 122. – Für die Zeichnungen vgl. Ch. Sterling, Old Master drawings VI, Dezember 1931, p. 44 ff. M. Dobroklonsky, ebda. IX, Dezember 1934, p. 39 ff. – L. Menegazzi, Il Pozzoserrato. Venezia 1958.
(144) R. A. Peltzer, Münchn. Jahrb. N. F. I, 1924, p. 144.
(145) »... che gli servirono tal' hora del far de' paési nelle opere sue«, Ridolfi, ed. Hadeln II, p. 81. Über Lambert Sustris: »Lamberto ... servente medesimamente alcuna volta a Titiano e al Tintoretto nel far paesi«, ebda. I, p. 225. Vgl. ferner die Zusammenstellung weiterer derartiger Nachrichten bei

R. A. Peltzer, Jahrb. d. allerh. Kaiserhauses 31, 1914, p. 225 in
1056 den Anmkgn.

(146) Ch. Sterling, Old Master drawings IX, Dezember 1931, p. 44ff.

(147) W. Wegner, Drawings by Pozzoserrato. Master Drawings I, 1963, p. 27ff. u. Taf. 22–24.

(148) Oberhuber, Hieronymus Cock, Battista Pittoni u. Paolo Veronese in Villa Maser. Minuscula Disciplinorum. H. Kauffmann. Berlin 1968, p. 207ff. – R. Turner, The Vision of Landscape in the Renaissance. Italy, Princeton 1966, p. 205ff.

(150) R. Pallucchini, Gli affreschi di Paolo Veronese a Maser. 2. Aufl. Bergamo 1943, o. P. mit ausführlicher Bibliographie. – Die meisten und besten Abb. der Landschaftsfresken bei L. Coletti, Paesi di Paolo Veronese, Dedalo VI, 1925–1926, p. 377ff.

(151) Eine Ausnahme könnte bedeuten: T. Borenius, A landscape by Titian, Burlington Magazine LXXII, 1938, p. 153ff., ein Bild aus der Zeit um 1515–1520, das Format und viele formale Eigentümlichkeiten mit der ›Himmlischen und irdischen Liebe‹ teilt. – Die Landschaft mit der Schafherde im Buckingham-Palace (Klassiker der Kunst, 5. Aufl., Tafel 61), hat u. E. mit Tizian nichts zu tun und gehört in den Bassano-Kreis. Vgl. jedoch die Bemerkung bei H. Tietze, Titian, 2. Aufl. London 1950, p. 376.

(152) v. d. Bercken, Tintoretto, Tafel 283ff.

(153) Ebda., Tafel 279.

(154) M. Goering, F. Guardi. Wien o. J., p. 19 und Abb. 22. Für M. Ricci vgl. I. Haumann, Das oberitalienische Landschaftsbild, p. 23ff.

(155) Goering, p. 66 und Abb. 149.

(156) M. Goering, F. Guardi, Abb. 84–91. – J. Byam Shaw, The Drawings of F. Guardi. London 1951, Tafel 38–51.

(157) K. T. Parker, The drawings of Ant. Canaletto at Windsor Castle. Oxford o. J. (1948), Tafel 64ff. und Tafel 81. – D. Frhr. v. Hadeln, Die Zeichnungen des Canaletto. Wien 1930, Tafel 19, 25. – M. Pittaluga, Aquafortisti veneziani del Settecento. Firenze 1952, p. 53ff.

(158) W. Andreas, Staatskunst und Diplomatie der Venezianer

im Spiegel ihrer Gesandtschaftsberichte. Leipzig o.J. (1943) p. 167ff.

(159) Der schönen Schilderung über das venezianische Bildnis bei J.Burckhardt, Gesamtausg. XII, p. 197ff., wird man heute nicht mehr trauen dürfen, vgl. etwa die Bedenken bei D.v. Hadeln, Venezianische Zeichnungen des Quattrocento. Berlin 1925, p. 18, oder bei L.Dußler, G.Bellini. Frankfurt 1935, p. 96.

(160) v.d.Bercken, Tafel 113.

(161) W.Arslan, I.Bassano. Bologna 1931, p. 250 und Abb. 50.

(162) Golubew II, 20.

(164) Die Porträts von Gentile alle verloren, aufgeführt beim Anonimo Morelliano, vgl. A.Venturi, Gentile e Pisanello, p. 24, no. 13–14. – J.Burckhardt, Gesamtausgabe XII, p. 166f. – B.Degenhart, Pisanello. 3. Aufl. Wien 1942, p. 40ff.

(165) L.Planiscig, Venezianische Bildhauer der Renaissance. Wien 1921, p. 142ff. mit Abb. 155. – Ders., Andrea Riccio. Wien 1927, p. 158ff., 174. – Laut M.Weinberger, Münchn. Jahrb. N.F. VII, 1930, p. 295, note 13, von A.Rizzo.

(166) Berliner Museen, Beschreibung der Bildwerke der christlichen Epochen. F.Schottmüller, Die italienischen und spanischen Bildwerke der Renaissance und des Barock. Berlin 2. Aufl. 1933, Nr. 214, p. 100.

(167) van Marle XVII, p. 136ff. – A.L.Mayer, Zu den Bildnissen des Gentile Bellini. Pantheon V, 1930, p. 17ff. – Das Bildnis des Dogen Francesco Foscari (van Marle, XVII, Tafel gegenüber p. 136) ist inzwischen als ein Werk des Lazzaro Bastiani erkannt worden.

(169) I.Lauts, Jahrb. d. kunsthist. Slgn. in Wien, VII, 1933, p. 55ff. – Ders., Antonello da Messina, Wien o.J. (1940), p. 27ff. – I.Burckhardt, Gesamtausg. XII, p. 206ff. – St.Bottari, Antonello da Messina, 2. Aufl. Milano o.J., p. 23ff. und p. 45ff.

(170) G.Fiocco, Bollettino d'arte XXVI, 1932, p. 118. – R. Longhi, Vita artistica, 1932, p. 5. – Giovanni Bellini, Catalogo della Mostra. Venezia 1949, ed. R.Pallucchini, Nr. 76.

(171) Giovanni Bellini, Catalogo della Mostra, 1949, no. 75. – L. Dußler, Gio.Bellini. Wien 1949, Abb. 75.

(172) Das gesamte Werkstattgut bei G.Gronau, Klassiker der Kunst, Gio.Bellini, p. 121ff., p. 132ff.

(173) van Marle XVII, Abb. 288–289.

1058 (174) van Marle XVIII, Abb. 215–216.

(175) Bei Palma Vecchio hingegen treten die Herrenbildnisse den vielen Damenporträts gegenüber völlig in den Hintergrund. A. Spahn, Palma, Abb. 4, 14, 15, 49, 50, 60, 61, 70.

(176) G. Hartlaub, Giorgiones Geheimnis. München o. J. (1925) p. 16ff.

(177) R. Pallucchini, L'arte di Batt. Piazzetta. Bologna 1934, p. 31 und Tafel 34. – M. Goering, Jahrb. d. preuß. Kunstslgn. 56, 1935, p. 152ff. mit Abb. 6.

(179) A. Venturi, Storia dell'arte ital. IX, 1, p. 499ff.

(180) Ebda., p. 427ff. – I. Alazard, Le portrait florentin, p. 143ff.

(181) R. Wittkower, Studien zur Geschichte der Malerei in Verona. Jahrb. f. Kunstwissensch., 1927, p. 215, no. 10. Während auch Berenson und Gamba das Bild dem Cavazzola geben, haben neuerdings G. Fiocco in Rivista del R. Istituto di archeologia e storia dell'arte I, 1929, p. 134, und seine Schülerin Dirce Viana, Fr. Torbido, Verona 1933, p. 70, die alte Zuschreibung Morellis an Torbido wieder aufgenommen.

(182) L. v. Baldass, Jahrb. d. kunsthist. Slgn. in Wien, 35, 1920–1921, p. 243ff.

(183) Mostra di L. Lotto. Venezia 1953, Catalogo uffiziale no. 68 und 69. – B. Berenson, Lotto, 3. Aufl. 1957, Abb. 262f. u. 286.

(184) G. Gombosi, Moretto, Abb. 27, 29.

(185) Ebda., Abb. 59.

(186) G. Fiocco, Veronese, Textabb. 73ff. – Mostra di Paolo Veronese, Venezia 1939. Catalogo delle opere, passim.

(187) Th. Hetzer, Paolo Veronese. Röm. Jahrb. f. Kunstgesch. IV, 1940, p. 18.

(188) Ebda., p. 19.

(189) W. Arslan, I. Bassano. Bologna 1931, Tafel LXXXVII.

(190) Ebda., Tafel LXXIV.

(191) J. v. Schlosser, Die Kunstliteratur, p. 285f.

(192) G. Lorenzetti, Venezia e il suo estuario, p. 179. – W. Paatz, Florent. Mittlgn. VI, 1940, p. 37.

(193) E. v. d. Bercken, Untersuchungen zur Geschichte der Farbengebung in der venezianischen Malerei. Freiburger Diss. von 1912, Parchim in Mecklenburg, 1914, p. 22.

(194) M. Goering, P. Veronese und das Settecento. Jahrb. d.

preuß. Kstsammlgn. 61, 1940, p. 100ff. – C. Lamb u. M. H. v. Freeden, Die Fresken der Würzburger Residenz, München 1956, p. 104 und 116 note 1.

(195) Übrigens ist auch die Architektur-Darstellung des Bildes ohne manieristische Note.

(196) D. Westphal, Bonifazio Veronese, p. 46ff.

(197) v. d. Bercken, Tintoretto, p. 127 und Abb. 45.

(198) Ebda., p. 129 und Abb. 91.

(199) Ridolfi II, p. 68. – Freilich eine Äußerung, die auch Leonardo hätte tun können, so gut paßt sie zu seinen Theorien.

(200) Th. Hetzer hat in den beiden Publikationen, in denen er über Veronese spricht, leider jeweils nur mit einem kurzen Satz auf dies Phänomen hingewiesen. »Soviel ich sehe, ist er der erste gewesen, der mit der Wirkung des Unfertigen gerechnet hat.« Tizian, 2. Aufl. 1948, p. 195. – Ähnlich P. Veronese, Röm. Jahrb. f. Kunstgesch. IV, 1940, p. 32.

(201) Fiocco, P. Veronese, Tafel LXXXIV.

(202) Für dieses echt manieristische Kompositionsprinzip vgl. etwa die ungefähr gleichzeitige Bekehrung Pauli von Pieter Breughel in Wien, Kunsthist. Museum (1567).

(203) Das Bild der Galleria Borghese von der positivistischen Kritik des 19. Jhdts. zurückgewiesen und dem Zelotti gegeben. G. Fiocco erkannte zwar, daß es sich um eines der Hauptwerke des Veronese handele, hielt aber die Farbkomposition für nicht zu Ende geführt. (P. Veronese, ed. Bologna 1928, p. 193; in der ed. Roma 1934 p. 33 und p. 114 diese Meinung nicht aufrecht erhalten.) Erst von R. Pallucchini (P. Veronese, Bergamo, 1940, p. 18) ist dies »non finito« als bewußte künstlerische Form erkannt worden. – Von Fiocco und Berenson (Pitture italiane del Rinascimento, Milano 1936, p. 365) als Jugendwerk angesehen, von Pallucchini um 1560, in die Zeit der Fresken von Maser gesetzt, von Th. Hetzer (Römisches Jahrb. f. Kunstgeschichte IV, 1940, p. 54ff.) mehrfach als Spätwerk bestimmt. Wegen des Auftretens dieses malerischen »non finito« auf einem so ausgesprochenen Spätwerk wie der Kreuzigung aus S. Niccolò della Lattuga ai Frari (heute Venedig, Akademie) halten wir Hetzers Datierung für die richtige.

(204) H. Voß, Über Tiepolos Jugendentwicklung. Kunst und

Künstler XX, 1922, p. 423ff. – S. de Vito-Battaglia, Le opere di G.B. Tiepolo nella chiesa dell'Ospedaletto a Venezia. Rivista del R. istituto di archeologia e storia dell'arte. III, 1931, p. 189ff. – A. Morassi, The young Tiepolo. Burlington Magaz. 64, 1934, p. 86ff. und p. 127ff. – Ders., More about the young Tiepolo, ebda. 67, 1935, p. 143ff. – Mostra di Tiepolo, Venezia 1951. Catalogo ufficiale a cura di G. Lorenzetti no. 1–12.

(205) Mostra di Tiepolo 1951, no. 31.

(206) L. Planiscig, Jahrb. d. allerh. Kaiserhauses 33, 1916, p. 190ff. – R. Krautheimer, Marburger Jahrb. f. Kunstwissensch. V, 1929, p. 198.

(207) I. Braun, Der christliche Altar, München 1924, II, p. 342f. und Tafel 211, 213, 241, 248.

(208) van Marle IV, Abb. 3, 4, 11, 24, 21.

(209) van Marle VII, Abb. 229 und 274.

(210) van Marle XVII, Abb. 3, 4, 5, 14, 16, 18 usw.

(211) Gio. Bellini, Catalogo della Mostra di 1949 a Venezia, no. 6–21.

(212) M. Hauptmann, Der Tondo, p. 85.

(213) Mostra di Tiepolo, Venezia 1951, Catalogo ufficiale, a cura di G. Lorenzetti, no. 3.

(214) v. d. Bercken, Tintoretto, Abb. 39–40.

(215) D. Westphal, Bonifazio Veronese, München o. J.

(216) Hauptmann, Der Tondo, p. 76.

(217) Über die Eigenhändigkeit vgl. indessen die Bedenken des Katalogs der Ausstellung von 1949, no. 118.

(218) A. Mccomb, Angelo Bronzino. Cambridge Mass. 1928, Tafel 4, 5, 12, 14.

(219) E. v. d. Bercken und A. E. Mayer, Die Malerei der Früh- und Hochrenaissance in Oberitalien, Handb. d. Kunstwissenschaften. Wildpark-Potsdam o. J., p. 32ff.

(220) v. d. Bercken, Tintoretto, Tafel 62.

(221) Ebda., Tafel 124.

(222) Ebda., Tafel 145, 225, 288, 291–294.

(223) v. d. Bercken und A. E. Mayer, Handbuch p. 40 und Abb. 39.

(224) v. d. Bercken, Tintoretto, Tafel 53 und 229.

(225) Ebda., Tafel 181 ff.
(226) L. Dußler, Giovanni Bellini, Tafel 37.
(227) M. Hauptmann, Der Tondo, p. 39 ff.
(230) M. Hauptmann, Der Tondo, p. 49 f.
(231) Für den Bucheinband des 16. Jhdts. hat Wolfg. G. Fischer in seiner Leipziger Diss. von 1935 ›Die Blütezeit der Einbandkunst‹, p. 39 ff., etwa den gleichen Unterschied in der Flächenkomposition zwischen florentinischer und venezianischer Einbandgestaltung aufgezeigt, wie wir für die Deckenbildung.
(232) I. Lauts, Antonella da Messina, Jahrb. d. kunsthist. Slgn. in Wien N.F. VII, 1933, p. 27 ff. – St. Bottari Antonello, 2. Aufl., Milano o.J., p. 4 ff.
(233) S. oben Anmk. 99 und 101.
(234) I. Lauts, Jahrb. d. kunsthist. Slgn. in Wien N.F. VII 1933, p. 51.
(235) Roberto Longhi, Piero dei Franceschi e lo sviluppo della pittura veneziana. Arte 17, 1914 p. 198 ff. und 241 ff.
(236) F. Winkler, Die Zeichnungen Albrecht Dürers, Berlin II 1937, p. 89 ff. und no. 380 ff.
(237) H. v. d. Gabelentz, Fra Bartolommeo. Leipzig 1922, I, p. 47 ff. und Abb. 7.
(238) Ebda., p. 49.
(239) Wie Giuseppe Porta, genannt Salviati, ein Nordtoskaner, der 1539 in die Lagune kam, dort schrittweise zum Venezianer wird, der besonders dem Einfluß Tintorettos und Veroneses unterlag (gest. nach 1573) hat R. Pallucchini, La Giovinezza di Tintoretto, p. 41 ff., ausführlich nachgezeichnet.
(240) J. Stuart Hay und L. Bower, Greek Icon Painting, Burlington Magaz. 51, 1927, p. 8 ff.
(241) R. Pallucchini, I dipinti della Galleria Estense di Modena Roma 1945, p. 259 ff. Dort alle weitere Literatur.
(242) H. Kehrer, Pantheon XXVI, 1940, p. 250. – R. Pallucchini, Burlington Magaz. 90, 1948, p. 130 ff. – Ders., La Giovinezza di Tintoretto, p. 58 ff.
(243) E. K. Waterhouse, El Grecos Italian Period. Art Studies 8, I, 1930, p. 61 ff., bes. p. 66. – Angelo G. Procopiou, El Greco and Cretan Painting. Burlington Magaz. 94, 1952, p. 76 ff.
(244) Ebda., p. 77.

(245) G.Fiocco, Del Greco Veneziano e di un suo ritratto di
1062 O.Farnese. Arte Veneta V, 1951, p. 116ff.

(246) H.Weizsäcker, Ad.Elsheimer, Berlin 1936, I, p. 67. – W. Drost, A.Elsheimer, Potsdam 1933, p. 40.

(247) Weizsäcker, p. 68.

(248) K.Steinbart, Johann Liß, der Maler aus Holstein. Berlin 1940, p. 6ff.

(249) Ebda., p. 102ff. und Tafel 40.

(250) H. G. Evers, Rubens und sein Werk. Brüssel 1943, p. 12ff.

(251) H.G.Evers, P.P.Rubens, München 1942, p. 294. Vgl. dazu F.M.Haberditzl, Die Handzeichnungen von P.P.Rubens. Berlin 1928, Tafel 3 u. 4.

(252) F.M.Haberditzl, Studien über Rubens, Jahrb. d. allerh. Kaiserhauses 30, 1911–1912, p. 262. – Ders., Die Handzeichnungen von P.P.Rubens, Tafel 2.

(253) Haberditzl, Die Handzeichnungen des P.P.Rubens, Tafel 4.

(254) Th.Hetzer, Tizian, p. 216.

(255) Diese Anekdote aus Marco Boschini, Carta del navegar pittoresco. Venezia 1660, in Übers. zitiert bei H.G.Evers, p. 37.

(256) E.v.d.Bercken, Tintoretto, Abb. 116.

(257) H.Posse, Hero und Leander von P.P.Rubens, Festschrift für Karl Koetschau zum 60. Geburtstage. Düsseldorf 1928, p. 109ff. – R.Oldenburg, Rubens in Italien. Jahrb. d. preuß. Kunstslgn. 37, 1916, p. 266. – H.Glück, Jugendwerke von Rubens, Jahrb. d. allerh. Kaiserhauses 33, 1915, p. 10.

(258) Posse, p. 116.

(259) R.Oldenburg, Jahrb. d. preuß. Kunstslgn. 37, 1916, p. 268.

(260) Das Bild erhalten in der Academia di S.Fernando, Madrid. Vgl. Chr.Norris in Burlington Magaz. 60, 1932, p. 156. Indessen bleibt die Autorschaft des Velasquez unsicher nach Elizabeth du Gué-Trapier, Velasquez. New York 1948, p. 150.

(261) C.Justi, Diego Velasquez und sein Jhd., 3. Aufl. Bonn 1922, I., p. 285.

(262) Th. Hetzer, Tizian, 2. Aufl. Frankfurt a.M. 1948, p. 232ff.
(263) Th. Hetzer, p. 237ff.
(264) Sandrart, ed. A.R. Peltzer, p. 257.
(266) Grautoff I, p. 97ff. – W. Friedländer, p. 15ff.
(267) Grautoff I, p. 99f., II, No. 22.
(268) Grautoff II, No. 25, aber auch 23, 24.
(269) Th. Hetzer, Tizian, p. 213f.
(270) H. Posse, Das Deckenfresko des Pietro da Cortona im Pal. Barberini und die Deckenmalerei in Rom; Jahrb. d. preuß. Kunstslgn. 40, 1919, p. 93ff. u. p. 163ff.
(271) Ebda., p. 163.
(272) Posse, p. 99.
(273) Posse, p. 99ff.
(274) Posse, p. 168 und Abb. 26.
(275) Posse, p. 168.
(276) Posse, p. 166.
(277) Vasari-Milanesi VII, p. 427, 447, 452.
(278) C. Ridolfi, ed. Hadeln II, p. 14.
(279) Tagebuch des Herrn v. Chantelou, ed. Rose, p. 97 und 341. – Offensichtlich ist das eine Äußerung nach jenem Besuche, von dem Vasari-Milanesi VII, p. 447., erzählt.
(280) Ebda., p. 94, 96, 295, 311, 319.
(281) Fr. Pacheco, Arte della pintura, ed. Madrid 1866, I, p. 318, hier zitiert nach M. Hauptmann, Der Tondo, p. 72.
(282) D. Frhr. v. Hadeln, Venezianische Zeichnungen des Quattrocento, Tafel 11ff. – H. und E. Tietze, The drawings of the Venetian Painters, p. 138ff.
(283) Hadeln, Tafel 6 und 7. – Tietzes no. 260 und A 261.
(284) R. Oertel, Florent. Mittlgn. V, 1940, p. 257.
(285) Hadeln, Tafel 46. – Das ausgeführte Blld Venturi, Storia VII, 4, p. 753.
(286) Hadeln, p. 20 und Tafel 21 und 30.
(287) Hadeln zählt 36 Blätter in der deutschen, 42 in der englischen Ausg. seines Buches, Zeichnungen des Tizian, Berlin 1924, L. Fröhlich-Bum, Die Zeichnungen Tizians. Jahrb. d. kunsthist. Slgn. in Wien N.F. II, 1928, p. 194ff. 45 Zeichnungen und H. und E. Tietze 39 Blätter, deren Zahl sie selbst aber durch Neufunde dauernd vergrößert haben.

(288) Hadeln, Tafel 2, 11, 17, 33, allenfalls noch 34. Neu hin-
1064 zugekommen eine Studie für die Schlacht von Cadore: E. Tietze-Conrat, Gazette des Beaux Arts, N.F. VI, 34, 1948, p. 237.

(289) H. und E. Tietze, no. 1962.

(290) H. und E. Tietze, no. 1941, 1949. – Hadeln, Tafel 26.

(291) So H. und E. Tietze, p. 304.

(292) M. Boschini, Le ricche minere, Venezia 1674, Prefazione. Deutsche Übers. nach Ch. Wolters, Die Bedeutung der Gemälde-Durchleuchtung mit Röntgenstrahlen für die Kunstgeschichte, Frankfurt a.M. 1938, p. 16f.

(293) Catalogo della mostra Giovanni Bellini. Venezia 1949, Nr. 105, p. 168. – B. Degenhart, Zur Bellini-Ausstellung. Zeitschr. f. Kunst IV, 1950, p. 24.

(294) T. Borenius, Burlington Magaz. XXIX, 1916, p. 164.

(295) L. v. Baldass, Zu Giorgiones Drei Philosophen. Jahrb. d. kunsthist. Slgn. in Wien 50, 1953, p. 125.

(296) Vasari-Milanesi VII, p. 427.

(296a) Diese venezianische Malweise gegen Ende des 16. Jhdts. prachtvoll zu beobachten an einem unvollendeten Bilde des Lambert Sustris in Sa. Ma. in Vanzo zu Padua. (Vgl. R. Peltzer, Jahrb. d. allerh. Kaiserhauses 31, 1913–14, p. 234f und Taf. XXXI.)

(297) D. v. Hadeln, Venezianische Zeichnungen des Quattrocento. Berlin 1925, p. 29 und Tafel 64.

(298) Ebda., p. 29.

(299) D. v. Hadeln, Venezianische Zeichnungen der Hochrenaissance. Berlin 1925, p. 15f.

(300) D. v. Hadeln, Venezianische Zeichnungen des Quattrocento, p. 35.

(301) D. v. Hadeln, Venezianische Zeichnungen der Hochrenaissance, p. 9.

(302) Ebda., p. 16.

(303) Ebda., p. 16ff.

(304) Ebda., p. 17.

(305) Ebda., p. 16.

(306) Ebda., p. 20.

(307) Hadeln, Quattrocento, p. 29.

(308) Ebda., Tafel 29, 30, 31, 32, 39. – Tietzes no 606, 595, 605.

(309) Vasari-Milanesi V, p. 568.

(310) E. Panofsky, Die Pietà von Ubeda, Festschrift für J. v. Schlosser. Zürich 1927, p. 150ff. – L. Dußler, Sebastiano del Piombo, p. 91. – R. Pallucchini, Sebastiano Viniziano. Milano 1944, p. 84 und Tafel 110–111.

(311) K. Frey, Die Handzeichnungen Michelangiolos Buonarroti. Berlin 1909, p. 10 und p. 13.

(312) Von Popham und Pouncey, Italian Drawings in the Departement of Prints and Drawings in the British Museum zusammen mit dem dortigen Stück no. 34 und Tafel XXXIV völlig überzeugend Carpaccio genannt. Von D. v. Hadeln, Quattrocento, p. 44f. und Tafel 8 und H. und E. Tietze, no. 263 noch Gentile Bellini zugeschrieben. Demnach müssen auch die von E. Baumeister, Münchn. Jahrb. N.F. XI, 1934, p. XXXVIff. Bellini gegebenen Münchner Zeichnungen dem Carpaccio zugewiesen werden.

(313) D. Frhr. v. Hadeln, Die Zeichnungen von A. Canale, gen. Canaletto. Wien 1930, Tafel 6. – K. T. Parker, The drawings of Antonio Canale at Windsor Castle, London o. J. (1948), Tafel 6.

(314) Ridolfi II, p. 69.

(315) Ebda., p. 65. – Es ist kaum anzunehmen, daß Tintoretto die Michelangelo-Zeichnung Frey 251 gekannt hat mit ihrer Inschrift »Disegnia antonio, disegnia antonio, disegnia e no(n) p(er) der te(m)po«.

(316) Ridolfi II, p. 65.

(317) Der malerische Charakter offenbart sich natürlich in den von S. Ortolani in Neapel entdeckten Pinselzeichnungen Tintorettos in noch weit stärkerem Maße (Tietzes no. 1723ff.).

(318) Kretschmayr II, p. 532.

(319) L. v. Ranke, Die römischen Päpste, 10. Aufl. Lpz. 1900, I, p. 89ff. und 164. II, p. 215ff., III. Anhang p. 47f. – Kretschmayr III, p. 3 ff., bes. p. 45 ff. – W. Andreas, p. 142ff.

(320) Über Boccalini vgl. Fr. Meinecke, Die Idee der Staatsraison, 3. Kapitel, München 1924, p. 81ff. – Kretschmayr III, p. 47.

(320a) R. Pallucchini, La Giovinezza di Tintoretto, Milano 1950,
1066 p. 19–64.

(320b) G. Fiocco, Giovanni Antonio Pordenone, Udine 1939, p. 77f. und p. 89ff. – Über den Einfluß Pordenones auf ganz Oberitalien, ebda., p. 66.

(320c) Pallucchini, p. 75ff. mit Abb. 62 und 63.

(320d) Ebda., p. 67.

(320e) Ebda., p. 40 mit Abb. 28–29.

Fontainebleau e la maniera italiana. Mostra Napoli 1952 Catalogo Nr. 59.

(320f) Ebda., p. 41 mit Abb. 37ff.

(320g) Ebda., Abb. 63.

(320h) Italian Art and Britain. Winter-Exhibition 1960. Royal Academy of Arts, London. Nr. 64. – Souvenir of the Exhibition Tafel 31.

(320i) W. Arslan, I Bassani, Bologna 1931, p. 91 ff. und Taf. XXVIII. – Die manieristische Frühstufe des Meisters dokumentiert noch reicher P. Zampetti, Jacopo Bassano, Roma 1958.

(320k) Pallucchini, p. 90ff. und Tafel 124ff.

(321) Th. Hetzer, Tizian, 2. Aufl. 1948, p. 37.

(322) Nissen I, p. 479.

(323) Kretschmayr II, p. 243ff.

(324) Ebda., p. 261ff.

(325) Ebda., p. 271.

(326) Ebda., p. 271.

(327) Ebda., p. 253.

(328) Nissen I, p. 488ff., II, p. 211ff.

(329) Über den Zustand der Städte des Veneto im Jahre 1483 berichtet, unterstützt von reizend unbeholfenen Federzeichnungen, eine diplomatische Relation des Marino Sanuto anläßlich einer Dienstreise im Auftrage der Republik aus diesem Jahre. Itinerario di Marino Sanuto per la Terraferma Veneziana nell'anno 1483. Padova 1847.

(330) I. Crescini und G. Stefani: I Colli Euganei, Illustrazioni storico-artistiche. Padova o. J. (um 1830). – M. Sartori Borotto: Guida Este – Colli Euganei. Venezia o. J. (1907). – B. Benvenisti Viterbi: I Colli Euganei. Bergamo 1911.

(331) Callegari, A: Arquà e il Petrarca. Padova 1952; Br. Brunelli und Ad. Callegari, Ville del Brenta e degli Euganei. Milano o.J., p. 234ff. – G. Mazzotti, Le Ville Venete, Terza Edizione, Treviso 1954, p. 177.

(332) G. Fiocco, Paolo Veronese, p. 69ff., Tafel XXXVII–XLV.

(333) Brunelli-Callegari, p. 20ff.

(334) Ebda., p. 305ff.

(335) Ebda., p. 363ff.

(336) Ebda., p. 93ff.

(337) Ebda., p. 221ff.

(338) W. Haftmann, Das italienische Säulenmonument (Beiträge zur Kulturgesch. Band 55). Leipzig 1939, p. 136f. In Dalmatien sind diese Säulen alle erst zwischen dem 1. und 2. Weltkrieg gestürzt worden. Vgl. G. Kowalczyk, Denkmäler der Kunst in Dalmatien. Berlin 1910. – C. M. Ivecovič, Bau- und Kunstdenkmäler in Dalmatien, Band I–VI. Wien 1927. – H. Folnesics und L. Planiscig, Bau- und Kunstdenkmale des Küstenlandes. Wien 1916. – Dazu der buchartige Aufsatz von H. Folnesisc, Studien zur Entwicklungsgesch. der Architektur und Plastik des 15. Jhdts. in Dalmatien. Jahrb. d. Zentralkommission VIII, 1914, p. 27ff.

(339) F. Forlati, Il Pal. del Trecento di Treviso. Venezia 1952. (Im 2. Weltkrieg halb zerstört.)

(340) Langenskiöld, Michele Sanmicheli, Uppsala 1938, p. 126ff.

(341) Ebda.

(342) G. Fiocco, Francesco Maffei, Dedalo V, 1924, p. 219ff. – N. Ivanoff, F. Maffei. Padova 1947, p. 27ff. und Taf. VIIIff.

(343) Ivanoff, p. 61.

(344) A. Lipinsky, Goldne und silberne Antependien des Mittelalters in Italien. Das Münster, V, 1952, p. 28ff. p. 204ff.

(345) H. Decker, Venedig. Wien 1952, p. 46 und Tafel 116–117.

(346) G. und A. Pacchioni, Mantova (Italia artistica, Band 103). Bergamo o.J. (1930), Abb. 27.

(347) G. Pettina, Vicenza (Italia artistica, Band 17). Bergamo 1905, p. 83–101.

(348) A. Moschetti, Padova (Italia artistica, Band 65). Bergamo 1912, Abb. p. 118ff.

(349) G. Langenskiöld, Michele Sanmicheli, p. 40ff.

(350) Die Literatur über A. Previtali ist auffallend dürftig. A.
1068 Venturi, Storia dell'arte italiana VII, 4, Bergamo 1915, p 592, behandelt nur die venezianische Jugendepoche. Ganz knapp faßt sich auch G. Fiocco in Thieme-Becker XXVII, p. 389.

(351) B. Berenson, Lorenzo Lotto. 3. Aufl. London 1956, p. 30ff. und p. 38ff. – Mostra di Lorenzo Lotto. Catalogo ufficiale. Venezia 1953, nr. 34–36, p. 60.

(352) G. Gombosi, Moretto da Brescia. Basel 1943. Kat. Nr. 80 und Abb. 57 setzt das Bild »um 1532–35« an, was sicher zu spät ist.

(353) G. Gombosi, Kat.-Nr. 39 und Abb. 11 möchte das Bild früh ansetzen (um 1521–24), die richtige Datierung als »opera tarda« aber schon bei Ant. Morassi, Catalogo delle cose d'arte. Brescia. Roma o. J., p. 302.

(354) Eine zureichende Romanino-Biographie fehlt. Vgl. G. Nicodemi, Gerolamo Romanino. Brescia 1925 – La pittura Bresciana del Rinascimento. Catalogo della Mostra. Maggio-Settembre 1939 a Brescia. p. 217ff.

(356) Gombosi, p. 58, p. 104 und Abb. 12.

(357) Ebda., p. 72.

(358) Ebda., p. 72.

(359) Ebda., p. 60ff. bes. p. 63.

(360) Ebda., p. 65ff.

(361) Ebda., p. 59.

(362) Ebda., p. 53.

(363) Ebda., p. 71 und Abb. 91.

(364) Mostra di Paolo Veronese. Venezia 1939, p. 35, Nr. 1. – Fiocco, p. 15f. und Textabb. 10.

(365) Mostra, p. 57, Nr. 17. – G. Fiocco, Paolo Veronese. Bologna o. J., p. 24 und Abb. 19.

(366) Fiocco, p. 122f. und Tafel 99.

(367) Mostra, Nr. 26, p. 73, Nr. 28, p. 79.

(368) Th. Hetzer, P. Veronese. Röm. Jahrb. f. Kunstgesch. IV, 1940, p. 46.

(369) Ebda.

(370) Ebda.

(371) Ebda., p. 28.

(372) Ebda., p. 6.

ABBILDUNGEN

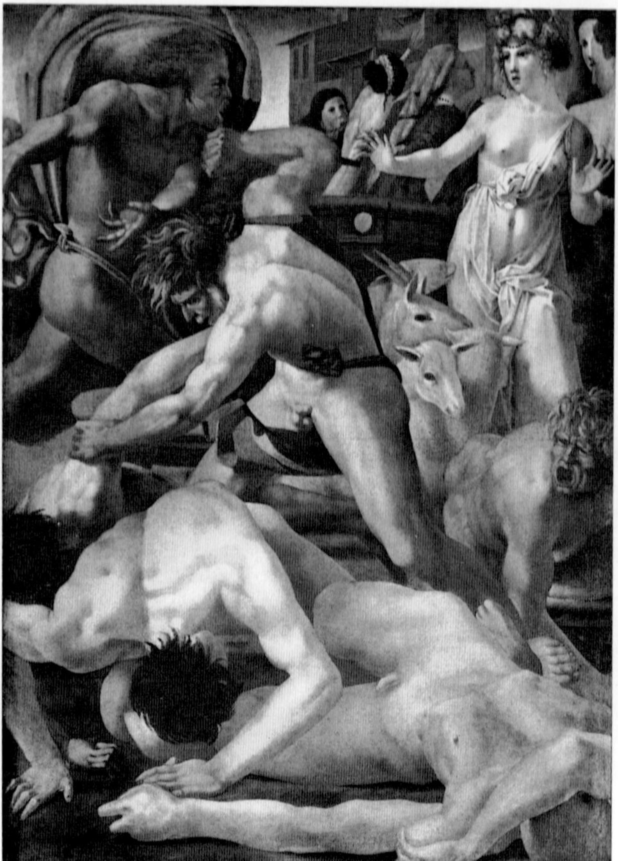

1. Rosso Fiorentino, Moses verteidigt die Töchter Jehtros.
Florenz, Uffizien

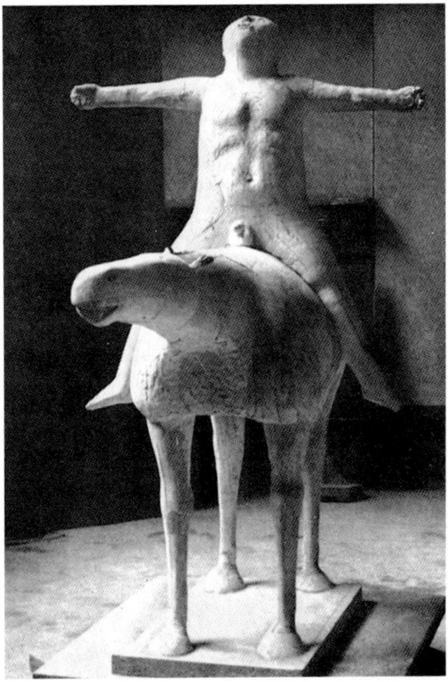

2. Marino Marini, Reiter, 1949–50

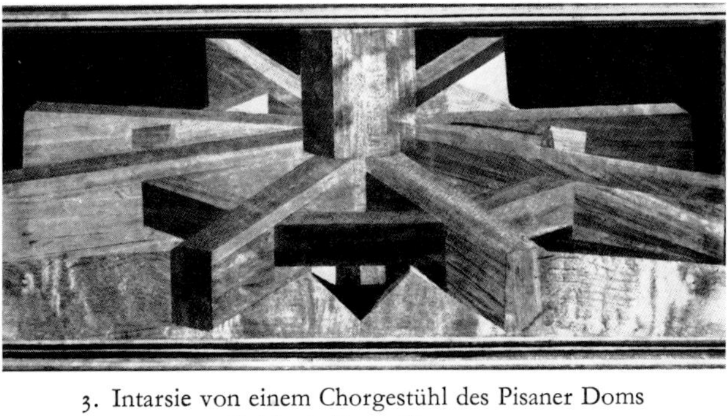

3. Intarsie von einem Chorgestühl des Pisaner Doms
von Guido da Saravallino um 1493

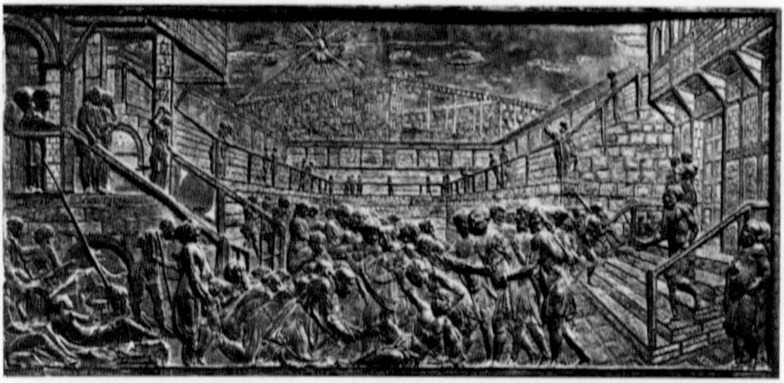

4. Donatello, Heilung des blindwütigen Knaben. Bronze. Padua, Santo, Hochaltar

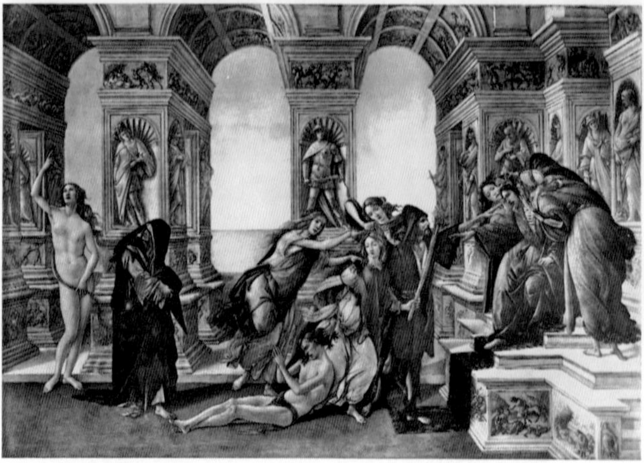

5. S. Botticelli, Verleumdung des Apelles. Florenz, Uffizien

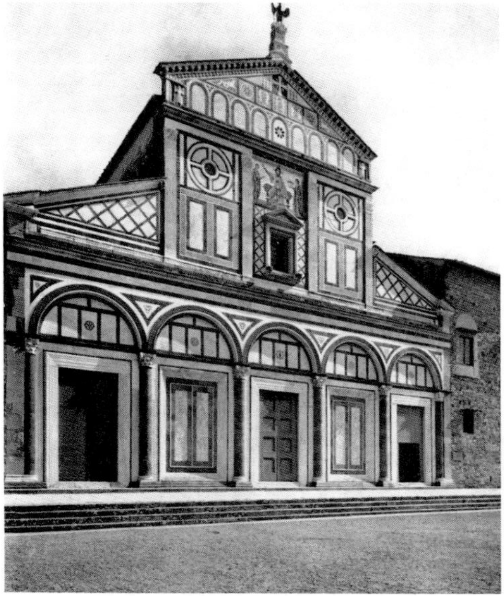

6. Florenz, S. Miniato al Monte

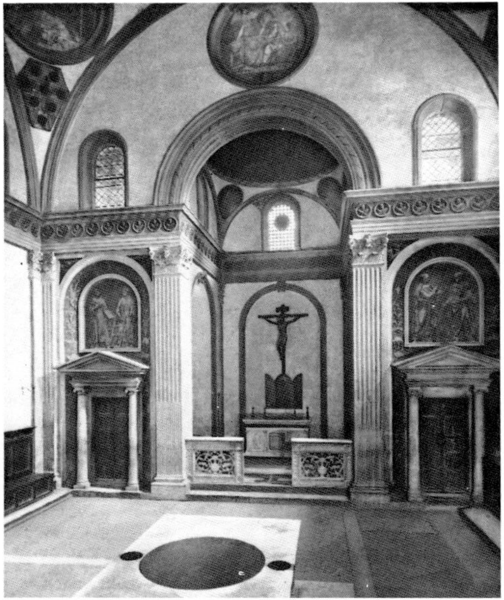

7. Florenz, S. Lorenzo, Alte Sakristei

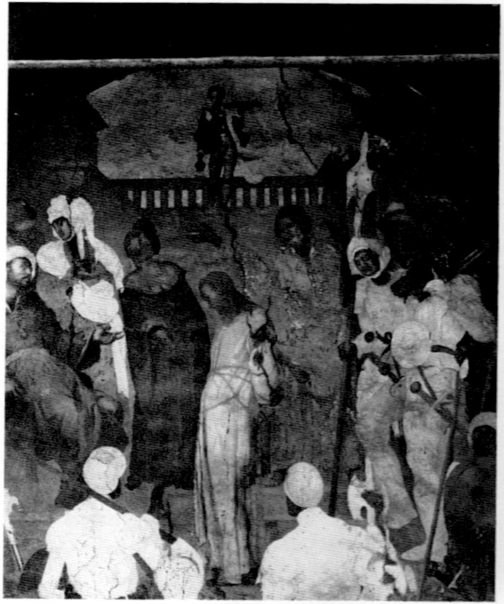

8. Pontormo, Christus vor Pilatus, Certosa di Galuzzo

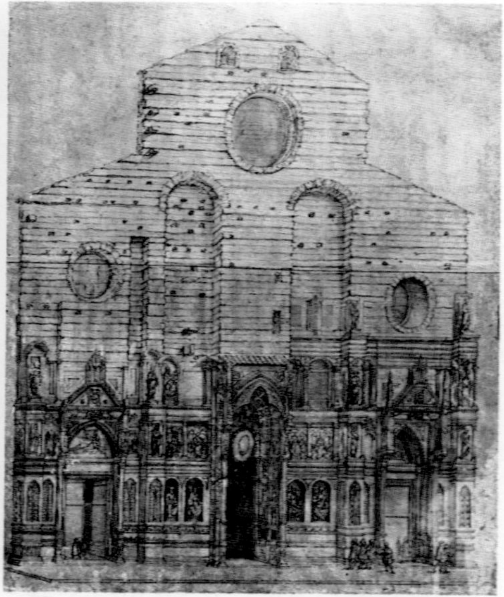

9. Florenz, Zeichnung der alten Domfassade vor dem Abbruch 1586

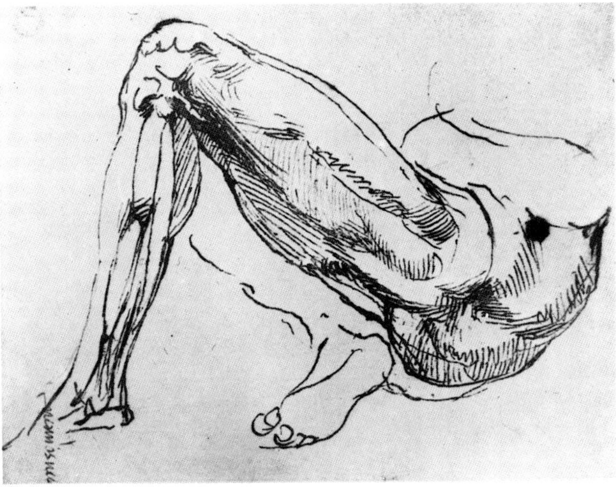

10. Michelangelo, Oberschenkel der Leda.
Federzeichnung, Florenz, Casa Buonarroti

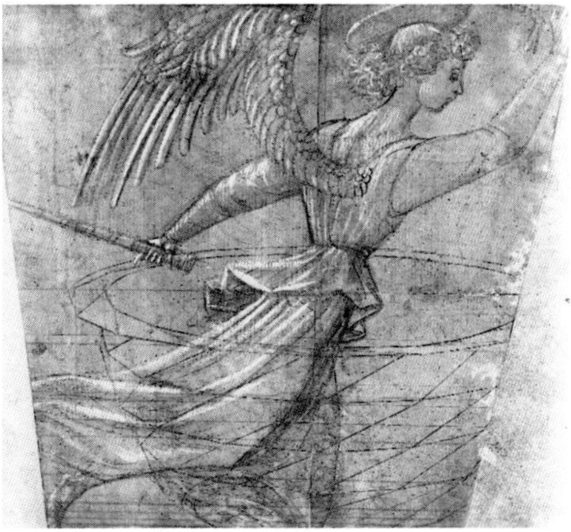

11. P. Uccello Engel mit gezogenem Schwerte.
Florenz, Uffizien

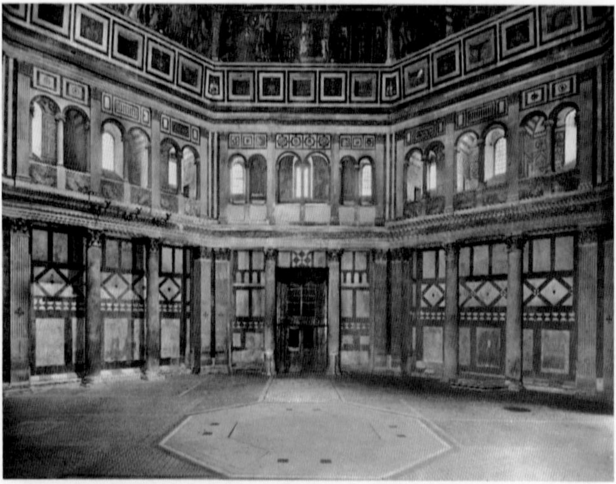
12. Florenz, Baptisterium

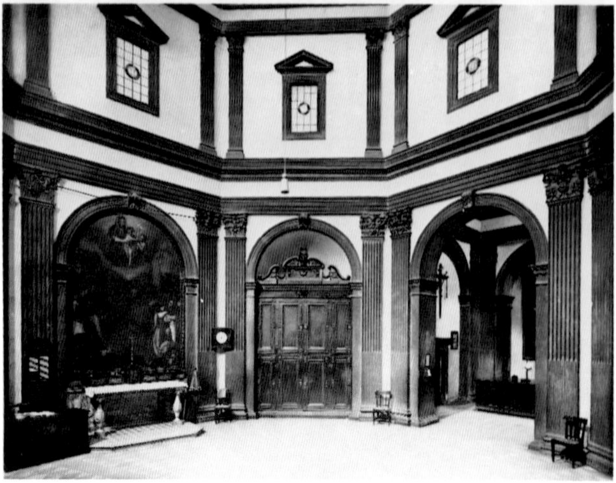
13. Florenz, Sakristei v. Santo Spirito

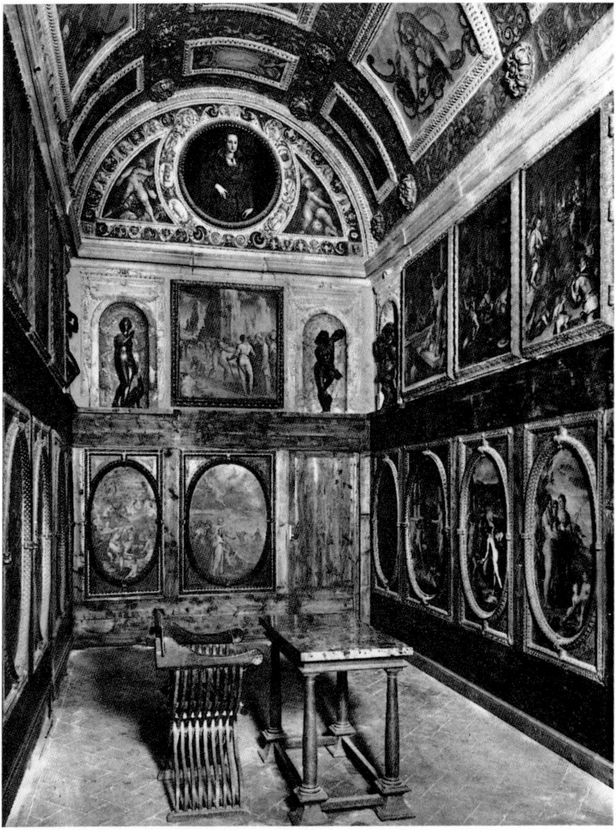

14. Florenz, Palazzo Vecchio, Studiolo Großherzog Franz I.

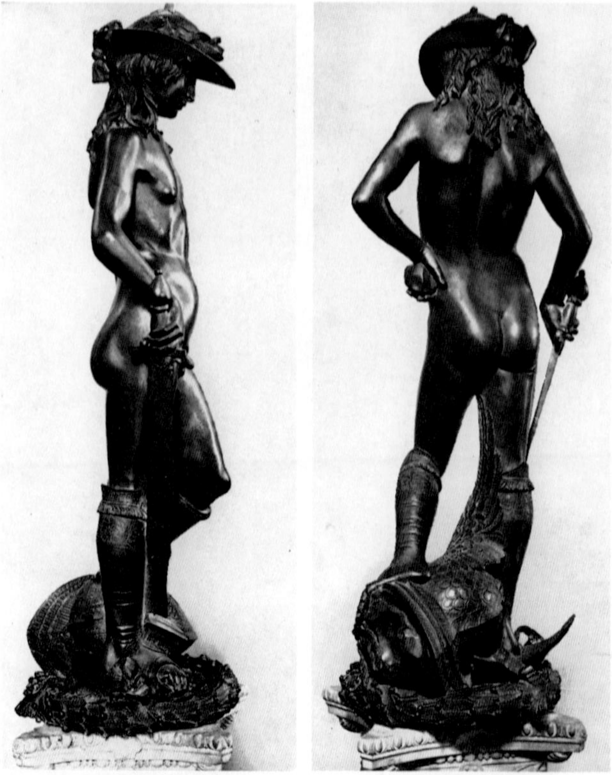

15–16. Donatello, Bronze-David, um 1430. Florenz, Bargello

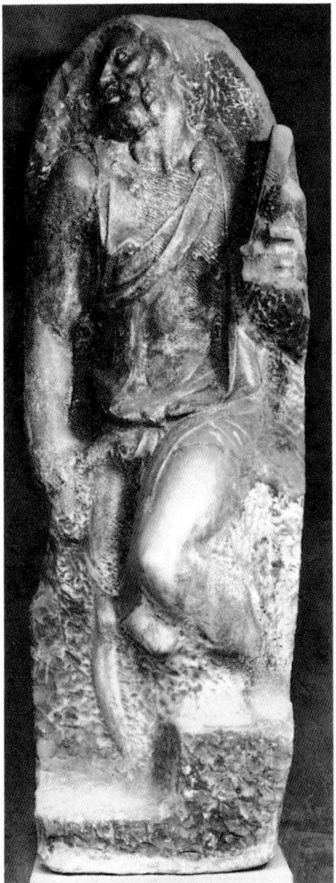

17. Michelangelo,
Apostel Matthäus.
Florenz, Accademia

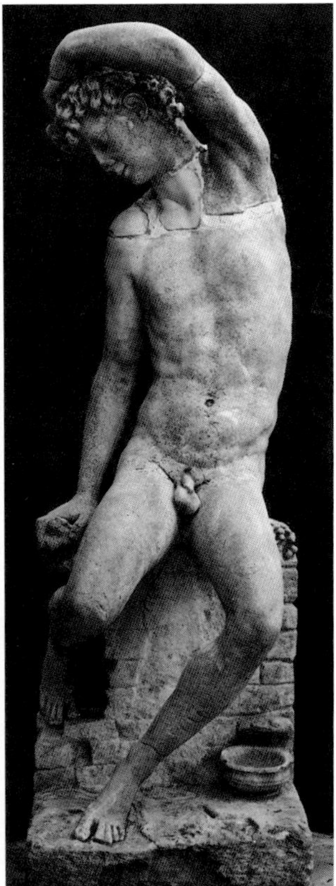

18. Benvenuto Cellini,
Narziß. Florenz, Bargello

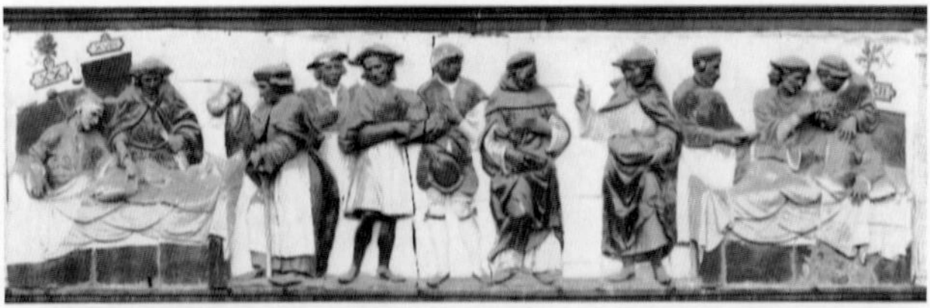

19. Fries der della Robbia vom Ospedale del Ceppo. Pistoja

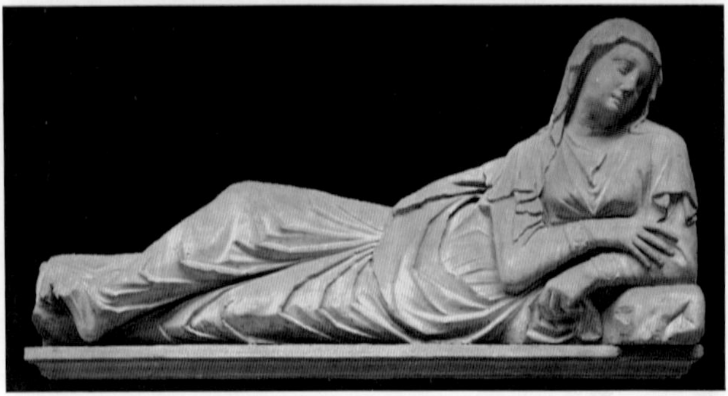

20. Arnolfo di Cambio, Mariengeburt. Tympanon von der Domfassade. Florenz, Bargello

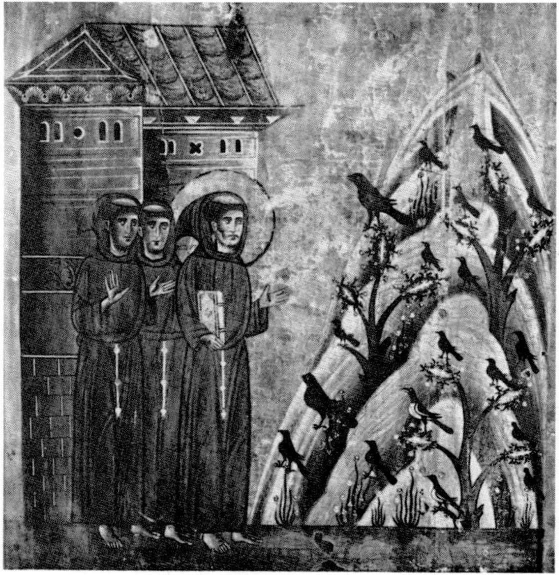

21. Pescia, S. Francesco, Vogelpredigt von der Altartafel des Hochaltars von Bonaventura Berlinghieri

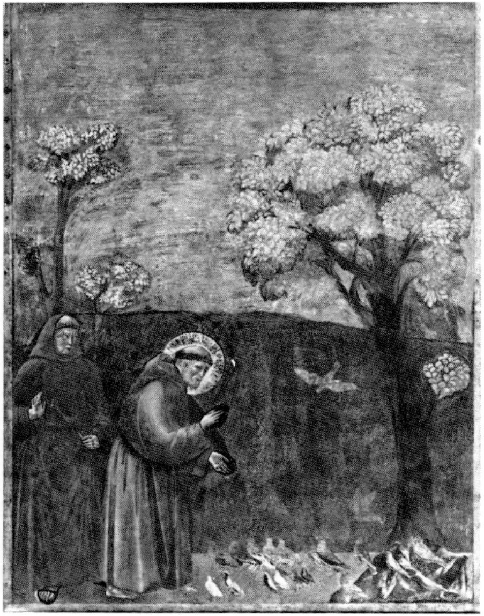

22. Assisi, Franzlegende. Oberkirche v. S. Francesco

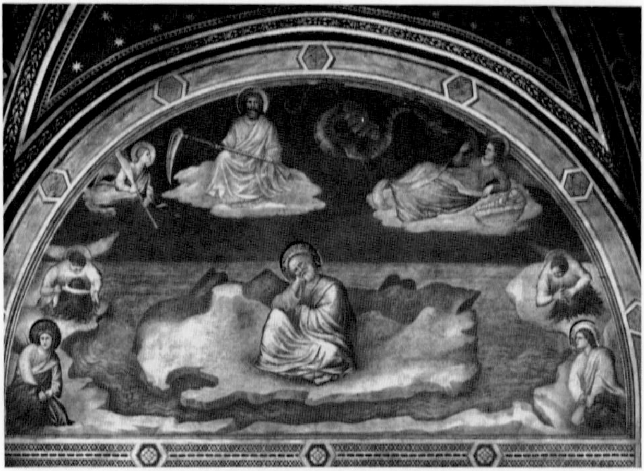

23. Giotto, Johannes auf Patmos.
Lunette, Florenz, Sa. Croce, Peruzzi-Kapelle

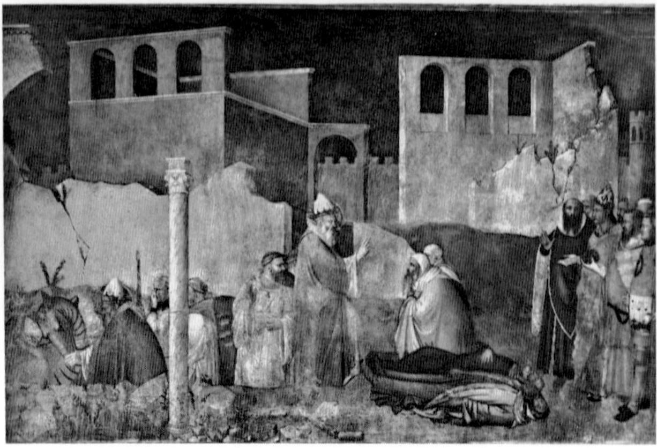

24. Maso di Banco, Sylvester-Legende.
Der Papst versiegelt den Drachen. Florenz, Sa. Croce

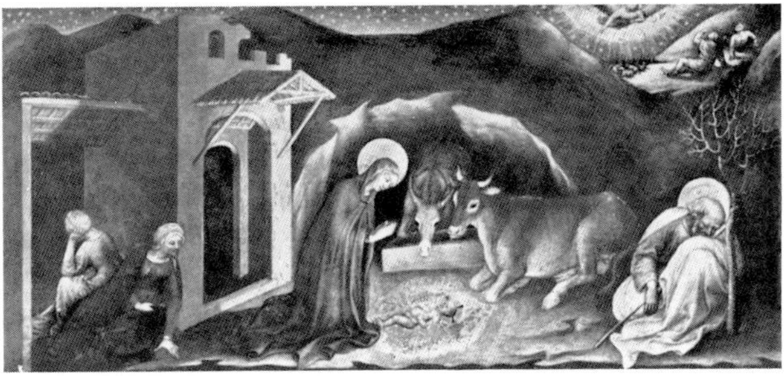

25. Gentile da Fabriano, Dreikönigsaltar. Predella, Anbetung des Kindes. Florenz, Uffizien

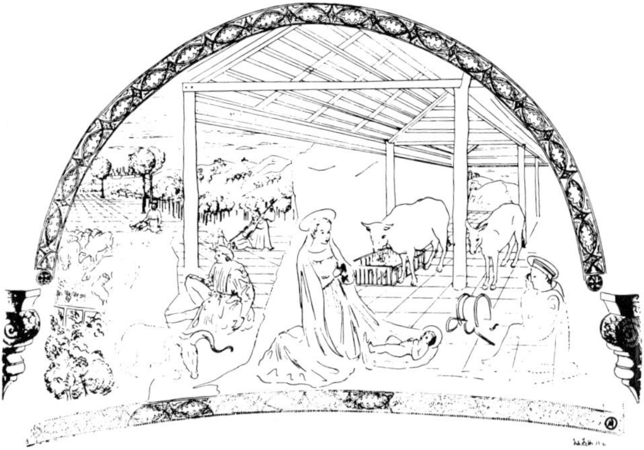

26. P. Uccello, Anbetung des Kindes. Florenz, Ospedale di S. Martino

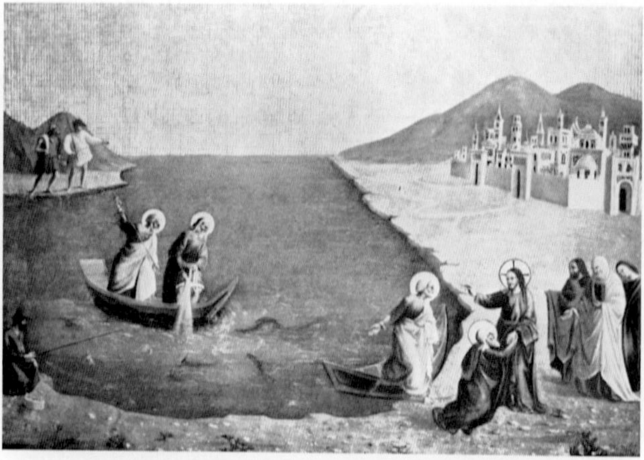

27. Masolino, Fischzug Petri und Berufung der Apostel. Florenz, Carmine, Brancacci-Kapelle (Kopie)

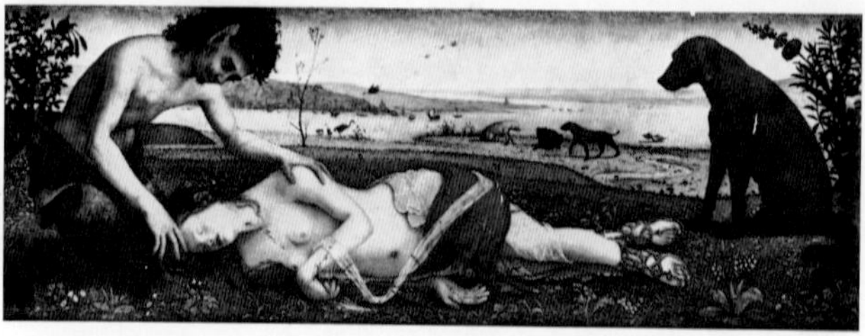

28. Piero di Cosimo, Tod der Procris. London, National-Gallery

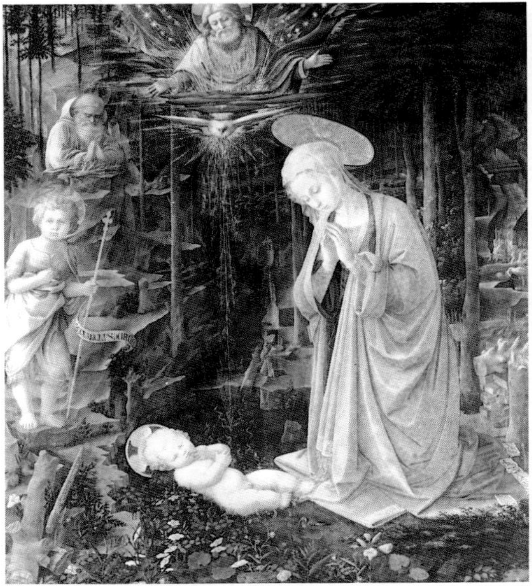

29. Fra Filippo Lippi, Geburt Christi. Berlin, Staatl. Museen

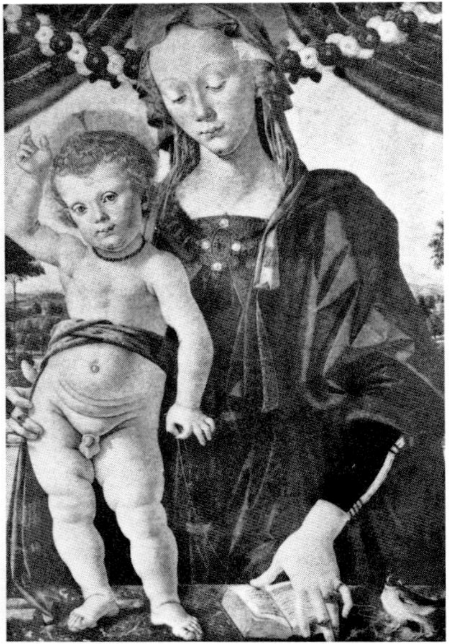

30. P. Perugiro, Goldschmiede-Madonna (Madonna Castellani). Paris, Musée Jacquemart-André

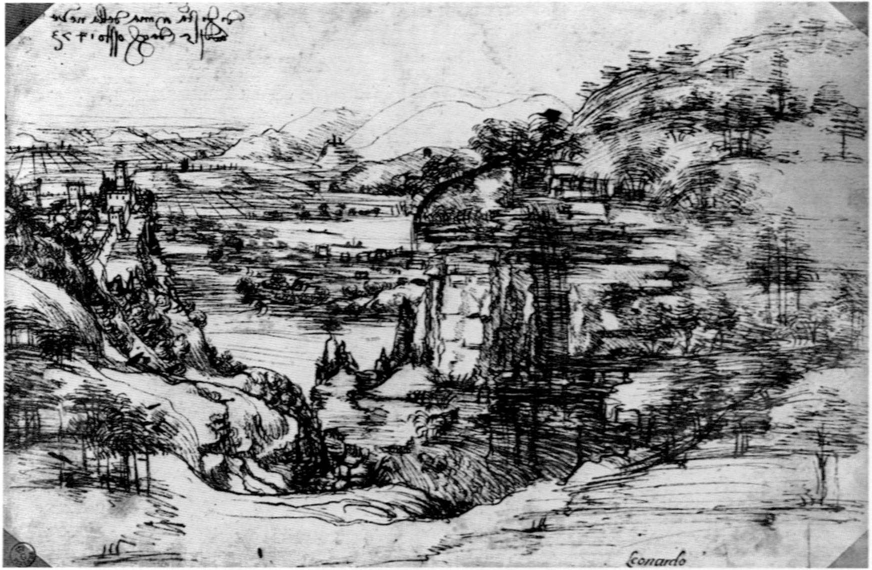

31. Leonardo da Vinci, Landschaft von 1473. Federzeichnung. Florenz, Uffizien

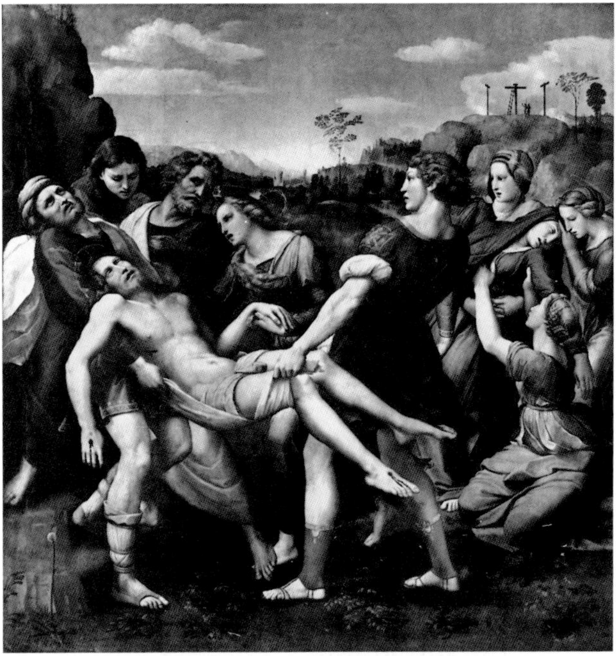

32. Raffael, Grabtragung Christi. Rom, Galleria Borghese

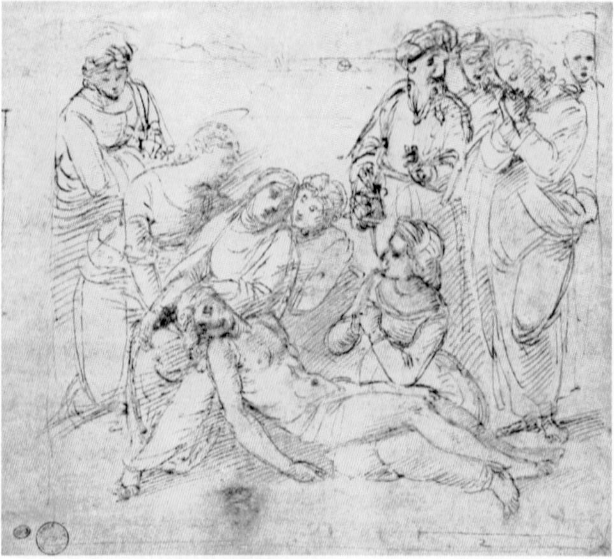

33. Raffael, Grabtragung Christi. Vorzeichnung zu nebenstehendem Gemälde (Fischel Nr. 164). Oxford University Galleries

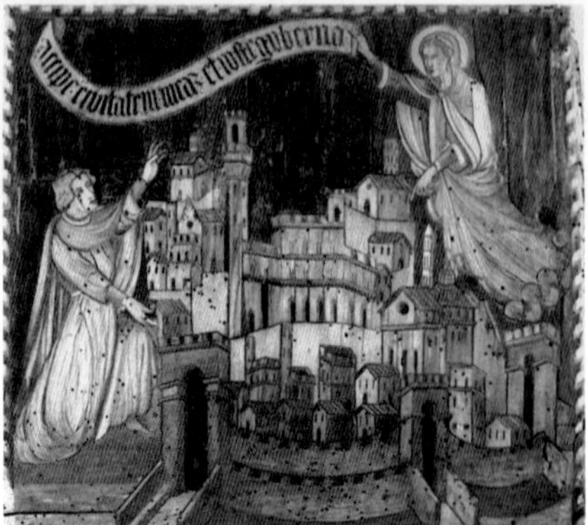

34. Siena, Intarsie vom Ratsgestühl in der Sala delle Balestre des Pal. Pubblico von Mattia di Nanni (1421–30)

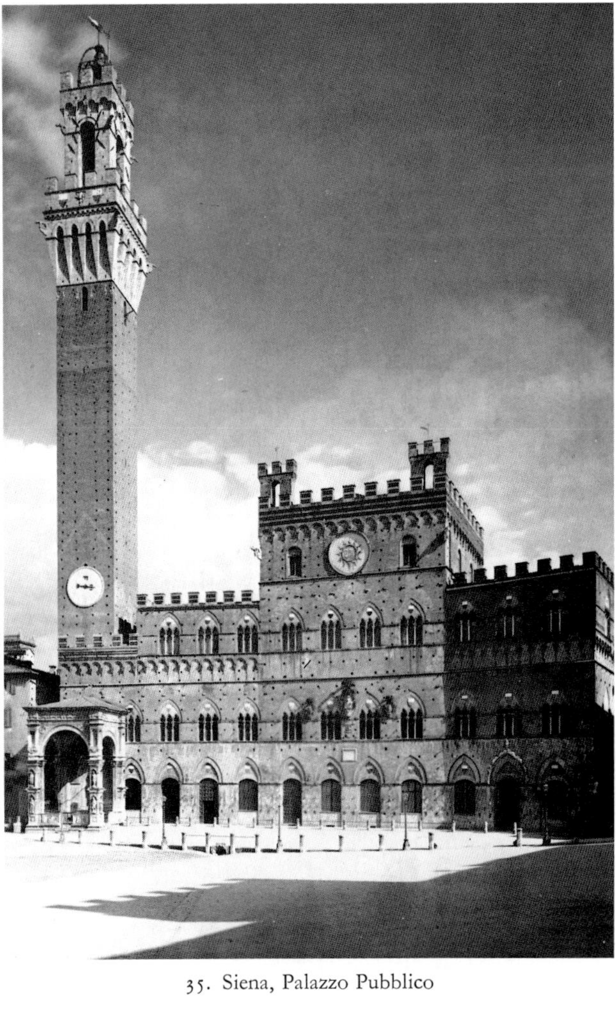

35. Siena, Palazzo Pubblico

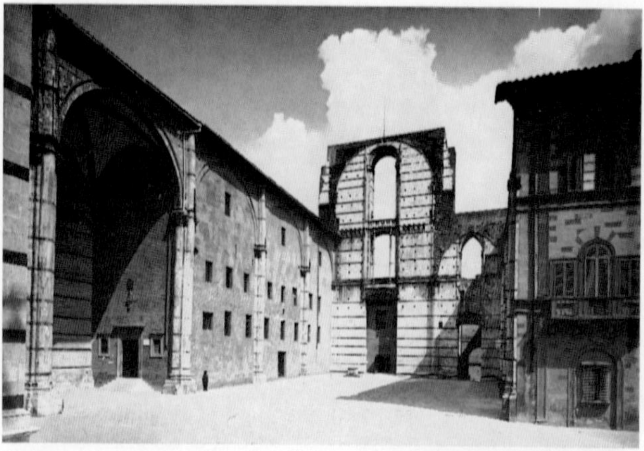

36. Siena, Dom-Torso von 1331–48

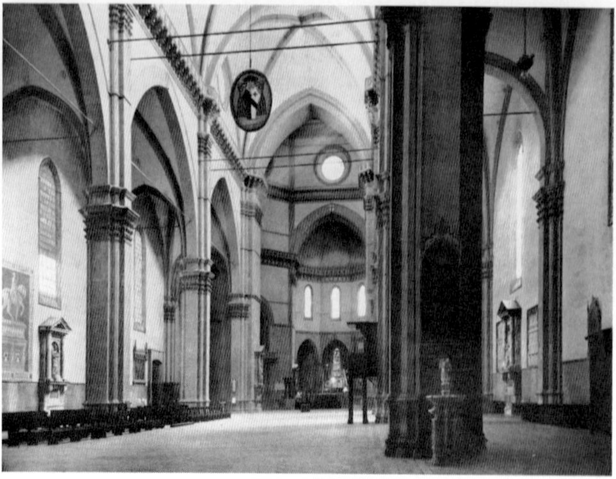

37. Florenz, Dom

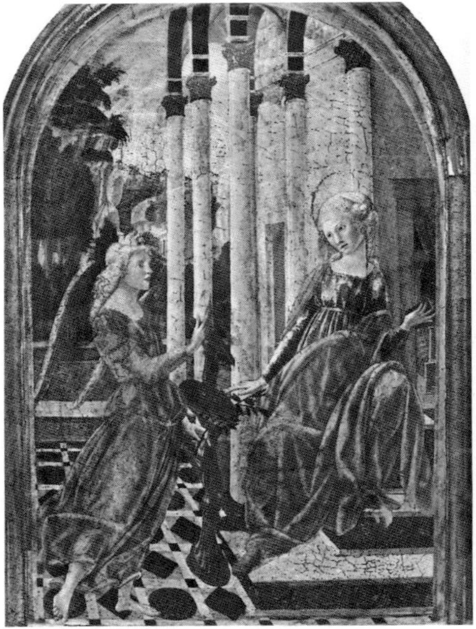

38. Francesco di Giorgio, Verkündigung an Maria. Siena, Pinakothek

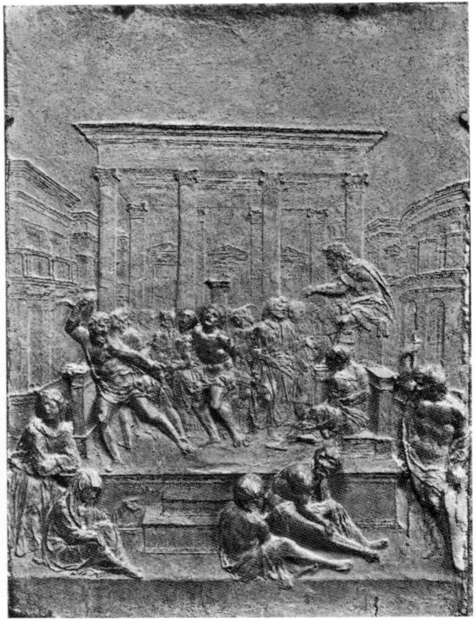

39. Francesco di Giorgio, Geißelung Christi. Bronze. Perugia, Pinakothek

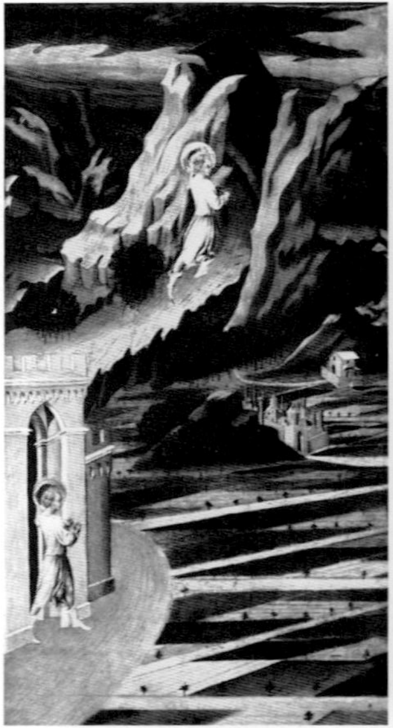

40. Giovanni di Paolo, Gang des jugendlichen Johannes des Täufers in die Wüste. Chicago, Art Institute

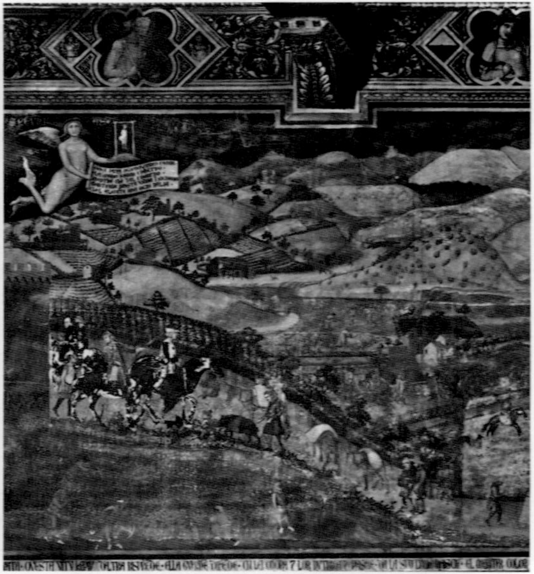

41. Ambrogio Lorenzetti, Segnungen des guten Stadtregiments. Teilansicht. Siena, Palazzo Pubblico

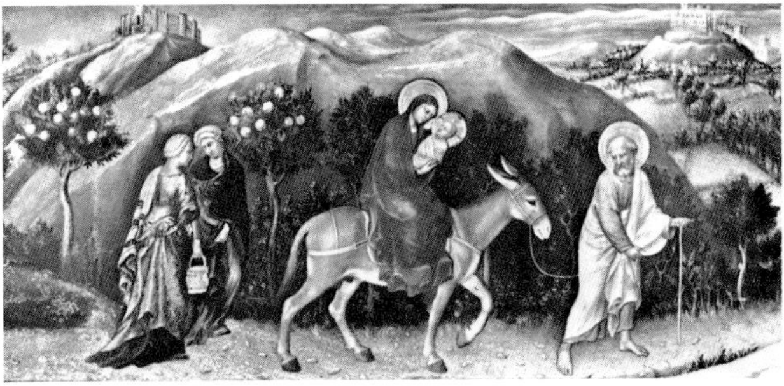

42. Gentile da Fabriano, Flucht nach Ägypten.
Dreikönigs-Altar. Florenz, Uffizien

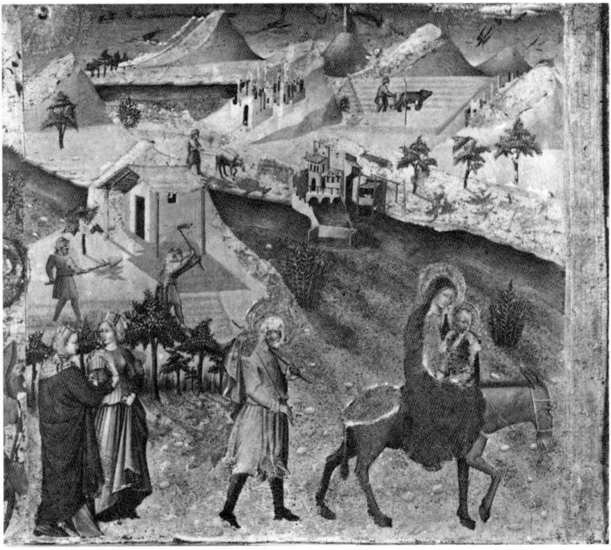

43. Giovanni di Paolo, Flucht nach Ägypten. Predella.
Siena, Pinakothek

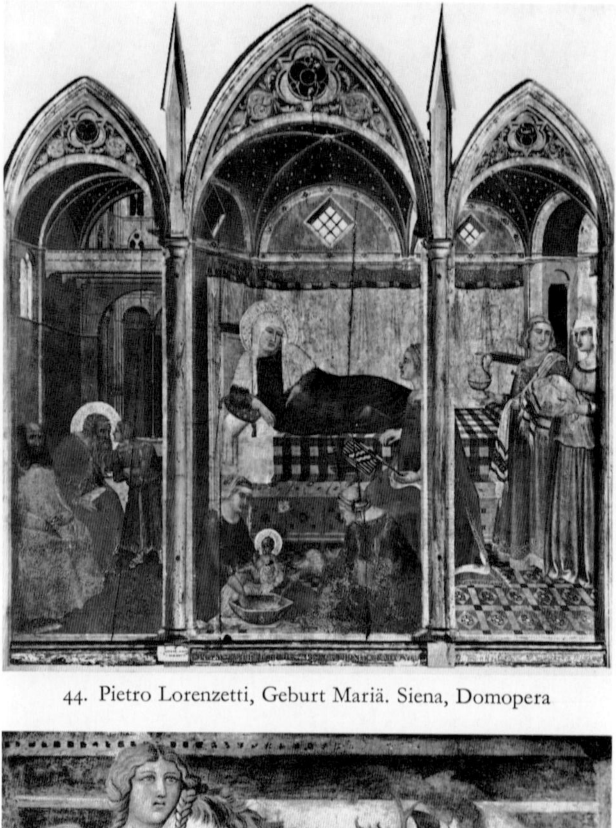

44. Pietro Lorenzetti, Geburt Mariä. Siena, Domopera

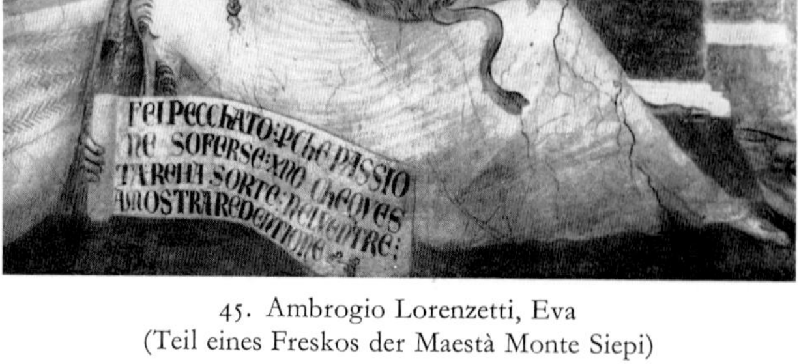

45. Ambrogio Lorenzetti, Eva
(Teil eines Freskos der Maestà Monte Siepi)

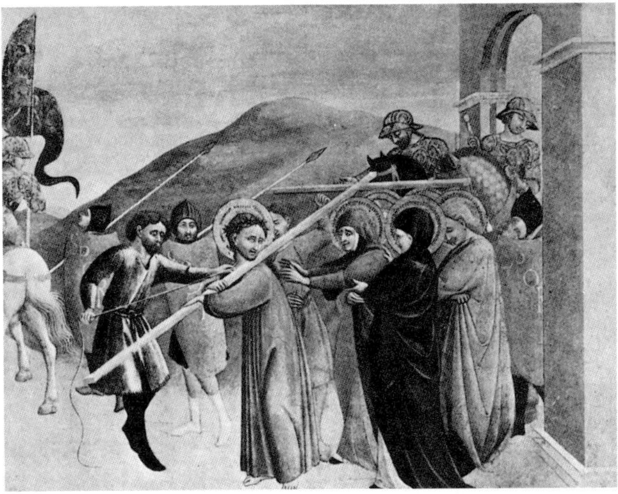

46. Sassetta, Gang zum Kalvarienberg. Detroit, Art Institute

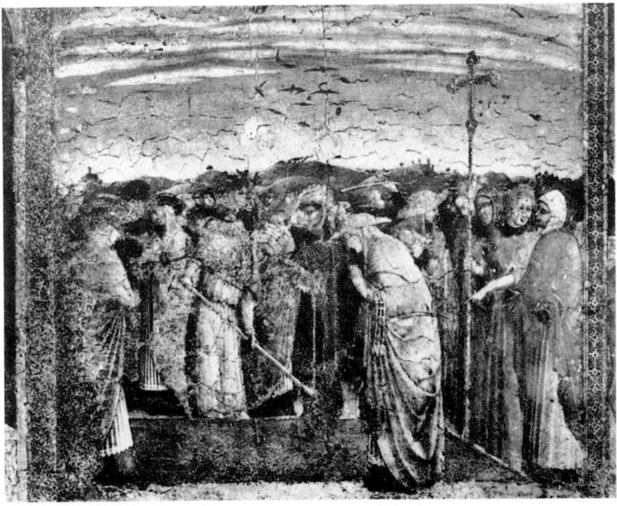

47. Sassetta, Auslegung des Grundrisses von Santa Maria Maggiore in Rom. Florenz, Conte Contini

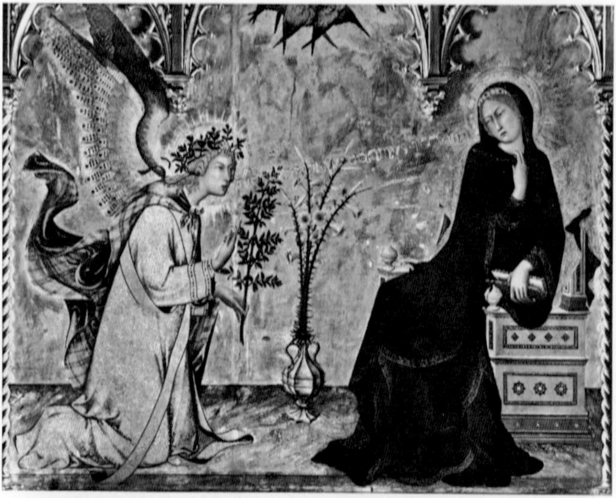

48. Simone Martini, Verkündigung, Mittelteil, Florenz, Uffizien

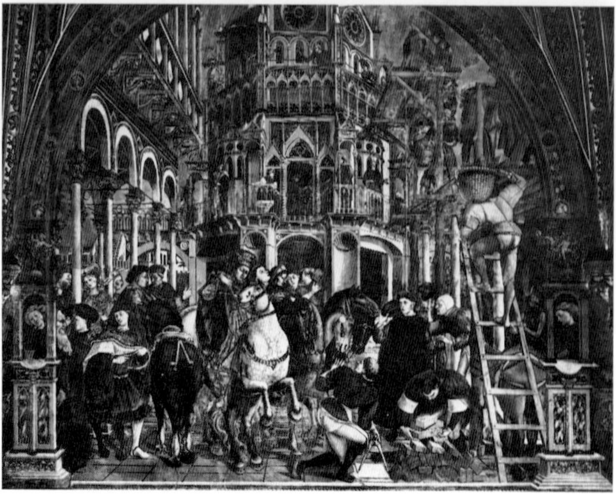

49. Domenico di Bartolo, Fresko. Siena, Ospedale della Scala

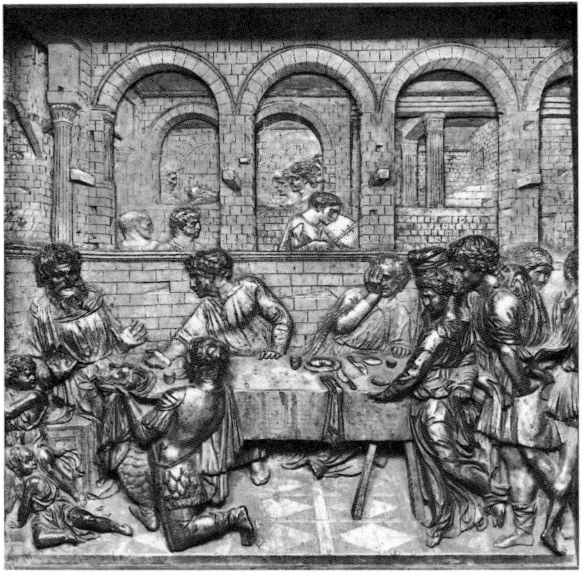

50. Donatello, Tanz der Salome.
Siena, Taufbrunnen im Baptisterium

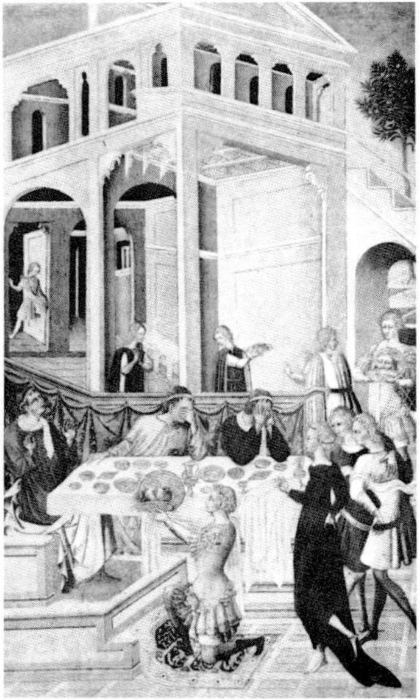

51. Giovani di Paolo, Tanz der
Salome. Chicago, Art Institute

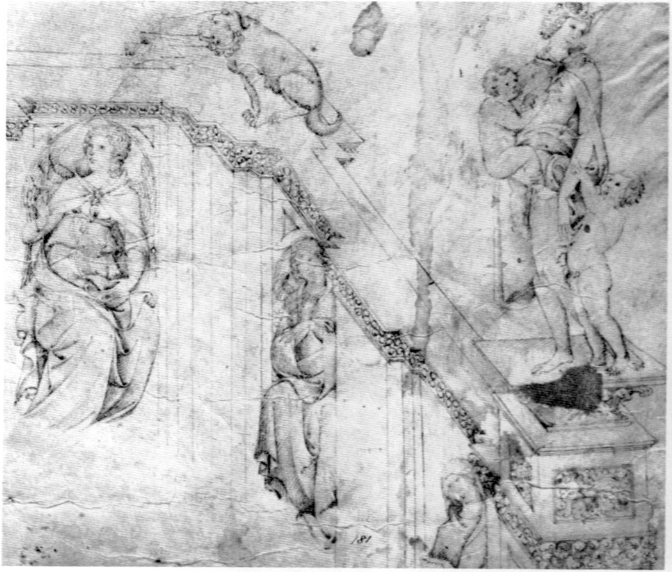

52. Jacopo della Quercia, Riß für die Fonte Gaja auf dem Campo in Siena. London, Victoria and Albert Museum

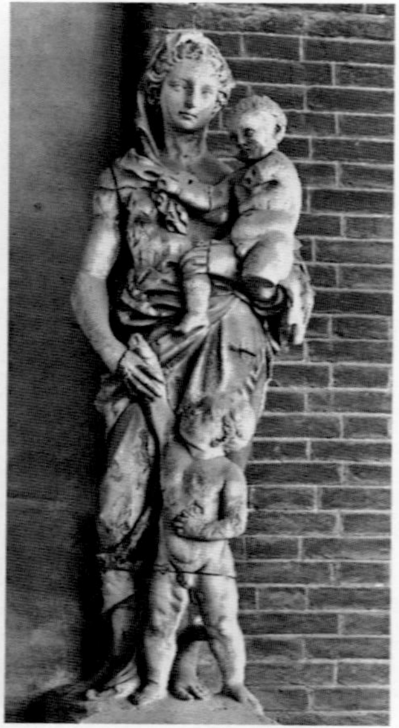

53. Jacopo della Quercia, Rhea Silvia, von der Fonte Gaja. Siena, Pal. Pubblico

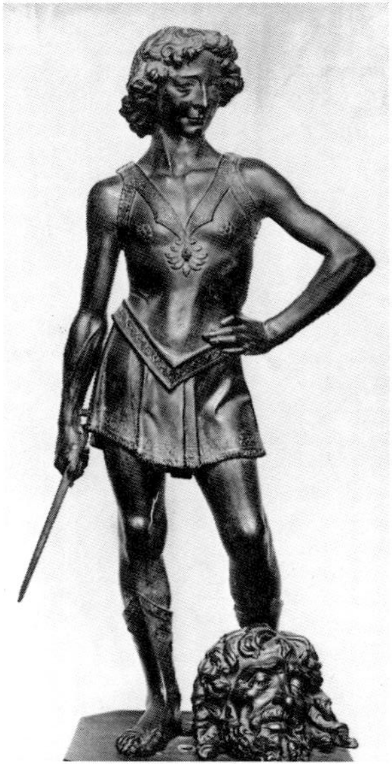

54. Verrocchio, David, Bronze.
Florenz, Bargello

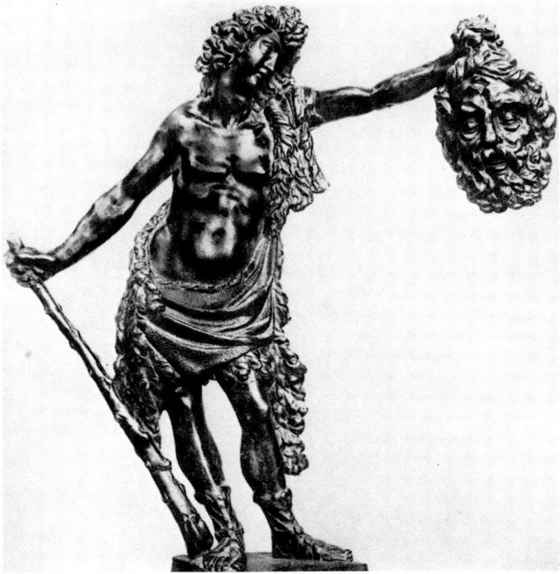

55. Francesco di Giorgio (?), David, Kleinbronze.
Berlin, Staatl. Museen

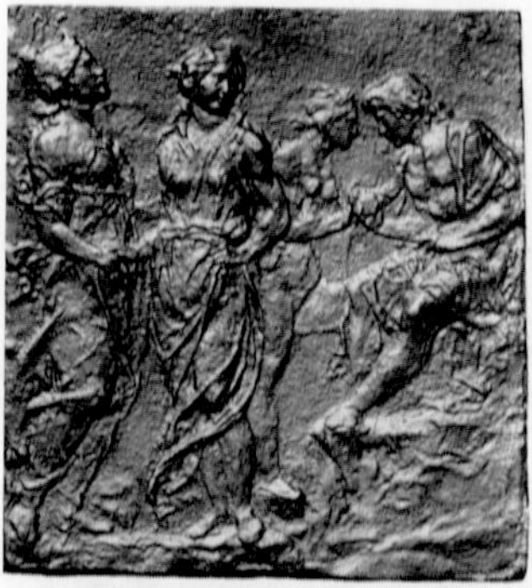

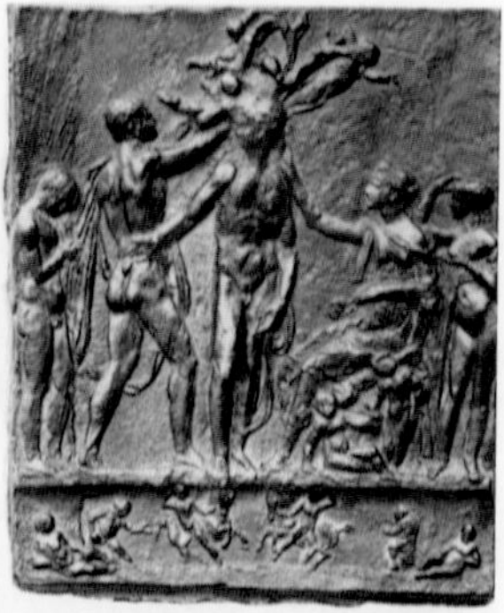

56. l. Francesco di Giorgio, Paris-Urteil. New York, Duveen Brothers
57. r. Bertoldo di Giovanni, Erotenbaum. Berlin, Staatl. Museen.

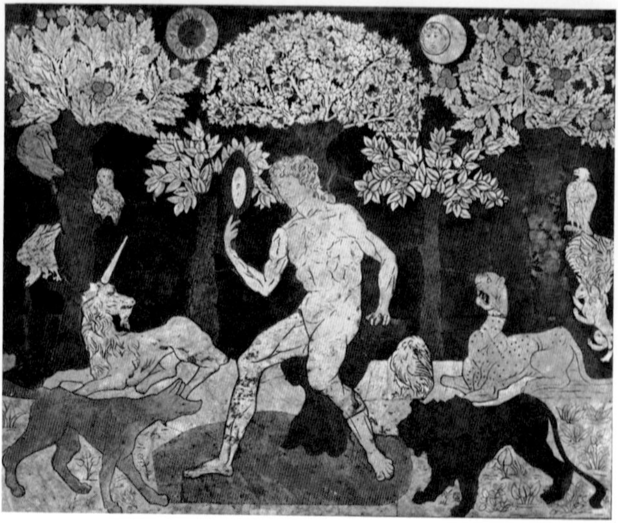

58. Francesco di Giorgio, Adam unter den Tieren. Scagliola.
Siena, S. Domenico

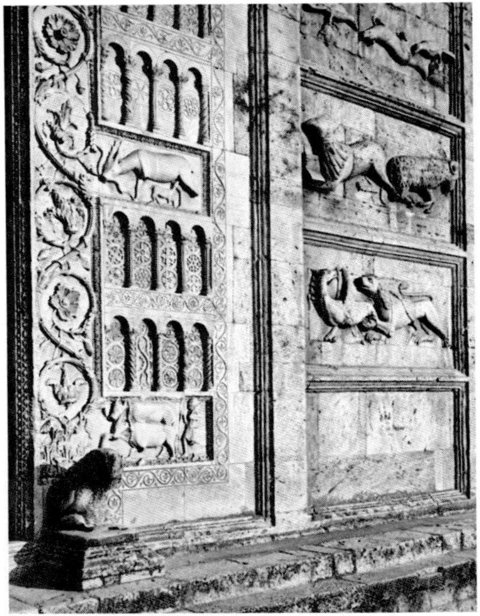

59. S. Pietro vor Spoleto, Fassade

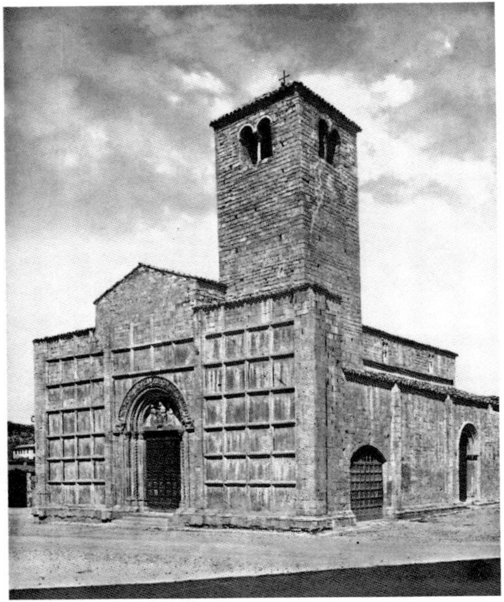

60. Ascoli Piceno, S. S. Vincenzo e Anastasio

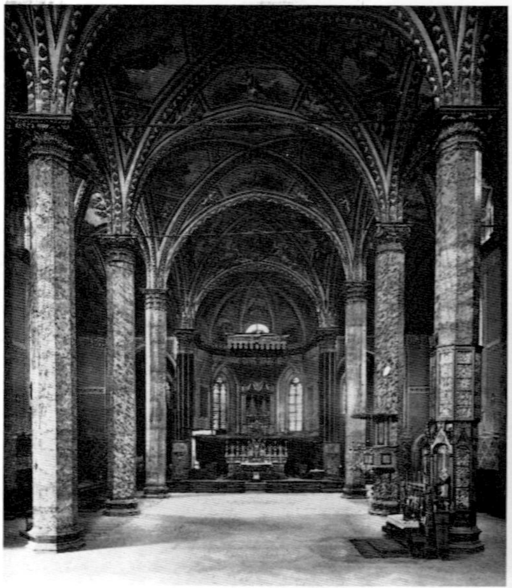

61. Perugia, Dom

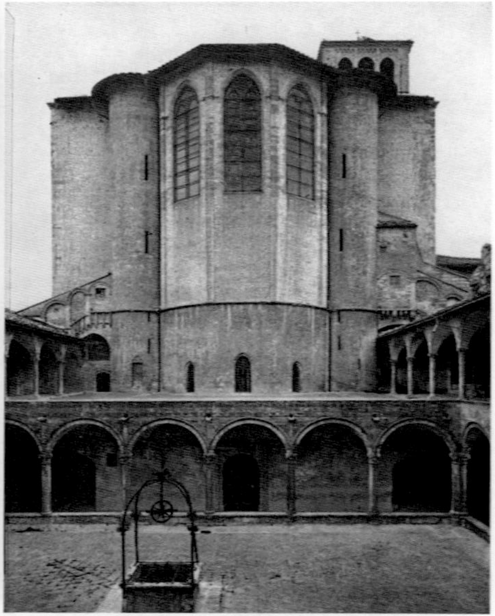

62. Assisi, S. Francesco, Chor, Außenansicht von Westen

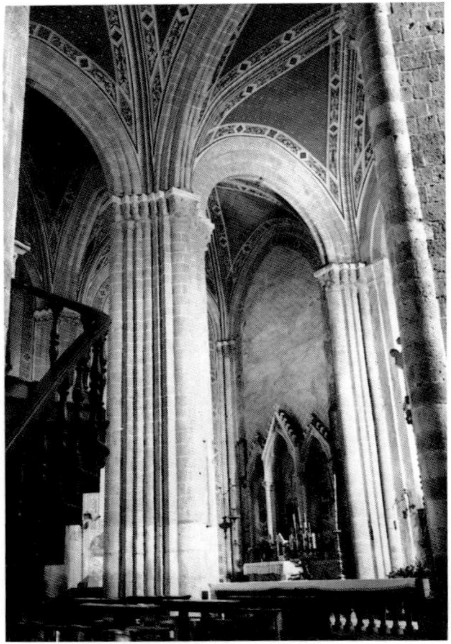

63. Orvieto, S. Andrea, Querhaus

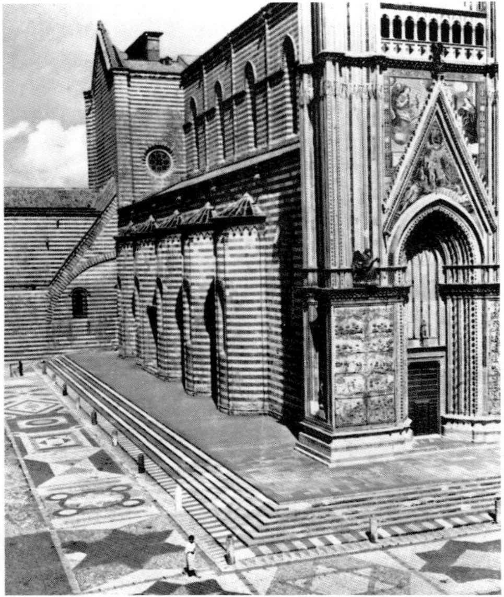

64. Orvieto, südliche Seitenfront des Langhauses

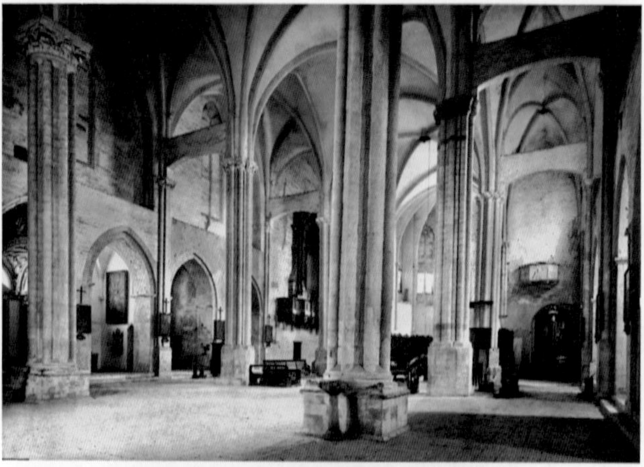

65. Todi, S. Francesco

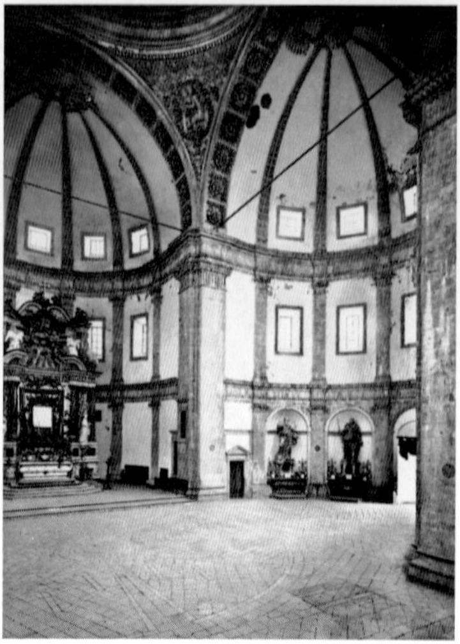

66. Todi, Sa. Maria della Consolazione

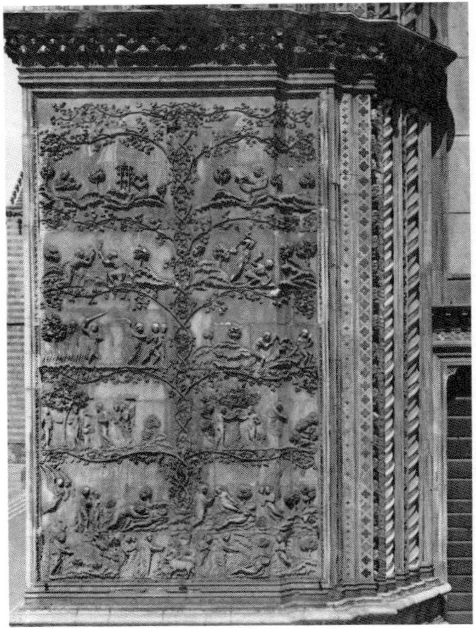

67. Orvieto, Dom-Fassade,
Reliefs v. L. Maitani

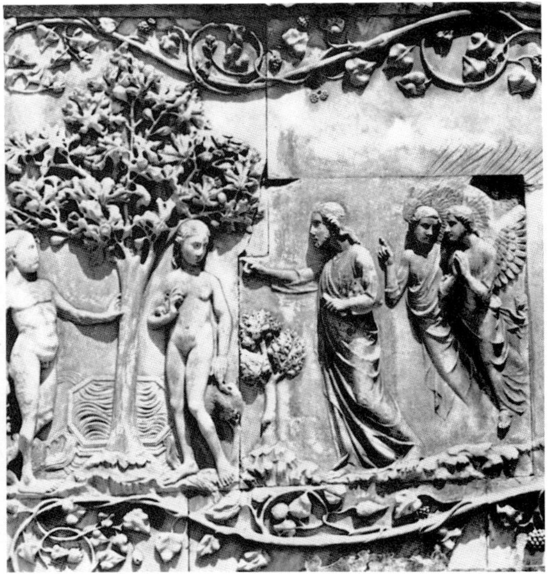

68. ebda, Sündenfall v. L. Maitani

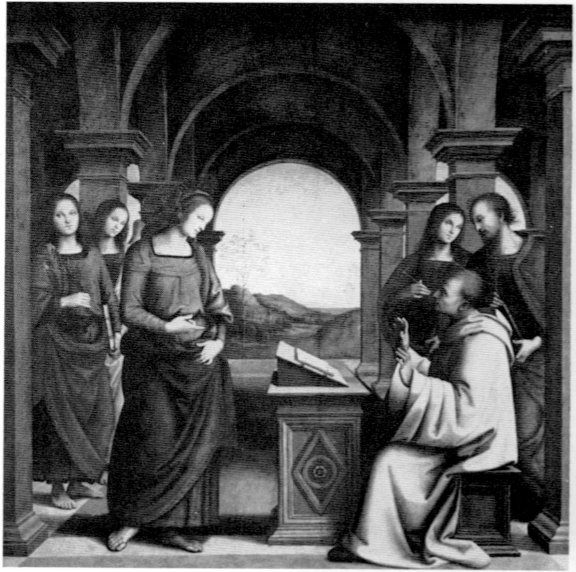

69. P. Perugino, Vision des hl. Bernhard.
München, Alte Pinakothek

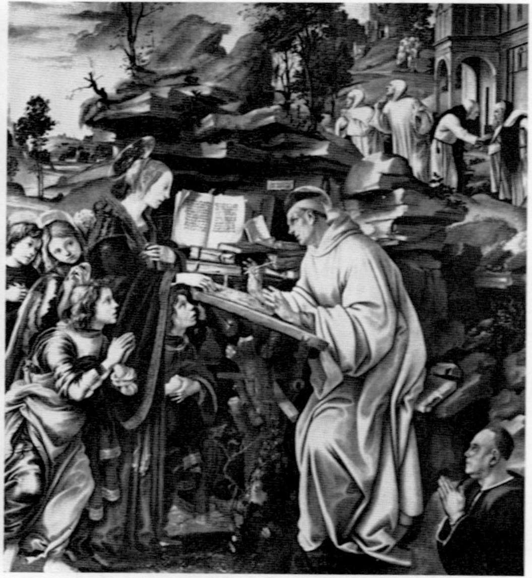

70. Filippino Lippi, Vision des hl. Bernhard.
Florenz, Badia

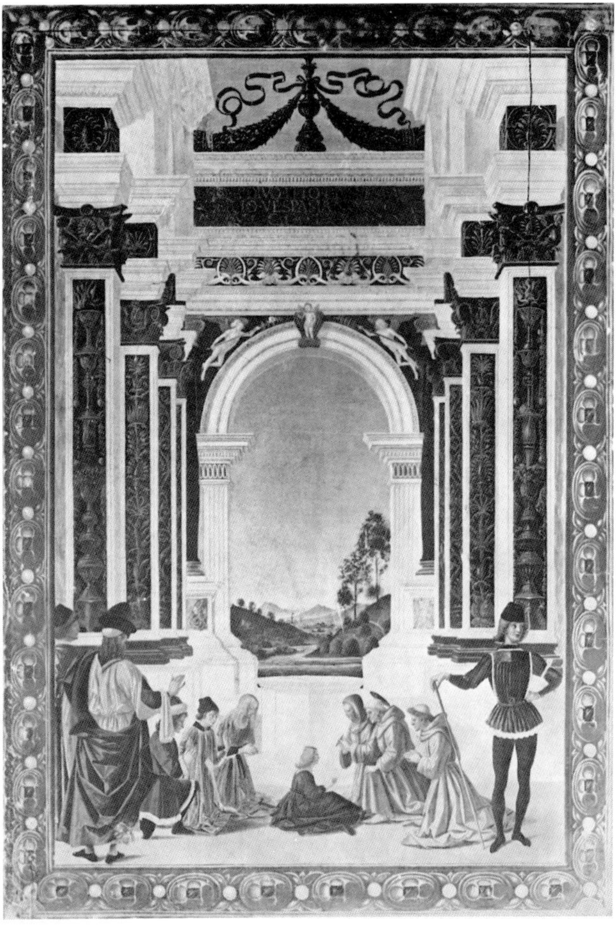

71. Bernhardins-Legende. Heilung des Polissena.
Perugia, Pinakothek

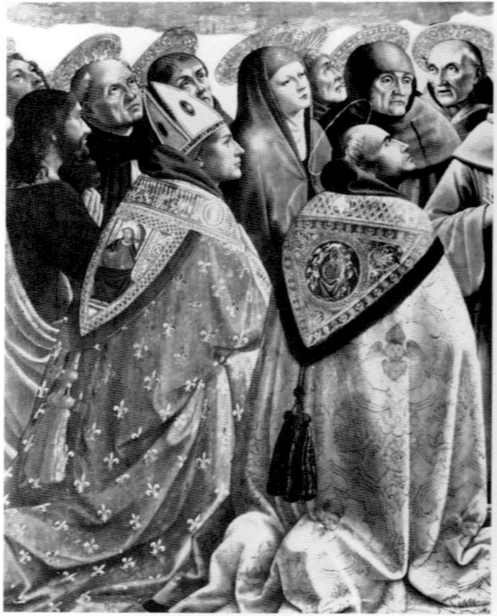

72. D. Ghirlandajo, Krönung Mariä. Ausschnitt.
Narni, Municipio

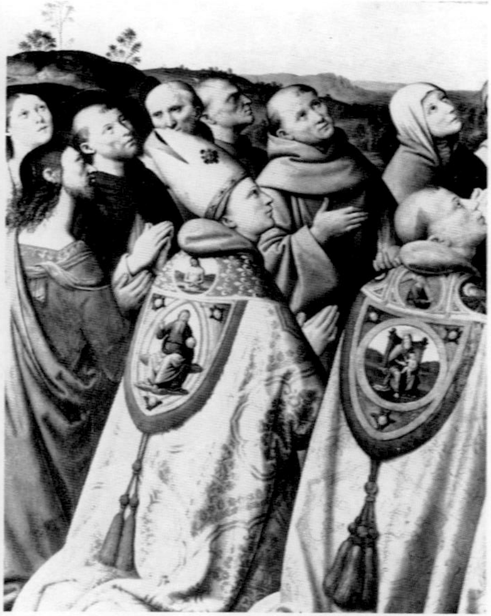

73. Lo Spagna, Krönung Mariä. Ausschnitt.
Todi, Städt. Galerie

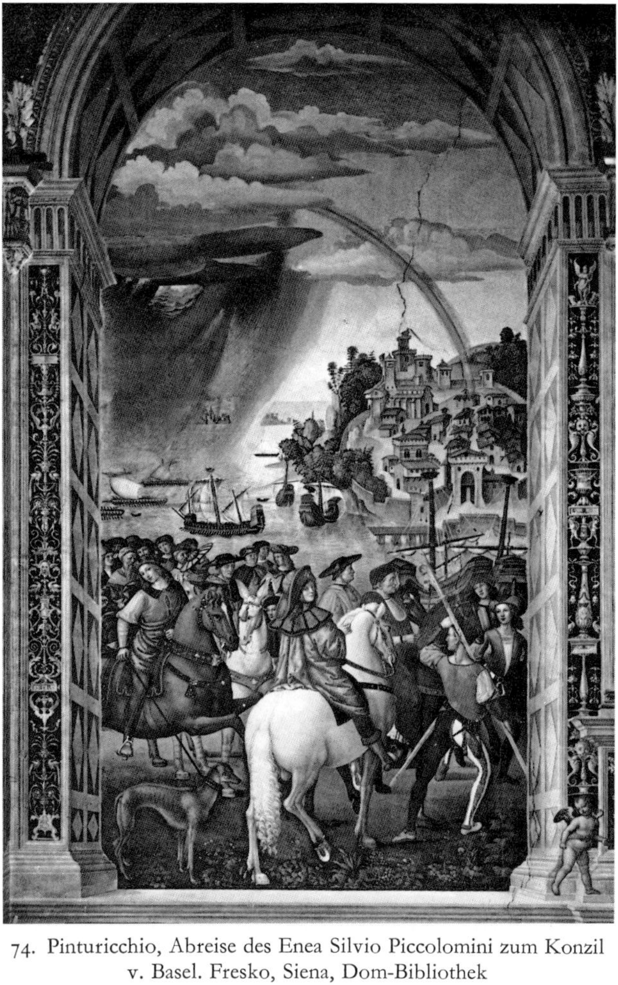

74. Pinturicchio, Abreise des Enea Silvio Piccolomini zum Konzil v. Basel. Fresko, Siena, Dom-Bibliothek

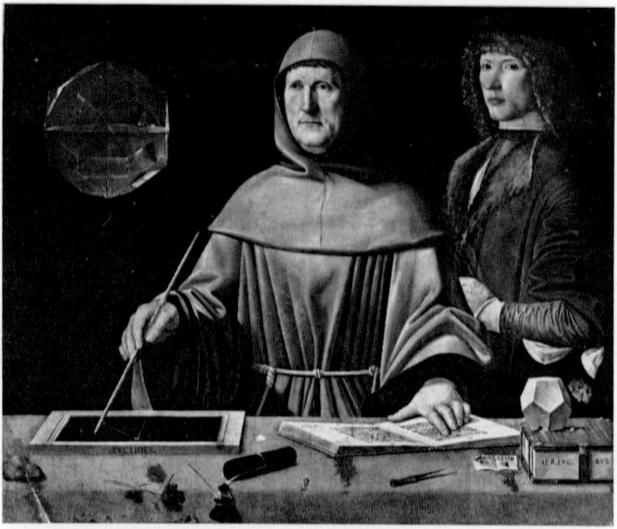

75. Der Mathematiker (Fra Luca Pacioli). Neapel, Pinakothek

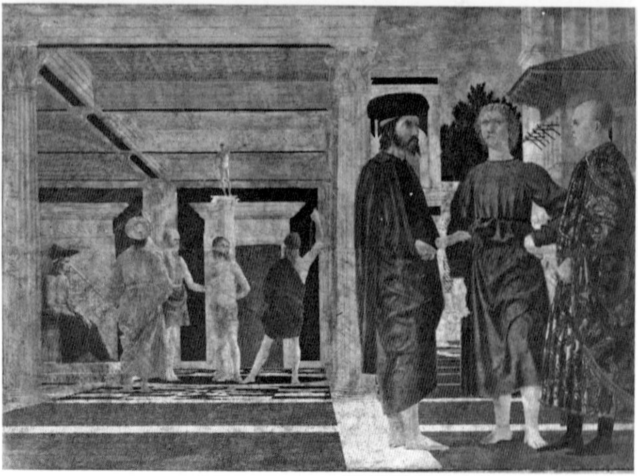

76. Piero della Francesca, Geißelung Christi. Urbino, Galerie

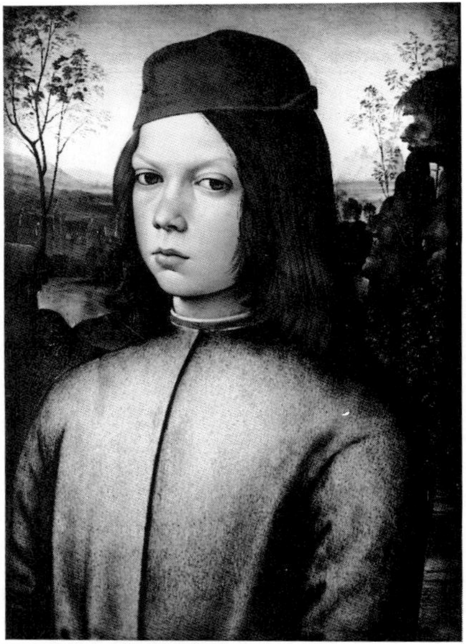
77. Pinturicchio, Jünglingsbild.
Dresden, Galerie

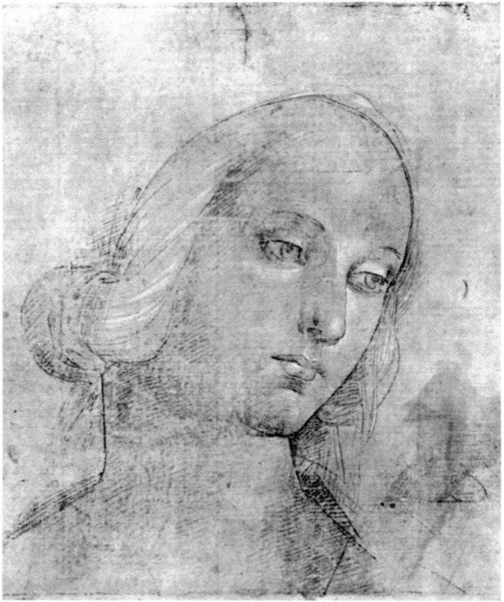
78. Pietro Perugino, Mädchenkopf.
Windsor, Königl. Bibliothek

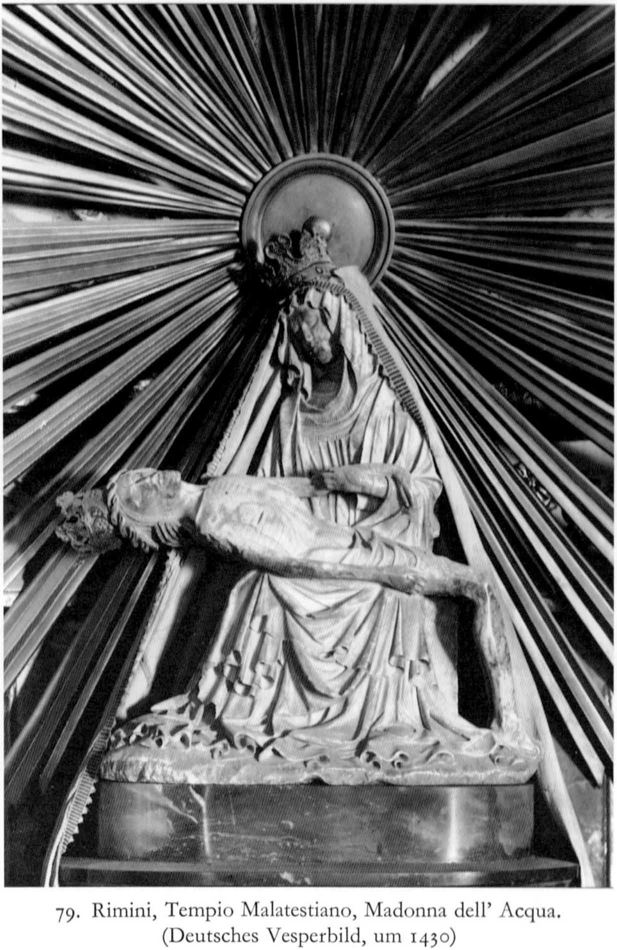

79. Rimini, Tempio Malatestiano, Madonna dell' Acqua.
(Deutsches Vesperbild, um 1430)

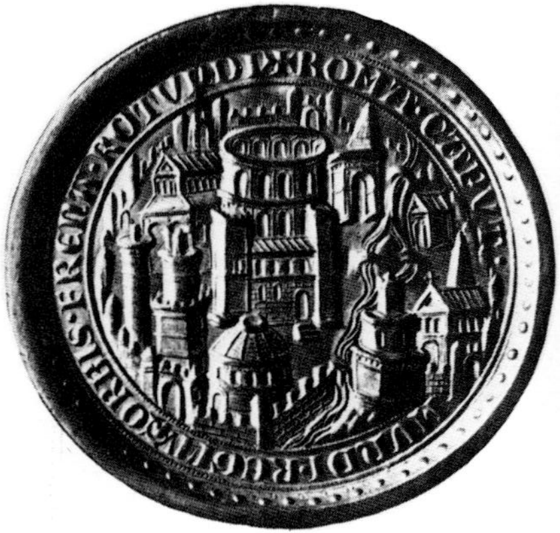

80. Rom-Ansicht,
Goldbulle Kaiser Ludwigs des Bayern
von 1328

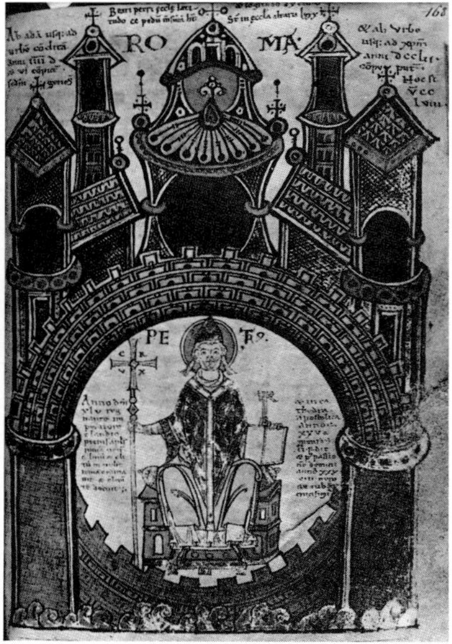

81. Rom-Ansicht aus dem Liber floridus,
um 1120. Gent, Stadtbibliothek

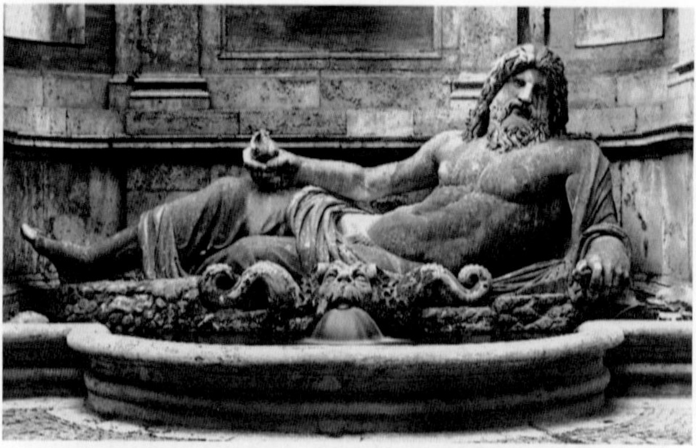

82. Marforio. Hof des Kapitolinischen Museums

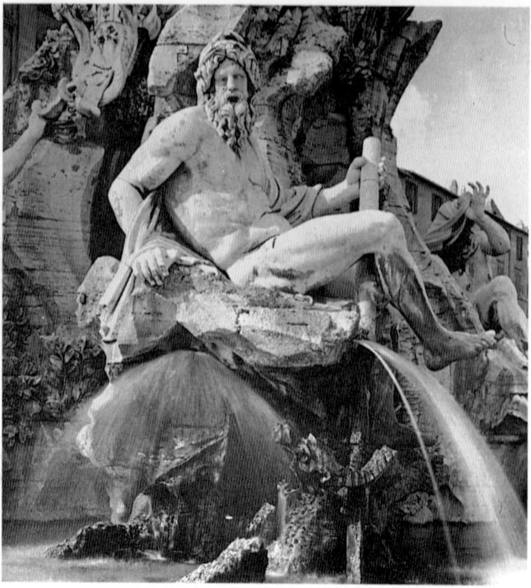

83. Flußgott (Danubio) von Bernini. Rom, Piazza Navona, Vier-Ströme-Brunnen

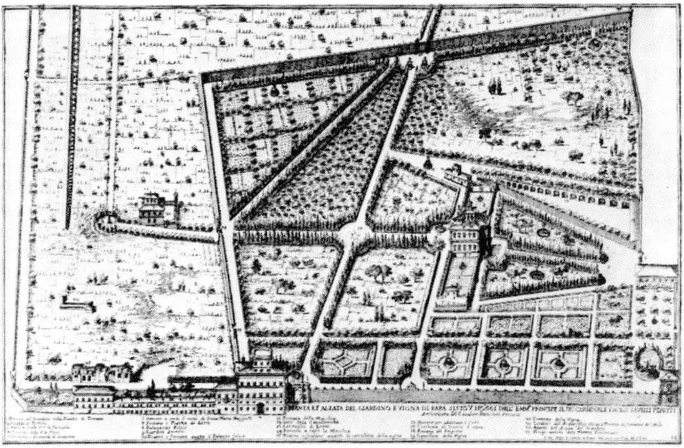

84. Rom, Villa Montalto. Stich von Falda

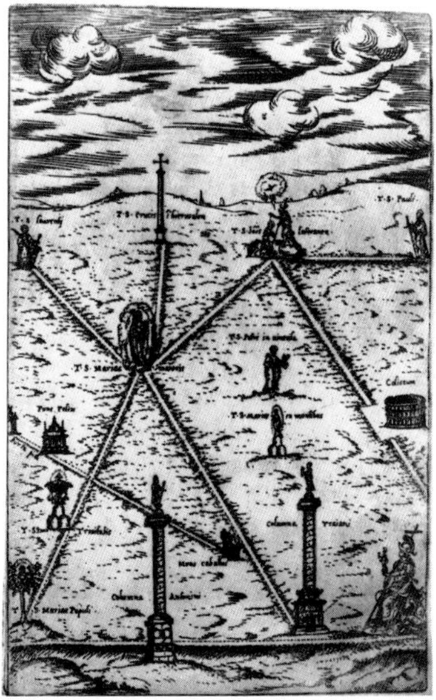

85. Stadtanlage Roms nach Plan Papst Sixtus' V. mit Sa. Maria Maggiore als Mittelpunkt

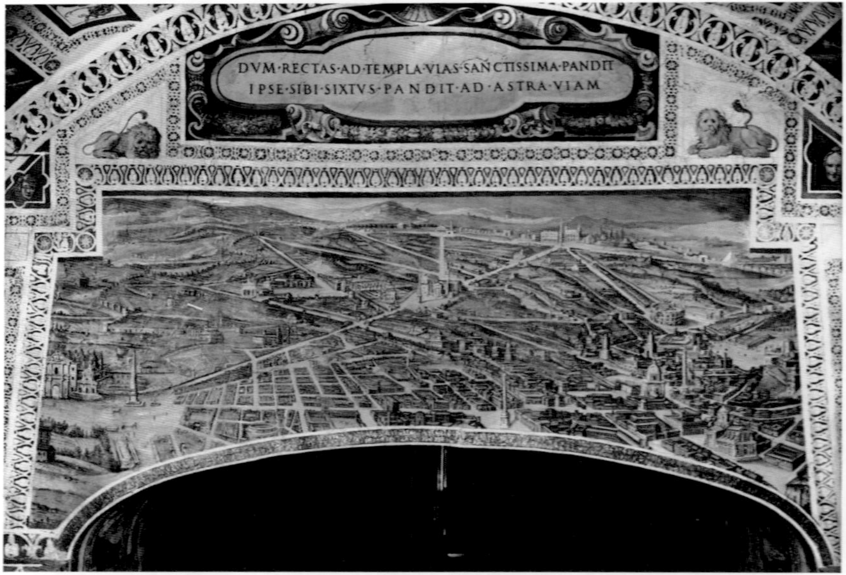

86. Rom, Stadtanlage Papst Sixtus' V., Fresko im Vatikan. Sixtin. Bibliothek

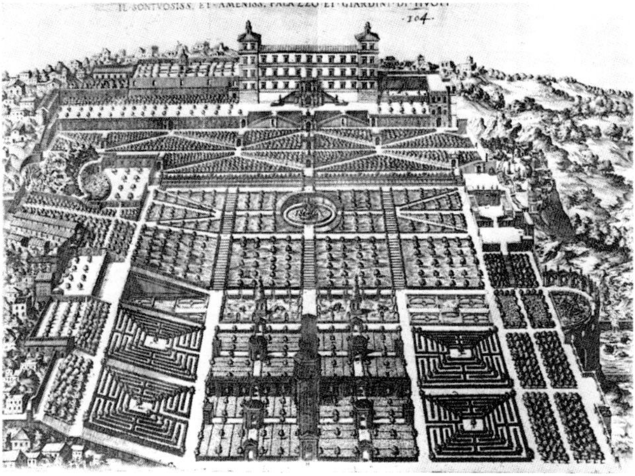

87. Tivoli, Villa d'Este. Stich von Etienne Dupérac

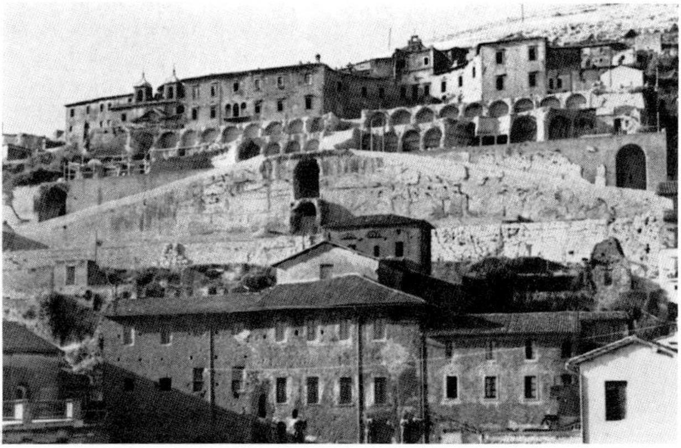

88. Palestrina, Gesamtanlage des Heiligtums nach 1945

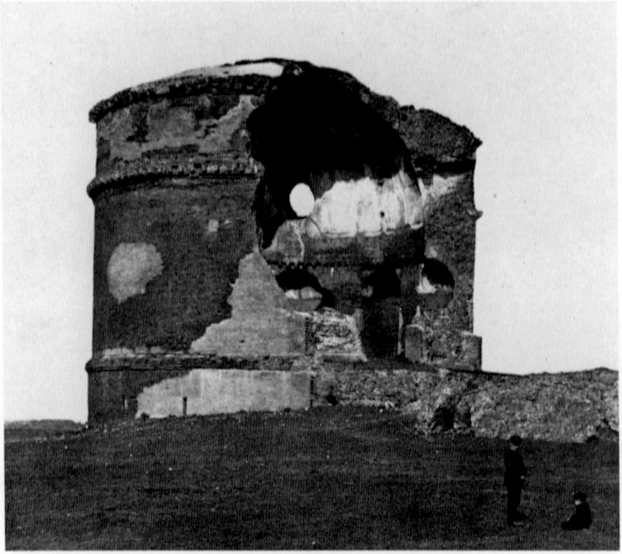

89. Rom, Torre de' Schiavi

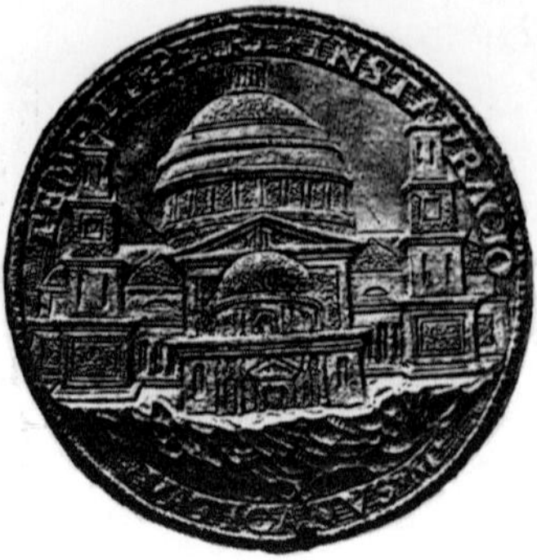

90. Gründungs-Medaille von Caradosso
für St. Peter in Rom

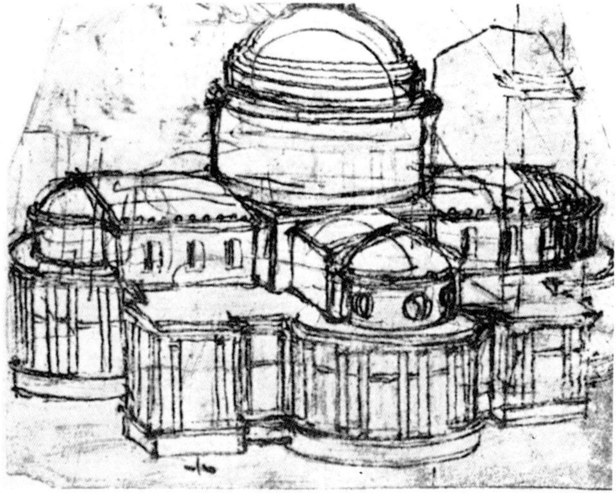

91. Bramante, Entwurf für St. Peter in Rom. Florenz, Uffizien dis. 27

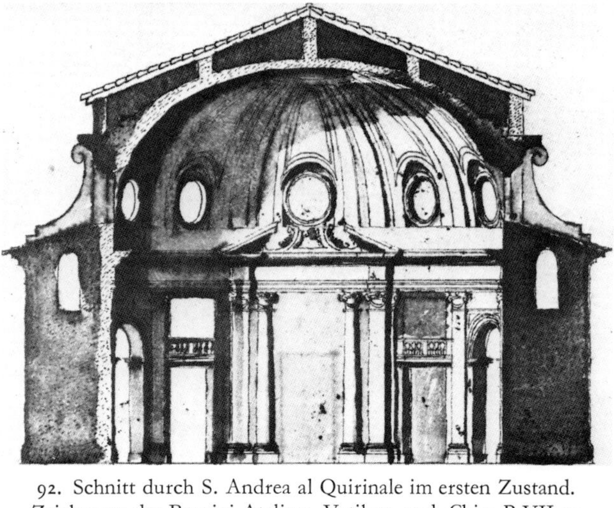

92. Schnitt durch S. Andrea al Quirinale im ersten Zustand.
Zeichnung des Bernini-Ateliers. Vatikan, cod. Chig. P VII 13

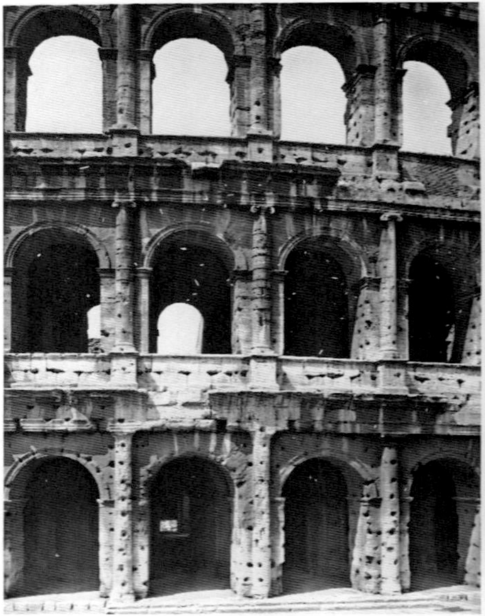

93. Rom, Kolosseum, Außenansicht

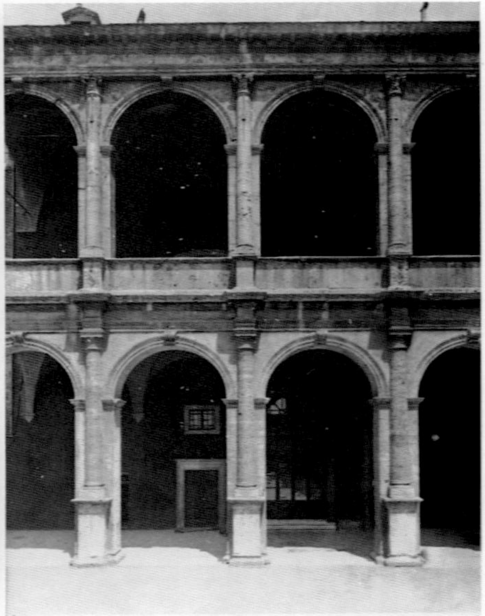

94. Rom, Palazzo Venezia, Pfeilerhof

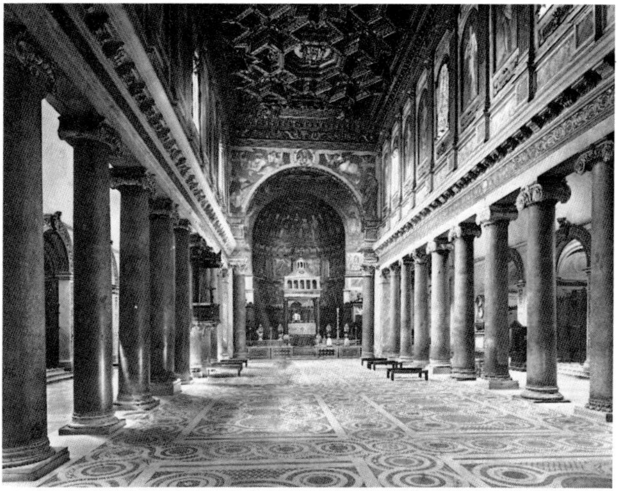

95. Rom, Sa. Maria in Trastevere

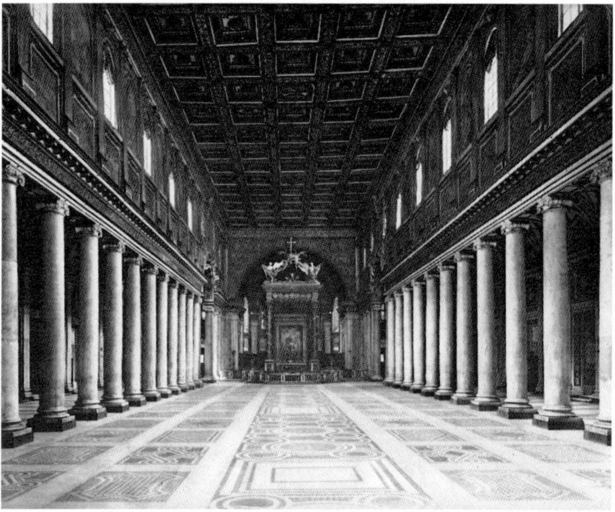

96. Rom, Sa. Maria Maggiore

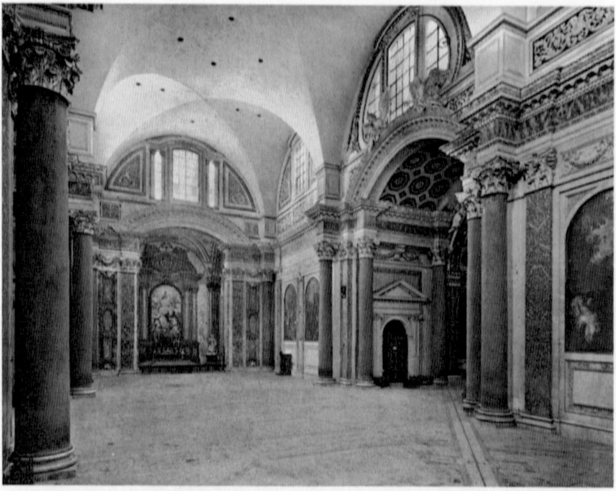

97. Rom, Sa. Maria degli Angeli

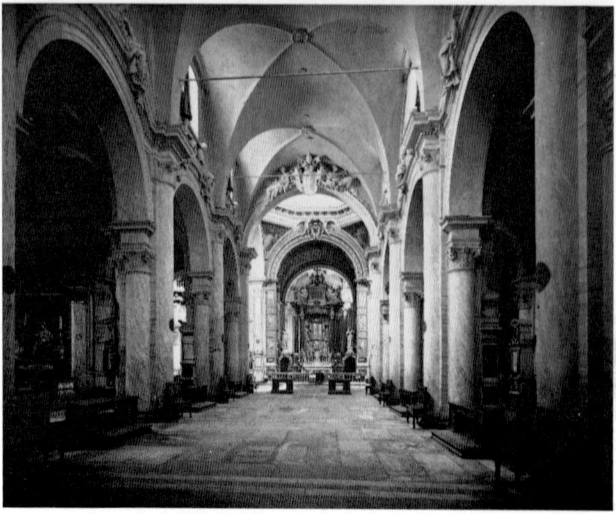

98. Rom, Sa. Maria del Popolo

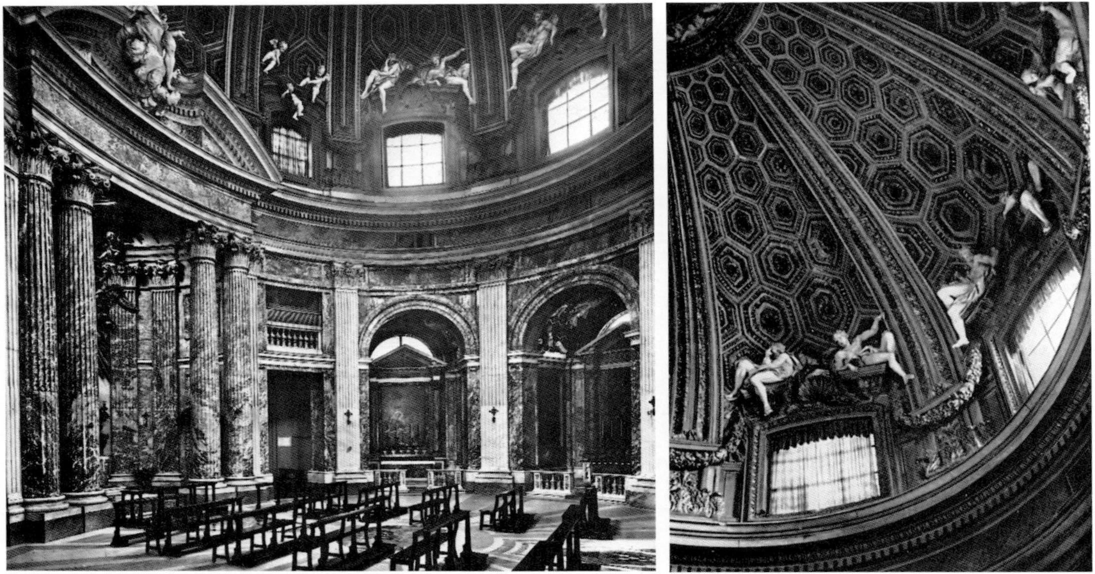

99–100. Rom, S. Andrea al Quirinale

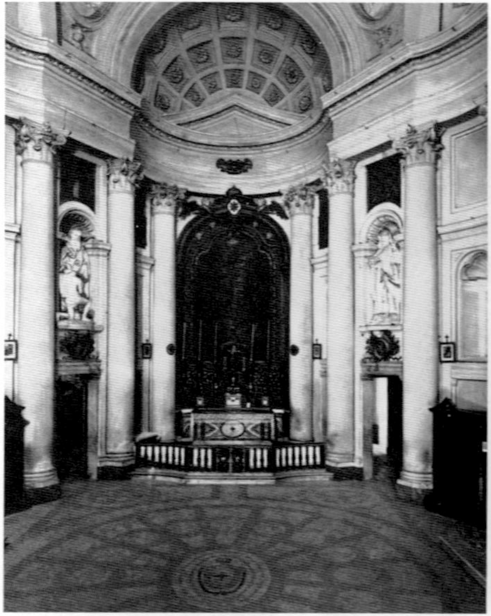

101. Rom, S. Carlo alle quattro Fontane

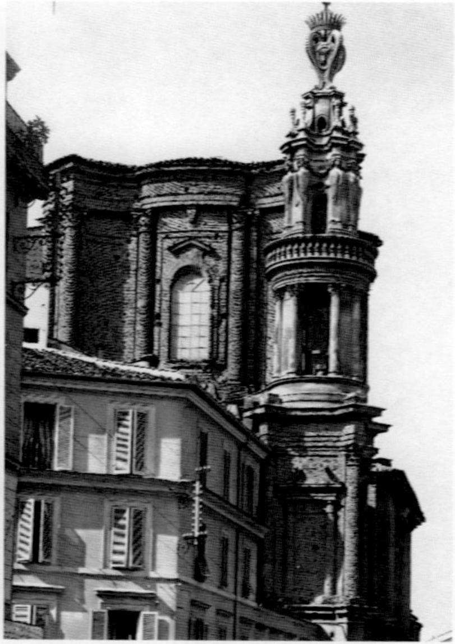

102. Rom, S. Andrea delle Frate, Campanile, oberer Teil

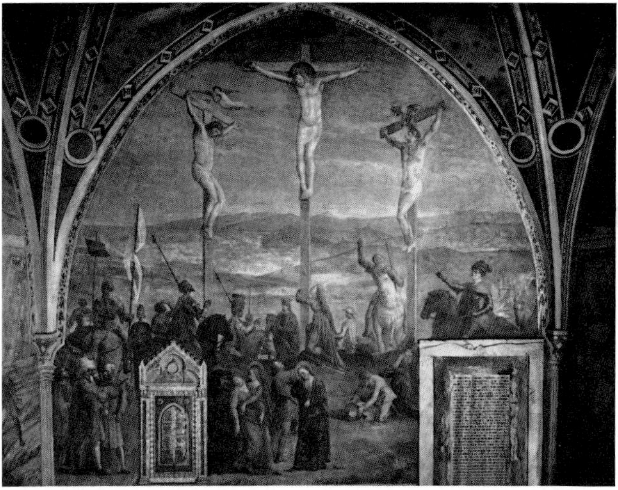

103. Masolino, Kreuzigung. Rom, S. Clemente, Cappella Castiglione

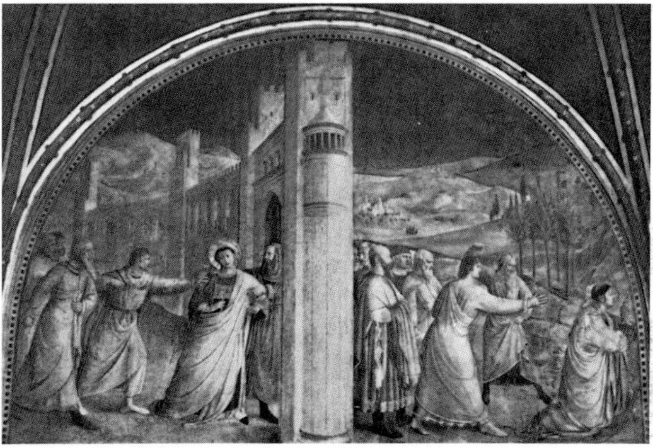

104. Fra Angelico, Gang zum Richtplatz und Steinigung des hl. Stephanus. Rom, Vatikan, Kapelle Nikolaus V.

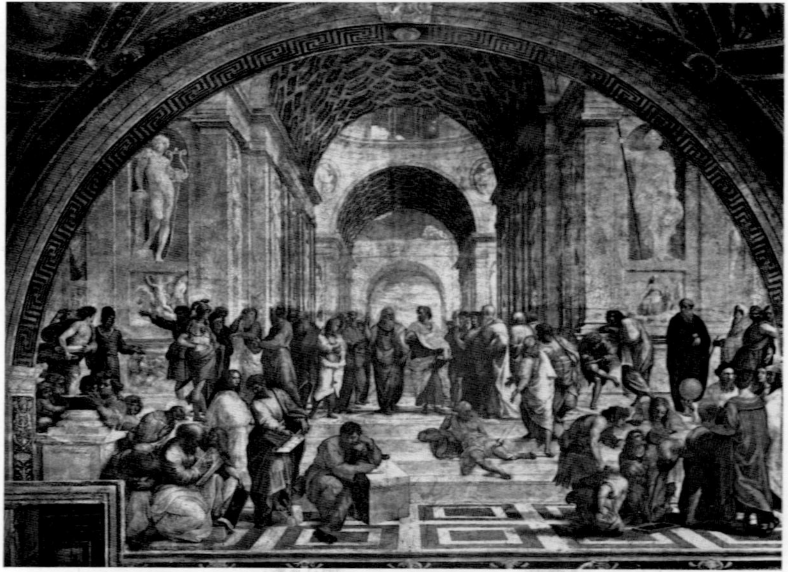

105. Raffael, Schule von Athen. Stanzen des Vatikan

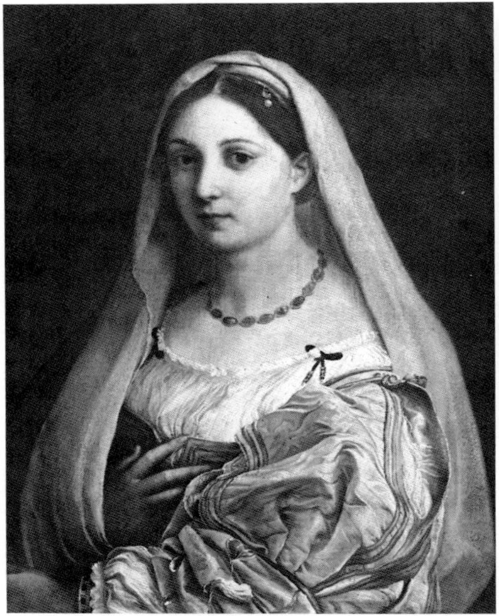

106. Raffael, Donna Velata. Florenz, Palazzo Pitti

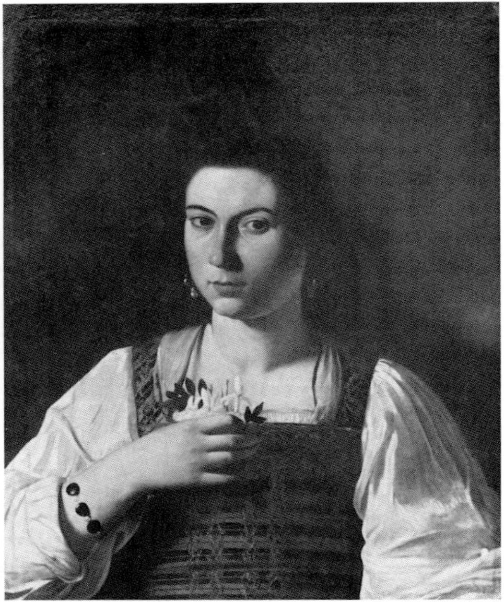

107. Caravaggio, Bildnis einer jungen Frau. Berlin, Kaiser-Friedrich-Museum (verbrannt)

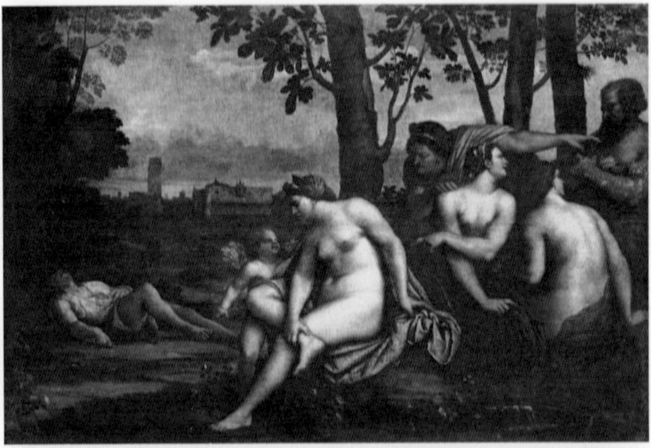

108. Sebastiano del Piombo, Tod des Adonis. Florenz, Uffizien

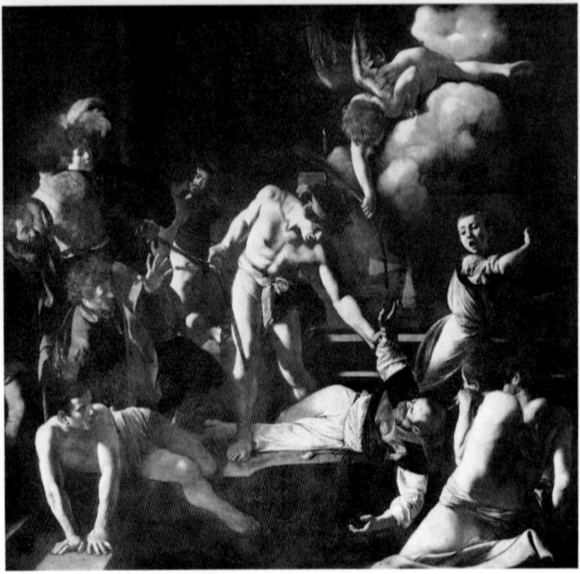

109. Caravaggio, Martyrium des hl. Matthäus.
Rom, S. Luigi dei Francesi

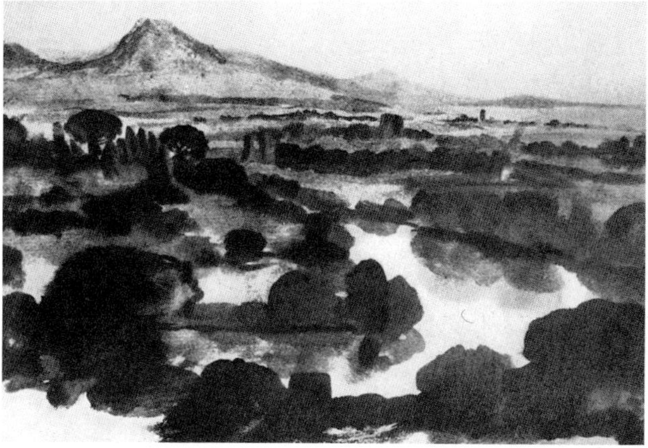

110. Claude Lorrain, Tiberlandschaft im Morgengrauen. Lavierte Pinselzeichnung. London, British Museum

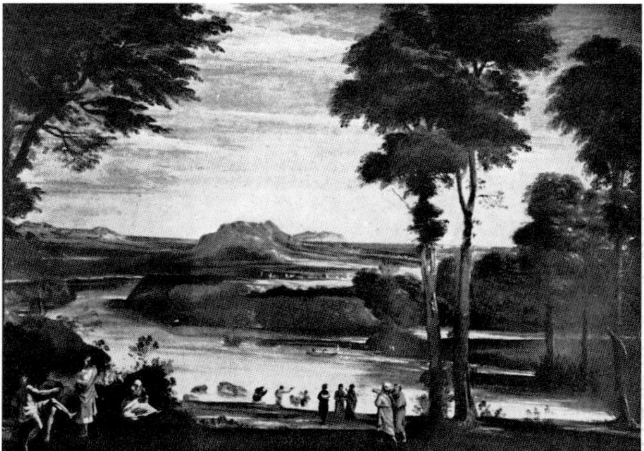

111. Domenichino, Landschaft mit dem Taufenden hl. Johannes. Cambridge, Fitz-William-Museum

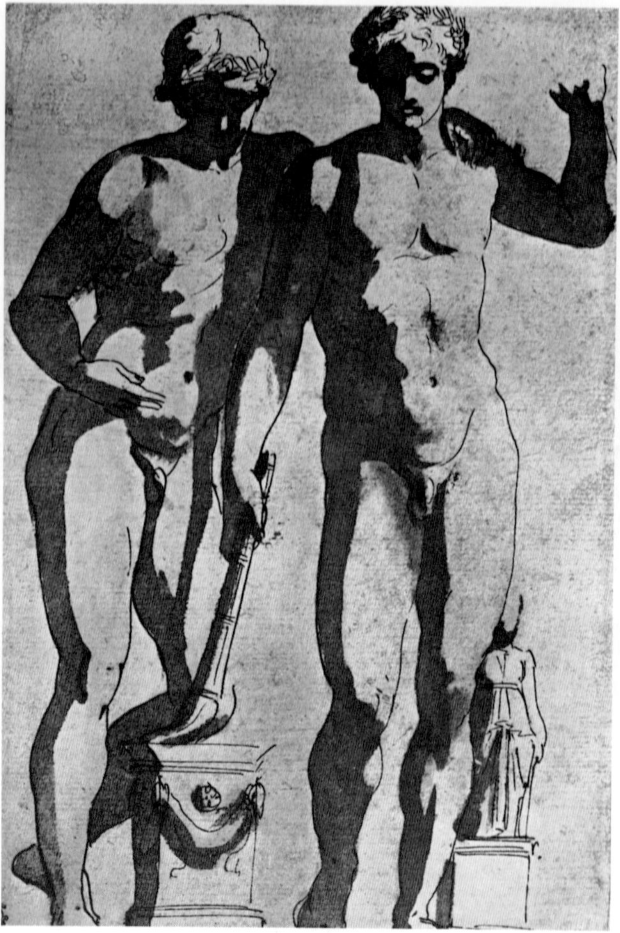

112. Poussin, Die Dioskuren. Tuschzeichnung. Paris, Louvre

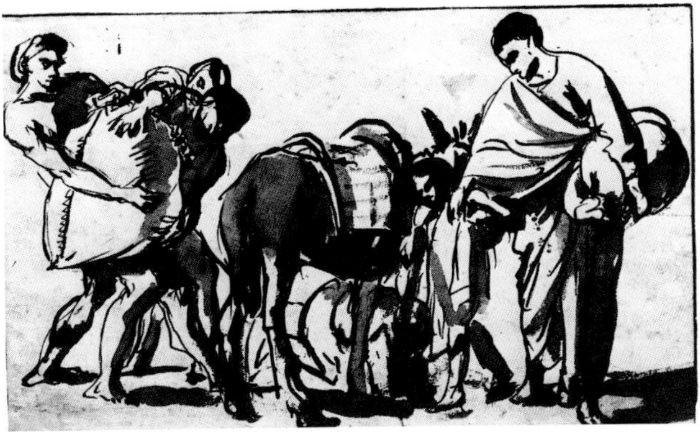

113. A. Elsheimer, Beladen eines Maulesels. Tuschzeichnung. Nürnberg, Germanisches Nationalmuseum

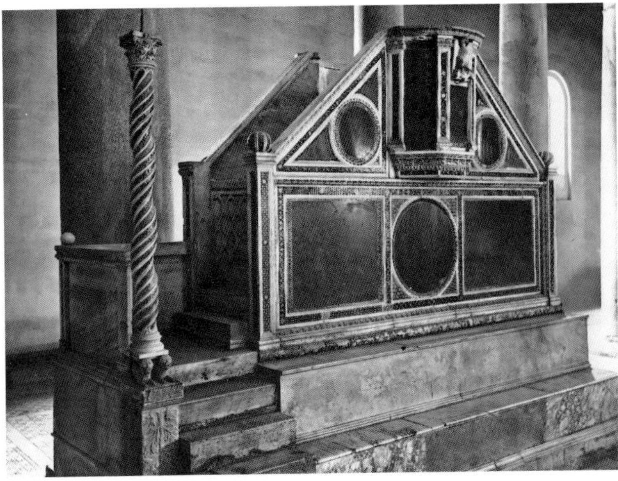

114. Kanzel der Cosmaten. Rom, S. Lorenzo fuori

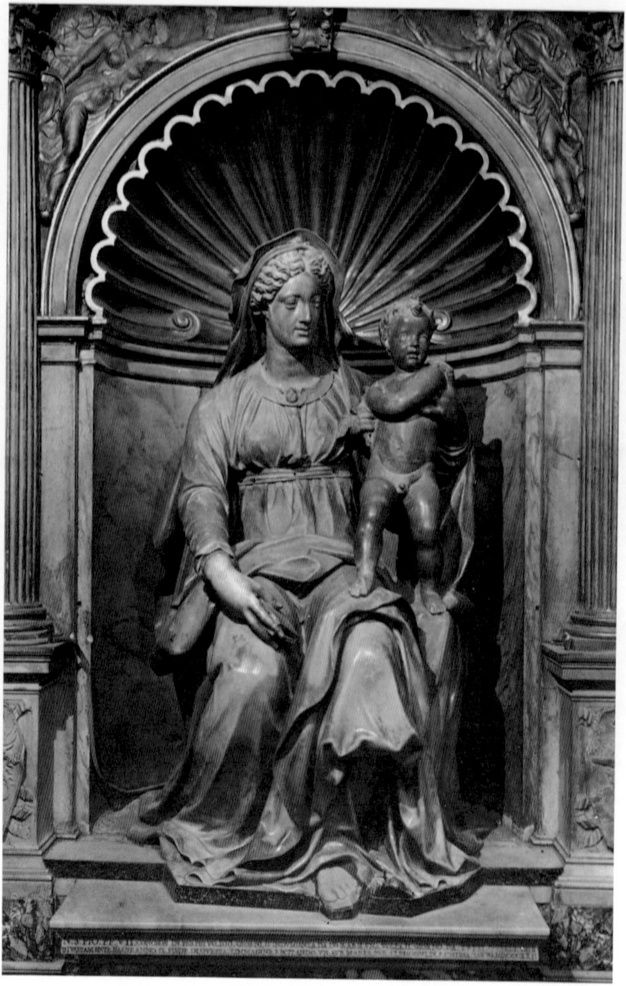

115. Jacopo Sansovino, Madonna del Parto. Rom, S. Agostino

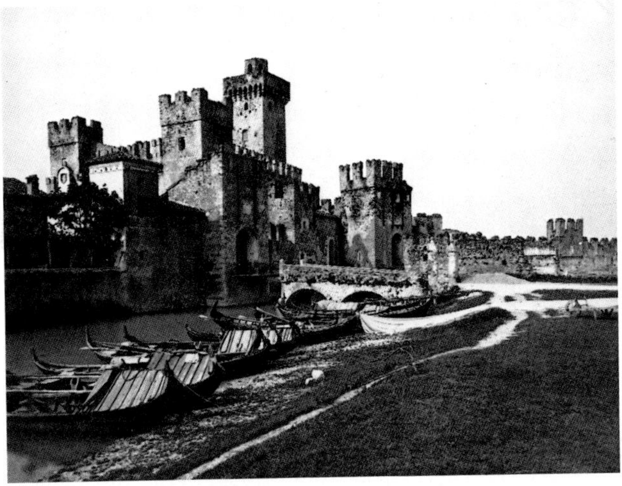

116. Sirmione am Gardasee, Scaliger-Burg

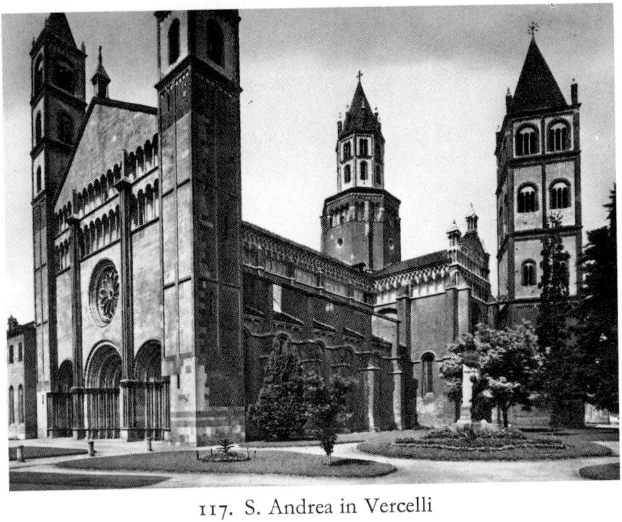

117. S. Andrea in Vercelli

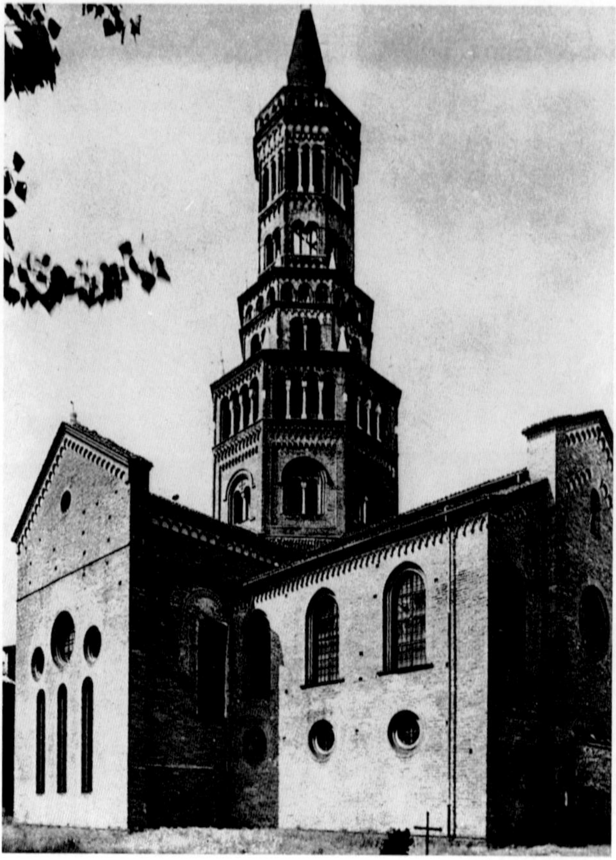

118. Chiaravalle Milanese, Zisterzienser-Kirche, Vierungsturm

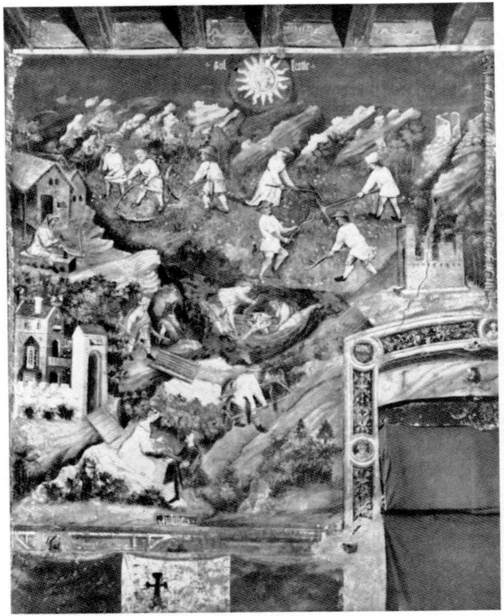

119. Trient, Kastel, Adlerturm, Monatsbild des Juli. Fresko.

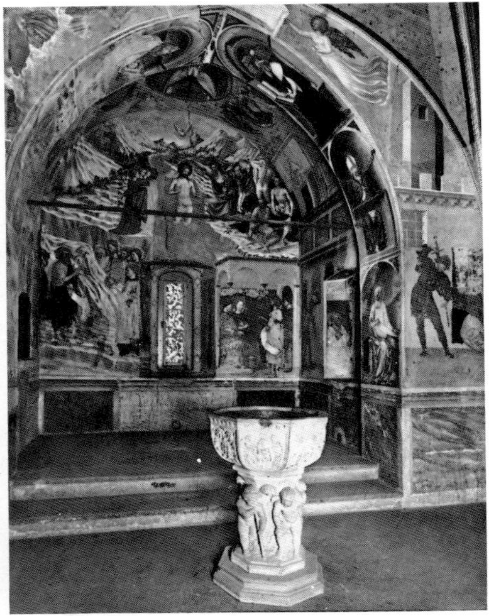

120. Castiglione d'Olona, Baptisterium, Fresken von Masolino

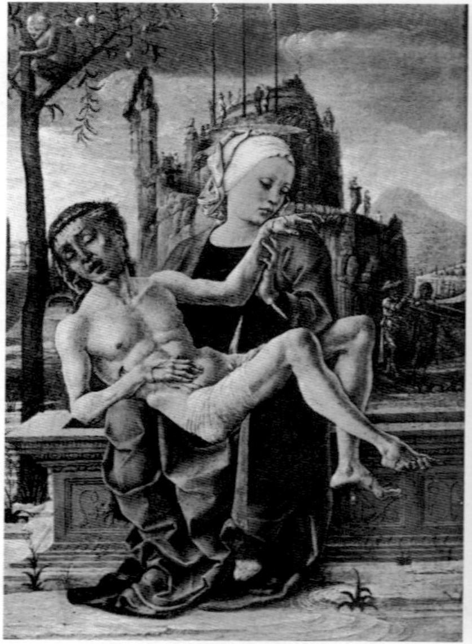

121. Cosmé Tura, Pietà.
Venedig, Museo Civico Correr

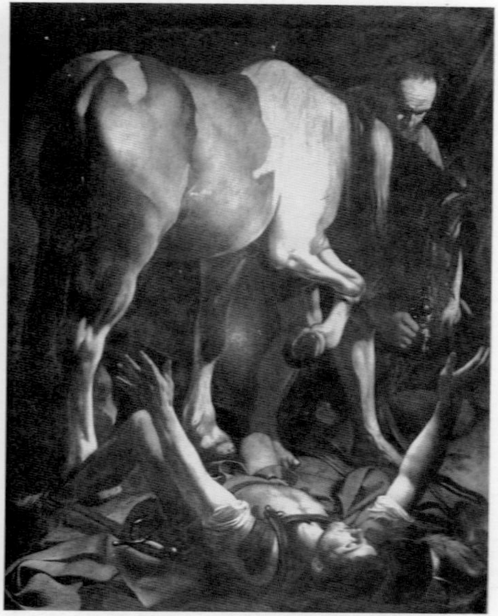

122. Caravaggio, Bekehrung Pauli.
Rom, Sa. Maria del Popolo

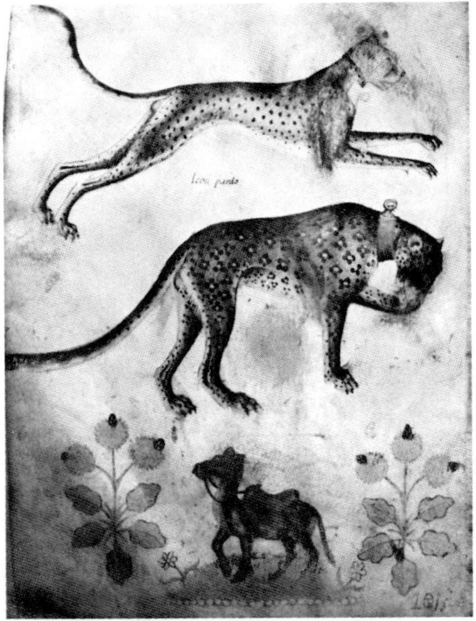

123. Giovannino dei Grassi, Tierstudien.
Bergamo, Bibliothek

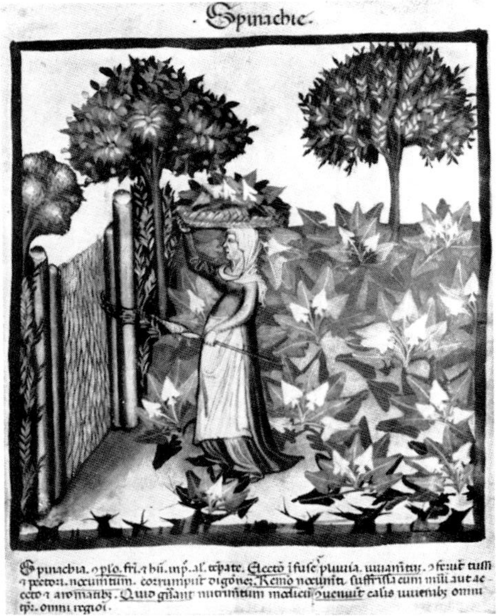

124. Taccuinum Sanitatis: Spinat.
Wien, Kunsthist. Museum

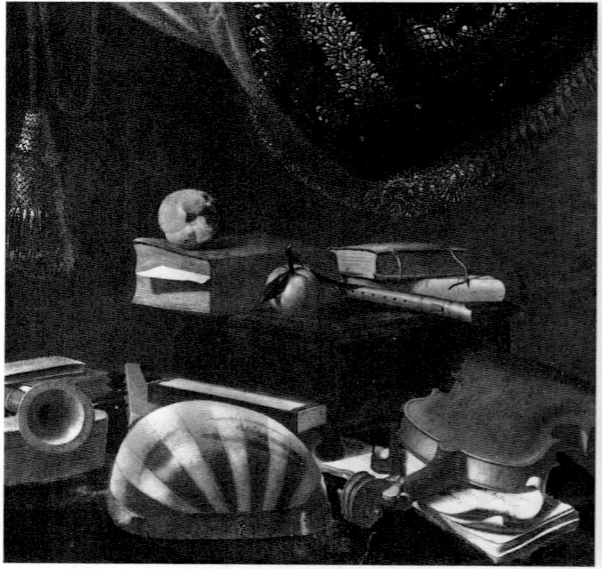

125. Evaristo Baschenis, Musik-Stilleben. Ausschnitt. Bergamo, Accademia Carrara

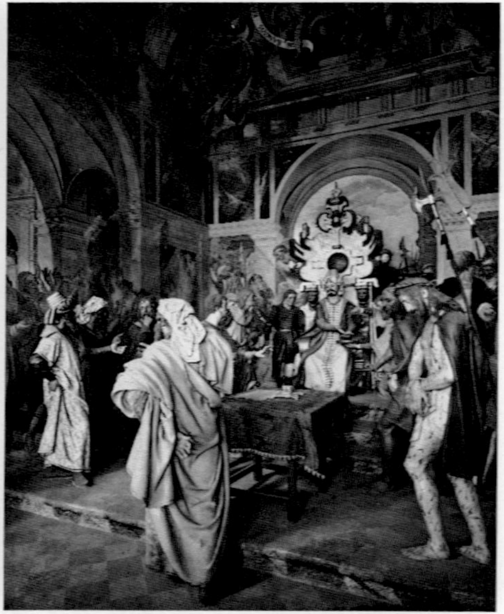

126. Varallo, 34. Kapelle des Kreuzwegs am Sacro Monte

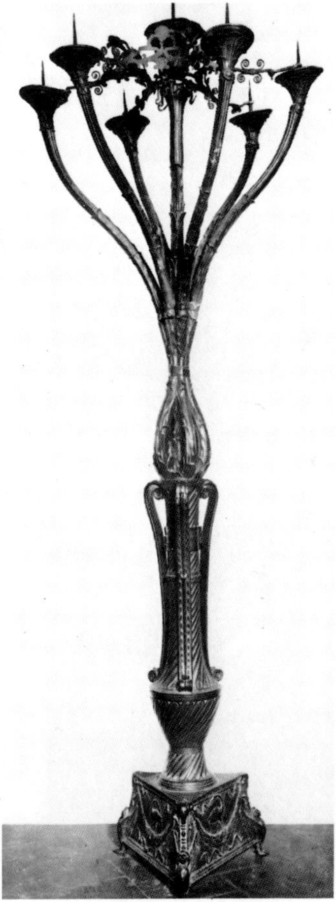

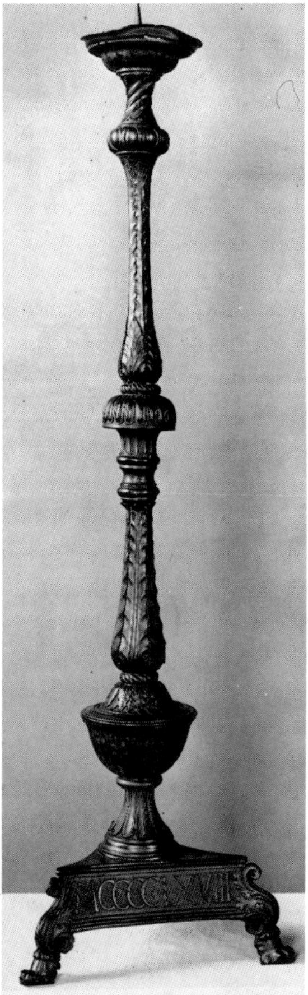

127. l. Bartolomeo Bellano, Bronzeleuchter. Pistoja, Dom
128. r. Verrocchio, Bronzeleuchter. Berlin, Schloßmuseum (zerstört)

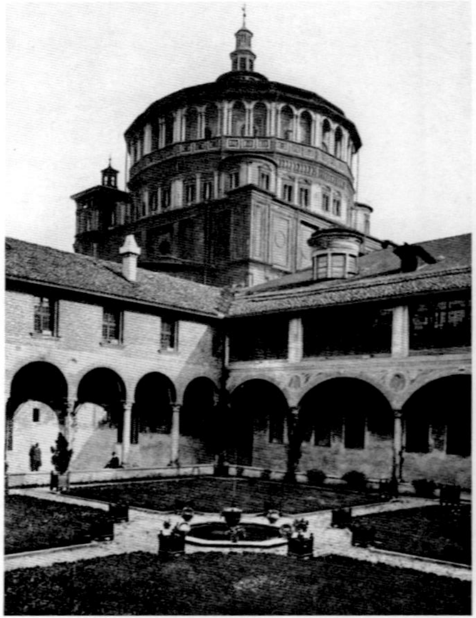

129. Mailand, Sa. Maria delle Grazie.
Vierungsturm und Klosterhof

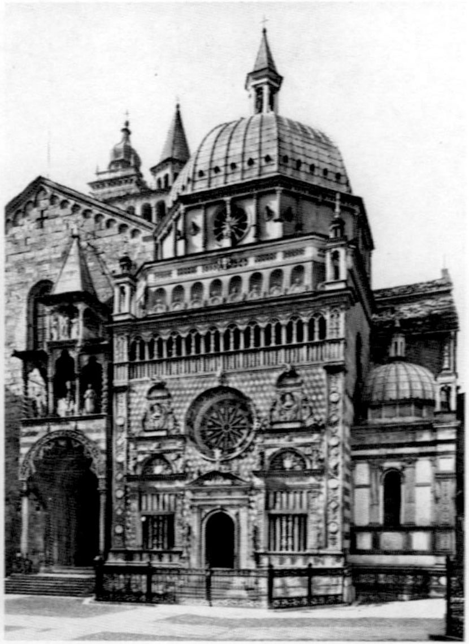

130. Bergamo, Sa. Maria Maggiore.
Fassade der Colleoni-Kapelle

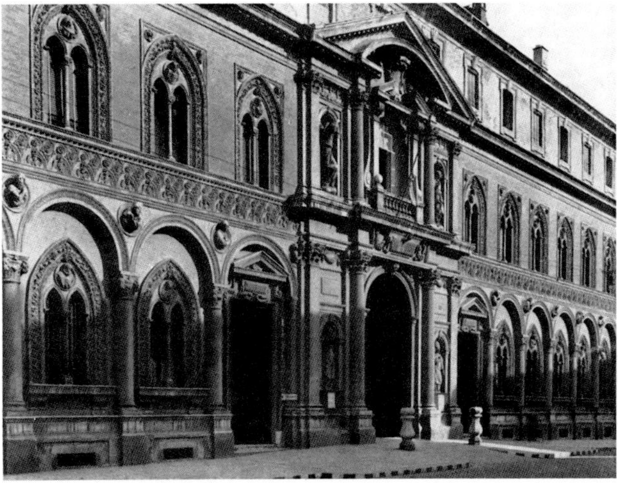

131. Mailand, Ospedale Maggiore, Fassade

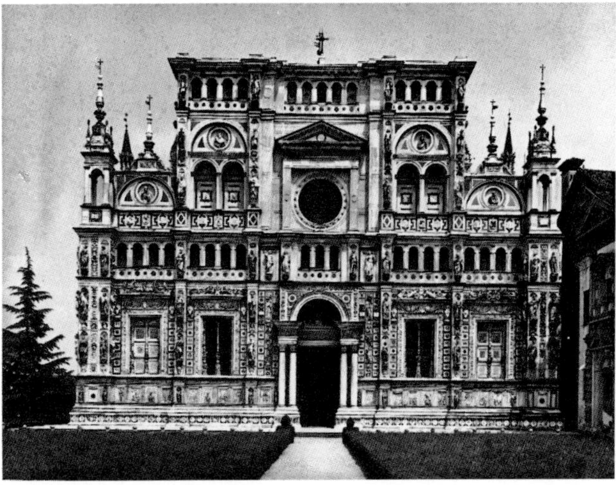

132. Certosa di Pavia, Fassade

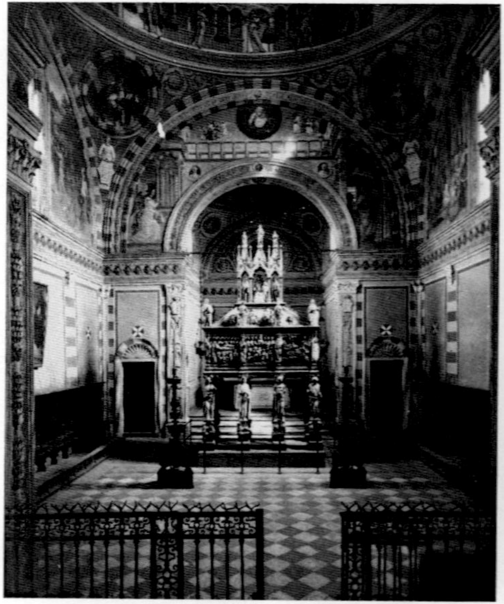

133. Mailand, S. Eustorgio, Cappella Portinari

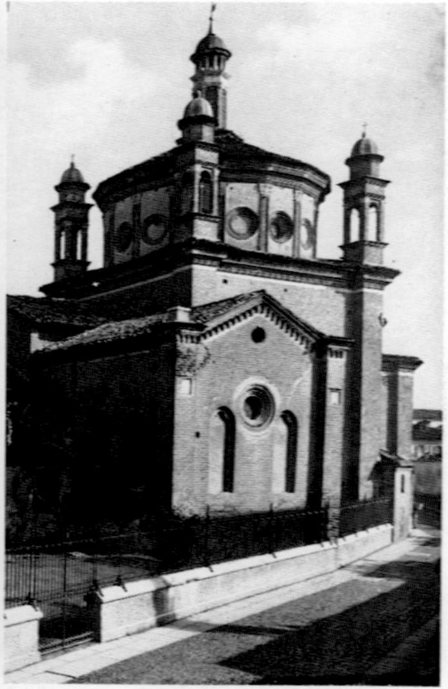

134. dasselbe, Außenbau

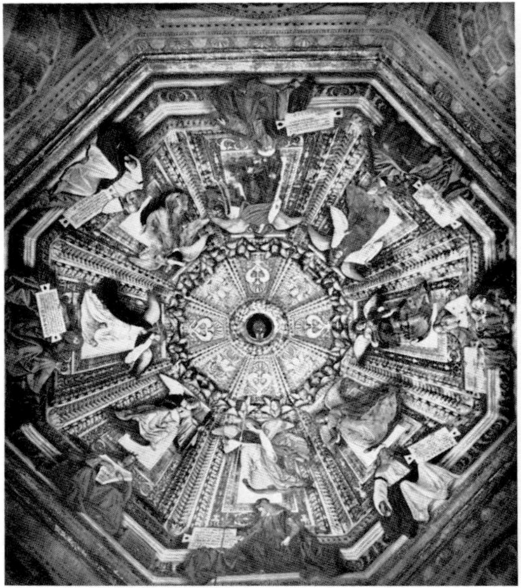

135. Melozzo da Forli, Loreto, Basilika, Cappella del Tesoro, Kuppel

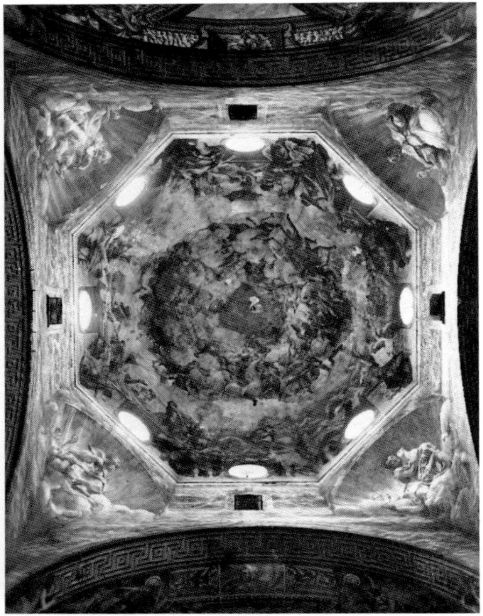

136. Correggio, Parma, Dom, Kuppel

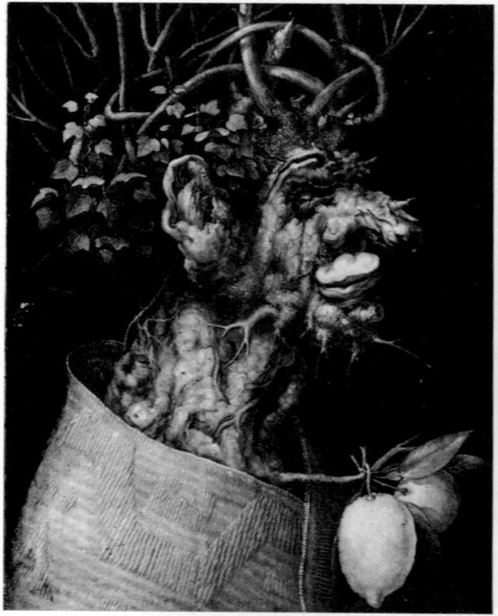

137. Arcimboldo, Der Herbst.
Wien, Kunsthist. Museum

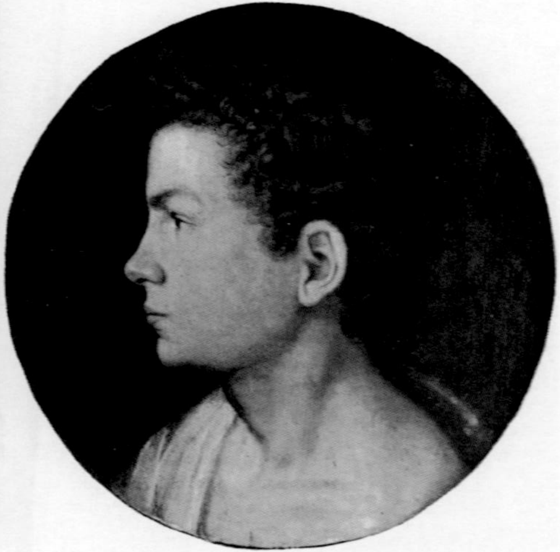

138. Lomazzo, Selbstbildnis.
Wien, Kunsthistor. Museum

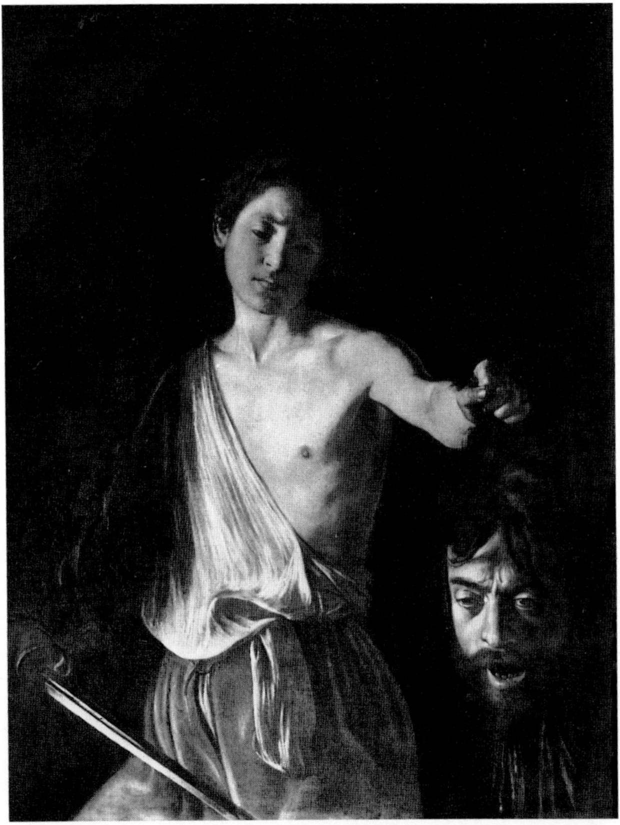

139. Caravaggio, David mit dem Haupt des Goliath.
Rom, Galleria Borghese

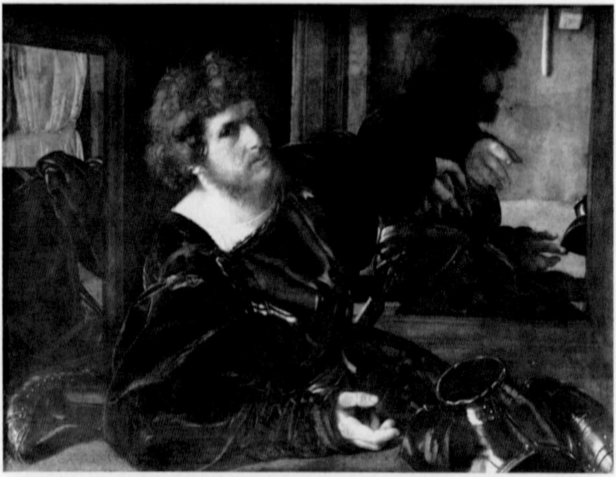

140. Savoldo, Männliches Bildnis. Paris, Louvre

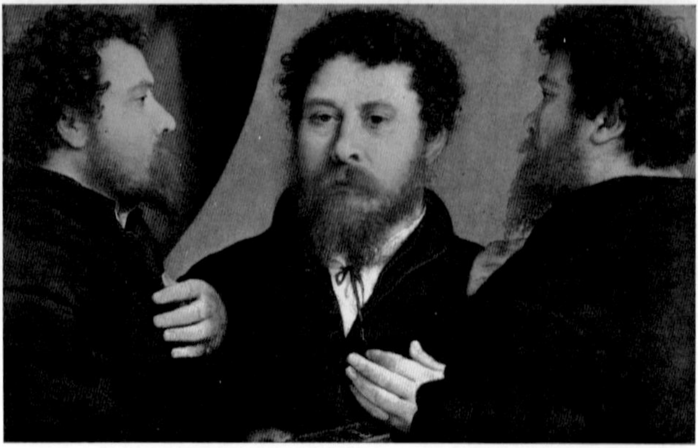

141. Lorenzo Lotto, Halbfigurenporträt von vorn und in zwei Profilen. Wien, Kunsthistor. Museum

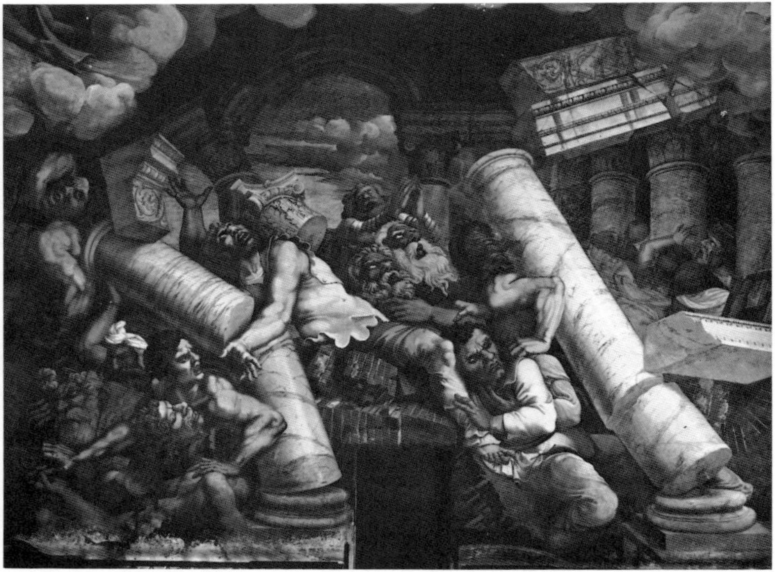

142. Giulio Romano, Mantua, Palazzo del Te, Sala dei Giganti, Teilansicht

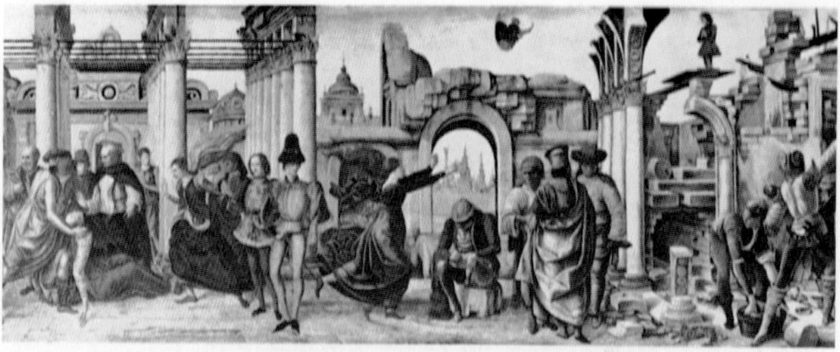

143. Ercole Roberti, Griffoni-Altar. Predella. Rom, Vatikan. Pinakothek

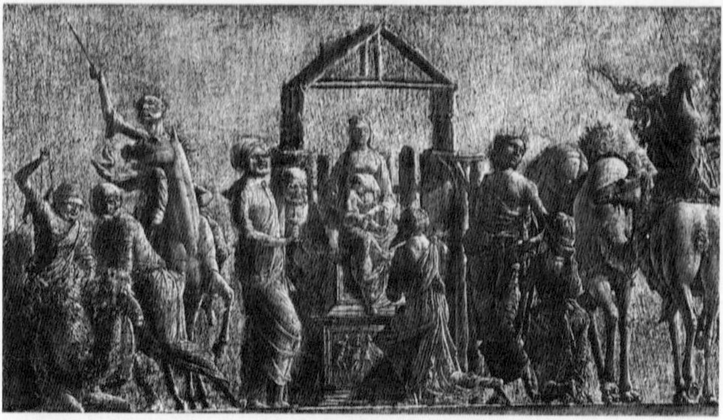

144. Ercole Roberti, Pala di Ravenna. Grisaille vom Sockel. Mailand, Brera

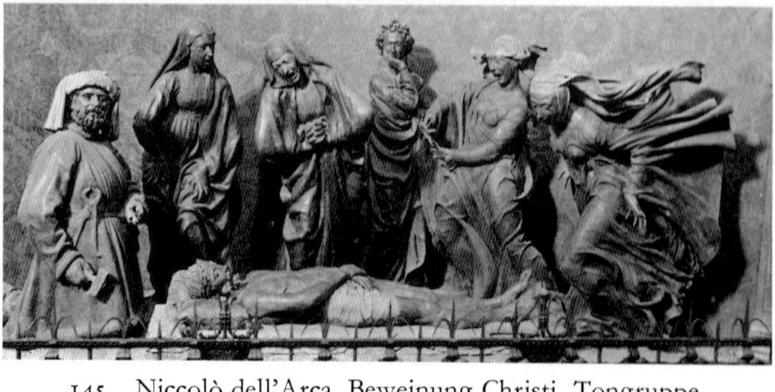

145. Niccolò dell'Arca, Beweinung Christi. Tongruppe. Bologna, Sa. Maria della Vita

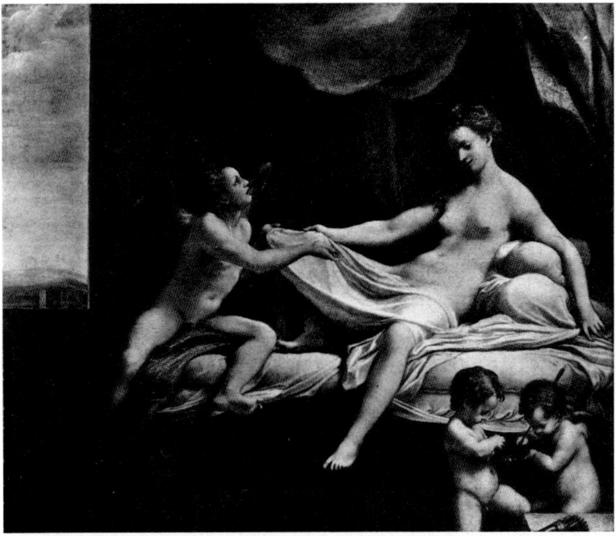

146. Correggio, Danae. Rom, Galleria Borghese

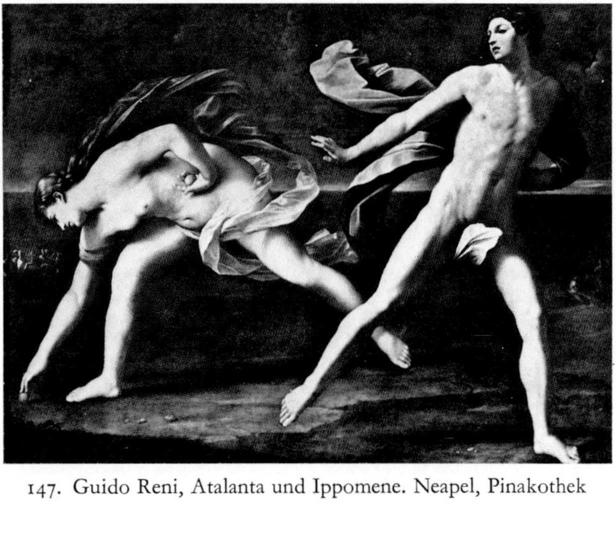

147. Guido Reni, Atalanta und Ippomene. Neapel, Pinakothek

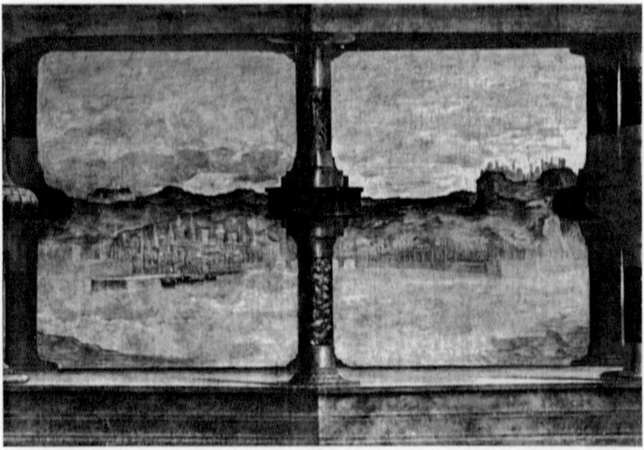

148. Ercole Roberti, Landschaft. Ausschnitt aus der Pala di Ravenna. Mailand, Brera

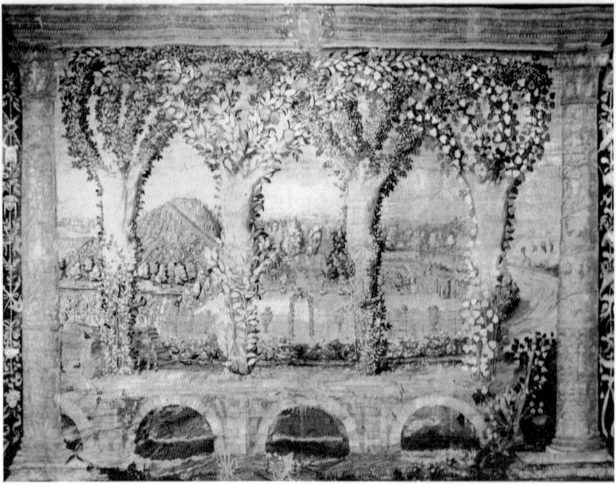

149. Dosso Dossi, Metamorphosen des Ovid (II, 304–380). Gobelin, Paris, Louvre

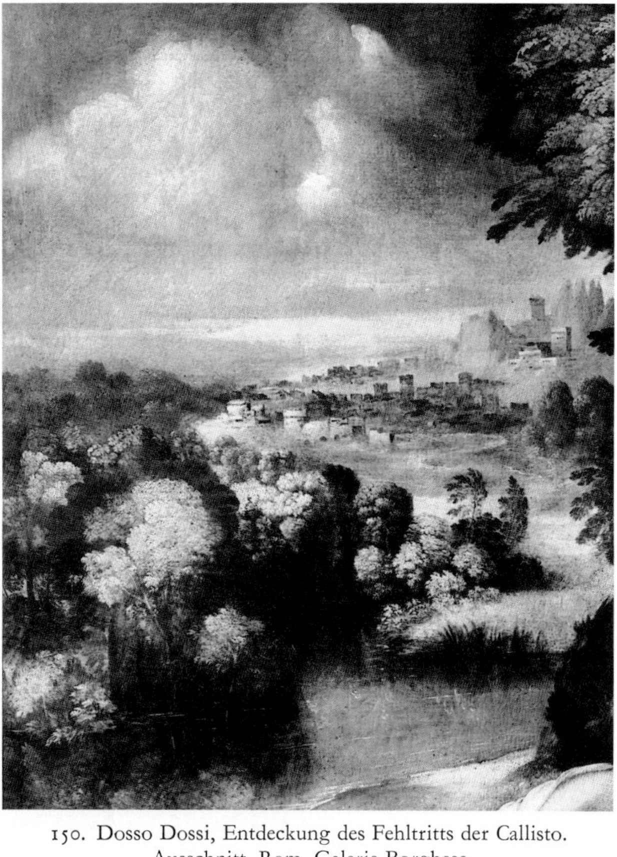

150. Dosso Dossi, Entdeckung des Fehltritts der Callisto.
Ausschnitt. Rom, Galerie Borghese

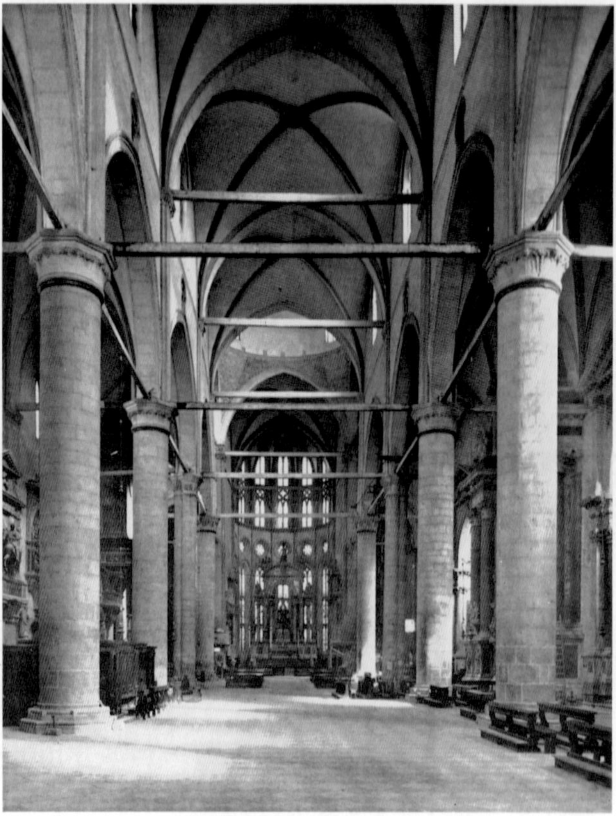

151. Venedig, S.S. Giovanni e Paolo

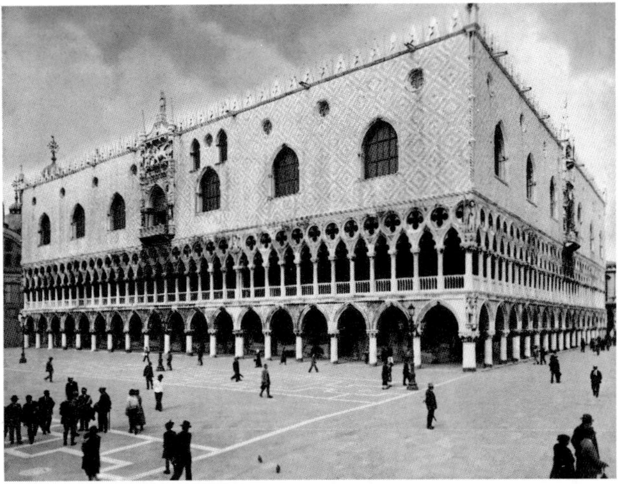

152. Venedig, Dogenpalast

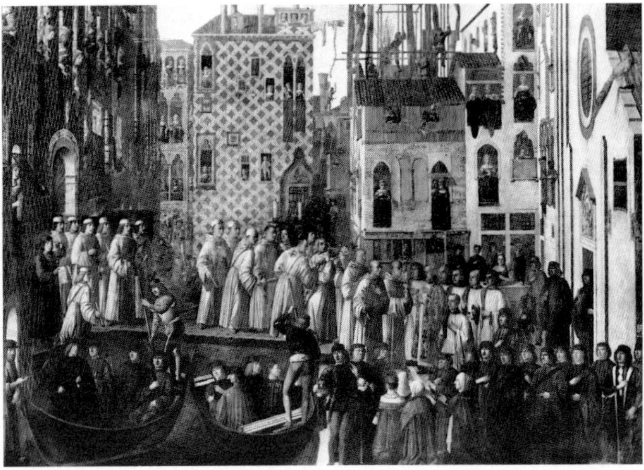

153. Giovanni Mansueti, Wunder der Kreuzreliquie.
Venedig, Accademia

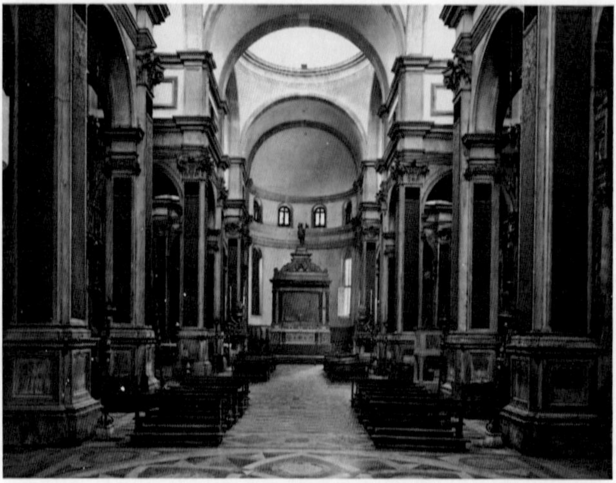

154. Venedig, S. Salvatore.

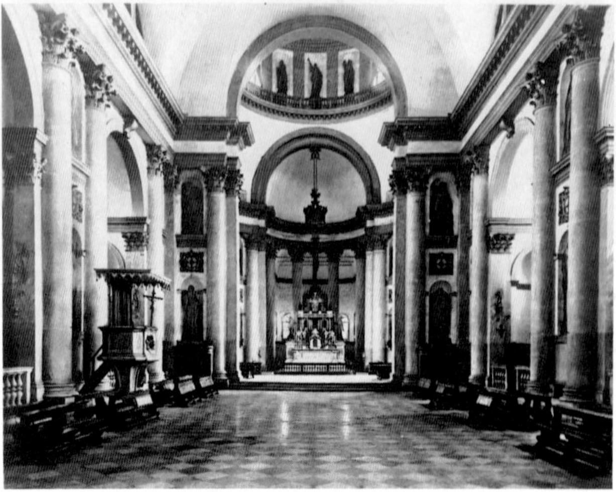

155. Venedig, Il Redentore

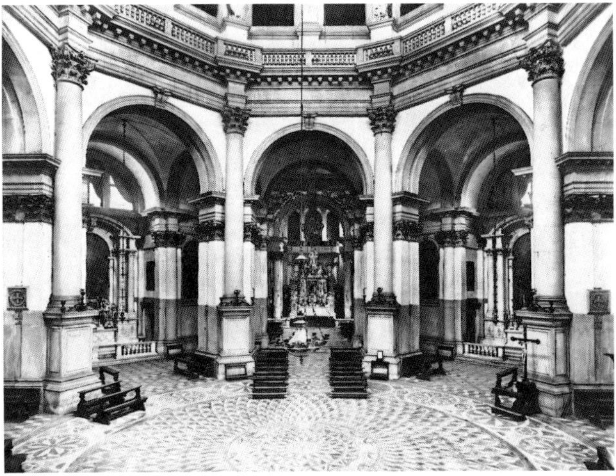

156. Venedig, Sa. Maria della Salute

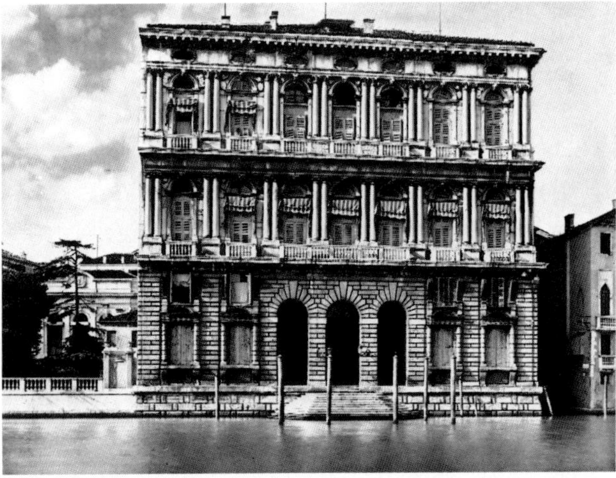

157. Venedig, Palazzo Corner alla Ca'Grande

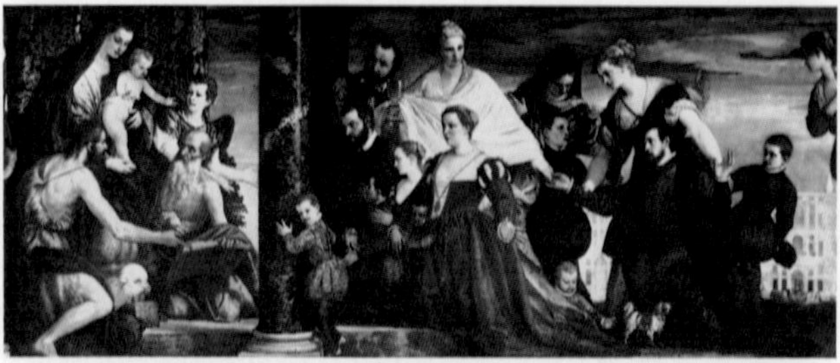

158. Veronese, Madonna des Hauses Cuccina. Dresden, Galerie

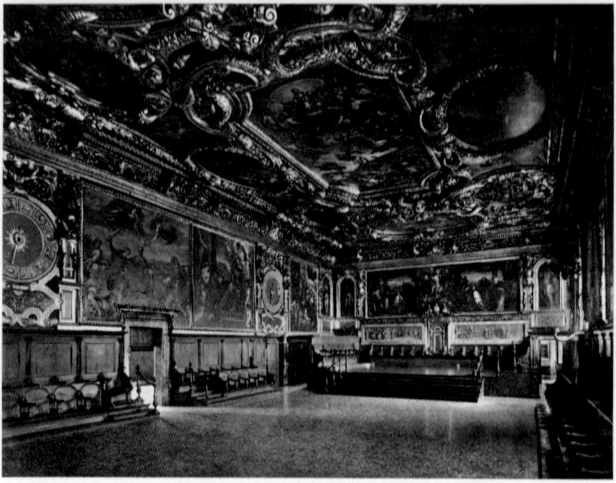

159. Venedig, Dogenpalast. Sala del Senato

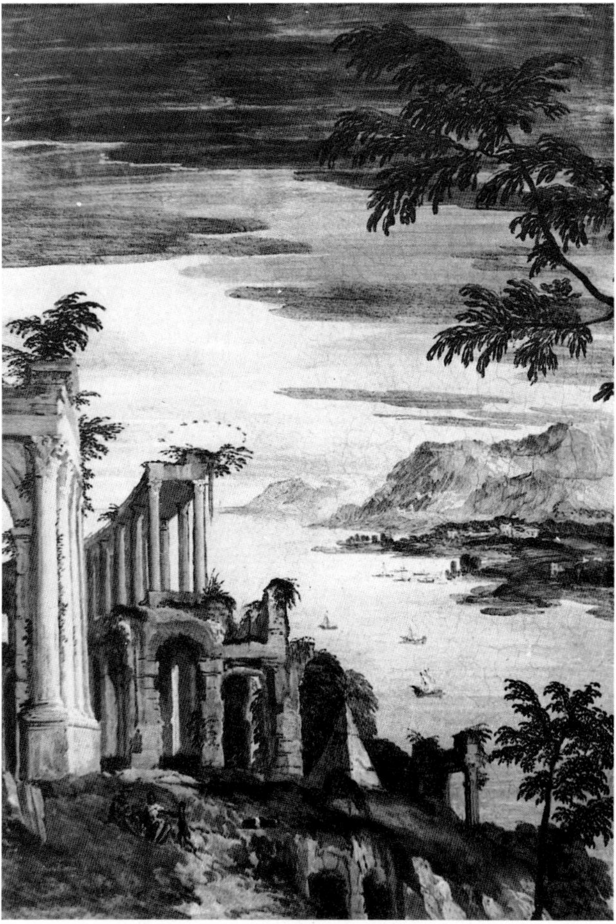

160. Paolo Veronese, Landschaftsfresko.
Maser (bei Asolo), Villa Barbaro

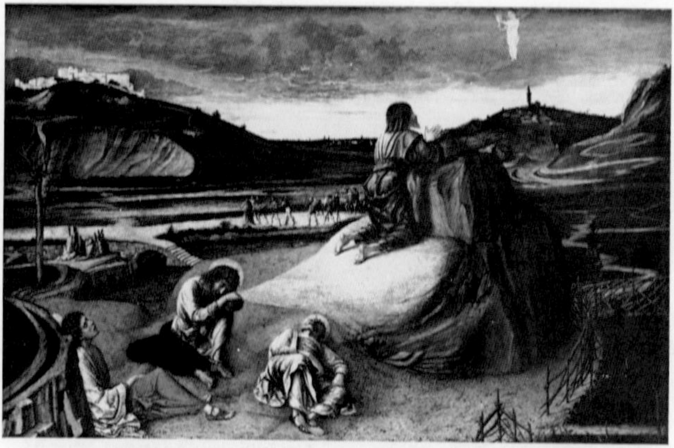

161. Giovanni Bellini, Gethsemane. London, National Gallery

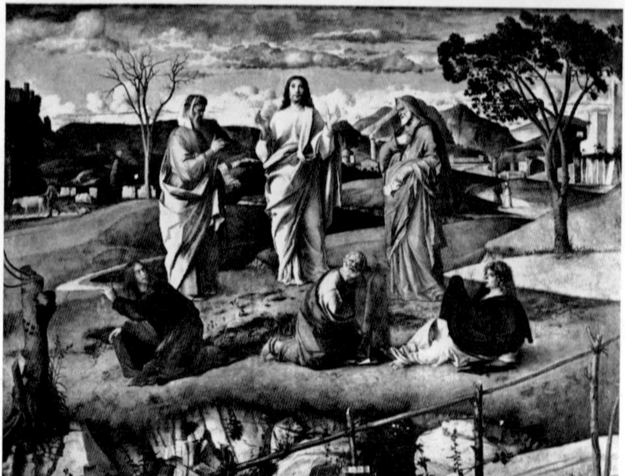

162. Giovanni Bellini, Verklärung Christi. Neapel, Pinakothek

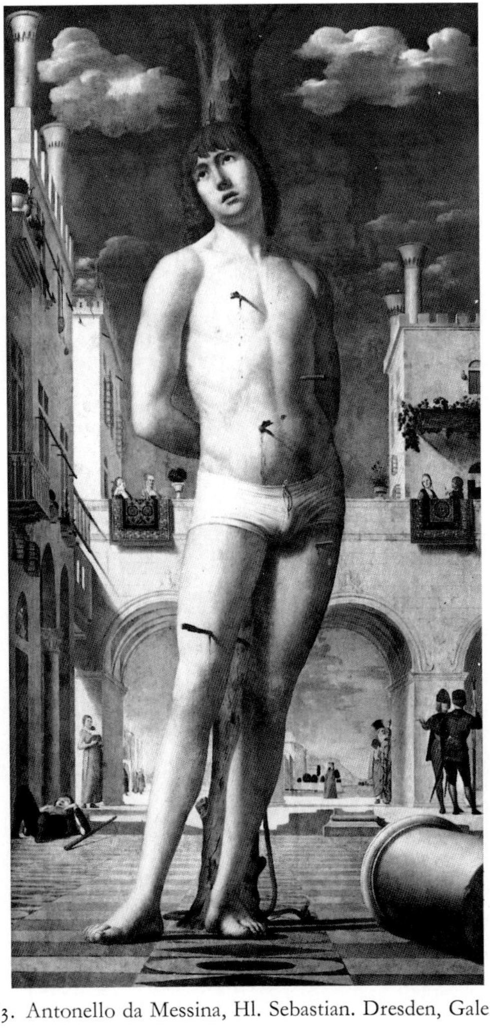

163. Antonello da Messina, Hl. Sebastian. Dresden, Galerie

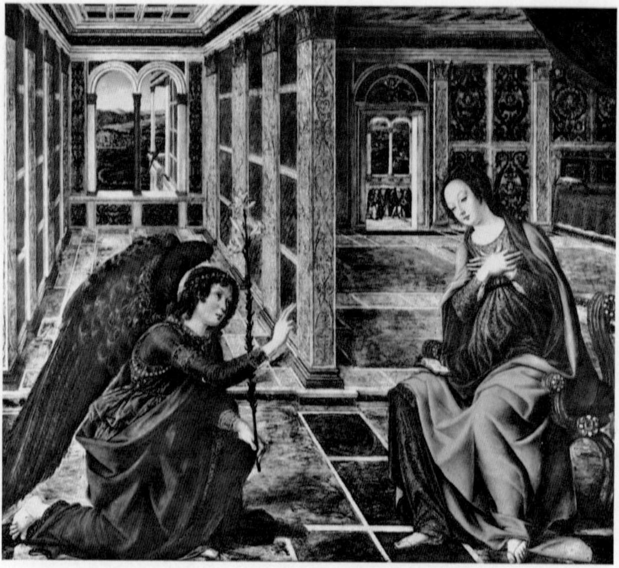

164. Antonio Pollajuolo, Verkündigung. Berlin, Staatl. Museen

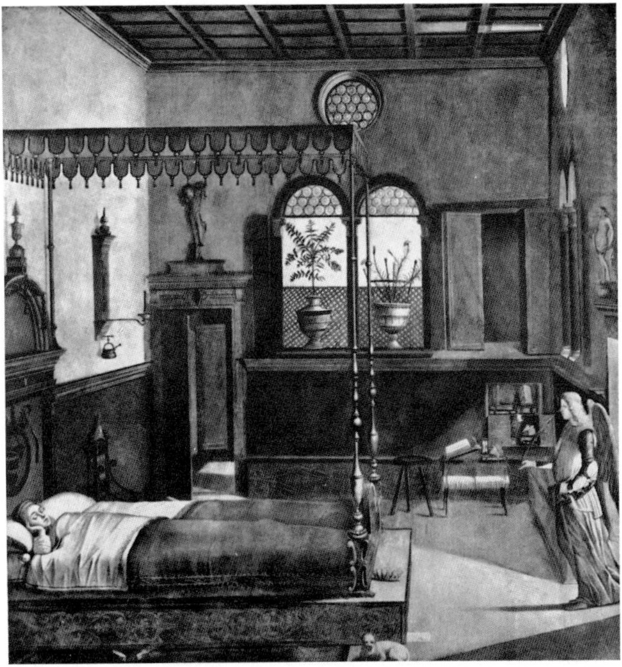

165. Carpaccio, Traum der hl. Ursula. Venedig, Accademia

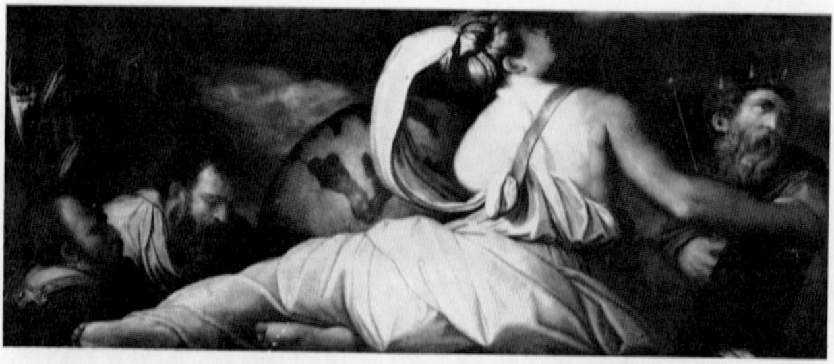

166. Vasari, Allegorie. Rom, Sammlung di Capua

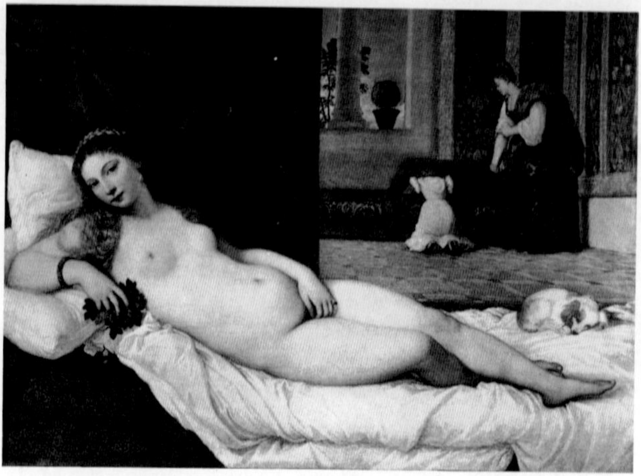

167. Tizian, Venus von Urbino. Florenz, Uffizien

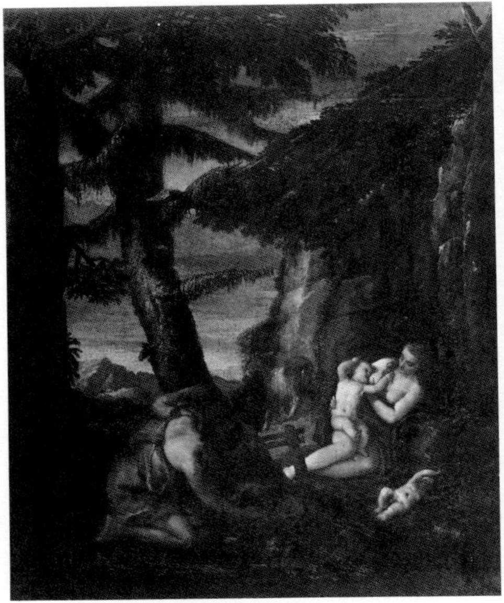

168. Veronese, Satyr-Familie.
Venedig, Dogenpalast

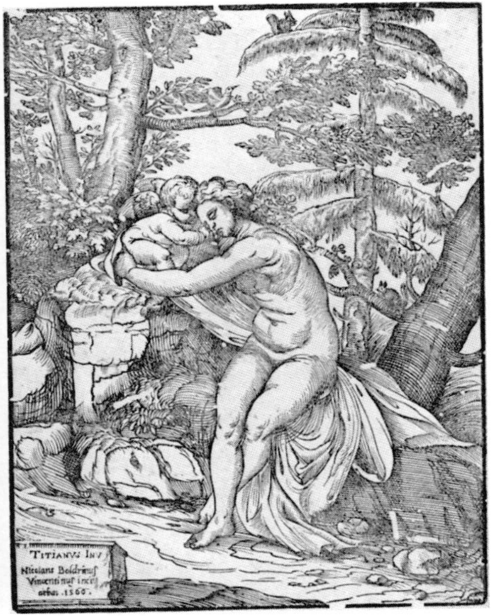

169. Venus und Cupido,
Holzschnitt von Boldrini nach Tizian

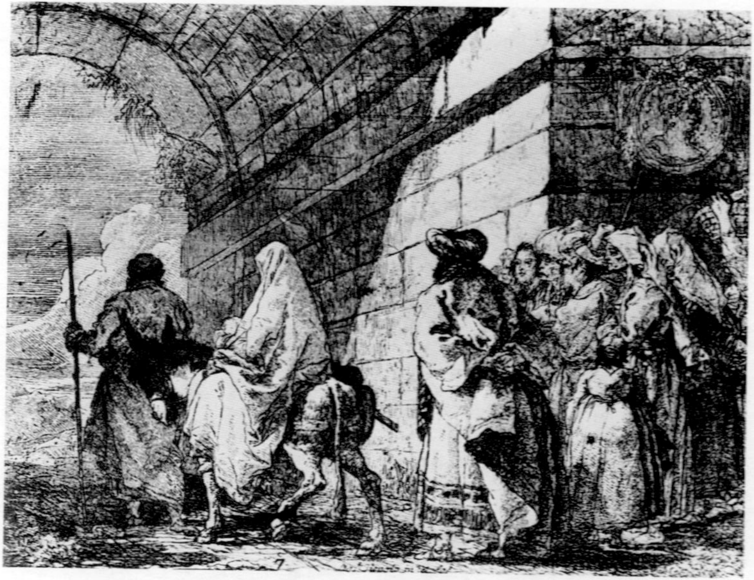

170. Domenico Tiepolo, Flucht nach Ägypten. Radierung

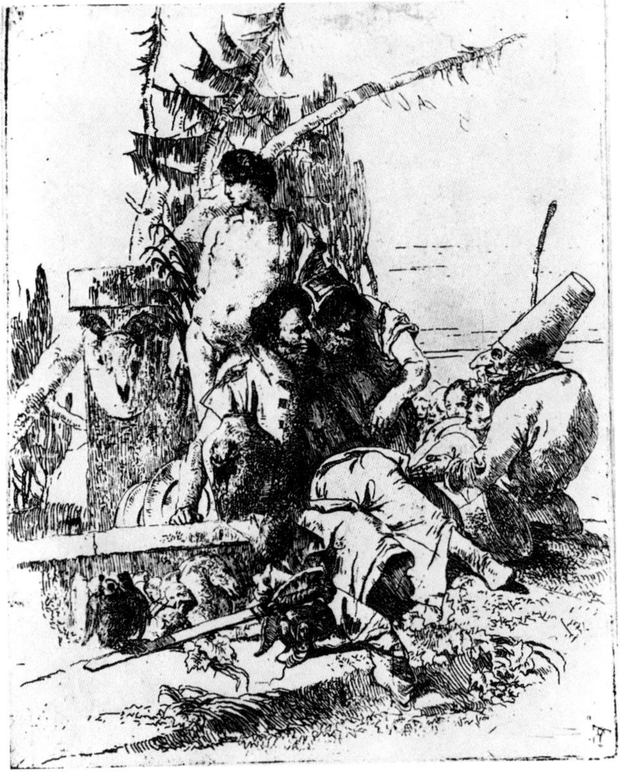

171. Giovanni Battista Tiepolo,
Radierung aus der Folge ›Scherzi di Fantasia‹

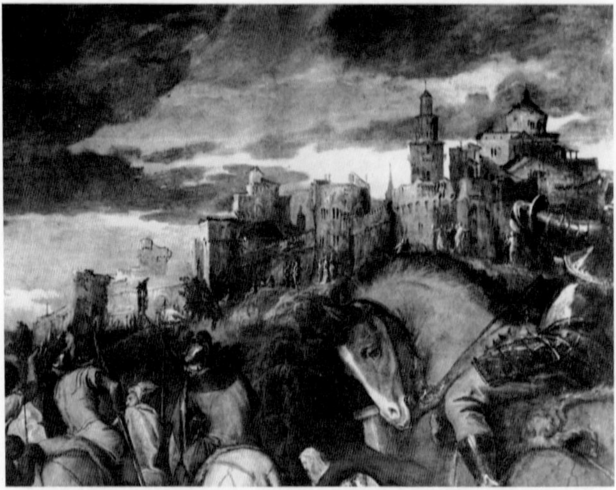

172. Veronese, Kalvarienberg. Ausschnitt. Venedig, Accademia

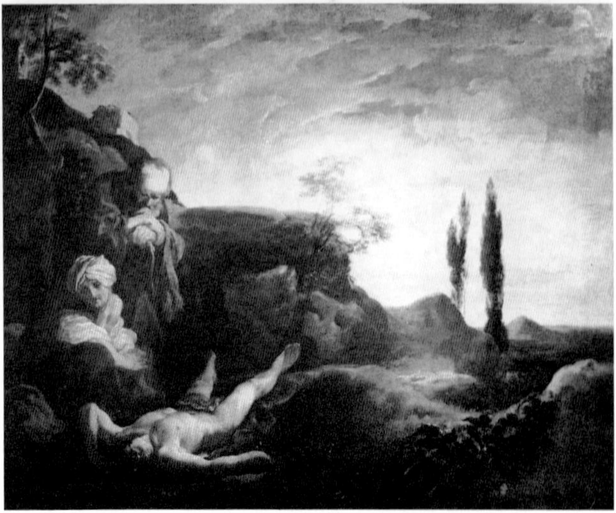

173. Jan Lyss, Tod des Abel. Venedig, Accademia

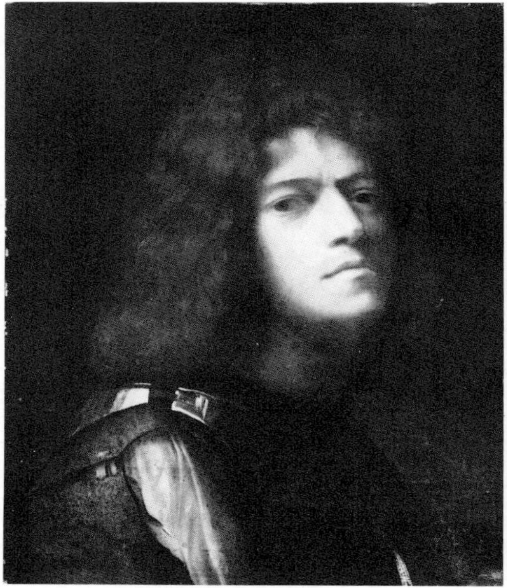

174. Giorgione, Selbstbildnis.
Braunschweig, Herzog-Anton-Ulrich-Museum

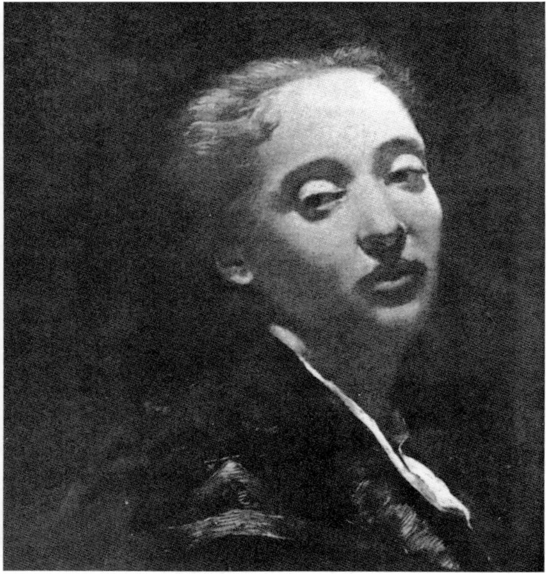

175. Piazzetta, Die Malerin Giulia Lama (Ausschnitt).
London, Privatsammlung

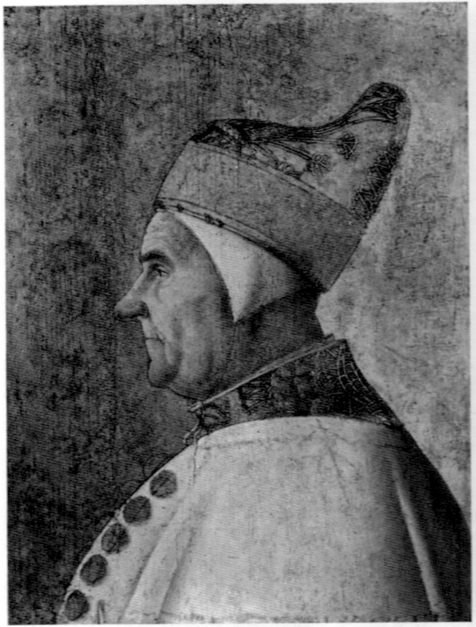

176. Gentile Bellini, Doge Giovanni Mocenigo. Venedig, Museo Civico Correr

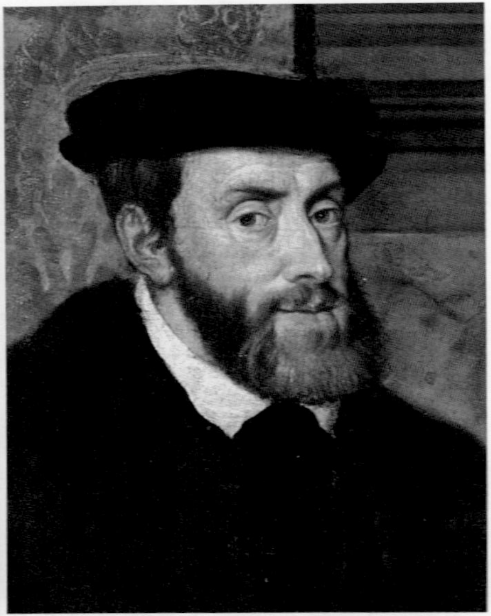

177. Tizian, Kaiser Karl V. (Ausschnitt). München, Alte Pinakothek

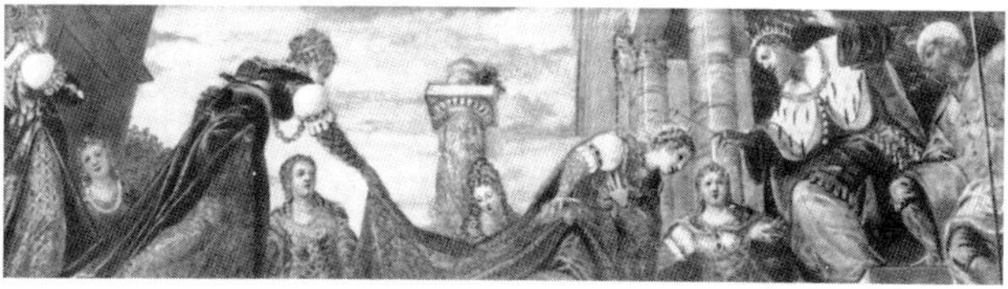

178. Tintoretto, Esther vor Ahasver. Madrid, Prado

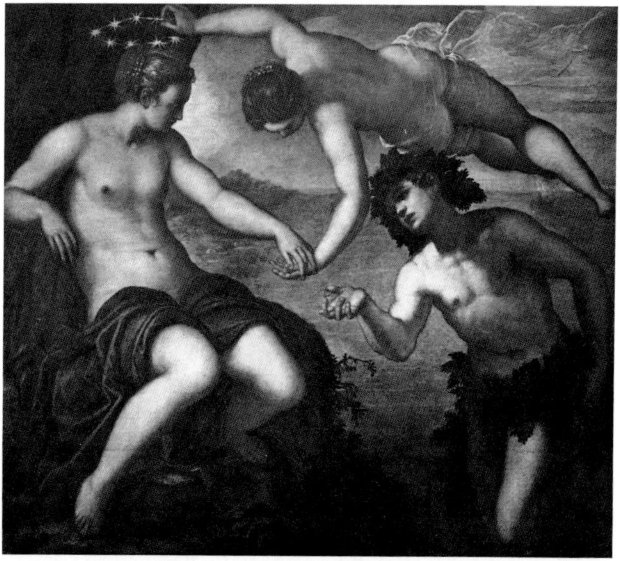

179. Tintoretto. Bacchus, Ariadne und Venus. Venedig, Dogenpalast

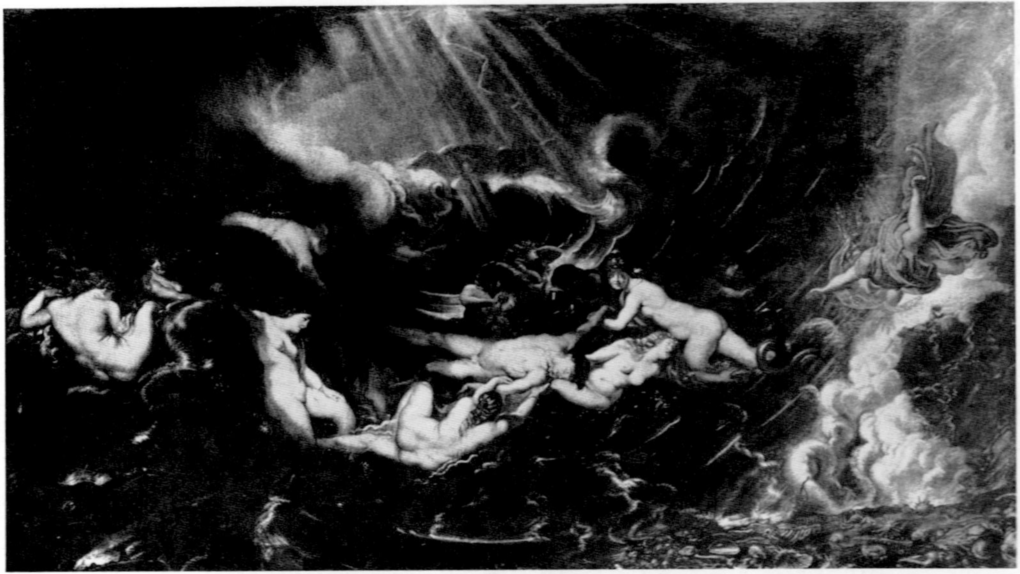

180. Rubens, Hero und Leander. Dresden, Galerie

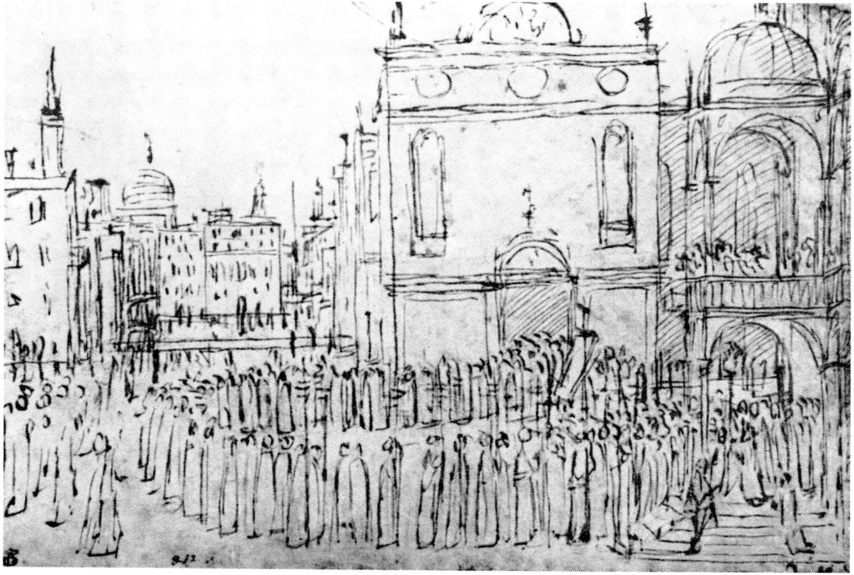

181. Carpaccio, Prozession. Federzeichnung. Chatsworth, Bibliothek

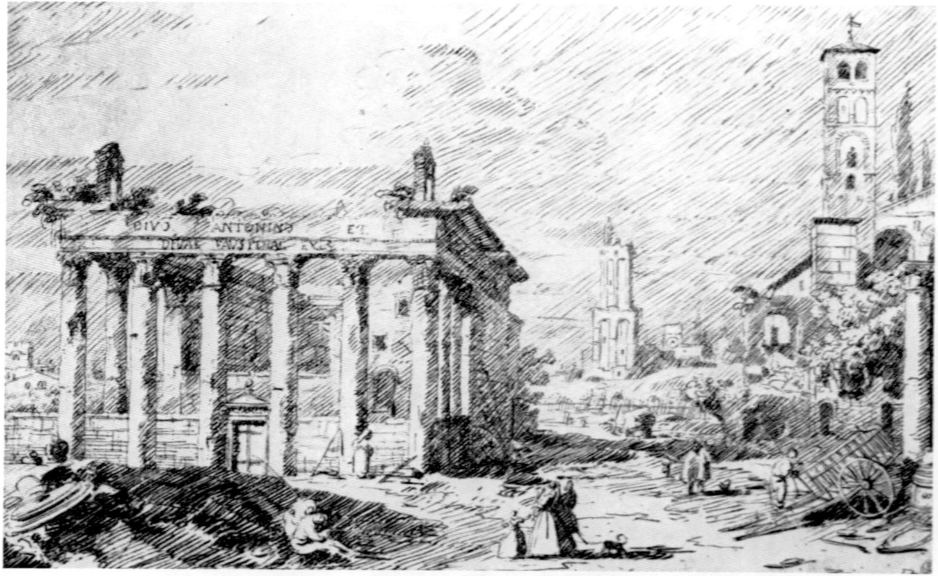

182. Canaletto, Tempel des Antoninus und der Faustina am Forum in Rom. Windsor, Königl. Bibliothek

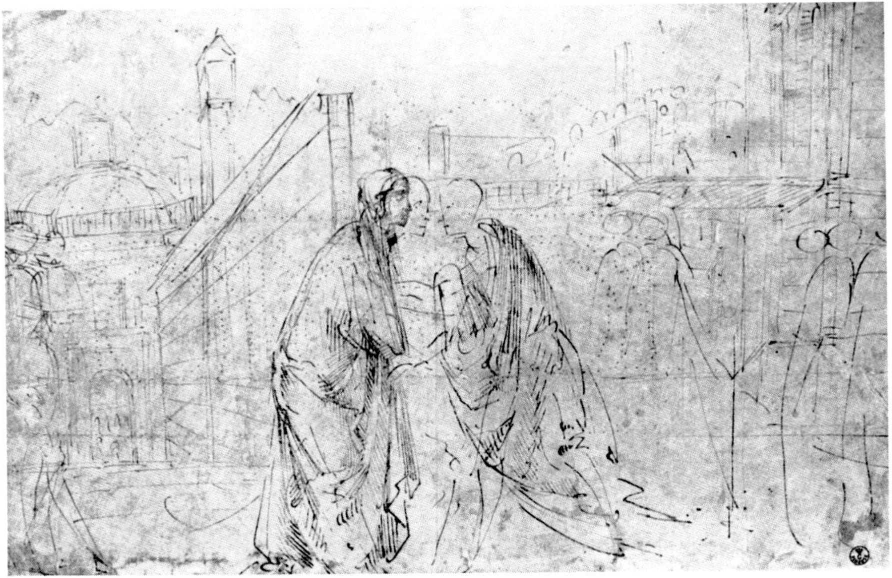

183. Ghirlandajo, Heimsuchung. Federzeichnung. Florenz, Uffizien

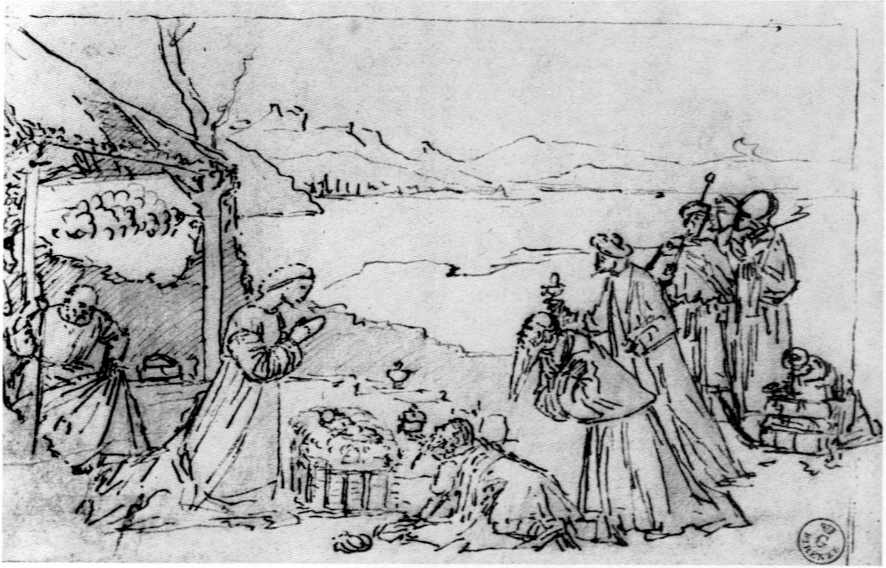

184. Carpaccio, Anbetung der Könige. Federzeichnung. Florenz, Uffizien

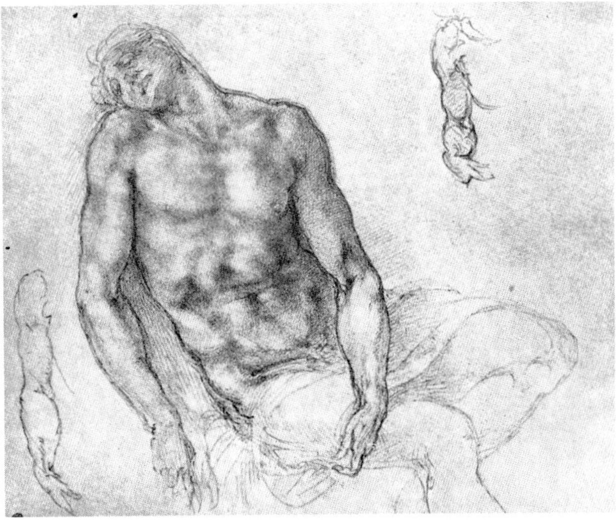

185. Sebastiano del Piombo, Akt (Frey 21). Paris, Louvre

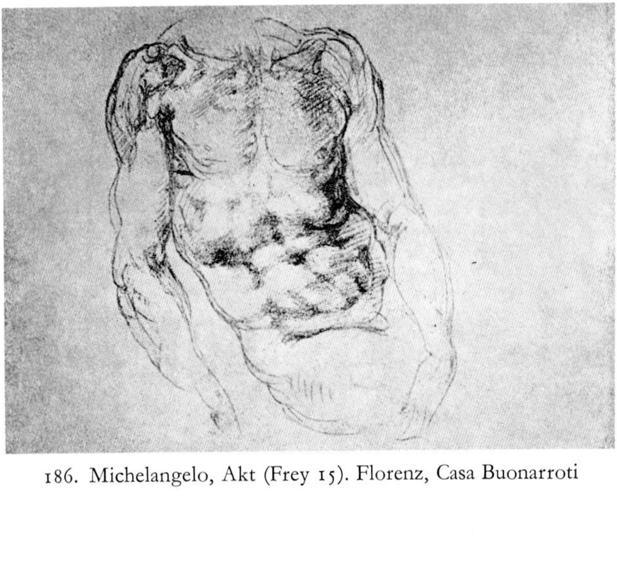

186. Michelangelo, Akt (Frey 15). Florenz, Casa Buonarroti

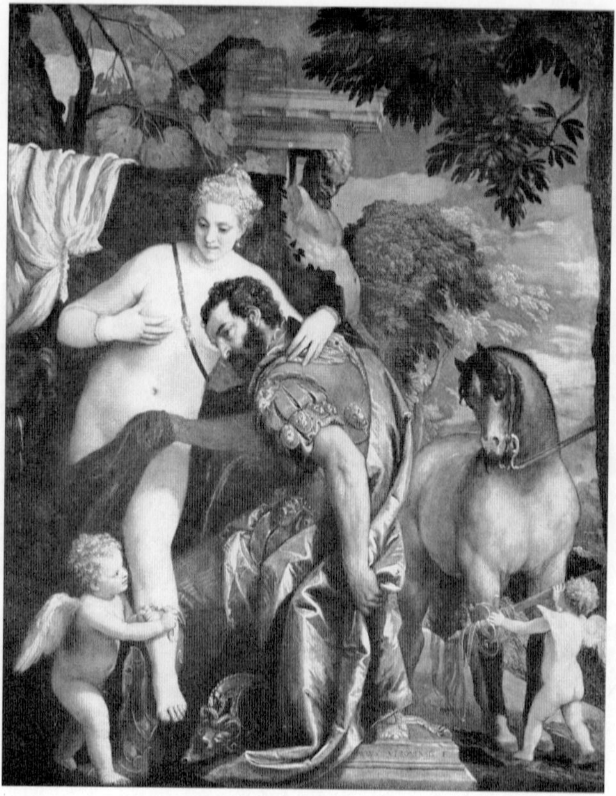

187. Veronese, Mars und Venus
New York, The Metropolitan Museum of Art.

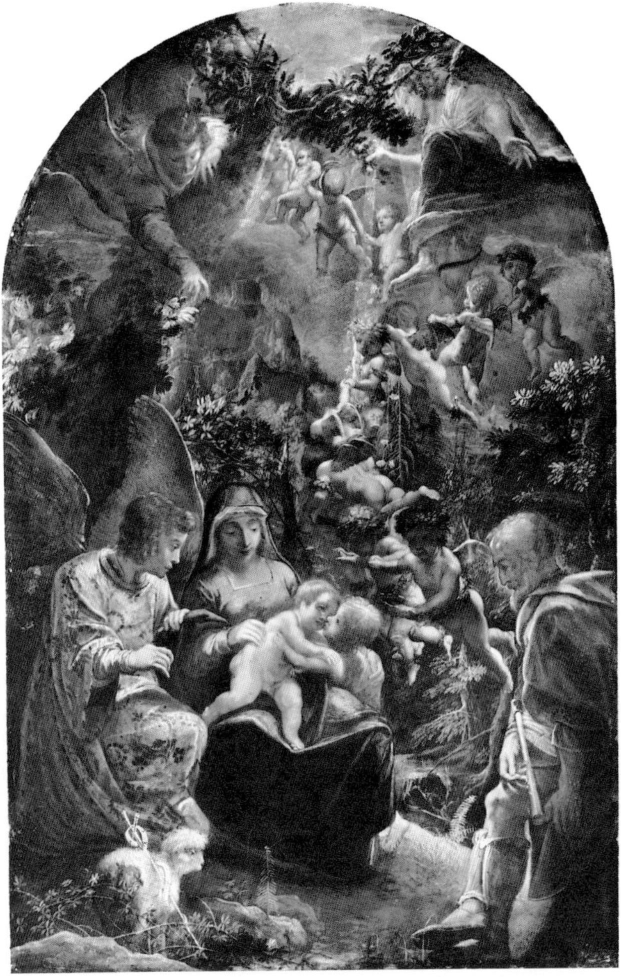

188. A. Elsheimer, Ruhe auf der Flucht nach Ägypten. Berlin, Staatl. Museen

REGISTER

VERZEICHNIS DER BILDENDEN KÜNSTLER

Die Künstler sind unter dem Buchstaben verzeichnet, unter dem Thieme-Becker's Künstler-Lexikon sie einreiht. Nur wo Thieme-Becker unter einem Namen registriert, der in unserem Text nicht vorkommt, wichen wir vom Künstler-Lexikon ab.
Die einzelnen Werke der Künstler sind nur im topographischen Verzeichnis unter ihrem Standort aufgeführt.

ORTSVERZEICHNIS

Einschließlich Gebirgen, Flüssen, Pässen, Seen usw.

Die Namen der Städte Florenz, Rom und Venedig sind nur aufgeführt, wo sie in Verbindung mit einem bestimmten Kunstwerk erscheinen. Da die Städtenamen allein, außerhalb eines solchen Zusammenhanges fast auf jeder Seite auftreten, so mußte in diesem Fall auf eine Erwähnung verzichtet werden.

Literatur und Reisen
im insel taschenbuch

Alt-Prager Geschichten. Gesammelt von Peter Demetz. Mit Illustrationen von Hugo Steiner-Prag. it 613

Alt-Wiener Geschichten. Gesammelt von Joseph Peter Strelka. Mit sechs farbigen Abbildungen. it 784

Das andere Ferienbuch. Herausgegeben von Vera Pagin und Hans-Joachim Simm. it 1174

Ernst Batta: Römische Paläste und Villen. Annäherung an eine Stadt. Mit zahlreichen Abbildungen. it 1324

Berlin. Literarischer Führer. Von Fred Oberhauser und Nicole Henneberg. Mit farbigen Abbildungen. it 1412

Sigrun Bielfeldt: Literarischer Führer durch Moskau. Mit zahlreichen Abbildungen. it 1382

Bodensee. Reisebuch. Herausgegeben von Dominik Jost. Mit zahlreichen Abbildungen. it 1490

Bonn. Ein Städte-Lesebuch. Herausgegeben von Doris Maurer und Arnold E. Maurer. Mit zahlreichen Abbildungen. it 1224

Kai Brodersen: Die Sieben Weltwunder. Philon von Byzanz und andere antike Texte. Zweisprachige Ausgabe von Kai Brodersen. Mit zahlreichen Abbildungen. it 1392

Dresden. Ein Reiselesebuch. Herausgegeben von Katrin Nitzschke. Unter Mitarbeit von Reinhard Eigenwill. Mit zahlreichen Abbildungen. it 1365

Das Ferienbuch. Literarische Souvenirs, aufgelesen von Vera Pagin und Hans-Joachim Simm. it 1082

Dominique Fernandez: Süditalienische Reise. Aus dem Französischen von Julia Kirchner. Mit farbigen Fotografien von Martin Thomas. it 1076

Flandern. Ein literarisches Landschaftsbild. Herausgegeben von Werner Jost und Joost de Geest. it 1254

Florenz. Lesarten einer Stadt. Herausgegeben von Andreas Beyer. Mit zahlreichen Illustrationen. it 633

Florida. Reisebuch. Herausgegeben von Katharina Frühe und Franz Josef Görtz. Mit zahlreichen Abbildungen. it 1492

Theodor Fontane: Jenseit des Tweed. Bilder und Briefe aus Schottland. Mit zahlreichen Abbildungen und einem Nachwort herausgegeben von Otto Drude. it 1066

Georg Forster: Reise um die Welt. Herausgegeben und mit einem Nachwort von Gerhard Steiner. it 757

Frankfurt. Reisebuch. Herausgegeben von Herbert Heckmann. Mit zahlreichen Abbildungen. it 1438

158/1/8.92

Literatur und Reisen
im insel taschenbuch

Manuel Gasser: Spaziergang durch Italiens Küchen. Mit Bildern von Manfred Seelow. it 391

Johann Wolfgang Goethe: Italienische Reise. Mit vierzig Zeichnungen des Autors. Herausgegeben und mit einem Nachwort versehen von Christoph Michel. it 175

– Tagebuch der Italienischen Reise 1786. Notizen und Briefe aus Italien. Mit Skizzen und Zeichnungen des Autors. Herausgegeben und erläutert von Christoph Michel. it 176

– Tagebuch der ersten Schweizer Reise 1775. Goethes letzte Schweizer Reise. Mit den Zeichnungen des Autors und einem vollständigen Faksimile der Handschrift, herausgegeben und erläutert von Hans-Georg Dewitz. it 300/375

Dietmar Grieser: Wiener Adressen. Ein kulturhistorischer Wegweiser. it 1203

Hamburg. Ein Städte-Lesebuch. Herausgegeben von Eckart Kleßmann. it 1312

Victor Hehn: Olive, Wein und Feige. Kulturhistorische Skizzen. Herausgegeben von Klaus von See unter Mitwirkung von Gabriele Seidel-Leimbach. Mit farbigen Abbildungen. it 1427

Heidelberg-Lesebuch. Stadt-Bilder von 1800 bis heute. Herausgegeben von Michael Buselmeier. it 913

Heinrich Heine: Briefe aus Berlin. Herausgegeben von Joseph A. Kruse. it 1322

– Italien. Mit farbigen Illustrationen von Paul Scheurich. it 1072

Hermann Hesse: Mit Hermann Hesse durch Italien. Ein Reisebegleiter durch Oberitalien. Mit farbigen Fotografien. Herausgegeben von Volker Michels. it 1120

Mit Hermann Hesse reisen. Betrachtungen und Gedichte. Herausgegeben von Volker Michels. it 1242

Istanbul. Herausgegeben von Esther Gallwitz. Mit Illustrationen von Thomas Allom. it 530

Erhart Kästner: Griechische Inseln. Aufzeichnungen aus dem Jahre 1944. Mit einem Nachwort von Heinrich Gremmels. it 118

– Kreta. Aufzeichnungen aus dem Jahre 1943. Mit einem Nachwort von Heinrich Gremmels. it 117

– Die Lerchenschule. Aufzeichnungen von der Insel Delos. it 57

– Ölberge, Weinberge. Ein Griechenland-Buch. Mit Zeichnungen von Helmut Kaulbach. it 55

– Ölberge, Weinberge. Die Stundentrommel vom heiligen Berg Athos. 2 Bände in Kassette. it 55/56

158/2/8.92

Literatur und Reisen
im insel taschenbuch

Erhart Kästner: Die Stundentrommel vom heiligen Berg Athos. it 56

Kunstführer durch Sachsen und Thüringen. Herausgegeben von Katharina Flügel. Mit farbigen Abbildungen. it 1327

Carl von Linné: Lappländische Reise. Mit Zeichnungen des Autors. Aus dem Schwedischen übersetzt von H. C. Artmann unter Mitwirkung von Helli Clervall. it 102

Literarischer Führer durch Schwarzwald und Oberrhein. Ein Insel-Reisebuch. Herausgegeben von Hans Bender und Fred Oberhauser. Mit zahlreichen Abbildungen. it 1330

London. Eine europäische Metropole in Texten und Bildern. Herausgegeben von Norbert Kohl. it 322

Doris Maurer / Arnold E. Maurer: Literarischer Führer durch Italien. Ein Insel-Reiselexikon. Mit zahlreichen Abbildungen, Karten und Registern. it 1071

Doris Maurer / Arnold E. Maurer: Literarischer Führer durch Venedig. Mit farbigen Abbildungen. it 1413

Günter Metken: Reisen als schöne Kunst betrachtet. Erlebtes und Gesehenes aus fernen Ländern. Mit Photographien von Sigrid Metken. it 639

Mit Rilke durch das alte Prag. Herausgegeben von Hartmut Binder. Mit zahlreichen Abbildungen. it 1489

Michel de Montaigne: Tagebuch einer Reise durch Italien. Aus dem Französischen von Otto Flake. it 1074

Sigrun Bielfeldt: Literarischer Führer durch Moskau. Mit zahlreichen Abbildungen. it 1382

München. Ein Lesebuch. Herausgegeben von Reinhard Bauer und Ernst Piper. Mit zahlreichen Abbildungen. it 827

Fred Oberhauser / Gabriele Oberhauser: Literarischer Führer durch Deutschland. Ein Insel-Reiselexikon für die Bundesrepublik Deutschland und Berlin. Mit Abbildungen, Karten und Registern. it 527

Paris. Deutsche Republikaner reisen. Herausgegeben von Karsten Witte. it 389

Ernst Penzoldt: Sommer auf Sylt. Liebeserklärungen an eine Insel. Mit farbigen Zeichnungen des Verfassers. Herausgegeben von Volker Michels. it 1424

Potsdam. Ein Reise-Lesebuch. Herausgegeben von Doris Maurer und Arnold E. Maurer. Mit farbigen Abbildungen. it 1432

Prag. Ein Lesebuch. Herausgegeben von Jana Halamičková. Mit zahlreichen Abbildungen. it 994

Rom. Ein Städte-Lesebuch. Herausgegeben von Michael Worbs. it 921

158/3/8.92

158/4/8.92

Italienische und spanische Literatur im insel taschenbuch

Pietro Aretino: Kurtisanengespräche. Aus dem Italienischen von Ernst Otto Kayser. Mit Anmerkungen des Übersetzers und einem Nachwort von Helmuth Faust. it 948

Giambattista Basile: Das Märchen aller Märchen. ›Der Pentamerone‹. 5 Bde. Deutsch von Felix Liebrecht. Herausgegeben und mit einem Nachwort versehen von Walter Boehlich. it 354

Die Wahrheiten des G. G. Belli. Römer, Huren und Prälaten. Eine Auswahl seiner frechen und frommen Verse. Vorgestellt und aus dem Italienischen übertragen von Otto Ernst Rock. it 754

Die Blümlein des heiligen Franziskus von Assisi. Aus dem Italienischen nach der Ausgabe der Tipografia Metastasio, Assisi 1901, von Rudolf G. Binding. Mit Initialen von Carl Weidemeyer. it 48

Boccaccio: Das Dekameron. Mit 110 Holzschnitten der italienischen Ausgabe von 1492. Deutsch von Albert Wesselski. Mit einer Einleitung von André Jolles. Zwei Bände in Kassette. it 7/8

Roberto Calasso: Die Hochzeit von Kadmos und Harmonia. Aus dem Italienischen von Moshe Kahn. it 1476

Benvenuto Cellini: Leben des Benvenuto Cellini florentinischen Goldschmieds und Bildhauers. Von ihm selbst geschrieben, übersetzt und mit einem Anhange herausgegeben von Johann Wolfgang Goethe. Mit einem Nachwort von Harald Keller. it 525

Miguel de Cervantes Saavedra: Die Novellen. Übersetzt von Konrad Thorer. it 1007

– Der scharfsinnige Ritter Don Quixote von der Mancha. 3 Bde. Mit einem Essay von Iwan Turgenjew und einem Nachwort von André Jolles. Mit Illustrationen von Gustave Doré. Textrevision nach der anonymen Ausgabe 1837 von Konrad Thorer. it 109

Hernán Cortés: Die Eroberung Mexikos. Drei Berichte von Hernán Cortés an Kaiser Karl V. Mit 112 Federlithographien von Max Slevogt. Übersetzungen von Mario Spiro und C. W. Koppe. Herausgegeben von Claus Litterscheid. it 393

Dante: Die Göttliche Komödie. Mit fünfzig Holzschnitten von Botticelli. Deutsch von Friedrich Freiherr von Falkenhausen. 2 Bde. it 94

Federico García Lorca: Die dramatischen Dichtungen. Deutsch von Enrique Beck. it 3

Juan Ramón Jiménez: Platero und ich. Andalusische Elegie. Aus dem Spanischen übertragen und mit einem Essay versehen von Fritz Vogelgsang. it 1456

168/1/8.92

Italienische und spanische Literatur im insel taschenbuch

Bartolomé de Las Casas: Kurzgefaßter Bericht von der Verwüstung der Westindischen Länder. Herausgegeben von Hans Magnus Enzensberger. Deutsch von D. W. Andreä. it 553

Félix Lope de Vega: Hirten von Bethlehem. Aus dem Spanischen übertragen von Fritz Vogelgsang. Mit acht farbigen Bildtafeln nach Gemälden von Bartolomé Esteban Murillo. it 1363

Niccolò Machiavelli: Der Fürst. Aus dem Italienischen von Friedrich von Oppeln-Bronikowski. Mit einem Nachwort von Horst Günther. it 1207

Maria de Zayas y Sotomayor: Erotische Novellen. Aus dem Spanischen von Clemens Brentano. Mit einem Nachwort von Gerhard Poppenberg. it 1369

168/2/8.92

Städte und Landschaften
im insel taschenbuch

Berlin. Literarischer Führer. Von Fred Oberhauser und Nicole Henneberg. Mit farbigen Abbildungen. it 1412

Sigrun Bielfeldt: Moskau. Literarischer Führer. Mit zahlreichen Abbildungen. it 1382

Bodensee. Reisebuch. Herausgegeben von Dominik Jost. Mit zahlreichen Abbildungen. it 1490

Bonn. Ein Städte-Lesebuch. Herausgegeben von Doris Maurer und Arnold E. Maurer. Mit zahlreichen Abbildungen. it 1224

Dresden. Ein Reiselesebuch. Herausgegeben von Katrin Nitzschke. Unter Mitarbeit von Reinhard Eigenwill. Mit zahlreichen Abbildungen. it 1365

Florenz. Lesarten einer Stadt. Herausgegeben von Andreas Beyer. Mit zahlreichen Illustrationen. it 633

Florida. Reisebuch. Herausgegeben von Katharina Frühe und Franz Josef Görtz. Mit zahlreichen Abbildungen. it 1492

Frankfurt. Reisebuch. Herausgegeben von Herbert Heckmann. Mit zahlreichen Abbildungen. it 1438

Hamburg. Ein Städte-Lesebuch. Herausgegeben von Eckart Kleßmann. it 1312

Heidelberg-Lesebuch. Stadt-Bilder von 1800 bis heute. Herausgegeben von Michael Buselmeier. it 913

Istanbul. Herausgegeben von Esther Gallwitz. Mit Illustrationen von Thomas Allom. it 530

Literarischer Führer durch Schwarzwald und Oberrhein. Ein Insel-Reisebuch. Herausgegeben von Hans Bender und Fred Oberhauser. Mit zahlreichen Abbildungen. it 1330

London. Eine europäische Metropole in Texten und Bildern. Herausgegeben von Norbert Kohl. it 322

Mit Rilke durch das alte Prag. Herausgegeben von Hartmut Binder. Mit zahlreichen Abbildungen. it 1489

München. Ein Lesebuch. Herausgegeben von Reinhard Bauer und Ernst Piper. Mit zahlreichen Abbildungen. it 827

Paris. Deutsche Republikaner reisen. Herausgegeben von Karsten Witte. it 389

Potsdam. Ein Reise-Lesebuch. Herausgegeben von Doris Maurer und Arnold E. Maurer. Mit farbigen Abbildungen. it 1432

Prag. Ein Lesebuch. Herausgegeben von Jana Halamičková. Mit zahlreichen Abbildungen. it 994

Rom. Ein Städte-Lesebuch. Herausgegeben von Michael Worbs. it 921

169/1/8.92

169/2/8.92